THE

RESULTANT GREEK TESTAMENT,

EXHIBITING THE TEXT IN WHICH THE MAJORITY OF MODERN EDITORS ARE AGREED, AND CONTAINING THE READINGS OF

STEPHENS (1550),	ALFORD,
LACHMANN,	WEISS,
TREGELLES,	THE BÂLE EDITION (1880),
TISCHENDORF,	WESTCOTT AND HORT,
LIGHTFOOT,	AND
ELLICOTT,	THE REVISION COMMITTEE.

BY

RICHARD FRANCIS WEYMOUTH, D.Lit.,

FELLOW OF UNIVERSITY COLLEGE, LONDON.

WITH AN INTRODUCTION

BY

THE RIGHT REV. THE LORD BISHOP OF WORCESTER.

Wipf & Stock
PUBLISHERS
Eugene, Oregon

Wipf and Stock Publishers
199 W 8th Ave, Suite 3
Eugene, OR 97401

The Resultant Greek Testament
By Weymouth, Richard Francis
ISBN: 1-59752-296-1
Publication date 7/1/2005
Previously published by Funk & Wagnalls Company, 1892

INTRODUCTORY PREFACE.

THIS useful work exhibits in a compact form the results of modern critical research as applied to the text of the Greek Testament. Dr. Weymouth does not profess to give us a text based on an independent collation of MSS., Versions, and Patristic citations. His aim has been far less ambitious and more modest; it has been simply to produce a text which shall represent as far as possible the consensus of the principal editors—"that in which (roughly speaking) the majority of them agree." But at the same time he is careful to inform us that he has not merely counted names, but has weighed the reasons which may have influenced an editor in adopting a particular reading. Thus, for instance, "since Lachmann's time and since the earlier portion of Tregelles's Greek Testament appeared, fresh MS. evidence has come to light, some of the most valuable uncials (the Codex Vaticanus and others) having been more carefully collated, and some hitherto unknown (notably the Codex Sinaiticus) having been discovered"; and it is but reasonable to suppose that the judgment of these critics would have been modified in some instances by the new material thus supplied, had they had it before them.

Every reader can judge for himself with what success Dr. Weymouth has accomplished his task; for the evidence is put clearly before him. "In the upper inner corner of each page all the authorities for that portion of the text are named;" while on the other hand, "The footnotes contain the readings which have won less numerous or less weighty suffrages." Instead of having to consult half a dozen different editions, the student can now tell at a glance what is the reading of Lachmann, or Tischendorf, or Tregelles, or Westcott and Hort, and how far their agreement extends.

The idea, indeed, is not altogether new. Dr. Scrivener had already furnished the groundwork of such a comparison in his Cambridge Greek Testament, but he did not attempt to construct a text: he merely issued a careful reprint of Stephens's third edition of 1550, contenting himself with placing at the foot of the page the various readings of Lachmann, Tischendorf, and Tregelles.

An attempt to produce a resultant text had also been made in the Cambridge Greek Testament for Schools and Colleges. There, however, the basis of the text is narrower; it rests upon the consent of Tischendorf and Tregelles. When these two editors are at variance, a determining voice is allowed to the text of Stephens, where it agrees with either of their readings; and to Lachmann only where the text of Stephens differs from both. This is the general principle followed, provision, however, being made for the due recognition in the Gospels of the Sinai MS. (ℵ) which was discovered too late to be used by Tregelles except in the last chapter of St. John's Gospel and the following books.

Dr. Weymouth's critical authorities are more numerous. He has not only availed himself of the labours of the editors already mentioned, the great masters in this field of criticism, Lachmann, Tischendorf, Tregelles, and Westcott and Hort, but he has also made use of Alford's Greek Testament; of the Bâle edition of 1880, by Dr. Stockmeyer, and Professor Riggenbach; the readings (so far as they can be ascertained) adopted by the New Testament Revision Company; Bishop Lightfoot's and Bishop Ellicott's edition of St. Paul's Epistles; and Dr. Bernhard Weiss's text of St. Matthew's Gospel, published in 1876.

On these authorities Dr. Weymouth constructs his text, but he has further given, for the sake of comparison, all the readings of Stephens's third edition (folio, 1550); in many places, and chiefly where it agrees with his text, the readings of the Complutensian Polyglot; those of the *Editio Princeps* of Erasmus, 1516; and the most important in Stephens's margin. He has also noticed the few instances in which the readings presumed to underlie the English Authorized Version as well as those in which the Elzevir edition of 1633 (the so-called " Textus Receptus ") differed from that of Stephens; and he draws attention to the fact that in many hundreds of passages "either Erasmus or Stunica adopted, or Stephens himself inclined towards, those very readings in favour of which, with fuller knowledge of the evidence, the consensus of modern editors has decided."

It will be seen, therefore, that the basis of Dr. Weymouth's comparison is wider than that of those who have preceded him in the same field.

Dr. Weymouth's work has been done with the most conscientious care, and, so far as my observation has extended, with remarkable accuracy. His book may be confidently recommended to readers who wish to see at a glance what the present state of the text of the Greek Testament is, as determined by the consensus of the most competent editors.

J. J. S. WORCESTER.

HARTLEBURY CASTLE.

PREFACE.

THE text of the Greek New Testament here presented is not based directly on Manuscripts, early Versions, and Patristic Citations. The production of such a work would demand far more than the mere shreds and fragments of time that remain not entirely consumed in an engrossing and arduous profession. Based on printed books—all the most important editions of the last half century from Lachmann downwards—the RESULTANT GREEK TESTAMENT is intended to exhibit in a compact and intelligible form the latest *results* of textual criticism. Prebendary Scrivener's useful and (for the text) accurate edition is the only one at present in existence that aims at this object; but of modern editors, it notices only three—Lachmann, Tregelles, and Tischendorf.

Scrivener has preferred to occupy the body of his page with one of the early printed texts (that of Robert Stephens's third edition, 1550) putting all other readings in his footnotes. I have judged it more convenient to the reader to put in the body of the page the text on which the majority (but see below) of modern critics are agreed, relegating to the footnotes readings less numerously or less weightily sanctioned.

The editions which have been laid under contribution are the following.

1. Lachmann's larger edition, published at Berlin, vol. i. in 1842, vol. ii. in 1850. It may be useful to remind the reader that Lachmann "professed implicitly to follow ancient copies so far as then existing collations rendered them accessible. The oldest Greek MSS. are the basis, compared with the citations of Origen. The readings of the old Latin (as found in unrevised MSS.) and the citations of Latin Fathers were his subsidiary aids; and thus the text was formed, not giving what he would necessarily

consider to be the true text, but the transmitted text of about the fourth century."* In the present work the abbreviation "Ln" indicates the name of Lachmann.

2. Tregelles's edition, in one volume quarto, published in parts which bear date from 1857 to 1872. Tregelles's critical principles closely approximated to Lachmann's, but he availed himself of a wider range of MSS. (all the then known uncials † and a few cursives, those namely which he judged to have been themselves copied from MSS of high antiquity), used all the early Versions, and himself read all the Greek and Latin Fathers of the first four centuries to collect citations. His aim was to form a text based on *all* the most ancient evidence. Abbreviation here used, "Tr."

3. Tischendorf's eighth edition, dated 1869 to 1872. Tischendorf edited on the same general principles as Tregelles, but somewhat fitfully applied. He was perhaps unduly influenced by the great MS. (the Codex Sinaiticus) of which he was himself the discoverer— a natural and venial error; yet, while following this authority at times when but slightly supported, at other times apparently in the purest caprice, he forsakes it when strongly confirmed. Like Tregelles he laboured with indefatigable industry, and consequently he had at his command not only the stores that Tregelles had amassed, but much more of the same character acquired by himself. "Ti" is the abbreviation here employed. I have not undertaken to collate Ti's smaller and posthumous edition of 1876, although aware that in a very few instances, besides corrections of mere errata, its readings differ from those of the "editio octava critica major"; as for instance in the omission of $\mu\epsilon$ in Mark vi. 23.

---

* Tregelles's "Account of the Printed Text of the Greek New Testament," p. 99.
† Except some Moscow MSS. and the Vatican Codex, which he was allowed to see and examine but not to collate, Tregelles collated every unpublished uncial MS. then known to exist in Europe.

4. Of Alford's Greek Testament I have of course used the latest editions; the seventh of vol. i. (1874), the seventh of vol. ii. (1877), the fifth of vol. iii. (1871), and the fifth of vol. iv. (1875). Alford for the most part follows in the wake of the critics above named (as do the great majority of modern scholars), but with a certain leaning towards the "Received Text." Abbreviation " A."

5. The Bâle edition. This was edited in 1880 for the Bible Society of Bâle by Dr. Stockmeyer and Professor Riggenbach. It is greatly under the influence of Tischendorf throughout,—just as (to a much smaller extent) Tr is influenced by Ln, and R by WH,—independent judgment being rarely and timidly asserted, except in the spelling of some proper names and some other unimportant details. This subordination of judgment has seemed to me so marked that I could not but take it into account in estimating the preponderance of critical authority. In a few instances however, when these editors have ventured to forsake the footsteps of the great Leipzig scholar, they have anticipated the reading which Westcott and Hort have preferred. Unfortunately as to correctness this edition does not compare favourably with the marvellously accurate pages of Lachmann or Westcott and Hort. How often one has to recall Horace's plea for indulgence to those blemishes—

> "Quas aut incuria fudit,
> Aut humana parum cavit natura!"

Happy will my readers be if they find my little volume an exception through the unstinted pains which have been bestowed upon it.* But alas! even Westcott and Hort find themselves forced to the avowal, "With the utmost desire to secure accuracy, we have learned increasingly to distrust our own power of attaining it in

---

* I have most carefully read the proofs, as the work passed through the press, not with the "copy" sent to the printers, but with the printed editions themselves the readings of which are here given, thus nearly doubling my own labour for the reader's benefit.

the degree to which an edition of the New Testament should aspire." (Vol. ii. p. 323.) Abbreviation, " B."

6. Westcott and Hort's Greek Testament, published in 1881: a work beyond all praise, both for the erudition displayed and for the simple beauty of its "guileless workmanship," and which will survive "aere perennius," long after unworthy vituperation is forgotten. Abbreviation, " WH."

7. The Greek readings adopted by the New Testament Company of the Committee appointed by Convocation by whose ten years' labours the English version has been revised. Abbreviation, " R." There are numerous passages in which R has no voice, as having pronounced no judgment on the spelling or (in many cases) on the order of the words. The Revisers say in their Preface: "A revision of the Greek Text was the necessary foundation of our work; but it did not fall within our province to construct a continuous and complete Greek text. In many cases the English rendering was considered to represent correctly either of two competing readings in the Greek, and then the question of the text was usually not raised."

8. Bishop Lightfoot's edition of certain of St. Paul's Epistles: Galatians (1865); Philippians (1868); Colossians and Philemon (1875). (In the later editions the text remains unchanged.) Abbreviation, " Li."

9. Bishop Ellicott's editions of St. Paul's Pastoral Epistles (4th edition, 1869), and of the Epistles to the Galatians (1867), Ephesians (1868), Philippians, Colossians, and Philemon (4th edition, 1875), and Thessalonians (1880). Abbreviation, " E."

10. For St. Matthew's Gospel, the text given by Dr. Bernhard Weiss. His work, " Das Matthäusevangelium," was published at Halle in 1876. Weiss's text, like that of the Bâle edition, is powerfully influenced by Tischendorf. Abbreviation, " W."

These texts are the ten on which the " Resultant " text is based, but—

11. I have given for the sake of comparison all the

sumed to underlie the English Authorized Version" of King James I.'s reign differ from ς, are also given here. Abbreviation "J." [J] indicates that the Authorized Version gives the word or words in italics. This edition also carefully gives the marginal readings of J. In these it is to be observed that a var. lect. in the Greek is often introduced by a simple "Or." For example, in Luke ii. 38, the marg. reading "Or, *Israel*" shows clearly that the translators attached importance (though no modern editors have done so) to the ἐν Ἰσραήλ which has the sanction of the Clementine Vulgate but of no ancient Greek MS.

16. The readings in which the Elzevir edition of 1633, which audaciously claimed to be—what it was not and never has been—the "textus ab omnibus receptus", differs from ς are marked by the abbreviation "Elz."

It may be remarked in passing that to those who share the Dean of Chichester's strange—one might almost say superstitious—veneration for the Textus Receptus it will be instructive to observe how in many hundreds of passages, as here marked by C, Er, or ς$_m$ after a colon, or by ($_{n.m.}$) after ς, either Erasmus or Stunica adopted, or Stephens himself inclined towards, those very readings in favour of which, with fuller knowledge of the evidence, the consensus of modern editors has decided. If indeed any one seriously believes that the Leyden printers of 1633 were guided in their work of that year by the Holy Spirit of God, which was withheld from all other editors before or since and from themselves in 1624, then, to adopt the familiar *cheville* of our early poets, "ther is no mo to seyn" in the way of seeking to convince the holder of such a theory.

I have not thought it necessary to give all the readings of C or Er or ς$_m$, nor all the details (of spelling, accents, etc.) of Elz. But neither must it be imagined that any of the critical editions give by any means *all* the details of the MSS. to whose authority they appeal.

17. The readings which Scrivener prefers are indicated here and there by "Scr"; but a toilsome investigation of

readings of Robert Stephens's folio of 1550, his third edition. I have of course made use not only of Scrivener's excellent and very accurate reprint, but also of the copies which are in the British Museum and especially of one copy kindly lent to me for several months by the Committee of the Baptist College at Bristol. This splendidly printed edition, the "editio regia," though its defects are now almost universally admitted, can never fail to be regarded with interest. It exhibits the best text that—from want of ampler and better critical materials—the Stephenses, Gerbel, Beza, the Elzevirs, Blaeu, and many later editors, had it in their power to print; one that with comparatively few and unimportant variations held for nearly three centuries almost undisputed possession of the field as the *Textus Receptus*. From Stephens's name the customary symbol for this text, ς, is derived, and that abbreviation is accordingly employed here.

12. Also for the sake of comparison it is here indicated in many places what the reading of the Complutensian Polyglott is, occasionally elsewhere, but chiefly wherever *it agrees with the text here given*. Such is the signification of "C" *after a colon*, wherever inserted in the footnotes. If there are more readings than one, the ": C" refers only to the one immediately preceding; see for examples the footnotes on Luke iv. 8, Heb. iv. 2, James ii. 5. Peculiar interest attaches to this edition, prepared by Stunica at Alcalà, the ancient Complutum, under the auspices of Cardinal Ximenes from MSS. borrowed from the Vatican, as being the first that was *printed* (probably in or soon after 1514), though the publication was delayed by various hindrances for several years, and the first *published* edition was that of Erasmus which appeared in 1516.

13, 14. Of this *editio princeps* the readings are frequently given, as also the most important in Stephens's margin, in the same manner as those of the Complut. Polygl. Abbreviations, "Er" and "ς_m."

15. The few instances in which the readings "pre-

all the references given in Index III. of his Introduction to the Criticism of the New Test. (third edition, 1883) has met with but a scanty reward, so frequently this learned writer expresses himself with a hesitation and uncertainty that forbid his being cited with confidence as an authority even when one is able to detect which way his judgment probably leans.

An opinion has been expressed to me that some of the editions above enumerated can hardly claim to be admitted as authorities. My reply is that I fail to see that only those scholars who have devoted a large part of their lives to the study of manuscripts can form a judgment of any value on the *results* of such study. Such I know was not Tregelles's view.

A leading feature—and one, I venture to think, of considerable value—in the work now offered to the student is the following. Since Lachmann's time, and since the earlier part of Tregelles's Greek Testament appeared, fresh MS. evidence has come to light, some of the most valuable uncials (the Codex Vaticanus and others) having been more carefully collated, and some hitherto unknown (notably the Codex Sinaiticus) having been discovered. Tregelles had no copy or collation of the Sinaitic MS. while editing the Gospels, except only for the last chapter of John. How far all this fresh evidence, of which these editors would have been only too glad to avail themselves, would have influenced their judgment it is impossible to determine; but at least it is possible to indicate the places in which Lachmann and Tregelles did not possess some portion of the evidence which later editors had before them. This is done by putting *Ln* and *Tr* in italics in all such cases. The reader will therefore understand from such italics that Lachmann or Tregelles, if more fully informed, would possibly or probably—I do not venture to say which—have preferred the reading here given in the text to that which he actually printed, as quoted here in the footnotes. In some passages one might affirm with perfect confidence what the decision of these editors would have been. For example, in Mark x. 20, Ln, in his text (otherwise however in his margin), reads πάντα ταῦτα on the authority of the Codex Ephraemi and one or two other MSS. Had he known that this is *not* the reading of Cod. Ephr. and that the Cod. Sin. lends its authority also to support that of the Alexandrian and Vatican MSS. and of the Cod. Ephr., we can scarcely doubt that he would have given ταῦτα πάντα like all his successors. In Lu. iii. 14, Tr was in doubt as to the reading of the Codex Vaticanus, and trusting too much to Cardinal Mai's authority as against Birch, he printed ποιήσομεν in his text of that verse, putting ποιήσωμεν in his margin. Had he known that the Cardinal with characteristic carelessness had given the wrong reading, that Cod. Vat., like the great majority of uncials, exhibited ποιήσωμεν, and that the Cod. Sin. had the same, I feel certain that he would unhesitatingly have adopted ποιήσωμεν for his text. Twenty years' acquaintance with Tregelles while his work was in progress seems to warrant this confidence. But such instances are but few (mostly perhaps in mere spelling), and it is only very occasionally that such confidence will be found to have influenced the text of the present edition, when the mere numerical majority has favoured the reading here thrown into the footnotes.

The text exhibited on the basis of these authorities will be that in which (roughly speaking) the majority of them agree; but in estimating the majority it has been an obvious duty not merely to count names, but ever to keep in view the considerations suggested in the preceding paragraphs.

No doubt every reader will notice here and there a rejected reading supported by authorities which he may deem more important than those which favour the reading here put in the text; but at all events he will find— what is a chief object aimed at in this work—that the authorities are all given fully, and with the facts before him he will be at liberty to dissent from my judgment as often as he pleases. In the upper inner corner of each page all the authorities for that portion of the text are named.

The footnotes contain the readings which have won less numerous or less weighty suffrages.

It has not seemed necessary to exhibit in detail all the varieties of punctuation, just as not even Scr in his reprint of ς has always given Stephens's punctuation. That of the Revised Version is followed as a rule, many of the commas however being omitted. "High pointing" is not very generally approved. Where the variety of punctuation affects the sense in any important degree, it is everywhere noted. One passage in which I have not followed the Revisers, or even the majority of editors, is 1 Pet. ii. 17, where the separation of the clauses by stops of equal weight seems seriously to obscure the sense by making the present τιμᾶτε co-ordinate with and equivalent to the aorist τιμήσατε. Surely the translators of 1611 were right in their marginal rendering of the aorist by "Esteem," that is, in the sense of the Latin *aestimate*, take a just estimate of, attach the true value to. The injunction seems to be to do this to all—God and men alike: to do this, once for all (the aorist); and as the result, habitually (the present) to fear God, love the brotherhood, and honour the king.

The numbers of the verses are printed in the outer margin, the exact division of the verses being marked by a space in the text, except where the verse begins at the beginning of the line. For an example see Luke xx., where v. 30 consists only of the three words καὶ ὁ δεύτερος (compare Acts xv. 18), and of Acts xiii. 10 the first word is εἶπεν. (I had begun working on this plan long before I discovered that B had adopted the same—indeed before B was published.) Where the verses are differently divided by different editors, I have been guided by Robert Stephens's edition of 1551, the first in which the Greek text was divided into verses.

For the division into paragraphs in this edition not only the authorities above quoted have been consulted, but also Bengel, Griesbach, and Scholz. In many cases also I have followed the Revisers in assigning special weight to the divisions in the Codex Vaticanus (and the Cod. Zacynthius for Luke) as given by Tregelles.

As to the order of the Books, it has seemed most convenient to adopt the arrangement which is most familiar, namely that of ς and our English Bibles.

I also generally follow the English Authorized and Revised Versions in the use of capitals for the divine names and a few other words. The significance that we attach to initial capitals having been quite unknown in ancient writings, there is no reason why we should not avail ourselves in English editions of the useful custom of English books.

Words quoted in the footnotes from the text are put on the left of a square bracket.

+ following the square bracket signifies that *after* the word there cited the word or words following are added by the authorities then quoted.

pr (= *praemittit* s. *praemittunt*) following the square bracket indicates that *before* the word there cited the word or words following are placed by the authorities then quoted.

— following the square bracket, namely after more words than one, signifies that the specified one or more of those words is omitted by the authorities quoted.

o (= *omittit* s. *omittunt*) after the authority means that the word or words on the left of the bracket are all omitted by him or them.

ins = *inserit* s. *inserunt*.

σφ (= *per sphalma*) after the authority means that such is the reading in his printed text, but simply by inadvertence; an error that ought to have appeared, or perhaps has appeared, in his list of corrigenda. A mere misprint of letter or accent, that gives no sense and cannot mislead, like καθίστησαν (Ln for -σιν), I have not thought deserving of record.

A small ₘ following the authority indicates that while his *text* agrees with that of other editors, he has placed in his *margin* the word or words just quoted. Occasionally the same authority gives more than one marginal reading, as B in Mark vii. 2, Tr in Mark xii. 37.

($_{n.m.}$) (= *non in margine*) following the authority means that he gives in his *margin* the reading here given in the *text*. Thus in Mark v. 1, ς, which has Γαδαρηνῶν in the text, gives both Γεργεσηνῶν and Γερασηνῶν (as in this Resultant text) in his margin. And B, which in John xix. 38, last clause, has Ti's reading in the text, agrees with our Resultant text in the margin, besides giving the further variation (τὸ σῶμα τοῦ Ἰησοῦ) which ς exhibits.

A small ▪ following WH indicates an "alternative reading," as given in vol. ii. of that edition, such alternative readings differing from the text only in spelling or some similar detail not affecting the sense, the rejected spellings moreover being, in the judgment of these editors, "but little less probable than those adopted."

In like manner ($_{n.a.}$) after WH signifies that their text differs in the spelling or other detail specified from this resultant text, with which however their alternative reading agrees.

[Ln], [Tr], etc., signifies that the authority so cited brackets the word or words referred to.

[Ln]$_m$, [Tr]$_m$, etc., signifies that this authority agrees with other editors as to his *text*, but in his *margin* brackets the word or words in question. Thus in 1 Pet. ii. 24, where A and B insert [αὐτοῦ] in their text after μώλωπι, Tr, omitting the word in his text, gives μώλωπι [αὐτοῦ] as his marginal reading.

The italics of *Ln* or *Tr* referring to a word bracketed in the Resultant text—the brackets signifying that the authorities for and against the genuineness of the words were so evenly balanced that it seemed impossible to decide between them—indicate that this authority might possibly have agreed with those from whom he has differed, if he had had their fuller acquaintance with the MS. evidence in the case. Thus in Mark xv. 29 Ln and Tr might have inserted ἐν, and in Mark xvi. 1 they might have omitted the τοῦ, had they known the readings of Cod. Sin., and not been misled in the former passage as to Cod. Ephr.

Following the example of all the modern editors, I insert the ν ἐφελκυστικόν almost invariably, as well as the final ς of οὕτως, stating all the exceptions given in modern editions, not often those of ϛ.

In order to prevent needless repetition in the footnotes, it may be convenient to state once for all that of certain words of more or less frequent occurrence, chiefly proper names, the spelling here adopted is the following :—

Ἀβραάμ with Ln Tr Ti A B W Li E WH : Ἀβραάμ ϛ.

Ἀλφαῖος with other editors : Ἁλφαῖος WH.

Ἀνανίας with other editors : Ἁνανίας WH.

βαλλάντιον with C Ln and all modern editors : βαλάντιον ϛ.

Βεελζεβούλ with ϛ Ln Tr Ti A B WH_a : Βεελζεβούβ J : Βεεζεβούλ W WH.

Δαυείδ with Ln Tr Ti A WH : Δαβίδ Er ϛ : Δαυίδ C E W B.

Ἑβραῖος, Ἑβραϊκός, Ἑβραΐς, Ἑβραϊστί with Er ϛ Ln Tr Ti A B Li : Ἐβρ. WH.

Ἐλισάβετ with ϛ Ln Tr Ti A B : Ἐλεισάβετ WH.

ἔνατος with C Er (commonly) Ln etc. : ἔννατος ϛ.

ἐνενήκοντα with C Ln Tr etc. : ἐννενήκοντα ϛ.

ἐραυνάω and ἐξεραυνάω with Ln (generally) Tr Ti A (generally) B (generally) WH : ἐρευνάω and ἐξερευνάω ϛ.

Ἠλίας, with Ln Tr (except only in Luke i. 17 marg., Ἠλεία and Rom. xi. 2 Ἠλία) A (except Rom. xi. 2 Ἠλία) W B : Ἠλίας ϛ Elz : Ἠλείας Ti : Ἠλείας WH.

Ἡρῴδης, Ἡρῳδιανοί, Ἡρῳδιάς, Ἡρῳδίων with WH alone : Ἡρωδ. other editors.

Ἡσαΐας with Tr Ti A W B : Ἠσαΐας ϛ Ln : Ἠσαίας WH.

Ἰερεμίας with ϛ Ln Tr Ti A B : Ἰερεμίας W WH.

Ἰεριχώ with ϛ Ln Tr A W B : Ἰερειχώ, Ti : Ἰερειχώ WH.

Ἱεροσόλυμα and Ἱερουσαλήμ with ϛ Ln Tr Ti A W B Li E : Ἰεροσόλυμα and Ἰερουσαλήμ WH.

PREFACE.

Ἰσραηλείτης with Ti and WH : -λίτης ς *Ln* Tr A B
Ἰωάννης with ς Ti A W B Li E and Ln, and R except in John i. 42 (43), and xxi. 15 and 16 : Ἰωάνης Tr WH, everywhere except Apoc. xxii. 8, but WH (n.a.).
Καφαρναούμ with ς_m Ln Tr Ti A W B WH : Καπερναούμ ς.
κράβαττος with Ln Tr Ti A B WH : κράββατος ς.
λειτουργία, λειτουργός, etc. : λιτουργ. WH_a.
λήμψεται, ἀνάλημψις, etc. with Ln Tr Ti A W B Li E WH: λήψεται, ἀνάληψις, etc. ς.
Μαθθαῖος with Ln Tr Ti A W B WH : Ματθαῖος ς.
Μωνσῆς with Ln (generally) Tr A WH : Μωσῆς ς (generally) : Μωϋσῆς Ti W B.
Πειλᾶτος with Ti WH : Πιλάτος ς : Πιλᾶτος Er *Ln Tr* E A W B.
πραΰς, πραΰτης with Ln (generally) Tr Ti Li E A W B WH : πρᾷος and πρᾳότης ς : πραότης Ln in Gal. vi. 1, Eph. iv. 2.
ῥαββεί with Er Ti WH : ῥαββί C ς *Ln Tr* A W B.
Σαμάρεια with ς Ln Tr A WH_a : Σαμαρία Ti B WH (n.a.).
Σαμαρείτης, Σαμαρεῖτις, with ς Ln Tr A WH (n.a.) : Σαμαρίτης, Σαμαρῖτις, Ti B WH_a.
τετράρχης and τετραρχέω with ς Ln Tr A W WH_a : τετρααρχ. Ti B WH.
Τρῳάς with Ln Ti B WH : Τρωάς ς Tr E A.

One class of words calls for rather fuller notice. I refer to the very numerous cases in which some editors have substituted a simple ι for ει. I have followed Ln Tr Li E A W in keeping the diphthong. Doubtless there are many instances in which the majority of the oldest uncials exhibit such forms as μνημιον, ειδωλολατρια, παιδια, δουλια, εριθια, Καισαρια, Λαοδικια, etc.,* and Ti B and WH often adopt these or incline to them, as does Li in the one word Λαοδικια. But if we are ambitious of restoring as far as possible the text of the actual auto-

---

* Αντιοχια has the weightier MS. authority in 2 Tim. iii. 11, though no editor has given this form.

graphs of the evangelists and apostles, the evidence of inscriptions of the first and second centuries should not be wholly ignored, and in these such forms are exceptional and rare.* Moreover if that spelling is adopted, the student should be warned that in this whole class of words the pronunciation must be with ῐ, not ῑ, as in the Homeric κονίη when at the end of a line, and αἰκία, and commonly ἀνία, in Attic. In the Latin poetry of those centuries—for hardly any Greek poetry of that age exists †—there is no trace of such shortened penults as Laodicia, Seleucia. In this whole class of words the penult was long in classical writers, and so even where itacism substitutes a single vowel for a diphthong (and this was occasionally the case in very early times: witness ΝΟƎΝƎΘΑ for Ἀθηναίων in an inscription of high antiquity, as is proved by its being written from right to left, quoted in Hayman's Odyssey, vol. i., App. C, p. xl., plate), the quantity of the diphthong is retained. Thus in the verses of a Palæstinian inscription, no. 4588 of Bœckh, we have επενη for ἐπαινῇ, μεινεμι for μείναιμι, κε for καί, and in each of these the substituted ε scans long.‡ And in the Modern Greek pronunciation, which follows the written accent, the penult would be long in δουλία, ἀρεσκία, Λαοδικία, ἐξέφνης, even when thus spelt.

* Λαοδίκεια occurs in Bœckh, Inscr. 4472, the date of which is A.D. 221. Λαοδίκια I have not found anywhere in inscriptions.

† Αντιοχειαν occurs in an hexameter in a Palæstinian inscription, no. 4622 of Bœckh.

‡ The fact that ε sometimes represents the long sound of (probably) our *e* in *there* may perhaps help to account for the curious v.l. of τέσσαρες as an accusative plur., as in John xi. 17, Acts xxvii. 29. The MSS. in which this form occurs were written when η had become assimilated in sound to ι, and it seems not impossible that the *Latin* termination -*es* may have crept in here, -ες being its most natural and correct transliteration. This is the more probable as the inscriptions in which this error occurs have chiefly—indeed, so far as I have noticed, exclusively—been found in Italy and Sicily. It is seen in Bœckh's Inscr. no. 9552, which he describes as "Romae ex coemeterio S. Pontiani via Portuensi"; 9597 and 9662, "Romae"; 9464, "Syracusis"; 9477 "Catanae"; 5877a', "Barii."

I am persuaded, notwithstanding some opinions that have been expressed to the contrary, that critical judgment will more and more converge towards most of the conclusions arrived at by WH (many of them shared by Tr* also), not only in respect to substantive readings, but also as to the minor details of orthography, etc. Nevertheless, as it would be inconsistent with the aim of this work to follow the guidance of any single edition, so also there are cases in which—at present, at least—I am not convinced. For instance, in Lu. vi. 18 (WH and Ti 17), WH adopt ἦλθαν on the sole authority of the MS. L (the Cod. Regius Parisiensis), even the Cod. Vat. reading ἦλθον; nay occasionally they prefer this form under the single sanction of a cursive MS. (33). And when editors on the authority of MSS. tolerate itacism in numerous words, as Δαυείδ, Πειλᾶτος, ἐξέφνης, etc., they might reasonably be expected when quoting a reading on the authority of a single MS., to accept its spelling too, although itacistic; yet WH give ὁ συνίων συνιέτω, Mark iv. 9 marg., where Codex Bezæ (D), the sole authority, has συνειων and συνειετω. Moreover that well-known characteristic of the Æolic dialect (as of modern Italian) which separated the component elements of diphthongs, as πάϊς for παῖς—or probably rather retained the more ancient form and never allowed those elements to coalesce into diphthongs—seems to be found also in certain proper names in the Hellenistic Greek of the New Testament. Just as the Latin *Graius* (not *Graeus*) is accounted for by referring it not to Γραῖος, but to the Æolic Γράϊος; and similarly while *Achaeus* represents Ἀχαιός, *Achaia* (as in Ovid's "Auxilium promittet Achaïa Trojæ") represents Ἀχαΐα, so the Latin *Bethsaida, Caiaphas,* seem to point to Greek forms in four syllables, and I accordingly write Βηθσαϊδά(ν) and Καϊάφας, with ς Ln Tr Ti A W B, as against WH, who give αι instead of αϊ. Γάϊος too is the Latin Caïus.

* I beg my readers to look with great respect on any reading given in my footnotes as that of the minority, but which is supported both by Tr and WH.

b

Finally in accentuation I have rarely departed from Ti and WH, who commonly agree. I have of course not ventured to alter their ἴδον as given in the footnotes, notwithstanding my belief that that is not an unaugmented, but merely an itacistic form, and that therefore the correct mode of writing is ἶδον rather than ἴδον, as printed by Ti and WH. There is no other example in the New Testament, such as is so common in Homer, of a simple root beginning with a vowel, such as ιδ, forming past tenses without any augment. If we had ἔλθον, ἔχον, ἑπόμην, ἔασα, etc., for ἦλθον, εἶχον, etc., ἴδον for εἶδον might also be correct. This form of the aorist being given by WH as an alternative reading everywhere in the Apocalypse ("Ap passim"), but "especially vi. 8, 9; viii. 2; xiv. 14; xv. 1; xix. 19," I have given it in the footnotes in these places only: this notice will suffice for the rest.

In conclusion I have to acknowledge with most cordial thanks permission given me to use their printed works by the Bishop of Durham, the Bishop of Gloucester and Bristol, the late Mrs. Tregelles (as representing her husband Dr. Tregelles whom she survived), the family of the late Dean Alford, Dr. Scrivener (and Mr. George Bell the publisher of Dr. Scrivener's Greek Testament), Dr. Westcott and Dr. Hort (as well as Messrs. Macmillan the publishers of their edition), and Dr. Stockmeyer and Prof. Riggenbach, the joint editors of the Bâle edition. I am also indebted to the authorities of Sion College and of the Baptist College at Bristol for kindly allowing me the use at my own home of their copies of Erasmus's first edition and Stephens's edition of 1550. Lastly I am under great obligation to my friend and colleague Mr. T. T. Jeffery, M.A., Fellow of Peterhouse, for reading the sheets as they passed through the press.

And now I offer this little volume to the Church of

Christ, trusting it will be approved by scholars who are also lovers of Holy Scripture, and accepted as a humble yet pleasing tribute of loving service by Him who has given us that priceless boon.

R. F. WEYMOUTH.

MILL HILL, N.W.,

ΕΥΑΓΓΕΛΙΟΝ

ΚΑΤΑ ΜΑΘΘΑΙΟΝ.

Βίβλος γενέσεως Ἰησοῦ Χριστοῦ υἱοῦ Δαυεὶδ υἱοῦ 1
Ἀβραάμ.

Ἀβραὰμ ἐγέννησεν τὸν Ἰσαάκ· Ἰσαὰκ δὲ ἐγέννησεν 2
τὸν Ἰακώβ· Ἰακὼβ δὲ ἐγέννησεν τὸν Ἰούδαν καὶ τοὺς
ἀδελφοὺς αὐτοῦ· Ἰούδας δὲ ἐγέννησεν τὸν Φαρὲς καὶ 3
τὸν Ζαρὰ ἐκ τῆς Θάμαρ· Φαρὲς δὲ ἐγέννησεν τὸν Ἐσρώμ·
Ἐσρὼμ δὲ ἐγέννησεν τὸν Ἀράμ· Ἀρὰμ δὲ ἐγέννησεν 4
τὸν Ἀμιναδάβ· Ἀμιναδὰβ δὲ ἐγέννησεν τὸν Ναασσών·
Ναασσὼν δὲ ἐγέννησεν τὸν Σαλμών· Σαλμὼν δὲ 5
ἐγέννησεν τὸν Βοὲς ἐκ τῆς Ῥαχάβ· Βοὲς δὲ ἐγέννησεν
τὸν Ἰωβὴδ ἐκ τῆς Ῥούθ· Ἰωβὴδ δὲ ἐγέννησεν τὸν
Ἰεσσαί· Ἰεσσαὶ δὲ ἐγέννησεν τὸν Δαυεὶδ τὸν βασιλέα. 6

Δαυεὶδ δὲ ἐγέννησεν τὸν Σολομῶνα ἐκ τῆς τοῦ Οὐρίου·
Σολομὼν δὲ ἐγέννησεν τὸν Ῥοβοάμ· Ῥοβοὰμ δὲ ἐγέν- 7
νησεν τὸν Ἀβιά· Ἀβιὰ δὲ ἐγέννησεν τὸν Ἀσάφ·
Ἀσὰφ δὲ ἐγέννησεν τὸν Ἰωσαφάτ· Ἰωσαφὰτ δὲ 8
ἐγέννησεν τὸν Ἰωράμ· Ἰωρὰμ δὲ ἐγέννησεν τὸν Ὀζείαν·

ΕΥΑΓΓΕΛΙΟΝ] Ti[A] B°, in pagina præcedente WH : τὸ κατὰ
Ματθαῖον ἅγιον εὐαγγέλιον ϛ: inscriptionem omnino omittit
W.   3 Θάμαρ] Θαμάρ TrA   Ἐσρ. bis] Ἐσρ. WH   4 Ἀμιν-
αδάβ bis] Ἀμειν. A   5 Βοὲς bis] Βοὸζ ϛ B : Βοὸς LnTr   Ἰωβὴδ
bis] Ὠβὴδ ϛ B   6 Δαυεὶδ δὲ] + ὁ βασιλεὺς ϛ   Σολομῶνα] -μῶντα
ϛ Ln : CEr   7 Σολομὼν] -μῶν Ln A   7, 8 Ἀσὰφ bis] Ἀσὰ ϛ BW
8, 9 Ὀζείαν· Ὀζείας] Ὀζί- bis ϛ BW

ΚΑΤΑ ΜΑΘΘΑΙΟΝ

9 Ὀζείας δὲ ἐγέννησεν τὸν Ἰωάθαμ· Ἰωάθαμ δὲ ἐγέννησεν
10 τὸν Ἀχαζ· Ἀχαζ δὲ ἐγέννησεν τὸν Ἐζεκίαν· Ἐζεκίας δὲ ἐγέννησεν τὸν Μανασσῆ· Μανασσῆς δὲ ἐγέννησεν τὸν
11 Ἀμώς· Ἀμὼς δὲ ἐγέννησεν τὸν Ἰωσείαν· Ἰωσείας δὲ ἐγέννησεν τὸν Ἰεχονίαν καὶ τοὺς ἀδελφοὺς αὐτοῦ ἐπὶ τῆς μετοικεσίας Βαβυλῶνος.

12 Μετὰ δὲ τὴν μετοικεσίαν Βαβυλῶνος Ἰεχονίας ἐγέν-
13 νησεν τὸν Σαλαθιήλ· Σαλαθιὴλ δὲ ἐγέννησεν τὸν Ζοροβάβελ· Ζοροβάβελ δὲ ἐγέννησεν τὸν Ἀβιούδ· Ἀβιοὺδ δὲ ἐγέννησεν τὸν Ἐλιακείμ· Ἐλιακεὶμ δὲ ἐγέννησεν τὸν
14 Ἀζώρ· Ἀζὼρ δὲ ἐγέννησεν τὸν Σαδώκ· Σαδὼκ δὲ ἐγέννησεν τὸν Ἀχείμ· Ἀχεὶμ δὲ ἐγέννησεν τὸν Ἐλιούδ·
15 Ἐλιοὺδ δὲ ἐγέννησεν τὸν Ἐλεάζαρ· Ἐλεάζαρ δὲ ἐγέννησεν τὸν Μαθθάν· Μαθθὰν δὲ ἐγέννησεν τὸν Ἰακώβ·
16 Ἰακὼβ δὲ ἐγέννησεν τὸν Ἰωσὴφ τὸν ἄνδρα Μαρίας, ἐξ ἧς ἐγεννήθη Ἰησοῦς ὁ λεγόμενος Χριστός.

17 Πᾶσαι οὖν αἱ γενεαὶ ἀπὸ Ἀβραὰμ ἕως Δαυεὶδ γενεαὶ δεκατέσσαρες, καὶ ἀπὸ Δαυεὶδ ἕως τῆς μετοικεσίας Βαβυλῶνος γενεαὶ δεκατέσσαρες, καὶ ἀπὸ τῆς μετοικεσίας Βαβυλῶνος ἕως τοῦ Χριστοῦ γενεαὶ δεκατέσσαρες.

18 Τοῦ δὲ Ἰησοῦ Χριστοῦ ἡ γένεσις οὕτως ἦν· μνηστευθείσης τῆς μητρὸς αὐτοῦ Μαρίας τῷ Ἰωσήφ, πρὶν ἢ συνελθεῖν αὐτοὺς εὑρέθη ἐν γαστρὶ ἔχουσα ἐκ Πνεύματος
19 Ἁγίου. Ἰωσὴφ δὲ ὁ ἀνὴρ αὐτῆς, δίκαιος ὢν καὶ μὴ θέλων αὐτὴν δειγματίσαι, ἐβουλήθη λάθρα ἀπολῦσαι
20 αὐτήν. ταῦτα δὲ αὐτοῦ ἐνθυμηθέντος, ἰδοὺ ἄγγελος Κυρίου κατ' ὄναρ ἐφάνη αὐτῷ λέγων, Ἰωσὴφ υἱὸς Δαυείδ,

μὴ φοβηθῇς παραλαβεῖν Μαριὰμ τὴν γυναῖκά σου· τὸ γὰρ ἐν αὐτῇ γεννηθὲν ἐκ Πνεύματός ἐστιν Ἁγίου. τέ- 21 ξεται δὲ υἱόν, καὶ καλέσεις τὸ ὄνομα αὐτοῦ Ἰησοῦν, αὐτὸς γὰρ σώσει τὸν λαὸν αὐτοῦ ἀπὸ τῶν ἁμαρτιῶν αὐτῶν. Τοῦτο δὲ ὅλον γέγονεν ἵνα πληρωθῇ τὸ ῥηθὲν ὑπὸ 22 Κυρίου διὰ τοῦ προφήτου λέγοντος, Ἰδοὺ ἡ παρθένος 23 ἐν γαστρὶ ἕξει καὶ τέξεται υἱόν, καὶ καλέσουσιν τὸ ὄνομα αὐτοῦ Ἐμμανουήλ· ὅ ἐστιν μεθερμηνευόμενον Μεθ᾽ ἡμῶν ὁ Θεός. ἐγερθεὶς δὲ ὁ Ἰωσὴφ ἀπὸ τοῦ ὕπνου ἐποίησεν 24 ὡς προσέταξεν αὐτῷ ὁ ἄγγελος Κυρίου, καὶ παρέλαβεν τὴν γυναῖκα αὐτοῦ· καὶ οὐκ ἐγίνωσκεν αὐτὴν ἕως οὗ 25 ἔτεκεν υἱόν· καὶ ἐκάλεσεν τὸ ὄνομα αὐτοῦ ΙΗΣΟΥΝ.

Τοῦ δὲ Ἰησοῦ γεννηθέντος ἐν Βηθλεὲμ τῆς Ἰουδαίας ἐν ἡμέραις Ἡρῴδου τοῦ βασιλέως, ἰδοὺ μάγοι ἀπὸ ἀνατολῶν παρεγένοντο εἰς Ἱεροσόλυμα λέγοντες, Ποῦ 2 ἐστιν ὁ τεχθεὶς Βασιλεὺς τῶν Ἰουδαίων; εἴδομεν γὰρ αὐτοῦ τὸν ἀστέρα ἐν τῇ ἀνατολῇ, καὶ ἤλθομεν προσκυνῆσαι αὐτῷ. ἀκούσας δὲ ὁ βασιλεὺς Ἡρῴδης ἐτα- 3 ράχθη καὶ πᾶσα Ἱεροσόλυμα μετ᾽ αὐτοῦ· καὶ συνα- 4 γαγὼν πάντας τοὺς ἀρχιερεῖς καὶ γραμματεῖς τοῦ λαοῦ ἐπυνθάνετο παρ᾽ αὐτῶν ποῦ ὁ Χριστὸς γεννᾶται. οἱ δὲ εἶπαν αὐτῷ, Ἐν Βηθλεὲμ τῆς Ἰουδαίας· οὕτως γὰρ 5 γέγραπται διὰ τοῦ προφήτου, Καὶ σύ, Βηθλεὲμ γῆ 6 Ἰούδα, οὐδαμῶς ἐλαχίστη εἶ ἐν τοῖς ἡγεμόσιν Ἰούδα· ἐκ σοῦ γὰρ ἐξελεύσεται ἡγούμενος, ὅστις ποιμανεῖ τὸν λαόν μου τὸν Ἰσραήλ. Τότε Ἡρῴδης λάθρα καλέσας τοὺς 7 μάγους ἠκρίβωσεν παρ᾽ αὐτῶν τὸν χρόνον τοῦ φαινομένου ἀστέρος. καὶ πέμψας αὐτοὺς εἰς Βηθλεὲμ εἶπεν, 8 Πορευθέντες ἐξετάσατε ἀκριβῶς περὶ τοῦ παιδίου· ἐπὰν δὲ εὕρητε, ἀπαγγείλατέ μοι, ὅπως κἀγὼ ἐλθὼν προσ-

20 Μαριὰμ] Μαρίαν WH(n.m.) 22 Κυρίου]pr τοῦ ϛ 23 ὁ]Lnˢ
24 ἐγερθεὶς] διεγερθεὶς ϛ ὁ pri.]Tiᵛ Bˢ[WH] 25 οὗ][WH]
υἱόν]τὸν υἱὸν αὐτῆς τὸν πρωτότοκον ϛ AmBm 3 ὁ βασ.] post Ἡρ. ϛ
5 εἶπαν] εἶπον ϛ LnTrA 8 ἐξετάσατε] post ἀκριβῶς ϛ

ΚΑΤΑ ΜΑΘΘΑΙΟΝ

9 κυνήσω αὐτῷ. οἱ δὲ ἀκούσαντες τοῦ βασιλέως ἐπορεύθησαν· καὶ ἰδοὺ ὁ ἀστὴρ ὃν εἶδον ἐν τῇ ἀνατολῇ προῆγεν αὐτοὺς ἕως ἐλθὼν ἐστάθη ἐπάνω οὗ ἦν τὸ παιδίον.
10 ἰδόντες δὲ τὸν ἀστέρα ἐχάρησαν χαρὰν μεγάλην σφόδρα.
11 καὶ ἐλθόντες εἰς τὴν οἰκίαν εἶδον τὸ παιδίον μετὰ Μαρίας τῆς μητρὸς αὐτοῦ, καὶ πεσόντες προσεκύνησαν αὐτῷ, καὶ ἀνοίξαντες τοὺς θησαυροὺς αὐτῶν προσήνεγκαν αὐτῷ δῶρα,
12 χρυσὸν καὶ λίβανον καὶ σμύρναν. καὶ χρηματισθέντες κατ᾽ ὄναρ μὴ ἀνακάμψαι πρὸς Ἡρῴδην, δι᾽ ἄλλης ὁδοῦ ἀνεχώρησαν εἰς τὴν χώραν αὐτῶν.
13 Ἀναχωρησάντων δὲ αὐτῶν, ἰδοὺ ἄγγελος Κυρίου φαίνεται κατ᾽ ὄναρ τῷ Ἰωσὴφ λέγων, Ἐγερθεὶς παράλαβε τὸ παιδίον καὶ τὴν μητέρα αὐτοῦ καὶ φεῦγε εἰς Αἴγυπτον, καὶ ἴσθι ἐκεῖ ἕως ἂν εἴπω σοι· μέλλει γὰρ Ἡρῴδης ζητεῖν τὸ
14 παιδίον τοῦ ἀπολέσαι αὐτό. ὁ δὲ ἐγερθεὶς παρέλαβεν τὸ παιδίον καὶ τὴν μητέρα αὐτοῦ νυκτὸς καὶ ἀνεχώρησεν
15 εἰς Αἴγυπτον, καὶ ἦν ἐκεῖ ἕως τῆς τελευτῆς Ἡρῴδου· ἵνα πληρωθῇ τὸ ῥηθὲν ὑπὸ Κυρίου διὰ τοῦ προφήτου
16 λέγοντος, Ἐξ Αἰγύπτου ἐκάλεσα τὸν Υἱόν μου. Τότε Ἡρῴδης ἰδὼν ὅτι ἐνεπαίχθη ὑπὸ τῶν μάγων ἐθυμώθη λίαν, καὶ ἀποστείλας ἀνεῖλεν πάντας τοὺς παῖδας τοὺς ἐν Βηθλεὲμ καὶ ἐν πᾶσι τοῖς ὁρίοις αὐτῆς ἀπὸ διετοῦς καὶ κατωτέρω, κατὰ τὸν χρόνον ὃν ἠκρίβωσεν παρὰ τῶν
17 μάγων. τότε ἐπληρώθη τὸ ῥηθὲν διὰ Ἱερεμίου τοῦ
18 προφήτου λέγοντος, Φωνὴ ἐν Ῥαμᾶ ἠκούσθη, κλαυθμὸς καὶ ὀδυρμὸς πολύς, Ῥαχὴλ κλαίουσα τὰ τέκνα αὐτῆς, καὶ οὐκ ἤθελεν παρακληθῆναι, ὅτι οὐκ εἰσίν.
19 Τελευτήσαντος δὲ τοῦ Ἡρῴδου, ἰδοὺ ἄγγελος Κυρίου
20 φαίνεται κατ᾽ ὄναρ τῷ Ἰωσὴφ ἐν Αἰγύπτῳ λέγων,

9 ἐστάθη] ἔστη ς   11 εἶδον] εὗρον ς : CJ sm Scr   13 φαίνεται] post κατ᾽ ὄναρ Tr : ἐφάνη post κ. ὄ. Ln WHm   14 παρέλαβεν]-βε WH   15 Κυρίου] pr τοῦ ς   16 πᾶσι]-σιν LnTrA   17 διὰ ὑπὸ ς   18 Ῥαμᾶ]-μὰ TiWBWH   κλαυθμὸς] pr θρῆνος καὶ ς ἤθελεν] ἠθέλησεν LnTrm   19 φαίνεται] post κατ᾽ ὄναρ ς

Ἐγερθεὶς παράλαβε τὸ παιδίον καὶ τὴν μητέρα αὐτοῦ, καὶ πορεύου εἰς γῆν Ἰσραήλ· τεθνήκασιν γὰρ οἱ ζητοῦντες τὴν ψυχὴν τοῦ παιδίου. ὁ δὲ ἐγερθεὶς παρέλαβεν 21 τὸ παιδίον καὶ τὴν μητέρα αὐτοῦ καὶ εἰσῆλθεν εἰς γῆν Ἰσραήλ· ἀκούσας δὲ ὅτι Ἀρχέλαος βασιλεύει τῆς 22 Ἰουδαίας ἀντὶ τοῦ πατρὸς αὐτοῦ Ἡρῴδου ἐφοβήθη ἐκεῖ ἀπελθεῖν· χρηματισθεὶς δὲ κατ᾽ ὄναρ ἀνεχώρησεν εἰς τὰ μέρη τῆς Γαλιλαίας, καὶ ἐλθὼν κατῴκησεν εἰς πόλιν 23 λεγομένην Ναζαρέτ· ὅπως πληρωθῇ τὸ ῥηθὲν διὰ τῶν προφητῶν ὅτι Ναζωραῖος κληθήσεται.

Ἐν δὲ ταῖς ἡμέραις ἐκείναις παραγίνεται Ἰωάννης ὁ Βαπ- 3
τιστὴς κηρύσσων ἐν τῇ ἐρήμῳ τῆς Ἰουδαίας, λέγων, 2
Μετανοεῖτε· ἤγγικεν γὰρ ἡ βασιλεία τῶν οὐρανῶν. οὗτος 3
γάρ ἐστιν ὁ ῥηθεὶς διὰ Ἡσαΐου τοῦ προφήτου λέγοντος, Φωνὴ βοῶντος ἐν τῇ ἐρήμῳ, Ἑτοιμάσατε τὴν ὁδὸν Κυρίου, εὐθείας ποιεῖτε τὰς τρίβους αὐτοῦ. αὐτὸς δὲ ὁ Ἰωάννης 4 εἶχεν τὸ ἔνδυμα αὐτοῦ ἀπὸ τριχῶν καμήλου καὶ ζώνην δερματίνην περὶ τὴν ὀσφὺν αὐτοῦ· ἡ δὲ τροφὴ ἦν αὐτοῦ ἀκρίδες καὶ μέλι ἄγριον. Τότε ἐξεπορεύετο πρὸς αὐτὸν 5 Ἱεροσόλυμα καὶ πᾶσα ἡ Ἰουδαία καὶ πᾶσα ἡ περίχωρος τοῦ Ἰορδάνου· καὶ ἐβαπτίζοντο ἐν τῷ Ἰορδάνῃ ποταμῷ 6 ὑπ᾽ αὐτοῦ ἐξομολογούμενοι τὰς ἁμαρτίας αὐτῶν. ἰδὼν 7 δὲ πολλοὺς τῶν Φαρισαίων καὶ Σαδδουκαίων ἐρχομένους ἐπὶ τὸ βάπτισμα εἶπεν αὐτοῖς, Γεννήματα ἐχιδνῶν, τίς ὑπέδειξεν ὑμῖν φυγεῖν ἀπὸ τῆς μελλούσης ὀργῆς; ποιήσατε οὖν καρπὸν ἄξιον τῆς μετανοίας· καὶ μὴ 8,9 δόξητε λέγειν ἐν ἑαυτοῖς, Πατέρα ἔχομεν τὸν Ἀβραάμ· λέγω γὰρ ὑμῖν ὅτι δύναται ὁ Θεὸς ἐκ τῶν λίθων τούτων

21 παρέλαβεν] -βε WH   εἰσῆλθεν] ἦλθεν ϛ   22 τῆς Ἰουδ.] pr ἐπὶ ϛ [Tr][A]   τοῦ πατρὸς αὐτ. Ἡ.] Ἡ. τοῦ π. αὐτ. ϛ   23 Ναζαρέτ] -ρέθ J Ln Tr TiB   1 δὲ] [W]   2 λέγων] pr καὶ ϛ [Tr]   3 διὰ] ὑπὸ ϛ   βοῶντος κτλ.] βοῶντος, Ἐν τῇ ἐρήμῳ ἑτοιμ. κτλ. Tr (ad Mar. i. 3)   4 ἦν αὐτοῦ] αὐτοῦ ἦν ϛ   6 ἐβαπτίζοντο]+πάντες [Ln] ποταμῷ] ϛ°(n.m.)   7 βάπτισμα]+αὐτοῦ ϛ [Tr][A]   8 καρπὸν ἄξιον] καρποὺς ἀξίους ϛ : Csm

10 ἐγεῖραι τέκνα τῷ Ἀβραάμ. ἤδη δὲ ἡ ἀξίνη πρὸς τὴν ῥίζαν τῶν δένδρων κεῖται· πᾶν οὖν δένδρον μὴ ποιοῦν
11 καρπὸν καλὸν ἐκκόπτεται καὶ εἰς πῦρ βάλλεται. ἐγὼ μὲν ὑμᾶς βαπτίζω ἐν ὕδατι εἰς μετάνοιαν· ὁ δὲ ὀπίσω μου ἐρχόμενος ἰσχυρότερός μου ἐστίν, οὗ οὐκ εἰμὶ ἱκανὸς τὰ ὑποδήματα βαστάσαι· αὐτὸς ὑμᾶς βαπτίσει ἐν Πνεύματι
12 Ἁγίῳ καὶ πυρί· οὗ τὸ πτύον ἐν τῇ χειρὶ αὐτοῦ, καὶ διακαθαριεῖ τὴν ἅλωνα αὐτοῦ, καὶ συνάξει τὸν σῖτον αὐτοῦ εἰς τὴν ἀποθήκην, τὸ δὲ ἄχυρον κατακαύσει πυρὶ ἀσβέστῳ.
13 Τότε παραγίνεται ὁ Ἰησοῦς ἀπὸ τῆς Γαλιλαίας ἐπὶ τὸν Ἰορδάνην πρὸς τὸν Ἰωάννην τοῦ βαπτισθῆναι ὑπ' αὐτοῦ.
14 ὁ δὲ διεκώλυεν αὐτὸν λέγων, Ἐγὼ χρείαν ἔχω ὑπὸ σοῦ
15 βαπτισθῆναι· καὶ σὺ ἔρχῃ πρός με; ἀποκριθεὶς δὲ ὁ Ἰησοῦς εἶπεν πρὸς αὐτόν, Ἄφες ἄρτι· οὕτως γὰρ πρέπον ἐστὶν ἡμῖν πληρῶσαι πᾶσαν δικαιοσύνην. τότε ἀφίησιν
16 αὐτόν. βαπτισθεὶς δὲ ὁ Ἰησοῦς εὐθὺς ἀνέβη ἀπὸ τοῦ ὕδατος· καὶ ἰδοὺ ἠνεῴχθησαν οἱ οὐρανοί, καὶ εἶδεν Πνεῦμα Θεοῦ καταβαῖνον ὡσεὶ περιστεράν, ἐρχόμενον
17 ἐπ' αὐτόν· καὶ ἰδοὺ φωνὴ ἐκ τῶν οὐρανῶν λέγουσα, Οὗτός ἐστιν ὁ Υἱός μου ὁ ἀγαπητός, ἐν ᾧ εὐδόκησα.

4 Τότε ὁ Ἰησοῦς ἀνήχθη εἰς τὴν ἔρημον ὑπὸ τοῦ Πνεύ-
2 ματος πειρασθῆναι ὑπὸ τοῦ διαβόλου. καὶ νηστεύσας ἡμέρας τεσσεράκοντα καὶ νύκτας τεσσεράκοντα ὕστερον
3 ἐπείνασεν. καὶ προσελθὼν ὁ πειράζων εἶπεν αὐτῷ, Εἰ Υἱὸς εἶ τοῦ Θεοῦ, εἰπὲ ἵνα οἱ λίθοι οὗτοι ἄρτοι γένωνται.

10 ἡ ἀξίνη] pr καὶ ς 11 ὑμᾶς] post βαπτ. ς A 12 ἀποθήκην] + αὐτοῦ ςmLnTrWHm 14 ὁ δὲ] + Ἰωάννης ς [Tr][A]
15 πρὸς αὐτόν] αὐτῷ LnTrmWBWH(n.m.) οὕτως] -τω WWH
16 βαπτισθεὶς δὲ] καὶ βαπτ. ς εὐθὺς] post ἀνέβη ς A ἠνεῴχθησαν] ἀνεῴχθ. ς TrTiAWH : +αὐτῷ ς [Ln]TrAWHm R(n.m.) Πνεῦμα] τὸ πν. τοῦ ς LnTr[A] ἐρχόμ.] pr καὶ [Tr][A]R 17 μου ὁ ἀγαπητός, ἐν] μου, ὁ ἀγαπητὸς ἐν WHm εὐδόκησα] ηὐδ. Ti 1 ὁ] A°[WH]
2 τεσσεράκοντα bis] τεσσαρ. ς Ln καὶ νύκτ. τεσσ.] κ. τεσσ. νυ. TiWB
3 προσελθὼν]+αὐτῷ ς Ln αὐτῷ] ς° εἰπὲ] εἰπὸν WH(n.a.)

ὁ δὲ ἀποκριθεὶς εἶπεν, Γέγραπται, Οὐκ ἐπ' ἄρτῳ μόνῳ 4 ζήσεται ὁ ἄνθρωπος, ἀλλ' ἐπὶ παντὶ ῥήματι ἐκπορευομένῳ διὰ στόματος Θεοῦ. τότε παραλαμβάνει αὐτὸν ὁ 5 διάβολος εἰς τὴν ἁγίαν πόλιν, καὶ ἔστησεν αὐτὸν ἐπὶ τὸ πτερύγιον τοῦ ἱεροῦ, καὶ λέγει αὐτῷ, Εἰ Υἱὸς εἶ 6 τοῦ Θεοῦ, βάλε σεαυτὸν κάτω· γέγραπται γὰρ ὅτι Τοῖς ἀγγέλοις αὐτοῦ ἐντελεῖται περὶ σοῦ, καὶ ἐπὶ χειρῶν ἀροῦσίν σε, μή ποτε προσκόψῃς πρὸς λίθον τὸν πόδα σου. ἔφη αὐτῷ ὁ Ἰησοῦς, Πάλιν γέγραπται, Οὐκ ἐκπειράσεις 7 Κύριον τὸν Θεόν σου. πάλιν παραλαμβάνει αὐτὸν ὁ 8 διάβολος εἰς ὄρος ὑψηλὸν λίαν, καὶ δείκνυσιν αὐτῷ πάσας τὰς βασιλείας τοῦ κόσμου καὶ τὴν δόξαν αὐτῶν, καὶ 9 εἶπεν αὐτῷ Ταῦτά σοι πάντα δώσω, ἐὰν πεσὼν προσκυνήσῃς μοι. τότε λέγει αὐτῷ ὁ Ἰησοῦς, Ὕπαγε, 10 Σατανᾶ· γέγραπται γάρ, Κύριον τὸν Θεόν σου προσκυνήσεις, καὶ αὐτῷ μόνῳ λατρεύσεις. τότε ἀφίησιν αὐτὸν ὁ 11 διάβολος· καὶ ἰδοὺ ἄγγελοι προσῆλθον καὶ διηκόνουν αὐτῷ.

Ἀκούσας δὲ ὅτι Ἰωάννης παρεδόθη ἀνεχώρησεν εἰς τὴν 12 Γαλιλαίαν, καὶ καταλιπὼν τὴν Ναζαρὰ ἐλθὼν κατῴ- 13 κησεν εἰς Καφαρναοὺμ τὴν παραθαλασσίαν ἐν ὁρίοις Ζαβουλὼν καὶ Νεφθαλείμ· ἵνα πληρωθῇ τὸ ῥηθὲν διὰ 14 Ἡσαΐου τοῦ προφήτου λέγοντος, Γῆ Ζαβουλὼν καὶ 15 γῆ Νεφθαλείμ, ὁδὸν θαλάσσης πέραν τοῦ Ἰορδάνου, Γαλιλαία τῶν ἐθνῶν, ὁ λαὸς ὁ καθήμενος ἐν σκοτίᾳ φῶς 16 εἶδεν μέγα, καὶ τοῖς καθημένοις ἐν χώρᾳ καὶ σκιᾷ θανάτου φῶς ἀνέτειλεν αὐτοῖς.

Ἀπὸ τότε ἤρξατο ὁ Ἰησοῦς κηρύσσειν καὶ λέγειν, 17 Μετανοεῖτε· ἤγγικεν γὰρ ἡ βασιλεία τῶν οὐρανῶν. Πε- 18

ριπατῶν δὲ παρὰ τὴν θάλασσαν τῆς Γαλιλαίας εἶδεν
δύο ἀδελφούς, Σίμωνα τὸν λεγόμενον Πέτρον καὶ Ἀνδρέαν
τὸν ἀδελφὸν αὐτοῦ, βάλλοντας ἀμφίβληστρον εἰς τὴν θά-
19 λασσαν· ἦσαν γὰρ ἁλεεῖς. καὶ λέγει αὐτοῖς, Δεῦτε
20 ὀπίσω μου, καὶ ποιήσω ὑμᾶς ἁλεεῖς ἀνθρώπων. οἱ δὲ
21 εὐθέως ἀφέντες τὰ δίκτυα ἠκολούθησαν αὐτῷ. Καὶ
προβὰς ἐκεῖθεν εἶδεν ἄλλους δύο ἀδελφούς, Ἰάκωβον τὸν
τοῦ Ζεβεδαίου καὶ Ἰωάννην τὸν ἀδελφὸν αὐτοῦ, ἐν τῷ
πλοίῳ μετὰ Ζεβεδαίου τοῦ πατρὸς αὐτῶν καταρτίζοντας
22 τὰ δίκτυα αὐτῶν· καὶ ἐκάλεσεν αὐτούς. οἱ δὲ εὐθέως
ἀφέντες τὸ πλοῖον καὶ τὸν πατέρα αὐτῶν ἠκολούθησαν αὐτῷ.
23 Καὶ περιῆγεν ἐν ὅλῃ τῇ Γαλιλαίᾳ, διδάσκων ἐν ταῖς
συναγωγαῖς αὐτῶν καὶ κηρύσσων τὸ εὐαγγέλιον τῆς βασι-
λείας, καὶ θεραπεύων πᾶσαν νόσον καὶ πᾶσαν μαλακίαν
24 ἐν τῷ λαῷ. καὶ ἀπῆλθεν ἡ ἀκοὴ αὐτοῦ εἰς ὅλην τὴν
Συρίαν· καὶ προσήνεγκαν αὐτῷ πάντας τοὺς κακῶς
ἔχοντας ποικίλαις νόσοις καὶ βασάνοις συνεχομένους,
δαιμονιζομένους καὶ σεληνιαζομένους και παραλυτικούς·
25 καὶ ἐθεράπευσεν αὐτούς. καὶ ἠκολούθησαν αὐτῷ ὄχλοι
πολλοὶ ἀπὸ τῆς Γαλιλαίας καὶ Δεκαπόλεως καὶ Ἱεροσο-
λύμων καὶ Ἰουδαίας καὶ πέραν τοῦ Ἰορδάνου.

5 Ἰδὼν δὲ τοὺς ὄχλους ἀνέβη εἰς τὸ ὄρος· καὶ καθίσαν-
2 τος αὐτοῦ προσῆλθαν αὐτῷ οἱ μαθηταὶ αὐτοῦ· καὶ
3 ἀνοίξας τὸ στόμα αὐτοῦ ἐδίδασκεν αὐτοὺς λέγων, Μα-
κάριοι οἱ πτωχοὶ τῷ πνεύματι, ὅτι αὐτῶν ἐστὶν ἡ βασι-
4 λεία τῶν οὐρανῶν. μακάριοι οἱ πενθοῦντες, ὅτι αὐτοὶ
5 παρακληθήσονται. μακάριοι οἱ πραεῖς, ὅτι αὐτοὶ
6 κληρονομήσουσιν τὴν γῆν. μακάριοι οἱ πεινῶντες καὶ

18 περιπατῶν δὲ]+ὁ Ἰησοῦς ϛ : CScr   18, 19 ἀλεεῖς bis] ἁλιεῖς ϛ Ln
TrA   19 αὐτοῖς] + ὁ Ιησοῦς [Ln]   23 περιῆγεν] + ὁ Ἰησοῦς
Ln[Tr]R(n.m.)   ὅλ. τῇ Γαλιλ.] —ἐν Ln: ὅλην τὴν Γαλιλαίαν ϛ : +
ὁ Ἰησοῦς ϛ   24 ἀπῆλθεν] ἐξῆλθ. Trm   δαιμονιζ.] pr καὶ ϛ [Tr]m
Ti[W][B]   1 προσῆλθαν] -θον ϛ LnAW   αὐτῷ] Ln°[WH]
4, 5 transponunt hos versus Ln(n.m.)TrTiWHmRm   5 κληρ.] -σι WH

διψῶντες τὴν δικαιοσύνην, ὅτι αὐτοὶ χορτασθήσονται. μακάριοι οἱ ἐλεήμονες, ὅτι αὐτοὶ ἐλεηθήσονται. μακά- 7,8 ριοι οἱ καθαροὶ τῇ καρδίᾳ, ὅτι αὐτοὶ τὸν Θεὸν ὄψονται. μακάριοι οἱ εἰρηνοποιοί, ὅτι [αὐτοὶ] υἱοὶ Θεοῦ κληθήσον- 9 ται. μακάριοι οἱ δεδιωγμένοι ἕνεκεν δικαιοσύνης, ὅτι 10 αὐτῶν ἐστὶν ἡ βασιλεία τῶν οὐρανῶν. μακάριοί ἐστε 11 ὅταν ὀνειδίσωσιν ὑμᾶς καὶ διώξωσιν, καὶ εἴπωσιν πᾶν πονηρὸν καθ᾿ ὑμῶν ψευδόμενοι ἕνεκεν ἐμοῦ. χαίρετε 12 καὶ ἀγαλλιᾶσθε, ὅτι ὁ μισθὸς ὑμῶν πολὺς ἐν τοῖς οὐρανοῖς· οὕτως γὰρ ἐδίωξαν τοὺς προφήτας τοὺς πρὸ ὑμῶν.

Ὑμεῖς ἐστε τὸ ἅλας τῆς γῆς· ἐὰν δὲ τὸ ἅλας μωρανθῇ, 13 ἐν τίνι ἁλισθήσεται; εἰς οὐδὲν ἰσχύει ἔτι εἰ μὴ βληθὲν ἔξω καταπατεῖσθαι ὑπὸ τῶν ἀνθρώπων. Ὑμεῖς ἐστὲ τὸ 14 φῶς τοῦ κόσμου· οὐ δύναται πόλις κρυβῆναι ἐπάνω ὄρους κειμένη· οὐδὲ καίουσιν λύχνον καὶ τιθέασιν αὐτὸν ὑπὸ 15 τὸν μόδιον ἀλλ᾿ ἐπὶ τὴν λυχνίαν, καὶ λάμπει πᾶσιν τοῖς ἐν τῇ οἰκίᾳ· οὕτως λαμψάτω τὸ φῶς ὑμῶν ἔμπροσθεν 16 τῶν ἀνθρώπων, ὅπως ἴδωσιν ὑμῶν τὰ καλὰ ἔργα καὶ δοξάσωσιν τὸν Πατέρα ὑμῶν τὸν ἐν τοῖς οὐρανοῖς.

Μὴ νομίσητε ὅτι ἦλθον καταλῦσαι τὸν νόμον ἢ τοὺς 17 προφήτας· οὐκ ἦλθον καταλῦσαι ἀλλὰ πληρῶσαι. ἀμὴν γὰρ λέγω ὑμῖν, ἕως ἂν παρέλθῃ ὁ οὐρανὸς καὶ ἡ γῆ, 18 ἰῶτα ἓν ἢ μία κεραία οὐ μὴ παρέλθῃ ἀπὸ τοῦ νόμου, ἕως ἂν πάντα γένηται. ὃς ἐὰν οὖν λύσῃ μίαν τῶν ἐντολῶν 19 τούτων τῶν ἐλαχίστων καὶ διδάξῃ οὕτως τοὺς ἀνθρώπους, ἐλάχιστος κληθήσεται ἐν τῇ βασιλείᾳ τῶν οὐρανῶν· ὃς δ᾿ ἂν ποιήσῃ καὶ διδάξῃ, οὗτος μέγας κληθήσεται ἐν τῇ βασιλείᾳ τῶν οὐρανῶν. λέγω γὰρ ὑμῖν ὅτι ἐὰν μὴ 20 περισσεύσῃ ὑμῶν ἡ δικαιοσύνη πλεῖον τῶν γραμματέων

9 αὐτοὶ ins ς [*Ln*][*Tr*][A]W[B][WH]R?: Ti° 10, 11 ἕνεκεν *bis*] ἕνεκα WHa 11 πονηρὸν]+ῥῆμα ς ψευδόμενοι]*Ln*° [*Tr*]m 13 βληθὲν ἔξω] βληθῆναι ἔξω καὶ ς ἅλας *bis*] ἅλα WHa 15 πᾶσιν] πᾶσι WHa 18 κεραία] κερέα WH(n.a.) ἂν *sec.*][W][B][WH] 20 ὑμῶν] post ἡ δικ. ς *LnTr*

καὶ Φαρισαίων, οὐ μὴ εἰσέλθητε εἰς τὴν βασιλείαν τῶν οὐρανῶν.

21 Ἠκούσατε ὅτι ἐρρήθη τοῖς ἀρχαίοις, Οὐ φονεύσεις, ὃς
22 δ᾽ ἂν φονεύσῃ, ἔνοχος ἔσται τῇ κρίσει· ἐγὼ δὲ λέγω ὑμῖν ὅτι πᾶς ὁ ὀργιζόμενος τῷ ἀδελφῷ αὐτοῦ ἔνοχος ἔσται τῇ κρίσει· ὃς δ᾽ ἂν εἴπῃ τῷ ἀδελφῷ αὐτοῦ, Ῥακά, ἔνοχος ἔσται τῷ συνεδρίῳ· ὃς δ᾽ ἂν εἴπῃ, Μωρέ, ἔνοχος
23 ἔσται εἰς τὴν γέενναν τοῦ πυρός. ἐὰν οὖν προσφέρῃς τὸ δῶρόν σου ἐπὶ τὸ θυσιαστήριον, κἀκεῖ μνησθῇς ὅτι ὁ
24 ἀδελφός σου ἔχει τι κατὰ σοῦ, ἄφες ἐκεῖ τὸ δῶρόν σου ἔμπροσθεν τοῦ θυσιαστηρίου, καὶ ὕπαγε πρῶτον διαλλάγηθι τῷ ἀδελφῷ σου, καὶ τότε ἐλθὼν πρόσφερε τὸ
25 δῶρόν σου. ἴσθι εὐνοῶν τῷ ἀντιδίκῳ σου ταχὺ ἕως ὅτου εἶ μετ᾽ αὐτοῦ ἐν τῇ ὁδῷ· μή ποτέ σε παραδῷ ὁ ἀντίδικος τῷ κριτῇ καὶ ὁ κριτὴς τῷ ὑπηρέτῃ, καὶ εἰς φυλακὴν
26 βληθήσῃ· ἀμὴν λέγω σοι, οὐ μὴ ἐξέλθῃς ἐκεῖθεν ἕως ἂν ἀποδῷς τὸν ἔσχατον κοδράντην.

27, 28 Ἠκούσατε ὅτι ἐρρήθη, Οὐ μοιχεύσεις· ἐγὼ δὲ λέγω ὑμῖν ὅτι πᾶς ὁ βλέπων γυναῖκα πρὸς τὸ ἐπιθυμῆσαι αὐτὴν
29 ἤδη ἐμοίχευσεν αὐτὴν ἐν τῇ καρδίᾳ αὐτοῦ. εἰ δὲ ὁ ὀφθαλμός σου ὁ δεξιὸς σκανδαλίζει σε, ἔξελε αὐτὸν καὶ βάλε ἀπὸ σοῦ· συμφέρει γάρ σοι ἵνα ἀπόληται ἓν τῶν μελῶν σου καὶ μὴ ὅλον τὸ σῶμά σου βληθῇ εἰς γέενναν.
30 καὶ εἰ ἡ δεξιά σου χεὶρ σκανδαλίζει σε, ἔκκοψον αὐτὴν καὶ βάλε ἀπὸ σοῦ· συμφέρει γάρ σοι ἵνα ἀπόληται ἓν τῶν μελῶν σου καὶ μὴ ὅλον τὸ σῶμά σου εἰς γέενναν ἀπέλθῃ.
31 Ἐρρήθη δέ, Ὃς ἂν ἀπολύσῃ τὴν γυναῖκα αὐτοῦ, δότω

21 ἐρρήθη] -έθη ς TiWBWH(n.a.) 22 ἀδελφῷ αὐτοῦ *pri.*]+εἰκῆ ς [*Tr*] Tr°m[A]BmRm ρακά]ραχά Ti 23 κἀκεῖ] καὶ ἐκεῖ Trm
25 μετ᾽ αὐτοῦ] post ἐν τῇ ὁδῷ ς ὁ κριτὴς]+σε παραδῷ ς [*Tr*]AR(n.m.)
27 ἐρρήθη] -έθη ς TiWBWH(n.a.) ;+τοῖς ἀρχαίοις ς: Cςm 28 αὐτὴν *pri.*]
Ti°[B][WH]: αὐτῆς ς: C αὐτοῦ] ἑαυτοῦ Ln 30 εἰς γέενναν ἀπέλθῃ] βληθῇ εἰς γ. ς(n.m.) 31 ἐρρήθη] -έθη ς TiWBWH(n.a.) δὲ]+ὅτι ς: Εr

αὐτῇ ἀποστάσιον· ἐγὼ δὲ λέγω ὑμῖν ὅτι πᾶς ὁ 32
ἀπολύων τὴν γυναῖκα αὐτοῦ παρεκτὸς λόγου πορνείας
ποιεῖ αὐτὴν μοιχευθῆναι, καὶ ὃς ἐὰν ἀπολελυμένην
γαμήσῃ μοιχᾶται.

Πάλιν ἠκούσατε ὅτι ἐρρήθη τοῖς ἀρχαίοις, Οὐκ ἐπιορ- 33
κήσεις, ἀποδώσεις δὲ τῷ Κυρίῳ τοὺς ὅρκους σου. ἐγὼ 34
δὲ λέγω ὑμῖν μὴ ὀμόσαι ὅλως· μήτε ἐν τῷ οὐρανῷ, ὅτι
θρόνος ἐστὶν τοῦ Θεοῦ· μήτε ἐν τῇ γῇ, ὅτι ὑποπόδιόν 35
ἐστιν τῶν ποδῶν αὐτοῦ· μήτε εἰς Ἱεροσόλυμα, ὅτι πόλις
ἐστὶν τοῦ μεγάλου Βασιλέως· μήτε ἐν τῇ κεφαλῇ σου 36
ὀμόσῃς, ὅτι οὐ δύνασαι μίαν τρίχα λευκὴν ποιῆσαι ἢ
μέλαιναν. ἔστω δὲ ὁ λόγος ὑμῶν, Ναὶ ναί, Οὒ οὔ· τὸ 37
δὲ περισσὸν τούτων ἐκ τοῦ πονηροῦ ἐστίν.

Ἠκούσατε ὅτι ἐρρήθη, Ὀφθαλμὸν ἀντὶ ὀφθαλμοῦ καὶ 38
ὀδόντα ἀντὶ ὀδόντος· ἐγὼ δὲ λέγω ὑμῖν μὴ ἀντιστῆναι 39
τῷ πονηρῷ· ἀλλ' ὅστις σε ῥαπίζει εἰς τὴν δεξιὰν σιαγόνα
σου, στρέψον αὐτῷ καὶ τὴν ἄλλην· καὶ τῷ θέλοντί 40
σοι κριθῆναι καὶ τὸν χιτῶνά σου λαβεῖν, ἄφες αὐτῷ καὶ
τὸ ἱμάτιον· καὶ ὅστις σε ἀγγαρεύσει μίλιον ἕν, ὕπαγε 41
μετ' αὐτοῦ δύο· τῷ αἰτοῦντί σε δός, καὶ τὸν θέλοντα 42
ἀπὸ σοῦ δανίσασθαι μὴ ἀποστραφῇς.

Ἠκούσατε ὅτι ἐρρήθη, Ἀγαπήσεις τὸν πλησίον σου 43
καὶ μισήσεις τὸν ἐχθρόν σου· ἐγὼ δὲ λέγω ὑμῖν, 44
ἀγαπᾶτε τοὺς ἐχθροὺς ὑμῶν, καὶ προσεύχεσθε ὑπὲρ τῶν
διωκόντων ὑμᾶς· ὅπως γένησθε υἱοὶ τοῦ Πατρὸς ὑμῶν 45

32 πᾶς ὁ ἀπολύων] ὃς ἂν ἀπολύσῃ ϛ (n.m.)   μοιχευθῆναι] μοιχᾶσθαι
ϛ (n.m.)   καὶ ὃς ἐὰν ἀπολ. γαμήσῃ μοιχ.] [WH]: καὶ ὁ ἀπολ. γαμήσας
μοιχ. LnTrm   33 ἐρρήθη] -έθη ϛ TiWBWH(n.a.)   36 ποιῆσαι]
post ἢ μέλ. ϛ   37 ἔστω] ἔσται LnA(n.m.) WHmRm   38 ἐρρήθη]
-έθη ϛ TiWBWH(n.a.)   39 ῥαπίζει] -σει ϛ Trm   εἰς] ἐπὶ ϛ Trm
σιαγόνα] post σου ϛ   σου] Ti⸂[B][WH]   41 ἀγγαρεύσει]
ἐγγαρ. WHa   42 δός] δίδου ϛ   δανίσασθαι] δανείσ. ϛ Ln TrA
43 ἐρρήθη] -έθη ϛ TiWBWH(n.a.)   44 ἐχθρ. ὑμῶν]+ εὐλογεῖτε τοὺς
καταρωμένους ὑμᾶς, καλῶς ποιεῖτε τοὺς μισοῦντας ὑμᾶς, ϛ [B] (sed [B] et
ϛm τοῖς μισοῦσιν pro τοὺς μισοῦντας)   διωκόντων] pr ἐπηρεαζόντων
ὑμᾶς καὶ ϛ [B]

ε. 46.–ϭ 7.   ΚΑΤΑ ΜΑΘΘΑΙΟΝ

τοῦ ἐν οὐρανοῖς· ὅτι τὸν ἥλιον αὐτοῦ ἀνατέλλει ἐπὶ πονηροὺς
46 καὶ ἀγαθούς, καὶ βρέχει ἐπὶ δικαίους καὶ ἀδίκους. ἐὰν
γὰρ ἀγαπήσητε τοὺς ἀγαπῶντας ὑμᾶς, τίνα μισθὸν ἔχετε;
47 οὐχὶ καὶ οἱ τελῶναι τὸ αὐτὸ ποιοῦσιν; καὶ ἐὰν ἀσπά-
σησθε τοὺς ἀδελφοὺς ὑμῶν μόνον, τί περισσὸν ποιεῖτε;
48 οὐχὶ καὶ οἱ ἐθνικοὶ τὸ αὐτὸ ποιοῦσιν; ἔσεσθε οὖν
ὑμεῖς τέλειοι, ὡς ὁ Πατὴρ ὑμῶν ὁ οὐράνιος τέλειός ἐστιν.

6 Προσέχετε [δὲ] τὴν δικαιοσύνην ὑμῶν μὴ ποιεῖν ἔμ-
προσθεν τῶν ἀνθρώπων πρὸς τὸ θεαθῆναι αὐτοῖς· εἰ δὲ
μή γε, μισθὸν οὐκ ἔχετε παρὰ τῷ Πατρὶ ὑμῶν τῷ ἐν τοῖς
2 οὐρανοῖς. ὅταν οὖν ποιῇς ἐλεημοσύνην, μὴ σαλπίσῃς
ἔμπροσθέν σου, ὥσπερ οἱ ὑποκριταὶ ποιοῦσιν ἐν ταῖς
συναγωγαῖς καὶ ἐν ταῖς ῥύμαις, ὅπως δοξασθῶσιν ὑπὸ τῶν
ἀνθρώπων· ἀμὴν λέγω ὑμῖν, ἀπέχουσιν τὸν μισθὸν αὐτῶν.
3 σοῦ δὲ ποιοῦντος ἐλεημοσύνην μὴ γνώτω ἡ ἀριστερά σου
4 τί ποιεῖ ἡ δεξιά σου, ὅπως ᾖ σου ἡ ἐλεημοσύνη ἐν τῷ
κρυπτῷ· καὶ ὁ Πατήρ σου ὁ βλέπων ἐν τῷ κρυπτῷ ἀπο-
δώσει σοι.

5 Καὶ ὅταν προσεύχησθε, οὐκ ἔσεσθε ὡς οἱ ὑποκριταί·
ὅτι φιλοῦσιν ἐν ταῖς συναγωγαῖς καὶ ἐν ταῖς γωνίαις
τῶν πλατειῶν ἑστῶτες προσεύχεσθαι, ὅπως φανῶσιν τοῖς
ἀνθρώποις· ἀμὴν λέγω ὑμῖν, ἀπέχουσιν τὸν μισθὸν αὐτῶν.
6 σὺ δὲ ὅταν προσεύχῃ, εἴσελθε εἰς τὸ ταμεῖόν σου, καὶ
κλείσας τὴν θύραν σου πρόσευξαι τῷ Πατρί σου τῷ ἐν τῷ
κρυπτῷ· καὶ ὁ Πατήρ σου ὁ βλέπων ἐν τῷ κρυπτῷ ἀπο-
7 δώσει σοι. Προσευχόμενοι δὲ μὴ βατταλογήσητε ὥσπερ

46 τὸ αὐτὸ] οὕτως *Ln Tr* AWWHm   47 ἐθνικοὶ τὸ αὐτὸ] τελῶναι οὕτω
ς (n.m.)   48 ὡς] ὥσπερ ς   οὐράνιος] ἐν τοῖς οὐρανοῖς ς (n.m.)
1 δὲ *pri.*] ins ErTi[Tr]m[A][W][B][WH] : ς° *Ln*° *Tr*°   δικαιοσύνην]
ἐλεημοσύνην ς (n.m.) J (n.m.)   τοῖς]Ti°[B]   4 ᾖ σου ἡ ἐλ.] ἡ σοῦ
ἐλ. ᾖ Ti   κρυπτῷ]+αὐτὸς ς (n.m.)   ἀποδώσει σοι]+ἐν τῷ φανερῷ
ς [B]   5 προσεύχησθε οὐκ ἔσεσθε] προσεύχῃ οὐκ ἔσῃ ς   ὡς]
ὥσπερ ς   ὅπως]+ἂν ς   φανῶσιν]-σι WHa   ἀπέχουσιν]-σι
WH : pr ὅτι ς   6 ταμεῖον] ταμεῖον ς *LnTr* : Er   ἀποδώσει σοι]
+ἐν τῷ φανερῷ ς [B]   7 βατταλ.] βαττολ. ς *LnTr*WHa

12

οἱ ἐθνικοί· δοκοῦσιν γὰρ ὅτι ἐν τῇ πολυλογίᾳ αὐτῶν εἰσακουσθήσονται. μὴ οὖν ὁμοιωθῆτε αὐτοῖς· οἶδεν 8 γὰρ ὁ Πατὴρ ὑμῶν ὧν χρείαν ἔχετε πρὸ τοῦ ὑμᾶς αἰτῆσαι αὐτόν. οὕτως οὖν προσεύχεσθε ὑμεῖς· Πάτερ ἡμῶν 9 ὁ ἐν τοῖς οὐρανοῖς, ἁγιασθήτω τὸ ὄνομά σου· ἐλθάτω 10 ἡ βασιλεία σου· γενηθήτω τὸ θέλημά σου, ὡς ἐν οὐρανῷ καὶ ἐπὶ γῆς· τὸν ἄρτον ἡμῶν τὸν ἐπιούσιον δὸς ἡμῖν 11 σήμερον· καὶ ἄφες ἡμῖν τὰ ὀφειλήματα ἡμῶν, ὡς 12 καὶ ἡμεῖς ἀφήκαμεν τοῖς ὀφειλέταις ἡμῶν· καὶ μὴ 13 εἰσενέγκῃς ἡμᾶς εἰς πειρασμόν, ἀλλὰ ῥῦσαι ἡμᾶς ἀπὸ τοῦ πονηροῦ. Ἐὰν γὰρ ἀφῆτε τοῖς ἀνθρώποις τὰ παρα- 14 πτώματα αὐτῶν, ἀφήσει καὶ ὑμῖν ὁ Πατὴρ ὑμῶν ὁ οὐράνιος· ἐὰν δὲ μὴ ἀφῆτε τοῖς ἀνθρώποις τὰ παραπτώ- 15 ματα αὐτῶν, οὐδὲ ὁ Πατὴρ ὑμῶν ἀφήσει τὰ παραπτώματα ὑμῶν.

Ὅταν δὲ νηστεύητε, μὴ γίνεσθε ὡς οἱ ὑποκριταὶ σκυ- 16 θρωποί· ἀφανίζουσιν γὰρ τὰ πρόσωπα αὐτῶν ὅπως φανῶσιν τοῖς ἀνθρώποις νηστεύοντες· ἀμὴν λέγω ὑμῖν, ἀπέχουσιν τὸν μισθὸν αὐτῶν. σὺ δὲ νηστεύων ἄλειψαί 17 σου τὴν κεφαλὴν καὶ τὸ πρόσωπόν σου νίψαι· ὅπως 18 μὴ φανῇς τοῖς ἀνθρώποις νηστεύων, ἀλλὰ τῷ Πατρί σου τῷ ἐν τῷ κρυφαίῳ· καὶ ὁ Πατήρ σου ὁ βλέπων ἐν τῷ κρυφαίῳ ἀποδώσει σοι.

Μὴ θησαυρίζετε ὑμῖν θησαυροὺς ἐπὶ τῆς γῆς, ὅπου 19 σὴς καὶ βρῶσις ἀφανίζει, καὶ ὅπου κλέπται διορύσσουσιν καὶ κλέπτουσιν· θησαυρίζετε δὲ ὑμῖν θησαυροὺς ἐν 20 οὐρανῷ, ὅπου οὔτε σὴς οὔτε βρῶσις ἀφανίζει, καὶ ὅπου

8 οἶδεν γάρ] + ὁ θεὸς [W][B][WH]Rm. Scr   10 ἐλθάτω] ἐλθέτω ς LnTr (o.m.) A   γῆς] pr τῆς ς W   12 ἀφήκαμεν] ἀφίεμεν ς 13 πονηροῦ] + ὅτι σοῦ ἐστιν ἡ βασιλεία καὶ ἡ δύναμις καὶ ἡ δόξα εἰς τοὺς αἰῶνας ς [B]Rm : C°s°m : + ἀμήν ς [B] Rm   15 τὰ παραπτώματα αὐτῶν] Ti°W°B°[WH]   16 ὡς] ὥσπερ ς   ἀφανίζουσιν... φανῶσιν...ἀπέχουσιν]-σι ter WHa   αὐτῶν] ἑαυτῶν Ln   ἀπέχουσιν] pr ὅτι ς   18 τοῖς ἀνθρ.] post νηστ. LnWHm   κρυφαίῳ bis] κρυπτῷ ς   ἀποδώσει σοι] + ἐν τῷ φανερῷ ς : C°s°m

ΚΑΤΑ ΜΑΘΘΑΙΟΝ

21 κλέπται οὐ διορύσσουσιν οὐδὲ κλέπτουσιν· ὅπου γάρ ἐστιν ὁ θησαυρός σου, ἐκεῖ ἔσται καὶ ἡ καρδία σου.
22 Ὁ λύχνος τοῦ σώματός ἐστιν ὁ ὀφθαλμός· ἐὰν οὖν ᾖ ὁ ὀφθαλμός σου ἁπλοῦς, ὅλον τὸ σῶμά σου φωτεινὸν ἔσται·
23 ἐὰν δὲ ὁ ὀφθαλμός σου πονηρὸς ᾖ, ὅλον τὸ σῶμά σου σκοτεινὸν ἔσται· εἰ οὖν τὸ φῶς τὸ ἐν σοὶ σκότος ἐστίν, τὸ σκότος πόσον;
24 Οὐδεὶς δύναται δυσὶ κυρίοις δουλεύειν· ἢ γὰρ τὸν ἕνα μισήσει καὶ τὸν ἕτερον ἀγαπήσει, ἢ ἑνὸς ἀνθέξεται καὶ τοῦ ἑτέρου καταφρονήσει· οὐ δύνασθε Θεῷ δουλεύειν καὶ
25 μαμωνᾷ. Διὰ τοῦτο λέγω ὑμῖν, μὴ μεριμνᾶτε τῇ ψυχῇ ὑμῶν τί φάγητε ἢ τί πίητε, μηδὲ τῷ σώματι ὑμῶν τί ἐνδύσησθε· οὐχὶ ἡ ψυχὴ πλεῖόν ἐστιν τῆς τροφῆς καὶ
26 τὸ σῶμα τοῦ ἐνδύματος; ἐμβλέψατε εἰς τὰ πετεινὰ τοῦ οὐρανοῦ, ὅτι οὐ σπείρουσιν οὐδὲ θερίζουσιν οὐδὲ συνάγουσιν εἰς ἀποθήκας, καὶ ὁ Πατὴρ ὑμῶν ὁ οὐράνιος
27 τρέφει αὐτά· οὐχ ὑμεῖς μᾶλλον διαφέρετε αὐτῶν; τίς δὲ ἐξ ὑμῶν μεριμνῶν δύναται προσθεῖναι ἐπὶ τὴν ἡλικίαν
28 αὐτοῦ πῆχυν ἕνα; καὶ περὶ ἐνδύματος τί μεριμνᾶτε; καταμάθετε τὰ κρίνα τοῦ ἀγροῦ, πῶς αὐξάνουσιν· οὐ
29 κοπιῶσιν οὐδὲ νήθουσιν· λέγω δὲ ὑμῖν ὅτι οὐδὲ Σολομὼν ἐν πάσῃ τῇ δόξῃ αὐτοῦ περιεβάλετο ὡς ἓν τούτων.
30 εἰ δὲ τὸν χόρτον τοῦ ἀγροῦ σήμερον ὄντα καὶ αὔριον εἰς κλίβανον βαλλόμενον ὁ Θεὸς οὕτως ἀμφιέννυσιν, οὐ
31 πολλῷ μᾶλλον ὑμᾶς, ὀλιγόπιστοι; μὴ οὖν μεριμνήσητε λέγοντες, Τί φάγωμεν; ἢ Τί πίωμεν; ἢ Τί περι-
32 βαλώμεθα; πάντα γὰρ. ταῦτα τὰ ἔθνη ἐπιζητοῦσιν· οἶδεν γὰρ ὁ Πατὴρ ὑμῶν ὁ οὐράνιος ὅτι χρῄζετε τούτων

21 σου δίς] ὑμῶν ϛ καὶ]Lπ°[WH] 22 ἐστιν ὁ ὀφθ.]+σου Lп[Tr]m [W]: Scr οὖν] Ti°[B] ᾖ] post ὁ ὀφθ. σου ἁπλ. ϛ Tr φωτεινὸν] φωτινὸν WH 23 σκοτεινὸν] σκοτινὸν WH 24 δυσὶ] δυσὶν A μαμωνᾷ] μαμμ. ϛ: CEr 25 ᾖ τί πίητε] Ti°[W][B][WH]: καὶ τί πί. ϛ ἐστιν] ἐστι WH 28 αυξάνουσιν]-άνει ϛ κοπιῶσιν] κοπιᾷ ϛ: κοπίουσιν TrAWHa νήθουσιν] νήθει ϛ 29 Σολομὼν]-μῶν Ln A 32 ἐπιζητοῦσιν]-τεῖ ϛ

ἁπάντων· ζητεῖτε δὲ πρῶτον τὴν βασιλείαν καὶ τὴν 33
δικαιοσύνην αὐτοῦ, καὶ ταῦτα πάντα προστεθήσεται ὑμῖν.
μὴ οὖν μεριμνήσητε εἰς τὴν αὔριον, ἡ γὰρ αὔριον μεριμνή- 34
σει ἑαυτῆς· ἀρκετὸν τῇ ἡμέρᾳ ἡ κακία αὐτῆς.

Μὴ κρίνετε, ἵνα μὴ κριθῆτε· ἐν ᾧ γὰρ κρίματι 7 2
κρίνετε κριθήσεσθε, καὶ ἐν ᾧ μέτρῳ μετρεῖτε μετρηθή-
σεται ὑμῖν. τί δὲ βλέπεις τὸ κάρφος τὸ ἐν τῷ ὀφθαλ- 3
μῷ τοῦ ἀδελφοῦ σου, τὴν δὲ ἐν τῷ σῷ ὀφθαλμῷ δοκὸν
οὐ κατανοεῖς; ἢ πῶς ἐρεῖς τῷ ἀδελφῷ σου, Ἄφες 4
ἐκβάλω τὸ κάρφος ἐκ τοῦ ὀφθαλμοῦ σου· καὶ ἰδοὺ ἡ
δοκὸς ἐν τῷ ὀφθαλμῷ σου; ὑποκριτά, ἔκβαλε πρῶτον 5
ἐκ τοῦ ὀφθαλμοῦ σου τὴν δοκόν, καὶ τότε διαβλέψεις ἐκ-
βαλεῖν τὸ κάρφος ἐκ τοῦ ὀφθαλμοῦ τοῦ ἀδελφοῦ σου.

Μὴ δῶτε τὸ ἅγιον τοῖς κυσίν, μηδὲ βάλητε τοὺς 6
μαργαρίτας ὑμῶν ἔμπροσθεν τῶν χοίρων, μή ποτε κατα-
πατήσουσιν αὐτοὺς ἐν τοῖς ποσὶν αὐτῶν καὶ στραφέντες
ῥήξωσιν ὑμᾶς.

Αἰτεῖτε, καὶ δοθήσεται ὑμῖν· ζητεῖτε, καὶ εὑρήσετε· 7
κρούετε, καὶ ἀνοιγήσεται ὑμῖν· πᾶς γὰρ ὁ αἰτῶν λαμ- 8
βάνει, καὶ ὁ ζητῶν εὑρίσκει, καὶ τῷ κρούοντι ἀνοιγήσεται.
ἢ τίς ἐξ ὑμῶν ἄνθρωπος, ὃν αἰτήσει ὁ υἱὸς αὐτοῦ ἄρτον, 9
μὴ λίθον ἐπιδώσει αὐτῷ; ἢ καὶ ἰχθὺν αἰτήσει, μὴ 10
ὄφιν ἐπιδώσει αὐτῷ; εἰ οὖν ὑμεῖς πονηροὶ ὄντες 11
οἴδατε δόματα ἀγαθὰ διδόναι τοῖς τέκνοις ὑμῶν, πόσῳ
μᾶλλον ὁ Πατὴρ ὑμῶν ὁ ἐν τοῖς οὐρανοῖς δώσει ἀγαθὰ
τοῖς αἰτοῦσιν αὐτόν; πάντα οὖν ὅσα ἂν θέλητε ἵνα 12

---

33 τὴν βασιλείαν]+τοῦ Θεοῦ ς Tr[A]B(n.m.)   τὴν βασ. καὶ τὴν δικαι.]
τὴν δικαι. καὶ τὴν βασ. LnWBm   34 μεριμνήσει]+ τὰ ς: Er
ἑαυτῆς] αὐτῆς AW: αὑτῆς WH(n.a.)   1 κρίνετε sec.] Wᵒ(σφ)
2 μετρηθήσεται] ἀντιμετρηθήσεται ς: Er   4 ἐκ] ἀπὸ ςAWB
5 ἐκ τοῦ ὀ. σου] post τὴν δοκ. ς   6 καταπατήσουσιν] -ήσωσιν ς
WB   8 ἀνοιγήσεται] ἀνοίγεται LnTr(n.m.)WHm   9 ἢ τίς]+ἐστιν
ςTi[A][W][B]   αἰτήσει] ἐὰν αἰτήσῃ ς   10 ἢ]ϛᵒ: C   καὶ ἰχθ.
αἰτήσει] καὶ ἐὰν ἰχθ. αἰτήσῃ ς   12 ἂν] ἐὰν TiWH (a.a.)

ποιῶσιν ὑμῖν οἱ ἄνθρωποι, οὕτως καὶ ὑμεῖς ποιεῖτε αὐτοῖς· οὗτος γάρ ἐστιν ὁ νόμος καὶ οἱ προφῆται.

13 Εἰσέλθατε διὰ τῆς στενῆς πύλης· ὅτι πλατεῖα [ἡ πύλη] καὶ εὐρύχωρος ἡ ὁδὸς ἡ ἀπάγουσα εἰς τὴν ἀπώλειαν, καὶ 14 πολλοί εἰσιν οἱ εἰσερχόμενοι δι' αὐτῆς· ὅτι στενὴ ἡ πύλη καὶ τεθλιμμένη ἡ ὁδὸς ἡ ἀπάγουσα εἰς τὴν ζωήν, καὶ ὀλίγοι εἰσὶν οἱ εὑρίσκοντες αὐτήν.

15 Προσέχετε ἀπὸ τῶν ψευδοπροφητῶν, οἵτινες ἔρχονται πρὸς ὑμᾶς ἐν ἐνδύμασιν προβάτων, ἔσωθεν δέ εἰσιν λύκοι 16 ἅρπαγες. ἀπὸ τῶν καρπῶν αὐτῶν ἐπιγνώσεσθε αὐτούς. μήτι συλλέγουσιν ἀπὸ ἀκανθῶν σταφυλὰς ἢ ἀπὸ τριβόλων 17 σῦκα; οὕτως πᾶν δένδρον ἀγαθὸν καρποὺς καλοὺς ποιεῖ, τὸ δὲ σαπρὸν δένδρον καρποὺς πονηροὺς ποιεῖ. 18 οὐ δύναται δένδρον ἀγαθὸν καρποὺς πονηροὺς ἐνεγκεῖν, 19 οὐδὲ δένδρον σαπρὸν καρποὺς καλοὺς ποιεῖν. πᾶν δένδρον μὴ ποιοῦν καρπὸν καλὸν ἐκκόπτεται καὶ εἰς πῦρ βάλ- 20 λεται. ἄραγε ἀπὸ τῶν καρπῶν αὐτῶν ἐπιγνώσεσθε 21 αὐτούς. Οὐ πᾶς ὁ λέγων μοι, Κύριε, Κύριε, εἰσελεύσεται εἰς τὴν βασιλείαν τῶν οὐρανῶν, ἀλλ' ὁ ποιῶν τὸ θέλημα 22 τοῦ Πατρός μου τοῦ ἐν τοῖς οὐρανοῖς. πολλοὶ ἐροῦσίν μοι ἐν ἐκείνῃ τῇ ἡμέρᾳ, Κύριε, Κύριε, οὐ τῷ σῷ ὀνόματι ἐπροφητεύσαμεν, καὶ τῷ σῷ ὀνόματι δαιμόνια ἐξεβάλομεν, 23 καὶ τῷ σῷ ὀνόματι δυνάμεις πολλὰς ἐποιήσαμεν; καὶ τότε ὁμολογήσω αὐτοῖς ὅτι Οὐδέποτε ἔγνων ὑμᾶς· ἀποχωρεῖτε ἀπ' ἐμοῦ οἱ ἐργαζόμενοι τὴν ἀνομίαν.

24 Πᾶς οὖν ὅστις ἀκούει μου τοὺς λόγους τούτους καὶ ποιεῖ

---

13 εἰσέλθατε]-ετε ς   ἡ πύλη] Lnº[Ti]Wª[B]WHº(a.m.)Rºm : ins ς TrA
14 ὅτι] τί CςmJmLnTrRm : Scr : +δὲ [W]   ἡ πύλη][Ln][Ti]
15 προσέχετε]+δὲ ς [Tr][A]   ἐνδύμασιν]-σι WH   16 σταφυλὰς]
-λην ς   17 οὕτως] οὕτω ς A WH   καλοὺς] post ποιεῖ WHm
18 ἐνεγκεῖν] ποιεῖν ς LnTrA   ποιεῖν] ἐνεγκεῖν TiWB   19 πᾶν]
+οὖν [Ln]   20 ἀπὸ] ἐκ Ln   21 τοῖς] ςº   οὐρανοῖς]+οὗτος
εἰσελεύσεται εἰς τὴν βασιλείαν τῶν οὐρανῶν WHm   22 ἐπροφητεύσαμεν] προεφητ. ς   ἐξεβάλομεν] -αμεν WHa   24 τούτους]
[Ln][Tr][WH]

αὐτούς, ὁμοιωθήσεται ἀνδρὶ φρονίμῳ, ὅστις ᾠκοδόμησεν αὐτοῦ τὴν οἰκίαν ἐπὶ τὴν πέτραν· καὶ κατέβη ἡ βροχὴ 25 καὶ ἦλθον οἱ ποταμοὶ καὶ ἔπνευσαν οἱ ἄνεμοι καὶ προσέπεσαν τῇ οἰκίᾳ ἐκείνῃ, καὶ οὐκ ἔπεσεν· τεθεμελίωτο γὰρ ἐπὶ τὴν πέτραν. Καὶ πᾶς ὁ ἀκούων μου τοὺς λόγους 26 τούτους καὶ μὴ ποιῶν αὐτοὺς ὁμοιωθήσεται ἀνδρὶ μωρῷ, ὅστις ᾠκοδόμησεν αὐτοῦ τὴν οἰκίαν ἐπὶ τὴν ἄμμον· καὶ 27 κατέβη ἡ βροχὴ καὶ ἦλθον οἱ ποταμοὶ καὶ ἔπνευσαν οἱ ἄνεμοι καὶ προσέκοψαν τῇ οἰκίᾳ ἐκείνῃ, καὶ ἔπεσεν· καὶ ἦν ἡ πτῶσις αὐτῆς μεγάλη.

Καὶ ἐγένετο ὅτε ἐτέλεσεν ὁ Ἰησοῦς τοὺς λόγους τούτους, 28 ἐξεπλήσσοντο οἱ ὄχλοι ἐπὶ τῇ διδαχῇ αὐτοῦ· ἦν γὰρ 29 διδάσκων αὐτοὺς ὡς ἐξουσίαν ἔχων, καὶ οὐχ ὡς οἱ γραμματεῖς αὐτῶν.

Καταβάντος δὲ αὐτοῦ ἀπὸ τοῦ ὄρους ἠκολούθησαν αὐτῷ 8 ὄχλοι πολλοί. καὶ ἰδοὺ λεπρὸς προσελθὼν προσεκύνει 2 αὐτῷ λέγων, Κύριε, ἐὰν θέλῃς, δύνασαί με καθαρίσαι. καὶ ἐκτείνας τὴν χεῖρα ἥψατο αὐτοῦ λέγων, Θέλω, καθα- 3 ρίσθητι. καὶ εὐθέως ἐκαθαρίσθη αὐτοῦ ἡ λέπρα. και 4 λέγει αὐτῷ ὁ Ἰησοῦς, Ὅρα μηδενὶ εἴπῃς· ἀλλὰ ὕπαγε σεαυτὸν δεῖξον τῷ ἱερεῖ, καὶ προσένεγκον τὸ δῶρον ὃ προσέταξεν Μωυσῆς, εἰς μαρτύριον αὐτοῖς.

Εἰσελθόντος δὲ αὐτοῦ εἰς Καφαρναοὺμ προσῆλθεν αὐτῷ 5 ἑκατόνταρχος παρακαλῶν αὐτὸν καὶ λέγων, Κύριε, ὁ 6 παῖς μου βέβληται ἐν τῇ οἰκίᾳ παραλυτικός, δεινῶς βασα-

---

ὁμοιωθήσεται] ὁμοιώσω αὐτὸν ς (n.m.)*Tr*mA(n.m.)   ᾠκοδόμησεν] οἰκοδ. WHa   αὐτοῦ] post οἰκίαν ς   25 ἦλθον]-θαν*Tr*WH(n.a.)   προσέπεσαν]-έπεσον ς : -έπαισαν *Ln* : Er   26 αὐτοῦ] post τὴν οἰκ. ς   ᾠκοδόμησεν] οἰκοδόμησεν WHa   27 ἦλθον] -θαν WH(n.a.)   προσέκοψαν] προσέρρηξαν Lnm   28 ἐτέλεσεν] συνετέλεσεν ς : Er   29 αὐτῶν] ς° : + καὶ οἱ Φαρισαῖοι *Ln*WHm   1 καταβάντος δὲ αὐτοῦ] καταβάντι δὲ αὐτῷ ς TiA : καὶ καταβάντος αὐτοῦ *Ln*   2 προσελθὼν] ἐλθὼν ς   3 ἥψατο αὐτ.] + ὁ Ἰησοῦς ς   ἐκαθαρίσθη] ἐκαθερ. Er TiWH(n.a.)   4 ἀλλὰ] ἀλλ' ς : CEIz   προσένεγκον] γκε ς WHa   5 εἰσελθόντος δὲ αὐτοῦ] εἰσελθόντι δὲ τῷ Ἰησοῦ ς : sed αὐτῷ Csm   ἑκατόνταρχος] -οντάρχης TiWHa

ΚΑΤΑ ΜΑΘΘΑΙΟΝ

7 νιζόμενος. λέγει αὐτῷ, Ἐγὼ ἐλθὼν θεραπεύσω αὐτόν.
8 ἀποκριθεὶς δὲ ὁ ἑκατόνταρχος ἔφη, Κύριε, οὐκ εἰμὶ ἱκανὸς ἵνα μου ὑπὸ τὴν στέγην εἰσέλθῃς· ἀλλὰ μόνον εἰπὲ λόγῳ,
9 καὶ ἰαθήσεται ὁ παῖς μου. καὶ γὰρ ἐγὼ ἄνθρωπός εἰμι ὑπὸ ἐξουσίαν, ἔχων ὑπ᾽ ἐμαυτὸν στρατιώτας· καὶ λέγω τούτῳ, Πορεύθητι, καὶ πορεύεται· καὶ ἄλλῳ, Ἔρχου, καὶ ἔρχεται· καὶ τῷ δούλῳ μου, Ποίησον τοῦτο, καὶ ποιεῖ.
10 ἀκούσας δὲ ὁ Ἰησοῦς ἐθαύμασεν, καὶ εἶπεν τοῖς ἀκολουθοῦσιν, Ἀμὴν λέγω ὑμῖν, παρ᾽ οὐδενὶ τοσαύτην πίστιν ἐν τῷ
11 Ἰσραὴλ εὗρον. λέγω δὲ ὑμῖν ὅτι πολλοὶ ἀπὸ ἀνατολῶν καὶ δυσμῶν ἥξουσιν καὶ ἀνακλιθήσονται μετὰ Ἀβραὰμ
12 καὶ Ἰσαὰκ καὶ Ἰακὼβ ἐν τῇ βασιλείᾳ τῶν οὐρανῶν· οἱ δὲ υἱοὶ τῆς βασιλείας ἐκβληθήσονται εἰς τὸ σκότος τὸ ἐξώτερον· ἐκεῖ ἔσται ὁ κλαυθμὸς καὶ ὁ βρυγμὸς τῶν ὀδόν-
13 των. καὶ εἶπεν ὁ Ἰησοῦς τῷ ἑκατοντάρχῃ, Ὕπαγε, ὡς ἐπίστευσας γενηθήτω σοι. καὶ ἰάθη ὁ παῖς ἐν τῇ ὥρᾳ ἐκείνῃ.

14 Καὶ ἐλθὼν ὁ Ἰησοῦς εἰς τὴν οἰκίαν Πέτρου εἶδεν τὴν
15 πενθερὰν αὐτοῦ βεβλημένην καὶ πυρέσσουσαν· καὶ ἥψατο τῆς χειρὸς αὐτῆς, καὶ ἀφῆκεν αὐτὴν ὁ πυρετός· καὶ
16 ἠγέρθη, καὶ διηκόνει αὐτῷ. Ὀψίας δὲ γενομένης προσήνεγκαν αὐτῷ δαιμονιζομένους πολλούς· καὶ ἐξέβαλεν τὰ πνεύματα λόγῳ, καὶ πάντας τοὺς κακῶς ἔχοντας ἐθεράπευ-
17 σεν· ὅπως πληρωθῇ τὸ ῥηθὲν διὰ Ἡσαΐου τοῦ προφήτου λέγοντος, Αὐτὸς τὰς ἀσθενείας ἡμῶν ἔλαβεν, καὶ τὰς νόσους ἐβάστασεν.

---

7 λέγει] pr καὶ ϛ [Tr][B]   αὐτῷ] + ὁ Ἰησοῦς ϛ [Tr]   8 ἀποκριθεὶς δὲ] καὶ ἀποκρ. ϛ TrmA(n.m.)   ἑκατόνταρχος] -άρχης TiWHa   λόγῳ] λόγον ϛ : Cϛm   9 ἐξουσίαν] + τασσόμενος LnBm[WH]Rm   10 ἀκολουθοῦσιν] + αὐτῷ Ln[Tr]   παρ᾽ οὐδενὶ τοσαύτην πίστιν ἐν τῷ Ἰσραὴλ] οὐδὲ ἐν τῷ Ἰσρ. τοσ. πίστ. ϛ TiBR(n.m.)   12 ἐκβληθήσονται] ἐξελεύσονται TiWHm   13 ἑκατοντάρχῃ] -άρχῳ ϛ : Erϛm   ὕπαγε,] + καὶ ϛ [Tr]   ὁ παῖς] + αὐτοῦ ϛ [A]   ἐν τῇ ὥ. ἐκ.] ἀπὸ τῆς ὥρας ἐκείνης Ln   15 διηκόνει] διεκόνει W σφ   αὐτῷ] αὐτοῖς ϛ : Cϛm

ΚΑΤΑ ΜΑΘΘΑΙΟΝ

Ἰδὼν δὲ ὁ Ἰησοῦς πολλοὺς ὄχλους περὶ αὐτὸν ἐκέλευσεν 18
ἀπελθεῖν εἰς τὸ πέραν. καὶ προσελθὼν εἷς γραμματεὺς 19
εἶπεν αὐτῷ, Διδάσκαλε, ἀκολουθήσω σοι ὅπου ἐὰν ἀπέρχῃ.
καὶ λέγει αὐτῷ ὁ Ἰησοῦς, Αἱ ἀλώπεκες φωλεοὺς ἔχουσιν 20
καὶ τὰ πετεινὰ τοῦ οὐρανοῦ κατασκηνώσεις, ὁ δὲ Υἱὸς τοῦ
Ἀνθρώπου οὐκ ἔχει ποῦ τὴν κεφαλὴν κλίνῃ. Ἕτερος 21
δὲ τῶν μαθητῶν εἶπεν αὐτῷ, Κύριε, ἐπίτρεψόν μοι πρῶτον
ἀπελθεῖν καὶ θάψαι τὸν πατέρα μου. ὁ δὲ Ἰησοῦς 22
λέγει αὐτῷ, Ἀκολούθει μοι, καὶ ἄφες τοὺς νεκροὺς θάψαι
τοὺς ἑαυτῶν νεκρούς.

Καὶ ἐμβάντι αὐτῷ εἰς πλοῖον ἠκολούθησαν αὐτῷ οἱ 23
μαθηταὶ αὐτοῦ. καὶ ἰδοὺ σεισμὸς μέγας ἐγένετο ἐν τῇ 24
θαλάσσῃ, ὥστε τὸ πλοῖον καλύπτεσθαι ὑπὸ τῶν κυμάτων·
αὐτὸς δὲ ἐκάθευδεν. καὶ προσελθόντες ἤγειραν αὐτὸν 25
λέγοντες, Κύριε, σῶσον, ἀπολλύμεθα. καὶ λέγει αὐτοῖς, 26
Τί δειλοί ἐστε, ὀλιγόπιστοι; τότε ἐγερθεὶς ἐπετίμησεν τοῖς
ἀνέμοις καὶ τῇ θαλάσσῃ, καὶ ἐγένετο γαλήνη μεγάλη.
οἱ δὲ ἄνθρωποι ἐθαύμασαν λέγοντες, Ποταπός ἐστιν οὗτος, 27
ὅτι καὶ οἱ ἄνεμοι καὶ ἡ θάλασσα αὐτῷ ὑπακούουσιν;

Καὶ ἐλθόντος αὐτοῦ εἰς τὸ πέραν εἰς τὴν χώραν τῶν 28
Γαδαρηνῶν ὑπήντησαν αὐτῷ δύο δαιμονιζόμενοι ἐκ τῶν
μνημείων ἐξερχόμενοι, χαλεποὶ λίαν, ὥστε μὴ ἰσχύειν τινὰ
παρελθεῖν διὰ τῆς ὁδοῦ ἐκείνης. καὶ ἰδοὺ ἔκραξαν 29
λέγοντες, Τί ἡμῖν καὶ σοί, Υἱὲ τοῦ Θεοῦ; ἦλθες ὧδε
πρὸ καιροῦ βασανίσαι ἡμᾶς; ἦν δὲ μακρὰν ἀπ' αὐτῶν 30
ἀγέλη χοίρων πολλῶν βοσκομένη. οἱ δὲ δαίμονες παρ- 31
εκάλουν αὐτὸν λέγοντες, Εἰ ἐκβάλλεις ἡμᾶς, ἀπόστειλον

18 ὁ] W° (σφ?) πολλοὺς ὄχλους] ὄχλον L*n*T*rm*WWH : [πολλοὺς]
ὄχλους BWHm 20 ποῦ] που W (σφ) 21 μαθητῶν] + αὐτοῦ ϛ A
22 'Ιησοῦς] Ti°W°B° λέγει] εἶπεν ϛ 23 πλοῖον] pr τὸ ϛTiWB
25 προσελθόντες] + οἱ μαθηταὶ ϛ [L*n*] A : + αὐτοῦ ϛ : Er σῶσον]
+ ἡμᾶς ϛ [T*r*]m 27 καὶ *pri*] L*n*° αὐτῷ] post ὑπακού. ϛ
28 ἐλθόντος αὐτοῦ] ἐλθόντι αὐτῷ ϛ A(n.m.) Γαδαρηνῶν] Γεργεσηνῶν
ϛ Bm : Γερασηνῶν L*n*Bm 29 υἱὲ] pr 'Ιησοῦ, ϛ 31 ἀπόστειλον
ἡμᾶς] ἐπίτρεψον ἡμῖν ἀπελθεῖν ϛ

ΚΑΤΑ ΜΑΘΘΑΙΟΝ

32 ἡμᾶς εἰς τὴν ἀγέλην τῶν χοίρων. καὶ εἶπεν αὐτοῖς, Ὑπάγετε. οἱ δὲ ἐξελθόντες ἀπῆλθαν εἰς τοὺς χοίρους· καὶ ἰδοὺ ὥρμησεν πᾶσα ἡ ἀγέλη κατὰ τοῦ κρημνοῦ εἰς 33 τὴν θάλασσαν, καὶ ἀπέθανον ἐν τοῖς ὕδασιν. οἱ δὲ βόσκοντες ἔφυγον, καὶ ἀπελθόντες εἰς τὴν πόλιν ἀπήγγειλαν 34 πάντα, καὶ τὰ τῶν δαιμονιζομένων. καὶ ἰδοὺ πᾶσα ἡ πόλις ἐξῆλθεν εἰς ὑπάντησιν τῷ Ἰησοῦ, καὶ ἰδόντες αὐτὸν παρεκάλεσαν ὅπως μεταβῇ ἀπὸ τῶν ὁρίων αὐτῶν.

9 Καὶ ἐμβὰς εἰς πλοῖον διεπέρασεν, καὶ ἦλθεν εἰς τὴν 2 ἰδίαν πόλιν. Καὶ ἰδοὺ προσέφερον αὐτῷ παραλυτικὸν ἐπὶ κλίνης βεβλημένον· καὶ ἰδὼν ὁ Ἰησοῦς τὴν πίστιν αὐτῶν εἶπεν τῷ παραλυτικῷ, Θάρσει, τέκνον, ἀφίενταί σου 3 αἱ ἁμαρτίαι. καὶ ἰδού τινες τῶν γραμματέων εἶπαν ἐν 4 ἑαυτοῖς, Οὗτος βλασφημεῖ. καὶ εἰδὼς ὁ Ἰησοῦς τὰς ἐνθυμήσεις αὐτῶν εἶπεν, Ἵνα τί ἐνθυμεῖσθε πονηρὰ ἐν 5 ταῖς καρδίαις ὑμῶν ; τί γάρ ἐστιν εὐκοπώτερον, εἰπεῖν, Ἀφίενταί σου αἱ ἁμαρτίαι ; ἢ εἰπεῖν, Ἔγειρε καὶ περι- 6 πάτει ; ἵνα δὲ εἰδῆτε ὅτι ἐξουσίαν ἔχει ὁ Υἱὸς τοῦ Ἀνθρώπου ἐπὶ τῆς γῆς ἀφιέναι ἁμαρτίας (τότε λέγει τῷ παραλυτικῷ), Ἔγειρε ἆρόν σου τὴν κλίνην καὶ ὕπαγε εἰς τὸν 7 οἶκόν σου. καὶ ἐγερθεὶς ἀπῆλθεν εἰς τὸν οἶκον αὐτοῦ. 8 ἰδόντες δὲ οἱ ὄχλοι ἐφοβήθησαν, καὶ ἐδόξασαν τὸν Θεὸν τὸν δόντα ἐξουσίαν τοιαύτην τοῖς ἀνθρώποις.

9 Καὶ παράγων ὁ Ἰησοῦς ἐκεῖθεν εἶδεν ἄνθρωπον καθήμενον ἐπὶ τὸ τελώνιον, Μαθθαῖον λεγόμενον, καὶ λέγει αὐτῷ, Ἀκολούθει μοι. καὶ ἀναστὰς ἠκολούθησεν αὐτῷ.

32 αὐτοῖς]+ὁ Ἰησοῦς [*Ln*] ἀπῆλθαν] -θον ϛ TiAWBWHa τοὺς χοίρους] τὴν ἀγέλην τῶν χοίρων ϛA(n.m.) ἀγέλη]+ τῶν χοίρων ϛ [A] 34 ὑπάντησιν] συνάντησιν ϛA(n.m.) τῷ Ἰ.] τοῦ Ἰ. TiAmWBWHm ὅπως] ἵνα *Ln*W 1 πλοῖον] pr τὸ ϛ[A] W 2 προσέφερον] προσφέρουσιν *Ln* ἀφίενται] ἀφέωνται ϛA σου αἱ ἁμαρτίαι) σοι αἱ ἁμ. σου ϛ 3 εἶπαν] εἶπον ϛTr (σφ) TiAB 4 εἰδὼς] ἰδὼν ϛTiA BWHmRm ἵνα τί]+ὑμεῖς ϛ 5 ἀφίενται] ἀφέωνται ϛA σου] σοι ϛ : Csm ἔγειρε] -ραι ϛ : Er 6 ἔγειρε] ἐγερθεὶς ϛTiABWHm σου sec.] σου Tr (σφ) 8 ἐφοβήθησαν] ἐθαύμασαν ϛ(n.m.) 9 ἐκεῖθεν] [B] ἠκολούθησεν] -θει TiB

καὶ ἐγένετο αὐτοῦ ἀνακειμένου ἐν τῇ οἰκίᾳ, καὶ ἰδοὺ πολλοὶ 10
τελῶναι καὶ ἁμαρτωλοὶ ἐλθόντες συνανέκειντο τῷ Ἰησοῦ
καὶ τοῖς μαθηταῖς αὐτοῦ. καὶ ἰδόντες οἱ Φαρισαῖοι 11
ἔλεγον τοῖς μαθηταῖς αὐτοῦ, Διὰ τί μετὰ τῶν τελωνῶν καὶ
ἁμαρτωλῶν ἐσθίει ὁ διδάσκαλος ὑμῶν; ὁ δὲ ἀκούσας 12
εἶπεν, Οὐ χρείαν ἔχουσιν οἱ ἰσχύοντες ἰατροῦ ἀλλ' οἱ
κακῶς ἔχοντες. πορευθέντες δὲ μάθετε τί ἐστιν, Ἔλεος 13
θέλω καὶ οὐ θυσίαν· οὐ γὰρ ἦλθον καλέσαι δικαίους ἀλλὰ
ἁμαρτωλούς.

Τότε προσέρχονται αὐτῷ οἱ μαθηταὶ Ἰωάννου λέγοντες, 14
Διὰ τί ἡμεῖς καὶ οἱ Φαρισαῖοι νηστεύομεν, οἱ δὲ μαθηταί
σου οὐ νηστεύουσιν; καὶ εἶπεν αὐτοῖς ὁ Ἰησοῦς, Μὴ 15
δύνανται οἱ υἱοὶ τοῦ νυμφῶνος πενθεῖν ἐφ' ὅσον μετ' αὐτῶν
ἐστιν ὁ νυμφίος; ἐλεύσονται δὲ ἡμέραι ὅταν ἀπαρθῇ ἀπ'
αὐτῶν ὁ νυμφίος, καὶ τότε νηστεύσουσιν. οὐδεὶς δὲ 16
ἐπιβάλλει ἐπίβλημα ῥάκους ἀγνάφου ἐπὶ ἱματίῳ παλαιῷ·
αἴρει γὰρ τὸ πλήρωμα αὐτοῦ ἀπὸ τοῦ ἱματίου, καὶ χεῖρον
σχίσμα γίνεται. οὐδὲ βάλλουσιν οἶνον νέον εἰς ἀσκοὺς 17
παλαιούς· εἰ δὲ μήγε, ῥήγνυνται οἱ ἀσκοί, καὶ ὁ οἶνος ἐκχεῖται, καὶ οἱ ἀσκοὶ ἀπόλλυνται· ἀλλὰ βάλλουσιν οἶνον
νέον εἰς ἀσκοὺς καινούς, καὶ ἀμφότεροι συντηροῦνται.

Ταῦτα αὐτοῦ λαλοῦντος αὐτοῖς, ἰδοὺ ἄρχων εἷς προσελ- 18
θὼν προσεκύνει αὐτῷ λέγων ὅτι Ἡ θυγάτηρ μου ἄρτι ἐτελεύτησεν· ἀλλὰ ἐλθὼν ἐπίθες τὴν χεῖρά σου ἐπ' αὐτήν, καὶ
ζήσεται. καὶ ἐγερθεὶς ὁ Ἰησοῦς ἠκολούθει αὐτῷ καὶ οἱ 19
μαθηταὶ αὐτοῦ. Καὶ ἰδοὺ γυνὴ αἱμορροοῦσα δώδεκα ἔτη 20

ΚΑΤΑ ΜΑΘΘΑΙΟΝ

προσελθοῦσα ὄπισθεν ἥψατο τοῦ κρασπέδου τοῦ ἱματίου
21 αὐτοῦ· ἔλεγεν γὰρ ἐν ἑαυτῇ, Ἐὰν μόνον ἅψωμαι τοῦ
22 ἱματίου αὐτοῦ, σωθήσομαι. ὁ δὲ Ἰησοῦς στραφεὶς καὶ
ἰδὼν αὐτὴν εἶπεν, Θάρσει, θύγατερ· ἡ πίστις σου σέσωκέν
23 σε. καὶ ἐσώθη ἡ γυνὴ ἀπὸ τῆς ὥρας ἐκείνης. Καὶ
ἐλθὼν ὁ Ἰησοῦς εἰς τὴν οἰκίαν τοῦ ἄρχοντος, καὶ ἰδὼν τοὺς
24 αὐλητὰς καὶ τὸν ὄχλον θορυβούμενον, ἔλεγεν, Ἀναχω-
ρεῖτε· οὐ γὰρ ἀπέθανεν τὸ κοράσιον, ἀλλὰ καθεύδει. καὶ
25 κατεγέλων αὐτοῦ. ὅτε δὲ ἐξεβλήθη ὁ ὄχλος, εἰσελθὼν
ἐκράτησεν τῆς χειρὸς αὐτῆς, καὶ ἠγέρθη τὸ κοράσιον.
26 καὶ ἐξῆλθεν ἡ φήμη αὕτη εἰς ὅλην τὴν γῆν ἐκείνην.
27 Καὶ παράγοντι ἐκεῖθεν τῷ Ἰησοῦ ἠκολούθησαν αὐτῷ
δύο τυφλοὶ κράζοντες καὶ λέγοντες, Ἐλέησον ἡμᾶς, Υἱὸς
28 Δαυείδ. ἐλθόντι δὲ εἰς τὴν οἰκίαν προσῆλθαν αὐτῷ οἱ
τυφλοί· καὶ λέγει αὐτοῖς ὁ Ἰησοῦς, Πιστεύετε ὅτι δύναμαι
29 τοῦτο ποιῆσαι; λέγουσιν αὐτῷ, Ναί, Κύριε. τότε
ἥψατο τῶν ὀφθαλμῶν αὐτῶν λέγων, Κατὰ τὴν πίστιν ὑμῶν
30 γενηθήτω ὑμῖν. καὶ ἠνεῴχθησαν αὐτῶν οἱ ὀφθαλμοί.
Καὶ ἐνεβριμήθη αὐτοῖς ὁ Ἰησοῦς λέγων, Ὁρᾶτε, μηδεὶς
31 γινωσκέτω. οἱ δὲ ἐξελθόντες διεφήμισαν αὐτὸν ἐν ὅλῃ
τῇ γῇ ἐκείνῃ.
32 Αὐτῶν δὲ ἐξερχομένων, ἰδοὺ προσήνεγκαν αὐτῷ κωφὸν
33 δαιμονιζόμενον. καὶ ἐκβληθέντος τοῦ δαιμονίου ἐλάλη-
σεν ὁ κωφός. καὶ ἐθαύμασαν οἱ ὄχλοι λέγοντες, Οὐδέποτε
34 ἐφάνη οὕτως ἐν τῷ Ἰσραήλ. οἱ δὲ Φαρισαῖοι ἔλεγον,
Ἐν τῷ ἄρχοντι τῶν δαιμονίων ἐκβάλλει τὰ δαιμόνια.
35 Καὶ περιῆγεν ὁ Ἰησοῦς τὰς πόλεις πάσας καὶ τὰς

---

22 Ἰησοῦς] Ti°W°B° στραφεὶς] ἐπιστραφεὶς ς θύγατερ] θυγάτηρ
WHa 24 ἔλεγεν] λέγει αὐτοῖς ς 26 αὕτη] αὐτῆς TrmWHm
27 αὐτῷ] Ln°[Tr]WH°(n.m.) υἱὸς] υἱὲ ς WH(n.m.) 28 προσῆλ-
θαν] -θον ς TiAWBWHa δύναμαι τοῦτο ποι.] δύν. ποι. τοῦ. Ln : τοῦ.
δύν. ποι. WHm 30 ἠνεῴχθ.] ἀνεῴχθ. ς TiWHa ἐνεβριμήθη]
-μήσατο ς 32 κωφὸν] pr ἄνθρωπον ς [Tr]Ti[A][W][B] 33 λέ-
γοντες] + ὅτι ς : CErsm 34 οἱ δὲ usque ad δαιμόνια] [WH]

κώμας, διδάσκων ἐν ταῖς συναγωγαῖς αὐτῶν καὶ κηρύσσων τὸ εὐαγγέλιον τῆς βασιλείας καὶ θεραπεύων πᾶσαν νόσον καὶ πᾶσαν μαλακίαν. Ἰδὼν δὲ τοὺς ὄχλους ἐσπλαγ- 36 χνίσθη περὶ αὐτῶν, ὅτι ἦσαν ἐσκυλμένοι καὶ ἐριμμένοι ὡσεὶ πρόβατα μὴ ἔχοντα ποιμένα. τότε λέγει τοῖς μαθηταῖς 37 αὐτοῦ, Ὁ μὲν θερισμὸς πολύς, οἱ δὲ ἐργάται ὀλίγοι· δεήθητε οὖν τοῦ κυρίου τοῦ θερισμοῦ ὅπως ἐκβάλῃ ἐργάτας 38 εἰς τὸν θερισμὸν αὐτοῦ.

Καὶ προσκαλεσάμενος τοὺς δώδεκα μαθητὰς αὐτοῦ 10 ἔδωκεν αὐτοῖς ἐξουσίαν πνευμάτων ἀκαθάρτων ὥστε ἐκβάλλειν αὐτά, καὶ θεραπεύειν πᾶσαν νόσον καὶ πᾶσαν μαλακίαν.

Τῶν δὲ δώδεκα ἀποστόλων τὰ ὀνόματά ἐστιν ταῦτα· 2 πρῶτος Σίμων ὁ λεγόμενος Πέτρος καὶ Ἀνδρέας ὁ ἀδελφὸς αὐτοῦ, καὶ Ἰάκωβος ὁ τοῦ Ζεβεδαίου καὶ Ἰωάννης ὁ ἀδελφὸς αὐτοῦ, Φίλιππος καὶ Βαρθολομαῖος, Θωμᾶς καὶ 3 Μαθθαῖος ὁ τελώνης, Ἰάκωβος ὁ τοῦ Ἀλφαίου καὶ Θαδδαῖος, Σίμων ὁ Καναναῖος καὶ Ἰούδας ὁ Ἰσκαριώτης ὁ 4 καὶ παραδοὺς αὐτόν.

Τούτους τοὺς δώδεκα ἀπέστειλεν ὁ Ἰησοῦς παραγγείλας 5 αὐτοῖς λέγων, Εἰς ὁδὸν ἐθνῶν μὴ ἀπέλθητε, καὶ εἰς πόλιν Σαμαρειτῶν μὴ εἰσέλθητε· πορεύεσθε δὲ μᾶλλον πρὸς 6 τὰ πρόβατα τὰ ἀπολωλότα οἴκου Ἰσραήλ. πορευόμενοι 7 δὲ κηρύσσετε λέγοντες ὅτι Ἤγγικεν ἡ βασιλεία τῶν οὐρανῶν. ἀσθενοῦντας θεραπεύετε, νεκροὺς ἐγείρετε, λε- 8 προὺς καθαρίζετε, δαιμόνια ἐκβάλλετε· δωρεὰν ἐλάβετε, δωρεὰν δότε. Μὴ κτήσησθε χρυσὸν μηδὲ ἄργυρον μηδὲ 9

35 μαλακίαν] + ἐν τῷ λαῷ ς : Cςm   36 ἐσκυλμένοι] ἐκλελυμένοι ς : CςmScr   ἐριμμένοι] ἐρριμμ. ς WB : ῥεριμμένοι (sic) Ln   ὡσεὶ] ὡς Tr   2 καὶ Ἰάκωβος] —καὶ ς TrA[B]R   3 Ἀλφαίου] Ἀλφ. WH   Θαδδαῖος] Λεββαῖος TiAB(n.m.)WHm : Λεββαῖος ὁ ἐπικληθεὶς Θαδδαῖος ςBm   4 Καναναῖος] Κανανίτης ς (n.m.)B   ὁ Ἰσκαρ.] —ὁ ς Tr : Elz Ἰσκαριώτης] Ἰσκαριὼθ Ln   5 Σαμαρειτῶν] -ριτῶν TiWBWHa   7 ὅτι] [W] [B]   8 νεκροὺς ἐγείρετε] post λεπροὺς καθαρίζετε ς : Er : C°ς°m

10 χαλκὸν εἰς τὰς ζώνας ὑμῶν, μὴ πήραν εἰς ὁδὸν μηδὲ δύο χιτῶνας μηδὲ ὑποδήματα μηδὲ ῥάβδον· ἄξιος γὰρ ὁ
11 ἐργάτης τῆς τροφῆς αὐτοῦ. εἰς ἣν δ᾿ ἂν πόλιν ἢ κώμην εἰσέλθητε, ἐξετάσατε τίς ἐν αὐτῇ ἄξιός ἐστιν· κἀκεῖ μείνατε
12 ἕως ἂν ἐξέλθητε. εἰσερχόμενοι δὲ εἰς τὴν οἰκίαν ἀσπά-
13 σασθε αὐτήν· καὶ ἐὰν μὲν ᾖ ἡ οἰκία ἀξία, ἐλθάτω ἡ εἰρήνη ὑμῶν ἐπ᾿ αὐτήν· ἐὰν δὲ μὴ ᾖ ἀξία, ἡ εἰρήνη ὑμῶν
14 πρὸς ὑμᾶς ἐπιστραφήτω. καὶ ὃς ἂν μὴ δέξηται ὑμᾶς μηδὲ ἀκούσῃ τοὺς λόγους ὑμῶν, ἐξερχόμενοι ἔξω τῆς οἰκίας ἢ τῆς πόλεως ἐκείνης ἐκτινάξατε τὸν κονιορτὸν τῶν
15 ποδῶν ὑμῶν· ἀμὴν λέγω ὑμῖν, ἀνεκτότερον ἔσται γῇ Σοδόμων καὶ Γομόρρων ἐν ἡμέρᾳ κρίσεως ἢ τῇ πόλει ἐκείνῃ.
16 Ἰδοὺ ἐγὼ ἀποστέλλω ὑμᾶς ὡς πρόβατα ἐν μέσῳ λύκων· γίνεσθε οὖν φρόνιμοι ὡς οἱ ὄφεις καὶ ἀκέραιοι ὡς αἱ
17 περιστεραί. προσέχετε δὲ ἀπὸ τῶν ἀνθρώπων· παραδώσουσιν γὰρ ὑμᾶς εἰς συνέδρια, καὶ ἐν ταῖς συναγωγαῖς
18 αὐτῶν μαστιγώσουσιν ὑμᾶς· καὶ ἐπὶ ἡγεμόνας δὲ καὶ βασιλεῖς ἀχθήσεσθε ἕνεκεν ἐμοῦ, εἰς μαρτύριον αὐτοῖς καὶ
19 τοῖς ἔθνεσιν. ὅταν δὲ παραδῶσιν ὑμᾶς, μὴ μεριμνή-σητε πῶς ἢ τί λαλήσητε· δοθήσεται γὰρ ὑμῖν ἐν ἐκείνῃ
20 τῇ ὥρᾳ τί λαλήσητε· οὐ γὰρ ὑμεῖς ἐστὲ οἱ λαλοῦντες ἀλλὰ τὸ Πνεῦμα τοῦ Πατρὸς ὑμῶν τὸ λαλοῦν ἐν ὑμῖν.
21 παραδώσει δὲ ἀδελφὸς ἀδελφὸν εἰς θάνατον καὶ πατὴρ τέκνον, καὶ ἐπαναστήσονται τέκνα ἐπὶ γονεῖς καὶ θανα-
22 τώσουσιν αὐτούς· καὶ ἔσεσθε μισούμενοι ὑπὸ πάντων διὰ τὸ ὄνομά μου· ὁ δὲ ὑπομείνας εἰς τέλος, οὗτος σωθή-
23 σεται. ὅταν δὲ διώκωσιν ὑμᾶς ἐν τῇ πόλει ταύτῃ,

10 ῥάβδον] ῥάβδους Lnm   αὐτοῦ] + ἐστιν ς   13 ἐλθάτω] -έτω ς L*n*A   πρὸς] ἐφ᾿ WH(n.m.)   14 ὃς ἄν] ὃς ἐὰν ς   ἔξω] ς° τῶν ποδῶν] pr ἐκ LnTi[W] [B]WHm   15 Γομόρρων] -ρρας T*r*A
16 ὑμᾶς] W° (σφ)   οἱ ὄφεις] ὁ ὄφις WHm   19 παραδῶσιν] παραδιδῶσιν ς A   δοθήσεται usque ad λαλήσ.] [Ln]   λαλήσητε] -σετε ς L*n*   21 ἐπαναστήσονται] -σεται WHm

ΚΑΤΑ ΜΑΘΘΑΙΟΝ 10. 24—35.

φεύγετε εἰς τὴν ἑτέραν· ἀμὴν γὰρ λέγω ὑμῖν, οὐ μὴ τελέσητε τὰς πόλεις τοῦ Ἰσραὴλ ἕως ἔλθῃ ὁ Υἱὸς τοῦ Ἀνθρώπου.

Οὐκ ἔστιν μαθητὴς ὑπὲρ τὸν διδάσκαλον οὐδὲ δοῦλος 24 ὑπὲρ τὸν κύριον αὐτοῦ. ἀρκετὸν τῷ μαθητῇ ἵνα γένη- 25 ται ὡς ὁ διδάσκαλος αὐτοῦ, καὶ ὁ δοῦλος ὡς ὁ κύριος αὐτοῦ. εἰ τὸν οἰκοδεσπότην Βεελζεβοὺλ ἐπεκάλεσαν, πόσῳ μᾶλλον τοὺς οἰκιακοὺς αὐτοῦ; Μὴ οὖν φοβηθῆτε 26 αὐτούς· οὐδὲν γάρ ἐστιν κεκαλυμμένον ὃ οὐκ ἀποκαλυφθήσεται, καὶ κρυπτὸν ὃ οὐ γνωσθήσεται. ὃ λέγω ὑμῖν ἐν 27 τῇ σκοτίᾳ, εἴπατε ἐν τῷ φωτί· καὶ ὃ εἰς τὸ οὖς ἀκούετε, κηρύξατε ἐπὶ τῶν δωμάτων. καὶ μὴ φοβεῖσθε ἀπὸ τῶν 28 ἀποκτεννόντων τὸ σῶμα, τὴν δὲ ψυχὴν μὴ δυναμένων ἀποκτεῖναι· φοβεῖσθε δὲ μᾶλλον τὸν δυνάμενον καὶ ψυχὴν καὶ σῶμα ἀπολέσαι ἐν γεέννῃ. οὐχὶ δύο στρουθία ἀσ- 29 σαρίου πωλεῖται; καὶ ἓν ἐξ αὐτῶν οὐ πεσεῖται ἐπὶ τὴν γῆν ἄνευ τοῦ Πατρὸς ὑμῶν· ὑμῶν δὲ καὶ αἱ τρίχες τῆς 30 κεφαλῆς πᾶσαι ἠριθμημέναι εἰσίν. μὴ οὖν φοβεῖσθε· 31 πολλῶν στρουθίων διαφέρετε ὑμεῖς. Πᾶς οὖν ὅστις 32 ὁμολογήσει ἐν ἐμοὶ ἔμπροσθεν τῶν ἀνθρώπων, ὁμολογήσω κἀγὼ ἐν αὐτῷ ἔμπροσθεν τοῦ Πατρός μου τοῦ ἐν τοῖς οὐρανοῖς· ὅστις δὲ ἀρνήσηταί με ἔμπροσθεν τῶν ἀν- 33 θρώπων, ἀρνήσομαι κἀγὼ αὐτὸν ἔμπροσθεν τοῦ Πατρός μου τοῦ ἐν τοῖς οὐρανοῖς.

Μὴ νομίσητε ὅτι ἦλθον βαλεῖν εἰρήνην ἐπὶ τὴν γῆν· 34 οὐκ ἦλθον βαλεῖν εἰρήνην ἀλλὰ μάχαιραν. ἦλθον γὰρ 35

23 ἑτέραν] ἄλλην ϛ A : +κἂν ἐν τῇ ἑτέρᾳ (κἂν ἐκ ταύτης WH) διώκωσιν ὑμᾶς, φεύγετε εἰς τὴν ἄλλην. [Ln] WHm   τελέσητε] τελήσετε W (σφ) τοῦ Ἰσραὴλ] — τοῦ LnTrA[WH]   ἕως] + ἂν ϛLnTr   25 τὸν οἰκοδεσπότην...τοὺς οἰκιακοὺς] τῷ οἰκοδεσπότῃ ..τοῖς οἰκιακοῖς LnWHm ἐπεκάλεσαν] ἐκάλεσαν ϛ   28 φοβεῖσθε pri.] φοβηθῆτε ϛ WH : φοβήθητε A (σφ?) : C   ἀποκτεννόντων] ἀποκτεινόντων ϛWWH(n.a.) φοβεῖσθε sec.] φοβηθῆτε ϛLnTr   καὶ sec.] [Ln]   31 φοβεῖσθε] φοβηθῆτε ϛ   32 τοῖς] ϛ°[Tr]Ti°[W] [B]   33 δὲ] δ᾽ ἂν ϛTiWBWHm κἀγὼ] post αὐτὸν ϛ   τοῖς] ϛ° [Tr]Ti°[W] [B]

διχάσαι ἄνθρωπον κατὰ τοῦ πατρὸς αὐτοῦ, καὶ θυγατέρα
κατὰ τῆς μητρὸς αὐτῆς, καὶ νύμφην κατὰ τῆς πενθερᾶς
36 αὐτῆς· καὶ ἐχθροὶ τοῦ ἀνθρώπου οἱ οἰκιακοὶ αὐτοῦ.
37 Ὁ φιλῶν πατέρα ἢ μητέρα ὑπὲρ ἐμὲ οὐκ ἔστιν μου ἄξιος·
καὶ ὁ φιλῶν υἱὸν ἢ θυγατέρα ὑπὲρ ἐμὲ οὐκ ἔστιν μου
38 ἄξιος· καὶ ὃς οὐ λαμβάνει τὸν σταυρὸν αὐτοῦ καὶ
39 ἀκολουθεῖ ὀπίσω μου, οὐκ ἔστιν μου ἄξιος. ὁ εὑρὼν
τὴν ψυχὴν αὐτοῦ ἀπολέσει αὐτήν· καὶ ὁ ἀπολέσας τὴν
ψυχὴν αὐτοῦ ἕνεκεν ἐμοῦ εὑρήσει αὐτήν.
40 Ὁ δεχόμενος ὑμᾶς ἐμὲ δέχεται, καὶ ὁ ἐμὲ δεχόμενος
41 δέχεται τὸν ἀποστείλαντά με· ὁ δεχόμενος προφήτην
εἰς ὄνομα προφήτου μισθὸν προφήτου λήμψεται, καὶ ὁ
δεχόμενος δίκαιον εἰς ὄνομα δικαίου μισθὸν δικαίου λήμ-
42 ψεται· καὶ ὃς ἂν ποτίσῃ ἕνα τῶν μικρῶν τούτων ποτή-
ριον ψυχροῦ μόνον εἰς ὄνομα μαθητοῦ, ἀμὴν λέγω ὑμῖν, οὐ
μὴ ἀπολέσῃ τὸν μισθὸν αὐτοῦ.

11 Καὶ ἐγένετο ὅτε ἐτέλεσεν ὁ Ἰησοῦς διατάσσων τοῖς
δώδεκα μαθηταῖς αὐτοῦ, μετέβη ἐκεῖθεν τοῦ διδάσκειν καὶ
κηρύσσειν ἐν ταῖς πόλεσιν αὐτῶν.

2 Ὁ δὲ Ἰωάννης, ἀκούσας ἐν τῷ δεσμωτηρίῳ τὰ ἔργα τοῦ
3 Χριστοῦ, πέμψας διὰ τῶν μαθητῶν αὐτοῦ εἶπεν αὐτῷ,
4 Σὺ εἶ ὁ ἐρχόμενος, ἢ ἕτερον προσδοκῶμεν; καὶ ἀπο-
κριθεὶς ὁ Ἰησοῦς εἶπεν αὐτοῖς, Πορευθέντες ἀπαγγείλατε
5 Ἰωάννῃ ἃ ἀκούετε καὶ βλέπετε· τυφλοὶ ἀναβλέπουσιν
καὶ χωλοὶ περιπατοῦσιν, λεπροὶ καθαρίζονται καὶ κωφοὶ
ἀκούουσιν, καὶ νεκροὶ ἐγείρονται καὶ πτωχοὶ εὐαγγελί-
6 ζονται· καὶ μακάριός ἐστιν ὃς ἂν μὴ σκανδαλισθῇ ἐν
ἐμοί.

7 Τούτων δὲ πορευομένων ἤρξατο ὁ Ἰησοῦς λέγειν τοῖς

---

38 ὃς οὐ λαμβάνει] ὃς ἂν μὴ ἄρῃ *L*nm ἀκολουθεῖ] -θήσῃ *L*nm
42 ὃς ἂν] ὃς ἐὰν ς TiA(n.m.)BWHa ἀπολέσῃ τὸν μισθὸν] ἀπόληται ὁ
μισθὸς WHm 2 διὰ] δύο ς Bm 4 Ἰωάννῃ]-νει WWH 5 καὶ
pri.][*Ln*][*Tr*]WH°m καὶ *sec.*][*Ln*] καὶ *tert.*] ς°[*Ln*] καὶ
quart.][*Ln*] 6 ὃς ἂν] ὃς ἐὰν ς TiABWHa

ΚΑΤΑ ΜΑΘΘΑΙΟΝ 11. 8—19.

ὄχλοις περὶ Ἰωάννου, Τί ἐξήλθατε εἰς τὴν ἔρημον θεάσασθαι; κάλαμον ὑπὸ ἀνέμου σαλευόμενον; ἀλλὰ τί 8 ἐξήλθατε ἰδεῖν; ἄνθρωπον ἐν μαλακοῖς ἠμφιεσμένον; ἰδοὺ οἱ τὰ μαλακὰ φοροῦντες ἐν τοῖς οἴκοις τῶν βασιλέων. ἀλλὰ τί ἐξήλθατε; προφήτην ἰδεῖν; ναὶ λέγω ὑμῖν, καὶ 9 περισσότερον προφήτου. οὗτός ἐστιν περὶ οὗ γέ- 10 γραπται, Ἰδοὺ ἐγὼ ἀποστέλλω τὸν ἄγγελόν μου πρὸ προσώπου σου, ὃς κατασκευάσει τὴν ὁδόν σου ἔμπροσθέν σου. ἀμὴν λέγω ὑμῖν, οὐκ ἐγήγερται ἐν γεννητοῖς γυναι- 11 κῶν μείζων Ἰωάννου τοῦ Βαπτιστοῦ· ὁ δὲ μικρότερος ἐν τῇ βασιλείᾳ τῶν οὐρανῶν μείζων αὐτοῦ ἐστίν. ἀπὸ δὲ 12 τῶν ἡμερῶν Ἰωάννου τοῦ Βαπτιστοῦ ἕως ἄρτι ἡ βασιλεία τῶν οὐρανῶν βιάζεται, καὶ βιασταὶ ἁρπάζουσιν αὐτήν. πάντες γὰρ οἱ προφῆται καὶ ὁ νόμος ἕως Ἰωάννου ἐπρο- 13 φήτευσαν. καὶ εἰ θέλετε δέξασθαι, αὐτός ἐστιν Ἠλίας 14 ὁ μέλλων ἔρχεσθαι. ὁ ἔχων ὦτα ἀκουέτω. 15

Τίνι δὲ ὁμοιώσω τὴν γενεὰν ταύτην; ὁμοία ἐστὶν παι- 16 δίοις καθημένοις ἐν ταῖς ἀγοραῖς ἃ προσφωνοῦντα τοῖς ἑταίροις λέγουσιν, Ηὐλήσαμεν ὑμῖν καὶ οὐκ ὠρχή- 17 σασθε· ἐθρηνήσαμεν καὶ οὐκ ἐκόψασθε. ἦλθεν γὰρ 18 Ἰωάννης μήτε ἐσθίων μήτε πίνων, καὶ λέγουσιν, Δαιμόνιον ἔχει. ἦλθεν ὁ Υἱὸς τοῦ Ἀνθρώπου ἐσθίων καὶ 19 πίνων, καὶ λέγουσιν, Ἰδοὺ ἄνθρωπος φάγος καὶ οἰνοπότης, τελωνῶν φίλος καὶ ἁμαρτωλῶν. καὶ ἐδικαιώθη ἡ σοφία ἀπὸ τῶν ἔργων αὐτῆς.

7 ἐξήλθατε] -ετε ϛ 8 ἐξήλθατε] -ετε ϛ ἰδεῖν; ἄνθρωπον] ; ἄνθρ. ἰδεῖν Ti(vide ejus corrigenda) μαλακοῖς]+ἱματίοις ϛ[Ln] βασιλέων]+εἰσίν ϛ LnTr[A] 9 ἐξήλθατε] -ετε ϛ ἐξήλθ.; προφήτην ἰδ.;] ἐξ. ἰδ.; προφ.; ϛ LnTr(n.m.)Rm : ἐξ. προφ. ἰδ.; A 10 οὗτος] + γάρ ϛ [Ln][Tr][A] ἐγὼ][Ln] ὃς] καὶ Ln 11 αὐτοῦ] post ἐστὶν LnmA 13 ἐπροφήτ.] προεφήτ. ϛ 15 ὦτα] + ἀκούειν ϛ Ln [Tr] [B]R(n.m.) 16 παιδίοις] παιδίοιςϛ : Cϛm ἐν ταῖς ἀγοραῖς] —ταῖς ϛ : ἐν ἀγορᾷ CϛmLn : ante καθημ. ϛ ἃ προσφωνοῦντα τοῖς ἑτ. λεγ.] καὶ προσφωνοῦσι τοῖς ἑτ. αὐτῶν καὶ λέγ. ϛ ἑταίροις] ἑτέροις TrTiWB(n.m.)WH : Scr : + αὐτῶν ϛ [A][B]mR 17 ἐθρηνήσαμεν) + ὑμῖν ϛ 19 ἔργων].τέκνων ϛ LnTrmA(n.m.,BmRmScr

20 Τότε ἤρξατο ὀνειδίζειν τὰς πόλεις ἐν αἷς ἐγένοντο αἱ
21 πλεῖσται δυνάμεις αὐτοῦ, ὅτι οὐ μετενόησαν· Οὐαί σοι,
Χοραζείν· οὐαί σοι, Βηθσαϊδάν· ὅτι εἰ ἐν Τύρῳ καὶ Σιδῶνι
ἐγένοντο αἱ δυνάμεις αἱ γενόμεναι ἐν ὑμῖν, πάλαι ἂν ἐν
22 σάκκῳ καὶ σποδῷ μετενόησαν. πλὴν λέγω ὑμῖν, Τύρῳ
καὶ Σιδῶνι ἀνεκτότερον ἔσται ἐν ἡμέρᾳ κρίσεως ἢ ὑμῖν.
23 Καὶ σύ, Καφαρναούμ, μὴ ἕως οὐρανοῦ ὑψωθήσῃ; ἕως
ᾅδου καταβήσῃ· ὅτι εἰ ἐν Σοδόμοις ἐγενήθησαν αἱ δυνά-
μεις αἱ γενόμεναι ἐν σοί, ἔμεινεν ἂν μέχρι τῆς σήμερον.
24 πλὴν λέγω ὑμῖν ὅτι γῇ Σοδόμων ἀνεκτότερον ἔσται ἐν
ἡμέρᾳ κρίσεως ἢ σοί.
25 Ἐν ἐκείνῳ τῷ καιρῷ ἀποκριθεὶς ὁ Ἰησοῦς εἶπεν, Ἐξο-
μολογοῦμαί σοι, Πάτερ, Κύριε τοῦ οὐρανοῦ καὶ τῆς γῆς,
ὅτι ἔκρυψας ταῦτα ἀπὸ σοφῶν καὶ συνετῶν, καὶ ἀπεκάλυ-
26 ψας αὐτὰ νηπίοις· ναί, ὁ Πατήρ, ὅτι οὕτως εὐδοκία
27 ἐγένετο ἔμπροσθέν σου. Πάντα μοι παρεδόθη ὑπὸ τοῦ
Πατρός μου· καὶ οὐδεὶς ἐπιγινώσκει τὸν Υἱὸν εἰ μὴ ὁ
Πατήρ· οὐδὲ τὸν Πατέρα τις ἐπιγινώσκει εἰ μὴ ὁ Υἱὸς
28 καὶ ᾧ ἐὰν βούληται ὁ Υἱὸς ἀποκαλύψαι. Δεῦτε πρός
με, πάντες οἱ κοπιῶντες καὶ πεφορτισμένοι, κἀγὼ ἀνα-
29 παύσω ὑμᾶς· ἄρατε τὸν ζυγόν μου ἐφ' ὑμᾶς καὶ μάθετε
ἀπ' ἐμοῦ, ὅτι πραΰς εἰμι καὶ ταπεινὸς τῇ καρδίᾳ, καὶ εὑρή-
30 σετε ἀνάπαυσιν ταῖς ψυχαῖς ὑμῶν· ὁ γὰρ ζυγός μου
χρηστὸς καὶ τὸ φορτίον μου ἐλαφρόν ἐστιν.
12 Ἐν ἐκείνῳ τῷ καιρῷ ἐπορεύθη ὁ Ἰησοῦς τοῖς σάββασιν
διὰ τῶν σπορίμων· οἱ δὲ μαθηταὶ αὐτοῦ ἐπείνασαν, καὶ
2 ἤρξαντο τίλλειν στάχυας καὶ ἐσθίειν. οἱ δὲ Φαρισαῖοι

---

21 Χοραζείν] -ζίν ϛ LnWB : Er Βηθσαϊδάν] -σαϊδά CϛmJLnTr :
-σαιδάν WH   23 μὴ...ὑψωθήσῃ ;] ἡ...ὑψωθεῖσα ϛ Bm : ἡ...ὑψώθης
WB(n.m.): ϛm   οὐρανοῦ] pr τοῦ ϛ   καταβήσῃ] καταβιβασθήσῃ ϛ Ti
BRm : ϛm   ἐγενήθησαν] ἐγένοντο ϛ   ἐν σοί] ante γενόμεναι Ln
ἔμεινεν] -ναν ϛ   25 ἔκρυψας] ἀπέκρυψας ϛ   26 εὐδοκ.] post
ἐγέν. ϛ TrA   27 βούλ. ὁ υἱ. ἀποκαλ.] ὁ υἱ. ἀποκαλύψῃ Lnm
29 πραΰς] πρᾷός ϛ   1 σάββασιν] -άτοις LnWHₐ

ἰδόντες εἶπαν αὐτῷ, Ἰδοὺ οἱ μαθηταί σου ποιοῦσιν ὃ οὐκ ἔξεστιν ποιεῖν ἐν σαββάτῳ. ὁ δὲ εἶπεν αὐτοῖς, Οὐκ 3 ἀνέγνωτε τί ἐποίησεν Δαυεὶδ ὅτε ἐπείνασεν καὶ οἱ μετ᾽ αὐτοῦ; πῶς εἰσῆλθεν εἰς τὸν οἶκον τοῦ Θεοῦ, καὶ τοὺς 4 ἄρτους τῆς προθέσεως ἔφαγον, ὃ οὐκ ἐξὸν ἦν αὐτῷ φαγεῖν οὐδὲ τοῖς μετ᾽ αὐτοῦ, εἰ μὴ τοῖς ἱερεῦσιν μόνοις; ἢ οὐκ 5 ἀνέγνωτε ἐν τῷ νόμῳ ὅτι τοῖς σάββασιν οἱ ἱερεῖς ἐν τῷ ἱερῷ τὸ σάββατον βεβηλοῦσιν καὶ ἀναίτιοί εἰσιν; λέγω δὲ ὑμῖν ὅτι τοῦ ἱεροῦ μεῖζόν ἐστιν ὧδε. εἰ δὲ 6, 7 ἐγνώκειτε τί ἐστιν Ἔλεος θέλω καὶ οὐ θυσίαν, οὐκ ἂν κατεδικάσατε τοὺς ἀναιτίους. κύριος γάρ ἐστιν τοῦ 8 σαββάτου ὁ Υἱὸς τοῦ Ἀνθρώπου.

Καὶ μεταβὰς ἐκεῖθεν ἦλθεν εἰς τὴν συναγωγὴν αὐτῶν. 9 καὶ ἰδοὺ ἄνθρωπος χεῖρα ἔχων ξηράν· καὶ ἐπηρώτησαν 10 αὐτὸν λέγοντες, Εἰ ἔξεστιν τοῖς σάββασιν θεραπεύειν; ἵνα κατηγορήσωσιν αὐτοῦ. ὁ δὲ εἶπεν αὐτοῖς, Τίς ἔσται ἐξ 11 ὑμῶν ἄνθρωπος ὃς ἕξει πρόβατον ἕν, καὶ ἐὰν ἐμπέσῃ τοῦτο τοῖς σάββασιν εἰς βόθυνον, οὐχὶ κρατήσει αὐτὸ καὶ ἐγερεῖ; πόσῳ οὖν διαφέρει ἄνθρωπος προβάτου; ὥστε ἔξεστιν 12 τοῖς σάββασιν καλῶς ποιεῖν. τότε λέγει τῷ ἀνθρώπῳ, 13 Ἔκτεινόν σου τὴν χεῖρα. καὶ ἐξέτεινεν, καὶ ἀπεκατεστάθη ὑγιὴς ὡς ἡ ἄλλη.

Ἐξελθόντες δὲ οἱ Φαρισαῖοι συμβούλιον ἔλαβον κατ᾽ 14 αὐτοῦ, ὅπως αὐτὸν ἀπολέσωσιν. ὁ δὲ Ἰησοῦς γνοὺς 15 ἀνεχώρησεν ἐκεῖθεν· καὶ ἠκολούθησαν αὐτῷ πολλοί, καὶ ἐθεράπευσεν αὐτοὺς πάντας· καὶ ἐπετίμησεν αὐτοῖς ἵνα 16

17 μὴ φανερὸν αὐτὸν ποιήσωσιν· ἵνα πληρωθῇ τὸ ῥηθὲν διὰ
18 Ἠσαΐου τοῦ προφήτου λέγοντος, Ἰδοὺ ὁ παῖς μου ὃν ᾑρέτισα· ὁ ἀγαπητός μου ὃν εὐδόκησεν ἡ ψυχή μου· θήσω τὸ Πνεῦμά μου ἐπ᾽ αὐτόν, καὶ κρίσιν τοῖς ἔθνεσιν ἀπαγ-
19 γελεῖ. οὐκ ἐρίσει οὐδὲ κραυγάσει, οὐδὲ ἀκούσει τις ἐν
20 ταῖς πλατείαις τὴν φωνὴν αὐτοῦ· κάλαμον συντετριμμένον οὐ κατεάξει καὶ λίνον τυφόμενον οὐ σβέσει, ἕως ἂν
21 ἐκβάλῃ εἰς νῖκος τὴν κρίσιν. καὶ τῷ ὀνόματι αὐτοῦ ἔθνη ἐλπιοῦσιν.
22 Τότε προσηνέχθη αὐτῷ δαιμονιζόμενος τυφλὸς καὶ κωφός· καὶ ἐθεράπευσεν αὐτόν, ὥστε τὸν κωφὸν λαλεῖν
23 καὶ βλέπειν. καὶ ἐξίσταντο πάντες οἱ ὄχλοι καὶ
24 ἔλεγον, Μήτι οὗτός ἐστιν ὁ υἱὸς Δαυείδ; Οἱ δὲ Φαρισαῖοι ἀκούσαντες εἶπον, Οὗτος οὐκ ἐκβάλλει τὰ δαιμόνια
25 εἰ μὴ ἐν τῷ Βεελζεβοὺλ ἄρχοντι τῶν δαιμονίων. εἰδὼς δὲ τὰς ἐνθυμήσεις αὐτῶν εἶπεν αὐτοῖς, Πᾶσα βασιλεία μερισθεῖσα καθ᾽ ἑαυτῆς ἐρημοῦται, καὶ πᾶσα πόλις ἢ οἰκία
26 μερισθεῖσα καθ᾽ ἑαυτῆς οὐ σταθήσεται· καὶ εἰ ὁ Σατανᾶς τὸν Σατανᾶν ἐκβάλλει, ἐφ᾽ ἑαυτὸν ἐμερίσθη· πῶς οὖν
27 σταθήσεται ἡ βασιλεία αὐτοῦ; καὶ εἰ ἐγὼ ἐν Βεελζεβοὺλ ἐκβάλλω τὰ δαιμόνια, οἱ υἱοὶ ὑμῶν ἐν τίνι ἐκβάλ-
28 λουσιν; διὰ τοῦτο αὐτοὶ κριταὶ ἔσονται ὑμῶν. εἰ δὲ ἐι Πνεύματι Θεοῦ ἐγὼ ἐκβάλλω τὰ δαιμόνια, ἄρα ἔφθασεν
29 ἐφ᾽ ὑμᾶς ἡ βασιλεία τοῦ Θεοῦ. ἢ πῶς δύναταί τις εἰσελθεῖν εἰς τὴν οἰκίαν τοῦ ἰσχυροῦ καὶ τὰ σκεύη αὐτοῦ ἁρπάσαι, ἐὰν μὴ πρῶτον δήσῃ τὸν ἰσχυρόν; καὶ τότε τὴν
30 οἰκίαν αὐτοῦ διαρπάσει. ὁ μὴ ὢν μετ᾽ ἐμοῦ κατ᾽ ἐμοῦ

17 ἵνα] ὅπως ς   18 ὃν sec.] pr εἰς ςTi (σφ) W[B] : ἐν ᾧ Tr   εὐδόκησεν] ηὐδόκ. TrTi   20 λίνον] λίνον ς TrA   21 τῷ ὀνόματι] pr ἐν ς : Cςm   22 προσηνέχθη αὐτῷ δαιμονιζόμενος τυφλὸς καὶ κωφός] προσήνεγκαν αὐ. δαιμονιζόμενον τυφλὸν κ. κωφόν LnTrmWH(a.m.) κωφὸν] pr. τυφλὸν καὶ ς   λαλεῖν] pr καὶ ς : Er   25 εἰδὼς δὲ] + ὁ Ἰησοῦς ς   27 κριταὶ ἔσονται ὑμ.] ὑμ. ἔσ. κρ. ς   28 ἐγὼ] ante ἐν Πν. Θ. ς   29 ἁρπάσαι] διαρπάσαι ς   ἰσχυρόν; καὶ...διαρπάσει] ἰσχυρόν, καὶ...διαρπάσῃ; TiB   διαρπάσει] ἁρπάσει Ln

ἐστίν, καὶ ὁ μὴ συνάγων μετ' ἐμοῦ σκορπίζει. Διὰ 31
τοῦτο λέγω ὑμῖν, πᾶσα ἁμαρτία καὶ βλασφημία ἀφεθήσεται τοῖς ἀνθρώποις· ἡ δὲ τοῦ Πνεύματος βλασφημία οὐκ ἀφεθήσεται. καὶ ὃς ἐὰν εἴπῃ λόγον κατὰ τοῦ Υἱοῦ 32 τοῦ Ἀνθρώπου, ἀφεθήσεται αὐτῷ· ὃς δ' ἂν εἴπῃ κατὰ τοῦ Πνεύματος τοῦ Ἁγίου, οὐκ ἀφεθήσεται αὐτῷ οὔτε ἐν τούτῳ τῷ αἰῶνι οὔτε ἐν τῷ μέλλοντι. Ἢ ποιήσατε τὸ δένδρον 33 καλὸν καὶ τὸν καρπὸν αὐτοῦ καλόν, ἢ ποιήσατε τὸ δένδρον σαπρὸν καὶ τὸν καρπὸν αὐτοῦ σαπρόν· ἐκ γὰρ τοῦ καρποῦ τὸ δένδρον γινώσκεται. γεννήματα ἐχιδνῶν, πῶς 34 δύνασθε ἀγαθὰ λαλεῖν πονηροὶ ὄντες; ἐκ γὰρ τοῦ περισσεύματος τῆς καρδίας τὸ στόμα λαλεῖ. ὁ ἀγαθὸς ἄν- 35 θρωπος ἐκ τοῦ ἀγαθοῦ θησαυροῦ ἐκβάλλει ἀγαθά· καὶ ὁ πονηρὸς ἄνθρωπος ἐκ τοῦ πονηροῦ θησαυροῦ ἐκβάλλει πονηρά. λέγω δὲ ὑμῖν ὅτι πᾶν ῥῆμα ἀργὸν ὃ λαλή- 36 σουσιν οἱ ἄνθρωποι, ἀποδώσουσιν περὶ αὐτοῦ λόγον ἐν ἡμέρᾳ κρίσεως· ἐκ γὰρ τῶν λόγων σου δικαιωθήσῃ, 37 καὶ ἐκ τῶν λόγων σου καταδικασθήσῃ.

Τότε ἀπεκρίθησαν αὐτῷ τινες τῶν γραμματέων καὶ 38 Φαρισαίων λέγοντες, Διδάσκαλε, θέλομεν ἀπὸ σοῦ σημεῖον ἰδεῖν. ὁ δὲ ἀποκριθεὶς εἶπεν αὐτοῖς, Γενεὰ πονηρὰ καὶ 39 μοιχαλὶς σημεῖον ἐπιζητεῖ· καὶ σημεῖον οὐ δοθήσεται αὐτῇ, εἰ μὴ τὸ σημεῖον Ἰωνᾶ τοῦ προφήτου· ὥσπερ 40 γὰρ ἦν Ἰωνᾶς ἐν τῇ κοιλίᾳ τοῦ κήτους τρεῖς ἡμέρας καὶ τρεῖς νύκτας, οὕτως ἔσται ὁ Υἱὸς τοῦ Ἀνθρώπου ἐν τῇ καρδίᾳ τῆς γῆς τρεῖς ἡμέρας καὶ τρεῖς νύκτας. ἄνδρες 41 Νινευεῖται ἀναστήσονται ἐν τῇ κρίσει μετὰ τῆς γενεᾶς ταύτης καὶ κατακρινοῦσιν αὐτήν· ὅτι μετενόησαν εἰς τὸ

---

31 τοῖς ἀνθρώποις] pr ὑμῖν [A]WHmRm   ἀφεθήσεται sec.]+τοῖς ἀνθρώποις ϛ [A]   32 ὃς ἐὰν] ὃς ἄν ϛ : CEr   τοῦ Ἁγίου] —τοῦ W   οὐκ ἀφεθήσεται] οὐ μὴ ἀφεθῇ LnWBWHm   35 θησαυροῦ pri.]+τῆς καρδίας ϛ : Csm   ἀγαθά] pr τὰ ϛ TiA[B]WHm : C   36 ὃ]+ἐὰν ϛ   λαλήσουσιν] -σωσιν ϛ Ln   ἀποδώσουσιν] -σι WHa   38 αὐτῷ] ϛ⁰ καὶ Φαρισαίων] Lnº[W][B]   41 Νινευεῖται] -ευῖται ϛ LnWB

42 κήρυγμα Ἰωνᾶ, καὶ ἰδοὺ πλεῖον Ἰωνᾶ ὧδε. βασίλισσα νότου ἐγερθήσεται ἐν τῇ κρίσει μετὰ τῆς γενεᾶς ταύτης καὶ κατακρινεῖ αὐτήν· ὅτι ἦλθεν ἐκ τῶν περάτων τῆς γῆς ἀκοῦσαι τὴν σοφίαν Σολομῶνος, καὶ ἰδοὺ πλεῖον Σολο-
43 μῶνος ὧδε. Ὅταν δὲ τὸ ἀκάθαρτον πνεῦμα ἐξέλθῃ ἀπὸ τοῦ ἀνθρώπου, διέρχεται δι' ἀνύδρων τόπων ζητοῦν ἀνά-
44 παυσιν, καὶ οὐχ εὑρίσκει. τότε λέγει, Εἰς τὸν οἶκόν μου ἐπιστρέψω ὅθεν ἐξῆλθον· καὶ ἐλθὸν εὑρίσκει σχολά-
45 ζοντα, σεσαρωμένον καὶ κεκοσμημένον. τότε πορεύεται καὶ παραλαμβάνει μεθ' ἑαυτοῦ ἑπτὰ ἕτερα πνεύματα πονηρότερα ἑαυτοῦ, καὶ εἰσελθόντα κατοικεῖ ἐκεῖ· καὶ γίνεται τὰ ἔσχατα τοῦ ἀνθρώπου ἐκείνου χείρονα τῶν πρώτων. οὕτως ἔσται καὶ τῇ γενεᾷ ταύτῃ τῇ πονηρᾷ.
46 Ἔτι αὐτοῦ λαλοῦντος τοῖς ὄχλοις, ἰδοὺ ἡ μήτηρ καὶ οἱ ἀδελφοὶ αὐτοῦ εἱστήκεισαν ἔξω ζητοῦντες αὐτῷ λαλῆσαι.
47 εἶπεν δέ τις αὐτῷ, Ἰδοὺ ἡ μήτηρ σου καὶ οἱ ἀδελφοί σου
48 ἔξω ἑστήκασιν ζητοῦντές σοι λαλῆσαι. ὁ δὲ ἀποκριθεὶς εἶπεν τῷ λέγοντι αὐτῷ, Τίς ἐστιν ἡ μήτηρ μου, καὶ τίνες
49 εἰσὶν οἱ ἀδελφοί μου; καὶ ἐκτείνας τὴν χεῖρα αὐτοῦ ἐπὶ τοὺς μαθητὰς αὐτοῦ εἶπεν, Ἰδοὺ ἡ μήτηρ μου καὶ οἱ
50 ἀδελφοί μου· ὅστις γὰρ ἂν ποιήσῃ τὸ θέλημα τοῦ Πατρός μου τοῦ ἐν οὐρανοῖς, αὐτός μου ἀδελφὸς καὶ ἀδελφὴ καὶ μήτηρ ἐστίν.

13 Ἐν τῇ ἡμέρᾳ ἐκείνῃ ἐξελθὼν ὁ Ἰησοῦς τῆς οἰκίας ἐκά-
2 θητο παρὰ τὴν θάλασσαν· καὶ συνήχθησαν πρὸς αὐτὸν ὄχλοι πολλοί, ὥστε αὐτὸν εἰς πλοῖον ἐμβάντα καθῆσθαι·
3 καὶ πᾶς ὁ ὄχλος ἐπὶ τὸν αἰγιαλὸν εἱστήκει. καὶ ἐλάλη-

42 Σολομῶνος *bis*] -μῶντος ς : CEr   44 εἰς τὸν οἶκόν μου] post ἐπιστρ. ς   σεσαρωμένον] pr καὶ [Ln]Ti[B][WH]   45 ἕτερα] ante ἑπτὰ *Ln*m   46 ἔτι]+δὲ ς : Λαλοῦντος δὲ αὐτοῦ *Tr*m   αὐτοῦ *sec*.) [*Ln*]R°(σφ?)   εἱστήκεισαν] ἱστήκ. WH   47 εἶπεν *usque ad* λαλῆσαι] [Ti][W][B]WH°(n.m.)R°m   48 λέγοντι] εἰπόντι ς   μου *sec*.] [W][B]   49 αὐτοῦ *pri*.] Ti°[W][B][WH]   50 ποιήσῃ] ποιῇ A
1 ἐν]+δὲ ς   τῆς οἰκίας] pr ἀπὸ ς [*Tr*]mAWBR : pr ἐκ Ln[Tr]mTiWHm
2 πλοῖον] pr τὸ ς   εἱστήκει] ἱστήκ. WH

σεν αὐτοῖς πολλὰ ἐν παραβολαῖς λέγων, Ἰδοὺ ἐξῆλθεν ὁ σπείρων τοῦ σπείρειν. καὶ ἐν τῷ σπείρειν αὐτὸν ἃ μὲν 4 ἔπεσεν παρὰ τὴν ὁδόν· καὶ ἦλθον τὰ πετεινὰ καὶ κατέφαγεν αὐτά. ἄλλα δὲ ἔπεσεν ἐπὶ τὰ πετρώδη ὅπου οὐκ 5 εἶχεν γῆν πολλήν· καὶ εὐθέως ἐξανέτειλεν διὰ τὸ μὴ ἔχειν βάθος γῆς, ἡλίου δὲ ἀνατείλαντος ἐκαυματίσθη, καὶ 6 διὰ τὸ μὴ ἔχειν ῥίζαν ἐξηράνθη. ἄλλα δὲ ἔπεσεν ἐπὶ 7 τὰς ἀκάνθας· καὶ ἀνέβησαν αἱ ἄκανθαι καὶ ἀπέπνιξαν αὐτά. ἄλλα δὲ ἔπεσεν ἐπὶ τὴν γῆν τὴν καλήν, καὶ 8 ἐδίδου καρπόν, ὃ μὲν ἑκατόν, ὃ δὲ ἑξήκοντα, ὃ δὲ τριάκοντα. ὁ ἔχων ὦτα ἀκουέτω. 9

Καὶ προσελθόντες οἱ μαθηταὶ εἶπαν αὐτῷ, Διὰ τί ἐν 10 παραβολαῖς λαλεῖς αὐτοῖς; ὁ δὲ ἀποκριθεὶς εἶπεν 11 αὐτοῖς Ὅτι ὑμῖν δέδοται γνῶναι τὰ μυστήρια τῆς βασιλείας τῶν οὐρανῶν, ἐκείνοις δὲ οὐ δέδοται. ὅστις γὰρ ἔχει, 12 δοθήσεται αὐτῷ καὶ περισσευθήσεται· ὅστις δὲ οὐκ ἔχει, καὶ ὃ ἔχει ἀρθήσεται ἀπ' αὐτοῦ. διὰ τοῦτο ἐν παρα- 13 βολαῖς αὐτοῖς λαλῶ, ὅτι βλέποντες οὐ βλέπουσιν καὶ ἀκούοντες οὐκ ἀκούουσιν οὐδὲ συνίουσιν. καὶ ἀναπλη- 14 ροῦται αὐτοῖς ἡ προφητεία Ἡσαΐου ἡ λέγουσα, Ἀκοῇ ἀκούσετε καὶ οὐ μὴ συνῆτε, καὶ βλέποντες βλέψετε καὶ οὐ μὴ ἴδητε· ἐπαχύνθη γὰρ ἡ καρδία τοῦ λαοῦ τούτου, 15 καὶ τοῖς ὠσὶν βαρέως ἤκουσαν, καὶ τοὺς ὀφθαλμοὺς αὐτῶν ἐκάμμυσαν· μή ποτε ἴδωσιν τοῖς ὀφθαλμοῖς καὶ τοῖς ὠσὶν ἀκούσωσιν καὶ τῇ καρδίᾳ συνῶσιν καὶ ἐπιστρέψωσιν, καὶ ἰάσομαι αὐτούς. ὑμῶν δὲ μακάριοι οἱ ὀφθαλμοὶ ὅτι 16 βλέπουσιν, καὶ τὰ ὦτα [ὑμῶν] ὅτι ἀκούουσιν· ἀμὴν γὰρ 17

4 ἦλθον τὰ πετ. καὶ] ἦλθεν τὰ πετ. καὶ ϛTiB: ἐλθόντα τὰ πετ. AW WH(a.m.) 5 εἶχεν]-χε WHa   γῆς] pr τῆς Ln [W]   6 ἐκαυματίσθη]-τώθη WHa   7 ἀπέπνιξαν] ἔπν. TiWBWHm   9 ὦτα]+ ἀκούειν ϛLn[Tr]Rm   10 μαθηταὶ]+αὐτοῦ Ln   εἶπαν] εἶπον ϛLn 11 αὐτοῖς] Ti°W°B°WH°(a.m.)   Ὅτι ὑμ.] ὅτι Ὑμ. WHR   13 συνίουσιν] συνιοῦ. ϛTiAWB   14 αὐτοῖς] pr ἐπ' ϛ: C   15 ὠσὶν]+ αὐτῶν[Ln]   ἰάσομαι]ἰάσωμαι ϛ: C   16 ὑμῶν sec.] ins ϛTiR : Ln° [Tr][A][W][B][WH]   ἀκούουσιν] ἀκούει ϛ   17 γὰρ] Ti°[W] [B]

λέγω ὑμῖν ὅτι πολλοὶ προφῆται καὶ δίκαιοι ἐπεθύμησαν ἰδεῖν ἃ βλέπετε καὶ οὐκ εἶδαν, καὶ ἀκοῦσαι ἃ ἀκούετε καὶ οὐκ ἤκουσαν.

18 Ὑμεῖς οὖν ἀκούσατε τὴν παραβολὴν τοῦ σπείραντος. 19 παντὸς ἀκούοντος τὸν λόγον τῆς βασιλείας καὶ μὴ συνιέντος, ἔρχεται ὁ πονηρὸς καὶ ἁρπάζει τὸ ἐσπαρμένον ἐν τῇ καρδίᾳ αὐτοῦ· οὗτός ἐστιν ὁ παρὰ τὴν ὁδὸν σπαρείς. 20 ὁ δὲ ἐπὶ τὰ πετρώδη σπαρείς, οὗτός ἐστιν ὁ τὸν λόγον 21 ἀκούων καὶ εὐθὺς μετὰ χαρᾶς λαμβάνων αὐτόν· οὐκ ἔχει δὲ ῥίζαν ἐν ἑαυτῷ, ἀλλὰ πρόσκαιρός ἐστιν, γενομένης δὲ θλίψεως ἢ διωγμοῦ διὰ τὸν λόγον εὐθὺς σκανδαλίζεται. 22 ὁ δὲ εἰς τὰς ἀκάνθας σπαρείς, οὗτός ἐστιν ὁ τὸν λόγον ἀκούων, καὶ ἡ μέριμνα τοῦ αἰῶνος καὶ ἡ ἀπάτη τοῦ πλού- 23 του συνπνίγει τὸν λόγον, καὶ ἄκαρπος γίνεται. ὁ δὲ ἐπὶ τὴν καλὴν γῆν σπαρείς, οὗτός ἐστιν ὁ τὸν λόγον ἀκούων καὶ συνιείς· ὃς δὴ καρποφορεῖ, καὶ ποιεῖ ὃ μὲν ἑκατόν, ὃ δὲ ἑξήκοντα, ὃ δὲ τριάκοντα.

24 Ἄλλην παραβολὴν παρέθηκεν αὐτοῖς λέγων, Ὡμοιώθη ἡ βασιλεία τῶν οὐρανῶν ἀνθρώπῳ σπείραντι καλὸν σπέρμα 25 ἐν τῷ ἀγρῷ αὐτοῦ· ἐν δὲ τῷ καθεύδειν τοὺς ἀνθρώπους ἦλθεν αὐτοῦ ὁ ἐχθρὸς καὶ ἐπέσπειρεν ζιζάνια ἀνὰ μέσον 26 τοῦ σίτου, καὶ ἀπῆλθεν. ὅτε δὲ ἐβλάστησεν ὁ χόρτος 27 καὶ καρπὸν ἐποίησεν, τότε ἐφάνη καὶ τὰ ζιζάνια. προσελθόντες δὲ οἱ δοῦλοι τοῦ οἰκοδεσπότου εἶπον αὐτῷ, Κύριε, οὐχὶ καλὸν σπέρμα ἔσπειρας ἐν τῷ σῷ ἀγρῷ; 28 πόθεν οὖν ἔχει ζιζάνια; ὁ δὲ ἔφη αὐτοῖς, Ἐχθρὸς ἄνθρωπος τοῦτο ἐποίησεν. οἱ δὲ δοῦλοι αὐτῷ λέγουσιν, 29 Θέλεις οὖν ἀπελθόντες συλλέξωμεν αὐτά; ὁ δὲ φησίν,

εἶδαν] εἶδον ϛ AW : ἴδαν Ti   18 σπείραντος] -οντος ϛ   22 αἰῶνος] + τούτου ϛ   συνπνίγει] συμπ. ϛ LnTr   23 τὴν καλὴν γῆν] τὴν γῆν τὴν καλ. ϛ   συνιείς] συνιών ϛ : συνιῶν A(n.m.)   ὃ ter] ὁ ϛ TrA   24 σπείραντι] -οντι ϛ : Cϛm   25 ἐπέσπειρεν] ἔσπειρε ϛ   27 ἔσπειρας] -ρες Tr   ζιζάνια] pr τὰ ϛ : C   28 δοῦλοι] A°WH° αὐτῷ λέγουσιν] λέγ. αὐ. TiWB : εἶπον αὐτῷ ϛ   29 φησίν] ἔφη ϛ

ΚΑΤΑ ΜΑΘΘΑΙΟΝ 13. 30—38.

Οὔ· μή ποτε συλλέγοντες τὰ ζιζάνια ἐκριζώσητε ἅμα αὐτοῖς τὸν σῖτον. ἄφετε συναυξάνεσθαι ἀμφότερα ἕως 30 τοῦ θερισμοῦ· καὶ ἐν καιρῷ τοῦ θερισμοῦ ἐρῶ τοῖς θερισταῖς, Συλλέξατε πρῶτον τὰ ζιζάνια, καὶ δήσατε αὐτὰ εἰς δέσμας πρὸς τὸ κατακαῦσαι αὐτά· τὸν δὲ σῖτον συναγάγετε εἰς τὴν ἀποθήκην μου.

Ἄλλην παραβολὴν παρέθηκεν αὐτοῖς λέγων, Ὁμοία 31 ἐστὶν ἡ βασιλεία τῶν οὐρανῶν κόκκῳ σινάπεως, ὃν λαβὼν ἄνθρωπος ἔσπειρεν ἐν τῷ ἀγρῷ αὐτοῦ· ὃ μικρότερον 32 μέν ἐστιν πάντων τῶν σπερμάτων, ὅταν δὲ αὐξηθῇ, μεῖζον τῶν λαχάνων ἐστὶν καὶ γίνεται δένδρον, ὥστε ἐλθεῖν τὰ πετεινὰ τοῦ οὐρανοῦ καὶ κατασκηνοῖν ἐν τοῖς κλάδοις αὐτοῦ.

Ἄλλην παραβολὴν ἐλάλησεν αὐτοῖς, Ὁμοία ἐστὶν ἡ 33 βασιλεία τῶν οὐρανῶν ζύμῃ, ἣν λαβοῦσα γυνὴ ἐνέκρυψεν εἰς ἀλεύρου σάτα τρία, ἕως οὗ ἐζυμώθη ὅλον.

Ταῦτα πάντα ἐλάλησεν ὁ Ἰησοῦς ἐν παραβολαῖς τοῖς 34 ὄχλοις, καὶ χωρὶς παραβολῆς οὐδὲν ἐλάλει αὐτοῖς· ὅπως 35 πληρωθῇ τὸ ῥηθὲν διὰ τοῦ προφήτου λέγοντος, Ἀνοίξω ἐν παραβολαῖς τὸ στόμα μου· ἐρεύξομαι κεκρυμμένα ἀπὸ καταβολῆς.

Τότε ἀφεὶς τοὺς ὄχλους ἦλθεν εἰς τὴν οἰκίαν· καὶ προσ- 36 ῆλθαν αὐτῷ οἱ μαθηταὶ αὐτοῦ λέγοντες, Διασάφησον ἡμῖν τὴν παραβολὴν τῶν ζιζανίων τοῦ ἀγροῦ. ὁ δὲ ἀποκρι- 37 θεὶς εἶπεν, Ὁ σπείρων τὸ καλὸν σπέρμα ἐστὶν ὁ Υἱὸς τοῦ Ἀνθρώπου· ὁ δὲ ἀγρός ἐστιν ὁ κόσμος· τὸ δὲ καλὸν 38 σπέρμα, οὗτοί εἰσιν οἱ υἱοὶ τῆς βασιλείας· τὰ δὲ ζιζάνιά

39 εἰσιν οἱ υἱοὶ τοῦ πονηροῦ· ὁ δὲ ἐχθρὸς ὁ σπείρας αὐτά ἐστιν ὁ διάβολος· ὁ δὲ θερισμὸς συντέλεια αἰῶνός ἐστιν·
40 οἱ δὲ θερισταὶ ἄγγελοί εἰσιν. ὥσπερ οὖν συλλέγεται τὰ ζιζάνια καὶ πυρὶ κατακαίεται, οὕτως ἔσται ἐν τῇ συντε-
41 λείᾳ τοῦ αἰῶνος. ἀποστελεῖ ὁ Υἱὸς τοῦ Ἀνθρώπου τοὺς ἀγγέλους αὐτοῦ, καὶ συλλέξουσιν ἐκ τῆς βασιλείας αὐτοῦ πάντα τὰ σκάνδαλα καὶ τοὺς ποιοῦντας τὴν ἀνομίαν,
42 καὶ βαλοῦσιν αὐτοὺς εἰς τὴν κάμινον τοῦ πυρός· ἐκεῖ ἔσται
43 ὁ κλαυθμὸς καὶ ὁ βρυγμὸς τῶν ὀδόντων. τότε οἱ δίκαιοι ἐκλάμψουσιν ὡς ὁ ἥλιος ἐν τῇ βασιλείᾳ τοῦ Πατρὸς αὐτῶν. ὁ ἔχων ὦτα ἀκουέτω.

44 Ὁμοία ἐστὶν ἡ βασιλεία τῶν οὐρανῶν θησαυρῷ κεκρυμμένῳ ἐν τῷ ἀγρῷ, ὃν εὑρὼν ἄνθρωπος ἔκρυψεν, καὶ ἀπὸ τῆς χαρᾶς αὐτοῦ ὑπάγει καὶ πωλεῖ πάντα ὅσα ἔχει, καὶ ἀγοράζει τὸν ἀγρὸν ἐκεῖνον.

45 Πάλιν ὁμοία ἐστὶν ἡ βασιλεία τῶν οὐρανῶν ἀνθρώπῳ
46 ἐμπόρῳ ζητοῦντι καλοὺς μαργαρίτας· εὑρὼν δὲ ἕνα πολύτιμον μαργαρίτην ἀπελθὼν πέπρακεν πάντα ὅσα εἶχεν καὶ ἠγόρασεν αὐτόν.

47 Πάλιν ὁμοία ἐστὶν ἡ βασιλεία τῶν οὐρανῶν σαγήνῃ βληθείσῃ εἰς τὴν θάλασσαν καὶ ἐκ παντὸς γένους συναγα-
48 γούσῃ· ἣν ὅτε ἐπληρώθη ἀναβιβάσαντες ἐπὶ τὸν αἰγιαλὸν καὶ καθίσαντες συνέλεξαν τὰ καλὰ εἰς ἄγγη, τὰ δὲ
49 σαπρὰ ἔξω ἔβαλον. οὕτως ἔσται ἐν τῇ συντελείᾳ τοῦ αἰῶνος· ἐξελεύσονται οἱ ἄγγελοι, καὶ ἀφοριοῦσιν τοὺς
50 πονηροὺς ἐκ μέσου τῶν δικαίων, καὶ βαλοῦσιν αὐτοὺς εἰς τὴν κάμινον τοῦ πυρός· ἐκεῖ ἔσται ὁ κλαυθμὸς καὶ ὁ βρυγμὸς τῶν ὀδόντων.

ΚΑΤΑ ΜΑΘΘΑΙΟΝ

Συνήκατε ταῦτα πάντα; λέγουσιν αὐτῷ, Ναί. ὁ δὲ 51, 2
εἶπεν αὐτοῖς, Διὰ τοῦτο πᾶς γραμματεὺς μαθητευθεὶς τῇ
βασιλείᾳ τῶν οὐρανῶν ὅμοιός ἐστιν ἀνθρώπῳ οἰκοδεσπότῃ,
ὅστις ἐκβάλλει ἐκ τοῦ θησαυροῦ αὐτοῦ καινὰ καὶ
παλαιά.

Καὶ ἐγένετο ὅτε ἐτέλεσεν ὁ Ἰησοῦς τὰς παραβολὰς ταύ- 53
τας, μετῆρεν ἐκεῖθεν· καὶ ἐλθὼν εἰς τὴν πατρίδα αὐτοῦ 54
ἐδίδασκεν αὐτοὺς ἐν τῇ συναγωγῇ αὐτῶν, ὥστε ἐκπλήσσεσθαι αὐτοὺς καὶ λέγειν, Πόθεν τούτῳ ἡ σοφία αὕτη καὶ αἱ
δυνάμεις; οὐχ οὗτός ἐστιν ὁ τοῦ τέκτονος υἱός; οὐχ 55
ἡ μήτηρ αὐτοῦ λέγεται Μαριάμ, καὶ οἱ ἀδελφοὶ αὐτοῦ
Ἰάκωβος καὶ Ἰωσὴφ καὶ Σίμων καὶ Ἰούδας; καὶ αἱ 56
ἀδελφαὶ αὐτοῦ οὐχὶ πᾶσαι πρὸς ἡμᾶς εἰσίν; πόθεν οὖν
τούτῳ ταῦτα πάντα; καὶ ἐσκανδαλίζοντο ἐν αὐτῷ. ὁ 57
δὲ Ἰησοῦς εἶπεν αὐτοῖς, Οὐκ ἔστιν προφήτης ἄτιμος εἰ μὴ
ἐν τῇ πατρίδι καὶ ἐν τῇ οἰκίᾳ αὐτοῦ. Καὶ οὐκ ἐποίησεν 58
ἐκεῖ δυνάμεις πολλὰς διὰ τὴν ἀπιστίαν αὐτῶν.

Ἐν ἐκείνῳ τῷ καιρῷ ἤκουσεν Ἡρώδης ὁ τετράρχης τὴν 14
ἀκοὴν Ἰησοῦ, καὶ εἶπεν τοῖς παισὶν αὐτοῦ, Οὗτός ἐστιν 2
Ἰωάννης ὁ Βαπτιστής· αὐτὸς ἠγέρθη ἀπὸ τῶν νεκρῶν, καὶ
διὰ τοῦτο αἱ δυνάμεις ἐνεργοῦσιν ἐν αὐτῷ. Ὁ γὰρ 3
Ἡρώδης κρατήσας τὸν Ἰωάννην ἔδησεν καὶ ἐν φυλακῇ
ἀπέθετο διὰ Ἡρωδιάδα τὴν γυναῖκα Φιλίππου τοῦ ἀδελφοῦ αὐτοῦ· ἔλεγεν γὰρ ὁ Ἰωάννης αὐτῷ, Οὐκ ἔξεστίν 4
σοι ἔχειν αὐτήν. καὶ θέλων αὐτὸν ἀποκτεῖναι ἐφοβήθη 5
τὸν ὄχλον, ὅτι ὡς προφήτην αὐτὸν εἶχον. γενεσίοις 6
δὲ γενομένοις τοῦ Ἡρώδου ὠρχήσατο ἡ θυγάτηρ τῆς Ἡρῳ-

---

51 συνήκατε] pr λέγει αὐτοῖς ὁ Ἰησοῦς ϛ   ναί] +, κύριε ϛ
52 εἶπεν] λέγει LnWHm   τῇ βασιλείᾳ] pr ἐν Ln : εἰς τὴν βασιλείαν ϛ
54 ἐκπλήσσεσθαι] ἐκπλήττ. ϛ : C   55 οὐχ] οὐχὶ ϛ   Ἰωσὴφ]
Ἰωσῆς ϛ Bm : Ἰωάννης Bm   57 πατρίδι]+αὐτοῦ ϛ : pr ἰδίᾳ Ti[B]WHm
3 κρατήσας] pr τότε [W]   ἔδησεν]+αὐτὸν ϛ LnTrA   φυλακῇ] pr
τῇ LnTrA   ἀπέθετο] ἔθετο ante ἐν φυλ. ϛ   Φιλίππου] [Ti]Aº[W]
[B]   4 ὁ Ἰωάν.]—ὁ Ti [B]   αὐτῷ] ante ὁ Ἰωάν. ϛ TrA
6 γενεσίοις δὲ γενομένοις] γενεσίων δὲ γενομένων ϛ : γεν. δὲ ἀγομένοις Er

7 διάδος ἐν τῷ μέσῳ καὶ ἤρεσεν τῷ Ἡρῴδη· ὅθεν μεθ'
8 ὅρκου ὡμολόγησεν αὐτῇ δοῦναι ὃ ἐὰν αἰτήσηται. ἡ δὲ
προβιβασθεῖσα ὑπὸ τῆς μητρὸς αὐτῆς, Δός μοι, φησίν,
ὧδε ἐπὶ πίνακι τὴν κεφαλὴν Ἰωάννου τοῦ Βαπτιστοῦ.
9 καὶ λυπηθεὶς ὁ βασιλεύς, διὰ τοὺς ὅρκους καὶ τοὺς συνανα-
10 κειμένους ἐκέλευσεν δοθῆναι· καὶ πέμψας ἀπεκεφάλι-
11 σεν Ἰωάννην ἐν τῇ φυλακῇ. καὶ ἠνέχθη ἡ κεφαλὴ αὐτοῦ
ἐπὶ πίνακι καὶ ἐδόθη τῷ κορασίῳ· καὶ ἤνεγκεν τῇ μητρὶ
12 αὐτῆς. Καὶ προσελθόντες οἱ μαθηταὶ αὐτοῦ ἦραν τὸ
πτῶμα, καὶ ἔθαψαν αὐτόν· καὶ ἐλθόντες ἀπήγγειλαν τῷ
Ἰησοῦ.
13 Ἀκούσας δὲ ὁ Ἰησοῦς ἀνεχώρησεν ἐκεῖθεν ἐν πλοίῳ εἰς
ἔρημον τόπον κατ' ἰδίαν· καὶ ἀκούσαντες οἱ ὄχλοι ἠκολού-
14 θησαν αὐτῷ πεζῇ ἀπὸ τῶν πόλεων. καὶ ἐξελθὼν εἶδεν
πολὺν ὄχλον, καὶ ἐσπλαγχνίσθη ἐπ' αὐτοῖς, καὶ ἐθεράπευ-
15 σεν τοὺς ἀρρώστους αὐτῶν. Ὀψίας δὲ γενομένης προσ-
ῆλθαν αὐτῷ οἱ μαθηταὶ λέγοντες, Ἔρημός ἐστιν ὁ τόπος,
καὶ ἡ ὥρα ἤδη παρῆλθεν· ἀπόλυσον τοὺς ὄχλους, ἵνα
ἀπελθόντες εἰς τὰς κώμας ἀγοράσωσιν ἑαυτοῖς βρώματα.
16 ὁ δὲ Ἰησοῦς εἶπεν αὐτοῖς, Οὐ χρείαν ἔχουσιν ἀπελθεῖν·
17 δότε αὐτοῖς ὑμεῖς φαγεῖν. οἱ δὲ λέγουσιν αὐτῷ, Οὐκ
18 ἔχομεν ὧδε εἰ μὴ πέντε ἄρτους καὶ δύο ἰχθύας. ὁ δὲ
19 εἶπεν, Φέρετέ μοι ὧδε αὐτούς. καὶ κελεύσας τοὺς
ὄχλους ἀνακλιθῆναι ἐπὶ τοῦ χόρτου, λαβὼν τοὺς πέντε
ἄρτους καὶ τοὺς δύο ἰχθύας, ἀναβλέψας εἰς τὸν οὐρανὸν
εὐλόγησεν, καὶ κλάσας ἔδωκεν τοῖς μαθηταῖς τοὺς ἄρτους,

7 μεθ'] μετὰ WH(n.a.) ἐὰν] ἂν LnTrAWHa 9 λυπηθεὶς] ἐλυπήθη ϛ
διὰ] +δὲ ϛ 10 Ἰωάννην] pr τὸν ϛ 12 πτῶμα] σῶμα ϛ (n.m.)A(n.m.)
Bm αὐτόν] αὐτό ϛ Ln (n.m.)Bm 13 ἀκούσας δὲ] καὶ ἀκούσας ϛ
πεζῇ] πεζοὶ LnmTiWBWHm 14 ἐξελθὼν] +ὁ Ἰησοῦς ϛ αὐτοῖς]
αὐτούς ϛ : CEr 15 προσῆλθαν] -θον ϛ TiWBA μαθηταί]+ αὐτοῦ ϛ
ἤδη] post παρῆλθεν TiWHm ἀπόλυσον]+οὖν TiWBWHm[A] 16 Ἰη-
σοῦς] TiˀWˀBˀ 18 ὧδε] post αὐτούς ϛ : [Tr]m 19 κελεύσας]
ἐκέλευσεν WHm τοῦ χόρτου] τοὺς χόρτους ϛ A(n.m.) λαβὼν] pr καὶ
ϛWHm : Cϛm εὐλόγησεν] ηὐλόγ. LnTrA

οἱ δὲ μαθηταὶ τοῖς ὄχλοις. καὶ ἔφαγον πάντες καὶ 20
ἐχορτάσθησαν· καὶ ἦραν τὸ περισσεῦον τῶν κλασμάτων,
δώδεκα κοφίνους πλήρεις. οἱ δὲ ἐσθίοντες ἦσαν ἄνδρες 21
ὡσεὶ πεντακισχίλιοι χωρὶς γυναικῶν καὶ παιδίων.

Καὶ εὐθέως ἠνάγκασεν τοὺς μαθητὰς ἐμβῆναι εἰς τὸ 22
πλοῖον καὶ προάγειν αὐτὸν εἰς τὸ πέραν, ἕως οὗ ἀπολύσῃ
τοὺς ὄχλους. καὶ ἀπολύσας τοὺς ὄχλους ἀνέβη εἰς τὸ 23
ὄρος κατ' ἰδίαν προσεύξασθαι· ὀψίας δὲ γενομένης μόνος
ἦν ἐκεῖ. τὸ δὲ πλοῖον ἤδη μέσον τῆς θαλάσσης ἦν, 24
βασανιζόμενον ὑπὸ τῶν κυμάτων, ἦν γὰρ ἐναντίος ὁ
ἄνεμος. Τετάρτῃ δὲ φυλακῇ τῆς νυκτὸς ἦλθεν πρὸς 25
αὐτοὺς περιπατῶν ἐπὶ τὴν θάλασσαν. οἱ δὲ μαθηταὶ 26
ἰδόντες αὐτὸν ἐπὶ τῆς θαλάσσης περιπατοῦντα ἐταράχθησαν λέγοντες ὅτι Φάντασμά ἐστιν· καὶ ἀπὸ τοῦ φόβου
ἔκραξαν. εὐθὺς δὲ ἐλάλησεν ὁ Ἰησοῦς αὐτοῖς λέγων, 27
Θαρσεῖτε· ἐγώ εἰμι· μὴ φοβεῖσθε. ἀποκριθεὶς δὲ αὐτῷ 28
ὁ Πέτρος εἶπεν, Κύριε, εἰ σὺ εἶ, κέλευσόν με ἐλθεῖν πρός
σε ἐπὶ τὰ ὕδατα. ὁ δὲ εἶπεν, Ἐλθέ. καὶ καταβὰς 29
ἀπὸ τοῦ πλοίου Πέτρος περιεπάτησεν ἐπὶ τὰ ὕδατα, ἐλθεῖν
πρὸς τὸν Ἰησοῦν. βλέπων δὲ τὸν ἄνεμον ἐφοβήθη, καὶ 30
ἀρξάμενος καταποντίζεσθαι ἔκραξεν λέγων, Κύριε, σῶσόν
με. εὐθέως δὲ ὁ Ἰησοῦς ἐκτείνας τὴν χεῖρα ἐπελάβετο 31
αὐτοῦ, καὶ λέγει αὐτῷ, Ὀλιγόπιστε, εἰς τί ἐδίστασας;
καὶ ἀναβάντων αὐτῶν εἰς τὸ πλοῖον ἐκόπασεν ὁ ἄνεμος· 32

21 γυναικῶν καὶ παιδίων] παιδ. κ. γυν. L*n*   22 εὐθέως] Ti°W°[B]
[WH]   ἠνάγκασεν] + ὁ Ἰησοῦς ϛ : Scr   μαθητὰς] + αὐτοῦς L*n*
τὸ πλοῖον] —τὸ TrWH(n.m.)   23 κατ' ἰδίαν] καθ' ἰδίαν WHa
24 μέσον τῆς θαλάσσης ἦν] σταδίους πολλοὺς ἀπὸ τῆς γῆς ἀπεῖχεν *Tr*(n.m.)
WBmWH(n.m.)Rm : sed ἀπεῖχε W   25 ἦλθεν] ἀπῆλθ. ϛ A   αὐτοὺς]
+ ὁ Ἰησοῦς ϛ   τὴν θάλασσαν] τῆς θαλάσσης ϛ : Er   26 οἱ δὲ δὲ
μαθηταὶ ἰδόντες αὐτὸν] ἰδόντες δὲ αὐτὸν TiWB : καὶ ἰδ. αὐτ. οἱ μαθ. ϛ T*r*A
τῆς θαλάσσης] τὴν θάλασσαν ϛ   27 εὐθὺς] εὐθέως ϛ A   ὁ Ἰησοῦς]
[WH] : post αὐτοῖς ϛ *Tr*[*Tr*]m[A] : Ti°W°B°   28 αὐτῷ] post ὁ Π. εἶπεν
L*n*WH   ἐλθεῖν] post πρός σε ϛ   29 Πέτρος] πρὸς ϛ   ἐλθεῖν] καὶ
ἦλθεν TrmTiWBWH(n.m.)Rm   30 ἄνεμον]+ἰσχυρὸν ϛ L*n*T*r*ARm : Scr
32 ἀναβάντων] ἐμβάντων ϛ

33 οἱ δὲ ἐν τῷ πλοίῳ προσεκύνησαν αὐτῷ λέγοντες, Ἀληθῶς Θεοῦ Υἱὸς εἶ.
34 Καὶ διαπεράσαντες ἦλθον ἐπὶ τὴν γῆν εἰς Γεννησαρέτ.
35 καὶ ἐπιγνόντες αὐτὸν οἱ ἄνδρες τοῦ τόπου ἐκείνου ἀπέστειλαν εἰς ὅλην τὴν περίχωρον ἐκείνην, καὶ προσήνεγκαν
36 αὐτῷ πάντας τοὺς κακῶς ἔχοντας· καὶ παρεκάλουν αὐτὸν ἵνα μόνον ἅψωνται τοῦ κρασπέδου τοῦ ἱματίου αὐτοῦ· καὶ ὅσοι ἥψαντο διεσώθησαν.

15 Τότε προσέρχονται τῷ Ἰησοῦ ἀπὸ Ἱεροσολύμων Φαρι-
2 σαῖοι καὶ γραμματεῖς λέγοντες, Διὰ τί οἱ μαθηταί σου παραβαίνουσιν τὴν παράδοσιν τῶν πρεσβυτέρων; οὐ γὰρ
3 νίπτονται τὰς χεῖρας ὅταν ἄρτον ἐσθίωσιν. ὁ δὲ ἀποκριθεὶς εἶπεν αὐτοῖς, Διὰ τί καὶ ὑμεῖς παραβαίνετε τὴν
4 ἐντολὴν τοῦ Θεοῦ διὰ τὴν παράδοσιν ὑμῶν; ὁ γὰρ Θεὸς εἶπεν, Τίμα τὸν πατέρα καὶ τὴν μητέρα· καί, Ὁ κα-
5 κολογῶν πατέρα ἢ μητέρα θανάτῳ τελευτάτω· ὑμεῖς δὲ λέγετε, Ὃς ἂν εἴπῃ τῷ πατρὶ ἢ τῇ μητρί, Δῶρον ὃ ἐὰν
6 ἐξ ἐμοῦ ὠφεληθῇς, οὐ μὴ τιμήσει τὸν πατέρα αὐτοῦ· καὶ ἠκυρώσατε τὸν λόγον τοῦ Θεοῦ διὰ τὴν παράδοσιν
7 ὑμῶν. ὑποκριταί, καλῶς ἐπροφήτευσεν περὶ ὑμῶν
8 Ἡσαΐας λέγων, Ὁ λαὸς οὗτος τοῖς χείλεσίν με τιμᾷ,
9 ἡ δὲ καρδία αὐτῶν πόρρω ἀπέχει ἀπ᾽ ἐμοῦ· μάτην δὲ σέβονταί με, διδάσκοντες διδασκαλίας ἐντάλματα ἀνθρώ-
10 πων. Καὶ προσκαλεσάμενος τὸν ὄχλον εἶπεν αὐτοῖς,
11 Ἀκούετε καὶ συνίετε· οὐ τὸ εἰσερχόμενον εἰς τὸ στόμα κοινοῖ τὸν ἄνθρωπον· ἀλλὰ τὸ ἐκπορευόμενον ἐκ τοῦ στό-

33 προσεκύνησαν] pr ἐλθόντες ϛLnTr[Tr]m[A]   34 ἦλθον] -θαν WH(n.a.)   ἐπὶ τὴν γῆν εἰς Γεννν.] εἰς τὴν γῆν Γεννν. ϛLnA   Γεννησαρέτ] -ρέθ Ln   36 αὐτὸν] [W] [B] [WH]   1 ἀπὸ Ἱερ.] pr οἱ ϛA Φαρισ. καὶ γραμμ.] γραμμ. κ. Φαρ. ϛ LnA   2 παραβαίνουσιν] -σι WHa τὰς χεῖρας] + αὐτῶν ϛLn[Tr]A   4 εἶπεν] ἐνετείλατο λέγων ϛTiAB πατέρα] + σου ϛ: CEr   6 οὐ μὴ] pr καὶ ϛ[A]Bm   τιμήσει] -ση ϛBm: Er   τὸν πατέρα αὐτοῦ]+ ἢ τὴν μητέρα αὐτοῦ ϛ Tr[Tr]mTi[A]W BRm   τὸν λόγον] τὴν ἐντολὴν ϛ: τὸν νόμον TiAWBWHmRm
7 ἐπροφήτευσεν] προεφήτ. ϛ   8 ὁ λαὸς οὗτος] pr ἐγγίζει μοι ϛ: Scr +τῷ στόματι αὐτῶν καὶ ϛ: Scr

ματος, τοῦτο κοινοῖ τὸν ἄνθρωπον. Τότε προσελθόντες 12
οἱ μαθηταὶ λέγουσιν αὐτῷ, Οἶδας ὅτι οἱ Φαρισαῖοι ἀκούσαντες τὸν λόγον ἐσκανδαλίσθησαν; ὁ δὲ ἀποκριθεὶς 13
εἶπεν, Πᾶσα φυτεία ἣν οὐκ ἐφύτευσεν ὁ Πατήρ μου ὁ οὐράνιος ἐκριζωθήσεται. ἄφετε αὐτούς· τυφλοί εἰσιν 14
ὁδηγοὶ τυφλῶν· τυφλὸς δὲ τυφλὸν ἐὰν ὁδηγῇ, ἀμφότεροι
εἰς βόθυνον πεσοῦνται. Ἀποκριθεὶς δὲ ὁ Πέτρος εἶπεν 15
αὐτῷ, Φράσον ἡμῖν τὴν παραβολήν. ὁ δὲ εἶπεν, 16
Ἀκμὴν καὶ ὑμεῖς ἀσύνετοί ἐστε; οὐ νοεῖτε ὅτι πᾶν τὸ 17
εἰσπορευόμενον εἰς τὸ στόμα εἰς τὴν κοιλίαν χωρεῖ καὶ εἰς
ἀφεδρῶνα ἐκβάλλεται; τὰ δὲ ἐκπορευόμενα ἐκ τοῦ 18
στόματος ἐκ τῆς καρδίας ἐξέρχεται, κἀκεῖνα κοινοῖ τὸν
ἄνθρωπον. ἐκ γὰρ τῆς καρδίας ἐξέρχονται διαλογισμοὶ 19
πονηροί, φόνοι, μοιχεῖαι, πορνεῖαι, κλοπαί, ψευδομαρτυρίαι, βλασφημίαι· ταῦτά ἐστιν τὰ κοινοῦντα τὸν 20
ἄνθρωπον· τὸ δὲ ἀνίπτοις χερσὶν φαγεῖν οὐ κοινοῖ τὸν
ἄνθρωπον.

Καὶ ἐξελθὼν ἐκεῖθεν ὁ Ἰησοῦς ἀνεχώρησεν εἰς τὰ μέρη 21
Τύρου καὶ Σιδῶνος. καὶ ἰδοὺ γυνὴ Χαναναία ἀπὸ τῶν 22
ὁρίων ἐκείνων ἐξελθοῦσα ἔκραζεν λέγουσα, Ἐλέησόν με,
Κύριε, υἱὸς Δαυείδ· ἡ θυγάτηρ μου κακῶς δαιμονίζεται.
ὁ δὲ οὐκ ἀπεκρίθη αὐτῇ λόγον. καὶ προσελθόντες οἱ μα- 23
θηταὶ αὐτοῦ ἠρώτουν αὐτὸν λέγοντες, Ἀπόλυσον αὐτήν,
ὅτι κράζει ὄπισθεν ἡμῶν. ὁ δὲ ἀποκριθεὶς εἶπεν, Οὐκ 24
ἀπεστάλην εἰ μὴ εἰς τὰ πρόβατα τὰ ἀπολωλότα οἴκου
Ἰσραήλ. ἡ δὲ ἐλθοῦσα προσεκύνει αὐτῷ λέγουσα, 25
Κύριε, βοήθει μοι. ὁ δὲ ἀποκριθεὶς εἶπεν, Οὐκ ἔστιν 26
καλὸν λαβεῖν τὸν ἄρτον τῶν τέκνων καὶ βαλεῖν τοῖς κυνα-

---

12 οἱ μαθηταὶ]+αὐτοῦ ς *Tr*[*Tr*]m   λέγουσιν] εἶπον ς   14 τυφλοί
εἰσιν ὁδηγοὶ] ὁδηγοί εἰσιν τυφλοὶ ς TiAWHm : ςm   τυφλῶν] [Tr]mWH°
at [WH]mR°   15 παραβολὴν] + ταύτην ς [A]   16 ὁ δὲ]+'Ἰησοῦς ς
17 οὐ] οὔπω ς A   22 ἔκραζεν] ἐκραύγασεν ς A(n.m.) : ἔκραξεν LnmTiB
WHm : Er :+αὐτῷ ς   υἱὸς] υἱὲ ς WHm : Er   23 ἠρώτουν]-των ς
25 προσεκύνει]-νησεν *Ln*m*Tr*m   26 ἔστιν καλὸν] ἔξεστιν *Ln*TiAWB

27 ρίοις. ἡ δὲ εἶπεν, Ναί, Κύριε· καὶ γὰρ τὰ κυνάρια
ἐσθίει ἀπὸ τῶν ψιχίων τῶν πιπτόντων ἀπὸ τῆς τραπέζης
28 τῶν κυρίων αὐτῶν. τότε ἀποκριθεὶς ὁ Ἰησοῦς εἶπεν
αὐτῇ, Ὦ γύναι, μεγάλη σου ἡ πίστις· γενηθήτω σοι ὡς
θέλεις. καὶ ἰάθη ἡ θυγάτηρ αὐτῆς ἀπὸ τῆς ὥρας ἐκείνης.
29 Καὶ μεταβὰς ἐκεῖθεν ὁ Ἰησοῦς ἦλθεν παρὰ τὴν θάλασ-
σαν τῆς Γαλιλαίας· καὶ ἀναβὰς εἰς τὸ ὄρος ἐκάθητο ἐκεῖ.
30 καὶ προσῆλθον αὐτῷ ὄχλοι πολλοί, ἔχοντες μεθ' ἑαυτῶν
χωλούς, τυφλούς, κωφούς, κυλλούς, καὶ ἑτέρους πολλούς,
καὶ ἔρριψαν αὐτοὺς παρὰ τοὺς πόδας αὐτοῦ· καὶ ἐθερά-
31 πευσεν αὐτούς· ὥστε τὸν ὄχλον θαυμάσαι βλέποντας
κωφοὺς λαλοῦντας, κυλλοὺς ὑγιεῖς, καὶ χωλοὺς περιπατοῦν-
τας, καὶ τυφλοὺς βλέποντας· καὶ ἐδόξασαν τὸν Θεὸν
Ἰσραήλ.
32 Ὁ δὲ Ἰησοῦς προσκαλεσάμενος τοὺς μαθητὰς αὐτοῦ
εἶπεν, Σπλαγχνίζομαι ἐπὶ τὸν ὄχλον, ὅτι ἤδη ἡμέραι τρεῖς
προσμένουσίν μοι, καὶ οὐκ ἔχουσιν τί φάγωσιν· καὶ ἀπο-
λῦσαι αὐτοὺς νήστεις οὐ θέλω, μή ποτε ἐκλυθῶσιν ἐν τῇ
33 ὁδῷ. καὶ λέγουσιν αὐτῷ οἱ μαθηταί, Πόθεν ἡμῖν ἐν
ἐρημίᾳ ἄρτοι τοσοῦτοι ὥστε χορτάσαι ὄχλον τοσοῦτον;
34 καὶ λέγει αὐτοῖς ὁ Ἰησοῦς, Πόσους ἄρτους ἔχετε; οἱ δὲ
35 εἶπον, Ἑπτά, καὶ ὀλίγα ἰχθύδια. καὶ παραγγείλας τῷ
36 ὄχλῳ ἀναπεσεῖν ἐπὶ τὴν γῆν ἔλαβεν τοὺς ἑπτὰ ἄρτους
καὶ τοὺς ἰχθύας καὶ εὐχαριστήσας ἔκλασεν καὶ ἐδίδου
37 τοῖς μαθηταῖς, οἱ δὲ μαθηταὶ τοῖς ὄχλοις. καὶ ἔφαγον
πάντες καὶ ἐχορτάσθησαν· καὶ τὸ περισσεῦον τῶν κλασ-

27 γάρ] [WH]   30 χωλούς, τυφλούς, κωφούς, κυλλούς] χω. κυλλ.
τυφλ. κωφ. WBWH   ἔρριψαν] ἔριψαν TiWH   αὐτοῦ] τοῦ Ἰησοῦ ς
31 τὸν ὄχλον] τοὺς ὄχλους ς LnTrBWHm   λαλοῦντας] ἀκούοντας WHm
κυλλ. ὑγ.] [Tr]mWH°(n.m.) : pr καὶ [W]   καὶ χωλοὺς] – καὶ ς
ἐδόξασαν]-αζον TiWWHm   32 ἤδη][WH]   ἡμέραι] ἡμέρας ς
προσμένουσίν] -σί WHa   33 μαθηταί] + αὐτοῦ ς[Ln][Tr]
34 εἶπον] εἶπαν WBWH   35 παραγγείλας] ἐκέλευσε ςA   τῷ
ὄχλῳ] τοῖς ὄχλοις ςLnmA   36 ἔλαβεν] καὶ λαβὼν ςA   καὶ
εὐχαριστ.] – καὶ ς TrA : Er   ἐδίδου] ἔδωκεν ςLnTrmA   μαθηταῖς]
+ αὐτοῦ ς[Ln][Tr]   τοῖς ὄχλοις] τῷ ὄχλῳ ςLn

μάτων ἦραν ἑπτὰ σπυρίδας πλήρεις. οἱ δὲ ἐσθίον- 38
τες ἦσαν τετρακισχίλιοι ἄνδρες, χωρὶς γυναικῶν καὶ
παιδίων.

Καὶ ἀπολύσας τοὺς ὄχλους ἐνέβη εἰς τὸ πλοῖον, καὶ 39
ἦλθεν εἰς τὰ ὅρια Μαγαδάν. Καὶ προσελθόντες οἱ 16
Φαρισαῖοι καὶ Σαδδουκαῖοι πειράζοντες ἐπηρώτησαν αὐτὸν
σημεῖον ἐκ τοῦ οὐρανοῦ ἐπιδεῖξαι αὐτοῖς. ὁ δὲ ἀπο- 2
κριθεὶς εἶπεν αὐτοῖς, [Ὀψίας γενομένης λέγετε, Εὐδία·
πυρράζει γὰρ ὁ οὐρανός· καὶ πρωΐ, Σήμερον χειμών· 3
πυρράζει γὰρ στυγνάζων ὁ οὐρανός. τὸ μὲν πρόσωπον τοῦ
οὐρανοῦ γινώσκετε διακρίνειν, τὰ δὲ σημεῖα τῶν καιρῶν οὐ
δύνασθε;] γενεὰ πονηρὰ καὶ μοιχαλὶς σημεῖον ἐπιζητεῖ· 4
καὶ σημεῖον οὐ δοθήσεται αὐτῇ εἰ μὴ τὸ σημεῖον Ἰωνᾶ.
καὶ καταλιπὼν αὐτοὺς ἀπῆλθεν.

Καὶ ἐλθόντες οἱ μαθηταὶ εἰς τὸ πέραν ἐπελάθοντο 5
ἄρτους λαβεῖν. ὁ δὲ Ἰησοῦς εἶπεν αὐτοῖς, Ὁρᾶτε καὶ 6
προσέχετε ἀπὸ τῆς ζύμης τῶν Φαρισαίων καὶ Σαδδουκαίων.
οἱ δὲ διελογίζοντο ἐν ἑαυτοῖς λέγοντες ὅτι Ἄρτους οὐκ 7
ἐλάβομεν. γνοὺς δὲ ὁ Ἰησοῦς εἶπεν, Τί διαλογίζεσθε 8
ἐν ἑαυτοῖς, ὀλιγόπιστοι, ὅτι ἄρτους οὐκ ἔχετε; οὔπω 9
νοεῖτε, οὐδὲ μνημονεύετε τοὺς πέντε ἄρτους τῶν πεντακισ-
χιλίων, καὶ πόσους κοφίνους ἐλάβετε; οὐδὲ τοὺς ἑπτὰ 10
ἄρτους τῶν τετρακισχιλίων, καὶ πόσας σπυρίδας ἐλάβετε;
πῶς οὐ νοεῖτε ὅτι οὐ περὶ ἄρτων εἶπον ὑμῖν; προσέχετε δὲ 11
ἀπὸ τῆς ζύμης τῶν Φαρισαίων καὶ Σαδδουκαίων. τότε 12

συνῆκαν ὅτι οὐκ εἶπεν προσέχειν ἀπὸ τῆς ζύμης τῶν ἄρτων, ἀλλὰ ἀπὸ τῆς διδαχῆς τῶν Φαρισαίων καὶ Σαδδουκαίων.

13 Ἐλθὼν δὲ ὁ Ἰησοῦς εἰς τὰ μέρη Καισαρείας τῆς Φιλίππου ἠρώτα τοὺς μαθητὰς αὐτοῦ λέγων, Τίνα λέγουσιν οἱ 14 ἄνθρωποι εἶναι τὸν Υἱὸν τοῦ Ἀνθρώπου; οἱ δὲ εἶπαν, Οἱ μὲν Ἰωάννην τὸν Βαπτιστήν· ἄλλοι δὲ Ἠλίαν· ἕτεροι 15 δὲ Ἰερεμίαν, ἢ ἕνα τῶν προφητῶν. λέγει αὐτοῖς, Ὑμεῖς 16 δὲ τίνα με λέγετε εἶναι; ἀποκριθεὶς δὲ Σίμων Πέτρος εἶπεν, Σὺ εἶ ὁ Χριστός, ὁ Υἱὸς τοῦ Θεοῦ τοῦ ζῶντος. 17 ἀποκριθεὶς δὲ ὁ Ἰησοῦς εἶπεν αὐτῷ, Μακάριος εἶ, Σίμων Βαριωνᾶ, ὅτι σὰρξ καὶ αἷμα οὐκ ἀπεκάλυψέν σοι, ἀλλ' ὁ 18 Πατήρ μου ὁ ἐν τοῖς οὐρανοῖς. κἀγὼ δέ σοι λέγω ὅτι σὺ εἶ Πέτρος, καὶ ἐπὶ ταύτῃ τῇ πέτρᾳ οἰκοδομήσω μου τὴν ἐκκλησίαν, καὶ πύλαι ᾅδου οὐ κατισχύσουσιν αὐτῆς. 19 δώσω σοι τὰς κλεῖδας τῆς βασιλείας τῶν οὐρανῶν· καὶ ὃ ἐὰν δήσῃς ἐπὶ τῆς γῆς ἔσται δεδεμένον ἐν τοῖς οὐρανοῖς, καὶ ὃ ἐὰν λύσῃς ἐπὶ τῆς γῆς ἔσται λελυμένον ἐν τοῖς 20 οὐρανοῖς. Τότε διεστείλατο τοῖς μαθηταῖς ἵνα μηδενὶ εἴπωσιν ὅτι αὐτός ἐστιν ὁ Χριστός.

21 Ἀπὸ τότε ἤρξατο Ἰησοῦς δεικνύειν τοῖς μαθηταῖς αὐτοῦ ὅτι δεῖ αὐτὸν εἰς Ἱεροσόλυμα ἀπελθεῖν, καὶ πολλὰ παθεῖν ἀπὸ τῶν πρεσβυτέρων καὶ ἀρχιερέων καὶ γραμματέων, καὶ 22 ἀποκτανθῆναι, καὶ τῇ τρίτῃ ἡμέρᾳ ἐγερθῆναι. καὶ προσλαβόμενος αὐτὸν ὁ Πέτρος ἤρξατο ἐπιτιμᾶν αὐτῷ

12 τῶν ἄρτων] τοῦ ἄρτου ϛ : τῶν Φαρισαίων καὶ Σαδδουκαίων Ti : [WH] ἀλλὰ] ἀλλ' ϛLn 13 τίνα] + με ϛ[Ln][Tr]m[B]Rm 14 εἶπαν] εἶπον ϛA ἄλλοι] οἱ Ln 15 αὐτοῖς] + ὁ Ἰησοῦς [Ln] 17 ἀποκριθεὶς δὲ] καὶ ἀποκριθεὶς ϛ Βαριωνᾶ] Βὰρ Ἰωνᾶ ϛTr : Βαριῶνα A (σφ?) ἀλλ'] ἀλλὰ WHa τοῖς] Ln*[Tr][WH] 19 δώσω] pr καὶ ϛLnTr[A] κλεῖδας] κλεῖς ϛ ὃ ἐὰν pri.] ὃ ἂν LnTrAWHa : ὅσα ἂν Lnm δεδεμένον] δεδεμένα Lnm ἐὰν sec.] ἂν TrWHa 20 διεστείλατο] ἐπετίμησεν LnWH(a.m.) μαθηταῖς]+αὐτοῦ ϛ ὁ Χριστός] pr Ἰησοῦς ϛ(a.m.) 21 Ἰησοῦς] pr ὁ ϛ[Tr]Ti[B] : + Χριστὸς WWHRm : Scr δεικνύειν] -ύναι WHa ἀπελθεῖν] ante εἰς Ἱερ. ϛ 22 ἤρξατο ἐπιτιμᾶν αὐτῷ λέγων] ἤρξ. αὐτῷ ἐπιτ. λέγ. Ln : λέγει αὐτῷ ἐπιτιμῶν AWHm

λέγων, Ἵλεώς σοι, Κύριε· οὐ μὴ ἔσται σοι τοῦτο. ὁ δὲ 23
στραφεὶς εἶπεν τῷ Πέτρῳ, Ὕπαγε ὀπίσω μου, Σατανᾶ·
σκάνδαλον εἶ ἐμοῦ· ὅτι οὐ φρονεῖς τὰ τοῦ Θεοῦ ἀλλὰ
τὰ τῶν ἀνθρώπων. Τότε ὁ Ἰησοῦς εἶπεν τοῖς μαθηταῖς 24
αὐτοῦ, Εἴ τις θέλει ὀπίσω μου ἐλθεῖν, ἀπαρνησάσθω
ἑαυτὸν καὶ ἀράτω τὸν σταυρὸν αὐτοῦ, καὶ ἀκολουθείτω
μοι. ὃς γὰρ ἐὰν θέλῃ τὴν ψυχὴν αὐτοῦ σῶσαι, ἀπο- 25
λέσει αὐτήν· ὃς δ᾽ ἂν ἀπολέσῃ τὴν ψυχὴν αὐτοῦ ἕνεκεν
ἐμοῦ, εὑρήσει αὐτήν. τί γὰρ ὠφεληθήσεται ἄνθρωπος, 26
ἐὰν τὸν κόσμον ὅλον κερδήσῃ, τὴν δὲ ψυχὴν αὐτοῦ
ζημιωθῇ; ἢ τί δώσει ἄνθρωπος ἀντάλλαγμα τῆς ψυχῆς
αὐτοῦ; μέλλει γὰρ ὁ Υἱὸς τοῦ Ἀνθρώπου ἔρχεσθαι ἐν 27
τῇ δόξῃ τοῦ Πατρὸς αὐτοῦ μετὰ τῶν ἀγγέλων αὐτοῦ, καὶ
τότε ἀποδώσει ἑκάστῳ κατὰ τὴν πρᾶξιν αὐτοῦ. ἀμὴν 28
λέγω ὑμῖν ὅτι εἰσίν τινες τῶν ὧδε ἑστώτων οἵτινες οὐ μὴ
γεύσωνται θανάτου ἕως ἂν ἴδωσιν τὸν Υἱὸν τοῦ Ἀνθρώπου
ἐρχόμενον ἐν τῇ βασιλείᾳ αὐτοῦ.

Καὶ μεθ᾽ ἡμέρας ἓξ παραλαμβάνει ὁ Ἰησοῦς τὸν Πέτρον 17
καὶ Ἰάκωβον καὶ Ἰωάννην τὸν ἀδελφὸν αὐτοῦ, καὶ ἀναφέρει
αὐτοὺς εἰς ὄρος ὑψηλὸν κατ᾽ ἰδίαν· καὶ μετεμορφώθη 2
ἔμπροσθεν αὐτῶν, καὶ ἔλαμψεν τὸ πρόσωπον αὐτοῦ ὡς ὁ
ἥλιος, τὰ δὲ ἱμάτια αὐτοῦ ἐγένετο λευκὰ ὡς τὸ φῶς.
καὶ ἰδοὺ ὤφθη αὐτοῖς Μωυσῆς καὶ Ἡλίας συνλαλοῦντες 3
μετ᾽ αὐτοῦ. ἀποκριθεὶς δὲ ὁ Πέτρος εἶπεν τῷ Ἰησοῦ, 4
Κύριε, καλόν ἐστιν ἡμᾶς ὧδε εἶναι· εἰ θέλεις, ποιήσω ὧδε
τρεῖς σκηνάς, σοὶ μίαν καὶ Μωυσεῖ μίαν καὶ Ἡλίᾳ μίαν.
Ἔτι αὐτοῦ λαλοῦντος, ἰδοὺ νεφέλη φωτεινὴ ἐπεσκίασεν 5

23 εἰ ἐμοῦ] μου εἶ ς Tr m   24 ὁ] [WH]   25 ἐὰν] ἂν ς WH a
26 ὠφεληθήσεται] ὠφελεῖται ς : Er ς m   28 ὅτι] ς° Tr° A°[W][B]
ἑστώτων] ἑστηκότων ς : Er   1 Ἰάκωβον] pr τὸν WH m   κατ᾽ ἰδίαν]
καθ᾽ ἰδίαν WH a   3 ὤφθη] ὤφθησαν ς   συνλαλοῦντες] συλλ. ς Ln
TrA : post μετ᾽ αὐ. ς Tr m A   4 ποιήσω] -ήσωμεν ς Tr(a.m.)
σκηνὰς] ante τρεῖς WH m   Μωυσεῖ] Μωσῇ ς   Ἡλίᾳ μίαν] μι. Ἡλ.
ς W : Er   5 φωτεινὴ] -τινὴ WH

αὐτούς· καὶ ἰδοὺ φωνὴ ἐκ τῆς νεφέλης λέγουσα, Οὗτός ἐστιν ὁ Υἱός μου ὁ ἀγαπητός, ἐν ᾧ εὐδόκησα· ἀκούετε 6 αὐτοῦ. καὶ ἀκούσαντες οἱ μαθηταὶ ἔπεσαν ἐπὶ πρόσω- 7 πον αὐτῶν καὶ ἐφοβήθησαν σφόδρα. καὶ προσῆλθεν ὁ Ἰησοῦς καὶ ἁψάμενος αὐτῶν εἶπεν, Ἐγέρθητε καὶ μὴ 8 φοβεῖσθε. ἐπάραντες δὲ τοὺς ὀφθαλμοὺς αὐτῶν οὐδένα εἶδον εἰ μὴ τὸν Ἰησοῦν μόνον.

9 Καὶ καταβαινόντων αὐτῶν ἐκ τοῦ ὄρους ἐνετείλατο αὐτοῖς ὁ Ἰησοῦς λέγων, Μηδενὶ εἴπητε τὸ ὅραμα ἕως οὗ ὁ 10 Υἱὸς τοῦ Ἀνθρώπου ἐκ νεκρῶν ἐγερθῇ. Καὶ ἐπηρώτησαν αὐτὸν οἱ μαθηταὶ λέγοντες, Τί οὖν οἱ γραμματεῖς λέγουσιν 11 ὅτι Ἠλίαν δεῖ ἐλθεῖν πρῶτον; ὁ δὲ ἀποκριθεὶς εἶπεν, 12 Ἠλίας μὲν ἔρχεται καὶ ἀποκαταστήσει πάντα· λέγω δὲ ὑμῖν ὅτι Ἠλίας ἤδη ἦλθεν, καὶ οὐκ ἐπέγνωσαν αὐτόν, ἀλλὰ ἐποίησαν ἐν αὐτῷ ὅσα ἠθέλησαν· οὕτως καὶ ὁ Υἱὸς 13 τοῦ Ἀνθρώπου μέλλει πάσχειν ὑπ' αὐτῶν. τότε συνῆκαν οἱ μαθηταὶ ὅτι περὶ Ἰωάννου τοῦ Βαπτιστοῦ εἶπεν αὐτοῖς.

14 Καὶ ἐλθόντων πρὸς τὸν ὄχλον προσῆλθεν αὐτῷ ἄν- 15 θρωπος γονυπετῶν αὐτὸν καὶ λέγων, Κύριε, ἐλέησόν μου τὸν υἱόν, ὅτι σεληνιάζεται καὶ κακῶς πάσχει· πολλάκις γὰρ 16 πίπτει εἰς τὸ πῦρ καὶ πολλάκις εἰς τὸ ὕδωρ· καὶ προσήνεγκα αὐτὸν τοῖς μαθηταῖς σου, καὶ οὐκ ἠδυνήθησαν 17 αὐτὸν θεραπεῦσαι. ἀποκριθεὶς δὲ ὁ Ἰησοῦς εἶπεν, Ὦ γενεὰ ἄπιστος καὶ διεστραμμένη, ἕως πότε μεθ' ὑμῶν ἔσομαι; ἕως πότε ἀνέξομαι ὑμῶν; φέρετέ μοι αὐτὸν ὧδε.

εὐδόκησα] ηὐδόκ. LnTr   ἀκούετε] post αὐτοῦ ς   6 ἔπεσαν] ἔπεσον ς   7 προσῆλθεν] προσελθὼν ς A   καὶ ἁψάμενος αὐτῶν] ἥψατο αὐτ. καὶ ς A: καὶ ἥψατο αὐτ. καὶ Tr   8 τὸν] αὐτὸν WH(n.m.)   9 ἐκ] ἀπὸ ς: Er   ἐγερθῇ] ἀναστῇ ς WHm   10 μαθηταὶ] + αὐτοῦ ς A[W][B]R   11 ὁ δὲ] + Ἰησοῦς ς   εἶπεν] + αὐτοῖς ς [A]   ἔρχεται] + πρῶτον ς   12 ἀλλὰ] ἀλλ' ς LnTiWBWHa   14 ἐλθόντων]+ αὐτῶν ς αὐτὸν] αὐτῷ ς : Csm   15 πάσχει] ἔχει LnTr(n.m.)AmWH(n.m.)   16 ἠδυνήθησαν] ἠδυνάσθ. WHa   17 ἀποκριθεὶς δὲ] [τότε] ἀποκριθεὶς WHm   διεστραμμένη] διεστρεμμ. WHa   ἔσομαι] ante μεθ' ὑμ. ς

καὶ ἐπετίμησεν αὐτῷ ὁ Ἰησοῦς, καὶ ἐξῆλθεν ἀπ' αὐτοῦ τὸ 18
δαιμόνιον, καὶ ἐθεραπεύθη ὁ παῖς ἀπὸ τῆς ὥρας ἐκείνης.
Τότε προσελθόντες οἱ μαθηταὶ τῷ Ἰησοῦ κατ' ἰδίαν εἶπον, 19
Διὰ τί ἡμεῖς οὐκ ἠδυνήθημεν ἐκβαλεῖν αὐτό; ὁ δὲ 20
λέγει αὐτοῖς, Διὰ τὴν ὀλιγοπιστίαν ὑμῶν· ἀμὴν γὰρ λέγω
ὑμῖν, ἐὰν ἔχητε πίστιν ὡς κόκκον σινάπεως, ἐρεῖτε τῷ ὄρει
τούτῳ, Μετάβα ἔνθεν ἐκεῖ, καὶ μεταβήσεται· καὶ οὐδὲν
ἀδυνατήσει ὑμῖν. [τοῦτο δὲ τὸ γένος οὐκ ἐκπορεύεται 21
εἰ μὴ ἐν προσευχῇ καὶ νηστείᾳ.]

Συστρεφομένων δὲ αὐτῶν ἐν τῇ Γαλιλαίᾳ εἶπεν αὐτοῖς 22
ὁ Ἰησοῦς, Μέλλει ὁ Υἱὸς τοῦ Ἀνθρώπου παραδίδοσθαι εἰς
χεῖρας ἀνθρώπων, καὶ ἀποκτενοῦσιν αὐτόν, καὶ τῇ 23
τρίτῃ ἡμέρᾳ ἐγερθήσεται. καὶ ἐλυπήθησαν σφόδρα.

Ἐλθόντων δὲ αὐτῶν εἰς Καφαρναοὺμ προσῆλθον οἱ τὰ 24
δίδραχμα λαμβάνοντες τῷ Πέτρῳ καὶ εἶπαν, Ὁ διδάσκα-
λος ὑμῶν οὐ τελεῖ τὰ δίδραχμα; λέγει, Ναί. καὶ 25
ἐλθόντα εἰς τὴν οἰκίαν προέφθασεν αὐτὸν ὁ Ἰησοῦς λέγων,
Τί σοι δοκεῖ, Σίμων; οἱ βασιλεῖς τῆς γῆς ἀπὸ τίνων
λαμβάνουσιν τέλη ἢ κῆνσον; ἀπὸ τῶν υἱῶν αὐτῶν, ἢ ἀπὸ
τῶν ἀλλοτρίων; εἰπόντος δέ, Ἀπὸ τῶν ἀλλοτρίων, 26
ἔφη αὐτῷ ὁ Ἰησοῦς, Ἄραγε ἐλεύθεροί εἰσιν οἱ υἱοί.
ἵνα δὲ μὴ σκανδαλίσωμεν αὐτούς, πορευθεὶς εἰς θάλασσαν 27
βάλε ἄγκιστρον, καὶ τὸν ἀναβάντα πρῶτον ἰχθὺν ἆρον·
καὶ ἀνοίξας τὸ στόμα αὐτοῦ εὑρήσεις στατῆρα· ἐκεῖνον
λαβὼν δὸς αὐτοῖς ἀντὶ ἐμοῦ καὶ σοῦ.

19 κατ' ἰδίαν] καθ' ἰδ. WH▪   εἶπον] εἶπαν WH   ἠδυνήθημεν] ἐδυν. WB   20 ὁ δὲ]+Ἰησοῦς ϛ   λέγει] εἶπεν ϛ   ὀλιγοπιστίαν] ἀπιστίαν ϛ AmBm : Scr   μετάβα]-βηθι ϛ   ἔνθεν] ἐντεῦθεν ϛ   21 τοῦτο usque ad νηστείᾳ] ins ϛ Ln[Tr][A][B]Rm Scr : Tr°mTi°W°WH°R°   22 συστρεφομένων] ἀναστρ. ϛ TrmAR(u.m.)   23 ἐγερθήσεται] ἀναστήσεται LnWHm   24 εἶπαν]-ον ϛ   τὰ δίδραχμα sec.]—τὰ TiWB   25 ἐλθόντα] ὅτε εἰσῆλθεν ϛ : εἰσελθόντα LnTiWBWHm   τίνων] τίνος WHm   26 εἰπόντος δέ] λέγει αὐτῷ A : λέγει αὐτῷ ὁ Πέτρος ϛ   ἀλλοτρίων,] ἀλλοτρίων. ϛ A   27 σκανδαλίσωμεν] -ζωμεν TiBWHm   θάλασσαν] pr τὴν ϛ

18 Ἐν ἐκείνῃ τῇ ὥρᾳ προσῆλθον οἱ μαθηταὶ τῷ Ἰησοῦ λέγοντες, Τίς ἄρα μείζων ἐστὶν ἐν τῇ βασιλείᾳ τῶν 2 οὐρανῶν; καὶ προσκαλεσάμενος παιδίον ἔστησεν αὐτὸ 3 ἐν μέσῳ αὐτῶν καὶ εἶπεν, Ἀμὴν λέγω ὑμῖν, ἐὰν μὴ στραφῆτε καὶ γένησθε ὡς τὰ παιδία, οὐ μὴ εἰσέλθητε εἰς 4 τὴν βασιλείαν τῶν οὐρανῶν. ὅστις οὖν ταπεινώσει ἑαυτὸν ὡς τὸ παιδίον τοῦτο, οὗτός ἐστιν ὁ μείζων ἐν τῇ 5 βασιλείᾳ τῶν οὐρανῶν. καὶ ὃς ἐὰν δέξηται ἓν παιδίον 6 τοιοῦτο ἐπὶ τῷ ὀνόματί μου, ἐμὲ δέχεται· ὃς δ᾽ ἂν σκανδαλίσῃ ἕνα τῶν μικρῶν τούτων τῶν πιστευόντων εἰς ἐμέ, συμφέρει αὐτῷ ἵνα κρεμασθῇ μύλος ὀνικὸς περὶ τὸν τράχηλον αὐτοῦ, καὶ καταποντισθῇ ἐν τῷ πελάγει τῆς 7 θαλάσσης. Οὐαὶ τῷ κόσμῳ ἀπὸ τῶν σκανδάλων· ἀνάγκη γὰρ ἐλθεῖν τὰ σκάνδαλα, πλὴν οὐαὶ τῷ ἀνθρώπῳ 8 δι᾽ οὗ τὸ σκάνδαλον ἔρχεται. εἰ δὲ ἡ χείρ σου ἢ ὁ πούς σου σκανδαλίζει σε, ἔκκοψον αὐτὸν καὶ βάλε ἀπὸ σοῦ· καλόν σοι ἐστὶν εἰσελθεῖν εἰς τὴν ζωὴν κυλλὸν ἢ χωλόν, ἢ δύο χεῖρας ἢ δύο πόδας ἔχοντα βληθῆναι εἰς τὸ πῦρ τὸ 9 αἰώνιον. καὶ εἰ ὁ ὀφθαλμός σου σκανδαλίζει σε, ἔξελε αὐτὸν καὶ βάλε ἀπὸ σοῦ· καλόν σοι ἐστι μονόφθαλμον εἰς τὴν ζωὴν εἰσελθεῖν, ἢ δύο ὀφθαλμοὺς ἔχοντα βληθῆναι εἰς 10 τὴν γέενναν τοῦ πυρός. Ὁρᾶτε μὴ καταφρονήσητε ἑνὸς τῶν μικρῶν τούτων· λέγω γὰρ ὑμῖν ὅτι οἱ ἄγγελοι αὐτῶν ἐν οὐρανοῖς διὰ παντὸς βλέπουσιν τὸ πρόσωπον τοῦ 12 Πατρός μου τοῦ ἐν οὐρανοῖς. τί ὑμῖν δοκεῖ; ἐὰν γένηταί τινι ἀνθρώπῳ ἑκατὸν πρόβατα καὶ πλανηθῇ ἓν ἐξ

---

1 ἐκείνῃ]+δὲ WHm ὥρᾳ] ἡμέρᾳ *LnTr*m 2 προσκαλ.]+ὁ Ἰησοῦς ϛ *Ln* 4 ταπεινώσει] -ώσῃ ϛ : C 5 ἐὰν] ἂν *LnTr*WHa ἐν]post παιδ. τοι. ϛ τοιοῦτο]-τον ϛ*LnTr*A : Er 6 περὶ]ἐπὶ ϛ W : εἰς A 7 γάρ]γάρ ἐστιν ϛ Ti : γάρ [ἐστιν] WB : Er ἀνθρώπῳ]+ ἐκείνῳ ϛ A[W][B]R : Er 8 αὐτὸν] αὐτὰ ϛ : Er κυλλὸν ἢ χωλόν] χω. ἢ κυλλ. ϛ *Tr*AW 10 ἐν οὐρανοῖς] ἐν τῷ οὐρανῷ AW : [ἐν τῷ οὐρανῷ] *Ln*WHm βλέπουσιν] -ουσι WH 11 +ἦλθεν γὰρ ὁ Υἱὸς τοῦ Ἀνθρώπου σῶσαι τὸ ἀπολωλός. ϛ[A][B]Rm

ΚΑΤΑ ΜΑΘΘΑΙΟΝ

αὐτῶν, οὐχὶ ἀφήσει τὰ ἐνενήκοντα ἐννέα ἐπὶ τὰ ὄρη καὶ πορευθεὶς ζητεῖ τὸ πλανώμενον; καὶ ἐὰν γένηται εὑ- 13 ρεῖν αὐτό, ἀμὴν λέγω ὑμῖν ὅτι χαίρει ἐπ' αὐτῷ μᾶλλον ἢ ἐπὶ τοῖς ἐνενήκοντα ἐννέα τοῖς μὴ πεπλανημένοις. οὕτως οὐκ ἔστιν θέλημα ἔμπροσθεν τοῦ Πατρὸς ὑμῶν τοῦ 14 ἐν οὐρανοῖς ἵνα ἀπόληται ἓν τῶν μικρῶν τούτων.

Ἐὰν δὲ ἁμαρτήσῃ ὁ ἀδελφός σου, ὕπαγε ἔλεγξον αὐτὸν 15 μεταξὺ σοῦ καὶ αὐτοῦ μόνου. ἐάν σου ἀκούσῃ, ἐκέρδησας τὸν ἀδελφόν σου· · ἐὰν δὲ μὴ ἀκούσῃ, παράλαβε μετὰ 16 σοῦ ἔτι ἕνα ἢ δύο, ἵνα ἐπὶ στόματος δύο μαρτύρων ἢ τριῶν σταθῇ πᾶν ῥῆμα· ἐὰν δὲ παρακούσῃ αὐτῶν, εἰπὲ 17 τῇ ἐκκλησίᾳ· ἐὰν δὲ καὶ τῆς ἐκκλησίας παρακούσῃ, ἔστω σοι ὥσπερ ὁ ἐθνικὸς καὶ ὁ τελώνης. Ἀμὴν λέγω ὑμῖν, 18 ὅσα ἐὰν δήσητε ἐπὶ τῆς γῆς ἔσται δεδεμένα ἐν οὐρανῷ· καὶ ὅσα ἐὰν λύσητε ἐπὶ τῆς γῆς ἔσται λελυμένα ἐν οὐρανῷ. πάλιν ἀμὴν λέγω ὑμῖν ὅτι ἐὰν δύο συμφωνήσωσιν ἐξ ὑμῶν 19 ἐπὶ τῆς γῆς περὶ παντὸς πράγματος οὗ ἐὰν αἰτήσωνται, γενήσεται αὐτοῖς παρὰ τοῦ Πατρός μου τοῦ ἐν οὐρανοῖς. οὗ γάρ εἰσιν δύο ἢ τρεῖς συνηγμένοι εἰς τὸ ἐμὸν ὄνομα, 20 ἐκεῖ εἰμὶ ἐν μέσῳ αὐτῶν.

Τότε προσελθὼν ὁ Πέτρος εἶπεν αὐτῷ, Κύριε, ποσά- 21 κις ἁμαρτήσει εἰς ἐμὲ ὁ ἀδελφός μου καὶ ἀφήσω αὐτῷ; ἕως ἑπτάκις; λέγει αὐτῷ ὁ Ἰησοῦς, Οὐ λέγω σοι 22 ἕως ἑπτάκις, ἀλλὰ ἕως ἑβδομηκοντάκις ἑπτά. διὰ 23 τοῦτο ὡμοιώθη ἡ βασιλεία τῶν οὐρανῶν ἀνθρώπῳ βασιλεῖ, ὃς ἠθέλησεν συνᾶραι λόγον μετὰ τῶν δούλων αὐτοῦ.

24 ἀρξαμένου δὲ αὐτοῦ συναίρειν προσήχθη αὐτῷ εἷς
25 ὀφειλέτης μυρίων ταλάντων. μὴ ἔχοντος δὲ αὐτοῦ
ἀποδοῦναι, ἐκέλευσεν αὐτὸν ὁ κύριος πραθῆναι καὶ τὴν
γυναῖκα καὶ τὰ τέκνα καὶ πάντα ὅσα ἔχει καὶ ἀποδοθῆ-
26 ναι. πεσὼν οὖν ὁ δοῦλος προσεκύνει αὐτῷ λέγων, Μα-
27 κροθύμησον ἐπ' ἐμοί, καὶ πάντα ἀποδώσω σοι. σπλαγ-
χνισθεὶς δὲ ὁ κύριος τοῦ δούλου ἐκείνου ἀπέλυσεν αὐτόν,
28 καὶ τὸ δάνειον ἀφῆκεν αὐτῷ. ἐξελθὼν δὲ ὁ δοῦλος
ἐκεῖνος εὗρεν ἕνα τῶν συνδούλων αὐτοῦ ὃς ὤφειλεν αὐτῷ
ἑκατὸν δηνάρια, καὶ κρατήσας αὐτὸν ἔπνιγεν λέγων,
29 Ἀπόδος εἴ τι ὀφείλεις. πεσὼν οὖν ὁ σύνδουλος αὐτοῦ
παρεκάλει αὐτὸν λέγων, Μακροθύμησον ἐπ' ἐμοί, καὶ
30 ἀποδώσω σοι. ὁ δὲ οὐκ ἤθελεν, ἀλλὰ ἀπελθὼν ἔβαλεν
31 αὐτὸν εἰς φυλακὴν ἕως ἀποδῷ τὸ ὀφειλόμενον. ἰδόντες
οὖν οἱ σύνδουλοι αὐτοῦ τὰ γενόμενα ἐλυπήθησαν σφόδρα·
καὶ ἐλθόντες διεσάφησαν τῷ κυρίῳ ἑαυτῶν πάντα τὰ
32 γενόμενα. τότε προσκαλεσάμενος αὐτὸν ὁ κύριος αὐτοῦ
λέγει αὐτῷ, Δοῦλε πονηρέ, πᾶσαν τὴν ὀφειλὴν ἐκείνην
33 ἀφῆκά σοι, ἐπεὶ παρεκάλεσάς με· οὐκ ἔδει καὶ σὲ
34 ἐλεῆσαι τὸν σύνδουλόν σου, ὡς κἀγὼ σὲ ἠλέησα; καὶ
ὀργισθεὶς ὁ κύριος αὐτοῦ παρέδωκεν αὐτὸν τοῖς βασανι-
35 σταῖς ἕως οὗ ἀποδῷ πᾶν τὸ ὀφειλόμενον. Οὕτως καὶ ὁ
Πατήρ μου ὁ οὐράνιος ποιήσει ὑμῖν, ἐὰν μὴ ἀφῆτε ἕκαστος
τῷ ἀδελφῷ αὐτοῦ ἀπὸ τῶν καρδιῶν ὑμῶν.

ΚΑΤΑ ΜΑΘΘΑΙΟΝ 19. 1—12.

Καὶ ἐγένετο ὅτε ἐτέλεσεν ὁ Ἰησοῦς τοὺς λόγους τούτους, 19
μετῆρεν ἀπὸ τῆς Γαλιλαίας καὶ ἦλθεν εἰς τὰ ὅρια τῆς
Ἰουδαίας πέραν τοῦ Ἰορδάνου. καὶ ἠκολούθησαν αὐτῷ 2
ὄχλοι πολλοί, καὶ ἐθεράπευσεν αὐτοὺς ἐκεῖ.

Καὶ προσῆλθον αὐτῷ Φαρισαῖοι πειράζοντες αὐτὸν 3
καὶ λέγοντες, Εἰ ἔξεστιν ἀπολῦσαι τὴν γυναῖκα αὐτοῦ
κατὰ πᾶσαν αἰτίαν; ὁ δὲ ἀποκριθεὶς εἶπεν, Οὐκ 4
ἀνέγνωτε ὅτι ὁ ποιήσας ἀπ' ἀρχῆς Ἄρσεν καὶ θῆλυ
ἐποίησεν αὐτοὺς καὶ εἶπεν, Ἕνεκα τούτου καταλείψει 5
ἄνθρωπος τὸν πατέρα καὶ τὴν μητέρα καὶ κολληθήσεται
τῇ γυναικὶ αὐτοῦ, καὶ ἔσονται οἱ δύο εἰς σάρκα μίαν;
ὥστε οὐκέτι εἰσὶν δύο, ἀλλὰ σὰρξ μία. ὃ οὖν ὁ Θεὸς συν- 6
έζευξεν, ἄνθρωπος μὴ χωριζέτω. λέγουσιν αὐτῷ, Τί 7
οὖν Μωυσῆς ἐνετείλατο δοῦναι βιβλίον ἀποστασίου καὶ
ἀπολῦσαι; λέγει αὐτοῖς, Ὅτι Μωυσῆς πρὸς τὴν σκλη- 8
ροκαρδίαν ὑμῶν ἐπέτρεψεν ὑμῖν ἀπολῦσαι τὰς γυναῖ-
κας ὑμῶν· ἀπ' ἀρχῆς δὲ οὐ γέγονεν οὕτως. λέγω δὲ 9
ὑμῖν ὅτι ὃς ἂν ἀπολύσῃ τὴν γυναῖκα αὐτοῦ μὴ ἐπὶ
πορνείᾳ καὶ γαμήσῃ ἄλλην, μοιχᾶται. λέγουσιν αὐτῷ 10
οἱ μαθηταί, Εἰ οὕτως ἐστὶν ἡ αἰτία τοῦ ἀνθρώπου μετὰ
τῆς γυναικός, οὐ συμφέρει γαμῆσαι· ὁ δὲ εἶπεν αὐτοῖς, 11
Οὐ πάντες χωροῦσιν τὸν λόγον τοῦτον, ἀλλ' οἷς δέδοται.
εἰσὶν γὰρ εὐνοῦχοι οἵτινες ἐκ κοιλίας μητρὸς ἐγεννήθησαν 12
οὕτως, καί εἰσιν εὐνοῦχοι οἵτινες εὐνουχίσθησαν ὑπὸ τῶν
ἀνθρώπων, καί εἰσιν εὐνοῦχοι οἵτινες εὐνούχισαν ἑαυτοὺς

---

1 τῆς Γαλιλ.] —τῆς Elz 3 προσῆλθον] -θαν WH(n.m.) Φαρισ.] pr
οἱ ς Ti[B]Rm λέγοντες] +αὐτῷ ς ἔξεστιν] +ἀνθρώπῳ ς Tr
4 εἶπεν]+αὐτοῖς ς ποιήσας] κτίσας TrWHRm 5 ἕνεκα] ἕνεκεν
ς κολληθ.] προσκολληθ. ς : Er 7 ἀπολῦσαι]+αὐτήν ς A[W][B]
WHm 8 ,'Ότι] ὅτι JWHR 9 ὅτι] Ln°Tr°A°WH°m μὴ ἐπὶ
πορνείᾳ] pr εἰ ς (n.m.): παρεκτὸς λόγου πορνείας LnBmWHmRm καὶ
γαμήσῃ ἄλλην] WH°mR°m μοιχᾶται] ποιεῖ αὐτὴν μοιχευθῆναι AmBm
WHmRm: +, καὶ ὁ ἀπολελυμένην γαμήσας μοιχᾶται. ςLn[Tr]ABmWHm
R(n.m.): at γαμῶν pro γαμήσας Trm 10 μαθηταί]+αὐτοῦ ςLnTr[A]
11 χωροῦσιν] -οὖσι WH τοῦτον] [Ln][B]WH°

διὰ τὴν βασιλείαν τῶν οὐρανῶν. ὁ δυνάμενος χωρεῖν χωρείτω.

13 Τότε προσηνέχθησαν αὐτῷ παιδία, ἵνα τὰς χεῖρας ἐπιθῇ αὐτοῖς καὶ προσεύξηται· οἱ δὲ μαθηταὶ ἐπετίμησαν 14 αὐτοῖς. ὁ δὲ Ἰησοῦς εἶπεν, Ἄφετε τὰ παιδία καὶ μὴ κωλύετε αὐτὰ ἐλθεῖν πρός με· τῶν γὰρ τοιούτων ἐστὶν ἡ 15 βασιλεία τῶν οὐρανῶν. καὶ ἐπιθεὶς τὰς χεῖρας αὐτοῖς ἐπορεύθη ἐκεῖθεν.

16 Καὶ ἰδοὺ εἷς προσελθὼν αὐτῷ εἶπεν, Διδάσκαλε, τι 17 ἀγαθὸν ποιήσω ἵνα σχῶ ζωὴν αἰώνιον; ὁ δὲ εἶπεν αὐτῷ, Τί με ἐρωτᾷς περὶ τοῦ ἀγαθοῦ; εἷς ἐστὶν ὁ ἀγαθός· εἰ δὲ θέλεις εἰς τὴν ζωὴν εἰσελθεῖν, τήρησον τὰς ἐντολάς. 18 λέγει αὐτῷ, Ποίας; ὁ δὲ Ἰησοῦς εἶπεν, Τὸ Οὐ φονεύσεις· Οὐ μοιχεύσεις· Οὐ κλέψεις· Οὐ ψευδομαρτυρήσεις· 19 Τίμα τὸν πατέρα καὶ τὴν μητέρα· καί, Ἀγαπήσεις τὸν 20 πλησίον σου ὡς σεαυτόν. λέγει αὐτῷ ὁ νεανίσκος, 21 Ταῦτα πάντα ἐφύλαξα· τί ἔτι ὑστερῶ; ἔφη αὐτῷ ὁ Ἰησοῦς, Εἰ θέλεις τέλειος εἶναι, ὕπαγε πώλησόν σου τὰ ὑπάρχοντα καὶ δὸς τοῖς πτωχοῖς, καὶ ἕξεις θησαυρὸν ἐν 22 οὐρανοῖς· καὶ δεῦρο ἀκολούθει μοι. ἀκούσας δὲ ὁ νεανίσκος τὸν λόγον ἀπῆλθεν λυπούμενος· ἦν γὰρ ἔχων κτήματα πολλά.

23 Ὁ δὲ Ἰησοῦς εἶπεν τοῖς μαθηταῖς αὐτοῦ, Ἀμὴν λέγω ὑμῖν ὅτι πλούσιος δυσκόλως εἰσελεύσεται εἰς τὴν βασιλείαν

12 δυνάμενος] δυνόμ. WHa   13 προσηνέχθησαν] -χθη ς: C
14 εἶπεν]+αὐτοῖς Ti[B]WHm   πρός με] πρὸς ἐμέ TiWB   15 αὐτοῖς] ante τὰς χ. ς   16 εἶπεν] ante αὐτῷ ς   διδάσκαλε]+ἀγαθέ ς BmRm   σχῶ] ἔχω ς R?: κληρονομήσω post ζω. αἰ. Lnm   17 τί με usque ad ὁ ἀγαθός] Τί με λέγεις ἀγαθόν; οὐδεὶς ἀγαθός, εἰ μὴ εἷς, ὁ Θεός ς BmRm: ςm   εἰσελθεῖν] ante εἰς τ. ζω. ς   τήρησον] -ρει LnTr(n.m.) AWH(n.m.)   18 λέγει αὐτῷ, Ποίας;] ἔφη αὐ., Ποίας; Ln: Ποίας; φησίν. TiWHm   εἶπεν] ἔφη LnWH(n.m.)   οὐ μοιχεύσεις·] ante οὐ φον. Lnm   19 πατέρα]+σου ς: Er   20 ταῦτα πάντα] πάν. ταῦ. ς TiAWBWHm   ἐφύλαξα] ἐφυλαξάμην ς: Er :+ἐκ νεότητός μου ς[B]
21 ἔφη] λέγει LnTrmWHm   τοῖς] ς°Ti°[W][B][WH]   οὐρανοῖς] -νῷ ς Ln(n.m.)Ti   22 τὸν λόγον] Ti°W°B°:+τοῦτον [Ln][A][WH]
ἀπῆλθεν] -θε WHa   κτήμ.] χρήμ. W   23 δυσκ.] ante πλού. ς: Er

τῶν οὐρανῶν. πάλιν δὲ λέγω ὑμῖν, εὐκοπώτερόν ἐστιν 24
κάμηλον διὰ τρυπήματος ῥαφίδος εἰσελθεῖν ἢ πλούσιον εἰς
τὴν βασιλείαν τοῦ Θεοῦ. ἀκούσαντες δὲ οἱ μαθηταὶ 25
ἐξεπλήσσοντο σφόδρα λέγοντες, Τίς ἄρα δύναται σωθῆναι;
ἐμβλέψας δὲ ὁ Ἰησοῦς εἶπεν αὐτοῖς, Παρὰ ἀνθρώποις τοῦτο 26
ἀδύνατόν ἐστιν, παρὰ δὲ Θεῷ πάντα δυνατά. Τότε ἀπο- 27
κριθεὶς ὁ Πέτρος εἶπεν αὐτῷ, Ἰδοὺ ἡμεῖς ἀφήκαμεν πάντα
καὶ ἠκολουθήσαμέν σοι. τί ἄρα ἔσται ἡμῖν; ὁ δὲ 28
Ἰησοῦς εἶπεν αὐτοῖς, Ἀμὴν λέγω ὑμῖν ὅτι ὑμεῖς οἱ ἀκολουθήσαντές μοι, ἐν τῇ παλινγενεσίᾳ ὅταν καθίσῃ ὁ Υἱὸς τοῦ
Ἀνθρώπου ἐπὶ θρόνου δόξης αὐτοῦ, καθίσεσθε καὶ ὑμεῖς ἐπὶ
δώδεκα θρόνους κρίνοντες τὰς δώδεκα φυλὰς τοῦ Ἰσραήλ.
καὶ πᾶς ὅστις ἀφῆκεν οἰκίας ἢ ἀδελφοὺς ἢ ἀδελφὰς ἢ 29
πατέρα ἢ μητέρα ἢ τέκνα ἢ ἀγροὺς ἕνεκεν τοῦ ἐμοῦ ὀνόματος, πολλαπλασίονα λήμψεται καὶ ζωὴν αἰώνιον κληρονομήσει.

Πολλοὶ δὲ ἔσονται πρῶτοι ἔσχατοι καὶ ἔσχατοι πρῶτοι. 30
Ὁμοία γάρ ἐστιν ἡ βασιλεία τῶν οὐρανῶν ἀνθρώπῳ οἰκοδε- 20
σπότῃ, ὅστις ἐξῆλθεν ἅμα πρωῒ μισθώσασθαι ἐργάτας εἰς
τὸν ἀμπελῶνα αὐτοῦ. συμφωνήσας δὲ μετὰ τῶν 2
ἐργατῶν ἐκ δηναρίου τὴν ἡμέραν ἀπέστειλεν αὐτοὺς εἰς
τὸν ἀμπελῶνα αὐτοῦ. καὶ ἐξελθὼν περὶ τρίτην ὥραν 3
εἶδεν ἄλλους ἑστῶτας ἐν τῇ ἀγορᾷ ἀργούς, καὶ ἐκείνοις 4
εἶπεν, Ὑπάγετε καὶ ὑμεῖς εἰς τὸν ἀμπελῶνα, καὶ ὃ ἐὰν ᾖ

24 ὑμῖν,] ὑμῖν ὅτι Ti[B]WHm   τρυπήματος] τρήματος WH(n.m.)
εἰσελθεῖν] διελθεῖν ςLnTrmAmWHmR : Er ςm   πλούσιον]+εἰσελθεῖν
Ln[Tr]WHmR   τοῦ Θεοῦ] τῶν οὐρανῶν LnTr(n.m.)TiA(n.m.) : + εἰσελθεῖν ς   25 μαθηταὶ]+αὐτοῦ ς   26 πάντα δυνατά] δυν. πάν. TiWB :
+ἐστί ς : C   28 ,ἐν τῇ παλ.],ἐν τῇ παλ., LnTrTiB : ἐν τῇ παλ., ς(n.m.)
WWH   παλινγενεσίᾳ] παλιγγ. ςLnTrA   καθίσεσθε] καθίσεσθε
WWH   καὶ ὑμεῖς] καὶ αὐτοὶ Tr(n.m.)TiWBWHm   29 ὅστις] ὃς ς
ἢ πατέρα ἢ μητέρα] ἢ γονεῖς Lnm :+ἡ γυναῖκα ς[B]Rm   οἰκίας ἢ] ἢ
οἰκίας post ἢ ἀγροὺς Tr(n.m.)TiAWHm   ἕνεκεν] ἕνεκα TiWHa   τοῦ
ἐμοῦ ὀνόματος] τοῦ ὀνόματός μου ςLnTrA   πολλαπλασίονα] ἑκατονταπλασ. ςR(n.m.)   3 τρίτην]pr τὴν ςW : C   4 καὶ ἐκείνοις] κἀκείνοις ςLnTr ; Er   ἐὰν] ἂν WHa

5 δίκαιον δώσω ὑμῖν. οἱ δὲ ἀπῆλθον. πάλιν [δὲ] ἐξελθὼν
6 περὶ ἕκτην καὶ ἐνάτην ὥραν ἐποίησεν ὡσαύτως. περὶ
δὲ τὴν ἑνδεκάτην ἐξελθὼν εὗρεν ἄλλους ἑστῶτας, καὶ λέγει
7 αὐτοῖς, Τί ὧδε ἑστήκατε ὅλην τὴν ἡμέραν ἀργοί; λέγουσιν αὐτῷ Ὅτι οὐδεὶς ἡμᾶς ἐμισθώσατο. λέγει αὐτοῖς,
8 Ὑπάγετε καὶ ὑμεῖς εἰς τὸν ἀμπελῶνα. ὀψίας δὲ
γενομένης λέγει ὁ κύριος τοῦ ἀμπελῶνος τῷ ἐπιτρόπῳ
αὐτοῦ, Κάλεσον τοὺς ἐργάτας καὶ ἀπόδος τὸν μισθόν,
9 ἀρξάμενος ἀπὸ τῶν ἐσχάτων ἕως τῶν πρώτων. καὶ
ἐλθόντες οἱ περὶ τὴν ἑνδεκάτην ὥραν ἔλαβον ἀνὰ δηνάριον.
10 καὶ ἐλθόντες οἱ πρῶτοι ἐνόμισαν ὅτι πλεῖον λήμψονται·
11 καὶ ἔλαβον τὸ ἀνὰ δηνάριον καὶ αὐτοί. λαβόντες δὲ
12 ἐγόγγυζον κατὰ τοῦ οἰκοδεσπότου λέγοντες, Οὗτοι οἱ
ἔσχατοι μίαν ὥραν ἐποίησαν, καὶ ἴσους αὐτοὺς ἡμῖν
ἐποίησας τοῖς βαστάσασιν τὸ βάρος τῆς ἡμέρας καὶ τὸν
13 καύσωνα. ὁ δὲ ἀποκριθεὶς ἑνὶ αὐτῶν εἶπεν, Ἑταῖρε,
14 οὐκ ἀδικῶ σε· οὐχὶ δηναρίου συνεφώνησάς μοι; ἆρον
τὸ σὸν καὶ ὕπαγε· θέλω δὲ τούτῳ τῷ ἐσχάτῳ δοῦναι ὡς καὶ
15 σοί. οὐκ ἔξεστίν μοι ὃ θέλω ποιῆσαι ἐν τοῖς ἐμοῖς;
ἢ ὁ ὀφθαλμός σου πονηρός ἐστιν ὅτι ἐγὼ ἀγαθός εἰμι;
16 Οὕτως ἔσονται οἱ ἔσχατοι πρῶτοι καὶ οἱ πρῶτοι ἔσχατοι.
17 Καὶ ἀναβαίνων ὁ Ἰησοῦς εἰς Ἱεροσόλυμα παρέλαβεν
τοὺς δώδεκα [μαθητὰς] κατ᾽ ἰδίαν, καὶ ἐν τῇ ὁδῷ εἶπεν

5 δὲ] ins ErTr(at [Tr]m) TiA [WH] : ϛ°Ln°W°B°   6 ἑνδεκάτην] + ὥραν ϛ ἑστῶτας] + ἀργούς ϛ   7 ἀμπελῶνα] + μου [Ln] : + καὶ ὃ ἐὰν ᾖ δίκαιον λήψεσθε ϛB (sed λήμψ.)   8 ἀπόδος] + αὐτοῖς ϛLn[Tr][A]WHmR
9 καὶ ἐλθόντες] ἐλθ. δὲ LnWH   10 καὶ ἐλθόντες] ἐλθ. δὲ ϛLnTiWB πλεῖον] πλείονα ϛTiWB : Er   τὸ] ϛ°Ln°[Tr]m[A] [WH]   καὶ αὐτοί] κ. αὐτοὶ post ἔλαβον ϛLnTrm   12 λέγοντες] + ὅτι ϛ[A]   ἡμῖν] ante αὐτοὺς ϛLnm Tr(n.m.)AWHm   βαστάσασιν] -ασι TiBWH   καύσωνα.] καύσωνα; ϛmLn   13 ἑνὶ αὐτῶν] post εἶπεν ϛLnTrAWHm συνεφώνησάς μοι] συνεφώνησά σοι ϛmTrm   14 δὲ][ἐγὼ] WHm
15 οὐκ ἔξεστίν] pr ἢ ϛTi[A][B]   ποιῆσαι] ante ὃ θέλω ϛ   ἢ] εἰ ϛ : Elz   16 ἔσχατοι sec.] + πολλοὶ γάρ εἰσιν κλητοὶ ὀλίγοι δὲ ἐκλεκτοί. ϛ Ln[Tr][A][B]WHm   17 καὶ ἀναβαίνων ὁ Ἰ.] μέλλων δὲ ἀναβ. Ἰ. Trm WH(n.m.)   παρέλαβεν]-βε WHa   μαθητὰς] ins ϛLnAW[B][WH]R : Tr° Ti°   κατ᾽ ἰδ.] καθ᾽ ἰδ. WHa   ,καὶ ἐν τῇ ὁδῷ] ἐν τῇ ὁ., καὶ ϛ Trm : ϛm

ΚΑΤΑ ΜΑΘΘΑΙΟΝ

20. 18—28.

αὐτοῖς, Ἰδοὺ ἀναβαίνομεν εἰς Ἱεροσόλυμα, καὶ ὁ Υἱὸς 18
τοῦ Ἀνθρώπου παραδοθήσεται τοῖς ἀρχιερεῦσιν καὶ γραμματεῦσιν, καὶ κατακρινοῦσιν αὐτὸν θανάτῳ καὶ παρα- 19
δώσουσιν αὐτὸν τοῖς ἔθνεσιν εἰς τὸ ἐμπαῖξαι καὶ μαστιγῶσαι καὶ σταυρῶσαι· καὶ τῇ τρίτῃ ἡμέρᾳ ἐγερθήσεται.

Τότε προσῆλθεν αὐτῷ ἡ μήτηρ τῶν υἱῶν Ζεβεδαίου μετὰ 20
τῶν υἱῶν αὐτῆς προσκυνοῦσα καὶ αἰτοῦσά τι ἀπ᾽ αὐτοῦ.
ὁ δὲ εἶπεν αὐτῇ, Τί θέλεις; λέγει αὐτῷ, Εἰπὲ ἵνα καθίσωσιν 21
οὗτοι οἱ δύο υἱοί μου εἷς ἐκ δεξιῶν καὶ εἷς ἐξ εὐωνύμων σου
ἐν τῇ βασιλείᾳ σου. ἀποκριθεὶς δὲ ὁ Ἰησοῦς εἶπεν, 22
Οὐκ οἴδατε τί αἰτεῖσθε. δύνασθε πιεῖν τὸ ποτήριον ὃ ἐγὼ
μέλλω πίνειν; λέγουσιν αὐτῷ, Δυνάμεθα. λέγει αὐτοῖς 23
Τὸ μὲν ποτήριόν μου πίεσθε, τὸ δὲ καθίσαι ἐκ δεξιῶν
μου καὶ ἐξ εὐωνύμων οὐκ ἔστιν ἐμὸν δοῦναι, ἀλλ᾽ οἷς
ἡτοίμασται ὑπὸ τοῦ Πατρός μου. καὶ ἀκούσαντες οἱ 24
δέκα ἠγανάκτησαν περὶ τῶν δύο ἀδελφῶν. ὁ δὲ Ἰησοῦς 25
προσκαλεσάμενος αὐτοὺς εἶπεν, Οἴδατε ὅτι οἱ ἄρχοντες
τῶν ἐθνῶν κατακυριεύουσιν αὐτῶν, καὶ οἱ μεγάλοι κατεξουσιάζουσιν αὐτῶν. οὐχ οὕτως ἔσται ἐν ὑμῖν· ἀλλ᾽ ὃς 26
ἐὰν θέλῃ ἐν ὑμῖν μέγας γενέσθαι, ἔσται ὑμῶν διάκονος·
καὶ ὃς ἂν θέλῃ ἐν ὑμῖν εἶναι πρῶτος, ἔσται ὑμῶν δοῦλος· 27
ὥσπερ ὁ Υἱὸς τοῦ Ἀνθρώπου οὐκ ἦλθεν διακονηθῆναι, 28
ἀλλὰ διακονῆσαι καὶ δοῦναι τὴν ψυχὴν αὐτοῦ λύτρον ἀντὶ
πολλῶν.

18 θανάτῳ][WH] : εἰς θάνατον Ti[W]B   19 ἐγερθήσεται] ἀναστήσεται
ϛ LnTrmWHm   20 ἀπ᾽] παρ᾽ ϛ TrmTiAmWBWHm   21 λέγει αὐτῷ] ἡ
δὲ εἶπεν WHm   οὗτοι][Ln]   δεξιῶν]+ σου ϛ TrAR   σου pri.] ϛ°
22 πίνειν]+, καὶ (Β ἤ) τὸ βάπτισμα ὃ ἐγὼ βαπτίζομαι βαπτισθῆναι ϛ(n. m.)Bm
23 λέγει] pr καὶ ϛ   πίεσθε]+, καὶ τὸ βάπτισμα ὃ ἐγὼ βαπτίζομαι βαπτισθήσεσθε ϛ (n.m.)Bm   καὶ ἐξ εὐ.] ἢ ἐξ εὐ. TrmWHm   εὐων.] +
μου ϛ   ἐμόν] + τοῦτο ϛmTiA[W][B]WHm   24 καὶ ἀκούσαντες]
ἀκούσ. δὲ TrmTiA(n.m.)WB   26 οὕτως]+ δὲ ϛ : Er   ἔσται pri.]
ἐστὶν LnTrWH   ἐὰν] ἂν LnTrWH(n.a.)   ἐν ὑμῖν μέγας] ὑμῶν
μέγας A(n.m.) : μέγ. ἐν ὑμ. WHm   ἔστω sec.] ἔστω ϛ WB ; Cϛm
27 ἂν] ἐὰν ϛ WHs   ἐν ὑμῖν εἶναι] εἰ. ὑμῶν WHm   ἔσται] ἔστω ϛ
AWB : C

29 Καὶ ἐκπορευομένων αὐτῶν ἀπὸ Ἱεριχὼ ἠκολούθησεν
30 αὐτῷ ὄχλος πολύς. καὶ ἰδοὺ δύο τυφλοὶ καθήμενοι
παρὰ τὴν ὁδόν, ἀκούσαντες ὅτι Ἰησοῦς παράγει, ἔκραξαν
31 λέγοντες, Κύριε, ἐλέησον ἡμᾶς, υἱὸς Δαυείδ. ὁ δὲ ὄχλος
ἐπετίμησεν αὐτοῖς ἵνα σιωπήσωσιν· οἱ δὲ μεῖζον ἔκραξαν
32 λέγοντες, Κύριε, ἐλέησον ἡμᾶς, υἱὸς Δαυείδ. καὶ στὰς
ὁ Ἰησοῦς ἐφώνησεν αὐτοὺς καὶ εἶπεν, Τί θέλετε ποιή-
33 σω ὑμῖν; λέγουσιν αὐτῷ, Κύριε, ἵνα ἀνοιγῶσιν οἱ
34 ὀφθαλμοὶ ἡμῶν. σπλαγχνισθεὶς δὲ ὁ Ἰησοῦς ἥψατο
τῶν ὀμμάτων αὐτῶν, καὶ εὐθέως ἀνέβλεψαν καὶ ἠκολού-
θησαν αὐτῷ.

21 Καὶ ὅτε ἤγγισαν εἰς Ἱεροσόλυμα, καὶ ἦλθον εἰς Βηθ-
φαγῆ εἰς τὸ Ὄρος τῶν Ἐλαιῶν, τότε Ἰησοῦς ἀπέστειλεν
2 δύο μαθητὰς λέγων αὐτοῖς, Πορεύεσθε εἰς τὴν κώμην
τὴν κατέναντι ὑμῶν, καὶ εὐθέως εὑρήσετε ὄνον δεδεμένην
3 καὶ πῶλον μετ᾽ αὐτῆς· λύσαντες ἀγάγετέ μοι. καὶ ἐάν
τις ὑμῖν εἴπῃ τι, ἐρεῖτε ὅτι Ὁ Κύριος αὐτῶν χρείαν ἔχει·
4 εὐθὺς δὲ ἀποστελεῖ αὐτούς. Τοῦτο δὲ γέγονεν ἵνα πλη-
5 ρωθῇ τὸ ῥηθὲν διὰ τοῦ προφήτου λέγοντος, Εἴπατε τῇ
θυγατρὶ Σιών, Ἰδοὺ ὁ Βασιλεύς σου ἔρχεταί σοι πραΰς
καὶ ἐπιβεβηκὼς ἐπὶ ὄνον καὶ ἐπὶ πῶλον υἱὸν ὑποζυγίου.
6 Πορευθέντες δὲ οἱ μαθηταὶ καὶ ποιήσαντες καθὼς συνέτα-
7 ξεν αὐτοῖς ὁ Ἰησοῦς ἤγαγον τὴν ὄνον καὶ τὸν πῶλον,
καὶ ἐπέθηκαν ἐπ᾽ αὐτῶν τὰ ἱμάτια· καὶ ἐπεκάθισεν ἐπάνω

αὐτῶν. ὁ δὲ πλεῖστος ὄχλος ἔστρωσαν ἑαυτῶν τὰ 8
ἱμάτια ἐν τῇ ὁδῷ, ἄλλοι δὲ ἔκοπτον κλάδους ἀπὸ τῶν δένδρων καὶ ἐστρώννυον ἐν τῇ ὁδῷ. οἱ δὲ ὄχλοι οἱ προ- 9
άγοντες αὐτὸν καὶ οἱ ἀκολουθοῦντες ἔκραζον λέγοντες,
Ὡσαννὰ τῷ υἱῷ Δαυείδ· εὐλογημένος ὁ ἐρχόμενος ἐν
ὀνόματι Κυρίου· Ὡσαννὰ ἐν τοῖς ὑψίστοις. καὶ εἰσελ- 10
θόντος αὐτοῦ εἰς Ἱεροσόλυμα ἐσείσθη πᾶσα ἡ πόλις
λέγουσα, Τίς ἐστιν οὗτος; οἱ δὲ ὄχλοι ἔλεγον, Οὗτός 11
ἐστιν ὁ προφήτης Ἰησοῦς ὁ ἀπὸ Ναζαρὲθ τῆς Γαλιλαίας.

Καὶ εἰσῆλθεν Ἰησοῦς εἰς τὸ ἱερὸν [τοῦ Θεοῦ], καὶ 12
ἐξέβαλεν πάντας τοὺς πωλοῦντας καὶ ἀγοράζοντας ἐν τῷ
ἱερῷ, καὶ τὰς τραπέζας τῶν κολλυβιστῶν κατέστρεψεν καὶ
τὰς καθέδρας τῶν πωλούντων τὰς περιστεράς· καὶ 13
λέγει αὐτοῖς, Γέγραπται, Ὁ οἶκός μου οἶκος προσευχῆς
κληθήσεται, ὑμεῖς δὲ αὐτὸν ποιεῖτε σπήλαιον λῃστῶν.
Καὶ προσῆλθον αὐτῷ τυφλοὶ καὶ χωλοὶ ἐν τῷ ἱερῷ, καὶ 14
ἐθεράπευσεν αὐτούς. ἰδόντες δὲ οἱ ἀρχιερεῖς καὶ οἱ 15
γραμματεῖς τὰ θαυμάσια ἃ ἐποίησεν καὶ τοὺς παῖδας τοὺς
κράζοντας ἐν τῷ ἱερῷ καὶ λέγοντας, Ὡσαννὰ τῷ υἱῷ Δαυείδ,
ἠγανάκτησαν, καὶ εἶπαν αὐτῷ, Ἀκούεις τί οὗτοι λέγου- 16
σιν; ὁ δὲ Ἰησοῦς λέγει αὐτοῖς, Ναί· οὐδέποτε ἀνέγνωτε
ὅτι Ἐκ στόματος νηπίων καὶ θηλαζόντων κατηρτίσω αἶνον;
καὶ καταλιπὼν αὐτοὺς ἐξῆλθεν ἔξω τῆς πόλεως εἰς Βη- 17
θανίαν, καὶ ηὐλίσθη ἐκεῖ.

Πρωῒ δὲ ἐπαναγαγὼν εἰς τὴν πόλιν ἐπείνασεν. καὶ 18, 19
ἰδὼν συκῆν μίαν ἐπὶ τῆς ὁδοῦ ἦλθεν ἐπ' αὐτήν, καὶ οὐδὲν
εὗρεν ἐν αὐτῇ εἰ μὴ φύλλα μόνον, καὶ λέγει αὐτῇ, Οὐ μηκέτι

8 ἐστρώννυον] ἔστρωσαν LnmTi   9 αὐτὸν] ϛ°(n.m.)   Ὡσαννὰ]
Ὡσ. LnTiWB   11 Ἰησοῦς] ante ὁ προφ. ϛ   Ναζαρὲθ]-ρὲτ ϛ : Er J
ElzScr   12 Ἰησοῦς] pr ὁ ϛ   τοῦ Θεοῦ] ins ϛ TrmTiA[W][B]WHmR :
Ln°Tr°WH°R°m   ἐξέβαλεν] -λε Ln   13 ποιεῖτε] ἐποιήσατε ϛ
15 τοὺς κράζοντας]—τοὺς ϛ   Ὡσαννὰ]Ὡσ. LnTiWB   16 εἶπαν]
-ον ϛ   17 Βηθανίαν] -νιά WHa   18 πρωῒ] πρωΐας ϛLnTrmAW
ἐπαναγαγὼν] ἐπανάγων ϛLnTr(n.m.)WHm   19 οὐ μηκέτι] —οὐ ϛTr
(n.m.)[A][B]

ἐκ σοῦ καρπὸς γένηται εἰς τὸν αἰῶνα. καὶ ἐξηράνθη παρα-
20 χρῆμα ἡ συκῆ. καὶ ἰδόντες οἱ μαθηταὶ ἐθαύμασαν
21 λέγοντες, Πῶς παραχρῆμα ἐξηράνθη ἡ συκῆ; ἀπο-
κριθεὶς δὲ ὁ Ἰησοῦς εἶπεν αὐτοῖς, Ἀμὴν λέγω ὑμῖν, ἐὰν
ἔχητε πίστιν καὶ μὴ διακριθῆτε, οὐ μόνον τὸ τῆς συκῆς
ποιήσετε, ἀλλὰ κἂν τῷ ὄρει τούτῳ εἴπητε, Ἄρθητι καὶ
22 βλήθητι εἰς τὴν θάλασσαν, γενήσεται· καὶ πάντα
ὅσα ἂν αἰτήσητε ἐν τῇ προσευχῇ πιστεύοντες λήμψεσθε.
23 Καὶ ἐλθόντος αὐτοῦ εἰς τὸ ἱερὸν προσῆλθον αὐτῷ δι-
δάσκοντι οἱ ἀρχιερεῖς καὶ οἱ πρεσβύτεροι τοῦ λαοῦ λέ-
γοντες, Ἐν ποίᾳ ἐξουσίᾳ ταῦτα ποιεῖς; καὶ τίς σοι ἔδωκεν
24 τὴν ἐξουσίαν ταύτην; ἀποκριθεὶς δὲ ὁ Ἰησοῦς εἶπεν
αὐτοῖς, Ἐρωτήσω ὑμᾶς κἀγὼ λόγον ἕνα, ὃν ἐὰν εἴπητέ μοι,
25 κἀγὼ ὑμῖν ἐρῶ ἐν ποίᾳ ἐξουσίᾳ ταῦτα ποιῶ· τὸ βά-
πτισμα τὸ Ἰωάννου πόθεν ἦν; ἐξ οὐρανοῦ ἢ ἐξ ἀνθρώπων;
οἱ δὲ διελογίζοντο παρ' ἑαυτοῖς λέγοντες, Ἐὰν εἴπωμεν, Ἐξ
οὐρανοῦ, ἐρεῖ ἡμῖν, Διὰ τί οὖν οὐκ ἐπιστεύσατε αὐτῷ;
26 ἐὰν δὲ εἴπωμεν, Ἐξ ἀνθρώπων, φοβούμεθα τὸν ὄχλον·
27 πάντες γὰρ ὡς προφήτην ἔχουσιν τὸν Ἰωάννην. καὶ
ἀποκριθέντες τῷ Ἰησοῦ εἶπον, Οὐκ οἴδαμεν. ἔφη αὐτοῖς
καὶ αὐτός, Οὐδὲ ἐγὼ λέγω ὑμῖν ἐν ποίᾳ ἐξουσίᾳ ταῦτα
28 ποιῶ. Τί δὲ ὑμῖν δοκεῖ; ἄνθρωπος εἶχεν τέκνα δύο·
καὶ προσελθὼν τῷ πρώτῳ εἶπεν, Τέκνον, ὕπαγε σήμερον
29 ἐργάζου ἐν τῷ ἀμπελῶνι. ὁ δὲ ἀποκριθεὶς εἶπεν, Οὐ
30 θέλω· ὕστερον μεταμεληθεὶς ἀπῆλθεν. προσελθὼν
δὲ τῷ δευτέρῳ εἶπεν ὡσαύτως. ὁ δὲ ἀποκριθεὶς εἶπεν,

εἰς τὸν αἰῶνα] —τὸν B (σφ?)   22 ἂν] ἐὰν TrWHa   23 ἐλθόντος
αὐτοῦ] ἐλθόντι αὐτῷ ϛ (m.m.) A(n.m.) Scr   προσῆλθον] -θαν WH(n.a.)
24 δὲ] Ln°[WH]   25 τὸ sec.] ϛ°   παρ'] ἐν LnTrWH(n.m.)
26 ἔχ. τὸν Ἰω.] ante ὡς προφ. ϛ   ἔχουσιν] -σι WHa   27 εἶπον]
-αν TiWBWH   28 ἄνθρωπός] +τις Ln   δύο] ante τέκνα LnWHm
καὶ] Ti°W°B°WH°(n.m.)   ἀμπελῶνι] ἀμπελῶνί μου ϛ LnWHm
29 οὐ θέλω· ὕστερον μεταμ.] ἐγώ, κύριε· καὶ οὐκ WWH   ὕστερον]+δὲ
ϛ [Ln]TrAR   30 προσελθὼν δὲ] καὶ προσελθὼν ϛ   δευτέρῳ] ἑτέρῳ
TiAB

Ἐγώ, κύριε· καὶ οὐκ ἀπῆλθεν.   τίς ἐκ τῶν δύο ἐποίησεν 31
τὸ θέλημα τοῦ πατρός; λέγουσιν, Ὁ πρῶτος.   λέγει αὐτοῖς
ὁ Ἰησοῦς, Ἀμὴν λέγω ὑμῖν ὅτι οἱ τελῶναι καὶ αἱ πόρναι
προάγουσιν ὑμᾶς εἰς τὴν βασιλείαν τοῦ Θεοῦ.   ἦλθεν 32
γὰρ Ἰωάννης πρὸς ὑμᾶς ἐν ὁδῷ δικαιοσύνης, καὶ οὐκ
ἐπιστεύσατε αὐτῷ· οἱ δὲ τελῶναι καὶ αἱ πόρναι ἐπίστευσαν
αὐτῷ· ὑμεῖς δὲ ἰδόντες οὐδὲ μετεμελήθητε ὕστερον τοῦ
πιστεῦσαι αὐτῷ.

Ἄλλην παραβολὴν ἀκούσατε· ἄνθρωπος ἦν οἰκοδε- 33
σπότης ὅστις ἐφύτευσεν ἀμπελῶνα, καὶ φραγμὸν αὐτῷ πε-
ριέθηκεν καὶ ὤρυξεν ἐν αὐτῷ ληνὸν καὶ ᾠκοδόμησεν πύρ-
γον, καὶ ἐξέδετο αὐτὸν γεωργοῖς, καὶ ἀπεδήμησεν.   ὅτε 34
δὲ ἤγγισεν ὁ καιρὸς τῶν καρπῶν, ἀπέστειλεν τοὺς δούλους
αὐτοῦ πρὸς τοὺς γεωργοὺς λαβεῖν τοὺς καρποὺς αὐτοῦ·
καὶ λαβόντες οἱ γεωργοὶ τοὺς δούλους αὐτοῦ ὃν μὲν ἔδειραν, 35
ὃν δὲ ἀπέκτειναν, ὃν δὲ ἐλιθοβόλησαν.   πάλιν ἀπέ- 36
στειλεν ἄλλους δούλους πλείονας τῶν πρώτων· καὶ ἐποίησαν
αὐτοῖς ὡσαύτως.   ὕστερον δὲ ἀπέστειλεν πρὸς αὐτοὺς 37
τὸν υἱὸν αὐτοῦ λέγων, Ἐντραπήσονται τὸν υἱόν μου·
οἱ δὲ γεωργοὶ ἰδόντες τὸν υἱὸν εἶπον ἐν ἑαυτοῖς, Οὗτός 38
ἐστιν ὁ κληρονόμος· δεῦτε, ἀποκτείνωμεν αὐτόν, καὶ σχῶ-
μεν τὴν κληρονομίαν αὐτοῦ·   καὶ λαβόντες αὐτὸν ἐξέ- 39
βαλον ἔξω τοῦ ἀμπελῶνος καὶ ἀπέκτειναν.   ὅταν οὖν 40
ἔλθῃ ὁ κύριος τοῦ ἀμπελῶνος, τί ποιήσει τοῖς γεωργοῖς
ἐκείνοις;   λέγουσιν αὐτῷ, Κακοὺς κακῶς ἀπολέσει 41
αὐτούς, καὶ τὸν ἀμπελῶνα ἐκδώσεται ἄλλοις γεωργοῖς,
οἵτινες ἀποδώσουσιν αὐτῷ τοὺς καρποὺς ἐν τοῖς καιροῖς
αὐτῶν.   λέγει αὐτοῖς ὁ Ἰησοῦς, Οὐδέποτε ἀνέγνωτε ἐν 42
ταῖς γραφαῖς, Λίθον ὃν ἀπεδοκίμασαν οἱ οἰκοδομοῦντες,

οὗτος ἐγενήθη εἰς κεφαλὴν γωνίας· παρὰ Κυρίου ἐγένετο
43 αὕτη, καὶ ἔστιν θαυμαστὴ ἐν ὀφθαλμοῖς ἡμῶν; διὰ
τοῦτο λέγω ὑμῖν ὅτι ἀρθήσεται ἀφ' ὑμῶν ἡ βασιλεία τοῦ
Θεοῦ καὶ δοθήσεται ἔθνει ποιοῦντι τοὺς καρποὺς αὐτῆς.
44 [καὶ ὁ πεσὼν ἐπὶ τὸν λίθον τοῦτον συνθλασθήσεται· ἐφ'
ὃν δ' ἂν πέσῃ, λικμήσει αὐτόν.]
45 Καὶ ἀκούσαντες οἱ ἀρχιερεῖς καὶ οἱ Φαρισαῖοι τὰς παρα-
46 βολὰς αὐτοῦ ἔγνωσαν ὅτι περὶ αὐτῶν λέγει· καὶ ζη-
τοῦντες αὐτὸν κρατῆσαι ἐφοβήθησαν τοὺς ὄχλους, ἐπεὶ εἰς
προφήτην αὐτὸν εἶχον.

22 Καὶ ἀποκριθεὶς ὁ Ἰησοῦς πάλιν εἶπεν ἐν παραβολαῖς
2 αὐτοῖς λέγων, Ὡμοιώθη ἡ βασιλεία τῶν οὐρανῶν ἀν-
θρώπῳ βασιλεῖ, ὅστις ἐποίησεν γάμους τῷ υἱῷ αὐτοῦ,
3 καὶ ἀπέστειλεν τοὺς δούλους αὐτοῦ καλέσαι τοὺς κεκλη-
4 μένους εἰς τοὺς γάμους· καὶ οὐκ ἤθελον ἐλθεῖν. πά-
λιν ἀπέστειλεν ἄλλους δούλους λέγων, Εἴπατε τοῖς κεκλη-
μένοις, Ἰδοὺ τὸ ἄριστόν μου ἡτοίμακα· οἱ ταῦροί μου καὶ
τὰ σιτιστὰ τεθυμένα, καὶ πάντα ἕτοιμα· δεῦτε εἰς τοὺς
5 γάμους. οἱ δὲ ἀμελήσαντες ἀπῆλθον, ὃς μὲν εἰς τὸν
6 ἴδιον ἀγρόν, ὃς δὲ ἐπὶ τὴν ἐμπορίαν αὐτοῦ· οἱ δὲ λοιποὶ
κρατήσαντες τοὺς δούλους αὐτοῦ ὕβρισαν καὶ ἀπέκτειναν.
7 ὁ δὲ βασιλεὺς ὠργίσθη, καὶ πέμψας τὰ στρατεύματα
αὐτοῦ ἀπώλεσεν τοὺς φονεῖς ἐκείνους καὶ τὴν πόλιν αὐτῶν
8 ἐνέπρησεν. τότε λέγει τοῖς δούλοις αὐτοῦ, Ὁ μὲν
γάμος ἕτοιμός ἐστιν, οἱ δὲ κεκλημένοι οὐκ ἦσαν ἄξιοι·
9 πορεύεσθε οὖν ἐπὶ τὰς διεξόδους τῶν ὁδῶν, καὶ ὅσους ἐὰν
10 εὕρητε καλέσατε εἰς τοὺς γάμους. καὶ ἐξελθόντες οἱ
δοῦλοι ἐκεῖνοι εἰς τὰς ὁδοὺς συνήγαγον πάντας οὓς εὗρον,

43 ὅτι] WH°m   44 ins ς [Ln]Tr at [Tr]mAW[B][WH]R : Ti°R°m
45 καὶ ἀκούσαντες] ἀκού. δὲ TrmTiWBWHm   46 τοὺς ὄχλους] τὸν
ὄχλον Lnm   ἐπεὶ] ἐπειδὴ ςLn   εἰς] ὡς ς   1 αὐτοῖς] ante ἐν
παρ. ς   4 ἡτοίμακα]-σα ς   5 ὃς pri.] ὁ ςAm : Er   ὃς sec.] ὁ
ς : Er   ἐπὶ] εἰς ς   7 ὁ δὲ βασ.] ἀκούσας δὲ ὁ βασ. ς :+ἀκούσας
Ln   τὰ στρατεύματα] τὸ στράτευμα Trm   9 ἐὰν] ἂν ς : CEr
10 οὓς] ὅσους ςLnTrTi (σφ)A   εὗρον]-αν WH.

ΚΑΤΑ ΜΑΘΘΑΙΟΝ 22. 11—24.

πονηρούς τε καὶ ἀγαθούς· καὶ ἐπλήσθη ὁ νυμφὼν ἀνακειμένων. εἰσελθὼν δὲ ὁ βασιλεὺς θεάσασθαι τοὺς ἀνα- 11 κειμένους εἶδεν ἐκεῖ ἄνθρωπον οὐκ ἐνδεδυμένον ἔνδυμα γάμου· καὶ λέγει αὐτῷ, Ἑταῖρε, πῶς εἰσῆλθες ὧδε μὴ 12 ἔχων ἔνδυμα γάμου; ὁ δὲ ἐφιμώθη. τότε ὁ βασιλεὺς 13 εἶπεν τοῖς διακόνοις, Δήσαντες αὐτοῦ πόδας καὶ χεῖρας ἐκβάλετε αὐτὸν εἰς τὸ σκότος τὸ ἐξώτερον· ἐκεῖ ἔσται ὁ κλαυθμὸς καὶ ὁ βρυγμὸς τῶν ὀδόντων. πολλοὶ γάρ 14 εἰσιν κλητοί, ὀλίγοι δὲ ἐκλεκτοί.

Τότε πορευθέντες οἱ Φαρισαῖοι συμβούλιον ἔλαβον 15 ὅπως αὐτὸν παγιδεύσωσιν ἐν λόγῳ. καὶ ἀποστέλλου- 16 σιν αὐτῷ τοὺς μαθητὰς αὐτῶν μετὰ τῶν Ἡρῳδιανῶν λέγοντας, Διδάσκαλε, οἴδαμεν ὅτι ἀληθὴς εἶ καὶ τὴν ὁδὸν τοῦ Θεοῦ ἐν ἀληθείᾳ διδάσκεις, καὶ οὐ μέλει σοι περὶ οὐδενός· οὐ γὰρ βλέπεις εἰς πρόσωπον ἀνθρώπων. εἰπὲ οὖν ἡμῖν, τί σοι δοκεῖ; ἔξεστιν δοῦναι κῆνσον Καί- 17 σαρι, ἢ οὔ; γνοὺς δὲ ὁ Ἰησοῦς τὴν πονηρίαν αὐτῶν 18 εἶπεν, Τί με πειράζετε, ὑποκριταί; ἐπιδείξατέ μοι τὸ 19 νόμισμα τοῦ κήνσου. οἱ δὲ προσήνεγκαν αὐτῷ δηνάριον. καὶ λέγει αὐτοῖς, Τίνος ἡ εἰκὼν αὕτη καὶ ἡ ἐπιγραφή; 20 λέγουσιν, Καίσαρος. τότε λέγει αὐτοῖς, Ἀπόδοτε οὖν τὰ 21 Καίσαρος Καίσαρι, καὶ τὰ τοῦ Θεοῦ τῷ Θεῷ. καὶ 22 ἀκούσαντες ἐθαύμασαν, καὶ ἀφέντες αὐτὸν ἀπῆλθαν.

Ἐν ἐκείνῃ τῇ ἡμέρᾳ προσῆλθον αὐτῷ Σαδδουκαῖοι, 23 λέγοντες μὴ εἶναι ἀνάστασιν, καὶ ἐπηρώτησαν αὐτὸν λέγοντες, Διδάσκαλε, Μωυσῆς εἶπεν, Ἐάν τις ἀποθάνῃ μὴ 24 ἔχων τέκνα, ἐπιγαμβρεύσει ὁ ἀδελφὸς αὐτοῦ τὴν γυναῖκα

νυμφὼν] γάμος ς(n.m.)*Ln Tr*(n.m.)AR   13 εἶπεν] ante ὁ βασ. ς *Tr*m
ἐκβάλετε] pr ἄρατε αὐτὸν καὶ ς : Er   αὐτὸν]ς°   16 λέγοντας]-τες
ς *Tr*mAWB(n m.)   17 εἰπὲ] εἰπὸν TrmTiWH(n.a.)   ἡμῖν, τί σοι
δοκεῖ;] ἡμῖν τί σοι δοκεῖ· WH   20 αὐτοῖς]+ ὁ Ἰησοῦς *Ln*Ti[B]WHm
21 λέγουσιν] -σι WHa :+ αὐτῷ ς *Ln Tr*[A]R   22 ἀπῆλθαν] -θον ςW
23 λέγοντες] pr οἱ ς [B]   24 ἐπιγαμβρ.] pr ἵνα *Ln*   ὁ ἀδελφὸς]
— ὁ Β(σφ?)

ΚΑΤΑ ΜΑΘΘΑΙΟΝ

22. 25—42.

25 αὐτοῦ, καὶ ἀναστήσει σπέρμα τῷ ἀδελφῷ αὐτοῦ. ἦσαν δὲ παρ' ἡμῖν ἑπτὰ ἀδελφοί· καὶ ὁ πρῶτος γήμας ἐτελεύτησεν, καὶ μὴ ἔχων σπέρμα ἀφῆκεν τὴν γυναῖκα αὐτοῦ τῷ ἀδελφῷ 26 αὐτοῦ· ὁμοίως καὶ ὁ δεύτερος καὶ ὁ τρίτος, ἕως τῶν 27,28 ἑπτά. ὕστερον δὲ πάντων ἀπέθανεν ἡ γυνή. ἐν τῇ ἀναστάσει οὖν τίνος τῶν ἑπτὰ ἔσται γυνή; πάντες γὰρ 29 ἔσχον αὐτήν. ἀποκριθεὶς δὲ ὁ Ἰησοῦς εἶπεν αὐτοῖς, Πλανᾶσθε μὴ εἰδότες τὰς γραφὰς μηδὲ τὴν δύναμιν τοῦ 30 Θεοῦ. ἐν γὰρ τῇ ἀναστάσει οὔτε γαμοῦσιν οὔτε γαμί-31 ζονται, ἀλλ' ὡς ἄγγελοι ἐν τῷ οὐρανῷ εἰσιν. περὶ δὲ τῆς ἀναστάσεως τῶν νεκρῶν οὐκ ἀνέγνωτε τὸ ῥηθὲν ὑμῖν 32 ὑπὸ τοῦ Θεοῦ λέγοντος, Ἐγώ εἰμι ὁ Θεὸς Ἀβραὰμ καὶ ὁ Θεὸς Ἰσαὰκ καὶ ὁ Θεὸς Ἰακώβ; οὐκ ἔστιν ὁ Θεὸς νεκρῶν 33 ἀλλὰ ζώντων. καὶ ἀκούσαντες οἱ ὄχλοι ἐξεπλήσσοντο ἐπὶ τῇ διδαχῇ αὐτοῦ.

34 Οἱ δὲ Φαρισαῖοι ἀκούσαντες ὅτι ἐφίμωσεν τοὺς Σαδδου-35 καίους, συνήχθησαν ἐπὶ τὸ αὐτό· καὶ ἐπηρώτησεν εἷς 36 ἐξ αὐτῶν νομικὸς πειράζων αὐτόν, Διδάσκαλε, ποία 37 ἐντολὴ μεγάλη ἐν τῷ νόμῳ; ὁ δὲ ἔφη αὐτῷ, Ἀγαπή-σεις Κύριον τὸν Θεόν σου ἐν ὅλῃ τῇ καρδίᾳ σου καὶ ἐν ὅλῃ 38 τῇ ψυχῇ σου καὶ ἐν ὅλῃ τῇ διανοίᾳ σου. αὕτη ἐστὶν 39 ἡ μεγάλη καὶ πρώτη ἐντολή. δευτέρα δὲ ὁμοία αὐτῇ, 40 Ἀγαπήσεις τὸν πλησίον σου ὡς σεαυτόν. ἐν ταύταις ταῖς δυσὶν ἐντολαῖς ὅλος ὁ νόμος κρέμαται καὶ οἱ προφῆται.

41 Συνηγμένων δὲ τῶν Φαρισαίων ἐπηρώτησεν αὐτοὺς ὁ 42 Ἰησοῦς λέγων, Τί ὑμῖν δοκεῖ περὶ τοῦ Χριστοῦ; τίνος

---

25 δὲ] B° γήμας] γαμήσας ϛ 27 ἡ γυνή] pr καὶ ϛ Ln[Tr]: Er 28 ἀναστάσει οὖν] οὖν ἀναστ. ϛ 30 γαμίζονται] ἐκγαμ. ϛ: Er ἄγγελοι] + θεοῦ Ti[A][W][B] :+ τοῦ Θεοῦ ϛ Rm τῷ οὐρανῷ] —τῷ ϛ 32 ὁ Θεὸς quart.] —ὁ Ti[B][WH] :+ Θεὸς ϛ[A][W] 34 ἐφίμωσεν] -σε WHa 35 αὐτὸν]+ καὶ λέγων ϛ A 37 ὁ δὲ]+ Ἰησοῦς ϛ ἔφη] εἶπεν ϛ : CScr τῇ pri.][A]WH° 38 ἡ μεγ. καὶ πρ.] πρ. καὶ μεγ. ϛ 39 δὲ] Ti°W°[B]WH° ὁμοία] ὁμοίως WHm αὐτῇ] αὕτη WH(n.m.) R(n.m.) 40 κρέμαται καὶ οἱ πρ.] καὶ οἱ πρ. κρέμανται ϛ

ΚΑΤΑ ΜΑΘΘΑΙΟΝ 22.43—23.10.

υἱός ἐστιν; λέγουσιν αὐτῷ, Τοῦ Δαυείδ. λέγει αὐτοῖς, 43
Πῶς οὖν Δαυεὶδ ἐν Πνεύματι καλεῖ αὐτὸν Κύριον λέγων,
Εἶπεν Κύριος τῷ Κυρίῳ μου, Κάθου ἐκ δεξιῶν μου ἕως 44
ἂν θῶ τοὺς ἐχθρούς σου ὑποκάτω τῶν ποδῶν σου;
εἰ οὖν Δαυεὶδ καλεῖ αὐτὸν Κύριον, πῶς υἱὸς αὐτοῦ ἐστίν; 45
καὶ οὐδεὶς ἐδύνατο ἀποκριθῆναι αὐτῷ λόγον· οὐδὲ ἐτόλμη- 46
σέν τις ἀπ᾽ ἐκείνης τῆς ἡμέρας ἐπερωτῆσαι αὐτὸν οὐκέτι.

Τότε ὁ Ἰησοῦς ἐλάλησεν τοῖς ὄχλοις καὶ τοῖς μαθηταῖς 23
αὐτοῦ λέγων, Ἐπὶ τῆς Μωυσέως καθέδρας ἐκάθισαν 2
οἱ γραμματεῖς καὶ οἱ Φαρισαῖοι· πάντα οὖν ὅσα ἂν 3
εἴπωσιν ὑμῖν ποιήσατε καὶ τηρεῖτε· κατὰ δὲ τὰ ἔργα
αὐτῶν μὴ ποιεῖτε· λέγουσιν γὰρ καὶ οὐ ποιοῦσιν. δε- 4
σμεύουσιν δὲ φορτία βαρέα [καὶ δυσβάστακτα] καὶ
ἐπιτιθέασιν ἐπὶ τοὺς ὤμους τῶν ἀνθρώπων· αὐτοὶ δὲ τῷ
δακτύλῳ αὐτῶν οὐ θέλουσιν κινῆσαι αὐτά. πάντα δὲ 5
τὰ ἔργα αὐτῶν ποιοῦσιν πρὸς τὸ θεαθῆναι τοῖς ἀνθρώποις·
πλατύνουσιν γὰρ τὰ φυλακτήρια αὐτῶν καὶ μεγαλύνουσιν
τὰ κράσπεδα, φιλοῦσιν δὲ τὴν πρωτοκλισίαν ἐν τοῖς 6
δείπνοις καὶ τὰς πρωτοκαθεδρίας ἐν ταῖς συναγωγαῖς
καὶ τοὺς ἀσπασμοὺς ἐν ταῖς ἀγοραῖς καὶ καλεῖσθαι ὑπὸ 7
τῶν ἀνθρώπων Ῥαββεί. ὑμεῖς δὲ μὴ κληθῆτε Ῥαββεί· 8
εἷς γάρ ἐστιν ὑμῶν ὁ διδάσκαλος, πάντες δὲ ὑμεῖς ἀδελφοί
ἐστε. καὶ πατέρα μὴ καλέσητε ὑμῶν ἐπὶ τῆς γῆς· εἷς 9
γάρ ἐστιν ὑμῶν ὁ Πατήρ, ὁ οὐράνιος. μηδὲ κληθῆτε 10
καθηγηταί· ὅτι καθηγητὴς ὑμῶν ἐστὶν εἷς, ὁ Χριστός.

43 καλεῖ αὐτὸν κύριον] κύρ. αὐτ. καλ. ς: καλ. κύρ. αὐτ. TiWBWHm
44 κύριος] pr ὁ ς   ὑποκάτω] ὑποπόδιον ς (n.m.)   46 αὐτῷ] ante
ἀποκρ. ς   1 ὁ][WH]   3 ἂν] ἐὰν] TiBWH(n.a.)   ὑμῖν]+τηρεῖν ς
ποιήσατε καὶ τηρεῖτε] τηρεῖτε καὶ ποιεῖτε ς   4 δὲ] γὰρ ς   καὶ
δυσβάστακτα] ins ς Ln['7r]Am[B]WHmR : Ti°A°W°WH°R°m   αὐτοὶ δὲ
τῷ] τῷ δὲ ς W   5 πλατύνουσιν] -ουσι WH   γὰρ] δὲ ς (n.m.)Am
μεγαλύνουσιν] -ουσι WH   κράσπεδα] + τῶν ἱματίων αὐτῶν ς
6 φιλοῦσιν] -οῦσι WH   φιλοῦσιν δὲ] -οῦσί τε ς   7 ῥαββεί] +
, ῥαββί ς [A] : Er   8 διδάσκαλος] καθηγητής ς (n.m.) : +, ὁ Χριστός ς
9 ὑμῶν] post ὁ πατὴρ ς A   οὐράνιος] ἐν τοῖς οὐρανοῖς ς (n.m.)
10 ὅτι καθηγητὴς ὑμῶν ἐστὶν εἷς] εἷς γὰρ ὑμῶν ἐστ. ὁ καθηγ. ς

ΚΑΤΑ ΜΑΘΘΑΙΟΝ

11,12 ὁ δὲ μείζων ὑμῶν ἔσται ὑμῶν διάκονος.   ὅστις δὲ ὑψώσει ἑαυτὸν ταπεινωθήσεται, καὶ ὅστις ταπεινώσει ἑαυτὸν ὑψωθήσεται.

13 Οὐαὶ δὲ ὑμῖν, γραμματεῖς καὶ Φαρισαῖοι ὑποκριταί, ὅτι κλείετε τὴν βασιλείαν τῶν οὐρανῶν ἔμπροσθεν τῶν ἀνθρώπων· ὑμεῖς γὰρ οὐκ εἰσέρχεσθε, οὐδὲ τοὺς εἰσερχομένους ἀφίετε εἰσελθεῖν.

15 Οὐαὶ ὑμῖν, γραμματεῖς καὶ Φαρισαῖοι ὑποκριταί, ὅτι περιάγετε τὴν θάλασσαν καὶ τὴν ξηρὰν ποιῆσαι ἕνα προσήλυτον, καὶ ὅταν γένηται, ποιεῖτε αὐτὸν υἱὸν γεέννης διπλότερον ὑμῶν.

16 Οὐαὶ ὑμῖν, ὁδηγοὶ τυφλοὶ οἱ λέγοντες, Ὃς ἂν ὀμόσῃ ἐν τῷ ναῷ οὐδέν ἐστιν· ὃς δ᾽ ἂν ὀμόσῃ ἐν τῷ χρυσῷ τοῦ ναοῦ,
17 ὀφείλει.   μωροὶ καὶ τυφλοί· τίς γὰρ μείζων ἐστίν, ὁ
18 χρυσός, ἢ ὁ ναὸς ὁ ἁγιάσας τὸν χρυσόν; καί, Ὃς ἂν ὀμόσῃ ἐν τῷ θυσιαστηρίῳ, οὐδέν ἐστιν· ὃς δ᾽ ἂν ὀμόσῃ ἐν
19 τῷ δώρῳ τῷ ἐπάνω αὐτοῦ, ὀφείλει.   τυφλοί· τί γὰρ μεῖζον, τὸ δῶρον, ἢ τὸ θυσιαστήριον τὸ ἁγιάζον τὸ δῶρον ;
20 ὁ οὖν ὀμόσας ἐν τῷ θυσιαστηρίῳ ὀμνύει ἐν αὐτῷ καὶ ἐν
21 πᾶσιν τοῖς ἐπάνω αὐτοῦ·   καὶ ὁ ὀμόσας ἐν τῷ ναῷ
22 ὀμνύει ἐν αὐτῷ καὶ ἐν τῷ κατοικοῦντι αὐτόν·   καὶ ὁ ὀμόσας ἐν τῷ οὐρανῷ ὀμνύει ἐν τῷ θρόνῳ τοῦ Θεοῦ καὶ ἐν τῷ καθημένῳ ἐπάνω αὐτοῦ.

23 Οὐαὶ ὑμῖν, γραμματεῖς καὶ Φαρισαῖοι ὑποκριταί, ὅτι ἀποδεκατοῦτε τὸ ἡδύοσμον καὶ τὸ ἄνηθον καὶ τὸ κύμινον, καὶ ἀφήκατε τὰ βαρύτερα τοῦ νόμου, τὴν κρίσιν καὶ τὸ ἔλεος καὶ τὴν πίστιν· ταῦτα δὲ ἔδει ποιῆσαι, κἀκεῖνα μὴ

18 δὲ] ϛ°: Er   14 +οὐαὶ (+δὲ ϛ) ὑμῖν, γραμματεῖς καὶ Φαρισαῖοι, ὑποκριταί, ὅτι κατεσθίετε τὰς οἰκίας τῶν χηρῶν, καὶ προφάσει μακρὰ προσευχόμενοι· διὰ τοῦτο λήψεσθε περισσότερον κρίμα.   Er ϛ Elz[B]Rm(aut hic cum ϛ 1551, aut post v. 12 ubi legitur in ϛ 1550 et 1568) Scr   17 τίς ... μείζων] τί ... μεῖζόν Ln   ἁγιάσας] -ζων ϛ   18 ἂν] ἐὰν ϛ
19 τυφλοί] pr μωροὶ καὶ ϛ(n.m.)[Ln]WHm   20 πᾶσιν] -σι LnWH
21 κατοικοῦντι] -κήσαντι TrAWHm : Cϛm   23 ἀφήκατε] -κετε WHₐ
τὸ ἔλεος] τὸν ἔλεον ϛ   δὲ] ϛ°Ti⸀[W][B]

ΚΑΤΑ ΜΑΘΘΑΙΟΝ

ἀφεῖναι.   ὁδηγοὶ τυφλοί, διϋλίζοντες τὸν κώνωπα, τὴν 24
δὲ κάμηλον καταπίνοντες.

Οὐαὶ ὑμῖν, γραμματεῖς καὶ Φαρισαῖοι ὑποκριταί, ὅτι 25
καθαρίζετε τὸ ἔξωθεν τοῦ ποτηρίου καὶ τῆς παροψίδος,
ἔσωθεν δὲ γέμουσιν ἐξ ἁρπαγῆς καὶ ἀκρασίας.   Φαρισαῖε 26
τυφλέ, καθάρισον πρῶτον τὸ ἐντὸς τοῦ ποτηρίου [καὶ τῆς
παροψίδος], ἵνα γένηται καὶ τὸ ἐκτὸς αὐτοῦ καθαρόν.

Οὐαὶ ὑμῖν, γραμματεῖς καὶ Φαρισαῖοι ὑποκριταί, ὅτι 27
παρομοιάζετε τάφοις κεκονιαμένοις, οἵτινες ἔξωθεν μὲν
φαίνονται ὡραῖοι, ἔσωθεν δὲ γέμουσιν ὀστέων νεκρῶν καὶ
πάσης ἀκαθαρσίας.   οὕτως καὶ ὑμεῖς ἔξωθεν μὲν 28
φαίνεσθε τοῖς ἀνθρώποις δίκαιοι, ἔσωθεν δέ ἐστε μεστοὶ
ὑποκρίσεως καὶ ἀνομίας.

Οὐαὶ ὑμῖν, γραμματεῖς καὶ Φαρισαῖοι ὑποκριταί, ὅτι 29
οἰκοδομεῖτε τοὺς τάφους τῶν προφητῶν καὶ κοσμεῖτε τὰ
μνημεῖα τῶν δικαίων,   καὶ λέγετε, Εἰ ἤμεθα ἐν ταῖς 30
ἡμέραις τῶν πατέρων ἡμῶν, οὐκ ἂν ἤμεθα αὐτῶν κοινωνοὶ
ἐν τῷ αἵματι τῶν προφητῶν.   ὥστε μαρτυρεῖτε ἑαυτοῖς 31
ὅτι υἱοί ἐστε τῶν φονευσάντων τοὺς προφήτας.   καὶ 32
ὑμεῖς πληρώσατε τὸ μέτρον τῶν πατέρων ὑμῶν.   ὄφεις, 33
γεννήματα ἐχιδνῶν, πῶς φύγητε ἀπὸ τῆς κρίσεως τῆς
γεέννης;   Διὰ τοῦτο ἰδοὺ ἐγὼ ἀποστέλλω πρὸς ὑμᾶς 34
προφήτας καὶ σοφοὺς καὶ γραμματεῖς· ἐξ αὐτῶν ἀποκτε-
νεῖτε καὶ σταυρώσετε, καὶ ἐξ αὐτῶν μαστιγώσετε ἐν ταῖς
συναγωγαῖς ὑμῶν καὶ διώξετε ἀπὸ πόλεως εἰς πόλιν·
ὅπως ἔλθῃ ἐφ᾽ ὑμᾶς πᾶν αἷμα δίκαιον ἐκχυννόμενον ἐπὶ 35
τῆς γῆς, ἀπὸ τοῦ αἵματος Ἄβελ τοῦ δικαίου ἕως τοῦ
αἵματος Ζαχαρίου υἱοῦ Βαραχίου ὃν ἐφονεύσατε μεταξὺ

36 τοῦ ναοῦ καὶ τοῦ θυσιαστηρίου· ἀμὴν λέγω ὑμῖν, ἥξει ταῦτα πάντα ἐπὶ τὴν γενεὰν ταύτην.

37 Ἰερουσαλήμ, Ἰερουσαλήμ, ἡ ἀποκτείνουσα τοὺς προφήτας καὶ λιθοβολοῦσα τοὺς ἀπεσταλμένους πρὸς αὐτήν, ποσάκις ἠθέλησα ἐπισυναγαγεῖν τὰ τέκνα σου, ὃν τρόπον ὄρνις ἐπισυνάγει τὰ νοσσία [αὐτῆς] ὑπὸ τὰς πτέρυγας, καὶ 38 οὐκ ἠθελήσατε. ἰδοὺ ἀφίεται ὑμῖν ὁ οἶκος ὑμῶν ἔρημος. 39 λέγω γὰρ ὑμῖν, οὐ μή με ἴδητε ἀπ' ἄρτι ἕως ἂν εἴπητε, Εὐλογημένος ὁ ἐρχόμενος ἐν ὀνόματι Κυρίου.

24 Καὶ ἐξελθὼν ὁ Ἰησοῦς ἀπὸ τοῦ ἱεροῦ ἐπορεύετο· καὶ προσῆλθον οἱ μαθηταὶ αὐτοῦ ἐπιδεῖξαι αὐτῷ τὰς οἰκοδομὰς 2 τοῦ ἱεροῦ. ὁ δὲ ἀποκριθεὶς εἶπεν αὐτοῖς, Οὐ βλέπετε ταῦτα πάντα; ἀμὴν λέγω ὑμῖν, οὐ μὴ ἀφεθῇ ὧδε λίθος ἐπὶ λίθον ὃς οὐ καταλυθήσεται.

3 Καθημένου δὲ αὐτοῦ ἐπὶ τοῦ Ὄρους τῶν Ἐλαιῶν προσῆλθον αὐτῷ οἱ μαθηταὶ κατ' ἰδίαν λέγοντες, Εἰπὲ ἡμῖν, πότε ταῦτα ἔσται, καὶ τί τὸ σημεῖον τῆς σῆς παρ-4 ουσίας καὶ συντελείας τοῦ αἰῶνος; καὶ ἀποκριθεὶς ὁ Ἰησοῦς εἶπεν αὐτοῖς, Βλέπετε μή τις ὑμᾶς πλανήσῃ. 5 πολλοὶ γὰρ ἐλεύσονται ἐπὶ τῷ ὀνόματί μου λέγοντες, Ἐγώ 6 εἰμι ὁ Χριστός, καὶ πολλοὺς πλανήσουσιν. μελλήσετε δὲ ἀκούειν πολέμους καὶ ἀκοὰς πολέμων· ὁρᾶτε, μὴ θροεῖσθε· δεῖ γὰρ γενέσθαι· ἀλλ' οὔπω ἐστὶν τὸ τέλος. 7 ἐγερθήσεται γὰρ ἔθνος ἐπὶ ἔθνος καὶ βασιλεία ἐπὶ βασιλείαν, καὶ ἔσονται λιμοὶ καὶ σεισμοὶ κατὰ τόπους·

36 ἥξει] pr ὅτι [A]   ταῦτα πάντα] πάν. ταῦ. *Ln Tr*(n.m.)AWHm
37 ἀποκτείνουσα] -κτέννουσα WHa   ἐπισυνάγει] ante ὄρνις ϛ αὐτῆς] ins [Tr]TiA[W][B][WH] : *Ln*° : ἑαυτῆς ϛ R ?   πτέρυγας]+ αὐτῆς [*Ln*][*Tr*]m   38 ἔρημος] *Ln*°[W]B°mWH°(n.m.)R°m   1 ἀπὸ] ἐκ *Ln* ἐπορεύετο] ante ἀπὸ τοῦ ἱ. ϛ(n.m.)   2 ὁ δὲ]+'Ιησοῦς ϛ   ἀποκριθεὶς] ϛ° : Er ϛm   οὐ *pri.*][*Tr*]m   ταῦτα πάντα] πάν. ταῦ. ϛ : C *sec.*]+ μὴ ϛ : C   3 μαθηταὶ]+αὐτοῦ [*Ln*]   κατ' ἰδ.] καθ' ἰδ. WHa εἰπὲ] εἰπὸν WH(n.a.)   συντελείας] pr τῆς ϛ : Er   ἡμῖν,...αἰῶνος ;] ἡμῖν...αἰῶνος. AWH   6 γενέσθαι] pr πάντα ϛ[A]   7 ἐπὶ *pri.*] ἐπ' TiWHa   λιμοὶ]+καὶ λοιμοὶ ϛ WBm : pr λοιμοὶ καὶ [*Tr*]m

66

πάντα δὲ ταῦτα ἀρχὴ ὠδίνων. Τότε παραδώσουσιν ὑμᾶς 8, 9 εἰς θλίψιν καὶ ἀποκτενοῦσιν ὑμᾶς, καὶ ἔσεσθε μισούμενοι ὑπὸ πάντων τῶν ἐθνῶν διὰ τὸ ὄνομά μου· καὶ τότε 10 σκανδαλισθήσονται πολλοὶ καὶ ἀλλήλους παραδώσουσιν καὶ μισήσουσιν ἀλλήλους· καὶ πολλοὶ ψευδοπροφῆται 11 ἐγερθήσονται καὶ πλανήσουσιν πολλούς· καὶ διὰ τὸ 12 πληθυνθῆναι τὴν ἀνομίαν ψυγήσεται ἡ ἀγάπη τῶν πολλῶν· ὁ δὲ ὑπομείνας εἰς τέλος, οὗτος σωθήσεται. καὶ 13, 14 κηρυχθήσεται τοῦτο τὸ εὐαγγέλιον τῆς βασιλείας ἐν ὅλῃ τῇ οἰκουμένῃ εἰς μαρτύριον πᾶσιν τοῖς ἔθνεσιν· καὶ τότε ἥξει τὸ τέλος.

Ὅταν οὖν ἴδητε τὸ βδέλυγμα τῆς ἐρημώσεως τὸ ῥηθὲν 15 διὰ Δανιὴλ τοῦ προφήτου ἑστὸς ἐν τόπῳ ἁγίῳ (ὁ ἀναγινώσκων νοείτω), τότε οἱ ἐν τῇ Ἰουδαίᾳ φευγέτωσαν 16 εἰς τὰ ὄρη· ὁ ἐπὶ τοῦ δώματος μὴ καταβάτω ἆραι τὰ 17 ἐκ τῆς οἰκίας αὐτοῦ, καὶ ὁ ἐν τῷ ἀγρῷ μὴ ἐπιστρεψάτω 18 ὀπίσω ἆραι τὸ ἱμάτιον αὐτοῦ. οὐαὶ δὲ ταῖς ἐν γαστρὶ 19 ἐχούσαις καὶ ταῖς θηλαζούσαις ἐν ἐκείναις ταῖς ἡμέραις· προσεύχεσθε δὲ ἵνα μὴ γένηται ἡ φυγὴ ὑμῶν χειμῶνος, 20 μηδὲ σαββάτῳ· ἔσται γὰρ τότε θλῖψις μεγάλη, οἵα 21 οὐ γέγονεν ἀπ' ἀρχῆς κόσμου ἕως τοῦ νῦν οὐδ' οὐ μὴ γένηται· καὶ εἰ μὴ ἐκολοβώθησαν αἱ ἡμέραι ἐκεῖναι, 22 οὐκ ἂν ἐσώθη πᾶσα σάρξ· διὰ δὲ τοὺς ἐκλεκτοὺς κολοβωθήσονται αἱ ἡμέραι ἐκεῖναι. Τότε ἐάν τις ὑμῖν εἴπῃ, 23 Ἰδοὺ ὧδε ὁ Χριστός, ἢ Ὧδε, μὴ πιστεύσητε· ἐγερ- 24 θήσονται γὰρ ψευδόχριστοι καὶ ψευδοπροφῆται, καὶ δώσουσιν σημεῖα μεγάλα καὶ τέρατα, ὥστε πλανῆσαι, εἰ δυνατόν, καὶ τοὺς ἐκλεκτούς. ἰδοὺ προείρηκα ὑμῖν. 25

9 τῶν] Elz° 11 πλανήσουσιν] -σι WHₐ 14 πᾶσιν] -σι WHₐ
15 ἑστὸς]-ὼς Elz νοείτω] νοείτω; Tr (σφ) 16 εἰς] ἐπὶ ς TiAW
BWHₘ 17 καταβάτω] καταβαινέτω ς A ἆραι τὰ] ἆραί τις : Cςm
18 τὸ ἱμάτιον] τὰ ἱμάτια ς A(n.m.) : Cςm 20 σαββάτῳ] pr ἐν ς : Cςm
21 οὐ γέγονεν] οὐκ ἐγένετο TiWB 23 πιστεύσητε] πιστεύετε Lₙ
24 πλανῆσαι] πλανᾶσθαι LnmTrWH : πλανηθῆναι TiB

ΚΑΤΑ ΜΑΘΘΑΙΟΝ

26 ἐὰν οὖν εἴπωσιν ὑμῖν, Ἰδοὺ ἐν τῇ ἐρήμῳ ἐστίν, μὴ ἐξέλθητε·
27 Ἰδοὺ ἐν τοῖς ταμείοις, μὴ πιστεύσητε· ὥσπερ γὰρ ἡ ἀστραπὴ ἐξέρχεται ἀπὸ ἀνατολῶν καὶ φαίνεται ἕως δυσμῶν,
28 οὕτως ἔσται ἡ παρουσία τοῦ Υἱοῦ τοῦ Ἀνθρώπου· ὅπου ἐὰν ᾖ τὸ πτῶμα, ἐκεῖ συναχθήσονται οἱ ἀετοί.
29 Εὐθέως δὲ μετὰ τὴν θλίψιν τῶν ἡμερῶν ἐκείνων ὁ ἥλιος σκοτισθήσεται, καὶ ἡ σελήνη οὐ δώσει τὸ φέγγος αὐτῆς, καὶ οἱ ἀστέρες πεσοῦνται ἀπὸ τοῦ οὐρανοῦ, καὶ αἱ δυνάμεις τῶν
30 οὐρανῶν σαλευθήσονται· καὶ τότε φανήσεται τὸ σημεῖον τοῦ Υἱοῦ τοῦ Ἀνθρώπου ἐν οὐρανῷ· καὶ τότε κόψονται πᾶσαι αἱ φυλαὶ τῆς γῆς, καὶ ὄψονται τὸν Υἱὸν τοῦ Ἀνθρώπου ἐρχόμενον ἐπὶ τῶν νεφελῶν τοῦ οὐρανοῦ μετὰ
31 δυνάμεως καὶ δόξης πολλῆς· καὶ ἀποστελεῖ τοὺς ἀγγέλους αὐτοῦ μετὰ σάλπιγγος φωνῆς μεγάλης, καὶ ἐπισυνάξουσιν τοὺς ἐκλεκτοὺς αὐτοῦ ἐκ τῶν τεσσάρων ἀνέμων, ἀπ' ἄκρων οὐρανῶν ἕως ἄκρων αὐτῶν.
32 Ἀπὸ δὲ τῆς συκῆς μάθετε τὴν παραβολήν· ὅταν ἤδη ὁ κλάδος αὐτῆς γένηται ἁπαλός, καὶ τὰ φύλλα ἐκφύῃ, γινώ-
33 σκετε ὅτι ἐγγὺς τὸ θέρος· οὕτως καὶ ὑμεῖς, ὅταν ἴδητε πάντα ταῦτα, γινώσκετε ὅτι ἐγγύς ἐστιν ἐπὶ θύραις·
34 ἀμὴν λέγω ὑμῖν, οὐ μὴ παρέλθῃ ἡ γενεὰ αὕτη ἕως ἂν
35 πάντα ταῦτα γένηται. ὁ οὐρανὸς καὶ ἡ γῆ παρελεύσεται, οἱ δὲ λόγοι μου οὐ μὴ παρέλθωσιν.
36 Περὶ δὲ τῆς ἡμέρας ἐκείνης καὶ ὥρας οὐδεὶς οἶδεν, οὐδὲ οἱ ἄγγελοι τῶν οὐρανῶν, [οὐδὲ ὁ Υἱός,] εἰ μὴ ὁ Πατὴρ
37 μόνος. ὥσπερ γὰρ αἱ ἡμέραι τοῦ Νῶε, οὕτως ἔσται ἡ

27 ἔσται] + καὶ ϛ : Er 28 ὅπου] + γὰρ ϛ 29 ἀπὸ] ἐκ Ti
30 οὐρανῷ] pr τῷ ϛ τότε sec.] Ti° 31 φωνῆς] Ti°[B]WH°(n.m.)
R°m ἕως] + τῶν LnTr[WH] 32 ἐκφύῃ] ἐκφυῇ ErLnTrA
33 πάντα ταῦτα] ταῦ. πάν. Tr(n.m.)TiB 34 ὑμῖν,] ὑμῖν ὅτι LnTr
WH ἂν][WH] πάντα ταῦτα] ταῦ. πάν. Trm 35 παρελεύσεται] -σονται ϛ 36 ὥρας] pr τῆς ϛ : Cϛm οὐδὲ ὁ υἱός,] ins
LnTiW[B]WHR : ϛ°Tr°A°R°m πατήρ]+μου ϛ(n.m.)[A] 37 γὰρ] δὲ ϛ TiABR ἔσται]+καὶ ϛ

παρουσία τοῦ Υἱοῦ τοῦ Ἀνθρώπου. ὡς γὰρ ἦσαν ἐν 38 ταῖς ἡμέραις [ἐκείναις] ταῖς πρὸ τοῦ κατακλυσμοῦ τρώγοντες καὶ πίνοντες, γαμοῦντες καὶ γαμίζοντες, ἄχρι ἧς ἡμέρας εἰσῆλθεν Νῶε εἰς τὴν κιβωτόν, καὶ οὐκ ἔγνωσαν ἕως 39 ἦλθεν ὁ κατακλυσμὸς καὶ ἦρεν ἅπαντας· οὕτως ἔσται ἡ παρουσία τοῦ Υἱοῦ τοῦ Ἀνθρώπου. τότε ἔσονται δύο 40 ἐν τῷ ἀγρῷ· εἷς παραλαμβάνεται καὶ εἷς ἀφίεται· δύο 41 ἀλήθουσαι ἐν τῷ μύλῳ· μία παραλαμβάνεται καὶ μία ἀφίεται. γρηγορεῖτε οὖν, ὅτι οὐκ οἴδατε ποίᾳ ἡμέρᾳ ὁ 42 Κύριος ὑμῶν ἔρχεται. ἐκεῖνο δὲ γινώσκετε, ὅτι εἰ ᾔδει 43 ὁ οἰκοδεσπότης ποίᾳ φυλακῇ ὁ κλέπτης ἔρχεται, ἐγρηγόρησεν ἄν, καὶ οὐκ ἂν εἴασεν διορυχθῆναι τὴν οἰκίαν αὐτοῦ. διὰ τοῦτο καὶ ὑμεῖς γίνεσθε ἕτοιμοι· ὅτι ᾗ οὐ δοκεῖτε ὥρᾳ 44 ὁ Υἱὸς τοῦ Ἀνθρώπου ἔρχεται.

Τίς ἄρα ἐστὶν ὁ πιστὸς δοῦλος καὶ φρόνιμος ὃν κατέ- 45 στησεν ὁ κύριος ἐπὶ τῆς οἰκετείας αὐτοῦ τοῦ δοῦναι αὐτοῖς τὴν τροφὴν ἐν καιρῷ; μακάριος ὁ δοῦλος ἐκεῖνος ὃν 46 ἐλθὼν ὁ κύριος αὐτοῦ εὑρήσει οὕτως ποιοῦντα· ἀμὴν 47 λέγω ὑμῖν ὅτι ἐπὶ πᾶσιν τοῖς ὑπάρχουσιν αὐτοῦ καταστήσει αὐτόν. ἐὰν δὲ εἴπῃ ὁ κακὸς δοῦλος ἐκεῖνος ἐν 48 τῇ καρδίᾳ αὐτοῦ, Χρονίζει μου ὁ κύριος, καὶ ἄρξηται 49 τύπτειν τοὺς συνδούλους αὐτοῦ, ἐσθίῃ δὲ καὶ πίνῃ μετὰ τῶν μεθυόντων, ἥξει ὁ κύριος τοῦ δούλου ἐκείνου ἐν 50 ἡμέρᾳ ᾗ οὐ προσδοκᾷ καὶ ἐν ὥρᾳ ᾗ οὐ γινώσκει, ·καὶ 51 διχοτομήσει αὐτόν, καὶ τὸ μέρος αὐτοῦ μετὰ τῶν ὑποκριτῶν θήσει· ἐκεῖ ἔσται ὁ κλαυθμὸς καὶ ὁ βρυγμὸς τῶν ὀδόντων.

38 ὡς] ὥσπερ ϛ ἐκείναις] ins *Ln*[*Tr*][W][B][WH]R : ϛTiᵒAᵛ ταῖς πρὸ] Aᵒ : Scr γαμίζοντες] ἐκγαμ. ϛ*Tr*A : [ἐκ]γαμ. *Tr*ₘ : γαμίσκοντες *Ln* 39 ἔσται]+καὶ ϛTi[B] 40 ἔσονται] post δύο ϛ*Tr*A εἰς *bis*] pr ὁ ϛ : Er 41 μύλῳ] μύλωνι ϛ(n.m.) 42 ἡμέρᾳ] ὥρᾳ ϛ 43 διορυχθῆναι]-υγῆναι ϛ*Ln*AWBWHₐ : Er 44 ὥρᾳ]ante οὐ δοκ. ϛ 45 κύριος]+αὐτοῦ ϛ: Er οἰκετείας] θεραπείας ϛ(n.m.) δοῦναι] διδόναι ϛ 46 οὕτως post ποιοῦντα ϛ 47 πᾶσιν] πᾶσι WHₐ 48 ἐκεῖνος] Tiᵒ[W][B] μου ὁ κύριος] ὁ κύ. μου ϛ : +ἐλθεῖν ϛ[*Tr*]ₘA 49 αὐτοῦ] ϛᵒ(n.m.) ἐσθίῃ...πίνῃ] ἐσθίειν...πίνειν ϛ(a.m.)

ΚΑΤΑ ΜΑΘΘΑΙΟΝ 25. 1—16.

25 Τότε ὁμοιωθήσεται ἡ βασιλεία τῶν οὐρανῶν δέκα παρθένοις, αἵτινες λαβοῦσαι τὰς λαμπάδας ἑαυτῶν ἐξῆλθον εἰς
2 ὑπάντησιν τοῦ νυμφίου. πέντε δὲ ἐξ αὐτῶν ἦσαν μωραὶ
3 καὶ πέντε φρόνιμοι. αἱ γὰρ μωραὶ λαβοῦσαι τὰς λαμ-
4 πάδας αὐτῶν οὐκ ἔλαβον μεθ᾽ ἑαυτῶν ἔλαιον· αἱ δὲ φρόνιμοι ἔλαβον ἔλαιον ἐν τοῖς ἀγγείοις μετὰ τῶν λαμπά-
5 δων ἑαυτῶν. χρονίζοντος δὲ τοῦ νυμφίου ἐνύσταξαν
6 πᾶσαι καὶ ἐκάθευδον· μέσης δὲ νυκτὸς κραυγὴ γέγονεν,
7 Ἰδοὺ ὁ νυμφίος· ἐξέρχεσθε εἰς ἀπάντησιν. τότε ἠγέρθησαν πᾶσαι αἱ παρθένοι ἐκεῖναι καὶ ἐκόσμησαν τὰς
8 λαμπάδας ἑαυτῶν. αἱ δὲ μωραὶ ταῖς φρονίμοις εἶπαν, Δότε ἡμῖν ἐκ τοῦ ἐλαίου ὑμῶν, ὅτι αἱ λαμπάδες ἡμῶν σβέν-
9 νυνται. ἀπεκρίθησαν δὲ αἱ φρόνιμοι λέγουσαι, Μή ποτε οὐ μὴ ἀρκέσῃ ἡμῖν καὶ ὑμῖν· πορεύεσθε μᾶλλον πρὸς
10 τοὺς πωλοῦντας καὶ ἀγοράσατε ἑαυταῖς. ἀπερχομένων δὲ αὐτῶν ἀγοράσαι ἦλθεν ὁ νυμφίος· καὶ αἱ ἕτοιμοι εἰσῆλθον μετ᾽ αὐτοῦ εἰς τοὺς γάμους, καὶ ἐκλείσθη ἡ θύρα.
11 ὕστερον δὲ ἔρχονται καὶ αἱ λοιπαὶ παρθένοι λέγουσαι,
12 Κύριε, κύριε, ἄνοιξον ἡμῖν. ὁ δὲ ἀποκριθεὶς εἶπεν, Ἀμὴν
13 λέγω ὑμῖν, οὐκ οἶδα ὑμᾶς. γρηγορεῖτε οὖν, ὅτι οὐκ οἴδατε τὴν ἡμέραν οὐδὲ τὴν ὥραν.
14 Ὥσπερ γὰρ ἄνθρωπος ἀποδημῶν ἐκάλεσεν τοὺς ἰδίους δού-
15 λους καὶ παρέδωκεν αὐτοῖς τὰ ὑπάρχοντα αὐτοῦ· καὶ ᾧ μὲν ἔδωκεν πέντε τάλαντα, ᾧ δὲ δύο, ᾧ δὲ ἕν, ἑκάστῳ κα-
16 τὰ τὴν ἰδίαν δύναμιν· καὶ ἀπεδήμησεν. εὐθέως πορευθεὶς

---

1 ἑαυτῶν] αὐτῶν ϛ TiWB   ὑπάντησιν] ἀπάντησιν ϛ: Er   νυμφίου]+καὶ τῆς νύμφης WHm   2 ἦσαν] ante ἐξ αὐτ. ϛ   μωραὶ... φρόνιμοι] φρόνιμοι...μωραί ϛ: Er   πέντε sec.] pr αἱ ϛ: Elz   3 αἱ γὰρ] αἵτινες ϛ: αἱ δὲ Ln   αὐτῶν] Ti°[W][B][WH]: ἑαυτῶν ϛ :C   4 ἀγγείοις]+αὐτῶν ϛ   ἑαυτῶν] αὐτ. ϛ TrA   6 νυμφίος]+ἔρχεται ϛ   ἀπάντησιν]+αὐτοῦ ϛ LnTr   7 ἑαυτῶν] αὐτῶν ϛ   8 εἶπαν] εἶπον ϛ Ln   9 μήποτε] μήποτε· WB   οὐ μὴ] οὐκ ϛ (n.m.)   TiWHm   πορεύεσθε]+δὲ ϛ   11 καὶ] Ln°[Tr]   13 ὥραν]+ἐν ᾗ ὁ Υἱὸς τοῦ Ἀνθρώπου ἔρχεται ϛ(n.m.).   15, 16 ἀπεδήμησεν. εὐθέως πορευθεὶς] ἀπεδήμησεν εὐθέως. πορευθεὶς ϛ LnTrA: sed[δὲ] LnTr

ὁ τὰ πέντε τάλαντα λαβὼν ἠργάσατο ἐν αὐτοῖς καὶ
ἐκέρδησεν ἄλλα πέντε. ὡσαύτως ὁ τὰ δύο ἐκέρδησεν 17
ἄλλα δύο. ὁ δὲ τὸ ἓν λαβὼν ἀπελθὼν ὤρυξεν γῆν καὶ 18
ἔκρυψεν τὸ ἀργύριον τοῦ κυρίου αὐτοῦ. Μετὰ δὲ πολὺν 19
χρόνον ἔρχεται ὁ κύριος τῶν δούλων ἐκείνων καὶ συναίρει
λόγον μετ' αὐτῶν. καὶ προσελθὼν ὁ τὰ πέντε τάλαντα 20
λαβὼν προσήνεγκεν ἄλλα πέντε τάλαντα λέγων, Κύριε,
πέντε τάλαντά μοι παρέδωκας· ἴδε ἄλλα πέντε τάλαντα
ἐκέρδησα. ἔφη αὐτῷ ὁ κύριος αὐτοῦ, Εὖ, δοῦλε ἀγαθὲ 21
καὶ πιστέ, ἐπὶ ὀλίγα ἦς πιστός, ἐπὶ πολλῶν σε καταστήσω·
εἴσελθε εἰς τὴν χαρὰν τοῦ κυρίου σου. προσελθὼν δὲ 22
καὶ ὁ τὰ δύο τάλαντα εἶπεν, Κύριε, δύο τάλαντά μοι παρέ-
δωκας· ἴδε ἄλλα δύο τάλαντα ἐκέρδησα. ἔφη αὐτῷ ὁ 23
κύριος αὐτοῦ, Εὖ, δοῦλε ἀγαθὲ καὶ πιστέ, ἐπὶ ὀλίγα ἦς
πιστός, ἐπὶ πολλῶν σε καταστήσω· εἴσελθε εἰς τὴν χαρὰν
τοῦ κυρίου σου. προσελθὼν δὲ καὶ ὁ τὸ ἓν τάλαντον 24
εἰληφὼς εἶπεν, Κύριε, ἔγνων σε ὅτι σκληρὸς εἶ ἄνθρωπος,
θερίζων ὅπου οὐκ ἔσπειρας, καὶ συνάγων ὅθεν οὐ διεσκόρ-
πισας· καὶ φοβηθεὶς ἀπελθὼν ἔκρυψα τὸ τάλαντόν σου 25
ἐν τῇ γῇ· ἴδε ἔχεις τὸ σόν. ἀποκριθεὶς δὲ ὁ κύριος αὐτοῦ 26
εἶπεν αὐτῷ, Πονηρὲ δοῦλε καὶ ὀκνηρέ, ᾔδεις ὅτι θερίζω
ὅπου οὐκ ἔσπειρα καὶ συνάγω ὅθεν οὐ διεσκόρπισα;
ἔδει σε οὖν βαλεῖν τὰ ἀργύριά μου τοῖς τραπεζίταις, καὶ 27
ἐλθὼν ἐγὼ ἐκομισάμην ἂν τὸ ἐμὸν σὺν τόκῳ. ἄρατε 28
οὖν ἀπ' αὐτοῦ τὸ τάλαντον καὶ δότε τῷ ἔχοντι τὰ δέκα

16 ἠργάσατο] εἰργ. ϛLnTr   ἐκέρδησεν] ἐποίησεν ϛ(n.m.)TiA
πέντε sec.]+τάλαντα ϛTi[A][B]R   17 ὡσαύτως]+καὶ ϛ[Ln]Tr[Tr]mA
WHmR   ἐκέρδησεν]+καὶ αὐτὸς ϛ[A]   18 τὸ ἓν]+τάλαντον Ln
γῆν] ἐν τῇ γῇ ϛLnAm   ἔκρυψεν] ἀπέκρ. ϛ   19 πολὺν] post χρόνον
ϛ   μετ' αὐτῶν] ante λόγ. ϛ : C   20 τάλαντα quart.] [Tr]
ἐκέρδησα] + ἐπ' αὐτοῖς ϛA   21 ἔφη] +δὲ ϛ   22 δὲ] Ti°W°[B]WH°
τάλαντα pri.] +λαβὼν ϛ   ἐκέρδησα] +ἐπ' αὐτοῖς ϛA   23 πιστὸς]
ante ἦς WHm   26 δοῦλε] ante πονηρὲ Ln   διεσκόρπισα;] διε-
σκόρπισα· JR   27 σε οὖν] οὖν σε ϛLn   τὰ ἀργύριά] τὸ ἀργύριόν
ϛLnTrA   τραπεζίταις] -είταις TiWH

29 τάλαντα· τῷ γὰρ ἔχοντι παντὶ δοθήσεται καὶ περισ-
σευθήσεται· τοῦ δὲ μὴ ἔχοντος καὶ ὃ ἔχει ἀρθήσεται ἀπ᾿
30 αὐτοῦ. καὶ τὸν ἀχρεῖον δοῦλον ἐκβάλετε εἰς τὸ σκότος
τὸ ἐξώτερον· ἐκεῖ ἔσται ὁ κλαυθμὸς καὶ ὁ βρυγμὸς τῶν
ὀδόντων.
31 Ὅταν δὲ ἔλθῃ ὁ Υἱὸς τοῦ Ἀνθρώπου ἐν τῇ δόξῃ αὐτοῦ,
καὶ πάντες οἱ ἄγγελοι μετ᾿ αὐτοῦ, τότε καθίσει ἐπὶ θρόνου
32 δόξης αὐτοῦ. καὶ συναχθήσονται ἔμπροσθεν αὐτοῦ
πάντα τὰ ἔθνη, καὶ ἀφοριεῖ αὐτοὺς ἀπ᾿ ἀλλήλων, ὥσπερ ὁ
33 ποιμὴν ἀφορίζει τὰ πρόβατα ἀπὸ τῶν ἐρίφων, καὶ
στήσει τὰ μὲν πρόβατα ἐκ δεξιῶν αὐτοῦ, τὰ δὲ ἐρίφια ἐξ
34 εὐωνύμων. Τότε ἐρεῖ ὁ Βασιλεὺς τοῖς ἐκ δεξιῶν αὐτοῦ,
Δεῦτε, οἱ εὐλογημένοι τοῦ Πατρός μου, κληρονομήσατε
τὴν ἡτοιμασμένην ὑμῖν βασιλείαν ἀπὸ καταβολῆς κόσμου.
35 ἐπείνασα γὰρ καὶ ἐδώκατέ μοι φαγεῖν, ἐδίψησα καὶ ἐπoτί-
36 σατέ με, ξένος ἤμην καὶ συνηγάγετέ με, γυμνὸς καὶ
περιεβάλετέ με, ἠσθένησα καὶ ἐπεσκέψασθέ με, ἐν φυλακῇ
37 ἤμην καὶ ἤλθατε πσός με. τότε ἀποκριθήσονται αὐτῷ
οἱ δίκαιοι λέγοντες, Κύριε, πότε σε εἴδομεν πεινῶντα καὶ
38 ἐθρέψαμεν, ἢ διψῶντα καὶ ἐποτίσαμεν; πότε δέ σε
εἴδομεν ξένον καὶ συνηγάγομεν, ἢ γυμνὸν· καὶ περιεβάλο-
39 μεν; πότε δέ σε εἴδομεν ἀσθενοῦντα ἢ ἐν φυλακῇ
40 καὶ ἤλθομεν πρός σε; καὶ ἀποκριθεὶς ὁ Βασιλεὺς ἐρεῖ
αὐτοῖς, Ἀμὴν λέγω ὑμῖν, ἐφ᾿ ὅσον ἐποιήσατε ἑνὶ τούτων
τῶν ἀδελφῶν μου τῶν ἐλαχίστων, ἐμοὶ ἐποιήσατε.
41 Τότε ἐρεῖ καὶ τοῖς ἐξ εὐωνύμων, Πορεύεσθε ἀπ᾿ ἐμοῦ κατη-
ραμένοι εἰς τὸ πῦρ τὸ αἰώνιον τὸ ἡτοιμασμένον τῷ διαβόλῳ
42 καὶ τοῖς ἀγγέλοις αὐτοῦ. ἐπείνασα γὰρ καὶ οὐκ ἐδώκατέ

29 τοῦ δὲ] ἀπὸ δὲ τοῦ ς: Er 30 ἐκβάλετε] ἐκβάλλετε ς: C
31 ἄγγελοι] pr ἅγιοι ς θρόνου] pr τοῦ W (σφ?): +τῆς W (σφ?)
32 συναχθήσονται] -ήσεται ς: C ἀφοριεῖ] -ρίσει TiWH(n.a.)
36 ἤλθατε] -ετε ς 37 εἴδομεν] -αμεν Tr WH 38 εἴδομεν] -αμεν
WH(n.a.) 39 ἀσθενοῦντα] -ενῆ ς Lnm ἤλθομεν] -αμεν WHa
40 τῶν ἀδελφῶν μου][Ln] 41 κατηραμένοι] pr οἱ ς LnTr[Tr]mA
τὸ ἡτοιμασμένον] ὃ ἡτοίμασεν ὁ πατήρ μου WHm

μοι φαγεῖν, ἐδίψησα καὶ οὐκ ἐποτίσατέ με,   ξένος ἤμην 43
καὶ οὐ συνηγάγετέ με, γυμνὸς καὶ οὐ περιεβάλετέ με,
ἀσθενὴς καὶ ἐν φυλακῇ καὶ οὐκ ἐπεσκέψασθέ με.   τότε 44
ἀποκριθήσονται καὶ αὐτοὶ λέγοντες, Κύριε, πότε σε εἴδομεν
πεινῶντα ἢ διψῶντα ἢ ξένον ἢ γυμνὸν ἢ ἀσθενῆ ἢ ἐν
φυλακῇ καὶ οὐ διηκονήσαμέν σοι;   τότε ἀποκριθήσεται 45
αὐτοῖς λέγων, Ἀμὴν λέγω ὑμῖν, ἐφ' ὅσον οὐκ ἐποιήσατε
ἑνὶ τούτων τῶν ἐλαχίστων, οὐδὲ ἐμοὶ ἐποιήσατε.   καὶ 46
ἀπελεύσονται οὗτοι εἰς κόλασιν αἰώνιον, οἱ δὲ δίκαιοι εἰς
ζωὴν αἰώνιον.

Καὶ ἐγένετο ὅτε ἐτέλεσεν ὁ Ἰησοῦς πάντας τοὺς λόγους 26
τούτους, εἶπεν τοῖς μαθηταῖς αὐτοῦ,   Οἴδατε ὅτι μετὰ 2
δύο ἡμέρας τὸ πάσχα γίνεται, καὶ ὁ Υἱὸς τοῦ Ἀνθρώπου
παραδίδοται εἰς τὸ σταυρωθῆναι.   Τότε συνήχθησαν οἱ 3
ἀρχιερεῖς καὶ οἱ πρεσβύτεροι τοῦ λαοῦ εἰς τὴν αὐλὴν τοῦ
ἀρχιερέως τοῦ λεγομένου Καϊάφα,   καὶ συνεβουλεύ- 4
σαντο ἵνα τὸν Ἰησοῦν δόλῳ κρατήσωσιν καὶ ἀποκτείνωσιν·
ἔλεγον δέ, Μὴ ἐν τῇ ἑορτῇ, ἵνα μὴ θόρυβος γένηται ἐν τῷ 5
λαῷ.

Τοῦ δὲ Ἰησοῦ γενομένου ἐν Βηθανίᾳ ἐν οἰκίᾳ Σίμωνος 6
τοῦ λεπροῦ,   προσῆλθεν αὐτῷ γυνὴ ἔχουσα ἀλάβαστρον 7
μύρου βαρυτίμου, καὶ κατέχεεν ἐπὶ τῆς κεφαλῆς αὐτοῦ
ἀνακειμένου.   ἰδόντες δὲ οἱ μαθηταὶ ἠγανάκτησαν λέ- 8
γοντες, Εἰς τί ἡ ἀπώλεια αὕτη;   ἐδύνατο γὰρ τοῦτο 9
πραθῆναι πολλοῦ καὶ δοθῆναι πτωχοῖς.   γνοὺς δὲ ὁ 10
Ἰησοῦς εἶπεν αὐτοῖς, Τί κόπους παρέχετε τῇ γυναικί; ἔρ-
γον γὰρ καλὸν ἠργάσατο εἰς ἐμέ·   πάντοτε γὰρ τοὺς 11
πτωχοὺς ἔχετε μεθ' ἑαυτῶν, ἐμὲ δὲ οὐ πάντοτε ἔχετε·

42 ἐδίψησα] pr καὶ [WH]   44 ἀποκριθήσονται] + αὐτῷ ϛ : C
3 ἀρχιερεῖς]+καὶ οἱ γραμματεῖς ϛ (n.m.)   4 δόλῳ] post κρατήσωσιν ϛ :
C .   7 ἔχουσα post ἀλάβ. μύ. ϛ A   βαρυτίμου] πολυτίμου ϛmLn
TrmTi   τῆς κεφαλῆς] τὴν κεφαλὴν ϛA   8 μαθηταὶ] + αὐτοῦ ϛ
9 ἐδύνατο] ἠδύν. ϛLnTr   τοῦτο] + τὸ μύρον ϛ   πτωχοῖς] pr τοῖς
Ln   10 ἠργάσατο] εἰργάσ. ϛLnTrA

12 βαλοῦσα γὰρ αὕτη τὸ μύρον τοῦτο ἐπὶ τοῦ σώματός μου
13 πρὸς τὸ ἐνταφιάσαι με ἐποίησεν. ἀμὴν λέγω ὑμῖν,
ὅπου ἐὰν κηρυχθῇ τὸ εὐαγγέλιον τοῦτο ἐν ὅλῳ τῷ κόσμῳ,
λαληθήσεται καὶ ὃ ἐποίησεν αὕτη εἰς μνημόσυνον αὐτῆς.
14 Τότε πορευθεὶς εἷς τῶν δώδεκα, ὁ λεγόμενος Ἰούδας
15 Ἰσκαριώτης, πρὸς τοὺς ἀρχιερεῖς εἶπεν, Τί θέλετέ μοι
δοῦναι, κἀγὼ ὑμῖν παραδώσω αὐτόν; οἱ δὲ ἔστησαν αὐτῷ
16 τριάκοντα ἀργύρια· καὶ ἀπὸ τότε ἐζήτει εὐκαιρίαν ἵνα
αὐτὸν παραδῷ.
17 Τῇ δὲ πρώτῃ τῶν ἀζύμων προσῆλθον οἱ μαθηταὶ τῷ
Ἰησοῦ λέγοντες, Ποῦ θέλεις ἑτοιμάσωμέν σοι φαγεῖν τὸ
18 πάσχα; ὁ δὲ εἶπεν, Ὑπάγετε εἰς τὴν πόλιν πρὸς τὸν
δεῖνα καὶ εἴπατε αὐτῷ, Ὁ διδάσκαλος λέγει, Ὁ καιρός μου
ἐγγύς ἐστιν· πρὸς σὲ ποιῶ τὸ πάσχα μετὰ τῶν μαθητῶν
19 μου. καὶ ἐποίησαν οἱ μαθηταὶ ὡς συνέταξεν αὐτοῖς ὁ
Ἰησοῦς, καὶ ἡτοίμασαν τὸ πάσχα.
20 Ὀψίας δὲ γενομένης ἀνέκειτο μετὰ τῶν δώδεκα μαθητῶν.
21 καὶ ἐσθιόντων αὐτῶν εἶπεν, Ἀμὴν λέγω ὑμῖν ὅτι εἷς ἐξ
22 ὑμῶν παραδώσει με. καὶ λυπούμενοι σφόδρα ἤρξαντο
23 λέγειν αὐτῷ εἷς ἕκαστος, Μήτι ἐγώ εἰμι, Κύριε; ὁ δὲ
ἀποκριθεὶς εἶπεν, Ὁ ἐμβάψας μετ' ἐμοῦ τὴν χεῖρα ἐν τῷ
24 τρυβλίῳ, οὗτός με παραδώσει. ὁ μὲν Υἱὸς τοῦ Ἀνθρώ-
που ὑπάγει καθὼς γέγραπται περὶ αὐτοῦ, οὐαὶ δὲ τῷ
ἀνθρώπῳ ἐκείνῳ δι' οὗ ὁ Υἱὸς τοῦ Ἀνθρώπου παραδίδοται·
καλὸν ἦν αὐτῷ εἰ οὐκ ἐγεννήθη ὁ ἄνθρωπος ἐκεῖνος.
25 ἀποκριθεὶς δὲ Ἰούδας ὁ παραδιδοὺς αὐτὸν εἶπεν, Μήτι ἐγώ
εἰμι, ῥαββεί; λέγει αὐτῷ, Σὺ εἶπας.
26 Ἐσθιόντων δὲ αὐτῶν λαβὼν ὁ Ἰησοῦς ἄρτον καὶ εὐλογή-
σας ἔκλασεν, καὶ δοὺς τοῖς μαθηταῖς εἶπεν, Λάβετε, φάγετε·

τοῦτό ἐστιν τὸ σῶμά μου. καὶ λαβὼν ποτήριον καὶ 27
εὐχαριστήσας ἔδωκεν αὐτοῖς λέγων, Πίετε ἐξ αὐτοῦ πάντες·
τοῦτο γάρ ἐστιν τὸ αἷμά μου τῆς διαθήκης τὸ περὶ πολλῶν 28
ἐκχυννόμενον εἰς ἄφεσιν ἁμαρτιῶν. λέγω δὲ ὑμῖν, οὐ 29
μὴ πίω ἀπ᾽ ἄρτι ἐκ τούτου τοῦ γενήματος τῆς ἀμπέλου ἕως
τῆς ἡμέρας ἐκείνης ὅταν αὐτὸ πίνω μεθ᾽ ὑμῶν καινὸν ἐν
τῇ βασιλείᾳ τοῦ Πατρός μου. καὶ ὑμνήσαντες ἐξῆλθον 30
εἰς τὸ Ὄρος τῶν Ἐλαιῶν.

Τότε λέγει αὐτοῖς ὁ Ἰησοῦς, Πάντες ὑμεῖς σκανδαλισθή- 31
σεσθε ἐν ἐμοὶ ἐν τῇ νυκτὶ ταύτῃ· γέγραπται γάρ, Πατάξω
τὸν ποιμένα, καὶ διασκορπισθήσονται τὰ πρόβατα τῆς
ποίμνης· μετὰ δὲ τὸ ἐγερθῆναί με προάξω ὑμᾶς εἰς τὴν 32
Γαλιλαίαν. ἀποκριθεὶς δὲ ὁ Πέτρος εἶπεν αὐτῷ, Εἰ 33
πάντες σκανδαλισθήσονται ἐν σοί, ἐγὼ οὐδέποτε σκανδαλι-
σθήσομαι. ἔφη αὐτῷ ὁ Ἰησοῦς, Ἀμὴν λέγω σοι ὅτι ἐν 34
ταύτῃ τῇ νυκτὶ πρὶν ἀλέκτορα φωνῆσαι τρὶς ἀπαρνήσῃ με.
λέγει αὐτῷ ὁ Πέτρος, Κἂν δέῃ με σὺν σοὶ ἀποθανεῖν, οὐ 35
μή σε ἀπαρνήσομαι. ὁμοίως καὶ πάντες οἱ μαθηταὶ εἶπον.

Τότε ἔρχεται μετ᾽ αὐτῶν ὁ Ἰησοῦς εἰς χωρίον λεγόμενον 36
Γεθσημανεί, καὶ λέγει τοῖς μαθηταῖς, Καθίσατε αὐτοῦ, ἕως
οὗ ἀπελθὼν ἐκεῖ προσεύξωμαι. καὶ παραλαβὼν τὸν 37
Πέτρον καὶ τοὺς δύο υἱοὺς Ζεβεδαίου ἤρξατο λυπεῖσθαι
καὶ ἀδημονεῖν. τότε λέγει αὐτοῖς, Περίλυπός ἐστιν ἡ 38
ψυχή μου ἕως θανάτου· μείνατε ὧδε καὶ γρηγορεῖτε μετ᾽
ἐμοῦ. καὶ προελθὼν μικρὸν ἔπεσεν ἐπὶ πρόσωπον αὐτοῦ 39
προσευχόμενος καὶ λέγων, Πάτερ μου, εἰ δυνατόν ἐστιν,

27 ποτήριον] pr τὸ ϛ LnRm   καὶ sec.] Lnᵒ[Tr][WH]   28 τῆς] pr
τὸ ϛ Bm   διαθήκης] pr καινῆς ϛ LnTr[A]BmRm   ἐκχυννόμ.] ἐκχυ-
νόμ. ϛ : Er   29 οὐ μὴ] pr ὅτι ϛ : Er   γενήματος] γεννήμ. ϛ
μεθ᾽ ὑμῶν] post καινὸν Trm   31 διασκορπισθήσονται] -ήσεται ϛ
33 εἰ]+καὶ ϛ   35 εἶπον] εἶπαν WH   36 Γεθσημανεί]-νῆ ϛ : -νεῖ
LnTrA   μαθηταῖς]+ αὐτοῦ LnTrmR   οὗ] [WH] :+ ἂν Ln   ἐκεῖ
προσεύξωμαι] πρ. ἐκ. ϛ   39 προελθὼν] προσελθὼν TrTiBmWHm : Scr :
cf. προσβαίη Soph. Phil. 42.   μου] [Tr]Tiᵒ[W]

ΚΑΤΑ ΜΑΘΘΑΙΟΝ

παρελθάτω ἀπ᾽ ἐμοῦ τὸ ποτήριον τοῦτο· πλὴν οὐχ ὡς ἐγὼ
40 θέλω, ἀλλ᾽ ὡς σύ. καὶ ἔρχεται πρὸς τοὺς μαθητὰς καὶ
εὑρίσκει αὐτοὺς καθεύδοντας, καὶ λέγει τῷ Πέτρῳ, Οὕτως
οὐκ ἰσχύσατε μίαν ὥραν γρηγορῆσαι μετ᾽ ἐμοῦ;
41 γρηγορεῖτε καὶ προσεύχεσθε ἵνα μὴ εἰσέλθητε εἰς πειρα-
σμόν· τὸ μὲν πνεῦμα πρόθυμον, ἡ δὲ σὰρξ ἀσθενής.
42 πάλιν ἐκ δευτέρου ἀπελθὼν προσηύξατο λέγων, Πάτερ
μου, εἰ οὐ δύναται τοῦτο παρελθεῖν ἐὰν μὴ αὐτὸ πίω,
43 γενηθήτω τὸ θέλημά σου. καὶ ἐλθὼν πάλιν εὗρεν
αὐτοὺς καθεύδοντας, ἦσαν γὰρ αὐτῶν οἱ ὀφθαλμοὶ βεβα-
44 ρημένοι. καὶ ἀφεὶς αὐτοὺς πάλιν ἀπελθὼν προσηύξατο
45 ἐκ τρίτου, τὸν αὐτὸν λόγον εἰπὼν πάλιν. τότε ἔρχεται
πρὸς τοὺς μαθητὰς καὶ λέγει αὐτοῖς, Καθεύδετε λοιπὸν
καὶ ἀναπαύεσθε· ἰδοὺ ἤγγικεν ἡ ὥρα καὶ ὁ Υἱὸς τοῦ Ἀνθρώ-
46 που παραδίδοται εἰς χεῖρας ἁμαρτωλῶν. ἐγείρεσθε,
ἄγωμεν· ἰδοὺ ἤγγικεν ὁ παραδιδούς με.
47 Καὶ ἔτι αὐτοῦ λαλοῦντος ἰδοὺ Ἰούδας εἷς τῶν δώδεκα
ἦλθεν, καὶ μετ᾽ αὐτοῦ ὄχλος πολὺς μετὰ μαχαιρῶν καὶ
ξύλων ἀπὸ τῶν ἀρχιερέων καὶ πρεσβυτέρων τοῦ λαοῦ.
48 ὁ δὲ παραδιδοὺς αὐτὸν ἔδωκεν αὐτοῖς σημεῖον λέγων, Ὃν
49 ἂν φιλήσω αὐτός ἐστιν· κρατήσατε αὐτόν. καὶ εὐθέως
προσελθὼν τῷ Ἰησοῦ εἶπεν, Χαῖρε, ῥαββεί, καὶ κατεφίλη-
50 σεν αὐτόν. ὁ δὲ Ἰησοῦς εἶπεν αὐτῷ, Ἑταῖρε, ἐφ᾽ ὃ
πάρει. τότε προσελθόντες ἐπέβαλον τὰς χεῖρας ἐπὶ τὸν
51 Ἰησοῦν καὶ ἐκράτησαν αὐτόν. Καὶ ἰδοὺ εἷς τῶν μετὰ
Ἰησοῦ ἐκτείνας τὴν χεῖρα ἀπέσπασεν τὴν μάχαιραν αὐτοῦ,
καὶ πατάξας τὸν δοῦλον τοῦ ἀρχιερέως ἀφεῖλεν αὐτοῦ τὸ

παρελθάτω]-έτω ς   42 λέγων][W][WH]   τοῦτο]+ τὸ ποτήριον ς
παρελθεῖν]+ἀπ᾽ ἐμοῦ ς[Ln]   43 πάλιν εὗρεν αὐτοὺς] εὑρίσκει αὐτοὺς
πάλιν ς (n.m.)   44 πάλιν] post ἀπελθὼν ς   ἐκ τρίτου][Ln][Tr]mA°
πάλιν sec.] ς° Ln°Tr°A°   44, 45 εἰπὼν πάλιν. τότε] εἰπών. πάλιν τότε
WHm   45 μαθητὰς]+αὐτοῦ ς   λοιπὸν] pr τὸ ς Ln[Tr]Ti[B]
ἰδοὺ]+γὰρ WHm   48 ἂν] ἐὰν TiA   50 ἐφ᾽ ὃ] ἐφ᾽ ᾧ ς : Et
πάρει.] πάρει; ς LnTrTiWB   51 ἀπέσπασεν]-σε WHa

ὠτίον. τότε λέγει αὐτῷ ὁ Ἰησοῦς, Ἀπόστρεψον τὴν 52 μάχαιράν σου εἰς τὸν τόπον αὐτῆς· πάντες γὰρ οἱ λαβόντες μάχαιραν ἐν μαχαίρῃ ἀπολοῦνται. ἢ δοκεῖς 53 ὅτι οὐ δύναμαι παρακαλέσαι τὸν Πατέρα μου, καὶ παραστήσει μοι ἄρτι πλείω δώδεκα λεγιῶνας ἀγγέλων; πῶς 54 οὖν πληρωθῶσιν αἱ γραφαὶ ὅτι οὕτως δεῖ γενέσθαι;

Ἐν ἐκείνῃ τῇ ὥρᾳ εἶπεν ὁ Ἰησοῦς τοῖς ὄχλοις, Ὡς ἐπὶ 55 λῃστὴν ἐξήλθατε μετὰ μαχαιρῶν καὶ ξύλων συλλαβεῖν με; καθ' ἡμέραν ἐν τῷ ἱερῷ ἐκαθεζόμην διδάσκων, καὶ οὐκ ἐκρατήσατέ με. τοῦτο δὲ ὅλον γέγονεν ἵνα πληρωθῶσιν αἱ 56 γραφαὶ τῶν προφητῶν. τότε οἱ μαθηταὶ πάντες ἀφέντες αὐτὸν ἔφυγον. Οἱ δὲ κρατήσαντες τὸν Ἰησοῦν ἀπή- 57 γαγον πρὸς Καϊάφαν τὸν ἀρχιερέα, ὅπου οἱ γραμματεῖς καὶ οἱ πρεσβύτεροι συνήχθησαν. ὁ δὲ Πέτρος ἠκολούθει 58 αὐτῷ [ἀπὸ] μακρόθεν ἕως τῆς αὐλῆς τοῦ ἀρχιερέως, καὶ εἰσελθὼν ἔσω ἐκάθητο μετὰ τῶν ὑπηρετῶν ἰδεῖν τὸ τέλος.

Οἱ δὲ ἀρχιερεῖς καὶ τὸ συνέδριον ὅλον ἐζήτουν ψευδο- 59 μαρτυρίαν κατὰ τοῦ Ἰησοῦ ὅπως αὐτὸν θανατώσωσιν, καὶ οὐχ εὗρον, πολλῶν προσελθόντων ψευδομαρτύρων. ὕστε- 60 ρον δὲ προσελθόντες δύο εἶπον, Οὗτος ἔφη, Δύναμαι 61 καταλῦσαι τὸν ναὸν τοῦ Θεοῦ καὶ διὰ τριῶν ἡμερῶν οἰκοδομῆσαι. καὶ ἀναστὰς ὁ ἀρχιερεὺς εἶπεν αὐτῷ, Οὐδὲν 62 ἀποκρίνῃ; τί οὗτοί σου καταμαρτυροῦσιν; ὁ δὲ Ἰησοῦς 63 ἐσιώπα. καὶ ὁ ἀρχιερεὺς εἶπεν αὐτῷ, Ἐξορκίζω σε κατὰ

52 τὴν μάχαιραν] post σου ϛ   μαχαίρῃ] -ρᾳ ϛ   53 δύναμαι] -ομαι WHa   ἄρτι] ante παρακαλέσαι ϛ LnTrmA   πλείω] πλείους ϛ :+ἢ ϛ [Ln]   λεγιῶνας] -εῶνας ϛ LnTrA : -ιώνων Ti   55 ἐξήλθατε] -ετε ϛ με;] με. ϛ (n.m.) TiAWB   καθ' ἡμέραν]+ πρὸς ὑμᾶς ϛ Ln[Tr]   ἐν τῷ ἱερῷ ἐκαθ. διδάσκων] ἐκαθ. διδ. ἐν τῷ ἱ. ϛ : ἐκαθ. ἐν τῷ ἱ. διδ. Ln 56 μαθηταὶ]+αὐτοῦ [Ln]WHm   58 ἀπὸ] ins ϛ LnTrA[W][B][WH]: ϛ°mTi°   59 οἱ δὲ ἀρχιερεῖς] ὁ δὲ ἀρχιερεὺς Lnm :+καὶ οἱ πρεσβύτεροι ϛ θανατώσωσιν] -σουσιν LnTrTiA(n.m.)WHa   60 εὗρον] + · καὶ ϛ (n.m.): + καὶ A   προσελθόντων ψευδ.] ψευδ. προσ. ϛ (n.m.) : + οὐχ εὗρον ϛ (n.m.)[Ln]   δύο] + ψευδομάρτυρες ϛ Ln   61 εἶπον] -αν W BWH   οἰκοδομῆσαι] +αὐτόν ϛ LnR : pr αὐτὸν Lnm[Tr]mTi[W][B] 62 ἀποκρίνῃ; τί] ἀποκρίνῃ τί LnTiAWB   63 ὁ ἀρχιερεὺς] pr ἀποκριθεὶς ϛ LnTiA[W][B]

ΚΑΤΑ ΜΑΘΘΑΙΟΝ

26. 64—27. 1.

τοῦ Θεοῦ τοῦ ζῶντος ἵνα ἡμῖν εἴπῃς εἰ σὺ εἶ ὁ Χριστὸς
64 ὁ Υἱὸς τοῦ Θεοῦ. λέγει αὐτῷ ὁ Ἰησοῦς, Σὺ εἶπας·
πλὴν λέγω ὑμῖν, ἀπ' ἄρτι ὄψεσθε τὸν Υἱὸν τοῦ Ἀνθρώ
που καθήμενον ἐκ δεξιῶν τῆς δυνάμεως καὶ ἐρχόμενον
65 ἐπὶ τῶν νεφελῶν τοῦ οὐρανοῦ. τότε ὁ ἀρχιερεὺς
διέρρηξεν τὰ ἱμάτια αὐτοῦ λέγων, Ἐβλασφήμησεν· τί
ἔτι χρείαν ἔχομεν μαρτύρων; ἴδε νῦν ἠκούσατε τὴν
66 βλασφημίαν· τί ὑμῖν δοκεῖ; οἱ δὲ ἀποκριθέντες εἶ
67 πον, Ἔνοχος θανάτου ἐστίν. Τότε ἐνέπτυσαν εἰς τὸ
πρόσωπον αὐτοῦ καὶ ἐκολάφισαν αὐτόν· οἱ δὲ ἐράπισαν
68 λέγοντες, Προφήτευσον ἡμῖν, Χριστέ· τίς ἐστιν ὁ παίσας
σε;
69 Ὁ δὲ Πέτρος ἐκάθητο ἔξω ἐν τῇ αὐλῇ· καὶ προσῆλθεν
αὐτῷ μία παιδίσκη λέγουσα, Καὶ σὺ ἦσθα μετὰ Ἰησοῦ τοῦ
70 Γαλιλαίου. ὁ δὲ ἠρνήσατο ἔμπροσθεν πάντων λέγων,
71 Οὐκ οἶδα τί λέγεις. ἐξελθόντα δὲ εἰς τὸν πυλῶνα εἶδεν
αὐτὸν ἄλλη, καὶ λέγει τοῖς ἐκεῖ, Οὗτος ἦν μετὰ Ἰησοῦ τοῦ
72 Ναζωραίου. καὶ πάλιν ἠρνήσατο μετὰ ὅρκου ὅτι Οὐκ
73 οἶδα τὸν ἄνθρωπον. μετὰ μικρὸν δὲ προσελθόντες οἱ
ἑστῶτες εἶπον τῷ Πέτρῳ, Ἀληθῶς καὶ σὺ ἐξ αὐτῶν εἶ, καὶ
74 γὰρ ἡ λαλιά σου δῆλόν σε ποιεῖ. τότε ἤρξατο κατα
θεματίζειν καὶ ὀμνύειν ὅτι Οὐκ οἶδα τὸν ἄνθρωπον. καὶ
75 εὐθέως ἀλέκτωρ ἐφώνησεν. καὶ ἐμνήσθη ὁ Πέτρος τοῦ
ῥήματος Ἰησοῦ εἰρηκότος ὅτι Πρὶν ἀλέκτορα φωνῆσαι τρὶς
ἀπαρνήσῃ με· καὶ ἐξελθὼν ἔξω ἔκλαυσεν πικρῶς.
27 Πρωΐας δὲ γενομένης συμβούλιον ἔλαβον πάντες οἱ
ἀρχιερεῖς καὶ οἱ πρεσβύτεροι τοῦ λαοῦ κατὰ τοῦ Ἰησοῦ

64 εἶπας] εἶπας; WHm 65 διέρρηξεν] διέρηξεν WH(n.a.) λέγων]
+ὅτι ς βλασφημίαν] + αὐτοῦ ς[Ln][Tr]m 66 εἶπον] -αν WB
WH 67 ἐράπισαν] ερρ. ς 69 ἐκάθητο] post ἔξω ς 71 ἐξελ
θόντα δὲ] + αὐτὸν ς[Ln]TiA[W][B]: Csm τοῖς] αὐτοῖς TrmA
οὗτος] pr καὶ ς Ln Tr[Tr]mAR 72 μετὰ] μεθ' ς 73 δῆλόν σε
ποιεῖ] ὁμοιάζει WHm 74 καταθεματίζειν] καταναθεμ. ς: Csm
εὐθέως] εὐθὺς TrWH 75 Ἰησοῦ] pr τοῦ ς: CEr εἰρηκότος]+
αὐτῷ ς[Ln]

78

ὥστε θανατῶσαι αὐτόν· καὶ δήσαντες αὐτὸν ἀπήγαγον 2
καὶ παρέδωκαν Πειλάτῳ τῷ ἡγεμόνι.

Τότε ἰδὼν Ἰούδας ὁ παραδοὺς αὐτὸν ὅτι κατεκρίθη, 3
μεταμεληθεὶς ἔστρεψεν τὰ τριάκοντα ἀργύρια τοῖς ἀρχιερεῦσιν καὶ πρεσβυτέροις λέγων, Ἥμαρτον παραδοὺς 4
αἷμα ἀθῷον. οἱ δὲ εἶπον, Τί πρὸς ἡμᾶς; σὺ ὄψῃ. καὶ 5
ῥίψας τὰ ἀργύρια εἰς τὸν ναὸν ἀνεχώρησεν, καὶ ἀπελθὼν
ἀπήγξατο. οἱ δὲ ἀρχιερεῖς λαβόντες τὰ ἀργύρια εἶπαν, 6
Οὐκ ἔξεστιν βαλεῖν αὐτὰ εἰς τὸν κορβανᾶν, ἐπεὶ τιμὴ
αἵματός ἐστιν. συμβούλιον δὲ λαβόντες ἠγόρασαν ἐξ 7
αὐτῶν τὸν Ἀγρὸν τοῦ Κεραμέως εἰς ταφὴν τοῖς ξένοις.
διὸ ἐκλήθη ὁ ἀγρὸς ἐκεῖνος Ἀγρὸς Αἵματος ἕως τῆς σήμε- 8
ρον. Τότε ἐπληρώθη τὸ ῥηθὲν διὰ Ἰερεμίου τοῦ προ- 9
φήτου λέγοντος, Καὶ ἔλαβον τὰ τριάκοντα ἀργύρια, τὴν
τιμὴν τοῦ τετιμημένου ὃν ἐτιμήσαντο ἀπὸ υἱῶν Ἰσραήλ,
καὶ ἔδωκαν αὐτὰ εἰς τὸν ἀγρὸν τοῦ κεραμέως, καθὰ συν- 10
έταξέν μοι Κύριος.

Ὁ δὲ Ἰησοῦς ἐστάθη ἔμπροσθεν τοῦ ἡγεμόνος· καὶ ἐπη- 11
ρώτησεν αὐτὸν ὁ ἡγεμὼν λέγων, Σὺ εἶ ὁ Βασιλεὺς τῶν Ἰουδαίων; ὁ δὲ Ἰησοῦς ἔφη αὐτῷ, Σὺ λέγεις. καὶ ἐν τῷ 12
κατηγορεῖσθαι αὐτὸν ὑπὸ τῶν ἀρχιερέων καὶ πρεσβυτέρων
οὐδὲν ἀπεκρίνατο. τότε λέγει αὐτῷ ὁ Πειλᾶτος, Οὐκ 13
ἀκούεις πόσα σου καταμαρτυροῦσιν; καὶ οὐκ ἀπεκρίθη 14
αὐτῷ πρὸς οὐδὲ ἓν ῥῆμα, ὥστε θαυμάζειν τὸν ἡγεμόνα λίαν.

Κατὰ δὲ ἑορτὴν εἰώθει ὁ ἡγεμὼν ἀπολύειν ἕνα τῷ ὄχλῳ 15
δέσμιον, ὃν ἤθελον. εἶχον δὲ τότε δέσμιον ἐπίσημον 16
λεγόμενον Βαραββᾶν. συνηγμένων οὖν αὐτῶν εἶπεν 17

2 παρέδωκαν] +αὐτὸν ϛ   Πειλάτῳ]pr Ποντίῳ ϛ LnAWHm   3 παραδοὺς] παραδιδοὺς ϛ(n.m.)TiABWHm   ἔστρεψεν] ἀπέστρεψεν ϛLn
ἀρχιερεῦσιν]-σι WHa   πρεσβυτέροις]pr τοῖς ϛ   4 ἀθῷον] δίκαιον
ϛmTrmWH(n.m.)Rm : Scr   εἶπον]-αν WWH   ὄψῃ] ὄψει ϛ : Er
5 εἰς τὸν ναὸν]ἐν τῷ ναῷ ϛ LnA   6 εἶπαν]-ον ϛA   κορβανᾶν]κορβᾶν LnmTrm   7 ταφὴν] τάφον B(σφ?)   10 ἔδωκαν] ἔδωκα WHm
Rm   11 ἐστάθη] ἔστη ϛ   αὐτῷ] Ti°W°B°WH°(n.m.)   λέγεις]
λέγεις; WHm   12 πρεσβυτερων]pr τῶν ϛLnTr[A]

αὐτοῖς ὁ Πειλᾶτος, Τίνα θέλετε ἀπολύσω ὑμῖν, Βαραββᾶν
18 ἢ Ἰησοῦν τὸν λεγόμενον Χριστόν; ᾔδει γὰρ ὅτι διὰ
19 φθόνον παρέδωκαν αὐτόν. Καθημένου δὲ αὐτοῦ ἐπὶ
τοῦ βήματος ἀπέστειλεν πρὸς αὐτὸν ἡ γυνὴ αὐτοῦ λέγουσα,
Μηδὲν σοὶ καὶ τῷ δικαίῳ ἐκείνῳ· πολλὰ γὰρ ἔπαθον
20 σήμερον κατ' ὄναρ δι' αὐτόν. Οἱ δὲ ἀρχιερεῖς καὶ οἱ
πρεσβύτεροι ἔπεισαν τοὺς ὄχλους ἵνα αἰτήσωνται τὸν
21 Βαραββᾶν, τὸν δὲ Ἰησοῦν ἀπολέσωσιν. ἀποκριθεὶς
δὲ ὁ ἡγεμὼν εἶπεν αὐτοῖς, Τίνα θέλετε ἀπὸ τῶν δύο ἀπο-
22 λύσω ὑμῖν; οἱ δὲ εἶπαν, τὸν Βαραββᾶν. λέγει αὐτοῖς
ὁ Πειλᾶτος, Τί οὖν ποιήσω Ἰησοῦν τὸν λεγόμενον Χριστόν;
23 λέγουσιν πάντες, Σταυρωθήτω. ὁ δὲ ἔφη, Τί γὰρ
κακὸν ἐποίησεν; οἱ δὲ περισσῶς ἔκραζον λέγοντες,
24 Σταυρωθήτω. ἰδὼν δὲ ὁ Πειλᾶτος ὅτι οὐδὲν ὠφελεῖ
ἀλλὰ μᾶλλον θόρυβος γίνεται, λαβὼν ὕδωρ ἀπενίψατο τὰς
χεῖρας κατέναντι τοῦ ὄχλου λέγων, Ἀθῷός εἰμι ἀπὸ τοῦ
25 αἵματος [τοῦ δικαίου] τούτου· ὑμεῖς ὄψεσθε. καὶ ἀπο-
κριθεὶς πᾶς ὁ λαὸς εἶπεν, Τὸ αἷμα αὐτοῦ ἐφ' ἡμᾶς καὶ
26 ἐπὶ τὰ τέκνα ἡμῶν. τότε ἀπέλυσεν αὐτοῖς τὸν Βαραβ-
βᾶν, τὸν δὲ Ἰησοῦν φραγελλώσας παρέδωκεν ἵνα σταυ-
ρωθῇ.

27 Τότε οἱ στρατιῶται τοῦ ἡγεμόνος, παραλαβόντες τὸν
Ἰησοῦν εἰς τὸ πραιτώριον, συνήγαγον ἐπ' αὐτὸν ὅλην τὴν
28 σπεῖραν. καὶ ἐκδύσαντες αὐτὸν χλαμύδα κοκκίνην
29 περιέθηκαν αὐτῷ· καὶ πλέξαντες στέφανον ἐξ ἀκανθῶν
ἐπέθηκαν ἐπὶ τῆς κεφαλῆς αὐτοῦ καὶ κάλαμον ἐν τῇ δεξιᾷ
αὐτοῦ, καὶ γονυπετήσαντες ἔμπροσθεν αὐτοῦ ἐνέπαιξαν

ΚΑΤΑ ΜΑΘΘΑΙΟΝ 27. 30—43.

αὐτῷ λέγοντες, Χαῖρε, Βασιλεῦ τῶν Ἰουδαίων· καὶ 30
ἐμπτύσαντες εἰς αὐτὸν ἔλαβον τὸν κάλαμον καὶ ἔτυπτον
εἰς τὴν κεφαλὴν αὐτοῦ. καὶ ὅτε ἐνέπαιξαν αὐτῷ, 31
ἐξέδυσαν αὐτὸν τὴν χλαμύδα καὶ ἐνέδυσαν αὐτὸν τὰ
ἱμάτια αὐτοῦ, καὶ ἀπήγαγον αὐτὸν εἰς τὸ σταυρῶσαι.
Ἐξερχόμενοι δὲ εὗρον ἄνθρωπον Κυρηναῖον, ὀνόματι 32
Σίμωνα· τοῦτον ἠγγάρευσαν ἵνα ἄρῃ τὸν σταυρὸν αὐτοῦ.
καὶ ἐλθόντες εἰς τόπον λεγόμενον Γολγοθᾶ, ὅ ἐστιν Κρα- 33
νίου Τόπος λεγόμενος, ἔδωκαν αὐτῷ πιεῖν οἶνον μετὰ 34
χολῆς μεμιγμένον· καὶ γευσάμενος οὐκ ἠθέλησεν πιεῖν.
σταυρώσαντες δὲ αὐτὸν διεμερίσαντο τὰ ἱμάτια αὐτοῦ βα- 35
λόντες κλῆρον· καὶ καθήμενοι ἐτήρουν αὐτὸν ἐκεῖ. 36
καὶ ἐπέθηκαν ἐπάνω τῆς κεφαλῆς αὐτοῦ τὴν αἰτίαν αὐτοῦ 37
γεγραμμένην, ΟΥΤΟΣ ΕΣΤΙΝ ΙΗΣΟΥΣ Ο ΒΑΣΙΛΕΥΣ
ΤΩΝ ΙΟΥΔΑΙΩΝ. Τότε σταυροῦνται σὺν αὐτῷ δύο 38
λῃσταί, εἷς ἐκ δεξιῶν καὶ εἷς ἐξ εὐωνύμων. Οἱ δὲ πα- 39
ραπορευόμενοι ἐβλασφήμουν αὐτὸν κινοῦντες τὰς κεφαλὰς
αὐτῶν καὶ λέγοντες, Ὁ καταλύων τὸν ναὸν καὶ ἐν 40
τρισὶν ἡμέραις οἰκοδομῶν, σῶσον σεαυτόν· εἰ Υἱὸς εἶ τοῦ
Θεοῦ, κατάβηθι ἀπὸ τοῦ σταυροῦ. ὁμοίως καὶ οἱ ἀρ- 41
χιερεῖς ἐμπαίζοντες μετὰ τῶν γραμματέων καὶ πρεσβυτέ-
ρων ἔλεγον, Ἄλλους ἔσωσεν, ἑαυτὸν οὐ δύναται σῶ- 42
σαι· Βασιλεὺς Ἰσραήλ ἐστιν, καταβάτω νῦν ἀπὸ τοῦ σταυ-
ροῦ, καὶ πιστεύσομεν ἐπ᾽ αὐτόν. πέποιθεν ἐπὶ τὸν Θεόν· 43

βασιλεῦ] ὁ βασιλεὺς ϛΤἰΑ(n.m.)BmWHm   31 ἐξέδυσαν...καὶ ἐνέδ.] ἐκ-
δύσαντες...ἐνέδ. ΤἰWB   32 Κυρηναῖον]+εἰς ἀπάντησιν αὐτοῦ WHm
33 Γολγοθᾶ]-θά ΤrWH   ὅ] ὅς ϛ: CErϛm   Κρανίου Τόπος λεγ.]
λεγ. Κρ. Τόπ. ϛ   34 πιεῖν bis] πεῖν ΤἰWHa   οἶνον] ὄξος ϛ(n.m.)
LnmAWB(n.m.)   ἠθέλησεν] ἤθελε ϛ(n.m.)   35 βαλόντες]βάλλοντες
ϛΤr(n.m.)WWH(n.m.)   κλῆρον·]+ἵνα πληρωθῇ τὸ ῥηθὲν ὑπὸ τοῦ προφή-
του, Διεμερίσαντο τὰ ἱμάτιά μου ἑαυτοῖς, καὶ ἐπὶ τὸν ἱματισμόν μου ἔβαλον
κλῆρον. ϛ[B]: CϛmScr   40 εἰ τοῦ Θεοῦ] Θεοῦ εἰ LnΤrmWHm
κατάβηθι] pr καὶ LnΤἰ[B]   41 ὁμοίως]+δὲ ϛ[Ln][Τr][A] : Er
καὶ pri.] [Ln]Τἰ°W°B°[WH]   42 βασιλεὺς] pr εἰ ϛ Ln
πιστεύσομεν]πιστεύσομεν LnBm : πιστεύσωμεν ΤἰBm   ἐπ᾽ αὐτόν] αὐτῷ
ϛLnΤrmA : ἐπ᾽ αὐτῷ Cϛm   43 τὸν Θεόν] τῷ Θεῷ Ln(n.m.)WHm

ῥυσάσθω νῦν εἰ θέλει αὐτόν· εἶπεν γὰρ ὅτι Θεοῦ εἰμὶ
44 Υἱός. τὸ δ᾽ αὐτὸ καὶ οἱ λῃσταὶ οἱ συνσταυρωθέντες
σὺν αὐτῷ ὠνείδιζον αὐτόν.
45 Ἀπὸ δὲ ἕκτης ὥρας σκότος ἐγένετο ἐπὶ πᾶσαν τὴν γῆν
46 ἕως ὥρας ἐνάτης. περὶ δὲ τὴν ἐνάτην ὥραν ἀνεβόησεν
ὁ Ἰησοῦς φωνῇ μεγάλῃ λέγων, Ἠλί, Ἠλί, λεμὰ σαβα-
χθανεί; τοῦτ᾽ ἔστιν, Θεέ μου, Θεέ μου, ἵνα τί με ἐγκατέ-
47 λιπες; τινὲς δὲ τῶν ἐκεῖ ἑστηκότων ἀκούσαντες ἔλεγον
48 ὅτι Ἠλίαν φωνεῖ οὗτος. καὶ εὐθέως δραμὼν εἷς ἐξ
αὐτῶν καὶ λαβὼν σπόγγον πλήσας τε ὄξους καὶ περιθεὶς
49 καλάμῳ ἐπότιζεν αὐτόν· οἱ δὲ λοιποὶ εἶπαν, Ἄφες
50 ἴδωμεν εἰ ἔρχεται Ἠλίας σώσων αὐτόν. ὁ δὲ Ἰησοῦς
πάλιν κράξας φωνῇ μεγάλῃ ἀφῆκεν τὸ πνεῦμα.
51 Καὶ ἰδοὺ τὸ καταπέτασμα τοῦ ναοῦ ἐσχίσθη ἀπ᾽ ἄνωθεν
ἕως κάτω εἰς δύο, καὶ ἡ γῆ ἐσείσθη, καὶ αἱ πέτραι ἐσχί-
52 σθησαν, καὶ τὰ μνημεῖα ἀνεῴχθησαν, καὶ πολλὰ σώ-
53 ματα τῶν κεκοιμημένων ἁγίων ἠγέρθησαν. καὶ ἐξελθόν-
τες ἐκ τῶν μνημείων μετὰ τὴν ἔγερσιν αὐτοῦ εἰσῆλθον εἰς
54 τὴν ἁγίαν πόλιν καὶ ἐνεφανίσθησαν πολλοῖς. Ὁ δὲ ἑκα-
τόνταρχος καὶ οἱ μετ᾽ αὐτοῦ τηροῦντες τὸν Ἰησοῦν ἰδόντες
τὸν σεισμὸν καὶ τὰ γινόμενα ἐφοβήθησαν σφόδρα λέγοντες,
55 Ἀληθῶς Θεοῦ Υἱὸς ἦν οὗτος. Ἦσαν δὲ ἐκεῖ γυναῖκες
πολλαὶ ἀπὸ μακρόθεν θεωροῦσαι, αἵτινες ἠκολούθησαν τῷ
56 Ἰησοῦ ἀπὸ τῆς Γαλιλαίας διακονοῦσαι αὐτῷ· ἐν αἷς

νῦν]+αὐτόν ϛ Ln[Tr]A 44 συνσταυρ.] συσταυρ. ϛ : Er σὺν] ϛ°
αὐτόν] αὐτῷ ϛ : CEr 46 ἀνεβόησεν] ἐβόησεν LnmTrWH Ἠλί
bis] Ἠλί ϛ TrW : Ἠλεί Ti : Ἐλωί WH : Ἠλεί ErWHm λεμὰ] λαμὰ
ϛ (n.m.)WHm : λημὰ Ln σαβαχθανεί] -ί ϛ AWB : σαβακτανί l.n : ζα-
φθανεί WHm 47 ἑστηκότων] ἑστώτων ϛ LnAWB ὅτι] [B]
49 εἶπαν] ἔλεγον ϛ TiABWHm αὐτόν.]+ ἄλλος δὲ λαβὼν λόγχην ἔνυξεν
αὐτοῦ τὴν πλευράν, καὶ ἐξῆλθεν ὕδωρ καὶ αἷμα. [WH]Rm : Scr 51 ἀπ᾽]
Ti°][B][WH] : ἀπὸ ϛ LnAWHa : Er εἰς δύο] post ἐσχίσθη ϛ Ln
52 ἀνεῴχθ.] ἠνεῴχθ. WHa ἠγέρθησαν] -θη ϛ : Er 54 ἑκατόν-
ταρχος] -οντάρχης TiWHa γινόμενα] γενόμ. ϛ Θεοῦ υἱὸς] υἱ. Θ.
Ln(n.m.)Tr(n.m.)AWHm

ΚΑΤΑ ΜΑΘΘΑΙΟΝ

ἦν Μαρία ἡ Μαγδαληνή, καὶ Μαρία ἡ τοῦ Ἰακώβου καὶ
Ἰωσῆ μήτηρ, καὶ ἡ μήτηρ τῶν υἱῶν Ζεβεδαίου.

Ὀψίας δὲ γενομένης ἦλθεν ἄνθρωπος πλούσιος ἀπὸ 57
Ἀριμαθαίας, τοὔνομα Ἰωσήφ, ὃς καὶ αὐτὸς ἐμαθητεύθη τῷ
Ἰησοῦ· οὗτος προσελθὼν τῷ Πειλάτῳ ᾐτήσατο τὸ 58
σῶμα τοῦ Ἰησοῦ. τότε ὁ Πειλᾶτος ἐκέλευσεν ἀποδοθῆναι.
καὶ λαβὼν τὸ σῶμα ὁ Ἰωσὴφ ἐνετύλιξεν αὐτὸ [ἐν] σινδόνι 59
καθαρᾷ, καὶ ἔθηκεν αὐτὸ ἐν τῷ καινῷ αὐτοῦ μνημείῳ, 60
ὃ ἐλατόμησεν ἐν τῇ πέτρᾳ· καὶ προσκυλίσας λίθον μέγαν
τῇ θύρᾳ τοῦ μνημείου ἀπῆλθεν. ἦν δὲ ἐκεῖ Μαριὰμ ἡ 61
Μαγδαληνὴ καὶ ἡ ἄλλη Μαρία, καθήμεναι ἀπέναντι τοῦ
τάφου.

Τῇ δὲ ἐπαύριον, ἥτις ἐστὶν μετὰ τὴν παρασκευήν, συν- 62
ήχθησαν οἱ ἀρχιερεῖς καὶ οἱ Φαρισαῖοι πρὸς Πειλᾶτον
λέγοντες, Κύριε, ἐμνήσθημεν ὅτι ἐκεῖνος ὁ πλάνος εἶπεν 63
ἔτι ζῶν, Μετὰ τρεῖς ἡμέρας ἐγείρομαι. κέλευσον οὖν 64
ἀσφαλισθῆναι τὸν τάφον ἕως τῆς τρίτης ἡμέρας· μή ποτε
ἐλθόντες οἱ μαθηταὶ αὐτοῦ κλέψωσιν αὐτόν, καὶ εἴπωσιν
τῷ λαῷ, Ἠγέρθη ἀπὸ τῶν νεκρῶν· καὶ ἔσται ἡ ἐσχάτη
πλάνη χείρων τῆς πρώτης. ἔφη αὐτοῖς ὁ Πειλᾶτος, 65
Ἔχετε κουστωδίαν. ὑπάγετε ἀσφαλίσασθε ὡς οἴδατε.
οἱ δὲ πορευθέντες ἠσφαλίσαντο τὸν τάφον σφραγίσαντες 66
τὸν λίθον μετὰ τῆς κουστωδίας.

Ὀψὲ δὲ σαββάτων, τῇ ἐπιφωσκούσῃ εἰς μίαν σαββά- 28
των, ἦλθεν Μαρία ἡ Μαγδαληνὴ καὶ ἡ ἄλλη Μαρία θεω-
ρῆσαι τὸν τάφον. καὶ ἰδοὺ σεισμὸς ἐγένετο μέγας· 2
ἄγγελος γὰρ Κυρίου καταβὰς ἐξ οὐρανοῦ καὶ προσελθὼν

ΚΑΤΑ ΜΑΘΘΑΙΟΝ

3 ἀπεκύλισεν τὸν λίθον καὶ ἐκάθητο ἐπάνω αὐτοῦ. ἦν δὲ
ἡ εἰδέα αὐτοῦ ὡς ἀστραπή, καὶ τὸ ἔνδυμα αὐτοῦ λευκὸν ὡς
4 χιών. ἀπὸ δὲ τοῦ φόβου αὐτοῦ ἐσείσθησαν οἱ τηροῦν-
5 τες καὶ ἐγενήθησαν ὡς νεκροί. ἀποκριθεὶς δὲ ὁ ἄγγελος
εἶπεν ταῖς γυναιξίν, Μὴ φοβεῖσθε ὑμεῖς· οἶδα γὰρ ὅτι
6 Ἰησοῦν τὸν ἐσταυρωμένον ζητεῖτε· οὐκ ἔστιν ὧδε·
ἠγέρθη γὰρ καθὼς εἶπεν. δεῦτε ἴδετε τὸν τόπον ὅπου
7 ἔκειτο [ὁ Κύριος]. καὶ ταχὺ πορευθεῖσαι εἴπατε τοῖς
μαθηταῖς αὐτοῦ ὅτι Ἠγέρθη ἀπὸ τῶν νεκρῶν· καὶ ἰδοὺ
προάγει ὑμᾶς εἰς τὴν Γαλιλαίαν· ἐκεῖ αὐτὸν ὄψεσθε. ἰδοὺ
8 εἶπον ὑμῖν. Καὶ ἀπελθοῦσαι ταχὺ ἀπὸ τοῦ μνημείου
μετὰ φόβου καὶ χαρᾶς μεγάλης ἔδραμον ἀπαγγεῖλαι
9 τοῖς μαθηταῖς αὐτοῦ. καὶ ἰδοὺ Ἰησοῦς ὑπήντησεν αὐ-
ταῖς λέγων, Χαίρετε. αἱ δὲ προσελθοῦσαι ἐκράτησαν αὐτοῦ
10 τοὺς πόδας, καὶ προσεκύνησαν αὐτῷ. τότε λέγει αὐταῖς
ὁ Ἰησοῦς, Μὴ φοβεῖσθε· ὑπάγετε ἀπαγγείλατε τοῖς ἀδελ-
φοῖς μου ἵνα ἀπέλθωσιν εἰς τὴν Γαλιλαίαν, κἀκεῖ με
ὄψονται.
11 Πορευομένων δὲ αὐτῶν ἰδού τινες τῆς κουστωδίας ἐλ-
θόντες εἰς τὴν πόλιν ἀπήγγειλαν τοῖς ἀρχιερεῦσιν ἅπαντα
12 τὰ γενόμενα. καὶ συναχθέντες μετὰ τῶν πρεσβυτέρων
συμβούλιόν τε λαβόντες ἀργύρια ἱκανὰ ἔδωκαν τοῖς στρα-
13 τιώταις λέγοντες, Εἴπατε ὅτι Οἱ μαθηταὶ αὐτοῦ νυ-
14 κτὸς ἐλθόντες ἔκλεψαν αὐτὸν ἡμῶν κοιμωμένων. καὶ ἐὰν
ἀκουσθῇ τοῦτο ἐπὶ τοῦ ἡγεμόνος, ἡμεῖς πείσομεν καὶ ὑμᾶς
15 ἀμερίμνους ποιήσομεν. οἱ δὲ λαβόντες τὰ ἀργύρια

λίθον]+ἀπὸ τῆς θύρας ς ἀπεκύλισεν]-σεWH   3 εἰδέα] ἰδέα ς LnA
ὡς]ὡσεὶ ς : Er   4 ἐγενήθησαν] ἐγένοντο ς   ὡς] ὡσεὶ ς : Er
6 ὁ Κύριος] ins ς Ln [Tr][A]WHmR : Ti°W°B°WH°R°m   7 εἶπον] -πα
WHa   8 ἀπελθοῦσαι] ἐξελθ. ς Ln   9 καὶ ἰδοὺ] pr ὡς δὲ ἐπορεύοντο
ἀπαγγεῖλαι τοῖς μαθηταῖς αὐτοῦ, ς [W]Bm : at s m pr ὡς δὲ ἐπορεύοντο tantum
Ἰησοῦς] pr ὁ ς LnTr : CEr   ὑπήντησεν] ἀπήντ. ς LnA(n.m.)
10 κἀκεῖ] καὶ ἐκεῖ TiWHa   11 ἀπήγγειλαν] ἀνήγγ. Ti   14 ἐπὶ]
ὑπὸ LnTrWHm   πείσομεν]+αὐτὸν ς Ln[Tr]A[B]R   15 τὰ] Ti°
[W][B]WH°(n.m.)

ἐποίησαν ὡς ἐδιδάχθησαν· καὶ διεφημίσθη ὁ λόγος οὗτος παρὰ Ἰουδαίοις μέχρι τῆς σήμερον [ἡμέρας].

Οἱ δὲ ἕνδεκα μαθηταὶ ἐπορεύθησαν εἰς τὴν Γαλιλαίαν, 16 εἰς τὸ ὄρος οὗ ἐτάξατο αὐτοῖς ὁ Ἰησοῦς· καὶ ἰδόντες 17 αὐτὸν προσεκύνησαν, οἱ δὲ ἐδίστασαν. καὶ προσελθὼν 18 ὁ Ἰησοῦς ἐλάλησεν αὐτοῖς λέγων, Ἐδόθη μοι πᾶσα ἐξουσία ἐν οὐρανῷ καὶ ἐπὶ τῆς γῆς. πορευθέντες [οὖν] μα- 19 θητεύσατε πάντα τὰ ἔθνη, βαπτίζοντες αὐτοὺς εἰς τὸ ὄνομα τοῦ Πατρὸς καὶ τοῦ Υἱοῦ καὶ τοῦ Ἁγίου Πνεύματος, διδάσκοντες αὐτοὺς τηρεῖν πάντα ὅσα ἐνετειλάμην ὑμῖν· 20 καὶ ἰδοὺ ἐγὼ μεθ' ὑμῶν εἰμι πάσας τὰς ἡμέρας ἕως τῆς συντελείας τοῦ αἰῶνος.

ΚΑΤΑ ΜΑΡΚΟΝ.

Ἀρχὴ τοῦ εὐαγγελίου Ἰησοῦ Χριστοῦ Υἱοῦ Θεοῦ. 1 Καθὼς γέγραπται ἐν τῷ Ἡσαΐᾳ τῷ προφήτῃ, Ἰδοὺ ἀπο- 2 στέλλω τὸν ἄγγελόν μου πρὸ προσώπου σου, ὃς κατασκευάσει τὴν ὁδόν σου· φωνὴ βοῶντος ἐν τῇ ἐρήμῳ, Ἑτοι- 3 μάσατε τὴν ὁδὸν Κυρίου, εὐθείας ποιεῖτε τὰς τρίβους αὐτοῦ· ἐγένετο Ἰωάννης ὁ βαπτίζων ἐν τῇ ἐρήμῳ [καὶ] 4 κηρύσσων βάπτισμα μετανοίας εἰς ἄφεσιν ἁμαρτιῶν. καὶ ἐξεπορεύετο πρὸς αὐτὸν πᾶσα ἡ Ἰουδαία χώρα καὶ οἱ 5

διεφημίσθη] ἐφημ. TiWHm   ἡμέρας] ins *LnTr*A[W] [B] [WH] : ς°Ti°
17 προσεκύνησαν]+αὐτῷ ς   18 τῆς] ς°Ti°[B][WH]   19 οὖν] ins
ς[*Ln*][*Tr*][W][B]WHR : Ti°A°C°ς°m   βαπτίζοντες] -ίσαντες *Tr*(n.m.)
WWHm : Scr   20 αἰῶνος.]+ἀμήν. ς : Er :+κατὰ Ματθαῖον. *Tr*A

ΚΑΤΑ ΜΑΡΚΟΝ] pr εὐαγγέλιον *LnTr*A: τὸ κατὰ Μάρκον ἅγιον
εὐαγγέλιον ς   1 Υἱοῦ Θεοῦ] Ti°WH°(n.m.)R°m   Θεοῦ] pr τοῦ ς
2 καθὼς] ὡς ς *Ln*A   τῷ *pri*.][*Tr*]   τῷ Ἡσ. τῷ προφ.] τοῖς προφήταις ς(n.m.)*Ln*mRm   ἀποστέλλω] pr ἐγὼ ς TiB   τὴν ὁδόν σου]
+ἔμπροσθέν σου ς   3 φωνὴ κτλ.] φωνὴ βοῶντος, Ἐν τῇ ἐρ. ἑτοιμ. κτλ.
Tr   4 ὁ] ς *Ln*°   καὶ] ins ς Ln[Tr]Ti[B]R : *Tr*°mA°WH°

ΚΑΤΑ ΜΑΡΚΟΝ

Ἱεροσολυμεῖται πάντες, καὶ ἐβαπτίζοντο ὑπ' αὐτοῦ ἐν τῷ Ἰορδάνῃ ποταμῷ ἐξομολογούμενοι τὰς ἁμαρτίας αὐτῶν.

6 καὶ ἦν ὁ Ἰωάννης ἐνδεδυμένος τρίχας καμήλου καὶ ζώνην δερματίνην περὶ τὴν ὀσφὺν αὐτοῦ, καὶ ἔσθων ἀκρίδας καὶ
7 μέλι ἄγριον. καὶ ἐκήρυσσεν λέγων, Ἔρχεται ὁ ἰσχυρότερός μου ὀπίσω μου, οὗ οὐκ εἰμὶ ἱκανὸς κύψας λῦσαι
8 τὸν ἱμάντα τῶν ὑποδημάτων αὐτοῦ. ἐγὼ ἐβάπτισα ὑμᾶς ὕδατι, αὐτὸς δὲ βαπτίσει ὑμᾶς [ἐν] Πνεύματι Ἁγίῳ.

9 Καὶ ἐγένετο ἐν ἐκείναις ταῖς ἡμέραις ἦλθεν Ἰησοῦς ἀπὸ Ναζαρὲτ τῆς Γαλιλαίας καὶ ἐβαπτίσθη εἰς τὸν Ἰορδάνην
10 ὑπὸ Ἰωάννου. καὶ εὐθὺς ἀναβαίνων ἐκ τοῦ ὕδατος εἶδεν σχιζομένους τοὺς οὐρανοὺς καὶ τὸ Πνεῦμα ὡς περιστερὰν
11 καταβαῖνον εἰς αὐτόν· καὶ φωνὴ ἐγένετο ἐκ τῶν οὐρανῶν, Σὺ εἶ ὁ Υἱός μου ὁ ἀγαπητός, ἐν σοὶ εὐδόκησα.

12 Καὶ εὐθὺς τὸ Πνεῦμα αὐτὸν ἐκβάλλει εἰς τὴν ἔρημον.
13 καὶ ἦν ἐν τῇ ἐρήμῳ τεσσεράκοντα ἡμέρας πειραζόμενος ὑπὸ τοῦ Σατανᾶ, καὶ ἦν μετὰ τῶν θηρίων, καὶ οἱ ἄγγελοι διηκόνουν αὐτῷ.

14 Καὶ μετὰ τὸ παραδοθῆναι τὸν Ἰωάννην ἦλθεν ὁ Ἰησοῦς εἰς τὴν Γαλιλαίαν κηρύσσων τὸ εὐαγγέλιον τοῦ Θεοῦ,
15 [καὶ] λέγων ὅτι Πεπλήρωται ὁ καιρός, καὶ ἤγγικεν ἡ βασιλεία τοῦ Θεοῦ· μετανοεῖτε, καὶ πιστεύετε ἐν τῷ εὐαγγελίῳ.
16 Καὶ παράγων παρὰ τὴν θάλασσαν τῆς Γαλιλαίας εἶδεν

---

5 Ἱεροσολυμεῖται] -μῖται ϛ*Ln Tr*AB   πάντες, καὶ ἐβαπτ.], καὶ ἐβαπτ. πάντες ϛ(n.m.)   ὑπ' αὐτοῦ] post Ἰορ. ποτ. ϛ *Ln*(n.m.)*Tr*m   6 καὶ ἦν] ἦν δὲ ϛ *Ln*m*Tr*m   ὁ] ϛ°*Ln*°: CEr   ἔσθων] ἐσθίων ϛ *Ln*
7 μου sec.][WH]   8 ἐγὼ]+ μὲν ϛ [*Ln*]   ὕδατι] pr ἐν ϛ *Ln*[*Tr*](n.m.) R   ἐν] ins ϛ[*Ln*][*Tr*]TiBR: A°WH°   9 καὶ pri.] [*Ln*] [B]WHªm   Ναζαρὲτ] -ρὲθ JElz*Tr*(n.m.)   εἰς τὸν Ἰορδ. ὑπὸ Ἰω.] ὑπὸ Ἰω. εἰς τὸν Ἰορδ. ϛ *Ln*m   10 εὐθὺς] εὐθέως ϛ *Ln*   ἐκ] ἀπὸ ϛ   ὡς] ὡσεὶ ϛ εἰς αὐτόν] ἐπ' αὐτόν ϛ LnmR   11 ἐγένετο] Ti°[B] [WH]   σοὶ] ᾧ ϛ (n.m.) *Ln*m   12 εὐθὺς] εὐθέως *Ln*   13 ἐν τῇ ἐρ.] pr ἐκεῖ ϛ τεσσεράκοντα] τεσσαρ. ϛ *Ln*   τεσσ. ἡμέρας] ἡμ. τεσσ. ϛ *Ln*(n.m.)A
14 καὶ μετὰ] μετὰ δὲ ϛ Tr mTi   εὐαγγέλιον]+ τῆς βασιλείας ϛ [*Ln*]
15 καὶ pri.] ins ϛ *Ln Tr*[*Tr*]m[B][WH]R: Ti°A°   λέγων] Ti°[B][WH]
16 καὶ παράγων] περιπατῶν δὲ ϛ (n.m.)

Σίμωνα καὶ Ἀνδρέαν τὸν ἀδελφὸν Σίμωνος ἀμφιβάλλοντας ἐν τῇ θαλάσσῃ· ἦσαν γὰρ ἁλεεῖς. καὶ εἶπεν αὐτοῖς 17 ὁ Ἰησοῦς, Δεῦτε ὀπίσω μου, καὶ ποιήσω ὑμᾶς γενέσθαι ἁλεεῖς ἀνθρώπων. καὶ εὐθὺς ἀφέντες τὰ δίκτυα ἠκολούθησαν αὐτῷ. 18 καὶ προβὰς ὀλίγον εἶδεν Ἰάκωβον τὸν 19 τοῦ Ζεβεδαίου καὶ Ἰωάννην τὸν ἀδελφὸν αὐτοῦ, καὶ αὐτοὺς ἐν τῷ πλοίῳ καταρτίζοντας τὰ δίκτυα. καὶ εὐθὺς 20 ἐκάλεσεν αὐτούς· καὶ ἀφέντες τὸν πατέρα αὐτῶν Ζεβεδαῖον ἐν τῷ πλοίῳ μετὰ τῶν μισθωτῶν ἀπῆλθον ὀπίσω αὐτοῦ.

Καὶ εἰσπορεύονται εἰς Καφαρναούμ· καὶ εὐθὺς τοῖς σάββασιν 21 [εἰσελθὼν] εἰς τὴν συναγωγὴν ἐδίδασκεν. καὶ 22 ἐξεπλήσσοντο ἐπὶ τῇ διδαχῇ αὐτοῦ· ἦν γὰρ διδάσκων αὐτοὺς ὡς ἐξουσίαν ἔχων, καὶ οὐχ ὡς οἱ γραμματεῖς. Καὶ εὐθὺς ἦν ἐν τῇ συναγωγῇ αὐτῶν ἄνθρωπος ἐν πνεύματι 23 ἀκαθάρτῳ, καὶ ἀνέκραξεν λέγων, Τί· ἡμῖν καὶ σοί, 24 Ἰησοῦ Ναζαρηνέ; ἦλθες ἀπολέσαι ἡμᾶς; οἶδά σε τίς εἶ, ὁ ἅγιος τοῦ Θεοῦ. καὶ ἐπετίμησεν αὐτῷ ὁ Ἰησοῦς λέγων 25 Φιμώθητι καὶ ἔξελθε ἐξ αὐτοῦ. καὶ σπαράξαν αὐτὸν τὸ 26 πνεῦμα τὸ ἀκάθαρτον καὶ φωνῆσαν φωνῇ μεγάλῃ ἐξῆλθεν ἐξ αὐτοῦ. καὶ ἐθαμβήθησαν ἅπαντες, ὥστε συνζητεῖν 27 πρὸς ἑαυτοὺς λέγοντας, Τί ἐστιν τοῦτο; διδαχὴ καινή· κατ᾽ ἐξουσίαν καὶ τοῖς πνεύμασι τοῖς ἀκαθάρτοις ἐπιτάσσει,

ΚΑΤΑ ΜΑΡΚΟΝ

28 καὶ ὑπακούουσιν αὐτῷ· καὶ ἐξῆλθεν ἡ ἀκοὴ αὐτοῦ εὐθὺς πανταχοῦ εἰς ὅλην τὴν περίχωρον τῆς Γαλιλαίας.

29 Καὶ εὐθὺς ἐκ τῆς συναγωγῆς ἐξελθόντες ἦλθον εἰς τὴν οἰκίαν Σίμωνος καὶ Ἀνδρέου μετὰ Ἰακώβου καὶ Ἰωάννου. 30 ἡ δὲ πενθερὰ Σίμωνος κατέκειτο πυρέσσουσα· καὶ εὐθὺς 31 λέγουσιν αὐτῷ περὶ αὐτῆς· καὶ προσελθὼν ἤγειρεν αὐτὴν κρατήσας τῆς χειρός, καὶ ἀφῆκεν αὐτὴν ὁ πυρετός, καὶ 32 διηκόνει αὐτοῖς. Ὀψίας δὲ γενομένης ὅτε ἔδυσεν ὁ ἥλιος, ἔφερον πρὸς αὐτὸν πάντας τοὺς κακῶς ἔχοντας καὶ τοὺς 33 δαιμονιζομένους· καὶ ἦν ὅλη ἡ πόλις ἐπισυνηγμένη 34 πρὸς τὴν θύραν. καὶ ἐθεράπευσεν πολλοὺς κακῶς ἔχοντας ποικίλαις νόσοις, καὶ δαιμόνια πολλὰ ἐξέβαλεν· καὶ οὐκ ἤφιεν λαλεῖν τὰ δαιμόνια, ὅτι ᾔδεισαν αὐτόν.

35 Καὶ πρωῒ ἔννυχα λίαν ἀναστὰς ἐξῆλθεν καὶ ἀπῆλθεν εἰς 36 ἔρημον τόπον, κἀκεῖ προσηύχετο. καὶ κατεδίωξεν αὐτὸν 37 Σίμων καὶ οἱ μετ' αὐτοῦ· καὶ εὗρον αὐτὸν καὶ λέγουσιν 38 αὐτῷ ὅτι Πάντες ζητοῦσίν σε. καὶ λέγει αὐτοῖς, Ἄγωμεν ἀλλαχοῦ εἰς τὰς ἐχομένας κωμοπόλεις, ἵνα κἀκεῖ 39 κηρύξω· εἰς τοῦτο γὰρ ἐξῆλθον. καὶ ἦλθεν κηρύσσων εἰς τὰς συναγωγὰς αὐτῶν εἰς ὅλην τὴν Γαλιλαίαν καὶ τὰ δαιμόνια ἐκβάλλων.

40 Καὶ ἔρχεται πρὸς αὐτὸν λεπρὸς παρακαλῶν αὐτόν, [καὶ γονυπετῶν] [καὶ] λέγων αὐτῷ ὅτι Ἐὰν θέλῃς, δύνασαί με

αὐτῷ.] αὐτῷ; LnTr 28 καὶ ἐξῆλθεν] ἐξῆλθε δὲ ϛ εὐθὺς] [Tr] πανταχοῦ] ϛ°Ln°[Tr][B] 29 εὐθὺς] εὐθέως ϛ ἐξελθόντες ἦλθον] ἐξελθὼν ἦλθεν LnTr(n.m.)WHmRm ἦλθον]-αν WH(n.a.) 30 εὐθὺς] εὐθέως ϛ 31 χειρός] +αὐτῆς ϛ[Tr] πυρετός]+εὐθέως ϛ LnA 32 ἔδυσεν] ἔδυ ϛTiAmB 33 ἦν ὅλη ἡ πόλ. ἐπισυν.] ἡ πόλ. ὅ. ἐπισ. ἦν ϛ 34 ἤφιεν] ἤφιε WHa αὐτὸν]+Χριστὸν εἶναι [WH] Rm 35 ἔννυχα]-χον ϛ(n.m.) καὶ ἀπῆλθεν][WH] κἀκεῖ] καὶ ἐκεῖ Ln 36 κατεδίωξεν] -ξαν ϛLnTrA(n.m.) Σίμων] pr ὁ ϛLn[Tr]: C 37 εὗρον αὐτὸν καὶ] εὑρόντες αὐτὸν ϛ LnTrm ζητοῦσίν σε] σε ζητοῦσιν Ln 38 ἀλλαχοῦ] ϛ°Ln°[Tr]m κἀκεῖ] καὶ ἐκεῖ WH(n.a.) ἐξῆλθον] ἐξελήλυθα ϛ Ln 39 ἦλθεν] ἦν ϛ LnTrmA εἰς τὰς συναγωγὰς] ἐν ταῖς συναγωγαῖς ϛ 40 καὶ γονυπετῶν] ins ϛ [Tr]Ti [A]B[WH]R : Ln°Tr°mR°m γονυπετῶν]+αὐτὸν ϛ [Tr](n.m.)[A] [B]R (n.m.) καὶ ter.] ins ϛLnTr[A][B]R : Ti°WH° ὅτι] Κύριε Lnm δύνασαι] δύνῃ WHa

ΚΑΤΑ ΜΑΡΚΟΝ

καθαρίσαι. καὶ σπλαγχνισθεὶς ἐκτείνας τὴν χεῖρα αὐ- 41
τοῦ ἥψατο, καὶ λέγει αὐτῷ, Θέλω, καθαρίσθητι. καὶ 42
εὐθὺς ἀπῆλθεν ἀπ' αὐτοῦ ἡ λέπρα, καὶ ἐκαθερίσθη. καὶ 43
ἐμβριμησάμενος αὐτῷ εὐθὺς ἐξέβαλεν αὐτόν, καὶ λέγει 44
αὐτῷ, Ὅρα μηδενὶ μηδὲν εἴπῃς· ἀλλὰ ὕπαγε σεαυτὸν
δεῖξον τῷ ἱερεῖ, καὶ προσένεγκε περὶ τοῦ καθαρισμοῦ σου
ἃ προσέταξεν Μωυσῆς, εἰς μαρτύριον αὐτοῖς. ὁ δὲ 45
ἐξελθὼν ἤρξατο κηρύσσειν πολλὰ καὶ διαφημίζειν τὸν
λόγον, ὥστε μηκέτι αὐτὸν δύνασθαι φανερῶς εἰς πόλιν
εἰσελθεῖν· ἀλλὰ ἔξω ἐπ' ἐρήμοις τόποις ἦν· καὶ ἤρχοντο
πρὸς αὐτὸν πάντοθεν.

Καὶ εἰσελθὼν πάλιν εἰς Καφαρναοὺμ δι' ἡμερῶν ἠκούσθη 2
ὅτι ἐν οἴκῳ ἐστίν. καὶ συνήχθησαν πολλοί, ὥστε μηκέτι 2
χωρεῖν μηδὲ τὰ πρὸς τὴν θύραν· καὶ ἐλάλει αὐτοῖς τὸν
λόγον. καὶ ἔρχονται φέροντες πρὸς αὐτὸν παραλυτικὸν 3
αἰρόμενον ὑπὸ τεσσάρων· καὶ μὴ δυνάμενοι προσ- 4
ενέγκαι αὐτῷ διὰ τὸν ὄχλον ἀπεστέγασαν τὴν στέγην ὅπου
ἦν, καὶ ἐξορύξαντες χαλῶσι τὸν κράβαττον ὅπου ὁ παρα-
λυτικὸς κατέκειτο. καὶ ἰδὼν ὁ Ἰησοῦς τὴν πίστιν αὐτῶν
λέγει τῷ παραλυτικῷ, Τέκνον, ἀφίενταί σου αἱ ἁμαρτίαι. 5

ἦσαν δέ τινες τῶν γραμματέων ἐκεῖ καθήμενοι καὶ διαλογι- 6
ζόμενοι ἐν ταῖς καρδίαις αὐτῶν, Τί οὗτος οὕτως λαλεῖ; 7

---

41 καὶ] ὁ δὲ Ἰησοῦς ϛ LnmTrmA σπλαγχνισθεὶς] ὀργισθεὶς WHm
αὐτοῦ ἥψατο] ἥψ. αὐτ. ϛ: , αὐτ. ἥψ₂ Tr αὐτῷ] Ti° 42 καὶ]+
εἰπόντος αὐτοῦ ϛ (n.m.)A εὐθὺς] εὐθέως ϛ Ln ἐκαθερίσθη] ἐκαθαρ.
ϛ LnTrWHa 43 εὐθὺς] εὐθέως ϛ 44 μηδὲν] Ln°[Tr]
ἀλλὰ] ἀλλ' ϛ : Er 45 φανερῶς εἰς πόλιν] εἰς πόλ. φαν. TiWHm
ἀλλὰ] ἀλλ' ϛ TiBWHa ἐπ'] ἐν ϛ Ln ἦν][Ln][WH] πάντοθεν]
πανταχόθεν ϛ 1 εἰσελθὼν πάλιν] πάλ. εἰσῆλθεν ϛ : εἰσῆλθεν πάλ.
Ln ἠκούσθη] pr καὶ ϛ[Ln] ἐν οἴκῳ ἐστίν] εἰς οἶκόν ἐστιν
ϛ(n.m.)AWHm 2 συνήχθησαν] pr εὐθέως ϛ[Ln][Tr]A 3 φέροντες
πρὸς αὐτ. παραλ.] πρὸς αὐτ., παραλ. φέροντες, ϛ : πρὸς αὐτ. φέροντες
παραλ. LnTr(n.m.) 4 προσενέγκαι] προσεγγίσαι ϛ (n.m.)LnTr(n.m.)
AR(n.m.) χαλῶσι]-σιν LnTrA ὅπου] ἐφ' ᾧ ϛ Lnm 5 καὶ
ἰδὼν] ἰδὼν δὲ ϛ LnTr(n.m.)A ἀφίενταί] ἀφέωνταί ϛ LnmA σου]
σοι ϛ Ln ἁμαρτίαι]+σου ϛ[Ln] 7 τί] ὅτι TrmWHm οὕτως]
οὕτω ϛ WH

βλασφημεῖ· τίς δύναται ἀφιέναι ἁμαρτίας εἰ μὴ εἷς ὁ
8 Θεός; καὶ εὐθὺς ἐπιγνοὺς ὁ Ἰησοῦς τῷ πνεύματι αὐτοῦ
ὅτι οὕτως διαλογίζονται ἐν ἑαυτοῖς, λέγει αὐτοῖς, Τί ταῦτα
9 διαλογίζεσθε ἐν ταῖς καρδίαις ὑμῶν; τί ἐστιν εὐκοπώ-
τερον, εἰπεῖν τῷ παραλυτικῷ, Ἀφίενταί σου αἱ ἁμαρτίαι,
ἢ εἰπεῖν, Ἔγειρε καὶ ἆρον τὸν κράβαττόν σου καὶ περιπάτει;
10 ἵνα δὲ εἰδῆτε ὅτι ἐξουσίαν ἔχει ὁ Υἱὸς τοῦ Ἀνθρώπου ἐπὶ
11 τῆς γῆς ἀφιέναι ἁμαρτίας (λέγει τῷ παραλυτικῷ), Σοὶ
λέγω, ἔγειρε ἆρον τὸν κράβαττόν σου καὶ ὕπαγε εἰς τὸν
12 οἶκόν σου. καὶ ἠγέρθη καὶ εὐθὺς ἄρας τὸν κράβαττον
ἐξῆλθεν ἔμπροσθεν πάντων, ὥστε ἐξίστασθαι πάντας καὶ
δοξάζειν τὸν Θεὸν λέγοντας ὅτι Οὕτως οὐδέποτε εἴδαμεν.
13 Καὶ ἐξῆλθεν πάλιν παρὰ τὴν θάλασσαν· καὶ πᾶς ὁ
14 ὄχλος ἤρχετο πρὸς αὐτόν, καὶ ἐδίδασκεν αὐτούς. καὶ
παράγων εἶδεν Λευεὶν τὸν τοῦ Ἀλφαίου καθήμενον ἐπὶ τὸ
τελώνιον, καὶ λέγει αὐτῷ, Ἀκολούθει μοι. καὶ ἀναστὰς
15 ἠκολούθησεν αὐτῷ. Καὶ γίνεται κατακεῖσθαι αὐτὸν
ἐν τῇ οἰκίᾳ αὐτοῦ, καὶ πολλοὶ τελῶναι καὶ ἁμαρτωλοὶ
συνανέκειντο τῷ Ἰησοῦ καὶ τοῖς μαθηταῖς αὐτοῦ· ἦσαν γὰρ
16 πολλοί, καὶ ἠκολούθουν αὐτῷ. καὶ οἱ γραμματεῖς τῶν
Φαρισαίων, ἰδόντες ὅτι ἤσθιεν μετὰ τῶν ἁμαρτωλῶν καὶ

τελωνῶν, ἔλεγον τοῖς μαθηταῖς αὐτοῦ ὅτι Μετὰ τῶν τελωνῶν καὶ ἁμαρτωλῶν ἐσθίει [καὶ πίνει.] καὶ ἀκούσας ὁ Ἰη- 17 σοῦς λέγει αὐτοῖς, Οὐ χρείαν ἔχουσιν οἱ ἰσχύοντες ἰατροῦ, ἀλλ᾽ οἱ κακῶς ἔχοντες· οὐκ ἦλθον καλέσαι δικαίους, ἀλλὰ ἁμαρτωλούς.

Καὶ ἦσαν οἱ μαθηταὶ Ἰωάννου καὶ οἱ Φαρισαῖοι νηστεύ- 18 οντες· καὶ ἔρχονται καὶ λέγουσιν αὐτῷ Διὰ τί οἱ μαθηταὶ Ἰωάννου καὶ οἱ μαθηταὶ τῶν Φαρισαίων νηστεύουσιν, οἱ δὲ σοὶ μαθηταὶ οὐ νηστεύουσιν; καὶ εἶπεν αὐτοῖς ὁ 19 Ἰησοῦς, Μὴ δύνανται οἱ υἱοὶ τοῦ νυμφῶνος ἐν ᾧ ὁ νυμφίος μετ᾽ αὐτῶν ἐστὶν νηστεύειν; ὅσον χρόνον ἔχουσιν τὸν νυμφίον μετ᾽ αὐτῶν, οὐ δύνανται νηστεύειν. ἐλεύσονται δὲ 20 ἡμέραι ὅταν ἀπαρθῇ ἀπ᾽ αὐτῶν ὁ νυμφίος, καὶ τότε νηστεύσουσιν ἐν ἐκείνῃ τῇ ἡμέρᾳ. οὐδεὶς ἐπίβλημα ῥάκους 21 ἀγνάφου ἐπιράπτει ἐπὶ ἱμάτιον παλαιόν· εἰ δὲ μή, αἴρει τὸ πλήρωμα ἀπ᾽ αὐτοῦ, τὸ καινὸν τοῦ παλαιοῦ, καὶ χεῖρον σχίσμα γίνεται. καὶ οὐδεὶς βάλλει οἶνον νέον εἰς ἀσκοὺς 22 παλαιούς· εἰ δὲ μή, ῥήξει ὁ οἶνος τοὺς ἀσκούς, καὶ ὁ οἶνος ἀπόλλυται καὶ οἱ ἀσκοί· [ἀλλὰ οἶνον νέον εἰς ἀσκοὺς καινούς].

Καὶ ἐγένετο αὐτὸν ἐν τοῖς σάββασιν παραπορεύεσθαι διὰ 23 τῶν σπορίμων, καὶ οἱ μαθηταὶ αὐτοῦ ἤρξαντο ὁδὸν ποιεῖν

24 τίλλοντες τοὺς στάχυας. καὶ οἱ Φαρισαῖοι ἔλεγον αὐτῷ,
25 Ἴδε τί ποιοῦσιν τοῖς σάββασιν ὃ οὐκ ἔξεστιν; καὶ λέγει αὐτοῖς, Οὐδέποτε ἀνέγνωτε τί ἐποίησεν Δαυείδ, ὅτε χρείαν ἔσχεν καὶ ἐπείνασεν αὐτὸς καὶ οἱ μετ' αὐτοῦ;
26 πῶς εἰσῆλθεν εἰς τὸν οἶκον τοῦ Θεοῦ ἐπὶ Ἀβιάθαρ ἀρχιερέως, καὶ τοὺς ἄρτους τῆς προθέσεως ἔφαγεν, οὓς οὐκ ἔξεστιν φαγεῖν εἰ μὴ τοὺς ἱερεῖς, καὶ ἔδωκεν καὶ τοῖς σὺν
27 αὐτῷ οὖσιν; καὶ ἔλεγεν αὐτοῖς, Τὸ σάββατον διὰ τὸν ἄνθρωπον ἐγένετο, καὶ οὐχ ὁ ἄνθρωπος διὰ τὸ σάββατον·
28 ὥστε κύριός ἐστιν ὁ Υἱὸς τοῦ Ἀνθρώπου καὶ τοῦ σαββάτου.

3 Καὶ εἰσῆλθεν πάλιν εἰς συναγωγήν· καὶ ἦν ἐκεῖ ἄν-
2 θρωπος ἐξηραμμένην ἔχων τὴν χεῖρα. καὶ παρετήρουν αὐτὸν εἰ τοῖς σάββασιν θεραπεύσει αὐτόν, ἵνα κατηγο-
3 ρήσωσιν αὐτοῦ. καὶ λέγει τῷ ἀνθρώπῳ τῷ τὴν χεῖρα
4 ἔχοντι ξηράν, Ἔγειρε εἰς τὸ μέσον. καὶ λέγει αὐτοῖς, Ἔξεστιν τοῖς σάββασιν ἀγαθοποιῆσαι ἢ κακοποιῆσαι,
5 ψυχὴν σῶσαι ἢ ἀποκτεῖναι; οἱ δὲ ἐσιώπων. καὶ περιβλεψάμενος αὐτοὺς μετ' ὀργῆς, συνλυπούμενος ἐπὶ τῇ πωρώσει τῆς καρδίας αὐτῶν, λέγει τῷ ἀνθρώπῳ, Ἔκτεινον τὴν χεῖρα. καὶ ἐξέτεινεν, καὶ ἀπεκατεστάθη ἡ χεὶρ
6 αὐτοῦ. Καὶ ἐξελθόντες οἱ Φαρισαῖοι εὐθὺς μετὰ τῶν Ἡρῳδιανῶν συμβούλιον ἐποίουν κατ' αὐτοῦ, ὅπως αὐτὸν ἀπολέσωσιν.

24 τοῖς] pr ἐν ς   25 λέγει] ἔλεγεν ς AR: pr αὐτὸς ς[Ln]A
26 πῶς][Tr][A][B][WH]   ἀρχιερέως] pr τοῦ ς[Tr]mRmScr   τοὺς ἱερεῖς] τοῖς ἱερεῦσιν ςLnTr(n.m.)A   27 καὶ οὐχ] - καὶ ςLn
1 συναγωγήν] pr τὴν ςLn[Tr]   ἦν] Ln°[Tr]   2 παρετήρουν] -τηροῦντο LnTrm   τοῖς] pr ἐν T· [B]   σάββασιν] -σι WHn. θεραπεύσει] -πεύει Ti   κατηγορήσωσιν] -σουσιν LnTr   3 τὴν χ. ἔχοντι ξηράν] ξηρ. ante χεῖρα Ti : ἐξηραμμένην (sed ξηρὰν ςm) ἐχ. τὴν χ. ς ἔγειρε] -ραι ς: Er   4 ἀγαθοποιῆσαι] ἀγαθὸν ποιῆσαι TiB
5 συνλυπούμενος] συλλυπούμενος ςLnTr   χεῖρά] + σου ςLn[Tr] WH(n.m.)   ἀπεκατεστάθη] ἀποκατ. ς   αὐτοῦ]+ὑγιὴς ὡς ἡ ἄλλη ς
6 εὐθὺς] εὐθέως ςLn   ἐποίουν] ἐδίδουν Tr(n.m.)ABmWH : ἐποίησαν TiBWHm

ΚΑΤΑ ΜΑΡΚΟΝ 3. 7—19.

Καὶ ὁ Ἰησοῦς μετὰ τῶν μαθητῶν αὐτοῦ ἀνεχώρησεν 7
πρὸς τὴν θάλασσαν· καὶ πολὺ πλῆθος ἀπὸ τῆς Γαλιλαίας
ἠκολούθησεν, καὶ ἀπὸ τῆς Ἰουδαίας καὶ ἀπὸ Ἱεροσο- 8
λύμων καὶ ἀπὸ τῆς Ἰδουμαίας καὶ πέραν τοῦ Ἰορδάνου,
καὶ περὶ Τύρον καὶ Σιδῶνα, πλῆθος πολύ, ἀκούοντες ὅσα
ἐποίει ἦλθον πρὸς αὐτόν. καὶ εἶπεν τοῖς μαθηταῖς 9
αὐτοῦ ἵνα πλοιάριον προσκαρτερῇ αὐτῷ διὰ τὸν ὄχλον, ἵνα
μὴ θλίβωσιν αὐτόν· πολλοὺς γὰρ ἐθεράπευσεν, ὥστε 10
ἐπιπίπτειν αὐτῷ ἵνα αὐτοῦ ἅψωνται ὅσοι εἶχον μάστιγας.
καὶ τὰ πνεύματα τὰ ἀκάθαρτα, ὅταν αὐτὸν ἐθεώρουν, 11
προσέπιπτον αὐτῷ, καὶ ἔκραζον λέγοντα ὅτι Σὺ εἶ ὁ Υἱὸς
τοῦ Θεοῦ. καὶ πολλὰ ἐπετίμα αὐτοῖς ἵνα μὴ αὐτὸν 12
φανερὸν ποιήσωσιν.

Καὶ ἀναβαίνει εἰς τὸ ὄρος καὶ προσκαλεῖται οὓς ἤθελεν 13
αὐτός, καὶ ἀπῆλθον πρὸς αὐτόν. καὶ ἐποίησεν δώδεκα 14
ἵνα ὦσιν μετ᾽ αὐτοῦ, καὶ ἵνα ἀποστέλλῃ αὐτοὺς κηρύσσειν
καὶ ἔχειν ἐξουσίαν ἐκβάλλειν τὰ δαιμόνια· καὶ 15, 16
ἐπέθηκεν ὄνομα τῷ Σίμωνι Πέτρον· καὶ Ἰάκωβον τὸν 17
τοῦ Ζεβεδαίου καὶ Ἰωάννην τὸν ἀδελφὸν τοῦ Ἰακώβου,
καὶ ἐπέθηκεν αὐτοῖς ὀνόματα Βοανηργές, ὅ ἐστιν Υἱοὶ
Βροντῆς· καὶ Ἀνδρέαν καὶ Φίλιππον καὶ Βαρθολο- 18
μαῖον καὶ Μαθθαῖον καὶ Θωμᾶν καὶ Ἰάκωβον τὸν τοῦ Ἀλ-
φαίου καὶ Θαδδαῖον καὶ Σίμωνα τὸν Καναναῖον, καὶ 19
Ἰούδαν Ἰσκαριώθ, ὃς καὶ παρέδωκεν αὐτόν.

7 μετὰ τῶν μ. αὐ. ἀνεχώ.] ἀνεχώ. ante μετὰ τῶν μ. αὐ. ϛ *L*nm πρὸς]
εἰς *Ln*T*r*mTi ἠκολούθησεν] -σαν ϛ TiB : C*ϛ*m : post Ἰουδαίας TiWHm :
+αὐτῷ ϛ [*Ln*] 8 περὶ] pr οἱ ϛ [*Ln*][A] ἀκούοντες] -σαντες ϛ T*r*m
ὅσα] ἃ *Ln*m ἐποίει] ποιεῖ T*r*(n.m.)A(n.m.)WH(n.m.) ἦλθον] -θαν
WH(n.s.) 11 ἐθεώρουν, προσέπιπτον...ἔκραζον] -ρει, -τε...-ζε ϛ
λέγοντα] -τες TiBWHm 12 ποιήσωσιν] ποιῶσιν T*r*TiA(n.m.)B : +, ὅτι
ᾔδεισαν τὸν χριστὸν αὐτὸν εἶναι [*Ln*] 14 δώδεκα] +οὓς καὶ ἀποστό-
λους ὠνόμασεν BmWHRm : Scr ὦσιν] ὦσι WHm 15 ἐξουσίαν] +
θεραπεύειν τὰς νόσους καὶ ϛ *Ln*[T*r*]mBm 16 καὶ *pri*.] pr καὶ ἐποίησεν
τοὺς δώδεκα TiAmBWHRm : Scr ὄνομα post τῷ Σίμωνι ϛ *Ln*(n.m.)
T*r*m : parenthesis notis incl. (καὶ ἐπέθ. ὄν. τῷ Σί.) WH 17 ὀνόματα]
ὄνομα WH(n.m.) Βοανηργές] -εργές ϛ 18 Θαδδαῖον] Λεββαῖον
WHm Καναναῖον] Κανανίτην ϛ (n.m.) 19 Ἰσκαριώθ] -ριώτην ϛ

ΚΑΤΑ ΜΑΡΚΟΝ

20 Καὶ ἔρχεται εἰς οἶκον. καὶ συνέρχεται πάλιν ὁ ὄχλος,
21 ὥστε μὴ δύνασθαι αὐτοὺς μηδὲ ἄρτον φαγεῖν. καὶ ἀκούσαντες οἱ παρ᾿ αὐτοῦ ἐξῆλθον κρατῆσαι αὐτόν· ἔλεγον
22 γὰρ ὅτι Ἐξέστη. καὶ οἱ γραμματεῖς οἱ ἀπὸ Ἱεροσολύμων καταβάντες ἔλεγον ὅτι Βεελζεβοὺλ ἔχει, καὶ ὅτι Ἐν
23 τῷ ἄρχοντι τῶν δαιμονίων ἐκβάλλει τὰ δαιμόνια. καὶ προσκαλεσάμενος αὐτοὺς ἐν παραβολαῖς ἔλεγεν αὐτοῖς,
24 Πῶς δύναται Σατανᾶς Σατανᾶν ἐκβάλλειν; καὶ ἐὰν βασιλεία ἐφ᾿ ἑαυτὴν μερισθῇ, οὐ δύναται σταθῆναι ἡ
25 βασιλεία ἐκείνη· καὶ ἐὰν οἰκία ἐφ᾿ ἑαυτὴν μερισθῇ οὐ
26 δυνήσεται ἡ οἰκία ἐκείνη στῆναι. καὶ εἰ ὁ Σατανᾶς ἀνέστη ἐφ᾿ ἑαυτὸν καὶ ἐμερίσθη, οὐ δύναται στῆναι, ἀλλὰ
27 τέλος ἔχει. ἀλλ᾿ οὐ δύναται οὐδεὶς εἰς τὴν οἰκίαν τοῦ ἰσχυροῦ εἰσελθὼν τὰ σκεύη αὐτοῦ διαρπάσαι, ἐὰν μὴ πρῶτον τὸν ἰσχυρὸν δήσῃ, καὶ τότε τὴν οἰκίαν αὐτοῦ
28 διαρπάσει. Ἀμὴν λέγω ὑμῖν ὅτι πάντα ἀφεθήσεται τοῖς υἱοῖς τῶν ἀνθρώπων τὰ ἁμαρτήματα, καὶ αἱ βλα-
29 σφημίαι ὅσα ἐὰν βλασφημήσωσιν· ὃς δ᾿ ἂν βλασφημήσῃ εἰς τὸ Πνεῦμα τὸ Ἅγιον, οὐκ ἔχει ἄφεσιν εἰς τὸν
30 αἰῶνα ἀλλὰ ἔνοχός ἐστιν αἰωνίου ἁμαρτήματος. ὅτι ἔλεγον, Πνεῦμα ἀκάθαρτον ἔχει.
31 Καὶ ἔρχονται ἡ μήτηρ αὐτοῦ καὶ οἱ ἀδελφοὶ αὐτοῦ, καὶ ἔξω στήκοντες ἀπέστειλαν πρὸς αὐτὸν καλοῦντες αὐτόν.

ΚΑΤΑ ΜΑΡΚΟΝ

καὶ ἐκάθητο περὶ αὐτὸν ὄχλος· καὶ λέγουσιν αὐτῷ, Ἰδοὺ ἡ 32
μήτηρ σου καὶ οἱ ἀδελφοί σου [καὶ αἱ ἀδελφαί σου] ἔξω
ζητοῦσίν σε. καὶ ἀποκριθεὶς αὐτοῖς λέγει, Τίς ἐστιν ἡ 33
μήτηρ μου καὶ οἱ ἀδελφοί [μου]; καὶ περιβλεψάμενος 34
τοὺς περὶ αὐτὸν κύκλῳ καθημένους λέγει, Ἴδε ἡ μήτηρ
μου καὶ οἱ ἀδελφοί μου. ὃς [γὰρ] ἂν ποιήσῃ τὸ θέλη- 35
μα τοῦ Θεοῦ, οὗτος ἀδελφός μου καὶ ἀδελφὴ καὶ μήτηρ
ἐστίν.

Καὶ πάλιν ἤρξατο διδάσκειν παρὰ τὴν θάλασσαν. καὶ 4
συνάγεται πρὸς αὐτὸν ὄχλος πλεῖστος, ὥστε αὐτὸν εἰς
πλοῖον ἐμβάντα καθῆσθαι ἐν τῇ θαλάσσῃ· καὶ πᾶς ὁ ὄχλος
πρὸς τὴν θάλασσαν ἐπὶ τῆς γῆς ἦσαν. καὶ ἐδίδασκεν 2
αὐτοὺς ἐν παραβολαῖς πολλά, καὶ ἔλεγεν αὐτοῖς ἐν τῇ
διδαχῇ αὐτοῦ, Ἀκούετε· ἰδοὺ ἐξῆλθεν ὁ σπείρων σπεῖ- 3
ραι· καὶ ἐγένετο ἐν τῷ σπείρειν ὃ μὲν ἔπεσεν παρὰ 4
τὴν ὁδόν, καὶ ἦλθεν τὰ πετεινὰ καὶ κατέφαγεν αὐτό.
καὶ ἄλλο ἔπεσεν ἐπὶ τὸ πετρῶδες ὅπου οὐκ εἶχεν γῆν πολλήν, 5
καὶ εὐθὺς ἐξανέτειλεν διὰ τὸ μὴ ἔχειν βάθος γῆς, καὶ 6
ὅτε ἀνέτειλεν ὁ ἥλιος ἐκαυματίσθη, καὶ διὰ τὸ μὴ ἔχειν
ῥίζαν ἐξηράνθη. καὶ ἄλλο ἔπεσεν εἰς τὰς ἀκάνθας, καὶ 7
ἀνέβησαν αἱ ἄκανθαι καὶ συνέπνιξαν αὐτό, καὶ καρπὸν
οὐκ ἔδωκεν. καὶ ἄλλα ἔπεσεν εἰς τὴν γῆν τὴν καλήν, 8
καὶ ἐδίδου καρπὸν ἀναβαίνοντα καὶ αὐξανόμενον, καὶ ἔφερεν

9 εἰς τριάκοντα, καὶ εἰς ἑξήκοντα, καὶ εἰς ἑκατόν. καὶ ἔλεγεν, ⁰Ὅς ἔχει ὦτα ἀκούειν ἀκουέτω.
10 Καὶ ὅτε ἐγένετο κατὰ μόνας ἠρώτων αὐτὸν οἱ περὶ
11 αὐτὸν σὺν τοῖς δώδεκα τὰς παραβολάς. καὶ ἔλεγεν αὐτοῖς, Ὑμῖν τὸ μυστήριον δέδοται τῆς βασιλείας τοῦ Θεοῦ· ἐκείνοις δὲ τοῖς ἔξω ἐν παραβολαῖς τὰ πάντα γίνεται·
12 ἵνα βλέποντες βλέπωσιν καὶ μὴ ἴδωσιν, καὶ ἀκούοντες ἀκούωσιν καὶ μὴ συνιῶσιν· μή ποτε ἐπιστρέψωσιν καὶ
13 ἀφεθῇ αὐτοῖς. καὶ λέγει αὐτοῖς, Οὐκ οἴδατε τὴν παραβολὴν ταύτην; καὶ πῶς πάσας τὰς παραβολὰς γνώσεσθε;
14, 15 Ὁ σπείρων τὸν λόγον σπείρει. οὗτοι δέ εἰσιν οἱ παρὰ τὴν ὁδόν, ὅπου σπείρεται ὁ λόγος, καὶ ὅταν ἀκούσωσιν, εὐθὺς ἔρχεται ὁ Σατανᾶς καὶ αἴρει τὸν λόγον τὸν ἐσπαρμένον
16 εἰς αὐτούς. καὶ οὗτοί εἰσιν ὁμοίως οἱ ἐπὶ τὰ πετρώδη σπειρόμενοι, οἳ ὅταν ἀκούσωσιν τὸν λόγον εὐθὺς μετὰ χαρᾶς
17 λαμβάνουσιν αὐτόν, καὶ οὐκ ἔχουσιν ῥίζαν ἐν ἑαυτοῖς, ἀλλὰ πρόσκαιροί εἰσιν· εἶτα γενομένης θλίψεως ἢ διωγμοῦ
18 διὰ τὸν λόγον εὐθὺς σκανδαλίζονται. καὶ ἄλλοι εἰσὶν οἱ εἰς τὰς ἀκάνθας σπειρόμενοι· οὗτοί εἰσιν οἱ τὸν λόγον
19 ἀκούσαντες, καὶ αἱ μέριμναι τοῦ αἰῶνος καὶ ἡ ἀπάτη τοῦ πλούτου καὶ αἱ περὶ τὰ λοιπὰ ἐπιθυμίαι εἰσπορευόμεναι
20 συνπνίγουσιν τὸν λόγον, καὶ ἄκαρπος γίνεται. καὶ ἐκεῖνοί εἰσιν οἱ ἐπὶ τὴν γῆν τὴν καλὴν σπαρέντες, οἵτινες

ἀκούουσιν τὸν λόγον καὶ παραδέχονται, καὶ καρποφοροῦσιν ἐν τριάκοντα, καὶ ἐν ἑξήκοντα, καὶ ἐν ἑκατόν.

Καὶ ἔλεγεν αὐτοῖς ὅτι Μήτι ἔρχεται ὁ λύχνος ἵνα ὑπὸ 21 τὸν μόδιον τεθῇ ἢ ὑπὸ τὴν κλίνην, οὐχ ἵνα ἐπὶ τὴν λυχνίαν τεθῇ; οὐ γάρ ἐστίν [τι] κρυπτόν, ἐὰν μὴ ἵνα φανερωθῇ· 22 οὐδὲ ἐγένετο ἀπόκρυφον, ἀλλ' ἵνα ἔλθῃ εἰς φανερόν. εἴ 23 τις ἔχει ὦτα ἀκούειν, ἀκουέτω. καὶ ἔλεγεν αὐτοῖς, 24 Βλέπετε τί ἀκούετε· ἐν ᾧ μέτρῳ μετρεῖτε μετρηθήσεται ὑμῖν, καὶ προστεθήσεται ὑμῖν. ὃς γὰρ ἔχει, δοθήσεται 25 αὐτῷ· καὶ ὃς οὐκ ἔχει, καὶ ὃ ἔχει ἀρθήσεται ἀπ' αὐτοῦ.

Καὶ ἔλεγεν, Οὕτως ἐστὶν ἡ βασιλεία τοῦ Θεοῦ, ὡς 26 ἄνθρωπος βάλῃ τὸν σπόρον ἐπὶ τῆς γῆς, καὶ καθεύδῃ 27 καὶ ἐγείρηται νύκτα καὶ ἡμέραν, καὶ ὁ σπόρος βλαστᾷ καὶ μηκύνηται ὡς οὐκ οἶδεν αὐτός. αὐτομάτη ἡ γῆ καρπο- 28 φορεῖ, πρῶτον χόρτον εἶτεν στάχυν, εἶτεν πλήρης σῖτος ἐν τῷ στάχυϊ. ὅταν δὲ παραδοῖ ὁ καρπός, εὐθὺς ἀπο- 29 στέλλει τὸ δρέπανον, ὅτι παρέστηκεν ὁ θερισμός.

Καὶ ἔλεγεν, Πῶς ὁμοιώσωμεν τὴν βασιλείαν τοῦ Θεοῦ, 30 ἢ ἐν τίνι αὐτὴν παραβολῇ θῶμεν; ὡς κόκκῳ σινάπεως, 31 ὃς ὅταν σπαρῇ ἐπὶ τῆς γῆς, μικρότερον ὂν πάντων τῶν σπερμάτων τῶν ἐπὶ τῆς γῆς, καὶ ὅταν σπαρῇ, ἀνα- 32 βαίνει καὶ γίνεται μεῖζον πάντων τῶν λαχάνων, καὶ ποιεῖ κλάδους μεγάλους, ὥστε δύνασθαι ὑπὸ τὴν σκιὰν αὐτοῦ τὰ

ΚΑΤΑ ΜΑΡΚΟΝ

33 πετεινὰ τοῦ οὐρανοῦ κατασκηνοῦν. Καὶ τοιαύταις παραβολαῖς πολλαῖς ἐλάλει αὐτοῖς τὸν λόγον καθὼς ἠδύναντο
34 ἀκούειν· χωρὶς δὲ παραβολῆς οὐκ ἐλάλει αὐτοῖς· κατ' ἰδίαν δὲ τοῖς ἰδίοις μαθηταῖς ἐπέλυεν πάντα.
35 Καὶ λέγει αὐτοῖς ἐν ἐκείνῃ τῇ ἡμέρᾳ ὀψίας γενομένης,
36 Διέλθωμεν εἰς τὸ πέραν. καὶ ἀφέντες τὸν ὄχλον παραλαμβάνουσιν αὐτὸν ὡς ἦν ἐν τῷ πλοίῳ. καὶ ἄλλα πλοῖα
37 ἦν μετ' αὐτοῦ. καὶ γίνεται λαῖλαψ μεγάλη ἀνέμου, καὶ τὰ κύματα ἐπέβαλλεν εἰς τὸ πλοῖον, ὥστε ἤδη γεμίζεσθαι
38 τὸ πλοῖον. καὶ αὐτὸς ἦν ἐν τῇ πρύμνῃ ἐπὶ τὸ προσκεφάλαιον καθεύδων· καὶ ἐγείρουσιν αὐτὸν καὶ λέγουσιν
39 αὐτῷ, Διδάσκαλε, οὐ μέλει σοι ὅτι ἀπολλύμεθα; καὶ διεγερθεὶς ἐπετίμησεν τῷ ἀνέμῳ καὶ εἶπεν τῇ θαλάσσῃ, Σιώπα, πεφίμωσο. καὶ ἐκόπασεν ὁ ἄνεμος, καὶ ἐγένετο
40 γαλήνη μεγάλη. καὶ εἶπεν αὐτοῖς, Τί δειλοί ἐστε;
41 οὔπω ἔχετε πίστιν; καὶ ἐφοβήθησαν φόβον μέγαν, καὶ ἔλεγον πρὸς ἀλλήλους, Τίς ἄρα οὗτός ἐστιν, ὅτι καὶ ὁ ἄνεμος καὶ ἡ θάλασσα ὑπακούει αὐτῷ;

5 Καὶ ἦλθον εἰς τὸ πέραν τῆς θαλάσσης εἰς τὴν χώραν
2 τῶν Γερασηνῶν. καὶ ἐξελθόντος αὐτοῦ ἐκ τοῦ πλοίου εὐθὺς ὑπήντησεν αὐτῷ ἐκ τῶν μνημείων ἄνθρωπος ἐν πνεύ-
3 ματι ἀκαθάρτῳ, ὃς τὴν κατοίκησιν εἶχεν ἐν τοῖς μνήμασιν· καὶ οὐδὲ ἁλύσει οὐκέτι οὐδεὶς ἐδύνατο αὐτὸν δῆσαι,
4 διὰ τὸ αὐτὸν πολλάκις πέδαις καὶ ἁλύσεσιν δεδέσθαι, καὶ

ΚΑΤΑ ΜΑΡΚΟΝ

διεσπάσθαι ὑπ' αὐτοῦ τὰς ἁλύσεις καὶ τὰς πέδας συντετρί-
φθαι· καὶ οὐδεὶς ἴσχυεν αὐτὸν δαμάσαι· καὶ διὰ παντὸς 5
νυκτὸς καὶ ἡμέρας ἐν τοῖς μνήμασιν καὶ ἐν τοῖς ὄρεσιν ἦν
κράζων καὶ κατακόπτων ἑαυτὸν λίθοις. καὶ ἰδὼν τὸν 6
Ἰησοῦν ἀπὸ μακρόθεν ἔδραμεν καὶ προσεκύνησεν αὐτῷ,
καὶ κράξας φωνῇ μεγάλῃ λέγει, Τί ἐμοὶ καὶ σοί, Ἰησοῦ, 7
Υἱὲ τοῦ Θεοῦ τοῦ Ὑψίστου; ὁρκίζω σε τὸν Θεόν, μή με
βασανίσῃς. ἔλεγεν γὰρ αὐτῷ, Ἔξελθε, τὸ πνεῦμα τὸ 8
ἀκάθαρτον, ἐκ τοῦ ἀνθρώπου. καὶ ἐπηρώτα αὐτόν, Τί 9
ὄνομά σοι; καὶ λέγει αὐτῷ, Λεγιὼν ὄνομά μοι, ὅτι πολλοί
ἐσμεν. καὶ παρεκάλει αὐτὸν πολλὰ ἵνα μὴ αὐτὰ ἀπο- 10
στείλῃ ἔξω τῆς χώρας. Ἦν δὲ ἐκεῖ πρὸς τῷ ὄρει ἀγέλη 11
χοίρων μεγάλη βοσκομένη. καὶ παρεκάλεσαν αὐτὸν 12
λέγοντες, Πέμψον ἡμᾶς εἰς τοὺς χοίρους, ἵνα εἰς αὐτοὺς
εἰσέλθωμεν. καὶ ἐπέτρεψεν αὐτοῖς. καὶ ἐξελθόντα τὰ 13
πνεύματα τὰ ἀκάθαρτα εἰσῆλθον εἰς τοὺς χοίρους· καὶ
ὥρμησεν ἡ ἀγέλη κατὰ τοῦ κρημνοῦ εἰς τὴν θάλασσαν,
ὡς δισχίλιοι, καὶ ἐπνίγοντο ἐν τῇ θαλάσσῃ. καὶ οἱ 14
βόσκοντες αὐτοὺς ἔφυγον καὶ ἀπήγγειλαν εἰς τὴν πόλιν
καὶ εἰς τοὺς ἀγρούς. καὶ ἦλθον ἰδεῖν τί ἐστιν τὸ γεγονός.
καὶ ἔρχονται πρὸς τὸν Ἰησοῦν καὶ θεωροῦσιν τὸν δαιμονι- 15
ζόμενον καθήμενον ἱματισμένον καὶ σωφρονοῦντα, τὸν
ἐσχηκότα τὸν λεγιῶνα· καὶ ἐφοβήθησαν. καὶ διηγή- 16

σαντο αὐτοῖς οἱ ἰδόντες πῶς ἐγένετο τῷ δαιμονιζομένῳ, καὶ
17 περὶ τῶν χοίρων. καὶ ἤρξαντο παρακαλεῖν αὐτὸν ἀπελ-
18 θεῖν ἀπὸ τῶν ὁρίων αὐτῶν. Καὶ ἐμβαίνοντος αὐτοῦ εἰς
τὸ πλοῖον παρεκάλει αὐτὸν ὁ δαιμονισθεὶς ἵνα μετ᾽ αὐτοῦ ᾖ.
19 καὶ οὐκ ἀφῆκεν αὐτόν, ἀλλὰ λέγει αὐτῷ, Ὕπαγε εἰς τὸν
οἶκόν σου πρὸς τοὺς σούς, καὶ ἀπάγγειλον αὐτοῖς ὅσα ὁ
20 Κύριός σοι πεποίηκεν καὶ ἠλέησέν σε. καὶ ἀπῆλθεν
καὶ ἤρξατο κηρύσσειν ἐν τῇ Δεκαπόλει ὅσα ἐποίησεν
αὐτῷ ὁ Ἰησοῦς, καὶ πάντες ἐθαύμαζον.
21 Καὶ διαπεράσαντος τοῦ Ἰησοῦ ἐν τῷ πλοίῳ πάλιν εἰς τὸ
πέραν συνήχθη ὄχλος πολὺς ἐπ᾽ αὐτόν· καὶ ἦν παρὰ τὴν
22 θάλασσαν. καὶ ἔρχεται εἷς τῶν ἀρχισυναγώγων, ὀνό-
ματι Ἰάειρος, καὶ ἰδὼν αὐτὸν πίπτει πρὸς τοὺς πόδας
23 αὐτοῦ, καὶ παρακαλεῖ αὐτὸν πολλὰ λέγων ὅτι Τὸ
θυγάτριόν μου ἐσχάτως ἔχει· ἵνα ἐλθὼν ἐπιθῇς τὰς χεῖρας
24 αὐτῇ ἵνα σωθῇ καὶ ζήσῃ. καὶ ἀπῆλθεν μετ᾽ αὐτοῦ.
Καὶ ἠκολούθει αὐτῷ ὄχλος πολύς, καὶ συνέθλιβον αὐτόν.
25, 26 καὶ γυνὴ οὖσα ἐν ῥύσει αἵματος δώδεκα ἔτη, καὶ πολ-
λὰ παθοῦσα ὑπὸ πολλῶν ἰατρῶν καὶ δαπανήσασα τὰ παρ᾽
αὐτῆς πάντα, καὶ μηδὲν ὠφεληθεῖσα ἀλλὰ μᾶλλον εἰς τὸ
27 χεῖρον ἐλθοῦσα, ἀκούσασα τὰ περὶ τοῦ Ἰησοῦ, ἐλθοῦσα
28 ἐν τῷ ὄχλῳ ὄπισθεν ἥψατο τοῦ ἱματίου αὐτοῦ. ἔλεγεν
γὰρ ὅτι Ἐὰν ἅψωμαι κἂν τῶν ἱματίων αὐτοῦ σωθήσομαι.
29 καὶ εὐθὺς ἐξηράνθη ἡ πηγὴ τοῦ αἵματος αὐτῆς, καὶ ἔγνω τῷ
30 σώματι ὅτι ἴαται ἀπὸ τῆς μάστιγος. καὶ εὐθὺς ὁ Ἰη-
σοῦς, ἐπιγνοὺς ἐν ἑαυτῷ τὴν ἐξ αὐτοῦ δύναμιν ἐξελθοῦσαν,

18 ἐμβαίνοντος] ἐμβάντος ϛ (n.m.)   μετ᾽ αὐτοῦ ᾖ] ᾖ μ. αὐ. ϛ
19 καὶ] ὁ δὲ ϛ: +᾽Ιησοῦς ϛ[Ln]   ἀπάγγειλον] ἀνάγγ. ϛLnm
ὁ Κύριός σοι] σοι ὁ Κύριος ϛ Ln   πεποίηκεν] ἐποίησε ϛ : C
21 πάλιν εἰς τὸ πέραν] εἰς τὸ πέ. πάλ. TiB   22 ἔρχεται] pr ἰδοὺ ϛ[Ln]
23 παρακαλεῖ] παρεκάλει ϛ LnWHm   τὰς χεῖρας αὐτῇ] αὐ. τὰς χ. ϛ
ἵνα sec.]:ὅπως ϛ   ζήσῃ] ζήσεται ϛ (n.m.)Lnm   25 γυνή] +τις ϛ[A]
δώδ. ἔτη] ἔτη δώδ. ϛ·LnTr(n.m.)A   26 αὐτῆς] ἑαυτῆς ϛ TiBWHm
27 τὰ] ϛ°Ln°Tr°[Tr]m[A]   28 ἐὰν usque ad αὐτοῦ] κἂν τῶν ἱμ. αὐτοῦ
ἅψ. ϛ Ln²(n.m.)   29, 30 εὐθὺς bis] εὐθέως ϛ Ln

ἐπιστραφεὶς ἐν τῷ ὄχλῳ ἔλεγεν, Τίς μου ἥψατο τῶν
ἱματίων; καὶ ἔλεγον αὐτῷ οἱ μαθηταὶ αὐτοῦ, Βλέπεις 31
τὸν ὄχλον συνθλίβοντά σε, καὶ λέγεις, Τίς μου ἥψατο;
καὶ περιεβλέπετο ἰδεῖν τὴν τοῦτο ποιήσασαν.   ἡ 32, 33
δὲ γυνὴ φοβηθεῖσα καὶ τρέμουσα, εἰδυῖα ὃ γέγονεν αὐ-
τῇ, ἦλθεν καὶ προσέπεσεν αὐτῷ καὶ εἶπεν αὐτῷ πᾶσαν
τὴν ἀλήθειαν.   ὁ δὲ εἶπεν αὐτῇ, Θυγάτηρ, ἡ πίστις 34
σου σέσωκέν σε· ὕπαγε εἰς εἰρήνην, καὶ ἴσθι ὑγιὴς ἀπὸ
τῆς μάστιγός σου.

Ἔτι αὐτοῦ λαλοῦντος ἔρχονται ἀπὸ τοῦ ἀρχισυναγώγου 35
λέγοντες ὅτι Ἡ θυγάτηρ σου ἀπέθανεν· τί ἔτι σκύλλεις τὸν
διδάσκαλον;   ὁ δὲ Ἰησοῦς παρακούσας τὸν λόγον λαλού- 36
μενον λέγει τῷ ἀρχισυναγώγῳ, Μὴ φοβοῦ, μόνον πίστευε.
καὶ οὐκ ἀφῆκεν οὐδένα μετ' αὐτοῦ συνακολουθῆσαι, εἰ μὴ 37
τὸν Πέτρον καὶ Ἰάκωβον καὶ Ἰωάννην τὸν ἀδελφὸν Ἰακώβου.
καὶ ἔρχονται εἰς τὸν οἶκον τοῦ ἀρχισυναγώγου, καὶ θεωρεῖ 38
θόρυβον καὶ κλαίοντας καὶ ἀλαλάζοντας πολλά.   καὶ 39
εἰσελθὼν λέγει αὐτοῖς, Τί θορυβεῖσθε καὶ κλαίετε; τὸ
παιδίον οὐκ ἀπέθανεν ἀλλὰ καθεύδει.   καὶ κατεγέλων 40
αὐτοῦ. αὐτὸς δὲ ἐκβαλὼν πάντας παραλαμβάνει τὸν πα-
τέρα τοῦ παιδίου καὶ τὴν μητέρα καὶ τοὺς μετ' αὐτοῦ, καὶ
εἰσπορεύεται ὅπου ἦν τὸ παιδίον.   καὶ κρατήσας τῆς 41
χειρὸς τοῦ παιδίου λέγει αὐτῇ, Ταλιθά, κούμ· ὅ ἐστιν με-
θερμηνευόμενον Τὸ κοράσιον, σοὶ λέγω, ἔγειρε.   καὶ 42
εὐθὺς ἀνέστη τὸ κοράσιον καὶ περιεπάτει· ἦν γὰρ ἐτῶν
δώδεκα.   καὶ ἐξέστησαν εὐθὺς ἐκστάσει μεγάλῃ.   καὶ 43

διεστείλατο αὐτοῖς πολλὰ ἵνα μηδεὶς γνοῖ τοῦτο· καὶ εἶπεν δοθῆναι αὐτῇ φαγεῖν.

6 Καὶ ἐξῆλθεν ἐκεῖθεν καὶ ἔρχεται εἰς τὴν πατρίδα αὐτοῖ 2 καὶ ἀκολουθοῦσιν αὐτῷ οἱ μαθηταὶ αὐτοῦ. καὶ γενομένου σαββάτου ἤρξατο διδάσκειν ἐν τῇ συναγωγῇ· καὶ πολλοὶ ἀκούοντες ἐξεπλήσσοντο λέγοντες, Πόθεν τούτῳ ταῦτα; καὶ τίς ἡ σοφία ἡ δοθεῖσα τούτῳ καὶ αἱ δυνάμεις τοιαῦ- 3 ται διὰ τῶν χειρῶν αὐτοῦ γινόμεναι; οὐχ οὗτός ἐστιν ὁ τέκτων· ὁ υἱὸς τῆς Μαρίας καὶ ἀδελφὸς Ἰακώβου καὶ Ἰωσῆτος καὶ Ἰούδα καὶ Σίμωνος; καὶ οὐκ εἰσὶν αἱ ἀδελφαὶ 4 αὐτοῦ ὧδε πρὸς ἡμᾶς; καὶ ἐσκανδαλίζοντο ἐν αὐτῷ. καὶ ἔλεγεν αὐτοῖς ὁ Ἰησοῦς ὅτι Οὐκ ἔστιν προφήτης ἄτιμος εἰ μὴ ἐν τῇ πατρίδι αὐτοῦ καὶ ἐν τοῖς συγγενεῦσιν αὐτοῦ καὶ 5 ἐν τῇ οἰκίᾳ αὐτοῦ. Καὶ οὐκ ἐδύνατο ἐκεῖ ποιῆσαι οὐδεμίαν δύναμιν, εἰ μὴ ὀλίγοις ἀρρώστοις ἐπιθεὶς τὰς χεῖρας 6 ἐθεράπευσεν. καὶ ἐθαύμασεν διὰ τὴν ἀπιστίαν αὐτῶν.

7 Καὶ περιῆγεν τὰς κώμας κύκλῳ διδάσκων. καὶ προσκαλεῖται τοὺς δώδεκα, καὶ ἤρξατο αὐτοὺς ἀποστέλλειν δύο δύο· καὶ ἐδίδου αὐτοῖς ἐξουσίαν τῶν πνευμάτων τῶν ἀκα- 6 θάρτων· καὶ παρήγγειλεν αὐτοῖς ἵνα μηδὲν αἴρωσιν εἰς ὁδὸν εἰ μὴ ῥάβδον μόνον· μὴ ἄρτον, μὴ πήραν, μὴ εἰς τὴν 9 ζώνην χαλκόν· ἀλλὰ ὑποδεδεμένους σανδάλια· καὶ μὴ 10 ἐνδύσησθε δύο χιτῶνας. καὶ ἔλεγεν αὐτοῖς, Ὅπου ἐὰν εἰσέλθητε εἰς οἰκίαν, ἐκεῖ μένετε ἕως ἂν ἐξέλθητε ἐκεῖθεν.

ΚΑΤΑ ΜΑΡΚΟΝ

6. 11—22.

καὶ ὃς ἂν τόπος μὴ δέξηται ὑμᾶς μηδὲ ἀκούσωσιν ὑμῶν, 11
ἐκπορευόμενοι ἐκεῖθεν ἐκτινάξατε τὸν χοῦν τὸν ὑποκάτω
τῶν ποδῶν ὑμῶν εἰς μαρτύριον αὐτοῖς. Καὶ ἐξελθόντες 12
ἐκήρυξαν ἵνα μετανοῶσιν· καὶ δαιμόνια πολλὰ ἐξέ- 13
βαλλον, καὶ ἤλειφον ἐλαίῳ πολλοὺς ἀρρώστους καὶ ἐθεράπευον.

Καὶ ἤκουσεν ὁ βασιλεὺς Ἡρῴδης, φανερὸν γὰρ ἐγένετο 14
τὸ ὄνομα αὐτοῦ· καὶ ἔλεγεν ὅτι Ἰωάννης ὁ βαπτίζων
ἐγήγερται ἐκ νεκρῶν, καὶ διὰ τοῦτο ἐνεργοῦσιν αἱ δυνάμεις
ἐν αὐτῷ. ἄλλοι δὲ ἔλεγον ὅτι Ἠλίας ἐστίν. ἄλλοι δὲ 15
ἔλεγον ὅτι Προφήτης ὡς εἷς τῶν προφητῶν. ἀκούσας 16
δὲ ὁ Ἡρῴδης ἔλεγεν, Ὃν ἐγὼ ἀπεκεφάλισα Ἰωάννην, οὗτος
ἠγέρθη.

Αὐτὸς γὰρ ὁ Ἡρῴδης ἀποστείλας ἐκράτησεν τὸν Ἰωάννην 17
καὶ ἔδησεν αὐτὸν ἐν φυλακῇ διὰ Ἡρῳδιάδα τὴν γυναῖκα
Φιλίππου τοῦ ἀδελφοῦ αὐτοῦ, ὅτι αὐτὴν ἐγάμησεν· ἔλε- 18
γεν γὰρ ὁ Ἰωάννης τῷ Ἡρῴδῃ ὅτι Οὐκ ἔξεστίν σοι ἔχειν
τὴν γυναῖκα τοῦ ἀδελφοῦ σου. ἡ δὲ Ἡρῳδιὰς ἐνεῖχεν 19
αὐτῷ καὶ ἤθελεν αὐτὸν ἀποκτεῖναι, καὶ οὐκ ἠδύνατο· ὁ 20
γὰρ Ἡρῴδης ἐφοβεῖτο τὸν Ἰωάννην, εἰδὼς αὐτὸν ἄνδρα
δίκαιον καὶ ἅγιον, καὶ συνετήρει αὐτόν· καὶ ἀκούσας αὐτοῦ
πολλὰ ἠπόρει, καὶ ἡδέως αὐτοῦ ἤκουεν. Καὶ γενομένης 21
ἡμέρας εὐκαίρου ὅτε Ἡρῴδης τοῖς γενεσίοις αὐτοῦ δεῖπνον
ἐποίησεν τοῖς μεγιστᾶσιν αὐτοῦ καὶ τοῖς χιλιάρχοις καὶ
τοῖς πρώτοις τῆς Γαλιλαίας, καὶ εἰσελθούσης τῆς 22

---

11 ὃς usque ad δέξηται] ὅσοι ἂν (ἐὰν Ln) μὴ δέξωνται ϛ LnTrm
αὐτοῖς.] +ἀμὴν λέγω ὑμῖν, ἀνεκτότερον ἔσται Σοδόμοις ἢ Γομόρροις ἐν
ἡμέρᾳ κρίσεως ἢ τῇ πόλει ἐκείνῃ ϛ (n.m.) [Ln]Bm   12 ἐκήρυξαν]
-νσσον ϛ Ln   μετανοῶσιν]-ήσωσιν ϛ Trm   13 ἐξέβαλλον]-έβαλον
Trm   14 ἔλεγεν] ἔλεγον Ln(n.m.)TrmBmWH(n.m.)Rm : ἐλέγοσαν Bm
ἐγήγ. ἐκ νεκρ.] ἐκ νεκρ. ἡγέρθη ϛ : ἐκ νεκρ. ἀνέστη A   15 δὲ pri.] ϛ°
προφήτης] +ἐστιν ϛ [Ln] : +, ἦ ϛ : Csm   16 ἔλεγεν] εἶπεν ϛ Ln : +ὅτι
ϛ : Er   ἡγέρθη] pr ἐστιν· αὐτὸς ϛ [Ln] : +ἐκ νεκρῶν ϛ Ln[Tr]
17 ἐκράτησεν]-σε WHa   φυλακῇ] pr τῇ ϛ : C   19 ἤθελεν] ἐζήτει
LnTrm   20 ἠπόρει] ἐποίει ϛ (n.m.)LnTr(n.m.)A(n.m.)BmRmScr
21 ὅτε] ὅ τε Ln   ἐποίησεν] ἐποίει ϛ Trm

θυγατρὸς αὐτῆς τῆς Ἡρῳδιάδος καὶ ὀρχησαμένης, ἤρεσεν τῷ Ἡρῴδῃ καὶ τοῖς συνανακειμένοις· ὁ δὲ βασιλεὺς εἶπεν τῷ κορασίῳ, Αἴτησόν με ὃ ἐὰν θέλῃς, καὶ δώσω σοι.
23 καὶ ὤμοσεν αὐτῇ ὅτι *Ὃ ἐάν με αἰτήσῃς δώσω σοι ἕως
24 ἡμίσους τῆς βασιλείας μου. καὶ ἐξελθοῦσα εἶπεν τῇ μητρὶ αὐτῆς, Τί αἰτήσωμαι; ἡ δὲ εἶπεν, Τὴν κεφαλὴν
25 Ἰωάννου τοῦ βαπτίζοντος. καὶ εἰσελθοῦσα εὐθὺς μετὰ σπουδῆς πρὸς τὸν βασιλέα ᾐτήσατο λέγουσα, Θέλω ἵνα ἐξαυτῆς δῷς μοι ἐπὶ πίνακι τὴν κεφαλὴν Ἰωάννου τοῦ
26 Βαπτιστοῦ. καὶ περίλυπος γενόμενος ὁ βασιλεὺς διὰ τοὺς ὅρκους καὶ τοὺς ἀνακειμένους οὐκ ἠθέλησεν ἀθετῆσαι
27 αὐτήν. καὶ εὐθὺς ἀποστείλας ὁ βασιλεὺς σπεκουλάτορα ἐπέταξεν ἐνέγκαι τὴν κεφαλὴν αὐτοῦ· καὶ ἀπελ-
28 θὼν ἀπεκεφάλισεν αὐτὸν ἐν τῇ φυλακῇ, καὶ ἤνεγκεν τὴν κεφαλὴν αὐτοῦ ἐπὶ πίνακι, καὶ ἔδωκεν αὐτὴν τῷ κορασίῳ· καὶ τὸ κοράσιον ἔδωκεν αὐτὴν τῇ μητρὶ αὐτῆς.
29 Καὶ ἀκούσαντες οἱ μαθηταὶ αὐτοῦ ἦλθαν καὶ ἦραν τὸ πτῶμα αὐτοῦ, καὶ ἔθηκαν αὐτὸ ἐν μνημείῳ.
30 Καὶ συνάγονται οἱ ἀπόστολοι πρὸς τὸν Ἰησοῦν, καὶ ἀπήγγειλαν αὐτῷ πάντα ὅσα ἐποίησαν καὶ ὅσα ἐδίδαξαν.
31 καὶ λέγει αὐτοῖς, Δεῦτε ὑμεῖς αὐτοὶ κατ᾿ ἰδίαν εἰς ἔρημον τόπον καὶ ἀναπαύσασθε ὀλίγον. ἦσαν γὰρ οἱ ἐρχόμενοι καὶ οἱ ὑπάγοντες πολλοί, καὶ οὐδὲ φαγεῖν εὐκαίρουν.
32 καὶ ἀπῆλθον [ἐν] τῷ πλοίῳ εἰς ἔρημον τόπον κατ᾿ ἰδίαν.

22 αὐτῆς τῆς] αὐτοῦ BmWHRm : Scr   αὐτῆς] [Tr]m   ἤρεσεν] καὶ ἀρεσάσης ϛ LnmTrm   ὁ δὲ βασ. εἶπεν] εἶπ. ὁ βασ. ϛ : εἶπ. δὲ ὁ βασ. Ln   23 ὅτι °Ὁ]°Ὅτι WH(α.m.)   με]WH°m   24 καὶ]ἡ δὲ ϛ LnTrm αἰτήσωμαι]-σομαι ϛ   βαπτίζοντος]-ιστοῦ ϛ (α.m.)LnR(?)   25 εὐθὺς] εὐθέως ϛ   ἐξαυτῆς δῷς μοι] μοι δ. ἐξ. ϛ   26 ἀνακειμένους] συνανακ. ϛ Ln   ἀθετῆσαι αὐτήν] αὐτ. ἀθετ. ϛ LnTrm   27 εὐθὺς] εὐθέως ϛ Ln   σπεκουλάτορα]-τωρα ϛ   ἐνέγκαι] ἐνεχθῆναι ϛ LnTrm αὐτοῦ] +ἐπὶ πίνακι [Ln]   καὶ sec.] ὁ δὲ ϛ Lnm   29 ἦλθαν]-ον ϛ Ln αὐτὸ] αὐτὸν TiBm   μνημείῳ] pr τῷ ϛ : CErJElz   30 ὅσα pri.] pr καὶ ϛ   ὅσα sec.] Ti°[B]   31 λέγει] εἶπεν ϛ Ln   κατ᾿ ἰδ.] καθ᾿ ἰδ. WHl   ἀναπαύσασθε]-εσθε ϛ Ln : Er   εὐκαίρουν] ηὐκ. ϛ   32 ἐν] ins LnBWHR : ϛ°Tr°Ti°A°   τῷ πλοίῳ] [Tr]m   εἰς ἐρημ. τόπ.] post ἀπῆλθον ϛ TrTiA

ΚΑΤΑ ΜΑΡΚΟΝ 6. 33—43.

καὶ εἶδον αὐτοὺς ὑπάγοντας, καὶ ἔγνωσαν πολλοί, καὶ πεζῇ 33
ἀπὸ πασῶν τῶν πόλεων συνέδραμον ἐκεῖ, καὶ προῆλθον
αὐτούς. Καὶ ἐξελθὼν εἶδεν πολὺν ὄχλον, καὶ ἐσπλαγ- 34
χνίσθη ἐπ' αὐτοὺς ὅτι ἦσαν ὡς πρόβατα μὴ ἔχοντα
ποιμένα· καὶ ἤρξατο διδάσκειν αὐτοὺς πολλά. καὶ ἤδη 35
ὥρας πολλῆς γενομένης προσελθόντες αὐτῷ οἱ μαθηταὶ
αὐτοῦ ἔλεγον ὅτι Ἐρημός ἐστιν ὁ τόπος, καὶ ἤδη ὥρα
πολλή· ἀπόλυσον αὐτούς, ἵνα ἀπελθόντες εἰς τοὺς 36
κύκλῳ ἀγροὺς καὶ κώμας ἀγοράσωσιν ἑαυτοῖς τί φάγωσιν.
ὁ δὲ ἀποκριθεὶς εἶπεν αὐτοῖς, Δότε αὐτοῖς ὑμεῖς φαγεῖν. 37
καὶ λέγουσιν αὐτῷ, Ἀπελθόντες ἀγοράσωμεν δηναρίων
διακοσίων ἄρτους, καὶ δώσομεν αὐτοῖς φαγεῖν; ὁ δὲ 38
λέγει αὐτοῖς, Πόσους ἄρτους ἔχετε; ὑπάγετε ἴδετε. καὶ
γνόντες λέγουσιν, Πέντε, καὶ δύο ἰχθύας. καὶ ἐπέταξεν 39
αὐτοῖς ἀνακλῖναι πάντας συμπόσια συμπόσια ἐπὶ τῷ χλωρῷ
χόρτῳ. καὶ ἀνέπεσαν πρασιαὶ πρασιαὶ κατὰ ἑκατὸν καὶ 40
κατὰ πεντήκοντα. καὶ λαβὼν τοὺς πέντε ἄρτους καὶ 41
τοὺς δύο ἰχθύας ἀναβλέψας εἰς τὸν οὐρανὸν εὐλόγησεν καὶ
κατέκλασεν τοὺς ἄρτους, καὶ ἐδίδου τοῖς μαθηταῖς ἵνα
παρατιθῶσιν αὐτοῖς· καὶ τοὺς δύο ἰχθύας ἐμέρισεν πᾶσιν.
καὶ ἔφαγον πάντες καὶ ἐχορτάσθησαν· καὶ ἦραν 42, 43
κλάσματα δώδεκα κοφίνων πληρώματα καὶ ἀπὸ τῶν ἰχθύων.

6. 44—56. ΚΑΤΑ ΜΑΡΚΟΝ

44 καὶ ἦσαν οἱ φαγόντες τοὺς ἄρτους πεντακισχίλιοι ἄνδρες.
45 Καὶ εὐθὺς ἠνάγκασεν τοὺς μαθητὰς αὐτοῦ ἐμβῆναι εἰς τὸ πλοῖον καὶ προάγειν εἰς τὸ πέραν πρὸς Βηθσαϊδάν, ἕως
46 αὐτὸς ἀπολύει τὸν ὄχλον. καὶ ἀποταξάμενος αὐτοῖς
47 ἀπῆλθεν εἰς τὸ ὄρος προσεύξασθαι. Καὶ ὀψίας γενομένης ἦν τὸ πλοῖον ἐν μέσῳ τῆς θαλάσσης, καὶ αὐτὸς μόνος
48 ἐπὶ τῆς γῆς. καὶ ἰδὼν αὐτοὺς βασανιζομένους ἐν τῷ ἐλαύνειν, ἦν γὰρ ὁ ἄνεμος ἐναντίος αὐτοῖς, περὶ τετάρτην φυλακὴν τῆς νυκτὸς ἔρχεται πρὸς αὐτοὺς περιπατῶν ἐπὶ
49 τῆς θαλάσσης· καὶ ἤθελεν παρελθεῖν αὐτούς. οἱ δὲ ἰδόντες αὐτὸν ἐπὶ τῆς θαλάσσης περιπατοῦντα ἔδοξαν ὅτι
50 φάντασμά ἐστιν, καὶ ἀνέκραξαν· πάντες γὰρ αὐτὸν εἶδαν καὶ ἐταράχθησαν· ὁ δὲ εὐθὺς ἐλάλησεν μετ' αὐτῶν,
51 καὶ λέγει αὐτοῖς, Θαρσεῖτε· ἐγώ εἰμι· μὴ φοβεῖσθε. καὶ ἀνέβη πρὸς αὐτοὺς εἰς τὸ πλοῖον, καὶ ἐκόπασεν ὁ ἄνεμος.
52 καὶ λίαν [ἐκ περισσοῦ] ἐν ἑαυτοῖς ἐξίσταντο· οὐ γὰρ συνῆκαν ἐπὶ τοῖς ἄρτοις, ἀλλ' ἦν αὐτῶν ἡ καρδία πεπωρωμένη.

53 Καὶ διαπεράσαντες ἐπὶ τὴν γῆν ἦλθον εἰς Γεννησαρὲτ
54 καὶ προσωρμίσθησαν. καὶ ἐξελθόντων αὐτῶν ἐκ τοῦ
55 πλοίου εὐθὺς ἐπιγνόντες αὐτὸν περιέδραμον ὅλην τὴν χώραν ἐκείνην καὶ ἤρξαντο ἐπὶ τοῖς κραβάττοις τοὺς κακῶς
56 ἔχοντας περιφέρειν, ὅπου ἤκουον ὅτι ἐστίν. καὶ ὅπου ἂν εἰσεπορεύετο εἰς κώμας ἢ εἰς πόλεις ἢ εἰς ἀγρούς, ἐν

ταῖς ἀγοραῖς ἐτίθεσαν τοὺς ἀσθενοῦντας, καὶ παρεκάλουν αὐτὸν ἵνα κἂν τοῦ κρασπέδου τοῦ ἱματίου αὐτοῦ ἅψωνται· καὶ ὅσοι ἂν ἥψαντο αὐτοῦ ἐσώζοντο.

Καὶ συνάγονται πρὸς αὐτὸν οἱ Φαρισαῖοι καί τινες τῶν 7
γραμματέων ἐλθόντες ἀπὸ Ἱεροσολύμων· καὶ ἰδόντες 2
τινὰς τῶν μαθητῶν αὐτοῦ ὅτι κοιναῖς χερσίν, τοῦτ' ἔστιν
ἀνίπτοις, ἐσθίουσιν τοὺς ἄρτους, (οἱ γὰρ Φαρισαῖοι καὶ 3
πάντες οἱ Ἰουδαῖοι, ἐὰν μὴ πυγμῇ νίψωνται τὰς χεῖρας, οὐκ
ἐσθίουσιν, κρατοῦντες τὴν παράδοσιν τῶν πρεσβυτέρων·
καὶ ἀπ' ἀγορᾶς ἐὰν μὴ βαπτίσωνται οὐκ ἐσθίουσιν· καὶ 4
ἄλλα πολλά ἐστιν ἃ παρέλαβον κρατεῖν, βαπτισμοὺς
ποτηρίων καὶ ξεστῶν καὶ χαλκίων [καὶ κλινῶν]·) καὶ 5
ἐπερωτῶσιν αὐτὸν οἱ Φαρισαῖοι καὶ οἱ γραμματεῖς, Διὰ τί
οὐ περιπατοῦσιν οἱ μαθηταί σου κατὰ τὴν παράδοσιν τῶν
πρεσβυτέρων, ἀλλὰ κοιναῖς χερσὶν ἐσθίουσιν τὸν ἄρτον;
ὁ δὲ εἶπεν αὐτοῖς, Καλῶς ἐπροφήτευσεν Ἡσαΐας περὶ ὑμῶν 6
τῶν ὑποκριτῶν, ὡς γέγραπται ὅτι Οὗτος ὁ λαὸς τοῖς χείλεσίν
με τιμᾷ, ἡ δὲ καρδία αὐτῶν πόρρω ἀπέχει ἀπ' ἐμοῦ·
μάτην δὲ σέβονταί με, διδάσκοντες διδασκαλίας ἐντάλματα 7
ἀνθρώπων. ἀφέντες τὴν ἐντολὴν τοῦ Θεοῦ κρατεῖτε τὴν 8
παράδοσιν τῶν ἀνθρώπων. καὶ ἔλεγεν αὐτοῖς, Καλῶς 9
ἀθετεῖτε τὴν ἐντολὴν τοῦ Θεοῦ, ἵνα τὴν παράδοσιν ὑμῶν
τηρήσητε. Μωυσῆς γὰρ εἶπεν, Τίμα τὸν πατέρα σου 10

ΚΑΤΑ ΜΑΡΚΟΝ

καὶ τὴν μητέρα σου· καί, Ὁ κακολογῶν πατέρα ἢ μητέρα
11 θανάτῳ τελευτάτω· ὑμεῖς δὲ λέγετε, Ἐὰν εἴπῃ ἄνθρωπος
τῷ πατρὶ ἢ τῇ μητρί, Κορβᾶν, ὅ ἐστιν Δῶρον, ὃ ἐὰν ἐξ
12 ἐμοῦ ὠφεληθῇς, οὐκέτι ἀφίετε αὐτὸν οὐδὲν ποιῆσαι τῷ
13 πατρὶ ἢ τῇ μητρί, ἀκυροῦντες τὸν λόγον τοῦ Θεοῦ τῇ
παραδόσει ὑμῶν ᾗ παρεδώκατε· καὶ παρόμοια τοιαῦτα
πολλὰ ποιεῖτε.

14 Καὶ προσκαλεσάμενος πάλιν τὸν ὄχλον ἔλεγεν αὐτοῖς,
15 Ἀκούσατέ μου πάντες καὶ σύνετε· οὐδέν ἐστιν ἔξωθεν
τοῦ ἀνθρώπου εἰσπορευόμενον εἰς αὐτὸν ὃ δύναται κοινῶσαι
αὐτόν· ἀλλὰ τὰ ἐκ τοῦ ἀνθρώπου ἐκπορευόμενά ἐστιν τὰ
κοινοῦντα τὸν ἄνθρωπον.

17 Καὶ ὅτε εἰσῆλθεν εἰς οἶκον ἀπὸ τοῦ ὄχλου, ἐπηρώτων
18 αὐτὸν οἱ μαθηταὶ αὐτοῦ τὴν παραβολήν. καὶ λέγει
αὐτοῖς, Οὕτως καὶ ὑμεῖς ἀσύνετοί ἐστε; οὐ νοεῖτε ὅτι πᾶν
τὸ ἔξωθεν εἰσπορευόμενον εἰς τὸν ἄνθρωπον οὐ δύναται
19 αὐτὸν κοινῶσαι, ὅτι οὐκ εἰσπορεύεται αὐτοῦ εἰς τὴν
καρδίαν ἀλλ' εἰς τὴν κοιλίαν, καὶ εἰς τὸν ἀφεδρῶνα ἐκπο-
20 ρεύεται; καθαρίζων πάντα τὰ βρώματα. ἔλεγεν δὲ ὅτι
Τὸ ἐκ τοῦ ἀνθρώπου ἐκπορευόμενον, ἐκεῖνο κοινοῖ τὸν ἄν-
21 θρωπον. ἔσωθεν γάρ, ἐκ τῆς καρδίας τῶν ἀνθρώπων,
οἱ διαλογισμοὶ οἱ κακοὶ ἐκπορεύονται, πορνεῖαι, κλοπαί,
22 φόνοι, μοιχεῖαι, πλεονεξίαι, πονηρίαι, δόλος, ἀσέλγεια,
ὀφθαλμὸς πονηρός, βλασφημία, ὑπερηφανία, ἀφροσύνη·
23 πάντα ταῦτα τὰ πονηρὰ ἔσωθεν ἐκπορεύεται, καὶ κοινοῖ
τὸν ἄνθρωπον.

11 κορβᾶν] -βάν WH   12 οὐκέτι] pr καὶ ϛ[A]BmScr   πατρὶ] + αὐτοῦ ϛ   μητρὶ] +αὐτοῦ ϛ   13 ὑμῶν] +τῇ μωρᾷ WHm   14 πάλιν] πάντα ϛ(a.m.)   ἀκούσατε] -ετε ϛ   σύνετε] συνίετε ϛ   15 κοινῶσαι αὐ.] αὐ. κοιν. ϛ LnTrA   ἐκ τοῦ ἀ..ἐκπορ.] ἐκπορ. ἀπ' αὐτοῦ ϛ: +ἐκεῖνας Ln[Tr]A   16 εἴ τις ἔχει ὦτα ἀκούειν, ἀκουέτω ϛ Ln[Tr][A][B]Rm   17 οἶκον] pr τὸν Ti[B]   τὴν παραβολήν] περὶ τῆς παραβολῆς ϛ   18 οὕτως] -τω WHa   19 ἀλλ'] ἀλλὰ WHa   ἀφεδρῶνα] ὀχετὸν WHm   καθαρίζων] -ίζον ϛ Bm : ErScr   ἐκπορ.; καθαρ.] ἐκπορ. καθαρ. vel ἐκπορ., καθαρ. ϛ LnTrTiAB   21, 22 πορν., κλοπ., φόν., μοιχ.] μοιχ., πορν., φόν., κλοπ. ϛ LnTrm

108

ΚΑΤΑ ΜΑΡΚΟΝ

7. 24.–34.

Ἐκεῖθεν δὲ ἀναστὰς ἀπῆλθεν εἰς τὰ ὅρια Τύρου [καὶ 24
Σιδῶνος]. καὶ εἰσελθὼν εἰς οἰκίαν οὐδένα ἤθελεν γνῶναι,
καὶ οὐκ ἠδυνήθη λαθεῖν· ἀλλ' εὐθὺς ἀκούσασα γυνὴ 25
περὶ αὐτοῦ, ἧς εἶχεν τὸ θυγάτριον αὐτῆς πνεῦμα ἀκάθαρτον,
ἐλθοῦσα προσέπεσεν πρὸς τοὺς πόδας αὐτοῦ· ἡ δὲ γυνὴ 26
ἦν Ἑλληνίς, Συροφοινίκισσα τῷ γένει· καὶ ἠρώτα αὐτὸν
ἵνα τὸ δαιμόνιον ἐκβάλῃ ἐκ τῆς θυγατρὸς αὐτῆς. καὶ 27
ἔλεγεν αὐτῇ, Ἄφες πρῶτον χορτασθῆναι τὰ τέκνα· οὐ γάρ
ἐστιν καλὸν λαβεῖν τὸν ἄρτον τῶν τέκνων καὶ τοῖς κυναρίοις
βαλεῖν. ἡ δὲ ἀπεκρίθη καὶ λέγει αὐτῷ, Ναί, Κύριε· καὶ 28
τὰ κυνάρια ὑποκάτω τῆς τραπέζης ἐσθίουσιν ἀπὸ τῶν
ψιχίων τῶν παιδίων. καὶ εἶπεν αὐτῇ, Διὰ τοῦτον τὸν 29
λόγον ὕπαγε· ἐξελήλυθεν ἐκ τῆς θυγατρός σου τὸ δαιμόνιον.
καὶ ἀπελθοῦσα εἰς τὸν οἶκον αὐτῆς εὗρεν τὸ παιδίον βε- 30
βλημένον ἐπὶ τὴν κλίνην καὶ τὸ δαιμόνιον ἐξεληλυθός.

Καὶ πάλιν ἐξελθὼν ἐκ τῶν ὁρίων Τύρου ἦλθεν διὰ 31
Σιδῶνος εἰς τὴν θάλασσαν τῆς Γαλιλαίας ἀνὰ μέσον τῶν
ὁρίων Δεκαπόλεως. καὶ φέρουσιν αὐτῷ κωφὸν καὶ 32
μογιλάλον, καὶ παρακαλοῦσιν αὐτὸν ἵνα ἐπιθῇ αὐτῷ τὴν
χεῖρα. καὶ ἀπολαβόμενος αὐτὸν ἀπὸ τοῦ ὄχλου κατ' 33
ἰδίαν ἔβαλεν τοὺς δακτύλους αὐτοῦ εἰς τὰ ὦτα αὐτοῦ, καὶ
πτύσας ἥψατο τῆς γλώσσης αὐτοῦ, καὶ ἀναβλέψας εἰς 34
τὸν οὐρανὸν ἐστέναξεν, καὶ λέγει αὐτῷ, Ἐφφαθά, ὅ ἐστιν

24 ἐκεῖθεν δὲ] καὶ ἐκεῖθεν ςLnTr (n.m.) ὅρια] μεθόρια ς (n.m.)A(n.m.)
καὶ Σιδῶνος] ins ςLnTr[Tr]mBm[WH]R : Ti°A°B°R°m οἰκίαν) pr τὴν
ς : Er ἤθελεν] ἠθέλησεν Ti ἠδυνήθη] -άσθη Ti B WH
25 ἀλλ'] ἀλλὰ TiBWHa ἀλλ' εὐθὺς ἀκού.] ἀκού. γὰρ ς (n.m.)Ln
εἶχεν] εἶχε WHa ἐλθοῦσα] εἰσελθοῦσα TiB 26 ἡ δὲ γυνὴ ἦν] ἦν
δὲ ἡ γυ. ς : ἡ γυ. δὲ ἦν Tr(σφ) Συροφοινίκισσα] Συροφοίνισσα ς : Σύρα
Φοινίκισσα C ςmTrABmWHm : Ersm ἐκβάλῃ] ἐκβάλλῃ ς : C
27 καὶ ἔλεγεν] ὁ δὲ Ἰησοῦς εἶπεν ς ἐστιν καλὸν] καλ. ἐστ. ς τοῖς
κυν. βαλ.] βαλ. τοῖς κυν. ςLnTrm 28 ναί, κύριε·] κύριε, ἀλλὰ WHm
καὶ] +γὰρ ς[Ln]A ἐσθίουσιν] ἐσθίει ς 29 ἐκ τῆς θ. σου] post τὸ
δαιμ. ςLnTr(n.m.) 30 εὗρεν] εὗρε WHa τὸ παιδ. usque ad
ἐξεληλυθός] τὸ δαιμόνιον ἐξελ. καὶ τὴν θυγατέρα βεβλημένην ἐπὶ τῆς κλίνης
ςLnm 31 ἦλθ. δ. Σ. εἰς] καὶ Σ. ἦλθε πρὸς ς (n.m.) 32 κωφὸν καὶ]
—καὶ ς (n.m.)A μογιλάλον] μογιλ. Tr(n.m.) 33 αὐτοῦ pri.] Ti°
34 ἐστέναξεν] -ξε WHa ἐστιν] ἐστι WHa

109

35 Διανοίχθητι. καὶ ἠνοίγησαν αὐτοῦ αἱ ἀκοαί, καὶ ἐλύθη
36 ὁ δεσμὸς τῆς γλώσσης αὐτοῦ, καὶ ἐλάλει ὀρθῶς. καὶ
διεστείλατο αὐτοῖς ἵνα μηδενὶ λέγωσιν· ὅσον δὲ αὐτοῖς διε-
37 στέλλετο, αὐτοὶ μᾶλλον περισσότερον ἐκήρυσσον· καὶ
ὑπερπερισσῶς ἐξεπλήσσοντο λέγοντες, Καλῶς πάντα
πεποίηκεν· καὶ τοὺς κωφοὺς ποιεῖ ἀκούειν καὶ ἀλάλους
λαλεῖν.

8 Ἐν ἐκείναις ταῖς ἡμέραις πάλιν πολλοῦ ὄχλου ὄντος καὶ
μὴ ἐχόντων τί φάγωσιν, προσκαλεσάμενος τοὺς μαθητὰς
2 λέγει αὐτοῖς, Σπλαγχνίζομαι ἐπὶ τὸν ὄχλον, ὅτι ἤδη
ἡμέραι τρεῖς προσμένουσίν μοι καὶ οὐκ ἔχουσιν τί φάγωσιν·
3 καὶ ἐὰν ἀπολύσω αὐτοὺς νήστεις εἰς οἶκον αὐτῶν, ἐκλυθή-
σονται ἐν τῇ ὁδῷ· καί τινες αὐτῶν ἀπὸ μακρόθεν ἥκασιν.
4 καὶ ἀπεκρίθησαν αὐτῷ οἱ μαθηταὶ αὐτοῦ ὅτι Πόθεν τούτους
5 δυνήσεταί τις ὧδε χορτάσαι ἄρτων ἐπ' ἐρημίας ; καὶ
ἠρώτα αὐτούς, Πόσους ἔχετε ἄρτους ; οἱ δὲ εἶπαν, Ἑπτά.
6 καὶ παραγγέλλει τῷ ὄχλῳ ἀναπεσεῖν ἐπὶ τῆς γῆς· καὶ
λαβὼν τοὺς ἑπτὰ ἄρτους εὐχαριστήσας ἔκλασεν καὶ ἐδίδου
τοῖς μαθηταῖς αὐτοῦ ἵνα παρατιθῶσιν, καὶ παρέθηκαν τῷ
7 ὄχλῳ. καὶ εἶχαν ἰχθύδια ὀλίγα· καὶ εὐλογήσας αὐτὰ
8 εἶπεν καὶ ταῦτα παρατιθέναι. καὶ ἔφαγον καὶ ἐχορτά-
σθησαν· καὶ ἦραν περισσεύματα κλασμάτων ἑπτὰ σπυ-
9 ρίδας· ἦσαν δὲ ὡς τετρακισχίλιοι. καὶ ἀπέλυσεν αὐτούς.

ΚΑΤΑ ΜΑΡΚΟΝ

8. 10—22

Καὶ εὐθὺς ἐμβὰς εἰς τὸ πλοῖον μετὰ τῶν μαθητῶν αὐτοῦ 10
ἦλθεν εἰς τὰ μέρη Δαλμανουθά. καὶ ἐξῆλθον οἱ Φαρι- 11
σαῖοι καὶ ἤρξαντο συνζητεῖν αὐτῷ, ζητοῦντες παρ' αὐτοῦ
σημεῖον ἀπὸ τοῦ οὐρανοῦ, πειράζοντες αὐτόν. καὶ 12
ἀναστενάξας τῷ πνεύματι αὐτοῦ λέγει, Τί ἡ γενεὰ αὕτη
ζητεῖ σημεῖον; ἀμὴν λέγω ὑμῖν, εἰ δοθήσεται τῇ γενεᾷ
ταύτῃ σημεῖον. καὶ ἀφεὶς αὐτοὺς πάλιν ἐμβὰς ἀπῆλθεν 13
εἰς τὸ πέραν.

Καὶ ἐπελάθοντο λαβεῖν ἄρτους, καὶ εἰ μὴ ἕνα ἄρτον οὐκ 14
εἶχον μεθ' ἑαυτῶν ἐν τῷ πλοίῳ. καὶ διεστέλλετο αὐτοῖς 15
λέγων, Ὁρᾶτε, βλέπετε ἀπὸ τῆς ζύμης τῶν Φαρισαίων καὶ
τῆς ζύμης Ἡρῴδου. καὶ διελογίζοντο πρὸς ἀλλήλους 16
ὅτι Ἄρτους οὐκ ἔχομεν. καὶ γνοὺς [ὁ Ἰησοῦς] λέγει 17
αὐτοῖς, Τί διαλογίζεσθε ὅτι ἄρτους οὐκ ἔχετε; οὔπω νοεῖτε
οὐδὲ συνίετε; πεπωρωμένην ἔχετε τὴν καρδίαν ὑμῶν;
ὀφθαλμοὺς ἔχοντες οὐ βλέπετε; καὶ ὦτα ἔχοντες οὐκ 18
ἀκούετε; καὶ οὐ μνημονεύετε ὅτε τοὺς πέντε ἄρτους 19
ἔκλασα εἰς τοὺς πεντακισχιλίους, πόσους κοφίνους κλασμά-
των πλήρεις ἤρατε; λέγουσιν αὐτῷ, Δώδεκα. Ὅτε δὲ 20
τοὺς ἑπτὰ εἰς τοὺς τετρακισχιλίους, πόσων σπυρίδων πλη-
ρώματα κλασμάτων ἤρατε; καὶ λέγουσιν αὐτῷ, Ἑπτά.
καὶ ἔλεγεν αὐτοῖς, Οὔπω συνίετε; 21

Καὶ ἔρχονται εἰς Βηθσαϊδάν. καὶ φέρουσιν αὐτῷ τυφλόν, 22

23 καὶ παρακαλοῦσιν αὐτὸν ἵνα αὐτοῦ ἅψηται. καὶ ἐπιλαβόμενος τῆς χειρὸς τοῦ τυφλοῦ ἐξήνεγκεν αὐτὸν ἔξω τῆς κώμης· καὶ πτύσας εἰς τὰ ὄμματα αὐτοῦ, ἐπιθεὶς τὰς χεῖρας
24 αὐτῷ, ἐπηρώτα αὐτόν, Εἴ τι βλέπεις; καὶ ἀναβλέψας ἔλεγεν, Βλέπω τοὺς ἀνθρώπους, ὅτι ὡς δένδρα ὁρῶ περιπα-
25 τοῦντας. εἶτα πάλιν ἐπέθηκεν τὰς χεῖρας ἐπὶ τοὺς ὀφθαλμοὺς αὐτοῦ, καὶ διέβλεψεν καὶ ἀπεκατέστη καὶ ἐνέ-
26 βλεπεν τηλαυγῶς ἅπαντα. καὶ ἀπέστειλεν αὐτὸν εἰς οἶκον αὐτοῦ λέγων, Μηδὲ εἰς τὴν κώμην εἰσέλθῃς.

27 Καὶ ἐξῆλθεν ὁ Ἰησοῦς καὶ οἱ μαθηταὶ αὐτοῦ εἰς τὰς κώμας Καισαρείας τῆς Φιλίππου· καὶ ἐν τῇ ὁδῷ ἐπηρώτα τοὺς μαθητὰς αὐτοῦ λέγων αὐτοῖς, Τίνα με λέγουσιν οἱ
28 ἄνθρωποι εἶναι; οἱ δὲ εἶπαν αὐτῷ λέγοντες ὅτι Ἰωάννην τὸν Βαπτιστήν· καὶ ἄλλοι Ἠλίαν· ἄλλοι δὲ ὅτι Εἷς τῶν
29 προφητῶν. καὶ αὐτὸς ἐπηρώτα αὐτούς, Ὑμεῖς δὲ τίνα με λέγετε εἶναι; ἀποκριθεὶς ὁ Πέτρος λέγει αὐτῷ, Σὺ εἶ ὁ
30 Χριστός. καὶ ἐπετίμησεν αὐτοῖς ἵνα μηδενὶ λέγωσιν
31 περὶ αὐτοῦ. Καὶ ἤρξατο διδάσκειν αὐτοὺς ὅτι δεῖ τὸν Υἱὸν τοῦ Ἀνθρώπου πολλὰ παθεῖν, καὶ ἀποδοκιμασθῆναι ὑπὸ τῶν πρεσβυτέρων καὶ τῶν ἀρχιερέων καὶ τῶν γραμματέων, καὶ ἀποκτανθῆναι, καὶ μετὰ τρεῖς ἡμέρας ἀναστῆναι·
32 καὶ παρρησίᾳ τὸν λόγον ἐλάλει. καὶ προσλαβόμενος ὁ
33 Πέτρος αὐτὸν ἤρξατο ἐπιτιμᾶν αὐτῷ. ὁ δὲ ἐπιστραφεὶς

23 ἐξήνεγκεν] ἐξήγαγεν ς LnTrm   αὐτῷ] αὐτοῦ Trm   αὐτόν, εἴ τι βλέπεις;] αὐτὸν εἴ τι βλέπει. ς LnTr(n.m.)TiBmWHm   24 ἔλεγεν] εἶπεν Lnm   ὅτι et ὁρῶ] C°ς°mJ°   25 ἐπέθηκεν] ἔθηκεν Tr(n.m.)AWH   διέβλεψεν] ἐποίησεν αὐτὸν ἀναβλέψαι ς Ln   ἀπεκατέστη] ἀποκατεστάθη ς : ἀπεκατεστάθη Ln   ἐνέβλεπεν] -ψεν ς Trm   τηλαυγῶς] δηλ. TiWHm   ἅπαντα] -τας ς   26 οἶκον] pr τὸν ς   μηδὲ] μὴ Ti μηδὲ usque ad εἰσέλθῃς] μηδενὶ εἴπῃς εἰς τὴν κώμην WHm   εἰσέλθῃς] +μηδὲ εἴπῃς τινὶ ἐν τῇ κώμῃ ς LnTr sed [Tr]mA   27 αὐτοῖς] [Tr]
28 εἶπαν] ἀπεκρίθησαν ς LnTr (n.m.)   αὐτῷ λέγοντες] ς°   ὅτι pri.]ς°Ln°Tr°   ὅτι sec.]ς°   εἷς]ἕνα ς   29 ἐπηρ. αὐτοὺς] λέγει αὐτοῖς ς (n.m.)Lnm   ἀποκριθεὶς] pr καὶ Ln : +δὲ ς   30 λέγωσιν] εἴπωσιν Ln   31 ὑπὸ] ἀπὸ ς   τῶν sec. et tert.]ς°   32 παρρησίᾳ] παρησ. WHa   ὁ Π. αὐτ.] αὐτ. ὁ Π. ς

112

καὶ ἰδὼν τοὺς μαθητὰς αὐτοῦ ἐπετίμησεν Πέτρῳ καὶ λέγει, Ὕπαγε ὀπίσω μου, Σατανᾶ· ὅτι οὐ φρονεῖς τὰ τοῦ Θεοῦ ἀλλὰ τὰ τῶν ἀνθρώπων. Καὶ προσκαλεσάμενος τὸν 34 ὄχλον σὺν τοῖς μαθηταῖς αὐτοῦ εἶπεν αὐτοῖς, Εἴ τις θέλει ὀπίσω μου ἐλθεῖν, ἀπαρνησάσθω ἑαυτὸν καὶ ἀράτω τὸν σταυρὸν αὐτοῦ, καὶ ἀκολουθείτω μοι. ὃς γὰρ ἐὰν θέλῃ 35 τὴν ψυχὴν αὐτοῦ σῶσαι, ἀπολέσει αὐτήν· ὃς δ᾽ ἂν ἀπολέσει τὴν ψυχὴν αὐτοῦ ἕνεκεν ἐμοῦ καὶ τοῦ εὐαγγελίου, σώσει αὐτήν. τί γὰρ ὠφελεῖ [τὸν] ἄνθρωπον κερδῆσαι τὸν 36 κόσμον ὅλον καὶ ζημιωθῆναι τὴν ψυχὴν αὐτοῦ; τί γὰρ 37 δοῖ ἄνθρωπος ἀντάλλαγμα τῆς ψυχῆς αὐτοῦ; ὃς γὰρ 38 ἐὰν ἐπαισχυνθῇ με καὶ τοὺς ἐμοὺς λόγους ἐν τῇ γενεᾷ ταύτῃ τῇ μοιχαλίδι καὶ ἁμαρτωλῷ, καὶ ὁ Υἱὸς τοῦ Ἀνθρώπου ἐπαισχυνθήσεται αὐτόν, ὅταν ἔλθῃ ἐν τῇ δόξῃ τοῦ Πατρὸς αὐτοῦ μετὰ τῶν ἀγγέλων τῶν ἁγίων. καὶ 9 ἔλεγεν αὐτοῖς, Ἀμὴν λέγω ὑμῖν ὅτι εἰσίν τινες ὧδε τῶν ἑστηκότων οἵτινες οὐ μὴ γεύσωνται θανάτου ἕως ἂν ἴδωσιν τὴν βασιλείαν τοῦ Θεοῦ ἐληλυθυῖαν ἐν δυνάμει.

Καὶ μετὰ ἡμέρας ἓξ παραλαμβάνει ὁ Ἰησοῦς τὸν Πέτρον 2 καὶ τὸν Ἰάκωβον καὶ Ἰωάννην, καὶ ἀναφέρει αὐτοὺς εἰς ὄρος ὑψηλὸν κατ᾽ ἰδίαν μόνους· καὶ μετεμορφώθη ἔμπροσθεν αὐτῶν· καὶ τὰ ἱμάτια αὐτοῦ ἐγένετο στίλβοντα, λευκὰ 3 λίαν, οἷα γναφεὺς ἐπὶ τῆς γῆς οὐ δύναται οὕτως λευκᾶναι. καὶ ὤφθη αὐτοῖς Ἡλίας σὺν Μωυσεῖ, καὶ ἦσαν συνλα- 4 λοῦντες τῷ Ἰησοῦ. καὶ ἀποκριθεὶς ὁ Πέτρος λέγει τῷ 5

Ἰησοῦ, Ῥαββεί, καλόν ἐστιν ἡμᾶς ὧδε εἶναι· καὶ ποιήσωμεν τρεῖς σκηνάς, σοὶ μίαν καὶ Μωυσεῖ μίαν καὶ Ἠλίᾳ
6 μίαν. οὐ γὰρ ᾔδει τί ἀποκριθῇ· ἔκφοβοι γὰρ ἐγένοντο.
7 καὶ ἐγένετο νεφέλη ἐπισκιάζουσα αὐτοῖς· καὶ ἐγένετο φωνὴ ἐκ τῆς νεφέλης, Οὗτός ἐστιν ὁ Υἱός μου ὁ ἀγαπητός·
8 ἀκούετε αὐτοῦ. καὶ ἐξάπινα περιβλεψάμενοι οὐκέτι οὐδένα εἶδον, ἀλλὰ τὸν Ἰησοῦν μόνον μεθ' ἑαυτῶν.
9 Καὶ καταβαινόντων αὐτῶν ἀπὸ τοῦ ὄρους διεστείλατο αὐτοῖς ἵνα μηδενὶ ἃ εἶδον διηγήσωνται, εἰ μὴ ὅταν ὁ Υἱὸς
10 τοῦ Ἀνθρώπου ἐκ νεκρῶν ἀναστῇ. καὶ τὸν λόγον ἐκράτησαν πρὸς ἑαυτοὺς συνζητοῦντες τί ἐστιν τὸ ἐκ νεκρῶν
11 ἀναστῆναι· καὶ ἐπηρώτων αὐτὸν λέγοντες, Ὅτι λέ-
12 γουσιν οἱ γραμματεῖς ὅτι Ἠλίαν δεῖ ἐλθεῖν πρῶτον; ὁ δὲ ἔφη αὐτοῖς, Ἠλίας μὲν ἐλθὼν πρῶτον ἀποκαθιστάνει πάντα· καὶ πῶς γέγραπται ἐπὶ τὸν Υἱὸν τοῦ Ἀνθρώπου ἵνα
13 πολλὰ πάθῃ καὶ ἐξουδενηθῇ; ἀλλὰ λέγω ὑμῖν ὅτι καὶ Ἠλίας ἐλήλυθεν, καὶ ἐποίησαν αὐτῷ ὅσα ἤθελον, καθὼς γέγραπται ἐπ' αὐτόν.
14 Καὶ ἐλθόντες πρὸς τοὺς μαθητὰς εἶδον ὄχλον πολὺν περὶ αὐτοὺς καὶ γραμματεῖς συνζητοῦντας πρὸς αὐτούς. καὶ εὐ-
15 θὺς πᾶς ὁ ὄχλος ἰδόντες αὐτὸν ἐξεθαμβήθησαν, καὶ προσ-

ΚΑΤΑ ΜΑΡΚΟΝ

9. 16—26.

τρέχοντες ἠσπάζοντο αὐτόν. καὶ ἐπηρώτησεν αὐτούς, 16
Τί συνζητεῖτε πρὸς αὐτούς; καὶ ἀπεκρίθη αὐτῷ εἷς ἐκ 17
τοῦ ὄχλου, Διδάσκαλε, ἤνεγκα τὸν υἱόν μου πρός σε, ἔχοντα
πνεῦμα ἄλαλον· καὶ ὅπου ἐὰν αὐτὸν καταλάβῃ, ῥήσσει 18
αὐτόν, καὶ ἀφρίζει καὶ τρίζει τοὺς ὀδόντας καὶ ξηραίνε-
ται· καὶ εἶπα τοῖς μαθηταῖς σου ἵνα αὐτὸ ἐκβάλωσιν, καὶ
οὐκ ἴσχυσαν. ὁ δὲ ἀποκριθεὶς αὐτοῖς λέγει, Ὦ γενεὰ 19
ἄπιστος, ἕως πότε πρὸς ὑμᾶς ἔσομαι; ἕως πότε ἀνέξομαι
ὑμῶν; φέρετε αὐτὸν πρός με. καὶ ἤνεγκαν αὐτὸν πρὸς 20
αὐτόν· καὶ ἰδὼν αὐτὸν τὸ πνεῦμα εὐθὺς συνεσπάραξεν
αὐτόν· καὶ πεσὼν ἐπὶ τῆς γῆς ἐκυλίετο ἀφρίζων. καὶ 21
ἐπηρώτησεν τὸν πατέρα αὐτοῦ, Πόσος χρόνος ἐστὶν ὡς
τοῦτο γέγονεν αὐτῷ; ὁ δὲ εἶπεν, Ἐκ παιδιόθεν. καὶ 22
πολλάκις καὶ εἰς πῦρ αὐτὸν ἔβαλεν καὶ εἰς ὕδατα ἵνα
ἀπολέσῃ αὐτόν· ἀλλ' εἴ τι δύνῃ, βοήθησον ἡμῖν σπλαγχνι-
σθεὶς ἐφ' ἡμᾶς. ὁ δὲ Ἰησοῦς εἶπεν αὐτῷ, Τὸ εἰ δύνῃ· 23
πάντα δυνατὰ τῷ πιστεύοντι. εὐθὺς κράξας ὁ πατὴρ 24
τοῦ παιδίου ἔλεγεν, Πιστεύω· βοήθει μου τῇ ἀπιστίᾳ.
ἰδὼν δὲ ὁ Ἰησοῦς ὅτι ἐπισυντρέχει ὄχλος, ἐπετίμησεν τῷ 25
πνεύματι τῷ ἀκαθάρτῳ λέγων αὐτῷ, Τὸ ἄλαλον καὶ κωφὸν
πνεῦμα, ἐγὼ ἐπιτάσσω σοι, ἔξελθε ἐξ αὐτοῦ καὶ μηκέτι
εἰσέλθῃς εἰς αὐτόν. καὶ κράξας καὶ πολλὰ σπαράξας 26
ἐξῆλθεν· καὶ ἐγένετο ὡσεὶ νεκρός, ὥστε τοὺς πολλοὺς

ΚΑΤΑ ΜΑΡΚΟΝ

27 λέγειν ὅτι ἀπέθανεν. ὁ δὲ Ἰησοῦς κρατήσας τῆς χειρὸς
28 αὐτοῦ ἤγειρεν αὐτόν, καὶ ἀνέστη. Καὶ εἰσελθόντος
αὐτοῦ εἰς οἶκον οἱ μαθηταὶ αὐτοῦ κατ' ἰδίαν ἐπηρώτων
29 αὐτόν, Ὅτι ἡμεῖς οὐκ ἠδυνήθημεν ἐκβαλεῖν αὐτό; καὶ
εἶπεν αὐτοῖς, Τοῦτο τὸ γένος ἐν οὐδενὶ δύναται ἐξελθεῖν
εἰ μὴ ἐν προσευχῇ [καὶ νηστείᾳ].
30 Κἀκεῖθεν ἐξελθόντες παρεπορεύοντο διὰ τῆς Γαλιλαίας·
31 καὶ οὐκ ἤθελεν ἵνα τις γνοῖ. ἐδίδασκεν γὰρ τοὺς μαθητὰς αὐτοῦ, καὶ ἔλεγεν αὐτοῖς ὅτι Ὁ Υἱὸς τοῦ Ἀνθρώπου παραδίδοται εἰς χεῖρας ἀνθρώπων, καὶ ἀποκτενοῦσιν αὐτόν·
32 καὶ ἀποκτανθεὶς μετὰ τρεῖς ἡμέρας ἀναστήσεται. οἱ δὲ ἠγνόουν τὸ ῥῆμα, καὶ ἐφοβοῦντο αὐτὸν ἐπερωτῆσαι.
33 Καὶ ἦλθον εἰς Καφαρναούμ· καὶ ἐν τῇ οἰκίᾳ γενόμενος
34 ἐπηρώτα αὐτούς, Τί ἐν τῇ ὁδῷ διελογίζεσθε; οἱ δὲ ἐσιώπων· πρὸς ἀλλήλους γὰρ διελέχθησαν ἐν τῇ ὁδῷ τίς
35 μείζων. καὶ καθίσας ἐφώνησεν τοὺς δώδεκα καὶ λέγει αὐτοῖς, Εἴ τις θέλει πρῶτος εἶναι, ἔσται πάντων ἔσχατος
36 καὶ πάντων διάκονος. καὶ λαβὼν παιδίον ἔστησεν αὐτὸ ἐν μέσῳ αὐτῶν, καὶ ἐναγκαλισάμενος αὐτὸ εἶπεν αὐτοῖς,
37 Ὃς ἂν ἓν τῶν τοιούτων παιδίων δέξηται ἐπὶ τῷ ὀνόματί μου, ἐμὲ δέχεται· καὶ ὃς ἂν ἐμὲ δέχηται, οὐκ ἐμὲ δέχεται, ἀλλὰ τὸν ἀποστείλαντά με.
38 Ἔφη αὐτῷ ὁ Ἰωάννης, Διδάσκαλε, εἴδομέν τινα ἐν τῷ ὀνόματί σου ἐκβάλλοντα δαιμόνια, [ὃς οὐκ ἀκολουθεῖ

ἀπέθανεν] Ἀπέθανεν JR 27 τῆς χειρὸς αὐτοῦ] αὐτὸν τῆς χ. ϛA: Cϛm 28 εἰσελθόντος αὐτοῦ] -όντα αὐτὸν ϛ(n.m.)A κατ' ἰδίαν] καθ' ἰδ. WHa: post ἐπηρ. αὐτὸν ϛ Ὅτι ἡμεῖς] Ὅ τι ἠμ. Ln: ὅτι Ἡμ. R αὐτό;] αὐτό. R 29 καὶ νηστείᾳ] ins ϛLnTr sed [Tr]m[A][B]WHmRm Scr: TiºWHºRº 30 κἀκεῖθεν] καὶ ἐκεῖθεν ϛWHa παρεπορεύοντο] ἐπορεύ. Ln(n.m.)Tr(n.m.)WH(n.m.) γνοῖ] γνῷ ϛ 31 αὐτοῖς] [Tr]m [WH] μετὰ τρεῖς ἡμέρας] τῇ τρίτῃ ἡμέρᾳ ϛ(n.m.) 33 ἦλθον] ἦλθεν ϛ ὁδῷ] +πρὸς ἑαυτοὺς ϛ 34 ἐν τῇ ὁδῷ] [Ln][Tr]m 37 ἂν bis] ἐὰν ϛ ἐν][WH] τῶν τοιούτων παιδίων] τῶν π. τούτων Ti δέχηται] δέξ. ϛLn(n.m.)Trm 38 ἔφη] ἀπεκρίθη ϛLn: +δὲ ϛ[Ln] ὁ Ἰωάννης] —ὁ Ln: +λέγων ϛLnTrA εἴδομεν] -αμεν WH(n.s.) ἐν] ϛº(n.m.): ElzJ ὃς οὐκ ἀκ. ἡμ.] ins ϛLnTrTiAB: WHº (n.m., sed μεθ' ἡμῶν) Rº

ΚΑΤΑ ΜΑΡΚΟΝ 9. 39—50.

ἡμῖν·] καὶ ἐκωλύομεν αὐτόν, ὅτι οὐκ ἠκολούθει ἡμῖν.
ὁ δὲ Ἰησοῦς εἶπεν, Μὴ κωλύετε αὐτόν· οὐδεὶς γάρ ἐστιν 39
ὃς ποιήσει δύναμιν ἐπὶ τῷ ὀνόματί μου καὶ δυνήσεται
ταχὺ κακολογῆσαί με. ὃς γὰρ οὐκ ἔστιν καθ᾿ ἡμῶν, 40
ὑπὲρ ἡμῶν ἐστίν. ὃς γὰρ ἂν ποτίσῃ ὑμᾶς ποτήριον 41
ὕδατος ἐν ὀνόματι ὅτι Χριστοῦ ἐστέ, ἀμὴν λέγω ὑμῖν ὅτι
οὐ μὴ ἀπολέσῃ τὸν μισθὸν αὐτοῦ. Καὶ ὃς ἂν σκαν- 42
δαλίσῃ ἕνα τῶν μικρῶν τούτων τῶν πιστευόντων [εἰς ἐμέ],
καλόν ἐστιν αὐτῷ μᾶλλον εἰ περίκειται μύλος ὀνικὸς περὶ
τὸν τράχηλον αὐτοῦ, καὶ βέβληται εἰς τὴν θάλασσαν.
καὶ ἐὰν σκανδαλίσῃ σε ἡ χείρ σου, ἀπόκοψον αὐτήν· 43
καλόν ἐστίν σε κυλλὸν εἰσελθεῖν εἰς τὴν ζωήν, ἢ τὰς δύο
χεῖρας ἔχοντα ἀπελθεῖν εἰς τὴν γέενναν, εἰς τὸ πῦρ τὸ
ἄσβεστον. καὶ ἐὰν ὁ πούς σου σκανδαλίζῃ σε, ἀπό- 45
κοψον αὐτόν· καλόν ἐστίν σε εἰσελθεῖν εἰς τὴν ζωὴν
χωλόν, ἢ τοὺς δύο πόδας ἔχοντα βληθῆναι εἰς τὴν γέενναν.
καὶ ἐὰν ὁ ὀφθαλμός σου σκανδαλίζῃ σε, ἔκβαλε αὐτόν· 47
καλόν σε ἐστὶν μονόφθαλμον εἰσελθεῖν εἰς τὴν βασιλείαν
τοῦ Θεοῦ, ἢ δύο ὀφθαλμοὺς ἔχοντα βληθῆναι εἰς τὴν γέ-
ενναν, ὅπου ὁ σκώληξ αὐτῶν οὐ τελευτᾷ, καὶ τὸ πῦρ οὐ 48
σβέννυται. πᾶς γὰρ πυρὶ ἁλισθήσεται. καλὸν 49, 50

τὸ ἅλας· ἐὰν δὲ τὸ ἅλας ἄναλον γένηται, ἐν τίνι αὐτὸ ἀρτύσετε; ἔχετε ἐν ἑαυτοῖς ἅλα καὶ εἰρηνεύετε ἐν ἀλλήλοις.

10 Καὶ ἐκεῖθεν ἀναστὰς ἔρχεται εἰς τὰ ὅρια τῆς Ἰουδαίας καὶ πέραν τοῦ Ἰορδάνου· καὶ συνπορεύονται πάλιν ὄχλοι πρὸς αὐτόν· καὶ ὡς εἰώθει πάλιν ἐδίδασκεν αὐτούς.
2 καὶ προσελθόντες Φαρισαῖοι ἐπηρώτων αὐτὸν εἰ ἔξεστιν
3 ἀνδρὶ γυναῖκα ἀπολῦσαι, πειράζοντες αὐτόν. ὁ δὲ ἀπο-
4 κριθεὶς εἶπεν αὐτοῖς, Τί ὑμῖν ἐνετείλατο Μωυσῆς ; οἱ δὲ εἶπαν, Ἐπέτρεψεν Μωυσῆς βιβλίον ἀποστασίου γράψαι,
5 καὶ ἀπολῦσαι. ὁ δὲ Ἰησοῦς εἶπεν αὐτοῖς, Πρὸς τὴν σκληροκαρδίαν ὑμῶν ἔγραψεν ὑμῖν τὴν ἐντολὴν ταύτην.
6 ἀπὸ δὲ ἀρχῆς κτίσεως Ἄρσεν καὶ θῆλυ ἐποίησεν αὐτούς.
7 ἕνεκεν τούτου καταλείψει ἄνθρωπος τὸν πατέρα αὐτοῦ καὶ τὴν μητέρα, [καὶ προσκολληθήσεται πρὸς τὴν γυναῖκα
8 αὐτοῦ,] καὶ ἔσονται οἱ δύο εἰς σάρκα μίαν· ὥστε
9 οὐκέτι εἰσὶν δύο ἀλλὰ μία σάρξ. ὃ οὖν ὁ Θεὸς συνέ-
10 ζευξεν, ἄνθρωπος μὴ χωριζέτω. Καὶ εἰς τὴν οἰκίαν
11 πάλιν οἱ μαθηταὶ περὶ τούτου ἐπηρώτων αὐτόν. καὶ λέγει αὐτοῖς, Ὃς ἂν ἀπολύσῃ τὴν γυναῖκα αὐτοῦ καὶ
12 γαμήσῃ ἄλλην, μοιχᾶται ἐπ' αὐτήν· καὶ ἐὰν αὐτὴ ἀπολύσασα τὸν ἄνδρα αὐτῆς γαμήσῃ ἄλλον, μοιχᾶται.
13 Καὶ προσέφερον αὐτῷ παιδία ἵνα ἅψηται αὐτῶν· οἱ δὲ
14 μαθηταὶ ἐπετίμησαν αὐτοῖς. ἰδὼν δὲ ὁ Ἰησοῦς ἠγανά-

ΚΑΤΑ ΜΑΡΚΟΝ

10. 15—25.

κτησεν, καὶ εἶπεν αὐτοῖς, Ἄφετε τὰ παιδία ἔρχεσθαι πρός με, μὴ κωλύετε αὐτά· τῶν γὰρ τοιούτων ἐστὶν ἡ βασιλεία τοῦ Θεοῦ. ἀμὴν λέγω ὑμῖν, ὃς ἂν μὴ δέξηται τὴν βασι- 15 λείαν τοῦ Θεοῦ ὡς παιδίον, οὐ μὴ εἰσέλθῃ εἰς αὐτήν. καὶ 16 ἐναγκαλισάμενος αὐτὰ κατευλόγει τιθεὶς τὰς χεῖρας ἐπ' αὐτά.

Καὶ ἐκπορευομένου αὐτοῦ εἰς ὁδὸν προσδραμὼν εἷς καὶ 17 γονυπετήσας αὐτὸν ἐπηρώτα αὐτόν, Διδάσκαλε ἀγαθέ, τί ποιήσω ἵνα ζωὴν αἰώνιον κληρονομήσω; ὁ δὲ Ἰησοῦς 18 εἶπεν αὐτῷ, Τί με λέγεις ἀγαθόν; οὐδεὶς ἀγαθὸς εἰ μὴ εἷς ὁ Θεός. τὰς ἐντολὰς οἶδας, Μὴ φονεύσῃς, Μὴ μοι- 19 χεύσῃς, Μὴ κλέψῃς, Μὴ ψευδομαρτυρήσῃς, Μὴ ἀποστερήσῃς, Τίμα τὸν πατέρα σου καὶ τὴν μητέρα. ὁ δὲ 20 ἔφη αὐτῷ, Διδάσκαλε, ταῦτα πάντα ἐφυλαξάμην ἐκ νεότητός μου. ὁ δὲ Ἰησοῦς ἐμβλέψας αὐτῷ ἠγάπησεν αὐτὸν 21 καὶ εἶπεν αὐτῷ, Ἕν σε ὑστερεῖ· ὕπαγε, ὅσα ἔχεις πώλησον καὶ δὸς [τοῖς] πτωχοῖς, καὶ ἕξεις θησαυρὸν ἐν οὐρανῷ· καὶ δεῦρο ἀκολούθει μοι. ὁ δὲ στυγνάσας ἐπὶ τῷ λόγῳ 22 ἀπῆλθεν λυπούμενος, ἦν γὰρ ἔχων κτήματα πολλά.

Καὶ περιβλεψάμενος ὁ Ἰησοῦς λέγει τοῖς μαθηταῖς 23 αὐτοῦ, Πῶς δυσκόλως οἱ τὰ χρήματα ἔχοντες εἰς τὴν βασιλείαν τοῦ Θεοῦ εἰσελεύσονται. οἱ δὲ μαθηταὶ 24 ἐθαμβοῦντο ἐπὶ τοῖς λόγοις αὐτοῦ. ὁ δὲ Ἰησοῦς πάλιν ἀποκριθεὶς λέγει αὐτοῖς, Τέκνα, πῶς δύσκολόν ἐστιν [τοὺς πεποιθότας ἐπὶ χρήμασιν] εἰς τὴν βασιλείαν τοῦ Θεοῦ εἰσελθεῖν. εὐκοπώτερόν ἐστιν κάμηλον διὰ τρυμαλιᾶς 25

14 μὴ κωλ.] pr καὶ ϛLn[B]: Er 15 ἂν] ἐὰν ϛ 16 κατευλόγει] ηὐλόγει ϛ: εὐλόγει Ln: κατηυλόγει Tr(σφ): Scr: post τιθεὶς τὰς χεῖρας ἐπ' αὐτὰ+αὐτά ϛLn 19 μὴ φονεύσῃς, μὴ μοιχεύσῃς] μὴ μοιχ., μὴ φον. ϛLnmTr(n.m.)TiA: μὴ μοιχεύσῃς, μὴ πορνεύσῃς WHm μητέρα]+σου LnTi[B] 20 ὁ δὲ]+ ἀποκριθεὶς ϛLnTr sed [Tr]mA ἔφη] εἶπεν ϛLnTrm ταῦ. πάν.] πάν. ταῦ. Ln(n.m.) ἐφυλαξάμην] ἐφύλαξα Ln 21 σε] σοι ϛLnTr(n.m.) τοῖς] ins ϛTi[B][WH]: C°Ln°Tr°A° ἀκολ. μοι] + ἄρας τὸν σταυρόν ϛ(n.m.)[Ln]A]m 24 τέκνα] τεκνία Ln τοὺς πεπ. ἐπὶ χρήμασιν] ins ϛLnTr sed [Tr]mA [B]R: Ti°WH°R°m χρήμασιν] pr τοῖς ϛ: C 25 τρυμαλιᾶς] pr τῆς ϛTiA[B]WHm: Er: +τῆς ϛTiA[B]WHm

ῥαφίδος διελθεῖν, ἢ πλούσιον εἰς τὴν βασιλείαν τοῦ Θεοῦ
26 εἰσελθεῖν. οἱ δὲ περισσῶς ἐξεπλήσσοντο λέγοντες
27 πρὸς ἑαυτούς, Καὶ τίς δύναται σωθῆναι; ἐμβλέψας
αὐτοῖς ὁ Ἰησοῦς λέγει, Παρὰ ἀνθρώποις ἀδύνατον, ἀλλ᾽
οὐ παρὰ Θεῷ· πάντα γὰρ δυνατὰ παρὰ τῷ Θεῷ.
28 Ἤρξατο λέγειν ὁ Πέτρος αὐτῷ, Ἰδοὺ ἡμεῖς ἀφήκαμεν
29 πάντα καὶ ἠκολουθήκαμέν σοι. ἔφη ὁ Ἰησοῦς, Ἀμὴν
λέγω ὑμῖν, οὐδείς ἐστιν ὃς ἀφῆκεν οἰκίαν ἢ ἀδελφοὺς ἢ
ἀδελφὰς ἢ μητέρα ἢ πατέρα ἢ τέκνα ἢ ἀγροὺς ἕνεκεν ἐμοῦ
30 καὶ ἕνεκεν τοῦ εὐαγγελίου, ἐὰν μὴ λάβῃ ἑκατονταπλα-
σίονα νῦν ἐν τῷ καιρῷ τούτῳ οἰκίας καὶ ἀδελφοὺς καὶ
ἀδελφὰς καὶ μητέρας καὶ τέκνα καὶ ἀγρούς, μετὰ διωγμῶν,
31 καὶ ἐν τῷ αἰῶνι τῷ ἐρχομένῳ ζωὴν αἰώνιον. πολλοὶ
δὲ ἔσονται πρῶτοι ἔσχατοι, καὶ οἱ ἔσχατοι πρῶτοι.
32 Ἦσαν δὲ ἐν τῇ ὁδῷ ἀναβαίνοντες εἰς Ἱεροσόλυμα, καὶ
ἦν προάγων αὐτοὺς ὁ Ἰησοῦς· καὶ ἐθαμβοῦντο, οἱ δὲ
ἀκολουθοῦντες ἐφοβοῦντο. καὶ παραλαβὼν πάλιν τοὺς
δώδεκα ἤρξατο αὐτοῖς λέγειν τὰ μέλλοντα αὐτῷ συμ-
33 βαίνειν, ὅτι Ἰδοὺ ἀναβαίνομεν εἰς Ἱεροσόλυμα, καὶ ὁ
Υἱὸς τοῦ Ἀνθρώπου παραδοθήσεται τοῖς ἀρχιερεῦσιν καὶ
τοῖς γραμματεῦσιν, καὶ κατακρινοῦσιν αὐτὸν θανάτῳ,
34 καὶ παραδώσουσιν αὐτὸν τοῖς ἔθνεσιν· καὶ ἐμπαίξου-
σιν αὐτῷ, καὶ ἐμπτύσουσιν αὐτῷ καὶ μαστιγώσουσιν

διελθεῖν] εἰσελθεῖν ϛLnmTrm : ϛmElz   26 ἑαυτούς] αὐτόν TrmWHR
(n.m.)   27 ἐμβλέψας] + δὲς Ln   ἀδύνατον] pr τοῦτο [Ln]
Θεῷ pri.] pr τῷ ϛLn : CEr   δυνατά] + ἐστις Ln[Tr]mA   τῷ] [WH]
ἀδύνατον usque ad Θεῷ sec.] ἀδύνατόν ἐστιν παρὰ δὲ τῷ θεῷ δυνατόν WHm.
28 ἤρξατο] pr καὶ ϛ   λέγειν ὁ Πέτρος] ὁ Π. λέγειν ϛLnTr(n.m.)
ἠκολουθήκαμεν] -ἠσαμεν ϛ   29 ἔφη ὁ Ἰησ.] ἀποκριθεὶς (+ δὲς) ὁ Ἰησ.
εἶπεν ϛLnTr(n.m.) : καὶ ἀποκρ. ὁ Ἰ. εἶπ. Trm   ἢ μητέρα ἢ πατέρα]· ἢ
π. ἢ μ. ϛLnm : + ἢ γυναῖκα ϛ   ἕνεκεν sec.] ϛ°[Ln][WH] : C
30 μητέρας] μητέρα LnTrWHm   οἰκίας usque ad αἰώνιον]ὃς δὲ ἀφῆκεν
οἰκίαν καὶ ἀδελφὰς καὶ ἀδελφοὺς καὶ μητέρα καὶ τέκνα καὶ ἀγροὺς μετὰ
διωγμοῦ ἐν τῷ αἰῶνι τῷ ἐρχομένῳ ζωὴν αἰώνιον λήμψεται WHm
31 οἱ] Ln°[B][WH]   32 οἱ δὲ] καὶ ϛLnA   33 ἀρχιερεῦσιν] -σι
WHa   τοῖς γραμματ.] —τοῖς Ln   34 καὶ ἐμπτύσ. αὐτῷ] post
μαστ. αὐτὸν ϛ

αὐτὸν καὶ ἀποκτενοῦσιν· καὶ μετὰ τρεῖς ἡμέρας ἀναστήσεται.

Καὶ προσπορεύονται αὐτῷ Ἰάκωβος καὶ Ἰωάννης οἱ 35 υἱοὶ Ζεβεδαίου λέγοντες αὐτῷ, Διδάσκαλε, θέλομεν ἵνα ὃ ἐὰν αἰτήσωμέν σε ποιήσῃς ἡμῖν. ὁ δὲ εἶπεν αὐ- 36 τοῖς, Τί θέλετε ποιήσω ὑμῖν; οἱ δὲ εἶπαν αὐτῷ, Δὸς 37 ἡμῖν ἵνα εἷς σου ἐκ δεξιῶν καὶ εἷς ἐξ ἀριστερῶν καθίσωμεν ἐν τῇ δόξῃ σου. ὁ δὲ Ἰησοῦς εἶπεν αὐτοῖς, 38 Οὐκ οἴδατε τί αἰτεῖσθε. δύνασθε πιεῖν τὸ ποτήριον ὃ ἐγὼ πίνω, ἢ τὸ βάπτισμα ὃ ἐγὼ βαπτίζομαι βαπτισθῆναι; οἱ δὲ εἶπαν αὐτῷ, Δυνάμεθα. ὁ δὲ Ἰησοῦς εἶπεν αὐτοῖς, 39 Τὸ ποτήριον ὃ ἐγὼ πίνω πίεσθε, καὶ τὸ βάπτισμα ὃ ἐγὼ βαπτίζομαι βαπτισθήσεσθε· τὸ δὲ καθίσαι ἐκ δεξιῶν 40 μου ἢ ἐξ εὐωνύμων οὐκ ἔστιν ἐμὸν δοῦναι, ἀλλ᾽ οἷς ἡτοίμασται. Καὶ ἀκούσαντες οἱ δέκα ἤρξαντο ἀγανακτεῖν 41 περὶ Ἰακώβου καὶ Ἰωάννου. καὶ προσκαλεσάμενος 42 αὐτοὺς ὁ Ἰησοῦς λέγει αὐτοῖς, Οἴδατε ὅτι οἱ δοκοῦντες ἄρχειν τῶν ἐθνῶν κατακυριεύουσιν αὐτῶν· καὶ οἱ μεγάλοι αὐτῶν κατεξουσιάζουσιν αὐτῶν. οὐχ οὕτως δέ ἐστιν 43 ἐν ὑμῖν· ἀλλ᾽ ὃς ἂν θέλῃ μέγας γενέσθαι ἐν ὑμῖν, ἔσται ὑμῶν διάκονος· καὶ ὃς ἂν θέλῃ ἐν ὑμῖν εἶναι πρῶτος, 44 ἔσται πάντων δοῦλος· καὶ γὰρ ὁ Υἱὸς τοῦ Ἀνθρώπου 45 οὐκ ἦλθεν διακονηθῆναι ἀλλὰ διακονῆσαι, καὶ δοῦναι τὴν ψυχὴν αὐτοῦ λύτρον ἀντὶ πολλῶν.

Καὶ ἔρχονται εἰς Ἰεριχώ· καὶ ἐκπορευομένου αὐτοῦ ἀπὸ 46

ΚΑΤΑ ΜΑΡΚΟΝ

Ἱεριχὼ καὶ τῶν μαθητῶν αὐτοῦ καὶ ὄχλου ἱκανοῦ, ὁ υἱὸς Τιμαίου Βαρτίμαιος, τυφλὸς προσαίτης, ἐκάθητο παρὰ 47 τὴν ὁδόν. καὶ ἀκούσας ὅτι Ἰησοῦς ὁ Ναζαρηνός ἐστιν ἤρξατο κράζειν καὶ λέγειν, Υἱὲ Δαυεὶδ Ἰησοῦ, ἐλέησόν 48 με. καὶ ἐπετίμων αὐτῷ πολλοὶ ἵνα σιωπήσῃ· ὁ δὲ 49 πολλῷ μᾶλλον ἔκραζεν, Υἱὲ Δαυείδ, ἐλέησόν με. καὶ στὰς ὁ Ἰησοῦς εἶπεν, Φωνήσατε αὐτόν. καὶ φωνοῦσιν τὸν τυφλὸν λέγοντες αὐτῷ, Θάρσει· ἔγειρε, φωνεῖ σε. 50 ὁ δὲ ἀποβαλὼν τὸ ἱμάτιον αὐτοῦ ἀναπηδήσας ἦλθεν πρὸς 51 τὸν Ἰησοῦν. καὶ ἀποκριθεὶς αὐτῷ ὁ Ἰησοῦς εἶπεν, Τί σοι θέλεις ποιήσω; ὁ δὲ τυφλὸς εἶπεν αὐτῷ, Ῥαββουνί, 52 ἵνα ἀναβλέψω. ὁ δὲ Ἰησοῦς εἶπεν αὐτῷ, Ὕπαγε· ἡ πίστις σου σέσωκέν σε. καὶ εὐθὺς ἀνέβλεψεν, καὶ ἠκολούθει αὐτῷ ἐν τῇ ὁδῷ.

11 Καὶ ὅτε ἐγγίζουσιν εἰς Ἱεροσόλυμα, εἰς Βηθφαγὴ καὶ Βηθανίαν πρὸς τὸ Ὄρος τῶν Ἐλαιῶν, ἀποστέλλει δύο τῶν 2 μαθητῶν αὐτοῦ καὶ λέγει αὐτοῖς, Ὑπάγετε εἰς τὴν κώμην τὴν κατέναντι ὑμῶν· καὶ εὐθὺς εἰσπορευόμενοι εἰς αὐτὴν εὑρήσετε πῶλον δεδεμένον, ἐφ' ὃν οὐδεὶς οὔπω ἀν- 3 θρώπων ἐκάθισεν· λύσατε αὐτὸν καὶ φέρετε. καὶ ἐάν τις ὑμῖν εἴπῃ, Τί ποιεῖτε τοῦτο; εἴπατε, Ὁ Κύριος αὐτοῦ χρείαν ἔχει· καὶ εὐθὺς αὐτὸν ἀποστέλλει πάλιν ὧδε.

ὁ υἱὸς]—ὁ ϛ   Βαρτίμαιος]-τιμαῖος TiB   τυφλὸς] pr ὁ ϛ   προσαίτης]-αιτῶν post ὁδὸν ϛ Ln   47 ὁ Ναζ.] post ἐστιν WHm   Ναζαρηνός] Ναζωραῖος ϛ   υἱὲ] ὁ υἱὸς ϛ A   49 φωνήσατε αὐτόν] αὐτὸν φωνηθῆναι ϛ (n.m.)Ln   φωνοῦσιν] φωνοῦσι WH   ἔγειρε] ἔγειραι ϛ   50 ἀναπηδήσας] ἀναστὰς ϛ   51 αὐτῷ ὁ Ἰησ. εἶπ.] λέγει αὐ. ὁ Ἰησ.   ϛ Ln   σοι θέλεις ποιήσω] θέλεις ποιήσω σοί ϛ LnTrA   'Ραββουνί] 'Ραββονί ϛ(n.m.) : 'Ραββουνεί WH : Κύριε ῥαββεί WHm   52 ὁ δὲ Ἰησ.] καὶ ὁ Ἰησ. TrmWH   εὐθὺς] εὐθέως ϛ Ln   αὐτῷ] τῷ Ἰησοῦ ϛ   1 Ἱεροσόλυμα] -ρουσαλήμ ϛ   Βηθφαγὴ] -γῆ Tr   εἰς Βηθφ.] Lnº [Tr]mTiºBºmWHºm   Βηθανίαν] Βηθανιὰ WHa : pr εἰς LnTi[B]BmWHm   τῶν pri.] τὸ WHm   ἀπεστέλλει] ἀπέστειλεν Ln   2 εὐθὺς] εὐθέως ϛ Ln   οὔπω] ºAº : ante οὐδεὶς ϛ m : post ἀνθρ. Ti   .ἐκάθισεν] κεκάθικεν ϛ LnTr(n.m.) TiA   λύσατε αὐ. καὶ] λύσαντες αὐ. ϛ   φέρετε] ἀγάγετε ϛ Ln   3 ποιεῖτε τοῦτο] λύετε τὸν πῶλον Lnm   εἴπατε]+ ὅτι ϛ[Tr]m   εὐθὺς] εὐθέως ϛ   αὐτὸν] post πάλιν WHm   ἀποστέλλει]-ελεῖ ϛ : C   πάλιν] ϛºLnº [Tr]mAº

122

καὶ ἀπῆλθον καὶ εὗρον πῶλον δεδεμένον πρὸς θύραν ἔξω 4
ἐπὶ τοῦ ἀμφόδου, καὶ λύουσιν αὐτόν. καί τινες τῶν 5
ἐκεῖ ἑστηκότων ἔλεγον αὐτοῖς, Τί ποιεῖτε λύοντες τὸν
πῶλον; οἱ δὲ εἶπον αὐτοῖς καθὼς εἶπεν ὁ Ἰησοῦς· καὶ 6
ἀφῆκαν αὐτούς. Καὶ φέρουσιν τὸν πῶλον πρὸς τὸν 7
Ἰησοῦν, καὶ ἐπιβάλλουσιν αὐτῷ τὰ ἱμάτια αὐτῶν, καὶ
ἐκάθισεν ἐπ' αὐτόν. καὶ πολλοὶ τὰ ἱμάτια αὐτῶν 8
ἔστρωσαν εἰς τὴν ὁδόν· ἄλλοι δὲ στιβάδας, κόψαντες ἐκ
τῶν ἀγρῶν. καὶ οἱ προάγοντες καὶ οἱ ἀκολουθοῦντες 9
ἔκραζον, Ὡσαννά· εὐλογημένος ὁ ἐρχόμενος ἐν ὀνόματι
Κυρίου· εὐλογημένη ἡ ἐρχομένη βασιλεία τοῦ πατρὸς 10
ἡμῶν Δαυείδ· Ὡσαννὰ ἐν τοῖς ὑψίστοις. καὶ εἰσῆλθεν 11
εἰς Ἱεροσόλυμα εἰς τὸ ἱερόν· καὶ περιβλεψάμενος πάντα,
ὀψὲ ἤδη οὔσης τῆς ὥρας, ἐξῆλθεν εἰς Βηθανίαν μετὰ τῶν
δώδεκα.

Καὶ τῇ ἐπαύριον ἐξελθόντων αὐτῶν ἀπὸ Βηθανίας ἐπεί- 12
νασεν· καὶ ἰδὼν συκῆν ἀπὸ μακρόθεν ἔχουσαν φύλλα 13
ἦλθεν εἰ ἄρα τι εὑρήσει ἐν αὐτῇ· καὶ ἐλθὼν ἐπ' αὐτὴν
οὐδὲν εὗρεν εἰ μὴ φύλλα· ὁ γὰρ καιρὸς οὐκ ἦν σύκων.
καὶ ἀποκριθεὶς εἶπεν αὐτῇ, Μηκέτι εἰς τὸν αἰῶνα ἐκ σοῦ 14
μηδεὶς καρπὸν φάγοι. καὶ ἤκουον οἱ μαθηταὶ αὐτοῦ.

Καὶ ἔρχονται εἰς Ἱεροσόλυμα· καὶ εἰσελθὼν εἰς τὸ ἱερὸν 15
ἤρξατο ἐκβάλλειν τοὺς πωλοῦντας καὶ τοὺς ἀγοράζοντας

ἐν τῷ ἱερῷ, καὶ τὰς τραπέζας τῶν κολλυβιστῶν καὶ τὰς καθέδρας τῶν πωλούντων τὰς περιστερὰς κατέστρεψεν·
16 καὶ οὐκ ἤφιεν ἵνα τις διενέγκῃ σκεῦος διὰ τοῦ ἱεροῦ.
17 καὶ ἐδίδασκεν καὶ ἔλεγεν αὐτοῖς, Οὐ γέγραπται ὅτι Ὁ οἶκός μου οἶκος προσευχῆς κληθήσεται πᾶσιν τοῖς ἔθνεσιν;
18 ὑμεῖς δὲ πεποιήκατε αὐτὸν σπήλαιον λῃστῶν. καὶ ἤκουσαν οἱ ἀρχιερεῖς καὶ οἱ γραμματεῖς, καὶ ἐζήτουν πῶς αὐτὸν ἀπολέσωσιν· ἐφοβοῦντο γὰρ αὐτόν· πᾶς γὰρ ὁ
19 ὄχλος ἐξεπλήσσετο ἐπὶ τῇ διδαχῇ αὐτοῦ. Καὶ ὅταν ὀψὲ ἐγένετο, ἐξεπορεύοντο ἔξω τῆς πόλεως.
20 Καὶ παραπορευόμενοι πρωὶ εἶδον τὴν συκῆν ἐξηραμ-
21 μένην ἐκ ῥιζῶν· καὶ ἀναμνησθεὶς ὁ Πέτρος λέγει αὐτῷ,
22 Ῥαββεί, ἴδε ἡ συκῆ ἣν κατηράσω ἐξήρανται. καὶ ἀποκριθεὶς ὁ Ἰησοῦς λέγει αὐτοῖς, Ἔχετε πίστιν Θεοῦ.
23 ἀμὴν λέγω ὑμῖν ὅτι ὃς ἂν εἴπῃ τῷ ὄρει τούτῳ, Ἄρθητι καὶ βλήθητι εἰς τὴν θάλασσαν, καὶ μὴ διακριθῇ ἐν τῇ καρδίᾳ αὐτοῦ ἀλλὰ πιστεύῃ ὅτι ὃ λαλεῖ γίνεται, ἔσται αὐτῷ.
24 διὰ τοῦτο λέγω ὑμῖν, πάντα ὅσα προσεύχεσθε καὶ αἰτεῖσθε,
25 πιστεύετε ὅτι ἐλάβετε, καὶ ἔσται ὑμῖν. καὶ ὅταν στήκετε προσευχόμενοι, ἀφίετε εἴ τι ἔχετε κατά τινος, ἵνα καὶ ὁ Πατὴρ ὑμῶν ὁ ἐν τοῖς οὐρανοῖς ἀφῇ ὑμῖν τὰ παραπτώματα ὑμῶν.
27 Καὶ ἔρχονται πάλιν εἰς Ἱεροσόλυμα. καὶ ἐν τῷ ἱερῷ περιπατοῦντος αὐτοῦ ἔρχονται πρὸς αὐτὸν οἱ ἀρχιερεῖς καὶ

17 καὶ ἔλεγεν] λέγων ϛ LnTrm   αὐτοῖς] [Ln]A°WH°(n.m.)   ὅτι] Ln°   πεποιήκατε] ἐποιήσατε ϛ Ln   αὐτὸν] ante ἐποιήσατε Lnm
18 οἱ ἀοχ. καὶ οἱ γραμμ.] οἱ γραμμ. καὶ οἱ ἀρχ. ϛ   ἀπολέσωσιν] -σουσιν ϛ : C   αὐτόν sec.][Ln]   πᾶς γὰρ] ὅτι πᾶς ϛ LnTrm   ἐξεπλήσσετο] -σσοντο TiB   19 ὅταν] ὅτε ϛ LnTrmA   ἐξεπορεύοντο] -ετο ϛ TiAWHmR(n.m.)   20 πρωὶ] ante παραπορ. ϛ   22 ὁ Ἰησοῦς] —ὁ ϛ ; CEr   23 ἀμὴν]+γὰρ ϛ [Tr] : Er   πιστεύῃ]-εύσῃ ϛ LnTr(n.m.)   ὃ] ἃ ϛ Ln   λαλεῖ] λέγει ϛ Trm   αὐτῷ] + ὃ ἐὰν εἴπῃ ϛ Ln[A]
24 ὅσα]+ἂν ϛ   προσεύχεσθε καὶ] προσευχόμενοι ϛ Lnm   ἐλάβετε] λαμβάνετε ϛ (n.m.)   25 στήκετε]-ητε ϛ WHa   26 + εἰ δὲ ὑμεῖς οὐκ ἀφίετε, οὐδὲ ὁ Πατὴρ ὑμῶν ὁ ἐν τοῖς οὐρανοῖς ἀφήσει τὰ παραπτώματα ὑμῶν ϛ LnA[B]Rm (τοῖς Ln°A°) : Er

οἱ γραμματεῖς καὶ οἱ πρεσβύτεροι, καὶ ἔλεγον αὐτῷ, 28
Ἐν ποίᾳ ἐξουσίᾳ ταῦτα ποιεῖς; ἢ τίς σοι ἔδωκεν τὴν ἐξουσίαν ταύτην ἵνα ταῦτα ποιῇς; ὁ δὲ Ἰησοῦς εἶπεν 29
αὐτοῖς, Ἐπερωτήσω ὑμᾶς ἕνα λόγον, καὶ ἀποκρίθητέ μοι,
καὶ ἐρῶ ὑμῖν ἐν ποίᾳ ἐξουσίᾳ ταῦτα ποιῶ. τὸ βά- 30
πτισμα τὸ Ἰωάννου ἐξ οὐρανοῦ ἦν ἢ ἐξ ἀνθρώπων; ἀποκρίθητέ μοι. καὶ διελογίζοντο πρὸς ἑαυτοὺς λέγοντες, 31
Ἐὰν εἴπωμεν, Ἐξ οὐρανοῦ, ἐρεῖ, Διὰ τί [οὖν] οὐκ ἐπιστεύσατε αὐτῷ; ἀλλὰ εἴπωμεν, Ἐξ ἀνθρώπων; ἐφοβοῦντο 32
τὸν λαόν· ἅπαντες γὰρ εἶχον τὸν Ἰωάννην ὄντως ὅτι
προφήτης ἦν. καὶ ἀποκριθέντες τῷ Ἰησοῦ λέγουσιν, 33
Οὐκ οἴδαμεν. καὶ ὁ Ἰησοῦς λέγει αὐτοῖς, Οὐδὲ ἐγὼ λέγω
ὑμῖν ἐν ποίᾳ ἐξουσίᾳ ταῦτα ποιῶ.

Καὶ ἤρξατο αὐτοῖς ἐν παραβολαῖς λαλεῖν· Ἀμπελῶνα 12
ἄνθρωπος ἐφύτευσεν, καὶ περιέθηκεν φραγμὸν καὶ ὤρυξεν
ὑπολήνιον καὶ ᾠκοδόμησεν πύργον καὶ ἐξέδετο αὐτὸν γεωργοῖς, καὶ ἀπεδήμησεν. καὶ ἀπέστειλεν πρὸς τοὺς γεωρ- 2
γοὺς τῷ καιρῷ δοῦλον, ἵνα παρὰ τῶν γεωργῶν λάβῃ ἀπὸ
τῶν καρπῶν τοῦ ἀμπελῶνος· καὶ λαβόντες αὐτὸν ἔδει- 3
ραν καὶ ἀπέστειλαν κενόν. καὶ πάλιν ἀπέστειλεν πρὸς 4
αὐτοὺς ἄλλον δοῦλον· κἀκεῖνον ἐκεφαλίωσαν καὶ ἠτίμασαν.
καὶ ἄλλον ἀπέστειλεν· κἀκεῖνον ἀπέκτειναν· καὶ πολλοὺς 5
ἄλλους, οὓς μὲν δέροντες, οὓς δὲ ἀποκτέννοντες. ἔτι 6

28 ἔλεγον] λέγουσιν ϛ Ln ἦ] καὶ ϛ LnTr(n.m.) ἔδωκεν] post ταύτην ϛ TrmTiA 29 εἶπεν] pr ἀποκριθεὶς ϛ Ln ὑμᾶς] pr κἀγὼ Ln : +κἀγὼ ϛ[Tr]m[B] 30 τὸ Ἰω.]—τὸ ϛ 31 διελογίζοντο] ἐλογίζ. ϛ(n.m.) οὖν] ins ϛ TiB[WH]R : Ln°Tr°A° 32 ἀλλὰ] ἀλλ' ἐὰν ϛ ἀνθρώπων;] ἀνθρώπων, ϛ TrR(n.m.) λαόν] ὄχλον TrmWH ἅπαντες] πάντες Ln εἶχον] ᾔδεισαν WHm ὄντως] post ὅτι ϛ Ln : ϛ°m 33 τῷ Ἰησ. λέγουσιν] λέγ. τῷ Ἰησ. ϛ Ln(n.m.)Trm ὁ Ἰησ.] pr ἀποκριθεὶς [Ln] :+ἀποκρ. ϛ[Tr]m 1 λαλεῖν] λέγειν ϛ : Erϛm ἄνθρωπ. ἐφύτ.] ἐφύτ. ἄνθρ. ϛ LnTr(n.m.)A ᾠκοδόμ.] οἰκοδόμ. WHa ἐξέδετο] -οτο ϛ LnTr 2 τῶν καρπῶν] τοῦ καρποῦ ϛ Ln 3 καὶ pri.] οἱ δὲ ϛ LnmTrm 4 ἐκεφαλίωσαν] ἐκεφαλαίωσαν ϛ LnTrABm : pr λιθοβολήσαντες ϛ (n.m.)Bm ἠτίμασαν] ἠτίμησαν ϛmLnTr(n.m.) : ἀπέστειλαν ἠτιμωμένον ϛBm 5 ἄλλον] pr πάλιν ϛ οὓς bis] τοὺς ϛ ἀποκτέννοντες] -υντες WH(n.a.) : -είνοντες ϛ 6 ἔτι]+οὖν ϛ[Ln]

ἕνα εἶχεν, υἱὸν ἀγαπητόν· ἀπέστειλεν αὐτὸν ἔσχατον πρὸς
7 αὐτοὺς λέγων ὅτι Ἐντραπήσονται τὸν υἱόν μου. ἐκεῖνοι
δὲ οἱ γεωργοὶ πρὸς ἑαυτοὺς εἶπαν ὅτι Οὗτός ἐστιν ὁ κληρονόμος· δεῦτε ἀποκτείνωμεν αὐτόν, καὶ ἡμῶν ἔσται ἡ κληρο-
8 νομία. καὶ λαβόντες ἀπέκτειναν αὐτὸν καὶ ἐξέβαλον αὐ-
9 τὸν ἔξω τοῦ ἀμπελῶνος. τί[οὖν]ποιήσει ὁ κύριος τοῦ ἀμπελῶνος; ἐλεύσεται καὶ ἀπολέσει τοὺς γεωργούς, καὶ δώσει
10 τὸν ἀμπελῶνα ἄλλοις. οὐδὲ τὴν γραφὴν ταύτην ἀνέγνωτε, Λίθον ὃν ἀπεδοκίμασαν οἱ οἰκοδομοῦντες, οὗτος ἐγενήθη
11 εἰς κεφαλὴν γωνίας· παρὰ Κυρίου ἐγένετο αὕτη, καὶ ἔστιν
12 θαυμαστὴ ἐν ὀφθαλμοῖς ἡμῶν; Καὶ ἐζήτουν αὐτὸν κρατῆσαι, καὶ ἐφοβήθησαν τὸν ὄχλον· ἔγνωσαν γὰρ ὅτι πρὸς
αὐτοὺς τὴν παραβολὴν εἶπεν· καὶ ἀφέντες αὐτὸν ἀπῆλθον.
13 Καὶ ἀποστέλλουσιν πρὸς αὐτόν τινας τῶν Φαρισαίων
14 καὶ τῶν Ἡρῳδιανῶν ἵνα αὐτὸν ἀγρεύσωσιν λόγῳ. καὶ
ἐλθόντες λέγουσιν αὐτῷ, Διδάσκαλε, οἴδαμεν ὅτι ἀληθὴς
εἶ, καὶ οὐ μέλει σοι περὶ οὐδενός· οὐ γὰρ βλέπεις εἰς πρόσωπον ἀνθρώπων, ἀλλ᾽ ἐπ᾽ ἀληθείας τὴν ὁδὸν τοῦ Θεοῦ
διδάσκεις. ἔξεστιν δοῦναι κῆνσον Καίσαρι ἢ οὔ; δῶμεν
15 ἢ μὴ δῶμεν; ὁ δὲ εἰδὼς αὐτῶν τὴν ὑπόκρισιν εἶπεν
αὐτοῖς, Τί με πειράζετε; φέρετέ μοι δηνάριον ἵνα ἴδω.
16 οἱ δὲ ἤνεγκαν. καὶ λέγει αὐτοῖς, Τίνος ἡ εἰκὼν αὕτη καὶ ἡ
17 ἐπιγραφή; οἱ δὲ εἶπαν αὐτῷ, Καίσαρος. ὁ δὲ Ἰησοῦς
εἶπεν αὐτοῖς, Τὰ Καίσαρος ἀπόδοτε Καίσαρι, καὶ τὰ τοῦ
Θεοῦ τῷ Θεῷ. καὶ ἐξεθαύμαζον ἐπ᾽ αὐτῷ.

ΚΑΤΑ ΜΑΡΚΟΝ 12. 18—28.

Καὶ ἔρχονται Σαδδουκαῖοι πρὸς αὐτόν, οἵτινες λέγουσιν 18
ἀνάστασιν μὴ εἶναι, καὶ ἐπηρώτων αὐτὸν λέγοντες,
Διδάσκαλε, Μωυσῆς ἔγραψεν ἡμῖν ὅτι Ἐάν τινος ἀδελφὸς 19
ἀποθάνῃ καὶ καταλίπῃ γυναῖκα καὶ μὴ ἀφῇ τέκνον, ἵνα
λάβῃ ὁ ἀδελφὸς αὐτοῦ τὴν γυναῖκα καὶ ἐξαναστήσῃ
σπέρμα τῷ ἀδελφῷ αὐτοῦ.   ἑπτὰ ἀδελφοὶ ἦσαν· καὶ 20
ὁ πρῶτος ἔλαβεν γυναῖκα, καὶ ἀποθνήσκων οὐκ ἀφῆκεν
σπέρμα·   καὶ ὁ δεύτερος ἔλαβεν αὐτήν, καὶ ἀπέθανεν 21
μὴ καταλιπὼν σπέρμα· καὶ ὁ τρίτος ὡσαύτως·   καὶ οἱ 22
ἑπτὰ οὐκ ἀφῆκαν σπέρμα. ἔσχατον πάντων καὶ ἡ γυνὴ
ἀπέθανεν.   ἐν τῇ ἀναστάσει τίνος αὐτῶν ἔσται γυνή; 23
οἱ γὰρ ἑπτὰ ἔσχον αὐτὴν γυναῖκα.   ἔφη αὐτοῖς ὁ Ἰη- 24
σοῦς, Οὐ διὰ τοῦτο πλανᾶσθε, μὴ εἰδότες τὰς γραφὰς μηδὲ
τὴν δύναμιν τοῦ Θεοῦ;   ὅταν γὰρ ἐκ νεκρῶν ἀναστῶ- 25
σιν, οὔτε γαμοῦσιν οὔτε γαμίζονται, ἀλλ᾽ εἰσὶν ὡς ἄγγελοι
ἐν τοῖς οὐρανοῖς.   περὶ δὲ τῶν νεκρῶν ὅτι ἐγείρονται 26
οὐκ ἀνέγνωτε ἐν τῇ βίβλῳ Μωυσέως ἐπὶ τοῦ βάτου πῶς
εἶπεν αὐτῷ ὁ Θεὸς λέγων, Ἐγὼ ὁ Θεὸς Ἀβραὰμ καὶ Θεὸς
Ἰσαὰκ καὶ Θεὸς Ἰακώβ;   οὐκ ἔστιν Θεὸς νεκρῶν ἀλλὰ 27
ζώντων· πολὺ πλανᾶσθε.

Καὶ προσελθὼν εἷς τῶν γραμματέων, ἀκούσας αὐτῶν 28
συνζητούντων, εἰδὼς ὅτι καλῶς ἀπεκρίθη αὐτοῖς, ἐπηρώτη-

---

18 ἐπηρώτων] -τησαν ϛ Lnm   19 καταλίπῃ] -λείψῃ WHa   μὴ ἀφῇ]
post τέκνον ϛ LnTr(n.m.)   τέκνον] τέκνα ϛ Ln(n.m.)Tr(n.m.)   τὴν
γυναῖκα]+αὐτοῦ ϛ Ln   ἐξαναστήσῃ]-σει WHa   20 ἑπτὰ]+οὖν ϛm
ElzJ   21 μὴ καταλιπὼν] καὶ οὐδὲ αὐτὸς ἀφῆκεν ϛ Ln(n.m.)   22 °οἱ
ἑπτὰ] pr ἔλαβον αὐτὴν ϛ[Ln] : + καὶ ϛ Ln   ἔσχατον] -τη ϛ(n.m.)
ἀπέθ.] ante καὶ ἡ γυ. ϛ   23 ἀναστάσει] pr οὖν ϛ Ln : C : + ὅταν ἀνα-
στῶσιν ϛ(n.m.)[Ln]TiA[B]   24 ἔφη αὐτ. ὁ Ἰησ.] καὶ ἀποκριθεὶς ὁ Ἰησ.
εἶπεν αὐτ. ϛ Ln   εἰδότες] γινώσκοντες Trm   25 γαμίζονται]-ίσκον-
ται ϛ   ἀλλ᾽] ἀλλὰ WHa   ἄγγελοι] [Tr]m σφ : pr οἱ [Tr]mWHm :
+ οἱ ϛ [Tr]A[B]WHm   26 τοῦ βάτου] τῆς β. ϛ : Er   πῶς] ὡς ϛ(n.m.)
Ln   Θεὸς] tert. et quart.] pr ὁ ϛ Ti[B]   27 Θεὸς] pr ὁ ϛ Ti[B]WHm
ζώντων] pr Θεὸς ϛ : C   πολὺ] pr ὑμεῖς οὖν ϛ Ln[Tr]   28 συνζητ.]
συζητ. ϛ   εἰδὼς] ἰδὼν ϛmLnTr(n.m.)TiBm   ἀπεκρ. αὐτ.] αὐτ. ἀπ. ϛ
LnTrm

127

29 σεν αὐτόν, Ποία ἐστὶν ἐντολὴ πρώτη πάντων; ἀπεκρίθη ὁ Ἰησοῦς ὅτι Πρώτη ἐστίν, Ἄκουε, Ἰσραήλ· Κύριος
30 ὁ Θεὸς ἡμῶν Κύριος εἷς ἐστίν· καὶ ἀγαπήσεις Κύριον τὸν Θεόν σου ἐξ ὅλης τῆς καρδίας σου καὶ ἐξ ὅλης τῆς ψυχῆς σου καὶ ἐξ ὅλης τῆς διανοίας σου καὶ ἐξ ὅλης τῆς
31 ἰσχύος σου. δευτέρα αὕτη, Ἀγαπήσεις τὸν πλησίον σου ὡς σεαυτόν. μείζων τούτων ἄλλη ἐντολὴ οὐκ ἔστιν.
32 καὶ εἶπεν αὐτῷ ὁ γραμματεύς, Καλῶς, διδάσκαλε, ἐπ' ἀληθείας εἶπας ὅτι εἷς ἐστίν, καὶ οὐκ ἔστιν ἄλλος πλὴν
33 αὐτοῦ· καὶ τὸ ἀγαπᾶν αὐτὸν ἐξ ὅλης τῆς καρδίας καὶ ἐξ ὅλης τῆς συνέσεως καὶ ἐξ ὅλης τῆς ἰσχύος, καὶ τὸ ἀγαπᾶν τὸν πλησίον ὡς ἑαυτόν, περισσότερόν ἐστιν πάν-
34 των τῶν ὁλοκαυτωμάτων καὶ θυσιῶν. καὶ ὁ Ἰησοῦς, ἰδὼν αὐτὸν ὅτι νουνεχῶς ἀπεκρίθη, εἶπεν αὐτῷ, Οὐ μακρὰν εἶ ἀπὸ τῆς βασιλείας τοῦ Θεοῦ. καὶ οὐδεὶς οὐκέτι ἐτόλμα αὐτὸν ἐπερωτῆσαι.

35 Καὶ ἀποκριθεὶς ὁ Ἰησοῦς ἔλεγεν διδάσκων ἐν τῷ ἱερῷ, Πῶς λέγουσιν οἱ γραμματεῖς ὅτι ὁ Χριστὸς υἱὸς Δαυεὶδ
36 ἐστιν; αὐτὸς Δαυεὶδ εἶπεν ἐν τῷ Πνεύματι τῷ Ἁγίῳ, Εἶπεν Κύριος τῷ κυρίῳ μου, Κάθου ἐκ δεξιῶν μου ἕως ἂν
37 θῶ τοὺς ἐχθρούς σου ὑποπόδιον τῶν ποδῶν σου. αὐτὸς Δαυεὶδ λέγει αὐτὸν κύριον, καὶ πόθεν αὐτοῦ ἐστιν υἱός;

Καὶ ὁ πολὺς ὄχλος ἤκουεν αὐτοῦ ἡδέως. Καὶ ἐν τῇ 38
διδαχῇ αὐτοῦ ἔλεγεν, Βλέπετε ἀπὸ τῶν γραμματέων τῶν
θελόντων ἐν στολαῖς περιπατεῖν καὶ ἀσπασμοὺς ἐν ταῖς
ἀγοραῖς καὶ πρωτοκαθεδρίας ἐν ταῖς συναγωγαῖς καὶ 39
πρωτοκλισίας ἐν τοῖς δείπνοις· οἱ κατέσθοντες τὰς 40
οἰκίας τῶν χηρῶν καὶ προφάσει μακρὰ προσευχόμενοι, οὗτοι
λήμψονται περισσότερον κρίμα.

Καὶ καθίσας κατέναντι τοῦ γαζοφυλακίου ἐθεώρει πῶς 41
ὁ ὄχλος βάλλει χαλκὸν εἰς τὸ γαζοφυλάκιον, καὶ πολλοὶ
πλούσιοι ἔβαλλον πολλά. καὶ ἐλθοῦσα μία χήρα πτω- 42
χὴ ἔβαλεν λεπτὰ δύο, ὅ ἐστιν κοδράντης. καὶ προσ- 43
καλεσάμενος τοὺς μαθητὰς αὐτοῦ εἶπεν αὐτοῖς, Ἀμὴν
λέγω ὑμῖν ὅτι ἡ χήρα αὕτη ἡ πτωχὴ πλεῖον πάντων
ἔβαλεν τῶν βαλλόντων εἰς τὸ γαζοφυλάκιον· πάντες 44
γὰρ ἐκ τοῦ περισσεύοντος αὐτοῖς ἔβαλον, αὕτη δὲ ἐκ τῆς
ὑστερήσεως αὐτῆς πάντα ὅσα εἶχεν ἔβαλεν, ὅλον τὸν βίον
αὐτῆς.

Καὶ ἐκπορευομένου αὐτοῦ ἐκ τοῦ ἱεροῦ λέγει αὐτῷ εἷς 13
τῶν μαθητῶν αὐτοῦ, Διδάσκαλε, ἴδε ποταποὶ λίθοι καὶ
ποταπαὶ οἰκοδομαί. καὶ ὁ Ἰησοῦς εἶπεν αὐτῷ, Βλέπεις 2
ταύτας τὰς μεγάλας οἰκοδομάς; οὐ μὴ ἀφεθῇ [ὧδε] λίθος
ἐπὶ λίθον ὃς οὐ μὴ καταλυθῇ.

Καὶ καθημένου αὐτοῦ εἰς τὸ Ὄρος τῶν Ἐλαιῶν κατέ- 3
ναντι τοῦ ἱεροῦ ἐπηρώτα αὐτὸν κατ' ἰδίαν Πέτρος καὶ
Ἰάκωβος καὶ Ἰωάννης καὶ Ἀνδρέας, Εἰπὸν ἡμῖν, πότε 4

---

38 ἐν τῇ διδαχῇ αὐτοῦ ἔλεγεν] ἔλεγεν αὐτοῖς ἐν τῇ διδαχῇ αὐτοῦ ς Ln
39, 40 δείπνοις·...προσευχόμενοι,] δείπνοις,...προσευχόμενοι· JAWH(n.m.)
κατέσθοντες] κατεσθίοντες ς LnTiBWHa   χηρῶν] + καὶ ὀρφανῶν WHm
41 καθίσας] + ὁ Ἰησοῦς ς[Ln]   κατέναντι] ἀπέναντι Tr(n.m.)
42 καὶ ἐλθοῦσα] ἐλθ. δὲ Trm   ἐστιν] ἐστι WHa   43 εἶπεν] λέγει
ς A: C   ἔβαλεν] βέβληκεν ς TiA   βαλλόντων] βαλόντων ς: CEr
1 εἰς]+ἐκ Tr sed [Tr]m[A]   2 ὁ Ἰησ.] pr ἀποκριθεὶς Ln: +ἀποκρ. ς
ὧδε] ins ςm LnTrWHR: ς°Ti°A°B°   λίθον] λίθῳ ς LnA   κατα-
λυθῇ]+, καὶ διὰ τριῶν ἡμερῶν ἄλλος ἀναστήσεται ἄνευ χειρῶν WHm
3 ἐπηρώτα]-ώτων ςLn   κατ' ἰδ.] καθ' ἰδ. WHa   Πέτρος] pr ὁ Ti[B]
4 εἰπὸν] εἰπὲ ς

ταῦτα ἔσται; καὶ τί τὸ σημεῖον ὅταν μέλλῃ ταῦτα συν-
5 τελεῖσθαι πάντα; ὁ δὲ Ἰησοῦς ἤρξατο λέγειν αὐτοῖς,
6 Βλέπετε μή τις ὑμᾶς πλανήσῃ. πολλοὶ ἐλεύσονται
ἐπὶ τῷ ὀνόματί μου λέγοντες ὅτι Ἐγώ εἰμι, καὶ πολλοὺς
7 πλανήσουσιν. ὅταν δὲ ἀκούσητε πολέμους καὶ ἀκοὰς
πολέμων, μὴ θροεῖσθε· δεῖ γενέσθαι· ἀλλ' οὔπω τὸ τέλος.
8 ἐγερθήσεται γὰρ ἔθνος ἐπ' ἔθνος καὶ βασιλεία ἐπὶ βα-
σιλείαν· ἔσονται σεισμοὶ κατὰ τόπους· ἔσονται λιμοί·
ἀρχὴ ὠδίνων ταῦτα.
9 Βλέπετε δὲ ὑμεῖς ἑαυτούς· παραδώσουσιν ὑμᾶς εἰς συνέ-
δρια καὶ εἰς συναγωγὰς δαρήσεσθε, καὶ ἐπὶ ἡγεμόνων καὶ
βασιλέων σταθήσεσθε ἕνεκεν ἐμοῦ, εἰς μαρτύριον αὐτοῖς·
10 καὶ εἰς πάντα τὰ ἔθνη πρῶτον δεῖ κηρυχθῆναι τὸ εὐαγγέ-
11 λιον. καὶ ὅταν ἄγωσιν ὑμᾶς παραδιδόντες, μὴ προμε-
ριμνᾶτε τί λαλήσητε· ἀλλ' ὃ ἐὰν δοθῇ ὑμῖν ἐν ἐκείνῃ τῇ
ὥρᾳ, τοῦτο λαλεῖτε· οὐ γάρ ἐστε ὑμεῖς οἱ λαλοῦντες ἀλλὰ
12 τὸ Πνεῦμα τὸ Ἅγιον. καὶ παραδώσει ἀδελφὸς ἀδελ-
φὸν εἰς θάνατον, καὶ πατὴρ τέκνον· καὶ ἐπαναστήσονται
13 τέκνα ἐπὶ γονεῖς καὶ θανατώσουσιν αὐτούς· καὶ ἔσεσθε
μισούμενοι ὑπὸ πάντων διὰ τὸ ὄνομά μου· ὁ δὲ ὑπομεί-
νας εἰς τέλος, οὗτος σωθήσεται.
14 Ὅταν δὲ ἴδητε τὸ βδέλυγμα τῆς ἐρημώσεως ἑστηκότα
ὅπου οὐ δεῖ (ὁ ἀναγινώσκων νοείτω), τότε οἱ ἐν τῇ Ἰουδαίᾳ
15 φευγέτωσαν εἰς τὰ ὄρη· ὁ δὲ ἐπὶ τοῦ δώματος μὴ

ταῦτα συντελ. πάντα] πάντα ταῦ. συντ. ς: ταῦ. πάντα συντ. L*n T*r*m
5 Ἰησ.] + ἀποκριθεὶς ς *L n*   αὐτοῖς] ante ἤρξατο ς   6 πολλοὶ] +
γὰρ ς *L n T r* sed [*T r*]m   7 ἀκούσητε] ἀκούετε *T r*(n.m.): ἀκούητε WHm
δεῖ]+ γὰρ ς *L n*[*T r*]   8 ἐπ'] ἐπὶ ς *L n T r*WHa   ἔσονται *pri*.] pr καὶ
ς *L n*   ἔσονται *sec*.] pr καὶ ς *L n*[*T r*]   λιμοὶ]+ καὶ ταραχαί ς[A][B]
ἀρχὴ] ἀρχαὶ ς (n.m.)A   9 παραδώσουσιν] + γὰρ ς Ln[Tr]Tr°mR
δαρήσεσθε,] ·δαρήσ. Elz: , δαρήσ. Ln : , δαρήσ., Tr   σταθήσεσθε] ἀχ-
θήσεσθε ErJ   ἕνεκεν] ἕνεκα WHa   10 πρῶτον δεῖ] δεῖ πρῶτον ς
11 καὶ ὅταν ἄγωσιν] ὅταν δὲ ἀγάγωσιν ς   λαλήσητε] + μηδὲ μελετᾶτε
ς[*L n*][A]   ἐὰν] ἂν *L n*   12 καὶ παραδώσει] παραδ. δὲ ς
14 ἐρημώσεως] +, τὸ ῥηθὲν ὑπὸ Δανιὴλ τοῦ προφήτου, ς (n.m)[*L n*]Bm : Scr
ἑστηκότα] ἑστὸς ς Bm : ἑστὼς Elz : ἑστηκὸς *L n*Bm   15 δὲ] *L n*°[*T r*]
[B]WH°(n.m.)

ΚΑΤΑ ΜΑΡΚΟΝ 13. 16—28.

καταβάτω, μηδὲ εἰσελθάτω τι ἆραι ἐκ τῆς οἰκίας αὐτοῦ· καὶ ὁ εἰς τὸν ἀγρὸν μὴ ἐπιστρεψάτω εἰς τὰ ὀπίσω ἆραι 16 τὸ ἱμάτιον αὐτοῦ. οὐαὶ δὲ ταῖς ἐν γαστρὶ ἐχούσαις καὶ 17 ταῖς θηλαζούσαις ἐν ἐκείναις ταῖς ἡμέραις· προσεύ- 18 χεσθε δὲ ἵνα μὴ γένηται χειμῶνος· ἔσονται γὰρ αἱ 19 ἡμέραι ἐκεῖναι θλίψις, οἷα οὐ γέγονεν τοιαύτη ἀπ᾽ ἀρχῆς κτίσεως ἣν ἔκτισεν ὁ Θεὸς ἕως τοῦ νῦν, καὶ οὐ μὴ γένηται· καὶ εἰ μὴ ἐκολόβωσεν Κύριος τὰς ἡμέρας, οὐκ ἂν ἐσώθη 20 πᾶσα σάρξ· ἀλλὰ διὰ τοὺς ἐκλεκτοὺς οὓς ἐξελέξατο ἐκολόβωσεν τὰς ἡμέρας. Καὶ τότε ἐάν τις ὑμῖν εἴπῃ, Ἴδε 21 ὧδε ὁ Χριστός, Ἴδε ἐκεῖ, μὴ πιστεύετε· ἐγερθήσονται 22 γὰρ ψευδόχριστοι καὶ ψευδοπροφῆται, καὶ δώσουσιν σημεῖα καὶ τέρατα πρὸς τὸ ἀποπλανᾶν εἰ δυνατὸν τοὺς ἐκλεκτούς. ὑμεῖς δὲ βλέπετε· προείρηκα ὑμῖν πάντα. 23

Ἀλλὰ ἐν ἐκείναις ταῖς ἡμέραις μετὰ τὴν θλίψιν ἐκείνην 24 ὁ ἥλιος σκοτισθήσεται, καὶ ἡ σελήνη οὐ δώσει τὸ φέγγος αὐτῆς, καὶ οἱ ἀστέρες ἔσονται ἐκ τοῦ οὐρανοῦ πίπτον- 25 τες, καὶ αἱ δυνάμεις αἱ ἐν τοῖς οὐρανοῖς σαλευθήσονται· καὶ τότε ὄψονται τὸν Υἱὸν τοῦ Ἀνθρώπου ἐρχόμενον ἐν 26 νεφέλαις μετὰ δυνάμεως πολλῆς καὶ δόξης. καὶ τότε 27 ἀποστελεῖ τοὺς ἀγγέλους, καὶ ἐπισυνάξει τοὺς ἐκλεκτοὺς [αὐτοῦ] ἐκ τῶν τεσσάρων ἀνέμων, ἀπ᾽ ἄκρου γῆς ἕως ἄκρου οὐρανοῦ.

Ἀπὸ δὲ τῆς συκῆς μάθετε τὴν παραβολήν· ὅταν ἤδη 28 ὁ κλάδος αὐτῆς ἁπαλὸς γένηται καὶ ἐκφύῃ τὰ φύλλα,

καταβάτω]+εἰς τὴν οἰκίαν ς[*Ln*]*Tr*A   εἰσελθάτω]-ἔτω ς A   τι ἆραι] ἆραί τι ς LnTiB   16 ἀγρὸν]+ ὢν ς A   18 γένηται]+ἡ φυγὴ ὑμῶν ς Bm   19 ἦν] ἧς ς A   20 ἐκολόβωσεν Κύρ.] Κύρ. ἐκολ. ς*LnTr*(n.m.) A: ἐκολ. ὁ Κύρ. *Lnm*   21 ὑμῖν εἴπῃ] εἴπῃ ὑ. *Trm*   ἴδε *pri.*] ἰδοὺ ς*Ln*   ἴδε *sec.*] ἰδοὺ ς : pr ἢ ς*LnTr*: pr καὶ (pro ἢ) *Trm*: Er πιστεύετε] -σητε ς*Lnm*: Er   22 γὰρ] δὲ TiB   ψευδόχριστοι καὶ] A°   δώσουσιν] ποιήσουσιν TiA   τοὺς ἐκλεκτούς] pr καὶ ς*Ln*[*Tr*]   23 προείρηκα] pr ἰδοὺ ς[Ln]Tr*m*[B]R   24 ἀλλὰ] ἀλλ᾽ ς   25 ἔσονται ἐκ τοῦ οὐρανοῦ πίπτοντες] τοῦ οὐρανοῦ ἔσονται ἐκπίπτοντες ς(n.m.)   26 πολλῆς] post δόξης *Ln*   27 ἀγγέλους] + αὐτοῦ ς[Ln][B] αὐτοῦ] ins ς LnB[WH]R: *Tr°*Ti°A°   28 αὐτῆς] ante ἤδη ς TiA: C ἐκφύῃ] ἐκφυῇ ς LnTrA: Cς*m*Elz

131

29 γινώσκετε ὅτι ἐγγὺς τὸ θέρος ἐστίν· οὕτως καὶ ὑμεῖς, ὅταν ἴδητε ταῦτα γινόμενα, γινώσκετε ὅτι ἐγγύς ἐστιν ἐπὶ 30 θύραις· ἀμὴν λέγω ὑμῖν ὅτι οὐ μὴ παρέλθῃ ἡ γενεὰ 31 αὕτη μέχρις οὗ ταῦτα πάντα γένηται. ὁ οὐρανὸς καὶ ἡ γῆ παρελεύσονται, οἱ δὲ λόγοι μου οὐ [μὴ] παρελεύσονται. 32 Περὶ δὲ τῆς ἡμέρας ἐκείνης ἢ τῆς ὥρας οὐδεὶς οἶδεν, οὐδὲ οἱ ἄγγελοι ἐν οὐρανῷ οὐδὲ ὁ Υἱός, εἰ μὴ ὁ Πατήρ. 33 βλέπετε, ἀγρυπνεῖτε [καὶ προσεύχεσθε]· οὐκ οἴδατε γὰρ 34 πότε ὁ καιρός ἐστιν. ὡς ἄνθρωπος ἀπόδημος ἀφεὶς τὴν οἰκίαν αὐτοῦ, καὶ δοὺς τοῖς δούλοις αὐτοῦ τὴν ἐξουσίαν, ἑκάστῳ τὸ ἔργον αὐτοῦ, καὶ τῷ θυρωρῷ ἐνετείλατο ἵνα 35 γρηγορῇ. γρηγορεῖτε οὖν· οὐκ οἴδατε γὰρ πότε ὁ κύριος τῆς οἰκίας ἔρχεται, ἢ ὀψὲ ἢ μεσονύκτιον ἢ ἀλεκτο- 36 ροφωνίας ἢ πρωΐ· μὴ ἐλθὼν ἐξαίφνης εὕρῃ ὑμᾶς καθεύ- 37 δοντας. ὃ δὲ ὑμῖν λέγω πᾶσιν λέγω, γρηγορεῖτε.

14 Ἦν δὲ τὸ πάσχα καὶ τὰ ἄζυμα μετὰ δύο ἡμέρας· καὶ ἐζήτουν οἱ ἀρχιερεῖς καὶ οἱ γραμματεῖς πῶς αὐτὸν ἐν δόλῳ 2 κρατήσαντες ἀποκτείνωσιν. ἔλεγον γάρ, Μὴ ἐν τῇ ἑορτῇ, μήποτε ἔσται θόρυβος τοῦ λαοῦ.

3 Καὶ ὄντος αὐτοῦ ἐν Βηθανίᾳ ἐν τῇ οἰκίᾳ Σίμωνος τοῦ λεπροῦ, κατακειμένου αὐτοῦ ἦλθεν γυνὴ ἔχουσα ἀλάβα- στρον μύρου νάρδου πιστικῆς · πολυτελοῦς· συντρίψασα 4 τὴν ἀλάβαστρον κατέχεεν αὐτοῦ τῆς κεφαλῆς. ἦσαν δέ τινες ἀγανακτοῦντες πρὸς ἑαυτούς, Εἰς τί ἡ ἀπώλεια 5 αὕτη τοῦ μύρου γέγονεν; ἠδύνατο γὰρ τοῦτο τὸ μύρον

γινώσκετε] -εται T*r*mA   29 ἴδητε ταῦτα] ταῦ. ἴδ. ς A   30 ταῦτα πάντα] πάν. ταῦ. ςLnTrm   31 παρελεύσονται *pri.*] -σεται LnmTrm μή] ins ς LnTi[B]WHm: Tr°A°WH°   παρελεύσονται *sec.*] παρέλθωσιν ςLn   32 ἤ] καὶ ς(n.m.)   οἱ ἄγγελοι]ἄγγελος TrmAWHm :+οἱ ςLn 33 καὶ προσεύχ.] ins ς[Tr][B]RScr : Ln°Ti°A°WH°R°m   ἐστιν][WH] 34 ἑκάστῳ] pr καὶ ς   35 ἢ ὀψὲ] —ἢ ςLn   μεσονύκτιον] μεσαν. WHa : -νυκτίου ςLn   36 ἐξαίφνης] ἐξέφνης WH(n.a.)   37 ὃ] ἃ ς ²/ γὰρ] δὲ ς(n.m.)   ἔσται θόρ.] θόρ. ἔστ. ς Ln   3 ἦλθεν] -θε WHa πολυτελοῦς· συντρ.] πολυτελοῦς συντρ. WH(n.m.)   συντρ.] pr καὶ ς LnTr sed [Tr]m   τὴν] τὸ ς : τὸν LnTiB(n.m.)   τῆς κεφ.] pr κατὰ ς 4 ἦσαν *usque ad* ἑαυτούς] οἱ δὲ μαθηταὶ αὐτοῦ διεπονοῦντο καὶ ἔλεγον WHm :+καὶ λέγοντες ςLn[Tr]   5 τὸ μύρον] ς°

ΚΑΤΑ ΜΑΡΚΟΝ 14.6--16.

πραθῆναι ἐπάνω δηναρίων τριακοσίων καὶ δοθῆναι τοῖς πτωχοῖς. καὶ ἐνεβριμῶντο αὐτῇ. ὁ δὲ Ἰησοῦς εἶπεν, 6 Ἄφετε αὐτήν· τί αὐτῇ κόπους παρέχετε; καλὸν ἔργον ἠργάσατο ἐν ἐμοί. πάντοτε γὰρ τοὺς πτωχοὺς ἔχετε 7 μεθ᾿ ἑαυτῶν, καὶ ὅταν θέλητε δύνασθε αὐτοῖς εὖ ποιῆσαι, ἐμὲ δὲ οὐ πάντοτε ἔχετε. ὃ ἔσχεν ἐποίησεν· προέλαβεν 8 μυρίσαι τὸ σῶμά μου εἰς τὸν ἐνταφιασμόν· ἀμὴν δὲ 9 λέγω ὑμῖν, ὅπου ἐὰν κηρυχθῇ τὸ εὐαγγέλιον εἰς ὅλον τὸν κόσμον, καὶ ὃ ἐποίησεν αὕτη λαληθήσεται εἰς μνημόσυνον αὐτῆς.

Καὶ Ἰούδας Ἰσκαριώθ, ὁ εἷς τῶν δώδεκα, ἀπῆλθεν πρὸς 10 τοὺς ἀρχιερεῖς ἵνα αὐτὸν παραδοῖ αὐτοῖς. οἱ δὲ ἀκού- 11 σαντες ἐχάρησαν, καὶ ἐπηγγείλαντο αὐτῷ ἀργύριον δοῦναι. καὶ ἐζήτει πῶς αὐτὸν εὐκαίρως παραδοῖ.

Καὶ τῇ πρώτῃ ἡμέρᾳ τῶν ἀζύμων, ὅτε τὸ πάσχα ἔθυον, 12 λέγουσιν αὐτῷ οἱ μαθηταὶ αὐτοῦ, Ποῦ θέλεις ἀπελθόντες ἑτοιμάσωμεν ἵνα φάγῃς τὸ πάσχα; καὶ ἀποστέλλει 13 δύο τῶν μαθητῶν αὐτοῦ καὶ λέγει αὐτοῖς, Ὑπάγετε εἰς τὴν πόλιν, καὶ ἀπαντήσει ὑμῖν ἄνθρωπος κεράμιον ὕδατος βαστάζων· ἀκολουθήσατε αὐτῷ, καὶ ὅπου ἐὰν εἰσέλθῃ, 14 εἴπατε τῷ οἰκοδεσπότῃ ὅτι Ὁ διδάσκαλος λέγει, Ποῦ ἐστιν τὸ κατάλυμά μου, ὅπου τὸ πάσχα μετὰ τῶν μαθητῶν μου φάγω; καὶ αὐτὸς ὑμῖν δείξει ἀνάγαιον μέγα ἐστρω- 15 μένον ἕτοιμον· καὶ ἐκεῖ ἑτοιμάσατε ἡμῖν. καὶ ἐξῆλθον 16 οἱ μαθηταὶ καὶ ἦλθον εἰς τὴν πόλιν καὶ εὗρον καθὼς εἶπεν αὐτοῖς· καὶ ἡτοίμασαν τὸ πάσχα.

δηναρίων τριακοσίων] τρ. δην. ς WHm ἐνεβριμῶντο]-μοῦντο TiWHa
6 ἠργάσατο] εἰργ. ς LnTrA ἐν ἐμοί] εἰς ἐμέ ς : Cςm 7 αὐτοῖς]
Ti°[B]: αὐτοὺς ς : + πάντοτε [Tr]m[B][WH] 8 ἔσχεν] εἶχεν ς : Cςm :
+αὕτη ς[Ln][Tr] τὸ σῶμά μου] μου τὸ σ. ς TrmTiA 9 δὲ] ς°
[Ln] ἐὰν] ἂν ς LnTrWHa : CEr τὸ εὐαγγ.] +τοῦτο ς[Ln]
10 Ἰούδας] pr ὁ ς : + ὁ ς Ἰσκαριώθ] -ώτης ς Ln[Tr ὁ] ς°Ln°
αὐτὸν] post παραδ. ς Ln παραδοῖ]-δῷ ς 11 αὐτὸν] post εὐκαίρως
ς παραδοῖ]-δῷ ς 14 ἐὰν] ἂν LnTrAWHa μου] pri. ς°(n.m.)
[Ln][Tr]m 15 ἀνάγαιον] ἀνώγεον ς ἕτοιμον][Ln] καὶ ἐκεῖ]
-καὶ ς Ln : κἀκεῖ TiB 16 μαθηταὶ] +αὐτοῦ ς Ln[Tr]A

ΚΑΤΑ ΜΑΡΚΟΝ

17 Καὶ ὀψίας γενομένης ἔρχεται μετὰ τῶν δώδεκα.
18 καὶ ἀνακειμένων αὐτῶν καὶ ἐσθιόντων ὁ Ἰησοῦς εἶπεν, Ἀμὴν λέγω ὑμῖν ὅτι εἷς ἐξ ὑμῶν παραδώσει με, ὁ ἐσθίων
19 μετ' ἐμοῦ. ἤρξαντο λυπεῖσθαι καὶ λέγειν αὐτῷ εἷς
20 κατὰ εἷς, Μήτι ἐγώ; ὁ δὲ εἶπεν αὐτοῖς, Εἷς τῶν δώδεκα,
21 ὁ ἐμβαπτόμενος μετ' ἐμοῦ εἰς τὸ τρυβλίον. ὅτι ὁ μὲν Υἱὸς τοῦ Ἀνθρώπου ὑπάγει καθὼς γέγραπται περὶ αὐτοῦ· οὐαὶ δὲ τῷ ἀνθρώπῳ ἐκείνῳ δι' οὗ ὁ Υἱὸς τοῦ Ἀνθρώπου παραδίδοται· καλὸν αὐτῷ, εἰ οὐκ ἐγεννήθη ὁ ἄνθρωπος
22 ἐκεῖνος. Καὶ ἐσθιόντων αὐτῶν λαβὼν ἄρτον εὐλογήσας ἔκλασεν καὶ ἔδωκεν αὐτοῖς, καὶ εἶπεν, Λάβετε· τοῦτό ἐστιν
23 τὸ σῶμά μου. καὶ λαβὼν ποτήριον εὐχαριστήσας ἔδω-
24 κεν αὐτοῖς, καὶ ἔπιον ἐξ αὐτοῦ πάντες· καὶ εἶπεν αὐτοῖς, Τοῦτό ἐστιν τὸ αἷμά μου τῆς διαθήκης τὸ ἐκχυννόμενον
25 ὑπὲρ πολλῶν. ἀμὴν λέγω ὑμῖν ὅτι οὐκέτι οὐ μὴ πίω ἐκ τοῦ γενήματος τῆς ἀμπέλου ἕως τῆς ἡμέρας ἐκείνης ὅταν αὐτὸ πίνω καινὸν ἐν τῇ βασιλείᾳ τοῦ Θεοῦ.
26 Καὶ ὑμνήσαντες ἐξῆλθον εἰς τὸ Ὄρος τῶν Ἐλαιῶν.
27 καὶ λέγει αὐτοῖς ὁ Ἰησοῦς ὅτι Πάντες σκανδαλισθήσεσθε· ὅτι γέγραπται, Πατάξω τὸν ποιμένα, καὶ τὰ πρόβατα
28 διασκορπισθήσονται. ἀλλὰ μετὰ τὸ ἐγερθῆναί με προ-
29 άξω ὑμᾶς εἰς τὴν Γαλιλαίαν. ὁ δὲ Πέτρος ἔφη αὐτῷ,
30 Εἰ καὶ πάντες σκανδαλισθήσονται, ἀλλ' οὐκ ἐγώ. καὶ λέγει αὐτῷ ὁ Ἰησοῦς, Ἀμὴν λέγω σοι ὅτι σὺ σήμερον

ΚΑΤΑ ΜΑΡΚΟΝ 14. 31—41.

ταύτῃ τῇ νυκτί, πρὶν ἢ δὶς ἀλέκτορα φωνῆσαι, τρίς με ἀπαρνήσῃ. ὁ δὲ ἐκπερισσῶς ἐλάλει, Ἐὰν δέῃ με συν- 31 αποθανεῖν σοι, οὐ μή σε ἀπαρνήσομαι. ὡσαύτως δὲ καὶ πάντες ἔλεγον. Καὶ ἔρχονται εἰς χωρίον οὗ τὸ ὄνομα Γεθσημανεί· καὶ 32 λέγει τοῖς μαθηταῖς αὐτοῦ, Καθίσατε ὧδε ἕως προσεύξωμαι. καὶ παραλαμβάνει τὸν Πέτρον καὶ Ἰάκωβον καὶ Ἰωάννην 33 μετ' αὐτοῦ, καὶ ἤρξατο ἐκθαμβεῖσθαι καὶ ἀδημονεῖν. καὶ λέγει αὐτοῖς, Περίλυπός ἐστιν ἡ ψυχή μου ἕως θανά- 34 του· μείνατε ὧδε καὶ γρηγορεῖτε. καὶ προελθὼν μικρὸν 35 ἔπιπτεν ἐπὶ τῆς γῆς, καὶ προσηύχετο ἵνα εἰ δυνατόν ἐστιν παρέλθῃ ἀπ' αὐτοῦ ἡ ὥρα, καὶ ἔλεγεν, Ἀββᾶ, ὁ Πατήρ, 36 πάντα δυνατά σοι· παρένεγκε τὸ ποτήριον τοῦτο ἀπ' ἐμοῦ· ἀλλ' οὐ τί ἐγὼ θέλω ἀλλὰ τί σύ. καὶ ἔρχεται καὶ εὑ- 37 ρίσκει αὐτοὺς καθεύδοντας, καὶ λέγει τῷ Πέτρῳ, Σίμων, καθεύδεις; οὐκ ἴσχυσας μίαν ὥραν γρηγορῆσαι; γρηγορεῖτε καὶ προσεύχεσθε, ἵνα μὴ ἔλθητε εἰς πειρασμόν· 38 τὸ μὲν πνεῦμα πρόθυμον, ἡ δὲ σὰρξ ἀσθενής. καὶ 39 πάλιν ἀπελθὼν προσηύξατο τὸν αὐτὸν λόγον εἰπών. καὶ 40 πάλιν ἐλθὼν εὗρεν αὐτοὺς καθεύδοντας, ἦσαν γὰρ αὐτῶν οἱ ὀφθαλμοὶ καταβαρυνόμενοι· καὶ οὐκ ᾔδεισαν τί ἀποκριθῶσιν αὐτῷ. καὶ ἔρχεται τὸ τρίτον καὶ λέγει αὐτοῖς, 41 Καθεύδετε τὸ λοιπὸν καὶ ἀναπαύεσθε· ἀπέχει· ἦλθεν ἡ ὥρα· ἰδοὺ παραδίδοται ὁ Υἱὸς τοῦ Ἀνθρώπου εἰς τὰς

ταύτῃ τῇ νυκτί] ἐν τῇ νυ. ταύτῃ ς *L*n m   με ἀπαρν.] ἀπαρν. με ς
31 ἐκπερισσῶς] ἐκ περισσοῦ ς   ἐλάλει] ἔλεγεν ς *L*n m : + μᾶλλον ς
δέῃ με] με δέῃ ς TiAB   ἀπαρνήσομαι] -σωμαι TiB   δὲ sec.] [WH]
32 οὗ τὸ] ᾧ *L*n   Γεθσημανεί] -μανῆ ς : -μανεῖ LnTrA : Er   προσεύξωμαι] -ομαι *Tr* m   33 Ἰάκωβον] pr τὸν ς [B]WH(n.m.) : C
Ἰωάννην] pr τὸν [B]WH(n.m.)   μετ' αὐτοῦ] μεθ' ἑαυτοῦ ς   35 προελθὼν] προσελθών Er*Tr*WH m : Scr : cf. Matt. xxvi. 39.   ἔπιπτεν] ἔπεσεν ς Ln*Tr*(n.m.)   36 ἀββᾶ] ἀββά WH   τοῦτο] post ἐμοῦ ς
38 γρηγορεῖτε καὶ προσευχ., ἵνα] γρηγορ., καὶ πρ. ἵνα Rm   ἔλθητε]
εἰσέλθητε ς *LnTr*   39 τὸν αὐτὸν λόγον εἰπών] [WH]   40 πάλιν]
Tr°[*Tr*]m : ὑποστρέψας ς TiB   καθεύδ.] pr πάλιν ς TiB   αὐτ. οἱ ὀ.]
οἱ ὀ. αὐτ. ς *LnTr*A   καταβαρυνόμενοι] βεβαρημένοι ς(n.m.)   αὐτῷ]
ante ἀποκρ. ς   41 καὶ *pri.*] Bᵒ σφ?   τὸ λοιπὸν] —τὸ *Ln Tr*A[WH]

135

ΚΑΤΑ ΜΑΡΚΟΝ

42 χεῖρας τῶν ἁμαρτωλῶν. ἐγείρεσθε, ἄγωμεν· ἰδοὺ ὁ παραδιδούς με ἤγγικεν.

43 Καὶ εὐθὺς ἔτι αὐτοῦ λαλοῦντος παραγίνεται ὁ Ἰούδας [ὁ Ἰσκαριώτης], εἷς τῶν δώδεκα, καὶ μετ' αὐτοῦ ὄχλος μετὰ μαχαιρῶν καὶ ξύλων παρὰ τῶν ἀρχιερέων καὶ τῶν γραμ-
44 ματέων καὶ τῶν πρεσβυτέρων. δεδώκει δὲ ὁ παραδιδοὺς αὐτὸν σύσσημον αὐτοῖς λέγων, Ὃν ἂν φιλήσω αὐτός
45 ἐστιν· κρατήσατε αὐτὸν καὶ ἀπάγετε ἀσφαλῶς. καὶ ἐλθών, εὐθὺς προσελθὼν αὐτῷ λέγει, Ῥαββεί, καὶ κατεφί-
46 λησεν αὐτόν· οἱ δὲ ἐπέβαλαν τὰς χεῖρας αὐτῷ καὶ
47 ἐκράτησαν αὐτόν. εἷς δέ [τις] τῶν παρεστηκότων σπασάμενος τὴν μάχαιραν ἔπαισεν τὸν δοῦλον τοῦ ἀρχιερέως
48 καὶ ἀφεῖλεν αὐτοῦ τὸ ὠτάριον. καὶ ἀποκριθεὶς ὁ Ἰησοῦς εἶπεν αὐτοῖς, Ὡς ἐπὶ λῃστὴν ἐξήλθατε μετὰ μαχαιρῶν καὶ
49 ξύλων συλλαβεῖν με; καθ' ἡμέραν ἤμην πρὸς ὑμᾶς ἐν τῷ ἱερῷ διδάσκων, καὶ οὐκ ἐκρατήσατέ με· ἀλλ' ἵνα πληρω-
50 θῶσιν αἱ γραφαί. Καὶ ἀφέντες αὐτὸν ἔφυγον πάντες.
51 Καὶ νεανίσκος τις συνηκολούθει αὐτῷ περιβεβλημένος
52 σινδόνα ἐπὶ γυμνοῦ· καὶ κρατοῦσιν αὐτόν· ὁ δὲ καταλιπὼν τὴν σινδόνα γυμνὸς ἔφυγεν.

53 Καὶ ἀπήγαγον τὸν Ἰησοῦν πρὸς τὸν ἀρχιερέα· καὶ συνέρχονται [αὐτῷ] πάντες οἱ ἀρχιερεῖς καὶ οἱ πρεσβύτεροι
54 καὶ οἱ γραμματεῖς. καὶ ὁ Πέτρος ἀπὸ μακρόθεν ἠκολούθησεν αὐτῷ ἕως ἔσω εἰς τὴν αὐλὴν τοῦ ἀρχιερέως, καὶ ἦν

συνκαθήμενος μετὰ τῶν ὑπηρετῶν καὶ θερμαινόμενος πρὸς τὸ φῶς. Οἱ δὲ ἀρχιερεῖς καὶ ὅλον τὸ συνέδριον ἐζήτουν 55 κατὰ τοῦ Ἰησοῦ μαρτυρίαν εἰς τὸ θανατῶσαι αὐτόν· καὶ οὐχ ηὕρισκον· πολλοὶ γὰρ ἐψευδομαρτύρουν κατ' αὐτοῦ, 56 καὶ ἴσαι αἱ μαρτυρίαι οὐκ ἦσαν. καί τινες ἀναστάντες 57 ἐψευδομαρτύρουν κατ' αὐτοῦ λέγοντες ὅτι Ἡμεῖς ἠκού- 58 σαμεν αὐτοῦ λέγοντος ὅτι Ἐγὼ καταλύσω τὸν ναὸν τοῦτον τὸν χειροποίητον, καὶ διὰ τριῶν ἡμερῶν ἄλλον ἀχειροποίητον οἰκοδομήσω. καὶ οὐδὲ οὕτως ἴση ἦν ἡ μαρ- 59 τυρία αὐτῶν. Καὶ ἀναστὰς ὁ ἀρχιερεὺς εἰς μέσον 60 ἐπηρώτησεν τὸν Ἰησοῦν λέγων, Οὐκ ἀποκρίνῃ οὐδέν; τί οὗτοί σου καταμαρτυροῦσιν; ὁ δὲ ἐσιώπα καὶ οὐκ 61 ἀπεκρίνατο οὐδέν. πάλιν ὁ ἀρχιερεὺς ἐπηρώτα αὐτὸν καὶ λέγει αὐτῷ, Σὺ εἶ ὁ Χριστός, ὁ Υἱὸς τοῦ Εὐλογητοῦ; ὁ δὲ Ἰησοῦς εἶπεν, Ἐγώ εἰμι· καὶ ὄψεσθε τὸν Υἱὸν τοῦ 62 Ἀνθρώπου ἐκ δεξιῶν καθήμενον τῆς δυνάμεως καὶ ἐρχόμενον μετὰ τῶν νεφελῶν τοῦ οὐρανοῦ. ὁ δὲ ἀρχιερεὺς διαρρή- 63 ξας τοὺς χιτῶνας αὐτοῦ λέγει, Τί ἔτι χρείαν ἔχομεν μαρτύρων; ἠκούσατε τῆς βλασφημίας· τί ὑμῖν φαίνεται; 64 οἱ δὲ πάντες κατέκριναν αὐτὸν ἔνοχον εἶναι θανάτου.

Καὶ ἤρξαντό τινες ἐμπτύειν αὐτῷ καὶ περικαλύπτειν αὐ- 65 τοῦ τὸ πρόσωπον καὶ κολαφίζειν αὐτὸν καὶ λέγειν αὐτῷ, Προφήτευσον· καὶ οἱ ὑπηρέται ῥαπίσμασιν αὐτὸν ἔλαβον.

Καὶ ὄντος τοῦ Πέτρου κάτω ἐν τῇ αὐλῇ ἔρχεται μία 66 τῶν παιδισκῶν τοῦ ἀρχιερέως, καὶ ἰδοῦσα τὸν Πέτρον 67 θερμαινόμενον ἐμβλέψασα αὐτῷ λέγει, Καὶ σὺ μετὰ τοῦ

54 συνκαθή.] συγκ. ϛ LnTrA : Er τὸ φῶς] —τὸ Elz 55 ηὕρισκον] εὕρ. ϛ TiWHa 58 ἀχειροπ. οἰκοδ.] ἀναστήσω ἀχειροποίητον WHm 60 μέσον] pr τὸ ϛ : C οὐδέν; τί] οὐδὲν τί LnTiA : οὐδέν; ὅτι WHm B 61 οὐκ ἀπεκρίνατο οὐδέν] οὐδὲν ἀπεκρ. ϛ LnA 62 ἐκ δεξ.] post καθήμ. ϛ Lnm : C 63 διαρρήξας] διαρήξας WH(a.a.) 64 τῆς βλασφημίας] τὴν βλασφημίαν Ln ἔνοχον εἶναι] εἶναι ἔν. ϛ Ln: C 65 αὐτοῦ] post τὸ πρόσωπον ϛ Ln κολαφίζειν] -ίζεν Ti σφ ἔλαβον] ἔβαλλον ϛ Scr 66 κάτω] post ἐν τῇ αὐ. ϛ Ln

68 Ναζαρηνοῦ ἦσθα τοῦ Ἰησοῦ. ὁ δὲ ἠρνήσατο λέγων,
Οὔτε οἶδα οὔτε ἐπίσταμαι σὺ τί λέγεις. καὶ ἐξῆλθεν ἔξω
69 εἰς τὸ προαύλιον· καὶ ἀλέκτωρ ἐφώνησεν. καὶ ἡ παι-
δίσκη ἰδοῦσα αὐτὸν ἤρξατο πάλιν λέγειν τοῖς παρεστῶ-
70 σιν ὅτι Οὗτος ἐξ αὐτῶν ἐστίν. ὁ δὲ πάλιν ἠρνεῖτο.
καὶ μετὰ μικρὸν πάλιν οἱ παρεστῶτες ἔλεγον τῷ Πέτρῳ,
71 Ἀληθῶς ἐξ αὐτῶν εἶ· καὶ γὰρ Γαλιλαῖος εἶ. ὁ δὲ ἤρξα-
το ἀναθεματίζειν καὶ ὀμνύναι ὅτι Οὐκ οἶδα τὸν ἄνθρω-
72 πον τοῦτον ὃν λέγετε. καὶ εὐθὺς ἐκ δευτέρου ἀλέκτωρ
ἐφώνησεν. καὶ ἀνεμνήσθη ὁ Πέτρος τὸ ῥῆμα ὡς εἶπεν
αὐτῷ ὁ Ἰησοῦς ὅτι Πρὶν ἀλέκτορα δὶς φωνῆσαι τρίς με
ἀπαρνήσῃ· καὶ ἐπιβαλὼν ἔκλαιεν.

15 Καὶ εὐθὺς πρωῒ συμβούλιον ποιήσαντες οἱ ἀρχιερεῖς
μετὰ τῶν πρεσβυτέρων καὶ γραμματέων, καὶ ὅλον τὸ
συνέδριον, δήσαντες τὸν Ἰησοῦν ἀπήνεγκαν καὶ παρέδωκαν
2 Πειλάτῳ. καὶ ἐπηρώτησεν αὐτὸν ὁ Πειλᾶτος, Σὺ εἶ
ὁ Βασιλεὺς τῶν Ἰουδαίων; ὁ δὲ ἀποκριθεὶς αὐτῷ λέγει,
3 Σὺ λέγεις. καὶ κατηγόρουν αὐτοῦ οἱ ἀρχιερεῖς πολλά.
4 ὁ δὲ Πειλᾶτος πάλιν ἐπηρώτα αὐτὸν λέγων, Οὐκ ἀποκρίνῃ
5 οὐδέν; ἴδε πόσα σου κατηγοροῦσιν. ὁ δὲ Ἰησοῦς
οὐκέτι οὐδὲν ἀπεκρίθη, ὥστε θαυμάζειν τὸν Πειλᾶτον.

6 Κατὰ δὲ ἑορτὴν ἀπέλυεν αὐτοῖς ἕνα δέσμιον, ὃν παρῃ-
7 τοῦντο. ἦν δὲ ὁ λεγόμενος Βαραββᾶς μετὰ τῶν στα-
σιαστῶν δεδεμένος, οἵτινες ἐν τῇ στάσει φόνον πεποιή-

ΚΑΤΑ ΜΑΡΚΟΝ

15. 8—21.

κεισαν. καὶ ἀναβὰς ὁ ὄχλος ἤρξατο αἰτεῖσθαι καθὼς 8
ἐποίει αὐτοῖς. ὁ δὲ Πειλᾶτος ἀπεκρίθη αὐτοῖς λέγων, 9
Θέλετε ἀπολύσω ὑμῖν τὸν Βασιλέα τῶν Ἰουδαίων;
ἐγίνωσκεν γὰρ ὅτι διὰ φθόνον παραδεδώκεισαν αὐτὸν οἱ 10
ἀρχιερεῖς. οἱ δὲ ἀρχιερεῖς ἀνέσεισαν τὸν ὄχλον ἵνα 11
μᾶλλον τὸν Βαραββᾶν ἀπολύσῃ αὐτοῖς. ὁ δὲ Πειλᾶτος 12
πάλιν ἀποκριθεὶς ἔλεγεν αὐτοῖς, Τί οὖν [θέλετε] ποιήσω
ὃν λέγετε τὸν Βασιλέα τῶν Ἰουδαίων; οἱ δὲ πάλιν 13
ἔκραξαν, Σταύρωσον αὐτόν. ὁ δὲ Πειλᾶτος ἔλεγεν 14
αὐτοῖς, Τί γὰρ ἐποίησεν κακόν; οἱ δὲ περισσῶς ἔκραξαν,
Σταύρωσον αὐτόν. ὁ δὲ Πειλᾶτος, βουλόμενος τῷ 15
ὄχλῳ τὸ ἱκανὸν ποιῆσαι, ἀπέλυσεν αὐτοῖς τὸν Βαραββᾶν,
καὶ παρέδωκεν τὸν Ἰησοῦν φραγελλώσας ἵνα σταυρωθῇ.

Οἱ δὲ στρατιῶται ἀπήγαγον αὐτὸν ἔσω τῆς αὐλῆς, ὅ 16
ἐστιν πραιτώριον, καὶ συνκαλοῦσιν ὅλην τὴν σπεῖραν.
καὶ ἐνδιδύσκουσιν αὐτὸν πορφύραν, καὶ περιτιθέασιν αὐτῷ 17
πλέξαντες ἀκάνθινον στέφανον· καὶ ἤρξαντο ἀσπά- 18
ζεσθαι αὐτόν, Χαῖρε, Βασιλεῦ τῶν Ἰουδαίων· καὶ 19
ἔτυπτον αὐτοῦ τὴν κεφαλὴν καλάμῳ καὶ ἐνέπτυον αὐτῷ,
καὶ τιθέντες τὰ γόνατα προσεκύνουν αὐτῷ. καὶ ὅτε 20
ἐνέπαιξαν αὐτῷ, ἐξέδυσαν αὐτὸν τὴν πορφύραν καὶ ἐνέ-
δυσαν αὐτὸν τὰ ἱμάτια αὐτοῦ· καὶ ἐξάγουσιν αὐτὸν ἵνα
σταυρώσουσιν αὐτόν.

Καὶ ἀγγαρεύουσιν παράγοντά τινα Σίμωνα Κυρηναῖον 21
ἐρχόμενον ἀπ' ἀγροῦ, τὸν πατέρα Ἀλεξάνδρου καὶ Ῥούφου,

---

8 ἀναβὰς] ἀναβοήσας ς TrmBm   ἐποίει] pr ἀεὶ ς LnTrA   10 ἐγι-
νωσκεν] -σκε WHa   οἱ ἀρχιερεῖς] [WH]   12 πάλιν] post ἀποκρ. ς
ἔλεγεν] εἶπεν ς Ln   οὖν] [Β] σφ? pro [θέλετε]   θέλετε] ins ς Ln[Tr]
TiAB (σφ?): WHºRº   ὃν] [WH]   ὃν λέγετε] Lnº Trº sed [Tr]m[B]
τὸν] ςº   13 ἔκραξαν] + λέγοντες Ln   14 ἐποίησεν] post κακὸν ς
LnTrm   περισσῶς] περισσοτέρως ς   ἔκραξαν] ἔκραζον LnTrm
15 τῷ ὄχλῳ τὸ ἱκ. ποι.] ποι. τὸ ἱκ. τῷ ὄχλῳ TiB   16 συνκαλοῦσιν]
συγκ. ς LnTrA   17 ἐνδιδύσκουσιν] ἐνδύουσιν ς   18 βασιλεῦ] ὁ
βασιλεὺς TrmA   20 ἱμάτια] τὰ ἴδια Ti[B]   αὐτοῦ] τὰ ἴδια ς TrA
ἐξάγουσιν] ἄγουσιν Ln   σταυρώσουσιν] -σωσιν ς BmWH(n.a)
αὐτόν quart.] Tiº[B]   21 ἀγγαρεύ.] ἐγγαρεύ. WHa   ἀπ'] ἀπὸ LnTr

ΚΑΤΑ ΜΑΡΚΟΝ 15. 22—34.

22 ἵνα ἄρῃ τὸν σταυρὸν αὐτοῦ. καὶ φέρουσιν αὐτὸν ἐπὶ
τὸν Γολγοθᾶν τόπον, ὅ ἐστιν μεθερμηνευόμενον Κρανίου
23 Τόπος. καὶ ἐδίδουν αὐτῷ ἐσμυρνισμένον οἶνον· ὃς δὲ
24 οὐκ ἔλαβεν. Καὶ σταυροῦσιν αὐτόν, καὶ διαμερίζονται
τὰ ἱμάτια αὐτοῦ, βάλλοντες κλῆρον ἐπ' αὐτὰ τίς τί ἄρῃ.
25, 26 ἦν δὲ ὥρα τρίτη καὶ ἐσταύρωσαν αὐτόν. καὶ ἦν ἡ
ἐπιγραφὴ τῆς αἰτίας αὐτοῦ ἐπιγεγραμμένη, Ο ΒΑΣΙ-
ΛΕΥΣ ΤΩΝ ΙΟΥΔΑΙΩΝ.
27 Καὶ σὺν αὐτῷ σταυροῦσιν δύο λῃστάς, ἕνα ἐκ δεξιῶν
29 καὶ ἕνα ἐξ εὐωνύμων αὐτοῦ. Καὶ οἱ παραπορευόμενοι
ἐβλασφήμουν αὐτὸν κινοῦντες τὰς κεφαλὰς αὐτῶν καὶ
λέγοντες, Οὐὰ ὁ καταλύων τὸν ναὸν καὶ οἰκοδομῶν [ἐν]
30 τρισὶν ἡμέραις, σῶσον σεαυτὸν καταβὰς ἀπὸ τοῦ
31 σταυροῦ. ὁμοίως καὶ οἱ ἀρχιερεῖς ἐμπαίζοντες πρὸς
ἀλλήλους μετὰ τῶν γραμματέων ἔλεγον, Ἄλλους ἔσωσεν,
32 ἑαυτὸν οὐ δύναται σῶσαι. ὁ Χριστὸς ὁ Βασιλεὺς
Ἰσραὴλ καταβάτω νῦν ἀπὸ τοῦ σταυροῦ, ἵνα ἴδωμεν καὶ
πιστεύσωμεν. καὶ οἱ συνεσταυρωμένοι σὺν αὐτῷ ὠνείδιζον
αὐτόν.
33 Καὶ γενομένης ὥρας ἕκτης σκότος ἐγένετο ἐφ' ὅλην τὴν
34 γῆν ἕως ὥρας ἐνάτης. καὶ τῇ ἐνάτῃ ὥρᾳ ἐβόησεν ὁ
Ἰησοῦς φωνῇ μεγάλῃ, Ἐλωί, Ἐλωί, λαμὰ σαβαχθανεί;
ὅ ἐστιν μεθερμηνευόμενον Ὁ Θεός μου, ὁ Θεός μου, εἰς

---

22 τὸν] ϛ°Lnº[Tr]Aº   Γολγοθᾶν] -θᾶ ϛ(n.m.)Ln: -θὰ Tr: -θὰν WH
μεθερμηνευόμενον] -μενος TrmWH(n.m.)   23 αὐτῷ] + πιεῖν ϛ Ln
ὃς] ὁ ϛ LnTrmAº   24 σταυροῦσιν αὐτόν, καὶ] σταυρώσαντες αὐτὸν ϛ Ln
διαμερίζονται] διεμέριζον ϛ: CErϛm   25 ἐσταύρωσαν] ἐφύλασσον
WHm   28 +καὶ ἐπληρώθη ἡ γραφὴ ἡ λέγουσα, Καὶ μετὰ ἀνόμων ἐλο-
γίσθη. ϛ Ln[Tr][B]Rm: Scr   29 οὐὰ] οὐᾶ TiB   οἰκοδομῶν] post
ἡμεραῖς ϛ   ἐν] ins ϛ [B][WH] R: Lnº Trº Tiº Aº   30 καταβὰς] καὶ
κατάβα ϛ(n.m.)Bm   31 ὁμοίως] + δὲ ϛ: CEr   σῶσαι.] σῶσαι; ϛm
31, 32 σῶσαι....Ἰσραὴλ] σῶσαι,...Ἰσραήλ. LnA   32 Ἰσραὴλ] pr τοῦ
ϛ [Tr]m   πιστεύσωμεν] + αὐτῷ Ln   σὺν] ϛ° Trº Aº   33 καὶ
γενομ.] γενομ. δὲ ϛ   34 τῇ ἐν. ὥρᾳ] τῇ ὥρᾳ τῇ ἐν. ϛ Trm   μεγάλῃ]
+λέγων ϛ Ln   ἐλωί bis] ἐλ. LnTiAB   λαμὰ] λαμμᾶ ϛ: Er: λαμὰ
A: λεμὰ LnTiB   σαβαχθανεί]-ανί ϛ LnAB   ὁ Θεός μου sec.][WH]

140

ΚΑΤΑ ΜΑΡΚΟΝ 15. 35—46.

τί ἐγκατέλιπές με; καί τινες τῶν παρεστηκότων ἀκού- 35
σαντες ἔλεγον, Ἴδε Ἡλίαν φωνεῖ. δραμὼν δέ τις, 36
γεμίσας σπόγγον ὄξους, περιθεὶς καλάμῳ ἐπότιζεν αὐτὸν
λέγων, Ἄφετε ἴδωμεν εἰ ἔρχεται Ἡλίας καθελεῖν αὐτόν.
ὁ δὲ Ἰησοῦς ἀφεὶς φωνὴν μεγάλην ἐξέπνευσεν. 37
Καὶ τὸ καταπέτασμα τοῦ ναοῦ ἐσχίσθη εἰς δύο ἀπ' ἄνω- 38
θεν ἕως κάτω. Ἰδὼν δὲ ὁ κεντυρίων ὁ παρεστηκὼς ἐξ 39
ἐναντίας αὐτοῦ ὅτι οὕτως ἐξέπνευσεν, εἶπεν, Ἀληθῶς οὗτος
ὁ ἄνθρωπος Υἱὸς Θεοῦ ἦν. ἦσαν δὲ καὶ γυναῖκες ἀπὸ 40
μακρόθεν θεωροῦσαι, ἐν αἷς καὶ Μαρία ἡ Μαγδαληνὴ καὶ
Μαρία ἡ Ἰακώβου τοῦ μικροῦ καὶ Ἰωσῆτος μήτηρ καὶ
Σαλώμη, αἳ ὅτε ἦν ἐν τῇ Γαλιλαίᾳ ἠκολούθουν αὐτῷ 41
καὶ διηκόνουν αὐτῷ, καὶ ἄλλαι πολλαὶ αἱ συναναβᾶσαι
αὐτῷ εἰς Ἱεροσόλυμα.

Καὶ ἤδη ὀψίας γενομένης, ἐπεὶ ἦν παρασκευή, ὅ ἐστιν 42
προσάββατον, ἐλθὼν Ἰωσὴφ ὁ ἀπὸ Ἀριμαθαίας, εὐ- 43
σχήμων βουλευτής, ὃς καὶ αὐτὸς ἦν προσδεχόμενος τὴν
βασιλείαν τοῦ Θεοῦ, τολμήσας εἰσῆλθεν πρὸς τὸν Πειλᾶτον
καὶ ᾐτήσατο τὸ σῶμα τοῦ Ἰησοῦ. ὁ δὲ Πειλᾶτος 44
ἐθαύμασεν εἰ ἤδη τέθνηκεν· καὶ προσκαλεσάμενος τὸν
κεντυρίωνα ἐπηρώτησεν αὐτὸν εἰ πάλαι ἀπέθανεν· καὶ 45
γνοὺς ἀπὸ τοῦ κεντυρίωνος ἐδωρήσατο τὸ πτῶμα τῷ
Ἰωσήφ. καὶ ἀγοράσας σινδόνα καθελὼν αὐτὸν ἐνείλη- 46
σεν τῇ σινδόνι, καὶ ἔθηκεν αὐτὸν ἐν μνήματι ὃ ἦν λελατο-
μημένον ἐκ πέτρας· καὶ προσεκύλισεν λίθον ἐπὶ τὴν θύραν

47 τοῦ μνημείου. ἡ δὲ Μαρία ἡ Μαγδαληνὴ καὶ Μαρία
ἡ Ἰωσῆτος ἐθεώρουν ποῦ τέθειται.

16 Καὶ διαγενομένου τοῦ σαββάτου Μαρία ἡ Μαγδαληνὴ
καὶ Μαρία ἡ [τοῦ] Ἰακώβου καὶ Σαλώμη ἠγόρασαν ἀρώ-
2 ματα ἵνα ἐλθοῦσαι ἀλείψωσιν αὐτόν. καὶ λίαν πρωῒ
τῇ μιᾷ τῶν σαββάτων ἔρχονται ἐπὶ τὸ μνημεῖον ἀνατείλαν-
3 τος τοῦ ἡλίου. καὶ ἔλεγον πρὸς ἑαυτάς, Τίς ἀποκυλίσει
4 ἡμῖν τὸν λίθον ἐκ τῆς θύρας τοῦ μνημείου; καὶ ἀνα-
βλέψασαι θεωροῦσιν ὅτι ἀνακεκύλισται ὁ λίθος· ἦν γὰρ
5 μέγας σφόδρα. καὶ εἰσελθοῦσαι εἰς τὸ μνημεῖον εἶδον
νεανίσκον καθήμενον ἐν τοῖς δεξιοῖς περιβεβλημένον στο-
6 λὴν λευκήν· καὶ ἐξεθαμβήθησαν. ὁ δὲ λέγει αὐταῖς,
Μὴ ἐκθαμβεῖσθε· Ἰησοῦν ζητεῖτε τὸν Ναζαρηνὸν τὸν
ἐσταυρωμένον· ἠγέρθη, οὐκ ἔστιν ὧδε· ἴδε ὁ τόπος ὅπου
7 ἔθηκαν αὐτόν. ἀλλὰ ὑπάγετε εἴπατε τοῖς μαθηταῖς
αὐτοῦ καὶ τῷ Πέτρῳ ὅτι Προάγει ὑμᾶς εἰς τὴν Γαλιλαίαν·
8 ἐκεῖ αὐτὸν ὄψεσθε, καθὼς εἶπεν ὑμῖν. καὶ ἐξελθοῦσαι
ἔφυγον ἀπὸ τοῦ μνημείου, εἶχεν γὰρ αὐτὰς τρόμος καὶ
ἔκστασις· καὶ οὐδενὶ οὐδὲν εἶπον, ἐφοβοῦντο γάρ.

9 Ἀναστὰς δὲ πρωῒ πρώτῃ σαββάτου ἐφάνη πρῶτον
Μαρίᾳ τῇ Μαγδαληνῇ, παρ' ἧς ἐκβεβλήκει ἑπτὰ δαιμόνια.
10 ἐκείνη πορευθεῖσα ἀπήγγειλεν τοῖς μετ' αὐτοῦ γενομένοις
11 πενθοῦσιν καὶ κλαίουσιν. κἀκεῖνοι ἀκούσαντες ὅτι ζῇ
12 καὶ ἐθεάθη ὑπ' αὐτῆς ἠπίστησαν. Μετὰ δὲ ταῦτα δυσὶν
ἐξ αὐτῶν περιπατοῦσιν ἐφανερώθη ἐν ἑτέρᾳ μορφῇ πορευο-

47 ἡ Ἰωσῆτος]—ἡ ϛ : Ἰωσῆ ϛ   τέθειται] τίθεται ϛ   1 Μαρία pri.]
pr ἡ [WH]   τοῦ sec.] ins ϛ Ln[Tr]A[B][WH] : CᵒErᵒTiᵒ   2 τῇ]
Ln°Tr° sed [Tr]m[WH]   τῇ μιᾷ] τῆς μιᾶς ϛ A   τῶν] ϛ°[Tr]mAᵒ
μνημεῖον] μνῆμα TiBm   ἀνατείλαντος] ἀνατέλλοντος WHm   3 ἐκ]
ἀπὸ LnTr(u.m.)   4 ἀνακεκύλισται] ἀποκεκ. ϛ Ln   5 εἰσελθοῦσαι]
ἐλθοῦσαι TrmAWHm   6 ἐσταυρωμένον·] ἐσταυρωμένον; ϛm
7 ἀλλὰ] ἀλλ' ϛ   8 ἐξελθοῦσαι]+ταχὺ ϛ : Cϛm   γὰρ pri.] δὲ ϛ A : J
οὐδὲν] Lnᵒσφ   εἶπον] -αν WH(n.a.)   γάρ sec.] + Κατα Μαρκον
Tr : [Ευαγγελιον] Κατα Μαρκον A   9—20 Marci esse negat
Ti : [A][B][WH]Rᵒm : Scr   9 παρ'] ἀφ' ϛ TrmTiAB   10 ἐκείνη]
+ δὲ Ln   πενθοῦσιν] -οῦσι WH

μένοις εἰς ἀγρόν. κἀκεῖνοι ἀπελθόντες ἀπήγγειλαν 13
τοῖς λοιποῖς· οὐδὲ ἐκείνοις ἐπίστευσαν.

Ὕστερον [δὲ] ἀνακειμένοις αὐτοῖς τοῖς ἕνδεκα ἐφανε- 14
ρώθη, καὶ ὠνείδισεν τὴν ἀπιστίαν αὐτῶν καὶ σκληροκαρδίαν,
ὅτι τοῖς θεασαμένοις αὐτὸν ἐγηγερμένον οὐκ ἐπίστευσαν.
καὶ εἶπεν αὐτοῖς, Πορευθέντες εἰς τὸν κόσμον ἅπαντα 15
κηρύξατε τὸ εὐαγγέλιον πάσῃ τῇ κτίσει. ὁ πιστεύσας 16
καὶ βαπτισθεὶς σωθήσεται, ὁ δὲ ἀπιστήσας κατακριθήσεται. σημεῖα δὲ τοῖς πιστεύσασιν ταῦτα παρακολου- 17
θήσει· ἐν τῷ ὀνόματί μου δαιμόνια ἐκβαλοῦσιν, γλώσσαις
λαλήσουσιν καιναῖς,   ὄφεις ἀροῦσιν, κἂν θανάσιμόν 18
τι πίωσιν οὐ μὴ αὐτοὺς βλάψῃ· ἐπὶ ἀρρώστους χεῖρας
ἐπιθήσουσιν καὶ καλῶς ἕξουσιν.

Ὁ μὲν οὖν Κύριος [Ἰησοῦς] μετὰ τὸ λαλῆσαι αὐτοῖς 19
ἀνελήμφθη εἰς τὸν οὐρανὸν καὶ ἐκάθισεν ἐκ δεξιῶν τοῦ
Θεοῦ. ' ἐκεῖνοι δὲ ἐξελθόντες ἐκήρυξαν πανταχοῦ, τοῦ 20
Κυρίου συνεργοῦντος καὶ τὸν λόγον βεβαιοῦντος διὰ τῶν
ἐπακολουθούντων σημείων.

14 δὲ] ins LnTr sed [Tr]m[WH]R : ϛ°Ti°A°B°   ἐγηγερμένον] + ἐκ
νεκρῶν Ln[Tr]m[WH]   17 παρακολούθησει] ἀκολου. TrWH(n.m.) : ante
ταῦτα LnTrWH(n.m.)   καιναῖς] Tr°sed[Tr]mWH°(n.m.)R°m   18 ὄφεις]
pr καὶ ἐν ταῖς χερσὶν Tr sed [Tr]m[WH]   βλάψῃ] βλάψει ϛ : C
19 οὖν] [Tr]m   Ἰησοῦς] ins ϛm Ln Tr sed [Tr]m[WH]R : ϛ°Ti°A°B°
20 σημειων.]+ἀμήν. ϛ JWHmR: ErElz: +ΑΛΛΩΣ. Πάντα δὲ τὰ παρηγγελμένα τοῖς περὶ τὸν Πέτρον συντόμως ἐξήγγειλαν. Μετὰ δὲ ταῦτα καὶ
αὐτὸς ὁ Ἰησοῦς ἀπὸ ἀνατολῆς καὶ ἄχρι δύσεως ἐξαπέστειλεν δι' αὐτῶν
τὸ ἱερὸν καὶ ἄφθαρτον κήρυγμα τῆς αἰωνίου σωτηρίας.[WH]:+Κατα Μαρ-
κον. Tr iterum :+ Ευαγγελιον Κατα Μαρκον [A]

ΚΑΤΑ ΛΟΥΚΑΝ.

1 Ἐπειδήπερ πολλοὶ ἐπεχείρησαν ἀνατάξασθαι διήγησιν περὶ τῶν πεπληροφορημένων ἐν ἡμῖν πραγμάτων,
2 καθὼς παρέδοσαν ἡμῖν οἱ ἀπ᾽ ἀρχῆς αὐτόπται καὶ ὑπηρέται
3 γενόμενοι τοῦ λόγου, ἔδοξε κἀμοί, παρηκολουθηκότι ἄνωθεν πᾶσιν ἀκριβῶς, καθεξῆς σοι γράψαι, κράτιστε
4 Θεόφιλε, ἵνα ἐπιγνῷς περὶ ὧν κατηχήθης λόγων τὴν ἀσφάλειαν.

5 Ἐγένετο ἐν ταῖς ἡμέραις Ἡρῴδου βασιλέως τῆς Ἰουδαίας ἱερεύς τις ὀνόματι Ζαχαρίας ἐξ ἐφημερίας Ἀβιά· καὶ γυνὴ αὐτῷ ἐκ τῶν θυγατέρων Ἀαρών, καὶ τὸ ὄνομα
6 αὐτῆς Ἐλισάβετ. ἦσαν δὲ δίκαιοι ἀμφότεροι ἐναντίον τοῦ Θεοῦ, πορευόμενοι ἐν πάσαις ταῖς ἐντολαῖς καὶ δικαιώ-
7 μασιν τοῦ Κυρίου ἄμεμπτοι. καὶ οὐκ ἦν αὐτοῖς τέκνον, καθότι ἦν ἡ Ἐλισάβετ στεῖρα, καὶ ἀμφότεροι προβεβηκότες ἐν ταῖς ἡμέραις αὐτῶν ἦσαν.

8 Ἐγένετο δὲ ἐν τῷ ἱερατεύειν αὐτὸν ἐν τῇ τάξει τῆς
9 ἐφημερίας αὐτοῦ ἔναντι τοῦ Θεοῦ κατὰ τὸ ἔθος τῆς ἱερατείας, ἔλαχε τοῦ θυμιᾶσαι εἰσελθὼν εἰς τὸν ναὸν τοῦ
10 Κυρίου. καὶ πᾶν τὸ πλῆθος ἦν τοῦ λαοῦ προσευχό-
11 μενον ἔξω τῇ ὥρᾳ τοῦ θυμιάματος. ὤφθη δὲ αὐτῷ ἄγγελος Κυρίου ἑστὼς ἐκ δεξιῶν τοῦ θυσιαστηρίου τοῦ
12 θυμιάματος. καὶ ἐταράχθη Ζαχαρίας ἰδών, καὶ φόβος
13 ἐπέπεσεν ἐπ᾽ αὐτόν. εἶπεν δὲ πρὸς αὐτὸν ὁ ἄγγελος, Μὴ φοβοῦ, Ζαχαρία· διότι εἰσηκούσθη ἡ δέησίς σου, καὶ

ΚΑΤΑ ΛΟΥΚΑΝ] pr ευαγγελιον *Ln Tr*[A]: τὸ κατὰ Λουκᾶν ἅγιον εὐαγγέλιον ς 3 ἔδοξε] -ξεν *Tr*A 5 βασιλέως] pr τοῦ ς *Ln*[A] γυνὴ αὐτῷ] ἡ γ. αὐτοῦ ς *Ln*m 6 ἐναντίον] ἐνώπιον ς *Ln* 7 ἦν] ante στεῖρα ς ἡ] *Ln*°[*Tr*] [B] [WH] 8 ἔναντι] ἐναντίον Τrm
9 ἱερατείας] -τίας WH ἔλαχε] -χεν *Tr*A θυμιᾶσαι] θυμιάσαι ς
10 ἦν τοῦ λα.] τοῦ λα. ἦν ς

ἡ γυνή σου Ἐλισάβετ γεννήσει υἱόν σοι, καὶ καλέσεις τὸ
ὄνομα αὐτοῦ Ἰωάννην. καὶ ἔσται χαρά σοι καὶ ἀγαλ- 14
λίασις, καὶ πολλοὶ ἐπὶ τῇ γενέσει αὐτοῦ χαρήσονται.
ἔσται γὰρ μέγας ἐνώπιον [τοῦ] Κυρίου, καὶ οἶνον καὶ 15
σίκερα οὐ μὴ πίῃ, καὶ Πνεύματος Ἁγίου πλησθήσεται ἔτι
ἐκ κοιλίας μητρὸς αὐτοῦ. καὶ πολλοὺς τῶν υἱῶν Ἰσρα- 16
ὴλ ἐπιστρέψει ἐπὶ Κύριον τὸν Θεὸν αὐτῶν. καὶ αὐτὸς 17
προελεύσεται ἐνώπιον αὐτοῦ ἐν πνεύματι καὶ δυνάμει
Ἡλία, ἐπιστρέψαι καρδίας πατέρων ἐπὶ τέκνα καὶ ἀπειθεῖς
ἐν φρονήσει δικαίων, ἑτοιμάσαι Κυρίῳ λαὸν κατεσκευ-
ασμένον. καὶ εἶπεν Ζαχαρίας πρὸς τὸν ἄγγελον, Κατὰ 18
τί γνώσομαι τοῦτο; ἐγὼ γάρ εἰμι πρεσβύτης, καὶ ἡ γυνή
μου προβεβηκυῖα ἐν ταῖς ἡμέραις αὐτῆς. καὶ ἀποκρι- 19
θεὶς ὁ ἄγγελος εἶπεν αὐτῷ, Ἐγώ εἰμι Γαβριὴλ ὁ παρε-
στηκὼς ἐνώπιον τοῦ Θεοῦ· καὶ ἀπεστάλην λαλῆσαι πρός
σε καὶ εὐαγγελίσασθαί σοι ταῦτα. καὶ ἰδοὺ ἔσῃ σιω- 20
πῶν καὶ μὴ δυνάμενος λαλῆσαι ἄχρι ἧς ἡμέρας γένηται
ταῦτα· ἀνθ᾽ ὧν οὐκ ἐπίστευσας τοῖς λόγοις μου, οἵτινες
πληρωθήσονται εἰς τὸν καιρὸν αὐτῶν. καὶ ἦν ὁ λαὸς 21
προσδοκῶν τὸν Ζαχαρίαν, καὶ ἐθαύμαζον ἐν τῷ χρονίζειν
αὐτὸν ἐν τῷ ναῷ. ἐξελθὼν δὲ οὐκ ἐδύνατο λαλῆσαι 22
αὐτοῖς· καὶ ἐπέγνωσαν ὅτι ὀπτασίαν ἑώρακεν ἐν τῷ ναῷ·
καὶ αὐτὸς ἦν διανεύων αὐτοῖς, καὶ διέμενεν κωφός.
Καὶ ἐγένετο ὡς ἐπλήσθησαν αἱ ἡμέραι τῆς λειτουργίας 23
αὐτοῦ, ἀπῆλθεν εἰς τὸν οἶκον αὐτοῦ.

Μετὰ δὲ ταύτας τὰς ἡμέρας συνέλαβεν Ἐλισάβετ ἡ 24
γυνὴ αὐτοῦ, καὶ περιέκρυβεν ἑαυτὴν μῆνας πέντε, λέγουσα
ὅτι Οὕτως μοι πεποίηκεν Κύριος ἐν ἡμέραις αἷς ἐπεῖδεν 25
ἀφελεῖν ὄνειδός μου ἐν ἀνθρώποις.

14 γενέσει] γεννήσει ϛ   15 τοῦ] ins ϛ*Ln*[*Tr*]A[B]WHm : Er°Ti°WH°
17 προελεύσεται] προσελ. WHmRm   Ἡλία] -ου ϛ*LnTr*(a.m.)A
21 αὐτόν] post ἐν τῷ ναῷ *Tr*mWH   22 ἐδύνατο] ἠδύν. ϛ WHa
23 λειτουργίας]λιτ. WHa   25 Κύριος] pr ὁ ϛ[A][B]WHm   ἐπεῖδεν]
ἐφεῖδεν WHa   ὄνειδος] pr τὸ ϛ*Ln*[A]

ΚΑΤΑ ΛΟΥΚΑΝ

26 Ἐν δὲ τῷ μηνὶ τῷ ἕκτῳ ἀπεστάλη ὁ ἄγγελος Γαβριὴλ ἀπὸ τοῦ Θεοῦ εἰς πόλιν τῆς Γαλιλαίας ᾗ ὄνομα Ναζαρέτ,
27 πρὸς παρθένον ἐμνηστευμένην ἀνδρὶ ᾧ ὄνομα Ἰωσήφ, ἐξ οἴκου Δαυείδ· καὶ τὸ ὄνομα τῆς παρθένου Μαριάμ.
28 καὶ εἰσελθὼν πρὸς αὐτὴν εἶπεν, Χαῖρε, κεχαριτωμένη· ὁ
29 Κύριος μετὰ σοῦ. ἡ δὲ ἐπὶ τῷ λόγῳ διεταράχθη, καὶ
30 διελογίζετο ποταπὸς εἴη ὁ ἀσπασμὸς οὗτος. καὶ εἶπεν ὁ ἄγγελος αὐτῇ, Μὴ φοβοῦ, Μαριάμ· εὗρες γὰρ χάριν
31 παρὰ τῷ Θεῷ. καὶ ἰδοὺ συλλήμψῃ ἐν γαστρὶ καὶ τέξῃ
32 υἱόν, καὶ καλέσεις τὸ ὄνομα αὐτοῦ Ἰησοῦν. οὗτος ἔσται μέγας, καὶ Υἱὸς Ὑψίστου κληθήσεται· καὶ δώσει αὐτῷ Κύριος ὁ Θεὸς τὸν θρόνον Δαυεὶδ τοῦ πατρὸς αὐτοῦ·
33 καὶ βασιλεύσει ἐπὶ τὸν οἶκον Ἰακὼβ εἰς τοὺς αἰῶνας, καὶ
34 τῆς βασιλείας αὐτοῦ οὐκ ἔσται τέλος. εἶπεν δὲ Μαριὰμ πρὸς τὸν ἄγγελον, Πῶς ἔσται τοῦτο, ἐπεὶ ἄνδρα οὐ γινώ-
35 σκω; καὶ ἀποκριθεὶς ὁ ἄγγελος εἶπεν αὐτῇ, Πνεῦμα Ἅγιον ἐπελεύσεται ἐπὶ σέ, καὶ δύναμις Ὑψίστου ἐπισκιάσει σοι· διὸ καὶ τὸ γεννώμενον ἅγιον κληθήσεται Υἱὸς
36 Θεοῦ. καὶ ἰδοὺ Ἐλισάβετ ἡ συγγενίς σου καὶ αὐτὴ συνείληφεν υἱὸν ἐν γήρει αὐτῆς· καὶ οὗτος μὴν ἕκτος ἐστὶν
37 αὐτῇ τῇ καλουμένῃ στείρᾳ· ὅτι οὐκ ἀδυνατήσει παρὰ
38 τοῦ Θεοῦ πᾶν ῥῆμα. εἶπεν δὲ Μαριάμ, Ἰδοὺ ἡ δούλη Κυρίου· γένοιτό μοι κατὰ τὸ ῥῆμά σου. καὶ ἀπῆλθεν ἀπ᾿ αὐτῆς ὁ ἄγγελος.

39 Ἀναστᾶσα δὲ Μαριὰμ ἐν ταῖς ἡμέραις ταύταις ἐπορεύ-
40 θη εἰς τὴν ὀρεινὴν μετὰ σπουδῆς εἰς πόλιν Ἰούδα, καὶ

---

26 ἀπὸ] ὑπὸ ʂLn   Ναζαρέτ] -ρέθ JElzLnTrmTiB   27 ἐμνηστευμένην] μεμνηστ. ʂA   28 πρὸς αὐτὴν] pr ὁ ἄγγελος ʂLn[Tr] : + ὁ ἄγγελος Ti[B]   μετὰ σοῦ] + εὐλογημένη σὺ ἐν γυναιξίν. ʂLn[Tr]Trᵐm BmWHmRm : Scr   29 ἐπὶ τῷ λ. διετ.] ἰδοῦσα διετ. ἐπὶ τῷ λ. αὐτοῦ ʂ Ln : pr ἰδοῦσα Bm   30 αὐτῇ] πρὸς αὐτήν Lnm   35 γεννώμενον] +ἐκ σοῦ CErʂmJ[Ln]Rm   κληθήσεται] κληθήσεται, WHR(n.m.)   36 συγγενίς]-νής ʂTrA   συνείληφεν] συνειληφυῖα ʂLnTrmTiA(n.m.)B γήρει] γήρᾳ ʂ : CEr   37 τοῦ Θεοῦ] τῷ Θεῷ ʂ Ln(n.m.)Bm   38 Μαριάμ] Μαρία Lnm   39 ὀρεινὴν] ὀρινὴν WH

146

ΚΑΤΑ ΛΟΥΚΑΝ

1. 41—59.

εἰσῆλθεν εἰς τὸν οἶκον Ζαχαρίου καὶ ἠσπάσατο τὴν Ἐλισάβετ. καὶ ἐγένετο ὡς ἤκουσεν τὸν ἀσπασμὸν τῆς 41 Μαρίας ἡ Ἐλισάβετ, ἐσκίρτησεν τὸ βρέφος ἐν τῇ κοιλίᾳ αὐτῆς, καὶ ἐπλήσθη Πνεύματος Ἁγίου ἡ Ἐλισάβετ, καὶ ἀνεφώνησεν κραυγῇ μεγάλῃ καὶ εἶπεν, Εὐλογημένη 42 σὺ ἐν γυναιξίν, καὶ εὐλογημένος ὁ καρπὸς τῆς κοιλίας σου. καὶ πόθεν μοι τοῦτο ἵνα ἔλθῃ ἡ μήτηρ τοῦ Κυρίου μου 43 πρός με; ἰδοὺ γὰρ ὡς ἐγένετο ἡ φωνὴ τοῦ ἀσπασμοῦ 44 σου εἰς τὰ ὦτά μου, ἐσκίρτησεν ἐν ἀγαλλιάσει τὸ βρέφος ἐν τῇ κοιλίᾳ μου. καὶ μακαρία ἡ πιστεύσασα ὅτι 45 ἔσται τελείωσις τοῖς λελαλημένοις αὐτῇ παρὰ Κυρίου. Καὶ εἶπεν Μαριάμ, Μεγαλύνει ἡ ψυχή μου τὸν Κύριον, 46 καὶ ἠγαλλίασεν τὸ πνεῦμά μου ἐπὶ τῷ Θεῷ τῷ σωτῆρί 47 μου· ὅτι ἐπέβλεψεν ἐπὶ τὴν ταπείνωσιν τῆς δούλης 48 αὐτοῦ. ἰδοὺ γὰρ ἀπὸ τοῦ νῦν μακαριοῦσίν με πᾶσαι αἱ γενεαί. ὅτι ἐποίησέν μοι μεγάλα ὁ Δυνατός· καὶ ἅγιον 49 τὸ ὄνομα αὐτοῦ· καὶ τὸ ἔλεος αὐτοῦ εἰς γενεὰς καὶ 50 γενεὰς τοῖς φοβουμένοις αὐτόν. ἐποίησεν κράτος ἐν 51 βραχίονι αὐτοῦ· διεσκόρπισεν ὑπερηφάνους διανοίᾳ καρδίας αὐτῶν. καθεῖλεν δυνάστας ἀπὸ θρόνων καὶ 52 ὕψωσεν ταπεινούς· πεινῶντας ἐνέπλησεν ἀγαθῶν καὶ 53 πλουτοῦντας ἐξαπέστειλεν κενούς. ἀντελάβετο Ἰσρα- 54 ὴλ παιδὸς αὐτοῦ, μνησθῆναι ἐλέους (καθὼς ἐλάλησεν 55 πρὸς τοὺς πατέρας ἡμῶν) τῷ Ἀβραὰμ καὶ τῷ σπέρματι αὐτοῦ εἰς τὸν αἰῶνα. Ἔμεινεν δὲ Μαριὰμ σὺν αὐτῇ 56 ὡς μῆνας τρεῖς, καὶ ὑπέστρεψεν εἰς τὸν οἶκον αὐτῆς.

Τῇ δὲ Ἐλισάβετ ἐπλήσθη ὁ χρόνος τοῦ τεκεῖν αὐτήν, 57 καὶ ἐγέννησεν υἱόν· καὶ ἤκουσαν οἱ περίοικοι καὶ οἱ 58 συγγενεῖς αὐτῆς ὅτι ἐμεγάλυνεν Κύριος τὸ ἔλεος αὐτοῦ μετ' αὐτῆς, καὶ συνέχαιρον αὐτῇ. Καὶ ἐγένετο ἐν τῇ 59

41 ἡ Ἐλισ.] post ἤκουσεν ς   42 κραυγῇ] φωνῇ ς LnTrm   43 πρός με] πρὸς ἐμέ TiBWH   45 πιστεύσασα] πιστεύσασα, ς J(n.m.)ABR(n.m.)   49 μεγάλα] μεγαλεῖα ς(n.m.)A(n.m.)Bm   50 καὶ γενεὰς] γενεῶν ς(n m ' Ln   56 ὡς] ὡσεὶ ςA

ΚΑΤΑ ΛΟΥΚΑΝ

ἡμέρᾳ τῇ ὀγδόῃ ἦλθον περιτεμεῖν τὸ παιδίον· καὶ ἐκάλουν
60 αὐτὸ ἐπὶ τῷ ὀνόματι τοῦ πατρὸς αὐτοῦ Ζαχαρίαν. καὶ
ἀποκριθεῖσα ἡ μήτηρ αὐτοῦ εἶπεν, Οὐχί, ἀλλὰ κληθήσεται
61 Ἰωάννης. καὶ εἶπαν πρὸς αὐτὴν ὅτι Οὐδείς ἐστιν ἐκ
τῆς συγγενείας σου ὃς καλεῖται τῷ ὀνόματι τούτῳ.
62 ἐνένευον δὲ τῷ πατρὶ αὐτοῦ τὸ τί ἂν θέλοι καλεῖσθαι αὐτό.
63 καὶ αἰτήσας πινακίδιον ἔγραψεν λέγων, Ἰωάννης ἐστὶν
64 ὄνομα αὐτοῦ. καὶ ἐθαύμασαν πάντες. ἀνεῴχθη δὲ τὸ
στόμα αὐτοῦ παραχρῆμα καὶ ἡ γλῶσσα αὐτοῦ, καὶ ἐλάλει
65 εὐλογῶν τὸν Θεόν. καὶ ἐγένετο ἐπὶ πάντας φόβος τοὺς
περιοικοῦντας αὐτούς· καὶ ἐν ὅλῃ τῇ ὀρεινῇ τῆς Ἰουδαίας
66 διελαλεῖτο πάντα τὰ ῥήματα ταῦτα. καὶ ἔθεντο πάντες
οἱ ἀκούσαντες ἐν τῇ καρδίᾳ αὐτῶν λέγοντες, Τί ἄρα τὸ
παιδίον τοῦτο ἔσται; καὶ γὰρ χεὶρ Κυρίου ἦν μετ᾽ αὐτοῦ.
67 Καὶ Ζαχαρίας ὁ πατὴρ αὐτοῦ ἐπλήσθη Πνεύματος
68 Ἁγίου, καὶ ἐπροφήτευσεν λέγων, Εὐλογητὸς Κύριος
ὁ Θεὸς τοῦ Ἰσραήλ, ὅτι ἐπεσκέψατο καὶ ἐποίησεν λύτρω-
69 σιν τῷ λαῷ αὐτοῦ, καὶ ἤγειρεν κέρας σωτηρίας ἡμῖν
70 ἐν οἴκῳ Δαυεὶδ παιδὸς αὐτοῦ (καθὼς ἐλάλησεν διὰ
στόματος τῶν ἁγίων ἀπ᾽ αἰῶνος προφητῶν αὐτοῦ),
71 σωτηρίαν ἐξ ἐχθρῶν ἡμῶν καὶ ἐκ χειρὸς πάντων τῶν μι-
72 σούντων ἡμᾶς· ποιῆσαι ἔλεος μετὰ τῶν πατέρων ἡμῶν,
73 καὶ μνησθῆναι διαθήκης ἁγίας αὐτοῦ, ὅρκον ὃν ὤμοσεν
πρὸς Ἀβραὰμ τὸν πατέρα ἡμῶν, τοῦ δοῦναι ἡμῖν
74 ἀφόβως ἐκ χειρὸς ἐχθρῶν ῥυσθέντας λατρεύειν αὐτῷ
75 ἐν ὁσιότητι καὶ δικαιοσύνῃ ἐνώπιον αὐτοῦ πάσας τὰς ἡμέ-
76 ρας ἡμῶν. καὶ σὺ δέ, παιδίον, προφήτης Ὑψίστου

59 τῇ ἡμ. τῇ ὀγδ.] τῇ ὀγδ. ἡμ.: ς ἦλθον] -θαν WH(n.a.) 61 εἶπαν]
-ον ς LnA: Er ἐκ τῆς συγγενείας] ἐν τῇ συγγενείᾳ ς 62 αὐτό]
αὐτόν ς R 63 πινακίδιον] πινακίδα Trm ὄνομα] pr τὸ ς LnTi
[A]B 65 ὀρεινῇ] ὀρινῇ WH 66 ἀκούσαντες] ἀκούοντες Trm
γὰρ] ς°(n.m.)B°m 67 ἐπροφήτευσεν] προεφήτ. ς 69 οἴκῳ] pr τῷ ς
παιδὸς] pr τοῦ ς 70 ἀπ᾽ αἰῶνος] pr τῶν ς Ln 74 ἐχθρῶν] pr τῶν
ς Bm: + ἡμῶν ς [Ln][Tr]mBm 75 πάσας τὰς ἡμέρας] πάσαις ταῖς
ἡμέραις LnmTrmWH(n.m.):+ τῆς ζωῆς ς (n.m.) 76 δέ] ς°Ln°[B]

148

ΚΑΤΑ ΛΟΥΚΑΝ

κληθήσῃ· προπορεύσῃ γὰρ πρὸ προσώπου Κυρίου ἑτοιμάσαι ὁδοὺς αὐτοῦ, τοῦ δοῦναι γνῶσιν σωτηρίας τῷ 77
λαῷ αὐτοῦ ἐν ἀφέσει ἁμαρτιῶν αὐτῶν, διὰ σπλάγχνα 78
ἐλέους Θεοῦ ἡμῶν, ἐν οἷς ἐπισκέψεται ἡμᾶς ἀνατολὴ ἐξ
ὕψους, ἐπιφᾶναι τοῖς ἐν σκότει καὶ σκιᾷ θανάτου 79
καθημένοις, τοῦ κατευθῦναι τοὺς πόδας ἡμῶν εἰς ὁδὸν
εἰρήνης.

Τὸ δὲ παιδίον ηὔξανεν καὶ ἐκραταιοῦτο πνεύματι, καὶ 80
ἦν ἐν ταῖς ἐρήμοις ἕως ἡμέρας ἀναδείξεως αὐτοῦ πρὸς τὸν
Ἰσραήλ.

Ἐγένετο δὲ ἐν ταῖς ἡμέραις ἐκείναις ἐξῆλθεν δόγμα 2
παρὰ Καίσαρος Αὐγούστου ἀπογράφεσθαι πᾶσαν τὴν
οἰκουμένην. αὕτη ἀπογραφὴ πρώτη ἐγένετο ἡγεμο- 2
νεύοντος τῆς Συρίας Κυρηνίου. καὶ ἐπορεύοντο πάντες 3
ἀπογράφεσθαι, ἕκαστος εἰς τὴν ἑαυτοῦ πόλιν. ἀνέβη 4
δὲ καὶ Ἰωσὴφ ἀπὸ τῆς Γαλιλαίας ἐκ πόλεως Ναζαρὲτ εἰς
τὴν Ἰουδαίαν εἰς πόλιν Δαυείδ, ἥτις καλεῖται Βηθλεέμ,
διὰ τὸ εἶναι αὐτὸν ἐξ οἴκου καὶ πατριᾶς Δαυείδ, ἀπο- 5
γράψασθαι σὺν Μαριὰμ τῇ ἐμνηστευμένῃ αὐτῷ, οὔσῃ
ἐγκύῳ. Ἐγένετο δὲ ἐν τῷ εἶναι αὐτοὺς ἐκεῖ ἐπλήσθη- 6
σαν αἱ ἡμέραι τοῦ τεκεῖν αὐτήν· καὶ ἔτεκεν τὸν υἱὸν 7
αὐτῆς τὸν πρωτότοκον, καὶ ἐσπαργάνωσεν αὐτὸν καὶ ἀνέκλινεν αὐτὸν ἐν φάτνῃ, διότι οὐκ ἦν αὐτοῖς τόπος ἐν τῷ
καταλύματι.

Καὶ ποιμένες ἦσαν ἐν τῇ χώρᾳ τῇ αὐτῇ ἀγραυλοῦντες 8
καὶ φυλάσσοντες φυλακὰς τῆς νυκτὸς ἐπὶ τὴν ποίμνην
αὐτῶν. καὶ ἄγγελος Κυρίου ἐπέστη αὐτοῖς, καὶ δόξα 9
Κυρίου περιέλαμψεν αὐτούς· καὶ ἐφοβήθησαν φόβον

πρὸ προσώπου] ἐνώπιον WH   77 αὐτῶν] ἡμῶν Trm   78 ἐπισκέψεται] ἐπεσκέψατο ϛ LnTr(ᴍ.ᴍ.)TiABRm   80 ηὔξανεν] -νε WH
2 ἀπογραφὴ] pr ἡ ϛ[B]   πρώτη ἐγένετο] ἐγέν. πρώ. TiBm   Κυρηνίου] Κυρίνου Ln : Κυρείνου TrmWHm   3 ἑαυτοῦ] ἰδίαν ϛTrmABm
4 Ναζαρὲτ] -ρὲθ ErJElzTrmTiBWHa : -ρὰθ Ln   5 ἀπογράψασθαι]-φεσθαι Ln   ἐμνηστευμ.]μεμν.ϛ   αὐτῷ]+γυναικί ϛ(ᴀ.ᴍ.)[B]   ἐγκύῳ]
ἐνκ. WH(ɴ.ᴀ.)   7 φάτνῃ] pr τῇ ϛ   9 καὶ pri.]+ἰδοὺ ϛ Ln[Tr][A][B]

10 μέγαν. καὶ εἶπεν αὐτοῖς ὁ ἄγγελος, Μὴ φοβεῖσθε·
ἰδοὺ γὰρ εὐαγγελίζομαι ὑμῖν χαρὰν μεγάλην ἥτις ἔσται
11 παντὶ τῷ λαῷ· ὅτι ἐτέχθη ὑμῖν σήμερον σωτήρ, ὅς
12 ἐστιν Χριστὸς Κύριος, ἐν πόλει Δαυείδ. καὶ τοῦτο
ὑμῖν τὸ σημεῖον· εὑρήσετε βρέφος ἐσπαργανωμένον καὶ
13 κείμενον ἐν φάτνῃ. καὶ ἐξαίφνης ἐγένετο σὺν τῷ ἀγ-
γέλῳ πλῆθος στρατιᾶς οὐρανίου, αἰνούντων τὸν Θεὸν καὶ
14 λεγόντων, Δόξα ἐν ὑψίστοις Θεῷ, καὶ ἐπὶ γῆς εἰρή-
νη ἐν ἀνθρώποις εὐδοκίας.

15 Καὶ ἐγένετο ὡς ἀπῆλθον ἀπ' αὐτῶν εἰς τὸν οὐρανὸν οἱ
ἄγγελοι, οἱ ποιμένες ἐλάλουν πρὸς ἀλλήλους, Διέλθωμεν
δὴ· ἕως Βηθλεὲμ καὶ ἴδωμεν τὸ ῥῆμα τοῦτο τὸ γεγονὸς ὃ
16 ὁ Κύριος ἐγνώρισεν ἡμῖν. καὶ ἦλθαν σπεύσαντες, καὶ
ἀνεῦραν τήν τε Μαριὰμ καὶ τὸν Ἰωσήφ, καὶ τὸ βρέφος
17 κείμενον ἐν τῇ φάτνῃ. ἰδόντες δὲ ἐγνώρισαν περὶ τοῦ
ῥήματος τοῦ λαληθέντος αὐτοῖς περὶ τοῦ παιδίου τούτου.
18 καὶ πάντες οἱ ἀκούσαντες ἐθαύμασαν περὶ τῶν λαληθέντων
19 ὑπὸ τῶν ποιμένων πρὸς αὐτούς. ἡ δὲ Μαρία πάντα
συνετήρει τὰ ῥήματα ταῦτα, συνβάλλουσα ἐν τῇ καρδίᾳ
20 αὐτῆς. καὶ ὑπέστρεψαν οἱ ποιμένες δοξάζοντες καὶ
αἰνοῦντες τὸν Θεὸν ἐπὶ πᾶσιν οἷς ἤκουσαν καὶ εἶδον, καθὼς
ἐλαλήθη πρὸς αὐτούς.

21 Καὶ ὅτε ἐπλήσθησαν ἡμέραι ὀκτὼ τοῦ περιτεμεῖν αὐτόν,
καὶ ἐκλήθη τὸ ὄνομα αὐτοῦ Ἰησοῦς, τὸ κληθὲν ὑπὸ τοῦ
ἀγγέλου πρὸ τοῦ συλλημφθῆναι αὐτὸν ἐν τῇ κοιλίᾳ.

22 Καὶ ὅτε ἐπλήσθησαν αἱ ἡμέραι τοῦ καθαρισμοῦ αὐτῶν
κατὰ τὸν νόμον Μωυσέως, ἀνήγαγον αὐτὸν εἰς Ἱεροσόλυμα

12 τὸ] [Tr]mWH°(n.m.)   καὶ sec.] ϛ°[Ln]Ti°B°   κείμενον] Ti°[B]
φάτνῃ] pr τῇ ϛ : CEr   13 ἐξαίφνης] ἐξέφνης WH(n.a.)   οὐρανίου]
-νοῦ Tr(n.m.)WHm   14 εὐδοκίας] -κία ϛTrmB(n.m. WHmRmScr
15 οἱ ποιμ.] pr καὶ οἱ ἄνθρωποι ϛ(n.m.)Jm[Ln][Tr][A][B]Scr   ἐλάλουν]
εἶπον ϛ Ln(n.m.)TrA : εἶπαν B   16 ἦλθαν] -ον ϛ Ln   ἀνεῦραν] -ον
ϛLnA   17 ἐγνώρισαν] διεγνώρισαν ϛ   19 Μαρία] -ιὰμ ϛWHm
συνβάλλουσα] συμβ. ϛLnTrAWHa   20 ὑπέστρεψαν] ἐπέστρ. ϛ : CEr
εἶδον] ἴδον Ti   21 αὐτόν] τὸ παιδίον ϛ : Cϛm   22 αὐτῶν] αὐτῆς
ϛmJElz : Scr   κατὰ τ. ν. Μ.,] κατὰ τ.ν.Μ.Ln

150

παραστῆσαι τῷ Κυρίῳ (καθὼς γέγραπται ἐν νόμῳ 23
Κυρίου ὅτι Πᾶν ἄρσεν διανοῖγον μήτραν ἅγιον τῷ Κυρίῳ
κληθήσεται), καὶ τοῦ δοῦναι θυσίαν κατὰ τὸ εἰρημένον 24
ἐν τῷ νόμῳ Κυρίου, Ζεῦγος τρυγόνων ἢ δύο νοσσοὺς περιστερῶν.
Καὶ ἰδοὺ ἄνθρωπος ἦν ἐν Ἰερουσαλὴμ ᾧ ὄνομα Συμεών, 25
καὶ ὁ ἄνθρωπος οὗτος δίκαιος καὶ εὐλαβής, προσδεχόμενος
παράκλησιν τοῦ Ἰσραήλ· καὶ Πνεῦμα ἦν Ἅγιον ἐπ' αὐτόν.
καὶ ἦν αὐτῷ κεχρηματισμένον ὑπὸ τοῦ Πνεύματος τοῦ 26
Ἁγίου μὴ ἰδεῖν θάνατον πρὶν ἢ ἴδῃ τὸν Χριστὸν Κυρίου.
καὶ ἦλθεν ἐν τῷ Πνεύματι εἰς τὸ ἱερόν· καὶ ἐν τῷ εἰσα- 27
γαγεῖν τοὺς γονεῖς τὸ παιδίον Ἰησοῦν τοῦ ποιῆσαι αὐτοὺς
κατὰ τὸ εἰθισμένον τοῦ νόμου περὶ αὐτοῦ, καὶ αὐτὸς 28
ἐδέξατο αὐτὸ εἰς τὰς ἀγκάλας, καὶ εὐλόγησεν τὸν Θεὸν
καὶ εἶπεν, Νῦν ἀπολύεις τὸν δοῦλόν σου, δέσποτα, 29
κατὰ τὸ ῥῆμά σου ἐν εἰρήνῃ· ὅτι εἶδον οἱ ὀφθαλμοί 30
μου τὸ σωτήριόν σου, ὃ ἡτοίμασας κατὰ πρόσωπον 31
πάντων τῶν λαῶν, φῶς εἰς ἀποκάλυψιν ἐθνῶν, καὶ 32
δόξαν λαοῦ σου Ἰσραήλ. Καὶ ἦν ὁ πατὴρ αὐτοῦ καὶ 33
ἡ μήτηρ θαυμάζοντες ἐπὶ τοῖς λαλουμένοις περὶ αὐτοῦ·
καὶ εὐλόγησεν αὐτοὺς Συμεὼν καὶ εἶπεν πρὸς Μαριὰμ τὴν 34
μητέρα αὐτοῦ, Ἰδοὺ οὗτος κεῖται εἰς πτῶσιν καὶ ἀνάστασιν
πολλῶν ἐν τῷ Ἰσραὴλ καὶ εἰς σημεῖον ἀντιλεγόμενον·
καὶ σοῦ [δὲ] αὐτῆς τὴν ψυχὴν διελεύσεται ῥομφαία· ὅπως 35
ἂν ἀποκαλυφθῶσιν ἐκ πολλῶν καρδιῶν διαλογισμοί.

Καὶ ἦν Ἅννα προφῆτις, θυγάτηρ Φανουήλ, ἐκ φυλῆς 36
Ἀσήρ (αὕτη προβεβηκυῖα ἐν ἡμέραις πολλαῖς, ζήσασα
μετὰ ἀνδρὸς ἔτη ἑπτὰ ἀπὸ τῆς παρθενίας αὐτῆς, καὶ 37

23 νόμῳ] pr τῷ *Ln*   24 τῷ] ϛ°A°   νοσσοὺς] νεοσσ. ϛ*LnTr*
25 ἄνθρωπος ἦν] ἦν ἄνθ. ϛ*Ln*(n.m.) *Tr*(n.m.)A   ἦν Ἅγιον] Ἅγιον ἦν ϛ : C
26 ἢ] ἂν Tr(n.m.) :+ἂν TiB : [ἢ] ἂν Trm\\H   28 ἀγκάλας] + αὐτοῦ ϛ
[*Ln*] [*Tr*] [A]   33 ὁ πατηρ αὐτοῦ] Ἰωσὴφ ϛ : ὁ πατὴρ Erϛm : ὁ Ἰωσὴφ
Ln   μήτηρ] + αὐτοῦ ϛ LnTiBR   35 δὲ] ins ϛ [*Ln*] [*Tr*] TiAB
WHmR : WH°   36 Ἅννα] Ἅννα WH   μετὰ ἀνδ. ἔτη ἑ.] ἔτη μετὰ
ἀνδ. ἑ. ϛA : ἔτη ἑ. μετὰ ἀνδ. *Tr*m   παρθενίας] -νείας A

ΚΑΤΑ ΛΟΥΚΑΝ

αὐτὴ χήρα ἕως ἐτῶν ὀγδοήκοντα τεσσάρων), ἣ οὐκ ἀφίστατο τοῦ ἱεροῦ, νηστείαις καὶ δεήσεσιν λατρεύουσα νύκτα
38 καὶ ἡμέραν. καὶ αὐτῇ τῇ ὥρᾳ ἐπιστᾶσα ἀνθωμολογεῖτο τῷ Θεῷ, καὶ ἐλάλει περὶ αὐτοῦ πᾶσιν τοῖς προσδεχομένοις λύτρωσιν Ἱερουσαλήμ.
39 Καὶ ὡς ἐτέλεσαν πάντα τὰ κατὰ τὸν νόμον Κυρίου, ἐπέστρεψαν εἰς τὴν Γαλιλαίαν εἰς πόλιν ἑαυτῶν Ναζαρέθ.
40 τὸ δὲ παιδίον ηὔξανεν καὶ ἐκραταιοῦτο πληρούμενον σοφίας, καὶ χάρις Θεοῦ ἦν ἐπ' αὐτό.
41 Καὶ ἐπορεύοντο οἱ γονεῖς αὐτοῦ κατ' ἔτος εἰς Ἰερου-
42 σαλὴμ τῇ ἑορτῇ τοῦ πάσχα. καὶ ὅτε ἐγένετο ἐτῶν δώδεκα, ἀναβαινόντων αὐτῶν κατὰ τὸ ἔθος τῆς ἑορτῆς,
43 καὶ τελειωσάντων τὰς ἡμέρας, ἐν τῷ ὑποστρέφειν αὐτοὺς ὑπέμεινεν Ἰησοῦς ὁ παῖς ἐν Ἱερουσαλήμ· καὶ οὐκ ἔγνωσαν
44 οἱ γονεῖς αὐτοῦ· νομίσαντες δὲ αὐτὸν εἶναι ἐν τῇ συνοδίᾳ ἦλθον ἡμέρας ὁδόν, καὶ ἀνεζήτουν αὐτὸν ἐν τοῖς συγ-
45 γενέσιν καὶ τοῖς γνωστοῖς· καὶ μὴ εὑρόντες ὑπέστρε-
46 ψαν εἰς Ἱερουσαλὴμ ἀναζητοῦντες αὐτόν. καὶ ἐγένετο μετὰ ἡμέρας τρεῖς εὗρον αὐτὸν ἐν τῷ ἱερῷ καθεζόμενον ἐν μέσῳ τῶν διδασκάλων καὶ ἀκούοντα αὐτῶν καὶ ἐπερωτῶντα
47 αὐτούς· ἐξίσταντο δὲ πάντες οἱ ἀκούοντες αὐτοῦ ἐπὶ
48 τῇ συνέσει καὶ ταῖς ἀποκρίσεσιν αὐτοῦ. καὶ ἰδόντες αὐτὸν ἐξεπλάγησαν· καὶ εἶπεν πρὸς αὐτὸν ἡ μήτηρ αὐτοῦ, Τέκνον, τί ἐποίησας ἡμῖν οὕτως; ἰδοὺ ὁ πατήρ σου κἀγὼ

37 αὐτὴ] αὕτη ϛ Ln   ἕως] ὡς ϛ(n.m.)   τοῦ ἱεροῦ] pr ἀπὸ ϛLn
δεήσεσιν]-σεσι ϛ LnTiBWHₐ   38 καὶ pri.]+ αὕτη ϛ   Θεῷ] Κυρίῳ
ϛLnm   πᾶσιν]-σι WHₐ   Ἱερουσαλήμ] pr ἐν ϛ[A]Bm : ἐν Ἰσραήλ Jm
39 πάντα] ἅπαντα ϛ LnA   τὰ] Tiᵛ[B]   ἐπέστρεψαν] ὑπέστρ. ϛ Lu
Tr(n.m.)A   πόλιν] pr τὴν ϛ : Er   ἑαυτῶν] αὐτῶν ϛ : C   Ναζαρέθ]-ρέτ ϛ LnTrmWH(n.a.) : ErJElz   40 ἐκραταιοῦτο] + πνεύματι ϛ
(n.m.)Bm   σοφίας] σοφίᾳ Lnm Tr(n.m.)AWH   42 ἀναβαινόντων]
-βάντων ϛ(n.m.)   αὐτῶν] + εἰς Ἱεροσόλυμα ϛ Ln[Tr] sed Trᵐ
43 Ἰησοῦς][A]   ἔγνωσαν οἱ γονεῖς] ἔγνω Ἰωσὴφ καὶ ἡ μήτηρ ϛ Lnm ;
Er ϛm   44 εἶναι] post ἐν τῇ συνοδίᾳ ϛ   συγγενέσιν] συγγενεῦσιν
WH(n.a.)   τοῖς γνω.] pr ἐν ϛ   45 εὑρόντες] + αὐτὸν ϛ[Ln]
ἀναζητοῦντες] ζητοῦντες ϛLnm   46 μετὰ] μεθ' ϛLn   48 εἶπεν] post
αὐτοῦ ϛ   κἀγὼ] καὶ ἐγὼ WH(n.a.)

ὀδυνώμενοι ἐζητοῦμέν σε. καὶ εἶπεν πρὸς αὐτούς, Τί 49
ὅτι ἐζητεῖτέ με; οὐκ ᾔδειτε ὅτι ἐν τοῖς τοῦ Πατρός μου
δεῖ εἶναί με; καὶ αὐτοὶ οὐ συνῆκαν τὸ ῥῆμα ὃ ἐλάλη- 50
σεν αὐτοῖς. καὶ κατέβη μετ' αὐτῶν καὶ ἦλθεν εἰς Να- 51
ζαρέθ, καὶ ἦν ὑποτασσόμενος αὐτοῖς· καὶ ἡ μήτηρ αὐτοῦ
διετήρει πάντα τὰ ῥήματα ἐν τῇ καρδίᾳ αὐτῆς. Καὶ 52
Ἰησοῦς προέκοπτεν σοφίᾳ καὶ ἡλικίᾳ καὶ χάριτι παρὰ Θεῷ
καὶ ἀνθρώποις.

Ἐν ἔτει δὲ πεντεκαιδεκάτῳ τῆς ἡγεμονίας Τιβερίου 3
Καίσαρος, ἡγεμονεύοντος Ποντίου Πειλάτου τῆς Ἰουδαίας,
καὶ τετραρχοῦντος τῆς Γαλιλαίας Ἡρῴδου, Φιλίππου δὲ
τοῦ ἀδελφοῦ αὐτοῦ τετραρχοῦντος τῆς Ἰτουραίας καὶ Τρα-
χωνίτιδος χώρας, καὶ Λυσανίου τῆς Ἀβιληνῆς τετραρ-
χοῦντος, ἐπὶ ἀρχιερέως Ἄννα καὶ Καϊάφα, ἐγένετο 2
ῥῆμα Θεοῦ ἐπὶ Ἰωάννην τὸν Ζαχαρίου υἱὸν ἐν τῇ ἐρήμῳ.
καὶ ἦλθεν εἰς πᾶσαν περίχωρον τοῦ Ἰορδάνου κηρύσσων 3
βάπτισμα μετανοίας εἰς ἄφεσιν ἁμαρτιῶν· ὡς γέ- 4
γραπται ἐν βίβλῳ λόγων Ἡσαΐου τοῦ προφήτου, Φωνὴ
βοῶντος ἐν τῇ ἐρήμῳ, Ἑτοιμάσατε τὴν ὁδὸν Κυρίου,
εὐθείας ποιεῖτε τὰς τρίβους αὐτοῦ· πᾶσα φάραγξ πλη- 5
ρωθήσεται, καὶ πᾶν ὄρος καὶ βουνὸς ταπεινωθήσεται· καὶ
ἔσται τὰ σκολιὰ εἰς εὐθείας, καὶ αἱ τραχεῖαι εἰς ὁδοὺς
λείας· καὶ ὄψεται πᾶσα σὰρξ τὸ σωτήριον τοῦ Θεοῦ. 6

Ἔλεγεν οὖν τοῖς ἐκπορευομένοις ὄχλοις βαπτισθῆναι ὑπ' 7
αὐτοῦ, Γεννήματα ἐχιδνῶν, τίς ὑπέδειξεν ὑμῖν φυγεῖν ἀπὸ
τῆς μελλούσης ὀργῆς; ποιήσατε οὖν καρποὺς ἀξίους 8

ΚΑΤΑ ΛΟΥΚΑΝ

τῆς μετανοίας· καὶ μὴ ἄρξησθε λέγειν ἐν ἑαυτοῖς, Πατέρα ἔχομεν τὸν Ἀβραάμ· λέγω γὰρ ὑμῖν ὅτι δύναται ὁ Θεὸς ἐκ τῶν λίθων τούτων ἐγεῖραι τέκνα τῷ Ἀβραάμ.
9 ἤδη δὲ καὶ ἡ ἀξίνη πρὸς τὴν ῥίζαν τῶν δένδρων κεῖται· πᾶν οὖν δένδρον μὴ ποιοῦν καρπὸν καλὸν ἐκκόπτεται καὶ
10 εἰς πῦρ βάλλεται. Καὶ ἐπηρώτων αὐτὸν οἱ ὄχλοι λέ-
11 γοντες, Τί οὖν ποιήσωμεν; ἀποκριθεὶς δὲ ἔλεγεν αὐτοῖς, Ὁ ἔχων δύο χιτῶνας μεταδότω τῷ μὴ ἔχοντι, καὶ ὁ
12 ἔχων βρώματα ὁμοίως ποιείτω. ἦλθον δὲ καὶ τελῶναι βαπτισθῆναι, καὶ εἶπαν πρὸς αὐτόν, Διδάσκαλε, τί ποιή-
13 σωμεν; ὁ δὲ εἶπεν πρὸς αὐτούς, Μηδὲν πλέον παρὰ
14 τὸ διατεταγμένον ὑμῖν πράσσετε. ἐπηρώτων δὲ αὐτὸν καὶ στρατευόμενοι λέγοντες, Τί ποιήσωμεν καὶ ἡμεῖς; καὶ εἶπεν αὐτοῖς, Μηδένα διασείσητε μηδὲ συκοφαντήσητε· καὶ ἀρκεῖσθε τοῖς ὀψωνίοις ὑμῶν.
15 Προσδοκῶντος δὲ τοῦ λαοῦ, καὶ διαλογιζομένων πάντων ἐν ταῖς καρδίαις αὐτῶν περὶ τοῦ Ἰωάννου, μή ποτε αὐτὸς
16 εἴη ὁ Χριστός, ἀπεκρίνατο λέγων πᾶσιν ὁ Ἰωάννης, Ἐγὼ μὲν ὕδατι βαπτίζω ὑμᾶς, ἔρχεται δὲ ὁ ἰσχυρότερός μου, οὗ οὐκ εἰμὶ ἱκανὸς λῦσαι τὸν ἱμάντα τῶν ὑποδημάτων αὐτοῦ· αὐτὸς ὑμᾶς βαπτίσει ἐν Πνεύματι Ἁγίῳ καὶ πυρί·
17 οὗ τὸ πτύον ἐν τῇ χειρὶ αὐτοῦ διακαθᾶραι τὴν ἅλωνα αὐτοῦ, καὶ συναγαγεῖν τὸν σῖτον εἰς τὴν ἀποθήκην αὐτοῦ·
18 τὸ δὲ ἄχυρον κατακαύσει πυρὶ ἀσβέστῳ. Πολλὰ μὲν
19 οὖν καὶ ἕτερα παρακαλῶν εὐηγγελίζετο τὸν λαόν. ὁ δὲ Ἡρῴδης ὁ τετράρχης, ἐλεγχόμενος ὑπ' αὐτοῦ περὶ Ἡρῳδιάδος τῆς γυναικὸς τοῦ ἀδελφοῦ αὐτοῦ καὶ περὶ

ΚΑΤΑ ΛΟΥΚΑΝ

πάντων ὧν ἐποίησεν πονηρῶν ὁ Ἡρῴδης, προσέθηκεν 20
καὶ τοῦτο ἐπὶ πᾶσιν, κατέκλεισεν τὸν Ἰωάννην ἐν φυλακῇ.

Ἐγένετο δὲ ἐν τῷ βαπτισθῆναι ἅπαντα τὸν λαόν, καὶ 21
Ἰησοῦ βαπτισθέντος καὶ προσευχομένου, ἀνεῳχθῆναι τὸν
οὐρανόν,   καὶ καταβῆναι τὸ Πνεῦμα τὸ Ἅγιον σω- 22
ματικῷ εἴδει ὡς περιστερὰν ἐπ' αὐτόν, καὶ φωνὴν ἐξ
οὐρανοῦ γενέσθαι, Σὺ εἶ ὁ Υἱός μου ὁ ἀγαπητός, ἐν σοὶ
εὐδόκησα.

Καὶ αὐτὸς ἦν Ἰησοῦς ἀρχόμενος ὡσεὶ ἐτῶν τριάκοντα, 23
ὢν υἱὸς (ὡς ἐνομίζετο) Ἰωσήφ, τοῦ Ἡλεί,   τοῦ Μαθθάτ, 24
τοῦ Λευεί, τοῦ Μελχεί, τοῦ Ἰανναί, τοῦ Ἰωσήφ,   τοῦ 25
Ματταθίου, τοῦ Ἀμώς, τοῦ Ναούμ, τοῦ Ἐσλεί, τοῦ
Ναγγαί,   τοῦ Μαάθ, τοῦ Ματταθίου, τοῦ Σεμεείν, τοῦ 26
Ἰωσήχ, τοῦ Ἰωδά,   τοῦ Ἰωανάν, τοῦ Ῥησά, τοῦ Ζορο- 27
βάβελ, τοῦ Σαλαθιήλ, τοῦ Νηρεί,   τοῦ Μελχεί, τοῦ 28
Ἀδδεί,   τοῦ Κωσάμ, τοῦ Ἐλμαδάμ, τοῦ Ἤρ,   τοῦ 29
Ἰησοῦ, τοῦ Ἐλιέζερ, τοῦ Ἰωρείμ, τοῦ Μαθθάτ, τοῦ Λευεί,
τοῦ Συμεών, τοῦ Ἰούδα, τοῦ Ἰωσήφ, τοῦ Ἰωνάμ, τοῦ 30
Ἐλιακείμ,   τοῦ Μελεά, τοῦ Μεννά, τοῦ Ματταθά, 31
τοῦ Ναθάν, τοῦ Δαυείδ,   τοῦ Ἰεσσαί, τοῦ Ἰωβήδ, τοῦ 32

---

20 καὶ] [Ln]   κατέκλεισεν] pr καὶ ϛLnTr sed [Tr]m[A][B]
φυλακῇ] pr τῇ ϛ   22 ὡς] ὡσεὶ ϛ   γενέσθαι]+λέγουσαν ϛ   Σὺ
εἶ usque ad εὐδόκησα] Υἱός μου εἶ σύ, ἐγὼ σήμερον γεγέννηκά σε WHm:
Scr   εὐδόκησα] ηὐδόκ. ϛ: C   23 Ἰησοῦς] pr ὁ ϛLn   ἀρχόμενος] post τριάκοντα ϛLn(n.m.)A   ὢν υἱὸς (ὡς ἐνομίζετο)] ὢν, ὡς ἐνομ., υἱὸς ϛ   Ἡλεί] Ἡλί ϛ: Ἡλί Ln: Er   24 Μαθθάτ] Ματθάθ TiWHa   Λευεί] Λευΐ ϛLn   Μελχεί]-χί ϛLn   Ἰανναί]-νά ϛ
25 Ματταθίου] Μαθθ. TrWHa   Ἰωδά] Ἰούδα ϛLn   27 Ἰωανάν] Ἰωαννᾶ ϛ
Ῥησά]-σᾶ Ln   Νηρεί]-ρί ϛLn   28 Μελχεί]-χί ϛLn   Ἀδδεί]
Ἀδδί ϛLn   Ἐλμαδάμ] Ἐλμαδάμ Ln: Ἐλμωδάμ ϛ   Ἤρ] Ἤρ Ln
29 Ἰησοῦ] Ἰωσή ϛ(n.m.)   Μαθθάτ] Ματθάτ ϛLnB: Μαθθάθ TiWHa
Λευεί] Λευΐ ϛLn: Er   30 Ἰωνάμ] Ἰωνάν ϛLn: Er   31 Μελεά]
-εᾶ ϛLnA   Μεννά]-ᾶ LnA: Μαϊνάν ϛ(n.m.)   τοῦ Μεννᾶ][Ln]
Ναθάν]-άμ LnmTiB(n.m.)WH(n.a.)   32 Ἰωβήδ] Ὠβήδ ϛ: Ἰωβήλ WH(n.a.)

3. 33—4. 7.   ΚΑΤΑ ΛΟΥΚΑΝ

33 Βοός, τοῦ Σαλά, τοῦ Ναασσών, τοῦ Ἀμιναδάβ, τοῦ
Ἀδμείν, τοῦ Ἀρνεί, τοῦ Ἐσρώμ, τοῦ Φαρές, τοῦ Ἰούδα,
34 τοῦ Ἰακώβ, τοῦ Ἰσαάκ, τοῦ Ἀβραάμ, τοῦ Θάρα, τοῦ
35 Ναχώρ, τοῦ Σερούχ, τοῦ Ῥαγαῦ, τοῦ Φάλεκ, τοῦ
36 Ἔβερ, τοῦ Σαλά, τοῦ Καϊνάμ, τοῦ Ἀρφαξάδ, τοῦ Σήμ,
37 τοῦ Νῶε, τοῦ Λάμεχ, τοῦ Μαθουσαλά, τοῦ Ἐνώχ, τοῦ
38 Ἰάρετ, τοῦ Μαλελεήλ, τοῦ Καϊνάν, τοῦ Ἐνώς, τοῦ
Σήθ, τοῦ Ἀδάμ, τοῦ Θεοῦ.

4 Ἰησοῦς δὲ πλήρης Πνεύματος Ἁγίου ὑπέστρεψεν ἀπὸ
τοῦ Ἰορδάνου, καὶ ἤγετο ἐν τῷ Πνεύματι ἐν τῇ ἐρήμῳ
2 ἡμέρας τεσσεράκοντα πειραζόμενος ὑπὸ τοῦ διαβόλου.
καὶ οὐκ ἔφαγεν οὐδὲν ἐν ταῖς ἡμέραις ἐκείναις· καὶ συν-
3 τελεσθεισῶν αὐτῶν ἐπείνασεν. εἶπεν δὲ αὐτῷ ὁ διάβολος
Εἰ Υἱὸς εἶ τοῦ Θεοῦ, εἰπὲ τῷ λίθῳ τούτῳ ἵνα γένηται
4 ἄρτος. καὶ ἀπεκρίθη πρὸς αὐτὸν ὁ Ἰησοῦς, Γέγραπται
5 ὅτι Οὐκ ἐπ᾽ ἄρτῳ μόνῳ ζήσεται ὁ ἄνθρωπος. Καὶ
ἀναγαγὼν αὐτὸν ἔδειξεν αὐτῷ πάσας τὰς βασιλείας τῆς
6 οἰκουμένης ἐν στιγμῇ χρόνου. καὶ εἶπεν αὐτῷ ὁ διάβολος, Σοὶ δώσω τὴν ἐξουσίαν ταύτην ἅπασαν καὶ τὴν
δόξαν αὐτῶν· ὅτι ἐμοὶ παραδέδοται, καὶ ᾧ ἂν θέλω δίδωμι
7 αὐτήν· σὺ οὖν ἐὰν προσκυνήσῃς ἐνώπιον ἐμοῦ, ἔσται

ΚΑΤΑ ΛΟΥΚΑΝ 4. 8—20.

σοῦ πᾶσα. καὶ ἀποκριθεὶς ὁ Ἰησοῦς εἶπεν αὐτῷ, 8
Γέγραπται, Κύριον τὸν Θεόν σου προσκυνήσεις καὶ αὐτῷ
μόνῳ λατρεύσεις. Ἤγαγεν δὲ αὐτὸν εἰς Ἰερουσαλὴμ 9
καὶ ἔστησεν ἐπὶ τὸ πτερύγιον τοῦ ἱεροῦ, καὶ εἶπεν αὐτῷ,
Εἰ Υἱὸς εἶ τοῦ Θεοῦ, βάλε σεαυτὸν ἐντεῦθεν κάτω·
γέγραπται γὰρ ὅτι Τοῖς ἀγγέλοις αὐτοῦ ἐντελεῖται περὶ 10
σοῦ τοῦ διαφυλάξαι σε· καὶ ὅτι Ἐπὶ χειρῶν ἀροῦσίν 11
σε, μή ποτε προσκόψῃς πρὸς λίθον τὸν πόδα σου. καὶ 12
ἀποκριθεὶς εἶπεν αὐτῷ ὁ Ἰησοῦς ὅτι Εἴρηται, Οὐκ ἐκπειράσεις Κύριον τὸν Θεόν σου. καὶ συντελέσας πάντα πει- 13
ρασμὸν ὁ διάβολος ἀπέστη ἀπ᾽ αὐτοῦ ἄχρι καιροῦ. Καὶ 14
ὑπέστρεψεν ὁ Ἰησοῦς ἐν τῇ δυνάμει τοῦ Πνεύματος εἰς
τὴν Γαλιλαίαν· καὶ φήμη ἐξῆλθεν καθ᾽ ὅλης τῆς περιχώρου περὶ αὐτοῦ. καὶ αὐτὸς ἐδίδασκεν ἐν ταῖς συναγω- 15
γαῖς αὐτῶν, δοξαζόμενος ὑπὸ πάντων.

Καὶ ἦλθεν εἰς Ναζαρά, οὗ ἦν τεθραμμένος· καὶ εἰσῆλ- 16
θεν κατὰ τὸ εἰωθὸς αὐτῷ ἐν τῇ ἡμέρᾳ τῶν σαββάτων
εἰς τὴν συναγωγήν, καὶ ἀνέστη ἀναγνῶναι. καὶ ἐπε- 17
δόθη αὐτῷ βιβλίον τοῦ προφήτου Ἠσαίου καὶ ἀνοίξας
τὸ βιβλίον εὗρεν τὸν τόπον οὗ ἦν γεγραμμένον,
Πνεῦμα Κυρίου ἐπ᾽ ἐμέ, οὗ εἴνεκεν ἔχρισέν με εὐαγγελί- 18
σασθαι πτωχοῖς· ἀπέσταλκέν με κηρῦξαι αἰχμαλώτοις
ἄφεσιν καὶ τυφλοῖς ἀνάβλεψιν, ἀποστεῖλαι τεθραυσμένους
ἐν ἀφέσει, κηρῦξαι ἐνιαυτὸν Κυρίου δεκτόν. καὶ 19, 20
πτύξας τὸ βιβλίον ἀποδοὺς τῷ ὑπηρέτῃ ἐκάθισεν· καὶ

πάντων οἱ ὀφθαλμοὶ ἐν τῇ συναγωγῇ ἦσαν ἀτενίζοντες
21 αὐτῷ. ἤρξατο δὲ λέγειν πρὸς αὐτοὺς ὅτι Σήμερον
22 πεπλήρωται ἡ γραφὴ αὕτη ἐν τοῖς ὠσὶν ὑμῶν. καὶ
πάντες ἐμαρτύρουν αὐτῷ, καὶ ἐθαύμαζον ἐπὶ τοῖς λόγοις
τῆς χάριτος τοῖς ἐκπορευομένοις ἐκ τοῦ στόματος αὐτοῦ·
23 καὶ ἔλεγον, Οὐχὶ υἱός ἐστιν Ἰωσὴφ οὗτος; καὶ εἶπεν
πρὸς αὐτούς, Πάντως ἐρεῖτέ μοι τὴν παραβολὴν ταύτην,
Ἰατρέ, θεράπευσον σεαυτόν· ὅσα ἠκούσαμεν γενόμενα εἰς
τὴν Καφαρναούμ, ποίησον καὶ ὧδε ἐν τῇ πατρίδι σου.
24 εἶπεν δέ, Ἀμὴν λέγω ὑμῖν ὅτι οὐδεὶς προφήτης δεκτός
25 ἐστιν ἐν τῇ πατρίδι αὐτοῦ. ἐπ' ἀληθείας δὲ λέγω ὑμῖν,
πολλαὶ χῆραι ἦσαν ἐν ταῖς ἡμέραις Ἠλίου ἐν τῷ Ἰσραήλ,
ὅτε ἐκλείσθη ὁ οὐρανὸς [ἐπὶ] ἔτη τρία καὶ μῆνας ἕξ, ὡς
26 ἐγένετο λιμὸς μέγας ἐπὶ πᾶσαν τὴν γῆν· καὶ πρὸς
οὐδεμίαν αὐτῶν ἐπέμφθη Ἠλίας, εἰ μὴ εἰς Σάρεπτα τῆς
27 Σιδωνίας πρὸς γυναῖκα χήραν· καὶ πολλοὶ λεπροὶ
ἦσαν ἐν τῷ Ἰσραὴλ ἐπὶ Ἐλισαίου τοῦ προφήτου· καὶ
28 οὐδεὶς αὐτῶν ἐκαθαρίσθη, εἰ μὴ Ναιμὰν ὁ Σύρος. Καὶ
ἐπλήσθησαν πάντες θυμοῦ ἐν τῇ συναγωγῇ ἀκούοντες
29 ταῦτα, καὶ ἀναστάντες ἐξέβαλον αὐτὸν ἔξω τῆς πόλεως, καὶ ἤγαγον αὐτὸν ἕως ὀφρύος τοῦ ὄρους ἐφ' οὗ ἡ
πόλις ᾠκοδόμητο αὐτῶν, ὥστε κατακρημνίσαι αὐτόν·
30 αὐτὸς δὲ διελθὼν διὰ μέσου αὐτῶν ἐπορεύετο.
31 Καὶ κατῆλθεν εἰς Καφαρναοὺμ πόλιν τῆς Γαλιλαίας.
32 καὶ ἦν διδάσκων αὐτοὺς ἐν τοῖς σάββασιν· καὶ ἐξεπλήσσοντο ἐπὶ τῇ διδαχῇ αὐτοῦ, ὅτι ἐν ἐξουσίᾳ ἦν ὁ

ΚΑΤΑ ΛΟΥΚΑΝ 4. 33—43.

λόγος αὐτοῦ. καὶ ἐν τῇ συναγωγῇ ἦν ἄνθρωπος ἔχων 33 πνεῦμα δαιμονίου ἀκαθάρτου, καὶ ἀνέκραξεν φωνῇ μεγάλῃ, Ἔα, τί ἡμῖν καὶ σοί, Ἰησοῦ Ναζαρηνέ; ἦλθες ἀπολέσαι 34 ἡμᾶς; οἶδά σε τίς εἶ, ὁ Ἅγιος τοῦ Θεοῦ. καὶ ἐπετίμη- 35 σεν αὐτῷ ὁ Ἰησοῦς λέγων, Φιμώθητι, καὶ ἔξελθε ἀπ' αὐτοῦ. καὶ ῥίψαν αὐτὸν τὸ δαιμόνιον εἰς τὸ μέσον ἐξῆλθεν ἀπ' αὐτοῦ μηδὲν βλάψαν αὐτόν. καὶ ἐγένετο θάμβος ἐπὶ 36 πάντας, καὶ συνελάλουν πρὸς ἀλλήλους λέγοντες, Τίς ὁ λόγος οὗτος, ὅτι ἐν ἐξουσίᾳ καὶ δυνάμει ἐπιτάσσει τοῖς ἀκαθάρτοις πνεύμασιν καὶ ἐξέρχονται; Καὶ ἐξεπορεύετο 37 ἦχος περὶ αὐτοῦ εἰς πάντα τόπον τῆς περιχώρου.

Ἀναστὰς δὲ ἀπὸ τῆς συναγωγῆς εἰσῆλθεν εἰς τὴν οἰκίαν 38 Σίμωνος. πενθερὰ δὲ τοῦ Σίμωνος ἦν συνεχομένη πυρετῷ μεγάλῳ· καὶ ἠρώτησαν αὐτὸν περὶ αὐτῆς. καὶ ἐπιστὰς 39 ἐπάνω αὐτῆς ἐπετίμησεν τῷ πυρετῷ, καὶ ἀφῆκεν αὐτήν· παραχρῆμα δὲ ἀναστᾶσα διηκόνει αὐτοῖς. Δύνοντος 40 δὲ τοῦ ἡλίου πάντες ὅσοι εἶχον ἀσθενοῦντας νόσοις ποικίλαις ἤγαγον αὐτοὺς πρὸς αὐτόν· ὁ δὲ ἑνὶ ἑκάστῳ αὐτῶν τὰς χεῖρας ἐπιτιθεὶς ἐθεράπευεν αὐτούς. ἐξήρχετο δὲ 41 καὶ δαιμόνια ἀπὸ πολλῶν, κράζοντα καὶ λέγοντα ὅτι Σὺ εἶ ὁ Υἱὸς τοῦ Θεοῦ. καὶ ἐπιτιμῶν οὐκ εἴα αὐτὰ λαλεῖν, ὅτι ᾔδεισαν τὸν Χριστὸν αὐτὸν εἶναι.

Γενομένης δὲ ἡμέρας ἐξελθὼν ἐπορεύθη εἰς ἔρημον τόπον· 42 καὶ οἱ ὄχλοι ἐπεζήτουν αὐτόν, καὶ ἦλθον ἕως αὐτοῦ, καὶ κατεῖχον αὐτὸν τοῦ μὴ πορεύεσθαι ἀπ' αὐτῶν. ὁ δὲ 43 εἶπεν πρὸς αὐτοὺς ὅτι Καὶ ταῖς ἑτέραις πόλεσιν εὐαγγελίσασθαί με δεῖ τὴν βασιλείαν τοῦ Θεοῦ· ὅτι ἐπὶ τοῦτο

44 ἀπεστάλην. Καὶ ἦν κηρύσσων εἰς τὰς συναγωγὰς τῆς Γαλιλαίας.

5 Ἐγένετο δὲ ἐν τῷ τὸν ὄχλον ἐπικεῖσθαι αὐτῷ καὶ ἀκούειν τὸν λόγον τοῦ Θεοῦ, καὶ αὐτὸς ἦν ἑστὼς παρὰ τὴν λίμνην
2 Γεννησαρέτ· καὶ εἶδεν δύο πλοῖα ἑστῶτα παρὰ τὴν λίμνην· οἱ δὲ ἁλεεῖς ἀπ' αὐτῶν ἀποβάντες ἔπλυνον τὰ
3 δίκτυα. ἐμβὰς δὲ εἰς ἓν τῶν πλοίων, ὃ ἦν Σίμωνος, ἠρώτησεν αὐτὸν ἀπὸ τῆς γῆς ἐπαναγαγεῖν ὀλίγον· καθί-
4 σας δὲ ἐκ τοῦ πλοίου ἐδίδασκεν τοὺς ὄχλους. ὡς δὲ ἐπαύσατο λαλῶν, εἶπεν πρὸς τὸν Σίμωνα, Ἐπανάγαγε εἰς
5 τὸ βάθος, καὶ χαλάσατε τὰ δίκτυα ὑμῶν εἰς ἄγραν. καὶ ἀποκριθεὶς Σίμων εἶπεν, Ἐπιστάτα, δι' ὅλης νυκτὸς κοπιάσαντες οὐδὲν ἐλάβομεν· ἐπὶ δὲ τῷ ῥήματί σου χαλάσω
6 τὰ δίκτυα. καὶ τοῦτο ποιήσαντες συνέκλεισαν πλῆθος
7 ἰχθύων πολύ· διερήσσετο δὲ τὰ δίκτυα αὐτῶν· καὶ κατένευσαν τοῖς μετόχοις ἐν τῷ ἑτέρῳ πλοίῳ τοῦ ἐλθόντας συλλαβέσθαι αὐτοῖς· καὶ ἦλθον, καὶ ἔπλησαν ἀμφότερα
8 τὰ πλοῖα ὥστε βυθίζεσθαι αὐτά. ἰδὼν δὲ Σίμων Πέτρος προσέπεσεν τοῖς γόνασιν Ἰησοῦ λέγων, Ἔξελθε ἀπ' ἐμοῦ,
9 ὅτι ἀνὴρ ἁμαρτωλός εἰμι, Κύριε. θάμβος γὰρ περιέσχεν αὐτὸν καὶ πάντας τοὺς σὺν αὐτῷ ἐπὶ τῇ ἄγρᾳ τῶν ἰχθύων
10 ᾗ συνέλαβον, ὁμοίως δὲ καὶ Ἰάκωβον καὶ Ἰωάννην, υἱοὺς Ζεβεδαίου, οἳ ἦσαν κοινωνοὶ τῷ Σίμωνι. καὶ εἶπεν πρὸς τὸν Σίμωνα ὁ Ἰησοῦς, Μὴ φοβοῦ· ἀπὸ τοῦ νῦν

ἀνθρώπους ἔσῃ ζωγρῶν. καὶ καταγαγόντες τὰ πλοῖα 11
ἐπὶ τὴν γῆν, ἀφέντες πάντα ἠκολούθησαν αὐτῷ.

Καὶ ἐγένετο ἐν τῷ εἶναι αὐτὸν ἐν μιᾷ τῶν πόλεων καὶ 12
ἰδοὺ ἀνὴρ πλήρης λέπρας· ἰδὼν δὲ τὸν Ἰησοῦν, πεσὼν ἐπὶ
πρόσωπον ἐδεήθη αὐτοῦ λέγων, Κύριε, ἐὰν θέλῃς, δύνασαί
με καθαρίσαι. καὶ ἐκτείνας τὴν χεῖρα ἥψατο αὐτοῦ 13
λέγων, Θέλω, καθαρίσθητι· καὶ εὐθέως ἡ λέπρα ἀπῆλθεν
ἀπ᾿ αὐτοῦ. καὶ αὐτὸς παρήγγειλεν αὐτῷ μηδενὶ εἰπεῖν· 14
ἀλλὰ ἀπελθὼν δεῖξον σεαυτὸν τῷ ἱερεῖ, καὶ προσένεγκε
περὶ τοῦ καθαρισμοῦ σου καθὼς προσέταξεν Μωυσῆς, εἰς
μαρτύριον αὐτοῖς. διήρχετο δὲ μᾶλλον ὁ λόγος περὶ 15
αὐτοῦ· καὶ συνήρχοντο ὄχλοι πολλοὶ ἀκούειν καὶ θερα-
πεύεσθαι ἀπὸ τῶν ἀσθενειῶν αὐτῶν. αὐτὸς δὲ ἦν 16
ὑποχωρῶν ἐν ταῖς ἐρήμοις καὶ προσευχόμενος.

Καὶ ἐγένετο ἐν μιᾷ τῶν ἡμερῶν καὶ αὐτὸς ἦν διδάσκων, 17
καὶ ἦσαν καθήμενοι Φαρισαῖοι καὶ νομοδιδάσκαλοι οἳ ἦσαν
ἐληλυθότες ἐκ πάσης κώμης τῆς Γαλιλαίας καὶ Ἰουδαίας
καὶ Ἰερουσαλήμ· καὶ δύναμις Κυρίου ἦν εἰς τὸ ἰᾶσθαι
αὐτόν. καὶ ἰδοὺ ἄνδρες φέροντες ἐπὶ κλίνης ἄνθρωπον 18
ὃς ἦν παραλελυμένος, καὶ ἐζήτουν αὐτὸν εἰσενεγκεῖν καὶ
θεῖναι ἐνώπιον αὐτοῦ. καὶ μὴ εὑρόντες ποίας εἰσενέγ- 19
κωσιν αὐτὸν διὰ τὸν ὄχλον, ἀναβάντες ἐπὶ τὸ δῶμα διὰ
τῶν κεράμων καθῆκαν αὐτὸν σὺν τῷ κλινιδίῳ εἰς τὸ μέσον
ἔμπροσθεν τοῦ Ἰησοῦ. καὶ ἰδὼν τὴν πίστιν αὐτῶν 20
εἶπεν, Ἄνθρωπε, ἀφέωνταί σοι αἱ ἁμαρτίαι σου. καὶ 21
ἤρξαντο διαλογίζεσθαι οἱ γραμματεῖς καὶ οἱ Φαρισαῖοι
λέγοντες, Τίς ἐστιν οὗτος ὃς λαλεῖ βλασφημίας; τίς
δύναται ἁμαρτίας ἀφεῖναι εἰ μὴ μόνος ὁ Θεός; ἐπιγνοὺς 22

---

11 πάντα] ἅπαντα ς A   12 ἰδὼν δὲ] καὶ ἰδὼν ς *LnTr*(n.m.)A
13 λέγων] εἰπών ς TiAB   14 εἰς μαρτ. αὐτ.] ἵνα εἰς μαρτύριον ᾖ ὑμῖν
τοῦτο WHm   15 θεραπεύεσθαι]+ὑπ᾿ αὐτοῦ ς   17 Φαρισαῖοι] pr
οἱ *Ln*   ἐληλυθότες] συνεληλ. *Ln*(n.m.)   αὐτόν] αὐτούς ς *LnTr*
(n.m.)BmRm   18 θεῖναι]+αὐτὸν A[WH]   19 ποίας] pr διὰ ς : Cςm
20 εἶπεν]+αὐτῷ ς   21 ἁμαρτ. ἀφεῖναι] ἀφιέναι ἁμαρτ. ς Lnm

δὲ ὁ Ἰησοῦς τοὺς διαλογισμοὺς αὐτῶν ἀποκριθεὶς εἶπεν πρὸς αὐτούς, Τί διαλογίζεσθε ἐν ταῖς καρδίαις ὑμῶν;
23 τί ἐστιν εὐκοπώτερον, εἰπεῖν, Ἀφέωνταί σοι αἱ ἁμαρτίαι
24 σου, ἢ εἰπεῖν, Ἔγειρε καὶ περιπάτει; ἵνα δὲ εἰδῆτε ὅτι ὁ Υἱὸς τοῦ Ἀνθρώπου ἐξουσίαν ἔχει ἐπὶ τῆς γῆς ἀφιέναι ἁμαρτίας (εἶπεν τῷ παραλελυμένῳ), σοὶ λέγω, ἔγειρε καὶ ἄρας τὸ κλινίδιόν σου πορεύου εἰς τὸν οἶκόν
25 σου. καὶ παραχρῆμα ἀναστὰς ἐνώπιον αὐτῶν, ἄρας ἐφ᾽ ὃ κατέκειτο, ἀπῆλθεν εἰς τὸν οἶκον αὐτοῦ δοξάζων τὸν
26 Θεόν. καὶ ἔκστασις ἔλαβεν ἅπαντας, καὶ ἐδόξαζον τὸν Θεόν, καὶ ἐπλήσθησαν φόβου, λέγοντες ὅτι Εἴδομεν παράδοξα σήμερον.

27 Καὶ μετὰ ταῦτα ἐξῆλθεν, καὶ ἐθεάσατο τελώνην ὀνόματι Λευεὶν καθήμενον ἐπὶ τὸ τελώνιον, καὶ εἶπεν αὐτῷ, Ἀκο-
28 λούθει μοι. καὶ καταλιπὼν πάντα ἀναστὰς ἠκολούθει
29 αὐτῷ. καὶ ἐποίησεν δοχὴν μεγάλην Λευεὶς αὐτῷ ἐν τῇ οἰκίᾳ αὐτοῦ· καὶ ἦν ὄχλος πολὺς τελωνῶν καὶ ἄλλων οἳ
30 ἦσαν μετ᾽ αὐτῶν κατακείμενοι. καὶ ἐγόγγυζον οἱ Φαρισαῖοι καὶ οἱ γραμματεῖς αὐτῶν πρὸς τοὺς μαθητὰς αὐτοῦ λέγοντες, Διὰ τί μετὰ τῶν τελωνῶν καὶ ἁμαρτωλῶν ἐσθίετε
31 καὶ πίνετε; καὶ ἀποκριθεὶς ὁ Ἰησοῦς εἶπεν πρὸς αὐτούς, Οὐ χρείαν ἔχουσιν οἱ ὑγιαίνοντες ἰατροῦ, ἀλλὰ
32 οἱ κακῶς ἔχοντες. οὐκ ἐλήλυθα καλέσαι δικαίους ἀλλὰ ἁμαρτωλοὺς εἰς μετάνοιαν.

33 Οἱ δὲ εἶπαν πρὸς αὐτόν, Οἱ μαθηταὶ Ἰωάννου νηστεύου-

22 ἀποκριθεὶς] *Ln*° [*Tr*] 23 ἔγειρε]-ραι ς 24 ὁ Υἱ. τοῦ Ἀνθρ.] post ἐξουσίαν ἔχει ς Ln(n.m.) παραλελυμένῳ] παραλυτικῷ ErςmLn WHm ἔγειρε] -ραι ς 25 ὃ] ᾧ ς *Ln*: Er 26 εἴδομεν] -αμεν WH(n.s.) 27 ἐθεάσατο] εἶδεν *Ln*m Λευεὶν] Λευὶν ς *Ln*B: Λευεὶν A: Er 28 πάντα] ἅπαντα ς ἠκολούθει] -θησεν ς Lnm 29 Λευεὶς]Λευὶς ς *Ln*B: Λευεὶς A: Er: πρὸς: CEr πολὺς τελωνῶν] τελ. πολ. ς αὐτῶν] αὐτοῦ WHm 30 οἱ Φαρ. καὶ οἱ γραμμ. αὐτῶν] οἱ γραμμ. αὐτῶν καὶ οἱ Φαρ. ς αὐτῶν][Tr] τῶν τελωνῶν] —τῶν ς: C καὶ ἁμαρτωλῶν] A° 31 ὁ][WH] ἀλλὰ] ἀλλ᾽ ς 33 εἶπαν]-ον ς οἱ μαθηταὶ...πίνουσιν.] διὰ τί οἱ μαθ...πίνουσιν; ς LnTr: at διὰ τί [Tr]

ΚΑΤΑ ΛΟΥΚΑΝ 5. 34—6. 4.

σιν πυκνὰ καὶ δεήσεις ποιοῦνται· ὁμοίως καὶ οἱ τῶν Φαρισαίων· οἱ δὲ σοὶ ἐσθίουσιν καὶ πίνουσιν. ὁ δὲ Ἰησοῦς 34 εἶπεν πρὸς αὐτούς, Μὴ δύνασθε τοὺς υἱοὺς τοῦ νυμφῶνος, ἐν ᾧ ὁ νυμφίος μετ᾽ αὐτῶν ἐστίν, ποιῆσαι νηστεῦσαι; ἐλεύσονται δὲ ἡμέραι, καὶ ὅταν ἀπαρθῇ ἀπ᾽ αὐτῶν ὁ 35 νυμφίος, τότε νηστεύσουσιν ἐν ἐκείναις ταῖς ἡμέραις.

Ἔλεγεν δὲ καὶ παραβολὴν πρὸς αὐτοὺς ὅτι Οὐδεὶς ἐπί- 36 βλημα ἀπὸ ἱματίου καινοῦ σχίσας ἐπιβάλλει ἐπὶ ἱμάτιον παλαιόν· εἰ δὲ μήγε, καὶ τὸ καινὸν σχίσει, καὶ τῷ παλαιῷ οὐ συμφωνήσει τὸ ἐπίβλημα τὸ ἀπὸ τοῦ καινοῦ. καὶ 37 οὐδεὶς βάλλει οἶνον νέον εἰς ἀσκοὺς παλαιούς· εἰ δὲ μήγε, ῥήξει ὁ οἶνος ὁ νέος τοὺς ἀσκούς, καὶ αὐτὸς ἐκχυθήσεται, καὶ οἱ ἀσκοὶ ἀπολοῦνται· ἀλλὰ οἶνον νέον εἰς ἀσκοὺς 38 καινοὺς βλητέον. καὶ οὐδεὶς πιὼν παλαιὸν θέλει νέον· 39 λέγει γάρ, Ὁ παλαιὸς χρηστός ἐστιν.

Ἐγένετο δὲ ἐν σαββάτῳ [δευτεροπρώτῳ] διαπορεύεσθαι 6 αὐτὸν διὰ σπορίμων· καὶ ἔτιλλον οἱ μαθηταὶ αὐτοῦ τοὺς στάχυας καὶ ἤσθιον ψώχοντες ταῖς χερσίν. τινὲς δὲ 2 τῶν Φαρισαίων εἶπον, Τί ποιεῖτε ὃ οὐκ ἔξεστιν τοῖς σάββασιν; καὶ ἀποκριθεὶς πρὸς αὐτοὺς εἶπεν ὁ Ἰησοῦς, 3 Οὐδὲ τοῦτο ἀνέγνωτε ὃ ἐποίησεν Δαυεὶδ ὅτε ἐπείνασεν αὐτὸς καὶ οἱ μετ᾽ αὐτοῦ; ὡς εἰσῆλθεν εἰς τὸν οἶκον 4 τοῦ Θεοῦ, καὶ τοὺς ἄρτους τῆς προθέσεως λαβὼν ἔφαγεν

34 Ἰησοῦς] ς°*Ln*° νηστεῦσαι] -τεύειν ς LnTrm 35 ἡμέραι,] ἡμέραι· R καὶ][Ln][B] 36 ἀπὸ *pri*.]ς°[*Ln*] σχίσας]ς°*Ln*° σχίσει] σχίζει ς (n.m.)*Ln*m*Tr*m συμφωνήσει] -νεῖ ς(n.m.)*Tr*m τὸ ἐπίβλημα]—τὸ ς*Ln* 37 ῥήξει] ῥήσσει *Ln*m ὁ οἶνος ὁ νέος] ὁ νέος οἶνος ς 38 βλητέον]+καὶ ἀμφότεροι συντηροῦνται ς *Ln*[*Tr*]Bm : Scr ver 39][WH] καὶ] WH°(n.m.) θέλει] pr εὐθέως ς *Ln Tr*]mBm χρηστός] χρηστότερος ς *Ln Tr*mBmRm 1 δευτεροπρώτῳ] ins ς[*Ln*][*Tr*]mTi[A][B]WHmRmScr : Tr°WH°R° σπορίμων] pr τῶν ς τοὺς στάχυας] post ἤσθιον *Tr*(n.m.)AWH χερσὶν]+αὐτῶν [*Ln*] 2 εἶπον] -αν WH(n.a.) :+αὐτοῖς ς[*Ln*] ἔξεστιν]+ποιεῖν ς TiBR τοῖς σάββασιν] pr ἐν ς 3 ὁ][WH] ὁ Ἰησ.] ante πρὸς αὐτοὺς εἶ. TiB : ante εἶ. πρὸς αὐ. LnTrm ὅτε]ὁπότε ςTiA μετ᾽ αὐτοῦ]+ὄντες ς[*Tr*]mTiA 4 ὡς][*Tr*][WH] : πῶς *Ln*(n.m.) λαβὼν] ἔλαβεν καὶ ς Ti[B]

163

ΚΑΤΑ ΛΟΥΚΑΝ

6. 5—14.

καὶ ἔδωκεν τοῖς μετ' αὐτοῦ, οὓς οὐκ ἔξεστιν φαγεῖν εἰ μὴ
5 μόνους τοὺς ἱερεῖς; καὶ ἔλεγεν αὐτοῖς ὅτι Κύριός ἐστιν
ὁ Υἱὸς τοῦ Ἀνθρώπου καὶ τοῦ σαββάτου.
6 Ἐγένετο δὲ ἐν ἑτέρῳ σαββάτῳ εἰσελθεῖν αὐτὸν εἰς τὴν
συναγωγὴν καὶ διδάσκειν· καὶ ἦν ἄνθρωπος ἐκεῖ, καὶ ἡ
7 χεὶρ αὐτοῦ ἡ δεξιὰ ἦν ξηρά. παρετηροῦντο δὲ [αὐτὸν]
οἱ γραμματεῖς καὶ οἱ Φαρισαῖοι εἰ ἐν τῷ σαββάτῳ θερα-
8 πεύει· ἵνα εὕρωσιν κατηγορεῖν αὐτοῦ. αὐτὸς δὲ ᾔδει
τοὺς διαλογισμοὺς αὐτῶν, εἶπεν δὲ τῷ ἀνδρὶ τῷ ξηρὰν
ἔχοντι τὴν χεῖρα, Ἔγειρε καὶ στῆθι εἰς τὸ μέσον· καὶ
9 ἀναστὰς ἔστη. εἶπεν δὲ ὁ Ἰησοῦς πρὸς αὐτούς, Ἐπε-
ρωτῶ ὑμᾶς εἰ ἔξεστιν τῷ σαββάτῳ ἀγαθοποιῆσαι ἢ κακο-
10 ποιῆσαι; ψυχὴν σῶσαι ἢ ἀπολέσαι; καὶ περιβλεψά-
μενος πάντας αὐτοὺς εἶπεν αὐτῷ, Ἔκτεινον τὴν χεῖρά σου.
11 ὁ δὲ ἐποίησεν· καὶ ἀπεκατεστάθη ἡ χεὶρ αὐτοῦ. Αὐτοὶ
δὲ ἐπλήσθησαν ἀνοίας, καὶ διελάλουν πρὸς ἀλλήλους τί
ἂν ποιήσαιεν τῷ Ἰησοῦ.
12 Ἐγένετο δὲ ἐν ταῖς ἡμέραις ταύταις ἐξελθεῖν αὐτὸν εἰς τὸ
ὄρος προσεύξασθαι, καὶ ἦν διανυκτερεύων ἐν τῇ προσευχῇ
13 τοῦ Θεοῦ. καὶ ὅτε ἐγένετο ἡμέρα, προσεφώνησεν τοὺς
μαθητὰς αὐτοῦ· καὶ ἐκλεξάμενος ἀπ' αὐτῶν δώδεκα, οὓς
14 καὶ ἀποστόλους ὠνόμασεν, Σίμωνα ὃν καὶ ὠνόμασεν
Πέτρον, καὶ Ἀνδρέαν τὸν ἀδελφὸν αὐτοῦ, καὶ Ἰάκωβον

ἔδωκεν]+καὶ ς TiBR 5 ὅτι] [Tr]WH° καὶ sec.] WH°(n.m.)R°
τοῦ σαββ.] ante ὁ υἱὸς WH(n.m.) 6 δὲ]+καὶ ς[A]: C ἄνθρ.
ἐκεῖ] ἐκεῖ ἄνθρ. ς Ln 7 παρετηροῦντο]-τήρουν ς αὐτὸν] ins ς[B]
WHR: C°ς°ᵐLn°Tr°Ti°A° θεραπεύει]-σει ς WHmR κατηγορεῖν]
-ρίαν] ς LnTrm 8 εἶπεν δὲ] καὶ εἶπεν ς Ln(n.m.) ἀνδρὶ] ἀνθρώπῳ
ςLn ἔγειρε]-ραι ς καὶ sec.] ὁ δὲ ς 9 δὲ] οὖν ς A ὁ]
[WH] ἐπερωτῶ]-τήσω ς (n.m.)Ln εἰ], εἰ WHR:, τί ς (n.m.): τι·
ElzJ ἔξεστιν]-τι WHa . τῷ σαββάτῳ] τοῖς σάββασιν ς (n.m.)Lnm
10 αὐτῷ] τῷ ἀνθρώπῳ ς: C ἐποίησεν]+οὕτως ςLn: Er ἀπεκατε-
στάθη] ἀποκατ. ς αὐτοῦ]+ὑγιὴς ς (n.m.) : +ὡς ἡ ἄλλη ς[Ln][Tr]
11 ποιήσαιεν]-σειαν ς 12 ἐξελθεῖν αὐτὸν] ἐξῆλθεν ςLn 14 καὶ
ante Ἰάκωβον] ς°[Tr]m

καὶ Ἰωάννην, καὶ Φίλιππον καὶ Βαρθολομαῖον, καὶ 15
Μαθθαῖον καὶ Θωμᾶν, [καὶ] Ἰάκωβον Ἀλφαίου καὶ Σίμωνα
τὸν καλούμενον Ζηλωτήν, καὶ Ἰούδαν Ἰακώβου καὶ 16
Ἰούδαν Ἰσκαριώθ, ὃς ἐγένετο προδότης, καὶ καταβὰς 17
μετ' αὐτῶν ἔστη ἐπὶ τόπου πεδινοῦ, καὶ ὄχλος πολὺς
μαθητῶν αὐτοῦ, καὶ πλῆθος πολὺ τοῦ λαοῦ ἀπὸ πάσης
τῆς Ἰουδαίας καὶ Ἱερουσαλὴμ καὶ τῆς παραλίου Τύρου
καὶ Σιδῶνος, οἳ ἦλθον ἀκοῦσαι αὐτοῦ καὶ ἰαθῆναι ἀπὸ 18
τῶν νόσων αὐτῶν· καὶ οἱ ἐνοχλούμενοι ἀπὸ πνευμάτων
ἀκαθάρτων ἐθεραπεύοντο. καὶ πᾶς ὁ ὄχλος ἐζήτουν 19
ἅπτεσθαι αὐτοῦ, ὅτι δύναμις παρ' αὐτοῦ ἐξήρχετο καὶ ἰᾶτο
πάντας.

Καὶ αὐτὸς ἐπάρας τοὺς ὀφθαλμοὺς αὐτοῦ εἰς τοὺς 20
μαθητὰς αὐτοῦ ἔλεγεν, Μακάριοι οἱ πτωχοί, ὅτι ὑμετέρα
ἐστὶν ἡ βασιλεία τοῦ Θεοῦ. μακάριοι οἱ πεινῶντες 21
νῦν, ὅτι χορτασθήσεσθε. μακάριοι οἱ κλαίοντες νῦν, ὅτι
γελάσετε. μακάριοί ἐστε ὅταν μισήσωσιν ὑμᾶς οἱ 22
ἄνθρωποι, καὶ ὅταν ἀφορίσωσιν ὑμᾶς καὶ ὀνειδίσωσιν καὶ
ἐκβάλωσιν τὸ ὄνομα ὑμῶν ὡς πονηρὸν ἕνεκα τοῦ Υἱοῦ
τοῦ Ἀνθρώπου. χάρητε ἐν ἐκείνῃ τῇ ἡμέρᾳ καὶ σκιρ- 23
τήσατε· ἰδοὺ γὰρ ὁ μισθὸς ὑμῶν πολὺς ἐν τῷ οὐρανῷ·
κατὰ τὰ αὐτὰ γὰρ ἐποίουν τοῖς προφήταις οἱ πατέρες
αὐτῶν. πλὴν οὐαὶ ὑμῖν τοῖς πλουσίοις, ὅτι ἀπέχετε 24
τὴν παράκλησιν ὑμῶν. οὐαὶ ὑμῖν, οἱ ἐμπεπλησμένοι 25
νῦν, ὅτι πεινάσετε. οὐαί, οἱ γελῶντες νῦν, ὅτι πενθήσετε
καὶ κλαύσετε. οὐαὶ ὅταν καλῶς ὑμᾶς εἴπωσιν πάντες 26

καὶ *ante* Φίλ.] ϛ°[*Tr*]m   15 καὶ *ante* Μαθθ.] ϛ°[*Tr*]m   καὶ ante
Ἰάκ.] ins TiB[WH]R : ϛ°*Ln*°*Tr*°A°   Ἀλφαίου] Ἀλφ. WH : pr τὸν τοῦ
ϛ*Ln*   16 καὶ *pri.*] ϛ°[*Tr*]m   Ἰσκαριώθ] -ιώτην ϛ   ὃς]+καὶ ϛ
[*Tr*]   17 πολὺς] ϛ°*Ln*°*Tr*°A°   18 ἦλθον] -αν WH(n.a.)   ἐνο-
χλούμενοι] ὀχλού. ϛ*Ln*   ἀπὸ]ὑπὸ ϛ   ἐθεραπεύοντο] pr καὶ ϛ
19 ἐζήτουν]-τει ϛ *Ln*(a.m.)*Tr*m   22 μισήσωσιν] -σουσιν *Ln*m
ἕνεκα]-κεν*Ln*   23 χάρητε] χαίρετε ϛ : Cϛm   τὰ αὐτὰ] ταῦτα ϛ :
ταῦτὰ Lnm WHa   25 νῦν] ϛ°*Ln*°[*Tr*]   οὐαὶ *sec.*]+ὑμῖν ϛ *Ln*
26 οὐαὶ]+ὑμῖν ϛ : Cϛm   ὑμᾶς εἰπ.] εἰπ. ὑμᾶς TiB   πάντες][*Tr*]m

οἱ ἄνθρωποι· κατὰ τὰ αὐτὰ γὰρ ἐποίουν τοῖς ψευδοπροφήταις οἱ πατέρες αὐτῶν.

27 Ἀλλὰ ὑμῖν λέγω τοῖς ἀκούουσιν, ἀγαπᾶτε τοὺς ἐχθροὺς
28 ὑμῶν, καλῶς ποιεῖτε τοῖς μισοῦσιν ὑμᾶς, εὐλογεῖτε τοὺς καταρωμένους ὑμᾶς, προσεύχεσθε περὶ τῶν ἐπηρεα-
29 ζόντων ὑμᾶς. τῷ τύπτοντί σε ἐπὶ τὴν σιαγόνα πάρεχε καὶ τὴν ἄλλην· καὶ ἀπὸ τοῦ αἴροντός σου τὸ ἱμάτιον καὶ
30 τὸν χιτῶνα μὴ κωλύσῃς. παντὶ [τῷ] αἰτοῦντί σε δίδου·
31 καὶ ἀπὸ τοῦ αἴροντος τὰ σὰ μὴ ἀπαίτει. καὶ καθὼς θέλετε ἵνα ποιῶσιν ὑμῖν οἱ ἄνθρωποι, καὶ ὑμεῖς ποιεῖτε
32 αὐτοῖς ὁμοίως. καὶ εἰ ἀγαπᾶτε τοὺς ἀγαπῶντας ὑμᾶς, ποία ὑμῖν χάρις ἐστίν; καὶ γὰρ οἱ ἁμαρτωλοὶ τοὺς ἀγα-
33 πῶντας αὐτοὺς ἀγαπῶσιν. καὶ ἐὰν ἀγαθοποιῆτε τοὺς ἀγαθοποιοῦντας ὑμᾶς, ποία ὑμῖν χάρις ἐστίν; καὶ [γὰρ]
34 οἱ ἁμαρτωλοὶ τὸ αὐτὸ ποιοῦσιν. καὶ ἐὰν δανίσητε παρ' ὧν ἐλπίζετε λαβεῖν, ποία ὑμῖν χάρις ἐστίν; καὶ ἁμαρτωλοὶ ἁμαρτωλοῖς δανίζουσιν ἵνα ἀπολάβωσιν τὰ
35 ἴσα. πλὴν ἀγαπᾶτε τοὺς ἐχθροὺς ὑμῶν καὶ ἀγαθοποιεῖτε, καὶ δανίζετε μηδὲν ἀπελπίζοντες· καὶ ἔσται ὁ μισθὸς ὑμῶν πολύς, καὶ ἔσεσθε υἱοὶ Ὑψίστου· ὅτι αὐτὸς χρηστός ἐστιν ἐπὶ τοὺς ἀχαρίστους καὶ πονηρούς.
36 Γίνεσθε οἰκτίρμονες, καθὼς ὁ Πατὴρ ὑμῶν οἰκτίρμων ἐστίν.
37 καὶ μὴ κρίνετε, καὶ οὐ μὴ κριθῆτε· καὶ μὴ καταδικάζετε,

τὰ αὐτὰ] ταῦτα ς: ταὐτὰ LnmWHa   27 ἀλλὰ] ἀλλ' ς: C   28 ὑμᾶς pri.] ὑμῖν ςLnm: Er   προσεύχ.] pr καὶ ς: C   περὶ] ὑπὲρ ςLn Tr(n.m.)   29 ἐπὶ] εἰς TiB   30 παντὶ] + δὲ ς[Ln][Tr]A τῷ] ins ς[Ln]Tr at [Tr]mA[B]: Ti°WH°R°   31 καὶ ὑμεῖς][Ln][Tr]m WH°(n.m.)   33 καὶ pri.] + γὰρ TiB[WH]   χάρις ἐστίν] ἐστίν χάρ. Ln   γὰρ] ins ςLnTr(Tr]mAR: Ti°B°WH°   34 δανίσητε] δανείζητε ς: δανείζετε LnmTrA; δανείσητε LnTrm   λαβεῖν] ἀπολαβεῖν ςLn: [ἀπο]λαβεῖν Trm   ἐστίν] [WH]   καὶ sec.] + γὰρ ςLn [Tr]   ἁμαρτωλοὶ] pr οἱ ς: CEr   δανίζουσιν] δανείζ. ςLnTrA   35 δανίζετε] δανείζ. ςLnTrA   μηδὲν] μηδένα TiWHmRm   ἀπελπίζοντες] ἀφελπ. LnWHa   πολὺς] + ἐν τοῖς οὐρανοῖς [Ln]   Ὑψίστου] pr τοῦ ς: C   36 γίνεσθε]+ οὖν ς   καθὼς]+ καὶ ς[Ln][Tr]A   37 καὶ οὐ pri.] ἵνα Ln(n.m.)   καὶ tert.] ς°Ln°Tr° at [Tr]m   καταδικ. bis] δικ. Trm

ΚΑΤΑ ΛΟΥΚΑΝ

καὶ οὐ μὴ καταδικασθῆτε· ἀπολύετε, καὶ ἀπολυθήσεσθε· δίδοτε, καὶ δοθήσεται ὑμῖν· μέτρον καλὸν πεπιεσμένον 38 σεσαλευμένον ὑπερεκχυννόμενον δώσουσιν εἰς τὸν κόλπον ὑμῶν. ᾧ γὰρ μέτρῳ μετρεῖτε ἀντιμετρηθήσεται ὑμῖν.

Εἶπεν δὲ καὶ παραβολὴν αὐτοῖς, Μήτι δύναται τυφλὸς 39 τυφλὸν ὁδηγεῖν; οὐχὶ ἀμφότεροι εἰς βόθυνον ἐμπεσοῦνται; οὐκ ἔστιν μαθητὴς ὑπὲρ τὸν διδάσκαλον· κατηρτισμένος 40 δὲ πᾶς ἔσται ὡς ὁ διδάσκαλος αὐτοῦ. Τί δὲ βλέπεις 41 τὸ κάρφος τὸ ἐν τῷ ὀφθαλμῷ τοῦ ἀδελφοῦ σου, τὴν δὲ δοκὸν τὴν ἐν τῷ ἰδίῳ ὀφθαλμῷ οὐ κατανοεῖς; πῶς 42 δύνασαι λέγειν τῷ ἀδελφῷ σου, Ἀδελφέ, ἄφες ἐκβάλω τὸ κάρφος τὸ ἐν τῷ ὀφθαλμῷ σου, αὐτὸς τὴν ἐν τῷ ὀφθαλμῷ σου δοκὸν οὐ βλέπων; ὑποκριτά, ἔκβαλε πρῶτον τὴν δοκὸν ἐκ τοῦ ὀφθαλμοῦ σου, καὶ τότε διαβλέψεις τὸ κάρφος τὸ ἐν τῷ ὀφθαλμῷ τοῦ ἀδελφοῦ σου ἐκβαλεῖν. Οὐ γάρ 43 ἐστιν δένδρον καλὸν ποιοῦν καρπὸν σαπρόν, οὐδὲ πάλιν δένδρον σαπρὸν ποιοῦν καρπὸν καλόν· ἕκαστον γὰρ δέν- 44 δρον ἐκ τοῦ ἰδίου καρποῦ γινώσκεται· οὐ γὰρ ἐξ ἀκανθῶν συλλέγουσιν σῦκα, οὐδὲ ἐκ βάτου σταφυλὴν τρυγῶσιν. ὁ ἀγαθὸς ἄνθρωπος ἐκ τοῦ ἀγαθοῦ θησαυροῦ τῆς καρδίας 45 προφέρει τὸ ἀγαθόν· καὶ ὁ πονηρὸς ἐκ τοῦ πονηροῦ προφέρει τὸ πονηρόν· ἐκ γὰρ περισσεύματος καρδίας λαλεῖ τὸ στόμα αὐτοῦ.

Τί δέ με καλεῖτε, Κύριε, Κύριε, καὶ οὐ ποιεῖτε ἃ λέγω; 46 πᾶς ὁ ἐρχόμενος πρός με καὶ ἀκούων μου τῶν λόγων καὶ 47 ποιῶν αὐτούς, ὑποδείξω ὑμῖν τίνι ἐστὶν ὅμοιος· ὅμοιός 48

38 σεσαλευμένον] pr καὶ ϛ :+καὶ ϛ ὑπερεκχυνν.]ὑπερεκχυν.ϛ ᾧ γὰρ μέτρῳ] τῷ γὰρ αὐτῷ μέτρῳ ᾧ ϛ LnmA ἀντιμετρηθήσεται] μετρηθήσεται LnmWHm 39 καὶ] ϛ°(n.m.) ἐμπεσοῦνται] πεσοῦνται ϛ Lnm 40 διδάσκαλον] + αὐτοῦ ϛ : Er 42 πῶς] pr ἢ ϛ Ln[Tr] [B]R ἐκβαλεῖν] post διαβλέψεις ϛLnTr(n.m.) 43 πάλιν] ϛ°[Ln] [Tr] 44 σταφυλὴν τρυγ.] τρυγ. σταφ. ϛLn 45 καρδίας pri.]+ αὐτοῦ ϛ LnTr sed [Tr]mA ὁ πονηρὸς] + ἄνθρωπος ϛ[Ln] πονηροῦ]+θησαυροῦ τῆς καρδίας αὐτοῦ ϛ[Ln] περισσεύμ.] pr τοῦ ϛ :+τῆς ϛ λαλεῖ] post τὸ στ. αὐ. Ln 46 ἃ] ὁ WHm

ΚΑΤΑ ΛΟΥΚΑΝ

ἐστιν ἀνθρώπῳ οἰκοδομοῦντι οἰκίαν, ὃς ἔσκαψεν καὶ ἐβάθυνεν, καὶ ἔθηκεν θεμέλιον ἐπὶ τὴν πέτραν· πλημμύρης δὲ γενομένης προσέρηξεν ὁ ποταμὸς τῇ οἰκίᾳ ἐκείνῃ, καὶ οὐκ ἴσχυσεν σαλεῦσαι αὐτὴν διὰ τὸ καλῶς οἰκοδομῆσθαι 49 αὐτήν. ὁ δὲ ἀκούσας καὶ μὴ ποιήσας ὅμοιός ἐστιν ἀνθρώπῳ οἰκοδομήσαντι οἰκίαν ἐπὶ τὴν γῆν χωρὶς θεμελίου· ᾗ προσέρηξεν ὁ ποταμός, καὶ εὐθὺς συνέπεσεν, καὶ ἐγένετο τὸ ῥῆγμα τῆς οἰκίας ἐκείνης μέγα.

7 Ἐπειδὴ ἐπλήρωσεν πάντα τὰ ῥήματα αὐτοῦ εἰς τὰς 2 ἀκοὰς τοῦ λαοῦ, εἰσῆλθεν εἰς Καφαρναούμ. ἑκατοντάρχου δέ τινος δοῦλος κακῶς ἔχων ἤμελλεν τελευτᾶν, ὃς ἦν 3 αὐτῷ ἔντιμος. ἀκούσας δὲ περὶ τοῦ Ἰησοῦ ἀπέστειλεν πρὸς αὐτὸν πρεσβυτέρους τῶν Ἰουδαίων, ἐρωτῶν αὐτὸν 4 ὅπως ἐλθὼν διασώσῃ τὸν δοῦλον αὐτοῦ. οἱ δὲ παραγενόμενοι πρὸς τὸν Ἰησοῦν παρεκάλουν αὐτὸν σπουδαίως, 5 λέγοντες ὅτι Ἄξιός ἐστιν ᾧ παρέξῃ τοῦτο· ἀγαπᾷ γὰρ τὸ ἔθνος ἡμῶν, καὶ τὴν συναγωγὴν αὐτὸς ᾠκοδόμησεν 6 ἡμῖν. ὁ δὲ Ἰησοῦς ἐπορεύετο σὺν αὐτοῖς. ἤδη δὲ αὐτοῦ οὐ μακρὰν ἀπέχοντος ἀπὸ τῆς οἰκίας, ἔπεμψεν [πρὸς αὐτὸν] φίλους ὁ ἑκατόνταρχος λέγων αὐτῷ, Κύριε, μὴ σκύλλου· οὐ γὰρ ἱκανός εἰμι ἵνα ὑπὸ τὴν στέγην μου 7 εἰσέλθῃς· διὸ οὐδὲ ἐμαυτὸν ἠξίωσα πρός σε ἐλθεῖν· 8 ἀλλὰ εἰπὲ λόγῳ, καὶ ἰαθήτω ὁ παῖς μου. καὶ γὰρ ἐγὼ ἄνθρωπός εἰμι ὑπὸ ἐξουσίαν τασσόμενος, ἔχων ὑπ᾽ ἐμαυτὸν στρατιώτας, καὶ λέγω τούτῳ, Πορεύθητι, καὶ πορεύεται· καὶ ἄλλῳ, Ἔρχου, καὶ ἔρχεται· καὶ τῷ δούλῳ μου, Ποίη- 9 σον τοῦτο, καὶ ποιεῖ. ἀκούσας δὲ ταῦτα ὁ Ἰησοῦς ἐθαύ-

---

48 πλημμύρης]-ρας ςLn προσέρηξεν]-ερρηξ. ςLnA διὰ usque ad αὐτήν] τεθεμελίωτο γὰρ ἐπὶ τὴν πέτραν ς LnBmRmScr οἰκοδομῆσθαι]-μεῖσθαι TrA 49 οἰκοδομήσαντι]-μοῦντι Ln προσέρηξεν] -έρρηξεν ςLnA εὐθὺς συνέπεσεν] εὐθέως ἔπεσεν ςLn 1 ἐπειδὴ] ἐπεὶ δὲ ς TrmB(n.m.)WHm 4 παρεκάλουν] ἠρώτων TiB παρέξῃ]-ξει ς 5 ᾠκοδόμησεν] οἰκοδ. WHa 6 ἀπὸ] Ti°[B] πρὸς αὐτὸν] ins ςLn TrAR : Ti°B°WH° φίλους] post ὁ ἑκατ. ςLn(n.m.) ἑκατόνταρχος] -οντάρχης TiBWH αὐτῷ] Ti°B° ἱκανός εἰμι] εἰμι ἱκ. ςLn(n.m.) Trm 7 ἰαθήτω] -θήσεται ς LnTrmR

μασεν αὐτόν, καὶ στραφεὶς τῷ ἀκολουθοῦντι αὐτῷ ὄχλῳ
εἶπεν, Λέγω ὑμῖν, οὐδὲ ἐν τῷ Ἰσραὴλ τοσαύτην πίστιν
εὗρον. καὶ ὑποστρέψαντες εἰς τὸν οἶκον οἱ πεμφθέν- 10
τες εὗρον τὸν δοῦλον ὑγιαίνοντα.

Καὶ ἐγένετο ἐν τῷ ἑξῆς ἐπορεύθη εἰς πόλιν καλουμέ- 11
νην Ναΐν· καὶ συνεπορεύοντο αὐτῷ οἱ μαθηταὶ αὐτοῦ καὶ
ὄχλος πολύς. ὡς δὲ ἤγγισεν τῇ πύλῃ τῆς πόλεως, καὶ 12
ἰδοὺ ἐξεκομίζετο τεθνηκὼς μονογενὴς υἱὸς τῇ μητρὶ αὐτοῦ,
καὶ αὕτη ἦν χήρα· καὶ ὄχλος τῆς πόλεως ἱκανὸς ἦν σὺν
αὐτῇ. καὶ ἰδὼν αὐτὴν ὁ Κύριος ἐσπλαγχνίσθη ἐπ᾽ 13
αὐτῇ καὶ εἶπεν αὐτῇ, Μὴ κλαῖε. καὶ προσελθὼν ἥψατο 14
τῆς σοροῦ· οἱ δὲ βαστάζοντες ἔστησαν. καὶ εἶπεν,
Νεανίσκε, σοὶ λέγω, ἐγέρθητι. καὶ ἀνεκάθισεν ὁ νεκρὸς 15
καὶ ἤρξατο λαλεῖν· καὶ ἔδωκεν αὐτὸν τῇ μητρὶ αὐτοῦ.
ἔλαβεν δὲ φόβος πάντας· καὶ ἐδόξαζον τὸν Θεὸν λέγοντες 16
ὅτι Προφήτης μέγας ἠγέρθη ἐν ἡμῖν, καὶ ὅτι Ἐπεσκέψατο
ὁ Θεὸς τὸν λαὸν αὑτοῦ. καὶ ἐξῆλθεν ὁ λόγος οὗτος ἐν 17
ὅλῃ τῇ Ἰουδαίᾳ περὶ αὐτοῦ καὶ πάσῃ τῇ περιχώρῳ.

Καὶ ἀπήγγειλαν Ἰωάννει οἱ μαθηταὶ αὐτοῦ περὶ πάντων 18
τούτων. καὶ προσκαλεσάμενος δύο τινὰς τῶν μαθητῶν
αὐτοῦ ὁ Ἰωάννης ἔπεμψεν πρὸς τὸν Κύριον λέγων, Σὺ 19
εἶ ὁ ἐρχόμενος, ἢ ἄλλον προσδοκῶμεν; παραγενόμενοι 20
δὲ πρὸς αὐτὸν οἱ ἄνδρες εἶπαν, Ἰωάννης ὁ Βαπτιστὴς
ἀπέσταλκεν ἡμᾶς πρός σε λέγων, Σὺ εἶ ὁ ἐρχόμενος, ἢ
ἄλλον προσδοκῶμεν; ἐν ἐκείνῃ τῇ ὥρᾳ ἐθεράπευσεν 21

πολλοὺς ἀπὸ νόσων καὶ μαστίγων καὶ πνευμάτων πονηρῶν,
22 καὶ τυφλοῖς πολλοῖς ἐχαρίσατο βλέπειν. καὶ ἀποκριθεὶς εἶπεν αὐτοῖς, Πορευθέντες ἀπαγγείλατε Ἰωάννει ἃ εἴδετε καὶ ἠκούσατε· τυφλοὶ ἀναβλέπουσιν, χωλοὶ περιπατοῦσιν, λεπροὶ καθαρίζονται, [καὶ] κωφοὶ ἀκούουσιν, νε-
23 κροὶ ἐγείρονται, πτωχοὶ εὐαγγελίζονται. καὶ μακάριός ἐστιν ὃς ἐὰν μὴ σκανδαλισθῇ ἐν ἐμοί.
24 Ἀπελθόντων δὲ τῶν ἀγγέλων Ἰωάννου ἤρξατο λέγειν πρὸς τοὺς ὄχλους περὶ Ἰωάννου, Τί ἐξήλθατε εἰς τὴν ἔρημον θεάσασθαι; κάλαμον ὑπὸ ἀνέμου σαλευόμενον;
25 ἀλλὰ τί ἐξήλθατε ἰδεῖν; ἄνθρωπον ἐν μαλακοῖς ἱματίοις ἠμφιεσμένον; ἰδοὺ οἱ ἐν ἱματισμῷ ἐνδόξῳ καὶ τρυφῇ
26 ὑπάρχοντες ἐν τοῖς βασιλείοις εἰσίν. ἀλλὰ τί ἐξήλθατε ἰδεῖν; προφήτην; ναί, λέγω ὑμῖν, καὶ περισσότερον προ-
27 φήτου. οὗτός ἐστιν περὶ οὗ γέγραπται, Ἰδοὺ ἀποστέλλω τὸν ἄγγελόν μου πρὸ προσώπου σου, ὃς κατα-
28 σκευάσει τὴν ὁδόν σου ἔμπροσθέν σου. λέγω ὑμῖν, μείζων ἐν γεννητοῖς γυναικῶν Ἰωάννου οὐδείς ἐστιν· ὁ δὲ μικρότερος ἐν τῇ βασιλείᾳ τοῦ Θεοῦ μείζων αὐτοῦ ἐστίν.
29 καὶ πᾶς ὁ λαὸς ἀκούσας καὶ οἱ τελῶναι ἐδικαίωσαν τὸν
30 Θεόν, βαπτισθέντες τὸ βάπτισμα Ἰωάννου· οἱ δὲ Φαρισαῖοι καὶ οἱ νομικοὶ τὴν βουλὴν τοῦ Θεοῦ ἠθέτησαν
31 εἰς ἑαυτούς, μὴ βαπτισθέντες ὑπ' αὐτοῦ. Τίνι οὖν ὁμοιώσω τοὺς ἀνθρώπους τῆς γενεᾶς ταύτης, καὶ τίνι εἰσὶν
32 ὅμοιοι; ὅμοιοί εἰσιν παιδίοις τοῖς ἐν ἀγορᾷ καθημένοις καὶ προσφωνοῦσιν ἀλλήλοις λέγοντες, Ηὐλήσαμεν ὑμῖν, καὶ οὐκ ὠρχήσασθε· ἐθρηνήσαμεν, καὶ οὐκ ἐκλαύσατε.

βλέπειν] pr τὸ ς   22 ἀποκριθεὶς] + ὁ Ἰησοῦς ς [*Ln*]   Ἰωάννει] -νη
ς*Ln*A   εἴδετε] -ατε WHa   τυφλοὶ] pr ὅτι ς [*Tr*]ATi[B]   καὶ
ante κωφοὶ] ins [Tr]WHR: ς°*Ln*°Tr°Ti°A°B°   23 ἐὰν] ἂν WHa
24, 25, 26 ἐξήλθατε *ter*] ἐξεληλύθατε ς TiAB   27 ἀποστέλλω] pr ἐγὼ
ς   28 λέγω] + γὰρ ς*Ln*   γυναικῶν] + προφήτης ς(a.m.)[*Tr*]Ti[A][B]
Ἰωάν.] + τοῦ βαπτιστοῦ ς*Ln*   29, 30 καὶ πᾶς...ὑπ' αὐτοῦ.] (καὶ πᾶς...ὑπ'
αὐτοῦ.) LnWH   31 τίνι] pr εἶπε δὲ ὁ Κύριος ςBm : CςmScr   32 λέγοντες] καὶ λέγουσιν ς Ln : ἃ λέγει WHR   ἐθρηνήσαμεν] + ὑμῖν ς*Ln*A

ἐλήλυθεν γὰρ Ἰωάννης ὁ Βαπτιστὴς μὴ ἔσθων ἄρτον μήτε 33
πίνων οἶνον καὶ λέγετε, Δαιμόνιον ἔχει. ἐλήλυθεν ὁ 34
Υἱὸς τοῦ Ἀνθρώπου ἐσθίων καὶ πίνων, καὶ λέγετε, Ἰδοὺ
ἄνθρωπος φάγος καὶ οἰνοπότης, φίλος τελωνῶν καὶ ἁμαρ-
τωλῶν. καὶ ἐδικαιώθη ἡ σοφία ἀπὸ πάντων τῶν τέκνων 35
αὐτῆς.

Ἠρώτα δέ τις αὐτὸν τῶν Φαρισαίων ἵνα φάγῃ μετ' 36
αὐτοῦ· καὶ εἰσελθὼν εἰς τὸν οἶκον τοῦ Φαρισαίου κατε-
κλίθη. καὶ ἰδοὺ γυνὴ ἥτις ἦν ἐν τῇ πόλει, ἁμαρτωλός· 37
καὶ ἐπιγνοῦσα ὅτι κατάκειται ἐν τῇ οἰκίᾳ τοῦ Φαρισαίου,
κομίσασα ἀλάβαστρον μύρου,   καὶ στᾶσα ὀπίσω παρὰ 38
τοὺς πόδας αὐτοῦ κλαίουσα, τοῖς δάκρυσιν ἤρξατο βρέχειν
τοὺς πόδας αὐτοῦ, καὶ ταῖς θριξὶν τῆς κεφαλῆς αὐτῆς
ἐξέμασσεν, καὶ κατεφίλει τοὺς πόδας αὐτοῦ καὶ ἤλειφεν
τῷ μύρῳ.   Ἰδὼν δὲ ὁ Φαρισαῖος ὁ καλέσας αὐτὸν εἶπεν 39
ἐν ἑαυτῷ λέγων, Οὗτος, εἰ ἦν προφήτης, ἐγίνωσκεν ἂν τίς
καὶ ποταπὴ ἡ γυνὴ ἥτις ἅπτεται αὐτοῦ, ὅτι ἁμαρτωλός
ἐστιν.   Καὶ ἀποκριθεὶς ὁ Ἰησοῦς εἶπεν πρὸς αὐτόν, 40
Σίμων, ἔχω σοί τι εἰπεῖν. ὁ δέ, Διδάσκαλε, εἰπέ, φησίν.
Δύο χρεοφειλέται ἦσαν δανιστῇ τινί· ὁ εἷς ὤφειλεν 41
δηνάρια πεντακόσια, ὁ δὲ ἕτερος πεντήκοντα.   μὴ 42
ἐχόντων αὐτῶν ἀποδοῦναι ἀμφοτέροις ἐχαρίσατο· τίς οὖν
αὐτῶν πλεῖον ἀγαπήσει αὐτόν; ἀποκριθεὶς Σίμων εἶπεν, 43
Ὑπολαμβάνω ὅτι ᾧ τὸ πλεῖον ἐχαρίσατο. ὁ δὲ εἶπεν

44 αὐτῷ, Ὀρθῶς ἔκρινας. καὶ στραφεὶς πρὸς τὴν γυναῖκα
τῷ Σίμωνι ἔφη, Βλέπεις ταύτην τὴν γυναῖκα; εἰσῆλθόν
σου εἰς τὴν οἰκίαν, ὕδωρ μοι ἐπὶ πόδας οὐκ ἔδωκας· αὕτη
δὲ τοῖς δάκρυσιν ἔβρεξέν μου τοὺς πόδας καὶ ταῖς θριξὶν
45 αὐτῆς ἐξέμαξεν. φίλημά μοι οὐκ ἔδωκας· αὕτη δὲ ἀφ᾽
ἧς εἰσῆλθον οὐ διέλιπεν καταφιλοῦσά μου τοὺς πόδας.
46 ἐλαίῳ τὴν κεφαλήν μου οὐκ ἤλειψας· αὕτη δὲ μύρῳ
47 ἤλειψεν τοὺς πόδας μου. οὗ χάριν, λέγω σοι, ἀφέωνται
αἱ ἁμαρτίαι αὐτῆς αἱ πολλαί, ὅτι ἠγάπησεν πολύ· ᾧ δὲ
48 ὀλίγον ἀφίεται, ὀλίγον ἀγαπᾷ. εἶπεν δὲ αὐτῇ, Ἀφέων-
49 ταί σου αἱ ἁμαρτίαι. Καὶ ἤρξαντο οἱ συνανακείμενοι
λέγειν ἐν ἑαυτοῖς, Τίς οὗτός ἐστιν ὃς καὶ ἁμαρτίας ἀφίησιν;
50 εἶπεν δὲ πρὸς τὴν γυναῖκα, Ἡ πίστις σου σέσωκέν σε·
πορεύου εἰς εἰρήνην.

8 Καὶ ἐγένετο ἐν τῷ καθεξῆς καὶ αὐτὸς διώδευεν κατὰ
πόλιν καὶ κώμην κηρύσσων καὶ εὐαγγελιζόμενος τὴν βασι-
2 λείαν τοῦ Θεοῦ, καὶ οἱ δώδεκα σὺν αὐτῷ, καὶ γυναῖκές
τινες αἳ ἦσαν τεθεραπευμέναι ἀπὸ πνευμάτων πονηρῶν
καὶ ἀσθενειῶν, Μαρία ἡ καλουμένη Μαγδαληνή, ἀφ᾽ ἧς
3 δαιμόνια ἑπτὰ ἐξεληλύθει, καὶ Ἰωάννα γυνὴ Χουζᾶ
ἐπιτρόπου Ἡρῴδου, καὶ Σουσάννα, καὶ ἕτεραι πολλαί,
αἵτινες διηκόνουν αὐτοῖς ἐκ τῶν ὑπαρχόντων αὐταῖς.
4 Συνιόντος δὲ ὄχλου πολλοῦ καὶ τῶν κατὰ πόλιν ἐπι-
5 πορευομένων πρὸς αὐτόν, εἶπεν διὰ παραβολῆς· Ἐξῆλ-
θεν ὁ σπείρων τοῦ σπεῖραι τὸν σπόρον αὐτοῦ· καὶ ἐν τῷ
σπείρειν αὐτὸν ὃ μὲν ἔπεσεν παρὰ τὴν ὁδόν, καὶ κατεπατήθη,
6 καὶ τὰ πετεινὰ τοῦ οὐρανοῦ κατέφαγεν αὐτό. καὶ
ἕτερον κατέπεσεν ἐπὶ τὴν πέτραν, καὶ φυὲν ἐξηράνθη διὰ

---

44 μοι ἐπὶ πόδας] ἐπὶ τοὺς πόδ. μου ς Ln : μου ἐπὶ τοὺς πόδ. TiBWHm
θριξὶν] + τῆς κεφαλῆς ς   45 εἰσῆλθον]-θεν Bm   διέλιπεν] διέλει-
πεν TiBWHm   μου] post τοὺς π. Ln   46 τοὺς πόδ. μου] μου τοὺς
π. ς TiB   47 αὐτῆς] ante αἱ ἁμ. TiB : αὕτη ante αἱ ἁμ. Ln
49 οὗτός ἐστιν] ἐστ. οὗ. Ln   3 Ἰωάννα]-άνα TrWH(n.a.)   αὐτοῖς]
αὐτῷ ς (n.m.)LnBmRm   ἐκ] ἀπὸ ς   6 κατέπεσεν] ἔπεσεν ς Ln

ΚΑΤΑ ΛΟΥΚΑΝ 8. 7—18.

τὸ μὴ ἔχειν ἰκμάδα. καὶ ἕτερον ἔπεσεν ἐν μέσῳ τῶν 7
ἀκανθῶν, καὶ συμφυεῖσαι αἱ ἄκανθαι ἀπέπνιξαν αὐτό.
καὶ ἕτερον ἔπεσεν εἰς τὴν γῆν τὴν ἀγαθήν, καὶ φυὲν 8
ἐποίησεν καρπὸν ἑκατονταπλασίονα. ταῦτα λέγων ἐφώνει,
Ὁ ἔχων ὦτα ἀκούειν ἀκουέτω.
Ἐπηρώτων δὲ αὐτὸν οἱ μαθηταὶ αὐτοῦ τίς αὕτη εἴη ἡ 9
παραβολή. ὁ δὲ εἶπεν, Ὑμῖν δέδοται γνῶναι τὰ μυστή- 10
ρια τῆς βασιλείας τοῦ Θεοῦ· τοῖς δὲ λοιποῖς ἐν παραβολαῖς,
ἵνα βλέποντες μὴ βλέπωσιν καὶ ἀκούοντες μὴ συνιῶσιν.
ἔστιν δὲ αὕτη ἡ παραβολή. Ὁ σπόρος ἐστὶν ὁ λόγος 11
τοῦ Θεοῦ. οἱ δὲ παρὰ τὴν ὁδὸν εἰσὶν οἱ ἀκούσαντες· 12
εἶτα ἔρχεται ὁ διάβολος καὶ αἴρει τὸν λόγον ἀπὸ τῆς
καρδίας αὐτῶν, ἵνα μὴ πιστεύσαντες σωθῶσιν. οἱ δὲ 13
ἐπὶ τῆς πέτρας, οἳ ὅταν ἀκούσωσιν μετὰ χαρᾶς δέχονται
τὸν λόγον· καὶ οὗτοι ῥίζαν οὐκ ἔχουσιν, οἳ πρὸς καιρὸν
πιστεύουσιν καὶ ἐν καιρῷ πειρασμοῦ ἀφίστανται. τὸ 14
δὲ εἰς τὰς ἀκάνθας πεσόν, οὗτοί εἰσιν οἱ ἀκούσαντες, καὶ
ὑπὸ μεριμνῶν καὶ πλούτου καὶ ἡδονῶν τοῦ βίου πορευό-
μενοι συνπνίγονται καὶ οὐ τελεσφοροῦσιν. τὸ δὲ ἐν 15
τῇ καλῇ γῇ, οὗτοί εἰσιν οἵτινες ἐν καρδίᾳ καλῇ καὶ ἀγαθῇ
ἀκούσαντες τὸν λόγον κατέχουσιν καὶ καρποφοροῦσιν ἐν
ὑπομονῇ. Οὐδεὶς δὲ λύχνον ἅψας καλύπτει αὐτὸν 16
σκεύει ἢ ὑποκάτω κλίνης τίθησιν· ἀλλ᾽ ἐπὶ λυχνίας
τίθησιν, ἵνα οἱ εἰσπορευόμενοι βλέπωσιν τὸ φῶς. οὐ 17
γάρ ἐστιν κρυπτὸν ὃ οὐ φανερὸν γενήσεται, οὐδὲ ἀπόκρυφον
ὃ οὐ μὴ γνωσθῇ καὶ εἰς φανερὸν ἔλθῃ. βλέπετε οὖν 18
πῶς ἀκούετε· ὃς ἂν γὰρ ἔχῃ, δοθήσεται αὐτῷ· καὶ ὃς ἂν
μὴ ἔχῃ, καὶ ὃ δοκεῖ ἔχειν ἀρθήσεται ἀπ᾽ αὐτοῦ.

7 συμφυεῖσαι] συνφ. TiBWH(n.s.)   8 εἰς] ἐπὶ ς   9 τίς] pr λέγοντες ς(n.m.)A   αὕτη] post ἡ παρ. ςLnTr(n.m.)A : αὕτη; ςA   ἡ Tr°m
12 ἀκούσαντες] ἀκούοντες ςLnTrmA(n.m.)   13 τῆς πέτρας] τὴν πέτραν TiBWHm   οὗτοι] αὐτοὶ WHm   πιστεύουσιν] -σι Ln   14 συνπνίγονται] συμπ. ςLnTr   16 ἀλλ᾽] ἀλλὰ TrWHa   τίθησιν] ἐπιτίθ. ς   βλέπωσιν] -σι Ln   17 ἐστιν] -τι Ln   οὐ μὴ γνωσθῇ] οὐ γνωσθήσεται ς   18 ἂν γὰρ] γὰρ ἂν ς Ln   ὃς ἂν sec.] ὃς ἐὰν Ln

19 Παρεγένετο δὲ πρὸς αὐτὸν ἡ μήτηρ καὶ οἱ ἀδελφοὶ αὐτοῦ, καὶ οὐκ ἠδύναντο συντυχεῖν αὐτῷ διὰ τὸν ὄχλον.
20 ἀπηγγέλη δὲ αὐτῷ, Ἡ μήτηρ σου καὶ οἱ ἀδελφοί σου
21 ἑστήκασιν ἔξω ἰδεῖν σε θέλοντες. ὁ δὲ ἀποκριθεὶς εἶπεν πρὸς αὐτούς, Μήτηρ μου καὶ ἀδελφοί μου οὗτοί εἰσιν, οἱ τὸν λόγον τοῦ Θεοῦ ἀκούοντες καὶ ποιοῦντες.
22 Ἐγένετο δὲ ἐν μιᾷ τῶν ἡμερῶν καὶ αὐτὸς ἐνέβη εἰς πλοῖον καὶ οἱ μαθηταὶ αὐτοῦ· καὶ εἶπεν πρὸς αὐτούς, Διέλθωμεν εἰς τὸ πέραν τῆς λίμνης· καὶ ἀνήχθησαν.
23 πλεόντων δὲ αὐτῶν ἀφύπνωσεν. καὶ κατέβη λαῖλαψ ἀνέμου εἰς τὴν λίμνην, καὶ συνεπληροῦντο καὶ ἐκινδύνευον.
24 προσελθόντες δὲ διήγειραν αὐτὸν λέγοντες, Ἐπιστάτα, ἐπιστάτα, ἀπολλύμεθα. ὁ δὲ διεγερθεὶς ἐπετίμησεν τῷ ἀνέμῳ καὶ τῷ κλύδωνι τοῦ ὕδατος· καὶ ἐπαύσαντο, καὶ
25 ἐγένετο γαλήνη. εἶπεν δὲ αὐτοῖς, Ποῦ ἡ πίστις ὑμῶν; φοβηθέντες δὲ ἐθαύμασαν λέγοντες πρὸς ἀλλήλους, Τίς ἄρα οὗτός ἐστιν, ὅτι καὶ τοῖς ἀνέμοις ἐπιτάσσει καὶ τῷ ὕδατι, καὶ ὑπακούουσιν αὐτῷ;
26 Καὶ κατέπλευσαν εἰς τὴν χώραν τῶν Γερασηνῶν, ἥτις
27 ἐστὶν ἀντίπερα τῆς Γαλιλαίας. ἐξελθόντι δὲ αὐτῷ ἐπὶ τὴν γῆν ὑπήντησεν ἀνήρ τις ἐκ τῆς πόλεως ἔχων δαιμόνια, καὶ χρόνῳ ἱκανῷ οὐκ ἐνεδύσατο ἱμάτιον, καὶ ἐν οἰκίᾳ οὐκ
28 ἔμενεν ἀλλ' ἐν τοῖς μνήμασιν. ἰδὼν δὲ τὸν Ἰησοῦν ἀνακράξας προσέπεσεν αὐτῷ καὶ φωνῇ μεγάλῃ εἶπεν, Τί ἐμοὶ καὶ σοί, Ἰησοῦ, Υἱὲ τοῦ Θεοῦ τοῦ Ὑψίστου; δέομαί

19 παρεγένετο]-νοντο ϛ *Ln*A   μήτηρ] + αὐτοῦ Ti[B]   20 ἀπηγγ. δὲ] καὶ ἀπηγγ. ϛ   αὐτῷ] + λεγόντων ϛ[A] : Er : + ὅτι Ti[B]   σε θέλοντες] θέλ. σε *Tr*(n.m.)WH   21 πρὸς αὐτούς] αὐτοῖς *Ln*(n.m.) ποιοῦντες] + αὐτόν ϛ : Er   22 ἐγένετο δὲ] καὶ ἐγέν. ϛ   23 ἀνέμου] post λίμνην *Ln*mWHm   24 διεγερθεὶς] ἐγερθεὶς ϛ *LnTr*mA
25 ποῦ] + ἐστὶν ϛ   26 Γερασηνῶν] Γαδαρηνῶν ϛ (n.m.)BmRm : Γεργεσηνῶν smTiBmRm   ἀντίπερα] ἀντιπέρα *Ln*TrA : ἀντιπέραν ϛ : Er
27 ὑπήντησεν] + αὐτῷ ϛ *Ln*[*Tr*][A]   τις] ante ἀνὴρ *Tr*m[WH]m   ἔχων] ὃς εἶχεν ϛ*LnTr*(n.m.)A   δαιμ., usque ad ἱμάτιον] δαιμ. ἐκ χρόνων ἱκανῶν, καὶ ἱμάτιον οὐκ ἐνεδιδύσκετο ϛ *LnTr*mA   28 ἀνακράξας] pr καὶ ϛ   τοῦ Θεοῦ][WH]

ΚΑΤΑ ΛΟΥΚΑΝ 8. 29—38.

σου, μή με βασανίσης. παρήγγελλεν γὰρ τῷ πνεύματι 29
τῷ ἀκαθάρτῳ ἐξελθεῖν ἀπὸ τοῦ ἀνθρώπου. πολλοῖς γὰρ
χρόνοις συνηρπάκει αὐτόν, καὶ ἐδεσμεύετο ἁλύσεσιν καὶ
πέδαις φυλασσόμενος, καὶ διαρήσσων τὰ δεσμὰ ἠλαύνετο
ὑπὸ τοῦ δαιμονίου εἰς τὰς ἐρήμους. ἐπηρώτησεν δὲ 30
αὐτὸν ὁ Ἰησοῦς [λέγων], Τί σοι ὄνομά ἐστιν; ὁ δὲ εἶπεν,
Λεγιών· ὅτι εἰσῆλθεν δαιμόνια πολλὰ εἰς αὐτόν. καὶ 31
παρεκάλουν αὐτὸν ἵνα μὴ ἐπιτάξῃ αὐτοῖς εἰς τὴν ἄβυσσον
ἀπελθεῖν. Ἦν δὲ ἐκεῖ ἀγέλη χοίρων ἱκανῶν βοσκομένη 32
ἐν τῷ ὄρει· καὶ παρεκάλεσαν αὐτὸν ἵνα ἐπιτρέψῃ αὐτοῖς
εἰς ἐκείνους εἰσελθεῖν. καὶ ἐπέτρεψεν αὐτοῖς. ἐξελθόντα 33
δὲ τὰ δαιμόνια ἀπὸ τοῦ ἀνθρώπου εἰσῆλθον εἰς τοὺς χοί-
ρους· καὶ ὥρμησεν ἡ ἀγέλη κατὰ τοῦ κρημνοῦ εἰς τὴν
λίμνην καὶ ἀπεπνίγη. Ἰδόντες δὲ οἱ βόσκοντες τὸ γε- 34
γονὸς ἔφυγον καὶ ἀπήγγειλαν εἰς τὴν πόλιν καὶ εἰς τοὺς
ἀγρούς. ἐξῆλθον δὲ ἰδεῖν τὸ γεγονός· καὶ ἦλθον πρὸς 35
τὸν Ἰησοῦν, καὶ εὗρον καθήμενον τὸν ἄνθρωπον ἀφ' οὗ
τὰ δαιμόνια ἐξῆλθεν ἱματισμένον καὶ σωφρονοῦντα παρὰ
τοὺς πόδας τοῦ Ἰησοῦ· καὶ ἐφοβήθησαν. ἀπήγγειλαν 36
δὲ αὐτοῖς οἱ ἰδόντες πῶς ἐσώθη ὁ δαιμονισθείς. καὶ 37
ἠρώτησεν αὐτὸν ἅπαν τὸ πλῆθος τῆς περιχώρου τῶν Γερα-
σηνῶν ἀπελθεῖν ἀπ' αὐτῶν, ὅτι φόβῳ μεγάλῳ συνείχοντο·
αὐτὸς δὲ ἐμβὰς εἰς πλοῖον ὑπέστρεψεν. ἐδεῖτο δὲ 38
αὐτοῦ ὁ ἀνὴρ ἀφ' οὗ ἐξεληλύθει τὰ δαιμόνια εἶναι σὺν

29 παρήγγελλεν] -ήγγειλεν JElzTrmWHm   ἐδεσμεύετο] -μεῖτο ϛLnA.
διαρήσσων] διαρρ.ϛ   ὑπὸ] ἀπὸ TrmWH(n.m.)   δαιμονίου] δαίμονος
ϛLnm   30 λέγων] ins ϛTrTiA[B]: Ln°WH°R°   ὄνομά ἐστιν]
ἐστ. ὄν. ϛA   Λεγιών] λεγεών ϛLnA   εἰσῆλθεν] post πολλὰ ϛTr
(n.m.)A   31 παρεκάλουν] -λει ϛ   32 βοσκομένη] -νων ϛ(n.m.)Lnm
Tr(n.m.)TiABWHm   παρεκάλεσαν] -λουν ϛ   33 εἰσῆλθον] -θεν ϛ
34 γεγονὸς] γεγενημένον ϛ   ἀπήγγειλαν] pr ἀπελθόντες ϛ : Er
35 ἦλθον] -αν TrWH(n.a.)   εὗρον] -αν TrWH(n.a.)   καθήμ.] post
ἄνθρ.Lnm   ἐξῆλθεν]ἐξεληλύθει ϛLnTrA   τοῦ][WH]   36 αὐ-
τοῖς]+καὶ ϛ[A]   37 ἠρώτησεν] -σαν ϛTiB   Γερασηνῶν] Γαδαρη-
νῶν ϛBmRm : Γεργεσηνῶν ϛmTiBmRm   πλοῖον] pr τὸ ϛ   38 ἐδεῖτο·
ἐδέετο ϛTiBWHa : ἐδεεῖτο Ln   ἐξελήλ.] post δαιμ. LnmTrm

175

ΚΑΤΑ ΛΟΥΚΑΝ

39 αὐτῷ. ἀπέλυσεν δὲ αὐτὸν λέγων, Ὑπόστρεφε εἰς τὸν οἶκόν σου, καὶ διηγοῦ ὅσα σοι ἐποίησεν ὁ Θεός. καὶ ἀπῆλθεν καθ᾿ ὅλην τὴν πόλιν κηρύσσων ὅσα ἐποίησεν αὐτῷ ὁ Ἰησοῦς.

40 Ἐγένετο δὲ ἐν τῷ ὑποστρέφειν τὸν Ἰησοῦν ἀπεδέξατο αὐτὸν ὁ ὄχλος· ἦσαν γὰρ πάντες προσδοκῶντες αὐτόν.

41 Καὶ ἰδοὺ ἦλθεν ἀνὴρ ᾧ ὄνομα Ἰάειρος, καὶ αὐτὸς ἄρχων τῆς συναγωγῆς ὑπῆρχεν· καὶ πεσὼν παρὰ τοὺς πόδας Ἰησοῦ παρεκάλει αὐτὸν εἰσελθεῖν εἰς τὸν οἶκον αὐτοῦ·

42 ὅτι θυγάτηρ μονογενὴς ἦν αὐτῷ ὡς ἐτῶν δώδεκα, καὶ αὕτη ἀπέθνησκεν.

Ἐν δὲ τῷ ὑπάγειν αὐτὸν οἱ ὄχλοι συνέπνιγον αὐτόν.

43 καὶ γυνὴ οὖσα ἐν ῥύσει αἵματος ἀπὸ ἐτῶν δώδεκα, ἥτις ἰατροῖς προσαναλώσασα ὅλον τὸν βίον οὐκ ἴσχυσεν ἀπ᾿ οὐδενὸς θεραπευθῆναι, προσελθοῦσα ὄπισθεν ἥψατο τοῦ κρασπέδου τοῦ ἱματίου αὐτοῦ· καὶ παραχρῆμα ἔστη

45 ἡ ῥύσις τοῦ αἵματος αὐτῆς. καὶ εἶπεν ὁ Ἰησοῦς, Τίς ὁ ἁψάμενός μου; ἀρνουμένων δὲ πάντων εἶπεν ὁ Πέτρος καὶ οἱ σὺν αὐτῷ, Ἐπιστάτα, οἱ ὄχλοι συνέχουσίν σε καὶ

46 ἀποθλίβουσιν. ὁ δὲ Ἰησοῦς εἶπεν, Ἥψατό μού τις·

47 ἐγὼ γὰρ ἔγνων δύναμιν ἐξεληλυθυῖαν ἀπ᾿ ἐμοῦ. ἰδοῦσα δὲ ἡ γυνὴ ὅτι οὐκ ἔλαθεν, τρέμουσα ἦλθεν καὶ προσπεσοῦσα αὐτῷ δι᾿ ἣν αἰτίαν ἥψατο αὐτοῦ ἀπήγγειλεν ἐνώπιον

48 παντὸς τοῦ λαοῦ, καὶ ὡς ἰάθη παραχρῆμα. ὁ δὲ εἶπεν αὐτῇ, Θύγατερ, ἡ πίστις σου σέσωκέν σε· πορεύου εἰς εἰρήνην.

αὐτὸν] + ὁ Ἰησοῦς ϛ[Ln]   39 σοι] post ἐποίησέ ϛ   40 ἐγένετο δὲ ἐν] ἐν δὲ Τr(n.m.)WHR   ὑποστρέφειν]-ψαι ϛLn(n.m.) Τr(n.m.)A
41 αὐτὸς] οὗτος Ln(n.m.)Tr(n.m.)WH(n.m.)   Ἰησοῦ] pr τοῦ ϛLn[Tr]A
42 αὔτη] αὐτὴ WH   ἐν δὲ τῷ ὑπάγειν] καὶ ἐγένετο ἐν τῷ πορεύεσθαι LnTrm   43 ἰατροῖς] εἰς ἰατροὺς ϛ : Csm   ἰατροῖς usque ad βίον] [Tr]m WH°R°m :+αὐτῆς Ln   ἀπ᾿]ὑπ᾿ ϛ   45 καὶ οἱ σὺν αὐτῷ] [Tr]m WH°R°m   σὺν αὐτῷ] μετ᾿ αὐτοῦ ϛ   συνέχουσιν] -σι WHa   ἀποθλίβουσιν]+, καὶ λέγεις, Τίς ὁ ἁψάμενός μου ; ϛLn[Tr][A]Bm
46 ἐξεληλυθυῖαν] ἐξελθοῦσαν ϛLn   47 ἀπήγγ.]+αὐτῷ ϛ   48 θύγατερ] pr θάρσει ϛ : θυγάτηρ TrWH

ΚΑΤΑ ΛΟΥΚΑΝ

Ἔτι αὐτοῦ λαλοῦντος ἔρχεταί τις παρὰ τοῦ ἀρχισυνα- 49
γώγου λέγων ὅτι Τέθνηκεν ἡ θυγάτηρ σου· μηκέτι σκύλλε
τὸν διδάσκαλον. ὁ δὲ Ἰησοῦς ἀκούσας ἀπεκρίθη αὐτῷ, 50
Μὴ φοβοῦ· μόνον πίστευσον, καὶ σωθήσεται. ἐλθὼν 51
δὲ εἰς τὴν οἰκίαν οὐκ ἀφῆκεν εἰσελθεῖν τινὰ σὺν αὐτῷ,
εἰ μὴ Πέτρον καὶ Ἰωάννην καὶ Ἰάκωβον καὶ τὸν πατέρα
τῆς παιδὸς καὶ τὴν μητέρα. ἔκλαιον δὲ πάντες καὶ 52
ἐκόπτοντο αὐτήν· ὁ δὲ εἶπεν, Μὴ κλαίετε· οὐ γὰρ ἀπέθανεν,
ἀλλὰ καθεύδει. καὶ κατεγέλων αὐτοῦ, εἰδότες ὅτι ἀπέ- 53
θανεν. αὐτὸς δὲ κρατήσας τῆς χειρὸς αὐτῆς ἐφώνησεν 54
λέγων, Ἡ παῖς, ἔγειρε. καὶ ἐπέστρεψεν τὸ πνεῦμα 55
αὐτῆς, καὶ ἀνέστη παραχρῆμα· καὶ διέταξεν αὐτῇ δοθῆναι
φαγεῖν. καὶ ἐξέστησαν οἱ γονεῖς αὐτῆς· ὁ δὲ παρήγ- 56
γειλεν αὐτοῖς μηδενὶ εἰπεῖν τὸ γεγονός.

Συγκαλεσάμενος δὲ τοὺς δώδεκα ἔδωκεν αὐτοῖς δύναμιν 9
καὶ ἐξουσίαν ἐπὶ πάντα τὰ δαιμόνια, καὶ νόσους θεραπεύειν·
καὶ ἀπέστειλεν αὐτοὺς κηρύσσειν τὴν βασιλείαν τοῦ Θεοῦ, 2
καὶ ἰᾶσθαι [τοὺς ἀσθενεῖς]. καὶ εἶπεν πρὸς αὐτούς, 3
Μηδὲν αἴρετε εἰς τὴν ὁδόν, μήτε ῥάβδον μήτε πήραν μήτε
ἄρτον μήτε ἀργύριον, μήτε [ἀνὰ] δύο χιτῶνας ἔχειν.
καὶ εἰς ἣν ἂν οἰκίαν εἰσέλθητε, ἐκεῖ μένετε καὶ ἐκεῖθεν 4
ἐξέρχεσθε. καὶ ὅσοι ἂν μὴ δέχωνται ὑμᾶς, ἐξερχόμενοι 5
ἀπὸ τῆς πόλεως ἐκείνης τὸν κονιορτὸν ἀπὸ τῶν ποδῶν
ὑμῶν ἀποτινάσσετε εἰς μαρτύριον ἐπ' αὐτούς. Ἐξερ- 6

---

49 παρὰ] ἀπὸ Ln   λέγων]+αὐτῷ ϛLn[Tr]A   μηκέτι] μὴ ϛTrmA
50 αὐτῷ] + λέγων ϛ[Tr]m[A]   πίστευσον] πίστευε ϛLnTrm
51 ἐλθὼν] εἰσελθὼν ϛA: Er   τινὰ σὺν αὐτῷ] οὐδένα ϛ(+σὺν αὐτῷ
ϛm)   καὶ Ἰω. καὶ Ἰάκ.] καὶ Ἰάκ. καὶ Ἰω. ϛ: CEr   52 οὐ γὰρ] οὐκ
ϛ(n.m.)LnmTi   54 κρατήσας] pr ἐκβαλὼν ἔξω πάντας καὶ ϛ(n.m.)Bm(sed
πάντ. ἔξω)   ἔγειρε] ἐγείρου ϛTiB   55 αὐτῇ δοθῆναι]δοθ. αὐ. Trm
1 συγκαλ.] συνκαλ. TiBWH(n.a.)   δώδεκα] + μαθητὰς αὐτοῦ ϛLn : +
ἀποστόλους ϛm[Tr]m : Er   αὐτοῖς δύναμιν] δύν. αὐ. WHm   2 τοὺς
ἀσθενεῖς] ins Ln[Tr][B]R : Ti°A°WH°R°m : ins ϛ τοὺς ἀσθενοῦντας
3 ῥάβδον] ῥάβδους ϛ: Ersm   ἀνὰ] ins ϛLn[Tr]Ti[A]B : WH°R°
5 ἂν] ἐὰν WHₐ   δέχωνται] δέχονται ϛ: Er   τὸν κονιορτὸν] pr καὶ
ϛ[Ln]Ti[B]   ἀποτινάσσετε] -άξατε ϛLnTr(n.m.)

ΚΑΤΑ ΛΟΥΚΑΝ

χόμενοι δὲ διήρχοντο κατὰ τὰς κώμας εὐαγγελιζόμενοι καὶ θεραπεύοντες πανταχοῦ.

7 Ἤκουσεν δὲ Ἡρῴδης ὁ τετράρχης τὰ γινόμενα πάντα· καὶ διηπόρει διὰ τὸ λέγεσθαι ὑπό τινων ὅτι Ἰωάννης 8 ἠγέρθη ἐκ νεκρῶν, ὑπό τινων δὲ ὅτι Ἠλίας ἐφάνη, 9 ἄλλων δὲ ὅτι προφήτης τις τῶν ἀρχαίων ἀνέστη. εἶπεν δὲ Ἡρῴδης, Ἰωάννην ἐγὼ ἀπεκεφάλισα· τίς δέ ἐστιν οὗτος περὶ οὗ ἀκούω τοιαῦτα; καὶ ἐζήτει ἰδεῖν αὐτόν.
10 Καὶ ὑποστρέψαντες οἱ ἀπόστολοι διηγήσαντο αὐτῷ ὅσα ἐποίησαν. καὶ παραλαβὼν αὐτοὺς ὑπεχώρησεν κατ᾽ ἰδίαν 11 εἰς πόλιν καλουμένην Βηθσαϊδά. οἱ δὲ ὄχλοι γνόντες ἠκολούθησαν αὐτῷ· καὶ ἀποδεξάμενος αὐτοὺς ἐλάλει αὐτοῖς περὶ τῆς βασιλείας τοῦ Θεοῦ, καὶ τοὺς χρείαν ἔχοντας 12 θεραπείας ἰᾶτο. Ἡ δὲ ἡμέρα ἤρξατο κλίνειν· προσελθόντες δὲ οἱ δώδεκα εἶπον αὐτῷ, Ἀπόλυσον τὸν ὄχλον, ἵνα πορευθέντες εἰς τὰς κύκλῳ κώμας καὶ ἀγροὺς καταλύσωσιν καὶ εὕρωσιν ἐπισιτισμόν· ὅτι ὧδε ἐν ἐρήμῳ τόπῳ 13 ἐσμέν. εἶπεν δὲ πρὸς αὐτούς, Δότε αὐτοῖς φαγεῖν ὑμεῖς. οἱ δὲ εἶπαν, Οὐκ εἰσὶν ἡμῖν πλεῖον ἢ πέντε ἄρτοι καὶ ἰχθύες δύο, εἰ μήτι πορευθέντες ἡμεῖς ἀγοράσωμεν 14 εἰς πάντα τὸν λαὸν τοῦτον βρώματα. ἦσαν γὰρ ὡσεὶ ἄνδρες πεντακισχίλιοι. εἶπεν δὲ πρὸς τοὺς μαθητὰς αὐτοῦ, Κατακλίνατε αὐτοὺς κλισίας ὡσεὶ ἀνὰ πεντήκοντα.
15, 16 καὶ ἐποίησαν οὕτως καὶ κατέκλιναν ἅπαντας. λαβὼν δὲ τοὺς πέντε ἄρτους καὶ τοὺς δύο ἰχθύας, ἀναβλέψας εἰς τὸν οὐρανὸν εὐλόγησεν αὐτοὺς καὶ κατέκλασεν, καὶ ἐδίδου

---

7 γινόμενα] γεν. *Ln*m.:+ ὑπ᾽ αὐτοῦ ς[*Ln*] ἠγέρθη] ἐγήγερται ςA
8 τις] εἷς ς*Ln* 9 εἶπεν δὲ] καὶ εἶπεν ς Ἡρῴδης] pr ὁ ς[WH] :
CEr ἀκούω] pr ἐγὼ ς*Ln*[*Tr*]A 10 εἰς πόλιν καλ.] εἰς τόπον ἔρημον πόλεως καλουμένης ς*Ln* 11 ἀποδεξάμενος] δεξάμενος ς
12 εἶπον]-αν WH πορευθέντες] ἀπελθόντες ς ἀγροὺς] pr τοὺς ς*Ln*
[*Tr*] 13 φαγεῖν] post ὑμ. ς*Tr*(n.m.)WHm εἶπαν]-ον ς πέντε]
post ἄρτοι TiBWH(n.m.) δύο] ante ἰχθ. ς : C 14 γὰρ] δὲ TiB
ὡσεὶ *pri*.] [B] (σφ῀)̣:+ ἀνὰ B(σφ) ὡσεὶ *sec*.] ς°[*Ln*][*Tr*]Ti°B°
15 κατέκλιναν] ἀνέκλιναν ς*Ln*A(n.m.) : Er ἅπαντας] πάντας WHm

τοῖς μαθηταῖς παραθεῖναι τῷ ὄχλῳ. καὶ ἔφαγον καὶ 17
ἐχορτάσθησαν πάντες· καὶ ἤρθη τὸ περισσεῦσαν αὐτοῖς
κλασμάτων κόφινοι δώδεκα.

Καὶ ἐγένετο ἐν τῷ εἶναι αὐτὸν προσευχόμενον κατὰ 18
μόνας, συνῆσαν αὐτῷ οἱ μαθηταί· καὶ ἐπηρώτησεν αὐτοὺς
λέγων, Τίνα με οἱ ὄχλοι λέγουσιν εἶναι; οἱ δὲ ἀποκρι- 19
θέντες εἶπαν, Ἰωάννην τὸν Βαπτιστήν· ἄλλοι δὲ Ἡλίαν·
ἄλλοι δὲ ὅτι προφήτης τις τῶν ἀρχαίων ἀνέστη. εἶπεν 20
δὲ αὐτοῖς, Ὑμεῖς δὲ τίνα με λέγετε εἶναι; Πέτρος δὲ
ἀποκριθεὶς εἶπεν, Τὸν Χριστὸν τοῦ Θεοῦ. ὁ δὲ ἐπιτι- 21
μήσας αὐτοῖς παρήγγειλεν μηδενὶ λέγειν τοῦτο, εἰπὼν 22
ὅτι Δεῖ τὸν Υἱὸν τοῦ Ἀνθρώπου πολλὰ παθεῖν, καὶ ἀπο-
δοκιμασθῆναι ἀπὸ τῶν πρεσβυτέρων καὶ ἀρχιερέων καὶ
γραμματέων, καὶ ἀποκτανθῆναι, καὶ τῇ τρίτῃ ἡμέρᾳ ἐγερ-
θῆναι.

Ἔλεγεν δὲ πρὸς πάντας, Εἴ τις θέλει ὀπίσω μου 23
ἔρχεσθαι, ἀρνησάσθω ἑαυτὸν καὶ ἀράτω τὸν σταυρὸν αὐτοῦ
καθ' ἡμέραν, καὶ ἀκολουθείτω μοι. ὃς γὰρ ἂν θέλῃ 24
τὴν ψυχὴν αὐτοῦ σῶσαι, ἀπολέσει αὐτήν· ὃς δ' ἂν ἀπο-
λέσῃ τὴν ψυχὴν αὐτοῦ ἕνεκεν ἐμοῦ, οὗτος σώσει αὐτήν.
τί γὰρ ὠφελεῖται ἄνθρωπος κερδήσας τὸν κόσμον ὅλον 25
ἑαυτὸν δὲ ἀπολέσας ἢ ζημιωθείς; ὃς γὰρ ἂν ἐπαισχυν- 26
θῇ με καὶ τοὺς ἐμοὺς λόγους, τοῦτον ὁ Υἱὸς τοῦ Ἀνθρώ-
που ἐπαισχυνθήσεται, ὅταν ἔλθῃ ἐν τῇ δόξῃ αὐτοῦ καὶ τοῦ
Πατρὸς καὶ τῶν ἁγίων ἀγγέλων. λέγω δὲ ὑμῖν ἀληθῶς, 27
εἰσίν τινες τῶν αὐτοῦ ἑστηκότων οἳ οὐ μὴ γεύσωνται
θανάτου ἕως ἂν ἴδωσιν τὴν βασιλείαν τοῦ Θεοῦ.

28 Ἐγένετο δὲ μετὰ τοὺς λόγους τούτους ὡσεὶ ἡμέραι ὀκτώ, καὶ παραλαβὼν Πέτρον καὶ Ἰωάννην καὶ Ἰάκωβον ἀνέβη
29 εἰς τὸ ὄρος προσεύξασθαι. καὶ ἐγένετο ἐν τῷ προσεύχεσθαι αὐτὸν τὸ εἶδος τοῦ προσώπου αὐτοῦ ἕτερον, καὶ ὁ
30 ἱματισμὸς αὐτοῦ λευκὸς ἐξαστράπτων. καὶ ἰδοὺ ἄνδρες δύο συνελάλουν αὐτῷ, οἵτινες ἦσαν Μωυσῆς καὶ Ἠλίας·
31 οἳ ὀφθέντες ἐν δόξῃ ἔλεγον τὴν ἔξοδον αὐτοῦ, ἣν ἔμελλεν
32 πληροῦν ἐν Ἰερουσαλήμ. ὁ δὲ Πέτρος καὶ οἱ σὺν αὐτῷ ἦσαν βεβαρημένοι ὕπνῳ· διαγρηγορήσαντες δὲ εἶδαν τὴν δόξαν αὐτοῦ, καὶ τοὺς δύο ἄνδρας τοὺς συνεστῶτας αὐτῷ.
33 καὶ ἐγένετο ἐν τῷ διαχωρίζεσθαι αὐτοὺς ἀπ' αὐτοῦ, εἶπεν ὁ Πέτρος πρὸς τὸν Ἰησοῦν, Ἐπιστάτα, καλόν ἐστιν ἡμᾶς ὧδε εἶναι· καὶ ποιήσωμεν σκηνὰς τρεῖς, μίαν σοὶ καὶ
34 μίαν Μωυσεῖ καὶ μίαν Ἠλίᾳ· μὴ εἰδὼς ὃ λέγει. ταῦτα δὲ αὐτοῦ λέγοντος ἐγένετο νεφέλη καὶ ἐπεσκίαζεν αὐτούς· ἐφοβήθησαν δὲ ἐν τῷ εἰσελθεῖν αὐτοὺς εἰς τὴν νεφέλην.
35 καὶ φωνὴ ἐγένετο ἐκ τῆς νεφέλης λέγουσα, Οὗτός ἐστιν
36 ὁ Υἱός μου ὁ ἐκλελεγμένος· αὐτοῦ ἀκούετε. καὶ ἐν τῷ γενέσθαι ΄ἡν φωνὴν εὑρέθη Ἰησοῦς μόνος. καὶ αὐτοὶ ἐσίγησαν καὶ οὐδενὶ ἀπήγγειλαν ἐν ἐκείναις ταῖς ἡμέραις οὐδὲν ὧν ἑώρακαν.
37 Ἐγένετο δὲ τῇ ἑξῆς ἡμέρᾳ, κατελθόντων αὐτῶν ἀπὸ τοῦ
38 ὄρους, συνήντησεν αὐτῷ ὄχλος πολύς. καὶ ἰδοὺ ἀνὴρ ἀπὸ τοῦ ὄχλου ἐβόησεν λέγων, Διδάσκαλε, δέομαί σου ἐπιβλέψαι ἐπὶ τὸν υἱόν μου, ὅτι μονογενής μοί ἐστιν·
39 καὶ ἰδοὺ πνεῦμα λαμβάνει αὐτόν, καὶ ἐξαίφνης κράζει· καὶ σπαράσσει αὐτὸν μετὰ ἀφροῦ, καὶ μόγις ἀποχωρεῖ

ἀπ' αὐτοῦ συντρῖβον αὐτόν. καὶ ἐδεήθην τῶν μαθητῶν 40
σου ἵνα ἐκβάλωσιν αὐτό, καὶ οὐκ ἠδυνήθησαν. ἀπο- 41
κριθεὶς δὲ ὁ Ἰησοῦς εἶπεν, Ὦ γενεὰ ἄπιστος καὶ διε-
στραμμένη, ἕως πότε ἔσομαι πρὸς ὑμᾶς καὶ ἀνέξομαι
ὑμῶν; προσάγαγε ὧδε τὸν υἱόν σου. ἔτι δὲ προσερχο- 42
μένου αὐτοῦ ἔρρηξεν αὐτὸν τὸ δαιμόνιον καὶ συνεσπάραξεν.
ἐπετίμησεν δὲ ὁ Ἰησοῦς τῷ πνεύματι τῷ ἀκαθάρτῳ, καὶ
ἰάσατο τὸν παῖδα, καὶ ἀπέδωκεν αὐτὸν τῷ πατρὶ αὐτοῦ.
ἐξεπλήσσοντο δὲ πάντες ἐπὶ τῇ μεγαλειότητι τοῦ Θεοῦ. 43
Πάντων δὲ θαυμαζόντων ἐπὶ πᾶσιν οἷς ἐποίει εἶπεν
πρὸς τοὺς μαθητὰς αὐτοῦ, Θέσθε ὑμεῖς εἰς τὰ ὦτα 44
ὑμῶν τοὺς λόγους τούτους· ὁ γὰρ Υἱὸς τοῦ Ἀνθρώπου
μέλλει παραδίδοσθαι εἰς χεῖρας ἀνθρώπων. οἱ δὲ 45
ἠγνόουν τὸ ῥῆμα τοῦτο, καὶ ἦν παρακεκαλυμμένον ἀπ'
αὐτῶν ἵνα μὴ αἴσθωνται αὐτό· καὶ ἐφοβοῦντο ἐρωτῆσαι
αὐτὸν περὶ τοῦ ῥήματος τούτου. Εἰσῆλθεν δὲ διαλο- 46
γισμὸς ἐν αὐτοῖς, τὸ τίς ἂν εἴη μείζων αὐτῶν. ὁ δὲ 47
Ἰησοῦς, εἰδὼς τὸν διαλογισμὸν τῆς καρδίας αὐτῶν, ἐπι-
λαβόμενος παιδίον ἔστησεν αὐτὸ παρ' ἑαυτῷ, καὶ 48
εἶπεν αὐτοῖς, Ὃς ἐὰν δέξηται τοῦτο τὸ παιδίον ἐπὶ τῷ
ὀνόματί μου, ἐμὲ δέχεται· καὶ ὃς ἐὰν ἐμὲ δέξηται, δέχεται
τὸν ἀποστείλαντά με. ὁ γὰρ μικρότερος ἐν πᾶσιν ὑμῖν
ὑπάρχων, οὗτός ἐστιν μέγας. Ἀποκριθεὶς δὲ Ἰωάννης 49
εἶπεν, Ἐπιστάτα, εἴδομέν τινα ἐν τῷ ὀνόματί σου ἐκβάλ-
λοντα δαιμόνια· καὶ ἐκωλύομεν αὐτόν, ὅτι οὐκ ἀκολουθεῖ
μεθ' ἡμῶν. εἶπεν δὲ πρὸς αὐτὸν Ἰησοῦς, Μὴ κωλύετε· 50
ὃς γὰρ οὐκ ἔστιν καθ' ὑμῶν, ὑπὲρ ὑμῶν ἐστίν.

40 ἐκβάλωσιν]-λλωσιν ϛ: C   41 ὧδε] post τὸν υἱ. σου Trm
43 μεγαλειότητι] μεγαλιότ. WHa   ἐποίει] -ησεν ϛ(n.m.) + ὁ Ἰησοῦς
ϛLn: Er   εἶπεν] -πε WHa   45 ἐρωτῆσαι] ἐπερωτ. Ln
47 εἰδὼς] ἰδὼν ϛ(n.m.)LnTr(n.m.)AWHmR   παιδίον] -ίον ϛ LnTiB : C
48 ἐὰν pri.] ἂν LnWH(n.a.)   ἐὰν sec.] ἂν TiBWH(n.a.)   ἐστιν] ἔσται
ϛ LnmTrm   49 Ἰωάν.] pr ὁ ϛTiB   εἴδομεν]-αμεν WH(n.a.)
ἐν] ἐπὶ ϛLnTr(n.m.)TiAB   δαιμόν.] pr τὰ ϛ   ἐκωλύομεν] -σαμεν
ϛLn(n.m.)Tr(n.m.)TiAB   50 εἶπεν δὲ] καὶ εἶ. ϛLnm   Ἰησ.] pr ὁ ϛ
LnTr[A]   ὑμῶν bis] ἡμῶν ϛ Bm

ΚΑΤΑ ΛΟΥΚΑΝ

9. 51–62.

51 Ἐγένετο δὲ ἐν τῷ συμπληροῦσθαι τὰς ἡμέρας τῆς ἀναλήμψεως αὐτοῦ καὶ αὐτὸς τὸ πρόσωπον [αὐτοῦ] ἐστήρισεν
52 τοῦ πορεύεσθαι εἰς Ἱερουσαλήμ, καὶ ἀπέστειλεν ἀγγέλους πρὸ προσώπου αὐτοῦ. Καὶ πορευθέντες εἰσῆλθον
53 εἰς κώμην Σαμαρειτῶν ὥστε ἑτοιμάσαι αὐτῷ. καὶ οὐκ ἐδέξαντο αὐτόν, ὅτι τὸ πρόσωπον αὐτοῦ ἦν πορευόμενον
54 εἰς Ἱερουσαλήμ. ἰδόντες δὲ οἱ μαθηταὶ Ἰάκωβος καὶ Ἰωάννης εἶπαν, Κύριε, θέλεις εἴπωμεν πῦρ καταβῆναι
55 ἀπὸ τοῦ οὐρανοῦ καὶ ἀναλῶσαι αὐτούς; στραφεὶς
56 δὲ ἐπετίμησεν αὐτοῖς. καὶ ἐπορεύθησαν εἰς ἑτέραν κώμην.
57 Καὶ πορευομένων αὐτῶν ἐν τῇ ὁδῷ εἶπέν τις πρὸς αὐτόν,
58 Ἀκολουθήσω σοι ὅπου ἐὰν ἀπέρχῃ. καὶ εἶπεν αὐτῷ ὁ Ἰησοῦς, Αἱ ἀλώπεκες φωλεοὺς ἔχουσιν καὶ τὰ πετεινὰ τοῦ οὐρανοῦ κατασκηνώσεις· ὁ δὲ Υἱὸς τοῦ Ἀνθρώπου οὐκ
59 ἔχει ποῦ τὴν κεφαλὴν κλίνῃ. Εἶπεν δὲ πρὸς ἕτερον, Ἀκολούθει μοι. ὁ δὲ εἶπεν, Κύριε, ἐπίτρεψόν μοι πρῶτον
60 ἀπελθόντι θάψαι τὸν πατέρα μου. εἶπεν δὲ αὐτῷ, Ἄφες τοὺς νεκροὺς θάψαι τοὺς ἑαυτῶν νεκρούς· σὺ δὲ
61 ἀπελθὼν διάγγελλε τὴν βασιλείαν τοῦ Θεοῦ. Εἶπεν δὲ καὶ ἕτερος, Ἀκολουθήσω σοι, Κύριε· πρῶτον δὲ ἐπί-
62 τρεψόν μοι ἀποτάξασθαι τοῖς εἰς τὸν οἶκόν μου. εἶπεν δὲ πρὸς αὐτὸν ὁ Ἰησοῦς, Οὐδεὶς ἐπιβαλὼν τὴν χεῖρα αὐτοῦ

---

51 συμπληρ.] συνπλ. WHₐ   αὐτοῦ sec.] ins s [Ln][Tr]Ti[A]BR : WH°
ἐστήρισεν] ἐστήριξεν s Ln   52 κώμην] πόλιν TiB(n.m.)   ὥστε] ὡς
LnmAmWH   54 μαθηταὶ]+αὐτοῦ s Ln[Tr][A]R   εἶπαν]-ον s Ln
ἀπὸ] ἐκ Ln   αὐτούς]+, ὡς καὶ Ἠλίας ἐποίησεν s Ln[Tr]m[A][B]WHm
Rm   55 αὐτοῖς]+καὶ εἶπεν, Οὐκ οἴδατε οἵου (ποί. WH) πνεύματός ἐστε
sAm[B]WHm : etiam+ὑμεῖς sAm[B]Rm   56 καὶ] pr ὁ γὰρ υἱὸς τοῦ ἀνθρώπου οὐκ ἦλθεν (-θε BWHₐ) ψυχὰς ἀνθρώπων ἀπολέσαι, ἀλλὰ σῶσαι
sAm[B][WH]mRm, sed γὰρ WH° et [ἀνθρώπων] alteris uncis [WH]m
57 καὶ] ἐγένετο δὲ s Ln   ἐὰν] ἂν s TiBWH(n.a.)   ἀπέρχῃ]+, κύριε
s[A]: Er   58 ὁ pri.] [WH]   59 Κύριε] [Tr]mTi°[B]WH°(n.m.)
ἀπελθόντι] ante πρῶ. sA : ἀπελθεῖν Ln   60 αὐτῷ]+ὁ Ἰησοῦς s[Ln]
62 πρὸς αὐτὸν] [Tr]mA°[B][WH] : post ὁ Ἰησ. LnTr(n.m.)   ἐπιβαλὼν]
-βάλλων LnWHm   αὐτοῦ][Tr]WH°(n.m.)   ἐπιβαλὼν usque ἀ ὀπίσω]
εἰς τὰ ὀπ. βλέπων καὶ ἐπιβάλλων τὴν χ. αὐτοῦ ἐπ' ἄρ. WHm

ΚΑΤΑ ΛΟΥΚΑΝ 10. 1—12.

ἐπ' ἄροτρον καὶ βλέπων εἰς τὰ ὀπίσω εὔθετός ἐστιν τῇ βασιλείᾳ τοῦ Θεοῦ.

Μετὰ δὲ ταῦτα ἀνέδειξεν ὁ Κύριος [καὶ] ἑτέρους ἑβδομή- 10
κοντα, καὶ ἀπέστειλεν αὐτοὺς ἀνὰ δύο πρὸ προσώπου
αὐτοῦ εἰς πᾶσαν πόλιν καὶ τόπον οὗ ἤμελλεν αὐτὸς ἔρχε-
σθαι. ἔλεγεν δὲ πρὸς αὐτούς, Ὁ μὲν θερισμὸς πολύς, 2
οἱ δὲ ἐργάται ὀλίγοι· δεήθητε οὖν τοῦ Κυρίου τοῦ θερισμοῦ
ὅπως ἐργάτας ἐκβάλῃ εἰς τὸν θερισμὸν αὐτοῦ. ὑπάγε- 3
τε· ἰδοὺ ἀποστέλλω ὑμᾶς ὡς ἄρνας ἐν μέσῳ λύκων. μὴ 4
βαστάζετε βαλλάντιον, μὴ πήραν, μὴ ὑποδήματα· καὶ
μηδένα κατὰ τὴν ὁδὸν ἀσπάσησθε. εἰς ἣν δ' ἂν εἰσέλ- 5
θητε οἰκίαν, πρῶτον λέγετε, Εἰρήνη τῷ οἴκῳ τούτῳ.
καὶ ἐὰν ᾖ ἐκεῖ υἱὸς εἰρήνης, ἐπαναπαήσεται ἐπ' αὐτὸν ἡ 6
εἰρήνη ὑμῶν· εἰ δὲ μήγε, ἐφ' ὑμᾶς ἀνακάμψει. ἐν αὐτῇ 7
δὲ τῇ οἰκίᾳ μένετε, ἔσθοντες καὶ πίνοντες τὰ παρ' αὐτῶν·
ἄξιος γὰρ ὁ ἐργάτης τοῦ μισθοῦ αὐτοῦ· μὴ μεταβαίνετε
ἐξ οἰκίας εἰς οἰκίαν. καὶ εἰς ἣν ἂν πόλιν εἰσέρχησθε 8
καὶ δέχωνται ὑμᾶς, ἐσθίετε τὰ παρατιθέμενα ὑμῖν·
καὶ θεραπεύετε τοὺς ἐν αὐτῇ ἀσθενεῖς, καὶ λέγετε αὐτοῖς, 9
Ἤγγικεν ἐφ' ὑμᾶς ἡ βασιλεία τοῦ Θεοῦ. εἰς ἣν δ' ἂν 10
πόλιν εἰσέλθητε καὶ μὴ δέχωνται ὑμᾶς, ἐξελθόντες εἰς τὰς
πλατείας αὐτῆς εἴπατε, Καὶ τὸν κονιορτὸν τὸν κολλη- 11
θέντα ἡμῖν ἐκ τῆς πόλεως ὑμῶν εἰς τοὺς πόδας ἀπομασσό-
μεθα ὑμῖν· πλὴν τοῦτο γινώσκετε, ὅτι ἤγγικεν ἡ βασιλεία
τοῦ Θεοῦ. λέγω ὑμῖν ὅτι Σοδόμοις ἐν τῇ ἡμέρᾳ ἐκείνῃ 12

ΚΑΤΑ ΛΟΥΚΑΝ

10. 13—22.

13 ἀνεκτότερον ἔσται ἢ τῇ πόλει ἐκείνῃ. Οὐαί σοι, Χοραζείν, οὐαί σοι, Βηθσαϊδά· ὅτι εἰ ἐν Τύρῳ καὶ Σιδῶνι ἐγενήθησαν αἱ δυνάμεις αἱ γενόμεναι ἐν ὑμῖν, πάλαι ἂν ἐν
14 σάκκῳ καὶ σποδῷ καθήμενοι μετενόησαν. πλὴν Τύρῳ
15 καὶ Σιδῶνι ἀνεκτότερον ἔσται ἐν τῇ κρίσει ἢ ὑμῖν. καὶ σύ, Καφαρναούμ, μὴ ἕως οὐρανοῦ ὑψωθήσῃ; ἕως τοῦ ᾅδου
16 καταβιβασθήσῃ. Ὁ ἀκούων ὑμῶν ἐμοῦ ἀκούει· καὶ ὁ ἀθετῶν ὑμᾶς ἐμὲ ἀθετεῖ· ὁ δὲ ἐμὲ ἀθετῶν ἀθετεῖ τὸν ἀποστείλαντά με.
17 Ὑπέστρεψαν δὲ οἱ ἑβδομήκοντα μετὰ χαρᾶς λέγοντες, Κύριε, καὶ τὰ δαιμόνια ὑποτάσσεται ἡμῖν ἐν τῷ ὀνόματί
18 σου. εἶπεν δὲ αὐτοῖς, Ἐθεώρουν τὸν Σατανᾶν ὡς ἀστρα-
19 πὴν ἐκ τοῦ οὐρανοῦ πεσόντα. ἰδοὺ δέδωκα ὑμῖν τὴν ἐξουσίαν τοῦ πατεῖν ἐπάνω ὄφεων καὶ σκορπίων, καὶ ἐπὶ πᾶσαν τὴν δύναμιν τοῦ ἐχθροῦ· καὶ οὐδὲν ὑμᾶς οὐ μὴ
20 ἀδικήσει. πλὴν ἐν τούτῳ μὴ χαίρετε ὅτι τὰ πνεύματα ὑμῖν ὑποτάσσεται· χαίρετε δὲ ὅτι τὰ ὀνόματα ὑμῶν ἐνγέγραπται ἐν τοῖς οὐρανοῖς.
21 Ἐν αὐτῇ τῇ ὥρᾳ ἠγαλλιάσατο τῷ Πνεύματι τῷ Ἁγίῳ, καὶ εἶπεν, Ἐξομολογοῦμαί σοι, Πάτερ, Κύριε τοῦ οὐρανοῦ καὶ τῆς γῆς, ὅτι ἀπέκρυψας ταῦτα ἀπὸ σοφῶν καὶ συνετῶν, καὶ ἀπεκάλυψας αὐτὰ νηπίοις· ναί, ὁ Πατήρ, ὅτι
22 οὕτως εὐδοκία ἐγένετο ἔμπροσθέν σου. Πάντα μοι παρεδόθη ὑπὸ τοῦ Πατρός μου· καὶ οὐδεὶς γινώσκει τίς ἐστιν

13 Χοραζείν] -ζίν Elz L*n*B : Χωραζίν ς : Er   Βηθσαϊδά] Βηδσ. L*n*m T*т*m   ἐγενήθησαν] ἐγένοντο ς   καθήμενοι] -μεναι ς   15 μὴ .. ὑψωθήσῃ ;] ἢ...ὑψωθεῖσα, ςL*n*mT*т*mB(n.m.)   οὐρανοῦ] pr τοῦ ς A τοῦ ᾅδου] —τοῦ ς LnTiB   καταβιβασθήσῃ] καταβήσῃ T*т*mWH(n m.)
16 ἀκούων ὑμῶν] ὑμ. ἀκ. L*n*m   17 ἑβδομήκοντα]+ δύο ςm[L*n*]Bm[WH] Rm   18 ὡς ἀστρ.] post ἐκ τοῦ οὐ. WHm   19 δέδωκα] δίδωμι ς (n.m.)L*n*(n.m.)Bm   ὑμᾶς] ἡμᾶς Ti(σφ)   ἀδικήσει] -κήσῃ ς WHm : Er Elz   20 χαίρετε δὲ]+ μᾶλλον ς : CErςm   ἐνγέγραπται] ἐγγέγρ. Tr A : ἐγράφη ςLn   21 τῷ pri.] pr ἐν TiB(n.m.)   τῷ ἁγίῳ] ς°(n.m.)B"m :+ ὁ Ἰησοῦς ς   εὐδοκία] post ἐγένετο ςTiB   22 πάντα] pr καὶ στραφεὶς πρὸς τοὺς μαθητὰς εἶπεν ς JmL*n*Ti°A][B] : ErςnıJElzScr ιοι] post παρεδ. ς : C

184

ὁ Υἱὸς εἰ μὴ ὁ Πατήρ, καὶ τίς ἐστιν ὁ Πατὴρ εἰ μὴ ὁ Υἱὸς καὶ ᾧ ἂν βούληται ὁ Υἱὸς ἀποκαλύψαι. Καὶ στραφεὶς 23 πρὸς τοὺς μαθητὰς κατ᾽ ἰδίαν εἶπεν, Μακάριοι οἱ ὀφθαλμοὶ οἱ βλέποντες ἃ βλέπετε· λέγω γὰρ ὑμῖν ὅτι πολλοὶ 24 προφῆται καὶ βασιλεῖς ἠθέλησαν ἰδεῖν ἃ ὑμεῖς βλέπετε καὶ οὐκ εἶδαν, καὶ ἀκοῦσαι ἃ ἀκούετε καὶ οὐκ ἤκουσαν.

Καὶ ἰδοὺ νομικός τις ἀνέστη ἐκπειράζων αὐτὸν λέγων, 25 Διδάσκαλε, τί ποιήσας ζωὴν αἰώνιον κληρονομήσω; ὁ δὲ εἶπεν πρὸς αὐτόν, Ἐν τῷ νόμῳ τί γέγραπται; πῶς 26 ἀναγινώσκεις; ὁ δὲ ἀποκριθεὶς εἶπεν, Ἀγαπήσεις Κύ- 27 ριον τὸν Θεόν σου ἐξ ὅλης τῆς καρδίας σου, καὶ ἐν ὅλῃ τῇ ψυχῇ σου, καὶ ἐν ὅλῃ τῇ ἰσχύϊ σου, καὶ ἐν ὅλῃ τῇ διανοίᾳ σου· καὶ τὸν πλησίον σου ὡς σεαυτόν. εἶπεν 28 δὲ αὐτῷ, Ὀρθῶς ἀπεκρίθης· τοῦτο ποίει καὶ ζήσῃ. Ὁ 29 δὲ θέλων δικαιῶσαι ἑαυτὸν εἶπεν πρὸς τὸν Ἰησοῦν, Καὶ τίς ἐστίν μου πλησίον; ὑπολαβὼν ὁ Ἰησοῦς εἶπεν, 30 Ἄνθρωπός τις κατέβαινεν ἀπὸ Ἱερουσαλὴμ εἰς Ἱεριχώ· καὶ λῃσταῖς περιέπεσεν, οἳ καὶ ἐκδύσαντες αὐτὸν καὶ πληγὰς ἐπιθέντες ἀπῆλθον ἀφέντες ἡμιθανῆ. κατὰ 31 συγκυρίαν δὲ ἱερεύς τις κατέβαινεν ἐν τῇ ὁδῷ ἐκείνῃ· καὶ ἰδὼν αὐτὸν ἀντιπαρῆλθεν. ὁμοίως δὲ καὶ Λευείτης 32 κατὰ τὸν τόπον ἐλθὼν καὶ ἰδὼν ἀντιπαρῆλθεν. Σαμα- 33 ρείτης δέ τις ὁδεύων ἦλθεν κατ᾽ αὐτόν· καὶ ἰδὼν ἐσπλαγ- χνίσθη, καὶ προσελθὼν κατέδησεν τὰ τραύματα αὐτοῦ 34 ἐπιχέων ἔλαιον καὶ οἶνον, ἐπιβιβάσας δὲ αὐτὸν ἐπὶ τὸ

ἴδιον κτῆνος ἤγαγεν αὐτὸν εἰς πανδοχεῖον καὶ ἐπεμελήθη
35 αὐτοῦ. καὶ ἐπὶ τὴν αὔριον ἐκβαλὼν δύο δηνάρια ἔδωκεν
τῷ πανδοχεῖ, καὶ εἶπεν, Ἐπιμελήθητι αὐτοῦ· καὶ ὅ τι ἂν
προσδαπανήσῃς ἐγὼ ἐν τῷ ἐπανέρχεσθαί με ἀποδώσω σοι.
36 τίς τούτων τῶν τριῶν πλησίον δοκεῖ σοι γεγονέναι τοῦ
37 ἐμπεσόντος εἰς τοὺς λῃστάς; ὁ δὲ εἶπεν, Ὁ ποιήσας
τὸ ἔλεος μετ' αὐτοῦ. εἶπεν δὲ αὐτῷ ὁ Ἰησοῦς, Πορεύου
καὶ σὺ ποίει ὁμοίως.

38 Ἐν δὲ τῷ πορεύεσθαι αὐτοὺς αὐτὸς εἰσῆλθεν εἰς κώμην
τινά· γυνὴ δέ τις ὀνόματι Μάρθα ὑπεδέξατο αὐτὸν εἰς
39 τὴν οἰκίαν. καὶ τῇδε ἦν ἀδελφὴ καλουμένη Μαριάμ,
ἣ καὶ παρακαθεσθεῖσα πρὸς τοὺς πόδας τοῦ Κυρίου ἤκουεν
40 τὸν λόγον αὐτοῦ. ἡ δὲ Μάρθα περιεσπᾶτο περὶ πολλὴν
διακονίαν· ἐπιστᾶσα δὲ εἶπεν, Κύριε, οὐ μέλει σοι ὅτι ἡ
ἀδελφή μου μόνην με κατέλειπεν διακονεῖν; εἰπὲ οὖν
41 αὐτῇ ἵνα μοι συναντιλάβηται. ἀποκριθεὶς δὲ εἶπεν
αὐτῇ ὁ Κύριος, Μάρθα, Μάρθα, μεριμνᾷς καὶ θορυβάζῃ
42 περὶ πολλά· ἑνὸς δέ ἐστιν χρεία· Μαρία γὰρ τὴν
ἀγαθὴν μερίδα ἐξελέξατο, ἥτις οὐκ ἀφαιρεθήσεται αὐτῆς.

11 Καὶ ἐγένετο ἐν τῷ εἶναι αὐτὸν ἐν τόπῳ τινὶ προσευ-
χόμενον, ὡς ἐπαύσατο, εἶπέν τις τῶν μαθητῶν αὐτοῦ πρὸς
αὐτόν, Κύριε, δίδαξον ἡμᾶς προσεύχεσθαι, καθὼς καὶ

πανδοχεῖον] πανδοκίον TiB: -δόχιον WH₁ 35 αὔριον] + ἐξελθὼν ς [A]: Er ἔδωκεν] ante δύο δην. WHm πανδοχεῖ] -κεῖ TiB εἶπεν]+αὐτῷ ς[Ln][A] ἂν] ἐὰν WHa 36 τίς]+ οὖν ς[Ln][Tr] πλησίον]post δοκεῖ σοι ςLn: C 37 δὲ sec.]οὖν ς ὁ tert.][WH] 38 ἐν δὲ] ἐγένετο δὲ ἐν ςLnTrmTiA αὐτὸς] pr καὶ ς[Ln][Tr]TiA τὴν οἰκίαν] τὸν οἶκον ςLnTr(n.m.)AWHm: +αὐτῆς ςLn[Tr]AWHm 39 Μαριάμ]-ία ςLnTrA ἡ][WH] παρακαθεσθεῖσα -καθίσασα ςLn πρὸς] παρὰ ςLn(n.m.) Κυρίου] Ἰησοῦ ς(n.m.)LnmTrm ἤκουεν] ἤκουε WHa 40 κατέλειπεν] -λιπεν ςLnTiB: Er εἰπὲ] εἰπὸν TrmTiWH(n.a.) 41 Κύριος] Ἰησοῦς ςLn(n.m.)Tr(n.m.)A θορυβάζῃ] τυρβάζῃ ς(n.m.)Scr 41, 42 μεριμνᾷς usque ad γὰρ] θορυβάζῃ· Μαριὰμ WHmRm : Scr 42 ἑνὸς usque ad χρεία] ὀλίγων δέ ἐστιν χρεία ἢ ἑνός BmWH(sed WH°m)Rm Μαρία] Μαριὰμ WH γὰρ] [B]: δὲ ςLnTr(n.m.)[A] αὐτῆς]pr ἀπ' ς[Ln][Tr][A]

ΚΑΤΑ ΛΟΥΚΑΝ 11. 2—13.

Ἰωάννης ἐδίδαξεν τοὺς μαθητὰς αὐτοῦ. εἶπεν δὲ αὐτοῖς, 2
Ὅταν προσεύχησθε, λέγετε, Πάτερ, ἁγιασθήτω τὸ ὄνομά
σου· ἐλθάτω ἡ βασιλεία σου· τὸν ἄρτον ἡμῶν τὸν ἐπι- 3
ούσιον δίδου ἡμῖν τὸ καθ᾿ ἡμέραν· καὶ ἄφες ἡμῖν τὰς 4
ἁμαρτίας ἡμῶν, καὶ γὰρ αὐτοὶ ἀφίομεν παντὶ ὀφείλοντι
ἡμῖν· καὶ μὴ εἰσενέγκῃς ἡμᾶς εἰς πειρασμόν. Καὶ 5
εἶπεν πρὸς αὐτούς, Τίς ἐξ ὑμῶν ἕξει φίλον, καὶ πορεύ
σεται πρὸς αὐτὸν μεσονυκτίου καὶ εἴπῃ αὐτῷ, Φίλε, χρῆσόν
μοι τρεῖς ἄρτους, ἐπειδὴ φίλος μου παρεγένετο ἐξ 6
ὁδοῦ πρός με, καὶ οὐκ ἔχω ὃ παραθήσω αὐτῷ· κἀκεῖνος 7
ἔσωθεν ἀποκριθεὶς εἴπῃ, Μή μοι κόπους πάρεχε· ἤδη ἡ
θύρα κέκλεισται, καὶ τὰ παιδία μου μετ᾿ ἐμοῦ εἰς τὴν
κοίτην εἰσίν· οὐ δύναμαι ἀναστὰς δοῦναί σοι; λέγω 8
ὑμῖν, εἰ καὶ οὐ δώσει αὐτῷ ἀναστὰς διὰ τὸ εἶναι φίλον
αὐτοῦ, διά γε τὴν ἀναίδειαν αὐτοῦ ἐγερθεὶς δώσει αὐτῷ
ὅσων χρῄζει. Κἀγὼ ὑμῖν λέγω, αἰτεῖτε, καὶ δοθήσεται 9
ὑμῖν· ζητεῖτε, καὶ εὑρήσετε· κρούετε, καὶ ἀνοιγήσεται
ὑμῖν. πᾶς γὰρ ὁ αἰτῶν λαμβάνει, καὶ ὁ ζητῶν εὑρίσκει, 10
καὶ τῷ κρούοντι ἀνοιγήσεται. τίνα δὲ ἐξ ὑμῶν τὸν 11
πατέρα αἰτήσει ὁ υἱὸς ἄρτον, μὴ λίθον ἐπιδώσει αὐτῷ;
ἢ καὶ ἰχθύν, μὴ ἀντὶ ἰχθύος ὄφιν αὐτῷ ἐπιδώσει; ἢ 12
καὶ αἰτήσει ᾠόν, μὴ ἐπιδώσει αὐτῷ σκορπίον; εἰ οὖν 13
ὑμεῖς πονηροὶ ὑπάρχοντες οἴδατε δόματα ἀγαθὰ διδόναι
τοῖς τέκνοις ὑμῶν, πόσῳ μᾶλλον ὁ Πατὴρ ὁ ἐξ οὐρανοῦ
δώσει Πνεῦμα Ἅγιον τοῖς αἰτοῦσιν αὐτόν;

ΚΑΤΑ ΛΟΥΚΑΝ

14 Καὶ ἦν ἐκβάλλων δαιμόνιον κωφόν· ἐγένετο δὲ τοῦ δαιμονίου ἐξελθόντος ἐλάλησεν ὁ κωφός· καὶ ἐθαύμασαν
15 οἱ ὄχλοι. τινὲς δὲ ἐξ αὐτῶν εἶπαν, Ἐν Βεελζεβοὺλ τῷ ἄρχοντι τῶν δαιμονίων ἐκβάλλει τὰ δαιμόνια.
16 ἕτεροι δὲ πειράζοντες σημεῖον ἐξ οὐρανοῦ ἐζήτουν παρ'
17 αὐτοῦ. αὐτὸς δὲ εἰδὼς αὐτῶν τὰ διανοήματα εἶπεν αὐτοῖς, Πᾶσα βασιλεία ἐφ' ἑαυτὴν διαμερισθεῖσα ἐρημοῦ-
18 ται· καὶ οἶκος ἐπὶ οἶκον πίπτει. εἰ δὲ καὶ ὁ Σατανᾶς ἐφ' ἑαυτὸν διεμερίσθη, πῶς σταθήσεται ἡ βασιλεία αὐτοῦ; ὅτι λέγετε ἐν Βεελζεβοὺλ ἐκβάλλειν με τὰ δαιμόνια.
19 εἰ δὲ ἐγὼ ἐν Βεελζεβοὺλ ἐκβάλλω τὰ δαιμόνια, οἱ υἱοὶ ὑμῶν ἐν τίνι ἐκβάλλουσιν; διὰ τοῦτο αὐτοὶ ὑμῶν κριταὶ
20 ἔσονται. εἰ δὲ ἐν δακτύλῳ Θεοῦ [ἐγὼ] ἐκβάλλω τὰ δαιμόνια, ἄρα ἔφθασεν ἐφ' ὑμᾶς ἡ βασιλεία τοῦ Θεοῦ.
21 Ὅταν ὁ ἰσχυρὸς καθωπλισμένος φυλάσσῃ τὴν ἑαυτοῦ
22 αὐλήν, ἐν εἰρήνῃ ἐστὶν τὰ ὑπάρχοντα αὐτοῦ· ἐπὰν δὲ ἰσχυρότερος αὐτοῦ ἐπελθὼν νικήσῃ αὐτόν, τὴν πανοπλίαν αὐτοῦ αἴρει ἐφ' ᾗ ἐπεποίθει, καὶ τὰ σκῦλα αὐτοῦ δια-
23 δίδωσιν. ὁ μὴ ὢν μετ' ἐμοῦ κατ' ἐμοῦ ἐστίν, καὶ ὁ
24 μὴ συνάγων μετ' ἐμοῦ σκορπίζει. Ὅταν τὸ ἀκάθαρτον πνεῦμα ἐξέλθῃ ἀπὸ τοῦ ἀνθρώπου, διέρχεται δι' ἀνύδρων τόπων ζητοῦν ἀνάπαυσιν· καὶ μὴ εὑρίσκον λέγει, Ὑπο-
25 στρέψω εἰς τὸν οἶκόν μου ὅθεν ἐξῆλθον· καὶ ἐλθὸν εὑ-
26 ρίσκει σεσαρωμένον καὶ κεκοσμημένον. τότε πορεύεται καὶ παραλαμβάνει ἕτερα πνεύματα πονηρότερα ἑαυτοῦ ἑπτά, καὶ εἰσελθόντα κατοικεῖ ἐκεῖ· καὶ γίνεται τὰ ἔσχατα τοῦ ἀνθρώπου ἐκείνου χείρονα τῶν πρώτων.

14 κωφόν] pr , καὶ αὐτὸ ἦν ϛ*Ln*[*Tr*] sed Tr°mTi[A]B ἐξελθόντος] ἐκβληθέντος *LnTr*m 15 εἶπαν] -ον LnTiB τῳ] ϛ° 16 ἐξ οὐ. ἐξ. παρ' αὐ.] παρ' αὐ. ἐξ. ἐξ οὐ. ϛ 17 αὐτῶν] post τὰ διανο. *Ln* διαμερ.] ante ἐφ' ἑαν. TiBWHm ἐπὶ] ἐπ' WH₁ 19 οἱ υἱοὶ] — οἱ *Ln* αὐτοὶ ὑμ. κρ. ἔσ.] κρ. ὑμ. αὐ. ἔσ. ϛ : αὐ. κρ. ὑμ. ἔσ. Tr(n.m.)WHm : αὐ. κρ. ἔσ. ὑμ. TiB 20 ἐγὼ] ins [Tr][WH]R : ϛ°*Ln*°Ti°A°B° 22 ἰσχυρότερος] pr ὁ ϛ 24 ἀνάπαυσιν· καὶ μὴ εὑρίσκον] ἀνάπ. κ. μὴ εὑρίσκον. LnWHm : +τότε [Ln][Tr]m[WH]WHm 25 εὑρ.] + σχολάζοντα [*Tr*]m[WH] 26 ἐπτὰ] ante ἕτερα ϛ*Ln*

188

ΚΑΤΑ ΛΟΥΚΑΝ

Ἐγένετο δὲ ἐν τῷ λέγειν αὐτὸν ταῦτα, ἐπάρασά τις 27
φωνὴν γυνὴ ἐκ τοῦ ὄχλου εἶπεν αὐτῷ, Μακαρία ἡ κοιλία
ἡ βαστάσασά σε καὶ μαστοὶ οὓς ἐθήλασας. αὐτὸς δὲ 28
εἶπεν, Μενοῦν μακάριοι οἱ ἀκούοντες τὸν λόγον τοῦ Θεοῦ
καὶ φυλάσσοντες.

Τῶν δὲ ὄχλων ἐπαθροιζομένων ἤρξατο λέγειν, Ἡ γενεὰ 29
αὕτη γενεὰ πονηρά ἐστιν· σημεῖον ζητεῖ, καὶ σημεῖον οὐ
δοθήσεται αὐτῇ, εἰ μὴ τὸ σημεῖον Ἰωνᾶ. καθὼς γὰρ 30
ἐγένετο Ἰωνᾶς τοῖς Νινευΐταις σημεῖον, οὕτως ἔσται καὶ ὁ
Υἱὸς τοῦ Ἀνθρώπου τῇ γενεᾷ ταύτῃ. βασίλισσα νότου 31
ἐγερθήσεται ἐν τῇ κρίσει μετὰ τῶν ἀνδρῶν τῆς γενεᾶς
ταύτης καὶ κατακρινεῖ αὐτούς· ὅτι ἦλθεν ἐκ τῶν περάτων
τῆς γῆς ἀκοῦσαι τὴν σοφίαν Σολομῶνος, καὶ ἰδοὺ πλεῖον
Σολομῶνος ὧδε. ἄνδρες Νινευῖται ἀναστήσονται ἐν τῇ 32
κρίσει μετὰ τῆς γενεᾶς ταύτης καὶ κατακρινοῦσιν αὐτήν·
ὅτι μετενόησαν εἰς τὸ κήρυγμα Ἰωνᾶ, καὶ ἰδοὺ πλεῖον
Ἰωνᾶ ὧδε.

Οὐδεὶς λύχνον ἅψας εἰς κρυπτὴν τίθησιν οὐδὲ ὑπὸ τὸν 33
μόδιον, ἀλλ' ἐπὶ τὴν λυχνίαν, ἵνα οἱ εἰσπορευόμενοι τὸ
φῶς βλέπωσιν. ὁ λύχνος τοῦ σώματός ἐστιν ὁ ὀφθαλ- 34
μός σου· ὅταν ὁ ὀφθαλμός σου ἁπλοῦς ᾖ, καὶ ὅλον τὸ
σῶμά σου φωτεινόν ἐστιν· ἐπὰν δὲ πονηρὸς ᾖ, καὶ τὸ
σῶμά σου σκοτεινόν. σκόπει οὖν μὴ τὸ φῶς τὸ ἐν σοὶ 35
σκότος ἐστίν. εἰ οὖν τὸ σῶμά σου ὅλον φωτεινόν, μὴ 36
ἔχον μέρος τι σκοτεινόν, ἔσται φωτεινὸν ὅλον ὡς ὅταν ὁ
λύχνος τῇ ἀστραπῇ φωτίζῃ σε.

27 γυνὴ] ante φωνὴν ς Tr   28 μενοῦν] μενοῦνγε ςLnBm   φυλάσ-
σοντες] + αὐτόν ς   29 γενεὰ sec.] ς°(n.m.)   ζητεῖ] ἐπιζητεῖ ςLn :
Erςm   Ἰωνᾶ] + τοῦ προφήτου ς   30 Ἰωνᾶς] pr ὁ [WH]   ση-
μεῖον] ante τοῖς N. ςLn   Νινευΐταις] -ευείταις TiWH   31 Σολομῶ-
νος bis]-μῶντος ς : CEr   32 Νινευΐται]-ευεῖται TiWH : -ευί ς : -ευὴ A
33 οὐδεὶς] + δὲ ς Ln : Er   κρυπτὴν] -τὸν ς : κρύπτην AWH : CςmElz
ἀλλ'] ἀλλὰ Elz   φῶς] φέγγος ς TrmTiB : Er   βλέπωσιν] -ουσιν
WHa   34 σου pri.] ς°Scr°   ὅταν] + οὖν ς   καὶ pri.] Ln°
34, 36 φωτεινον ter.] -τινον WH   σκοτεινόν bis] -τινόν WH
36 τι] [A] : ante μέρος ς TiB[ιWH]m   τῇ ἀστρ.] pr ἐν WHm

189

ΚΑΤΑ ΛΟΥΚΑΝ

37 Ἐν δὲ τῷ λαλῆσαι ἐρωτᾷ αὐτὸν Φαρισαῖος ὅπως ἀρι-
38 στήσῃ παρ᾽ αὐτῷ· εἰσελθὼν δὲ ἀνέπεσεν. ὁ δὲ Φαρι-
σαῖος ἰδὼν ἐθαύμασεν ὅτι οὐ πρῶτον ἐβαπτίσθη πρὸ τοῦ
39 ἀρίστου. εἶπεν δὲ ὁ Κύριος πρὸς αὐτόν, Νῦν ὑμεῖς οἱ
Φαρισαῖοι τὸ ἔξωθεν τοῦ ποτηρίου καὶ τοῦ πίνακος καθαρί-
ζετε, τὸ δὲ ἔσωθεν ὑμῶν γέμει ἁρπαγῆς καὶ πονηρίας.
40 ἄφρονες, οὐχ ὁ ποιήσας τὸ ἔξωθεν καὶ τὸ ἔσωθεν ἐποίησεν;
41 πλὴν τὰ ἐνόντα δότε ἐλεημοσύνην· καὶ ἰδοὺ πάντα καθαρὰ
ὑμῖν ἐστίν.
42 Ἀλλὰ οὐαὶ ὑμῖν τοῖς Φαρισαίοις, ὅτι ἀποδεκατοῦτε τὸ
ἡδύοσμον καὶ τὸ πήγανον καὶ πᾶν λάχανον, καὶ παρέρ-
χεσθε τὴν κρίσιν καὶ τὴν ἀγάπην τοῦ Θεοῦ· ταῦτα [δὲ]
43 ἔδει ποιῆσαι, κἀκεῖνα μὴ παρεῖναι. οὐαὶ ὑμῖν τοῖς
Φαρισαίοις, ὅτι ἀγαπᾶτε τὴν πρωτοκαθεδρίαν ἐν ταῖς
συναγωγαῖς καὶ τοὺς ἀσπασμοὺς ἐν ταῖς ἀγοραῖς.
44 οὐαὶ ὑμῖν, ὅτι ἐστὲ ὡς τὰ μνημεῖα τὰ ἄδηλα, καὶ οἱ
ἄνθρωποι οἱ περιπατοῦντες ἐπάνω οὐκ οἴδασιν.
45 Ἀποκριθεὶς δέ τις τῶν νομικῶν λέγει αὐτῷ, Διδάσκαλε,
46 ταῦτα λέγων καὶ ἡμᾶς ὑβρίζεις. ὁ δὲ εἶπεν, Καὶ ὑμῖν
τοῖς νομικοῖς οὐαί, ὅτι φορτίζετε τοὺς ἀνθρώπους φορτία
δυσβάστακτα, καὶ αὐτοὶ ἑνὶ τῶν δακτύλων ὑμῶν οὐ προσ-
47 ψαύετε τοῖς φορτίοις. οὐαὶ ὑμῖν, ὅτι οἰκοδομεῖτε τὰ
μνημεῖα τῶν προφητῶν, οἱ δὲ πατέρες ὑμῶν ἀπέκτειναν
48 αὐτούς. ἄρα μάρτυρές ἐστε καὶ συνευδοκεῖτε τοῖς ἔργοις
τῶν πατέρων ὑμῶν· ὅτι αὐτοὶ μὲν ἀπέκτειναν αὐτούς,
49 ὑμεῖς δὲ οἰκοδομεῖτε. διὰ τοῦτο καὶ ἡ σοφία τοῦ Θεοῦ

37 λαλῆσαι]+αὐτὸν *Ln*   ἐρωτᾷ] ἠρώτα ς   Φαρισαῖος]+τις ς*Ln*
40 τὸ ἔξ. καὶ τὸ ἔσ.] τὸ ἔσ. καὶ τὸ ἔξ. *Ln*m*Tr*m   42 ἀλλὰ] ἀλλ᾽ ς*Ln*
*Tr*A   δὲ] ins ςm[*Ln*]*Tr*WHR : ς°Ti°A°B°   ἔδει] δεῖ *Ln*m   παρ-
εῖναι] ἀφιέναι ς   43 ἀγοραῖς] +καὶ τὰς πρωτοκλισίας ἐν τοῖς δεί-
πνοις [*Ln*]   44 ὑμῖν]+, γραμματεῖς καὶ Φαρισαῖοι, ὑποκριταί, ς(n.m.)
[*Ln*]   ὡς τὰ μνημεῖα τὰ] μνημεῖα WHm   οἱ *sec*.] *Ln*°[*Tr*]m[A]
47 οἱ δὲ] καὶ οἱ TiB(n.m.)   48 μάρτυρές ἐστε] μαρτυρεῖτε ς*Ln*
καὶ συνευδοκεῖτε] μὴ συνευδοκεῖν WHm   οἰκοδομεῖτε] +αὐτῶν τὰ μνη-
μεῖα ς[*Ln*][*Tr*]mBm

εἶπεν, Ἀποστελῶ εἰς αὐτοὺς προφήτας καὶ ἀποστόλους, καὶ ἐξ αὐτῶν ἀποκτενοῦσιν καὶ διώξουσιν, ἵνα ἐκζη- 50 τηθῇ τὸ αἷμα πάντων τῶν προφητῶν τὸ ἐκχυννόμενον ἀπὸ καταβολῆς κόσμου ἀπὸ τῆς γενεᾶς ταύτης, ἀπὸ αἵμα- 51 τος Ἄβελ ἕως αἵματος Ζαχαρίου τοῦ ἀπολομένου μεταξὺ τοῦ θυσιαστηρίου καὶ τοῦ οἴκου· ναί, λέγω ὑμῖν, ἐκζητη- θήσεται ἀπὸ τῆς γενεᾶς ταύτης. οὐαὶ ὑμῖν τοῖς νομι- 52 κοῖς, ὅτι ἤρατε τὴν κλεῖδα τῆς γνώσεως· αὐτοὶ οὐκ εἰσήλ- θατε, καὶ τοὺς εἰσερχομένους ἐκωλύσατε.

Κἀκεῖθεν ἐξελθόντος αὐτοῦ ἤρξαντο οἱ γραμματεῖς καὶ 53 οἱ Φαρισαῖοι δεινῶς ἐνέχειν, καὶ ἀποστοματίζειν αὐτὸν περὶ πλειόνων, ἐνεδρεύοντες αὐτὸν θηρεῦσαί τι ἐκ τοῦ 54 στόματος αὐτοῦ.

Ἐν οἷς ἐπισυναχθεισῶν τῶν μυριάδων τοῦ ὄχλου, ὥστε 12 καταπατεῖν ἀλλήλους, ἤρξατο λέγειν πρὸς τοὺς μαθητὰς αὐτοῦ πρῶτον, Προσέχετε ἑαυτοῖς ἀπὸ τῆς ζύμης τῶν Φαρισαίων, ἥτις ἐστὶν ὑπόκρισις. οὐδὲν δὲ συγκεκα- 2 λυμμένον ἐστὶν ὃ οὐκ ἀποκαλυφθήσεται, καὶ κρυπτὸν ὃ οὐ γνωσθήσεται. ἀνθ᾽ ὧν ὅσα ἐν τῇ σκοτίᾳ εἴπατε ἐν τῷ 3 φωτὶ ἀκουσθήσεται, καὶ ὃ πρὸς τὸ οὖς ἐλαλήσατε ἐν τοῖς ταμείοις κηρυχθήσεται ἐπὶ τῶν δωμάτων. Λέγω δὲ 4 ὑμῖν τοῖς φίλοις μου, Μὴ φοβηθῆτε ἀπὸ τῶν ἀποκτεννόν- των τὸ σῶμα καὶ μετὰ ταῦτα μὴ ἐχόντων περισσότερόν τι ποιῆσαι. ὑποδείξω δὲ ὑμῖν τίνα φοβηθῆτε· φοβή- 5

49 διώξουσιν] ἐκδιώξ. ϛLnTiB : [ἐκ]διώξ. Tr(n.m.)A 50 ἐκχυννό- μενον]ἐκχυνόμ. ϛ : ἐκκεχυμένον Tr(n.m.)WH(n.m.) 51 αἵματος bis] pr τοῦ ϛ   Ἄβελ] Ἄβ. WH 52 ἤρατε] ἐκρύψατε WHm   εἰσήλ- θατε]-ετε ϛ 53 κἀκεῖθεν ἐξελθ. αὐτοῦ] λέγοντος δὲ αὐτοῦ ταῦτα πρὸς αὐτοὺς ϛLnTrm 53, 54 κἀκεῖθεν usque ad στόματος αὐτοῦ] λέγον- τος δὲ αὐτοῦ ταῦτα πρὸς αὐτοὺς ἐνώπιον παντὸς τοῦ λαοῦ ἤρξαντο οἱ Φαρι- σαῖοι καὶ οἱ νομικοὶ δεινῶς ἔχειν καὶ συνβάλλειν αὐτῷ περὶ πλειόνων, ζη- τοῦντες ἀφορμήν τινα λαβεῖν αὐτοῦ ἵνα εὕρωσιν κατηγορῆσαι αὐτοῦ WHm 54 αὐτὸν] Ti°[B] : +καὶ ϛ : CEr   θηρεῦσαι] pr ζητοῦντες ϛLn[Tr] αὐτοῦ]+ἵνα κατηγορήσωσιν αὐτοῦ ϛLn[Tr]   1 πρῶτον,]·Πρῶτον ElzB τῶν Φαρ.] post ὑπόκρισις TrmWH   2 συγκεκ.] συνκεκ. WHa 4 ἀποκτενν.] ἀποκτειν. ϛ WH(a.a.)   περισσότερον] περισσόν LnTrm

θητε τὸν μετὰ τὸ ἀποκτεῖναι ἔχοντα ἐξουσίαν ἐμβαλεῖν εἰς τὴν γέενναν· ναί, λέγω ὑμῖν, τοῦτον φοβήθητε.

6 οὐχὶ πέντε στρουθία πωλοῦνται ἀσσαρίων δύο; καὶ ἓν ἐξ αὐτῶν οὐκ ἔστιν ἐπιλελησμένον ἐνώπιον τοῦ Θεοῦ.
7 ἀλλὰ καὶ αἱ τρίχες τῆς κεφαλῆς ὑμῶν πᾶσαι ἠρίθμηνται.
8 μὴ φοβεῖσθε· πολλῶν στρουθίων διαφέρετε. Λέγω δὲ ὑμῖν, πᾶς ὃς ἂν ὁμολογήσῃ ἐν ἐμοὶ ἔμπροσθεν τῶν ἀνθρώπων, καὶ ὁ Υἱὸς τοῦ Ἀνθρώπου ὁμολογήσει ἐν αὐτῷ ἔμ-
9 προσθεν τῶν ἀγγέλων τοῦ Θεοῦ· ὁ δὲ ἀρνησάμενός με ἐνώπιον τῶν ἀνθρώπων ἀπαρνηθήσεται ἐνώπιον τῶν ἀγγέ-
10 λων τοῦ Θεοῦ. καὶ πᾶς ὃς ἐρεῖ λόγον εἰς τὸν Υἱὸν τοῦ Ἀνθρώπου, ἀφεθήσεται αὐτῷ· τῷ δὲ εἰς τὸ Ἅγιον Πνεῦμα
11 βλασφημήσαντι οὐκ ἀφεθήσεται. ὅταν δὲ εἰσφέρωσιν ὑμᾶς ἐπὶ τὰς συναγωγὰς καὶ τὰς ἀρχὰς καὶ τὰς ἐξουσίας, μὴ μεριμνήσητε πῶς ἢ τί ἀπολογήσησθε ἢ τί εἴπητε·
12 τὸ γὰρ Ἅγιον Πνεῦμα διδάξει ὑμᾶς ἐν αὐτῇ τῇ ὥρᾳ ἃ δεῖ εἰπεῖν.
13 Εἶπεν δέ τις ἐκ τοῦ ὄχλου αὐτῷ, Διδάσκαλε, εἰπὲ τῷ ἀδελφῷ μου μερίσασθαι μετ' ἐμοῦ τὴν κληρονομίαν.
14 ὁ δὲ εἶπεν αὐτῷ, Ἄνθρωπε, τίς με κατέστησεν κριτὴν ἢ
15 μεριστὴν ἐφ' ὑμᾶς; εἶπεν δὲ πρὸς αὐτούς, Ὁρᾶτε καὶ φυλάσσεσθε ἀπὸ πάσης πλεονεξίας· ὅτι οὐκ ἐν τῷ περισσεύειν τινὶ ἡ ζωὴ αὐτοῦ ἐστὶν ἐκ τῶν ὑπαρχόντων αὐτῷ.
16 Εἶπεν δὲ παραβολὴν πρὸς αὐτοὺς λέγων, Ἀνθρώπου τινὸς
17 πλουσίου εὐφόρησεν ἡ χώρα· καὶ διελογίζετο ἐν ἑαυτῷ λέγων, Τί ποιήσω, ὅτι οὐκ ἔχω ποῦ συνάξω τοὺς καρπούς
18 μου; καὶ εἶπεν, Τοῦτο ποιήσω· καθελῶ μου τὰς ἀποθήκας καὶ μείζονας οἰκοδομήσω, καὶ συνάξω ἐκεῖ πάντα

5 ἔχοντα ἐξ.] ἐξ. ἔχ. ς   6 πωλοῦνται] -εῖται ς LnTrm   7 μὴ] + οὖν ς [Ln][B]   8 ὁμολογήσῃ] -σει TrmWH(n.a.)   9 ἐνώπιον pri.] ἔμπροσθεν Ln   11 εἰσφέρωσιν] προσφέρ. ς Ln: φέρωσιν Trm μεριμνήσητε] -μνᾶτε ς Ln(n.m.)TrmA   ἢ τί pri.] [Tr]Tr°m[A][WH]   13 αὐτῷ] ante ἐκ τοῦ ὀχλ. ς LnTr(n.m.)A   14 κριτὴν] δικαστὴν ς   15 πάσης] τῆς ς(n.m.)   αὐτῷ]-οῦ ς Lnm   16 εὐφόρησεν] ηὐφ. Ln   17 ἑαυτῷ] αὐτῷ WH(n.a.)

τὰ γενήματά μου καὶ τὰ ἀγαθά μου· καὶ ἐρῶ τῇ ψυχῇ 19
μου, Ψυχή, ἔχεις πολλὰ ἀγαθὰ κείμενα εἰς ἔτη πολλά·
ἀναπαύου, φάγε, πίε, εὐφραίνου. εἶπεν δὲ αὐτῷ ὁ 20
Θεός, Ἄφρων, ταύτῃ τῇ νυκτὶ τὴν ψυχήν σου αἰτοῦσιν
ἀπὸ σοῦ· ἃ δὲ ἡτοίμασας, τίνι ἔσται; οὕτως ὁ θησαυ- 21
ρίζων ἑαυτῷ, καὶ μὴ εἰς Θεὸν πλουτῶν.

Εἶπεν δὲ πρὸς τοὺς μαθητὰς αὐτοῦ, Διὰ τοῦτο λέγω 22
ὑμῖν, μὴ μεριμνᾶτε τῇ ψυχῇ τί φάγητε, μηδὲ τῷ σώ-
ματι τί ἐνδύσησθε· ἡ γὰρ ψυχὴ πλεῖόν ἐστιν τῆς 23
τροφῆς, καὶ τὸ σῶμα τοῦ ἐνδύματος. κατανοήσατε 24
τοὺς κόρακας, ὅτι οὐ σπείρουσιν οὐδὲ θερίζουσιν, οἷς οὐκ
ἔστιν ταμεῖον οὐδὲ ἀποθήκη, καὶ ὁ Θεὸς τρέφει αὐτούς·
πόσῳ μᾶλλον ὑμεῖς διαφέρετε τῶν πετεινῶν; τίς δὲ 25
ἐξ ὑμῶν μεριμνῶν δύναται προσθεῖναι ἐπὶ τὴν ἡλικίαν
αὐτοῦ πῆχυν; εἰ οὖν οὐδὲ ἐλάχιστον δύνασθε, τί περὶ 26
τῶν λοιπῶν μεριμνᾶτε; κατανοήσατε τὰ κρίνα, πῶς 27
αὐξάνει· οὐ κοπιᾷ, οὐδὲ νήθει· λέγω δὲ ὑμῖν, οὐδὲ Σολο-
μὼν ἐν πάσῃ τῇ δόξῃ αὐτοῦ περιεβάλετο ὡς ἓν τούτων.
εἰ δὲ ἐν ἀγρῷ τὸν χόρτον ὄντα σήμερον καὶ αὔριον εἰς 28
κλίβανον βαλλόμενον ὁ Θεὸς οὕτως ἀμφιέζει, πόσῳ μᾶλλον
ὑμᾶς, ὀλιγόπιστοι; καὶ ὑμεῖς μὴ ζητεῖτε τί φάγητε 29
καὶ τί πίητε· καὶ μὴ μετεωρίζεσθε· ταῦτα γὰρ πάντα 30

18 τὰ γενήματά μου] τὸν σῖτον ϛmTr(n.m.)WH(n.m.)R γενήματα] γενν.
Elz μου sec.] [A] καὶ τὰ ἀγαθά μου] WH°m 19 κείμενα
usque ad πίε][WH] 20 ὁ Θεός] ὁ κύριος Lnm αἰτοῦσιν] ἀπαιτ.ϛ
LnTiB 21[WH] ἑαυτῷ]αὑ. WH(n.a.) : αὑτῷTiB 22 αὐτοῦ]
[Ln][WH] ὑμῖν] ante λέγω ϛLnTrmTiBWHm ψυχῇ] + ὑμῶν ϛ
σώματι] + ὑμῶν [Ln][WH]R 23 γὰρ] ϛ°[Ln]Ti°[A][B] ἐστιν]
ἐστι WHa 24 οὐ...οὐδὲ] οὔτε...οὔτε TiABWHm : οὐ...οὔτε Trm(σφ?)
25 μεριμνῶν] [A] προσθεῖναι] post αὐτοῦ TrmAWH(n.m.) πῆχυν]
+ ἕνα ϛLn[Tr]Tr°mBm 26 εἰ οὖν usque ad λοιπῶν] καὶ περὶ τῶν λοι-
πῶν τί WHm οὐδὲ] οὔτε ϛ 27 αὐξάνει·][Tr]mTi°A°B°WH°m
οὐ κοπιᾷ οὐδὲ νήθει] οὔτε νήθει οὔτε ὑφαίνει TiABWHm οὐδὲ sec.] pr
ὅτι [Ln] Σολομὼν]-μῶν ϛ ElzLnA 28 ἐν usque ad σήμερον] τὸν
χ. ἐν τῷ ἀγρῷ σήμ. ὄντα ϛ : τὸν χ. σήμ. ἐν ἀγρῷ ὄντα LnTr(n.m.)
ἀμφιέζει]-έννυσι ϛ : -άζει LnWH(n.a.) 29 καὶ sec.] ἢ ϛ LnA

ΚΑΤΑ ΛΟΥΚΑΝ

τὰ ἔθνη τοῦ κόσμου ἐπιζητοῦσιν· ὑμῶν δὲ ὁ Πατὴρ οἶδεν
31 ὅτι χρῄζετε τούτων· πλὴν ζητεῖτε τὴν βασιλείαν
32 αὐτοῦ, καὶ ταῦτα προστεθήσεται ὑμῖν. Μὴ φοβοῦ, τὸ
μικρὸν ποίμνιον· ὅτι εὐδόκησεν ὁ Πατὴρ ὑμῶν δοῦναι ὑμῖν
33 τὴν βασιλείαν. πωλήσατε τὰ ὑπάρχοντα ὑμῶν καὶ δότε
ἐλεημοσύνην· ποιήσατε ἑαυτοῖς βαλλάντια μὴ παλαιούμενα, θησαυρὸν ἀνέκλειπτον ἐν τοῖς οὐρανοῖς, ὅπου κλέ-
34 πτης οὐκ ἐγγίζει οὐδὲ σὴς διαφθείρει· ὅπου γάρ ἐστιν
ὁ θησαυρὸς ὑμῶν, ἐκεῖ καὶ ἡ καρδία ὑμῶν ἔσται.

35 Ἔστωσαν ὑμῶν αἱ ὀσφύες περιεζωσμέναι καὶ οἱ λύχνοι
36 καιόμενοι· καὶ ὑμεῖς ὅμοιοι ἀνθρώποις προσδεχομένοις
τὸν κύριον ἑαυτῶν, πότε ἀναλύσῃ ἐκ τῶν γάμων, ἵνα ἐλ-
37 θόντος καὶ κρούσαντος εὐθέως ἀνοίξωσιν αὐτῷ. μακάριοι
οἱ δοῦλοι ἐκεῖνοι, οὓς ἐλθὼν ὁ κύριος εὑρήσει γρηγοροῦντας. ἀμὴν λέγω ὑμῖν ὅτι περιζώσεται καὶ ἀνακλινεῖ αὐτοὺς
38 καὶ παρελθὼν διακονήσει αὐτοῖς. κἂν ἐν τῇ δευτέρᾳ
κἂν ἐν τῇ τρίτῃ φυλακῇ ἔλθῃ, καὶ εὕρῃ οὕτως, μακάριοί
39 εἰσιν ἐκεῖνοι. τοῦτο δὲ γινώσκετε, ὅτι εἰ ᾔδει ὁ οἰκοδεσπότης ποίᾳ ὥρᾳ ὁ κλέπτης ἔρχεται, ἐγρηγόρησεν ἂν καὶ
40 οὐκ ἀφῆκεν διορυχθῆναι τὸν οἶκον αὐτοῦ. καὶ ὑμεῖς
γίνεσθε ἕτοιμοι, ὅτι ᾗ ὥρᾳ οὐ δοκεῖτε ὁ Υἱὸς τοῦ Ἀνθρώπου ἔρχεται.

41 Εἶπεν δὲ ὁ Πέτρος, Κύριε, πρὸς ἡμᾶς τὴν παραβολὴν
42 ταύτην λέγεις, ἢ καὶ πρὸς πάντας; καὶ εἶπεν ὁ Κύριος,
Τίς ἄρα ἐστὶν ὁ πιστὸς οἰκονόμος ὁ φρόνιμος, ὃν κατα-

---

30 ἐπιζητοῦσιν] -τεῖ ϛLn   31 αὐτοῦ] τοῦ Θεοῦ ϛLnmBmRm
ταῦτα]+πάντα ϛ(a.m.)[Ln]   35 ὑμῶν] post αἱ ὀσφ. Ln   36 ἀναλύσῃ] -σει ϛ   37 ἐλθὼν] post ὁ κύρ. Trm   38 κἂν usque ad
οὕτως,] καὶ ἐὰν ἔλθῃ τῇ ἐσπερινῇ φυλακῇ καὶ εὑρήσει, οὕτως ποιήσει, καὶ
ἐὰν ἐν τῇ δευτέρᾳ καὶ τῇ τρίτῃ· WHm   κἂν pri.] καὶ ἐὰν ϛLnTrm:+
ἔλθῃ ϛLn[Tr]m   δευτέρᾳ]+φυλακῇ ϛLn[Tr]m   κἂν sec.] καὶ ϛLn
ἐκεῖνοι] Tiᵃ[B]: pr οἱ δοῦλοι ϛLn[Tr][A]   39 ἐγρηγόρησεν ἂν και]
[Tr]mTiᵃ[B]WHᵃm   οὐκ]+ ἂν ϛLnTrmTiBWHm: C   διορυχθῆναι]
-υγῆναι ϛLnTr(a.m.)   40 ὑμεῖς]+οὖν ϛ   41 δὲ]+αὐτῷ ϛTi[A]ₗLⱼ
42 καὶ εἶπεν] εἶπεν δὲ ϛLnTrm   ὁ φρόνιμος] καὶ φρ. ϛLnm

194

στήσει ὁ κύριος ἐπὶ τῆς θεραπείας αὐτοῦ, τοῦ διδόναι ἐν
καιρῷ τὸ σιτομέτριον; μακάριος ὁ δοῦλος ἐκεῖνος, ὃν 43
ἐλθὼν ὁ κύριος αὐτοῦ εὑρήσει ποιοῦντα οὕτως. ἀληθῶς 44
λέγω ὑμῖν ὅτι ἐπὶ πᾶσιν τοῖς ὑπάρχουσιν αὐτοῦ κατα-
στήσει αὐτόν. ἐὰν δὲ εἴπῃ ὁ δοῦλος ἐκεῖνος ἐν τῇ 45
καρδίᾳ αὐτοῦ, Χρονίζει ὁ κύριός μου ἔρχεσθαι, καὶ ἄρξηται
τύπτειν τοὺς παῖδας καὶ τὰς παιδίσκας ἐσθίειν τε καὶ
πίνειν καὶ μεθύσκεσθαι, ἥξει ὁ κύριος τοῦ δούλου 46
ἐκείνου ἐν ἡμέρᾳ ᾗ οὐ προσδοκᾷ καὶ ἐν ὥρᾳ ᾗ οὐ γινώσκει,
καὶ διχοτομήσει αὐτόν, καὶ τὸ μέρος αὐτοῦ μετὰ τῶν
ἀπίστων θήσει. ἐκεῖνος δὲ ὁ δοῦλος ὁ γνοὺς τὸ θέλημα 47
τοῦ κυρίου αὐτοῦ, καὶ μὴ ἑτοιμάσας ἢ ποιήσας πρὸς τὸ
θέλημα αὐτοῦ, δαρήσεται πολλάς· ὁ δὲ μὴ γνούς, 48
ποιήσας δὲ ἄξια πληγῶν, δαρήσεται ὀλίγας. παντὶ δὲ
ᾧ ἐδόθη πολύ, πολὺ ζητηθήσεται παρ' αὐτοῦ· καὶ ᾧ
παρέθεντο πολύ, περισσότερον αἰτήσουσιν αὐτόν.

Πῦρ ἦλθον βαλεῖν ἐπὶ τὴν γῆν· καὶ τί θέλω εἰ ἤδη 49
ἀνήφθη; βάπτισμα δὲ ἔχω βαπτισθῆναι· καὶ πῶς 50
συνέχομαι ἕως ὅτου τελεσθῇ; δοκεῖτε ὅτι εἰρήνην 51
παρεγενόμην δοῦναι ἐν τῇ γῇ; οὐχί, λέγω ὑμῖν, ἀλλ' ἢ
διαμερισμόν· ἔσονται γὰρ ἀπὸ τοῦ νῦν πέντε ἐν ἑνὶ 52
οἴκῳ διαμεμερισμένοι, τρεῖς ἐπὶ δυσὶν καὶ δύο ἐπὶ τρισὶν
διαμερισθήσονται, πατὴρ ἐπὶ υἱῷ καὶ υἱὸς ἐπὶ πατρί, 53
μήτηρ ἐπὶ θυγατέρα καὶ θυγάτηρ ἐπὶ τὴν μητέρα, πενθερὰ
ἐπὶ τὴν νύμφην αὐτῆς καὶ νύμφη ἐπὶ τὴν πενθεράν.

Ἔλεγεν δὲ καὶ τοῖς ὄχλοις, Ὅταν ἴδητε νεφέλην ἀνα- 54
τέλλουσαν ἐπὶ δυσμῶν, εὐθέως λέγετε ὅτι Ὄμβρος ἔρχεται·

τοῦ] *Ln*°[*Tr*][A]   τὸ] *Tr*°[*Tr*]mA°[WH]   44 αὐτοῦ] αὐτῷ *LnmTr*m
47 αὐτοῦ *pri.*] ἐαν. ς: C   ἢ] μηδὲ ς*LnTr*A   ἢ ποιήσας][*Tr*]m
49 ἐπὶ] εἰς ς Am   θέλω] θέλω; A   ἀνήφθη;] ἀνήφθη. TiAB
50 ὅτου] οὗ ς   52 ἐνὶ] post οἴκῳ ς*LnmTr*m   τρισὶ] τρισίν, WH:
τρισίν. ς BR   53 διαμερισθήσονται] -σεται ς   ἐπὶ *pri.*] ἐφ' ς *Ln*
WHa: C   θυγατέρα] -τρὶ ς   τὴν *pri.*] ς°Ti°[B]   μητέρα] -τρί ς
αὐτῆς] Ti°[B]   πενθερὰν] + αὐτῆς ς*Ln*   54 νεφέλην] pr τὴν ς [A]
Scr   ἐπὶ] ἀπὸ ς*LnTr*(a.m.)A   ὅτι] ς°[*Ln*]

ΚΑΤΑ ΛΟΥΚΑΝ

55 καὶ γίνεται οὕτως· καὶ ὅταν νότον πνέοντα, λέγετε ὅτι
56 Καύσων ἔσται· καὶ γίνεται. ὑποκριταί, τὸ πρόσωπον
τῆς γῆς καὶ τοῦ οὐρανοῦ οἴδατε δοκιμάζειν· τὸν δὲ καιρὸν
57 τοῦτον πῶς οὐκ οἴδατε δοκιμάζειν; Τί δὲ καὶ ἀφ'
58 ἑαυτῶν οὐ κρίνετε τὸ δίκαιον; ὡς γὰρ ὑπάγεις μετὰ
τοῦ ἀντιδίκου σου ἐπ' ἄρχοντα, ἐν τῇ ὁδῷ δὸς ἐργασίαν
ἀπηλλάχθαι ἀπ' αὐτοῦ· μή ποτε κατασύρῃ σε πρὸς τὸν
κριτήν, καὶ ὁ κριτής σε παραδώσει τῷ πράκτορι, καὶ ὁ
59 πράκτωρ σε βαλεῖ εἰς φυλακήν. λέγω σοι, οὐ μὴ
ἐξέλθῃς ἐκεῖθεν ἕως καὶ τὸ ἔσχατον λεπτὸν ἀποδῷς.

13 Παρῆσαν δέ τινες ἐν αὐτῷ τῷ καιρῷ ἀπαγγέλλοντες
αὐτῷ περὶ τῶν Γαλιλαίων ὧν τὸ αἷμα Πειλᾶτος ἔμιξεν
2 μετὰ τῶν θυσιῶν αὐτῶν. καὶ ἀποκριθεὶς εἶπεν αὐτοῖς,
Δοκεῖτε ὅτι οἱ Γαλιλαῖοι οὗτοι ἁμαρτωλοὶ παρὰ πάντας
τοὺς Γαλιλαίους ἐγένοντο, ὅτι ταῦτα πεπόνθασιν;
3 οὐχί, λέγω ὑμῖν· ἀλλ' ἐὰν μὴ μετανοῆτε, πάντες ὁμοίως
4 ἀπολεῖσθε. ἢ ἐκεῖνοι οἱ δέκα ὀκτὼ ἐφ' οὓς ἔπεσεν ὁ
πύργος ἐν τῷ Σιλωὰμ καὶ ἀπέκτεινεν αὐτούς, δοκεῖτε ὅτι
αὐτοὶ ὀφειλέται ἐγένοντο παρὰ πάντας τοὺς ἀνθρώπους
5 τοὺς κατοικοῦντας Ἱερουσαλήμ; οὐχί, λέγω ὑμῖν· ἀλλ'
ἐὰν μὴ μετανοήσητε, πάντες ὡσαύτως ἀπολεῖσθε.

6 Ἔλεγεν δὲ ταύτην τὴν παραβολήν· Συκῆν εἶχέν τις πεφυ-
τευμένην ἐν τῷ ἀμπελῶνι αὐτοῦ· καὶ ἦλθεν ζητῶν καρπὸν
7 ἐν αὐτῇ καὶ οὐχ εὗρεν. εἶπεν δὲ πρὸς τὸν ἀμπελουρ-
γόν, Ἰδοὺ τρία ἔτη ἀφ' οὗ ἔρχομαι ζητῶν καρπὸν ἐν τῇ
συκῇ ταύτῃ καὶ οὐχ εὑρίσκω· ἔκκοψον αὐτήν· ἵνα τί καὶ

τὴν γῆν καταργεῖ; ὁ δὲ ἀποκριθεὶς λέγει αὐτῷ, Κύριε, 8
ἄφες αὐτὴν καὶ τοῦτο τὸ ἔτος, ἕως ὅτου σκάψω περὶ αὐτὴν
καὶ βάλω κόπρια· κἂν μὲν ποιήσῃ καρπὸν εἰς τὸ 9
μέλλον· εἰ δὲ μήγε, ἐκκόψεις αὐτήν.

Ἦν δὲ διδάσκων ἐν μιᾷ τῶν συναγωγῶν ἐν τοῖς σάβ- 10
βασιν· καὶ ἰδοὺ γυνὴ πνεῦμα ἔχουσα ἀσθενείας ἔτη 11
δέκα ὀκτώ, καὶ ἦν συγκύπτουσα καὶ μὴ δυναμένη ἀνακύ-
ψαι εἰς τὸ παντελές. ἰδὼν δὲ αὐτὴν ὁ Ἰησοῦς προσεφώ- 12
νησεν καὶ εἶπεν αὐτῇ, Γύναι, ἀπολέλυσαι τῆς ἀσθενείας
σοῦ. καὶ ἐπέθηκεν αὐτῇ τὰς χεῖρας· καὶ παραχρῆμα 13
ἀνορθώθη, καὶ ἐδόξαζεν τὸν Θεόν. ἀποκριθεὶς δὲ ὁ 14
ἀρχισυνάγωγος, ἀγανακτῶν ὅτι τῷ σαββάτῳ ἐθεράπευσεν
ὁ Ἰησοῦς, ἔλεγεν τῷ ὄχλῳ ὅτι Ἓξ ἡμέραι εἰσὶν ἐν αἷς δεῖ
ἐργάζεσθαι· ἐν αὐταῖς οὖν ἐρχόμενοι θεραπεύεσθε, καὶ μὴ
τῇ ἡμέρᾳ τοῦ σαββάτου. ἀπεκρίθη δὲ αὐτῷ ὁ Κύριος 15
καὶ εἶπεν, Ὑποκριταί, ἕκαστος ὑμῶν τῷ σαββάτῳ οὐ λύει
τὸν βοῦν αὐτοῦ ἢ τὸν ὄνον ἀπὸ τῆς φάτνης, καὶ ἀπαγαγὼν
ποτίζει; ταύτην δέ, θυγατέρα Ἀβραὰμ οὖσαν, ἣν 16
ἔδησεν ὁ Σατανᾶς ἰδοὺ δέκα καὶ ὀκτὼ ἔτη, οὐκ ἔδει λυθῆναι
ἀπὸ τοῦ δεσμοῦ τούτου τῇ ἡμέρᾳ τοῦ σαββάτου; Καὶ 17
ταῦτα λέγοντος αὐτοῦ κατῃσχύνοντο πάντες οἱ ἀντικείμενοι
αὐτῷ, καὶ πᾶς ὁ ὄχλος ἔχαιρεν ἐπὶ πᾶσιν τοῖς ἐνδόξοις
τοῖς γινομένοις ὑπ' αὐτοῦ.

Ἔλεγεν οὖν, Τίνι ὁμοία ἐστὶν ἡ βασιλεία τοῦ Θεοῦ; 18
καὶ τίνι ὁμοιώσω αὐτήν; ὁμοία ἐστὶν κόκκῳ σινάπεως, 19
ὃν λαβὼν ἄνθρωπος ἔβαλεν εἰς κῆπον ἑαυτοῦ· καὶ ηὔξησεν
καὶ ἐγένετο εἰς δένδρον, καὶ τὰ πετεινὰ τοῦ οὐρανοῦ κατε-

8 κόπρια] κοπρίαν ϛ: CϛmElz: κόφινον κοπρίων WHm   9 καρπὸν usque ad μήγε] καρπόν· εἰ δὲ μήγε, εἰς τὸ μέλλον ϛ LnTrm   10 ἐν sec.][Tr]m   11 γυνὴ] + ἦν ϛ   ὀκτώ] pr καὶ ϛ [Ln][Tr][A]   συγκυπτ.] συνκυπτ. TiBWH(n.a.)   12 προσεφώνησεν] -σε WHa   ἀπολέλυσαι] + ἀπὸ LnTi[B]   13 ἀνορθώθη] ἀνωρθ. ϛ WH(n.a.)   14 ὅτι sec.] ϛ°Ln°Tr°[Tr]m   αὐταῖς] ταύταις ϛ   15 δὲ] οὖν ϛ   ὑποκριταί] -τά ϛ: Cϛm   ἀπαγαγὼν] ἀπάγων TrmWH(n.m.)   18 οὖν] δὲ ϛ Ln(n.m.) Trm   19 ὃν] ὁ Elz   δένδρον] + μέγα ϛ[Ln][Tr][A]Bm

20 σκήνωσεν ἐν τοῖς κλάδοις αὐτοῦ. Καὶ πάλιν εἶπεν,
21 Τίνι ὁμοιώσω τὴν βασιλείαν τοῦ Θεοῦ; ὁμοία ἐστὶν ζύμῃ, ἣν λαβοῦσα γυνὴ ἔκρυψεν εἰς ἀλεύρου σάτα τρία, ἕως οὗ ἐζυμώθη ὅλον.
22 Καὶ διεπορεύετο κατὰ πόλεις καὶ κώμας διδάσκων καὶ
23 πορείαν ποιούμενος εἰς Ἱεροσόλυμα. Εἶπεν δέ τις αὐτῷ, Κύριε, εἰ ὀλίγοι οἱ σωζόμενοι; ὁ δὲ εἶπεν πρὸς αὐτούς,
24 Ἀγωνίζεσθε εἰσελθεῖν διὰ τῆς στενῆς θύρας· ὅτι πολλοί, λέγω ὑμῖν, ζητήσουσιν εἰσελθεῖν καὶ οὐκ ἰσχύσουσιν.
25 ἀφ᾽ οὗ ἂν ἐγερθῇ ὁ οἰκοδεσπότης καὶ ἀποκλείσῃ τὴν θύραν, καὶ ἄρξησθε ἔξω ἑστάναι καὶ κρούειν τὴν θύραν λέγοντες, Κύριε, ἄνοιξον ἡμῖν· καὶ ἀποκριθεὶς ἐρεῖ ὑμῖν,
26 Οὐκ οἶδα ὑμᾶς πόθεν ἐστέ· τότε ἄρξεσθε λέγειν, Ἐφάγομεν ἐνώπιόν σου καὶ ἐπίομεν, καὶ ἐν ταῖς πλατείαις
27 ἡμῶν ἐδίδαξας· καὶ ἐρεῖ, Λέγω ὑμῖν, οὐκ οἶδα πόθεν
28 ἐστέ· ἀπόστητε ἀπ᾽ ἐμοῦ πάντες ἐργάται ἀδικίας. ἐκεῖ ἔσται ὁ κλαυθμὸς καὶ ὁ βρυγμὸς τῶν ὀδόντων, ὅταν ὄψεσθε Ἀβραὰμ καὶ Ἰσαὰκ καὶ Ἰακὼβ καὶ πάντας τοὺς προφήτας ἐν τῇ βασιλείᾳ τοῦ Θεοῦ, ὑμᾶς δὲ ἐκβαλλομέ-
29 νους ἔξω. καὶ ἥξουσιν ἀπὸ ἀνατολῶν καὶ δυσμῶν καὶ [ἀπὸ] βορρᾶ καὶ νότου, καὶ ἀνακλιθήσονται ἐν τῇ βασιλείᾳ
30 τοῦ Θεοῦ. καὶ ἰδοὺ εἰσὶν ἔσχατοι οἳ ἔσονται πρῶτοι, καὶ εἰσὶν πρῶτοι οἳ ἔσονται ἔσχατοι.
31 Ἐν αὐτῇ τῇ ὥρᾳ προσῆλθάν τινες Φαρισαῖοι λέγοντες αὐτῷ, Ἔξελθε καὶ πορεύου ἐντεῦθεν, ὅτι Ἡρῴδης θέλει σε
32 ἀποκτεῖναι. καὶ εἶπεν αὐτοῖς, Πορευθέντες εἴπατε τῇ

ΚΑΤΑ ΛΟΥΚΑΝ 13. 33—14. 8.

ἀλώπεκι ταύτῃ, Ἰδοὺ ἐκβάλλω δαιμόνια καὶ ἰάσεις ἀποτελῶ σήμερον καὶ αὔριον, καὶ τῇ τρίτῃ τελειοῦμαι. πλὴν δεῖ με σήμερον καὶ αὔριον καὶ τῇ ἐχομένῃ πορεύεσθαι· 33 ὅτι οὐκ ἐνδέχεται προφήτην ἀπολέσθαι ἔξω Ἱερουσαλήμ. Ἱερουσαλήμ, Ἱερουσαλήμ, ἡ ἀποκτείνουσα τοὺς προφήτας 34 καὶ λιθοβολοῦσα τοὺς ἀπεσταλμένους πρὸς αὐτήν, ποσάκις ἠθέλησα ἐπισυνάξαι τὰ τέκνα σου, ὃν τρόπον ὄρνις τὴν ἑαυτῆς νοσσιὰν ὑπὸ τὰς πτέρυγας, καὶ οὐκ ἠθελήσατε. ἰδοὺ ἀφίεται ὑμῖν ὁ οἶκος ὑμῶν· λέγω δὲ ὑμῖν, οὐ μὴ ἴδητέ 35 με ἕως [ἥξει ὅτε] εἴπητε, Εὐλογημένος ὁ ἐρχόμενος ἐν ὀνόματι Κυρίου.

Καὶ ἐγένετο ἐν τῷ ἐλθεῖν αὐτὸν εἰς οἶκόν τινος τῶν ἀρ- 14 χόντων τῶν Φαρισαίων σαββάτῳ φαγεῖν ἄρτον, καὶ αὐτοὶ ἦσαν παρατηρούμενοι αὐτόν. καὶ ἰδοὺ ἄνθρωπός τις ἦν 2 ὑδρωπικὸς ἔμπροσθεν αὐτοῦ· καὶ ἀποκριθεὶς ὁ Ἰησοῦς 3 εἶπεν πρὸς τοὺς νομικοὺς καὶ Φαρισαίους λέγων, Ἔξεστιν τῷ σαββάτῳ θεραπεῦσαι ἢ οὔ; οἱ δὲ ἡσύχασαν. καὶ 4 ἐπιλαβόμενος ἰάσατο αὐτὸν καὶ ἀπέλυσεν. καὶ πρὸς 5 αὐτοὺς εἶπεν, Τίνος ὑμῶν υἱὸς ἢ βοῦς εἰς φρέαρ πεσεῖται, καὶ οὐκ εὐθέως ἀνασπάσει αὐτὸν ἐν ἡμέρᾳ τοῦ σαββάτου ; καὶ οὐκ ἴσχυσαν ἀνταποκριθῆναι πρὸς ταῦτα. 6

Ἔλεγεν δὲ πρὸς τοὺς κεκλημένους παραβολήν, ἐπέχων 7 πῶς τὰς πρωτοκλισίας ἐξελέγοντο, λέγων πρὸς αὐτούς, Ὅταν κληθῇς ὑπό τινος εἰς γάμους, μὴ κατακλιθῇς εἰς τὴν 8 πρωτοκλισίαν· μή ποτε ἐντιμότερός σου ᾖ κεκλημένος ὑπ'

32 ἀποτε.]ἐπιτε.ϛ   τρίτῃ] + ἡμέρᾳ[Ln][Tr]m   34 ἀποκτείνουσα] -κτέννουσα WHa   ὄρνις]-νιξ TiBWHa   τὴν ἑ. νοσσιὰν] τὰ ἑ. νοσσία Ln(n.m.)   35 ὑμῶν]+ ἔρημος ϛ(n.m.)Bm   λέγω] pr ἀμὴν δὲ ϛ : CEr δὲ] ϛ°Ti°[B][WH] : CEr   οὐ] pr ὅτι ϛ[Ln] Ti[A][B]   ἴδητέ με] με ἴδητε ϛ   ἕως]+ ἂν ϛ Ln   ἥξει ὅτε] ins ϛ (sed ἥξῃ ϛ) Ln[Tr]Ti[A]B : WH°R°   1 τῶν sec.] [A][WH]   3 λέγων][Ln]   ἔξεστιν] pr εἰ ϛ Ln   θεραπεῦσαι]-πεύειν ϛ   ἢ οὔ] ϛ°[Ln]   5 καὶ pri.] + ἀποκριθεὶς ϛ (n.m.)Ti[A]B   πρὸς αὐτοὺς] post εἶπεν LnTrm   υἱὸς] ὄνος ϛ(n.m.)BmR(n.m.)Scr   πεσεῖται] ἐμπεσεῖται ϛ   ἐν][Ln] Tr°   ἡμέρᾳ] pr τῇ ϛ LnTrA   6 ἀνταποκρ.]+ αὐτῷ ϛ Ln

9 αὐτοῦ, καὶ ἐλθὼν ὁ σὲ καὶ αὐτὸν καλέσας ἐρεῖ σοι,
Δὸς τούτῳ τόπον· καὶ τότε ἄρξῃ μετὰ αἰσχύνης τὸν ἔσχα-
10 τον τόπον κατέχειν. ἀλλ' ὅταν κληθῇς, πορευθεὶς ἀνά-
πεσε εἰς τὸν ἔσχατον τόπον, ἵνα ὅταν ἔλθῃ ὁ κεκληκώς σε,
ἐρεῖ σοι, Φίλε, προσανάβηθι ἀνώτερον· τότε ἔσται σοι
11 δόξα ἐνώπιον πάντων τῶν συνανακειμένων σοί. ὅτι
πᾶς ὁ ὑψῶν ἑαυτὸν ταπεινωθήσεται, καὶ ὁ ταπεινῶν ἑαυτὸν
ὑψωθήσεται.
12 Ἔλεγεν δὲ καὶ τῷ κεκληκότι αὐτόν, Ὅταν ποιῇς ἄρι-
στον ἢ δεῖπνον, μὴ φώνει τοὺς φίλους σου μηδὲ τοὺς ἀδελ-
φούς σου μηδὲ τοὺς συγγενεῖς σου μηδὲ γείτονας πλου-
σίους, μή ποτε καὶ αὐτοὶ ἀντικαλέσωσίν σε καὶ γένηται
13 ἀνταπόδομά σοι. ἀλλ' ὅταν ποιῇς δοχήν, κάλει πτω-
14 χούς, ἀναπείρους, χωλούς, τυφλούς· καὶ μακάριος ἔσῃ·
ὅτι οὐκ ἔχουσιν ἀνταποδοῦναί σοι· ἀνταποδοθήσεται γάρ
σοι ἐν τῇ ἀναστάσει τῶν δικαίων.
15 Ἀκούσας δέ τις τῶν συνανακειμένων ταῦτα εἶπεν αὐτῷ,
Μακάριος ὅστις φάγεται ἄρτον ἐν τῇ βασιλείᾳ τοῦ Θεοῦ.
16 ὁ δὲ εἶπεν αὐτῷ, Ἄνθρωπός τις ἐποίει δεῖπνον μέγα, καὶ
17 ἐκάλεσεν πολλούς· καὶ ἀπέστειλεν τὸν δοῦλον αὐτοῦ
τῇ ὥρᾳ τοῦ δείπνου εἰπεῖν τοῖς κεκλημένοις, Ἔρχεσθε,
18 ὅτι ἤδη ἕτοιμά ἐστιν. καὶ ἤρξαντο ἀπὸ μιᾶς πάντες
παραιτεῖσθαι. ὁ πρῶτος εἶπεν αὐτῷ, Ἀγρὸν ἠγόρασα, καὶ
ἔχω ἀνάγκην ἐξελθὼν ἰδεῖν αὐτόν· ἐρωτῶ σε, ἔχε με παρῃ-
19 τημένον. καὶ ἕτερος εἶπεν, Ζεύγη βοῶν ἠγόρασα πέντε,
καὶ πορεύομαι δοκιμάσαι αὐτά· ἐρωτῶ σε, ἔχε με παρῃτη-
20 μένον. καὶ ἕτερος εἶπεν, Γυναῖκα ἔγημα, καὶ διὰ τοῦτο

οὐ δύναμαι ἐλθεῖν. καὶ παραγενόμενος ὁ δοῦλος ἀπήγ- 21
γειλεν τῷ κυρίῳ αὐτοῦ ταῦτα. τότε ὀργισθεὶς ὁ οἰκοδεσπότης εἶπεν τῷ δούλῳ αὐτοῦ, Ἔξελθε ταχέως εἰς τὰς πλατείας καὶ ῥύμας τῆς πόλεως, καὶ τοὺς πτωχοὺς καὶ ἀναπείρους καὶ τυφλοὺς καὶ χωλοὺς εἰσάγαγε ὧδε. καὶ εἶπεν 22
ὁ δοῦλος, Κύριε, γέγονεν ὃ ἐπέταξας, καὶ ἔτι τόπος ἐστίν. καὶ εἶπεν ὁ κύριος πρὸς τὸν δοῦλον, Ἔξελθε εἰς τὰς ὁδοὺς 23
καὶ φραγμοὺς καὶ ἀνάγκασον εἰσελθεῖν, ἵνα γεμισθῇ μου ὁ οἶκος. λέγω γὰρ ὑμῖν ὅτι οὐδεὶς τῶν ἀνδρῶν ἐκείνων 24
τῶν κεκλημένων γεύσεταί μου τοῦ δείπνου.

Συνεπορεύοντο δὲ αὐτῷ ὄχλοι πολλοί· καὶ στραφεὶς 25
εἶπεν πρὸς αὐτούς, Εἴ τις ἔρχεται πρός με καὶ οὐ μισεῖ 26
τὸν πατέρα αὐτοῦ καὶ τὴν μητέρα καὶ τὴν γυναῖκα καὶ τὰ τέκνα καὶ τοὺς ἀδελφοὺς καὶ τὰς ἀδελφάς, ἔτι τε καὶ τὴν ἑαυτοῦ ψυχήν, οὐ δύναται εἶναί μου μαθητής. ὅστις οὐ 27
βαστάζει τὸν σταυρὸν ἑαυτοῦ καὶ ἔρχεται ὀπίσω μου, οὐ δύναται εἶναί μου μαθητής. τίς γὰρ ἐξ ὑμῶν θέλων 28
πύργον οἰκοδομῆσαι οὐχὶ πρῶτον καθίσας ψηφίζει τὴν δαπάνην, εἰ ἔχει εἰς ἀπαρτισμόν; ἵνα μή ποτε θέντος 29
αὐτοῦ θεμέλιον καὶ μὴ ἰσχύοντος ἐκτελέσαι, πάντες οἱ θεωροῦντες ἄρξωνται αὐτῷ ἐμπαίζειν λέγοντες ὅτι Οὗτος 30
ὁ ἄνθρωπος ἤρξατο οἰκοδομεῖν καὶ οὐκ ἴσχυσεν ἐκτελέσαι. ἢ τίς βασιλεὺς πορευόμενος ἑτέρῳ βασιλεῖ συμβαλεῖν εἰς 31
πόλεμον οὐχὶ καθίσας πρῶτον βουλεύσεται εἰ δυνατός ἐστιν ἐν δέκα χιλιάσιν ὑπαντῆσαι τῷ μετὰ εἴκοσι χιλιάδων ἐρχομένῳ ἐπ' αὐτόν; εἰ δὲ μήγε, ἔτι αὐτοῦ πόρρω 32
ὄντος πρεσβείαν ἀποστείλας ἐρωτᾷ τὰ πρὸς εἰρήνην.

33 οὕτως οὖν πᾶς ἐξ ὑμῶν ὃς οὐκ ἀποτάσσεται πᾶσιν τοῖς ἑαυτοῦ ὑπάρχουσιν οὐ δύναται εἶναί μου μαθητής.
34 Καλὸν οὖν τὸ ἅλας· ἐὰν δὲ καὶ τὸ ἅλας μωρανθῇ, ἐν τίνι
35 ἀρτυθήσεται; οὔτε εἰς γῆν οὔτε εἰς κοπρίαν εὔθετόν ἐστιν· ἔξω βάλλουσιν αὐτό. ὁ ἔχων ὦτα ἀκούειν ἀκουέτω.
15 Ἦσαν δὲ αὐτῷ ἐγγίζοντες πάντες οἱ τελῶναι καὶ οἱ
2 ἁμαρτωλοὶ ἀκούειν αὐτοῦ. καὶ διεγόγγυζον οἵ τε Φαρισαῖοι καὶ οἱ γραμματεῖς λέγοντες ὅτι Οὗτος ἁμαρτωλοὺς
3 προσδέχεται, καὶ συνεσθίει αὐτοῖς. Εἶπεν δὲ πρὸς αὐ-
4 τοὺς τὴν παραβολὴν ταύτην λέγων, Τίς ἄνθρωπος ἐξ ὑμῶν ἔχων ἑκατὸν πρόβατα καὶ ἀπολέσας ἐξ αὐτῶν ἕν, οὐ καταλείπει τὰ ἐνενήκοντα ἐννέα ἐν τῇ ἐρήμῳ καὶ πορεύε-
5 ται ἐπὶ τὸ ἀπολωλὸς ἕως εὕρῃ αὐτό; καὶ εὑρὼν ἐπιτί-
6 θησιν ἐπὶ τοὺς ὤμους αὐτοῦ χαίρων, καὶ ἐλθὼν εἰς τὸν οἶκον συγκαλεῖ τοὺς φίλους καὶ τοὺς γείτονας, λέγων αὐτοῖς, Συγχάρητέ μοι, ὅτι εὗρον τὸ πρόβατόν μου τὸ ἀπο-
7 λωλός. λέγω ὑμῖν ὅτι οὕτως χαρὰ ἐν τῷ οὐρανῷ ἔσται ἐπὶ ἑνὶ ἁμαρτωλῷ μετανοοῦντι ἢ ἐπὶ ἐνενήκοντα ἐννέα δι-
8 καίοις οἵτινες οὐ χρείαν ἔχουσιν μετανοίας. Ἢ τίς γυνὴ δραχμὰς ἔχουσα δέκα, ἐὰν ἀπολέσῃ δραχμὴν μίαν, οὐχὶ ἅπτει λύχνον καὶ σαροῖ τὴν οἰκίαν καὶ ζητεῖ ἐπιμελῶς
9 ἕως ὅτου εὕρῃ; καὶ εὑροῦσα συγκαλεῖ τὰς φίλας καὶ γείτονας λέγουσα, Συγχάρητέ μοι, ὅτι εὗρον τὴν δραχμὴν
10 ἣν ἀπώλεσα. οὕτως, λέγω ὑμῖν, γίνεται χαρὰ ἐνώπιον τῶν ἀγγέλων τοῦ Θεοῦ ἐπὶ ἑνὶ ἁμαρτωλῷ μετανοοῦντι.
11,12 Εἶπεν δέ, Ἄνθρωπός τις εἶχεν δύο υἱούς· καὶ εἶπεν ὁ νεώτερος αὐτῶν τῷ πατρί, Πάτερ, δός μοι τὸ ἐπι-

βάλλον μέρος τῆς οὐσίας. ὁ δὲ διεῖλεν αὐτοῖς τὸν βίον. καὶ μετ' οὐ πολλὰς ἡμέρας συναγαγὼν πάντα ὁ νεώτερος 13 υἱὸς ἀπεδήμησεν εἰς χώραν μακράν, καὶ ἐκεῖ διεσκόρπισεν τὴν οὐσίαν αὐτοῦ ζῶν ἀσώτως. δαπανήσαντος δὲ αὐτοῦ 14 πάντα ἐγένετο λιμὸς ἰσχυρὰ κατὰ τὴν χώραν ἐκείνην, καὶ αὐτὸς ἤρξατο ὑστερεῖσθαι. καὶ πορευθεὶς ἐκολλήθη ἑνὶ 15 τῶν πολιτῶν τῆς χώρας ἐκείνης, καὶ ἔπεμψεν αὐτὸν εἰς τοὺς ἀγροὺς αὐτοῦ βόσκειν χοίρους. καὶ ἐπεθύμει χορ- 16 τασθῆναι ἐκ τῶν κερατίων ὧν ἤσθιον οἱ χοῖροι, καὶ οὐδεὶς ἐδίδου αὐτῷ. εἰς ἑαυτὸν δὲ ἐλθὼν ἔφη, Πόσοι μίσθιοι 17 τοῦ πατρός μου περισσεύουσιν ἄρτων, ἐγὼ δὲ λιμῷ ὧδε ἀπόλλυμαι. ἀναστὰς πορεύσομαι πρὸς τὸν πατέρα 18 μου καὶ ἐρῶ αὐτῷ, Πάτερ, ἥμαρτον εἰς τὸν οὐρανὸν καὶ ἐνώπιόν σου· οὐκέτι εἰμὶ ἄξιος κληθῆναι υἱός σου· 19 ποίησόν με ὡς ἕνα τῶν μισθίων σου. καὶ ἀναστὰς 20 ἦλθεν πρὸς τὸν πατέρα αὐτοῦ. ἔτι δὲ αὐτοῦ μακρὰν ἀπέχοντος εἶδεν αὐτὸν ὁ πατὴρ αὐτοῦ καὶ ἐσπλαγχνίσθη, καὶ δραμὼν ἐπέπεσεν ἐπὶ τὸν τράχηλον αὐτοῦ καὶ κατεφίλησεν αὐτόν. εἶπεν δὲ αὐτῷ ὁ υἱός, Πάτερ, ἥμαρτον εἰς 21 τὸν οὐρανὸν καὶ ἐνώπιόν σου· οὐκέτι εἰμὶ ἄξιος κληθῆναι υἱός σου. εἶπεν δὲ ὁ πατὴρ πρὸς τοὺς δούλους αὐτοῦ, 22 Ταχὺ ἐξενέγκατε στολὴν τὴν πρώτην καὶ ἐνδύσατε αὐτόν, καὶ δότε δακτύλιον εἰς τὴν χεῖρα αὐτοῦ, καὶ ὑποδήματα εἰς τοὺς πόδας· καὶ φέρετε τὸν μόσχον τὸν σιτευτόν, 23 θύσατε, καὶ φαγόντες εὐφρανθῶμεν· ὅτι οὗτος ὁ υἱός 24 μου νεκρὸς ἦν καὶ ἀνέζησεν, ἦν ἀπολωλὼς καὶ εὑρέθη. καὶ

25 ἤρξαντο εὐφραίνεσθαι. ἦν δὲ ὁ υἱὸς αὐτοῦ ὁ πρεσβύτερος ἐν ἀγρῷ. καὶ ὡς ἐρχόμενος ἤγγισεν τῇ οἰκίᾳ,
26 ἤκουσεν συμφωνίας καὶ χορῶν· καὶ προσκαλεσάμενος
27 ἕνα τῶν παίδων ἐπυνθάνετο τί ἂν εἴη ταῦτα. ὁ δὲ εἶπεν αὐτῷ ὅτι Ὁ ἀδελφός σου ἥκει· καὶ ἔθυσεν ὁ πατήρ σου τὸν μόσχον τὸν σιτευτόν, ὅτι ὑγιαίνοντα αὐτὸν
28 ἀπέλαβεν. ὠργίσθη δὲ καὶ οὐκ ἤθελεν εἰσελθεῖν· ὁ δὲ
29 πατὴρ αὐτοῦ ἐξελθὼν παρεκάλει αὐτόν. ὁ δὲ ἀποκριθεὶς εἶπεν τῷ πατρὶ αὐτοῦ, Ἰδοὺ τοσαῦτα ἔτη δουλεύω σοι καὶ οὐδέποτε ἐντολήν σου παρῆλθον, καὶ ἐμοὶ οὐδέποτε ἔδωκας
30 ἔριφον ἵνα μετὰ τῶν φίλων μου εὐφρανθῶ· ὅτε δὲ ὁ υἱός σου οὗτος ὁ καταφαγών σου τὸν βίον μετὰ [τῶν]
31 πορνῶν ἦλθεν, ἔθυσας αὐτῷ τὸν σιτευτὸν μόσχον. ὁ δὲ εἶπεν αὐτῷ, Τέκνον, σὺ πάντοτε μετ᾽ ἐμοῦ εἶ, καὶ πάντα τὰ
32 ἐμὰ σά ἐστιν. εὐφρανθῆναι δὲ καὶ χαρῆναι ἔδει, ὅτι ὁ ἀδελφός σου οὗτος νεκρὸς ἦν καὶ ἔζησεν, καὶ ἀπολωλὼς καὶ εὑρέθη.

16 Ἔλεγεν δὲ καὶ πρὸς τοὺς μαθητάς, Ἄνθρωπός τις ἦν πλούσιος ὃς εἶχεν οἰκονόμον, καὶ οὗτος διεβλήθη αὐτῷ
2 ὡς διασκορπίζων τὰ ὑπάρχοντα αὐτοῦ. καὶ φωνήσας αὐτὸν εἶπεν αὐτῷ, Τί τοῦτο ἀκούω περὶ σοῦ; ἀπόδος τὸν λόγον τῆς οἰκονομίας σου· οὐ γὰρ δύνῃ ἔτι οἰκονομεῖν.
3 εἶπεν δὲ ἐν ἑαυτῷ ὁ οἰκονόμος, Τί ποιήσω, ὅτι ὁ κύριός μου ἀφαιρεῖται τὴν οἰκονομίαν ἀπ᾽ ἐμοῦ; σκάπτειν οὐκ
4 ἰσχύω, ἐπαιτεῖν αἰσχύνομαι. ἔγνων τί ποιήσω, ἵνα ὅταν μετασταθῶ ἐκ τῆς οἰκονομίας δέξωνταί με εἰς τοὺς
5 οἴκους ἑαυτῶν. καὶ προσκαλεσάμενος ἕνα ἕκαστον

ΚΑΤΑ ΛΟΥΚΑΝ 16. 6—17.

τῶν χρεοφειλετῶν τοῦ κυρίου ἑαυτοῦ ἔλεγεν τῷ πρώτῳ,
Πόσον ὀφείλεις τῷ κυρίῳ μου; ὁ δὲ εἶπεν, Ἑκατὸν 6
βάτους ἐλαίου. ὁ δὲ εἶπεν αὐτῷ, Δέξαι σου τὰ γράμματα
καὶ καθίσας ταχέως γράψον πεντήκοντα. ἔπειτα ἑτέρῳ 7
εἶπεν, Σὺ δὲ πόσον ὀφείλεις; ὁ δὲ εἶπεν, Ἑκατὸν κόρους
σίτου. λέγει αὐτῷ, Δέξαι σου τὰ γράμματα καὶ γράψον
ὀγδοήκοντα. καὶ ἐπῄνεσεν ὁ κύριος τὸν οἰκονόμον τῆς 8
ἀδικίας ὅτι φρονίμως ἐποίησεν· ὅτι οἱ υἱοὶ τοῦ αἰῶνος τού-
του φρονιμώτεροι ὑπὲρ τοὺς υἱοὺς τοῦ φωτὸς εἰς τὴν γενεὰν
τὴν ἑαυτῶν εἰσίν. Καὶ ἐγὼ ὑμῖν λέγω, Ἑαυτοῖς ποιή- 9
σατε φίλους ἐκ τοῦ μαμωνᾶ τῆς ἀδικίας, ἵνα ὅταν ἐκλίπῃ
δέξωνται ὑμᾶς εἰς τὰς αἰωνίους σκηνάς. ὁ πιστὸς ἐν 10
ἐλαχίστῳ καὶ ἐν πολλῷ πιστός ἐστιν, καὶ ὁ ἐν ἐλαχίστῳ
ἄδικος καὶ ἐν πολλῷ ἄδικός ἐστιν. εἰ οὖν ἐν τῷ ἀδίκῳ 11
μαμωνᾷ πιστοὶ οὐκ ἐγένεσθε, τὸ ἀληθινὸν τίς ὑμῖν πιστεύ-
σει; καὶ εἰ ἐν τῷ ἀλλοτρίῳ πιστοὶ οὐκ ἐγένεσθε, τὸ 12
ὑμέτερον τίς δώσει ὑμῖν; Οὐδεὶς οἰκέτης δύναται δυσὶ 13
κυρίοις δουλεύειν· ἢ γὰρ τὸν ἕνα μισήσει καὶ τὸν ἕτερον
ἀγαπήσει, ἢ ἑνὸς ἀνθέξεται καὶ τοῦ ἑτέρου καταφρονήσει·
οὐ δύνασθε Θεῷ δουλεύειν καὶ μαμωνᾷ.

Ἤκουον δὲ ταῦτα πάντα οἱ Φαρισαῖοι φιλάργυροι ὑπάρ- 14
χοντες, καὶ ἐξεμυκτήριζον αὐτόν. καὶ εἶπεν αὐτοῖς, 15
Ὑμεῖς ἐστε οἱ δικαιοῦντες ἑαυτοὺς ἐνώπιον τῶν ἀνθρώπων,
ὁ δὲ Θεὸς γινώσκει τὰς καρδίας ὑμῶν· ὅτι τὸ ἐν ἀνθρώ-
ποις ὑψηλὸν βδέλυγμα ἐνώπιον τοῦ Θεοῦ. Ὁ νόμος 16
καὶ οἱ προφῆται μέχρι Ἰωάννου· ἀπὸ τότε ἡ βασιλεία τοῦ
Θεοῦ εὐαγγελίζεται, καὶ πᾶς εἰς αὐτὴν βιάζεται. εὐ- 17

5 χρεοφειλ.] χρεωφειλ. ς : χρεοφιλ. WH   ἑαυτοῦ] αὐτοῦ Trm
6 ὁ δὲ sec.] καὶ ς   τὰ γράμματα] τὸ γράμμα ς Lnm   ταχέως] post
γράψον WHm   7 λέγει] pr καὶ ς   τὰ γράμματα] τὸ γράμμα ς Lnm
9 καὶ ἐγὼ] κἀγὼ ς Ln   ἑαυτοῖς] post ποιήσατε ς LnTr(n.m.)
ἐκλίπῃ] -ητε ς Lnm   σκηνὰς]+αὐτῶν [Ln]   12 ὑμέτερον] ἡμέτερον
WH(n.m.)Rm: Scr   δώσει] post ὑμῖν ς LnAWHm   14 οἱ Φαρ.] pr
καὶ ς Ln[A]   15 τοῦ Θεοῦ]+ἐστιν ς   16 μέχρι] ἕως ς Ln

205

κοπώτερον δέ ἐστιν τὸν οὐρανὸν καὶ τὴν γῆν παρελθεῖν, ἢ
18 τοῦ νόμου μίαν κεραίαν πεσεῖν. πᾶς ὁ ἀπολύων τὴν
γυναῖκα αὐτοῦ καὶ γαμῶν ἑτέραν μοιχεύει. καὶ ὁ ἀπολελυμένην ἀπὸ ἀνδρὸς γαμῶν μοιχεύει.
19 Ἄνθρωπος δέ τις ἦν πλούσιος, καὶ ἐνεδιδύσκετο πορφύραν καὶ βύσσον εὐφραινόμενος καθ' ἡμέραν λαμπρῶς·
20 πτωχὸς δέ τις ὀνόματι Λάζαρος ἐβέβλητο πρὸς τὸν
21 πυλῶνα αὐτοῦ εἱλκωμένος καὶ ἐπιθυμῶν χορτασθῆναι
ἀπὸ τῶν πιπτόντων ἀπὸ τῆς τραπέζης τοῦ πλουσίου· ἀλλὰ
22 καὶ οἱ κύνες ἐρχόμενοι ἐπέλειχον τὰ ἕλκη αὐτοῦ. ἐγένετο δὲ ἀποθανεῖν τὸν πτωχόν, καὶ ἀπενεχθῆναι αὐτὸν ὑπὸ
τῶν ἀγγέλων εἰς τὸν κόλπον Ἀβραάμ· ἀπέθανεν δὲ καὶ
23 ὁ πλούσιος καὶ ἐτάφη. καὶ ἐν τῷ ᾅδῃ ἐπάρας τοὺς
ὀφθαλμοὺς αὐτοῦ, ὑπάρχων ἐν βασάνοις, ὁρᾷ Ἀβραὰμ
24 ἀπὸ μακρόθεν καὶ Λάζαρον ἐν τοῖς κόλποις αὐτοῦ. καὶ
αὐτὸς φωνήσας εἶπεν, Πάτερ Ἀβραάμ, ἐλέησόν με, καὶ
πέμψον Λάζαρον ἵνα βάψῃ τὸ ἄκρον τοῦ δακτύλου αὐτοῦ
ὕδατος καὶ καταψύξῃ τὴν γλῶσσάν μου, ὅτι ὀδυνῶμαι ἐν
25 τῇ φλογὶ ταύτῃ. εἶπεν δὲ Ἀβραάμ, Τέκνον, μνήσθητι
ὅτι ἀπέλαβες τὰ ἀγαθά σου ἐν τῇ ζωῇ σου, καὶ Λάζαρος
ὁμοίως τὰ κακά· νῦν δὲ ὧδε παρακαλεῖται, σὺ δὲ ὀδυνᾶ-
26 σαι. καὶ ἐν πᾶσι τούτοις μεταξὺ ἡμῶν καὶ ὑμῶν χάσμα
μέγα ἐστήρικται, ὅπως οἱ θέλοντες διαβῆναι ἔνθεν πρὸς
ὑμᾶς μὴ δύνωνται, μηδὲ [οἱ] ἐκεῖθεν πρὸς ἡμᾶς διαπερῶ-
27 σιν. εἶπεν δέ, Ἐρωτῶ σε οὖν, πάτερ, ἵνα πέμψῃς αὐτὸν
28 εἰς τὸν οἶκον τοῦ πατρός μου· ἔχω γὰρ πέντε ἀδελφούς· ὅπως διαμαρτύρηται αὐτοῖς, ἵνα μὴ καὶ αὐτοὶ ἔλθω-

17 κεραίαν] κεράαν WH(n.a.) μίαν] post κερ. WHm 18 ὁ ἀπολελυμ.] pr πᾶς ϛ[B] 19 δέ] [Tr]m 20 ὀνόμ. Λάζ.] pr ἦν et + ὃς ϛ [Ln] εἱλκωμένος] ἡλκωμένος ϛ 21 τῶν]+ψιχίων τῶν ϛ[Ln][Tr] Bm ἐπέλειχον] ἀπέλειχον ϛ 22 Ἀβραάμ] pr τοῦ ϛ: Er 23 Ἀβρ.] pr τὸν ϛ 25 ἀπέλαβες]+σὺ ϛLn: Er ὧδε]ὅδε ϛ: Er 26 ἐν] ἐπὶ ϛLn(n.m.)Tr(n.m.)A(n.m.) πᾶσι]-σιν TrA(n.m.) ἔνθεν] ἐντεῦθεν ϛ: C οἱ sec.] ins ϛTrTi[A][B]: Ln°WH°R° 27 σε οὖν] οὖν σε ϛTiB

ΚΑΤΑ ΛΟΥΚΑΝ 16. 29—17. 10.

σιν εἰς τὸν τόπον τοῦτον τῆς βασάνου.   λέγει δὲ Ἀβρα- 29
άμ, Ἔχουσι Μωυσέα καὶ τοὺς προφήτας· ἀκουσάτωσαν
αὐτῶν.   ὁ δὲ εἶπεν, Οὐχί, πάτερ Ἀβραάμ· ἀλλ᾽ ἐάν τις 30
ἀπὸ νεκρῶν πορευθῇ πρὸς αὐτούς, μετανοήσουσιν.
εἶπεν δὲ αὐτῷ, Εἰ Μωυσέως καὶ τῶν προφητῶν οὐκ ἀκού- 31
ουσιν, οὐδ᾽ ἐάν τις ἐκ νεκρῶν ἀναστῇ πεισθήσονται.

Εἶπεν δὲ πρὸς τοὺς μαθητὰς αὐτοῦ, Ἀνένδεκτόν ἐστιν **17**
τοῦ τὰ σκάνδαλα μὴ ἐλθεῖν· πλὴν οὐαὶ δι᾽ οὗ ἔρχεται.
λυσιτελεῖ αὐτῷ εἰ λίθος μυλικὸς περίκειται περὶ τὸν τρά- 2
χηλον αὐτοῦ καὶ ἔρριπται εἰς τὴν θάλασσαν, ἢ ἵνα σκαν-
δαλίσῃ τῶν μικρῶν τούτων ἕνα.   προσέχετε ἑαυτοῖς· 3
ἐὰν ἁμάρτῃ ὁ ἀδελφός σου, ἐπιτίμησον αὐτῷ· καὶ ἐὰν
μετανοήσῃ, ἄφες αὐτῷ·   καὶ ἐὰν ἑπτάκις τῆς ἡμέρας 4
ἁμαρτήσῃ εἰς σέ, καὶ ἑπτάκις ἐπιστρέψῃ πρός σε λέγων,
Μετανοῶ, ἀφήσεις αὐτῷ.

Καὶ εἶπαν οἱ ἀπόστολοι τῷ Κυρίῳ, Πρόσθες ἡμῖν πί- 5
στιν.   εἶπεν δὲ ὁ Κύριος, Εἰ ἔχετε πίστιν ὡς κόκκον 6
σινάπεως, ἐλέγετε ἂν τῇ συκαμίνῳ ταύτῃ, Ἐκριζώθητι καὶ
φυτεύθητι ἐν τῇ θαλάσσῃ· καὶ ὑπήκουσεν ἂν ὑμῖν.

Τίς δὲ ἐξ ὑμῶν δοῦλον ἔχων ἀροτριῶντα ἢ ποιμαίνοντα, ὃς 7
εἰσελθόντι ἐκ τοῦ ἀγροῦ ἐρεῖ αὐτῷ, Εὐθέως παρελθὼν
ἀνάπεσε,   ἀλλ᾽ οὐχὶ ἐρεῖ αὐτῷ, Ἑτοίμασον τί δειπνήσω, 8
καὶ περιζωσάμενος διακόνει μοι ἕως φάγω καὶ πίω, καὶ
μετὰ ταῦτα φάγεσαι καὶ πίεσαι σύ;   μὴ ἔχει χάριν τῷ 9
δούλῳ, ὅτι ἐποίησεν τὰ διαταχθέντα;   οὕτως καὶ ὑμεῖς, 10

29 δὲ] ς°: + αὐτῷ ς Ln[Tr]Ti(σφ)[A][B]   ἔχουσι] -σιν TrA
31 οὐδ᾽] οὐδὲ ςTiBWHa   1 αὐτοῦ] ς°   τοῦ] Er°Elz°   τὰ
σκάνδ.] post μὴ ἐλθ. ςLn   πλὴν οὐαὶ] οὐαὶ δὲ ς TrmTiAB   2 λί-
θος μυλικὸς] μύλος ὀνικὸς ς(n.m.)   ἔρριπται] ἔριπται WHa   ἕνα]
ante τῶν μι. τούτων ςLnTrm   3 ἐὰν] + δὲ ς(n.m.)   ἁμάρτῃ] + εἰς
σὲ ς   4 ἁμαρτήσῃ] ἁμάρτῃ ς   καὶ sec.] + ἐὰν [Ln]   ἑπτάκις
sec.] + τῆς ἡμέρας ς   πρός σε] ἐπὶ σέ ς   5 εἶπαν] -ον ς
6 ἔχετε] εἴχετε ςLn: Er   ταύτῃ] [B][WH]   7 ἐξ] [Tr]
αὐτῷ] ς°[Ln]   ἀνάπεσε] -σαις: C   9 ἔχει] post χάριν ςLnm
δούλῳ]+ἐκείνῳ ς   διαταχθέντα] +αὐτῷ ς: C: etiam+οὐ δοκῶ. ς[Ln]
[Tr]m   10 οὕτως] -τω ς

ΚΑΤΑ ΛΟΥΚΑΝ

ὅταν ποιήσητε πάντα τὰ διαταχθέντα ὑμῖν, λέγετε ὅτι Δοῦλοι ἀχρεῖοί ἐσμεν· ὃ ὠφείλομεν ποιῆσαι πεποιήκαμεν.

11 Καὶ ἐγένετο ἐν τῷ πορεύεσθαι εἰς Ἰερουσαλήμ, καὶ αὐτὸς διήρχετο διὰ μέσον Σαμαρείας καὶ Γαλιλαίας.
12 καὶ εἰσερχομένου αὐτοῦ εἴς τινα κώμην ἀπήντησαν αὐτῷ
13 δέκα λεπροὶ ἄνδρες, οἳ ἔστησαν πόρρωθεν· καὶ αὐτοὶ ἦραν φωνὴν λέγοντες, Ἰησοῦ, ἐπιστάτα, ἐλέησον ἡμᾶς.
14 καὶ ἰδὼν εἶπεν αὐτοῖς, Πορευθέντες ἐπιδείξατε ἑαυτοὺς τοῖς ἱερεῦσιν. καὶ ἐγένετο ἐν τῷ ὑπάγειν αὐτοὺς ἐκαθαρίσθησαν.
15 εἷς δὲ ἐξ αὐτῶν, ἰδὼν ὅτι ἰάθη, ὑπέστρεψεν μετὰ φωνῆς
16 μεγάλης δοξάζων τὸν Θεόν, καὶ ἔπεσεν ἐπὶ πρόσωπον παρὰ τοὺς πόδας αὐτοῦ εὐχαριστῶν αὐτῷ· καὶ αὐτὸς ἦν
17 Σαμαρείτης. ἀποκριθεὶς δὲ ὁ Ἰησοῦς εἶπεν, Οὐχ οἱ
18 δέκα ἐκαθαρίσθησαν; οἱ δὲ ἐννέα ποῦ; οὐχ εὑρέθησαν ὑποστρέψαντες δοῦναι δόξαν τῷ Θεῷ, εἰ μὴ ὁ ἀλλογενὴς
19 οὗτος; καὶ εἶπεν αὐτῷ, Ἀναστὰς πορεύου· ἡ πίστις σου σέσωκέν σε.

20 Ἐπερωτηθεὶς δὲ ὑπὸ τῶν Φαρισαίων πότε ἔρχεται ἡ βασιλεία τοῦ Θεοῦ, ἀπεκρίθη αὐτοῖς καὶ εἶπεν, Οὐκ ἔρχε-
21 ται ἡ βασιλεία τοῦ Θεοῦ μετὰ παρατηρήσεως· οὐδὲ ἐροῦσιν, Ἰδοὺ ὧδε, ἤ Ἐκεῖ. ἰδοὺ γὰρ ἡ βασιλεία τοῦ Θεοῦ
22 ἐντὸς ὑμῶν ἐστίν. Εἶπεν δὲ πρὸς τοὺς μαθητάς, Ἐλεύσονται ἡμέραι ὅτε ἐπιθυμήσετε μίαν τῶν ἡμερῶν τοῦ Υἱοῦ
23 τοῦ Ἀνθρώπου ἰδεῖν καὶ οὐκ ὄψεσθε. καὶ ἐροῦσιν ὑμῖν, Ἰδοὺ ἐκεῖ, Ἰδοὺ ὧδε· μὴ ἀπέλθητε μηδὲ διώξητε·
24 ὥσπερ γὰρ ἡ ἀστραπὴ ἀστράπτουσα ἐκ τῆς ὑπὸ τὸν οὐρανὸν εἰς τὴν ὑπ' οὐρανὸν λάμπει, οὕτως ἔσται ὁ Υἱὸς τοῦ

ὅτι] *Ln*° ὃ ὠφ.] pr ὅτι ς 11 πορεύεσθαι] + αὐτὸν ς *Ln*[*Tr*][A] μέσον] μέσου ς 12 ἀπήντησαν] ὑπήντ. TiBWHm αὐτῷ] *Ln*°[*Tr*] [A] WH° ἔστησαν] ἀνέστ. WH(n.m.) 14 ἐκαθαρίσθησαν] ἐκαθερ. WHa 17 οὐχὶ] οὐχὶ ς TiAB ἐκαθαρ.] ἐκαθερ. WHa οἱ δὲ ἐννέα] — δὲ *Ln*[*Tr*]Ti[B][WH] 18 οὗτος;] οὗτος. JRm 21 ἐκεῖ] pr ἰδοὺ ς *LnTr* sed [*Tr*]m 22 μαθητὰς] + αὐτοῦ *Ln* 23 ἐκεῖ...ὧδε] ὧδε...ἐκεῖ ς *Ln* ἰδοὺ sec.] pr ἢ ς LnAWH(n.m.) ἀπέλθητε μηδὲ] [WH] 24 ἀστράπτουσα] pr ἡ ς *Ln*[*Tr*][A] ὑπὸ τὸν] ὑπ' ς ἔσται] +καὶ ς [*Ln*]: CEι

ΚΑΤΑ ΛΟΥΚΑΝ

Ἀνθρώπου ἐν τῇ ἡμέρᾳ αὐτοῦ. πρῶτον δὲ δεῖ αὐτὸν 25 πολλὰ παθεῖν καὶ ἀποδοκιμασθῆναι ἀπὸ τῆς γενεᾶς ταύτης. καὶ καθὼς ἐγένετο ἐν ταῖς ἡμέραις Νῶε, οὕτως ἔσται καὶ 26 ἐν ταῖς ἡμέραις τοῦ Υἱοῦ τοῦ Ἀνθρώπου· ἤσθιον, ἔπι- 27 νον, ἐγάμουν, ἐγαμίζοντο, ἄχρι ἧς ἡμέρας εἰσῆλθεν Νῶε εἰς τὴν κιβωτόν, καὶ ἦλθεν ὁ κατακλυσμὸς καὶ ἀπώλεσεν πάντας. ὁμοίως καθὼς ἐγένετο ἐν ταῖς ἡμέραις Λώτ· 28 ἤσθιον, ἔπινον, ἠγόραζον, ἐπώλουν, ἐφύτευον, ᾠκοδόμουν· ᾗ δὲ ἡμέρᾳ ἐξῆλθεν Λὼτ ἀπὸ Σοδόμων, ἔβρεξεν πῦρ καὶ 29 θεῖον ἀπ᾽ οὐρανοῦ καὶ ἀπώλεσεν πάντας· κατὰ τὰ αὐτὰ 30 ἔσται ᾗ ἡμέρᾳ ὁ Υἱὸς τοῦ Ἀνθρώπου ἀποκαλύπτεται. ἐν ἐκείνῃ τῇ ἡμέρᾳ ὃς ἔσται ἐπὶ τοῦ δώματος καὶ τὰ σκεύη 31 αὐτοῦ ἐν τῇ οἰκίᾳ, μὴ καταβάτω ἆραι αὐτά· καὶ ὁ ἐν ἀγρῷ ὁμοίως μὴ ἐπιστρεψάτω εἰς τὰ ὀπίσω. μνημονεύετε τῆς 32 γυναικὸς Λώτ. ὃς ἐὰν ζητήσῃ τὴν ψυχὴν αὐτοῦ περι- 33 ποιήσασθαι, ἀπολέσει αὐτήν· καὶ ὃς ἂν ἀπολέσῃ, ζωογονήσει αὐτήν. λέγω ὑμῖν, ταύτῃ τῇ νυκτὶ ἔσονται δύο ἐπὶ 34 κλίνης μιᾶς· εἷς παραλημφθήσεται καὶ ὁ ἕτερος ἀφεθήσεται. ἔσονται δύο ἀλήθουσαι ἐπὶ τὸ αὐτό· ἡ μία πα- 35 ραλημφθήσεται ἡ δὲ ἑτέρα ἀφεθήσεται. καὶ ἀποκρι- 37 θέντες λέγουσιν αὐτῷ, Ποῦ, Κύριε; ὁ δὲ εἶπεν αὐτοῖς, Ὅπου τὸ σῶμα, ἐκεῖ καὶ οἱ ἀετοὶ ἐπισυναχθήσονται.

Ἔλεγεν δὲ παραβολὴν αὐτοῖς πρὸς τὸ δεῖν πάντοτε 18 προσεύχεσθαι αὐτοὺς καὶ μὴ ἐνκακεῖν, λέγων, Κριτής 2 τις ἦν ἔν τινι πόλει τὸν Θεὸν μὴ φοβούμενος καὶ ἄνθρωπον 3 μὴ ἐντρεπόμενος. χήρα δὲ ἦν ἐν τῇ πόλει ἐκείνῃ, καὶ ἤρχετο πρὸς αὐτὸν λέγουσα, Ἐκδίκησόν με ἀπὸ τοῦ ἀντι- 4 δίκου μου. καὶ οὐκ ἤθελεν ἐπὶ χρόνον· μετὰ ταῦτα δὲ εἶπεν ἐν ἑαυτῷ, Εἰ καὶ τὸν Θεὸν οὐ φοβοῦμαι οὐδὲ ἄνθρω- 5 πον ἐντρέπομαι, διά γε τὸ παρέχειν μοι κόπον τὴν χήραν ταύτην ἐκδικήσω αὐτήν, ἵνα μὴ εἰς τέλος ἐρχομένη 6 ὑπωπιάζῃ με. εἶπεν δὲ ὁ Κύριος, Ἀκούσατε τί ὁ κριτὴς 7 τῆς ἀδικίας λέγει. ὁ δὲ Θεὸς οὐ μὴ ποιήσῃ τὴν ἐκδίκησιν τῶν ἐκλεκτῶν αὐτοῦ τῶν βοώντων αὐτῷ ἡμέρας 8 καὶ νυκτός, καὶ μακροθυμεῖ ἐπ' αὐτοῖς; λέγω ὑμῖν ὅτι ποιήσει τὴν ἐκδίκησιν αὐτῶν ἐν τάχει· πλὴν ὁ Υἱὸς τοῦ Ἀνθρώπου ἐλθὼν ἆρα εὑρήσει τὴν πίστιν ἐπὶ τῆς γῆς;

9 Εἶπεν δὲ καὶ πρός τινας τοὺς πεποιθότας ἐφ' ἑαυτοῖς ὅτι εἰσὶν δίκαιοι καὶ ἐξουθενοῦντας τοὺς λοιποὺς τὴν 10 παραβολὴν ταύτην· Ἄνθρωποι δύο ἀνέβησαν εἰς τὸ ἱερὸν προσεύξασθαι, εἷς Φαρισαῖος καὶ ὁ ἕτερος τελώνης. 11 ὁ Φαρισαῖος σταθεὶς ταῦτα πρὸς ἑαυτὸν προσηύχετο, Ὁ Θεός, εὐχαριστῶ σοι ὅτι οὐκ εἰμὶ ὥσπερ οἱ λοιποὶ τῶν ἀνθρώπων, ἅρπαγες, ἄδικοι, μοιχοί, ἢ καὶ ὡς οὗτος ὁ τε- 12 λώνης· νηστεύω δὶς τοῦ σαββάτου, ἀποδεκατεύω πάντα 13 ὅσα κτῶμαι. ὁ δὲ τελώνης μακρόθεν ἑστὼς οὐκ ἤθελεν οὐδὲ τοὺς ὀφθαλμοὺς ἐπᾶραι εἰς τὸν οὐρανόν, ἀλλ' ἔτυπτεν τὸ στῆθος αὐτοῦ λέγων, Ὁ Θεός, ἱλάσθητί μοι τῷ ἁμαρτω- 14 λῷ. λέγω ὑμῖν, κατέβη οὗτος δεδικαιωμένος εἰς τὸν

---

3 δέ]+τις ErElz   4 ἤθελεν] ἠθέλησεν ϛ   δὲ] ante ταῦτα ϛ LnTiB οὐδὲ ἄνθρ.] καὶ ἄνθρ. οὐκ ϛA   7 ποιήσῃ] -σει ϛ : C   αὐτῷ] πρὸς αὐτὸν ϛ Ln   μακροθυμεῖ] -μῶν ϛ Bm   9 καὶ pri.] [Ln]   ἐξουθενοῦντας] -ντες Trm   10 εἷς] pr ὁ ϛTiBWHmR   11 πρὸς ἑαυ.] ante ταῦτα ϛ Ln(n.m.)TrmAWHm : Tiº[B]   ὥσπερ] ὡς LnTrWHm οὗτος] post ὁ τελ. Lnm   12 ἀποδεκατεύω] -κατῶ ϛ LnTrA   13 ὁ δὲ] καὶ ὁ ϛLn(n.m.)Tr(n.m.)A   ἐπᾶραι] post εἰς τὸν οὐρ. ϛ Ln(n.m.) ἔτυπτεν] -τε WH : + εἰς ϛ (n.m.)[A]   αὐτοῦ] ἑαυτοῦ TrAWH 14 λέγω ὑμ.]+ ὅτι [Ln]

ΚΑΤΑ ΛΟΥΚΑΝ 18. 15—27.

οἶκον αὐτοῦ παρ' ἐκεῖνον· ὅτι πᾶς ὁ ὑψῶν ἑαυτὸν ταπεινωθήσεται, ὁ δὲ ταπεινῶν ἑαυτὸν ὑψωθήσεται.

Προσέφερον δὲ αὐτῷ καὶ τὰ βρέφη, ἵνα αὐτῶν ἅπτηται· 15 ἰδόντες δὲ οἱ μαθηταὶ ἐπετίμων αὐτοῖς. ὁ δὲ Ἰησοῦς 16 προσεκαλέσατο αὐτὰ λέγων, Ἄφετε τὰ παιδία ἔρχεσθαι πρός με, καὶ μὴ κωλύετε αὐτά· τῶν γὰρ τοιούτων ἐστὶν ἡ βασιλεία τοῦ Θεοῦ. ἀμὴν λέγω ὑμῖν, ὃς ἂν μὴ δέξη- 17 ται τὴν βασιλείαν τοῦ Θεοῦ ὡς παιδίον, οὐ μὴ εἰσέλθῃ εἰς αὐτήν.

Καὶ ἐπηρώτησέν τις αὐτὸν ἄρχων λέγων, Διδάσκαλε 18 ἀγαθέ, τί ποιήσας ζωὴν αἰώνιον κληρονομήσω; εἶπεν 19 δὲ αὐτῷ ὁ Ἰησοῦς, Τί με λέγεις ἀγαθόν; οὐδεὶς ἀγαθὸς εἰ μὴ εἷς [ὁ] Θεός. τὰς ἐντολὰς οἶδας, Μὴ μοιχεύσῃς· Μὴ 20 φονεύσῃς· Μὴ κλέψῃς· Μὴ ψευδομαρτυρήσῃς· Τίμα τὸν πατέρα σου καὶ τὴν μητέρα. ὁ δὲ εἶπεν, Ταῦτα πάντα 21 ἐφύλαξα ἐκ νεότητος. ἀκούσας δὲ ὁ Ἰησοῦς εἶπεν 22 αὐτῷ, Ἔτι ἕν σοι λείπει· πάντα ὅσα ἔχεις πώλησον καὶ διάδος πτωχοῖς, καὶ ἕξεις θησαυρὸν ἐν τοῖς οὐρανοῖς· καὶ δεῦρο, ἀκολούθει μοι. ὁ δὲ ἀκούσας ταῦτα περίλυπος 23 ἐγενήθη, ἦν γὰρ πλούσιος σφόδρα. Ἰδὼν δὲ αὐτὸν ὁ 24 Ἰησοῦς εἶπεν, Πῶς δυσκόλως οἱ τὰ χρήματα ἔχοντες εἰς τὴν βασιλείαν τοῦ Θεοῦ εἰσπορεύονται. εὐκοπώτερον 25 γάρ ἐστιν κάμηλον διὰ τρήματος βελόνης εἰσελθεῖν ἢ πλούσιον εἰς τὴν βασιλείαν τοῦ Θεοῦ εἰσελθεῖν. εἶπον 26 δὲ οἱ ἀκούσαντες, Καὶ τίς δύναται σωθῆναι; ὁ δὲ εἶπεν, 27

Τὰ ἀδύνατα παρὰ ἀνθρώποις δυνατὰ παρὰ τῷ Θεῷ ἐστίν.
28 Εἶπεν δὲ ὁ Πέτρος, Ἰδοὺ ἡμεῖς ἀφέντες τὰ ἴδια ἠκολου-
29 θήσαμέν σοι. ὁ δὲ εἶπεν αὐτοῖς, Ἀμὴν λέγω ὑμῖν ὅτι
οὐδείς ἐστιν ὃς ἀφῆκεν οἰκίαν ἢ γυναῖκα ἢ ἀδελφοὺς ἢ
30 γονεῖς ἢ τέκνα εἵνεκεν τῆς βασιλείας τοῦ Θεοῦ, ὃς
οὐχὶ μὴ ἀπολάβῃ πολλαπλασίονα ἐν τῷ καιρῷ τούτῳ καὶ
ἐν τῷ αἰῶνι τῷ ἐρχομένῳ ζωὴν αἰώνιον.
31 Παραλαβὼν δὲ τοὺς δώδεκα εἶπεν πρὸς αὐτούς, Ἰδοὺ
ἀναβαίνομεν εἰς Ἱερουσαλήμ, καὶ τελεσθήσεται πάντα τὰ
γεγραμμένα διὰ τῶν προφητῶν τῷ Υἱῷ τοῦ Ἀνθρώπου.
32 παραδοθήσεται γὰρ τοῖς ἔθνεσιν, καὶ ἐμπαιχθήσεται καὶ
33 ὑβρισθήσεται καὶ ἐμπτυσθήσεται, καὶ μαστιγώσαντες
ἀποκτενοῦσιν αὐτόν· καὶ τῇ ἡμέρᾳ τῇ τρίτῃ ἀναστήσεται.
34 καὶ αὐτοὶ οὐδὲν τούτων συνῆκαν, καὶ ἦν τὸ ῥῆμα τοῦτο
κεκρυμμένον ἀπ᾽ αὐτῶν, καὶ οὐκ ἐγίνωσκον τὰ λεγόμενα.

35 Ἐγένετο δὲ ἐν τῷ ἐγγίζειν αὐτὸν εἰς Ἱεριχώ, τυφλός
36 τις ἐκάθητο παρὰ τὴν ὁδὸν ἐπαιτῶν· ἀκούσας δὲ ὄχλου
37 διαπορευομένου ἐπυνθάνετο τί εἴη τοῦτο. ἀπήγγειλαν
38 δὲ αὐτῷ ὅτι Ἰησοῦς ὁ Ναζωραῖος παρέρχεται. καὶ
39 ἐβόησεν λέγων, Ἰησοῦ υἱὲ Δαυείδ, ἐλέησόν με. καὶ οἱ
προάγοντες ἐπετίμων αὐτῷ ἵνα σιγήσῃ· αὐτὸς δὲ πολλῷ
40 μᾶλλον ἔκραζεν, Υἱὲ Δαυείδ, ἐλέησόν με. σταθεὶς
δὲ ὁ Ἰησοῦς ἐκέλευσεν αὐτὸν ἀχθῆναι πρὸς αὐτόν·
41 ἐγγίσαντος δὲ αὐτοῦ ἐπηρώτησεν αὐτόν, Τί σοι θέλεις
42 ποιήσω; ὁ δὲ εἶπεν, Κύριε, ἵνα ἀναβλέψω. καὶ ὁ
Ἰησοῦς εἶπεν αὐτῷ, Ἀνάβλεψον· ἡ πίστις σου σέσωκέν

σε. καὶ παραχρῆμα ἀνέβλεψεν, καὶ ἠκολούθει αὐτῷ 43
δοξάζων τὸν Θεόν· καὶ πᾶς ὁ λαὸς ἰδὼν ἔδωκεν αἶνον τῷ
Θεῷ.

Καὶ εἰσελθὼν διήρχετο τὴν Ἱεριχώ. καὶ ἰδοὺ ἀνὴρ 19
ὀνόματι καλούμενος Ζακχαῖος, καὶ αὐτὸς ἦν ἀρχιτελώ-
νης, καὶ αὐτὸς πλούσιος. καὶ ἐζήτει ἰδεῖν τὸν Ἰη- 3
σοῦν τίς ἐστιν, καὶ οὐκ ἠδύνατο ἀπὸ τοῦ ὄχλου, ὅτι τῇ
ἡλικίᾳ μικρὸς ἦν. καὶ προδραμὼν εἰς τὸ ἔμπροσθεν 4
ἀνέβη ἐπὶ συκομορέαν, ἵνα ἴδῃ αὐτόν· ὅτι ἐκείνης ἤμελλεν
διέρχεσθαι. καὶ ὡς ἦλθεν ἐπὶ τὸν τόπον, ἀναβλέψας 5
ὁ Ἰησοῦς εἶπεν πρὸς αὐτόν, Ζακχαῖε, σπεύσας κατάβηθι·
σήμερον γὰρ ἐν τῷ οἴκῳ σου δεῖ με μεῖναι. καὶ σπεύ- 6
σας κατέβη, καὶ ὑπεδέξατο αὐτὸν χαίρων. καὶ ἰδόντες 7
πάντες διεγόγγυζον λέγοντες ὅτι Παρὰ ἁμαρτωλῷ ἀνδρὶ
εἰσῆλθεν καταλῦσαι. σταθεὶς δὲ Ζακχαῖος εἶπεν πρὸς 8
τὸν Κύριον, Ἰδοὺ τὰ ἡμίσειά μου τῶν ὑπαρχόντων, Κύριε,
τοῖς πτωχοῖς δίδωμι· καὶ εἴ τινός τι ἐσυκοφάντησα, ἀπο-
δίδωμι τετραπλοῦν. εἶπεν δὲ πρὸς αὐτὸν ὁ Ἰησοῦς ὅτι 9
Σήμερον σωτηρία τῷ οἴκῳ τούτῳ ἐγένετο, καθότι καὶ αὐτὸς
υἱὸς Ἀβραάμ ἐστιν. ἦλθεν γὰρ ὁ Υἱὸς τοῦ Ἀνθρώπου 10
ζητῆσαι καὶ σῶσαι τὸ ἀπολωλός.

Ἀκουόντων δὲ αὐτῶν ταῦτα προσθεὶς εἶπεν παραβολήν, 11
διὰ τὸ ἐγγὺς εἶναι Ἱερουσαλὴμ αὐτὸν καὶ δοκεῖν αὐτοὺς
ὅτι παραχρῆμα μέλλει ἡ βασιλεία τοῦ Θεοῦ ἀναφαίνε-
σθαι· εἶπεν οὖν, Ἄνθρωπός τις εὐγενὴς ἐπορεύθη εἰς 12
χώραν μακρὰν λαβεῖν ἑαυτῷ βασιλείαν καὶ ὑποστρέψαι.

13 καλέσας δὲ δέκα δούλους ἑαυτοῦ ἔδωκεν αὐτοῖς δέκα μνᾶς, καὶ εἶπεν πρὸς αὐτούς, Πραγματεύσασθε ἐν ᾧ ἔρχομαι.
14 οἱ δὲ πολῖται αὐτοῦ ἐμίσουν αὐτόν, καὶ ἀπέστειλαν πρεσβείαν ὀπίσω αὐτοῦ λέγοντες, Οὐ θέλομεν τοῦτον βασι-
15 λεῦσαι ἐφ' ἡμᾶς· καὶ ἐγένετο ἐν τῷ ἐπανελθεῖν αὐτὸν λαβόντα τὴν βασιλείαν καὶ εἶπεν φωνηθῆναι αὐτῷ τοὺς δούλους τούτους οἷς δεδώκει τὸ ἀργύριον, ἵνα γνοῖ τί
16 διεπραγματεύσαντο. παρεγένετο δὲ ὁ πρῶτος λέγων,
17 Κύριε, ἡ μνᾶ σου δέκα προσηργάσατο μνᾶς. καὶ εἶπεν αὐτῷ, Εὖγε, ἀγαθὲ δοῦλε· ὅτι ἐν ἐλαχίστῳ πιστὸς ἐγένου,
18 ἴσθι ἐξουσίαν ἔχων ἐπάνω δέκα πόλεων. καὶ ἦλθεν ὁ δεύτερος λέγων, Ἡ μνᾶ σου, Κύριε, ἐποίησεν πέντε μνᾶς.
19 εἶπεν δὲ καὶ τούτῳ, Καὶ σὺ ἐπάνω γίνου πεντε πόλεων.
20 καὶ ὁ ἕτερος ἦλθεν λέγων, Κύριε, ἰδοὺ ἡ μνᾶ σου, ἣν
21 εἶχον ἀποκειμένην ἐν σουδαρίῳ· ἐφοβούμην γάρ σε, ὅτι ἄνθρωπος αὐστηρὸς εἶ· αἴρεις ὃ οὐκ ἔθηκας, καὶ θερί-
22 ζεις ὃ οὐκ ἔσπειρας. λέγει αὐτῷ, Ἐκ τοῦ στόματός σου κρινῶ σε, πονηρὲ δοῦλε. ᾔδεις ὅτι ἐγὼ ἄνθρωπος αὐστηρός εἰμι, αἴρων ὃ οὐκ ἔθηκα, καὶ θερίζων ὃ οὐκ ἔσπειρα·
23 καὶ διὰ τί οὐκ ἔδωκάς μου τὸ ἀργύριον ἐπὶ τράπεζαν, κἀγὼ
24 ἐλθὼν σὺν τόκῳ ἂν αὐτὸ ἔπραξα; καὶ τοῖς παρεστῶσιν εἶπεν, Ἄρατε ἀπ' αὐτοῦ τὴν μνᾶν καὶ δότε τῷ τὰς δέκα
25 μνᾶς ἔχοντι. καὶ εἶπαν αὐτῷ, Κύριε, ἔχει δέκα μνᾶς.
26 λέγω ὑμῖν ὅτι παντὶ τῷ ἔχοντι δοθήσεται, ἀπὸ δὲ τοῦ μὴ
27 ἔχοντος καὶ ὃ ἔχει ἀρθήσεται. πλὴν τοὺς ἐχθρούς μου

13 αὐτούς, Πραγματεύσασθε] αὐτοὺς πραγματεύσασθαι WH(n.m.) ἐν ᾧ] ἕως ϛ . 15 δεδώκει] ἔδωκεν ϛ Lnm γνοῖ] γνῷ ϛ τί] pr τίς ϛLnTiB διεπραγματεύσαντο] -σατο ϛLnTiB 16 δέκα] post προσ. ϛ προσηργάσατο] προσειργ. ϛ Tr 17 εὖγε] εὖ ϛ WHm 18 κύριε] ante ἡ μνᾶ σου ϛ Ln 19 ἐπάνω] post γίνου ϛLnTr(n.m.) 20 ὁ] ϛ° 22 λέγει]+δὲ ϛLn : Er κρινῶ] κρίνω WH ἔσπειρα·] ἔσπειρα; TiWH 23 μου] post τὸ ἀργ. ϛ τράπεζαν] pr τὴν ϛ: Er κἀγὼ] καὶ ἐγὼ ϛ WHa αὐτὸ] post ἔπραξα ϛ 25 εἶπαν] -ον ϛ 26 λέγω]+γὰρ ϛ[Ln][Tr] ἀρθήσεται]+ἀπ' αὐτοῦ ϛ[Ln] Tr sed [Tr]mR

214

ΚΑΤΑ ΛΟΥΚΑΝ

19. 28—40.

τούτους τοὺς μὴ θελήσαντάς με βασιλεῦσαι ἐπ' αὐτοὺς ἀγάγετε ὧδε, καὶ κατασφάξατε αὐτοὺς ἔμπροσθέν μου.

Καὶ εἰπὼν ταῦτα ἐπορεύετο ἔμπροσθεν ἀναβαίνων εἰς 28 Ἱεροσόλυμα. καὶ ἐγένετο ὡς ἤγγισεν εἰς Βηθφαγὴ 29 καὶ Βηθανίαν πρὸς τὸ ὄρος τὸ καλούμενον Ἐλαιῶν, ἀπέστειλεν δύο τῶν μαθητῶν λέγων, Ὑπάγετε εἰς τὴν 30 κατέναντι κώμην· ἐν ᾗ εἰσπορευόμενοι εὑρήσετε πῶλον δεδεμένον, ἐφ' ὃν οὐδεὶς πώποτε ἀνθρώπων ἐκάθισεν· καὶ λύσαντες αὐτὸν ἀγάγετε. καὶ ἐάν τις ὑμᾶς ἐρωτᾷ, Διὰ 31 τί λύετε; οὕτως ἐρεῖτε ὅτι Ὁ Κύριος αὐτοῦ χρείαν ἔχει. ἀπελθόντες δὲ οἱ ἀπεσταλμένοι εὗρον καθὼς εἶπεν αὐτοῖς· 32 λυόντων δὲ αὐτῶν τὸν πῶλον εἶπαν οἱ κύριοι αὐτοῦ πρὸς 33 αὐτούς, Τί λύετε τὸν πῶλον; οἱ δὲ εἶπαν ὅτι Ὁ Κύριος 34 αὐτοῦ χρείαν ἔχει. Καὶ ἤγαγον αὐτὸν πρὸς τὸν Ἰησοῦν, 35 καὶ ἐπιρίψαντες αὐτῶν τὰ ἱμάτια ἐπὶ τὸν πῶλον ἐπεβίβασαν τὸν Ἰησοῦν. πορευομένου δὲ αὐτοῦ ὑπεστρώννυον 36 τὰ ἱμάτια αὐτῶν ἐν τῇ ὁδῷ. ἐγγίζοντος δὲ αὐτοῦ ἤδη 37 πρὸς τῇ καταβάσει τοῦ Ὄρους τῶν Ἐλαιῶν, ἤρξαντο ἅπαν τὸ πλῆθος τῶν μαθητῶν χαίροντες αἰνεῖν τὸν Θεὸν φωνῇ μεγάλῃ περὶ πασῶν ὧν εἶδον δυνάμεων λέγοντες, Εὐ- 38 λογημένος ὁ ἐρχόμενος Βασιλεὺς ἐν ὀνόματι Κυρίου· ἐν οὐρανῷ εἰρήνη καὶ δόξα ἐν ὑψίστοις. καί τινες τῶν 39 Φαρισαίων ἀπὸ τοῦ ὄχλου εἶπαν πρὸς αὐτόν, Διδάσκαλε, ἐπιτίμησον τοῖς μαθηταῖς σου. καὶ ἀποκριθεὶς εἶπεν, 40 Λέγω ὑμῖν ὅτι ἐὰν οὗτοι σιωπήσουσιν οἱ λίθοι κράξουσιν.

27 τούτους] ἐκείνους ϛ LnTrm   θελήσαντας] θέλοντας Trm   αὐτοὺς] ϛ°Ln°[Tr]m   29 Βηθφαγῆ] -γῆ Ln   Βηθανίαν] -νία Trm : -νιὰ AWH   Ἐλαιῶν] ἐλαιῶν ϛ: ἐλαιῶν LnTiB : Ἐλαιῶν WH   μαθητῶν]+αὐτοῦ ϛLn[Tr]   30 λέγων] εἰπών ϛTiA(n.m.)B   καὶ]ϛ° Ln°[Tr]mR°   31 ἐρεῖτε]+αὐτῷϛ[Ln][A]   31 et 34 ὅτι Ὁ (sic WH et R, et sic volunt Ln et A)], Ὅτι ὁ ϛ Tr (et sic volunt Ti et B)   33 εἶπαν] -ον ϛ   34 εἶπαν] -ον ϛ   ὅτι] ϛ°   35 ἐπιρίψαντες] ἐπιρρ. ϛ αὐτῶν] ἑαυ. ϛ   36 αὐτῶν] ἑαυ. TrWH   37 ἤρξαντο] -ατο Trm πασῶν] πάντων LnTr   38 ἐρχόμενος] Ti°[B]WH°m :+ ὁ WH (n.m.) εἰρήνη] ante ἐν οὐρ. ϛLnTrm   39 εἶπαν] -ον ϛ   40 εἶπεν]+αὐτοῖς ϛLn[Tr]   ὅτι][Tr]WH°(n.m.)   σιωπήσουσιν] -σωσιν ϛ κράξουσιν] κεκράξονται ϛLnTrmBm

215

41 Καὶ ὡς ἤγγισεν, ἰδὼν τὴν πόλιν ἔκλαυσεν ἐπ' αὐτὴν
42 λέγων ὅτι Εἰ ἔγνως ἐν τῇ ἡμέρᾳ ταύτῃ καὶ σὺ τὰ πρὸς
43 εἰρήνην· νῦν δὲ ἐκρύβη ἀπὸ ὀφθαλμῶν σου. ὅτι ἥξουσιν ἡμέραι ἐπὶ σὲ καὶ παρεμβαλοῦσιν οἱ ἐχθροί σου χάρακά σοι, καὶ περικυκλώσουσίν σε καὶ συνέξουσίν σε πάντο-
44 θεν, καὶ ἐδαφιοῦσίν σε καὶ τὰ τέκνα σου ἐν σοί, καὶ οὐκ ἀφήσουσιν λίθον ἐπὶ λίθον ἐν σοί· ἀνθ' ὧν οὐκ ἔγνως
45 τὸν καιρὸν τῆς ἐπισκοπῆς σου. Καὶ εἰσελθὼν εἰς τὸ
46 ἱερὸν ἤρξατο ἐκβάλλειν τοὺς πωλοῦντας, λέγων αὐτοῖς, Γέγραπται, Καὶ ἔσται ὁ οἶκός μου οἶκος προσευχῆς· ὑμεῖς δὲ αὐτὸν ἐποιήσατε σπήλαιον λῃστῶν.
47 Καὶ ἦν διδάσκων τὸ καθ' ἡμέραν ἐν τῷ ἱερῷ. οἱ δὲ ἀρχιερεῖς καὶ οἱ γραμματεῖς ἐζήτουν αὐτὸν ἀπολέσαι, καὶ οἱ
48 πρῶτοι τοῦ λαοῦ· καὶ οὐχ εὕρισκον τὸ τί ποιήσωσιν, ὁ λαὸς γὰρ ἅπας ἐξεκρέματο αὐτοῦ ἀκούων.

20 Καὶ ἐγένετο ἐν μιᾷ τῶν ἡμερῶν, διδάσκοντος αὐτοῦ τὸν λαὸν ἐν τῷ ἱερῷ καὶ εὐαγγελιζομένου, ἐπέστησαν οἱ ἀρχιε-
2 ρεῖς καὶ οἱ γραμματεῖς σὺν τοῖς πρεσβυτέροις, καὶ εἶπαν λέγοντες πρὸς αὐτόν, Εἰπὸν ἡμῖν, ἐν ποίᾳ ἐξουσίᾳ ταῦτα ποιεῖς, ἢ τίς ἐστιν ὁ δούς σοι τὴν ἐξουσίαν ταύτην;
3 ἀποκριθεὶς δὲ εἶπεν πρὸς αὐτούς, Ἐρωτήσω ὑμᾶς κἀγὼ
4 λόγον, καὶ εἴπατέ μοι· τὸ βάπτισμα Ἰωάννου ἐξ οὐ-
5 ρανοῦ ἦν, ἢ ἐξ ἀνθρώπων; οἱ δὲ συνελογίσαντο πρὸς

---

41 αὐτήν] αὐτῆς ϛ   42 ἐν τῇ ἡμ.] pr καίγε ϛ[Ln][Tr]mTi[A]B : + σου ϛTi[A][B]   καὶ σὺ] post ἔγνως ϛLnTr(n.m.)TiAB   εἰρήνην]+σου ϛ[Ln][Tr]Ti[A][B]   43 παρεμβαλοῦσιν] περιβ. ϛLn(n.m.)TrA(n.m.) WHm   περικυκλώσουσίν]-σί WHa   44 ἐν σοί sec.] post ἀφήσουσιν ϛ   λίθον sec.] λίθῳ ϛ Ln : Er   45 πωλοῦντας]+ἐν αὐτῷ καὶ ἀγοράζοντας ϛLn   46 καὶ usque ad προσευχῆς] ὁ οἶκός μου οἶκ. προσευ. ἐστίν ϛ (sed ἔσται pro ἐστίν ϛm) Ln(n.m.)Trm : pr ὅτι Ln(n.m.)Trm   48 εὕρισκον] ηὕρ. LnTrWH(n.a.)   ἐξεκρέματο]-ετο TiBWH(n.a.)
1 ἡμερῶν]+ἐκείνων ϛ(n.m.)   ἀρχιερεῖς] ἱερεῖς TiAB   2 εἶπαν]-ον ϛLn   λέγοντες] post πρὸς αὐτὸν ϛ : Tr° sed [Tr]mA° εἰπὸν]-ὲ ϛLn   ἡμῖν,...ταύτην;] ἡμῖν...ταύτην. WH   3 λόγον] pr ἕνα ϛ
4 Ἰωάννου] pr τὸ Ti[B]   5 συνελογίσαντο]-ίζοντο Ln

ἑαυτοὺς λέγοντες ὅτι Ἐὰν εἴπωμεν, Ἐξ οὐρανοῦ, ἐρεῖ, Διὰ τί οὐκ ἐπιστεύσατε αὐτῷ; ἐὰν δὲ εἴπωμεν, Ἐξ ἀνθρώ- 6 πων, ὁ λαὸς ἅπας καταλιθάσει ἡμᾶς· πεπεισμένος γάρ ἐστιν Ἰωάννην προφήτην εἶναι. καὶ ἀπεκρίθησαν μὴ 7 εἰδέναι πόθεν. καὶ ὁ Ἰησοῦς εἶπεν αὐτοῖς, Οὐδὲ ἐγὼ 8 λέγω ὑμῖν ἐν ποίᾳ ἐξουσίᾳ ταῦτα ποιῶ.

Ἤρξατο δὲ πρὸς τὸν λαὸν λέγειν τὴν παραβολὴν ταύ- 9 την· Ἄνθρωπος ἐφύτευσεν ἀμπελῶνα, καὶ ἐξέδετο αὐτὸν γεωργοῖς, καὶ ἀπεδήμησεν χρόνους ἱκανούς. καὶ καιρῷ 10 ἀπέστειλεν πρὸς τοὺς γεωργοὺς δοῦλον, ἵνα ἀπὸ τοῦ καρποῦ τοῦ ἀμπελῶνος δώσουσιν αὐτῷ· οἱ δὲ γεωργοὶ ἐξαπέστειλαν αὐτὸν δείραντες κενόν. καὶ προσέθετο ἕτερον 11 πέμψαι δοῦλον· οἱ δὲ κἀκεῖνον δείραντες καὶ ἀτιμάσαντες ἐξαπέστειλαν κενόν. καὶ προσέθετο τρίτον πέμψαι· οἱ 12 δὲ καὶ τοῦτον τραυματίσαντες ἐξέβαλον. εἶπεν δὲ ὁ 13 κύριος τοῦ ἀμπελῶνος, Τί ποιήσω; πέμψω τὸν υἱόν μου τὸν ἀγαπητόν· ἴσως τοῦτον ἐντραπήσονται. ἰδόντες δὲ 14 αὐτὸν οἱ γεωργοὶ διελογίζοντο πρὸς ἀλλήλους λέγοντες, Οὗτός ἐστιν ὁ κληρονόμος· ἀποκτείνωμεν αὐτόν, ἵνα ἡμῶν γένηται ἡ κληρονομία. καὶ ἐκβαλόντες αὐτὸν ἔξω τοῦ 15 ἀμπελῶνος ἀπέκτειναν. τί οὖν ποιήσει αὐτοῖς ὁ κύριος τοῦ ἀμπελῶνος; ἐλεύσεται καὶ ἀπολέσει τοὺς γεωργοὺς 16 τούτους, καὶ δώσει τὸν ἀμπελῶνα ἄλλοις. ἀκούσαντες δὲ εἶπαν, Μὴ γένοιτο. ὁ δὲ ἐμβλέψας αὐτοῖς εἶπεν, Τί 17 οὖν ἐστὶν τὸ γεγραμμένον τοῦτο, Λίθον ὃν ἀπεδοκίμασαν οἱ οἰκοδομοῦντες, οὗτος ἐγενήθη εἰς κεφαλὴν γωνίας;

18 πᾶς ὁ πεσὼν ἐπ' ἐκεῖνον τὸν λίθον συνθλασθήσεται· ἐφ'
19 ὃν δ' ἂν πέσῃ, λικμήσει αὐτόν. Καὶ ἐζήτησαν οἱ γραμματεῖς καὶ οἱ ἀρχιερεῖς ἐπιβαλεῖν ἐπ' αὐτὸν τὰς χεῖρας ἐν αὐτῇ τῇ ὥρᾳ· καὶ ἐφοβήθησαν τὸν λαόν· ἔγνωσαν γὰρ ὅτι πρὸς αὐτοὺς εἶπεν τὴν παραβολὴν ταύτην.

20 Καὶ παρατηρήσαντες ἀπέστειλαν ἐγκαθέτους ὑποκρινομένους ἑαυτοὺς δικαίους εἶναι, ἵνα ἐπιλάβωνται αὐτοῦ λόγου, ὥστε παραδοῦναι αὐτὸν τῇ ἀρχῇ καὶ τῇ ἐξουσίᾳ
21 τοῦ ἡγεμόνος. καὶ ἐπηρώτησαν αὐτὸν λέγοντες, Διδάσκαλε, οἴδαμεν ὅτι ὀρθῶς λέγεις καὶ διδάσκεις καὶ οὐ λαμβάνεις πρόσωπον, ἀλλ' ἐπ' ἀληθείας τὴν ὁδὸν τοῦ Θεοῦ
22 διδάσκεις. ἔξεστιν ἡμᾶς Καίσαρι φόρον δοῦναι, ἢ οὔ;
23 κατανοήσας δὲ αὐτῶν τὴν πανουργίαν εἶπεν πρὸς αὐτούς,
24 Δείξατέ μοι δηνάριον· τίνος ἔχει εἰκόνα καὶ ἐπιγραφήν; οἱ
25 δὲ εἶπαν, Καίσαρος. ὁ δὲ εἶπεν πρὸς αὐτούς, Τοίνυν ἀπόδοτε τὰ Καίσαρος Καίσαρι, καὶ τὰ τοῦ Θεοῦ τῷ Θεῷ.
26 καὶ οὐκ ἴσχυσαν ἐπιλαβέσθαι τοῦ ῥήματος ἐναντίον τοῦ λαοῦ· καὶ θαυμάσαντες ἐπὶ τῇ ἀποκρίσει αὐτοῦ ἐσίγησαν.

27 Προσελθόντες δέ τινες τῶν Σαδδουκαίων, οἱ λέγοντες
28 ἀνάστασιν μὴ εἶναι, ἐπηρώτησαν αὐτὸν λέγοντες, Διδάσκαλε, Μωυσῆς ἔγραψεν ἡμῖν, ἐάν τινος ἀδελφὸς ἀποθάνῃ ἔχων γυναῖκα, καὶ οὗτος ἄτεκνος ᾖ, ἵνα λάβῃ ὁ ἀδελφὸς αὐτοῦ τὴν γυναῖκα, καὶ ἐξαναστήσῃ σπέρμα τῷ
29 ἀδελφῷ αὐτοῦ. ἑπτὰ οὖν ἀδελφοὶ ἦσαν· καὶ ὁ πρῶτος

ΚΑΤΑ ΛΟΥΚΑΝ

λαβὼν γυναῖκα ἀπέθανεν ἄτεκνος· καὶ ὁ δεύτερος 30
καὶ ὁ τρίτος ἔλαβεν αὐτήν· ὡσαύτως δὲ καὶ οἱ ἑπτὰ οὐ 31
κατέλιπον τέκνα, καὶ ἀπέθανον. ὕστερον καὶ ἡ γυνὴ 32
ἀπέθανεν. ἡ γυνὴ οὖν ἐν τῇ ἀναστάσει τίνος αὐτῶν 33
γίνεται γυνή; οἱ γὰρ ἑπτὰ ἔσχον αὐτὴν γυναῖκα.
καὶ εἶπεν αὐτοῖς ὁ Ἰησοῦς, Οἱ υἱοὶ τοῦ αἰῶνος τούτου 34
γαμοῦσιν καὶ γαμίσκονται· οἱ δὲ καταξιωθέντες τοῦ 35
αἰῶνος ἐκείνου τυχεῖν καὶ τῆς ἀναστάσεως τῆς ἐκ νεκρῶν
οὔτε γαμοῦσιν οὔτε γαμίζονται· οὐδὲ γὰρ ἀποθανεῖν 36
ἔτι δύνανται· ἰσάγγελοι γάρ εἰσιν, καὶ υἱοί εἰσιν Θεοῦ, τῆς
ἀναστάσεως υἱοὶ ὄντες. ὅτι δὲ ἐγείρονται οἱ νεκροὶ 37
καὶ Μωυσῆς ἐμήνυσεν ἐπὶ τῆς βάτου, ὡς λέγει Κύριον
τὸν Θεὸν Ἀβραὰμ καὶ Θεὸν Ἰσαὰκ καὶ Θεὸν Ἰακώβ.
Θεὸς δὲ οὐκ ἔστιν νεκρῶν, ἀλλὰ ζώντων· πάντες γὰρ αὐτῷ 38
ζῶσιν· Ἀποκριθέντες δέ τινες τῶν γραμματέων εἶπαν, 39
Διδάσκαλε, καλῶς εἶπας. οὐκέτι γὰρ ἐτόλμων ἐπερω- 40
τᾶν αὐτὸν οὐδέν.

Εἶπεν δὲ πρὸς αὐτούς, Πῶς λέγουσιν τὸν Χριστὸν εἶναι 41
Δαυεὶδ υἱόν; αὐτὸς γὰρ Δαυεὶδ λέγει ἐν βίβλῳ Ψαλ- 42
μῶν, Εἶπεν Κύριος τῷ κυρίῳ μου, Κάθου ἐκ δεξιῶν μου,
ἕως ἂν θῶ τοὺς ἐχθρούς σου ὑποπόδιον τῶν ποδῶν σου. 43
Δαυεὶδ οὖν αὐτὸν κύριον καλεῖ, καὶ πῶς αὐτοῦ υἱός ἐστιν; 44
Ἀκούοντος δὲ παντὸς τοῦ λαοῦ εἶπεν τοῖς μαθηταῖς, 45

30 ὁ δεύτερος] pr ἔλαβεν ϛ Ln[Tr]m :+τὴν γυναῖκα, καὶ οὗτος ἀπέθανεν
ἄτεκνος ϛ Ln[Tr]m   31 αὐτήν]+ὡσαύτως [Ln]   ἑπτά] + ·καὶ ErJ
Elz : ἑπτά· Ln   32 ὕστερον]+δὲ πάντων ϛ : πάντων J   ἀπέθανεν]
ante καὶ ἡ γυνὴ ϛ LnTrm   33 ἡ γυνὴ οὖν ἐν τῇ] ἐν τῇ οὖν ϛLnTr(n.m.)
γίνεται] ἔσται R   34 εἶπεν] pr ἀποκριθεὶς ϛ   τούτου]+γεννῶνται
καὶ γεννῶσιν, WHm   γαμοῦσιν] -σι WHa   γαμίσκονται] ἐκγαμ. ϛ
35 γαμίζονται] ἐκγαμίσκονται ϛ : γαμίσκονται AWHm   36 οὐδὲ] οὔτε
ϛ TiB   δύνανται] μέλλουσιν WHm   , καὶ υἱοί εἰσιν Θεοῦ] τῷ θεῷ
WHm   εἰσιν sec.] -σι WHa   Θεοῦ] pr τοῦ ϛ Ln   37 Θεὸν sec.
et tert.] pr τὸν ϛ   39 εἶπαν] -ον ϛ   40 γὰρ] δὲ ϛLnTrm
41 λέγουσιν] -σι WHa   εἰ. Δ. υἱ.] υἱ. Δ. εἰ. ϛLnTr(n.m.)   42 αὐ-
τὸς γὰρ] καὶ αὐ. ϛ LnTr(n.m.)A   ψαλμ.] pr τῶν Ln   Κύριος] pr ὁ
ϛ Ti[B]   44 κύριον] ante αὐτὸν ϛLnTiB   αὐτοῦ] post υἱὸς ϛLnB
45 τοῖς μαθηταῖς]+αὐτοῦ ϛ LnR : πρὸς αὐτούς A

ΚΑΤΑ ΛΟΥΚΑΝ

46 Προσέχετε ἀπὸ τῶν γραμματέων τῶν θελόντων περιπατεῖν ἐν στολαῖς, καὶ φιλούντων ἀσπασμοὺς ἐν ταῖς ἀγοραῖς καὶ πρωτοκαθεδρίας ἐν ταῖς συναγωγαῖς καὶ πρωτοκλισίας ἐν 47 τοῖς δείπνοις· οἳ κατεσθίουσιν τὰς οἰκίας τῶν χηρῶν καὶ προφάσει μακρὰ προσεύχονται· οὗτοι λήμψονται περισσότερον κρίμα.

21 Ἀναβλέψας δὲ εἶδεν τοὺς βάλλοντας εἰς τὸ γαζοφυλά- 2 κιον τὰ δῶρα αὐτῶν πλουσίους. εἶδεν δέ τινα χήραν 3 πενιχρὰν βάλλουσαν ἐκεῖ λεπτὰ δύο. καὶ εἶπεν, Ἀληθῶς λέγω ὑμῖν ὅτι ἡ χήρα αὕτη ἡ πτωχὴ πλεῖον πάντων 4 ἔβαλεν· πάντες γὰρ οὗτοι ἐκ τοῦ περισσεύοντος αὐτοῖς ἔβαλον εἰς τὰ δῶρα, αὕτη δὲ ἐκ τοῦ ὑστερήματος αὐτῆς πάντα τὸν βίον ὃν εἶχεν ἔβαλεν.

5 Καί τινων λεγόντων περὶ τοῦ ἱεροῦ, ὅτι λίθοις καλοῖς 6 καὶ ἀναθήμασιν κεκόσμηται, εἶπεν, Ταῦτα ἃ θεωρεῖτε, ἐλεύσονται ἡμέραι ἐν αἷς οὐκ ἀφεθήσεται λίθος ἐπὶ λίθῳ 7 ὧδε ὃς οὐ καταλυθήσεται. ἐπηρώτησαν δὲ αὐτὸν λέγοντες, Διδάσκαλε, πότε οὖν ταῦτα ἔσται; καὶ τί τὸ 8 σημεῖον ὅταν μέλλῃ ταῦτα γίνεσθαι; ὁ δὲ εἶπεν, Βλέπετε μὴ πλανηθῆτε. πολλοὶ γὰρ ἐλεύσονται ἐπὶ τῷ ὀνόματί μου λέγοντες, Ἐγώ εἰμι· καί, Ὁ καιρὸς ἤγγικεν· 9 μὴ πορευθῆτε ὀπίσω αὐτῶν. ὅταν δὲ ἀκούσητε πολέμους καὶ ἀκαταστασίας, μὴ πτοηθῆτε· δεῖ γὰρ ταῦτα γενέσθαι πρῶτον· ἀλλ᾽ οὐκ εὐθέως τὸ τέλος.

10 Τότε ἔλεγεν αὐτοῖς, Ἐγερθήσεται ἔθνος ἐπ᾽ ἔθνος καὶ 11 βασιλεία ἐπὶ βασιλείαν· σεισμοί τε μεγάλοι καὶ κατὰ

47 οἱ κατεσθίουσιν] οἱ κατεσθίοντες *Ln*   κατεσθίουσιν] -σι WH₂   μακρὰ] -ρᾷ ϛ   προσεύχονται] προσευχόμενοι *Ln*   1 τὰ δῶρα αὐτ ante εἰς τὸ γαζοφυλάκιον ϛ*LnTr*m   2 τινα] pr καί ϛ [*Ln*]: + καὶ [A]   δύο] ante λεπτὰ ϛ *Ln*(n.m.)TiA   3 αὕτη] post ἡ πτω. ϛ*Ln*m *Tr*mTiA : C   πλεῖον] πλείω *Ln*TiAB   4 πάντες] ἅπαντες ϛ *Tr* (n.m.)TiA   δῶρα] + τοῦ Θεοῦ ϛ*Ln*[*Tr*]Bm   πάντα] ἅπαντα ϛ TiA   5 ἀναθήμασιν] -θέμασιν *Ln*TiB(n.m.)   6 ὧδε] ϛ°*Tr*″Ti°A°B°   8 λέγοντες] + ὅτι ϛ[*Ln*][*Tr*][A]   καί, Ὁ] καὶ ὁ *Ln*TiB : Jm μη]+οὖν ϛ   9 γενέσθαι] ante ταῦτα A   10 ἐπ᾽] ἐπὶ ϛWH₂   11 καὶ *pri.*] post κατὰ τό. ϛ *LnTr*m

220

τόπους λιμοὶ καὶ λοιμοὶ ἔσονται, φόβηθρά τε καὶ σημεῖα ἀπ᾽ οὐρανοῦ μεγάλα ἔσται. πρὸ δὲ τούτων πάντων ἐπι- 12 βαλοῦσιν ἐφ᾽ ὑμᾶς τὰς χεῖρας αὐτῶν καὶ διώξουσιν, παραδιδόντες εἰς τὰς συναγωγὰς καὶ φυλακάς, ἀπαγομένους ἐπὶ βασιλεῖς καὶ ἡγεμόνας ἕνεκεν τοῦ ὀνόματός μου· ἀποβήσεται ὑμῖν εἰς μαρτύριον. θέτε οὖν ἐν ταῖς 13, 14 καρδίαις ὑμῶν μὴ προμελετᾶν ἀπολογηθῆναι· ἐγὼ γὰρ 15 δώσω ὑμῖν στόμα καὶ σοφίαν, ᾗ οὐ δυνήσονται ἀντιστῆναι ἢ ἀντειπεῖν ἅπαντες οἱ ἀντικείμενοι ὑμῖν. παραδοθή- 16 σεσθε δὲ καὶ ὑπὸ γονέων καὶ ἀδελφῶν καὶ συγγενῶν καὶ φίλων· καὶ θανατώσουσιν ἐξ ὑμῶν· καὶ ἔσεσθε μισού- 17 μενοι ὑπὸ πάντων διὰ τὸ ὄνομά μου· καὶ θρὶξ ἐκ τῆς 18 κεφαλῆς ὑμῶν οὐ μὴ ἀπόληται· ἐν τῇ ὑπομονῇ ὑμῶν 19 κτήσεσθε τὰς ψυχὰς ὑμῶν.

Ὅταν δὲ ἴδητε κυκλουμένην ὑπὸ στρατοπέδων Ἱερου- 20 σαλήμ, τότε γνῶτε ὅτι ἤγγικεν ἡ ἐρήμωσις αὐτῆς. τότε 21 οἱ ἐν τῇ Ἰουδαίᾳ φευγέτωσαν εἰς τὰ ὄρη· καὶ οἱ ἐν μέσῳ αὐτῆς ἐκχωρείτωσαν· καὶ οἱ ἐν ταῖς χώραις μὴ εἰσερχέσθωσαν εἰς αὐτήν· ὅτι ἡμέραι ἐκδικήσεως αὗταί εἰσιν, 22 τοῦ πλησθῆναι πάντα τὰ γεγραμμένα. οὐαὶ ταῖς ἐν 23 γαστρὶ ἐχούσαις καὶ ταῖς θηλαζούσαις ἐν ἐκείναις ταῖς ἡμέραις· ἔσται γὰρ ἀνάγκη μεγάλη ἐπὶ τῆς γῆς καὶ ὀργὴ τῷ λαῷ τούτῳ· καὶ πεσοῦνται στόματι μαχαίρης καὶ 24 αἰχμαλωτισθήσονται εἰς τὰ ἔθνη πάντα· καὶ Ἱερουσαλὴμ ἔσται πατουμένη ὑπὸ ἐθνῶν, ἄχρι οὗ πληρωθῶσιν καιροὶ

25 ἐθνῶν. Καὶ ἔσονται σημεῖα ἐν ἡλίῳ καὶ σελήνῃ καὶ
ἄστροις καὶ ἐπὶ τῆς γῆς συνοχὴ ἐθνῶν ἐν ἀπορίᾳ ἤχους
26 θαλάσσης καὶ σάλου, ἀποψυχόντων ἀνθρώπων ἀπὸ
φόβου καὶ προσδοκίας τῶν ἐπερχομένων τῇ οἰκουμένῃ·
27 αἱ γὰρ δυνάμεις τῶν οὐρανῶν σαλευθήσονται· καὶ τότε
ὄψονται τὸν Υἱὸν τοῦ Ἀνθρώπου ἐρχόμενον ἐν νεφέλῃ
28 μετὰ δυνάμεως καὶ δόξης πολλῆς. ἀρχομένων δὲ τούτων γίνεσθαι ἀνακύψατε καὶ ἐπάρατε τὰς κεφαλὰς ὑμῶν·
διότι ἐγγίζει ἡ ἀπολύτρωσις ὑμῶν.

29 Καὶ εἶπεν παραβολὴν αὐτοῖς· Ἴδετε τὴν συκῆν καὶ πάν-
30 τα τὰ δένδρα· ὅταν προβάλωσιν ἤδη, βλέποντες ἀφ'
31 ἑαυτῶν γινώσκετε ὅτι ἤδη ἐγγὺς τὸ θέρος ἐστίν· οὕτως
καὶ ὑμεῖς, ὅταν ἴδητε ταῦτα γινόμενα, γινώσκετε ὅτι ἐγγύς
32 ἐστιν ἡ βασιλεία τοῦ Θεοῦ· ἀμὴν λέγω ὑμῖν ὅτι οὐ
33 μὴ παρέλθῃ ἡ γενεὰ αὕτη ἕως ἂν πάντα γένηται. ὁ
οὐρανὸς καὶ ἡ γῆ παρελεύσονται, οἱ δὲ λόγοι μου οὐ μὴ
34 παρελεύσονται. Προσέχετε δὲ ἑαυτοῖς μή ποτε βαρηθῶσιν αἱ καρδίαι ὑμῶν ἐν κραιπάλῃ καὶ μέθῃ καὶ μερίμναις βιωτικαῖς, καὶ ἐπιστῇ ἐφ' ὑμᾶς αἰφνίδιος ἡ ἡμέρα
35 ἐκείνη ὡς παγίς· ἐπεισελεύσεται γὰρ ἐπὶ πάντας τοὺς
36 καθημένους ἐπὶ πρόσωπον πάσης τῆς γῆς. ἀγρυπνεῖτε
δὲ ἐν παντὶ καιρῷ δεόμενοι ἵνα κατισχύσητε ἐκφυγεῖν
ταῦτα πάντα τὰ μέλλοντα γίνεσθαι, καὶ σταθῆναι ἔμπροσθεν τοῦ Υἱοῦ τοῦ Ἀνθρώπου.

37 Ἦν δὲ τὰς ἡμέρας ἐν τῷ ἱερῷ διδάσκων· τὰς δὲ νύκτας

ΚΑΤΑ ΛΟΥΚΑΝ

ἐξερχόμενος ηὐλίζετο εἰς τὸ ὄρος τὸ καλούμενον Ἐλαιῶν. καὶ πᾶς ὁ λαὸς ὤρθριζεν πρὸς αὐτὸν ἐν τῷ ἱερῷ ἀκούειν 38 αὐτοῦ.

Ἤγγιζεν δὲ ἡ ἑορτὴ τῶν ἀζύμων ἡ λεγομένη Πάσχα. 22 καὶ ἐζήτουν οἱ ἀρχιερεῖς καὶ οἱ γραμματεῖς τὸ πῶς ἀνέλω- 2 σιν αὐτόν· ἐφοβοῦντο γὰρ τὸν λαόν. Εἰσῆλθεν δὲ Σα- 3 τανᾶς εἰς Ἰούδαν τὸν καλούμενον Ἰσκαριώτην, ὄντα ἐκ τοῦ ἀριθμοῦ τῶν δώδεκα. καὶ ἀπελθὼν συνελάλησεν τοῖς 4 ἀρχιερεῦσιν καὶ στρατηγοῖς τὸ πῶς αὐτοῖς παραδῷ αὐτόν. καὶ ἐχάρησαν, καὶ συνέθεντο αὐτῷ ἀργύριον δοῦναι. 5 καὶ ἐξωμολόγησεν, καὶ ἐζήτει εὐκαιρίαν τοῦ παραδοῦναι 6 αὐτὸν ἄτερ ὄχλου αὐτοῖς.

Ἦλθεν δὲ ἡ ἡμέρα τῶν ἀζύμων, ᾗ ἔδει θύεσθαι τὸ 7 πάσχα. καὶ ἀπέστειλεν Πέτρον καὶ Ἰωάννην εἰπών, 8 Πορευθέντες ἑτοιμάσατε ἡμῖν τὸ πάσχα, ἵνα φάγωμεν. οἱ δὲ εἶπαν αὐτῷ, Ποῦ θέλεις ἑτοιμάσωμεν; ὁ δὲ εἶπεν 9,10 αὐτοῖς, Ἰδοὺ εἰσελθόντων ὑμῶν εἰς τὴν πόλιν συναντήσει ὑμῖν ἄνθρωπος κεράμιον ὕδατος βαστάζων· ἀκολουθήσατε αὐτῷ εἰς τὴν οἰκίαν εἰς ἣν εἰσπορεύεται· καὶ ἐρεῖτε 11 τῷ οἰκοδεσπότῃ τῆς οἰκίας, Λέγει σοι ὁ διδάσκαλος, Ποῦ ἐστιν τὸ κατάλυμα ὅπου τὸ πάσχα μετὰ τῶν μαθητῶν μου φάγω; κἀκεῖνος ὑμῖν δείξει ἀνάγαιον μέγα ἐστρω- 12 μένον· ἐκεῖ ἑτοιμάσατε. ἀπελθόντες δὲ εὗρον καθὼς 13 εἰρήκει αὐτοῖς, καὶ ἡτοίμασαν τὸ πάσχα.

Καὶ ὅτε ἐγένετο ἡ ὥρα, ἀνέπεσεν καὶ οἱ ἀπόστολοι σὺν 14

15 αὐτῷ. καὶ εἶπεν πρὸς αὐτούς, Ἐπιθυμίᾳ ἐπεθύμησα
τοῦτο τὸ πάσχα φαγεῖν μεθ' ὑμῶν πρὸ τοῦ με παθεῖν·
16 λέγω γὰρ ὑμῖν ὅτι οὐ μὴ φάγω αὐτὸ ἕως ὅτου πληρωθῇ ἐν
17 τῇ βασιλείᾳ τοῦ Θεοῦ. καὶ δεξάμενος ποτήριον εὐχα-
ριστήσας εἶπεν, Λάβετε τοῦτο καὶ διαμερίσατε εἰς ἑαυ-
18 τούς· λέγω γὰρ ὑμῖν οὐ μὴ πίω ἀπὸ τοῦ νῦν ἀπὸ τοῦ
γενήματος τῆς ἀμπέλου ἕως οὗ ἡ βασιλεία τοῦ Θεοῦ ἔλθῃ.
19 καὶ λαβὼν ἄρτον εὐχαριστήσας ἔκλασεν καὶ ἔδωκεν αὐτοῖς
λέγων, Τοῦτό ἐστιν τὸ σῶμά μου τὸ ὑπὲρ ὑμῶν διδόμενον·
20 τοῦτο ποιεῖτε εἰς τὴν ἐμὴν ἀνάμνησιν. καὶ τὸ ποτήριον
ὡσαύτως μετὰ τὸ δειπνῆσαι λέγων, Τοῦτο τὸ ποτήριον
ἡ καινὴ διαθήκη ἐν τῷ αἵματί μου, τὸ ὑπὲρ ὑμῶν ἐκχυννό-
21 μενον. πλὴν ἰδοὺ ἡ χεὶρ τοῦ παραδιδόντος με μετ' ἐμοῦ
22 ἐπὶ τῆς τραπέζης. ὅτι ὁ Υἱὸς μὲν τοῦ Ἀνθρώπου κατὰ
τὸ ὡρισμένον πορεύεται· πλὴν οὐαὶ τῷ ἀνθρώπῳ ἐκείνῳ
23 δι' οὗ παραδίδοται. καὶ αὐτοὶ ἤρξαντο συνζητεῖν πρὸς
ἑαυτοὺς τὸ τίς ἄρα εἴη ἐξ αὐτῶν ὁ τοῦτο μέλλων πράσσειν.
24 Ἐγένετο δὲ καὶ φιλονεικία ἐν αὐτοῖς τὸ τίς αὐτῶν δοκεῖ
25 εἶναι μείζων. ὁ δὲ εἶπεν αὐτοῖς, Οἱ βασιλεῖς τῶν
ἐθνῶν κυριεύουσιν αὐτῶν, καὶ οἱ ἐξουσιάζοντες αὐτῶν εὐερ-
26 γέται καλοῦνται. ὑμεῖς δὲ οὐχ οὕτως· ἀλλ' ὁ μείζων
ἐν ὑμῖν γινέσθω ὡς ὁ νεώτερος, καὶ ὁ ἡγούμενος ὡς ὁ
27 διακονῶν. τίς γὰρ μείζων, ὁ ἀνακείμενος ἢ ὁ διακο-
νῶν; οὐχὶ ὁ ἀνακείμενος; ἐγὼ δὲ ἐν μέσῳ ὑμῶν εἰμὶ ὡς ὁ
28 διακονῶν. ὑμεῖς δέ ἐστε οἱ διαμεμενηκότες μετ' ἐμοῦ
29 ἐν τοῖς πειρασμοῖς μου· κἀγὼ διατίθεμαι ὑμῖν καθὼς

16 οὐ μὴ] οὐκέτι ϛ [Ln][Tr]TiB   αὐτὸ] ἐξ αὐτοῦ ϛ   "17 et 18 forsitan post ver. 19 et postea om. ver. 20" Trm : Scr   17 ποτήριον] pr τὸ Ln   εἰς ἑαυτούς] ἑαυτοῖς ϛ : Er   18 οὐ μὴ] pr ὅτι ϛ LnTi[B]   ἀπὸ τοῦ νῦν] ϛ°Ln°[Tr][A]   γενήματος] γενν. ϛ : C   οὗ] ὅτου ϛLn TiB   19, 20 τὸ ὑπὲρ usque ad ἐκχυννόμενον] [WH]Rm° : Scr   19 εἰς] [A]   τὴν] Ti° σφ   20 καὶ τὸ π. ὡσαύτως] ὡσ. καὶ τὸ π. ϛ LnTrm   ἐκχυννόμ.] ἐκχυνόμ. ϛ   22 ὅτι] καὶ ϛ LnTrm   μὲν] ante υἱὸς ϛ Ln(a.m.)   πορεύεται] ante κατὰ τὸ ὡρ. ϛ   23 συν- ζητεῖν] συζ. ϛ   26 γινέσθω] γεν. ϛ Ln   27 εἰμι] ante ἐν μ. ὑμ. ϛ Ln

ΚΑΤΑ ΛΟΥΚΑΝ

διέθετό μοι ὁ Πατήρ μου βασιλείαν, ἵνα ἔσθητε καὶ 30
πίνητε ἐπὶ τῆς τραπέζης μου ἐν τῇ βασιλείᾳ μου· καὶ
καθήσεσθε ἐπὶ θρόνων κρίνοντες τὰς δώδεκα φυλὰς τοῦ
Ἰσραήλ. Σίμων, Σίμων, ἰδοὺ ὁ Σατανᾶς ἐξῃτήσατο 31
ὑμᾶς τοῦ σινιάσαι ὡς τὸν σῖτον· ἐγὼ δὲ ἐδεήθην περὶ 32
σοῦ ἵνα μὴ ἐκλίπῃ ἡ πίστις σου, καὶ σύ ποτε ἐπιστρέψας
στήρισον τοὺς ἀδελφούς σου. ὁ δὲ εἶπεν αὐτῷ, Κύριε, 33
μετὰ σοῦ ἕτοιμός εἰμι καὶ εἰς φυλακὴν καὶ εἰς θάνατον
πορεύεσθαι. ὁ δὲ εἶπεν, Λέγω σοι, Πέτρε, οὐ φωνήσει 34
σήμερον ἀλέκτωρ ἕως τρίς με ἀπαρνήσῃ εἰδέναι.

Καὶ εἶπεν αὐτοῖς, Ὅτε ἀπέστειλα ὑμᾶς ἄτερ βαλλαντίου 35
καὶ πήρας καὶ ὑποδημάτων, μή τινος ὑστερήσατε; οἱ δὲ
εἶπαν, Οὐθενός. ὁ δὲ εἶπεν αὐτοῖς, Ἀλλὰ νῦν ὁ ἔχων 36
βαλλάντιον ἀράτω, ὁμοίως καὶ πήραν· καὶ ὁ μὴ ἔχων
πωλησάτω τὸ ἱμάτιον αὐτοῦ καὶ ἀγορασάτω μάχαιραν.
λέγω γὰρ ὑμῖν ὅτι τοῦτο τὸ γεγραμμένον δεῖ τελεσθῆναι ἐν 37
ἐμοί, τὸ Καὶ μετὰ ἀνόμων ἐλογίσθη· καὶ γὰρ τὸ περὶ ἐμοῦ
τέλος ἔχει· οἱ δὲ εἶπαν, Κύριε, ἰδοὺ μάχαιραι ὧδε δύο. 38
ὁ δὲ εἶπεν αὐτοῖς, Ἱκανόν ἐστιν.

Καὶ ἐξελθὼν ἐπορεύθη κατὰ τὸ ἔθος εἰς τὸ Ὄρος τῶν 39
Ἐλαιῶν· ἠκολούθησαν δὲ αὐτῷ καὶ οἱ μαθηταί. γενό- 40
μενος δὲ ἐπὶ τοῦ τόπου εἶπεν αὐτοῖς, Προσεύχεσθε μὴ
εἰσελθεῖν εἰς πειρασμόν. καὶ αὐτὸς ἀπεσπάσθη ἀπ' 41
αὐτῶν ὡσεὶ λίθου βολήν, καὶ θεὶς τὰ γόνατα προσηύχετο
λέγων, Πάτερ, εἰ βούλει, παρένεγκε τοῦτο τὸ ποτήριον 42

---

30 ἔσθητε] ἐσθίητε ϛ WHa   καθήσεσθε] -ίσησθε ϛ : -ίσεσθε CϛmLnR : κάθησθε TrmAWH(n.m.)   κρίνοντες] post τὰς δώδ. φυ. TrmWH
31 Σι., Σι.] pr εἶπεν δὲ ὁ κύριος ϛ Ln[Tr][B]   32 ἐκλίπῃ] ἐκλείπῃ ϛ   στήρισον] -ξον ϛ   33 ὁ δὲ εἶπεν] εἶπεν δὲ Lnm   34 οὐ] + μὴ ϛ Ln   ἕως] πρὶν ἢ ϛ : ἕως οὗ ϛm   με ἀπαρνήσῃ εἰδέναι] ἀπαρνήσῃ μὴ εἰδέναι με ϛ TiA(sed μὴ]A)   35 εἶπαν] -ον ϛ   οὐθενός] οὐδενός ϛ Ln : Er
36 ὁ δὲ εἶπεν] εἶπεν οὖν ϛ LnTrmA : εἶπεν δὲ TrWH   37 ὅτι] + ἔτι ϛ   τὸ sec.] ὅτι Ln(n.m.)   γὰρ] [Ln] [Tr]   τὸ tert.] τὰ ϛLn   38 εἶπαν] -ον ϛ   39 καὶ sec.] [WH]   μαθηταί] + αὐτοῦ ϛLn : Er
42 εἰ βούλει usque ad ἐμοῦ] post μὴ...γενέσθω (om. πλὴν) WHm   παρένεγκε] -ενεγκεῖν ϛ(n.m.)JmA : -ενέγκαι TiB   τοῦτο] post τὸ ποτ. ϛ Ln

ἀπ' ἐμοῦ· πλὴν μὴ τὸ θέλημά μου ἀλλὰ τὸ σὸν γινέ-
43 σθω. Ὤφθη δὲ αὐτῷ ἄγγελος ἀπὸ τοῦ οὐρανοῦ ἐνισχύ-
44 ων αὐτόν. καὶ γενόμενος ἐν ἀγωνίᾳ ἐκτενέστερον προσ-
ηύχετο· καὶ ἐγένετο ὁ ἱδρὼς αὐτοῦ ὡσεὶ θρόμβοι αἵματος
45 καταβαίνοντες ἐπὶ τὴν γῆν. Καὶ ἀναστὰς ἀπὸ τῆς
προσευχῆς, ἐλθὼν πρὸς τοὺς μαθητὰς εὗρεν κοιμωμένους
46 αὐτοὺς ἀπὸ τῆς λύπης, καὶ εἶπεν αὐτοῖς, Τί καθεύδετε;
ἀναστάντες προσεύχεσθε, ἵνα μὴ εἰσέλθητε εἰς πειρασμόν.
47 Ἔτι αὐτοῦ λαλοῦντος ἰδοὺ ὄχλος, καὶ ὁ λεγόμενος
Ἰούδας εἷς τῶν δώδεκα προήρχετο αὐτούς· καὶ ἤγγισεν τῷ
48 Ἰησοῦ φιλῆσαι αὐτόν. Ἰησοῦς δὲ εἶπεν αὐτῷ, Ἰούδα,
49 φιλήματι τὸν Υἱὸν τοῦ Ἀνθρώπου παραδίδως; ἰδόντες
δὲ οἱ περὶ αὐτὸν τὸ ἐσόμενον εἶπαν, Κύριε, εἰ πατάξομεν ἐν
50 μαχαίρῃ; καὶ ἐπάταξεν εἷς τις ἐξ αὐτῶν τοῦ ἀρχιερέως
51 τὸν δοῦλον καὶ ἀφεῖλεν τὸ οὖς αὐτοῦ τὸ δεξιόν. ἀπο-
κριθεὶς δὲ ὁ Ἰησοῦς εἶπεν, Ἐᾶτε ἕως τούτου· καὶ ἁψάμενος
52 τοῦ ὠτίου ἰάσατο αὐτόν. εἶπεν δὲ Ἰησοῦς πρὸς τοὺς
παραγενομένους ἐπ' αὐτὸν ἀρχιερεῖς καὶ στρατηγοὺς τοῦ
ἱεροῦ καὶ πρεσβυτέρους, Ὡς ἐπὶ λῃστὴν ἐξήλθατε μετὰ
53 μαχαιρῶν καὶ ξύλων; καθ' ἡμέραν ὄντος μου μεθ'
ὑμῶν ἐν τῷ ἱερῷ οὐκ ἐξετείνατε τὰς χεῖρας ἐπ' ἐμέ· ἀλλ'
αὕτη ἐστὶν ὑμῶν ἡ ὥρα καὶ ἡ ἐξουσία τοῦ σκότους.
54 Συλλαβόντες δὲ αὐτὸν ἤγαγον, καὶ εἰσήγαγον εἰς τὴν
οἰκίαν τοῦ ἀρχιερέως· ὁ δὲ Πέτρος ἠκολούθει μακρόθεν.

γινέσθω] γεν. ϛ L n WH m : Er   43, 44 [L n] [WH] R°m : Scr   43 ἀπὸ
τοῦ] ἀπ' ϛ Ti AB WH m   44 καὶ ἐγένετο] ἐγ. δὲ ϛ L n T r WH m   ὁ] [A]
καταβαίνοντες] -ντος Ti AB(a.m.)   τὴν γῆν] τῆς γῆς T r m   45 μα-
θητὰς] + αὐτοῦ Er J El z   αὐτοὺς] ante κοιμ. ϛ L n   47 ἔτι] + δὲ ϛ
αὐτοὺς] -ῶν ϛ: C   48 Ἰησοῦς δὲ] ὁ δὲ Ἰ. ϛ L n   49 εἶπαν] -ον ϛ:
+ αὐτῷ ϛ L n   μαχαίρῃ] -ρᾳ ϛ L n: Scr   50 τὸν δοῦλον] ante τοῦ
ἀρχ. ϛ L n T r m   ἀφεῖλεν] -λε WH a   αὐτοῦ] ante τὸ οὖς ϛ
51 ὁ] [WH]   ὠτίου] + αὐτοῦ ϛ L n   52 Ἰησοῦς] pr ὁ ϛ   ἐπ'] πρὸς
Ti   ἐξήλθατε] ἐξεληλύθατε ϛ Ti A   ξύλων;] ξύλων· Ti BA
53 ἀλλ'] ἀλλὰ T r A WH a   ἐστὶν] post ὑμ. ϛ   54 καὶ εἰσήγαγον]
[T r]m :+ αὐτὸν ϛ: C   τὴν οἰκίαν] τὸν οἶκον ϛ L n

περιαψάντων δὲ πῦρ ἐν μέσῳ τῆς αὐλῆς καὶ συνκαθισάν- 55
των ἐκάθητο ὁ Πέτρος μέσος αὐτῶν. ἰδοῦσα δὲ αὐτὸν 56
παιδίσκη τις καθήμενον πρὸς τὸ φῶς καὶ ἀτενίσασα αὐτῷ
εἶπεν, Καὶ οὗτος σὺν αὐτῷ ἦν. ὁ δὲ ἠρνήσατο λέγων, 57
Οὐκ οἶδα αὐτόν, γύναι. καὶ μετὰ βραχὺ ἕτερος ἰδὼν 58
αὐτὸν ἔφη, Καὶ σὺ ἐξ αὐτῶν εἶ. ὁ δὲ Πέτρος ἔφη, *Ἄν-
θρωπε, οὐκ εἰμί. καὶ διαστάσης ὡσεὶ ὥρας μιᾶς ἄλλος 59
τις διϊσχυρίζετο λέγων, Ἐπ᾽ ἀληθείας καὶ οὗτος μετ᾽ αὐ-
τοῦ ἦν· καὶ γὰρ Γαλιλαῖός ἐστιν. εἶπεν δὲ ὁ Πέτρος, 60
*Ἄνθρωπε, οὐκ οἶδα ὃ λέγεις. καὶ παραχρῆμα, ἔτι λαλοῦντος
αὐτοῦ, ἐφώνησεν ἀλέκτωρ. καὶ στραφεὶς ὁ Κύριος ἐνέ- 61
βλεψεν τῷ Πέτρῳ· καὶ ὑπεμνήσθη ὁ Πέτρος τοῦ ῥήματος
τοῦ Κυρίου, ὡς εἶπεν αὐτῷ ὅτι Πρὶν ἀλέκτορα φωνῆσαι
σήμερον, ἀπαρνήσῃ με τρίς· καὶ ἐξελθὼν ἔξω ἔκλαυ- 62
σεν πικρῶς.

Καὶ οἱ ἄνδρες οἱ συνέχοντες αὐτὸν ἐνέπαιζον αὐτῷ δέ- 63
ροντες· καὶ περικαλύψαντες αὐτὸν ἐπηρώτων λέγοντες, 64
Προφήτευσον· τίς ἐστιν ὁ παίσας σε; καὶ ἕτερα πολ- 65
λὰ βλασφημοῦντες ἔλεγον εἰς αὐτόν.

Καὶ ὡς ἐγένετο ἡμέρα, συνήχθη τὸ πρεσβυτέριον τοῦ 66
λαοῦ, ἀρχιερεῖς τε καὶ γραμματεῖς, καὶ ἀπήγαγον αὐτὸν εἰς
τὸ συνέδριον αὐτῶν λέγοντες, Εἰ σὺ εἶ ὁ Χριστός, εἰ- 67
πὸν ἡμῖν. εἶπεν δὲ αὐτοῖς, Ἐὰν ὑμῖν εἴπω, οὐ μὴ πιστεύ-
σητε· ἐὰν δὲ ἐρωτήσω, οὐ μὴ ἀποκριθῆτε. ἀπὸ 68, 69
τοῦ νῦν δὲ ἔσται ὁ Υἱὸς τοῦ Ἀνθρώπου καθήμενος ἐκ δε-

ΚΑΤΑ ΛΟΥΚΑΝ

70 ξιῶν τῆς δυνάμεως τοῦ Θεοῦ. εἶπαν δὲ πάντες, Σὺ οὖν
εἶ ὁ Υἱὸς τοῦ Θεοῦ; ὁ δὲ πρὸς αὐτοὺς ἔφη, Ὑμεῖς λέγετε
71 ὅτι ἐγώ εἰμι. οἱ δὲ εἶπαν, Τί ἔτι ἔχομεν μαρτυρίας
χρείαν; αὐτοὶ γὰρ ἠκούσαμεν ἀπὸ τοῦ στόματος αὐτοῦ.
23 Καὶ ἀναστὰν ἅπαν τὸ πλῆθος αὐτῶν ἤγαγον αὐτὸν ἐπὶ
2 τὸν Πειλᾶτον. ἤρξαντο δὲ κατηγορεῖν αὐτοῦ λέγοντες,
Τοῦτον εὕραμεν διαστρέφοντα τὸ ἔθνος ἡμῶν καὶ κωλύοντα
φόρους Καίσαρι διδόναι, καὶ λέγοντα ἑαυτὸν Χριστὸν
3 βασιλέα εἶναι. ὁ δὲ Πειλᾶτος ἠρώτησεν αὐτὸν λέγων,
Σὺ εἶ ὁ Βασιλεὺς τῶν Ἰουδαίων; ὁ δὲ ἀποκριθεὶς αὐτῷ
4 ἔφη, Σὺ λέγεις. ὁ δὲ Πειλᾶτος εἶπέν πρὸς τοὺς ἀρχιερεῖς
καὶ τοὺς ὄχλους, Οὐδὲν εὑρίσκω αἴτιον ἐν τῷ ἀνθρώπῳ
5 τούτῳ. οἱ δὲ ἐπίσχυον λέγοντες ὅτι Ἀνασείει τὸν λαὸν
διδάσκων καθ᾽ ὅλης τῆς Ἰουδαίας, καὶ ἀρξάμενος ἀπὸ τῆς
6 Γαλιλαίας ἕως ὧδε. Πειλᾶτος δὲ ἀκούσας ἐπηρώτη-
7 σεν εἰ ὁ ἄνθρωπος Γαλιλαῖός ἐστιν. καὶ ἐπιγνοὺς ὅτι
ἐκ τῆς ἐξουσίας Ἡρώδου ἐστίν, ἀνέπεμψεν αὐτὸν πρὸς
Ἡρώδην, ὄντα καὶ αὐτὸν ἐν Ἱεροσολύμοις ἐν ταύταις ταῖς
ἡμέραις.

8 Ὁ δὲ Ἡρώδης ἰδὼν τὸν Ἰησοῦν ἐχάρη λίαν· ἦν γὰρ ἐξ
ἱκανῶν χρόνων θέλων ἰδεῖν αὐτὸν διὰ τὸ ἀκούειν περὶ
αὐτοῦ· καὶ ἤλπιζέν τι σημεῖον ἰδεῖν ὑπ᾽ αὐτοῦ γινόμενον.
9 ἐπηρώτα δὲ αὐτὸν ἐν λόγοις ἱκανοῖς· αὐτὸς δὲ οὐδὲν ἀπε-
10 κρίνατο αὐτῷ. εἱστήκεισαν δὲ οἱ ἀρχιερεῖς καὶ οἱ γραμ-
11 ματεῖς εὐτόνως κατηγοροῦντες αὐτοῦ. ἐξουθενήσας δὲ
αὐτὸν ὁ Ἡρώδης σὺν τοῖς στρατεύμασιν αὐτοῦ καὶ ἐμ-

---

70 εἶπαν] -ον ϛLn εἰμι.] εἰμι; WHm 71 εἶπαν] -ον ϛ
χρείαν] ante ἔχ. μαρτ. ϛLn 1 ἤγαγον] -γεν ϛ : CEr 2 εὕραμεν]
-ομεν ϛLn ἡμῶν] ϛ°(n.m.)[A] φόρους] post Καίσ. ϛ καὶ sec.]
ϛ°[Ln][A] ἑαυτὸν] αὐτὸν Tϝm : αὐτὸν WHa 3 ἠρώτησεν] ἐπηρώτ.
ϛLn λέγεις.] λέγεις; WHm 5 καὶ] ϛ°Lnº[A] 6 ἀκούσας]
+Γαλιλαίαν ϛLnTϝ[Tϝ]m[A]Bm ὁ] [WH] 7 Ἡρώδην] pr τὸν Ln
8 ἐξ ἱκανῶν χρόνων θέλων] θέλων ἐξ ἱκανοῦ ϛ ἀκούειν] + πολλὰ ϛLn
ἤλπιζεν] -ζε WHa 10 εἱστήκ.] ἱστήκ. WH 11 ὁ Ἡρ.] pr καὶ Ti BWHm

παίξας, περιβαλὼν ἐσθῆτα λαμπρὰν ἀνέπεμψεν αὐτὸν τῷ
Πειλάτῳ. Ἐγένοντο δὲ φίλοι ὅ τε Ἡρώδης καὶ ὁ Πει- 12
λᾶτος ἐν αὐτῇ τῇ ἡμέρᾳ μετ' ἀλλήλων· προϋπῆρχον γὰρ
ἐν ἔχθρᾳ ὄντες πρὸς αὐτούς.

Πειλᾶτος δὲ συνκαλεσάμενος τοὺς ἀρχιερεῖς καὶ τοὺς 13
ἄρχοντας καὶ τὸν λαὸν εἶπεν πρὸς αὐτούς, Προσηνέγ- 14
κατέ μοι τὸν ἄνθρωπον τοῦτον ὡς ἀποστρέφοντα τὸν λαόν·
καὶ ἰδοὺ ἐγὼ ἐνώπιον ὑμῶν ἀνακρίνας οὐθὲν εὗρον ἐν τῷ
ἀνθρώπῳ τούτῳ αἴτιον ὧν κατηγορεῖτε κατ' αὐτοῦ·
ἀλλ' οὐδὲ Ἡρώδης· ἀνέπεμψεν γὰρ αὐτὸν πρὸς ἡμᾶς· καὶ 15
ἰδοὺ οὐδὲν ἄξιον θανάτου ἐστὶν πεπραγμένον αὐτῷ· παι- 16
δεύσας οὖν αὐτὸν ἀπολύσω. ἀνέκραγον δὲ παμπληθεὶ 18
λέγοντες, Αἶρε τοῦτον, ἀπόλυσον δὲ ἡμῖν τὸν Βαραββᾶν·
ὅστις ἦν διὰ στάσιν τινὰ γενομένην ἐν τῇ πόλει καὶ φόνον 19
βληθεὶς ἐν τῇ φυλακῇ. Πάλιν δὲ ὁ Πειλᾶτος προσ- 20
εφώνησεν αὐτοῖς, θέλων ἀπολῦσαι τὸν Ἰησοῦν· οἱ δὲ 21
ἐπεφώνουν λέγοντες, Σταύρου, σταύρου αὐτόν. ὁ δὲ 22
τρίτον εἶπεν πρὸς αὐτούς, Τί γὰρ κακὸν ἐποίησεν οὗτος;
οὐδὲν αἴτιον θανάτου εὗρον ἐν αὐτῷ· παιδεύσας οὖν αὐτὸν
ἀπολύσω. οἱ δὲ ἐπέκειντο φωναῖς μεγάλαις αἰτούμενοι 23
αὐτὸν σταυρωθῆναι· καὶ κατίσχυον αἱ φωναὶ αὐτῶν.
καὶ Πειλᾶτος ἐπέκρινεν γενέσθαι τὸ αἴτημα αὐτῶν. 24
ἀπέλυσεν δὲ τὸν διὰ στάσιν καὶ φόνον βεβλημένον εἰς 25

φυλακήν, ὃν ᾐτοῦντο· τὸν δὲ Ἰησοῦν παρέδωκεν τῷ θελήματι αὐτῶν.

26 Καὶ ὡς ἀπήγαγον αὐτόν, ἐπιλαβόμενοι Σίμωνά τινα Κυρηναῖον ἐρχόμενον ἀπ' ἀγροῦ ἐπέθηκαν αὐτῷ τὸν σταυ-
27 ρὸν φέρειν ὄπισθεν τοῦ Ἰησοῦ. Ἠκολούθει δὲ αὐτῷ πολὺ πλῆθος τοῦ λαοῦ, καὶ γυναικῶν αἳ ἐκόπτοντο καὶ ἐθρήνουν
28 αὐτόν. στραφεὶς δὲ πρὸς αὐτὰς Ἰησοῦς εἶπεν, Θυγατέρες Ἰερουσαλήμ, μὴ κλαίετε ἐπ' ἐμέ, πλὴν ἐφ' ἑαυτὰς
29 κλαίετε καὶ ἐπὶ τὰ τέκνα ὑμῶν. ὅτι ἰδοὺ ἔρχονται ἡμέραι ἐν αἷς ἐροῦσιν, Μακάριαι αἱ στεῖραι, καὶ αἱ κοιλίαι αἳ
30 οὐκ ἐγέννησαν, καὶ μαστοὶ οἳ οὐκ ἔθρεψαν. τότε ἄρξονται λέγειν τοῖς ὄρεσιν, Πέσατε ἐφ' ἡμᾶς, καὶ τοῖς βου-
31 νοῖς, Καλύψατε ἡμᾶς. ὅτι εἰ ἐν τῷ ὑγρῷ ξύλῳ ταῦτα
32 ποιοῦσιν, ἐν τῷ ξηρῷ τί γένηται; Ἤγοντο δὲ καὶ ἕτεροι δύο κακοῦργοι σὺν αὐτῷ ἀναιρεθῆναι.

33 Καὶ ὅτε ἦλθον ἐπὶ τὸν τόπον τὸν καλούμενον Κρανίον, ἐκεῖ ἐσταύρωσαν αὐτόν, καὶ τοὺς κακούργους ὃν μὲν ἐκ δε-
34 ξιῶν ὃν δὲ ἐξ ἀριστερῶν. ὁ δὲ Ἰησοῦς ἔλεγεν, Πάτερ, ἄφες αὐτοῖς· οὐ γὰρ οἴδασιν τί ποιοῦσιν. διαμεριζόμενοι
35 δὲ τὰ ἱμάτια αὐτοῦ ἔβαλον κλῆρον. καὶ εἱστήκει ὁ λαὸς θεωρῶν. Ἐξεμυκτήριζον δὲ καὶ οἱ ἄρχοντες λέγοντες, Ἄλλους ἔσωσεν· σωσάτω ἑαυτόν, εἰ οὗτός ἐστιν ὁ Χρι-
36 στὸς τοῦ Θεοῦ ὁ ἐκλεκτός. ἐνέπαιξαν δὲ αὐτῷ καὶ οἱ στρατιῶται προσερχόμενοι, ὄξος προσφέροντες αὐτῷ
37 καὶ λέγοντες, Εἰ σὺ εἶ ὁ Βασιλεὺς τῶν Ἰουδαίων, σῶσον

φυλακήν] pr τὴν ς   26 ἀπήγαγον] ἀπῆγον T𝑟mWHm   Σίμωνά τινα Κυρηναῖον ἐρχόμενον] Σίμωνός τινος Κυρηναίου τοῦ (— τοῦ CEr) ἐρχομένου ς   ἀπ'] ἀπὸ Ln   27 αἳ] + καὶ ς   28 Ἰησοῦς] pr ὁ ς Ln   29 αἱ κοιλίαι] ▲ αἱ ς Ln   ἔθρεψαν] ἐθήλασαν ς Bm   30 πέσατε] -ετε LnB   31 τῷ pri.] [T𝑟]WH°(n.m.)   32 δύο] post κακούργοι AmWH: Scr   33 ἦλθον] -αν WH(n.a.): ἀπῆλθον ς TiB   ἐξ ἀριστ.] — ἐξ Ti σφ   34 ὁ δὲ Ἰησ. usque ad ποιοῦσιν] [Ln] [WH] R°m: Scr   κλῆρον] κλήρους LnmT𝑟mTiAB   35 εἱστήκει] ἱστήκει WH   καὶ sec.] Ln°Ti°B°   ἄρχοντες] + σὺν αὐτοῖς ς [Ln]   τοῦ Θεοῦ] post ὁ ς LnT𝑟(n.m.): post ὁ ἐκλεκτὸς Lnm   36 ἐνέπαιξαν] -ζον ς LnT𝑟(n.m.)   ὄξος] pr καὶ ς [Ln]   37 εἰ] [Ln]

ΚΑΤΑ ΛΟΥΚΑΝ

σεαυτόν. ἦν δὲ καὶ ἐπιγραφὴ ἐπ᾽ αὐτῷ, Ο ΒΑΣΙΛΕΥΣ 38
ΤΩΝ ΙΟΥΔΑΙΩΝ ΟΥΤΟΣ.

Εἷς δὲ τῶν κρεμασθέντων κακούργων ἐβλασφήμει αὐτόν, 39
Οὐχὶ σὺ εἶ ὁ Χριστός; σῶσον σεαυτὸν καὶ ἡμᾶς.
ἀποκριθεὶς δὲ ὁ ἕτερος ἐπιτιμῶν αὐτῷ ἔφη, Οὐδὲ φοβῇ 40
σὺ τὸν Θεόν, ὅτι ἐν τῷ αὐτῷ κρίματι εἶ; καὶ ἡμεῖς 41
μὲν δικαίως· ἄξια γὰρ ὧν ἐπράξαμεν ἀπολαμβάνομεν·
οὗτος δὲ οὐδὲν ἄτοπον ἔπραξεν. καὶ ἔλεγεν, Ἰησοῦ, 42
μνήσθητί μου ὅταν ἔλθῃς ἐν τῇ βασιλείᾳ σου. καὶ 43
εἶπεν αὐτῷ, Ἀμήν σοι λέγω, σήμερον μετ᾽ ἐμοῦ ἔσῃ ἐν
τῷ παραδείσῳ.

Καὶ ἦν ἤδη ὡσεὶ ὥρα ἕκτη καὶ σκότος ἐγένετο ἐφ᾽ ὅλην 44
τὴν γῆν ἕως ὥρας ἐνάτης, καὶ ἐσκοτίσθη ὁ ἥλιος, 45
ἐσχίσθη δὲ τὸ καταπέτασμα τοῦ ναοῦ μέσον, καὶ φω- 46
νήσας φωνῇ μεγάλῃ ὁ Ἰησοῦς εἶπεν, Πάτερ, εἰς χεῖράς σου
παρατίθεμαι τὸ πνεῦμά μου. τοῦτο δὲ εἰπὼν ἐξέπνευσεν.
Ἰδὼν δὲ ὁ ἑκατοντάρχης τὸ γενόμενον ἐδόξαζεν τὸν Θεὸν 47
λέγων, Ὄντως ὁ ἄνθρωπος οὗτος δίκαιος ἦν. καὶ πάντες 48
οἱ συνπαραγενόμενοι ὄχλοι ἐπὶ τὴν θεωρίαν ταύτην, θεω-
ρήσαντες τὰ γενόμενα, τύπτοντες τὰ στήθη ὑπέστρεφον.
εἱστήκεισαν δὲ πάντες οἱ γνωστοὶ αὐτῷ ἀπὸ μακρόθεν, καὶ 49

γυναῖκες αἱ συνακολουθοῦσαι αὐτῷ ἀπὸ τῆς Γαλιλαίας, ὁρῶσαι ταῦτα.

50 Καὶ ἰδοὺ ἀνὴρ ὀνόματι Ἰωσὴφ βουλευτὴς ὑπάρχων,
51 ἀνὴρ ἀγαθὸς καὶ δίκαιος, (οὗτος οὐκ ἦν συνκατατεθειμένος τῇ βουλῇ καὶ τῇ πράξει αὐτῶν,) ἀπὸ Ἀριμαθαίας πόλεως τῶν Ἰουδαίων, ὃς προσεδέχετο τὴν βασιλείαν τοῦ
52 Θεοῦ, οὗτος προσελθὼν τῷ Πειλάτῳ ᾐτήσατο τὸ σῶμα
53 τοῦ Ἰησοῦ. καὶ καθελὼν ἐνετύλιξεν αὐτὸ σινδόνι, καὶ ἔθηκεν αὐτὸν ἐν μνήματι λαξευτῷ, οὗ οὐκ ἦν οὐδεὶς οὔπω
54 κείμενος. καὶ ἡμέρα ἦν παρασκευῆς, καὶ σάββατον
55 ἐπέφωσκεν. Κατακολουθήσασαι δὲ αἱ γυναῖκες, αἵτινες ἦσαν συνεληλυθυῖαι ἐκ τῆς Γαλιλαίας αὐτῷ, ἐθεάσαντο τὸ
56 μνημεῖον καὶ ὡς ἐτέθη τὸ σῶμα αὐτοῦ. ὑποστρέψασαι δὲ ἡτοίμασαν ἀρώματα καὶ μύρα.

Καὶ τὸ μὲν σάββατον ἡσύχασαν κατὰ τὴν ἐντολήν,
24 τῇ δὲ μιᾷ τῶν σαββάτων ὄρθρου βαθέως ἐπὶ τὸ μνῆμα
2 ἦλθον φέρουσαι ἃ ἡτοίμασαν ἀρώματα. εὗρον δὲ τὸν
3 λίθον ἀποκεκυλισμένον ἀπὸ τοῦ μνημείου. εἰσελθοῦσαι
4 δὲ οὐχ εὗρον τὸ σῶμα τοῦ Κυρίου Ἰησοῦ. καὶ ἐγένετο ἐν τῷ ἀπορεῖσθαι αὐτὰς περὶ τούτου καὶ ἰδοὺ ἄνδρες δύο
5 ἐπέστησαν αὐταῖς ἐν ἐσθῆτι ἀστραπτούσῃ· ἐμφόβων δὲ γενομένων αὐτῶν καὶ κλινουσῶν τὰ πρόσωπα εἰς τὴν γῆν, εἶπαν πρὸς αὐτάς, Τί ζητεῖτε τὸν ζῶντα μετὰ τῶν
6 νεκρῶν; οὐκ ἔστιν ὧδε, ἀλλὰ ἡγέρθη· μνήσθητε ὡς

ἐλάλησεν ὑμῖν ἔτι ὢν ἐν τῇ Γαλιλαίᾳ, λέγων τὸν Υἱὸν 7
τοῦ Ἀνθρώπου ὅτι δεῖ παραδοθῆναι εἰς χεῖρας ἀνθρώπων
ἁμαρτωλῶν καὶ σταυρωθῆναι καὶ τῇ τρίτῃ ἡμέρᾳ ἀναστῆναι. καὶ ἐμνήσθησαν τῶν ῥημάτων αὐτοῦ, καὶ 8, 9
ὑποστρέψασαι ἀπὸ τοῦ μνημείου ἀπήγγειλαν ταῦτα πάντα
τοῖς ἕνδεκα καὶ πᾶσιν τοῖς λοιποῖς. ἦσαν δὲ ἡ Μαγδα- 10
ληνὴ Μαρία καὶ Ἰωάννα καὶ Μαρία ἡ Ἰακώβου· καὶ αἱ
λοιπαὶ σὺν αὐταῖς ἔλεγον πρὸς τοὺς ἀποστόλους ταῦτα.
καὶ ἐφάνησαν ἐνώπιον αὐτῶν ὡσεὶ λῆρος τὰ ῥήματα ταῦτα, 11
καὶ ἠπίστουν αὐταῖς. Ὁ δὲ Πέτρος ἀναστὰς ἔδραμεν 12
ἐπὶ τὸ μνημεῖον, καὶ παρακύψας βλέπει τὰ ὀθόνια μόνα·
καὶ ἀπῆλθεν πρὸς ἑαυτὸν θαυμάζων τὸ γεγονός.

Καὶ ἰδοὺ δύο ἐξ αὐτῶν ἐν αὐτῇ τῇ ἡμέρᾳ ἦσαν πορευό- 13
μενοι εἰς κώμην ἀπέχουσαν σταδίους ἑξήκοντα ἀπὸ Ἱερουσαλήμ, ᾗ ὄνομα Ἐμμαούς, καὶ αὐτοὶ ὡμίλουν πρὸς 14
ἀλλήλους περὶ πάντων τῶν συμβεβηκότων τούτων.
καὶ ἐγένετο ἐν τῷ ὁμιλεῖν αὐτοὺς καὶ συνζητεῖν καὶ αὐτὸς 15
Ἰησοῦς ἐγγίσας συνεπορεύετο αὐτοῖς· οἱ δὲ ὀφθαλμοὶ 16
αὐτῶν ἐκρατοῦντο τοῦ μὴ ἐπιγνῶναι αὐτόν. εἶπεν δὲ 17
πρὸς αὐτούς, Τίνες οἱ λόγοι οὗτοι οὓς ἀντιβάλλετε πρὸς
ἀλλήλους περιπατοῦντες; καὶ ἐστάθησαν σκυθρωποί.
ἀποκριθεὶς δὲ εἷς ὀνόματι Κλεόπας, εἶπεν πρὸς αὐτόν, Σὺ 18
μόνος παροικεῖς Ἱερουσαλὴμ καὶ οὐκ ἔγνως τὰ γενόμενα
ἐν αὐτῇ ἐν ταῖς ἡμέραις ταύταις; καὶ εἶπεν αὐτοῖς, 19
Ποῖα; οἱ δὲ εἶπαν αὐτῷ, Τὰ περὶ Ἰησοῦ τοῦ Ναζαρηνοῦ,

ὃς ἐγένετο ἀνὴρ προφήτης δυνατὸς ἐν ἔργῳ καὶ λόγῳ ἐναν-
20 τίον τοῦ Θεοῦ καὶ παντὸς τοῦ λαοῦ· ὅπως τε παρέδωκαν
αὐτὸν οἱ ἀρχιερεῖς καὶ οἱ ἄρχοντες ἡμῶν εἰς κρίμα θανάτου
21 καὶ ἐσταύρωσαν αὐτόν. ἡμεῖς δὲ ἠλπίζομεν ὅτι αὐτός
ἐστιν ὁ μέλλων λυτροῦσθαι τὸν Ἰσραήλ. ἀλλά γε καὶ σὺν
πᾶσιν τούτοις τρίτην ταύτην ἡμέραν ἄγει ἀφ' οὗ ταῦτα
22 ἐγένετο. ἀλλὰ καὶ γυναῖκές τινες ἐξ ἡμῶν ἐξέστησαν
23 ἡμᾶς, γενόμεναι ὀρθριναὶ ἐπὶ τὸ μνημεῖον· καὶ μὴ εὑ-
ροῦσαι τὸ σῶμα αὐτοῦ ἦλθον λέγουσαι καὶ ὀπτασίαν ἀγγέ-
24 λων ἑωρακέναι, οἳ λέγουσιν αὐτὸν ζῆν. καὶ ἀπῆλθόν
τινες τῶν σὺν ἡμῖν ἐπὶ τὸ μνημεῖον, καὶ εὗρον οὕτως καθὼς
25 αἱ γυναῖκες εἶπον· αὐτὸν δὲ οὐκ εἶδον. καὶ αὐτὸς εἶπεν
πρὸς αὐτούς, Ὦ ἀνόητοι καὶ βραδεῖς τῇ καρδίᾳ τοῦ πι-
26 στεύειν ἐπὶ πᾶσιν οἷς ἐλάλησαν οἱ προφῆται· οὐχὶ
ταῦτα ἔδει παθεῖν τὸν Χριστὸν καὶ εἰσελθεῖν εἰς τὴν δόξαν
27 αὐτοῦ; καὶ ἀρξάμενος ἀπὸ Μωυσέως καὶ ἀπὸ πάντων
τῶν προφητῶν διερμήνευσεν αὐτοῖς ἐν πάσαις ταῖς γρα-
28 φαῖς τὰ περὶ ἑαυτοῦ. Καὶ ἤγγισαν εἰς τὴν κώμην οὗ
ἐπορεύοντο, καὶ αὐτὸς προσεποιήσατο πορρώτερον πορεύ-
29 εσθαι. καὶ παρεβιάσαντο αὐτὸν λέγοντες, Μεῖνον μεθ'
ἡμῶν, ὅτι πρὸς ἑσπέραν ἐστὶν καὶ κέκλικεν ἤδη ἡ ἡμέρα.
30 καὶ εἰσῆλθεν τοῦ μεῖναι σὺν αὐτοῖς. καὶ ἐγένετο ἐν τῷ
κατακλιθῆναι αὐτὸν μετ' αὐτῶν λαβὼν τὸν ἄρτον εὐλόγη-
31 σεν καὶ κλάσας ἐπεδίδου αὐτοῖς. αὐτῶν δὲ διηνοίχθη-
σαν οἱ ὀφθαλμοί, καὶ ἐπέγνωσαν αὐτόν· καὶ αὐτὸς ἄφαν-
32 τος ἐγένετο ἀπ' αὐτῶν. καὶ εἶπαν πρὸς ἀλλήλους, Οὐχὶ

λόγῳ] pr ἐν [Ln]   20 αὐτὸν] ante παρέδ. *Ln*   21 ἀλλά γε καὶ]
— καὶ ς   ἄγει]+σήμερον ς*Ln*[*Tr*] [A]Bm   22 ὀρθριναὶ] ὄρθριαι ς
23 ἦλθον] -αν WH (n.a.)   24 ἀπῆλθον] -αν WH(n.a.)   οὕτως] -τω ς
καθὼς]+καὶ ς Ti[B]   27 διερμήνευσεν] -νευεν LnTrm : διηρμήνευεν ς
ἀρξάμενος *usque ad* διερμ.] ἦν ἀρξάμενος ἀπὸ Μωυσέως καὶ πάντων τῶν
προφητῶν ἑρμηνεύειν WHm   ἑαυτοῦ] αὐτοῦ *LnTr* : αὐτοῦ Elz
28 προσεποιήσατο] -εῖτο ς(n.m.)*Ln*m   πορρώτερον] πορρωτέρω ς TiB
29 ἤδη] ς°[*Ln*][*Tr*]m   30 εὐλόγησεν] ηὐλόγ. Ln   31 διηνοίχθη-
σαν]-οίγησαν WH.   32 εἶπαν]-ον ς*Ln*

ΚΑΤΑ ΛΟΥΚΑΝ

24.33—46.

ἡ καρδία ἡμῶν καιομένη ἦν ἐν ἡμῖν, ὡς ἐλάλει ἡμῖν ἐν τῇ ὁδῷ, ὡς διήνοιγεν ἡμῖν τὰς γραφάς; Καὶ ἀναστάντες 33 αὐτῇ τῇ ὥρᾳ ὑπέστρεψαν εἰς Ἱερουσαλήμ, καὶ εὗρον ἠθροισμένους τοὺς ἕνδεκα καὶ τοὺς σὺν αὐτοῖς, λέγοντας ὅτι 34 Ὄντως ἠγέρθη ὁ Κύριος καὶ ὤφθη Σίμωνι. καὶ αὐτοὶ 35 ἐξηγοῦντο τὰ ἐν τῇ ὁδῷ, καὶ ὡς ἐγνώσθη αὐτοῖς ἐν τῇ κλάσει τοῦ ἄρτου.

Ταῦτα δὲ αὐτῶν λαλούντων αὐτὸς ἔστη ἐν μέσῳ αὐτῶν, 36 καὶ λέγει αὐτοῖς, Εἰρήνη ὑμῖν. πτοηθέντες δὲ καὶ ἔμ- 37 φοβοι γενόμενοι ἐδόκουν πνεῦμα θεωρεῖν. καὶ εἶπεν 38 αὐτοῖς, Τί τεταραγμένοι ἐστέ; καὶ διὰ τί διαλογισμοὶ ἀναβαίνουσιν ἐν τῇ καρδίᾳ ὑμῶν; ἴδετε τὰς χεῖράς μου 39 καὶ τοὺς πόδας μου, ὅτι ἐγώ εἰμι αὐτός· ψηλαφήσατέ με καὶ ἴδετε· ὅτι πνεῦμα σάρκα καὶ ὀστέα οὐκ ἔχει καθὼς ἐμὲ θεωρεῖτε ἔχοντα. καὶ τοῦτο εἰπὼν ἔδειξεν αὐτοῖς τὰς 40 χεῖρας καὶ τοὺς πόδας. Ἔτι δὲ ἀπιστούντων αὐτῶν ἀπὸ 41 τῆς χαρᾶς καὶ θαυμαζόντων εἶπεν αὐτοῖς, Ἔχετέ τι βρώσιμον ἐνθάδε; οἱ δὲ ἐπέδωκαν αὐτῷ ἰχθύος ὀπτοῦ μέρος. 42 καὶ λαβὼν ἐνώπιον αὐτῶν ἔφαγεν. 43

Εἶπεν δὲ πρὸς αὐτούς, Οὗτοι οἱ λόγοι μου οὓς ἐλάλησα 44 πρὸς ὑμᾶς ἔτι ὢν σὺν ὑμῖν, ὅτι δεῖ πληρωθῆναι πάντα τὰ γεγραμμένα ἐν τῷ νόμῳ Μωυσέως καὶ προφήταις καὶ Ψαλμοῖς περὶ ἐμοῦ. τότε διήνοιξεν αὐτῶν τὸν νοῦν τοῦ 45 συνιέναι τὰς γραφάς· καὶ εἶπεν αὐτοῖς ὅτι Οὕτως γέ- 46 γραπται παθεῖν τὸν Χριστὸν καὶ ἀναστῆναι ἐκ νεκρῶν τῇ

ἡμῶν και. ἦν] ἦν ἡμῶν κεκαλυμμένη WHm : Scr   ἐν ἡμῖν] [Tr][A]WH°
(n.m.)   ὡς sec.] pr καὶ ς   33 ἠθροισμένους] συνηθρ. ς   34 ὄντως] post ἠγ. ὁ Κύριος ς   36 αὐτὸς] + ὁ Ἰησοῦς ς   καὶ usque ad ὑμῖν] Ti°[WH]R°m :+ · ἐγώ εἰμι, μὴ φοβεῖσθε [Ln]   37 πτοηθέντες] θροηθέντες TrmWHm   38 διὰ] [Tr]m   τῇ καρδίᾳ] ταῖς καρδίαις ς LnmB   39 αὐτὸς] ante ἐγώ εἰμι ς Lnm   σάρκα] σάρκας TiB(n.m.)
40 καὶ τοῦτο usque ad πόδας] [Tr]Ti°[WH]R°m   ἔδειξεν] pr ἐπ- ς [A]
41 ἀπὸ τῆς χαρᾶς] post καὶ θαυμ. Ln   42 μέρος] +καὶ ἀπὸ μελισσίου κηρίου ς [Tr][A]BmWHmRm   44 πρὸς αὐτούς] αὐτοῖς ς Ln(n.m.)
μου] ς°[Ln][B]   προφήταις] pr τοῖς [Tr]WH   46 οὕτως] -τω ς γέγραπται]+καὶ οὕτως ἔδει ς [Ln]Bm

235

47 τρίτῃ ἡμέρᾳ· καὶ κηρυχθῆναι ἐπὶ τῷ ὀνόματι αὐτοῦ
μετάνοιαν καὶ ἄφεσιν ἁμαρτιῶν εἰς πάντα τὰ ἔθνη, ἀρξά-
48 μενοι ἀπὸ Ἰερουσαλήμ. ὑμεῖς μάρτυρες τούτων.
49 καὶ ἰδοὺ ἐγὼ ἐξαποστέλλω τὴν ἐπαγγελίαν τοῦ Πατρός
μου ἐφ᾽ ὑμᾶς· ὑμεῖς δὲ καθίσατε ἐν τῇ πόλει ἕως οὗ ἐνδύ-
σησθε ἐξ ὕψους δύναμιν.
50 Ἐξήγαγεν δὲ αὐτοὺς ἕως πρὸς Βηθανίαν· καὶ ἐπάρας
51 τὰς χεῖρας αὐτοῦ εὐλόγησεν αὐτούς. καὶ ἐγένετο ἐν τῷ
εὐλογεῖν αὐτὸν αὐτοὺς διέστη ἀπ᾽ αὐτῶν, καὶ ἀνεφέρετο
52 εἰς τὸν οὐρανόν. καὶ αὐτοὶ προσκυνήσαντες αὐτὸν ὑπέ-
53 στρεψαν εἰς Ἰερουσαλὴμ μετὰ χαρᾶς μεγάλης· καὶ
ἦσαν διὰ παντὸς ἐν τῷ ἱερῷ εὐλογοῦντες τὸν Θεόν.

ΚΑΤΑ ΙΩΑΝΝΗΝ.

1 Ἐν ἀρχῇ ἦν ὁ Λόγος, καὶ ὁ Λόγος ἦν πρὸς τὸν Θεόν,
2 καὶ Θεὸς ἦν ὁ Λόγος.   οὗτος ἦν ἐν ἀρχῇ πρὸς τὸν Θεόν.
3 πάντα δι᾽ αὐτοῦ ἐγένετο, καὶ χωρὶς αὐτοῦ ἐγένετο οὐδὲ ἓν
4 ὃ γέγονεν.   ἐν αὐτῷ ζωὴ ἦν, καὶ ἡ ζωὴ ἦν τὸ φῶς τῶν
5 ἀνθρώπων.   καὶ τὸ φῶς ἐν τῇ σκοτίᾳ φαίνει, καὶ ἡ
6 σκοτία αὐτὸ οὐ κατέλαβεν.   Ἐγένετο ἄνθρωπος ἀπε-

ΚΑΤΑ ΙΩΑΝΝΗΝ

σταλμένος παρὰ Θεοῦ, ὄνομα αὐτῷ Ἰωάννης. οὗτος ἦλ- 7
θεν εἰς μαρτυρίαν, ἵνα μαρτυρήσῃ περὶ τοῦ φωτός, ἵνα πάντες πιστεύσωσιν δι' αὐτοῦ. οὐκ ἦν ἐκεῖνος τὸ φῶς, ἀλλ' 8
ἵνα μαρτυρήσῃ περὶ τοῦ φωτός. ἦν τὸ φῶς τὸ ἀληθι- 9
νὸν ὃ φωτίζει πάντα ἄνθρωπον, ἐρχόμενον εἰς τὸν κόσμον.
ἐν τῷ κόσμῳ ἦν, καὶ ὁ κόσμος δι' αὐτοῦ ἐγένετο, καὶ ὁ 10
κόσμος αὐτὸν οὐκ ἔγνω. εἰς τὰ ἴδια ἦλθεν, καὶ οἱ ἴδιοι 11
αὐτὸν οὐ παρέλαβον. ὅσοι δὲ ἔλαβον αὐτόν, ἔδωκεν 12
αὐτοῖς ἐξουσίαν τέκνα Θεοῦ γενέσθαι, τοῖς πιστεύουσιν
εἰς τὸ ὄνομα αὐτοῦ· οἳ οὐκ ἐξ αἱμάτων οὐδὲ ἐκ θελή- 13
ματος σαρκὸς οὐδὲ ἐκ θελήματος ἀνδρὸς ἀλλ' ἐκ Θεοῦ
ἐγεννήθησαν. Καὶ ὁ Λόγος σὰρξ ἐγένετο, καὶ ἐσκήνω- 14
σεν ἐν ἡμῖν (καὶ ἐθεασάμεθα τὴν δόξαν αὐτοῦ, δόξαν ὡς
μονογενοῦς παρὰ Πατρός), πλήρης χάριτος καὶ ἀληθείας.

Ἰωάννης μαρτυρεῖ περὶ αὐτοῦ, καὶ κέκραγεν λέγων, 15
Οὗτος ἦν ὃν εἶπον, Ὁ ὀπίσω μου ἐρχόμενος ἔμπροσθέν
μου γέγονεν· ὅτι πρῶτός μου ἦν. ὅτι ἐκ τοῦ πληρώ- 16
ματος αὐτοῦ ἡμεῖς πάντες ἐλάβομεν, καὶ χάριν ἀντὶ χάριτος· ὅτι ὁ νόμος διὰ Μωυσέως ἐδόθη, ἡ χάρις καὶ ἡ 17
ἀλήθεια διὰ Ἰησοῦ Χριστοῦ ἐγένετο. Θεὸν οὐδεὶς ἑώ- 18
ρακεν πώποτε· ὁ μονογενὴς Υἱὸς ὁ ὢν εἰς τὸν κόλπον τοῦ
Πατρὸς, ἐκεῖνος ἐξηγήσατο.

Καὶ αὕτη ἐστὶν ἡ μαρτυρία τοῦ Ἰωάννου, ὅτε ἀπέστει- 19
λαν πρὸς αὐτὸν οἱ Ἰουδαῖοι ἐξ Ἱεροσολύμων ἱερεῖς καὶ
Λευείτας ἵνα ἐρωτήσωσιν αὐτόν, Σὺ τίς εἶ; καὶ ὡμο- 20
λόγησεν καὶ οὐκ ἠρνήσατο, καὶ ὡμολόγησεν ὅτι Ἐγὼ οὐκ
εἰμὶ ὁ Χριστός. καὶ ἠρώτησαν αὐτόν, Τί οὖν; σὺ 21
Ἡλίας εἶ; καὶ λέγει, Οὐκ εἰμί. Ὁ προφήτης εἶ σύ; καὶ

ΚΑΤΑ ΙΩΑΝΝΗΝ 1. 22—35.

22 ἀπεκρίθη, Οὔ. εἶπαν οὖν αὐτῷ, Τίς εἶ; ἵνα ἀπόκρισιν δῶμεν τοῖς πέμψασιν ἡμᾶς. τί λέγεις περὶ σεαυτοῦ;
23 ἔφη, Ἐγὼ φωνὴ βοῶντος ἐν τῇ ἐρήμῳ, Εὐθύνατε τὴν ὁδὸν
24 Κυρίου· καθὼς εἶπεν Ἠσαΐας ὁ προφήτης. Καὶ ἀπε-
25 σταλμένοι ἦσαν ἐκ τῶν Φαρισαίων. καὶ ἠρώτησαν αὐτὸν καὶ εἶπαν αὐτῷ, Τί οὖν βαπτίζεις εἰ σὺ οὐκ εἶ ὁ
26 Χριστὸς οὐδὲ Ἠλίας οὐδὲ ὁ προφήτης; ἀπεκρίθη αὐτοῖς ὁ Ἰωάννης λέγων, Ἐγὼ βαπτίζω ἐν ὕδατι· μέσος
27 ὑμῶν στήκει ὃν ὑμεῖς οὐκ οἴδατε, ὁ ὀπίσω μου ἐρχόμενος, οὗ οὐκ εἰμὶ ἐγὼ ἄξιος ἵνα λύσω αὐτοῦ τὸν ἱμάντα
28 τοῦ ὑποδήματος. ταῦτα ἐν Βηθανίᾳ ἐγένετο πέραν τοῦ Ἰορδάνου, ὅπου ἦν ὁ Ἰωάννης βαπτίζων.
29 Τῇ ἐπαύριον βλέπει τὸν Ἰησοῦν ἐρχόμενον πρὸς αὐτόν, καὶ λέγει, Ἴδε ὁ Ἀμνὸς τοῦ Θεοῦ ὁ αἴρων τὴν ἁμαρτίαν
30 τοῦ κόσμου. οὗτός ἐστιν ὑπὲρ οὗ ἐγὼ εἶπον, Ὀπίσω μου ἔρχεται ἀνὴρ ὃς ἔμπροσθέν μου γέγονεν, ὅτι πρῶτός
31 μου ἦν. κἀγὼ οὐκ ᾔδειν αὐτόν· ἀλλ᾽ ἵνα φανερωθῇ τῷ
32 Ἰσραήλ, διὰ τοῦτο ἦλθον ἐγὼ ἐν ὕδατι βαπτίζων. Καὶ ἐμαρτύρησεν Ἰωάννης λέγων ὅτι Τεθέαμαι τὸ Πνεῦμα καταβαῖνον ὡς περιστερὰν ἐξ οὐρανοῦ, καὶ ἔμεινεν ἐπ᾽ αὐ-
33 τόν. κἀγὼ οὐκ ᾔδειν αὐτόν· ἀλλ᾽ ὁ πέμψας με βαπτίζειν ἐν ὕδατι, ἐκεῖνός μοι εἶπεν, Ἐφ᾽ ὃν ἂν ἴδῃς τὸ Πνεῦμα καταβαῖνον καὶ μένον ἐπ᾽ αὐτόν, οὗτός ἐστιν ὁ βαπτί-
34 ζων ἐν Πνεύματι Ἁγίῳ. κἀγὼ ἑώρακα, καὶ μεμαρτύρηκα ὅτι οὗτός ἐστιν ὁ Υἱὸς τοῦ Θεοῦ.
35 Τῇ ἐπαύριον πάλιν εἱστήκει Ἰωάννης καὶ ἐκ τῶν μαθη-

---

22 εἶπαν] -ον ς   οὖν] Lnº   23 ἐν τῇ ἐρήμῳ,], ἐν τῇ ἐρ. Tr
24 ἀπεσταλ.] pr οἱ ςLnBm   25 εἶπαν] -ον ς   οὐδὲ bis] οὔτε ς
26 μέσος] + δὲ ςLn   στήκει] ἕστηκεν ςLn(n.m.)TrmBm   27 ὁ ὀπίσω] pr αὐτός ἐστιν ς[Ln] : —ὁ [Tr][A]WH   ἐρχόμενος]+ὃς ἔμπροσθέν μου γέγονεν, ς[Ln]   ἐγὼ)[Tr][B][WH] : ante οὐκ εἰμὶ ς[Ln]
28 Βηθανίᾳ] -αβαρᾶ ς Rm : -αβαρᾷ ElzBm : -αραβᾶ Rm : CςmScr   ὁ] ςº [A]   29 βλέπει]+ὁ Ἰωάννης ς   30 ὑπὲρ] περὶ ς   31 ἐγὼ] ante ἦλθ. Lnm   ὕδατι] pr τῷ ς[A]   32 ὡς] ὡσεὶ ς   33 οὗτός] αὐτός Lnm   34 Υἱὸς] ἐκλεκτὸς WHm   35 εἰστ.] ἱστ. WH :+ὁ ς Ti[B]

ΚΑΤΑ ΙΩΑΝΝΗΝ

τῶν αὐτοῦ δύο· καὶ ἐμβλέψας τῷ Ἰησοῦ περιπατοῦντι 36
λέγει, Ἴδε ὁ Ἀμνὸς τοῦ Θεοῦ. καὶ ἤκουσαν οἱ δύο 37
μαθηταὶ αὐτοῦ λαλοῦντος καὶ ἠκολούθησαν τῷ Ἰησοῦ.
στραφεὶς δὲ ὁ Ἰησοῦς καὶ θεασάμενος αὐτοὺς ἀκολουθοῦν- 38
τας λέγει αὐτοῖς, Τί ζητεῖτε; οἱ δὲ εἶπαν αὐτῷ, Ῥαββεί
(ὃ λέγεται μεθερμηνευόμενον Διδάσκαλε,) ποῦ μένεις;
λέγει αὐτοῖς, Ἔρχεσθε καὶ ὄψεσθε. ἦλθαν οὖν καὶ εἶδαν 39
ποῦ μένει, καὶ παρ' αὐτῷ ἔμειναν τὴν ἡμέραν ἐκείνην·
ὥρα ἦν ὡς δεκάτη. ἦν Ἀνδρέας ὁ ἀδελφὸς Σίμωνος 40
Πέτρου εἷς ἐκ τῶν δύο τῶν ἀκουσάντων παρὰ Ἰωάννου καὶ
ἀκολουθησάντων αὐτῷ. εὑρίσκει οὗτος πρῶτον τὸν 41
ἀδελφὸν τὸν ἴδιον Σίμωνα, καὶ λέγει αὐτῷ, Εὑρήκαμεν τὸν
Μεσσίαν (ὅ ἐστιν μεθερμηνευόμενον Χριστός.) ἤγαγεν 42
αὐτὸν πρὸς τὸν Ἰησοῦν. ἐμβλέψας αὐτῷ ὁ Ἰησοῦς εἶπεν,
Σὺ εἶ Σίμων ὁ υἱὸς Ἰωάνου· σὺ κληθήσῃ Κηφᾶς (ὃ
ἑρμηνεύεται Πέτρος.)

Τῇ ἐπαύριον ἠθέλησεν ἐξελθεῖν εἰς τὴν Γαλιλαίαν, καὶ 43
εὑρίσκει Φίλιππον· καὶ λέγει αὐτῷ ὁ Ἰησοῦς, Ἀκολούθει
μοι. ἦν δὲ ὁ Φίλιππος ἀπὸ Βηθσαϊδά, ἐκ τῆς πόλεως 44
Ἀνδρέου καὶ Πέτρου. εὑρίσκει Φίλιππος τὸν Ναθα- 45
ναήλ, καὶ λέγει αὐτῷ, Ὃν ἔγραψεν Μωυσῆς ἐν τῷ νόμῳ καὶ
οἱ προφῆται εὑρήκαμεν, Ἰησοῦν υἱὸν τοῦ Ἰωσὴφ τὸν ἀπὸ
Ναζαρέτ. καὶ εἶπεν αὐτῷ Ναθαναήλ, Ἐκ Ναζαρὲτ 46
δύναταί τι ἀγαθὸν εἶναι; λέγει αὐτῷ ὁ Φίλιππος, Ἔρχου
καὶ ἴδε. εἶδεν Ἰησοῦς τὸν Ναθαναὴλ ἐρχόμενον πρὸς 47

---

36 Θεοῦ] +ὁ αἴρων τὴν ἁμαρτίαν τοῦ κόσμου [Ln]   37 καὶ pri.] Ti°
[B]   αὐτοῦ] ante οἱ δύο μαθ. ϛLn(n.m.)TrA : ante μαθ. TrmWHm
38 δὲ pri.] Ti°[B]   εἶπαν] -ον ϛ   μεθερμηνευ.] ἑρμήνευεν. ϛTiB(n.m.)
39 ὄψεσθε] ἴδετε ϛ(n.m.)LnBm   ἦλθαν] -ον ϛLn   οὖν] ϛ°[Ln]
εἶδαν] -ον ϛ   ὥρα]+δὲ ϛ : Csm   40 ἦν]+δὲ [Ln]   41 πρῶτον]
-ος ϛ(n.m.)TiBm   ἐστιν] ἐστι A   Χριστός] pr ὁ ϛ: CEr
42 ἤγαγεν] pr καὶ ϛ[Ln]   ἐμβλέψας] +δὲ ϛLn : Er   Ἰωάνου]
Ἰωάννου ϛmTiAB : Ἰωνᾶ ϛLnmTrmBm   43 ἠθέλησεν] +ὁ Ἰησοῦς
ϛ: C   ὁ Ἰησοῦς] ϛ°: C   45 υἱὸν] pr τὸν ϛ[Tr]A   Ναζαρέτ]
-ρέθ ErJElz   46 καὶ pri.] Ti°[B]   Ναζαρέτ] -ρέθ ErJElz
ὁ Φίλ.] —ὁ ϛTiB   47 Ἰησοῦς] pr ὁ ϛ

239

ΚΑΤΑ ΙΩΑΝΝΗΝ

αὐτόν, καὶ λέγει περὶ αὐτοῦ, Ἴδε ἀληθῶς Ἰσραηλείτης, ἐν
48 ᾧ δόλος οὐκ ἔστιν. λέγει αὐτῷ Ναθαναήλ, Πόθεν με
γινώσκεις; ἀπεκρίθη Ἰησοῦς καὶ εἶπεν αὐτῷ, Πρὸ τοῦ σε
Φίλιππον φωνῆσαι ὄντα ὑπὸ τὴν συκῆν εἶδόν σε.
49 ἀπεκρίθη αὐτῷ Ναθαναήλ, Ῥαββεί, σὺ εἶ ὁ Υἱὸς τοῦ Θεοῦ,
50 σὺ Βασιλεὺς εἶ τοῦ Ἰσραήλ. ἀπεκρίθη Ἰησοῦς καὶ
εἶπεν αὐτῷ, Ὅτι εἶπόν σοι ὅτι Εἶδόν σε ὑποκάτω τῆς
51 συκῆς, πιστεύεις; μείζω τούτων ὄψῃ. καὶ λέγει αὐτῷ,
Ἀμὴν ἀμὴν λέγω ὑμῖν, ὄψεσθε τὸν οὐρανὸν ἀνεῳγότα, καὶ
τοὺς ἀγγέλους τοῦ Θεοῦ ἀναβαίνοντας καὶ καταβαίνοντας
ἐπὶ τὸν Υἱὸν τοῦ Ἀνθρώπου.

2 Καὶ τῇ ἡμέρᾳ τῇ τρίτῃ γάμος ἐγένετο ἐν Κανᾶ τῆς
2 Γαλιλαίας, καὶ ἦν ἡ μήτηρ τοῦ Ἰησοῦ ἐκεῖ· ἐκλήθη δὲ
3 καὶ ὁ Ἰησοῦς καὶ οἱ μαθηταὶ αὐτοῦ εἰς τὸν γάμον. καὶ
ὑστερήσαντος οἴνου λέγει ἡ μήτηρ τοῦ Ἰησοῦ πρὸς αὐτόν,
4 Οἶνον οὐκ ἔχουσιν. καὶ λέγει αὐτῇ ὁ Ἰησοῦς, Τί ἐμοὶ
5 καὶ σοί, γύναι; οὔπω ἥκει ἡ ὥρα μου. λέγει ἡ μήτηρ
αὐτοῦ τοῖς διακόνοις, Ὅ τι ἂν λέγῃ ὑμῖν, ποιήσατε.
6 ἦσαν δὲ ἐκεῖ λίθιναι ὑδρίαι ἓξ κατὰ τὸν καθαρισμὸν τῶν
Ἰουδαίων κείμεναι, χωροῦσαι ἀνὰ μετρητὰς δύο ἢ τρεῖς.
7 λέγει αὐτοῖς ὁ Ἰησοῦς, Γεμίσατε τὰς ὑδρίας ὕδατος. καὶ
8 ἐγέμισαν αὐτὰς ἕως ἄνω. καὶ λέγει αὐτοῖς, Ἀντλήσατε
9 νῦν καὶ φέρετε τῷ ἀρχιτρικλίνῳ. οἱ δὲ ἤνεγκαν. ὡς δὲ
ἐγεύσατο ὁ ἀρχιτρίκλινος τὸ ὕδωρ οἶνον γεγενημένον, καὶ
οὐκ ᾔδει πόθεν ἐστίν (οἱ δὲ διάκονοι ᾔδεισαν οἱ ἠντληκό-
10 τες τὸ ὕδωρ), φωνεῖ τὸν νυμφίον ὁ ἀρχιτρίκλινος, καὶ

ΚΑΤΑ ΙΩΑΝΝΗΝ 2. 11—22.

λέγει αὐτῷ, Πᾶς ἄνθρωπος πρῶτον τὸν καλὸν οἶνον τίθησιν, καὶ ὅταν μεθυσθῶσιν τὸν ἐλάσσω· σὺ τετήρηκας τὸν καλὸν οἶνον ἕως ἄρτι. ταύτην ἐποίησεν ἀρχὴν τῶν 11 σημείων ὁ Ἰησοῦς ἐν Κανᾷ τῆς Γαλιλαίας, καὶ ἐφανέρωσεν τὴν δόξαν αὐτοῦ· καὶ ἐπίστευσαν εἰς αὐτὸν οἱ μαθηταὶ αὐτοῦ. Μετὰ τοῦτο κατέβη εἰς Καφαρναοὺμ αὐτὸς καὶ ἡ μήτηρ 12 αὐτοῦ καὶ οἱ ἀδελφοὶ καὶ οἱ μαθηταὶ αὐτοῦ· καὶ ἐκεῖ ἔμειναν οὐ πολλὰς ἡμέρας. Καὶ ἐγγὺς ἦν τὸ πάσχα τῶν 13 Ἰουδαίων, καὶ ἀνέβη εἰς Ἱεροσόλυμα ὁ Ἰησοῦς. καὶ 14 εὗρεν ἐν τῷ ἱερῷ τοὺς πωλοῦντας βόας καὶ πρόβατα καὶ περιστεράς, καὶ τοὺς κερματιστὰς καθημένους· καὶ 15 ποιήσας φραγέλλιον ἐκ σχοινίων πάντας ἐξέβαλεν ἐκ τοῦ ἱεροῦ, τά τε πρόβατα καὶ τοὺς βόας· καὶ τῶν κολλυβιστῶν ἐξέχεεν τὰ κέρματα καὶ τὰς τραπέζας ἀνέστρεψεν· καὶ τοῖς τὰς περιστερὰς πωλοῦσιν εἶπεν, Ἄρατε ταῦτα ἐν- 16 τεῦθεν· μὴ ποιεῖτε τὸν οἶκον τοῦ Πατρός μου οἶκον ἐμπορίου. ἐμνήσθησαν οἱ μαθηταὶ αὐτοῦ ὅτι γεγραμμένον 17 ἐστίν, Ὁ ζῆλος τοῦ οἴκου σου καταφάγεταί με. Ἀπε- 18 κρίθησαν οὖν οἱ Ἰουδαῖοι καὶ εἶπαν αὐτῷ, Τί σημεῖον δεικνύεις ἡμῖν, ὅτι ταῦτα ποιεῖς; ἀπεκρίθη Ἰησοῦς καὶ 19 εἶπεν αὐτοῖς, Λύσατε τὸν ναὸν τοῦτον, καὶ ἐν τρισὶν ἡμέραις ἐγερῶ αὐτόν. εἶπαν οὖν οἱ Ἰουδαῖοι, Τεσσεράκον- 20 τα καὶ ἓξ ἔτεσιν οἰκοδομήθη ὁ ναὸς οὗτος, καὶ σὺ ἐν τρισὶν ἡμέραις ἐγερεῖς αὐτόν; ἐκεῖνος δὲ ἔλεγεν περὶ τοῦ 21 ναοῦ τοῦ σώματος αὐτοῦ. Ὅτε οὖν ἠγέρθη ἐκ νεκρῶν, 22

10 μεθυσθῶσιν]-σι WHa :+τότε ϛ[Ln][Tr][A]Bm   11 ἀρχὴν] pr τὴν ϛBm   Κανᾷ]-νᾷ ϛA : -νὰ WH   12 ἀδελφοὶ]+αὐτοῦ ϛ[Ln]Ti[A]B   ἔμειναν]-νεν Lnm   15 τὰ κέρματα] τὸ κέρμα ϛLn(n.m.)TiB   ἀνέστρεψεν] ἀνέτρεψεν WH(n.m.)   16 μὴ] pr καὶ [Ln]   17 ἐμνήσθησαν]+ δὲ ϛ[Ln]   καταφάγεταί] κατέφαγέ ϛ: Cϛm   18 εἶπαν]-ον ϛ   19 Ἰησοῦς] pr ὁ ϛ: C   ἐν][Tr][WH]   20 εἶπαν]-ον ϛ   τεσσεράκοντα] τεσσαράκοντα ϛLn   οἰκοδομήθη] ᾠκοδ. ϛ LnTrA

ἐμνήσθησαν οἱ μαθηταὶ αὐτοῦ ὅτι τοῦτο ἔλεγεν, καὶ ἐπίστευσαν τῇ γραφῇ καὶ τῷ λόγῳ ὃν εἶπεν ὁ Ἰησοῦς.

23 Ὡς δὲ ἦν ἐν τοῖς Ἱεροσολύμοις ἐν τῷ πάσχα ἐν τῇ ἑορτῇ, πολλοὶ ἐπίστευσαν εἰς τὸ ὄνομα αὐτοῦ, θεωροῦντες 24 αὐτοῦ τὰ σημεῖα ἃ ἐποίει. αὐτὸς δὲ Ἰησοῦς οὐκ ἐπίστευεν αὑτὸν αὐτοῖς διὰ τὸ αὐτὸν γινώσκειν πάντας, 25 καὶ ὅτι οὐ χρείαν εἶχεν ἵνα τις μαρτυρήσῃ περὶ τοῦ ἀνθρώπου· αὐτὸς γὰρ ἐγίνωσκεν τί ἦν ἐν τῷ ἀνθρώπῳ.

3 Ἦν δὲ ἄνθρωπος ἐκ τῶν Φαρισαίων, Νικόδημος ὄνομα 2 αὐτῷ, ἄρχων τῶν Ἰουδαίων· οὗτος ἦλθεν πρὸς αὐτὸν νυκτὸς καὶ εἶπεν αὐτῷ, Ῥαββεί, οἴδαμεν ὅτι ἀπὸ Θεοῦ ἐλήλυθας διδάσκαλος· οὐδεὶς γὰρ δύναται ταῦτα τὰ σημεῖα 3 ποιεῖν ἃ σὺ ποιεῖς, ἐὰν μὴ ᾖ ὁ Θεὸς μετ᾽ αὐτοῦ. ἀπεκρίθη Ἰησοῦς καὶ εἶπεν αὐτῷ, Ἀμὴν ἀμὴν λέγω σοι, ἐὰν μή τις γεννηθῇ ἄνωθεν, οὐ δύναται ἰδεῖν τὴν βασιλείαν τοῦ 4 Θεοῦ. λέγει πρὸς αὐτὸν ὁ Νικόδημος, Πῶς δύναται ἄνθρωπος γεννηθῆναι γέρων ὤν; μὴ δύναται εἰς τὴν κοιλίαν τῆς μητρὸς αὐτοῦ δεύτερον εἰσελθεῖν καὶ γεννηθῆναι; 5 ἀπεκρίθη Ἰησοῦς, Ἀμὴν ἀμὴν λέγω σοι, ἐὰν μή τις γεννηθῇ ἐξ ὕδατος καὶ Πνεύματος, οὐ δύναται εἰσελθεῖν εἰς τὴν 6 βασιλείαν τοῦ Θεοῦ. τὸ γεγεννημένον ἐκ τῆς σαρκὸς σάρξ ἐστιν, καὶ τὸ γεγεννημένον ἐκ τοῦ Πνεύματος πνεῦμά 7 ἐστιν. μὴ θαυμάσῃς ὅτι εἶπόν σοι, Δεῖ ὑμᾶς γεννη- 8 θῆναι ἄνωθεν. τὸ πνεῦμα ὅπου θέλει πνεῖ, καὶ τὴν φωνὴν αὐτοῦ ἀκούεις, ἀλλ᾽ οὐκ οἶδας πόθεν ἔρχεται καὶ ποῦ ὑπάγει· οὕτως ἐστὶν πᾶς ὁ γεγεννημένος ἐκ τοῦ 9 Πνεύματος. ἀπεκρίθη Νικόδημος καὶ εἶπεν αὐτῷ, Πῶς

22 ἔλεγεν] + αὐτοῖς ϛ: Erϛm ὃν] ᾧ ϛ 23 τοῖς] ϛ°: C ἐν tert.] [Ln][Tr] 24 Ἰησοῦς] pr ὁ ϛ αὐτὸν pri.] ἑαυτὸν ϛ Bm: αὐτὸν WH 25 τοῦ] Lnº 2 αὐτὸν] τὸν Ἰησοῦν ϛ δύναται] post ταῦ. τὰ σημ. ϛ 3 Ἰησοῦς] pr ὁ ϛ 4 ὁ Νικ.] — ὁ Tr[WH] 5 Ἰησοῦς] pr ὁ ϛ[Tr][A][WH] : C τοῦ Θεοῦ] τῶν οὐρανῶν TiBm 6 γεγεννημένον bis] γεγενη. Elz 8 ἀλλ᾽] ἀλλὰ TrWHa καὶ sec.] ἢ Ln τοῦ Πν.] pr τοῦ ὕδατος καὶ WHm

δύναται ταῦτα γενέσθαι; ἀπεκρίθη Ἰησοῦς καὶ εἶπεν 10
αὐτῷ, Σὺ εἶ ὁ διδάσκαλος τοῦ Ἰσραὴλ καὶ ταῦτα οὐ γινώ-
σκεις; ἀμὴν ἀμὴν λέγω σοι ὅτι ὃ οἴδαμεν λαλοῦμεν 11
καὶ ὃ ἑωράκαμεν μαρτυροῦμεν, καὶ τὴν μαρτυρίαν ἡμῶν
οὐ λαμβάνετε. εἰ τὰ ἐπίγεια εἶπον ὑμῖν καὶ οὐ πιστεύ- 12
ετε, πῶς ἐὰν εἴπω ὑμῖν τὰ ἐπουράνια πιστεύσετε; καὶ 13
οὐδεὶς ἀναβέβηκεν εἰς τὸν οὐρανὸν εἰ μὴ ὁ ἐκ τοῦ οὐρα-
νοῦ καταβάς, ὁ Υἱὸς τοῦ Ἀνθρώπου ὁ ὢν ἐν τῷ οὐρανῷ.
καὶ καθὼς Μωυσῆς ὕψωσεν τὸν ὄφιν ἐν τῇ ἐρήμῳ, οὕτως 14
ὑψωθῆναι δεῖ τὸν Υἱὸν τοῦ Ἀνθρώπου· ἵνα πᾶς ὁ πι- 15
στεύων ἐν αὐτῷ ἔχῃ ζωὴν αἰώνιον.

Οὕτως γὰρ ἠγάπησεν ὁ Θεὸς τὸν κόσμον, ὥστε τὸν Υἱὸν 16
αὐτοῦ τὸν μονογενῆ ἔδωκεν, ἵνα πᾶς ὁ πιστεύων εἰς αὐτὸν
μὴ ἀπόληται ἀλλ' ἔχῃ ζωὴν αἰώνιον. οὐ γὰρ ἀπέστει- 17
λεν ὁ Θεὸς τὸν Υἱὸν εἰς τὸν κόσμον ἵνα κρίνῃ τὸν κόσμον,
ἀλλ' ἵνα σωθῇ ὁ κόσμος δι' αὐτοῦ. ὁ πιστεύων εἰς αὐ- 18
τὸν οὐκ ρίνεται· ὁ μὴ πιστεύων ἤδη κέκριται, ὅτι μὴ πε-
πίστευκεν εἰς τὸ ὄνομα τοῦ μονογενοῦς Υἱοῦ τοῦ Θεοῦ.
αὕτη δέ ἐστιν ἡ κρίσις, ὅτι τὸ φῶς ἐλήλυθεν εἰς τὸν κό- 19
σμον, καὶ ἠγάπησαν οἱ ἄνθρωποι μᾶλλον τὸ σκότος ἢ τὸ
φῶς· ἦν γὰρ αὐτῶν πονηρὰ τὰ ἔργα. πᾶς γὰρ ὁ φαῦ- 20
λα πράσσων μισεῖ τὸ φῶς, καὶ οὐκ ἔρχεται πρὸς τὸ φῶς
ἵνα μὴ ἐλεγχθῇ τὰ ἔργα αὐτοῦ· ὁ δὲ ποιῶν τὴν ἀλή- 21
θειαν ἔρχεται πρὸς τὸ φῶς, ἵνα φανερωθῇ αὐτοῦ τὰ ἔργα
ὅτι ἐν Θεῷ ἐστὶν εἰργασμένα.

Μετὰ ταῦτα ἦλθεν ὁ Ἰησοῦς καὶ οἱ μαθηταὶ αὐτοῦ εἰς 22
τὴν Ἰουδαίαν γῆν· καὶ ἐκεῖ διέτριβεν μετ' αὐτῶν καὶ
ἐβάπτιζεν. ἦν δὲ καὶ Ἰωάννης βαπτίζων ἐν Αἰνὼν ἐγ- 23

ΚΑΤΑ ΙΩΑΝΝΗΝ

γὺς τοῦ Σαλείμ, ὅτι ὕδατα πολλὰ ἦν ἐκεῖ· καὶ παρεγίνοντο
24 καὶ ἐβαπτίζοντο. οὔπω γὰρ ἦν βεβλημένος εἰς τὴν
25 φυλακὴν Ἰωάννης. Ἐγένετο οὖν ζήτησις ἐκ τῶν μα-
26 θητῶν Ἰωάννου μετὰ Ἰουδαίου περὶ καθαρισμοῦ. καὶ
ἦλθον πρὸς τὸν Ἰωάννην καὶ εἶπον αὐτῷ, Ῥαββεί, ὃς ἦν
μετὰ σοῦ πέραν τοῦ Ἰορδάνου, ᾧ σὺ μεμαρτύρηκας, ἴδε
27 οὗτος βαπτίζει, καὶ πάντες ἔρχονται πρὸς αὐτόν. ἀπε-
κρίθη Ἰωάννης καὶ εἶπεν, Οὐ δύναται ἄνθρωπος λαμβάνειν
28 οὐδὲν ἐὰν μὴ ᾖ δεδομένον αὐτῷ ἐκ τοῦ οὐρανοῦ. αὐτοὶ
ὑμεῖς μοι μαρτυρεῖτε ὅτι εἶπον, Οὐκ εἰμὶ ἐγὼ ὁ Χριστός,
29 ἀλλ' ὅτι Ἀπεσταλμένος εἰμὶ ἔμπροσθεν ἐκείνου. ὁ
ἔχων τὴν νύμφην νυμφίος ἐστίν. ὁ δὲ φίλος τοῦ νυμφίου,
ὁ ἑστηκὼς καὶ ἀκούων αὐτοῦ, χαρᾷ χαίρει διὰ τὴν φωνὴν
τοῦ νυμφίου· αὕτη οὖν ἡ χαρὰ ἡ ἐμὴ πεπλήρωται.
30,31 ἐκεῖνον δεῖ αὐξάνειν, ἐμὲ δὲ ἐλαττοῦσθαι. Ὁ ἄνωθεν
ἐρχόμενος ἐπάνω πάντων ἐστίν· ὁ ὢν ἐκ τῆς γῆς ἐκ τῆς γῆς
ἐστιν καὶ ἐκ τῆς γῆς λαλεῖ· ὁ ἐκ τοῦ οὐρανοῦ ἐρχόμενος
32 ἐπάνω πάντων ἐστίν. ὃ ἑώρακεν καὶ ἤκουσεν, τοῦτο
33 μαρτυρεῖ· καὶ τὴν μαρτυρίαν αὐτοῦ οὐδεὶς λαμβάνει. ὁ
λαβὼν αὐτοῦ τὴν μαρτυρίαν ἐσφράγισεν ὅτι ὁ Θεὸς ἀλη-
34 θής ἐστιν. ὃν γὰρ ἀπέστειλεν ὁ Θεὸς τὰ ῥήματα τοῦ
35 Θεοῦ λαλεῖ· οὐ γὰρ ἐκ μέτρου δίδωσιν τὸ Πνεῦμα. ὁ
Πατὴρ ἀγαπᾷ τὸν Υἱὸν καὶ πάντα δέδωκεν ἐν τῇ χειρὶ
36 αὐτοῦ. ὁ πιστεύων εἰς τὸν Υἱὸν ἔχει ζωὴν αἰώνιον·
ὁ δὲ ἀπειθῶν τῷ Υἱῷ οὐκ ὄψεται ζωήν, ἀλλ' ἡ ὀργὴ τοῦ
Θεοῦ μένει ἐπ' αὐτόν.
4 Ὡς οὖν ἔγνω ὁ Κύριος ὅτι ἤκουσαν οἱ Φαρισαῖοι ὅτι
Ἰησοῦς πλείονας μαθητὰς ποιεῖ καὶ βαπτίζει ἢ Ἰωάννης

24 Ἰωάν.] pr ὁ ϛ *Ln*[*Tr*][A] 25 Ἰουδαίου] -ων ϛ(n.m.)BmWHm
26 ἦλθον] -αν *Tr*AWH(n.a.) εἶπον] -αν *Tr*AWH 28 εἶπον]+ἐγὼ
[WH] ἐγὼ] ante οὐκ εἰμὶ *Ln*(n.m.) 31, 32 ἐπάνω *sec. usque ad*
τοῦτο] ὃ ἑώρακεν καὶ ἤκουσεν TiB(n.m.)WHmRm 32 ὃ] pr καὶ ϛ[*Ln*]Bm
ἤκουσεν] -σε WHa 34 δίδωσιν] -σι WHa : + ὁ Θεὸς ϛ[*Ln*][*Tr*] sed
Tr°mBm 36 δὲ] Ti°[B] 1 Κύριος] Ἰησοῦς CϛmTrmTiAmB(n.m.)
ἢ] *Tr*°m[WH] : Scr

(καίτοιγε Ἰησοῦς αὐτὸς οὐκ ἐβάπτιζεν, ἀλλ' οἱ μαθηταὶ 2
αὐτοῦ),   ἀφῆκεν τὴν Ἰουδαίαν καὶ ἀπῆλθεν πάλιν εἰς 3
τὴν Γαλιλαίαν.   ἔδει δὲ αὐτὸν διέρχεσθαι διὰ τῆς Σαμα- 4
ρείας.   ἔρχεται οὖν εἰς πόλιν τῆς Σαμαρείας λεγομένην 5
Συχάρ, πλησίον τοῦ χωρίου ὃ ἔδωκεν Ἰακὼβ Ἰωσὴφ τῷ
υἱῷ αὐτοῦ· ἦν δὲ ἐκεῖ πηγὴ τοῦ Ἰακώβ. ὁ οὖν Ἰη- 6
σοῦς κεκοπιακὼς ἐκ τῆς ὁδοιπορίας ἐκαθέζετο οὕτως ἐπὶ τῇ
πηγῇ. ὥρα ἦν ὡς ἕκτη.   ἔρχεται γυνὴ ἐκ τῆς Σαμα- 7
ρείας ἀντλῆσαι ὕδωρ. λέγει αὐτῇ ὁ Ἰησοῦς, Δός μοι πεῖν.
οἱ γὰρ μαθηταὶ αὐτοῦ ἀπεληλύθεισαν εἰς τὴν πόλιν ἵνα 8
τροφὰς ἀγοράσωσιν.   λέγει οὖν αὐτῷ ἡ γυνὴ ἡ Σαμα- 9
ρεῖτις, Πῶς σὺ Ἰουδαῖος ὢν παρ' ἐμοῦ πεῖν αἰτεῖς γυ-
ναικὸς Σαμαρείτιδος οὔσης; οὐ γὰρ συνχρῶνται Ἰουδαῖοι
Σαμαρείταις.   ἀπεκρίθη Ἰησοῦς καὶ εἶπεν αὐτῇ, Εἰ ᾔδεις 10
τὴν δωρεὰν τοῦ Θεοῦ, καὶ τίς ἐστιν ὁ λέγων σοι, Δός μοι
πεῖν, σὺ ἂν ᾔτησας αὐτὸν καὶ ἔδωκεν ἄν σοι ὕδωρ ζῶν.
λέγει αὐτῷ ἡ γυνή, Κύριε, οὔτε ἄντλημα ἔχεις καὶ τὸ 11
φρέαρ ἐστὶν βαθύ· πόθεν οὖν ἔχεις τὸ ὕδωρ τὸ ζῶν;
μὴ σὺ μείζων εἶ τοῦ πατρὸς ἡμῶν Ἰακώβ, ὃς ἔδωκεν ἡμῖν 12
τὸ φρέαρ, καὶ αὐτὸς ἐξ αὐτοῦ ἔπιεν καὶ οἱ υἱοὶ αὐτοῦ
καὶ τὰ θρέμματα αὐτοῦ;   ἀπεκρίθη Ἰησοῦς καὶ εἶπεν 13
αὐτῇ, Πᾶς ὁ πίνων ἐκ τοῦ ὕδατος τούτου διψήσει πάλιν·
ὃς δ' ἂν πίῃ ἐκ τοῦ ὕδατος οὗ ἐγὼ δώσω αὐτῷ, οὐ μὴ 14
διψήσει εἰς τὸν αἰῶνα, ἀλλὰ τὸ ὕδωρ ὃ δώσω αὐτῷ γε-
νήσεται ἐν αὐτῷ πηγὴ ὕδατος ἁλλομένου εἰς ζωὴν αἰώ-
νιον·   λέγει πρὸς αὐτὸν ἡ γυνή, Κύριε δός μοι τοῦτο 15
τὸ ὕδωρ, ἵνα μὴ διψῶ, μηδὲ διέρχωμαι ἐνθάδε ἀντλεῖν.

ΚΑΤΑ ΙΩΑΝΝΗΝ

4. 16 -30.

16 λέγει αὐτῇ, Ὕπαγε φώνησον τὸν ἄνδρα σου καὶ ἐλθὲ ἐν-
17 θάδε. ἀπεκρίθη ἡ γυνὴ καὶ εἶπεν [αὐτῷ], Οὐκ ἔχω ἄν-
δρα. λέγει αὐτῇ ὁ Ἰησοῦς, Καλῶς εἶπες ὅτι Ἄνδρα οὐκ
18 ἔχω· πέντε γὰρ ἄνδρας ἔσχες, καὶ νῦν ὃν ἔχεις οὐκ
19 ἔστιν σου ἀνήρ· τοῦτο ἀληθὲς εἴρηκας. λέγει αὐτῷ ἡ
20 γυνή, Κύριε, θεωρῶ ὅτι προφήτης εἶ σύ. οἱ πατέρες
ἡμῶν ἐν τῷ ὄρει τούτῳ προσεκύνησαν, καὶ ὑμεῖς λέγετε
ὅτι ἐν Ἱεροσολύμοις ἐστὶν ὁ τόπος ὅπου προσκυνεῖν δεῖ.
21 λέγει αὐτῇ ὁ Ἰησοῦς, Πίστευέ μοι, γύναι, ὅτι ἔρχεται ὥρα
ὅτε οὔτε ἐν τῷ ὄρει τούτῳ οὔτε ἐν Ἱεροσολύμοις προσ-
22 κυνήσετε τῷ Πατρί. ὑμεῖς προσκυνεῖτε ὃ οὐκ οἴδατε·
ἡμεῖς προσκυνοῦμεν ὃ οἴδαμεν· ὅτι ἡ σωτηρία ἐκ τῶν
23 Ἰουδαίων ἐστίν. ἀλλὰ ἔρχεται ὥρα καὶ νῦν ἐστίν, ὅτε
οἱ ἀληθινοὶ προσκυνηταὶ προσκυνήσουσιν τῷ Πατρὶ ἐν
πνεύματι καὶ ἀληθείᾳ· καὶ γὰρ ὁ Πατὴρ τοιούτους ζητεῖ
24 τοὺς προσκυνοῦντας αὐτόν. πνεῦμα ὁ Θεός· καὶ τοὺς
προσκυνοῦντας αὐτὸν ἐν πνεύματι καὶ ἀληθείᾳ δεῖ προσ-
25 κυνεῖν. λέγει αὐτῷ ἡ γυνή, Οἶδα ὅτι Μεσσίας ἔρχεται
ὁ λεγόμενος Χριστός· ὅταν ἔλθῃ ἐκεῖνος, ἀναγγελεῖ ἡμῖν
26 ἅπαντα. λέγει αὐτῇ ὁ Ἰησοῦς, Ἐγώ εἰμι, ὁ λαλῶν σοι.
27 Καὶ ἐπὶ τούτῳ ἦλθαν οἱ μαθηταὶ αὐτοῦ· καὶ ἐθαύμαζον
ὅτι μετὰ γυναικὸς ἐλάλει· οὐδεὶς μέντοι εἶπεν, Τί ζητεῖς;
28 ἤ, Τί λαλεῖς μετ' αὐτῆς; ἀφῆκεν οὖν τὴν ὑδρίαν αὐ-
τῆς ἡ γυνὴ καὶ ἀπῆλθεν εἰς τὴν πόλιν, καὶ λέγει τοῖς
29 ἀνθρώποις, Δεῦτε ἴδετε ἄνθρωπον ὃς εἶπέν μοι πάντα
30 ἃ ἐποίησα· μήτι οὗτός ἐστιν ὁ Χριστός; ἐξῆλθον ἐκ
τῆς πόλεως καὶ ἤρχοντο πρὸς αὐτόν.

16 αὐτῇ] + ·Ἰησοῦς [Ln]:+ὁ Ἰησοῦς ϛ[Tr] R   σου] ante τὸν ἄνδρα
TrmAWH   17 αὐτῷ] ins Er[Ln][A][WH]R : ϛ°Tr°Ti°B°   ἄνδρα]
ante οὐκ ἔχω TiB   εἶπες]-ας ϛ LnTrA   ἔχω sec.] ἔχεις Lnm
20 τούτῳ] ante τῷ ὄρει ϛLnm : CEr   δεῖ] ante προσκυνεῖν ϛ
21 γύναι] ante πίστ. μοι ϛ Ln(n.m.)   πίστευέ]-ευσόν ϛ   23 ἀλλὰ]
ἀλλ' ϛ   24 αὐτὸν] Ti°[B]   δεῖ] post προσκ. Ti   25 ἅπαντα]
πάντα ϛLn   27 ἦλθαν]-ον ϛLnA   ἐθαύμαζον]-σαν ϛ(n.m.)
εἶπεν] -πε WHa   29 εἶπέν] -πέ WH   ἃ] ὅσα ϛ LnTr(n.m.)ABm
30 ἐξῆλθον] pr καὶ [Ln] :+οὖν ϛ

ΚΑΤΑ ΙΩΑΝΝΗΝ

Ἐν τῷ μεταξὺ ἠρώτων αὐτὸν οἱ μαθηταὶ λέγοντες, Ῥαβ- 31
βεί, φάγε. ὁ δὲ εἶπεν αὐτοῖς, Ἐγὼ βρῶσιν ἔχω φαγεῖν 32
ἣν ὑμεῖς οὐκ οἴδατε. ἔλεγον οὖν οἱ μαθηταὶ πρὸς ἀλ- 33
λήλους, Μή τις ἤνεγκεν αὐτῷ φαγεῖν; λέγει αὐτοῖς ὁ 34
Ἰησοῦς, Ἐμὸν βρῶμά ἐστιν ἵνα ποιήσω τὸ θέλημα τοῦ
πέμψαντός με καὶ τελειώσω αὐτοῦ τὸ ἔργον. οὐχ ὑμεῖς 35
λέγετε ὅτι Ἔτι τετράμηνός ἐστιν καὶ ὁ θερισμὸς ἔρχεται;
ἰδοὺ λέγω ὑμῖν, ἐπάρατε τοὺς ὀφθαλμοὺς ὑμῶν καὶ θεά-
σασθε τὰς χώρας, ὅτι λευκαί εἰσιν πρὸς θερισμὸν ἤδη.
ὁ θερίζων μισθὸν λαμβάνει καί συνάγει καρπὸν εἰς ζωὴν 36
αἰώνιον, ἵνα ὁ σπείρων ὁμοῦ χαίρῃ καὶ ὁ θερίζων. ἐν 37
γὰρ τούτῳ ὁ λόγος ἐστὶν ἀληθινὸς ὅτι Ἄλλος ἐστὶν ὁ
σπείρων καὶ ἄλλος ὁ θερίζων. ἐγὼ ἀπέστειλα ὑμᾶς 38
θερίζειν ὃ οὐχ ὑμεῖς κεκοπιάκατε· ἄλλοι κεκοπιάκασιν,
καὶ ὑμεῖς εἰς τὸν κόπον αὐτῶν εἰσεληλύθατε.

Ἐκ δὲ τῆς πόλεως ἐκείνης πολλοὶ ἐπίστευσαν εἰς αὐτὸν 39
τῶν Σαμαρειτῶν διὰ τὸν λόγον τῆς γυναικὸς μαρτυρούσης
ὅτι Εἶπέν μοι πάντα ἃ ἐποίησα. ὡς οὖν ἦλθον πρὸς 40
αὐτὸν οἱ Σαμαρεῖται, ἠρώτων αὐτὸν μεῖναι παρ᾽ αὐτοῖς·
καὶ ἔμεινεν ἐκεῖ δύο ἡμέρας. καί πολλῷ πλείους ἐπί- 41
στευσαν διὰ τὸν λόγον αὐτοῦ, τῇ τε γυναικὶ ἔλεγον 42
ὅτι Οὐκέτι διὰ τὴν σὴν λαλιὰν πιστεύομεν· αὐτοὶ γὰρ
ἀκηκόαμεν, καὶ οἴδαμεν ὅτι οὗτός ἐστιν ἀληθῶς ὁ Σωτὴρ
τοῦ κόσμου.

Μετὰ δὲ τὰς δύο ἡμέρας ἐξῆλθεν ἐκεῖθεν εἰς τὴν Γαλι- 43
λαίαν. αὐτὸς γὰρ Ἰησοῦς ἐμαρτύρησεν ὅτι προφή- 44
της ἐν τῇ ἰδίᾳ πατρίδι τιμὴν οὐκ ἔχει· ὅτε οὖν ἦλθεν 45

31 ἐν]+δὲ ϛ[Ln]   34 ποιήσω] ποιῶ ϛ Ti B(a.m.)   35 τετράμηνός]
-νόν ϛ: CϛmScr   35, 36 ἤδη. ὁ θερίζων]. ἤδη ὁ θερ. TrmTiBWHRm
36 ὁ θερίζων pri.] pr καὶ ϛ[Ln]Bm   ἵνα]+καὶ ϛLnTi[A]B   37 ἀλη-
θινὸς] pr ὁ ϛ Ln[A]Bm   38 ἀπέστειλα] -στάλκα TiBm   39 εἶπέν]
-πέ WHa   ἃ] ὅσα ϛLnTrmBm   40 οὖν] post ἦλθον Trm
42 ὅτι pri.] [Ln][WH]   σὴν λαλ.] λαλ. σου TrmWHm   κόσμον]+
ὁ Χριστός ϛ Bm   43 ἐκεῖθεν] + καὶ ἀπῆλθεν ϛ [Ln]   44 Ἰησοῦς]
pr ὁ ϛ: Er   45 ὅτε] ὡς TiBm

247

εἰς τὴν Γαλιλαίαν, ἐδέξαντο αὐτὸν οἱ Γαλιλαῖοι, πάντα ἑωρακότες ὅσα ἐποίησεν ἐν Ἱεροσολύμοις ἐν τῇ ἑορτῇ· καὶ αὐτοὶ γὰρ ἦλθον εἰς τὴν ἑορτήν.

46 Ἦλθεν οὖν πάλιν εἰς τὴν Κανᾶ τῆς Γαλιλαίας, ὅπου ἐποίησεν τὸ ὕδωρ οἶνον. Καὶ ἦν τις βασιλικὸς οὗ ὁ υἱὸς 47 ἠσθένει ἐν Καφαρναούμ. οὗτος ἀκούσας ὅτι Ἰησοῦς ἥκει ἐκ τῆς Ἰουδαίας εἰς τὴν Γαλιλαίαν, ἀπῆλθεν πρὸς αὐτὸν καὶ ἠρώτα ἵνα καταβῇ καὶ ἰάσηται αὐτοῦ τὸν υἱόν· 48 ἤμελλεν γὰρ ἀποθνήσκειν. εἶπεν οὖν ὁ Ἰησοῦς πρὸς αὐτόν, Ἐὰν μὴ σημεῖα καὶ τέρατα ἴδητε, οὐ μὴ πιστεύ- 49 σητε. λέγει πρὸς αὐτὸν ὁ βασιλικός, Κύριε, κατάβηθι 50 πρὶν ἀποθανεῖν τὸ παιδίον μου. λέγει αὐτῷ ὁ Ἰησοῦς, Πορεύου· ὁ υἱός σου ζῇ. ἐπίστευσεν ὁ ἄνθρωπος τῷ λόγῳ 51 ὃν εἶπεν αὐτῷ ὁ Ἰησοῦς, καὶ ἐπορεύετο. ἤδη δὲ αὐτοῦ καταβαίνοντος οἱ δοῦλοι αὐτοῦ ὑπήντησαν αὐτῷ [καὶ 52 ἀπήγγειλαν] λέγοντες ὅτι ὁ παῖς αὐτοῦ ζῇ. ἐπύθετο οὖν τὴν ὥραν παρ᾽ αὐτῶν ἐν ᾗ κομψότερον ἔσχεν. εἶπον οὖν αὐτῷ ὅτι Ἐχθὲς ὥραν ἑβδόμην ἀφῆκεν αὐτὸν ὁ πυρε- 53 τός. ἔγνω οὖν ὁ πατὴρ ὅτι ἐκείνῃ τῇ ὥρᾳ ἐν ᾗ εἶπεν αὐτῷ ὁ Ἰησοῦς, Ὁ υἱός σου ζῇ· καὶ ἐπίστευσεν αὐτὸς καὶ ἡ 54 οἰκία αὐτοῦ ὅλη. τοῦτο πάλιν δεύτερον σημεῖον ἐποίησεν ὁ Ἰησοῦς ἐλθὼν ἐκ τῆς Ἰουδαίας εἰς τὴν Γαλιλαίαν.

5 Μετὰ ταῦτα ἦν ἑορτὴ τῶν Ἰουδαίων, καὶ ἀνέβη Ἰησοῦς 2 εἰς Ἱεροσόλυμα. Ἔστιν δὲ ἐν τοῖς Ἱεροσολύμοις ἐπὶ τῇ προβατικῇ κολυμβήθρα ἡ ἐπιλεγομένη Ἑβραϊστὶ

ὅσα] ἅ ϛ TiB   46 πάλιν] pr ὁ Ἰησοῦς ϛ   Κανᾶ] -νὰ WH   καὶ ἦν] ἦν δὲ TiB(n.m.)WHm   βασιλικὸς] -ίσκος WHm   47 ἠρώτα] + αὐτὸν ϛ[Ln]   ἤμελλεν] -λλε WHa   48 πιστεύσητε.] πιστεύσητε; WHm   49 βασιλικός] -λίσκος WHm   50 ἐπίστευσεν] pr καὶ ϛ[Ln] [Tr]   ὃν] ᾧ ϛ   ὁ Ἰησ. sec.] - ὁ ϛ : CEr   51 αὐτοῦ sec.] Ti°B° (n.m.)   ὑπήντ.] ἀπήντ. ϛ   καὶ ἀπήγγ.] ins ϛLn[Tr] [A]: WH°R°: καὶ ἤγγειλαν TiB   λέγοντες] Ti°B°(n.m.):+αὐτῷ Bm   αὐτοῦ tert.] σου ϛ   52 τὴν ὥραν] post παρ᾽ αὐτῶν ϛ   εἶπον] -αν WH(n.a.)   εἶπον οὖν καὶ εἶπον ϛ LnTrm   ἐχθὲς] χθὲς ϛ   53 ἐκείνῃ] pr ἐν ϛLn[Tr]A   ὁ υἱός] ὁ ὅτι ϛ   54 τοῦτο]+δὲ Tr sed [Tr]m[A]WH   1 ἑορτὴ] pr ἡ TiB(n.m.)Rm   Ἰησοῦς] pr ὁ ϛ   2 κολυμβήθρα] qu. -ῆρᾳ Trm   ἡ ἐπιλεγομένη] τὸ λεγόμενον Ti

ΚΑΤΑ ΙΩΑΝΝΗΝ

5. 3—16.

Βηθεσδά, πέντε στοὰς ἔχουσα. ἐν ταύταις κατέκειτο 3
πλῆθος τῶν ἀσθενούντων, τυφλῶν, χωλῶν, ξηρῶν. ἦν δέ 5
τις ἄνθρωπος ἐκεῖ τριάκοντα καὶ ὀκτὼ ἔτη ἔχων ἐν τῇ ἀσθενείᾳ αὐτοῦ. τοῦτον ἰδὼν ὁ Ἰησοῦς κατακείμενον, καὶ 6
γνοὺς ὅτι πολὺν ἤδη χρόνον ἔχει, λέγει αὐτῷ, Θέλεις ὑγιὴς
γενέσθαι; ἀπεκρίθη αὐτῷ ὁ ἀσθενῶν, Κύριε, ἄνθρωπον 7
οὐκ ἔχω, ἵνα ὅταν ταραχθῇ τὸ ὕδωρ βάλῃ με εἰς τὴν κολυμβήθραν· ἐν ᾧ δὲ ἔρχομαι ἐγώ, ἄλλος πρὸ ἐμοῦ καταβαίνει. λέγει αὐτῷ ὁ Ἰησοῦς, Ἔγειρε ἆρον τὸν κράβαττόν 8
σου καὶ περιπάτει. καὶ εὐθέως ἐγένετο ὑγιὴς ὁ ἄνθρωπος, καὶ ἦρεν τὸν κράβαττον αὐτοῦ καὶ περιεπάτει. 9

Ἦν δὲ σάββατον ἐν ἐκείνῃ τῇ ἡμέρᾳ. ἔλεγον οὖν 10
οἱ Ἰουδαῖοι τῷ τεθεραπευμένῳ, Σάββατόν ἐστιν, καὶ οὐκ
ἔξεστίν σοι ἆραι τὸν κράβαττον. ὃς δὲ ἀπεκρίθη αὐτοῖς, 11
Ὁ ποιήσας με ὑγιῆ, ἐκεῖνός μοι εἶπεν, Ἆρον τὸν κράβαττόν σου καὶ περιπάτει. ἠρώτησαν αὐτόν, Τίς ἐστιν ὁ 12
ἄνθρωπος ὁ εἰπών σοι, Ἆρον καὶ περιπάτει; ὁ δὲ ἰαθεὶς 13
οὐκ ᾔδει τίς ἐστιν· ὁ γὰρ Ἰησοῦς ἐξένευσεν ὄχλου ὄντος
ἐν τῷ τόπῳ. Μετὰ ταῦτα εὑρίσκει αὐτὸν ὁ Ἰησοῦς ἐν 14
τῷ ἱερῷ, καὶ εἶπεν αὐτῷ, Ἴδε ὑγιὴς γέγονας· μηκέτι ἁμάρτανε, ἵνα μὴ χεῖρόν σοί τι γένηται. ἀπῆλθεν ὁ ἄνθρω- 15
πος καὶ ἀνήγγειλεν τοῖς Ἰουδαίοις ὅτι Ἰησοῦς ἐστιν ὁ
ποιήσας αὐτὸν ὑγιῆ. καὶ διὰ τοῦτο ἐδίωκον οἱ Ἰουδαῖοι 16

Βηθεσδά] Βηθσαϊδά LnmBmRm : Βηθσαιδά WHm : Βηθζαθά TiBmWHRm
3 πλῆθος+πολὺ ϛ[Ln]   ξηρῶν]+ἐκδεχομένων τὴν τοῦ ὕδατος κίνησιν·
(4) ἄγγελος γὰρ κατὰ καιρὸν κατέβαινεν ἐν τῇ κολυμβήθρᾳ καὶ ἐτάρασσε
τὸ ὕδωρ· ὁ οὖν πρῶτος ἐμβὰς μετὰ τὴν ταραχὴν τοῦ ὕδατος ὑγιὴς ἐγίνετο,
οἱῳδηποτοῦν κατείχετο νοσήματι. ϛLn[B]Rm   (4 ἄγγελος γὰρ]+κυρίου ϛm[Ln]Rm   ἐτάρασσε] ἐταράσσετο CErϛmLnm   οἱῳδηποτοῦν]
ᾧ δήποτε ϛ)   5 καὶ] ϛ°[Ln]Tr° sed [Tr]m[WH]: ErJ   αὐτοῦ] ϛ°
(n.m.)[Ln]   7 βάλῃ] βάλλῃ ϛ : C   8 ἔγειρε] -ραι ϛ   ἆρον] pr
καὶ [Ln]   9 εὐθέως] Ti°[B]   ἦρεν] -ρε WH   10 καὶ] ϛ°(n.m.)
[Ln][Tr]   κράβαττόν]+σου Ln   11 ὃς δὲ] ϛ°Ti°A°B°   12 ἠρώτησαν]+οὖν ϛ[Ln][Tr] sed Tr°m   ἆρον]+τὸν κράβαττόν σου ϛLn[Tr]
13 ἰαθεὶς] ἀσθενῶν TiBm   14 ὁ] [WH]   σοί τι] τί σοι ϛ : Er
15 ἀπῆλθεν] pr καὶ [Ln]   ἀνήγγειλεν] εἶπεν LnmTiB(n.m.)WH(n.m.)

17 τὸν Ἰησοῦν, ὅτι ταῦτα ἐποίει ἐν σαββάτῳ. ὁ δὲ [Ἰησοῦς] ἀπεκρίνατο αὐτοῖς, Ὁ Πατήρ μου ἕως ἄρτι ἐργάζε-
18 ται, κἀγὼ ἐργάζομαι. διὰ τοῦτο οὖν μᾶλλον ἐζήτουν αὐτὸν οἱ Ἰουδαῖοι ἀποκτεῖναι, ὅτι οὐ μόνον ἔλυεν τὸ σάββατον, ἀλλὰ καὶ Πατέρα ἴδιον ἔλεγεν τὸν Θεόν, ἴσον ἑαυτὸν ποιῶν τῷ Θεῷ.

19 Ἀπεκρίνατο οὖν ὁ Ἰησοῦς καὶ ἔλεγεν αὐτοῖς, Ἀμὴν ἀμὴν λέγω ὑμῖν, οὐ δύναται ὁ Υἱὸς ποιεῖν ἀφ᾽ ἑαυτοῦ οὐδέν, ἂν μή τι βλέπῃ τὸν Πατέρα ποιοῦντα· ἃ γὰρ ἂν ἐκεῖνος
20 ποιῇ, ταῦτα καὶ ὁ Υἱὸς ὁμοίως ποιεῖ. ὁ γὰρ Πατὴρ φιλεῖ τὸν Υἱὸν καὶ πάντα δείκνυσιν αὐτῷ ἃ αὐτὸς ποιεῖ· καὶ μείζονα τούτων δείξει αὐτῷ ἔργα, ἵνα ὑμεῖς θαυμάζητε.
21 ὥσπερ γὰρ ὁ Πατὴρ ἐγείρει τοὺς νεκροὺς καὶ ζωοποιεῖ,
22 οὕτως καὶ ὁ Υἱὸς οὓς θέλει ζωοποιεῖ. οὐδὲ γὰρ ὁ Πατὴρ κρίνει οὐδένα, ἀλλὰ τὴν κρίσιν πᾶσαν δέδωκεν τῷ Υἱῷ,
23 ἵνα πάντες τιμῶσι τὸν Υἱόν, καθὼς τιμῶσι τὸν Πατέρα. ὁ μὴ τιμῶν τὸν Υἱὸν οὐ τιμᾷ τὸν Πατέρα τὸν πέμψαντα
24 αὐτόν. ἀμὴν ἀμὴν λέγω ὑμῖν ὅτι ὁ τὸν λόγον μου ἀκούων καὶ πιστεύων τῷ πέμψαντί με ἔχει ζωὴν αἰώνιον, καὶ εἰς κρίσιν οὐκ ἔρχεται, ἀλλὰ μεταβέβηκεν ἐκ τοῦ
25 θανάτου εἰς τὴν ζωήν. ἀμὴν ἀμὴν λέγω ὑμῖν ὅτι ἔρχεται ὥρα καὶ νῦν ἐστιν ὅτε οἱ νεκροὶ ἀκούσουσιν τῆς φωνῆς
26 τοῦ Υἱοῦ τοῦ Θεοῦ, καὶ οἱ ἀκούσαντες ζήσουσιν. ὥσπερ γὰρ ὁ Πατὴρ ἔχει ζωὴν ἐν ἑαυτῷ, οὕτως καὶ τῷ Υἱῷ ἔδωκεν
27 ζωὴν ἔχειν ἐν ἑαυτῷ· καὶ ἐξουσίαν ἔδωκεν αὐτῷ κρίσιν
28 ποιεῖν, ὅτι Υἱὸς Ἀνθρώπου ἐστίν. μὴ θαυμάζετε τοῦτο·

16 τὸν Ἰησ.] ante οἱ Ἰουδ. ϛLnm: +καὶ ἐζήτουν αὐτὸν ἀποκτεῖναι ϛ(n.m.) [Ln]Bm   17 Ἰησοῦς] ins ϛLnTrAR : Tiᵇ Bᵒ WHᵒ   18 οὖν] Tiᵇ Bᵒ (n.m.)   ἔλυεν] ἔλυε LnWH   ἔλεγεν] -γε LnWH   19 ὁ Ἰησοῦς] [WH]   ἔλεγεν] εἶπεν ϛLnTr(n.m.).⸱   ἂν pri.] ἐὰν ϛLnTrA   ἂν sec.] Lnᵒm[Tr]   ποιῇ] ποιεῖ Lnm   ὁμοίως] post ποιεῖ TiB   20 φιλεῖ] ἀγαπᾷ Lnm   θαυμάζητε] -ετε TiWHa   23 τιμῶσι bis] -σιν TrA   25 ἀκούσουσιν] -σονται ϛLnA : -σουσι WHa   ζήσουσιν] -σονται ϛ   26 ἔδωκεν] ante καὶ τῷ Υἱῷ ϛLn(n.m.)Trm   27 κρίσιν] pr καὶ ϛBm

ΚΑΤΑ ΙΩΑΝΝΗΝ

ὅτι ἔρχεται ὥρα ἐν ᾗ πάντες οἱ ἐν τοῖς μνημείοις ἀκούσουσιν τῆς φωνῆς αὐτοῦ καὶ ἐκπορεύσονται, οἱ τὰ ἀγαθὰ 29 ποιήσαντες εἰς ἀνάστασιν ζωῆς, οἱ [δὲ] τὰ φαῦλα πράξαντες εἰς ἀνάστασιν κρίσεως. Οὐ δύναμαι ἐγὼ ποιεῖν ἀπ' ἐμαυτοῦ οὐδέν. καθὼς ἀκούω 30 κρίνω· καὶ ἡ κρίσις ἡ ἐμὴ δικαία ἐστίν, ὅτι οὐ ζητῶ τὸ θέλημα τὸ ἐμὸν ἀλλὰ τὸ θέλημα τοῦ πέμψαντός με. Ἐὰν ἐγὼ μαρτυρῶ περὶ ἐμαυτοῦ, ἡ μαρτυρία μου οὐκ ἔστιν 31 ἀληθής. ἄλλος ἐστὶν ὁ μαρτυρῶν περὶ ἐμοῦ, καὶ οἶδα 32 ὅτι ἀληθής ἐστιν ἡ μαρτυρία ἣν μαρτυρεῖ περὶ ἐμοῦ. ὑμεῖς ἀπεστάλκατε πρὸς Ἰωάννην, καὶ μεμαρτύρηκεν τῇ 33 ἀληθείᾳ. ἐγὼ δὲ οὐ παρὰ ἀνθρώπου τὴν μαρτυρίαν 34 λαμβάνω, ἀλλὰ ταῦτα λέγω ἵνα ὑμεῖς σωθῆτε. ἐκεῖνος 35 ἦν ὁ λύχνος ὁ καιόμενος καὶ φαίνων· ὑμεῖς δὲ ἠθελήσατε ἀγαλλιαθῆναι πρὸς ὥραν ἐν τῷ φωτὶ αὐτοῦ. ἐγὼ δὲ 36 ἔχω τὴν μαρτυρίαν μείζω τοῦ Ἰωάννου· τὰ γὰρ ἔργα ἃ δέδωκέν μοι ὁ Πατὴρ ἵνα τελειώσω αὐτά, αὐτὰ τὰ ἔργα ἃ ποιῶ, μαρτυρεῖ περὶ ἐμοῦ ὅτι ὁ Πατήρ με ἀπέσταλκεν. καὶ ὁ πέμψας με Πατήρ, ἐκεῖνος μεμαρτύρηκεν περὶ ἐμοῦ. 37 οὔτε φωνὴν αὐτοῦ πώποτε ἀκηκόατε οὔτε εἶδος αὐτοῦ ἑωράκατε. καὶ τὸν λόγον αὐτοῦ οὐκ ἔχετε ἐν ὑμῖν μένοντα, 38 ὅτι ὃν ἀπέστειλεν ἐκεῖνος, τούτῳ ὑμεῖς οὐ πιστεύετε. ἐραυνᾶτε τὰς γραφάς, ὅτι ὑμεῖς δοκεῖτε ἐν αὐταῖς ζωὴν 39 αἰώνιον ἔχειν· καὶ ἐκεῖναί εἰσιν αἱ μαρτυροῦσαι περὶ ἐμοῦ· καὶ οὐ θέλετε ἐλθεῖν πρός με ἵνα ζωὴν ἔχητε. Δόξαν 40, 41 παρὰ ἀνθρώπων οὐ λαμβάνω. ἀλλὰ ἔγνωκα ὑμᾶς ὅτι 42 τὴν ἀγάπην τοῦ Θεοῦ οὐκ ἔχετε ἐν ἑαυτοῖς· ἐγὼ ἐλήλυ- 43

28 ἀκούσουσιν] -σονται ϛ LnA 29 δὲ] ins ϛ [Ln] [Tr] [B]R : Ti°A° WH°(n.m.) 30 πέμψαντός με] + Πατρός ϛ(n.m.) 32 οἶδα] οἴδατε TiBm 33 μεμαρτύρηκεν] -κε WH 35 ἀγαλλιαθῆναι] -ασθῆναι ϛ Trm : post πρὸς ὥραν Lnm 36 μείζω] μείζων LnTrA δέδωκέν] ἔδωκέν ϛ Ln ποιῶ] pr ἐγὼ ϛ 37 ἐκεῖνος] αὐτὸς ϛ Ln(n.m.)Trm πώποτε] post ἀκηκ. ϛ 38 μένοντα] ante ἐν ὑμῖν ϛ Ln(n.m.)Trm 42 ἀλλὰ] ἀλλ' ϛ οὐκ ἔχετε] ante τὴν ἀγάπην τοῦ Θεοῦ Ti

ΚΑΤΑ ΙΩΑΝΝΗΝ

θα ἐν τῷ ὀνόματι τοῦ Πατρός μου, καὶ οὐ λαμβάνετέ με·
ἐὰν ἄλλος ἔλθῃ ἐν τῷ ὀνόματι τῷ ἰδίῳ, ἐκεῖνον λήμψεσθε.
44 πῶς δύνασθε ὑμεῖς πιστεῦσαι, δόξαν παρὰ ἀλλήλων λαμ-
βάνοντες, καὶ τὴν δόξαν τὴν παρὰ τοῦ μόνου Θεοῦ οὐ
45 ζητεῖτε; μὴ δοκεῖτε ὅτι ἐγὼ κατηγορήσω ὑμῶν πρὸς
τὸν Πατέρα· ἔστιν ὁ κατηγορῶν ὑμῶν Μωυσῆς, εἰς ὃν
46 ὑμεῖς ἠλπίκατε. εἰ γὰρ ἐπιστεύετε Μωυσεῖ, ἐπιστεύετε
47 ἂν ἐμοί· περὶ γὰρ ἐμοῦ ἐκεῖνος ἔγραψεν. εἰ δὲ τοῖς
ἐκείνου γράμμασιν οὐ πιστεύετε, πῶς τοῖς ἐμοῖς ῥήμασιν
πιστεύσετε;
6 Μετὰ ταῦτα ἀπῆλθεν ὁ Ἰησοῦς πέραν τῆς θαλάσσης τῆς
2 Γαλιλαίας τῆς Τιβεριάδος. ἠκολούθει δὲ αὐτῷ ὄχλος
πολύς, ὅτι ἐθεώρουν τὰ σημεῖα ἃ ἐποίει ἐπὶ τῶν ἀσθενούν-
3 των. ἀνῆλθεν δὲ εἰς τὸ ὄρος Ἰησοῦς, καὶ ἐκεῖ ἐκάθητο
4 μετὰ τῶν μαθητῶν αὐτοῦ. ἦν δὲ ἐγγὺς τὸ πάσχα, ἡ
5 ἑορτὴ τῶν Ἰουδαίων. ἐπάρας οὖν τοὺς ὀφθαλμοὺς ὁ
Ἰησοῦς καὶ θεασάμενος ὅτι πολὺς ὄχλος ἔρχεται πρὸς
αὐτόν, λέγει πρὸς Φίλιππον, Πόθεν ἀγοράσωμεν ἄρτους
6 ἵνα φάγωσιν οὗτοι; τοῦτο δὲ ἔλεγεν πειράζων αὐτόν·
7 αὐτὸς γὰρ ᾔδει τί ἔμελλεν ποιεῖν. ἀπεκρίθη αὐτῷ
Φίλιππος, Διακοσίων δηναρίων ἄρτοι οὐκ ἀρκοῦσιν αὐτοῖς,
8 ἵνα ἕκαστος βραχύ [τι] λάβῃ· λέγει αὐτῷ εἷς ἐκ τῶν
μαθητῶν αὐτοῦ, Ἀνδρέας ὁ ἀδελφὸς Σίμωνος Πέτρου,
9 Ἔστιν παιδάριον ὧδε ὃς ἔχει πέντε ἄρτους κριθίνους καὶ
10 δύο ὀψάρια· ἀλλὰ ταῦτα τί ἐστιν εἰς τοσούτους; εἶπεν
ὁ Ἰησοῦς, Ποιήσατε τοὺς ἀνθρώπους ἀναπεσεῖν. ἦν δὲ
χόρτος πολὺς ἐν τῷ τόπῳ. ἀνέπεσαν οὖν οἱ ἄνδρες τὸν

44 παρὰ *pri.*] παρ' AWH   Θεοῦ] [*Ln*][*Tr*]m[WH]R°m   46 Μωυ-
σεῖ] -σῇ ς : C   47 πιστεύσετε] -εύετε TrmWHm : -εύσητε Trm
2 ἠκολούθει δὲ] καὶ ἠκ. ς   ἐθεώρουν] ἑώρων ς TiB(n.m.): + αὐτοῦ ς
3 Ἰησοῦς] pr ὁ ς   ἐκάθητο] ἐκαθέζετο TiB(n.m.)   5 ὁ Ἰησ.] ante
τοὺς ὀφθ. ς   Φίλιππον] pr τὸν ς   ἀγοράσωμεν]-σομεν ς : Er
6 ἔμελλεν] -λλε WHa   7 ἀπεκρίθη] ἀποκρίνεται TiB(n.m.)   Φίλ.]
pr ὁ Ti   ἕκαστος]+ αὐτῶν ς   τι] ins ς [Ln] [Tr]mTi[A] [B] : *Tr*°WH°
9 παιδάριον]+ ἓν ς [*Ln*][A]Bm   ὃς] ὃ ς Bm   10 εἶπεν] + δὲ ς [*Ln*]
πολὺς] ante χόρτ. *Ln*m   ἀνέπεσαν] -σον ς   οἱ ἄνδρες] -οἱ WHm

ΚΑΤΑ ΙΩΑΝΝΗΝ 6. 11—22.

ἀριθμὸν ὡς πεντακισχίλιοι. ἔλαβεν οὖν τοὺς ἄρτους 11
ὁ Ἰησοῦς, καὶ εὐχαριστήσας διέδωκεν τοῖς ἀνακειμένοις·
ὁμοίως καὶ ἐκ τῶν ὀψαρίων ὅσον ἤθελον. ὡς δὲ ἐνε- 12
πλήσθησαν, λέγει τοῖς μαθηταῖς αὐτοῦ, Συναγάγετε τὰ πε-
ρισσεύσαντα κλάσματα, ἵνα μή τι ἀπόληται. συνήγα- 13
γον οὖν, καὶ ἐγέμισαν δώδεκα κοφίνους κλασμάτων ἐκ τῶν
πέντε ἄρτων τῶν κριθίνων ἃ ἐπερίσσευσαν τοῖς βεβρωκό-
σιν. Οἱ οὖν ἄνθρωποι ἰδόντες ὃ ἐποίησεν σημεῖον 14
ἔλεγον ὅτι Οὗτός ἐστιν ἀληθῶς ὁ προφήτης ὁ ἐρχόμενος
εἰς τὸν κόσμον.

Ἰησοῦς οὖν γνοὺς ὅτι μέλλουσιν ἔρχεσθαι καὶ ἁρπάζειν 15
αὐτὸν ἵνα ποιήσωσιν βασιλέα, ἀνεχώρησεν πάλιν εἰς τὸ
ὄρος αὐτὸς μόνος. Ὡς δὲ ὀψία ἐγένετο, κατέβησαν οἱ 16
μαθηταὶ αὐτοῦ ἐπὶ τὴν θάλασσαν, καὶ ἐμβάντες εἰς 17
πλοῖον ἤρχοντο πέραν τῆς θαλάσσης εἰς Καφαρναούμ.
καὶ σκοτία ἤδη ἐγεγόνει, καὶ οὔπω ἐληλύθει πρὸς αὐτοὺς
ὁ Ἰησοῦς. ἥ τε θάλασσα ἀνέμου μεγάλου πνέοντος 18
διεγείρετο. ἐληλακότες οὖν ὡς σταδίους εἴκοσι πέντε 19
ἢ τριάκοντα, θεωροῦσιν τὸν Ἰησοῦν περιπατοῦντα ἐπὶ τῆς
θαλάσσης καὶ ἐγγὺς τοῦ πλοίου γινόμενον, καὶ ἐφοβήθη-
σαν. ὁ δὲ λέγει αὐτοῖς, Ἐγώ εἰμι· μὴ φοβεῖσθε. 20
ἤθελον οὖν λαβεῖν αὐτὸν εἰς τὸ πλοῖον· καὶ εὐθέως ἐγένετο 21
τὸ πλοῖον ἐπὶ τῆς γῆς εἰς ἣν ὑπῆγον.

Τῇ ἐπαύριον ὁ ὄχλος ὁ ἑστηκὼς πέραν τῆς θαλάσσης 22
εἶδον ὅτι πλοιάριον ἄλλο οὐκ ἦν ἐκεῖ εἰ μὴ ἕν, καὶ ὅτι οὐ

ὡς] ὡσεὶ ςLn 11 οὖν] δὲ ς εὐχαριστήσας διέδωκεν] εὐχαρίστη-
σεν καὶ ἔδωκεν TiB(n.m.):+τοῖς μαθηταῖς, οἱ δὲ μαθηταὶ ς(n.m.)Bm
13 ἐπερίσσευσαν] -σε ς 14 ὃ...σημεῖον] ἃ...σημεῖα LnmTrmWH
(n.m.)Rm: + ὁ Ἰησοῦς ςLn ἐρχόμενος] post εἰς τὸν κ. TiB
15 ποιήσωσιν] -σι WHa :+αὐτὸν ς ἀνεχώρησεν] -σε WHa : φεύγει TiBm
17 πλοῖον] pr τὸ ςLn καὶ σκ. ἤδη ἐγεγόνει] κατέλαβεν δὲ αὐτοὺς ἡ σκ.
TiB(n.m.) οὔπω] οὐκ ς(n.m.)Lnm ὁ Ἰησοῦς] — ὁ TiBWHm : ante
πρὸς αὐτ.TiBWHm 18 διεγείρετο] διηγ. ςLnTiBWHa 19 ὡς]ὡσεὶ
Ln σταδίους] στάδια TiB(n.m.) θεωροῦσιν] -σι WHa 21 τὸ
πλοῖον sec.] ante ἐγένετο ς ἐπὶ τῆς γῆς] ἐπὶ τὴν γῆν TiBm 22 εἶ-
δον] ἰδὼν ςWHm ἕν]+ἐκεῖνο εἰς ὃ ἐνέβησαν οἱ μαθηταὶ αὐτοῦ ς (n.m.)

συνεισῆλθεν τοῖς μαθηταῖς αὐτοῦ ὁ Ἰησοῦς εἰς τὸ πλοῖον
23 ἀλλὰ μόνοι οἱ μαθηταὶ αὐτοῦ ἀπῆλθον   (ἀλλὰ ἦλθεν
πλοιάρια ἐκ Τιβεριάδος ἐγγὺς τοῦ τόπου ὅπου ἔφαγον τὸν
24 ἄρτον εὐχαριστήσαντος τοῦ Κυρίου)·   ὅτε οὖν εἶδεν ὁ
ὄχλος ὅτι Ἰησοῦς οὐκ ἔστιν ἐκεῖ οὐδὲ οἱ μαθηταὶ αὐτοῦ,
ἐνέβησαν αὐτοὶ εἰς τὰ πλοιάρια καὶ ἦλθον εἰς Καφαρναοὺμ
25 ζητοῦντες τὸν Ἰησοῦν. καὶ εὑρόντες αὐτὸν πέραν τῆς
θαλάσσης εἶπον αὐτῷ, Ῥαββεί, πότε ὧδε γέγονας;
26 ἀπεκρίθη αὐτοῖς ὁ Ἰησοῦς καὶ εἶπεν, Ἀμὴν ἀμὴν λέγω
ὑμῖν, ζητεῖτέ με οὐχ ὅτι εἴδετε σημεῖα, ἀλλ' ὅτι ἐφάγετε
27 ἐκ τῶν ἄρτων καὶ ἐχορτάσθητε. ἐργάζεσθε μὴ τὴν
βρῶσιν τὴν ἀπολλυμένην, ἀλλὰ τὴν βρῶσιν τὴν μένουσαν
εἰς ζωὴν αἰώνιον, ἣν ὁ Υἱὸς τοῦ Ἀνθρώπου ὑμῖν δώσει·
28 τοῦτον γὰρ ὁ Πατὴρ ἐσφράγισεν ὁ Θεός. εἶπον οὖν
πρὸς αὐτόν, Τί ποιῶμεν ἵνα ἐργαζώμεθα τὰ ἔργα τοῦ Θεοῦ;
29 ἀπεκρίθη ὁ Ἰησοῦς καὶ εἶπεν αὐτοῖς, Τοῦτό ἐστιν τὸ ἔργον
τοῦ Θεοῦ, ἵνα πιστεύητε εἰς ὃν ἀπέστειλεν ἐκεῖνος.
30 εἶπον οὖν αὐτῷ, Τί οὖν ποιεῖς σὺ σημεῖον, ἵνα ἴδωμεν καὶ
31 πιστεύσωμέν σοι; τί ἐργάζῃ; οἱ πατέρες ἡμῶν τὸ
μάννα ἔφαγον ἐν τῇ ἐρήμῳ, καθώς ἐστιν γεγραμμένον,
32 Ἄρτον ἐκ τοῦ οὐρανοῦ ἔδωκεν αὐτοῖς φαγεῖν. εἶπεν
οὖν αὐτοῖς ὁ Ἰησοῦς, Ἀμὴν ἀμὴν λέγω ὑμῖν, οὐ Μωυσῆς
ἔδωκεν ὑμῖν τὸν ἄρτον ἐκ τοῦ οὐρανοῦ, ἀλλ' ὁ Πατήρ μου
δίδωσιν ὑμῖν τὸν ἄρτον ἐκ τοῦ οὐρανοῦ τὸν ἀληθινόν·
33 ὁ γὰρ ἄρτος τοῦ Θεοῦ ἐστιν ὁ καταβαίνων ἐκ τοῦ οὐρανοῦ
34 καὶ ζωὴν διδοὺς τῷ κόσμῳ. εἶπον οὖν πρὸς αὐτόν,
35 Κύριε, πάντοτε δὸς ἡμῖν τὸν ἄρτον τοῦτον. εἶπεν αὐτοῖς ὁ Ἰησοῦς, Ἐγώ εἰμι ὁ ἄρτος τῆς ζωῆς· ὁ ἐρχόμενος

πλοῖον] πλοιάριον ϛ   23 ἀλλὰ] ἄλλα ϛ LnTrTiAB : +δὲ ϛ Ln[A]
ἦλθεν]-ον Ti   πλοιάρια] πλοῖα LnTrmWH   24 αὐτοὶ] pr καὶ ϛ :
Cϛm   πλοιάρια] πλοῖα ϛ   26 εἴδετε]-ατε WHa   27 ὑμῖν δώσει]
δίδωσιν ὑμῖν TiB(n.m.)   28 ποιῶμεν] -οῦμεν ϛ : CϛmElz   29 ὁ]
Ti°B°   πιστεύητε] -σητε ϛ Ln : Er   30 σοι; τί] σοι τί Ln
32 ἔδωκεν] δέδωκεν ϛ TiBWHm   33 ἄρτος] +ὁ Ti[B]   ζωὴν] post
διδ. Lnm   35 εἶπεν] +δὲ ϛ [Ln] : +οὖν Ti[B]

πρός ἐμὲ οὐ μὴ πεινάσῃ, καὶ ὁ πιστεύων εἰς ἐμὲ οὐ μὴ διψήσει πώποτε.   ἀλλ' εἶπον ὑμῖν ὅτι καὶ ἑωράκατέ [με] 36 καὶ οὐ πιστεύετε.   πᾶν ὃ δίδωσίν μοι ὁ Πατὴρ πρὸς 37 ἐμὲ ἥξει, καὶ τὸν ἐρχόμενον πρός με οὐ μὴ ἐκβάλω ἔξω. ὅτι καταβέβηκα ἀπὸ τοῦ οὐρανοῦ οὐχ ἵνα ποιῶ τὸ θέλημα 38 τὸ ἐμόν, ἀλλὰ τὸ θέλημα τοῦ πέμψαντός με.   τοῦτο δέ 39 ἐστιν τὸ θέλημα τοῦ πέμψαντός με, ἵνα πᾶν ὃ δέδωκέν μοι, μὴ ἀπολέσω ἐξ αὐτοῦ, ἀλλὰ ἀναστήσω αὐτὸ τῇ ἐσχάτῃ ἡμέρᾳ.   τοῦτο γάρ ἐστιν τὸ θέλημα τοῦ Πατρός μου, 40 ἵνα πᾶς ὁ θεωρῶν τὸν Υἱὸν καὶ πιστεύων εἰς αὐτὸν ἔχῃ ζωὴν αἰώνιον· καὶ ἀναστήσω αὐτὸν ἐγὼ τῇ ἐσχάτῃ ἡμέρᾳ.

Ἐγόγγυζον οὖν οἱ Ἰουδαῖοι περὶ αὐτοῦ ὅτι εἶπεν, Ἐγώ 41 εἰμι ὁ ἄρτος ὁ καταβὰς ἐκ τοῦ οὐρανοῦ.   καὶ ἔλεγον, 42 Οὐχ οὗτός ἐστιν Ἰησοῦς ὁ υἱὸς Ἰωσήφ, οὗ ἡμεῖς οἴδαμεν τὸν πατέρα καὶ τὴν μητέρα; πῶς νῦν λέγει ὅτι Ἐκ τοῦ οὐρανοῦ καταβέβηκα;   ἀπεκρίθη Ἰησοῦς καὶ εἶπεν αὐ- 43 τοῖς, Μὴ γογγύζετε μετ' ἀλλήλων.   οὐδεὶς δύναται ἐλ- 44 θεῖν πρός με ἐὰν μὴ ὁ Πατὴρ ὁ πέμψας με ἑλκύσῃ αὐτόν· κἀγὼ ἀναστήσω αὐτὸν ἐν τῇ ἐσχάτῃ ἡμέρᾳ.   ἔστιν γε- 45 γραμμένον ἐν τοῖς προφήταις, Καὶ ἔσονται πάντες διδακτοὶ Θεοῦ. πᾶς ὁ ἀκούσας παρὰ τοῦ Πατρὸς καὶ μαθὼν ἔρχεται πρὸς ἐμέ.   οὐχ ὅτι τὸν Πατέρα ἑώρακέν τις, εἰ μὴ ὁ ὢν 46 παρὰ τοῦ Θεοῦ, οὗτος ἑώρακεν τὸν Πατέρα.   ἀμὴν ἀμὴν 47 λέγω ὑμῖν, ὁ πιστεύων ἔχει ζωὴν αἰώνιον.   ἐγώ εἰμι ὁ 48

ΚΑΤΑ ΙΩΑΝΝΗΝ

49 ἄρτος τῆς ζωῆς. οἱ πατέρες ὑμῶν ἔφαγον ἐν τῇ ἐρήμῳ
50 τὸ μάννα καὶ ἀπέθανον. οὗτός ἐστιν ὁ ἄρτος ὁ ἐκ τοῦ
οὐρανοῦ καταβαίνων, ἵνα τις ἐξ αὐτοῦ φάγῃ καὶ μὴ ἀπο-
51 θάνῃ. ἐγώ εἰμι ὁ ἄρτος ὁ ζῶν ὁ ἐκ τοῦ οὐρανοῦ κατα-
βάς· ἐάν τις φάγῃ ἐκ τούτου τοῦ ἄρτου, ζήσει εἰς τὸν
αἰῶνα· καὶ ὁ ἄρτος δὲ ὃν ἐγὼ δώσω ἡ σάρξ μου ἐστὶν ὑπὲρ
τῆς τοῦ κόσμου ζωῆς.

52 Ἐμάχοντο οὖν πρὸς ἀλλήλους οἱ Ἰουδαῖοι λέγοντες,
Πῶς δύναται οὗτος ἡμῖν δοῦναι τὴν σάρκα φαγεῖν;
53 εἶπεν οὖν αὐτοῖς ὁ Ἰησοῦς, Ἀμὴν ἀμὴν λέγω ὑμῖν, ἐὰν μὴ
φάγητε τὴν σάρκα τοῦ Υἱοῦ τοῦ Ἀνθρώπου καὶ πίητε αὐ-
54 τοῦ τὸ αἷμα, οὐκ ἔχετε ζωὴν ἐν ἑαυτοῖς. ὁ τρώγων μου
τὴν σάρκα καὶ πίνων μου τὸ αἷμα ἔχει ζωὴν αἰώνιον, κἀγὼ
55 ἀναστήσω αὐτὸν τῇ ἐσχάτῃ ἡμέρᾳ. ἡ γὰρ σάρξ μου
ἀληθής ἐστιν βρῶσις, καὶ τὸ αἷμά μου ἀληθής ἐστιν
56 πόσις. ὁ τρώγων μου τὴν σάρκα καὶ πίνων μου τὸ
57 αἷμα ἐν ἐμοὶ μένει, κἀγὼ ἐν αὐτῷ. καθὼς ἀπέστειλέν
με ὁ ζῶν Πατὴρ κἀγὼ ζῶ διὰ τὸν Πατέρα· καὶ ὁ τρώγων
58 με, κἀκεῖνος ζήσει δι᾽ ἐμέ. οὗτός ἐστιν ὁ ἄρτος ὁ ἐξ οὐ-
ρανοῦ καταβάς· οὐ καθὼς ἔφαγον οἱ πατέρες καὶ ἀπέθανον·
59 ὁ τρώγων τοῦτον τὸν ἄρτον ζήσει εἰς τὸν αἰῶνα. Ταῦτα
εἶπεν ἐν συναγωγῇ διδάσκων ἐν Καφαρναούμ.

60 Πολλοὶ οὖν ἀκούσαντες ἐκ τῶν μαθητῶν αὐτοῦ εἶπον,
Σκληρός ἐστιν ὁ λόγος οὗτος· τίς δύναται αὐτοῦ ἀκούειν;
61 εἰδὼς δὲ ὁ Ἰησοῦς ἐν ἑαυτῷ ὅτι γογγύζουσιν περὶ τούτου οἱ
μαθηταὶ αὐτοῦ, εἶπεν αὐτοῖς, Τοῦτο ὑμᾶς σκανδαλίζει;

49 τὸ μάννα] ante ἐν τῇ ἐρ. ϛLnm 50 ἀποθάνῃ] -θνήσκῃ TrmWHm
51 τούτου τοῦ] τοῦ ἐμοῦ Ti ζήσει] -σεται ϛLnTrA ἡ σάρξ μου
ἐστίν] post ὑπὲρ τ. τ. κ. ζωῆς TiBm ὑπὲρ] pr ἣν ἐγὼ δώσω ϛ[B] sed
B°m 52 οἱ Ἰουδ.] ante πρὸς ἀλλ. Ln(n.m.)Trm ἡμῖν] ante οὗτος
TiB σάρκα]+αὐτοῦ Ln[Tr]m[WH] 53 ὃ] [WH] 54 κἀγὼ]
καὶ ἐγὼ ϛ τῇ ἐ. ἡμ.] pr ἐν [Ln] 55 ἀληθής bis] ἀληθῶς ϛ(n.m.)B
(n.m.) ἐστιν bis] ἐστι WH 57 ζήσει] -σεται ϛ 58 ἐξ] ἐκ
τοῦ ϛ πατέρες]+ ὑμῶν τὸ μάννα ϛ :+τὸ μάννα Ln ζήσει] -σεται
ϛLn: Er 59 Καφαρν.]+σαββάτῳ WHm 60 εἶπον] -αν WH(n.s.)
ὁ λόγ.] post οὗτος ϛ

ἐὰν οὖν θεωρῆτε τὸν Υἱὸν τοῦ Ἀνθρώπου ἀναβαίνοντα 62
ὅπου ἦν τὸ πρότερον; τὸ πνεῦμά ἐστιν τὸ ζωοποιοῦν, 63
ἡ σὰρξ οὐκ ὠφελεῖ οὐδέν· τὰ ῥήματα ἃ ἐγὼ λελάληκα
ὑμῖν πνεῦμά ἐστιν καὶ ζωή ἐστιν. ἀλλ᾽ εἰσὶν ἐξ ὑμῶν 64
τινὲς οἳ οὐ πιστεύουσιν. ᾔδει γὰρ ἐξ ἀρχῆς ὁ Ἰησοῦς τίνες
εἰσὶν οἱ μὴ πιστεύοντες καὶ τίς ἐστιν ὁ παραδώσων αὐτόν.
καὶ ἔλεγεν, Διὰ τοῦτο εἴρηκα ὑμῖν ὅτι οὐδεὶς δύναται ἐλ- 65
θεῖν πρός με ἐὰν μὴ ᾖ δεδομένον αὐτῷ ἐκ τοῦ Πατρός.
Ἐκ τούτου πολλοὶ [ἐκ] τῶν μαθητῶν αὐτοῦ ἀπῆλθον εἰς 66
τὰ ὀπίσω, καὶ οὐκέτι μετ᾽ αὐτοῦ περιεπάτουν. εἶπεν 67
οὖν ὁ Ἰησοῦς τοῖς δώδεκα, Μὴ καὶ ὑμεῖς θέλετε ὑπάγειν;
ἀπεκρίθη αὐτῷ Σίμων Πέτρος, Κύριε, πρὸς τίνα ἀπελευσό- 68
μεθα; ῥήματα ζωῆς αἰωνίου ἔχεις· καὶ ἡμεῖς πεπι- 69
στεύκαμεν καὶ ἐγνώκαμεν ὅτι σὺ εἶ ὁ Ἅγιος τοῦ Θεοῦ.
ἀπεκρίθη αὐτοῖς ὁ Ἰησοῦς, Οὐκ ἐγὼ ὑμᾶς τοὺς δώδεκα 70
ἐξελεξάμην, καὶ ἐξ ὑμῶν εἷς διάβολός ἐστιν; ἔλεγεν 71
δὲ τὸν Ἰούδαν Σίμωνος Ἰσκαριώτου· οὗτος γὰρ ἔμελλεν
παραδιδόναι αὐτόν, εἷς ἐκ τῶν δώδεκα.

Καὶ μετὰ ταῦτα περιεπάτει ὁ Ἰησοῦς ἐν τῇ Γαλιλαίᾳ· **7**
οὐ γὰρ ἤθελεν ἐν τῇ Ἰουδαίᾳ περιπατεῖν, ὅτι ἐζήτουν αὐτὸν
οἱ Ἰουδαῖοι ἀποκτεῖναι. ἦν δὲ ἐγγὺς ἡ ἑορτὴ τῶν Ἰου- 2
δαίων ἡ Σκηνοπηγία. εἶπον οὖν πρὸς αὐτὸν οἱ ἀδελφοὶ 3
αὐτοῦ, Μετάβηθι ἐντεῦθεν καὶ ὕπαγε εἰς τὴν Ἰουδαίαν, ἵνα
καὶ οἱ μαθηταί σου θεωρήσουσιν τὰ ἔργα σου ἃ ποιεῖς.
οὐδεὶς γάρ τι ἐν κρυπτῷ ποιεῖ καὶ ζητεῖ αὐτὸς ἐν παρρη- 4
σίᾳ εἶναι. εἰ ταῦτα ποιεῖς, φανέρωσον σεαυτὸν τῷ κόσμῳ.

63 λελάληκα] λαλῶ ϛ(n.m.)Bm   64 ἀλλ᾽] ἀλλὰ T r WH   65 με] ἐμὲ
TiB   Πατρός] + μου ϛ   66 ἐκ τούτου] + οὖν Ti[B]   ἐκ sec.]
ins [Ln]Tr[A]WH : ϛ°Ti°B°   ἀπῆλθον] ante τῶν μαθ. αὐτοῦ ϛ
68 ἀπεκρίθη]+ οὖν ϛ   69 ὁ ἅγιος] ὁ Χριστὸς ὁ υἱὸς ϛBm   Θεοῦ]+
τοῦ ζῶντος ϛ(n.m.)Bm   70 ὁ] [B]   ὁ Ἰησοῦς] C°Ti° σφ   71 Ἰσκα-
ριώτου] -την ϛ Bm : ἀπὸ Καρυώτου Bm   ἔμελλεν] ἤμ. ϛ : C   αὐ-
τὸν] ante παραδ. ϛ TiB   εἷς]+ ὢν ϛ Ti[B]   1 καὶ] Ti°B°   μετὰ
ταῦτα] post περ. ὁ Ἰησ. ϛ   ὁ] [Tr] [WH]   3 θεωρήσουσιν] -σωσιν
ϛ Ln   σου] [B] [WH](n.m.): ante τὰ ἔργα LnWH(n.m.)   4 τι] post
ἐν κρυπτῷ ϛ   αὐτὸς] αὐτὸ LnTrmBmWHmRm

ΚΑΤΑ ΙΩΑΝΝΗΝ

5, 6 οὐδὲ γὰρ οἱ ἀδελφοὶ αὐτοῦ ἐπίστευον εἰς αὐτόν. λέγει
οὖν αὐτοῖς ὁ Ἰησοῦς, Ὁ καιρὸς ὁ ἐμὸς οὔπω πάρεστιν· ὁ
7 δὲ καιρὸς ὁ ὑμέτερος πάντοτέ ἐστιν ἕτοιμος. οὐ δύνα-
ται ὁ κόσμος μισεῖν ὑμᾶς· ἐμὲ δὲ μισεῖ, ὅτι ἐγὼ μαρτυρῶ
8 περὶ αὐτοῦ ὅτι τὰ ἔργα αὐτοῦ πονηρά ἐστιν. ὑμεῖς
ἀνάβητε εἰς τὴν ἑορτήν· ἐγὼ οὐκ ἀναβαίνω εἰς τὴν ἑορτὴν
9 ταύτην, ὅτι ὁ ἐμὸς καιρὸς οὔπω πεπλήρωται. ταῦτα δὲ
10 εἰπὼν αὐτοῖς ἔμεινεν ἐν τῇ Γαλιλαίᾳ. Ὡς δὲ ἀνέβησαν
οἱ ἀδελφοὶ αὐτοῦ εἰς τὴν ἑορτήν, τότε καὶ αὐτὸς ἀνέβη, οὐ
11 φανερῶς ἀλλὰ ὡς ἐν κρυπτῷ. οἱ οὖν Ἰουδαῖοι ἐζήτουν
12 αὐτὸν ἐν τῇ ἑορτῇ καὶ ἔλεγον, Ποῦ ἐστὶν ἐκεῖνος; καὶ
γογγυσμὸς περὶ αὐτοῦ ἦν πολὺς ἐν τοῖς ὄχλοις· οἱ μὲν
ἔλεγον ὅτι Ἀγαθός ἐστιν· ἄλλοι δὲ ἔλεγον, Οὔ, ἀλλὰ
13 πλανᾷ τὸν ὄχλον. οὐδεὶς μέντοι παρρησίᾳ ἐλάλει περὶ
αὐτοῦ διὰ τὸν φόβον τῶν Ἰουδαίων.
14 Ἤδη δὲ τῆς ἑορτῆς μεσούσης ἀνέβη Ἰησοῦς εἰς τὸ ἱερὸν
15 καὶ ἐδίδασκεν. ἐθαύμαζον οὖν οἱ Ἰουδαῖοι λέγοντες,
16 Πῶς οὗτος γράμματα οἶδεν μὴ μεμαθηκώς; ἀπεκρίθη
οὖν αὐτοῖς Ἰησοῦς καὶ εἶπεν, Ἡ ἐμὴ διδαχὴ οὐκ ἔστιν ἐμή,
17 ἀλλὰ τοῦ πέμψαντός με· ἐάν τις θέλῃ τὸ θέλημα
αὐτοῦ ποιεῖν, γνώσεται περὶ τῆς διδαχῆς, πότερον ἐκ τοῦ
18 Θεοῦ ἐστὶν ἢ ἐγὼ ἀπ' ἐμαυτοῦ λαλῶ. ὁ ἀφ' ἑαυτοῦ
λαλῶν τὴν δόξαν τὴν ἰδίαν ζητεῖ· ὁ δὲ ζητῶν τὴν δόξαν
τοῦ πέμψαντος αὐτόν, οὗτος ἀληθής ἐστιν καὶ ἀδικία ἐν
19 αὐτῷ οὐκ ἔστιν. οὐ Μωυσῆς ἔδωκεν ὑμῖν τὸν νόμον;
καὶ οὐδεὶς ἐξ ὑμῶν ποιεῖ τὸν νόμον· τί με ζητεῖτε ἀποκτεῖ-

ναι; ἀπεκρίθη ὁ ὄχλος, Δαιμόνιον ἔχεις· τίς σε ζητεῖ 20
ἀποκτεῖναι; ἀπεκρίθη Ἰησοῦς καὶ εἶπεν αὐτοῖς, Ἓν 21
ἔργον ἐποίησα καὶ πάντες θαυμάζετε. διὰ τοῦτο Μωυ- 22
σῆς δέδωκεν ὑμῖν τὴν περιτομήν (οὐχ ὅτι ἐκ τοῦ Μωυσέως
ἐστὶν ἀλλ' ἐκ τῶν πατέρων), καὶ ἐν σαββάτῳ περιτέμνετε
ἄνθρωπον. εἰ περιτομὴν λαμβάνει ἄνθρωπος ἐν σαβ- 23
βάτῳ ἵνα μὴ λυθῇ ὁ νόμος Μωυσέως, ἐμοὶ χολᾶτε ὅτι
ὅλον ἄνθρωπον ὑγιῆ ἐποίησα ἐν σαββάτῳ; μὴ κρίνετε 24
κατ' ὄψιν, ἀλλὰ τὴν δικαίαν κρίσιν κρίνετε.

Ἔλεγον οὖν τινὲς ἐκ τῶν Ἱεροσολυμειτῶν, Οὐχ οὗτός 25
ἐστιν ὃν ζητοῦσιν ἀποκτεῖναι; καὶ ἴδε παρρησίᾳ λα- 26
λεῖ, καὶ οὐδὲν αὐτῷ λέγουσιν. μή ποτε ἀληθῶς ἔγνωσαν
οἱ ἄρχοντες ὅτι οὗτός ἐστιν ὁ Χριστός; ἀλλὰ τοῦτον 27
οἴδαμεν πόθεν ἐστίν· ὁ δὲ Χριστὸς ὅταν ἔρχηται, οὐδεὶς
γινώσκει πόθεν ἐστίν. Ἔκραξεν οὖν ἐν τῷ ἱερῷ διδά- 28
σκων ὁ Ἰησοῦς καὶ λέγων, Κἀμὲ οἴδατε, καὶ οἴδατε πόθεν
εἰμί· καὶ ἀπ' ἐμαυτοῦ οὐκ ἐλήλυθα, ἀλλ' ἔστιν ἀληθινὸς ὁ
πέμψας με, ὃν ὑμεῖς οὐκ οἴδατε. ἐγὼ οἶδα αὐτόν, ὅτι 29
παρ' αὐτοῦ εἰμί, κἀκεῖνός με ἀπέστειλεν. ἐζήτουν οὖν 30
αὐτὸν πιάσαι· καὶ οὐδεὶς ἐπέβαλεν ἐπ' αὐτὸν τὴν χεῖρα,
ὅτι οὔπω ἐληλύθει ἡ ὥρα αὐτοῦ. Ἐκ τοῦ ὄχλου δὲ 31
πολλοὶ ἐπίστευσαν εἰς αὐτόν, καὶ ἔλεγον, Ὁ Χριστὸς ὅταν
ἔλθῃ, μὴ πλείονα σημεῖα ποιήσει ὧν οὗτος ἐποίησεν;
Ἤκουσαν οἱ Φαρισαῖοι τοῦ ὄχλου γογγύζοντος περὶ αὐτοῦ 32

20 ὄχλος]+ καὶ εἶπε ϛ 21 Ἰησοῦς] pr ὁ ϛ Ln : C 21, 22 θαυ-
μάζετε. διὰ τοῦτο] θαυμάζετε διὰ τοῦτο. LnTr(n.m.)BRm 22 διὰ τοῦ-
το] Tiᶜ[B] Μωυσ.] pr ὁ TiB ἐν] [Ln] [WH] 23 ἄνθρωπος]
pr ὁ [Tr]m]WH] Μωυσέως] pr ὁ Ti[B] 24 κρίνετε sec.] -ατε ϛ Ti
B 25 Ἱεροσολυμειτῶν] -μιτῶν ϛLnTrAB 26 μή ποτε] μήτι Bm
ἐστιν]+ ἀληθῶς ϛ : Cϛm 28 ὁ ante Ἰησ.] [WH] ἀλλ'] ἀλλὰ WHₐ
29 ἐγὼ]+ δὲ ϛ [B]: CEr ἀπέστειλεν] -αλκεν TiB 30 ἐπέβαλεν]
ἔβαλεν Lnm ἐληλύθει] ἐλήλυθεν Trm 31 ἐκ usque ad ἐπίστευσαν]
πολλοὶ δὲ ἐκ τοῦ ὁ. ἐπίστ. ϛ : πολλ. δὲ ἐπίστ. ἐκ τοῦ ὁ. TiB ἔλεγον]
+ ὅτι ϛ μὴ] μήτι ϛ σημεῖα]+ τούτων ϛ : Cϛm ἐποίησεν] ποιεῖ
TiB

ταῦτα, καὶ ἀπέστειλαν οἱ ἀρχιερεῖς καὶ οἱ Φαρισαῖοι ὑπη-
33 ρέτας ἵνα πιάσωσιν αὐτόν. εἶπεν οὖν ὁ Ἰησοῦς, Ἔτι
χρόνον μικρὸν μεθ᾽ ὑμῶν εἰμί, καὶ ὑπάγω πρὸς τὸν πέμ-
34 ψαντά με. ζητήσετέ με, καὶ οὐχ εὑρήσετέ [με]· καὶ
35 ὅπου εἰμὶ ἐγὼ ὑμεῖς οὐ δύνασθε ἐλθεῖν. εἶπον οὖν οἱ
Ἰουδαῖοι πρὸς ἑαυτούς, Ποῦ οὗτος μέλλει πορεύεσθαι ὅτι
ἡμεῖς οὐχ εὑρήσομεν αὐτόν ; μὴ εἰς τὴν διασπορὰν τῶν
Ἑλλήνων μέλλει πορεύεσθαι, καὶ διδάσκειν τοὺς Ἕλλη-
36 νας ; τίς ἐστιν ὁ λόγος οὗτος ὃν εἶπεν, Ζητήσετέ με,
καὶ οὐχ εὑρήσετέ [με], καὶ ὅπου εἰμὶ ἐγὼ ὑμεῖς οὐ δύνασθε
ἐλθεῖν ;
37 Ἐν δὲ τῇ ἐσχάτῃ ἡμέρᾳ τῇ μεγάλῃ τῆς ἑορτῆς εἱστήκει
ὁ Ἰησοῦς, καὶ ἔκραξεν λέγων, Ἐάν τις διψᾷ, ἐρχέσθω πρός
38 με καὶ πινέτω. ὁ πιστεύων εἰς ἐμέ, καθὼς εἶπεν ἡ γρα-
φή, ποταμοὶ ἐκ τῆς κοιλίας αὐτοῦ ῥεύσουσιν ὕδατος ζῶν-
39 τος. τοῦτο δὲ εἶπεν περὶ τοῦ Πνεύματος, οὗ ἔμελλον
λαμβάνειν οἱ πιστεύσαντες εἰς αὐτόν· οὔπω γὰρ ἦν Πνεῦ-
40 μα, ὅτι Ἰησοῦς οὔπω ἐδοξάσθη. Ἐκ τοῦ ὄχλου οὖν
ἀκούσαντες τῶν λόγων τούτων ἔλεγον, Οὗτός ἐστιν ἀληθῶς
41 ὁ προφήτης. ἄλλοι ἔλεγον, Οὗτός ἐστιν ὁ Χριστός. οἱ
δὲ ἔλεγον, Μὴ γὰρ ἐκ τῆς Γαλιλαίας ὁ Χριστὸς ἔρχεται ;
42 οὐχ ἡ γραφὴ εἶπεν ὅτι ἐκ τοῦ σπέρματος Δαυείδ, καὶ ἀπὸ
Βηθλεὲμ τῆς κώμης ὅπου ἦν Δαυείδ, ἔρχεται ὁ Χριστός ;
43,44 σχίσμα οὖν ἐγένετο ἐν τῷ ὄχλῳ δι᾽ αὐτόν. τινὲς δὲ

32 ταῦτα][*Tr*]m οἱ ἀρχ. καὶ οἱ Φ.] οἱ Φ. καὶ οἱ ἀρχ. ϛ: post ὑπηρέτας TiB 33 οὖν] + αὐτοῖς ϛ: Cϛm χρόνον] post μικρ. ϛ 34 et 36 με sec.] ins L*n*[*Tr*]mAWHR: ϛ°Tr°Ti°B° 35 οὗτος] post μέλλει Ti ἡμεῖς] Ti°B°(n.m.) 36 οὗτος] ante ὁ λόγ. ϛ εἶπεν] -πε WH 37 εἱστήκει] ἱστ. WH ἔκραξεν] -ξε WHa: -ζεν TiB(n.m.) πρός με] Ti°[B] . *post* πινέτω] [B] 39 οὗ] ὁ *Tr*mAmWHm ἔμελλον] ἤμελλον TiBWHa πιστεύσαντες] πιστεύοντες ϛ (n.m.)TiB (n.m.) Πνεῦμα] + Ἅγιον ϛ[*Tr*][A]Bm: + δεδομένον L*n*: + ἅγ. δεδ. BmRm Ἰησοῦς] pr ὁ ϛ: C οὔπω] οὐδέπω ϛTiBm 40 ἐκ τοῦ ὄ. οὖν] πολλοὶ οὖν ἐκ τοῦ ὄ. ϛ τῶν λόγ. τού.] τὸν λόγον ϛ(n.m.) ἔλεγον]+ὅτι[*Tr*]m[A][WH] 41 ἄλλοι]+δὲ [L*n*] οἱ ἄλλοι ϛ TiB δὲ] Ti°B° 42 οὐχ] οὐχὶ ϛTiB ἔρχεται] post ὁ Χρ. ϛTiB 43 ἐγένετο] post ἐν τῷ ὄ. ϛ 44 ἔβαλεν] ἐπέβαλεν ϛ Ti (sic vult) B

ΚΑΤΑ ΙΩΑΝΝΗΝ 7. 45—8. 3.

ἤθελον ἐξ αὐτῶν πιάσαι αὐτόν, ἀλλ᾽ οὐδεὶς ἔβαλεν ἐπ᾽ αὐτὸν τὰς χεῖρας.

Ἦλθον οὖν οἱ ὑπηρέται πρὸς τοὺς ἀρχιερεῖς καὶ Φαρι- 45 σαίους, καὶ εἶπον αὐτοῖς ἐκεῖνοι, Διὰ τί οὐκ ἠγάγετε αὐτόν; ἀπεκρίθησαν οἱ ὑπηρέται, Οὐδέποτε ἐλάλησεν οὕτως ἄν- 46 θρωπος [ὡς οὗτος ὁ ἄνθρωπος.] ἀπεκρίθησαν οὖν αὐ- 47 τοῖς οἱ Φαρισαῖοι, Μὴ καὶ ὑμεῖς πεπλάνησθε; μή τις 48 ἐκ τῶν ἀρχόντων ἐπίστευσεν εἰς αὐτὸν ἢ ἐκ τῶν Φαρισαίων; ἀλλὰ ὁ ὄχλος οὗτος ὁ μὴ γινώσκων τὸν νόμον 49 ἐπάρατοί εἰσιν. λέγει Νικόδημος πρὸς αὐτούς (ὁ ἐλθὼν 50 πρὸς αὐτὸν πρότερον, εἷς ὢν ἐξ αὐτῶν), Μὴ ὁ νόμος 51 ἡμῶν κρίνει τὸν ἄνθρωπον, ἐὰν μὴ ἀκούσῃ πρῶτον παρ᾽ αὐτοῦ καὶ γνῷ τί ποιεῖ; ἀπεκρίθησαν καὶ εἶπαν αὐτῷ, 52 Μὴ καὶ σὺ ἐκ τῆς Γαλιλαίας εἶ; ἐραύνησον καὶ ἴδε ὅτι ἐκ τῆς Γαλιλαίας προφήτης οὐκ ἐγείρεται.

[Καὶ ἐπορεύθησαν ἕκαστος εἰς τὸν οἶκον αὐτοῦ· 53 Ἰησοῦς δὲ ἐπορεύθη εἰς τὸ Ὄρος τῶν Ἐλαιῶν. ὄρ- 8 1, 2 θρου δὲ πάλιν παρεγένετο εἰς τὸ ἱερόν, καὶ πᾶς ὁ λαὸς ἤρχετο πρὸς αὐτόν· καὶ καθίσας ἐδίδασκεν αὐτούς. Ἄγουσιν δὲ οἱ γραμματεῖς καὶ οἱ Φαρισαῖοι γυναῖκα ἐπὶ 3 μοιχείᾳ κατειλημμένην, καὶ στήσαντες αὐτὴν ἐν μέσῳ

8. 4—14.   ΚΑΤΑ ΙΩΑΝΝΗΝ

4 λέγουσιν αὐτῷ, Διδάσκαλε, αὕτη ἡ γυνὴ κατείληπται ἐπ'
5 αὐτοφώρῳ μοιχευομένη. ἐν δὲ τῷ νόμῳ ἡμῖν Μωυσῆς
ἐνετείλατο τὰς τοιαύτας λιθάζειν· σὺ οὖν τί λέγεις;
6 τοῦτο δὲ ἔλεγον πειράζοντες αὐτόν, ἵνα ἔχωσιν κατηγορεῖν
αὐτοῦ. ὁ δὲ Ἰησοῦς κάτω κύψας τῷ δακτύλῳ κατέγραφεν
7 εἰς τὴν γῆν. ὡς δὲ ἐπέμενον ἐρωτῶντες αὐτόν, ἀνέκυψεν
καὶ εἶπεν αὐτοῖς, Ὁ ἀναμάρτητος ὑμῶν πρῶτος ἐπ' αὐτὴν
8 βαλέτω λίθον. καὶ πάλιν κατακύψας ἔγραφεν εἰς τὴν
9 γῆν. οἱ δὲ ἀκούσαντες ἐξήρχοντο εἷς καθ' εἷς, ἀρξάμενοι
ἀπὸ τῶν πρεσβυτέρων ἕως τῶν ἐσχάτων· καὶ κατελείφθη
10 μόνος ὁ Ἰησοῦς, καὶ ἡ γυνὴ ἐν μέσῳ οὖσα. ἀνακύψας
δὲ ὁ Ἰησοῦς εἶπεν αὐτῇ, Γύναι, ποῦ εἰσίν; οὐδείς σε κατέ-
11 κρινεν; ἡ δὲ εἶπεν, Οὐδείς, Κύριε. εἶπεν δὲ ὁ Ἰησοῦς,
Οὐδὲ ἐγώ σε κατακρίνω· πορεύου, ἀπὸ τοῦ νῦν μηκέτι
ἁμάρτανε.]

12 Πάλιν οὖν αὐτοῖς ἐλάλησεν ὁ Ἰησοῦς λέγων, Ἐγώ εἰμι
τὸ φῶς τοῦ κόσμου· ὁ ἀκολουθῶν μοι οὐ μὴ περιπατήσῃ ἐν
13 τῇ σκοτίᾳ, ἀλλ' ἕξει τὸ φῶς τῆς ζωῆς. εἶπον οὖν αὐτῷ
οἱ Φαρισαῖοι, Σὺ περὶ σεαυτοῦ μαρτυρεῖς· ἡ μαρτυρία σου
14 οὐκ ἔστιν ἀληθής. ἀπεκρίθη Ἰησοῦς καὶ εἶπεν αὐτοῖς,

ΚΑΤΑ ΙΩΑΝΝΗΝ

Κἂν ἐγὼ μαρτυρῶ περὶ ἐμαυτοῦ, ἀληθής ἐστιν ἡ μαρτυρία μου· ὅτι οἶδα πόθεν ἦλθον καὶ ποῦ ὑπάγω· ὑμεῖς δὲ οὐκ οἴδατε πόθεν ἔρχομαι ἢ ποῦ ὑπάγω. ὑμεῖς κατὰ τὴν 15 σάρκα κρίνετε· ἐγὼ οὐ κρίνω οὐδένα. καὶ ἐὰν κρίνω δὲ 16 ἐγώ, ἡ κρίσις ἡ ἐμὴ ἀληθινή ἐστιν· ὅτι μόνος οὐκ εἰμί, ἀλλ' ἐγὼ καὶ ὁ πέμψας με Πατήρ. καὶ ἐν τῷ νόμῳ δὲ 17 τῷ ὑμετέρῳ γέγραπται ὅτι δύο ἀνθρώπων ἡ μαρτυρία ἀληθής ἐστιν. ἐγώ εἰμι ὁ μαρτυρῶν περὶ ἐμαυτοῦ, καὶ 18 μαρτυρεῖ περὶ ἐμοῦ ὁ πέμψας με Πατήρ. ἔλεγον οὖν 19 αὐτῷ, Ποῦ ἐστιν ὁ πατήρ σου; ἀπεκρίθη Ἰησοῦς, Οὔτε ἐμὲ οἴδατε οὔτε τὸν Πατέρα μου· εἰ ἐμὲ ᾔδειτε, καὶ τὸν Πατέρα μου ἂν ᾔδειτε. Ταῦτα τὰ ῥήματα ἐλάλησεν ἐν 20 τῷ γαζοφυλακίῳ, διδάσκων ἐν τῷ ἱερῷ· καὶ οὐδεὶς ἐπίασεν αὐτόν, ὅτι οὔπω ἐληλύθει ἡ ὥρα αὐτοῦ.

Εἶπεν οὖν πάλιν αὐτοῖς, Ἐγὼ ὑπάγω, καὶ ζητήσετέ με, 21 καὶ ἐν τῇ ἁμαρτίᾳ ὑμῶν ἀποθανεῖσθε· ὅπου ἐγὼ ὑπάγω ὑμεῖς οὐ δύνασθε ἐλθεῖν. ἔλεγον οὖν οἱ Ἰουδαῖοι, Μή- 22 τι ἀποκτενεῖ ἑαυτόν, ὅτι λέγει, Ὅπου ἐγὼ ὑπάγω ὑμεῖς οὐ δύνασθε ἐλθεῖν; καὶ ἔλεγεν αὐτοῖς, Ὑμεῖς ἐκ τῶν 23 κάτω ἐστέ, ἐγὼ ἐκ τῶν ἄνω εἰμί· ὑμεῖς ἐκ τούτου τοῦ κόσμου ἐστέ, ἐγὼ οὐκ εἰμὶ ἐκ τοῦ κόσμου τούτου. εἶπον 24 οὖν ὑμῖν ὅτι ἀποθανεῖσθε ἐν ταῖς ἁμαρτίαις ὑμῶν· ἐὰν γὰρ μὴ πιστεύσητε ὅτι ἐγώ εἰμι, ἀποθανεῖσθε ἐν ταῖς ἁμαρτίαις ὑμῶν. ἔλεγον οὖν αὐτῷ, Σὺ τίς εἶ; εἶπεν αὐτοῖς 25 ὁ Ἰησοῦς, Τὴν ἀρχὴν ὅ τι καὶ λαλῶ ὑμῖν. πολλὰ ἔχω 26 περὶ ὑμῶν λαλεῖν καὶ κρίνειν· ἀλλ' ὁ πέμψας με ἀληθής ἐστιν, κἀγὼ ἃ ἤκουσα παρ' αὐτοῦ, ταῦτα λαλῶ εἰς τὸν

---

14 ἡ μαρτ. μου] ante ἀληθ. ἐστ. *Ln*m*Tr*mWHm δὲ] Ti°B° ἢ] καὶ ϛLn : Cϛm 16 καὶ ἐὰν] κἂν WHa ἀληθινή] ἀληθής ϛBm Πατήρ] Ti°[B][WH] 17 γέγραπται] γεγραμμένον ἐστὶν Ti 19 Ἰησοῦς] pr ὁ ϛ : Er ἂν] post ᾔδειτε ϛ 20 ἐλάλησεν] + ὁ Ἰησοῦς ϛ 21 αὐτοῖς]+ὁ Ἰησοῦς ϛ 23 ἔλεγεν] εἶπεν ϛ τούτου pri.] post τοῦ κόσμ. ϛTiB 24 ἐγώ εἰμι] ἐγὼ εἰμί WHm (conf. infra 58 et 9. 9.) 25 εἶπεν] pr καὶ ϛ ὁ] [Tr][WH] ὅ τι] ὅτι Cϛ WHRm ὑμῖν.] ὑμῖν ; WH(n.m.)Rm 26 λαλῶ] λέγω ϛ

ΚΑΤΑ ΙΩΑΝΝΗΝ

27 κόσμον. οὐκ ἔγνωσαν ὅτι τὸν Πατέρα αὐτοῖς ἔλεγεν.
28 εἶπεν οὖν ὁ Ἰησοῦς, Ὅταν ὑψώσητε τὸν Υἱὸν τοῦ Ἀνθρώ-
που, τότε γνώσεσθε ὅτι ἐγώ εἰμι, καὶ ἀπ᾽ ἐμαυτοῦ ποιῶ
οὐδέν, ἀλλὰ καθὼς ἐδίδαξέν με ὁ Πατήρ, ταῦτα λαλῶ.
29 καὶ ὁ πέμψας με μετ᾽ ἐμοῦ ἐστίν· οὐκ ἀφῆκέν με μόνον·
30 ὅτι ἐγὼ τὰ ἀρεστὰ αὐτῷ ποιῶ πάντοτε. ταῦτα αὐτοῦ
λαλοῦντος πολλοὶ ἐπίστευσαν εἰς αὐτόν.
31 Ἔλεγεν οὖν ὁ Ἰησοῦς πρὸς τοὺς πεπιστευκότας αὐτῷ
Ἰουδαίους, Ἐὰν ὑμεῖς μείνητε ἐν τῷ λόγῳ τῷ ἐμῷ, ἀλη-
32 θῶς μαθηταί μου ἐστέ· καὶ γνώσεσθε τὴν ἀλήθειαν,
33 καὶ ἡ ἀλήθεια ἐλευθερώσει ὑμᾶς. ἀπεκρίθησαν πρὸς
αὐτόν, Σπέρμα Ἀβραάμ ἐσμεν, καὶ οὐδενὶ δεδουλεύκαμεν
πώποτε· πῶς σὺ λέγεις ὅτι Ἐλεύθεροι γενήσεσθε;
34 ἀπεκρίθη αὐτοῖς ὁ Ἰησοῦς, Ἀμὴν ἀμὴν λέγω ὑμῖν ὅτι πᾶς
35 ὁ ποιῶν τὴν ἁμαρτίαν δοῦλός ἐστιν τῆς ἁμαρτίας. ὁ δὲ
δοῦλος οὐ μένει ἐν τῇ οἰκίᾳ εἰς τὸν αἰῶνα· ὁ Υἱὸς μένει εἰς
36 τὸν αἰῶνα, ἐὰν οὖν ὁ Υἱὸς ὑμᾶς ἐλευθερώσῃ, ὄντως
37 ἐλεύθεροι ἔσεσθε. οἶδα ὅτι σπέρμα Ἀβραάμ ἐστε·
ἀλλὰ ζητεῖτέ με ἀποκτεῖναι, ὅτι ὁ λόγος ὁ ἐμὸς οὐ χωρεῖ
38 ἐν ὑμῖν. ἃ ἐγὼ ἑώρακα παρὰ τῷ Πατρὶ λαλῶ· καὶ
39 ὑμεῖς οὖν ἃ ἠκούσατε παρὰ τοῦ πατρὸς ποιεῖτε. ἀπε-
κρίθησαν καὶ εἶπαν αὐτῷ, Ὁ πατὴρ ἡμῶν Ἀβραάμ ἐστιν.
λέγει αὐτοῖς ὁ Ἰησοῦς, Εἰ τέκνα τοῦ Ἀβραάμ ἐστε, τὰ
40 ἔργα τοῦ Ἀβραὰμ ἐποιεῖτε. νῦν δὲ ζητεῖτέ με ἀποκτεῖ-
ναι, ἄνθρωπον ὃς τὴν ἀλήθειαν ὑμῖν λελάληκα, ἣν ἤκουσα
41 παρὰ τοῦ Θεοῦ· τοῦτο Ἀβραὰμ οὐκ ἐποίησεν· ὑμεῖς
ποιεῖτε τὰ ἔργα τοῦ πατρὸς ὑμῶν. εἶπαν αὐτῷ, Ἡμεῖς ἐκ

---

28 οὖν]+αὐτοῖς ϛ[Tr]m ἐγώ εἰμι,] ἐγὼ εἰμί, WHmRm : ἐγώ εἰμι· Rm
Πατήρ]+μου ϛ 29 ἀφῆκέν]-κέ WHa μόνον]+ ὁ Πατήρ ϛ
33 πρὸς αὐτόν] αὐτῷ ϛ 34 ὁ pri.] Lnᵒ[Tr][WH] τῆς ἁμαρτίας]·
[WH] 38 ἃ ἐγὼ] ἐγὼ ἃ ϛ : ἐγὼ ἃ TrmTiσφAWHm Πατρί]+μου
ϛBmWHm λαλῶ] pr ταῦτα[WH]m ἃ ἠκ. π. τοῦ πατρὸς] ὁ ἑωρά-
κατε π. τῷ πατρί ϛ(n.m.)WHm(sed ἅ) : +ὑμῶν ϛ[B]WHm 39 εἶπαν]-ον
ϛ ὁ ante Ἰησ.][Tr][WH] ἐστε]ἦτε ϛBm ἐποιεῖτε]ποιεῖτε
BmWH(n.m.)Rm :+ἄν ϛLn : CEr 41 εἶπαν]-ον ϛLnTrA :+οὖν ϛ

πορνείας οὐκ ἐγεννήθημεν· ἕνα Πατέρα ἔχομεν τὸν Θεόν.
εἶπεν αὐτοῖς ὁ Ἰησοῦς, Εἰ ὁ Θεὸς Πατὴρ ὑμῶν ἦν, ἠγα- 42
πᾶτε ἂν ἐμέ· ἐγὼ γὰρ ἐκ τοῦ Θεοῦ ἐξῆλθον καὶ ἥκω· οὐδὲ
γὰρ ἀπ᾽ ἐμαυτοῦ ἐλήλυθα, ἀλλ᾽ ἐκεῖνός με ἀπέστειλεν.
διὰ τί τὴν λαλιὰν τὴν ἐμὴν οὐ γινώσκετε; ὅτι οὐ δύνασθε 43
ἀκούειν τὸν λόγον τὸν ἐμόν. ὑμεῖς ἐκ τοῦ πατρὸς τοῦ 44
διαβόλου ἐστέ, καὶ τὰς ἐπιθυμίας τοῦ πατρὸς ὑμῶν θέλετε
ποιεῖν. ἐκεῖνος ἀνθρωποκτόνος ἦν ἀπ᾽ ἀρχῆς, καὶ ἐν τῇ
ἀληθείᾳ οὐκ ἔστηκεν, ὅτι οὐκ ἔστιν ἀλήθεια ἐν αὐτῷ. ὅταν
λαλῇ τὸ ψεῦδος, ἐκ τῶν ἰδίων λαλεῖ· ὅτι ψεύστης ἐστὶν
καὶ ὁ πατὴρ αὐτοῦ. ἐγὼ δὲ ὅτι τὴν ἀλήθειαν λέγω, οὐ 45
πιστεύετέ μοι. τίς ἐξ ὑμῶν ἐλέγχει με περὶ ἁμαρτίας; 46
εἰ ἀλήθειαν λέγω, διὰ τί ὑμεῖς οὐ πιστεύετέ μοι; ὁ ὢν 47
ἐκ τοῦ Θεοῦ τὰ ῥήματα τοῦ Θεοῦ ἀκούει· διὰ τοῦτο ὑμεῖς
οὐκ ἀκούετε, ὅτι ἐκ τοῦ Θεοῦ οὐκ ἐστέ. Ἀπεκρίθησαν 48
οἱ Ἰουδαῖοι καὶ εἶπαν αὐτῷ, Οὐ καλῶς λέγομεν ἡμεῖς
ὅτι Σαμαρείτης εἶ σὺ καὶ δαιμόνιον ἔχεις; ἀπεκρίθη 49
Ἰησοῦς, Ἐγὼ δαιμόνιον οὐκ ἔχω· ἀλλὰ τιμῶ τὸν Πατέρα
μου, καὶ ὑμεῖς ἀτιμάζετέ με. ἐγὼ δὲ οὐ ζητῶ τὴν 50
δόξαν μου· ἔστιν ὁ ζητῶν καὶ κρίνων. Ἀμὴν ἀμὴν 51
λέγω ὑμῖν, ἐάν τις τὸν ἐμὸν λόγον τηρήσῃ, θάνατον οὐ μὴ
θεωρήσῃ εἰς τὸν αἰῶνα. εἶπαν αὐτῷ οἱ Ἰουδαῖοι, Νῦν 52
ἐγνώκαμεν ὅτι δαιμόνιον ἔχεις. Ἀβραὰμ ἀπέθανεν καὶ οἱ
προφῆται, καὶ σὺ λέγεις, Ἐάν τις τὸν λόγον μου τηρήσῃ,
οὐ μὴ γεύσηται θανάτου εἰς τὸν αἰῶνα. μὴ σὺ μείζων 53
εἶ τοῦ πατρὸς ἡμῶν Ἀβραάμ, ὅστις ἀπέθανεν; καὶ οἱ προ-
φῆται ἀπέθανον· τίνα σεαυτὸν ποιεῖς; ἀπεκρίθη Ἰη- 54
σοῦς, Ἐὰν ἐγὼ δοξάσω ἐμαυτόν, ἡ δόξα μου οὐδέν ἐστιν·

ἔστιν ὁ Πατήρ μου ὁ δοξάζων με, ὃν ὑμεῖς λέγετε ὅτι Θεὸς
55 ὑμῶν ἐστίν, καὶ οὐκ ἐγνώκατε αὐτόν· ἐγὼ δὲ οἶδα αὐ-
τόν, κἂν εἴπω ὅτι οὐκ οἶδα αὐτόν, ἔσομαι ὅμοιος ὑμῖν ψεύ-
στης· ἀλλὰ οἶδα αὐτὸν καὶ τὸν λόγον αὐτοῦ τηρῶ.
56 Ἀβραὰμ ὁ πατὴρ ὑμῶν ἠγαλλιάσατο ἵνα ἴδῃ τὴν ἡμέραν
57 τὴν ἐμήν· καὶ εἶδεν καὶ ἐχάρη. εἶπαν οὖν οἱ Ἰουδαῖοι
πρὸς αὐτόν, Πεντήκοντα ἔτη οὔπω ἔχεις, καὶ Ἀβραὰμ ἑώ-
58 ρακας; εἶπεν αὐτοῖς Ἰησοῦς, Ἀμὴν ἀμὴν λέγω ὑμῖν,
59 πρὶν Ἀβραὰμ γενέσθαι ἐγὼ εἰμί. ἦραν οὖν λίθους ἵνα
βάλωσιν ἐπ' αὐτόν· Ἰησοῦς δὲ ἐκρύβη καὶ ἐξῆλθεν ἐκ
τοῦ ἱεροῦ.
9 Καὶ παράγων εἶδεν ἄνθρωπον τυφλὸν ἐκ γενετῆς.
2 καὶ ἠρώτησαν αὐτὸν οἱ μαθηταὶ αὐτοῦ λέγοντες, Ῥαββεί,
τίς ἥμαρτεν, οὗτος ἢ οἱ γονεῖς αὐτοῦ, ἵνα τυφλὸς γεννηθῇ;
3 ἀπεκρίθη Ἰησοῦς, Οὔτε οὗτος ἥμαρτεν οὔτε οἱ γονεῖς αὐ-
τοῦ· ἀλλ' ἵνα φανερωθῇ τὰ ἔργα τοῦ Θεοῦ ἐν αὐτῷ.
4 ἡμᾶς δεῖ ἐργάζεσθαι τὰ ἔργα τοῦ πέμψαντός με ἕως ἡμέρα
ἐστίν· ἔρχεται νύξ, ὅτε οὐδεὶς δύναται ἐργάζεσθαι.
5,6 ὅταν ἐν τῷ κόσμῳ ὦ, φῶς εἰμὶ τοῦ κόσμου. ταῦτα
εἰπὼν ἔπτυσεν χαμαὶ καὶ ἐποίησεν πηλὸν ἐκ τοῦ πτύσμα-
τος, καὶ ἐπέχρισεν αὐτοῦ τὸν πηλὸν ἐπὶ τοὺς ὀφθαλμούς,
7 καὶ εἶπεν αὐτῷ, Ὕπαγε νίψαι εἰς τὴν κολυμβήθραν τοῦ
Σιλωάμ (ὃ ἑρμηνεύεται Ἀπεσταλμένος). ἀπῆλθεν οὖν κα`
8 ἐνίψατο, καὶ ἦλθεν βλέπων. Οἱ οὖν γείτονες καὶ οἱ
θεωροῦντες αὐτὸν τὸ πρότερον, ὅτι προσαίτης ἦν, ἔλεγον,
9 Οὐχ οὗτός ἐστιν ὁ καθήμενος καὶ προσαιτῶν; ἄλλοι

ὑμῶν] ἡμῶν *Tr*(n m.)TiABmWHm   55 κἂν] καὶ ἐὰν ϛA   ὑμῖν] ὑμῶν ϛ
*Tr*mTiA(n.m.)B   ἀλλὰ] ἀλλ' ϛ   56 ἴδῃ] εἴδῃ Ti   57 εἶπαν]
-ον ϛ*LnTr*A   ἑώρακας] -κες *Tr*mWHa: ἑώρακέν σε WHm   58 Ἰη-
σοῦς] pr ὁ ϛ LnA   ἐγώ εἰμί] ἐγώ εἰμι ϛ   59 ἱεροῦ] +διελθὼν διὰ
μέσου αὐτῶν· καὶ παρῆγεν οὕτω ϛ Bm : καὶ διελθ. διὰ μ. αὐτῶν ἐπορεύετο,
καὶ παρ. οὔ. Rm   3 Ἰησοῦς] pr ὁ ϛ : C   4 ἡμᾶς] ἐμὲ ϛ*LnTr*mA
(n.m.)BmScr   με] ἡμᾶς TiB(n.m.)   ἕως] ὡς *Tr*mWHm   6 ἐπέ-
χρισεν] ἐπέθηκεν *Tr*mWH(n.m.)   αὐτοῦ] ϛ°[*Tr*]mB°m   ὀφθαλμοὺς]+
τοῦ τυφλοῦ ϛ[*Ln*]Bm   7 νίψαι] [*Ln*]   8 προσαίτης] τυφλὸς ϛ(n.m.)
9 ἄλλοι sec.]+ δὲ ϛ[*Ln*]*Tr*m

ΚΑΤΑ ΙΩΑΝΝΗΝ

9. 10—20.

ἔλεγον ὅτι Οὗτός ἐστιν· ἄλλοι ἔλεγον, Οὐχί, ἀλλ' ὅμοιος αὐτῷ ἐστίν. ἐκεῖνος ἔλεγεν ὅτι Ἐγώ εἰμι. ἔλεγον οὖν 10 αὐτῷ, Πῶς οὖν ἠνεῴχθησάν σου οἱ ὀφθαλμοί; ἀπεκρίθη 11 ἐκεῖνος, Ὁ ἄνθρωπος ὁ λεγόμενος Ἰησοῦς πηλὸν ἐποίησεν καὶ ἐπέχρισέν μου τοὺς ὀφθαλμούς, καὶ εἶπέν μοι ὅτι Ὕπαγε εἰς τὸν Σιλωὰμ καὶ νίψαι· ἀπελθὼν οὖν καὶ νιψάμενος ἀνέβλεψα. εἶπαν αὐτῷ, Ποῦ ἐστὶν ἐκεῖ- 12 νος; λέγει, Οὐκ οἶδα.

Ἄγουσιν αὐτὸν πρὸς τοὺς Φαρισαίους, τόν ποτε τυφλόν. 13 ἦν δὲ σάββατον ἐν ᾗ ἡμέρᾳ τὸν πηλὸν ἐποίησεν ὁ Ἰησοῦς 14 καὶ ἀνέῳξεν αὐτοῦ τοὺς ὀφθαλμούς. πάλιν οὖν ἠρώτων 15 αὐτὸν καὶ οἱ Φαρισαῖοι πῶς ἀνέβλεψεν. ὁ δὲ εἶπεν αὐτοῖς, Πηλὸν ἐπέθηκέν μου ἐπὶ τοὺς ὀφθαλμούς, καὶ ἐνιψάμην, καὶ βλέπω. ἔλεγον οὖν ἐκ τῶν Φαρισαίων τινές, Οὐκ 16 ἔστιν οὗτος παρὰ Θεοῦ ὁ ἄνθρωπος, ὅτι τὸ σάββατον οὐ τηρεῖ. ἄλλοι ἔλεγον, Πῶς δύναται ἄνθρωπος ἁμαρτωλὸς τοιαῦτα σημεῖα ποιεῖν; καὶ σχίσμα ἦν ἐν αὐτοῖς. λέγουσιν οὖν τῷ τυφλῷ πάλιν, Τί σὺ λέγεις περὶ αὐτοῦ, 17 ὅτι ἠνέῳξέν σου τοὺς ὀφθαλμούς; ὁ δὲ εἶπεν ὅτι Προφήτης ἐστίν. Οὐκ ἐπίστευσαν οὖν οἱ Ἰουδαῖοι περὶ αὐτοῦ 18 ὅτι ἦν τυφλὸς καὶ ἀνέβλεψεν, ἕως ὅτου ἐφώνησαν τοὺς γονεῖς αὐτοῦ τοῦ ἀναβλέψαντος καὶ ἠρώτησαν αὐτοὺς 19 λέγοντες, Οὗτός ἐστιν ὁ υἱὸς ὑμῶν, ὃν ὑμεῖς λέγετε ὅτι τυφλὸς ἐγεννήθη; πῶς οὖν βλέπει ἄρτι; ἀπεκρίθησαν 20 [οὖν] οἱ γονεῖς αὐτοῦ καὶ εἶπαν, Οἴδαμεν ὅτι οὗτός ἐστιν

ἔλεγον sec.] ς°(a.m.)*Tr*m   οὐχί, ἀλλ'][*Ln*]: ὅτι ς(a.m.)[*Ln*]m*Tr*m   ἀλλ'] ἀλλὰ TiBWH(a.m.)   ἐκεῖνος]+δὲ Ln   10 οὖν sec.] ς°*Tr*°[*Ln*] [A] [B] [WH]   ἠνεῴχθησάν] ἀνεῴ. ς : Er   σου] σοι ElzL*n*m   11 ἐκεῖνος]+καὶ εἶπεν ς [*Ln*]   ὁ bis] ς°*Ln*°[A]   ὅτι] ς°*Ln*°A°   τὸν] τὴν κολυμβήθραν τοῦ ς   οὖν] δὲ ς   12 εἶπαν] -ον ς : pr καὶ [*Tr*](a.m.)WHR :+οὖν ς[*Tr*]m   14 ἐν ᾗ ἡμ.] ὅτε ς   ἀνέῳξεν] ἠνέῳ. WHa   15 μου] post ἐπὶ τοὺς ὀφθ. ς   16 οὐκ usque ad ἄνθρωπος] οὗτος ὁ ἄνθρ. οὐκ ἔστιν παρὰ Θεοῦ ς L*n*m*Tr*m , sed παρὰ τοῦ Θεοῦ ς   ἄλλοι]+δὲ [Tr]m[WH]R   17 οὖν] ς° : C   τί σὺ] σὺ τί ς L*n**Tr*mTi B   ἠνέῳξέν] ἤνοιξέν ς Ln TiBWHa   18 ἦν] post τυφλὸς ς L*n*(a.m.) *Tr*m   19 βλέπει] post ἄρτι ς L*n*m   20 οὖν] ins LnTi[B]WH : ς° Tr°A°R° : +αὐτοῖς ς[*Ln*]   εἶπαν] -ον ς L*n*

267

ΚΑΤΑ ΙΩΑΝΝΗΝ

21 ὁ υἱὸς ἡμῶν καὶ ὅτι τυφλὸς ἐγεννήθη· πῶς δὲ νῦν βλέπει οὐκ οἴδαμεν· ἢ τίς ἤνοιξεν αὐτοῦ τοὺς ὀφθαλμοὺς ἡμεῖς οὐκ οἴδαμεν· αὐτὸν ἐρωτήσατε· ἡλικίαν ἔχει· αὐτὸς 22 περὶ ἑαυτοῦ λαλήσει. ταῦτα εἶπον οἱ γονεῖς αὐτοῦ ὅτι ἐφοβοῦντο τοὺς Ἰουδαίους· ἤδη γὰρ συνετέθειντο οἱ Ἰουδαῖοι ἵνα ἐάν τις αὐτὸν ὁμολογήσῃ Χριστόν, ἀποσυνάγω- 23 γος γένηται. διὰ τοῦτο οἱ γονεῖς αὐτοῦ εἶπαν ὅτι Ἡλικίαν ἔχει· αὐτὸν ἐρωτήσατε.

24 Ἐφώνησαν οὖν τὸν ἄνθρωπον ἐκ δευτέρου ὃς ἦν τυφλός, καὶ εἶπαν αὐτῷ, Δὸς δόξαν τῷ Θεῷ· ἡμεῖς οἴδαμεν 25 ὅτι οὗτος ὁ ἄνθρωπος ἁμαρτωλός ἐστιν. ἀπεκρίθη οὖν ἐκεῖνος, Εἰ ἁμαρτωλός ἐστιν οὐκ οἶδα· ἓν οἶδα, ὅτι τυφλὸς 26 ὢν ἄρτι βλέπω. εἶπον οὖν αὐτῷ, Τί ἐποίησέν σοι; 27 πῶς ἤνοιξέν σου τοὺς ὀφθαλμούς; ἀπεκρίθη αὐτοῖς, Εἶπον ὑμῖν ἤδη καὶ οὐκ ἠκούσατε· τί πάλιν θέλετε ἀκούειν; μὴ καὶ ὑμεῖς θέλετε αὐτοῦ μαθηταὶ γενέσθαι; 28 ἐλοιδόρησαν αὐτὸν καὶ εἶπαν, Σὺ μαθητὴς εἶ ἐκείνου· 29 ἡμεῖς δὲ τοῦ Μωυσέως ἐσμὲν μαθηταί. ἡμεῖς οἴδαμεν ὅτι Μωυσεῖ λελάληκεν ὁ Θεός· τοῦτον δὲ οὐκ οἴδαμεν 30 πόθεν ἐστίν. ἀπεκρίθη ὁ ἄνθρωπος καὶ εἶπεν αὐτοῖς, Ἐν τούτῳ γὰρ τὸ θαυμαστόν ἐστιν, ὅτι ὑμεῖς οὐκ οἴδατε 31 πόθεν ἐστίν καὶ ἤνοιξέν μου τοὺς ὀφθαλμούς. οἴδαμεν ὅτι ὁ Θεὸς ἁμαρτωλῶν οὐκ ἀκούει· ἀλλ' ἐάν τις θεοσεβὴς 32 ᾖ καὶ τὸ θέλημα αὐτοῦ ποιῇ, τούτου ἀκούει. ἐκ τοῦ αἰῶνος οὐκ ἠκούσθη ὅτι ἤνοιξέν τις ὀφθαλμοὺς τυφλοῦ

ΚΑΤΑ ΙΩΑΝΝΗΝ

9. 33—10. 5.

γεγεννημένου· εἰ μὴ ἦν οὗτος παρὰ Θεοῦ, οὐκ ἠδύνατο 33
ποιεῖν οὐδέν. ἀπεκρίθησαν καὶ εἶπαν αὐτῷ, Ἐν ἁμαρ- 34
τίαις σὺ ἐγεννήθης ὅλος, καὶ σὺ διδάσκεις ἡμᾶς; καὶ ἐξέ-
βαλον αὐτὸν ἔξω.

Ἤκουσεν Ἰησοῦς ὅτι ἐξέβαλον αὐτὸν ἔξω, καὶ εὑρὼν 35
αὐτὸν εἶπεν, Σὺ πιστεύεις εἰς τὸν Υἱὸν τοῦ Θεοῦ;
ἀπεκρίθη ἐκεῖνος καὶ εἶπεν, Καὶ τίς ἐστιν, Κύριε, ἵνα πι- 36
στεύσω εἰς αὐτόν; εἶπεν αὐτῷ ὁ Ἰησοῦς, Καὶ ἑώρακας 37
αὐτὸν καὶ ὁ λαλῶν μετὰ σοῦ ἐκεῖνός ἐστιν. ὁ δὲ ἔφη, 38
Πιστεύω, Κύριε· καὶ προσεκύνησεν αὐτῷ. καὶ εἶπεν ὁ 39
Ἰησοῦς, Εἰς κρίμα ἐγὼ εἰς τὸν κόσμον τοῦτον ἦλθον, ἵνα
οἱ μὴ βλέποντες βλέπωσιν καὶ οἱ βλέποντες τυφλοὶ γέ-
νωνται. ἤκουσαν ἐκ τῶν Φαρισαίων ταῦτα οἱ μετ᾽ αὐτοῦ 40
ὄντες, καὶ εἶπαν αὐτῷ, Μὴ καὶ ἡμεῖς τυφλοί ἐσμεν;
εἶπεν αὐτοῖς ὁ Ἰησοῦς, Εἰ τυφλοὶ ἦτε, οὐκ ἂν εἴχετε ἁμαρ- 41
τίαν· νῦν δὲ λέγετε ὅτι Βλέπομεν· ἡ ἁμαρτία ὑμῶν μένει.

Ἀμὴν ἀμὴν λέγω ὑμῖν, ὁ μὴ εἰσερχόμενος διὰ τῆς θύρας 10
εἰς τὴν αὐλὴν τῶν προβάτων ἀλλὰ ἀναβαίνων ἀλλαχόθεν,
ἐκεῖνος κλέπτης ἐστὶν καὶ λῃστής. ὁ δὲ εἰσερχόμενος 2
διὰ τῆς θύρας ποιμήν ἐστιν τῶν προβάτων· τούτῳ ὁ 3
θυρωρὸς ἀνοίγει, καὶ τὰ πρόβατα τῆς φωνῆς αὐτοῦ ἀκούει,
καὶ τὰ ἴδια πρόβατα φωνεῖ κατ᾽ ὄνομα καὶ ἐξάγει αὐτά.
ὅταν τὰ ἴδια πάντα ἐκβάλῃ, ἔμπροσθεν αὐτῶν πορεύεται· 4
καὶ τὰ πρόβατα αὐτῷ ἀκολουθεῖ, ὅτι οἴδασιν τὴν φωνὴν
αὐτοῦ. ἀλλοτρίῳ δὲ οὐ μὴ ἀκολουθήσουσιν, ἀλλὰ φεύ- 5
ξονται ἀπ᾽ αὐτοῦ, ὅτι οὐκ οἴδασιν τῶν ἀλλοτρίων τὴν

34 εἶπαν] -ον ς   35 Ἰησοῦς] pr ὁ ςLn[Tr]A   εἶπεν] + αὐτῷ ς
Ln[Tr][A]   Θεοῦ] ἀνθρώπου TiAmBmWHRm   36 ἀπεκρίθη ἐκεῖ-
νος] WH°m   καὶ εἶπεν] Ln°Tr°m[A][B][WH]WH°m   καὶ sec.] ς°
Ln° : CErsm   τίς ἐστιν]+ , ἔφη, TrmWHm   37 εἶπεν]+δὲ ς
40 ἤκουσαν] pr καὶ ςLn   ταῦτα] Ti°[B]   ὄντες] ante μετ᾽ αὐ. ς
εἶπαν] -ον ςLnTrA   41 ὁ ante Ἰησ.][WH]   εἴχετε]-ατε WH₂
ἡ]+οὖν ς[Ln]   ἡ usque ad μένει] αἱ ἁμαρτίαι ὑμῶν μένουσιν Trm
3 φωνεῖ] καλεῖ ς   4 ὅταν] pr καὶ ςLn[Tr]m   πάντα] πρόβατα ς
οἴδασιν] -σι WH₂   5 ἀκολουθήσουσιν] -σωσιν ς : Er   οἴδασιν]-σι
WH

ΚΑΤΑ ΙΩΑΝΝΗΝ

10. 6—19.

6 φωνήν. Ταύτην τὴν παροιμίαν εἶπεν αὐτοῖς ὁ Ἰησοῦς·
ἐκεῖνοι δὲ οὐκ ἔγνωσαν τίνα ἦν ἃ ἐλάλει αὐτοῖς.

7 Εἶπεν οὖν πάλιν ὁ Ἰησοῦς, Ἀμὴν ἀμὴν λέγω ὑμῖν, ἐγώ
8 εἰμι ἡ θύρα τῶν προβάτων· πάντες ὅσοι ἦλθον πρὸ
ἐμοῦ κλέπται εἰσὶν καὶ λησταί· ἀλλ᾽ οὐκ ἤκουσαν αὐτῶν
9 τὰ πρόβατα. ἐγώ εἰμι ἡ θύρα· δι᾽ ἐμοῦ ἐάν τις εἰσέλθῃ,
σωθήσεται, καὶ εἰσελεύσεται καὶ ἐξελεύσεται καὶ νομὴν
10 εὑρήσει. ὁ κλέπτης οὐκ ἔρχεται εἰ μὴ ἵνα κλέψῃ καὶ
θύσῃ καὶ ἀπολέσῃ· ἐγὼ ἦλθον ἵνα ζωὴν ἔχωσιν καὶ περισ-
11 σὸν ἔχωσιν. Ἐγώ εἰμι ὁ ποιμὴν ὁ καλός. ὁ ποιμὴν ὁ
καλὸς τὴν ψυχὴν αὐτοῦ τίθησιν ὑπὲρ τῶν προβάτων.

12 ὁ μισθωτὸς καὶ οὐκ ὢν ποιμήν, οὗ οὐκ ἔστιν τὰ πρόβατα
ἴδια, θεωρεῖ τὸν λύκον ἐρχόμενον, καὶ ἀφίησιν τὰ πρόβατα
καὶ φεύγει· καὶ ὁ λύκος ἁρπάζει αὐτὰ καὶ σκορπίζει·
13 ὅτι μισθωτός ἐστιν καὶ οὐ μέλει αὐτῷ περὶ τῶν προβάτων.
14 Ἐγώ εἰμι ὁ ποιμὴν ὁ καλός· καὶ γινώσκω τὰ ἐμὰ καὶ γι-
15 νώσκουσί με τὰ ἐμά, καθὼς γινώσκει με ὁ Πατὴρ κἀγὼ
γινώσκω τὸν Πατέρα· καὶ τὴν ψυχήν μου τίθημι ὑπὲρ τῶν
16 προβάτων. καὶ ἄλλα πρόβατα ἔχω ἃ οὐκ ἔστιν ἐκ τῆς
αὐλῆς ταύτης· κἀκεῖνα δεῖ με ἀγαγεῖν, καὶ τῆς φωνῆς μου
ἀκούσουσιν· καὶ γενήσονται μία ποίμνη, εἷς ποιμήν.

17 διὰ τοῦτό με ὁ Πατὴρ ἀγαπᾷ ὅτι ἐγὼ τίθημι τὴν ψυχήν
18 μου ἵνα πάλιν λάβω αὐτήν. οὐδεὶς αἴρει αὐτὴν ἀπ᾽
ἐμοῦ, ἀλλ᾽ ἐγὼ τίθημι αὐτὴν ἀπ᾽ ἐμαυτοῦ. ἐξουσίαν ἔχω
θεῖναι αὐτήν, καὶ ἐξουσίαν ἔχω πάλιν λαβεῖν αὐτήν· ταύ-
την τὴν ἐντολὴν ἔλαβον παρὰ τοῦ Πατρός μου.

19 Σχίσμα πάλιν ἐγένετο ἐν τοῖς Ἰουδαίοις διὰ τοὺς λόγους

6 ἦν] ᾗ *Tr*   7 πάλιν] Ti⁰[B] : pr αὐτοῖς *Ln* :+ αὐτοῖς ς *Tr*[B]R   ὁ]
[WH]   ἐγώ] pr ὅτι ς at J⁰[Ln]Ti[A]B   8 πρὸ ἐμοῦ] ante ἦλθον ς :
Ti⁰[B]   ἀλλ᾽] ἀλλὰ WHa   12 μισθωτὸς] pr δὲ [Tr]m :+ δὲ ς *Ln*[*Tr*]A
ἐστιν] εἰσὶ ς   ἀφίησιν] -σι WHa   σκορπίζει] + τὰ πρόβατα ς [*Ln*]
[*Tr*]m[A]Bm   13 ὅτι] pr ὁ δὲ μισθωτὸς φεύγει ς [*Ln*] [*Tr*]mBm
14 γινώσκουσί] -σίν *LnTrA*   γιν. με τὰ ἐμά] γινώσκομαι ὑπὸ τῶν
ἐμῶν. ς(a.m.) : γιν. μ. τὰ ἐμά. A σφ ?   16 δεῖ με] με δεῖ ς   γενή-
σονται] -σεται ς LnTiBRm   17 με] post ὁ πατ. ς   18 αἴρει] ᾖρεν
WH(n.m.)Rm   19 σχίσμα] +οὖν ς

270

ΚΑΤΑ ΙΩΑΝΝΗΝ

10. 20—33.

τούτους. ἔλεγον δὲ πολλοὶ ἐξ αὐτῶν, Δαιμόνιον ἔχει 20
καὶ μαίνεται· τί αὐτοῦ ἀκούετε; ἄλλοι ἔλεγον, Ταῦτα 21
τὰ ῥήματα οὐκ ἔστιν δαιμονιζομένου· μὴ δαιμόνιον δύνα-
ται τυφλῶν ὀφθαλμοὺς ἀνοῖξαι;
Ἐγένετο δὲ τὰ Ἐνκαίνια ἐν τοῖς Ἱεροσολύμοις· χειμὼν 22
ἦν· καὶ περιεπάτει ὁ Ἰησοῦς ἐν τῷ ἱερῷ ἐν τῇ στοᾷ 23
[τοῦ] Σολομῶνος. ἐκύκλωσαν οὖν αὐτὸν οἱ Ἰουδαῖοι 24
καὶ ἔλεγον αὐτῷ, Ἕως πότε τὴν ψυχὴν ἡμῶν αἴρεις; εἰ σὺ
εἶ ὁ Χριστός, εἰπὲ ἡμῖν παρρησίᾳ. ἀπεκρίθη αὐτοῖς ὁ 25
Ἰησοῦς, Εἶπον ὑμῖν, καὶ οὐ πιστεύετε· τὰ ἔργα ἃ ἐγὼ ποιῶ
ἐν τῷ ὀνόματι τοῦ Πατρός μου, ταῦτα μαρτυρεῖ περὶ ἐμοῦ.
ἀλλὰ ὑμεῖς οὐ πιστεύετε, ὅτι οὐκ ἐστὲ ἐκ τῶν προβάτων 26
τῶν ἐμῶν. τὰ πρόβατα τὰ ἐμὰ τῆς φωνῆς μου ἀκούου- 27
σιν, κἀγὼ γινώσκω αὐτά, καὶ ἀκολουθοῦσίν μοι· κἀγὼ 28
δίδωμι αὐτοῖς ζωὴν αἰώνιον, καὶ οὐ μὴ ἀπόλωνται εἰς τὸν
αἰῶνα, καὶ οὐχ ἁρπάσει τις αὐτὰ ἐκ τῆς χειρός μου. ὁ 29
Πατήρ μου ὃ δέδωκέν μοι πάντων μεῖζόν ἐστιν, καὶ οὐδεὶς
δύναται ἁρπάζειν ἐκ τῆς χειρὸς τοῦ Πατρός. ἐγὼ καὶ 30
ὁ Πατὴρ ἕν ἐσμεν. Ἐβάστασαν πάλιν λίθους οἱ Ἰου- 31
δαῖοι ἵνα λιθάσωσιν αὐτόν. ἀπεκρίθη αὐτοῖς ὁ Ἰησοῦς, 32
Πολλὰ ἔργα καλὰ ἔδειξα ὑμῖν ἐκ τοῦ Πατρός· διὰ ποῖον
αὐτῶν ἔργον ἐμὲ λιθάζετε; ἀπεκρίθησαν αὐτῷ οἱ 33
Ἰουδαῖοι, Περὶ καλοῦ ἔργου οὐ λιθάζομέν σε, ἀλλὰ περὶ

20 δὲ] οὖν TiB   21 ἀνοῖξαι] ἀνοίγειν ς Ln   22 δὲ] τότε TrmWH
Rm: Scr   ἐνκαίνια] ἐγκ. ςLnTrA   τοῖς] Ti° (ita vult)B°
χειμὼν] pr καὶ ς Ln   23 ὁ] [Tr][WH]   τοῦ] ins ςTrWH : Ln°Ti°
A°B°   Σολομῶνος] -μῶντος ς : CEr   24 ἐκύκλωσαν] ἐκύκλευσαν
TrmWHm   εἰπὲ] εἰπὸν TiWH(n.a.)   παρρησίᾳ] παρη. WHa
25 αὐτοῖς] Ti°B°   ὁ][Tr][WH]   26 ἀλλὰ] ἀλλ' ς   ὅτι οὐκ]
οὐ γὰρ ςLn(n.m.)TrmA: Er   ἐμῶν] + καθὼς εἶπον ὑμῖν ς[Ln][Tr]m
[A]Bm   27 ἀκούουσιν] ἀκούει ςLn   28 δίδωμι αὐτ.] post ζωὴν
αἰών. ςLnTrm   29 μου] Ti°[B]   ὃ...μείζόν] ὃς...μείζων ςLnB
(n.m.)WHmR(n.m.)   ὃ δέδωκέν] ὁ δεδωκώς Bm   πάντων] post μείζ.
ςLn   Πατρός] + μου ςLn[Tr]   31 ἐβάστασαν] + οὖν ςLn[Tr]A
32 καλὰ] ante ἔργα ςTrA: post ἔδ. ὑμ. WH(n.m.)   Πατρός] + μου ς
[Ln][Tr]   ἐμὲ] με ςLn: post λιθάς. ςLn(n.m.)   33 Ἰουδαῖοι] +
λέγοντες ς

271

βλασφημίας, καὶ ὅτι σὺ ἄνθρωπος ὢν ποιεῖς σεαυτὸν
34 Θεόν. ἀπεκρίθη αὐτοῖς ὁ Ἰησοῦς, Οὐκ ἔστιν γεγραμ-
35 μένον ἐν τῷ νόμῳ ὑμῶν ὅτι Ἐγὼ εἶπα, θεοί ἐστε; εἰ
ἐκείνους εἶπεν θεοὺς πρὸς οὓς ὁ λόγος τοῦ Θεοῦ ἐγένετο
36 (καὶ οὐ δύναται λυθῆναι ἡ γραφή), ὃν ὁ Πατὴρ ἡγίασεν καὶ ἀπέστειλεν εἰς τὸν κόσμον ὑμεῖς λέγετε ὅτι Βλα-
37 σφημεῖς, ὅτι εἶπον, Υἱὸς τοῦ Θεοῦ εἰμί; εἰ οὐ ποιῶ τὰ
38 ἔργα τοῦ Πατρός μου, μὴ πιστεύετέ μοι. εἰ δὲ ποιῶ,
κἂν ἐμοὶ μὴ πιστεύητε, τοῖς ἔργοις πιστεύετε· ἵνα γνῶτε
καὶ γινώσκητε ὅτι ἐν ἐμοὶ ὁ Πατὴρ κἀγὼ ἐν τῷ Πατρί.
39 Ἐζήτουν [οὖν] πάλιν αὐτὸν πιάσαι· καὶ ἐξῆλθεν ἐκ τῆς
χειρὸς αὐτῶν.
40 Καὶ ἀπῆλθεν πάλιν πέραν τοῦ Ἰορδάνου εἰς τὸν τόπον
ὅπου ἦν Ἰωάννης τὸ πρῶτον βαπτίζων· καὶ ἔμεινεν ἐκεῖ.
41 καὶ πολλοὶ ἦλθον πρὸς αὐτόν, καὶ ἔλεγον ὅτι Ἰωάννης μὲν
σημεῖον ἐποίησεν οὐδέν, πάντα δὲ ὅσα εἶπεν Ἰωάννης περὶ
42 τούτου ἀληθῆ ἦν. καὶ πολλοὶ ἐπίστευσαν εἰς αὐτὸν
ἐκεῖ.

11 Ἦν δέ τις ἀσθενῶν, Λάζαρος ἀπὸ Βηθανίας, ἐκ τῆς
2 κώμης Μαρίας καὶ Μάρθας τῆς ἀδελφῆς αὐτῆς. ἦν δὲ
Μαρία ἡ ἀλείψασα τὸν Κύριον μύρῳ καὶ ἐκμάξασα τοὺς
πόδας αὐτοῦ ταῖς θριξὶν αὐτῆς, ἧς ὁ ἀδελφὸς Λάζαρος
3 ἠσθένει. ἀπέστειλαν οὖν αἱ ἀδελφαὶ πρὸς αὐτὸν λέ-
4 γουσαι, Κύριε, ἴδε ὃν φιλεῖς ἀσθενεῖ. ἀκούσας δὲ ὁ
Ἰησοῦς εἶπεν, Αὕτη ἡ ἀσθένεια οὐκ ἔστιν πρὸς θάνατον,
ἀλλ᾽ ὑπὲρ τῆς δόξης τοῦ Θεοῦ, ἵνα δοξασθῇ ὁ Υἱὸς τοῦ
5 Θεοῦ δι᾽ αὐτῆς. ἠγάπα δὲ ὁ Ἰησοῦς τὴν Μάρθαν καὶ
6 τὴν ἀδελφὴν αὐτῆς καὶ τὸν Λάζαρον. Ὡς οὖν ἤκουσεν

---

34 ὁ] [Tr][WH]   ὅτι] ϛ°(n.m.)   εἶπα] -ον Ln   35 ἐγένετο] ante τοῦ Θεοῦ Ti   36 τοῦ] Ti°B°   38 πιστεύητε] -ετε Ti πιστεύετε] -σατε ϛA   γινώσκητε] πιστεύσητε ϛB(n.m.)   τῷ Πατρί] αὐτῷ ϛLnm   39 οὖν] ins ϛ Ln[Tr][A][B][WH]: R°   πάλιν] Ti° [B][WH]m : post αὐτὸν [B]WH(n.m.)   40 ἔμεινεν] ἔμενεν LnTrmWH (n.m.)   42 ἐπίστ.] ante πολλοὶ ϛ   ἐκεῖ] ante εἰς αὐτόν ϛ
1 Μαρίας] pr τῆς Ti[B]   2 Μαρία] -ιὰμ TrWH

ὅτι ἀσθενεῖ, τότε μὲν ἔμεινεν ἐν ᾧ ἦν τόπῳ δύο ἡμέρας. ἔπειτα μετὰ τοῦτο λέγει τοῖς μαθηταῖς, Ἄγωμεν εἰς τὴν 7 Ἰουδαίαν πάλιν. λέγουσιν αὐτῷ οἱ μαθηταί, Ῥαββεί, 8 νῦν ἐζήτουν σε λιθάσαι οἱ Ἰουδαῖοι, καὶ πάλιν ὑπάγεις ἐκεῖ; ἀπεκρίθη Ἰησοῦς, Οὐχὶ δώδεκα ὧραί εἰσιν τῆς 9 ἡμέρας; ἐάν τις περιπατῇ ἐν τῇ ἡμέρᾳ, οὐ προσκόπτει, ὅτι τὸ φῶς τοῦ κόσμου τούτου βλέπει· ἐὰν δέ τις περιπα- 10 τῇ ἐν τῇ νυκτί, προσκόπτει, ὅτι τὸ φῶς οὐκ ἔστιν ἐν αὐτῷ. ταῦτα εἶπεν, καὶ μετὰ τοῦτο λέγει αὐτοῖς, Λάζαρος ὁ φίλος 11 ἡμῶν κεκοίμηται· ἀλλὰ πορεύομαι ἵνα ἐξυπνίσω αὐτόν. εἶπον οὖν οἱ μαθηταὶ αὐτῷ, Κύριε, εἰ κεκοίμηται, σωθή- 12 σεται. εἰρήκει δὲ ὁ Ἰησοῦς περὶ τοῦ θανάτου αὐτοῦ· 13 ἐκεῖνοι δὲ ἔδοξαν ὅτι περὶ τῆς κοιμήσεως τοῦ ὕπνου λέγει. τότε οὖν εἶπεν αὐτοῖς ὁ Ἰησοῦς παρρησίᾳ, Λάζαρος ἀπέ- 14 θανεν· καὶ χαίρω δι' ὑμᾶς, ἵνα πιστεύσητε, ὅτι οὐκ 15 ἤμην ἐκεῖ· ἀλλὰ ἄγωμεν πρὸς αὐτόν. εἶπεν οὖν Θωμᾶς 16 ὁ λεγόμενος Δίδυμος τοῖς συνμαθηταῖς, Ἄγωμεν καὶ ἡμεῖς, ἵνα ἀποθάνωμεν μετ' αὐτοῦ.

Ἐλθὼν οὖν ὁ Ἰησοῦς εὗρεν αὐτὸν τέσσαρας ἤδη ἡμέρας 17 ἔχοντα ἐν τῷ μνημείῳ. ἦν δὲ Βηθανία ἐγγὺς τῶν Ἱερο- 18 σολύμων, ὡς ἀπὸ σταδίων δεκαπέντε· πολλοὶ δὲ ἐκ 19 τῶν Ἰουδαίων ἐληλύθεισαν πρὸς τὴν Μάρθαν καὶ Μαριάμ, ἵνα παραμυθήσωνται αὐτὰς περὶ τοῦ ἀδελφοῦ. ἡ οὖν 20 Μάρθα ὡς ἤκουσεν ὅτι Ἰησοῦς ἔρχεται, ὑπήντησεν αὐτῷ· Μαρία δὲ ἐν τῷ οἴκῳ ἐκαθέζετο. εἶπεν οὖν ἡ Μάρθα 21 πρὸς Ἰησοῦν, Κύριε, εἰ ἦς ὧδε, οὐκ ἂν ἀπέθανεν ὁ ἀδελφός

ΚΑΤΑ ΙΩΑΝΝΗΝ

22 μου. καὶ νῦν οἶδα ὅτι ὅσα ἂν αἰτήσῃ τὸν Θεὸν δώσει
23 σοι ὁ Θεός. λέγει αὐτῇ ὁ Ἰησοῦς, Ἀναστήσεται ὁ
24 ἀδελφός σου. λέγει αὐτῷ ἡ Μάρθα, Οἶδα ὅτι ἀναστή-
25 σεται ἐν τῇ ἀναστάσει ἐν τῇ ἐσχάτῃ ἡμέρᾳ. εἶπεν
αὐτῇ ὁ Ἰησοῦς, Ἐγώ εἰμι ἡ ἀνάστασις καὶ ἡ ζωή. ὁ πι-
26 στεύων εἰς ἐμὲ κἂν ἀποθάνῃ ζήσεται· καὶ πᾶς ὁ ζῶν
καὶ πιστεύων εἰς ἐμὲ οὐ μὴ ἀποθάνῃ εἰς τὸν αἰῶνα. πι-
27 στεύεις τοῦτο; λέγει αὐτῷ, Ναί, Κύριε. ἐγὼ πεπίστευ-
κα ὅτι σὺ εἶ ὁ Χριστὸς ὁ Υἱὸς τοῦ Θεοῦ ὁ εἰς τὸν κόσμον
28 ἐρχόμενος. καὶ τοῦτο εἰποῦσα ἀπῆλθεν καὶ ἐφώνησεν
Μαριὰμ τὴν ἀδελφὴν αὐτῆς λάθρα εἰποῦσα, Ὁ διδάσκαλος
29 πάρεστιν καὶ φωνεῖ σε. ἐκείνη δὲ ὡς ἤκουσεν, ἠγέρθη
30 ταχὺ καὶ ἤρχετο πρὸς αὐτόν. οὔπω δὲ ἐληλύθει ὁ Ἰη-
σοῦς εἰς τὴν κώμην, ἀλλ᾽ ἦν ἔτι ἐν τῷ τόπῳ ὅπου ὑπήντη-
31 σεν αὐτῷ ἡ Μάρθα. οἱ οὖν Ἰουδαῖοι οἱ ὄντες μετ᾽
αὐτῆς ἐν τῇ οἰκίᾳ καὶ παραμυθούμενοι αὐτήν, ἰδόντες τὴν
Μαριὰμ ὅτι ταχέως ἀνέστη καὶ ἐξῆλθεν, ἠκολούθησαν
αὐτῇ, δόξαντες ὅτι ὑπάγει εἰς τὸ μνημεῖον ἵνα κλαύσῃ
32 ἐκεῖ. Ἡ οὖν Μαριὰμ ὡς ἦλθεν ὅπου ἦν Ἰησοῦς, ἰδοῦ-
σα αὐτὸν ἔπεσεν αὐτοῦ πρὸς τοὺς πόδας λέγουσα αὐτῷ,
33 Κύριε, εἰ ἦς ὧδε, οὐκ ἄν μου ἀπέθανεν ὁ ἀδελφός. Ἰη-
σοῦς οὖν ὡς εἶδεν αὐτὴν κλαίουσαν καὶ τοὺς συνελθόντας
αὐτῇ Ἰουδαίους κλαίοντας, ἐνεβριμήσατο τῷ πνεύματι καὶ
34 ἐτάραξεν ἑαυτὸν καὶ εἶπεν, Ποῦ τεθείκατε αὐτόν; λέ-
35 γουσιν αὐτῷ, Κύριε, ἔρχου καὶ ἴδε. ἐδάκρυσεν ὁ Ἰη-
36 σοῦς. ἔλεγον οὖν οἱ Ἰουδαῖοι, Ἴδε πῶς ἐφίλει αὐτόν.
37 τινὲς δὲ ἐξ αὐτῶν εἶπον, Οὐκ ἐδύνατο οὗτος ὁ ἀνοίξας τοὺς

22 καὶ] pr ἀλλὰ ϛ[*Ln*][*Tr*]mBm   ἂν] ἐὰν WHa   24 ἡ] ϛ°[B] : C
28 τοῦτο] ταῦτα ϛ *Ln*   Μαριὰμ] -ίαν ϛ   εἰποῦσα sec.] εἴπασα *Tr*
WH   29 δὲ] ϛ°*Ln*°[*Tr*]mTi°[A]B°   ἠγέρθη] ἐγείρεται ϛTiBm
ἤρχετο] ἔρχεται ϛ*Ln*(n.m.)TiBm   30 ἔτι] ϛ°[*Tr*]mTi°[A][B]   31 Μα-
ριὰμ] -ίαν ϛ   δόξαντες] λέγοντες ϛ(n.m.)*Ln*   32 Μαριὰμ] -ία ϛLn
Ἰησοῦς] pr ὁ ϛ   αὐτοῦ πρὸς τοὺς πόδ.] εἰς τοὺς π. αὐ. ϛ *Ln* : Er
μου] post ἀπέθ. ϛ *Ln*   37 εἶπον] -αν WH   ἐδύνατο] ἠδύν. ϛ WHa

274

ὀφθαλμοὺς τοῦ τυφλοῦ ποιῆσαι ἵνα καὶ οὗτος μὴ ἀποθάνῃ;
Ἰησοῦς οὖν πάλιν ἐμβριμώμενος ἐν ἑαυτῷ ἔρχεται εἰς τὸ 38
μνημεῖον. ἦν δὲ σπήλαιον, καὶ λίθος ἐπέκειτο ἐπ' αὐτῷ.
λέγει ὁ Ἰησοῦς, Ἄρατε τὸν λίθον. λέγει αὐτῷ ἡ ἀδελφὴ 39
τοῦ τετελευτηκότος Μάρθα, Κύριε, ἤδη ὄζει· τεταρταῖος
γάρ ἐστιν. λέγει αὐτῇ ὁ Ἰησοῦς, Οὐκ εἶπόν σοι ὅτι 40
ἐὰν πιστεύσῃς ὄψῃ τὴν δόξαν τοῦ Θεοῦ; ἦραν οὖν τὸν 41
λίθον. ὁ δὲ Ἰησοῦς ἦρεν τοὺς ὀφθαλμοὺς ἄνω καὶ εἶπεν,
Πάτερ, εὐχαριστῶ σοι ὅτι ἤκουσάς μου. ἐγὼ δὲ ᾔδειν 42
ὅτι πάντοτέ μου ἀκούεις· ἀλλὰ διὰ τὸν ὄχλον τὸν περιεστῶτα
εἶπον, ἵνα πιστεύσωσιν ὅτι σύ με ἀπέστειλας.
Καὶ ταῦτα εἰπὼν φωνῇ μεγάλῃ ἐκραύγασεν, Λάζαρε, δεῦ- 43
ρο ἔξω. ἐξῆλθεν ὁ τεθνηκὼς δεδεμένος τοὺς πόδας καὶ 44
τὰς χεῖρας κειρίαις, καὶ ἡ ὄψις αὐτοῦ σουδαρίῳ περιεδέδετο.
λέγει αὐτοῖς ὁ Ἰησοῦς, Λύσατε αὐτόν, καὶ ἄφετε
αὐτὸν ὑπάγειν.

Πολλοὶ οὖν ἐκ τῶν Ἰουδαίων, οἱ ἐλθόντες πρὸς τὴν 45
Μαριὰμ καὶ θεασάμενοι ὃ ἐποίησεν, ἐπίστευσαν εἰς αὐτόν.
τινὲς δὲ ἐξ αὐτῶν ἀπῆλθον πρὸς τοὺς Φαρισαίους καὶ εἶπαν 46
αὐτοῖς ἃ ἐποίησεν Ἰησοῦς.

Συνήγαγον οὖν οἱ ἀρχιερεῖς καὶ οἱ Φαρισαῖοι συνέδριον, 47
καὶ ἔλεγον, Τί ποιοῦμεν; ὅτι οὗτος ὁ ἄνθρωπος πολλὰ
ποιεῖ σημεῖα. ἐὰν ἀφῶμεν αὐτὸν οὕτως, πάντες πιστεύ- 48
σουσιν εἰς αὐτόν· καὶ ἐλεύσονται οἱ Ῥωμαῖοι καὶ ἀροῦσιν
ἡμῶν καὶ τὸν τόπον καὶ τὸ ἔθνος. εἷς δέ τις ἐξ 49
αὐτῶν Καϊάφας, ἀρχιερεὺς ὢν τοῦ ἐνιαυτοῦ ἐκείνου, εἶπεν
αὐτοῖς, Ὑμεῖς οὐκ οἴδατε οὐδέν, οὐδὲ λογίζεσθε ὅτι 50

38 ἐμβριμώμενος] ἐνβρι. WH₁ : -μησάμενος Lnm : -μούμενος TiWH₂
39 ὃ] Lnᵛ[Tr] τετελευτηκότος] τελευ. Tr σφ : τεθνηκότος ς
40 ὄψῃ] ὄψει ς 41 λίθον] + οὗ ἦν ὁ τεθνηκὼς κείμενος ς(n.m.)
44 ἐξῆλθεν] pr καὶ ς Ln ὁ ante Ἰησ.] [Tr]m[WH] αὐτοῖς] post
ὁ Ἰησοῦς TrmWH αὐτὸν sec.] ςᵒLnᵛ[Tr][B] 45 Μαριὰμ] -ίαν ς
ὃ] ἃ ςLnTrmTiB(n.m.)WHmRm ἐποίησεν]+ ὁ Ἰησοῦς ς 46 ἀπῆλθον]-αν WH₁ εἶπαν]-ον ς LnTrA ἃ] ὃ Ln(n.m.)Trm Ἰησοῦς] pr ὁ ς 47 ποιεῖ] post σημεῖα ς 50 λογίζ.] διαλογίζ. ςʹ

11. 51—12. 3.   ΚΑΤΑ ΙΩΑΝΝΗΝ

συμφέρει ὑμῖν ἵνα εἷς ἄνθρωπος ἀποθάνῃ ὑπὲρ τοῦ λαοῦ
51 καὶ μὴ ὅλον τὸ ἔθνος ἀπόληται. Τοῦτο δὲ ἀφ' ἑαυτοῦ
οὐκ εἶπεν· ἀλλὰ ἀρχιερεὺς ὢν τοῦ ἐνιαυτοῦ ἐκείνου ἐπρο-
φήτευσεν ὅτι ἤμελλεν Ἰησοῦς ἀποθνήσκειν ὑπὲρ τοῦ
52 ἔθνους· καὶ οὐχ ὑπὲρ τοῦ ἔθνους μόνον, ἀλλ' ἵνα καὶ
τὰ τέκνα τοῦ Θεοῦ τὰ διεσκορπισμένα συναγάγῃ εἰς ἕν.
53 ἀπ' ἐκείνης οὖν τῆς ἡμέρας ἐβουλεύσαντο ἵνα ἀποκτείνω-
σιν αὐτόν.

54 Ὁ οὖν Ἰησοῦς οὐκέτι παρρησίᾳ περιεπάτει ἐν τοῖς Ἰου-
δαίοις, ἀλλὰ ἀπῆλθεν ἐκεῖθεν εἰς τὴν χώραν ἐγγὺς τῆς
ἐρήμου, εἰς Ἐφραὶμ λεγομένην πόλιν, κἀκεῖ ἔμεινεν μετὰ
55 τῶν μαθητῶν. ἦν δὲ ἐγγὺς τὸ πάσχα τῶν Ἰουδαίων,
καὶ ἀνέβησαν πολλοὶ εἰς Ἱεροσόλυμα ἐκ τῆς χώρας πρὸ
56 τοῦ πάσχα, ἵνα ἁγνίσωσιν ἑαυτούς. ἐζήτουν οὖν τὸν
Ἰησοῦν, καὶ ἔλεγον μετ' ἀλλήλων ἐν τῷ ἱερῷ ἑστηκότες,
57 Τί δοκεῖ ὑμῖν; ὅτι οὐ μὴ ἔλθῃ εἰς τὴν ἑορτήν; δεδώ-
κεισαν δὲ οἱ ἀρχιερεῖς καὶ οἱ Φαρισαῖοι ἐντολὰς ἵνα ἐάν
τις γνῷ ποῦ ἐστὶν μηνύσῃ, ὅπως πιάσωσιν αὐτόν.

12 Ὁ οὖν Ἰησοῦς πρὸ ἓξ ἡμερῶν τοῦ πάσχα ἦλθεν εἰς
Βηθανίαν, ὅπου ἦν Λάζαρος ὃν ἤγειρεν ἐκ νεκρῶν Ἰησοῦς.
2 ἐποίησαν οὖν αὐτῷ δεῖπνον ἐκεῖ· καὶ ἡ Μάρθα διηκόνει, ὁ
3 δὲ Λάζαρος εἷς ἦν ἐκ τῶν ἀνακειμένων σὺν αὐτῷ. ἡ
οὖν Μαρία λαβοῦσα λίτραν μύρου νάρδου πιστικῆς πολυ-
τίμου ἤλειψεν τοὺς πόδας τοῦ Ἰησοῦ καὶ ἐξέμαξεν ταῖς
θριξὶν αὐτῆς τοὺς πόδας αὐτοῦ· ἡ δὲ οἰκία ἐπληρώθη ἐκ

τῆς ὀσμῆς τοῦ μύρου. λέγει δὲ Ἰούδας ὁ Ἰσκαριώτης 4
εἷς [ἐκ] τῶν μαθητῶν αὐτοῦ, ὁ μέλλων αὐτὸν παραδιδόναι,
Διὰ τί τοῦτο τὸ μύρον οὐκ ἐπράθη τριακοσίων δηναρίων 5
καὶ ἐδόθη πτωχοῖς; εἶπεν δὲ τοῦτο οὐχ ὅτι περὶ τῶν 6
πτωχῶν ἔμελεν αὐτῷ, ἀλλ' ὅτι κλέπτης ἦν καὶ τὸ γλωσσό-
κομον ἔχων τὰ βαλλόμενα ἐβάσταζεν. εἶπεν οὖν ὁ 7
Ἰησοῦς, Ἄφες αὐτήν, ἵνα εἰς τὴν ἡμέραν τοῦ ἐνταφιασμοῦ
μου τηρήσῃ αὐτό. τοὺς πτωχοὺς γὰρ πάντοτε ἔχετε 8
μεθ' ἑαυτῶν, ἐμὲ δὲ οὐ πάντοτε ἔχετε. ἔγνω οὖν ὁ 9
ὄχλος πολὺς ἐκ τῶν Ἰουδαίων ὅτι ἐκεῖ ἐστίν· καὶ ἦλθον
οὐ διὰ τὸν Ἰησοῦν μόνον, ἀλλ' ἵνα καὶ τὸν Λάζαρον ἴδωσιν
ὃν ἤγειρεν ἐκ νεκρῶν. ἐβουλεύσαντο δὲ οἱ ἀρχιερεῖς 10
ἵνα καὶ τὸν Λάζαρον ἀποκτείνωσιν· ὅτι πολλοὶ δι' 11
αὐτὸν ὑπῆγον τῶν Ἰουδαίων καὶ ἐπίστευον εἰς τὸν Ἰησοῦν.

Τῇ ἐπαύριον ὄχλος πολὺς ὁ ἐλθὼν εἰς τὴν ἑορτήν, ἀκού- 12
σαντες ὅτι ἔρχεται Ἰησοῦς εἰς Ἱεροσόλυμα, ἔλαβον τὰ 13
βαΐα τῶν φοινίκων καὶ ἐξῆλθον εἰς ὑπάντησιν αὐτῷ, καὶ
ἐκραύγαζον, Ὡσαννά· εὐλογημένος ὁ ἐρχόμενος ἐν ὀνόματι
Κυρίου καὶ ὁ Βασιλεὺς τοῦ Ἰσραήλ. εὑρὼν δὲ ὁ Ἰη- 14
σοῦς ὀνάριον ἐκάθισεν ἐπ' αὐτό, καθώς ἐστιν γεγραμμένον,
Μὴ φοβοῦ, θυγάτηρ Σιών· ἰδοὺ ὁ Βασιλεύς σου ἔρχεται 15
καθήμενος ἐπὶ πῶλον ὄνου. Ταῦτα οὐκ ἔγνωσαν αὐτοῦ 16
οἱ μαθηταὶ τὸ πρῶτον· ἀλλ' ὅτε ἐδοξάσθη Ἰησοῦς, τότε
ἐμνήσθησαν ὅτι ταῦτα ἦν ἐπ' αὐτῷ γεγραμμένα καὶ ταῦτα
ἐποίησαν αὐτῷ. ἐμαρτύρει οὖν ὁ ὄχλος ὁ ὢν μετ' αὐτοῦ 17

ὅτε τὸν Λάζαρον ἐφώνησεν ἐκ τοῦ μνημείου καὶ ἤγειρεν
18 αὐτὸν ἐκ νεκρῶν. διὰ τοῦτο καὶ ὑπήντησεν αὐτῷ ὁ
ὄχλος, ὅτι ἤκουσαν τοῦτο αὐτὸν πεποιηκέναι τὸ σημεῖον.
19 οἱ οὖν Φαρισαῖοι εἶπαν πρὸς ἑαυτούς, Θεωρεῖτε ὅτι οὐκ
ὠφελεῖτε οὐδέν· ἴδε ὁ κόσμος ὀπίσω αὐτοῦ ἀπῆλθεν.
20 Ἦσαν δὲ Ἕλληνές τινες ἐκ τῶν ἀναβαινόντων ἵνα προσ-
21 κυνήσωσιν ἐν τῇ ἑορτῇ· οὗτοι οὖν προσῆλθον Φιλίππῳ
τῷ ἀπὸ Βηθσαϊδὰ τῆς Γαλιλαίας, καὶ ἠρώτων αὐτὸν λέ-
22 γοντες, Κύριε, θέλομεν τὸν Ἰησοῦν ἰδεῖν. ἔρχεται ὁ
Φίλιππος καὶ λέγει τῷ Ἀνδρέᾳ· ἔρχεται Ἀνδρέας καὶ
23 Φίλιππος καὶ λέγουσιν τῷ Ἰησοῦ. ὁ δὲ Ἰησοῦς ἀπο-
κρίνεται αὐτοῖς λέγων, Ἐλήλυθεν ἡ ὥρα ἵνα δοξασθῇ ὁ Υἱὸς
24 τοῦ Ἀνθρώπου. ἀμὴν ἀμὴν λέγω ὑμῖν, ἐὰν μὴ ὁ κόκκος
τοῦ σίτου πεσὼν εἰς τὴν γῆν ἀποθάνῃ, αὐτὸς μόνος μένει·
25 ἐὰν δὲ ἀποθάνῃ, πολὺν καρπὸν φέρει. ὁ φιλῶν τὴν
ψυχὴν αὐτοῦ ἀπολλύει αὐτήν· καὶ ὁ μισῶν τὴν ψυχὴν
αὐτοῦ ἐν τῷ κόσμῳ τούτῳ εἰς ζωὴν αἰώνιον φυλάξει αὐτήν.
26 ἐὰν ἐμοί τις διακονῇ, ἐμοὶ ἀκολουθείτω· καὶ ὅπου εἰμὶ ἐγώ,
ἐκεῖ καὶ ὁ διάκονος ὁ ἐμὸς ἔσται· ἐάν τις ἐμοὶ διακονῇ,
27 τιμήσει αὐτὸν ὁ Πατήρ. νῦν ἡ ψυχή μου τετάρακται·
καὶ τί εἴπω; Πάτερ, σῶσόν με ἐκ τῆς ὥρας ταύτης. ἀλλὰ
28 διὰ τοῦτο ἦλθον εἰς τὴν ὥραν ταύτην. Πάτερ, δόξασόν
σου τὸ ὄνομα. ἦλθεν οὖν φωνὴ ἐκ τοῦ οὐρανοῦ, Καὶ ἐδό-
29 ξασα καὶ πάλιν δοξάσω. ὁ οὖν ὄχλος ὁ ἑστὼς καὶ
ἀκούσας ἔλεγεν βροντὴν γεγονέναι· ἄλλοι ἔλεγον, Ἄγγε-
30 λος αὐτῷ λελάληκεν. ἀπεκρίθη Ἰησοῦς καὶ εἶπεν, Οὐ

17 ὅτε] ὅτι LnTrmTiBm : CEr 18 καὶ] Tr° at [Tr]m ἤκουσαν] -σε ς: Er 19 εἶπαν] -ον ςLnA οὐδέν·] οὐδέν; ςLnTrA κόσμος] +ὅλος [Tr]mBm 20 τινες] ante Ἕλλ. ςLnm προσκυνήσωσιν] -σουσιν LnTrA 21 προσῆλθον] -αν WH(n.a.) 22 ὁ] ς°Ln° Ti°B° ἔρχεται sec.] καὶ πάλιν ςTrm καὶ tert.] ς°Tr°m 23 ἀποκρίνεται] ἀπεκρίνατο ςLnTrmA 25 ἀπολλύει] ἀπολέσει ςLn TrmABm 26 τις] post διάκ. ς ἐάν sec.] pr καὶ ς 27 ταύτης.] ταύτης; ErLnTrRm 28 πάτερ] πατήρ WHa 29 οὖν] [Ln] [Tr] [WH] ἑστὼς] ἑστηκὼς Ln καὶ] Ti°B°(n.m.) 30 Ἰησοῦς] pr ὁ ςLn : C : post καὶ εἶπεν TrmWH

δι' ἐμὲ ἡ φωνὴ αὕτη γέγονεν ἀλλὰ δι' ὑμᾶς. νῦν κρίσις 31
ἐστὶν τοῦ κόσμου τούτου· νῦν ὁ ἄρχων τοῦ κόσμου τούτου
ἐκβληθήσεται ἔξω. κἀγὼ ἐὰν ὑψωθῶ ἐκ τῆς γῆς, πάν- 32
τας ἑλκύσω πρὸς ἐμαυτόν. τοῦτο δὲ ἔλεγεν σημαίνων 33
ποίῳ θανάτῳ ἤμελλεν ἀποθνήσκειν. ἀπεκρίθη οὖν αὐτῷ 34
ὁ ὄχλος, Ἡμεῖς ἠκούσαμεν ἐκ τοῦ νόμου ὅτι ὁ Χριστὸς
μένει εἰς τὸν αἰῶνα· καὶ πῶς λέγεις σὺ ὅτι δεῖ ὑψωθῆναι
τὸν Υἱὸν τοῦ Ἀνθρώπου; τίς ἐστιν οὗτος ὁ Υἱὸς τοῦ Ἀνθρώπου;
εἶπεν οὖν αὐτοῖς ὁ Ἰησοῦς, Ἔτι μικρὸν χρό- 35
νον τὸ φῶς ἐν ὑμῖν ἐστίν. περιπατεῖτε ὡς τὸ φῶς ἔχετε,
ἵνα μὴ σκοτία ὑμᾶς καταλάβῃ· καὶ ὁ περιπατῶν ἐν τῇ
σκοτίᾳ οὐκ οἶδεν ποῦ ὑπάγει. ὡς τὸ φῶς ἔχετε, πι- 36
στεύετε εἰς τὸ φῶς, ἵνα υἱοὶ φωτὸς γένησθε.
Ταῦτα ἐλάλησεν Ἰησοῦς, καὶ ἀπελθὼν ἐκρύβη ἀπ'
αὐτῶν. Τοσαῦτα δὲ αὐτοῦ σημεῖα πεποιηκότος ἔμ- 37
προσθεν αὐτῶν οὐκ ἐπίστευον εἰς αὐτόν· ἵνα ὁ λόγος 38
Ἡσαΐου τοῦ προφήτου πληρωθῇ ὃν εἶπεν, Κύριε, τίς ἐπίστευσεν
τῇ ἀκοῇ ἡμῶν; καὶ ὁ βραχίων Κυρίου τίνι ἀπεκαλύφθη;
διὰ τοῦτο οὐκ ἠδύναντο πιστεύειν, ὅτι πάλιν 39
εἶπεν Ἡσαΐας, Τετύφλωκεν αὐτῶν τοὺς ὀφθαλμοὺς καὶ 40
ἐπώρωσεν αὐτῶν τὴν καρδίαν, ἵνα μὴ ἴδωσιν τοῖς ὀφθαλμοῖς
καὶ νοήσωσιν τῇ καρδίᾳ καὶ στραφῶσιν, καὶ ἰάσομαι
αὐτούς. ταῦτα εἶπεν Ἡσαΐας ὅτι εἶδεν τὴν δόξαν αὐτοῦ, 41
καὶ ἐλάλησεν περὶ αὐτοῦ. ὅμως μέντοι καὶ ἐκ τῶν ἀρ- 42
χόντων πολλοὶ ἐπίστευσαν εἰς αὐτόν· ἀλλὰ διὰ τοὺς Φαρισαίους
οὐχ ὡμολόγουν, ἵνα μὴ ἀποσυνάγωγοι γένωνται·
ἠγάπησαν γὰρ τὴν δόξαν τῶν ἀνθρώπων μᾶλλον ἤπερ τὴν 43
δόξαν τοῦ Θεοῦ.

αὕτη] ante ἡ φω. ς 32 ἐὰν] ἂν WH πάντας] πάντα WHm
34 οὖν] ςᵒLnᵒTrᵖ at [Tr]m ὁ Χριστὸς] —ὁ Β (σφ?) σὺ] ante
λέγεις ςLnTrm 35 ἐν ὑμῖν] μεθ' ὑμῶν ς(n.m.) ὡς] ἕως ςBm
36 ὡς] ἕως ς Ἰησοῦς] pr ὁ ς 40 ἐπώρωσεν] πεπώρωκεν ςLn
νοήσωσιν] -σι WHa στραφῶσιν] -σι WHa : ἐπιστραφῶσι ς ἰάσομαι] -σωμαι ςLnm 41 ὅτι] ὅτε ςTrmBm 43 ἤπερ] ὑπὲρ BmWHm

ΚΑΤΑ ΙΩΑΝΝΗΝ

44 Ἰησοῦς δὲ ἔκραξεν καὶ εἶπεν, Ὁ πιστεύων εἰς ἐμὲ οὐ
45 πιστεύει εἰς ἐμὲ ἀλλὰ εἰς τὸν πέμψαντά με· καὶ ὁ θεω-
46 ρῶν ἐμὲ θεωρεῖ τὸν πέμψαντά με. ἐγὼ φῶς εἰς τὸν
κόσμον ἐλήλυθα, ἵνα πᾶς ὁ πιστεύων εἰς ἐμὲ ἐν τῇ σκοτίᾳ
47 μὴ μείνῃ. καὶ ἐάν τις μου ἀκούσῃ τῶν ῥημάτων καὶ μὴ
φυλάξῃ, ἐγὼ οὐ κρίνω αὐτόν· οὐ γὰρ ἦλθον ἵνα κρίνω τὸν
48 κόσμον, ἀλλ' ἵνα σώσω τὸν κόσμον. ὁ ἀθετῶν ἐμὲ καὶ
μὴ λαμβάνων τὰ ῥήματά μου ἔχει τὸν κρίνοντα αὐτόν· ὁ
λόγος ὃν ἐλάλησα, ἐκεῖνος κρινεῖ αὐτὸν ἐν τῇ ἐσχάτῃ
49 ἡμέρᾳ. ὅτι ἐγὼ ἐξ ἐμαυτοῦ οὐκ ἐλάλησα· ἀλλ' ὁ πέμ-
ψας με Πατήρ, αὐτός μοι ἐντολὴν δέδωκεν τί εἴπω καὶ τί
50 λαλήσω. καὶ οἶδα ὅτι ἡ ἐντολὴ αὐτοῦ ζωὴ αἰώνιός
ἐστιν· ἃ οὖν ἐγὼ λαλῶ, καθὼς εἴρηκέν μοι ὁ Πατήρ, οὕτως
λαλῶ.

13 Πρὸ δὲ τῆς ἑορτῆς τοῦ πάσχα εἰδὼς ὁ Ἰησοῦς ὅτι ἦλθεν
αὐτοῦ ἡ ὥρα ἵνα μεταβῇ ἐκ τοῦ κόσμου τούτου πρὸς τὸν
Πατέρα, ἀγαπήσας τοὺς ἰδίους τοὺς ἐν τῷ κόσμῳ, εἰς τέλος
2 ἠγάπησεν αὐτούς. καὶ δείπνου γινομένου, τοῦ διαβό-
λου ἤδη βεβληκότος εἰς τὴν καρδίαν ἵνα παραδοῖ αὐτὸν
3 Ἰούδας Σίμωνος Ἰσκαριώτης, εἰδὼς ὅτι πάντα ἔδωκεν
αὐτῷ ὁ Πατὴρ εἰς τὰς χεῖρας, καὶ ὅτι ἀπὸ Θεοῦ ἐξῆλθεν
4 καὶ πρὸς τὸν Θεὸν ὑπάγει, ἐγείρεται ἐκ τοῦ δείπνου
καὶ τίθησιν τὰ ἱμάτια, καὶ λαβὼν λέντιον διέζωσεν ἑαυτόν.
5 εἶτα βάλλει ὕδωρ εἰς τὸν νιπτῆρα, καὶ ἤρξατο νίπτειν
τοὺς πόδας τῶν μαθητῶν καὶ ἐκμάσσειν τῷ λεντίῳ ᾧ ἦν
6 διεζωσμένος. ἔρχεται οὖν πρὸς Σίμωνα Πέτρον. λέγει
7 αὐτῷ, Κύριε, σύ μου νίπτεις τοὺς πόδας; ἀπεκρίθη

---

44 ἀλλὰ] ἀλλ' ϛ 47 φυλάξῃ] πιστεύσῃ ϛ(a.m.) 48 ἐν] Ti° σφ
49 δέδωκεν] ἔδωκε ϛ 50 ἐγὼ] post λαλῶ ϛ 1 ἦλθεν] ἐλήλυθεν ϛ
ἀγαπήσας usque ad αὐτούς,] in parenthesi WHm 2 γινομένου] γεν. ϛ
(a.m.)LnA Ἰούδας Σ. Ἰσκαριώτης] Ἰούδα Σ. Ἰσκαριώτου ϛ Ln(a.m.):
ante ἵνα παρ. αὐ. ϛ Ln(a.m.), sed pro παραδοῖ αὐτὸν habet αὐτὸν παραδῷ ϛ
3 εἰδὼς] + ὁ Ἰησοῦς ϛ[Ln] ἔδωκεν] δέδωκεν ϛ LnA 6 λέγει
αὐτῷ] pr καὶ ϛ Ln :+ ἐκεῖνος ϛ[Tr](a.m.)

Ἰησοῦς καὶ εἶπεν αὐτῷ, Ὁ ἐγὼ ποιῶ σὺ οὐκ οἶδας ἄρτι, γνώσῃ δὲ μετὰ ταῦτα. λέγει αὐτῷ Πέτρος, Οὐ μὴ 8 νίψῃς μου τοὺς πόδας εἰς τὸν αἰῶνα. ἀπεκρίθη Ἰησοῦς αὐτῷ, Ἐὰν μὴ νίψω σε, οὐκ ἔχεις μέρος μετ᾽ ἐμοῦ. λέγει αὐτῷ Σίμων Πέτρος, Κύριε, μὴ τοὺς πόδας μου 9 μόνον, ἀλλὰ καὶ τὰς χεῖρας καὶ τὴν κεφαλήν. λέγει 10 αὐτῷ [ὁ] Ἰησοῦς, Ὁ λελουμένος οὐκ ἔχει χρείαν εἰ μὴ τοὺς πόδας νίψασθαι, ἀλλ᾽ ἔστιν καθαρὸς ὅλος· καὶ ὑμεῖς καθαροί ἐστε, ἀλλ᾽ οὐχὶ πάντες.   ᾔδει γὰρ τὸν παραδιδόντα 11 αὐτόν· διὰ τοῦτο εἶπεν ὅτι Οὐχὶ πάντες καθαροί ἐστε.

Ὅτε οὖν ἔνιψεν τοὺς πόδας αὐτῶν καὶ ἔλαβεν τὰ ἱμάτια 12 αὐτοῦ καὶ ἀνέπεσεν πάλιν, εἶπεν αὐτοῖς, Γινώσκετε τί πεποίηκα ὑμῖν; ὑμεῖς φωνεῖτέ με, Ὁ διδάσκαλος, καὶ 13 Ὁ κύριος· καὶ καλῶς λέγετε, εἰμὶ γάρ. εἰ οὖν ἐγὼ 14 ἔνιψα ὑμῶν τοὺς πόδας ὁ κύριος καὶ ὁ διδάσκαλος, καὶ ὑμεῖς ὀφείλετε ἀλλήλων νίπτειν τοὺς πόδας. ὑπόδειγ- 15 μα γὰρ ἔδωκα ὑμῖν ἵνα καθὼς ἐγὼ ἐποίησα ὑμῖν καὶ ὑμεῖς ποιῆτε. ἀμὴν ἀμὴν λέγω ὑμῖν, οὐκ ἔστιν δοῦλος μεί- 16 ζων τοῦ κυρίου αὐτοῦ, οὐδὲ ἀπόστολος μείζων τοῦ πέμψαντος αὐτόν. εἰ ταῦτα οἴδατε, μακάριοί ἐστε ἐὰν ποιῆτε 17 αὐτά. οὐ περὶ πάντων ὑμῶν λέγω· ἐγὼ οἶδα τίνας 18 ἐξελεξάμην· ἀλλ᾽ ἵνα ἡ γραφὴ πληρωθῇ, Ὁ τρώγων μου τὸν ἄρτον ἐπῆρεν ἐπ᾽ ἐμὲ τὴν πτέρναν αὐτοῦ. ἀπ᾽ ἄρτι 19 λέγω ὑμῖν πρὸ τοῦ γενέσθαι, ἵνα πιστεύσητε ὅταν γένηται ὅτι ἐγώ εἰμι. ἀμὴν ἀμὴν λέγω ὑμῖν, ὁ λαμβάνων ἄν 20 τινα πέμψω ἐμὲ λαμβάνει, ὁ δὲ ἐμὲ λαμβάνων λαμβάνει τὸν πέμψαντά με.

8 μου] post τοὺς π. ϛ Lnm   Ἰησ. αὐτῷ] αὐτῷ ὁ Ἰησ. ϛ   9 Σίμ. Πέτρ.] Πέτρ. Σίμ. Trm   10 ὁ pri.] ins ϛ Ln[Tr]A[B] : Ti°WH°   οὐκ ἔχει χρ.] οὐ χρ. ἔχ. ϛ   εἰ μὴ] ἢ ϛ   εἰ μὴ τοὺς πόδας] Ti'B°m [WH]Rm   11 ὅτι] ϛ°[B]   12 καὶ pri.] Ln°[Tr]m   καὶ ἀνέπεσεν] ἀναπεσὼν ϛ : καὶ ἀναπεσὼν Ln   πάλιν,], πάλιν WH(n.m.)   15 ἔδωκα] δέδωκα TiBR   16 ἔστιν] -τι WHa   18 ἐγὼ] + γὰρ [Ln]   τίνας] οὓς ϛLnTrm   μου] μετ᾽ ἐμοῦ ϛLnTrmTiBRm   ἐπῆρεν] ἐπῆρκεν TiB   19 πιστεύσητε] -εύητε Tr(n.m.)WH : post ὅταν γέν. ϛLn(n.m.) Trm   ἐγώ εἰμι] ἐγὼ εἰμί WHmRm   20 ἄν] ἐάν ϛ

13. 21—33. ΚΑΤΑ ΙΩΑΝΝΗΝ

21 Ταῦτα εἰπὼν Ἰησοῦς ἐταράχθη τῷ πνεύματι καὶ ἐμαρτύρησεν καὶ εἶπεν, Ἀμὴν ἀμὴν λέγω ὑμῖν ὅτι εἷς ἐξ ὑμῶν
22 παραδώσει με. ἔβλεπον εἰς ἀλλήλους οἱ μαθηταὶ ἀπο-
23 ρούμενοι περὶ τίνος λέγει. ἦν ἀνακείμενος εἷς ἐκ τῶν μαθητῶν αὐτοῦ ἐν τῷ κόλπῳ τοῦ Ἰησοῦ, ὃν ἠγάπα ὁ Ἰη-
24 σοῦς. νεύει οὖν τούτῳ Σίμων Πέτρος καὶ λέγει αὐτῷ,
25 Εἰπὲ τίς ἐστιν περὶ οὗ λέγει. ἀναπεσὼν ἐκεῖνος οὕτως ἐπὶ τὸ στῆθος τοῦ Ἰησοῦ λέγει αὐτῷ, Κύριε, τίς ἐστιν;
26 ἀποκρίνεται οὖν ὁ Ἰησοῦς, Ἐκεῖνός ἐστιν ᾧ ἐγὼ βάψω τὸ ψωμίον καὶ δώσω αὐτῷ. βάψας οὖν τὸ ψωμίον λαμβάνει
27 καὶ δίδωσιν Ἰούδᾳ Σίμωνος Ἰσκαριώτου. καὶ μετὰ τὸ ψωμίον τότε εἰσῆλθεν εἰς ἐκεῖνον ὁ Σατανᾶς. λέγει οὖν
28 αὐτῷ Ἰησοῦς, Ὃ ποιεῖς ποίησον τάχιον. τοῦτο δὲ οὐ-
29 δεὶς ἔγνω τῶν ἀνακειμένων πρὸς τί εἶπεν αὐτῷ. τινὲς γὰρ ἐδόκουν, ἐπεὶ τὸ γλωσσόκομον εἶχεν Ἰούδας, ὅτι λέγει αὐτῷ Ἰησοῦς, Ἀγόρασον ὧν χρείαν ἔχομεν εἰς τὴν ἑορτήν·
30 ἢ τοῖς πτωχοῖς ἵνα τι δῷ. λαβὼν οὖν τὸ ψωμίον ἐκεῖνος ἐξῆλθεν εὐθύς· ἦν δὲ νύξ.
31 Ὅτε οὖν ἐξῆλθεν, λέγει Ἰησοῦς, Νῦν ἐδοξάσθη ὁ Υἱὸς
32 τοῦ Ἀνθρώπου, καὶ ὁ Θεὸς ἐδοξάσθη ἐν αὐτῷ· καὶ ὁ Θεὸς δοξάσει αὐτὸν ἐν αὐτῷ, καὶ εὐθὺς δοξάσει αὐτόν.
33 τεκνία, ἔτι μικρὸν μεθ' ὑμῶν εἰμί. ζητήσετέ με· καὶ καθὼς εἶπον τοῖς Ἰουδαίοις ὅτι Ὅπου ἐγὼ ὑπάγω ὑμεῖς οὐ δύνα-

---

21 Ἰησοῦς] pr ὁ ς Ln   22 ἔβλεπον]+οὖν ςLn[Tr]   23 ἦν]+δὲ ςLn   ἐκ]ς°   ὁ] [WH]   24 καὶ usque ad ἐστιν] πυθέσθαι τίς ἂν εἴη ς(n.m.)B   25 ἀναπεσὼν] ἐπιπεσὼν ςTiB(n.m.):+δὲ ςLn: + οὖν [Tr]mTi[B] : Scr   οὕτως] ς°Ln°[Tr] : Scr   26 οὖν] ς°[Ln]Tr° sed [Tr]mTi°B° : Scr   ὁ] [Tr] [WH]   βάψω...καὶ δώσω] βάψας ..ἐπιδώσω ς Ln (sed ἐμβάψας) B(a.m.) : Scr   αὐτῷ] ς°Ln°B°(n.m.)   βάψας οὖν] καὶ ἐμβάψας ςLn(n.m.) : Scr   τὸ] [WH]   λαμβάνει καὶ] ς°Ln° [Tr]m[B] : Scr   Ἰσκαριώτου]-τῃ ςLnBm : ἀπὸ Καρυώτου Bm : Scr   27 Ἰησοῦς] pr ὁ ςLn   τάχιον] -ειον WH   28 δὲ] [WH]   29 Ἰούδας] pr ὁ ς   Ἰησοῦς] pr ὁ ςLn[Tr]   30 ἐξῆλθεν εὐθύς] εὐθέως ἐξ. ςLnm   31 οὖν] ς° (verbis ὅτε ἐξῆλθε cum v. 30 conjunctis): Er Elzrn   Ἰησοῦς] pr ὁ ςLn   32 καὶ ὁ Θ.] pr εἰ ὁ Θεὸς ἐδοξάσθη ἐν αὐτῷ ς[Ln][Tr]Ti[A][B]   αὐτῷ] ἑαυτῷ ςLnTrmAB : αὑτῷ TrTi   33 ἐγὼ] post ὑπ. ς

σθε ελθειν, και υμιν λέγω άρτι. εντολην καινην δίδωμι 34
υμιν, ινα αγαπατε αλλήλους· καθως ηγάπησα υμας ινα
και υμεις αγαπατε αλλήλους. εν τούτω γνώσονται πάν- 35
τες ότι εμοι μαθηταί εστε, εαν αγάπην έχητε εν αλλή-
λοις. Λέγει αυτω Σίμων Πέτρος, Κύριε, που υπάγεις; 36
απεκρίθη Ιησους, Όπου υπάγω ου δύνασαί μοι νυν ακο-
λουθησαι, ακολουθήσεις δε ύστερον· λέγει αυτω Πέ- 37
τρος, Κύριε, διά τί ου δύναμαί σοι ακολουθησαι άρτι; την
ψυχήν μου υπερ σου θήσω. αποκρίνεται Ιησους, Την 38
ψυχήν σου υπερ εμου θήσεις; αμην αμην λέγω σοι, ου μη
αλέκτωρ φωνήση έως ου αρνήση με τρίς.

Μη ταρασσέσθω υμων η καρδία· πιστεύετε εις τον Θεόν, 14
και εις εμε πιστεύετε. εν τη οικία του Πατρός μου 2
μοναι πολλαί εισιν· ει δε μή, ειπον αν υμιν· ότι πορεύο-
μαι ετοιμάσαι τόπον υμιν. και εαν πορευθω και ετοι- 3
μάσω τόπον υμιν, πάλιν έρχομαι και παραλήμψομαι υμας
προς εμαυτόν· ινα όπου ειμι εγω και υμεις ητε. και 4
όπου εγω υπάγω οίδατε την οδόν. Λέγει αυτω Θωμας, 5
Κύριε, ουκ οίδαμεν που υπάγεις· πως οίδαμεν την οδόν;
λέγει αυτω Ιησους, Εγώ ειμι η οδος και η αλήθεια και η 6
ζωή· ουδεις έρχεται προς τον Πατέρα ει μη δι' εμου.
ει εγνώκειτέ με, και τον Πατέρα μου αν ήδειτε· απ' άρτι 7
γινώσκετε αυτον και εωράκατε αυτόν. Λέγει αυτω 8
Φίλιππος, Κύριε, δειξον ημιν τον Πατέρα, και αρκει ημιν.

36 Ιησους] pr αυτω ο ς   υπάγω] pr εγω Ti[B]   ακολ. δε υστ.]
υστ. δε ακολ. μοι ς   37 Πέτρος] pr ο ς[WH]: C   Κύριε] WH°ₘ
ακολουθησαι] -θειν TrWH   38 αποκρίνεται] απεκρίθη αυτω ο ς
φωνήση] -σει ς: C   αρνήση] απαρν. ς Lnm   1 πιστεύετε εις τον
Θεόν, και] πιστεύετε. εις τον Θεόν και] WHm   2 ότι] ς°   3 και
sec.] Ln°[Tr]m   υμιν] ante τόπ. ςLnTrₘ   εγω] [Tr]m(σφ)
4 εγω] [Ln][Tr]m (sic vult)   την οδόν] pr και ς[Ln][Tr]mBmRm : +
οίδατε ς[Ln][Tr]mBmRm   5 πως] pr και ς LnmTiAB   οίδαμεν την
οδόν] δυνάμεθα την οδ. ειδέναι ς LnmTrmB(n.m.)   6 Ιησους] pr ο ς
LnTrA   7 εγνώκειτε] -κατε TiBm   με]' εμέ TiB   αν ήδειτε]
εγνώκειτε αν ςLn : γνώσεσθε TiBm   απ' άρτι] pr και ς[Ln][Tr]mTi
B]   αυτόν sec.] [Ln][Tr][A]WH°(n.m.)

9 λέγει αὐτῷ ὁ Ἰησοῦς, Τοσοῦτον χρόνον μεθ᾽ ὑμῶν εἰμὶ καὶ οὐκ ἔγνωκάς με, Φίλιππε; ὁ ἑωρακὼς ἐμὲ ἑώρακεν τὸν
10 Πατέρα· πῶς σὺ λέγεις, Δεῖξον ἡμῖν τὸν Πατέρα; οὐ πιστεύεις ὅτι ἐγὼ ἐν τῷ Πατρὶ καὶ ὁ Πατὴρ ἐν ἐμοί ἐστιν; τὰ ῥήματα ἃ ἐγὼ λέγω ὑμῖν ἀπ᾽ ἐμαυτοῦ οὐ λαλῶ· ὁ δὲ
11 Πατὴρ [ὁ] ἐν ἐμοὶ μένων ποιεῖ τὰ ἔργα αὐτοῦ. πιστεύετέ μοι ὅτι ἐγὼ ἐν τῷ Πατρὶ καὶ ὁ Πατὴρ ἐν ἐμοί· εἰ
12 δὲ μή, διὰ τὰ ἔργα αὐτὰ πιστεύετέ [μοι]. Ἀμὴν ἀμὴν λέγω ὑμῖν, ὁ πιστεύων εἰς ἐμὲ τὰ ἔργα ἃ ἐγὼ ποιῶ κἀκεῖνος ποιήσει, καὶ μείζονα τούτων ποιήσει, ὅτι ἐγὼ πρὸς τὸν
13 Πατέρα πορεύομαι. καὶ ὅ τι ἂν αἰτήσητε ἐν τῷ ὀνόματί μου, τοῦτο ποιήσω· ἵνα δοξασθῇ ὁ Πατὴρ ἐν τῷ Υἱῷ.
14 ἐάν τι αἰτήσητέ [με] ἐν τῷ ὀνόματί μου, ἐγὼ ποιήσω.
15 Ἐὰν ἀγαπᾶτέ με, τὰς ἐντολὰς τὰς ἐμὰς τηρήσετε.
16 κἀγὼ ἐρωτήσω τὸν Πατέρα, καὶ ἄλλον Παράκλητον δώσει
17 ὑμῖν ἵνα ᾖ μεθ᾽ ὑμῶν εἰς τὸν αἰῶνα, τὸ Πνεῦμα τῆς ἀληθείας· ὃ ὁ κόσμος οὐ δύναται λαβεῖν, ὅτι οὐ θεωρεῖ αὐτὸ οὐδὲ γινώσκει αὐτό· ὑμεῖς γινώσκετε αὐτό, ὅτι παρ᾽
18 ὑμῖν μένει καὶ ἐν ὑμῖν ἐστίν. οὐκ ἀφήσω ὑμᾶς ὀρφα-
19 νούς· ἔρχομαι πρὸς ὑμᾶς. ἔτι μικρὸν καὶ ὁ κόσμος με οὐκέτι θεωρεῖ, ὑμεῖς δὲ θεωρεῖτέ με· ὅτι ἐγὼ ζῶ, καὶ ὑμεῖς
20 ζήσετε. ἐν ἐκείνῃ τῇ ἡμέρᾳ ὑμεῖς γνώσεσθε ὅτι ἐγὼ
21 ἐν τῷ Πατρί μου καὶ ὑμεῖς ἐν ἐμοὶ κἀγὼ ἐν ὑμῖν. ὁ ἔχων τὰς ἐντολάς μου καὶ τηρῶν αὐτάς, ἐκεῖνός ἐστιν ὁ ἀγαπῶν με· ὁ δὲ ἀγαπῶν με ἀγαπηθήσεται ὑπὸ τοῦ

Πατρός μου, κἀγὼ ἀγαπήσω αὐτὸν καὶ ἐμφανίσω αὐτῷ ἐμαυτόν.

Λέγει αὐτῷ Ἰούδας (οὐχ ὁ Ἰσκαριώτης), Κύριε, τί γέγο- 22 νεν ὅτι ἡμῖν μέλλεις ἐμφανίζειν σεαυτὸν καὶ οὐχὶ τῷ κόσμῳ; ἀπεκρίθη Ἰησοῦς καὶ εἶπεν αὐτῷ, Ἐάν τις ἀγαπᾷ 23 με, τὸν λόγον μου τηρήσει· καὶ ὁ Πατήρ μου ἀγαπήσει αὐτόν, καὶ πρὸς αὐτὸν ἐλευσόμεθα καὶ μονὴν παρ᾽ αὐτῷ ποιησόμεθα· ὁ μὴ ἀγαπῶν με τοὺς λόγους μου οὐ 24 τηρεῖ· καὶ ὁ λόγος ὃν ἀκούετε οὐκ ἔστιν ἐμός, ἀλλὰ τοῦ πέμψαντός με Πατρός.

Ταῦτα λελάληκα ὑμῖν παρ᾽ ὑμῖν μένων. ὁ δὲ 25, 26 Παράκλητος, τὸ Πνεῦμα τὸ Ἅγιον ὃ πέμψει ὁ Πατὴρ ἐν τῷ ὀνόματί μου, ἐκεῖνος ὑμᾶς διδάξει πάντα καὶ ὑπομνήσει ὑμᾶς πάντα ἃ εἶπον ὑμῖν. Εἰρήνην ἀφίημι ὑμῖν, εἰρή- 27 νην τὴν ἐμὴν δίδωμι ὑμῖν· οὐ καθὼς ὁ κόσμος δίδωσιν ἐγὼ δίδωμι ὑμῖν. μὴ ταρασσέσθω ὑμῶν ἡ καρδία μηδὲ δειλιάτω. ἠκούσατε ὅτι ἐγὼ εἶπον ὑμῖν, Ὑπάγω καὶ ἔρ- 28 χομαι πρὸς ὑμᾶς. εἰ ἠγαπᾶτέ με, ἐχάρητε ἂν ὅτι πορεύομαι πρός τὸν Πατέρα· ὅτι ὁ Πατὴρ μείζων μου ἐστίν. καὶ νῦν εἴρηκα ὑμῖν πρὶν γενέσθαι, ἵνα ὅταν γένηται πι- 29 στεύσητε. Οὐκέτι πολλὰ λαλήσω μεθ᾽ ὑμῶν, ἔρχεται 30 γὰρ ὁ τοῦ κόσμου ἄρχων· καὶ ἐν ἐμοὶ οὐκ ἔχει οὐδέν· ἀλλ᾽ ἵνα γνῷ ὁ κόσμος ὅτι ἀγαπῶ τὸν Πατέρα, καὶ καθὼς 31 ἐντολὴν ἔδωκέν μοι ὁ Πατήρ, οὕτως ποιῶ. Ἐγείρεσθε, ἄγωμεν ἐντεῦθεν.

Ἐγώ εἰμι ἡ ἄμπελος ἡ ἀληθινή, καὶ ὁ Πατήρ μου ὁ 15 γεωργός ἐστιν. πᾶν κλῆμα ἐν ἐμοὶ μὴ φέρον καρπόν, 2 αἴρει αὐτό· καὶ πᾶν τὸ καρπὸν φέρον, καθαίρει αὐτὸ ἵνα καρπὸν πλείονα φέρῃ. ἤδη ὑμεῖς καθαροί ἐστε διὰ τὸν 3

21 κἀγὼ] καὶ ἐγὼ ς   22 τί] pr καὶ Ti[A]B(a.m.)   23 Ἰησοῦς] pr ὁ ς : C   ποιησόμεθα] -ήσομεν ς   26 ὑμῖν] + ἐγώ WH   28 πορεύομαι] pr εἶπον, ς   Πατήρ] + μου ς [Ln] : Er   30 κόσμου] + τούτου ς : Cςm   31 καὶ] [Ln]   ἐντολὴν ἔδωκέν] ἐνετείλατο ςTiAB ποιῶ.] ποιῶ, Trm   2 καρπὸν tert.] post πλείονα ς

4 λόγον ὃν λελάληκα ὑμῖν. μείνατε ἐν ἐμοί, κἀγὼ ἐν ὑμῖν. καθὼς τὸ κλῆμα οὐ δύναται καρπὸν φέρειν ἀφ' ἑαυτοῦ ἐὰν μὴ μένῃ ἐν τῇ ἀμπέλῳ, οὕτως οὐδὲ ὑμεῖς ἐὰν
5 μὴ ἐν ἐμοὶ μένητε. ἐγώ εἰμι ἡ ἄμπελος, ὑμεῖς τὰ κλήματα· ὁ μένων ἐν ἐμοὶ κἀγὼ ἐν αὐτῷ, οὗτος φέρει καρπὸν
6 πολύν· ὅτι χωρὶς ἐμοῦ οὐ δύνασθε ποιεῖν οὐδέν. ἐὰν μή τις μένῃ ἐν ἐμοί, ἐβλήθη ἔξω ὡς τὸ κλῆμα καὶ ἐξηράνθη· καὶ συνάγουσιν αὐτὰ καὶ εἰς τὸ πῦρ βάλλουσιν,
7 καὶ καίεται. ἐὰν μείνητε ἐν ἐμοὶ καὶ τὰ ῥήματά μου ἐν ὑμῖν μείνῃ, ὃ ἐὰν θέλητε αἰτήσασθε, καὶ γενήσεται ὑμῖν.
8 ἐν τούτῳ ἐδοξάσθη ὁ Πατήρ μου, ἵνα καρπὸν πολὺν φέ-
9 ρητε καὶ γένησθε ἐμοὶ μαθηταί. καθὼς ἠγάπησέν με ὁ Πατήρ, κἀγὼ ὑμᾶς ἠγάπησα· μείνατε ἐν τῇ ἀγάπῃ τῇ ἐμῇ.
10 ἐὰν τὰς ἐντολάς μου τηρήσητε, μενεῖτε ἐν τῇ ἀγάπῃ μου· καθὼς ἐγὼ τοῦ Πατρός [μου] τὰς ἐντολὰς τετήρηκα καὶ
11 μένω αὐτοῦ ἐν τῇ ἀγάπῃ. Ταῦτα λελάληκα ὑμῖν ἵνα ἡ χαρὰ ἡ ἐμὴ ἐν ὑμῖν ᾖ καὶ ἡ χαρὰ ὑμῶν πληρωθῇ.
12 αὕτη ἐστὶν ἡ ἐντολὴ ἡ ἐμή, ἵνα ἀγαπᾶτε ἀλλήλους καθὼς
13 ἠγάπησα ὑμᾶς. μείζονα ταύτης ἀγάπην οὐδεὶς ἔχει, ἵνα τις τὴν ψυχὴν αὐτοῦ θῇ ὑπὲρ τῶν φίλων αὐτοῦ.
14 ὑμεῖς φίλοι μου ἐστέ, ἐὰν ποιῆτε ἃ ἐγὼ ἐντέλλομαι ὑμῖν.
15 οὐκέτι λέγω ὑμᾶς δούλους, ὅτι ὁ δοῦλος οὐκ οἶδεν τί ποιεῖ αὐτοῦ ὁ κύριος· ὑμᾶς δὲ εἴρηκα φίλους, ὅτι πάντα ἃ ἤκουσα
16 παρὰ τοῦ Πατρός μου ἐγνώρισα ὑμῖν. οὐχ ὑμεῖς με ἐξελέξασθε, ἀλλ' ἐγὼ ἐξελεξάμην ὑμᾶς, καὶ ἔθηκα ὑμᾶς ἵνα ὑμεῖς ὑπάγητε καὶ καρπὸν φέρητε καὶ ὁ καρπὸς ὑμῶν

μένῃ, ἵνα ὅ τι ἂν αἰτήσητε τὸν Πατέρα ἐν τῷ ὀνόματί μου δῷ ὑμῖν.

Ταῦτα ἐντέλλομαι ὑμῖν, ἵνα ἀγαπᾶτε ἀλλήλους. 17
εἰ ὁ κόσμος ὑμᾶς μισεῖ, γινώσκετε ὅτι ἐμὲ πρῶτον ὑμῶν 18
μεμίσηκεν. εἰ ἐκ τοῦ κόσμου ἦτε, ὁ κόσμος ἂν τὸ ἴδιον 19
ἐφίλει· ὅτι δὲ ἐκ τοῦ κόσμου οὐκ ἐστέ, ἀλλ' ἐγὼ ἐξελεξάμην ὑμᾶς ἐκ τοῦ κόσμου, διὰ τοῦτο μισεῖ ὑμᾶς ὁ κόσμος.
μνημονεύετε τοῦ λόγου οὗ ἐγὼ εἶπον ὑμῖν, Οὐκ ἔστιν δοῦ- 20
λος μείζων τοῦ κυρίου αὐτοῦ. εἰ ἐμὲ ἐδίωξαν, καὶ ὑμᾶς
διώξουσιν· εἰ τὸν λόγον μου ἐτήρησαν, καὶ τὸν ὑμέτερον
τηρήσουσιν. ἀλλὰ ταῦτα πάντα ποιήσουσιν εἰς ὑμᾶς 21
διὰ τὸ ὄνομά μου, ὅτι οὐκ οἴδασιν τὸν πέμψαντά με.
εἰ μὴ ἦλθον καὶ ἐλάλησα αὐτοῖς, ἁμαρτίαν οὐκ εἴχοσαν· 22
νῦν δὲ πρόφασιν οὐκ ἔχουσιν περὶ τῆς ἁμαρτίας αὐτῶν.
ὁ ἐμὲ μισῶν καὶ τὸν Πατέρα μου μισεῖ. εἰ τὰ ἔργα 23, 24
μὴ ἐποίησα ἐν αὐτοῖς ἃ οὐδεὶς ἄλλος ἐποίησεν, ἁμαρτίαν
οὐκ εἴχοσαν· νῦν δὲ καὶ ἑωράκασιν καὶ μεμισήκασιν καὶ
ἐμὲ καὶ τὸν Πατέρα μου. ἀλλ' ἵνα πληρωθῇ ὁ λόγος ὁ 25
ἐν τῷ νόμῳ αὐτῶν γεγραμμένος ὅτι Ἐμίσησάν με δωρεάν.
Ὅταν ἔλθῃ ὁ Παράκλητος ὃν ἐγὼ πέμψω ὑμῖν παρὰ τοῦ 26
Πατρός, τὸ Πνεῦμα τῆς ἀληθείας ὃ παρὰ τοῦ Πατρὸς
ἐκπορεύεται, ἐκεῖνος μαρτυρήσει περὶ ἐμοῦ· καὶ ὑμεῖς 27
δὲ μαρτυρεῖτε, ὅτι ἀπ' ἀρχῆς μετ' ἐμοῦ ἐστέ.

Ταῦτα λελάληκα ὑμῖν ἵνα μὴ σκανδαλισθῆτε. **16**
ἀποσυναγώγους ποιήσουσιν ὑμᾶς· ἀλλ' ἔρχεται ὥρα ἵνα 2
πᾶς ὁ ἀποκτείνας ὑμᾶς δόξῃ λατρείαν προσφέρειν τῷ Θεῷ.
καὶ ταῦτα ποιήσουσιν, ὅτι οὐκ ἔγνωσαν τὸν Πατέρα οὐδὲ 3
ἐμέ. ἀλλὰ ταῦτα λελάληκα ὑμῖν ἵνα ὅταν ἔλθῃ ἡ ὥρα 4

ΚΑΤΑ ΙΩΑΝΝΗΝ 16. 5—18.

αὐτῶν μνημονεύητε αὐτῶν, ὅτι ἐγὼ εἶπον ὑμῖν. ταῦτα δὲ
5 ὑμῖν ἐξ ἀρχῆς οὐκ εἶπον, ὅτι μεθ᾿ ὑμῶν ἤμην. νῦν δὲ
ὑπάγω πρὸς τὸν πέμψαντά με, καὶ οὐδεὶς ἐξ ὑμῶν ἐρωτᾷ
6 με, Ποῦ ὑπάγεις; ἀλλ᾿ ὅτι ταῦτα λελάληκα ὑμῖν, ἡ
7 λύπη πεπλήρωκεν ὑμῶν τὴν καρδίαν. ἀλλ᾿ ἐγὼ τὴν
ἀλήθειαν λέγω ὑμῖν, συμφέρει ὑμῖν ἵνα ἐγὼ ἀπέλθω·
ἐὰν γὰρ μὴ ἀπέλθω, ὁ Παράκλητος οὐκ ἐλεύσεται πρὸς
8 ὑμᾶς· ἐὰν δὲ πορευθῶ, πέμψω αὐτὸν πρὸς ὑμᾶς. καὶ
ἐλθὼν ἐκεῖνος ἐλέγξει τὸν κόσμον περὶ ἁμαρτίας καὶ περὶ
9 δικαιοσύνης καὶ περὶ κρίσεως· περὶ ἁμαρτίας μέν, ὅτι
10 οὐ πιστεύουσιν εἰς ἐμέ· περὶ δικαιοσύνης δέ, ὅτι πρὸς
11 τὸν Πατέρα ὑπάγω καὶ οὐκέτι θεωρεῖτέ με· περὶ δὲ
12 κρίσεως, ὅτι ὁ ἄρχων τοῦ κόσμου τούτου κέκριται. Ἔτι
πολλὰ ἔχω ὑμῖν λέγειν, ἀλλ᾿ οὐ δύνασθε βαστάζειν ἄρτι.
13 ὅταν δὲ ἔλθῃ ἐκεῖνος, τὸ Πνεῦμα τῆς ἀληθείας, ὁδηγήσει
ὑμᾶς εἰς τὴν ἀλήθειαν πᾶσαν· οὐ γὰρ λαλήσει ἀφ᾿ ἑαυτοῦ,
ἀλλ᾿ ὅσα ἀκούσει λαλήσει, καὶ τὰ ἐρχόμενα ἀναγγελεῖ
14 ὑμῖν. ἐκεῖνος ἐμὲ δοξάσει, ὅτι ἐκ τοῦ ἐμοῦ λήμψεται
15 καὶ ἀναγγελεῖ ὑμῖν. πάντα ὅσα ἔχει ὁ Πατὴρ ἐμά
ἐστιν· διὰ τοῦτο εἶπον ὅτι ἐκ τοῦ ἐμοῦ λαμβάνει καὶ ἀναγ-
γελεῖ ὑμῖν.
16 Μικρὸν καὶ οὐκέτι θεωρεῖτέ με, καὶ πάλιν μικρὸν καὶ
17 ὄψεσθέ με. Εἶπον οὖν ἐκ τῶν μαθητῶν αὐτοῦ πρὸς
ἀλλήλους, Τί ἐστιν τοῦτο ὃ λέγει ἡμῖν, Μικρὸν καὶ οὐ
θεωρεῖτέ με, καὶ πάλιν μικρὸν καὶ ὄψεσθέ με; καί, Ὅτι
18 ὑπάγω πρὸς τὸν Πατέρα; ἔλεγον οὖν, Τί ἐστιν τοῦτο

---

4 αὐτῶν *pri.*] ϛ°Ti°B° αὐτῶν *sec.*] [*Tr*] 7 γὰρ] + ἐγὼ L*n*[A]
οὐκ ἐλεύσεται] οὐ μὴ ἔλθῃ T*r*(n.m.)WH 10 Πατέρα] + μου ϛ L*n*[A]:
Er 12 ὑμῖν] post λέγειν ϛ L*n*(n.m.)*Tr*m 13 εἰς τὴν ἀλ. πᾶσαν]
εἰς πᾶσαν τὴν ἀλ. ϛ: ἐν τῇ ἀληθείᾳ πάσῃ TiB(n.m.)WHm ἀκούσει]
ἀκούσῃ L*n*: ἂν ἀκούσῃ Bm: ἀκούει TiBmWH(n.m.): Er 15 λαμ-
βάνει] λή(μ)ψεται ϛ L*n*m: Cϛm 16 οὐκέτι] οὐ ϛ (n.m.)L*n*m ὄψε-
σθέ με] +ὅτι (+ἐγὼ ϛ) ὑπάγω πρὸς τὸν Πατέρα ϛ[L*n*] 17 εἶπον] -αν
WH ἐστιν] -τι WHₐ ὑπάγω] pr ἐγὼ ϛ 18 τί ἐ. τοῦτο] τοῦτο
τί ἐ. ϛ *Tr*mTiBA ἐστιν] -τι WHₐ

ὃ λέγει τὸ μικρόν; οὐκ οἴδαμεν τί λαλεῖ. Ἔγνω Ἰη- 19
σοῦς ὅτι ἤθελον αὐτὸν ἐρωτᾶν, καὶ εἶπεν αὐτοῖς, Περὶ
τούτου ζητεῖτε μετ' ἀλλήλων ὅτι εἶπον, Μικρὸν καὶ οὐ
θεωρεῖτέ με, καὶ πάλιν μικρὸν καὶ ὄψεσθέ με; ἀμὴν 20
ἀμὴν λέγω ὑμῖν ὅτι κλαύσετε καὶ θρηνήσετε ὑμεῖς, ὁ δὲ
κόσμος χαρήσεται· ὑμεῖς λυπηθήσεσθε, ἀλλ' ἡ λύπη ὑμῶν
εἰς χαρὰν γενήσεται. ἡ γυνὴ ὅταν τίκτῃ λύπην ἔχει, 21
ὅτι ἦλθεν ἡ ὥρα αὐτῆς· ὅταν δὲ γεννήσῃ τὸ παιδίον, οὐκέτι
μνημονεύει τῆς θλίψεως διὰ τὴν χαρὰν ὅτι ἐγεννήθη ἄν-
θρωπος εἰς τὸν κόσμον. καὶ ὑμεῖς οὖν νῦν μὲν λύπην 22
ἔχετε· πάλιν δὲ ὄψομαι ὑμᾶς, καὶ χαρήσεται ὑμῶν ἡ καρ-
δία, καὶ τὴν χαρὰν ὑμῶν οὐδεὶς ἀρεῖ ἀφ' ὑμῶν. καὶ ἐν 23
ἐκείνῃ τῇ ἡμέρᾳ ἐμὲ οὐκ ἐρωτήσετε οὐδέν. ἀμὴν ἀμὴν
λέγω ὑμῖν, ἄν τι αἰτήσητε τὸν Πατέρα δώσει ὑμῖν ἐν τῷ
ὀνόματί μου. ἕως ἄρτι οὐκ ᾐτήσατε οὐδὲν ἐν τῷ ὀνό- 24
ματί μου· αἰτεῖτε, καὶ λήμψεσθε, ἵνα ἡ χαρὰ ὑμῶν ᾖ πε-
πληρωμένη.

Ταῦτα ἐν παροιμίαις λελάληκα ὑμῖν· ἔρχεται ὥρα ὅτε 25
οὐκέτι ἐν παροιμίαις λαλήσω ὑμῖν, ἀλλὰ παρρησίᾳ περὶ
τοῦ Πατρὸς ἀπαγγελῶ ὑμῖν. ἐν ἐκείνῃ τῇ ἡμέρᾳ ἐν τῷ 26
ὀνόματί μου αἰτήσεσθε· καὶ οὐ λέγω ὑμῖν ὅτι ἐγὼ ἐρω-
τήσω τὸν Πατέρα περὶ ὑμῶν· αὐτὸς γὰρ ὁ Πατὴρ φιλεῖ 27
ὑμᾶς, ὅτι ὑμεῖς ἐμὲ πεφιλήκατε, καὶ πεπιστεύκατε ὅτι ἐγὼ
παρὰ τοῦ Πατρὸς ἐξῆλθον. ἐξῆλθον ἐκ τοῦ Πατρὸς καὶ 28
ἐλήλυθα εἰς τὸν κόσμον· πάλιν ἀφίημι τὸν κόσμον καὶ
πορεύομαι πρὸς τὸν Πατέρα.

Λέγουσιν οἱ μαθηταὶ αὐτοῦ, Ἴδε νῦν ἐν παρρησίᾳ λα- 29

τὸ] Tr°A°WH° τί λαλεῖ] [WH] 19 Ἰησοῦς] pr οὖν ὁ ς Ln
20 ὑμεῖς sec.] +δὲ ἀλλ'] ἀλλὰ TrAWHa 22 νῦν μὲν λύπην] λ.
μ. νῦν ς ἔχετε] ἕξετε Ln(n.m.)Bm ἀρεῖ] αἴρει ς LnmTrmTiB(n.m.)
WHmB 23 ἄν τι] ὅσα ἂν ς: ὅ τι ἂν Lnm: pr ὅτι ς[Ln](n.m.) δώ-
σει ὑμ.] post ἐν τῷ ὀνόματί μου ς Ln 25 ἔρχεται] pr ἀλλ' ς[Ln]: Er
παρρησίᾳ] παρησ. WHa ἀπαγγελῶ] ἀναγγ. ς 27 τοῦ] Ln°
Πατρὸς] Θεοῦ ς LnTrmTiB(n.m:) 28 ἐκ] παρὰ ς LnmBm 29 λέ-
γουσιν] +αὐτῷ ς [Ln] ἐν] ς°

30 λεῖς, καὶ παροιμίαν οὐδεμίαν λέγεις. νῦν οἴδαμεν ὅτι οἶδας πάντα καὶ οὐ χρείαν ἔχεις ἵνα τίς σε ἐρωτᾷ· ἐν
31 τούτῳ πιστεύομεν ὅτι ἀπὸ Θεοῦ ἐξῆλθες. ἀπεκρίθη
32 αὐτοῖς Ἰησοῦς, Ἄρτι πιστεύετε; ἰδοὺ ἔρχεται ὥρα καὶ ἐλήλυθεν ἵνα σκορπισθῆτε ἕκαστος εἰς τὰ ἴδια κἀμὲ μόνον ἀφῆτε· καὶ οὐκ εἰμὶ μόνος, ὅτι ὁ Πατὴρ μετ' ἐμοῦ ἐστίν.
33 ταῦτα λελάληκα ὑμῖν, ἵνα ἐν ἐμοὶ εἰρήνην ἔχητε. ἐν τῷ κόσμῳ θλίψιν ἔχετε· ἀλλὰ θαρσεῖτε, ἐγὼ νενίκηκα τὸν κόσμον.

17 Ταῦτα ἐλάλησεν Ἰησοῦς, καὶ ἐπάρας τοὺς ὀφθαλμοὺς αὐτοῦ εἰς τὸν οὐρανὸν εἶπεν, Πάτερ, ἐλήλυθεν ἡ ὥρα· δόξα-
2 σόν σου τὸν Υἱόν, ἵνα ὁ Υἱὸς δοξάσῃ σε· καθὼς ἔδωκας αὐτῷ ἐξουσίαν πάσης σαρκός, ἵνα πᾶν ὃ δέδωκας αὐτῷ,
3 δώσει αὐτοῖς ζωὴν αἰώνιον. αὕτη δέ ἐστιν ἡ αἰώνιος ζωή, ἵνα γινώσκωσίν σε τὸν μόνον ἀληθινὸν Θεὸν καὶ ὃν
4 ἀπέστειλας Ἰησοῦν Χριστόν. ἐγώ σε ἐδόξασα ἐπὶ τῆς γῆς, τὸ ἔργον τελειώσας ὃ δέδωκάς μοι ἵνα ποιήσω·
5 καὶ νῦν δόξασόν με σύ, Πάτερ, παρὰ σεαυτῷ τῇ δόξῃ ᾗ
6 εἶχον πρὸ τοῦ τὸν κόσμον εἶναι παρὰ σοί. Ἐφανέρωσά σου τὸ ὄνομα τοῖς ἀνθρώποις οὓς ἔδωκάς μοι ἐκ τοῦ κόσμου· σοὶ ἦσαν, καὶ ἐμοὶ αὐτοὺς ἔδωκας· καὶ τὸν λόγον
7 σου τετήρηκαν. νῦν ἔγνωκαν ὅτι πάντα ὅσα δέδωκάς
8 μοι παρὰ σοῦ εἰσίν· ὅτι τὰ ῥήματα ἃ ἔδωκάς μοι δέδωκα αὐτοῖς, καὶ αὐτοὶ ἔλαβον, καὶ ἔγνωσαν ἀληθῶς ὅτι παρὰ σοῦ ἐξῆλθον, καὶ ἐπίστευσαν ὅτι σύ με ἀπέστειλας.

ΚΑΤΑ ΙΩΑΝΝΗΝ

Ἐγὼ περὶ αὐτῶν ἐρωτῶ· οὐ περὶ τοῦ κόσμου ἐρωτῶ, ἀλλὰ 9
περὶ ὧν δέδωκάς μοι, ὅτι σοί εἰσιν· καὶ τὰ ἐμὰ πάντα 10
σά ἐστιν καὶ τὰ σὰ ἐμά· καὶ δεδόξασμαι ἐν αὐτοῖς.
καὶ οὐκέτι εἰμὶ ἐν τῷ κόσμῳ, καὶ οὗτοι ἐν τῷ κόσμῳ εἰσίν, 11
κἀγὼ πρὸς σὲ ἔρχομαι. Πάτερ ἅγιε, τήρησον αὐτοὺς ἐν
τῷ ὀνόματί σου ᾧ δέδωκάς μοι, ἵνα ὦσιν ἓν καθὼς ἡμεῖς.
ὅτε ἤμην μετ' αὐτῶν, ἐγὼ ἐτήρουν αὐτοὺς ἐν τῷ ὀνόματί 12
σου ᾧ δέδωκάς μοι· καὶ ἐφύλαξα, καὶ οὐδεὶς ἐξ αὐτῶν
ἀπώλετο εἰ μὴ ὁ υἱὸς τῆς ἀπωλείας, ἵνα ἡ γραφὴ πληρωθῇ.
νῦν δὲ πρὸς σὲ ἔρχομαι· καὶ ταῦτα λαλῶ ἐν τῷ κόσμῳ 13
ἵνα ἔχωσιν τὴν χαρὰν τὴν ἐμὴν πεπληρωμένην ἐν ἑαυτοῖς.
ἐγὼ δέδωκα αὐτοῖς τὸν λόγον σου· καὶ ὁ κόσμος ἐμίσησεν 14
αὐτούς, ὅτι οὐκ εἰσὶν ἐκ τοῦ κόσμου καθὼς ἐγὼ οὐκ εἰμὶ ἐκ
τοῦ κόσμου. οὐκ ἐρωτῶ ἵνα ἄρῃς αὐτοὺς ἐκ τοῦ κό- 15
σμου, ἀλλ' ἵνα τηρήσῃς αὐτοὺς ἐκ τοῦ πονηροῦ. ἐκ τοῦ 16
κόσμου οὐκ εἰσίν, καθὼς ἐγὼ οὐκ εἰμὶ ἐκ τοῦ κόσμου.
ἁγίασον αὐτοὺς ἐν τῇ ἀληθείᾳ· ὁ λόγος ὁ σὸς ἀλήθειά 17
ἐστιν. καθὼς ἐμὲ ἀπέστειλας εἰς τὸν κόσμον, κἀγὼ 18
ἀπέστειλα αὐτοὺς εἰς τὸν κόσμον. καὶ ὑπὲρ αὐτῶν ἐγὼ 19
ἁγιάζω ἐμαυτόν, ἵνα ὦσιν καὶ αὐτοὶ ἡγιασμένοι ἐν ἀληθείᾳ.
Οὐ περὶ τούτων δὲ ἐρωτῶ μόνον, ἀλλὰ καὶ περὶ τῶν πι- 20
στευόντων διὰ τοῦ λόγου αὐτῶν εἰς ἐμέ, ἵνα πάντες ἓν 21
ὦσιν, καθὼς σύ, Πατήρ, ἐν ἐμοὶ κἀγὼ ἐν σοί, ἵνα καὶ αὐτοὶ
ἐν ἡμῖν ὦσιν· ἵνα ὁ κόσμος πιστεύῃ ὅτι σύ με ἀπέστειλας.
κἀγὼ τὴν δόξαν ἣν δέδωκάς μοι δέδωκα αὐτοῖς, ἵνα ὦσιν 22
ἓν καθὼς ἡμεῖς ἕν· ἐγὼ ἐν αὐτοῖς καὶ σὺ ἐν ἐμοί, ἵνα 23

11 οὗτοι] αὐτοὶ TiBWH(n.m.)   κἀγὼ] καὶ ἐγὼ ϛ   Πάτερ] πατήρ
WHa   ᾧ] οὓς ϛ Bm: ὃ Bm: Cϛm   καθὼς] + καὶ Tr   12 μετ'
αὐτῶν] + ἐν τῷ κόσμῳ ϛ   ᾧ] · οὓς ϛ(n.m.)LnB(n.m.): ὃ Bm   · καὶ]
ϛ°(n.m.)[Ln]B°(n.m.)   13 ἔχωσιν] -σι WHa   ἑαυτοῖς] αὐτοῖς ϛ Ln
16 οὐκ εἰμί] post ἐκ τοῦ κ. ϛ   17 ἀληθείᾳ] + σου ϛ Bm   19 ἐγὼ]
[Ln] Ti°B°(n.m.)[WH]   ὦσιν] post καὶ αὐτοὶ ϛ   20 πιστευόντων]
-σόντων ϛ : Cϛm   21 Πατήρ] πάτερ ϛ LnB   ὦσιν sec.] pr ἓν ϛ[Ln]
B(n.m.)   πιστεύῃ] -σῃ ϛ LnTrmA   22 κἀγὼ] καὶ ἐγὼ ϛ   δέδω-
κάς] ἔδ. LnTrm   ἕν sec.] + ἐσμεν ϛ LnBm   23 ἵνα sec.] pr καὶ ϛ

291

ὦσιν τετελειωμένοι εἰς ἕν· ἵνα γινώσκῃ ὁ κόσμος ὅτι σύ με ἀπέστειλας καὶ ἠγάπησας αὐτοὺς καθὼς ἐμὲ ἠγάπησας. 24 Πατήρ, ὃ δέδωκάς μοι, θέλω ἵνα ὅπου εἰμὶ ἐγὼ κἀκεῖνοι ὦσιν μετ' ἐμοῦ· ἵνα θεωρῶσιν τὴν δόξαν τὴν ἐμήν, ἣν δέδωκάς μοι ὅτι ἠγάπησάς με πρὸ καταβολῆς κόσμου. 25 Πατὴρ δίκαιε, καὶ ὁ κόσμος σε οὐκ ἔγνω, ἐγὼ δέ σε ἔγνων, 26 καὶ οὗτοι ἔγνωσαν ὅτι σύ με ἀπέστειλας· καὶ ἐγνώρισα αὐτοῖς τὸ ὄνομά σου καὶ γνωρίσω· ἵνα ἡ ἀγάπη ἣν ἠγάπησάς με ἐν αὐτοῖς ᾖ κἀγὼ ἐν αὐτοῖς.

18 Ταῦτα εἰπὼν Ἰησοῦς ἐξῆλθεν σὺν τοῖς μαθηταῖς αὐτοῦ πέραν τοῦ χειμάρρου τῶν Κέδρων, ὅπου ἦν κῆπος εἰς ὃν 2 εἰσῆλθεν αὐτὸς καὶ οἱ μαθηταὶ αὐτοῦ. ᾔδει δὲ καὶ Ἰούδας ὁ παραδιδοὺς αὐτὸν τὸν τόπον, ὅτι πολλάκις συνήχθη 3 Ἰησοῦς ἐκεῖ μετὰ τῶν μαθητῶν αὐτοῦ. ὁ οὖν Ἰούδας, λαβὼν τὴν σπεῖραν καὶ ἐκ τῶν ἀρχιερέων καὶ τῶν Φαρισαίων ὑπηρέτας, ἔρχεται ἐκεῖ μετὰ φανῶν καὶ λαμπάδων 4 καὶ ὅπλων. Ἰησοῦς οὖν εἰδὼς πάντα τὰ ἐρχόμενα ἐπ' 5 αὐτὸν ἐξῆλθεν καὶ λέγει αὐτοῖς, Τίνα ζητεῖτε; ἀπεκρίθησαν αὐτῷ, Ἰησοῦν τὸν Ναζωραῖον. λέγει αὐτοῖς, Ἐγώ εἰμι. εἱστήκει δὲ καὶ Ἰούδας ὁ παραδιδοὺς αὐτὸν μετ' 6 αὐτῶν. ὡς οὖν εἶπεν αὐτοῖς, Ἐγώ εἰμι, ἀπῆλθαν εἰς 7 τὰ ὀπίσω καὶ ἔπεσαν χαμαί. πάλιν οὖν ἐπηρώτησεν αὐτούς, Τίνα ζητεῖτε; οἱ δὲ εἶπον, Ἰησοῦν τὸν Ναζωραῖον. 8 ἀπεκρίθη Ἰησοῦς, Εἶπον ὑμῖν ὅτι ἐγώ εἰμι· εἰ οὖν ἐμὲ 9 ζητεῖτε, ἄφετε τούτους ὑπάγειν· ἵνα πληρωθῇ ὁ λόγος

---

24 πατήρ] πάτερ ϛB   ὃ] οὓς ϛLnTrmBmRm   δέδωκάς pri.] ἔδωκάς Ln   θεωρῶσιν] -σι WHa   δέδωκάς sec.] ἔδωκάς ϛTrmWHm
25 πατὴρ] πάτερ ϛB   1 Ἰησοῦς] pr ὁ ϛLn   τῶν Κέδρων] τοῦ Κεδρών LnTrmB(n.m.)R(n.m.) : τοῦ Κέδρου (s. κέδ) TiBmWHm   2 Ἰησοῦς] pr ὁ ϛLn   ἐκεῖ post μετὰ τῶν μ. αὐ. WHm   3 τῶν sec.] ϛ° [A] : pr ἐκ TiB[WH]   4 οὖν] δὲ Tr(n.m.)   ἐξῆλθεν] -θε WHa   ἐξ. καὶ λέγει] ἐξελθὼν εἶπεν ϛ   5 λέγει αὐτοῖς] + ὁ (− ὁ TiB) Ἰησοῦς ϛ Ln(n.m.)TiBR   ἐγώ εἰμι] + ὁ Ἰησοῦς Lnm :+ Ἰησοῦς WHm : Scr εἱστήκει] ἱστ. WH   6 αὐτοῖς]+ὅτι ϛA   ἀπῆλθαν...ἔπεσαν] -ον bis ϛ   7 ἐπηρώτησεν] post αὐτ. ϛ TiB   εἶπον] -αν WH   8 Ἰησοῦς] pr ὁ ϛ : C

ὃν εἴπεν ὅτι Οὓς δέδωκάς μοι, οὐκ ἀπώλεσα ἐξ αὐτῶν οὐδένα. Σίμων οὖν Πέτρος ἔχων μάχαιραν εἵλκυσεν 10 αὐτήν, καὶ ἔπαισεν τὸν τοῦ ἀρχιερέως δοῦλον καὶ ἀπέκοψεν αὐτοῦ τὸ ὠτάριον τὸ δεξιόν. ἦν δὲ ὄνομα τῷ δούλῳ Μάλχος. εἶπεν οὖν ὁ Ἰησοῦς τῷ Πέτρῳ, Βάλε τὴν 11 μάχαιραν εἰς τὴν θήκην· τὸ ποτήριον ὃ δέδωκέν μοι ὁ Πατήρ, οὐ μὴ πίω αὐτό;

Ἡ οὖν σπεῖρα καὶ ὁ χιλίαρχος καὶ οἱ ὑπηρέται τῶν 12 Ἰουδαίων συνέλαβον τὸν Ἰησοῦν καὶ ἔδησαν αὐτόν, καὶ ἤγαγον πρὸς Ἄνναν πρῶτον· ἦν γὰρ πενθερὸς τοῦ 13 Καϊάφα, ὃς ἦν ἀρχιερεὺς τοῦ ἐνιαυτοῦ ἐκείνου. ἦν δὲ 14 Καϊάφας ὁ συμβουλεύσας τοῖς Ἰουδαίοις ὅτι συμφέρει ἕνα ἄνθρωπον ἀποθανεῖν ὑπὲρ τοῦ λαοῦ.

Ἠκολούθει δὲ τῷ Ἰησοῦ Σίμων Πέτρος καὶ ἄλλος 15 μαθητής. ὁ δὲ μαθητὴς ἐκεῖνος ἦν γνωστὸς τῷ ἀρχιερεῖ, καὶ συνεισῆλθεν τῷ Ἰησοῦ εἰς τὴν αὐλὴν τοῦ ἀρχιερέως· ὁ δὲ Πέτρος εἱστήκει πρὸς τῇ θύρᾳ ἔξω. ἐξῆλθεν οὖν ὁ 16 μαθητὴς ὁ ἄλλος ὁ γνωστὸς τοῦ ἀρχιερέως καὶ εἶπεν τῇ θυρωρῷ καὶ εἰσήγαγεν τὸν Πέτρον. λέγει οὖν τῷ Πέ- 17 τρῳ ἡ παιδίσκη ἡ θυρωρός, Μὴ καὶ σὺ ἐκ τῶν μαθητῶν εἶ τοῦ ἀνθρώπου τούτου; λέγει ἐκεῖνος, Οὐκ εἰμί. εἱ- 18 στήκεισαν δὲ οἱ δοῦλοι καὶ οἱ ὑπηρέται ἀνθρακιὰν πεποιηκότες, ὅτι ψῦχος ἦν, καὶ ἐθερμαίνοντο· ἦν δὲ καὶ ὁ Πέτρος μετ᾿ αὐτῶν ἑστὼς καὶ θερμαινόμενος.

Ὁ οὖν ἀρχιερεὺς ἠρώτησεν τὸν Ἰησοῦν περὶ τῶν μαθη- 19 τῶν αὐτοῦ καὶ περὶ τῆς διδαχῆς αὐτοῦ. ἀπεκρίθη αὐτῷ 20 Ἰησοῦς, Ἐγὼ παρρησίᾳ λελάληκα τῷ κόσμῳ· ἐγὼ πάν-

10 ἔπαισεν]-σε WHa   ὠτάριον] ὠτίον ϛLn   11 μάχαιράν]+σου ϛ: C   13 ἤγαγον] pr ἀπ- ϛ[A] :+αὐτὸν ϛ[Ln]   ⁎Ανναν]⁎Ανναν WH   14 ἀποθανεῖν] ἀπολέσθαι ϛ   15 ἄλλος] pr ὁ ϛ[Tr][A]Bm: ErJ   ἦν] post γνω. LnmWHm   16 εἱστήκει] ἱστ. WH   ὁ γνω. τοῦ ἀρχιερέως] ὃς ἦν γνω. τῷ ἀρχιερεῖ ϛ LnBm   εἰσήγαγεν]-γε WHa   17 τῷ Πέτρῳ] post ἡ παιδ. ἡ θυρ. ϛ Lnm   18 εἱστήκεισαν] ἱστ. WH   καὶ ὁ Π. μετ᾿ αὐ.] μετ᾿ αὐ. ὁ Π. ϛLnm   19 ἠρώτησεν]-σε WHa   20 αὐτῷ [Ln]   Ἰησοῦς] pr ὁ ϛLnA   παρρησίᾳ] παρησ. WHa   λελάληκα] ἐλάλησα ϛ

τοτε ἐδίδαξα ἐν συναγωγῇ καὶ ἐν τῷ ἱερῷ, ὅπου πάντες οἱ Ἰουδαῖοι συνέρχονται, καὶ ἐν κρυπτῷ ἐλάλησα οὐδέν.
21 τί με ἐρωτᾷς; ἐρώτησον τοὺς ἀκηκοότας τί ἐλάλησα αὐ-
22 τοῖς· ἴδε οὗτοι οἴδασιν ἃ εἶπον ἐγώ. ταῦτα δὲ αὐτοῦ εἰπόντος εἷς παρεστηκὼς τῶν ὑπηρετῶν ἔδωκεν ῥάπισμα
23 τῷ Ἰησοῦ εἰπών, Οὕτως ἀποκρίνῃ τῷ ἀρχιερεῖ; ἀπεκρίθη αὐτῷ Ἰησοῦς, Εἰ κακῶς ἐλάλησα, μαρτύρησον περὶ
24 τοῦ κακοῦ· εἰ δὲ καλῶς, τί με δέρεις; ἀπέστειλεν οὖν αὐτὸν ὁ Ἄννας δεδεμένον πρὸς Καϊάφαν τὸν ἀρχιερέα.
25 Ἦν δὲ Σίμων Πέτρος ἑστὼς καὶ θερμαινόμενος. εἶπον οὖν αὐτῷ, Μὴ καὶ σὺ ἐκ τῶν μαθητῶν αὐτοῦ εἶ; ἠρνήσατο
26 ἐκεῖνος καὶ εἶπεν, Οὐκ εἰμί. λέγει εἷς ἐκ τῶν δούλων τοῦ ἀρχιερέως, συγγενὴς ὢν οὗ ἀπέκοψεν Πέτρος τὸ ὠτίον,
27 Οὐκ ἐγώ σε εἶδον ἐν τῷ κήπῳ μετ' αὐτοῦ; πάλιν οὖν ἠρνήσατο Πέτρος, καὶ εὐθέως ἀλέκτωρ ἐφώνησεν.
28 Ἄγουσιν οὖν τὸν Ἰησοῦν ἀπὸ τοῦ Καϊάφα εἰς τὸ πραιτώριον· ἦν δὲ πρωΐ· καὶ αὐτοὶ οὐκ εἰσῆλθον εἰς τὸ πραιτώριον, ἵνα μὴ μιανθῶσιν ἀλλὰ φάγωσιν τὸ πάσχα.
29 ἐξῆλθεν οὖν ὁ Πειλᾶτος ἔξω πρὸς αὐτοὺς καί φησιν, Τίνα
30 κατηγορίαν φέρετε τοῦ ἀνθρώπου τούτου; ἀπεκρίθησαν καὶ εἶπαν αὐτῷ, Εἰ μὴ ἦν οὗτος κακὸν ποιῶν, οὐκ ἄν σοι
31 παρεδώκαμεν αὐτόν. εἶπεν οὖν αὐτοῖς Πειλᾶτος, Λάβετε αὐτὸν ὑμεῖς, καὶ κατὰ τὸν νόμον ὑμῶν κρίνατε αὐτόν. εἶπον αὐτῷ οἱ Ἰουδαῖοι, Ἡμῖν οὐκ ἔξεστιν ἀποκτεῖναι οὐ-
32 δένα· ἵνα ὁ λόγος τοῦ Ἰησοῦ πληρωθῇ ὃν εἶπεν σημαίνων ποίῳ θανάτῳ ἤμελλεν ἀποθνήσκειν.
33 Εἰσῆλθεν οὖν πάλιν εἰς τὸ πραιτώριον ὁ Πειλᾶτος, καὶ

ἐφώνησεν τὸν Ἰησοῦν καὶ εἶπεν αὐτῷ, Σὺ εἶ ὁ Βασιλεὺς τῶν Ἰουδαίων; ἀπεκρίθη Ἰησοῦς, Ἀπὸ σεαυτοῦ σὺ 34 τοῦτο λέγεις, ἢ ἄλλοι εἶπόν σοι περὶ ἐμοῦ; ἀπεκρίθη 35 ὁ Πειλᾶτος, Μήτι ἐγὼ Ἰουδαῖός εἰμι; τὸ ἔθνος τὸ σὸν καὶ οἱ ἀρχιερεῖς παρέδωκάν σε ἐμοί· τί ἐποίησας; ἀπε- 36 κρίθη Ἰησοῦς, Ἡ βασιλεία ἡ ἐμὴ οὐκ ἔστιν ἐκ τοῦ κόσμου τούτου· εἰ ἐκ τοῦ κόσμου τούτου ἦν ἡ βασιλεία ἡ ἐμή, οἱ ὑπηρέται οἱ ἐμοὶ ἠγωνίζοντο ἄν, ἵνα μὴ παραδοθῶ τοῖς Ἰουδαίοις· νῦν δὲ ἡ βασιλεία ἡ ἐμὴ οὐκ ἔστιν ἐντεῦθεν. εἶπεν οὖν αὐτῷ ὁ Πειλᾶτος, Οὐκοῦν βασιλεὺς εἶ σύ; ἀπε- 37 κρίθη ὁ Ἰησοῦς, Σὺ λέγεις ὅτι βασιλεύς εἰμι. ἐγὼ εἰς τοῦτο γεγέννημαι καὶ εἰς τοῦτο ἐλήλυθα εἰς τὸν κόσμον, ἵνα μαρτυρήσω τῇ ἀληθείᾳ. πᾶς ὁ ὢν ἐκ τῆς ἀληθείας ἀκούει μου τῆς φωνῆς. λέγει αὐτῷ ὁ Πειλᾶτος, Τί 38 ἐστιν ἀλήθεια;

Καὶ τοῦτο εἰπὼν πάλιν ἐξῆλθεν πρὸς τοὺς Ἰουδαίους, καὶ λέγει αὐτοῖς, Ἐγὼ οὐδεμίαν εὑρίσκω ἐν αὐτῷ αἰτίαν. ἔστιν δὲ συνήθεια ὑμῖν ἵνα ἕνα ἀπολύσω ὑμῖν ἐν τῷ 39 πάσχα· βούλεσθε οὖν ἀπολύσω ὑμῖν τὸν Βασιλέα τῶν Ἰουδαίων; ἐκραύγασαν οὖν πάλιν λέγοντες, Μὴ τοῦ- 40 τον, ἀλλὰ τὸν Βαραββᾶν. ἦν δὲ ὁ Βαραββᾶς λῃστής.

Τότε οὖν ἔλαβεν ὁ Πειλᾶτος τὸν Ἰησοῦν καὶ ἐμαστίγω- 19 σεν. καὶ οἱ στρατιῶται πλέξαντες στέφανον ἐξ ἀκαν- 2 θῶν ἐπέθηκαν αὐτοῦ τῇ κεφαλῇ, καὶ ἱμάτιον πορφυροῦν περιέβαλον αὐτόν· καὶ ἤρχοντο πρὸς αὐτὸν καὶ ἔλεγον, 3 Χαῖρε ὁ Βασιλεὺς τῶν Ἰουδαίων· καὶ ἐδίδοσαν αὐτῷ ῥαπίσματα. Καὶ ἐξῆλθεν πάλιν ἔξω ὁ Πειλᾶτος καὶ 4

λέγει αὐτοῖς, Ἴδε ἄγω ὑμῖν αὐτὸν ἔξω, ἵνα γνῶτε ὅτι οὐδε-
5 μίαν αἰτίαν εὑρίσκω ἐν αὐτῷ. ἐξῆλθεν οὖν ὁ Ἰησοῦς
ἔξω, φορῶν τὸν ἀκάνθινον στέφανον καὶ τὸ πορφυροῦν
6 ἱμάτιον. καὶ λέγει αὐτοῖς, Ἰδοὺ ὁ ἄνθρωπος. ὅτε οὖν
εἶδον αὐτὸν οἱ ἀρχιερεῖς καὶ οἱ ὑπηρέται, ἐκραύγασαν λέ-
γοντες, Σταύρωσον, σταύρωσον. λέγει αὐτοῖς ὁ Πειλᾶτος,
Λάβετε αὐτὸν ὑμεῖς καὶ σταυρώσατε· ἐγὼ γὰρ οὐχ εὑρίσκω
7 ἐν αὐτῷ αἰτίαν. ἀπεκρίθησαν αὐτῷ οἱ Ἰουδαῖοι, Ἡμεῖς
νόμον ἔχομεν, καὶ κατὰ τὸν νόμον ὀφείλει ἀποθανεῖν, ὅτι
8 Υἱὸν Θεοῦ ἑαυτὸν ἐποίησεν. Ὅτε οὖν ἤκουσεν ὁ Πει-
9 λᾶτος τοῦτον τὸν λόγον, μᾶλλον ἐφοβήθη· καὶ εἰσῆλ-
θεν εἰς τὸ πραιτώριον πάλιν καὶ λέγει τῷ Ἰησοῦ, Πόθεν
10 εἶ σύ; ὁ δὲ Ἰησοῦς ἀπόκρισιν οὐκ ἔδωκεν αὐτῷ. λέγει
οὖν αὐτῷ ὁ Πειλᾶτος, Ἐμοὶ οὐ λαλεῖς; οὐκ οἶδας ὅτι
ἐξουσίαν ἔχω ἀπολῦσαί σε καὶ ἐξουσίαν ἔχω σταυρῶσαί
11 σε; ἀπεκρίθη αὐτῷ Ἰησοῦς, Οὐκ εἶχες ἐξουσίαν κατ᾽
ἐμοῦ οὐδεμίαν, εἰ μὴ ἦν δεδομένον σοι ἄνωθεν· διὰ τοῦτο
12 ὁ παραδούς μέ σοι μείζονα ἁμαρτίαν ἔχει. ἐκ τούτου ὁ
Πειλᾶτος ἐζήτει ἀπολῦσαι αὐτόν· οἱ δὲ Ἰουδαῖοι ἐκραύγα-
ζον λέγοντες, Ἐὰν τοῦτον ἀπολύσῃς, οὐκ εἶ φίλος τοῦ
Καίσαρος· πᾶς ὁ βασιλέα ἑαυτὸν ποιῶν ἀντιλέγει᾽ τῷ
13 Καίσαρι. Ὁ οὖν Πειλᾶτος ἀκούσας τῶν λόγων τού-
των ἤγαγεν ἔξω τὸν Ἰησοῦν, καὶ ἐκάθισεν ἐπὶ βήματος εἰς
τόπον λεγόμενον Λιθόστρωτον, Ἑβραϊστὶ δὲ Γαββαθᾶ.

οὐδεμίαν *usque ad* αὐτῷ] ἐν αὐ. οὐδ. αἰτ. εὑρ. ϛ : αἰτ. οὐχ εὑρ. TiBm : αἰτ. ἐν αὐ. οὐδ. εὑρ. A 5 ὁ *ante* Ἰησοῦς] [*Tr*][WH]   ἰδοὺ] ἴδε ϛ *Ln* : Er   6 εἶδον] ἴδον Ti   λέγοντες] Ti°B°   σταύρωσον *sec.*]+αὐτόν Ln[Tr]m   7 αὐτῷ] Ti°B°   νόμον *sec.*]+ ἡμῶν ϛ   ἑαυτὸν] ante Υἱ. Θε. ϛ   Θεοῦ] pr τοῦ Elz   10 οὖν] Ti°[A]B°   ἀπολῦσαί σε ...σταυρῶσαί σε] σταυρῶσαί σε...ἀπολῦσαί σε ϛ*Tr*m   11 αὐτῷ] ϛ°[*Ln*] Ti°[A]B°   Ἰησοῦς] pr ὁ ϛ: C   εἶχες] ἔχεις TiB(n.m.)   κατ᾽ ἐμοῦ] post οὐδεμίαν ϛ   σοι] ante δεδομ. ϛ   παραδούς] παραδιδούς ϛ *Tr*(n.m.)A   12 ἐζήτει] ante ὁ Πειλ. ϛ   ἐκραύγαζον] ἔκραζον ϛ A : ἐκραύγασαν *Tr*(n.m.)WH   ἑαυτὸν] αὐτὸν ϛ : C   13 τῶν λόγων τούτων] τοῦτον τὸν λόγον ϛ   βήματος] pr τοῦ ϛ   Γαββαθᾶ]-θά TrAWH

ἦν δὲ παρασκευὴ τοῦ πάσχα· ὥρα ἦν ὡς ἕκτη. καὶ λέγει 14
τοῖς Ἰουδαίοις, Ἴδε ὁ Βασιλεὺς ὑμῶν. ἐκραύγασαν οὖν 15
ἐκεῖνοι, Ἆρον, ἆρον, σταύρωσον αὐτόν. λέγει αὐτοῖς ὁ
Πειλᾶτος, Τὸν Βασιλέα ὑμῶν σταυρώσω; ἀπεκρίθησαν οἱ
ἀρχιερεῖς, Οὐκ ἔχομεν βασιλέα εἰ μὴ Καίσαρα. τότε 16
οὖν παρέδωκεν αὐτὸν αὐτοῖς ἵνα σταυρωθῇ.

Παρέλαβον οὖν τὸν Ἰησοῦν· καὶ βαστάζων ἑαυτῷ 17
τὸν σταυρὸν ἐξῆλθεν εἰς τὸν λεγόμενον Κρανίου τόπον, ὃ
λέγεται Ἑβραϊστὶ Γολγοθᾶ· ὅπου αὐτὸν ἐσταύρωσαν, 18
καὶ μετ' αὐτοῦ ἄλλους δύο ἐντεῦθεν καὶ ἐντεῦθεν, μέσον
δὲ τὸν Ἰησοῦν. ἔγραψεν δὲ καὶ τίτλον ὁ Πειλᾶτος καὶ 19
ἔθηκεν ἐπὶ τοῦ σταυροῦ. ἦν δὲ γεγραμμένον, ΙΗΣΟΥΣ Ο
ΝΑΖΩΡΑΙΟΣ Ο ΒΑΣΙΛΕΥΣ ΤΩΝ ΙΟΥΔΑΙΩΝ.
τοῦτον οὖν τὸν τίτλον πολλοὶ ἀνέγνωσαν τῶν Ἰουδαίων, 20
ὅτι ἐγγὺς ἦν ὁ τόπος τῆς πόλεως ὅπου ἐσταυρώθη ὁ
Ἰησοῦς· καὶ ἦν γεγραμμένον Ἑβραϊστί, Ῥωμαϊστί, Ἑλληνιστί.
ἔλεγον οὖν τῷ Πειλάτῳ οἱ ἀρχιερεῖς τῶν 21
Ἰουδαίων, Μὴ γράφε, Ὁ Βασιλεὺς τῶν Ἰουδαίων· ἀλλ'
ὅτι ἐκεῖνος εἶπεν, Βασιλεὺς τῶν Ἰουδαίων εἰμί. ἀπε- 22
κρίθη ὁ Πειλᾶτος, Ὃ γέγραφα, γέγραφα.

Οἱ οὖν στρατιῶται, ὅτε ἐσταύρωσαν τὸν Ἰησοῦν, ἔλα- 23
βον τὰ ἱμάτια αὐτοῦ καὶ ἐποίησαν τέσσερα μέρη, ἑκάστῳ
στρατιώτῃ μέρος, καὶ τὸν χιτῶνα· ἦν δὲ ὁ χιτὼν ἄραφος,
ἐκ τῶν ἄνωθεν ὑφαντὸς δι' ὅλου. εἶπον οὖν πρὸς ἀλ- 24
λήλους, Μὴ σχίσωμεν αὐτόν, ἀλλὰ λάχωμεν περὶ αὐτοῦ
τίνος ἔσται· ἵνα ἡ γραφὴ πληρωθῇ, Διεμερίσαντο τὰ
ἱμάτιά μου ἑαυτοῖς, καὶ ἐπὶ τὸν ἱματισμόν μου ἔβαλον

25 κλῆρον. οἱ μὲν οὖν στρατιῶται ταῦτα ἐποίησαν. Εἱστήκεισαν δὲ παρὰ τῷ σταυρῷ τοῦ Ἰησοῦ ἡ μήτηρ αὐτοῦ καὶ ἡ ἀδελφὴ τῆς μητρὸς αὐτοῦ, Μαρία ἡ τοῦ Κλωπᾶ καὶ
26 Μαρία ἡ Μαγδαληνή. Ἰησοῦς οὖν ἰδὼν τὴν μητέρα καὶ τὸν μαθητὴν παρεστῶτα ὃν ἠγάπα, λέγει τῇ μητρί,
27 Γύναι, ἴδε ὁ υἱός σου. εἶτα λέγει τῷ μαθητῇ, Ἴδε ἡ μήτηρ σου. καὶ ἀπ᾽ ἐκείνης τῆς ὥρας ἔλαβεν ὁ μαθητὴς αὐτὴν εἰς τὰ ἴδια.
28 Μετὰ τοῦτο εἰδὼς ὁ Ἰησοῦς ὅτι ἤδη πάντα τετέλεσται,
29 ἵνα τελειωθῇ ἡ γραφή, λέγει, Διψῶ. σκεῦος ἔκειτο ὄξους μεστόν· σπόγγον οὖν μεστὸν τοῦ ὄξους ὑσσώπῳ
30 περιθέντες προσήνεγκαν αὐτοῦ τῷ στόματι. ὅτε οὖν ἔλαβεν τὸ ὄξος ὁ Ἰησοῦς εἶπεν, Τετέλεσται· καὶ κλίνας τὴν κεφαλὴν παρέδωκεν τὸ πνεῦμα.
31 Οἱ οὖν Ἰουδαῖοι, ἐπεὶ παρασκευὴ ἦν, ἵνα μὴ μείνῃ ἐπὶ τοῦ σταυροῦ τὰ σώματα ἐν τῷ σαββάτῳ (ἦν γὰρ μεγάλη ἡ ἡμέρα ἐκείνου τοῦ σαββάτου), ἠρώτησαν τὸν Πειλᾶτον
32 ἵνα κατεαγῶσιν αὐτῶν τὰ σκέλη καὶ ἀρθῶσιν. ἦλθον οὖν οἱ στρατιῶται, καὶ τοῦ μὲν πρώτου κατέαξαν τὰ σκέλη
33 καὶ τοῦ ἄλλου τοῦ συνσταυρωθέντος αὐτῷ. ἐπὶ δὲ τὸν Ἰησοῦν ἐλθόντες, ὡς εἶδον ἤδη αὐτὸν τεθνηκότα, οὐ κατέ-
34 αξαν αὐτοῦ τὰ σκέλη· ἀλλ᾽ εἷς τῶν στρατιωτῶν λόγχῃ αὐτοῦ τὴν πλευρὰν ἔνυξεν, καὶ ἐξῆλθεν εὐθὺς αἷμα καὶ
35 ὕδωρ. καὶ ὁ ἑωρακὼς μεμαρτύρηκεν, καὶ ἀληθινὴ αὐτοῦ ἐστιν ἡ μαρτυρία· καὶ ἐκεῖνος οἶδεν ὅτι ἀληθῆ λέγει,

ἵνα καὶ ὑμεῖς πιστεύητε. ἐγένετο γὰρ ταῦτα ἵνα ἡ 36
γραφὴ πληρωθῇ, Ὀστοῦν οὐ συντριβήσεται αὐτοῦ. καὶ 37
πάλιν ἑτέρα γραφὴ λέγει, Ὄψονται εἰς ὃν ἐξεκέντησαν.

Μετὰ δὲ ταῦτα ἠρώτησεν τὸν Πειλᾶτον Ἰωσὴφ ἀπὸ 38
Ἀριμαθαίας, ὢν μαθητὴς τοῦ Ἰησοῦ κεκρυμμένος δὲ διὰ
τὸν φόβον τῶν Ἰουδαίων, ἵνα ἄρῃ τὸ σῶμα τοῦ Ἰησοῦ·
καὶ ἐπέτρεψεν ὁ Πειλᾶτος. ἦλθεν οὖν καὶ ἦρεν τὸ σῶμα
αὐτοῦ. ἦλθεν δὲ καὶ Νικόδημος, ὁ ἐλθὼν πρὸς αὐτὸν 39
νυκτὸς τὸ πρῶτον, φέρων μίγμα σμύρνης καὶ ἀλόης ὡς
λίτρας ἑκατόν. ἔλαβον οὖν τὸ σῶμα τοῦ Ἰησοῦ καὶ 40
ἔδησαν αὐτὸ ὀθονίοις μετὰ τῶν ἀρωμάτων, καθὼς ἔθος
ἐστὶν τοῖς Ἰουδαίοις ἐνταφιάζειν. ἦν δὲ ἐν τῷ τόπῳ 41
ὅπου ἐσταυρώθη κῆπος, καὶ ἐν τῷ κήπῳ μνημεῖον καινόν,
ἐν ᾧ οὐδέπω οὐδεὶς ἐτέθη. ἐκεῖ οὖν διὰ τὴν παρασκευὴν 42
τῶν Ἰουδαίων, ὅτι ἐγγὺς ἦν τὸ μνημεῖον, ἔθηκαν τὸν Ἰησοῦν.

Τῇ δὲ μιᾷ τῶν σαββάτων Μαρία ἡ Μαγδαληνὴ ἔρχεται 20
πρωῒ σκοτίας ἔτι οὔσης εἰς τὸ μνημεῖον, καὶ βλέπει τὸν
λίθον ἠρμένον ἐκ τοῦ μνημείου. τρέχει οὖν καὶ ἔρχεται 2
πρὸς Σίμωνα Πέτρον καὶ πρὸς τὸν ἄλλον μαθητὴν ὃν
ἐφίλει ὁ Ἰησοῦς, καὶ λέγει αὐτοῖς, Ἦραν τὸν Κύριον ἐκ
τοῦ μνημείου, καὶ οὐκ οἴδαμεν ποῦ ἔθηκαν αὐτόν.
ἐξῆλθεν οὖν ὁ Πέτρος καὶ ὁ ἄλλος μαθητής, καὶ ἤρχοντο 3
εἰς τὸ μνημεῖον. ἔτρεχον δὲ οἱ δύο ὁμοῦ· καὶ ὁ ἄλλος 4
μαθητὴς προέδραμεν τάχιον τοῦ Πέτρου καὶ ἦλθεν πρῶτος
εἰς τὸ μνημεῖον, καὶ παρακύψας βλέπει κείμενα τὰ 5
ὀθόνια, οὐ μέντοι εἰσῆλθεν. ἔρχεται οὖν καὶ Σίμων 6

Πέτρος ἀκολουθῶν αὐτῷ, καὶ εἰσῆλθεν εἰς τὸ μνημεῖον·
7 καὶ θεωρεῖ τὰ ὀθόνια κείμενα, καὶ τὸ σουδάριον, ὃ ἦν ἐπὶ τῆς κεφαλῆς αὐτοῦ, οὐ μετὰ τῶν ὀθονίων κείμενον,
8 ἀλλὰ χωρὶς ἐντετυλιγμένον εἰς ἕνα τόπον. τότε οὖν εἰσῆλθεν καὶ ὁ ἄλλος μαθητὴς ὁ ἐλθὼν πρῶτος εἰς τὸ
9 μνημεῖον, καὶ εἶδεν καὶ ἐπίστευσεν. οὐδέπω γὰρ ᾔδεισαν τὴν γραφήν, ὅτι δεῖ αὐτὸν ἐκ νεκρῶν ἀναστῆναι.
10 ἀπῆλθον οὖν πάλιν πρὸς ἑαυτοὺς οἱ μαθηταί.
11 Μαρία δὲ εἱστήκει πρὸς τῷ μνημείῳ ἔξω κλαίουσα· ὡς
12 οὖν ἔκλαιεν, παρέκυψεν εἰς τὸ μνημεῖον, καὶ θεωρεῖ δύο ἀγγέλους ἐν λευκοῖς καθεζομένους, ἕνα πρὸς τῇ κεφαλῇ καὶ ἕνα πρὸς τοῖς ποσίν, ὅπου ἔκειτο τὸ σῶμα τοῦ
13 Ἰησοῦ. καὶ λέγουσιν αὐτῇ ἐκεῖνοι, Γύναι, τί κλαίεις; λέγει αὐτοῖς, Ὅτι ἦραν τὸν Κύριόν μου, καὶ οὐκ οἶδα ποῦ
14 ἔθηκαν αὐτόν. ταῦτα εἰποῦσα ἐστράφη εἰς τὰ ὀπίσω, καὶ θεωρεῖ τὸν Ἰησοῦν ἑστῶτα, καὶ οὐκ ᾔδει ὅτι Ἰησοῦς
15 ἐστίν. λέγει αὐτῇ Ἰησοῦς, Γύναι, τί κλαίεις; τίνα ζητεῖς; ἐκείνη, δοκοῦσα ὅτι ὁ κηπουρός ἐστιν, λέγει αὐτῷ, Κύριε, εἰ σὺ ἐβάστασας αὐτόν, εἰπέ μοι ποῦ ἔθηκας αὐτόν,
16 κἀγὼ αὐτὸν ἀρῶ. λέγει αὐτῇ Ἰησοῦς, Μαριάμ. στραφεῖσα ἐκείνη λέγει αὐτῷ Ἑβραϊστί, Ῥαββουνί· ὃ λέγεται
17 Διδάσκαλε. λέγει αὐτῇ Ἰησοῦς, Μή μου ἅπτου, οὔπω γὰρ ἀναβέβηκα πρὸς τὸν Πατέρα· πορεύου δὲ πρὸς τοὺς ἀδελφούς μου καὶ εἰπὲ αὐτοῖς, Ἀναβαίνω πρὸς τὸν Πατέρα μου καὶ Πατέρα ὑμῶν καὶ Θεόν μου καὶ Θεὸν ὑμῶν.
18 ἔρχεται Μαριὰμ ἡ Μαγδαληνὴ ἀγγέλλουσα τοῖς μαθηταῖς ὅτι Ἑώρακα τὸν Κύριον, καὶ ταῦτα εἶπεν αὐτῇ.

10 ἑαυτοὺς] αὐτοὺς TrTiB : αὑτοὺς WH   11 Μαρία] -ιὰμ TiB   εἱστήκει] ἱστ. WH   τῷ μνημείῳ] τὸ μνημεῖον ς (n.m.)   ἔξω] Ln°   [B]: post κλαίουσα ς   13 καὶ pri.] Ti°B°   , Ὅτι ἦραν] ὅτι °Ἦραν LnTiBWH (n.m.)   14 ταῦτα] pr καὶ ς   Ἰησοῦς] pr ὁ ς : C   15 Ἰησοῦς] pr ὁ ς   ἔθηκας] post αὐτὸν ς : C   16 Ἰησοῦς] pr ὁ ς   Μαριάμ] -ία ςLn   Ἑβραϊστί] ς°[Ln]   Ῥαββουνί] -νεί WH   17 Ἰησοῦς] pr ὁ ς   μου pri.] post ἅπτου TrmWHm   Πατέρα pri.] +μου ς[Ln] [Tr]m   18 Μαριὰμ] -ία ςLn   ἀγγέλλουσα] ἀπαγγ. ς   Ἑώρακα] ἑώρακεν ς Ln(n.m.) Trm Bm

Οὔσης οὖν ὀψίας τῇ ἡμέρᾳ ἐκείνῃ τῇ μιᾷ σαββάτων, 19
καὶ τῶν θυρῶν κεκλεισμένων ὅπου ἦσαν οἱ μαθηταὶ διὰ
τὸν φόβον τῶν Ἰουδαίων, ἦλθεν ὁ Ἰησοῦς καὶ ἔστη εἰς τὸ
μέσον, καὶ λέγει αὐτοῖς, Εἰρήνη ὑμῖν.   καὶ τοῦτο εἰπὼν 20
ἔδειξεν καὶ τὰς χεῖρας καὶ τὴν πλευρὰν αὐτοῖς. ἐχάρησαν
οὖν οἱ μαθηταὶ ἰδόντες τὸν Κύριον.   εἶπεν οὖν αὐτοῖς [ὁ 21
Ἰησοῦς] πάλιν, Εἰρήνη ὑμῖν· καθὼς ἀπέσταλκέν με ὁ Πα-
τήρ, κἀγὼ πέμπω ὑμᾶς.   καὶ τοῦτο εἰπὼν ἐνεφύσησεν 22
καὶ λέγει αὐτοῖς, Λάβετε Πνεῦμα Ἅγιον.   ἄν τινων 23
ἀφῆτε τὰς ἁμαρτίας, ἀφέωνται αὐτοῖς· ἄν τινων κρατῆτε,
κεκράτηνται.

Θωμᾶς δὲ εἷς ἐκ τῶν δώδεκα, ὁ λεγόμενος Δίδυμος, οὐκ 24
ἦν μετ᾽ αὐτῶν ὅτε ἦλθεν Ἰησοῦς.   ἔλεγον οὖν αὐτῷ οἱ 25
ἄλλοι μαθηταί, Ἑωράκαμεν τὸν Κύριον. ὁ δὲ εἶπεν αὐ-
τοῖς, Ἐὰν μὴ ἴδω ἐν ταῖς χερσὶν αὐτοῦ τὸν τύπον τῶν
ἤλων, καὶ βάλω τὸν δάκτυλόν μου εἰς τὸν τύπον τῶν
ἤλων, καὶ βάλω μου τὴν χεῖρα εἰς τὴν πλευρὰν αὐτοῦ, οὐ
μὴ πιστεύσω.   Καὶ μεθ᾽ ἡμέρας ὀκτὼ πάλιν ἦσαν ἔσω 26
οἱ μαθηταὶ αὐτοῦ, καὶ Θωμᾶς μετ᾽ αὐτῶν. ἔρχεται ὁ Ἰη-
σοῦς τῶν θυρῶν κεκλεισμένων, καὶ ἔστη εἰς τὸ μέσον καὶ
εἶπεν, Εἰρήνη ὑμῖν.   εἶτα λέγει τῷ Θωμᾷ, Φέρε τὸν 27
δάκτυλόν σου ὧδε καὶ ἴδε τὰς χεῖράς μου, καὶ φέρε τὴν
χεῖρά σου καὶ βάλε εἰς τὴν πλευράν μου, καὶ μὴ γίνου
ἄπιστος ἀλλὰ πιστός.   ἀπεκρίθη Θωμᾶς καὶ εἶπεν 28
αὐτῷ, Ὁ Κύριός μου καὶ ὁ Θεός μου.   λέγει αὐτῷ ὁ 29
Ἰησοῦς, Ὅτι ἑώρακάς με, πεπίστευκας· μακάριοι οἱ μὴ
ἰδόντες καὶ πιστεύσαντες.

30 Πολλὰ μὲν οὖν καὶ ἄλλα σημεῖα ἐποίησεν ὁ Ἰησοῦς ἐνώπιον τῶν μαθητῶν, ἃ οὐκ ἔστιν γεγραμμένα ἐν τῷ βι-
31 βλίῳ τούτῳ· ταῦτα δὲ γέγραπται ἵνα πιστεύητε ὅτι Ἰησοῦς ἐστὶν ὁ Χριστὸς ὁ Υἱὸς τοῦ Θεοῦ, καὶ ἵνα πιστεύοντες ζωὴν ἔχητε ἐν τῷ ὀνόματι αὐτοῦ.

21 Μετὰ ταῦτα ἐφανέρωσεν ἑαυτὸν πάλιν Ἰησοῦς τοῖς μαθηταῖς ἐπὶ τῆς θαλάσσης τῆς Τιβεριάδος· ἐφανέρωσεν δὲ
2 οὕτως. ἦσαν ὁμοῦ Σίμων Πέτρος καὶ Θωμᾶς ὁ λεγόμενος Δίδυμος καὶ Ναθαναὴλ ὁ ἀπὸ Κανᾶ τῆς Γαλιλαίας καὶ οἱ τοῦ Ζεβεδαίου καὶ ἄλλοι ἐκ τῶν μαθητῶν αὐτοῦ
3 δύο. λέγει αὐτοῖς Σίμων Πέτρος, Ὑπάγω ἁλιεύειν. λέγουσιν αὐτῷ, Ἐρχόμεθα καὶ ἡμεῖς σὺν σοί. ἐξῆλθον καὶ ἐνέβησαν εἰς τὸ πλοῖον, καὶ ἐν ἐκείνῃ τῇ νυκτὶ ἐπίασαν
4 οὐδέν. πρωΐας δὲ ἤδη γινομένης ἔστη Ἰησοῦς εἰς τὸν αἰγιαλόν· οὐ μέντοι ᾔδεισαν οἱ μαθηταὶ ὅτι Ἰησοῦς ἐστίν.
5 λέγει οὖν αὐτοῖς Ἰησοῦς, Παιδία, μή τι προσφάγιον ἔχετε;
6 ἀπεκρίθησαν αὐτῷ, Οὔ. ὁ δὲ εἶπεν αὐτοῖς, Βάλετε εἰς τὰ δεξιὰ μέρη τοῦ πλοίου τὸ δίκτυον, καὶ εὑρήσετε. ἔβαλον οὖν, καὶ οὐκέτι αὐτὸ ἑλκύσαι ἴσχυον ἀπὸ τοῦ πλήθους
7 τῶν ἰχθύων. λέγει οὖν ὁ μαθητὴς ἐκεῖνος ὃν ἠγάπα ὁ Ἰησοῦς τῷ Πέτρῳ, Ὁ Κύριός ἐστιν. Σίμων οὖν Πέτρος, ἀκούσας ὅτι ὁ Κύριός ἐστιν, τὸν ἐπενδύτην διεζώσατο (ἦν
8 γὰρ γυμνός), καὶ ἔβαλεν ἑαυτὸν εἰς τὴν θάλασσαν. οἱ δὲ ἄλλοι μαθηταὶ τῷ πλοιαρίῳ ἦλθον (οὐ γὰρ ἦσαν μακρὰν ἀπὸ τῆς γῆς, ἀλλὰ ὡς ἀπὸ πηχῶν διακοσίων), σύρον-
9 τες τὸ δίκτυον τῶν ἰχθύων. Ὡς οὖν ἀπέβησαν εἰς τὴν γῆν, βλέπουσιν ἀνθρακιὰν κειμένην καὶ ὀψάριον ἐπικείμε-

νον καὶ ἄρτον. λέγει αὐτοῖς ὁ Ἰησοῦς, Ἐνέγκατε ἀπὸ 10
τῶν ὀψαρίων ὧν ἐπιάσατε νῦν. ἀνέβη οὖν Σίμων Πέ- 11
τρος καὶ εἵλκυσεν τὸ δίκτυον εἰς τὴν γῆν μεστὸν ἰχθύων
μεγάλων ἑκατὸν πεντήκοντα τριῶν· καὶ τοσούτων ὄντων
οὐκ ἐσχίσθη τὸ δίκτυον. λέγει αὐτοῖς ὁ Ἰησοῦς, Δεῦτε 12
ἀριστήσατε. οὐδεὶς δὲ ἐτόλμα τῶν μαθητῶν ἐξετάσαι
αὐτόν, Σὺ τίς εἶ; εἰδότες ὅτι ὁ Κύριός ἐστιν. ἔρχεται 13
Ἰησοῦς καὶ λαμβάνει τὸν ἄρτον καὶ δίδωσιν αὐτοῖς, καὶ
τὸ ὀψάριον ὁμοίως. τοῦτο ἤδη τρίτον ἐφανερώθη Ἰη- 14
σοῦς τοῖς μαθηταῖς ἐγερθεὶς ἐκ νεκρῶν.

Ὅτε οὖν ἠρίστησαν, λέγει τῷ Σίμωνι Πέτρῳ ὁ Ἰησοῦς, 15
Σίμων Ἰωάνου, ἀγαπᾷς με πλέον τούτων; λέγει αὐτῷ,
Ναί, Κύριε· σὺ οἶδας ὅτι φιλῶ σε. λέγει αὐτῷ, Βόσκε τα
ἀρνία μου. λέγει αὐτῷ πάλιν δεύτερον, Σίμων Ἰωάνου, 16
ἀγαπᾷς με; λέγει αὐτῷ, Ναί, Κύριε· σὺ οἶδας ὅτι φιλῶ
σε. λέγει αὐτῷ, Ποίμαινε τὰ πρόβατά μου. λέγει 17
αὐτῷ τὸ τρίτον, Σίμων Ἰωάνου, φιλεῖς με; ἐλυπήθη ὁ
Πέτρος ὅτι εἶπεν αὐτῷ τὸ τρίτον, Φιλεῖς με; καὶ εἶπεν
αὐτῷ, Κύριε, πάντα σὺ οἶδας· σὺ γινώσκεις ὅτι φιλῶ σε.
λέγει αὐτῷ Ἰησοῦς, Βόσκε τὰ προβάτια μου. ἀμὴν 18
ἀμὴν λέγω σοι, ὅτε ἦς νεώτερος, ἐζώννυες σεαυτὸν καὶ
περιεπάτεις ὅπου ἤθελες· ὅταν δὲ γηράσῃς, ἐκτενεῖς τὰς
χεῖράς σου, καὶ ἄλλος ζώσει σε καὶ οἴσει ὅπου οὐ θέλεις.
τοῦτο δὲ εἶπεν σημαίνων ποίῳ θανάτῳ δοξάσει τὸν Θεόν. 19
καὶ τοῦτο εἰπὼν λέγει αὐτῷ, Ἀκολούθει μοι. Ἐπιστρα- 20
φεὶς ὁ Πέτρος βλέπει τὸν μαθητὴν ὃν ἠγάπα ὁ Ἰησοῦς

10 ὁ] [Tr][WH]   11 οὖν] ϛ°Lnº[Tr]mTiºBº   εἰς τὴν γῆν] ἐπὶ τῆς
γῆς ϛ   ἰχθύων] post μεγάλων Ln(n.m.)Trm   12 ὁ ante Ἰησ.] [Tr]
[WH]   δὲ] [Tr]AºWHº   13 Ἰησοῦς] pr οὖν ὁ ϛ   14 Ἰησοῦς]
pr ὁ ϛ   μαθηταῖς]+αὐτοῦ ϛ   15,16,17 Ἰωάνου ter]-ννου TiAB:
Ἰωνᾶ ϛ: Ἰωαννᾶ ϛm   15 πλέον] πλεῖον ϛ   16 πάλιν] ante λέγει αὐ.
Lnm   προβάτα]προβάτια TrmTiBmWH(a.m.)   17 καὶ][Ln]   εἶπεν
sec.] λέγει LnmTrmTiB   σὺ pri.] ante πάντα ϛ   Ἰησοῦς] [Tr]TiºBº :
pr ὁ ϛ   προβάτια] πρόβατά ϛ LnB(a.m.)WHm   18 σε] ante ζώσει ϛ
LnTrmTiB   οἴσει]+σε [Ln]   20 ἐπιστραφεὶς]+δὲ ϛ

303

ἀκολουθοῦντα, ὃς καὶ ἀνέπεσεν ἐν τῷ δείπνῳ ἐπὶ τὸ στῆ-
θος αὐτοῦ καὶ εἶπεν, Κύριε, τίς ἐστιν ὁ παραδιδούς σε;
21 τοῦτον οὖν ἰδὼν ὁ Πέτρος λέγει τῷ Ἰησοῦ, Κύριε, οὗτος δὲ
22 τί; λέγει αὐτῷ ὁ Ἰησοῦς, Ἐὰν αὐτὸν θέλω μένειν ἕως
23 ἔρχομαι, τί πρὸς σέ; σύ μοι ἀκολούθει. ἐξῆλθεν οὖν
οὗτος ὁ λόγος εἰς τοὺς ἀδελφοὺς ὅτι ὁ μαθητὴς ἐκεῖνος οὐκ
ἀποθνήσκει· οὐκ εἶπεν δὲ αὐτῷ ὁ Ἰησοῦς ὅτι οὐκ ἀποθνή-
σκει· ἀλλ᾽, Ἐὰν αὐτὸν θέλω μένειν ἕως ἔρχομαι, τί πρὸς
σέ;
24 Οὗτός ἐστιν ὁ μαθητὴς ὁ μαρτυρῶν περὶ τούτων, καὶ ὁ
γράψας ταῦτα· καὶ οἴδαμεν ὅτι ἀληθὴς αὐτοῦ ἡ μαρτυρία
25 ἐστίν. Ἔστιν δὲ καὶ ἄλλα πολλὰ ἃ ἐποίησεν ὁ Ἰησοῦς,
ἅτινα ἐὰν γράφηται καθ᾽ ἕν, οὐδ᾽ αὐτὸν οἶμαι τὸν κόσμον
χωρήσειν τὰ γραφόμενα βιβλία.

21 οὖν] ϛ° 22 μοι] post ἀκολ. ϛ 23 οὗτος] post ὁ λόγ. ϛ
οὐκ εἶπεν δὲ] καὶ οὐκ εἶπεν ϛLn(n.m.)TrmTiA τί πρὸς σέ;] Ti°[B]
24 μαρτυρῶν] pr καὶ WHm καὶ ὁ] [ὁ] καὶ WHm : — ὁ ϛ°Ti°[A]E°
αὐτοῦ usque ad ἐστίν] ἐστιν ἡ μαρτυρία αὐτοῦ ϛLn v. 25 Ti°[B]
ἃ] ὅσα ϛ οὐδ᾽] οὐδὲ ϛ χωρήσειν] χωρῆσαι ϛLnA ριβλία.]
+ἀμήν. ϛ: Er:+κατα Ιωαν(ν)ην. TrA

ΠΡΑΞΕΙΣ ΑΠΟΣΤΟΛΩΝ.

Τὸν μὲν πρῶτον λόγον ἐποιησάμην περὶ πάντων, ὦ 1
Θεόφιλε, ὧν ἤρξατο Ἰησοῦς ποιεῖν τε καὶ διδάσκειν,
ἄχρι ἧς ἡμέρας ἐντειλάμενος τοῖς ἀποστόλοις διὰ Πνεύμα- 2
τος Ἁγίου οὓς ἐξελέξατο ἀνελήμφθη· οἷς καὶ παρέ- 3
στησεν ἑαυτὸν ζῶντα μετὰ τὸ παθεῖν αὐτὸν ἐν πολλοῖς
τεκμηρίοις, δι᾽ ἡμερῶν τεσσεράκοντα ὀπτανόμενος αὐτοῖς
καὶ λέγων τὰ περὶ τῆς βασιλείας τοῦ Θεοῦ· καὶ συνα- 4
λιζόμενος παρήγγειλεν αὐτοῖς ἀπὸ Ἱεροσολύμων μὴ χω-
ρίζεσθαι, ἀλλὰ περιμένειν τὴν ἐπαγγελίαν τοῦ Πατρὸς
ἣν ἠκούσατέ μου· ὅτι Ἰωάννης μὲν ἐβάπτισεν ὕδατι, 5
ὑμεῖς δὲ ἐν Πνεύματι βαπτισθήσεσθε Ἁγίῳ οὐ μετὰ πολ-
λὰς ταύτας ἡμέρας. Οἱ μὲν οὖν συνελθόντες ἠρώτων 6
αὐτὸν λέγοντες, Κύριε, εἰ ἐν τῷ χρόνῳ τούτῳ ἀποκαθιστά-
νεις τὴν βασιλείαν τῷ Ἰσραήλ; εἶπεν πρὸς αὐτούς, 7
Οὐχ ὑμῶν ἐστὶν γνῶναι χρόνους ἢ καιροὺς οὓς ὁ Πατὴρ
ἔθετο ἐν τῇ ἰδίᾳ ἐξουσίᾳ· ἀλλὰ λήμψεσθε δύναμιν 8
ἐπελθόντος τοῦ Ἁγίου Πνεύματος ἐφ᾽ ὑμᾶς, καὶ ἔσεσθέ
μου μάρτυρες ἔν τε Ἱερουσαλὴμ καὶ ἐν πάσῃ τῇ Ἰουδαίᾳ
καὶ Σαμαρείᾳ καὶ ἕως ἐσχάτου τῆς γῆς. καὶ ταῦτα 9
εἰπὼν βλεπόντων αὐτῶν ἐπήρθη, καὶ νεφέλη ὑπέλαβεν
αὐτὸν ἀπὸ τῶν ὀφθαλμῶν αὐτῶν. καὶ ὡς ἀτενίζοντες 10
ἦσαν εἰς τὸν οὐρανὸν πορευομένου αὐτοῦ, καὶ ἰδοὺ ἄνδρες
δύο παρειστήκεισαν αὐτοῖς ἐν ἐσθήσεσι λευκαῖς, οἳ 11
καὶ εἶπαν, Ἄνδρες Γαλιλαῖοι, τί ἑστήκατε βλέποντες εἰς
τὸν οὐρανόν; οὗτος ὁ Ἰησοῦς ὁ ἀναλημφθεὶς ἀφ᾽ ὑμῶν εἰς

Inscr. ΑΠΟΣΤΟΛΩΝ] Ti°B°: pr τῶν ἁγίων ς 1 Ἰησοῦς] pr ὁ ςTiB
3 τεσσερ.] τεσσαρ. ς   4 αὐτοῖς] ante παρήγγ. A   5 ἐν Πν.] post
βαπτ. ς   6 ἠρώτων] ἐπηρώτων ς   7 εἶπεν]+δὲ ςLnA   8 μου]
μοι ς   ἐν sec.] Ln°[Tr][A][WH]   τῇ A°σφ   10 παρειστή-
κεισαν] παριστ. WH   ἐσθήσεσι] -σιν A   ἐσθ. λευκαῖς] ἐσθῆτι
λευκῇ ς   11 εἶπαν] ον ς   βλέποντες] ἐμβλέπ. ςLnA

τὸν οὐρανόν οὕτως ἐλεύσεται ὃν τρόπον ἐθεάσασθε αὐτὸν πορευόμενον εἰς τὸν οὐρανόν.

12 Τότε ὑπέστρεψαν εἰς Ἱερουσαλὴμ ἀπὸ ὄρους τοῦ καλουμένου Ἐλαιῶνος, ὅ ἐστιν ἐγγὺς Ἱερουσαλήμ, σαββάτου
13 ἔχον ὁδόν. καὶ ὅτε εἰσῆλθον, εἰς τὸ ὑπερῷον ἀνέβησαν οὗ ἦσαν καταμένοντες, ὅ τε Πέτρος καὶ Ἰωάννης καὶ Ἰάκωβος καὶ Ἀνδρέας, Φίλιππος καὶ Θωμᾶς, Βαρθολομαῖος καὶ Μαθθαῖος, Ἰάκωβος Ἀλφαίου καὶ Σίμων ὁ Ζηλωτὴς καὶ
14 Ἰούδας Ἰακώβου. οὗτοι πάντες ἦσαν προσκαρτεροῦντες ὁμοθυμαδὸν τῇ προσευχῇ, σὺν γυναιξὶν καὶ Μαριὰμ τῇ μητρὶ τοῦ Ἰησοῦ καὶ τοῖς ἀδελφοῖς αὐτοῦ.

15 Καὶ ἐν ταῖς ἡμέραις ταύταις ἀναστὰς Πέτρος ἐν μέσῳ τῶν ἀδελφῶν εἶπεν (ἦν τε ὄχλος ὀνομάτων ἐπὶ τὸ αὐτὸ ὡς
16 ἑκατὸν εἴκοσι), Ἄνδρες ἀδελφοί, ἔδει πληρωθῆναι τὴν γραφὴν ἣν προεῖπεν τὸ Πνεῦμα τὸ Ἅγιον διὰ στόματος Δαυεὶδ περὶ Ἰούδα τοῦ γενομένου ὁδηγοῦ τοῖς συλλαβοῦ-
17 σιν Ἰησοῦν. ὅτι κατηριθμημένος ἦν ἐν ἡμῖν, καὶ ἔλα-
18 χεν τὸν κλῆρον τῆς διακονίας ταύτης. (Οὗτος μὲν οὖν ἐκτήσατο χωρίον ἐκ μισθοῦ τῆς ἀδικίας, καὶ πρηνὴς γενόμενος ἐλάκησεν μέσος, καὶ ἐξεχύθη πάντα τὰ σπλάγχνα
19 αὐτοῦ· καὶ γνωστὸν ἐγένετο πᾶσι τοῖς κατοικοῦσιν Ἱερουσαλήμ, ὥστε κληθῆναι τὸ χωρίον ἐκεῖνο τῇ διαλέκτῳ
20 αὐτῶν Ἀχελδαμάχ, τοῦτ' ἔστιν Χωρίον αἵματος.) Γέγραπται γὰρ ἐν βίβλῳ Ψαλμῶν, Γενηθήτω ἡ ἔπαυλις αὐτοῦ ἔρημος, καὶ μὴ ἔστω ὁ κατοικῶν ἐν αὐτῇ· καί, Τὴν ἐπισκο-
21 πὴν αὐτοῦ λαβέτω ἕτερος. δεῖ οὖν τῶν συνελθόντων

13 ἀνέβησαν] ante εἰς τὸ ὑπ. ϛ   Ἰωάννης καὶ Ἰάκωβος] Ἰάκ. καὶ Ἰω. ϛ
14 προσευχῇ]+καὶ τῇ δεήσει ϛ   γυναιξὶν]-ξὶ Ln   Μαριὰμ]-ίᾳ ϛ
LnA   τοῦ] [WH]   τοῖς] pr σὺν ϛ [Tr]WH   15 ἀδελφῶν] μαθητῶν ϛ(n.m.)   ὡς] ὡσεὶ TiAmB   εἴκοσι] -σιν ϛ Tr   16 γραφὴν]
+ταύτην ϛ[A]   προεῖπεν] -πε LnWH   Ἰησοῦν] pr τὸν ϛ
17 ἐν] σὺν ϛ   18 μισθοῦ] pr τοῦ ϛ : C   19 καὶ] pr ὃ Ti[B]
πᾶσι] -σιν ϛ LnTrA   τῇ] + ἰδίᾳ ϛ Ln[Tr]Ti[A][B]   Ἀχελδαμάχ]
Ἀκελδαμά ϛBm : Ἀκελδαμάχ LnABm : Ἀκελδαμάχ WH : Ἀχελδαμάχ WHa
20 λαβέτω] λάβοι ϛ (n.m.)

ΑΠΟΣΤΟΛΩΝ

1. 22—2. 7.

ἡμῖν ἀνδρῶν ἐν παντὶ χρόνῳ ᾧ εἰσῆλθεν καὶ ἐξῆλθεν ἐφ' ἡμᾶς ὁ Κύριος Ἰησοῦς, ἀρξάμενος ἀπὸ τοῦ βαπτί- 22 σματος Ἰωάννου ἕως τῆς ἡμέρας ἧς ἀνελήμφθη ἀφ' ἡμῶν, μάρτυρα τῆς ἀναστάσεως αὐτοῦ σὺν ἡμῖν γενέσθαι ἕνα τούτων· Καὶ ἔστησαν δύο, Ἰωσὴφ τὸν καλούμενον 23 Βαρσαββᾶν, ὃς ἐπεκλήθη Ἰοῦστος, καὶ Μαθθίαν. καὶ 24 προσευξάμενοι εἶπαν, Σὺ Κύριε καρδιογνῶστα πάντων, ἀνάδειξον ὃν ἐξελέξω ἐκ τούτων τῶν δύο ἕνα   λαβεῖν 25 τὸν τόπον τῆς διακονίας ταύτης καὶ ἀποστολῆς, ἀφ' ἧς παρέβη Ἰούδας πορευθῆναι εἰς τὸν τόπον τὸν ἴδιον. καὶ ἔδωκαν κλήρους αὐτοῖς, καὶ ἔπεσεν ὁ κλῆρος ἐπὶ Μαθ- 26 θίαν, καὶ συνκατεψηφίσθη μετὰ τῶν ἕνδεκα ἀποστόλων.

Καὶ ἐν τῷ συνπληροῦσθαι τὴν ἡμέραν τῆς Πεντηκοστῆς 2 ἦσαν πάντες ὁμοῦ ἐπὶ τὸ αὐτό.   καὶ ἐγένετο ἄφνω ἐκ 2 τοῦ οὐρανοῦ ἦχος ὥσπερ φερομένης πνοῆς βιαίας, καὶ ἐπλήρωσεν ὅλον τὸν οἶκον οὗ ἦσαν καθήμενοι.   καὶ 3 ὤφθησαν αὐτοῖς διαμεριζόμεναι γλῶσσαι ὡσεὶ πυρός, καὶ ἐκάθισεν ἐφ' ἕνα ἕκαστον αὐτῶν.   καὶ ἐπλήσθησαν 4 πάντες Πνεύματος Ἁγίου, καὶ ἤρξαντο λαλεῖν ἑτέραις γλώσσαις καθὼς τὸ Πνεῦμα ἐδίδου ἀποφθέγγεσθαι αὐτοῖς.

Ἦσαν δὲ ἐν Ἰερουσαλὴμ κατοικοῦντες Ἰουδαῖοι, ἄνδρες 5 εὐλαβεῖς ἀπὸ παντὸς ἔθνους τῶν ὑπὸ τὸν οὐρανόν. γενομένης δὲ τῆς φωνῆς ταύτης συνῆλθεν τὸ πλῆθος καὶ 6 συνεχύθη, ὅτι ἤκουον εἷς ἕκαστος τῇ ἰδίᾳ διαλέκτῳ λαλούντων αὐτῶν.   ἐξίσταντο δὲ καὶ ἐθαύμαζον λέγοντες, 7

21 ᾧ] pr ἐν ϛ   22 ἕως] ἄχρι TiB   γενέσθαι] ante σὺν ἡμῖν ϛ   23 Βαρσαββᾶν] -σαβᾶν ϛ   · Μαθθίαν] Ματθ. ϛLn   24 εἶπαν] -ον ϛ   ὃν ἐξελέξω] post ἕνα ϛ : CEr   25 τόπον pri.] κλῆρον ϛ(n.m.)   ἀφ']   ἐξ ϛ   26 αὐτοῖς] αὐτῶν ϛ (n.m.)   Μαθθ.] Ματθ. ϛLn   συνκατεψηφίσθη] συγκ. ϛLnTrA   1 συνπληροῦσθαι] συμπλ. ϛLnTr   πάντες ὁμοῦ] ἅπαντες ὁμοθυμαδὸν ϛ   2 καθήμενοι] καθεζόμενοι Ln   3 καὶ ἐκάθ.] ἐκάθ. τε ϛA: κ. ἐκάθισαν Bm   4 πάντες] ἅπαντες ϛA   αὐτοῖς] ante ἀποφθ. ϛ   5 ἐν] [WH] : εἰς TiB(n.m.)WHm   6 συνῆλθεν] -θε LnWH   ἤκουον] -σεν WH   7 ἐξίστ. δὲ] + πάντες ϛ[Tr]   Ti[B]R : C   λέγοντες]+πρὸς ἀλλήλους ϛ

ΠΡΑΞΕΙΣ

Οὐχὶ ἰδοὺ ἅπαντες οὗτοί εἰσιν οἱ λαλοῦντες Γαλιλαῖοι;
8 καὶ πῶς ἡμεῖς ἀκούομεν ἕκαστος τῇ ἰδίᾳ διαλέκτῳ ἡμῶν
9 ἐν ᾗ ἐγεννήθημεν; Πάρθοι καὶ Μῆδοι καὶ Ἐλαμῖται,
καὶ οἱ κατοικοῦντες τὴν Μεσοποταμίαν, Ἰουδαίαν τε καὶ
10 Καππαδοκίαν, Πόντον καὶ τὴν Ἀσίαν, Φρυγίαν τε καὶ
Παμφυλίαν, Αἴγυπτον καὶ τὰ μέρη τῆς Λιβύης τῆς κατὰ
11 Κυρήνην, καὶ οἱ ἐπιδημοῦντες Ῥωμαῖοι, Ἰουδαῖοί τε
καὶ προσήλυτοι, Κρῆτες καὶ Ἄραβες, ἀκούομεν λαλούντων
αὐτῶν ταῖς ἡμετέραις γλώσσαις τὰ μεγαλεῖα τοῦ Θεοῦ.
12 ἐξίσταντο δὲ πάντες καὶ διηποροῦντο, ἄλλος πρὸς ἄλλον
13 λέγοντες, Τί θέλει τοῦτο εἶναι; ἕτεροι δὲ διαχλευάζοντες ἔλεγον ὅτι Γλεύκους μεμεστωμένοι εἰσίν.
14 Σταθεὶς δὲ ὁ Πέτρος σὺν τοῖς ἕνδεκα ἐπῆρεν τὴν φωνὴν
αὐτοῦ καὶ ἀπεφθέγξατο αὐτοῖς, Ἄνδρες Ἰουδαῖοι καὶ οἱ
κατοικοῦντες Ἱερουσαλὴμ πάντες, τοῦτο ὑμῖν γνωστὸν
15 ἔστω, καὶ ἐνωτίσασθε τὰ ῥήματά μου. οὐ γὰρ ὡς ὑμεῖς
ὑπολαμβάνετε οὗτοι μεθύουσιν· ἔστιν γὰρ ὥρα τρίτη τῆς
16 ἡμέρας· ἀλλὰ τοῦτό ἐστιν τὸ εἰρημένον διὰ τοῦ προ-
17 φήτου Ἰωήλ, Καὶ ἔσται ἐν ταῖς ἐσχάταις ἡμέραις,
λέγει ὁ Θεός, ἐκχεῶ ἀπὸ τοῦ Πνεύματός μου ἐπὶ πᾶσαν
σάρκα· καὶ προφητεύσουσιν οἱ υἱοὶ ὑμῶν καὶ αἱ θυγατέρες
ὑμῶν, καὶ οἱ νεανίσκοι ὑμῶν ὁράσεις ὄψονται, καὶ οἱ πρε-
18 σβύτεροι ὑμῶν ἐνυπνίοις ἐνυπνιασθήσονται· καί γε ἐπὶ
τοὺς δούλους μου καὶ ἐπὶ τὰς δούλας μου ἐν ταῖς ἡμέραις
ἐκείναις ἐκχεῶ ἀπὸ τοῦ Πνεύματός μου, καί προφητεύσου-
19 σιν. καὶ δώσω τέρατα ἐν τῷ οὐρανῷ ἄνω καὶ σημεῖα
20 ἐπὶ τῆς γῆς κάτω, αἷμα καὶ πῦρ καὶ ἀτμίδα καπνοῦ· ὁ
ἥλιος μεταστραφήσεται εἰς σκότος καὶ ἡ σελήνη εἰς αἷμα,

οὐχὶ] οὐκ ϛ : οὐχ LnTiBWHm   ἅπαντες] πάντες ϛ TrWH   9 Ἐλαμῖται]-μεῖται TiWH   11 μεγαλεῖα] μεγάλια WHa   12 διηποροῦντο] -ρουν ϛ Ln   θέλει] ἂν θέλοι ϛ A   13 διαχλευ.] χλευ. ϛ
14 ὁ] ϛ°   πάντες] ἅπαντες ϛ A   16 Ἰωήλ] A°   17 καὶ pri.] A°   ἐνυπνίοις] ἐνύπνια -: Cϛm

πρὶν ἐλθεῖν ἡμέραν Κυρίου τὴν μεγάλην καὶ ἐπιφανῆ·
καὶ ἔσται, πᾶς ὃς ἐὰν ἐπικαλέσηται τὸ ὄνομα Κυρίου σω- 21
θήσεται. Ἄνδρες Ἰσραηλεῖται, ἀκούσατε τοὺς λόγους 22
τούτους· Ἰησοῦν τὸν Ναζωραῖον, ἄνδρα ἀποδεδειγμένον
ἀπὸ τοῦ Θεοῦ εἰς ὑμᾶς δυνάμεσι καὶ τέρασι καὶ σημείοις
οἷς ἐποίησεν δι᾽ αὐτοῦ ὁ Θεὸς ἐν μέσῳ ὑμῶν, καθὼς αὐτοὶ
οἴδατε,   τοῦτον τῇ ὡρισμένῃ βουλῇ καὶ προγνώσει τοῦ 23
Θεοῦ ἔκδοτον διὰ χειρὸς ἀνόμων προσπήξαντες ἀνείλατε·
ὃν ὁ Θεὸς ἀνέστησεν λύσας τὰς ὠδῖνας τοῦ θανάτου, 24
καθότι οὐκ ἦν δυνατὸν κρατεῖσθαι αὐτὸν ὑπ᾽ αὐτοῦ.
Δαυεὶδ γὰρ λέγει εἰς αὐτόν, Προορώμην τὸν Κύριον ἐνώ- 25
πιόν μου διὰ παντός, ὅτι ἐκ δεξιῶν μου ἐστὶν ἵνα μὴ
σαλευθῶ·   διὰ τοῦτο ηὐφράνθη μου ἡ καρδία καὶ ἠγαλ- 26
λιάσατο ἡ γλῶσσά μου, ἔτι δὲ καὶ ἡ σάρξ μου κατασκη-
νώσει ἐπ᾽ ἐλπίδι·   ὅτι οὐκ ἐγκαταλείψεις τὴν ψυχήν 27
μου εἰς ᾅδην, οὐδὲ δώσεις τὸν Ὅσιόν σου ἰδεῖν διαφθοράν.
ἐγνώρισάς μοι ὁδοὺς ζωῆς· πληρώσεις με εὐφροσύνης μετὰ 28
τοῦ προσώπου σου.   Ἄνδρες ἀδελφοί, ἐξὸν εἰπεῖν μετὰ 29
παρρησίας πρὸς ὑμᾶς περὶ τοῦ πατριάρχου Δαυείδ, ὅτι
καὶ ἐτελεύτησεν καὶ ἐτάφη, καὶ τὸ μνῆμα αὐτοῦ ἔστιν ἐν
ἡμῖν ἄχρι τῆς ἡμέρας ταύτης.   προφήτης οὖν ὑπάρχων, 30
καὶ εἰδὼς ὅτι ὅρκῳ ὤμοσεν αὐτῷ ὁ Θεὸς ἐκ καρποῦ τῆς
ὀσφύος αὐτοῦ καθίσαι ἐπὶ τὸν θρόνον αὐτοῦ,   προϊδὼν 31
ἐλάλησεν περὶ τῆς ἀναστάσεως τοῦ Χριστοῦ, ὅτι οὔτε ἐν-
κατελείφθη εἰς ᾅδου, οὔτε ἡ σὰρξ αὐτοῦ εἶδεν διαφθοράν.

20 πρὶν]+ἢ ϛAWHm   ἡμέραν] pr τὴν ϛ   καὶ ἐπιφανῆ Ti°B°(n.m.)
21 ἐὰν] ἂν ϛLnTiBWHa : Er   22 ἀποδεδ.] post ἀπὸ τοῦ Θ. ϛLn(n.m.)
A   δυνάμεσι...τέρασι] -σιν bis TrA   καθὼς]+καὶ ϛ   23 ἔκδο-
τον] + λαβόντες ϛ   χειρὸς] χειρῶν ϛ   ἀνείλατε] -ετε ϛ .
24 ἀνέστησεν] -σε WHa   θανάτου] ᾅδου ϛmTrm   25 προορώμην]
προωρ. ϛ   Κύριόν] + μου TiB   26 ηὐφράνθη] εὐφρ. ϛ   μου
pri.] post ἡ καρδία ϛLn   ἐπ᾽ ἐλπίδι] ἐφ᾽ ἐλπ. Ln : ἐφ᾽ ἐλπ. TiBWHa
27 ἐγκαταλείψεις] ἐνκ. TiBWH(a.s.)   ᾅδην] ᾅδου ϛ   29 ταύτης.]
ταύτης· WH   30 αὐτοῦ pri.]+τὸ κατὰ σάρκα ἀναστήσειν τὸν Χρι-
στὸν ϛ : Er   τὸν θρόνον] τοῦ θρόνου ϛ   31 οὔτε...οὔτε] οὐ...οὐδὲ ϛ
ἐνκατελείφθη] ἐγκ. ϛLnTrAWHa : κατελ. ϛ :+ἡ ψυχὴ αὐτοῦ ϛ   ᾅδου]
ᾅδην TiBWH

ΠΡΑΞΕΙΣ

32 τοῦτον τὸν Ἰησοῦν ἀνέστησεν ὁ Θεός, οὗ πάντες ἡμεῖς
33 ἐσμὲν μάρτυρες.   τῇ δεξιᾷ οὖν τοῦ Θεοῦ ὑψωθεὶς τήν
τε ἐπαγγελίαν τοῦ Πνεύματος τοῦ Ἁγίου λαβὼν παρὰ τοῦ
34 Πατρὸς ἐξέχεεν τοῦτο ὃ ὑμεῖς βλέπετε καὶ ἀκούετε.   οὐ
γὰρ Δαυεὶδ ἀνέβη εἰς τοὺς οὐρανούς, λέγει δὲ αὐτός,
Εἶπεν Κύριος τῷ κυρίῳ μου, Κάθου ἐκ δεξιῶν μου,
35 ἕως ἂν θῶ τοὺς ἐχθρούς σου ὑποπόδιον τῶν ποδῶν σου.
36 ἀσφαλῶς οὖν γινωσκέτω πᾶς οἶκος Ἰσραὴλ ὅτι καὶ Κύριον
αὐτὸν καὶ Χριστὸν ἐποίησεν ὁ Θεός, τοῦτον τὸν Ἰησοῦν ὃν
ὑμεῖς ἐσταυρώσατε.
37   Ἀκούσαντες δὲ κατενύγησαν τὴν καρδίαν, εἶπόν τε πρὸς
τὸν Πέτρον καὶ τοὺς λοιποὺς ἀποστόλους, Τί ποιήσωμεν,
38 ἄνδρες ἀδελφοί;   Πέτρος δὲ πρὸς αὐτούς, Μετανοή-
σατε, καὶ βαπτισθήτω ἕκαστος ὑμῶν ἐν τῷ ὀνόματι Ἰησοῦ
Χριστοῦ εἰς ἄφεσιν τῶν ἁμαρτιῶν ὑμῶν· καὶ λήμψεσθε
39 τὴν δωρεὰν τοῦ Ἁγίου Πνεύματος.   ὑμῖν γάρ ἐστιν ἡ
ἐπαγγελία καὶ τοῖς τέκνοις ὑμῶν, καὶ πᾶσιν τοῖς εἰς
μακράν, ὅσους ἂν προσκαλέσηται Κύριος ὁ Θεὸς ἡμῶν.
40 Ἑτέροις τε λόγοις πλείοσιν διεμαρτύρατο, καὶ παρεκάλει
αὐτοὺς λέγων, Σώθητε ἀπὸ τῆς γενεᾶς τῆς σκολιᾶς ταύτης.
41 οἱ μὲν οὖν ἀποδεξάμενοι τὸν λόγον αὐτοῦ ἐβαπτίσθησαν·
καὶ προσετέθησαν ἐν τῇ ἡμέρᾳ ἐκείνῃ ψυχαὶ ὡσεὶ τρισχί-
42 λιαι.   ἦσαν δὲ προσκαρτεροῦντες τῇ διδαχῇ τῶν ἀπο-
στόλων καὶ τῇ κοινωνίᾳ, τῇ κλάσει τοῦ ἄρτου καὶ ταῖς
προσευχαῖς.

33 Πν. τοῦ Ἁγίου] Ἁγ. Πν. ς :—τοῦ Β σφ   ὑμεῖς] pr νῦν ς :+καὶ [Tr]ᴍTi[A][B][WH]   34 Κύριος] pr ὁ ς *Ln*   36 οἶκος] pr ὁ *Ln* καὶ *prï*.] Elz° : J   αὐτὸν] post καὶ Χρ. ς   ἐποίησεν] post ὁ Θ. ς *Ln* Tr(n.m.)A   37 τὴν καρδίαν] τῇ καρδίᾳ ς   εἶπόν] -άν WH(n.m.) ποιήσωμεν] -σομεν ς *Ln* : C   38 Πέτρ. δὲ] + ἔφη ς : Scr   μετα- νοήσ.]+, φησίν Ti[B]   ἐν] ἐπὶ ς TiAB(n.m.)   τῶν] ς°A°   ὑμῶν] ς°A°   39 πᾶσιν] -σι *Ln*WH   ὅσους] οὓς *Ln*   40 πλείοσιν] -σι *Ln*   διεμαρτύρατο] -ετο ς   αὐτοὺς] ς°   41 ἀποδεξ.] pr ἀσμένως ς Bm   ἐν] ς°[A]   42 τῇ διδαχῇ] pr ἐν [*Ln*]   τῇ κλάσει] pr καὶ ς   ἄρτου] ἄρτου, WHm

ἘγÎνετο δὲ πάσῃ ψυχῇ φόβος· πολλὰ δὲ τέρατα καὶ 43
σημεῖα διὰ τῶν ἀποστόλων ἐγίνετο. πάντες δὲ οἱ πι- 44
στεύοντες ἦσαν ἐπὶ τὸ αὐτὸ καὶ εἶχον ἅπαντα κοινά·
καὶ τὰ κτήματα καὶ τὰς ὑπάρξεις ἐπίπρασκον, καὶ διεμέρι- 45
ζον αὐτὰ πᾶσιν, καθότι ἄν τις χρείαν εἶχεν. καθ᾽ ἡμέ- 46
ραν τε προσκαρτεροῦντες ὁμοθυμαδὸν ἐν τῷ ἱερῷ, κλῶντές
τε κατ᾽ οἶκον ἄρτον, μετελάμβανον τροφῆς ἐν ἀγαλλιάσει
καὶ ἀφελότητι καρδίας, αἰνοῦντες τὸν Θεὸν καὶ ἔχοντες 47
χάριν πρὸς ὅλον τὸν λαόν. ὁ δὲ Κύριος προσετίθει τοὺς
σῳζομένους καθ᾽ ἡμέραν   ἐπὶ τὸ αὐτό.   3
Πέτρος δὲ καὶ Ἰωάννης ἀνέβαινον εἰς τὸ ἱερὸν ἐπὶ τὴν
ὥραν τῆς προσευχῆς τὴν ἐνάτην. καί τις ἀνὴρ χωλὸς 2
ἐκ κοιλίας μητρὸς αὐτοῦ ὑπάρχων ἐβαστάζετο, ὃν ἐτίθουν
καθ᾽ ἡμέραν πρὸς τὴν θύραν τοῦ ἱεροῦ τὴν λεγομένην
Ὡραίαν, τοῦ αἰτεῖν ἐλεημοσύνην παρὰ τῶν εἰσπορευομένων
εἰς τὸ ἱερόν· ὃς ἰδὼν Πέτρον καὶ Ἰωάννην μέλλοντας 3
εἰσιέναι εἰς τὸ ἱερὸν ἠρώτα ἐλεημοσύνην λαβεῖν. ἀτε- 4
νίσας δὲ Πέτρος εἰς αὐτὸν σὺν τῷ Ἰωάννῃ εἶπεν, Βλέψον
εἰς ἡμᾶς. ὁ δὲ ἐπεῖχεν αὐτοῖς προσδοκῶν τι παρ᾽ αὐ- 5
τῶν λαβεῖν. εἶπεν δὲ Πέτρος, Ἀργύριον καὶ χρυσίον οὐχ 6
ὑπάρχει μοι· ὃ δὲ ἔχω, τοῦτό σοι δίδωμι. ἐν τῷ ὀνόματι
Ἰησοῦ Χριστοῦ τοῦ Ναζωραίου περιπάτει. καὶ πιάσας 7
αὐτὸν τῆς δεξιᾶς χειρὸς ἤγειρεν αὐτόν. παραχρῆμα δὲ ἐστε-
ρεώθησαν αἱ βάσεις αὐτοῦ καὶ τὰ σφυδρά. καὶ ἐξαλλό- 8
μενος ἔστη καὶ περιεπάτει· καὶ εἰσῆλθεν σὺν αὐτοῖς εἰς
τὸ ἱερὸν περιπατῶν καὶ ἁλλόμενος καὶ αἰνῶν τὸν Θεόν.
καὶ εἶδεν πᾶς ὁ λαὸς αὐτὸν περιπατοῦντα καὶ αἰνοῦντα τὸν 9

43 ἐγίνετο *pri.*] ἐγένετο ς   δὲ *sec.*] τε ς*Ln*Tr(n.m.)A   ἐγίνετο
sec.] ante διὰ τ. ἀπ. Trm :+ ἐν Ἰερουσαλήμ, ςmTi[B]Rm : etiam + φόβος τε
ἦν μέγας ἐπὶ πάντας ςmTiBRm : etiam + αὐτούς ςm   44 πάντες] pr καὶ
TiB   πιστεύοντες] -σαντες TiBWH   ἦσαν et καὶ] WH°(n.m.)
47 ἡμέραν]+τῇ ἐκκλησίᾳ ςBm   1 ἐπὶ τὸ αὐτό. Πέτρος δὲ] Ἐπὶ τὸ
αὐτὸ δὲ Πέτρος ς(n.m.)   3 λαβεῖν] ς°mJ°   6 περιπάτει] pr ἔγειρε
(-ραι ς A) καὶ ς*Ln*[Tr] sed Tr°m[A]Bm   7 αὐτόν *sec.*] ς°   αὐτοῦ]
ante αἱ βάσ. ς   σφυδρά] σφυρά ς*Ln*TrABm   8 καὶ *quint.*] [*Ln*]
9 αὐτὸν] ante πᾶς ὁ λα. ς

ΠΡΑΞΕΙΣ

10 Θεόν· ἐπεγίνωσκον δὲ αὐτόν, ὅτι οὗτος ἦν ὁ πρὸς τὴν ἐλεημοσύνην καθήμενος ἐπὶ τῇ Ὡραίᾳ πύλῃ τοῦ ἱεροῦ· καὶ ἐπλήσθησαν θάμβους καὶ ἐκστάσεως ἐπὶ τῷ συμβεβηκότι αὐτῷ.

11 Κρατοῦντος δὲ αὐτοῦ τὸν Πέτρον καὶ τὸν Ἰωάννην συνέδραμεν πᾶς ὁ λαὸς πρὸς αὐτοὺς ἐπὶ τῇ στοᾷ τῇ καλουμένῃ

12 Σολομῶντος ἔκθαμβοι.   ἰδὼν δὲ ὁ Πέτρος ἀπεκρίνατο πρὸς τὸν λαόν, Ἄνδρες Ἰσραηλεῖται, τί θαυμάζετε ἐπὶ τούτῳ, ἢ ἡμῖν τί ἀτενίζετε ὡς ἰδίᾳ δυνάμει ἢ εὐσεβείᾳ πε-

13 ποιηκόσιν τοῦ περιπατεῖν αὐτόν;   ὁ Θεὸς Ἀβραὰμ καὶ Ἰσαὰκ καὶ Ἰακώβ, ὁ Θεὸς τῶν πατέρων ἡμῶν, ἐδόξασεν τὸν Παῖδα αὐτοῦ Ἰησοῦν, ὃν ὑμεῖς μὲν παρεδώκατε καὶ ἠρνήσασθε κατὰ πρόσωπον Πειλάτου, κρίναντος ἐκείνου

14 ἀπολύειν.   ὑμεῖς δὲ τὸν Ἅγιον καὶ Δίκαιον ἠρνήσασθε,

15 καὶ ᾐτήσασθε ἄνδρα φονέα χαρισθῆναι ὑμῖν,   τὸν δὲ Ἀρχηγὸν τῆς Ζωῆς ἀπεκτείνατε, ὃν ὁ Θεὸς ἤγειρεν ἐκ

16 νεκρῶν, οὗ ἡμεῖς μάρτυρές ἐσμεν.   καὶ ἐπὶ τῇ πίστει τοῦ ὀνόματος αὐτοῦ τοῦτον ὃν θεωρεῖτε καὶ οἴδατε ἐστερέωσεν τὸ ὄνομα αὐτοῦ· καὶ ἡ πίστις ἡ δι' αὐτοῦ ἔδωκεν αὐτῷ τὴν ὁλοκληρίαν ταύτην ἀπέναντι πάντων ὑμῶν.

17 καὶ νῦν, ἀδελφοί, οἶδα ὅτι κατὰ ἄγνοιαν ἐπράξατε, ὥσπερ

18 καὶ οἱ ἄρχοντες ὑμῶν.   ὁ δὲ Θεὸς ἃ προκατήγγειλεν διὰ στόματος πάντων τῶν προφητῶν παθεῖν τὸν Χριστὸν

19 αὐτοῦ ἐπλήρωσεν οὕτως.   μετανοήσατε οὖν καὶ ἐπιστρέ-

20 ψατε εἰς τὸ ἐξαλειφθῆναι ὑμῶν τὰς ἁμαρτίας,   ὅπως ἂν ἔλθωσιν καιροὶ ἀναψύξεως ἀπὸ προσώπου τοῦ Κυρίου, καὶ ἀποστείλῃ τὸν προκεχειρισμένον ὑμῖν Χριστὸν Ἰησοῦν·

10 δὲ] τε ϛ   οὗτος] αὐτὸς LᴧTiB   11 αὐτοῦ] τοῦ ἰαθέντος χωλοῦ ϛ : Scr   τὸν sec.] ϛ°   πᾶς ὁ λαὸς] post πρ. αὐ. ϛ   Σολομῶντος] -μῶνος CErTr   12 ὁ] ϛ°   13 Ἰσαὰκ et Ἰακὼβ] bis pr θεὸς Ln : ὁ θεὸς Ti[B]   μὲν] ϛ°(n.m.)   ἠρνήσασθε] + αὐτὸν ϛ[Tr][A]   16 ἐπὶ] B°ₘWH°   τὸ ὄν. αὐτοῦ·] · τὸ ὄν. αὐτοῦ Ln   18 αὐτοῦ] post προφητῶν ϛ   19 εἰς] πρὸς TiBWH   ἐξαλειφθ.] ἐξαλιφθ. WH   20 προκεχειρισμένον] προκεκηρυγμένον ϛ : Cᴧ   Χρ. Ἰησ.] Ἰησ. Χρ. ϛ LᴧᴧTrᴍ

312

ὃν δεῖ οὐρανὸν μὲν δέξασθαι ἄχρι χρόνων ἀποκαταστάσεως 21
πάντων ὧν ἐλάλησεν ὁ Θεὸς διὰ στόματος τῶν ἁγίων ἀπ᾽
αἰῶνος αὐτοῦ προφητῶν. Μωυσῆς μὲν εἶπεν ὅτι Προ- 22
φήτην ὑμῖν ἀναστήσει Κύριος ὁ Θεὸς ὑμῶν ἐκ τῶν ἀδελ-
φῶν ὑμῶν ὡς ἐμέ· αὐτοῦ ἀκούσεσθε κατὰ πάντα ὅσα ἂν
λαλήσῃ πρὸς ὑμᾶς. ἔσται δέ, πᾶσα ψυχὴ ἥτις ἂν μὴ 23
ἀκούσῃ τοῦ προφήτου ἐκείνου ἐξολεθρευθήσεται ἐκ τοῦ
λαοῦ. καὶ πάντες δὲ οἱ προφῆται ἀπὸ Σαμουὴλ καὶ 24
τῶν καθεξῆς, ὅσοι ἐλάλησαν, καὶ κατήγγειλαν τὰς ἡμέρας
ταύτας. ὑμεῖς ἐστὲ οἱ υἱοὶ τῶν προφητῶν καὶ τῆς δια- 25
θήκης ἧς διέθετο ὁ Θεὸς πρὸς τοὺς πατέρας ὑμῶν, λέγων
πρὸς Ἀβραάμ, Καὶ ἐν τῷ σπέρματί σου ἐνευλογηθήσον-
ται πᾶσαι αἱ πατριαὶ τῆς γῆς. ὑμῖν πρῶτον ἀναστή- 26
σας ὁ Θεὸς τὸν Παῖδα αὐτοῦ ἀπέστειλεν αὐτὸν εὐλογοῦντα
ὑμᾶς ἐν τῷ ἀποστρέφειν ἕκαστον ἀπὸ τῶν πονηριῶν ὑμῶν.

Λαλούντων δὲ αὐτῶν πρὸς τὸν λαὸν ἐπέστησαν αὐτοῖς 4
οἱ ἱερεῖς καὶ ὁ στρατηγὸς τοῦ ἱεροῦ καὶ οἱ Σαδδουκαῖοι,
διαπονούμενοι διὰ τὸ διδάσκειν αὐτοὺς τὸν λαὸν καὶ κατ- 2
αγγέλλειν ἐν τῷ Ἰησοῦ τὴν ἀνάστασιν τὴν ἐκ νεκρῶν.
καὶ ἐπέβαλον αὐτοῖς τὰς χεῖρας καὶ ἔθεντο εἰς τήρησιν εἰς 3
τὴν αὔριον· ἦν γὰρ ἑσπέρα ἤδη. πολλοὶ δὲ τῶν ἀκου- 4
σάντων τὸν λόγον ἐπίστευσαν· καὶ ἐγενήθη ἀριθμὸς τῶν
ἀνδρῶν [ὡς] χιλιάδες πέντε.

Ἐγένετο δὲ ἐπὶ τὴν αὔριον συναχθῆναι αὐτῶν τοὺς ἄρ- 5
χοντας καὶ τοὺς πρεσβυτέρους καὶ τοὺς γραμματεῖς ἐν

21 τῶν] πάντων ϛ ἀπ᾿ αἰῶνος] post αὐ. προφ. ϛ 22 Μω. μὲν] + γὰρ πρὸς τοὺς πατέρας ϛ ὑμῶν *pri.*] ἡμῶν Ti[B]Am : WH°R° ὡς ἐμέ] ,᾿ ὡς ἐμέ Rm λαλήσῃ] -σει WHa 23 ἂν] ἐὰν TiABWHa. ἐξολεθρ.] ἐξολοθρ. ϛ 24 κατήγγειλαν] προκατήγγ. ϛ : CEr 25 οἱ] ϛ° διέθετο] post ὁ Θεὸς *Ln*TrmWH ὑμῶν] ἡμῶν ϛLnTrmTiBWHm ἐν] ϛ° : CEr ἐνευλογ.] εὐλογ. WH 26 ἀναστήσας] post ὁ Θεὸς ϛ *Ln*Tr(n.m.) αὐτοῦ] + ᾿Ιησοῦν ϛ ὑμῶν] [WH] : αὐτῶν *Ln*
1 ἱερεῖς] ἀρχιερεῖς WH(n.m.)Rm 4 ἀριθμὸς] pr ὁ ϛ[Tr] ὡς] ins [*Ln*][Tr][A][B]WHR : Ti° : ὡσεὶ ϛ 5 τοὺς *sec.* et *tert.*] ϛ° ἐν] εἰς ϛ TiB

6 Ἱερουσαλήμ, καὶ Ἄννας ὁ ἀρχιερεὺς καὶ Καϊάφας καὶ Ἰωάννης καὶ Ἀλέξανδρος καὶ ὅσοι ἦσαν ἐκ γένους ἀρχιε-
7 ρατικοῦ, καὶ στήσαντες αὐτοὺς ἐν τῷ μέσῳ ἐπυνθάνον-
το, Ἐν ποίᾳ δυνάμει ἢ ἐν ποίῳ ὀνόματι ἐποιήσατε τοῦτο
8 ὑμεῖς; τότε Πέτρος πλησθεὶς Πνεύματος Ἁγίου εἶπεν πρὸς αὐτούς, Ἄρχοντες τοῦ λαοῦ καὶ πρεσβύτεροι,
9 εἰ ἡμεῖς σήμερον ἀνακρινόμεθα ἐπὶ εὐεργεσίᾳ ἀνθρώπου
10 ἀσθενοῦς, ἐν τίνι οὗτος σέσωσται, γνωστὸν ἔστω πᾶσιν ὑμῖν καὶ παντὶ τῷ λαῷ Ἰσραὴλ ὅτι ἐν τῷ ὀνόματι Ἰησοῦ Χριστοῦ τοῦ Ναζωραίου, ὃν ὑμεῖς ἐσταυρώσατε, ὃν ὁ Θεὸς ἤγειρεν ἐκ νεκρῶν, ἐν τούτῳ οὗτος παρέστηκεν ἐνώπιον
11 ὑμῶν ὑγιής. οὗτός ἐστιν ὁ λίθος ὁ ἐξουθενηθεὶς ὑφ᾽ ὑμῶν τῶν οἰκοδόμων, ὁ γενόμενος εἰς κεφαλὴν γωνίας.
12 καὶ οὐκ ἔστιν ἐν ἄλλῳ οὐδενὶ ἡ σωτηρία· οὐδὲ γὰρ ὄνομά ἐστιν ἕτερον ὑπὸ τὸν οὐρανὸν τὸ δεδομένον ἐν ἀνθρώποις ἐν ᾧ δεῖ σωθῆναι ἡμᾶς.
13 Θεωροῦντες δὲ τὴν τοῦ Πέτρου παρρησίαν καὶ Ἰωάννου, καὶ καταλαβόμενοι ὅτι ἄνθρωποι ἀγράμματοί εἰσιν καὶ ἰδιῶται, ἐθαύμαζον, ἐπεγίνωσκόν τε αὐτοὺς ὅτι σὺν τῷ
14 Ἰησοῦ ἦσαν· τόν τε ἄνθρωπον βλέποντες σὺν αὐτοῖς ἑστῶτα τὸν τεθεραπευμένον, οὐδὲν εἶχον ἀντειπεῖν.
15 κελεύσαντες δὲ αὐτοὺς ἔξω τοῦ συνεδρίου ἀπελθεῖν συνέ-
16 βαλλον πρὸς ἀλλήλους λέγοντες, Τί ποιήσωμεν τοῖς ἀνθρώποις τούτοις; ὅτι μὲν γὰρ γνωστὸν σημεῖον γέγονεν δι᾽ αὐτῶν, πᾶσιν τοῖς κατοικοῦσιν Ἱερουσαλὴμ φανερόν,
17 καὶ οὐ δυνάμεθα ἀρνεῖσθαι. ἀλλ᾽ ἵνα μὴ ἐπὶ πλεῖον διανεμηθῇ εἰς τὸν λαόν, ἀπειλησώμεθα αὐτοῖς μηκέτι λα-

6 Ἄννας usque ad Ἀλέξ.] Ἄνναν τὸν ἀρχιερέα καὶ Καϊάφαν καὶ Ἰωάννην καὶ Ἀλέξανδρον ς Ἄννας] Ἄννας WH 7 τῷ] [A] ἐποιή-σατε] post τοῦτο TiB 8 πρεσβύτεροι] + τοῦ Ἰσραὴλ ς[A] 9 σέσωσται] σέσωται Ti 11 οἰκοδόμων] -δομούντων ς 12 οὐδὲ] οὔτε ςA(n.m.) 14 τε] δὲ ς 15 συνέβαλλον] -έβαλον ς 16 ποιήσωμεν] -σομεν ςLn πᾶσιν] -σι WHa ἀρνεῖσθαι] ἀρνή-σασθαι ς 17 ἀπειλησώμεθα] pr ἀπειλῇ ς[A]Rm : Scr

ΑΠΟΣΤΟΛΩΝ 4. 18—30.

λεῖν ἐπὶ τῷ ὀνόματι τούτῳ μηδενὶ ἀνθρώπων. καὶ κα- 18
λέσαντες αὐτοὺς παρήγγειλαν καθόλου μὴ φθέγγεσθαι
μηδὲ διδάσκειν ἐπὶ τῷ ὀνόματι τοῦ Ἰησοῦ. ὁ δὲ Πέ- 19
τρος καὶ Ἰωάννης ἀποκριθέντες εἶπον πρὸς αὐτούς, Εἰ δί-
καιόν ἐστιν ἐνώπιον τοῦ Θεοῦ ὑμῶν ἀκούειν μᾶλλον ἢ τοῦ
Θεοῦ, κρίνατε· οὐ δυνάμεθα γὰρ ἡμεῖς ἃ εἴδαμεν καὶ 20
ἠκούσαμεν μὴ λαλεῖν. οἱ δὲ προσαπειλησάμενοι ἀπέ- 21
λυσαν αὐτούς, μηδὲν εὑρίσκοντες τὸ πῶς κολάσωνται
αὐτοὺς διὰ τὸν λαόν, ὅτι πάντες ἐδόξαζον τὸν Θεὸν ἐπὶ τῷ
γεγονότι. ἐτῶν γὰρ ἦν πλειόνων τεσσεράκοντα ὁ ἄν- 22
θρωπος ἐφ' ὃν γεγόνει τὸ σημεῖον τοῦτο τῆς ἰάσεως.
Ἀπολυθέντες δὲ ἦλθον πρὸς τοὺς ἰδίους καὶ ἀπήγγειλαν 23
ὅσα πρὸς αὐτοὺς οἱ ἀρχιερεῖς καὶ οἱ πρεσβύτεροι εἶπαν.
οἱ δὲ ἀκούσαντες ὁμοθυμαδὸν ἦραν φωνὴν πρὸς τὸν Θεὸν 24
καὶ εἶπαν, Δέσποτα, σὺ ὁ ποιήσας τὸν οὐρανὸν καὶ τὴν γῆν
καὶ τὴν θάλασσαν καὶ πάντα τὰ ἐν αὐτοῖς, ὁ τοῦ πα- 25
τρὸς ἡμῶν διὰ Πνεύματος Ἁγίου στόματος Δαυεὶδ παιδός
σου εἰπών, Ἵνα τί ἐφρύαξαν ἔθνη καὶ λαοὶ ἐμελέτησαν
κενά; παρέστησαν οἱ βασιλεῖς τῆς γῆς, καὶ οἱ ἄρχον- 26
τες συνήχθησαν ἐπὶ τὸ αὐτὸ κατὰ τοῦ Κυρίου καὶ κατὰ τοῦ
Χριστοῦ αὐτοῦ· συνήχθησαν γὰρ ἐπ' ἀληθείας ἐν τῇ 27
πόλει ταύτῃ ἐπὶ τὸν ἅγιον Παῖδά σου Ἰησοῦν, ὃν ἔχρισας,
Ἡρῴδης τε καὶ Πόντιος Πειλᾶτος, σὺν ἔθνεσιν καὶ λαοῖς
Ἰσραήλ, ποιῆσαι ὅσα ἡ χείρ σου καὶ ἡ βουλή σου 28
προώρισεν γενέσθαι. καὶ τὰ νῦν, Κύριε, ἔπιδε ἐπὶ τὰς 29
ἀπειλὰς αὐτῶν, καὶ δὸς τοῖς δούλοις σου μετὰ παρρησίας
πάσης λαλεῖν τὸν λόγον σου, ἐν τῷ τὴν χεῖρα ἐκτεί- 30

18 παρήγγειλαν] +αὐτοῖς ϛ καθόλου] pr τὸ ϛTrA[B] τοῦ] [WH]
19 εἶπον] -αν TrWH : post πρὸς αὐτ. ϛ 20 δυνάμεθα] -όμεθα WH．
εἴδαμεν] -ομεν ϛ 22 τεσσεράκοντα] τεσσαρ. ϛLn γεγόνει] ἐγε-
γόνει ϛ 23, 24 εἶπαν bis] -ον ϛ 24 σὺ]+ ὁ Θεὸς ϛ[A]Bm
25 τοῦ πατρὸς ἡμῶν et Πνεύματος Ἁγίου] ϛ°B°(a.m.)Scr° : dubitat R
παιδός] pr τοῦ ϛ: Er 27 ἐν τῇ πόλει ταύτῃ] ϛ°(a.m.) 28 σου
sec.] Ln°[Tr]WH° 29 ἔπιδε] ἔφιδε LnWH． 30 χεῖρά]+σου ϛTi
ABR?

315

ΠΡΑΞΕΙΣ

νειν σε εἰς ἴασιν, καὶ σημεῖα καὶ τέρατα γίνεσθαι διὰ τοῦ
31 ὀνόματος τοῦ ἁγίου Παιδός σου Ἰησοῦ. καὶ δεηθέντων
αὐτῶν ἐσαλεύθη ὁ τόπος ἐν ᾧ ἦσαν συνηγμένοι, καὶ ἐπλή-
σθησαν ἅπαντες τοῦ Ἁγίου Πνεύματος, καὶ ἐλάλουν τὸν
λόγον τοῦ Θεοῦ μετὰ παρρησίας.
32 Τοῦ δὲ πλήθους τῶν πιστευσάντων ἦν καρδία καὶ ψυχὴ
μία· καὶ οὐδὲ εἷς τι τῶν ὑπαρχόντων αὐτῷ ἔλεγεν ἴδιον
33 εἶναι, ἀλλ' ἦν αὐτοῖς ἅπαντα κοινά. καὶ δυνάμει μεγά-
λῃ ἀπεδίδουν τὸ μαρτύριον οἱ ἀπόστολοι τῆς ἀναστάσεως
τοῦ Κυρίου Ἰησοῦ· χάρις τε μεγάλη ἦν ἐπὶ πάντας αὐτούς.
34 οὐδὲ γὰρ ἐνδεής τις ἦν ἐν αὐτοῖς· ὅσοι γὰρ κτήτορες
χωρίων ἢ οἰκιῶν ὑπῆρχον, πωλοῦντες ἔφερον τὰς τιμὰς
35 τῶν πιπρασκομένων   καὶ ἐτίθουν παρὰ τοὺς πόδας τῶν
ἀποστόλων· διεδίδετο δὲ ἑκάστῳ καθότι ἄν τις χρείαν
εἶχεν.
36 Ἰωσὴφ δὲ ὁ ἐπικληθεὶς Βαρνάβας ἀπὸ τῶν ἀποστόλων
(ὅ ἐστιν μεθερμηνευόμενον Υἱὸς Παρακλήσεως), Λευείτης,
37 Κύπριος τῷ γένει,   ὑπάρχοντος αὐτῷ ἀγροῦ πωλήσας
ἤνεγκεν τὸ χρῆμα καὶ ἔθηκεν παρὰ τοὺς πόδας τῶν ἀπο-
στόλων.

5 Ἀνὴρ δέ τις Ἀνανίας ὀνόματι σὺν Σαπφείρῃ τῇ γυναικὶ
2 αὐτοῦ ἐπώλησεν κτῆμα,   καὶ ἐνοσφίσατο ἀπὸ τῆς τι-
μῆς, συνειδυίης καὶ τῆς γυναικός, καὶ ἐνέγκας μέρος τι
3 παρὰ τοὺς πόδας τῶν ἀποστόλων ἔθηκεν.   εἶπεν δὲ ὁ
Πέτρος, Ἀνανία, διὰ τί ἐπλήρωσεν ὁ Σατανᾶς τὴν καρδίαν
σου, ψεύσασθαί σε τὸ Πνεῦμα τὸ Ἅγιον καὶ νοσφίσασθαι

ΑΠΟΣΤΟΛΩΝ 5. 4—16.

ἀπὸ τῆς τιμῆς τοῦ χωρίου; οὐχὶ μένον σοὶ ἔμενεν, καὶ 4
πραθὲν ἐν τῇ σῇ ἐξουσίᾳ ὑπῆρχεν; τί ὅτι ἔθου ἐν τῇ καρδίᾳ σου τὸ πρᾶγμα τοῦτο; οὐκ ἐψεύσω ἀνθρώποις, ἀλλὰ
τῷ Θεῷ. ἀκούων δὲ ὁ Ἀνανίας τοὺς λόγους τούτους 5
πεσὼν ἐξέψυξεν· καὶ ἐγένετο φόβος μέγας ἐπὶ πάντας
τοὺς ἀκούοντας. ἀναστάντες δὲ οἱ νεώτεροι συνέστει- 6
λαν αὐτὸν καὶ ἐξενέγκαντες ἔθαψαν. Ἐγένετο δὲ ὡς 7
ὡρῶν τριῶν διάστημα καὶ ἡ γυνὴ αὐτοῦ μὴ εἰδυῖα τὸ
γεγονὸς εἰσῆλθεν. ἀπεκρίθη δὲ πρὸς αὐτὴν Πέτρος, 8
Εἰπέ μοι, εἰ τοσούτου τὸ χωρίον ἀπέδοσθε; ἡ δὲ εἶπεν,
Ναί, τοσούτου. ὁ δὲ Πέτρος πρὸς αὐτήν, Τί ὅτι συνε- 9
φωνήθη ὑμῖν πειράσαι τὸ Πνεῦμα Κυρίου; ἰδοὺ οἱ πόδες
τῶν θαψάντων τὸν ἄνδρα σου ἐπὶ τῇ θύρᾳ καὶ ἐξοίσουσίν
σε. ἔπεσεν δὲ παραχρῆμα πρὸς τοὺς πόδας αὐτοῦ καὶ 10
ἐξέψυξεν· εἰσελθόντες δὲ οἱ νεανίσκοι εὗρον αὐτὴν νεκράν,
καὶ ἐξενέγκαντες ἔθαψαν πρὸς τὸν ἄνδρα αὐτῆς. καὶ 11
ἐγένετο φόβος μέγας ἐφ' ὅλην τὴν ἐκκλησίαν καὶ ἐπὶ πάντας τοὺς ἀκούοντας ταῦτα.

Διὰ δὲ τῶν χειρῶν τῶν ἀποστόλων ἐγίνετο σημεῖα καὶ 12
τέρατα πολλὰ ἐν τῷ λαῷ· καὶ ἦσαν ὁμοθυμαδὸν πάντες ἐν
τῇ στοᾷ Σολομῶντος. τῶν δὲ λοιπῶν οὐδεὶς ἐτόλμα 13
κολλᾶσθαι αὐτοῖς· ἀλλ' ἐμεγάλυνεν αὐτοὺς ὁ λαός,
μᾶλλον δὲ προσετίθεντο πιστεύοντες τῷ Κυρίῳ, πλήθη 14
ἀνδρῶν τε καὶ γυναικῶν· ὥστε καὶ εἰς τὰς πλατείας 15
ἐκφέρειν τοὺς ἀσθενεῖς καὶ τιθέναι ἐπὶ κλιναρίων καὶ
κραβάττων, ἵνα ἐρχομένου Πέτρου κἂν ἡ σκιὰ ἐπισκιάσῃ
τινὶ αὐτῶν. συνήρχετο δὲ καὶ τὸ πλῆθος τῶν πέριξ 16

5 ὁ Ἀναν.] —ὁ ϛ : C ἀκούοντας] + ταῦτα ϛ 8 πρὸς αὐτήν] αὐτῇ ϛ Πέτρος] pr ὁ ϛ μοι, εἰ...ἀπέδοσθε;] μοι εἰ...ἀπέδοσθε. R
9 Πέτρος]+εἶπε ϛ 10 πρὸς] παρὰ ϛ ἐξέψυξεν] -χεν Ασφ
εὗρον] -αν TrWHa 12 ἐγίνετο] ἐγένετο ϛ : CErsmElz πολλά] post ἐν τῷ λαῷ ϛ πάντες] ἅπαντες ϛ TiAB Σολομῶντος] -μῶνος TrAWHa 14 προσετίθεντο] προσετίθοντο, Rm 15 καὶ εἰς] κατὰ ϛ (n.m.) A κλιναρίων] κλινῶν ϛ (n.m.) ἐπισκιάσῃ] ·τσει Tr(n.m,) WH(n.a.)

πόλεων Ἰερουσαλήμ, φέροντες ἀσθενεῖς καὶ ὀχλουμένους ὑπὸ πνευμάτων ἀκαθάρτων· οἵτινες ἐθεραπεύοντο ἅπαντες.
17 Ἀναστὰς δὲ ὁ ἀρχιερεὺς καὶ πάντες οἱ σὺν αὐτῷ (ἡ οὖσα αἵρεσις τῶν Σαδδουκαίων) ἐπλήσθησαν ζήλου,
18 καὶ ἐπέβαλον τὰς χεῖρας ἐπὶ τοὺς ἀποστόλους καὶ ἔθεντο
19 αὐτοὺς ἐν τηρήσει δημοσίᾳ. ἄγγελος δὲ Κυρίου διὰ νυκτὸς ἤνοιξεν τὰς θύρας τῆς φυλακῆς, ἐξαγαγών τε αὐτοὺς
20 εἶπεν, Πορεύεσθε, καὶ σταθέντες λαλεῖτε ἐν τῷ ἱερῷ
21 τῷ λαῷ πάντα τὰ ῥήματα τῆς ζωῆς ταύτης. ἀκούσαντες δὲ εἰσῆλθον ὑπὸ τὸν ὄρθρον εἰς τὸ ἱερὸν καὶ ἐδίδασκον. Παραγενόμενος δὲ ὁ ἀρχιερεὺς καὶ οἱ σὺν αὐτῷ συνεκάλεσαν τὸ συνέδριον καὶ πᾶσαν τὴν γερουσίαν τῶν υἱῶν Ἰσραήλ, καὶ ἀπέστειλαν εἰς τὸ δεσμωτήριον ἀχθῆναι αὐτούς.
22 οἱ δὲ παραγενόμενοι ὑπηρέται οὐχ εὗρον αὐτοὺς ἐν τῇ
23 φυλακῇ· ἀναστρέψαντες δὲ ἀπήγγειλαν λέγοντες ὅτι Τὸ δεσμωτήριον εὕρομεν κεκλεισμένον ἐν πάσῃ ἀσφαλείᾳ καὶ τοὺς φύλακας ἑστῶτας ἐπὶ τῶν θυρῶν, ἀνοίξαντες δὲ
24 ἔσω οὐδένα εὕρομεν. ὡς δὲ ἤκουσαν τοὺς λόγους τούτους ὅ τε στρατηγὸς τοῦ ἱεροῦ καὶ οἱ ἀρχιερεῖς, διηπόρουν
25 περὶ αὐτῶν τί ἂν γένοιτο τοῦτο. παραγενόμενος δέ τις ἀπήγγειλεν αὐτοῖς ὅτι Ἰδοὺ οἱ ἄνδρες οὓς ἔθεσθε ἐν τῇ φυλακῇ εἰσὶν ἐν τῷ ἱερῷ ἑστῶτες καὶ διδάσκοντες τὸν
26 λαόν. Τότε ἀπελθὼν ὁ στρατηγὸς σὺν τοῖς ὑπηρέταις ἦγεν αὐτούς, οὐ μετὰ βίας, ἐφοβοῦντο γὰρ τὸν λαόν, μὴ
27 λιθασθῶσιν. ἀγαγόντες δὲ αὐτοὺς ἔστησαν ἐν τῷ
28 συνεδρίῳ· καὶ ἐπηρώτησεν αὐτοὺς ὁ ἀρχιερεὺς λέγων, Παραγγελίᾳ παρηγγείλαμεν ὑμῖν μὴ διδάσκειν ἐπὶ τῷ ὀνόματι τούτῳ· καὶ ἰδοὺ πεπληρώκατε τὴν Ἰερουσαλὴμ

τῆς διδαχῆς ὑμῶν, καὶ βούλεσθε ἐπαγαγεῖν ἐφ' ἡμᾶς τὸ αἷμα τοῦ ἀνθρώπου τούτου. ἀποκριθεὶς δὲ Πέτρος καὶ 29 οἱ ἀπόστολοι εἶπαν, Πειθαρχεῖν δεῖ Θεῷ μᾶλλον ἢ ἀνθρώποις. ὁ Θεὸς τῶν πατέρων ἡμῶν ἤγειρεν Ἰησοῦν, ὃν 30 ὑμεῖς διεχειρίσασθε κρεμάσαντες ἐπὶ ξύλου. τοῦτον ὁ 31 Θεὸς ἀρχηγὸν καὶ σωτῆρα ὕψωσεν τῇ δεξιᾷ αὐτοῦ, δοῦναι μετάνοιαν τῷ Ἰσραὴλ καὶ ἄφεσιν ἁμαρτιῶν. καὶ ἡμεῖς 32 ἐσμὲν μάρτυρες τῶν ῥημάτων τούτων, καὶ τὸ Πνεῦμα τὸ Ἅγιον ὃ ἔδωκεν ὁ Θεὸς τοῖς πειθαρχοῦσιν αὐτῷ. Οἱ 33 δὲ ἀκούσαντες διεπρίοντο, καὶ ἐβούλοντο ἀνελεῖν αὐτούς.

Ἀναστὰς δέ τις ἐν τῷ συνεδρίῳ Φαρισαῖος ὀνόματι Γα- 34 μαλιήλ, νομοδιδάσκαλος τίμιος παντὶ τῷ λαῷ, ἐκέλευσεν ἔξω βραχὺ τοὺς ἀνθρώπους ποιῆσαι. εἶπέν τε πρὸς 35 αὐτούς, Ἄνδρες Ἰσραηλεῖται, προσέχετε ἑαυτοῖς ἐπὶ τοῖς ἀνθρώποις τούτοις τί μέλλετε πράσσειν. πρὸ γὰρ τού- 36 των τῶν ἡμερῶν ἀνέστη Θευδᾶς, λέγων εἶναί τινα ἑαυτόν, ᾧ προσεκλίθη ἀνδρῶν ἀριθμὸς ὡς τετρακοσίων· ὃς ἀνῃρέθη, καὶ πάντες ὅσοι ἐπείθοντο αὐτῷ διελύθησαν καὶ ἐγένοντο εἰς οὐδέν. μετὰ τοῦτον ἀνέστη Ἰούδας ὁ Γαλι- 37 λαῖος ἐν ταῖς ἡμέραις τῆς ἀπογραφῆς, καὶ ἀπέστησεν λαὸν ὀπίσω αὐτοῦ· κἀκεῖνος ἀπώλετο, καὶ πάντες ὅσοι ἐπείθοντο αὐτῷ διεσκορπίσθησαν. καὶ τὰ νῦν λέγω ὑμῖν, 38 ἀπόστητε ἀπὸ τῶν ἀνθρώπων τούτων καὶ ἄφετε αὐτούς· (ὅτι ἐὰν ᾖ ἐξ ἀνθρώπων ἡ βουλὴ αὕτη ἢ τὸ ἔργον τοῦτο, καταλυθήσεται· εἰ δὲ ἐκ Θεοῦ ἐστίν, οὐ δυνήσεσθε 39 καταλῦσαι αὐτούς·) μή ποτε καὶ θεομάχοι εὑρεθῆτε. ἐπείσθησαν δὲ αὐτῷ· καὶ προσκαλεσάμενοι τοὺς ἀποστό- 40

29 Πέτρος] pr ὁ ς: C   εἶπαν] -ον ς   31 δοῦναι] pr τοῦ Τi[B] [WH]R   32 ἐσμὲν μάρτυρες] ἐσμ. αὐτοῦ μάρτ. ςA: ἐν αὐτῷ μάρτ. ἐσμ. LnRm: ἐν αὐτῷ μάρτ. (—ἐσμὲν) TrmWHm: ἐσμ. αὐτῷ μάρτ. WHm Πνεῦμα] + δὲ ς [A]   ὃ] WH°mR°m   33 ἐβούλοντο] ἐβουλεύοντο ς TrmTiAB(n.m.)   34 βραχύ] + τι ς   ἀνθρώ.] ἀποστόλους ς 36 προσεκλίθη ἀνδρῶν ἀρ. ὡς] προσεκολλήθη ἀρ. ἀνδρῶν ὡσεὶ ς 37 ἀπέστησεν] -σε WH   λαὸν] + ἱκανὸν ς   38 τὰ] [WH] ἄφετε] ἐάσατε ς   39 δυνήσεσθε] δύνασθε ςA(n.m.)   αὐτούς] αὐτό ς

λους δείραντες παρήγγειλαν μὴ λαλεῖν ἐπὶ τῷ ὀνόματι
41 τοῦ Ἰησοῦ καὶ ἀπέλυσαν. οἱ μὲν οὖν ἐπορεύοντο χαίροντες ἀπὸ προσώπου τοῦ συνεδρίου, ὅτι κατηξιώθησαν
42 ὑπὲρ τοῦ Ὀνόματος ἀτιμασθῆναι. πᾶσάν τε ἡμέραν ἐν τῷ ἱερῷ καὶ κατ' οἶκον οὐκ ἐπαύοντο διδάσκοντες καὶ εὐαγγελιζόμενοι τὸν Χριστὸν Ἰησοῦν.

6 Ἐν δὲ ταῖς ἡμέραις ταύταις πληθυνόντων τῶν μαθητῶν ἐγένετο γογγυσμὸς τῶν Ἑλληνιστῶν πρὸς τοὺς Ἑβραίους, ὅτι παρεθεωροῦντο ἐν τῇ διακονίᾳ τῇ καθημερινῇ αἱ χῆραι
2 αὐτῶν. προσκαλεσάμενοι δὲ οἱ δώδεκα τὸ πλῆθος τῶν μαθητῶν εἶπαν, Οὐκ ἀρεστόν ἐστιν ἡμᾶς καταλείψαντας
3 τὸν λόγον τοῦ Θεοῦ διακονεῖν τραπέζαις. ἐπισκέψασθε οὖν, ἀδελφοί, ἄνδρας ἐξ ὑμῶν μαρτυρουμένους ἑπτὰ πλήρεις Πνεύματος καὶ σοφίας, οὓς καταστήσομεν ἐπὶ τῆς
4 χρείας ταύτης. ἡμεῖς δὲ τῇ προσευχῇ καὶ τῇ διακονίᾳ
5 τοῦ λόγου προσκαρτερήσομεν. καὶ ἤρεσεν ὁ λόγος ἐνώπιον παντὸς τοῦ πλήθους· καὶ ἐξελέξαντο Στέφανον, ἄνδρα πλήρη πίστεως καὶ Πνεύματος Ἁγίου, καὶ Φίλιππον καὶ Πρόχορον καὶ Νικάνορα καὶ Τίμωνα καὶ Παρμε-
6 νᾶν καὶ Νικόλαον προσήλυτον Ἀντιοχέα· οὓς ἔστησαν ἐνώπιον τῶν ἀποστόλων· καὶ προσευξάμενοι ἐπέθηκαν αὐ-
7 τοῖς τὰς χεῖρας. Καὶ ὁ λόγος τοῦ Θεοῦ ηὔξανεν· καὶ ἐπληθύνετο ὁ ἀριθμὸς τῶν μαθητῶν ἐν Ἰερουσαλὴμ σφόδρα· πολύς τε ὄχλος τῶν ἱερέων ὑπήκουον τῇ πίστει.

8 Στέφανος δὲ πλήρης χάριτος καὶ δυνάμεως ἐποίει τέ-
9 ρατα καὶ σημεῖα μεγάλα ἐν τῷ λαῷ. ἀνέστησαν δέ τινες τῶν ἐκ τῆς συναγωγῆς τῆς λεγομένης Λιβερτίνων καὶ

Κυρηναίων καὶ Ἀλεξανδρέων καὶ τῶν ἀπὸ Κιλικίας καὶ
Ἀσίας συνζητοῦντες τῷ Στεφάνῳ. καὶ οὐκ ἴσχυον ἀν- 10
τιστῆναι τῇ σοφίᾳ καὶ τῷ Πνεύματι ᾧ ἐλάλει. τότε 11
ὑπέβαλον ἄνδρας λέγοντας ὅτι Ἀκηκόαμεν αὐτοῦ λαλοῦν-
τος ῥήματα βλάσφημα εἰς Μωυσῆν καὶ τὸν Θεόν.
συνεκίνησάν τε τὸν λαὸν καὶ τοὺς πρεσβυτέρους καὶ τοὺς 12
γραμματεῖς, καὶ ἐπιστάντες συνήρπασαν αὐτὸν καὶ ἤγαγον
εἰς τὸ συνέδριον, ἔστησάν τε μάρτυρας ψευδεῖς λέγον- 13
τας, Ὁ ἄνθρωπος οὗτος οὐ παύεται λαλῶν ῥήματα κατὰ
τοῦ τόπου τοῦ ἁγίου καὶ τοῦ νόμου. ἀκηκόαμεν γὰρ 14
αὐτοῦ λέγοντος ὅτι Ἰησοῦς ὁ Ναζωραῖος οὗτος καταλύσει
τὸν τόπον τοῦτον καὶ ἀλλάξει τὰ ἔθη ἃ παρέδωκεν ἡμῖν
Μωυσῆς. καὶ ἀτενίσαντες εἰς αὐτὸν πάντες οἱ καθεζό- 15
μενοι ἐν τῷ συνεδρίῳ εἶδον τὸ πρόσωπον αὐτοῦ ὡσεὶ
πρόσωπον ἀγγέλου.

Εἶπεν δὲ ὁ ἀρχιερεύς, Εἰ ταῦτα οὕτως ἔχει; ὁ δὲ 7 1, 2
ἔφη, Ἄνδρες ἀδελφοὶ καὶ πατέρες, ἀκούσατε. ὁ Θεὸς τῆς
δόξης ὤφθη τῷ πατρὶ ἡμῶν Ἀβραὰμ ὄντι ἐν τῇ Μεσοπο-
ταμίᾳ πρὶν ἢ κατοικῆσαι αὐτὸν ἐν Χαρράν, καὶ εἶπεν 3
πρὸς αὐτόν, Ἔξελθε ἐκ τῆς γῆς σου καὶ [ἐκ] τῆς συγγε-
νείας σου, καὶ δεῦρο εἰς τὴν γῆν ἣν ἄν σοι δείξω. τότε 4
ἐξελθὼν ἐκ γῆς Χαλδαίων κατῴκησεν ἐν Χαρράν· κἀκεῖ-
θεν μετὰ τὸ ἀποθανεῖν τὸν πατέρα αὐτοῦ μετῴκισεν αὐτὸν
εἰς τὴν γῆν ταύτην εἰς ἣν ὑμεῖς νῦν κατοικεῖτε· καὶ 5
οὐκ ἔδωκεν αὐτῷ κληρονομίαν ἐν αὐτῇ οὐδὲ βῆμα ποδός·
καὶ ἐπηγγείλατο δοῦναι αὐτῷ εἰς κατάσχεσιν αὐτὴν καὶ τῷ
σπέρματι αὐτοῦ μετ' αὐτόν, οὐκ ὄντος αὐτῷ τέκνου.
ἐλάλησεν δὲ οὕτως ὁ Θεός, ὅτι ἔσται τὸ σπέρμα αὐτοῦ 6

καὶ Ἀσίας] *Ln*°[Tr]m   συνζητοῦντες] συζητ. ς   11 λέγοντας] -τες
B(n.m.)   13 ῥήματα]+βλάσφημα ς   λαλῶν] post ῥήμ. (βλάσφ.) ς
LnA   ἁγίου]+τούτου ς[WH]R : C   15 πάντες] ἅπαντες ςA
εἶδον] -αν TrWH   1 εἰ] + ἄρα ς[A]   3 ἐκ sec.] ins ς [*Ln*]Ti[A]B
WHmR : Tr°WH°   τὴν] ς°   ἄν] ἐὰν WH₁   5 δοῦναι] post αὐτῷ
ς : C

ΠΡΑΞΕΙΣ

πάροικον ἐν γῇ ἀλλοτρίᾳ, καὶ δουλώσουσιν αὐτὸ καὶ κακώ-
7 σουσιν ἔτη τετρακόσια. καὶ τὸ ἔθνος ᾧ ἂν δουλεύσουσιν κρινῶ ἐγώ, ὁ Θεὸς εἶπεν· καὶ μετὰ ταῦτα ἐξελεύσονται
8 καὶ λατρεύσουσίν μοι ἐν τῷ τόπῳ τούτῳ. καὶ ἔδωκεν αὐτῷ διαθήκην περιτομῆς· καὶ οὕτως ἐγέννησεν τὸν Ἰσαὰκ καὶ περιέτεμεν αὐτὸν τῇ ἡμέρᾳ τῇ ὀγδόῃ· καὶ Ἰσαὰκ τὸν
9 Ἰακώβ, καὶ Ἰακὼβ τοὺς δώδεκα πατριάρχας. Καὶ οἱ πατριάρχαι ζηλώσαντες τὸν Ἰωσὴφ ἀπέδοντο εἰς Αἴγυ-
10 πτον· καὶ ἦν ὁ Θεὸς μετ' αὐτοῦ, καὶ ἐξείλατο αὐτὸν ἐκ πασῶν τῶν θλίψεων αὐτοῦ, καὶ ἔδωκεν αὐτῷ χάριν καὶ σοφίαν ἐναντίον Φαραὼ βασιλέως Αἰγύπτου· καὶ κατέστησεν αὐτὸν ἡγούμενον ἐπ' Αἴγυπτον καὶ ὅλον τὸν οἶκον
11 αὐτοῦ. ἦλθεν δὲ λιμὸς ἐφ' ὅλην τὴν Αἴγυπτον καὶ Χαναὰν καὶ θλίψις μεγάλη· καὶ οὐχ ηὕρισκον χορτάσματα
12 οἱ πατέρες ἡμῶν. ἀκούσας δὲ Ἰακὼβ ὄντα σιτία εἰς Αἴγυπτον ἐξαπέστειλεν τοὺς πατέρας ἡμῶν πρῶτον.
13 καὶ ἐν τῷ δευτέρῳ ἀνεγνωρίσθη Ἰωσὴφ τοῖς ἀδελφοῖς αὐτοῦ, καὶ φανερὸν ἐγένετο τῷ Φαραὼ τὸ γένος Ἰωσήφ.
14 ἀποστείλας δὲ Ἰωσὴφ μετεκαλέσατο Ἰακὼβ τὸν πατέρα αὐτοῦ, καὶ πᾶσαν τὴν συγγένειαν ἐν ψυχαῖς ἑβδομήκον-
15 τα πέντε· καὶ κατέβη Ἰακὼβ εἰς Αἴγυπτον. καὶ ἐτε-
16 λεύτησεν αὐτὸς καὶ οἱ πατέρες ἡμῶν· καὶ μετετέθησαν εἰς Συχὲμ καὶ ἐτέθησαν ἐν τῷ μνήματι ᾧ ὠνήσατο Ἀβραὰμ τιμῆς ἀργυρίου παρὰ τῶν υἱῶν Ἐμμὼρ ἐν Συχέμ.
17 Καθὼς δὲ ἤγγιζεν ὁ χρόνος τῆς ἐπαγγελίας ἧς ὡμολόγησεν ὁ Θεὸς τῷ Ἀβραάμ, ηὔξησεν ὁ λαὸς καὶ ἐπληθύνθη ἐν

Αἰγύπτῳ, ἄχρι οὗ ἀνέστη βασιλεὺς ἕτερος ἐπ' Αἴγυ- 18
πτον, ὃς οὐκ ᾔδει τὸν Ἰωσήφ. οὗτος κατασοφισάμενος 19
τὸ γένος ἡμῶν ἐκάκωσεν τοὺς πατέρας τοῦ ποιεῖν τὰ
βρέφη ἔκθετα αὐτῶν εἰς τὸ μὴ ζωογονεῖσθαι. Ἐν ᾧ 20
καιρῷ ἐγεννήθη Μωυσῆς, καὶ ἦν ἀστεῖος τῷ Θεῷ· ὃς ἀνε-
τράφη μῆνας τρεῖς ἐν τῷ οἴκῳ τοῦ πατρός· ἐκτεθέντος 21
δὲ αὐτοῦ ἀνείλατο αὐτὸν ἡ θυγάτηρ Φαραὼ καὶ ἀνεθρέ-
ψατο αὐτὸν ἑαυτῇ εἰς υἱόν. καὶ ἐπαιδεύθη Μωυσῆς ἐν 22
πάσῃ σοφίᾳ Αἰγυπτίων, ἦν δὲ δυνατὸς ἐν λόγοις καὶ ἔρ-
γοις αὐτοῦ. ὡς δὲ ἐπληροῦτο αὐτῷ τεσσερακονταετὴς 23
χρόνος, ἀνέβη ἐπὶ τὴν καρδίαν αὐτοῦ ἐπισκέψασθαι τοὺς
ἀδελφοὺς αὐτοῦ τοὺς υἱοὺς Ἰσραήλ. καὶ ἰδών τινα 24
ἀδικούμενον ἠμύνατο, καὶ ἐποίησεν ἐκδίκησιν τῷ καταπονου-
μένῳ πατάξας τὸν Αἰγύπτιον. ἐνόμιζεν δὲ συνιέναι 25
τοὺς ἀδελφοὺς ὅτι ὁ Θεὸς διὰ χειρὸς αὐτοῦ δίδωσιν σωτη-
ρίαν αὐτοῖς· οἱ δὲ οὐ συνῆκαν. τῇ τε ἐπιούσῃ ἡμέρᾳ 26
ὤφθη αὐτοῖς μαχομένοις, καὶ συνήλλασσεν αὐτοὺς εἰς εἰ-
ρήνην εἰπών, Ἄνδρες, ἀδελφοί ἐστε· ἵνα τί ἀδικεῖτε ἀλλή-
λους; ὁ δὲ ἀδικῶν τὸν πλησίον ἀπώσατο αὐτὸν εἰπών, 27
Τίς σε κατέστησεν ἄρχοντα καὶ δικαστὴν ἐφ' ἡμῶν;
μὴ ἀνελεῖν με σὺ θέλεις ὃν τρόπον ἀνεῖλες ἐχθὲς τὸν 28
Αἰγύπτιον; ἔφυγεν δὲ Μωυσῆς ἐν τῷ λόγῳ τούτῳ, καὶ 29
ἐγένετο πάροικος ἐν γῇ Μαδιάμ· οὗ ἐγέννησεν υἱοὺς δύο.
Καὶ πληρωθέντων ἐτῶν τεσσεράκοντα ὤφθη αὐτῷ ἐν τῇ 30
ἐρήμῳ τοῦ ὄρους Σινᾶ ἄγγελος ἐν φλογὶ πυρὸς βάτου.
ὁ δὲ Μωυσῆς ἰδὼν ἐθαύμασεν τὸ ὅραμα· προσερχομένου δὲ 31

18 ἄχρι] ἄχρις ϛ   ἐπ' Αἴγ.] ϛ°(n.m.)Aᵃ   19 πατέρας] + ἡμῶν ϛ
τὰ βρέφη] post ἔκθετα ϛ   20 ἀστεῖος] ἄστιος WHₐ   πατρὸς] +αὐ-
τοῦ ϛ : Er   21 ἐκτεθέντος δὲ αὐτοῦ] ἐκτεθέντα δὲ αὐτὸν ϛ (n.m.)
ἀνείλατο] -ετο ϛ   22 ἐν ῥ̄τ̄ί.] ϛ°Ln°WH°   ἔργοις] pr ἐν ϛ : C
αὐτοῦ] ϛ° : C   23 τεσσεράκ.] τεσσαράκ. ϛ Ln   25 ἀδελφοὺς] +
αὐτοῦ ϛ Ln [A]   δίδωσιν] -σι LnWHₐ   αὐτοῖς] ante σωτ. ϛ
26 τε] δὲ Elz   συνήλλασσεν] συνήλασεν ϛ ABm   ἐστε] +ὑμεῖς ϛ
[A]   27 εἰπών] εἶπας WHₐ   ἡμῶν] ἡμᾶς ϛA   28 ἐχθὲς] χθὲς ϛ
30 τεσσεράκ.] τεσσαράκ. ϛLn   Σινᾶ] -νὰ WH   ἄγγελος]+ Κυρίου
ϛ   31 ἐθαύμασεν] -αζεν TiAB

ΠΡΑΞΕΙΣ

32 αὐτοῦ κατανοῆσαι ἐγένετο φωνὴ Κυρίου, Ἐγὼ ὁ Θεὸς τῶν πατέρων σου, ὁ Θεὸς Ἀβραὰμ καὶ Ἰσαὰκ καὶ Ἰακώβ. ἔντρομος δὲ γενόμενος Μωυσῆς οὐκ ἐτόλμα κατανοῆσαι.
33 εἶπεν δὲ αὐτῷ ὁ Κύριος, Λῦσον τὸ ὑπόδημα τῶν ποδῶν
34 σου· ὁ γὰρ τόπος ἐφ' ᾧ ἕστηκας γῆ ἁγία ἐστίν. ἰδὼν εἶδον τὴν κάκωσιν τοῦ λαοῦ μου τοῦ ἐν Αἰγύπτῳ, καὶ τοῦ στεναγμοῦ αὐτοῦ ἤκουσα· καὶ κατέβην ἐξελέσθαι αὐτούς·
35 καὶ νῦν δεῦρο, ἀποστείλω σε εἰς Αἴγυπτον. Τοῦτον τὸν Μωυσῆν ὃν ἠρνήσαντο εἰπόντες, Τίς σε κατέστησεν ἄρχοντα καὶ δικαστήν; τοῦτον ὁ Θεὸς καὶ ἄρχοντα καὶ λυτρωτὴν ἀπέσταλκεν σὺν χειρὶ ἀγγέλου τοῦ ὀφθέντος
36 αὐτῷ ἐν τῇ βάτῳ. οὗτος ἐξήγαγεν αὐτοὺς ποιήσας τέρατα καὶ σημεῖα ἐν τῇ Αἰγύπτῳ καὶ ἐν Ἐρυθρᾷ Θαλάσσῃ
37 καὶ ἐν τῇ ἐρήμῳ ἔτη τεσσεράκοντα· οὗτός ἐστιν ὁ Μωυσῆς ὁ εἴπας τοῖς υἱοῖς Ἰσραήλ, Προφήτην ὑμῖν ἀνα-
38 στήσει ὁ Θεὸς ἐκ τῶν ἀδελφῶν ὑμῶν ὡς ἐμέ. οὗτός ἐστιν ὁ γενόμενος ἐν τῇ ἐκκλησίᾳ ἐν τῇ ἐρήμῳ μετὰ τοῦ ἀγγέλου τοῦ λαλοῦντος αὐτῷ ἐν τῷ ὄρει Σινᾶ καὶ τῶν πατέρων ἡμῶν· ὃς ἐδέξατο λόγια ζῶντα δοῦναι ἡμῖν.
39 ᾧ οὐκ ἠθέλησαν ὑπήκοοι γενέσθαι οἱ πατέρες ἡμῶν, ἀλλὰ ἀπώσαντο καὶ ἐστράφησαν ἐν ταῖς καρδίαις αὐτῶν εἰς Αἴ-
40 γυπτον, εἰπόντες τῷ Ἀαρών, Ποίησον ἡμῖν θεοὺς οἳ προπορεύσονται ἡμῶν· ὁ γὰρ Μωυσῆς οὗτος, ὃς ἐξήγαγεν ἡμᾶς ἐκ γῆς Αἰγύπτου, οὐκ οἴδαμεν τί ἐγένετο αὐτῷ.
41 καὶ ἐμοσχοποίησαν ἐν ταῖς ἡμέραις ἐκείναις καὶ ἀνήγαγον θυσίαν τῷ εἰδώλῳ, καὶ εὐφραίνοντο ἐν τοῖς ἔργοις τῶν χει-
42 ρῶν αὐτῶν. ἔστρεψεν δὲ ὁ Θεὸς καὶ παρέδωκεν αὐτοὺς

·Κυρίου] + πρὸς αὐτόν ϛ 32 Ἰσαὰκ] pr ὁ Θεὸς ϛ Ἰακώβ] pr ὁ Θεὸς ϛ 33 ἐφ'] ἐν ϛ 34 αὐτοῦ] αὐτῶν ϛTrmTiABR? ἀποστείλω] -στελῶ ϛ 35 καὶ sec.] ϛ°[Tr] ἀπέσταλκεν] -έστειλεν ϛ σὺν] ἐν ϛ(a.m.) 36 τῇ pri.] γῇ ϛTrmTiAB : Er Αἰγύπτῳ] -του ϛ : CErϛm τεσσερ.] τεσσαρ. ϛ Ln 37 εἶπας] εἰπὼν ϛ ὁ Θεὸς] pr Κύριος ϛ :+ ὑμῶν ϛ ὡς ἐμέ], ὡς ἐμέ Rm :+ · αὐτοῦ ἀκούσεσθε ϛBm : CScr 38 Σινᾶ]-νὰ WH ἡμῶν] ὑμῶν B ἡμῖν] ὑμῖν WH (a.m.) 39 ἀλλὰ] ἀλλ' ϛ ἐν] ϛ° 40 ἐγένετο] γέγονεν ϛTrm

324

λατρεύειν τῇ στρατιᾷ τοῦ οὐρανοῦ· καθὼς γέγραπται ἐν
βίβλῳ τῶν προφητῶν, Μὴ σφάγια καὶ θυσίας προσηνέγ-
κατέ μοι ἔτη τεσσεράκοντα ἐν τῇ ἐρήμῳ, οἶκος Ἰσραήλ;
καὶ ἀνελάβετε τὴν σκηνὴν τοῦ Μολὸχ καὶ τὸ ἄστρον τοῦ 43
θεοῦ Ῥεφάν, τοὺς τύπους οὓς ἐποιήσατε προσκυνεῖν αὐ-
τοῖς· καὶ μετοικιῶ ὑμᾶς ἐπέκεινα Βαβυλῶνος. Ἡ 44
σκηνὴ τοῦ μαρτυρίου ἦν τοῖς πατράσιν ἡμῶν ἐν τῇ ἐρήμῳ,
καθὼς διετάξατο ὁ λαλῶν τῷ Μωυσῇ ποιῆσαι αὐτὴν κατὰ
τὸν τύπον ὃν ἑωράκει. ἣν καὶ εἰσήγαγον διαδεξάμενοι 45
οἱ πατέρες ἡμῶν μετὰ Ἰησοῦ ἐν τῇ κατασχέσει τῶν ἐθνῶν,
ὧν ἐξῶσεν ὁ Θεὸς ἀπὸ προσώπου τῶν πατέρων ἡμῶν, ἕως
τῶν ἡμερῶν Δαυείδ· ὃς εὗρεν χάριν ἐνώπιον τοῦ Θεοῦ, 46
καὶ ᾐτήσατο εὑρεῖν σκήνωμα τῷ Θεῷ Ἰακώβ. Σολο- 47
μῶν δὲ ᾠκοδόμησεν αὐτῷ οἶκον. ἀλλ' οὐχ ὁ Ὕψιστος 48
ἐν χειροποιήτοις κατοικεῖ· καθὼς ὁ προφήτης λέγει,
Ὁ οὐρανός μοι θρόνος, ἡ δὲ γῆ ὑποπόδιον τῶν ποδῶν μου· 49
ποῖον οἶκον οἰκοδομήσετέ μοι, λέγει Κύριος, ἢ τίς τόπος
τῆς καταπαύσεώς μου; οὐχὶ ἡ χείρ μου ἐποίησεν ταῦτα 50
πάντα; Σκληροτράχηλοι καὶ ἀπερίτμητοι καρδίαις καὶ 51
τοῖς ὠσίν, ὑμεῖς ἀεὶ τῷ Πνεύματι τῷ Ἁγίῳ ἀντιπίπτετε·
ὡς οἱ πατέρες ὑμῶν, καὶ ὑμεῖς. τίνα τῶν προφητῶν οὐκ 52
ἐδίωξαν οἱ πατέρες ὑμῶν; καὶ ἀπέκτειναν τοὺς προκαταγ-
γείλαντας περὶ τῆς ἐλεύσεως τοῦ Δικαίου, οὗ νῦν ὑμεῖς
προδόται καὶ φονεῖς ἐγένεσθε· οἵτινες ἐλάβετε τὸν 53
νόμον εἰς διαταγὰς ἀγγέλων, καὶ οὐκ ἐφυλάξατε.

Ἀκούοντες δὲ ταῦτα διεπρίοντο ταῖς καρδίαις αὐτῶν, καὶ 54
ἔβρυχον τοὺς ὀδόντας ἐπ' αὐτόν. ὑπάρχων δὲ πλήρης 55

42 τεσσεράκ.] τεσσαράκ. ϛ *Ln*   43 θεοῦ] + ὑμῶν ϛ [B]   Ῥεφάν]
Ῥεμφ. ϛ : Ῥεμφάμ Bm : Ῥομφ. TiB(n.m.) : Ῥαιφ. Bm : Ῥομφά BmWH : C
44 τοῖς] pr ἐν ϛ : ErJ   ἐν] ϛ° σφ   45 διαδεξάμενοι] + ἐν ϛ σφ
ἐξῶσεν] ἔξω. ϛ TrB : ἐξέω. Ti   46 Θεῷ] οἴκῳ LnTrmTiAmB(n.m.): Scr
47 Σολομῶν] Σαλωμὼν TiB   ᾠκοδόμησεν] οἰκοδόμ. TrWH(n.a.)
48 χειροποι.] +ναοῖς ϛ   49 ἡ δὲ] καὶ ἡ WH(n.m.)   51 καρδίαις
τῇ καρδίᾳ ϛ(n.m.)A : καρδίας WHm   ὡς] καθὼς *Ln*   52 ἐγένεσθε
γ ιγένησθε ϛ

Πνεύματος Ἁγίου ἀτενίσας εἰς τὸν οὐρανὸν εἶδεν δόξαν
56 Θεοῦ, καὶ Ἰησοῦν ἑστῶτα ἐκ δεξιῶν τοῦ Θεοῦ, καὶ
εἶπεν, Ἰδοὺ θεωρῶ τοὺς οὐρανοὺς διηνοιγμένους, καὶ τὸν
57 Υἱὸν τοῦ Ἀνθρώπου ἐκ δεξιῶν ἑστῶτα τοῦ Θεοῦ. κράξαντες δὲ φωνῇ μεγάλῃ συνέσχον τὰ ὦτα αὐτῶν, καὶ
58 ὥρμησαν ὁμοθυμαδὸν ἐπ᾿ αὐτόν· καὶ ἐκβαλόντες ἔξω
τῆς πόλεως ἐλιθοβόλουν· καὶ οἱ μάρτυρες ἀπέθεντο τὰ
ἱμάτια αὐτῶν παρὰ τοὺς πόδας νεανίου καλουμένου Σαύ-
59 λου. καὶ ἐλιθοβόλουν τὸν Στέφανον, ἐπικαλούμενον
60 καὶ λέγοντα, Κύριε Ἰησοῦ, δέξαι τὸ πνεῦμά μου. θεὶς
δὲ τὰ γόνατα ἔκραξεν φωνῇ μεγάλῃ, Κύριε, μὴ στήσῃς
αὐτοῖς ταύτην τὴν ἁμαρτίαν. καὶ τοῦτο εἰπὼν ἐκοιμήθη.
8 Σαῦλος δὲ ἦν συνευδοκῶν τῇ ἀναιρέσει αὐτοῦ.

Ἐγένετο δὲ ἐν ἐκείνῃ τῇ ἡμέρᾳ διωγμὸς μέγας ἐπὶ τὴν
ἐκκλησίαν τὴν ἐν Ἱεροσολύμοις· πάντες δὲ διεσπάρησαν
κατὰ τὰς χώρας τῆς Ἰουδαίας καὶ Σαμαρείας πλὴν τῶν
2 ἀποστόλων. συνεκόμισαν δὲ τὸν Στέφανον ἄνδρες εὐ-
3 λαβεῖς, καὶ ἐποίησαν κοπετὸν μέγαν ἐπ᾿ αὐτῷ. Σαῦλος
δὲ ἐλυμαίνετο τὴν ἐκκλησίαν κατὰ τοὺς οἴκους εἰσπορευόμενος, σύρων τε ἄνδρας καὶ γυναῖκας παρεδίδου εἰς φυλακήν.
4 Οἱ μὲν οὖν διασπαρέντες διῆλθον εὐαγγελιζόμενοι τὸν
5 λόγον. Φίλιππος δὲ κατελθὼν εἰς τὴν πόλιν τῆς Σαμα-
6 ρείας ἐκήρυσσεν αὐτοῖς τὸν Χριστόν. προσεῖχον δὲ οἱ
ὄχλοι τοῖς λεγομένοις ὑπὸ τοῦ Φιλίππου ὁμοθυμαδὸν ἐν
τῷ ἀκούειν αὐτοὺς καὶ βλέπειν τὰ σημεῖα ἃ ἐποίει.
7 πολλοὶ γὰρ τῶν ἐχόντων πνεύματα ἀκάθαρτα βοῶντα φωνῇ
μεγάλῃ ἐξήρχοντο· πολλοὶ δὲ παραλελυμένοι καὶ χωλοὶ
8 ἐθεραπεύθησαν. ἐγένετο δὲ πολλὴ χαρὰ ἐν τῇ πόλει
ἐκείνῃ.

56 διηνοιγμένους] ἀνεῳγμ. ς   60 ταύτην] post τὴν ἁμαρτίαν ς TiB
1 δὲ *tert.*] τε ς : Ti*B*[WH] : CErςm   2 ἐποίησαν] ἐποιήσαντο ς
5 τὴν] ς°Tr°A°   6 δὲ] τε ς (n.m.)   7 πολλοὶ] πολλῶν ς Bm : Scr
μεγάλῃ] ante φωνῇ ς : CScr : μεγάλη, Rm   ἐξήρχοντο] -ετο ς : Scr
8 ἐγέν. δὲ πολλὴ χ.] καὶ ἐγέν. χ. μεγάλη ς·

ΑΠΟΣΤΟΛΩΝ

8. 9—22.

Ἀνὴρ δέ τις ὀνόματι Σίμων προϋπῆρχεν ἐν τῇ πόλει 9
μαγεύων καὶ ἐξιστάνων τὸ ἔθνος τῆς Σαμαρείας, λέγων
εἶναί τινα ἑαυτὸν μέγαν· ᾧ προσεῖχον πάντες ἀπὸ 10
μικροῦ ἕως μεγάλου λέγοντες, Οὗτός ἐστιν ἡ Δύναμις τοῦ
Θεοῦ ἡ καλουμένη Μεγάλη. προσεῖχον δὲ αὐτῷ διὰ τὸ 11
ἱκανῷ χρόνῳ ταῖς μαγείαις ἐξεστακέναι αὐτούς. ὅτε δὲ 12
ἐπίστευσαν τῷ Φιλίππῳ εὐαγγελιζομένῳ περὶ τῆς βασιλείας τοῦ Θεοῦ καὶ τοῦ ὀνόματος Ἰησοῦ Χριστοῦ, ἐβαπτίζοντο ἄνδρες τε καὶ γυναῖκες. ὁ δὲ Σίμων καὶ αὐτὸς 13
ἐπίστευσεν, καὶ βαπτισθεὶς ἦν προσκαρτερῶν τῷ Φιλίππῳ·
θεωρῶν τε σημεῖα καὶ δυνάμεις μεγάλας γινομένας ἐξίστατο.

Ἀκούσαντες δὲ οἱ ἐν Ἱεροσολύμοις ἀπόστολοι ὅτι δέ- 14
δεκται ἡ Σαμάρεια τὸν λόγον τοῦ Θεοῦ, ἀπέστειλαν πρὸς
αὐτοὺς Πέτρον καὶ Ἰωάννην. οἵτινες καταβάντες προσ- 15
ηύξαντο περὶ αὐτῶν ὅπως λάβωσιν Πνεῦμα Ἅγιον·
οὐδέπω γὰρ ἦν ἐπ᾽ οὐδενὶ αὐτῶν ἐπιπεπτωκός· μόνον δὲ 16
βεβαπτισμένοι ὑπῆρχον εἰς τὸ ὄνομα τοῦ Κυρίου Ἰησοῦ.
τότε ἐπετίθεσαν τὰς χεῖρας ἐπ᾽ αὐτούς, καὶ ἐλάμβανον 17
Πνεῦμα Ἅγιον. Ἰδὼν δὲ ὁ Σίμων ὅτι διὰ τῆς ἐπιθέ- 18
σεως τῶν χειρῶν τῶν ἀποστόλων δίδοται τὸ Πνεῦμα, προσήνεγκεν αὐτοῖς χρήματα λέγων, Δότε κἀμοὶ τὴν ἐξου- 19
σίαν ταύτην ἵνα ᾧ ἐὰν ἐπιθῶ τὰς χεῖρας λαμβάνῃ Πνεῦμα
Ἅγιον. Πέτρος δὲ εἶπεν πρὸς αὐτόν, Τὸ ἀργύριόν σου 20
σὺν σοὶ εἴη εἰς ἀπώλειαν, ὅτι τὴν δωρεὰν τοῦ Θεοῦ ἐνόμισας διὰ χρημάτων κτᾶσθαι. οὐκ ἔστιν σοι μερὶς οὐδὲ 21
κλῆρος ἐν τῷ λόγῳ τούτῳ· ἡ γὰρ καρδία σου οὐκ ἔστιν
εὐθεῖα ἔναντι τοῦ Θεοῦ. μετανόησον οὖν ἀπὸ τῆς κα- 22

9 ἐξιστάνων] ἐξιστῶν ς   10 προσεῖχον] -αν WHa   καλουμένη]
ςᵒ(n.m.)   11 μαγείαις] μαγίαις TiBWH   12 περὶ] pr τὰ ς
Ἰησοῦ] pr τοῦ ς: C   14 Πέτρον] pr τὸν ς   15 προσηύξαντο]
προσεύξ. WHa   16 οὐδέπω] οὔπω ς   17 ἐπετίθεσαν] -τίθουν ς
18 ἰδὼν] θεασάμενος ς   Πνεῦμα] + τὸ Ἅγιον ς Ln [Tr]R(n.m.)
19 ἐὰν] ἂν ς : CErElz   21 ἔναντι] ἐνώπιον ς

κίας σου ταύτης, καὶ δεήθητι τοῦ Κυρίου, εἰ ἄρα ἀφεθή-
23 σεταί σοι ἡ ἐπίνοια τῆς καρδίας σου. εἰς γὰρ χολὴν
24 πικρίας καὶ σύνδεσμον ἀδικίας ὁρῶ σε ὄντα. ἀποκρι-
θεὶς δὲ ὁ Σίμων εἶπεν, Δεήθητε ὑμεῖς ὑπὲρ ἐμοῦ πρὸς τὸν
25 Κύριον, ὅπως μηδὲν ἐπέλθῃ ἐπ᾿ ἐμὲ ὧν εἰρήκατε. Οἱ
μὲν οὖν διαμαρτυράμενοι καὶ λαλήσαντες τὸν λόγον τοῦ
Κυρίου ὑπέστρεφον εἰς Ἱεροσόλυμα, πολλάς τε κώμας τῶν
Σαμαρειτῶν εὐηγγελίζοντο.
26 Ἄγγελος δὲ Κυρίου ἐλάλησεν πρὸς Φίλιππον λέγων,
Ἀνάστηθι καὶ πορεύου κατὰ μεσημβρίαν ἐπὶ τὴν ὁδὸν τὴν
καταβαίνουσαν ἀπὸ Ἱερουσαλὴμ εἰς Γάζαν· αὕτη ἐστὶν
27 ἔρημος. καὶ ἀναστὰς ἐπορεύθη· καὶ ἰδοὺ ἀνὴρ Αἰθίοψ
εὐνοῦχος δυνάστης Κανδάκης βασιλίσσης Αἰθιόπων, ὃς ἦν
ἐπὶ πάσης τῆς γάζης αὐτῆς, [ὃς] ἐληλύθει προσκυνήσων
28 εἰς Ἱερουσαλήμ· ἦν τε ὑποστρέφων καὶ καθήμενος
ἐπὶ τοῦ ἅρματος αὐτοῦ, καὶ ἀνεγίνωσκεν τὸν προφήτην
29 Ἡσαΐαν. εἶπεν δὲ τὸ Πνεῦμα τῷ Φιλίππῳ, Πρόσελθε
30 καὶ κολλήθητι τῷ ἅρματι τούτῳ. προσδραμὼν δὲ ὁ
Φίλιππος ἤκουσεν αὐτοῦ ἀναγινώσκοντος Ἡσαΐαν τὸν προ-
φήτην, καὶ εἶπεν, Ἆρά γε γινώσκεις ἃ ἀναγινώσκεις;
31 ὁ δὲ εἶπεν, Πῶς γὰρ ἂν δυναίμην, ἐὰν μή τις ὁδηγήσει με;
παρεκάλεσέν τε τὸν Φίλιππον ἀναβάντα καθίσαι σὺν αὐ-
32 τῷ. ἡ δὲ περιοχὴ τῆς γραφῆς ἣν ἀνεγίνωσκεν ἦν αὕτη,
Ὡς πρόβατον ἐπὶ σφαγὴν ἤχθη· καὶ ὡς ἀμνὸς ἐναντίον
τοῦ κείροντος αὐτὸν ἄφωνος, οὕτως οὐκ ἀνοίγει τὸ στόμα
33 αὐτοῦ· ἐν τῇ ταπεινώσει ἡ κρίσις αὐτοῦ ἤρθη· τὴν
γενεὰν αὐτοῦ τίς διηγήσεται; ὅτι αἴρεται ἀπὸ τῆς γῆς ἡ

22 Κυρίου] Θεοῦ ϛ   24 εἰρήκατε]+· ὃς πολλὰ κλαίων οὐ διελίμπανεν
WHm : Scr   25 ὑπέστρεφον] -εψαν ϛ(v.m.)   Ἱεροσόλυμα] Ἱερουσα-
λήμ ϛ   εὐηγγελίζοντο] -σαντο ϛ(n.m.)   26 πορεύου] πορεύθητι
Ln   27 βασιλίσσης] pr τῆς ϛ   ὃς sec.] ins ϛ[Tr]ABm[WH]R : Ln°
Ti°B°   28 τε] δὲ TrmWH   καὶ sec.] J°[Tr]Ti°B°(n.m.) : τε post
ἀνεγ. Ln   30 Ἡσαΐαν] post τὸν προφ. ϛ   31 ὁδηγήσει] -σῃ ϛLn
A   32 κείροντος] -αντος TiABWHm   33 ταπεινώσει] +αὐτοῦ ϛA
τὴν] +δὲ ϛ[A]

ζωὴ αὐτοῦ. ἀποκριθεὶς δὲ ὁ εὐνοῦχος τῷ Φιλίππῳ 34
εἶπεν, Δέομαί σου, περὶ τίνος ὁ προφήτης λέγει τοῦτο;
περὶ ἑαυτοῦ ἢ περὶ ἑτέρου τινός; ἀνοίξας δὲ ὁ Φίλιπ- 35
πος τὸ στόμα αὐτοῦ καὶ ἀρξάμενος ἀπὸ τῆς γραφῆς ταύ-
της εὐηγγελίσατο αὐτῷ τὸν Ἰησοῦν· Ὡς δὲ ἐπορεύοντο 36
κατὰ τὴν ὁδόν, ἦλθον ἐπί τι ὕδωρ· καί φησιν ὁ εὐνοῦχος,
Ἰδοὺ ὕδωρ· τί κωλύει με βαπτισθῆναι; καὶ ἐκέλευσεν 38
στῆναι τὸ ἅρμα· καὶ κατέβησαν ἀμφότεροι εἰς τὸ ὕδωρ, ὅ
τε Φίλιππος καὶ ὁ εὐνοῦχος· καὶ ἐβάπτισεν αὐτόν. ὅτε 39
δὲ ἀνέβησαν ἐκ τοῦ ὕδατος, Πνεῦμα Κυρίου ἥρπασεν τὸν
Φίλιππον· καὶ οὐκ εἶδεν αὐτὸν οὐκέτι ὁ εὐνοῦχος, ἐπορεύετο
γὰρ τὴν ὁδὸν αὐτοῦ χαίρων. Φίλιππος δὲ εὑρέθη εἰς 40
Ἄζωτον· καὶ διερχόμενος εὐηγγελίζετο τὰς πόλεις πάσας,
ἕως τοῦ ἐλθεῖν αὐτὸν εἰς Καισάρειαν.

Ὁ δὲ Σαῦλος, ἔτι ἐμπνέων ἀπειλῆς καὶ φόνου εἰς τοὺς 9
μαθητὰς τοῦ Κυρίου, προσελθὼν τῷ ἀρχιερεῖ ᾐτήσατο 2
παρ᾽ αὐτοῦ ἐπιστολὰς εἰς Δαμασκὸν πρὸς τὰς συναγωγάς,
ὅπως ἐάν τινας εὕρῃ τῆς Ὁδοῦ ὄντας, ἄνδρας τε καὶ γυναῖ-
κας, δεδεμένους ἀγάγῃ εἰς Ἱερουσαλήμ. Ἐν δὲ τῷ 3
πορεύεσθαι ἐγένετο αὐτὸν ἐγγίζειν τῇ Δαμασκῷ· ἐξαίφνης
τε αὐτὸν περιήστραψεν φῶς ἐκ τοῦ οὐρανοῦ. καὶ πεσὼν 4
ἐπὶ τὴν γῆν ἤκουσεν φωνὴν λέγουσαν αὐτῷ, Σαούλ, Σαούλ,
τί με διώκεις; εἶπεν δέ, Τίς εἶ, Κύριε; ὁ δέ, Ἐγώ 5
εἰμι Ἰησοῦς ὃν σὺ διώκεις· ἀλλὰ ἀνάστηθι καὶ εἴσελ- 6
θε εἰς τὴν πόλιν, καὶ λαληθήσεταί σοι ὅ τι σε δεῖ ποιεῖν.

34 +εἶπεν δὲ αὐτῷ (—αὐτῷ ϛ B) ὁ Φίλιππος (ὁ Φ. [WH]), Εἰ πιστεύεις ἐξ ὅλης τῆς καρδίας (+σου WH), ἔξεστιν (ἔξεστιν [WH]). ἀποκριθεὶς δὲ εἶπεν, Πιστεύω τὸν Υἱὸν τοῦ Θεοῦ εἶναι τὸν Ἰησοῦν Χριστόν (Χρ. [WH]). ϛ[B] WHmRm : CϛmScr 38 ἐκέλευσεν] -σε WHa 40 αὐτὸν] Ti°σφ 1 ἐμπνέων] ἐνπν. TiBWH(n.a.) 2 ἐάν] ἄν TiB ὄντας] ante τῆς ὁδοῦ TrmTiB 3 ἐξαίφνης τε] καὶ ἐξ. ϛ: ἐξέφνης τε WH(n.a.) περιήστρ.] περιέστρ. ElzLn : ante αὐτὸν ϛ ἐκ] ἀπὸ ϛA(n.m.) 5 τίς εἶ]+σύ [A] ὁ δὲ]+Κύριος εἶπεν ϛ : Scr Ἰησοῦς]+ὁ Ναζωραῖος [Ln] διώκεις·]+σκληρόν σοι πρὸς κέντρα λακτίζειν. τρέμων τε καὶ θαμβῶν εἶπε, Κύριε, τί με θέλεις ποιῆσαι; καὶ ὁ Κύριος πρὸς αὐτόν, ϛ Bm? : CScr 6 ἀλλὰ] ϛ° : C ὅ τι] τί ϛ

ΠΡΑΞΕΙΣ

7 οἱ δὲ ἄνδρες οἱ συνοδεύοντες αὐτῷ εἱστήκεισαν ἐνεοί, ἀκού-
8 οντες μὲν τῆς φωνῆς, μηδένα δὲ θεωροῦντες. ἠγέρθη
δὲ Σαῦλος ἀπὸ τῆς γῆς· ἀνεῳγμένων δὲ τῶν ὀφθαλμῶν
αὐτοῦ οὐδὲν ἔβλεπεν, χειραγωγοῦντες δὲ αὐτὸν εἰσήγαγον
9 εἰς Δαμασκόν. καὶ ἦν ἡμέρας τρεῖς μὴ βλέπων, καὶ
οὐκ ἔφαγεν οὐδὲ ἔπιεν.
10 Ἦν δέ τις μαθητὴς ἐν Δαμασκῷ ὀνόματι Ἀνανίας·
καὶ εἶπεν πρὸς αὐτὸν ἐν ὁράματι ὁ Κύριος, Ἀνανία. ὁ δὲ
11 εἶπεν, Ἰδοὺ ἐγώ, Κύριε. ὁ δὲ Κύριος πρὸς αὐτόν,
Ἀναστὰς πορεύθητι ἐπὶ τὴν ῥύμην τὴν καλουμένην Εὐ-
θεῖαν, καὶ ζήτησον ἐν οἰκίᾳ Ἰούδα Σαῦλον ὀνόματι Ταρ-
12 σέα· ἰδοὺ γὰρ προσεύχεται, καὶ εἶδεν ἄνδρα Ἀνανίαν
ὀνόματι εἰσελθόντα καὶ ἐπιθέντα αὐτῷ χεῖρας ὅπως ἀνα-
13 βλέψῃ. ἀπεκρίθη δὲ Ἀνανίας, Κύριε, ἤκουσα ἀπὸ πολ-
λῶν περὶ τοῦ ἀνδρὸς τούτου, ὅσα κακὰ τοῖς ἁγίοις σου
14 ἐποίησεν ἐν Ἱερουσαλήμ· καὶ ὧδε ἔχει ἐξουσίαν παρὰ
τῶν ἀρχιερέων δῆσαι πάντας τοὺς ἐπικαλουμένους τὸ ὄνο-
15 μά σου. εἶπεν δὲ πρὸς αὐτὸν ὁ Κύριος, Πορεύου, ὅτι
σκεῦος ἐκλογῆς ἐστίν μοι οὗτος τοῦ βαστάσαι τὸ ὄνομά
μου ἐνώπιον ἐθνῶν τε καὶ βασιλέων υἱῶν τε Ἰσραήλ·
16 ἐγὼ γὰρ ὑποδείξω αὐτῷ ὅσα δεῖ αὐτὸν ὑπὲρ τοῦ ὀνόματός
17 μου παθεῖν. Ἀπῆλθεν δὲ Ἀνανίας καὶ εἰσῆλθεν εἰς τὴν
οἰκίαν· καὶ ἐπιθεὶς ἐπ' αὐτὸν τὰς χεῖρας εἶπεν, Σαοὺλ
ἀδελφέ, ὁ Κύριος ἀπέσταλκέν με, Ἰησοῦς ὁ ὀφθείς σοι ἐν
τῇ ὁδῷ ᾗ ἤρχου, ὅπως ἀναβλέψῃς καὶ πλησθῇς Πνεύ-
18 ματος Ἁγίου. καὶ εὐθέως ἀπέπεσαν αὐτοῦ ἀπὸ τῶν

---

7 εἱστήκεισαν] ἱστήκ. WH   ἐνεοί] ἐνν. ϛ   8 Σαῦλος] pr ὁ ϛ
ἀνεῳγμένων] ἠνεῳγμ. LnAWHa : ἠνοιγμ. TiBWHa   οὐδὲν] οὐδένα ϛ A
10 ὁ Κύριος] ante ἐν ὁράμ. ϛ   11 ἀναστὰς] ἀνάστα Ln WH(n.m.)
12 ἄνδρα] pr ἐν ὁράματι ϛ : +ἐν ὁράματι [Tr] (at Tr°m)Bm[WH]   ὀνό-
ματι] ante Ἀν. ϛ   χεῖρας] χεῖρα ϛ A : pr τὰς Ln[WH]R   13 Ἀνα-
νίας] pr ὁ ϛ : CEr   ἤκουσα] ἀκήκοα ϛ   ἐποίησεν] ante τοῖς ἁγ. σου
ϛ   15 μοι] ante ἐστὶν ϛ   ἐθνῶν τε] pr τῶν Ln[WH]R : —τε ϛ
18 ἀπέπεσαν] -σον ϛ   αὐτοῦ] post ἀπὸ τῶν ὀφθ. ϛ

ὀφθαλμῶν ὡς λεπίδες, ἀνέβλεψέν τε. καὶ ἀναστὰς ἐβαπτίσθη, καὶ λαβὼν τροφὴν ἐνίσχυσεν. 19
Ἐγένετο δὲ μετὰ τῶν ἐν Δαμασκῷ μαθητῶν ἡμέρας τινάς. καὶ εὐθέως ἐν ταῖς συναγωγαῖς ἐκήρυσσεν τὸν 20 Ἰησοῦν, ὅτι οὗτός ἐστιν ὁ Υἱὸς τοῦ Θεοῦ. ἐξίσταντο 21 δὲ πάντες οἱ ἀκούοντες καὶ ἔλεγον, Οὐχ οὗτός ἐστιν ὁ πορθήσας ἐν Ἰερουσαλὴμ τοὺς ἐπικαλουμένους τὸ ὄνομα τοῦτο; καὶ ὧδε εἰς τοῦτο ἐληλύθει ἵνα δεδεμένους αὐτοὺς ἀγάγῃ ἐπὶ τοὺς ἀρχιερεῖς. Σαῦλος δὲ μᾶλλον ἐνεδυνα- 22 μοῦτο, καὶ συνέχυννεν Ἰουδαίους τοὺς κατοικοῦντας ἐν Δαμασκῷ, συμβιβάζων ὅτι οὗτός ἐστιν ὁ Χριστός.
Ὡς δὲ ἐπληροῦντο ἡμέραι ἱκαναί, συνεβουλεύσαντο οἱ 23 Ἰουδαῖοι ἀνελεῖν αὐτόν· ἐγνώσθη δὲ τῷ Σαύλῳ ἡ ἐπι- 24 βουλὴ αὐτῶν. παρετηροῦντο δὲ καὶ τὰς πύλας ἡμέρας τε καὶ νυκτὸς ὅπως αὐτὸν ἀνέλωσιν· λαβόντες δὲ οἱ μα- 25 θηταὶ αὐτοῦ νυκτὸς διὰ τοῦ τείχους καθῆκαν αὐτόν, χαλάσαντες ἐν σπυρίδι. Παραγενόμενος δὲ εἰς Ἰερουσαλὴμ 26 ἐπείραζεν κολλᾶσθαι τοῖς μαθηταῖς· καὶ πάντες ἐφοβοῦντο αὐτόν, μὴ πιστεύοντες ὅτι ἐστὶν μαθητής. Βαρνάβας 27 δὲ ἐπιλαβόμενος αὐτὸν ἤγαγεν πρὸς τοὺς ἀποστόλους, καὶ διηγήσατο αὐτοῖς πῶς ἐν τῇ ὁδῷ εἶδεν τὸν Κύριον, καὶ ὅτι ἐλάλησεν αὐτῷ, καὶ πῶς ἐν Δαμασκῷ ἐπαρρησιάσατο ἐν τῷ ὀνόματι Ἰησοῦ. καὶ ἦν μετ' αὐτῶν εἰσπορευόμενος 28 καὶ ἐκπορευόμενος εἰς Ἰερουσαλήμ, παρρησιαζόμενος ἐν τῷ ὀνόματι τοῦ Κυρίου· ἐλάλει τε καὶ συνεζήτει πρὸς 29 τοὺς Ἑλληνιστάς· οἱ δὲ ἐπεχείρουν ἀνελεῖν αὐτόν.

ὡς] ὡσεὶ ϛA   ἀνέβλ. τε] + παραχρῆμα ϛ: Erϛm   19 ἐνίσχυσεν] ἐνισχύθη TrmWH   ἐγένετο δὲ]+ὁ Σαῦλος ϛ   20 Ἰησοῦν] Χριστόν ϛ   21 ἐν] εἰς TiB   τοῦτο; καὶ...ἀρχιερεῖς.] τοῦτο, καὶ...ἀρχιερεῖς ; ϛTi BWH   22 συνέχυννεν]-χυνεν ϛLnTr(Ln-ve)   Ἰουδαίους] pr τοὺς ϛLnTrA   συμβιβάζων] συνβιβ. WH   24 παρετηροῦντο δὲ καὶ] παρετήρουν τε ϛ   25 οἱ μαθ. αὐτοῦ] αὐτὸν οἱ μαθ. ϛ   καθῆκαν] ante διὰ τοῦ τείχ. ϛ   αὐτόν] ϛ°   σπυρίδι] σφυρ. WH(α.a.)   26 παραγεν. δὲ]+ὁ Σαῦλος ϛ   εἰς] ἐν Ln   ἐπείραζεν] -ζε WHa: ἐπειρᾶτο ϛA   27 Ἰησοῦ] pr τοῦ ϛ   28 εἰς] ἐν ϛ: CErϛm   παρρησ.] pr καὶ ϛ   Κυρίου]+Ἰησοῦ ϛ   29 ἀνελεῖν] post αὐ. ϛ

ΠΡΑΞΕΙΣ

30 ἐπιγνόντες δὲ οἱ ἀδελφοὶ κατήγαγον αὐτὸν εἰς Καισάρειαν καὶ ἐξαπέστειλαν αὐτὸν εἰς Ταρσόν.

31 Ἡ μὲν οὖν ἐκκλησία καθ' ὅλης τῆς Ἰουδαίας καὶ Γαλιλαίας καὶ Σαμαρείας εἶχεν εἰρήνην οἰκοδομουμένη, καὶ πορευομένη τῷ φόβῳ τοῦ Κυρίου καὶ τῇ παρακλήσει τοῦ Ἁγίου Πνεύματος ἐπληθύνετο.

32 Ἐγένετο δὲ Πέτρον διερχόμενον διὰ πάντων κατελθεῖν
33 καὶ πρὸς τοὺς ἁγίους τοὺς κατοικοῦντας Λύδδα. εὗρεν δὲ ἐκεῖ ἄνθρωπόν τινα ὀνόματι Αἰνέαν, ἐξ ἐτῶν ὀκτὼ κατα-
34 κείμενον ἐπὶ κραβάττου, ὃς ἦν παραλελυμένος. καὶ εἶπεν αὐτῷ ὁ Πέτρος, Αἰνέα, ἰᾶταί σε Ἰησοῦς Χριστός· ἀνάστηθι καὶ στρῶσον σεαυτῷ. καὶ εὐθέως ἀνέστη.
35 καὶ εἶδαν αὐτὸν πάντες οἱ κατοικοῦντες Λύδδα καὶ τὸν Σαρῶνα, οἵτινες ἐπέστρεψαν ἐπὶ τὸν Κύριον.
36 Ἐν Ἰόππῃ δέ τις ἦν μαθήτρια ὀνόματι Ταβιθά, ἣ διερμηνευομένη λέγεται Δορκάς· αὕτη ἦν πλήρης ἔργων ἀγα-
37 θῶν καὶ ἐλεημοσυνῶν ὧν ἐποίει· ἐγένετο δὲ ἐν ταῖς ἡμέραις ἐκείναις ἀσθενήσασαν αὐτὴν ἀποθανεῖν· λούσαντες
38 δὲ ἔθηκαν αὐτὴν ἐν ὑπερῴῳ. ἐγγὺς δὲ οὔσης Λύδδας τῇ Ἰόππῃ οἱ μαθηταὶ ἀκούσαντες ὅτι Πέτρος ἐστὶν ἐν αὐτῇ ἀπέστειλαν δύο ἄνδρας πρὸς αὐτὸν παρακαλοῦντες,
39 Μὴ ὀκνήσῃς διελθεῖν ἕως ἡμῶν. ἀναστὰς δὲ Πέτρος συνῆλθεν αὐτοῖς· ὃν παραγενόμενον ἀνήγαγον εἰς τὸ ὑπερῷον· καὶ παρέστησαν αὐτῷ πᾶσαι αἱ χῆραι κλαίουσαι καὶ ἐπιδεικνύμεναι χιτῶνας καὶ ἱμάτια, ὅσα ἐποίει μετ'
40 αὐτῶν οὖσα ἡ Δορκάς. ἐκβαλὼν δὲ ἔξω πάντας ὁ Πέ-

---

30 αὐτὸν sec.] Lnº 31 ἡ μὲν κτλ.] αἱ ..ἐκκλησίαι ..εἶχον...οἰκοδομούμεναι ..πορευόμεναι ... ἐπληθύνοντο ς (n.m.) 32 Λύδδα] -δαν ς
33 ὀνόματι] post Αἰν. ς κραβάττου] -ττῳ ς 34 Χριστός] pr ὁ ς
A : ErScr 35 εἶδαν] -ον ς Λύδδα] -δαν ς Σαρῶνα] Σαρωνᾶν
ς : Σάρωνα ElzTiAB : Σαρωνᾶν Tr : Ἀσσάρωνα Ersm 36 Ταβιθά]
-ειθά WH(n.a.) ἀγαθῶν] ante ἔργ. ςTiAB 37 αὐτὴν sec.] ante
ἔθηκαν ςLnA : WHº(n.m.)[B] ὑπερῴῳ] pr τῷ Ln 38 Λύδδας] -δης
ςLn ὀκνήσῃς...ἡμῶν] ὀκνῆσαι...αὐτῶν ς

τρος καὶ θεὶς τὰ γόνατα προσηύξατο· καὶ ἐπιστρέψας πρὸς τὸ σῶμα εἶπεν, Ταβιθά, ἀνάστηθι. ἡ δὲ ἤνοιξεν τοὺς ὀφθαλμοὺς αὐτῆς· καὶ ἰδοῦσα τὸν Πέτρον ἀνεκάθισεν. δοὺς δὲ αὐτῇ χεῖρα ἀνέστησεν αὐτήν· φωνήσας δὲ τοὺς 41 ἁγίους καὶ τὰς χήρας παρέστησεν αὐτὴν ζῶσαν. γνω- 42 στὸν δὲ ἐγένετο καθ' ὅλης τῆς Ἰόππης, καὶ ἐπίστευσαν πολλοὶ ἐπὶ τὸν Κύριον. ἐγένετο δὲ ἡμέρας ἱκανὰς 43 μεῖναι ἐν Ἰόππῃ παρά τινι Σίμωνι βυρσεῖ.

Ἀνὴρ δέ τις ἐν Καισαρείᾳ ὀνόματι Κορνήλιος, ἑκατον- 10 τάρχης ἐκ σπείρης τῆς καλουμένης Ἰταλικῆς, εὐσεβὴς 2 καὶ φοβούμενος τὸν Θεὸν σὺν παντὶ τῷ οἴκῳ αὐτοῦ, ποιῶν ἐλεημοσύνας πολλὰς τῷ λαῷ καὶ δεόμενος τοῦ Θεοῦ διὰ παντός, εἶδεν ἐν ὁράματι φανερῶς, ὡσεὶ περὶ ὥραν 3 ἐνάτην τῆς ἡμέρας, ἄγγελον τοῦ Θεοῦ εἰσελθόντα πρὸς αὐτὸν καὶ εἰπόντα αὐτῷ, Κορνήλιε. ὁ δὲ ἀτενίσας αὐτῷ 4 καὶ ἔμφοβος γενόμενος εἶπεν, Τί ἐστιν, Κύριε; εἶπεν δὲ αὐτῷ, Αἱ προσευχαί σου καὶ αἱ ἐλεημοσύναι σου ἀνέβησαν εἰς μνημόσυνον ἔμπροσθεν τοῦ Θεοῦ. καὶ νῦν πέμψον 5 ἄνδρας εἰς Ἰόππην καὶ μετάπεμψαι Σίμωνά τινα ὃς ἐπικαλεῖται Πέτρος· οὗτος ξενίζεται παρά τινι Σίμωνι 6 βυρσεῖ, ᾧ ἐστιν οἰκία παρὰ θάλασσαν. ὡς δὲ ἀπῆλθεν 7 ὁ ἄγγελος ὁ λαλῶν αὐτῷ, φωνήσας δύο τῶν οἰκετῶν καὶ στρατιώτην εὐσεβῆ τῶν προσκαρτερούντων αὐτῷ, καὶ 8 ἐξηγησάμενος ἅπαντα αὐτοῖς ἀπέστειλεν αὐτοὺς εἰς τὴν Ἰόππην.

Τῇ δὲ ἐπαύριον ὁδοιπορούντων ἐκείνων καὶ τῇ πόλει 9 ἐγγιζόντων, ἀνέβη Πέτρος ἐπὶ τὸ δῶμα προσεύξασθαι περὶ

10 ὥραν ἕκτην· ἐγένετο δὲ πρόσπεινος καὶ ἤθελεν γεύσασθαι· παρασκευαζόντων δὲ αὐτῶν ἐγένετο ἐπ᾽ αὐτὸν ἔκστα-
11 σις, καὶ θεωρεῖ τὸν οὐρανὸν ἀνεῳγμένον, καὶ καταβαῖνον σκεῦός τι ὡς ὀθόνην μεγάλην, τέσσαρσιν ἀρχαῖς καθιέμε-
12 νον ἐπὶ τῆς γῆς· ἐν ᾧ ὑπῆρχεν πάντα τὰ τετράποδα
13 καὶ ἑρπετὰ τῆς γῆς καὶ πετεινὰ τοῦ οὐρανοῦ. καὶ ἐγένετο φωνὴ πρὸς αὐτόν, Ἀναστάς, Πέτρε, θῦσον καὶ φάγε.
14 ὁ δὲ Πέτρος εἶπεν, Μηδαμῶς, Κύριε· ὅτι οὐδέποτε ἔφαγον
15 πᾶν κοινὸν καὶ ἀκάθαρτον. καὶ φωνὴ πάλιν ἐκ δευτέρου πρὸς αὐτόν, ᾺΑ ὁ Θεὸς ἐκαθάρισεν σὺ μὴ κοίνου.
16 τοῦτο δὲ ἐγένετο ἐπὶ τρίς· καὶ εὐθὺς ἀνελήμφθη τὸ σκεῦος
17 εἰς τὸν οὐρανόν. Ὡς δὲ ἐν ἑαυτῷ διηπόρει ὁ Πέτρος τί ἂν εἴη τὸ ὅραμα ὃ εἶδεν, ἰδοὺ οἱ ἄνδρες οἱ ἀπεσταλμένοι ὑπὸ τοῦ Κορνηλίου, διερωτήσαντες τὴν οἰκίαν τοῦ Σίμωνος,
18 ἐπέστησαν ἐπὶ τὸν πυλῶνα, καὶ φωνήσαντες ἐπυνθάνοντο εἰ Σίμων ὁ ἐπικαλούμενος Πέτρος ἐνθάδε ξενίζεται.
19 τοῦ δὲ Πέτρου διενθυμουμένου περὶ τοῦ ὁράματος εἶπεν τὸ Πνεῦμα αὐτῷ, Ἰδού, ἄνδρες [τρεῖς] ζητοῦντές σε.
20 ἀλλὰ ἀναστὰς κατάβηθι, καὶ πορεύου σὺν αὐτοῖς μηδὲν
21 διακρινόμενος· ὅτι ἐγὼ ἀπέσταλκα αὐτούς. καταβὰς δὲ Πέτρος πρὸς τοὺς ἄνδρας εἶπεν, Ἰδοὺ ἐγώ εἰμι ὃν
22 ζητεῖτε· τίς ἡ αἰτία δι᾽ ἣν πάρεστε; οἱ δὲ εἶπαν, Κορνήλιος ἑκατοντάρχης, ἀνὴρ δίκαιος καὶ φοβούμενος τὸν Θεόν, μαρτυρούμενός τε ὑπὸ ὅλου τοῦ ἔθνους τῶν Ἰουδαίων, ἐχρηματίσθη ὑπὸ ἀγγέλου ἁγίου μεταπέμψα-

10 ἤθελεν]-λε WH♠ αὐτῶν] ἐκείνων ϛ ἐγένετο sec.] ἐπέπεσεν ϛ
11 καταβαῖνον] + ἐπ᾽ αὐτὸν ϛ καθιέμενον] pr δεδεμένον καὶ ϛ[A]
12 τετράποδα...ἑρπ. τῆς γῆς] τετρ. τῆς γῆς...ἑρπ. ϛ(n.m.) καὶ pri.] καὶ τὰ θηρία καὶ τὰ ϛ πετεινὰ] pr τὰ ϛ 14 καὶ] ἢ ϛ(n.m.)
15 ἐκαθάρ.] ἐκαθέρ. TrWH♠ εὐθὺς] πάλιν ϛ 17 ἑαυτῷ] αὐ. WH♠ ἰδοὺ] pr καὶ ϛ[Tr]m[A] ὑπὸ] ἀπὸ ϛ LnTr(n.m.)A(n.m.) τοῦ Σίμ.]
—τοῦ ϛ 18 ἐπυνθάνοντο] ἐπύθοντο WH(n.m.) 19 διενθυμ.] ἐνθυμ. ϛ : C αὐτῷ] ante τὸ Πν. ϛ : WHº(n.m.) τρεῖς] ins ϛ LnTr at [Tr]mBm[WH]mR : Erºϛºm Tiº Aº Bº : δύο BmWH : Scr ζητοῦντές] -οῦσίν ϛ LnTr(n.m.)R 20 ὅτι] διότι ϛ 21 ἄνδρας]+τοὺς ἀπεσταλμένους ἀπὸ τοῦ Κορνηλίου πρὸς αὐτὸν ϛ : Erϛm 22 εἶπαν]-ον ϛ

σθαί σε εἰς τὸν οἶκον αὐτοῦ καὶ ἀκοῦσαι ῥήματα παρὰ σοῦ. εἰσκαλεσάμενος οὖν αὐτοὺς ἐξένισεν. 23 Τῇ δὲ ἐπαύριον ἀναστὰς ἐξῆλθεν σὺν αὐτοῖς, καί τινες τῶν ἀδελφῶν τῶν ἀπὸ Ἰόππης συνῆλθον αὐτῷ. τῇ δὲ 24 ἐπαύριον εἰσῆλθεν εἰς τὴν Καισάρειαν. ὁ δὲ Κορνήλιος ἦν προσδοκῶν αὐτούς, συνκαλεσάμενος τοὺς συγγενεῖς αὐτοῦ καὶ τοὺς ἀναγκαίους φίλους. ὡς δὲ ἐγένετο τοῦ 25 εἰσελθεῖν τὸν Πέτρον, συναντήσας αὐτῷ ὁ Κορνήλιος πεσὼν ἐπὶ τοὺς πόδας προσεκύνησεν. ὁ δὲ Πέτρος 26 ἤγειρεν αὐτὸν λέγων, Ἀνάστηθι· καὶ ἐγὼ αὐτὸς ἄνθρωπός εἰμι. καὶ συνομιλῶν αὐτῷ εἰσῆλθεν, καὶ εὑρίσκει συν- 27 εληλυθότας πολλούς, ἔφη τε πρὸς αὐτούς, Ὑμεῖς ἐπί- 28 στασθε ὡς ἀθέμιτόν ἐστιν ἀνδρὶ Ἰουδαίῳ κολλᾶσθαι ἢ προσέρχεσθαι ἀλλοφύλῳ· κἀμοὶ ὁ Θεὸς ἔδειξεν μηδένα κοινὸν ἢ ἀκάθαρτον λέγειν ἄνθρωπον· διὸ καὶ ἀναντιρ- 29 ρήτως ἦλθον μεταπεμφθείς. πυνθάνομαι οὖν τίνι λόγῳ μετεπέμψασθέ με. καὶ ὁ Κορνήλιος ἔφη, Ἀπὸ τετάρ- 30 της ἡμέρας μέχρι ταύτης τῆς ὥρας ἤμην τὴν ἐνάτην προσευχόμενος ἐν τῷ οἴκῳ μου· καὶ ἰδοὺ ἀνὴρ ἔστη ἐνώπιον μου ἐν ἐσθῆτι λαμπρᾷ, καί φησιν, Κορνήλιε, εἰσηκού- 31 σθη σου ἡ προσευχὴ καὶ αἱ ἐλεημοσύναι σου ἐμνήσθησαν ἐνώπιον τοῦ Θεοῦ. πέμψον οὖν εἰς Ἰόππην καὶ μετακά- 32 λεσαι Σίμωνα ὃς ἐπικαλεῖται Πέτρος· οὗτος ξενίζεται ἐν οἰκίᾳ Σίμωνος βυρσέως παρὰ θάλασσαν. ἐξαυτῆς οὖν 33 ἔπεμψα πρός σε, σύ τε καλῶς ἐποίησας παραγενόμενος. νῦν οὖν πάντες ἡμεῖς ἐνώπιον τοῦ Θεοῦ πάρεσμεν ἀκοῦσαι πάντα τὰ προστεταγμένα σοι ὑπὸ τοῦ Κυρίου.

23 ἀναστὰς] ς° ἐξῆλθεν] pr ὁ Πέτρος ς   Ἰόππης] pr τῆς ς : CEr συνῆλθον] -αν WH(n.a.) 24 τῇ δὲ] καὶ τῇ ς εἰσῆλθεν] -θον ς A R(n.m.): -θαν Tr﹎TiB συνκαλ.] συγκαλ. ςL﹎TrA 25 τοῦ] ς°: Er 26 αὐτὸν] ante ἤγειρεν ς : C   καὶ ἐγὼ] κἀγὼ ςL﹎ 28 κἀμοὶ] καὶ ἐμοὶ ς ἔδειξεν] ante ὁ Θ. Tr﹎TiB 29 ἀναντιρρήτως] -τιρήτως WH(n.a.) 30 ἤμην] + νηστεύων καὶ ς[A]B(n.m.) ἐνάτην]+ὥραν ς 31 φησιν] -σι WH 32 θάλασσαν]+ · ὃς παραγενόμενος λαλήσει σοι ς[Tr]m[A]Bm 33 ἐνώπ. τοῦ Θεοῦ] ἐνώπ. σου Tr﹎ ὑπὸ] ἀπὸ L﹎A   Κυρίου] Θεοῦ ςA(n.m.)

ΠΡΑΞΕΙΣ

10. 34—45.

34 Ἀνοίξας δὲ Πέτρος τὸ στόμα εἶπεν, Ἐπ᾽ ἀληθείας καταλαμβάνομαι ὅτι οὐκ ἔστιν προσωπολήμπτης ὁ Θεός·
35 ἀλλ᾽ ἐν παντὶ ἔθνει ὁ φοβούμενος αὐτὸν καὶ ἐργαζόμενος
36 δικαιοσύνην δεκτὸς αὐτῷ ἐστίν. τὸν λόγον [ὃν] ἀπέστειλεν τοῖς υἱοῖς Ἰσραὴλ εὐαγγελιζόμενος εἰρήνην διὰ
37 Ἰησοῦ Χριστοῦ· οὗτός ἐστιν πάντων Κύριος· ὑμεῖς οἴδατε τὸ γενόμενον ῥῆμα καθ᾽ ὅλης τῆς Ἰουδαίας, ἀρξάμενος ἀπὸ τῆς Γαλιλαίας μετὰ τὸ βάπτισμα ὃ ἐκήρυξεν
38 Ἰωάννης, Ἰησοῦν τὸν ἀπὸ Ναζαρέθ, ὡς ἔχρισεν αὐτὸν ὁ Θεὸς Πνεύματι Ἁγίῳ καὶ δυνάμει· ὃς διῆλθεν εὐεργετῶν καὶ ἰώμενος πάντας τοὺς καταδυναστευομένους ὑπὸ τοῦ
39 διαβόλου, ὅτι ὁ Θεὸς ἦν μετ᾽ αὐτοῦ. καὶ ἡμεῖς μάρτυρες πάντων ὧν ἐποίησεν ἔν τε τῇ χώρᾳ τῶν Ἰουδαίων καὶ [ἐν] Ἰερουσαλήμ· ὃν καὶ ἀνεῖλαν κρεμάσαντες ἐπὶ ξύ-
40 λου. τοῦτον ὁ Θεὸς ἤγειρεν τῇ τρίτῃ ἡμέρᾳ, καὶ ἔδω-
41 κεν αὐτὸν ἐμφανῆ γενέσθαι, οὐ παντὶ τῷ λαῷ, ἀλλὰ μάρτυσιν τοῖς προκεχειροτονημένοις ὑπὸ τοῦ Θεοῦ ἡμῖν, οἵτινες συνεφάγομεν καὶ συνεπίομεν αὐτῷ μετὰ τὸ ἀνα-
42 στῆναι αὐτὸν ἐκ νεκρῶν. καὶ παρήγγειλεν ἡμῖν κηρῦξαι τῷ λαῷ καὶ διαμαρτύρασθαι ὅτι οὗτός ἐστιν ὁ ὡρι-
43 σμένος ὑπὸ τοῦ Θεοῦ κριτὴς ζώντων καὶ νεκρῶν. τούτῳ πάντες οἱ προφῆται μαρτυροῦσιν, ἄφεσιν ἁμαρτιῶν λαβεῖν διὰ τοῦ ὀνόματος αὐτοῦ πάντα τὸν πιστεύοντα εἰς αὐτόν.
44 Ἔτι λαλοῦντος τοῦ Πέτρου τὰ ῥήματα ταῦτα ἐπέπεσεν τὸ Πνεῦμα τὸ Ἅγιον ἐπὶ πάντας τοὺς ἀκούοντας
45 τὸν λόγον. καὶ ἐξέστησαν οἱ ἐκ περιτομῆς πιστοί, ὅσοι συνῆλθαν τῷ Πέτρῳ, ὅτι καὶ ἐπὶ τὰ ἔθνη ἡ δωρεὰ

36 ὃν] ins ϛ[Tr]ATiBWHmR : Ln°B°mWH°R°m   37 ἀρξάμενος] -νον
ϛLn(n.m.)B(a.m.) : +γὰρ [Ln]   38 Ναζαρέθ] -ζαρέτ ϛ : ErJElz
39 ἡμεῖς] + ἐσμὲν ϛ   ἐν sec.] ins ϛ[Ln][Tr]mTiA[B]R : Tr°WH°
καὶ tert.] ϛ°(n.m.)   ἀνεῖλαν] -ον ϛ   40 τῇ] pr ἐν Ti[B]
41 μάρτυσιν]-σι ϛLnWH   42 οὗτος] αὐτός ϛLnmTmTiAB(n.m.)
44 ἐπέπεσεν]-σε WH : ἔπεσε Ln   45 ὅσοι] οἱ LnWH(n.m.)
συνῆλθαν] -ον ϛLnA

ΑΠΟΣΤΟΛΩΝ

τοῦ Ἁγίου Πνεύματος ἐκκέχυται. ἤκουον γὰρ αὐτῶν 46
λαλούντων γλώσσαις καὶ μεγαλυνόντων τὸν Θεόν. τότε
ἀπεκρίθη Πέτρος, Μήτι τὸ ὕδωρ δύναται κωλῦσαί τις 47
τοῦ μὴ βαπτισθῆναι τούτους, οἵτινες τὸ Πνεῦμα τὸ Ἅγιον
ἔλαβον ὡς καὶ ἡμεῖς; προσέταξεν δὲ αὐτοὺς ἐν τῷ 48
ὀνόματι Ἰησοῦ Χριστοῦ βαπτισθῆναι. τότε ἠρώτησαν
αὐτὸν ἐπιμεῖναι ἡμέρας τινάς.

Ἤκουσαν δὲ οἱ ἀπόστολοι καὶ οἱ ἀδελφοὶ οἱ ὄντες κατὰ 11
τὴν Ἰουδαίαν ὅτι καὶ τὰ ἔθνη ἐδέξαντο τὸν λόγον τοῦ
Θεοῦ. ὅτε δὲ ἀνέβη Πέτρος εἰς Ἱερουσαλήμ, διεκρί- 2
νοντο πρὸς αὐτὸν οἱ ἐκ περιτομῆς λέγοντες ὅτι Εἰσ- 3
ῆλθες πρὸς ἄνδρας ἀκροβυστίαν ἔχοντας καὶ συνέφαγες
αὐτοῖς. Ἀρξάμενος δὲ Πέτρος ἐξετίθετο αὐτοῖς καθ- 4
εξῆς λέγων, Ἐγὼ ἤμην ἐν πόλει Ἰόππῃ προσευχόμενος· 5
καὶ εἶδον ἐν ἐκστάσει ὅραμα, καταβαῖνον σκεῦός τι, ὡς
ὀθόνην μεγάλην τέσσαρσιν ἀρχαῖς καθιεμένην ἐκ τοῦ οὐ-
ρανοῦ, καὶ ἦλθεν ἄχρι ἐμοῦ· εἰς ἣν ἀτενίσας κατενόουν, 6
καὶ εἶδον τὰ τετράποδα τῆς γῆς καὶ τὰ θηρία καὶ τὰ
ἑρπετὰ καὶ τὰ πετεινὰ τοῦ οὐρανοῦ. ἤκουσα δὲ καὶ 7
φωνῆς λεγούσης μοι, Ἀναστάς, Πέτρε, θῦσον καὶ φάγε.
εἶπον δέ, Μηδαμῶς, Κύριε· ὅτι κοινὸν ἢ ἀκάθαρτον οὐδέ- 8
ποτε εἰσῆλθεν εἰς τὸ στόμα μου. ἀπεκρίθη δὲ φωνὴ ἐκ 9
δευτέρου ἐκ τοῦ οὐρανοῦ, Ἃ ὁ Θεὸς ἐκαθάρισεν σὺ μὴ κοί-
νου. τοῦτο δὲ ἐγένετο ἐπὶ τρίς· καὶ ἀνεσπάσθη πάλιν 10
ἅπαντα εἰς τὸν οὐρανόν. καὶ ἰδοὺ ἐξαυτῆς τρεῖς ἄνδρες 11
ἐπέστησαν ἐπὶ τὴν οἰκίαν ἐν ᾗ ἦμεν, ἀπεσταλμένοι ἀπὸ

τοῦ Ἁγ. Πν.] τοῦ πν. τοῦ ἁγ. *Ln*TrmWH   46 Πέτρος] pr ὁ ϛ
47 δύναται] post κωλῦσαι ϛ   ὡς] καθὼς ϛ   48 δὲ] τε ϛ*Ln*A
αὐτοὺς] αὐτοῖς TiB(n.m.)   Ἰησοῦ Χριστοῦ] τοῦ Κυρίου ϛ A   βα-
πτισθῆναι] ante ἐν τῷ ὀν. ϛ   2 ὅτε δὲ] καὶ ὅτε   Ἱερουσαλήμ] Ἱερο-
σόλυμα ϛ   3 εἰσῆλθες et συνέφαγες]-ῆλθεν et-έφαγεν ϛ≈Tr(n.m.)WH(n.m.)
εἰσῆλθες] post ἔχον. ϛ   4 Πέτρος] pr ὁ ϛ   5 ἄχρι] ἄχρις ϛ*Ln*
7 καὶ *pri.*]ϛ°   8 εἶπον]-πα WHa   κοινὸν] pr πᾶν ϛ   9 ἀπεκρ. δέ]
+μοι ϛ   φωνὴ] post ἐκ δευτ. TrmWH(n.m.)   ἐκαθάρ.] ἐκαθέρ. Tr
WHa   10 πάλιν] ante ἀνεσπ. ϛ   11 ἦμεν] ἤμην ϛTrmA(n.m.)BmWHm

337   Z

ΠΡΑΞΕΙΣ 11. 12—23.

12 Καισαρείας πρός με. εἶπεν δὲ τὸ Πνεῦμά μοι συνελθεῖν αὐτοῖς μηδὲν διακρίναντα. ἦλθον δὲ σὺν ἐμοὶ καὶ οἱ ἓξ ἀδελφοὶ οὗτοι, καὶ εἰσήλθομεν εἰς τὸν οἶκον τοῦ ἀνδρός·
13 ἀπήγγειλεν δὲ ἡμῖν πῶς εἶδεν τὸν ἄγγελον ἐν τῷ οἴκῳ αὐτοῦ σταθέντα καὶ εἰπόντα, Ἀπόστειλον εἰς Ἰόππην καὶ
14 μετάπεμψαι Σίμωνα τὸν ἐπικαλούμενον Πέτρον, ὃς λαλήσει ῥήματα πρός σε ἐν οἷς σωθήσῃ σὺ καὶ πᾶς ὁ
15 οἶκός σου. ἐν δὲ τῷ ἄρξασθαί με λαλεῖν ἐπέπεσεν τὸ Πνεῦμα τὸ Ἅγιον ἐπ᾿ αὐτούς, ὥσπερ καὶ ἐφ᾿ ἡμᾶς ἐν ἀρχῇ.
16 ἐμνήσθην δὲ τοῦ ῥήματος τοῦ Κυρίου, ὡς ἔλεγεν, Ἰωάννης μὲν ἐβάπτισεν ὕδατι, ὑμεῖς δὲ βαπτισθήσεσθε ἐν Πνεύ-
17 ματι Ἁγίῳ. εἰ οὖν τὴν ἴσην δωρεὰν ἔδωκεν αὐτοῖς ὁ Θεὸς ὡς καὶ ἡμῖν, πιστεύσασιν ἐπὶ τὸν Κύριον Ἰησοῦν Χριστόν, ἐγὼ τίς ἤμην δυνατὸς κωλῦσαι τὸν Θεόν;
18 Ἀκούσαντες δὲ ταῦτα ἡσύχασαν, καὶ ἐδόξασαν τὸν Θεὸν λέγοντες, Ἄρα καὶ τοῖς ἔθνεσιν ὁ Θεὸς τὴν μετάνοιαν εἰς ζωὴν ἔδωκεν.
19 Οἱ μὲν οὖν διασπαρέντες ἀπὸ τῆς θλίψεως τῆς γενομένης ἐπὶ Στεφάνῳ διῆλθον ἕως Φοινίκης καὶ Κύπρου καὶ Ἀντιοχείας, μηδενὶ λαλοῦντες τὸν λόγον εἰ μὴ μόνον Ἰουδαίοις.
20 ἦσαν δέ τινες ἐξ αὐτῶν ἄνδρες Κύπριοι καὶ Κυρηναῖοι, οἵτινες ἐλθόντες εἰς Ἀντιόχειαν ἐλάλουν καὶ πρὸς τοὺς
21 Ἕλληνας εὐαγγελιζόμενοι τὸν Κύριον Ἰησοῦν. καὶ ἦν χεὶρ Κυρίου μετ᾿ αὐτῶν· πολύς τε ἀριθμὸς ὁ πιστεύσας
22 ἐπέστρεψεν ἐπὶ τὸν Κύριον. Ἠκούσθη δὲ ὁ λόγος εἰς τὰ ὦτα τῆς ἐκκλησίας τῆς οὔσης ἐν Ἰερουσαλὴμ περὶ αὐ-
23 τῶν· καὶ ἐξαπέστειλαν Βαρνάβαν ἕως Ἀντιοχείας· ὃς

12 μοι] ante τὸ Πν. ς   μηδὲν διακρίναντα] μηδὲν διακρινόμενον A°
13 δὲ] τε ςA(n.m.)   εἰπόντα] + αὐτῷ ςA   εἰς Ἰ.] + ἄνδρας ς
15 ἐπέπεσεν] -σε WHa   16 τοῦ sec.] ς°   17 ἐγὼ] + δὲ ς(n.m.)[A]
18 ἐδόξασαν] -αζον ςA   ἄρα] + γε ς[A]   ἔδωκεν] ante εἰς ζ. ς
19 Στεφάνῳ] -άνου LnTrm   20 ἐλθόντες] εἰσελθόντες ς   καὶ sec.]
ς°   Ἕλληνας] Ἑλληνιστὰς ςBmWHRm : Scr   21 ὁ πιστ.] –ὁ ς
22 οὔσης] ς°Ln°[Tr]mA°   Ἰερουσαλὴμ] Ἱεροσολύμοις ς   Βαρν.]
+διελθεῖν ςA

παραγενόμενος καὶ ἰδὼν τὴν χάριν τὴν τοῦ Θεοῦ ἐχάρη, καὶ παρεκάλει πάντας τῇ προθέσει τῆς καρδίας προσμένειν τῷ Κυρίῳ, ὅτι ἦν ἀνὴρ ἀγαθὸς καὶ πλήρης Πνεύματος 24 Ἁγίου καὶ πίστεως· καὶ προσετέθη ὄχλος ἱκανὸς τῷ Κυρίῳ. ἐξῆλθεν δὲ εἰς Ταρσὸν ἀναζητῆσαι Σαῦλον, 25 καὶ εὑρὼν ἤγαγεν εἰς Ἀντιόχειαν. ἐγένετο δὲ αὐτοῖς καὶ 26 ἐνιαυτὸν ὅλον συναχθῆναι ἐν τῇ ἐκκλησίᾳ καὶ διδάξαι ὄχλον ἱκανόν, χρηματίσαι τε πρώτως ἐν Ἀντιοχείᾳ τοὺς μαθητὰς Χριστιανούς.

Ἐν ταύταις δὲ ταῖς ἡμέραις κατῆλθον ἀπὸ Ἱεροσολύμων 27 προφῆται εἰς Ἀντιόχειαν. ἀναστὰς δὲ εἷς ἐξ αὐτῶν 28 ὀνόματι Ἄγαβος ἐσήμανεν διὰ τοῦ Πνεύματος λιμὸν μεγάλην μέλλειν ἔσεσθαι ἐφ' ὅλην τὴν οἰκουμένην· ἥτις ἐγένετο ἐπὶ Κλαυδίου. τῶν δὲ μαθητῶν καθὼς εὐπορεῖτό 29 τις, ὥρισαν ἕκαστος αὐτῶν εἰς διακονίαν πέμψαι τοῖς κατοικοῦσιν ἐν τῇ Ἰουδαίᾳ ἀδελφοῖς· ὃ καὶ ἐποίησαν, ἀπο- 30 στείλαντες πρὸς τοὺς πρεσβυτέρους διὰ χειρὸς Βαρνάβα καὶ Σαύλου.

Κατ' ἐκεῖνον δὲ τὸν καιρὸν ἐπέβαλεν Ἡρῴδης ὁ βασι- 12 λεὺς τὰς χεῖρας κακῶσαί τινας τῶν ἀπὸ τῆς ἐκκλησίας. ἀνεῖλεν δὲ Ἰάκωβον τὸν ἀδελφὸν Ἰωάννου μαχαίρῃ. 2 ἰδὼν δὲ ὅτι ἀρεστόν ἐστιν τοῖς Ἰουδαίοις προσέθετο συλ- 3 λαβεῖν καὶ Πέτρον· ἦσαν δὲ ἡμέραι τῶν ἀζύμων· ὃν 4 καὶ πιάσας ἔθετο εἰς φυλακήν, παραδοὺς τέσσαρσιν τετραδίοις στρατιωτῶν φυλάσσειν αὐτόν, βουλόμενος μετὰ τὸ πάσχα ἀναγαγεῖν αὐτὸν τῷ λαῷ. ὁ μὲν οὖν Πέτρος 5 ἐτηρεῖτο ἐν τῇ φυλακῇ· προσευχὴ δὲ ἦν ἐκτενῶς γινομένη

23 τὴν sec.] ϛ* τῷ Κυ.] pr ἐν [WH]Rm   25 Ταρσ.]+ὁ Βαρνάβας ϛ   26 ἤγαγεν] pr αὐτὸν ϛ :+αὐτὸν ϛ   αὐτοῖς καὶ] αὐτοὺς (—καὶ) ϛ   πρώτως] πρῶτον ϛLn   28 ἐσήμανεν] -αινεν LnWH(u.m.) μεγάλην] μέγαν ϛ   ἥτις] ὅστις ϛ :+καὶ ϛ[A]   Κλαυδ.]+Καίσαρος ϛ   29 εὐπορεῖτό] ηὔπορ. ϛ: C   1 Ἡρῴ.] post ὁ βασ. Ti 2 μαχαίρῃ]·ρᾳ ϛLn : Scr   3 ἰδὼν δὲ] καὶ ἰδὼν ϛ   ἡμέραι] pr αἱ Ln[Tr]m[A]   5 ἐκτενῶς] ἐκτενὴς ϛ

6 ὑπὸ τῆς ἐκκλησίας πρὸς τὸν Θεὸν περὶ αὐτοῦ. Ὅτε δὲ ἤμελλεν προαγαγεῖν αὐτὸν ὁ Ἡρῴδης, τῇ νυκτὶ ἐκείνῃ ἦν ὁ Πέτρος κοιμώμενος μεταξὺ δύο στρατιωτῶν δεδεμένος ἁλύσεσιν δυσίν· φύλακές τε πρὸ τῆς θύρας ἐτήρουν τὴν
7 φυλακήν. καὶ ἰδοὺ ἄγγελος Κυρίου ἐπέστη, καὶ φῶς ἔλαμψεν ἐν τῷ οἰκήματι· πατάξας δὲ τὴν πλευρὰν τοῦ Πέτρου ἤγειρεν αὐτὸν λέγων, Ἀνάστα ἐν τάχει. καὶ ἐξέ-
8 πεσαν αὐτοῦ αἱ ἁλύσεις ἐκ τῶν χειρῶν. εἶπεν δὲ ὁ ἄγγελος πρὸς αὐτόν, Ζῶσαι καὶ ὑπόδησαι τὰ σανδάλιά σου. ἐποίησεν δὲ οὕτως. καὶ λέγει αὐτῷ, Περιβαλοῦ τὸ
9 ἱμάτιόν σου καὶ ἀκολούθει μοι. καὶ ἐξελθὼν ἠκολούθει· καὶ οὐκ ᾔδει ὅτι ἀληθές ἐστιν τὸ γινόμενον διὰ τοῦ ἀγγέ-
10 λου, ἐδόκει δὲ ὅραμα βλέπειν. διελθόντες δὲ πρώτην φυλακὴν καὶ δευτέραν ἦλθαν ἐπὶ τὴν πύλην τὴν σιδηρᾶν τὴν φέρουσαν εἰς τὴν πόλιν, ἥτις αὐτομάτη ἠνοίγη αὐτοῖς· καὶ ἐξελθόντες προῆλθον ῥύμην μίαν, καὶ εὐθέως ἀπέστη
11 ὁ ἄγγελος ἀπ' αὐτοῦ. καὶ ὁ Πέτρος ἐν ἑαυτῷ γενόμενος εἶπεν, Νῦν οἶδα ἀληθῶς ὅτι ἐξαπέστειλεν Κύριος τὸν ἄγγελον αὐτοῦ, καὶ ἐξείλατό με ἐκ χειρὸς Ἡρῴδου καὶ
12 πάσης τῆς προσδοκίας τοῦ λαοῦ τῶν Ἰουδαίων. Συνιδών τε ἦλθεν ἐπὶ τὴν οἰκίαν τῆς Μαρίας τῆς μητρὸς Ἰωάννου τοῦ ἐπικαλουμένου Μάρκου, οὗ ἦσαν ἱκανοὶ συνηθροι-
13 σμένοι καὶ προσευχόμενοι. κρούσαντος δὲ αὐτοῦ τὴν θύραν τοῦ πυλῶνος προσῆλθεν παιδίσκη ὑπακοῦσαι ὀνό-
14 ματι Ῥόδη· καὶ ἐπιγνοῦσα τὴν φωνὴν τοῦ Πέτρου ἀπὸ τῆς χαρᾶς οὐκ ἤνοιξεν τὸν πυλῶνα, εἰσδραμοῦσα δὲ
15 ἀπήγγειλεν ἑστάναι τὸν Πέτρον πρὸ τοῦ πυλῶνος. οἱ

ΑΠΟΣΤΟΛΩΝ

δὲ πρὸς αὐτὴν εἶπαν Μαίνῃ. ἡ δὲ διϊσχυρίζετο οὕτως ἔχειν. οἱ δὲ ἔλεγον, Ὁ ἄγγελός ἐστιν αὐτοῦ. ὁ δὲ 16 Πέτρος ἐπέμενεν κρούων· ἀνοίξαντες δὲ εἶδαν αὐτὸν καὶ ἐξέστησαν. κατασείσας δὲ αὐτοῖς τῇ χειρὶ σιγᾶν διη- 17 γήσατο αὐτοῖς πῶς ὁ Κύριος αὐτὸν ἐξήγαγεν ἐκ τῆς φυλακῆς· εἶπέν τε, Ἀπαγγείλατε Ἰακώβῳ καὶ τοῖς ἀδελφοῖς ταῦτα. καὶ ἐξελθὼν ἐπορεύθη εἰς ἕτερον τόπον. Γενομένης δὲ ἡμέρας ἦν τάραχος οὐκ ὀλίγος ἐν τοῖς στρα- 18 τιώταις, τί ἄρα ὁ Πέτρος ἐγένετο. Ἡρῴδης δὲ ἐπιζη- 19 τήσας αὐτὸν καὶ μὴ εὑρών, ἀνακρίνας τοὺς φύλακας ἐκέλευσεν ἀπαχθῆναι· καὶ κατελθὼν ἀπὸ τῆς Ἰουδαίας εἰς Καισάρειαν διέτριβεν.

Ἦν δὲ θυμομαχῶν Τυρίοις καὶ Σιδωνίοις· ὁμοθυμαδὸν 20 δὲ παρῆσαν πρὸς αὐτόν, καὶ πείσαντες Βλάστον τὸν ἐπὶ τοῦ κοιτῶνος τοῦ βασιλέως ᾐτοῦντο εἰρήνην, διὰ τὸ τρέφεσθαι αὐτῶν τὴν χώραν ἀπὸ τῆς βασιλικῆς. τακτῇ 21 δὲ ἡμέρᾳ ὁ Ἡρῴδης ἐνδυσάμενος ἐσθῆτα βασιλικὴν καθίσας ἐπὶ τοῦ βήματος ἐδημηγόρει πρὸς αὐτούς. ὁ δὲ 22 δῆμος ἐπεφώνει, Θεοῦ φωνὴ καὶ οὐκ ἀνθρώπου. παρα- 23 χρῆμα δὲ ἐπάταξεν αὐτὸν ἄγγελος Κυρίου ἀνθ᾿ ὧν οὐκ ἔδωκεν τὴν δόξαν τῷ Θεῷ· καὶ γενόμενος σκωληκόβρωτος ἐξέψυξεν.

Ὁ δὲ λόγος τοῦ Θεοῦ ηὔξανεν καὶ ἐπληθύνετο. 24 Βαρνάβας δὲ καὶ Σαῦλος ὑπέστρεψαν ἐξ Ἱερουσαλήμ, 25 πληρώσαντες τὴν διακονίαν, συνπαραλαβόντες Ἰωάννην τὸν ἐπικληθέντα Μάρκον.

Ἦσαν δὲ ἐν Ἀντιοχείᾳ κατὰ τὴν οὖσαν ἐκκλησίαν προ- 13

ΠΡΑΞΕΙΣ

13. 2—12.

φῆται καὶ διδάσκαλοι, ὅ τε Βαρνάβας καὶ Συμεὼν ὁ καλούμενος Νίγερ, καὶ Λούκιος ὁ Κυρηναῖος, Μαναήν τε Ἡρῴ-
2 δου τοῦ τετράρχου σύντροφος καὶ Σαῦλος. λειτουργούντων δὲ αὐτῶν τῷ Κυρίῳ καὶ νηστευόντων εἶπεν τὸ Πνεῦμα τὸ Ἅγιον, Ἀφορίσατε δή μοι τὸν Βαρνάβαν καὶ
3 Σαῦλον εἰς τὸ ἔργον ὃ προσκέκλημαι αὐτούς. τότε νηστεύσαντες καὶ προσευξάμενοι καὶ ἐπιθέντες τὰς χεῖρας αὐτοῖς ἀπέλυσαν.
4 Αὐτοὶ μὲν οὖν ἐκπεμφθέντες ὑπὸ τοῦ Ἁγίου Πνεύματος κατῆλθον εἰς Σελεύκειαν, ἐκεῖθέν τε ἀπέπλευσαν εἰς
5 Κύπρον. καὶ γενόμενοι ἐν Σαλαμῖνι κατήγγελλον τὸν λόγον τοῦ Θεοῦ ἐν ταῖς συναγωγαῖς τῶν Ἰουδαίων· εἶχον
6 δὲ καὶ Ἰωάννην ὑπηρέτην. Διελθόντες δὲ ὅλην τὴν νῆσον ἄχρι Πάφου εὗρον ἄνδρα τινὰ μάγον ψευδοπροφήτην
7 Ἰουδαῖον, ᾧ ὄνομα Βαριησοῦς, ὃς ἦν σὺν τῷ ἀνθυπάτῳ Σεργίῳ Παύλῳ, ἀνδρὶ συνετῷ. οὗτος προσκαλεσάμενος Βαρνάβαν καὶ Σαῦλον ἐπεζήτησεν ἀκοῦσαι τὸν λόγον τοῦ
8 Θεοῦ. ἀνθίστατο δὲ αὐτοῖς Ἐλύμας ὁ μάγος (οὕτως γὰρ μεθερμηνεύεται τὸ ὄνομα αὐτοῦ), ζητῶν διαστρέψαι
9 τὸν ἀνθύπατον ἀπὸ τῆς πίστεως. Σαῦλος δέ, ὁ καὶ Παῦλος, πλησθεὶς Πνεύματος Ἁγίου, ἀτενίσας εἰς αὐτὸν
10 εἶπεν, Ὦ πλήρης παντὸς δόλου καὶ πάσης ῥᾳδιουργίας, υἱὲ διαβόλου, ἐχθρὲ πάσης δικαιοσύνης, οὐ παύσῃ διαστρέφων
11 τὰς ὁδοὺς Κυρίου τὰς εὐθείας; καὶ νῦν ἰδοὺ χεὶρ Κυρίου ἐπὶ σέ, καὶ ἔσῃ τυφλὸς μὴ βλέπων τὸν ἥλιον ἄχρι καιροῦ. παραχρῆμα δὲ ἔπεσεν ἐπ' αὐτὸν ἀχλὺς καὶ σκό-
12 τος, καὶ περιάγων ἐζήτει χειραγωγούς. τότε ἰδὼν ὁ ἀν-

2 τόν]+τε ς : CEr Σαῦλον] pr τὸν ς   4 αὐτοὶ] οὗτοι ς   τοῦ Ἁγίου Πνεύματος] τοῦ πνεύματος τοῦ ἁγίου ς   Σελεύκειαν] Σελυκίαν TiBWH(n.a.): pr τὴν ς   Κύπρον] pr τὴν ς   5 Σαλαμῖνι] μίνη WHa   Ἰωάννην] sic WH   6 ὅλην] ς°(n.m.)   εὗρον] -αν WHa   ἄνδρα] ς°(n.m.)   Βαριησοῦς] -σοῦ TiB(n.m.)   9 ἀτενίσας] pr καὶ ς   10 Κυρ.] pr τοῦ WH(n.m.)   11 Κυρίου] pr τοῦ ς : C   δὲ] τε TiB WHa   ἔπεσεν] ἐπέπεσεν ς A

342

ΑΠΟΣΤΟΛΩΝ

θύπατος τὸ γεγονὸς ἐπίστευσεν, ἐκπλησσόμενος ἐπὶ τῇ διδαχῇ τοῦ Κυρίου.

Ἀναχθέντες δὲ ἀπὸ τῆς Πάφου οἱ περὶ Παῦλον ἦλθον 13 εἰς Πέργην τῆς Παμφυλίας· Ἰωάννης δὲ ἀποχωρήσας ἀπ' αὐτῶν ὑπέστρεψεν εἰς Ἱεροσόλυμα. αὐτοὶ δὲ διελθόν- 14 τες ἀπὸ τῆς Πέργης παρεγένοντο εἰς Ἀντιόχειαν τὴν Πισιδίαν. Καὶ ἐλθόντες εἰς τὴν συναγωγὴν τῇ ἡμέρᾳ τῶν σαββάτων ἐκάθισαν. μετὰ δὲ τὴν ἀνάγνωσιν τοῦ νό- 15 μου καὶ τῶν προφητῶν ἀπέστειλαν οἱ ἀρχισυνάγωγοι πρὸς αὐτοὺς λέγοντες, Ἄνδρες ἀδελφοί, εἴ τις ἔστιν ἐν ὑμῖν λόγος παρακλήσεως πρὸς τὸν λαόν, λέγετε. ἀναστὰς 16 δὲ Παῦλος καὶ κατασείσας τῇ χειρὶ εἶπεν, Ἄνδρες Ἰσραηλεῖται καὶ οἱ φοβούμενοι τὸν Θεόν, ἀκούσατε. ὁ Θεὸς 17 τοῦ λαοῦ τούτου Ἰσραὴλ ἐξελέξατο τοὺς πατέρας ἡμῶν, καὶ τὸν λαὸν ὕψωσεν ἐν τῇ παροικίᾳ ἐν γῇ Αἰγύπτου, καὶ μετὰ βραχίονος ὑψηλοῦ ἐξήγαγεν αὐτοὺς ἐξ αὐτῆς. καὶ ὡς τεσσερακονταετῆ χρόνον ἐτροποφόρησεν αὐτοὺς ἐν 18 τῇ ἐρήμῳ. καὶ καθελὼν ἔθνη ἑπτὰ ἐν γῇ Χανααν κατ- 19 εκληρονόμησεν τὴν γῆν αὐτῶν ὡς ἔτεσιν τετρακοσίοις 20 καὶ πεντήκοντα, καὶ μετὰ ταῦτα ἔδωκεν κριτὰς ἕως Σαμουὴλ προφήτου. κἀκεῖθεν ᾐτήσαντο βασιλέα· καὶ 21 ἔδωκεν αὐτοῖς ὁ Θεὸς τὸν Σαοὺλ υἱὸν Κείς, ἄνδρα ἐκ φυλῆς Βενιαμείν, ἔτη τεσσεράκοντα. καὶ μεταστήσας αὐτὸν 22 ἤγειρεν τὸν Δαυεὶδ αὐτοῖς εἰς βασιλέα, ᾧ καὶ εἶπεν μαρτυρήσας, Εὗρον Δαυεὶδ τὸν τοῦ Ἰεσσαί, ἄνδρα κατὰ τὴν

ΠΡΑΞΕΙΣ

23 καρδίαν μου, ὃς ποιήσει πάντα τὰ θελήματά μου. τούτου ὁ Θεὸς ἀπὸ τοῦ σπέρματος κατ' ἐπαγγελίαν ἤγαγεν τῷ
24 Ἰσραὴλ σωτῆρα Ἰησοῦν, προκηρύξαντος Ἰωάννου πρὸ προσώπου τῆς εἰσόδου αὐτοῦ βάπτισμα μετανοίας παντὶ
25 τῷ λαῷ Ἰσραήλ. ὡς δὲ ἐπλήρου Ἰωάννης τὸν δρόμον, ἔλεγεν, Τί ἐμὲ ὑπονοεῖτε εἶναι; οὐκ εἰμὶ ἐγώ· ἀλλ' ἰδοὺ ἔρχεται μετ' ἐμὲ οὗ οὐκ εἰμὶ ἄξιος τὸ ὑπόδημα τῶν ποδῶν
26 λῦσαι. Ἄνδρες ἀδελφοί, υἱοὶ γένους Ἀβραὰμ καὶ οἱ ἐν ὑμῖν φοβούμενοι τὸν Θεόν, ἡμῖν ὁ λόγος τῆς σωτηρίας
27 ταύτης ἐξαπεστάλη. οἱ γὰρ κατοικοῦντες ἐν Ἱερουσαλὴμ καὶ οἱ ἄρχοντες αὐτῶν τοῦτον ἀγνοήσαντες καὶ τὰς φωνὰς τῶν προφητῶν τὰς κατὰ πᾶν σάββατον ἀναγινω-
28 σκομένας κρίναντες ἐπλήρωσαν· καὶ μηδεμίαν αἰτίαν θανάτου εὑρόντες ᾐτήσαντο Πειλᾶτον ἀναιρεθῆναι αὐτόν.
29 ὡς δὲ ἐτέλεσαν πάντα τὰ περὶ αὐτοῦ γεγραμμένα, καθελόν-
30 τες ἀπὸ τοῦ ξύλου ἔθηκαν εἰς μνημεῖον. ὁ δὲ Θεὸς
31 ἤγειρεν αὐτὸν ἐκ νεκρῶν· ὃς ὤφθη ἐπὶ ἡμέρας πλείους τοῖς συναναβᾶσιν αὐτῷ ἀπὸ τῆς Γαλιλαίας εἰς Ἱερουσαλήμ, οἵτινες νῦν εἰσὶν μάρτυρες αὐτοῦ πρὸς τὸν λαόν.
32 καὶ ἡμεῖς ὑμᾶς εὐαγγελιζόμεθα τὴν πρὸς τοὺς πατέρας
33 ἐπαγγελίαν γενομένην, ὅτι ταύτην ὁ Θεὸς ἐκπεπλήρωκεν τοῖς τέκνοις ἡμῶν, ἀναστήσας Ἰησοῦν· ὡς καὶ ἐν τῷ ψαλμῷ γέγραπται τῷ δευτέρῳ, Υἱός μου εἶ σύ, ἐγὼ σήμε-
34 ρον γεγέννηκά σε. ὅτι δὲ ἀνέστησεν αὐτὸν ἐκ νεκρῶν μηκέτι μέλλοντα ὑποστρέφειν εἰς διαφθοράν, οὕτως εἴρη-
35 κεν ὅτι Δώσω ὑμῖν τὰ ὅσια Δαυεὶδ τὰ πιστά. διότι καὶ ἐν ἑτέρῳ λέγει, Οὐ δώσεις τὸν Ὅσιόν σου ἰδεῖν διαφθο-

23 ἤγαγεν] ἤγειρεν ϛ: Er ϛm   25 Ἰωάννης] pr ὁ ϛ Ti σφ   τί ἐμὲ] τίνα με ϛ   εἶναι ;] εἶναι, WHm   26 ἡμῖν] ὑμῖν ϛ Ln Tr(n.m.)   ἐξαπεστ.] ἀπεστ. ϛ   28 ᾐτήσαντο] ᾔτησαν τὸν WHm   29 πάντα] ἄπαντα ϛ : C   γεγραμμένα] ante περὶ αὐ. WHm   31 νῦν] ϛ°(n.m.) [Tr]m[WH]   εἰσὶν] -σὶ WH   33 ἡμῶν] αὐτῶν ἡμῖν ϛA(n.m.)B(n.m.): Scr   τῷ ψαλμῷ γέγραπται τῷ δευτέρῳ] γέγρ. post τῷ δευτ. ϛ Am: τῷ ψ. γέγρ. τῷ πρώτῳ Ln : τῷ πρώτῳ ψ. γέγρ. TrTiBm: τῷ ψ. τῷ πρώτῳ γέγρ. Er : Scr   35 διότι] διὸ ϛ

ράν. Δαυειδ μὲν γὰρ ἰδίᾳ γενεᾷ ὑπηρετήσας τῇ τοῦ 36
Θεοῦ βουλῇ ἐκοιμήθη, καὶ προσετέθη πρὸς τοὺς πατέρας
αὐτοῦ, καὶ εἶδεν διαφθοράν· ὃν δὲ ὁ Θεὸς ἤγειρεν οὐκ 37
εἶδεν διαφθοράν. Γνωστὸν οὖν ἔστω ὑμῖν, ἄνδρες ἀδελ- 38
φοί, ὅτι διὰ τούτου ὑμῖν ἄφεσις ἁμαρτιῶν καταγγέλλεται,
[καὶ] ἀπὸ πάντων ὧν οὐκ ἠδυνήθητε ἐν νόμῳ Μωυσέως
δικαιωθῆναι, ἐν τούτῳ πᾶς ὁ πιστεύων δικαιοῦται. 39
βλέπετε οὖν μὴ ἐπέλθῃ τὸ εἰρημένον ἐν τοῖς προφήταις, 40
Ἴδετε, οἱ καταφρονηταί, καὶ θαυμάσατε καὶ ἀφανίσθητε. 41
ὅτι ἔργον ἐργάζομαι ἐγὼ ἐν ταῖς ἡμέραις ὑμῶν, ἔργον ὃ οὐ
μὴ πιστεύσητε ἐάν τις ἐκδιηγῆται ὑμῖν.

Ἐξιόντων δὲ αὐτῶν παρεκάλουν εἰς τὸ μεταξὺ σάββα- 42
τον λαληθῆναι αὐτοῖς τὰ ῥήματα ταῦτα. λυθείσης δὲ 43
τῆς συναγωγῆς ἠκολούθησαν πολλοὶ τῶν Ἰουδαίων καὶ
τῶν σεβομένων προσηλύτων τῷ Παύλῳ καὶ τῷ Βαρνάβᾳ·
οἵτινες προσλαλοῦντες αὐτοῖς ἔπειθον αὐτοὺς προσμένειν
τῇ χάριτι τοῦ Θεοῦ.

Τῷ δὲ ἐρχομένῳ σαββάτῳ σχεδὸν πᾶσα ἡ πόλις συνή- 44
χθη ἀκοῦσαι τὸν λόγον τοῦ Κυρίου. ἰδόντες δὲ οἱ Ἰου- 45
δαῖοι τοὺς ὄχλους ἐπλήσθησαν ζήλου, καὶ ἀντέλεγον τοῖς
ὑπὸ Παύλου λαλουμένοις, βλασφημοῦντες. παρρησια- 46
σάμενοί τε ὁ Παῦλος καὶ ὁ Βαρνάβας εἶπαν, Ὑμῖν ἦν
ἀναγκαῖον πρῶτον λαληθῆναι τὸν λόγον τοῦ Θεοῦ. ἐπειδὴ ἀπωθεῖσθε αὐτὸν καὶ οὐκ ἀξίους κρίνετε ἑαυτοὺς τῆς
αἰωνίου ζωῆς, ἰδοὺ στρεφόμεθα εἰς τὰ ἔθνη. οὕτως γὰρ 47
ἐντέταλται ἡμῖν ὁ Κύριος, Τέθεικά σε εἰς φῶς ἐθνῶν, τοῦ

38 ὑμῖν sec.] ἡμῖν B σφ? καὶ] ins ς[Tr][A][B]WHR : Ln°Ti°
νόμῳ] pr τῷ ς 40 ἐπέλθῃ] + ἐφ᾽ ὑμᾶς ς[Tr]m[A] 41 ἐγὼ] ante
ἐργάζ. ς 5] ᾧ ς : Cςm 42 αὐτῶν] ἐκ τῆς συναγωγῆς τῶν Ἰουδαίων ς παρεκάλουν] + τὰ ἔθνη ς 43 προσμένειν] ἐπιμένειν ς
44 δὲ] τε WHm ἐρχομένῳ] ἐχομ. LπAWHm Κυρίου] θεοῦ ςTrmA
WH(n.m.)R(n.m.) 45 Παύλου] pr τοῦ ς[A] λαλουμένοις] λεγομ.
ςA βλασφημοῦντες] pr ἀντιλέγοντες καὶ ς(n.m.)Ti[A][B] 46 τε]
δὲ ς εἶπαν] -ον ς ἐπειδὴ] + δὲ ςA : ἐπεὶ δὲ WHm : Er 47 οὕτως] -τω WH

48 εἶναί σε εἰς σωτηρίαν ἕως ἐσχάτου τῆς γῆς. ἀκούοντα δὲ τὰ ἔθνη ἔχαιρον καὶ ἐδόξαζον τὸν λόγον τοῦ Κυρίου· καὶ ἐπίστευσαν ὅσοι ἦσαν τεταγμένοι εἰς ζωὴν αἰώνιον.
49 Διεφέρετο δὲ ὁ λόγος τοῦ Κυρίου δι' ὅλης τῆς χώρας.
50 οἱ δὲ Ἰουδαῖοι παρώτρυναν τὰς σεβομένας γυναῖκας τὰς εὐσχήμονας καὶ τοὺς πρώτους τῆς πόλεως, καὶ ἐπήγειραν διωγμὸν ἐπὶ τὸν Παῦλον καὶ Βαρνάβαν, καὶ ἐξέβα-
51 λον αὐτοὺς ἀπὸ τῶν ὁρίων αὐτῶν. οἱ δὲ ἐκτιναξά-
52 μενοι τὸν κονιορτὸν τῶν ποδῶν ἐπ' αὐτοὺς ἦλθον εἰς Ἰκόνιον. οἵ τε μαθηταὶ ἐπληροῦντο χαρᾶς καὶ Πνεύματος Ἁγίου.

14 Ἐγένετο δὲ ἐν Ἰκονίῳ κατὰ τὸ αὐτὸ εἰσελθεῖν αὐτοὺς εἰς τὴν συναγωγὴν τῶν Ἰουδαίων, καὶ λαλῆσαι οὕτως ὥστε
2 πιστεῦσαι Ἰουδαίων τε καὶ Ἑλλήνων πολὺ πλῆθος. οἱ δὲ ἀπειθήσαντες Ἰουδαῖοι ἐπήγειραν καὶ ἐκάκωσαν τὰς
3 ψυχὰς τῶν ἐθνῶν κατὰ τῶν ἀδελφῶν. ἱκανὸν μὲν οὖν χρόνον διέτριψαν παρρησιαζόμενοι ἐπὶ τῷ Κυρίῳ τῷ μαρτυροῦντι τῷ λόγῳ τῆς χάριτος αὐτοῦ, διδόντι σημεῖα καὶ
4 τέρατα γίνεσθαι διὰ τῶν χειρῶν αὐτῶν. ἐσχίσθη δὲ τὸ πλῆθος τῆς πόλεως· καὶ οἱ μὲν ἦσαν σὺν τοῖς Ἰου-
5 δαίοις, οἱ δὲ σὺν τοῖς ἀποστόλοις. ὡς δὲ ἐγένετο ὁρμὴ τῶν ἐθνῶν τε καὶ Ἰουδαίων σὺν τοῖς ἄρχουσιν αὐτῶν ὑβρί-
6 σαι καὶ λιθοβολῆσαι αὐτούς, συνιδόντες κατέφυγον εἰς τὰς πόλεις τῆς Λυκαονίας, Λύστραν καὶ Δέρβην, καὶ
7 τὴν περίχωρον· κἀκεῖ εὐαγγελιζόμενοι ἦσαν.
8 Καί τις ἀνὴρ ἐν Λύστροις ἀδύνατος τοῖς ποσὶν ἐκάθητο, χωλὸς ἐκ κοιλίας μητρὸς αὐτοῦ, ὃς οὐδέποτε περιεπάτησεν.

48 Κυρίου] θεοῦ TrmWH(n.m.)R(n.m.)   49 δι'] καθ' TiB(n.m.)
50 τὰς εὐσχ.] pr καὶ ς   Βαρν.] pr τὸν ς   51 ποδῶν] + αὐτῶν ς
Ἰκόν.] Εἰκόν. WHa   52 τε] δὲ ς TrmTiBWHm   1 Ἰκον.] Εἰκον.
WHa   2 ἀπειθήσαντες] -θοῦντες ς (n.m.)   3 τῷ λόγῳ] pr ἐπὶ Ti[B]
διδόντι] pr καὶ ς : CEr : διδόντος TiBm   6 Λύστραν] pr εἰς Ln
7 ἦσαν] ante εὐαγγ. ς   8 ἐν Λύστρ.] post ἀδύν. Ti (sic vult) WH
αὐτοῦ] + ὑπάρχων ς   περιεπάτησεν] -πεπατήκει ς Scr : -επεπατήκει Elz

ΑΠΟΣΤΟΛΩΝ 14. 9—20.

οὗτος ἤκουσεν τοῦ Παύλου λαλοῦντος· ὃς ἀτενίσας αὐτῷ 9
καὶ ἰδὼν ὅτι ἔχει πίστιν τοῦ σωθῆναι, εἶπεν μεγάλῃ 10
φωνῇ, Ἀνάστηθι ἐπὶ τοὺς πόδας σου ὀρθός. καὶ ἥλατο
καὶ περιεπάτει. οἵ τε ὄχλοι, ἰδόντες ὃ ἐποίησεν Παῦ- 11
λος, ἐπῆραν τὴν φωνὴν αὐτῶν Λυκαονιστὶ λέγοντες, Οἱ
θεοὶ ὁμοιωθέντες ἀνθρώποις κατέβησαν πρὸς ἡμᾶς.
ἐκάλουν τε τὸν Βαρνάβαν Δία, τὸν δὲ Παῦλον Ἑρμῆν, 12
ἐπειδὴ αὐτὸς ἦν ὁ ἡγούμενος τοῦ λόγου. ὅ τε ἱερεὺς 13
τοῦ Διὸς τοῦ ὄντος πρὸ τῆς πόλεως, ταύρους καὶ στέμματα
ἐπὶ τοὺς πυλῶνας ἐνέγκας, σὺν τοῖς ὄχλοις ἤθελεν θύειν.
Ἀκούσαντες δὲ οἱ ἀπόστολοι Βαρνάβας καὶ Παῦλος, διαρ- 14
ρήξαντες τὰ ἱμάτια αὐτῶν ἐξεπήδησαν εἰς τὸν ὄχλον, κράζοντες καὶ λέγοντες, Ἄνδρες, τί ταῦτα ποιεῖτε; καὶ 15
ἡμεῖς ὁμοιοπαθεῖς ἐσμεν ὑμῖν ἄνθρωποι, εὐαγγελιζόμενοι
ὑμᾶς ἀπὸ τούτων τῶν ματαίων ἐπιστρέφειν ἐπὶ Θεὸν ζῶντα,
ὃς ἐποίησεν τὸν οὐρανὸν καὶ τὴν γῆν καὶ τὴν θάλασσαν
καὶ πάντα τὰ ἐν αὐτοῖς· ὃς ἐν ταῖς παρῳχημέναις γε- 16
νεαῖς εἴασεν πάντα τὰ ἔθνη πορεύεσθαι ταῖς ὁδοῖς αὐτῶν.
καίτοι οὐκ ἀμάρτυρον αὐτὸν ἀφῆκεν ἀγαθουργῶν, οὐρανό- 17
θεν ὑμῖν ὑετοὺς διδοὺς καὶ καιροὺς καρποφόρους, ἐμπιπλῶν
τροφῆς καὶ εὐφροσύνης τὰς καρδίας ὑμῶν. καὶ ταῦτα 18
λέγοντες μόλις κατέπαυσαν τοὺς ὄχλους τοῦ μὴ θύειν
αὐτοῖς.

Ἐπῆλθαν δὲ ἀπὸ Ἀντιοχείας καὶ Ἰκονίου Ἰουδαῖοι, καὶ 19
πείσαντες τοὺς ὄχλους καὶ λιθάσαντες τὸν Παῦλον ἔσυρον
ἔξω τῆς πόλεως, νομίζοντες αὐτὸν τεθνηκέναι. κυκλω- 20

---

9 ἤκουσεν] -ουεν ϛ AWH   πίστιν] ante ἔχει ϛ   10 φωνῇ] pr τῇ ϛ A:
+Σοὶ λέγω ἐν τῷ ὀνόματι τοῦ κυρίου Ἰησοῦ χριστοῦ Ln   ἥλατο] ἥλλατο ϛ   11 τε] δὲ ϛ Tr(n.m.)   Παῦλος] pr ὁ ϛ   12 τὸν pri.] +
μὲν   13 τε] δὲ ϛ   πόλεως]+ αὐτῶν ϛ   14 αὐτῷ] ἑαυτῶν WH
(n.m.)   ἐξεπήδησαν] εἰσεπήδ. ϛ   15 ὑμῖν] ante ἐσμεν Lnm
Θεὸν] pr τὸν ϛ :+τὸν ϛ   17 καίτοι] +-γε ϛA   αὐτὸν] ἑαυτὸν ϛA:
αὐ. LnTrTiB   ἀγαθουργῶν] ἀγαθοποιῶν ϛ   ὑμῖν] [Tr]: ἡμῖν ϛ
ὑμῶν] ἡμῶν ϛ (n.m.)   19 ἐπῆλθαν] -ον ϛ   Ἰκον.] Εἰκον. WHa
νομίζοντες] -ίσαντες ϛ   τεθνηκέναι] τεθνάναι ϛ

σάντων δὲ τῶν μαθητῶν αὐτὸν ἀναστὰς εἰσῆλθεν εἰς τὴν πόλιν· καὶ τῇ ἐπαύριον ἐξῆλθεν σὺν τῷ Βαρνάβᾳ εἰς Δέρ-
21 βην. Εὐαγγελισάμενοί τε τὴν πόλιν ἐκείνην καὶ μαθη-
τεύσαντες ἱκανούς, ὑπέστρεψαν εἰς τὴν Λύστραν καὶ εἰς
22 Ἰκόνιον καὶ εἰς Ἀντιόχειαν,   ἐπιστηρίζοντες τὰς ψυχὰς
τῶν μαθητῶν, παρακαλοῦντες ἐμμένειν τῇ πίστει, καὶ ὅτι
Διὰ πολλῶν θλίψεων δεῖ ἡμᾶς εἰσελθεῖν εἰς τὴν βασιλείαν
23 τοῦ Θεοῦ. χειροτονήσαντες δὲ αὐτοῖς κατ' ἐκκλησίαν
πρεσβυτέρους, προσευξάμενοι μετὰ νηστειῶν, παρέθεντο
24 αὐτοὺς τῷ Κυρίῳ εἰς ὃν πεπιστεύκεισαν. Καὶ διελθόν-
25 τες τὴν Πισιδίαν ἦλθον εἰς τὴν Παμφυλίαν. καὶ λαλή-
σαντες ἐν Πέργῃ τὸν λόγον κατέβησαν εἰς Ἀττάλειαν·
26 κἀκεῖθεν ἀπέπλευσαν εἰς Ἀντιόχειαν, ὅθεν ἦσαν παραδε-
δομένοι τῇ χάριτι τοῦ Θεοῦ εἰς τὸ ἔργον ὃ ἐπλήρωσαν.
27 παραγενόμενοι δὲ καὶ συναγαγόντες τὴν ἐκκλησίαν, ἀνήγ-
γελλον ὅσα ἐποίησεν ὁ Θεὸς μετ' αὐτῶν, καὶ ὅτι ἤνοιξεν
28 τοῖς ἔθνεσιν θύραν πίστεως. διέτριβον δὲ χρόνον οὐκ
ὀλίγον σὺν τοῖς μαθηταῖς.

15 Καί τινες κατελθόντες ἀπὸ τῆς Ἰουδαίας ἐδίδασκον τοὺς
ἀδελφοὺς ὅτι Ἐὰν μὴ περιτμηθῆτε τῷ ἔθει τῷ Μωυσέως,
2 οὐ δύνασθε σωθῆναι.   γενομένης δὲ στάσεως καὶ ζητή-
σεως οὐκ ὀλίγης τῷ Παύλῳ καὶ τῷ Βαρνάβᾳ πρὸς αὐτούς,
ἔταξαν ἀναβαίνειν Παῦλον καὶ Βαρνάβαν καί τινας ἄλ-
λους ἐξ αὐτῶν πρὸς τοὺς ἀποστόλους καί πρεσβυτέρους
3 εἰς Ἱερουσαλὴμ περὶ τοῦ ζητήματος τούτου. Οἱ μὲν
οὖν προπεμφθέντες ὑπὸ τῆς ἐκκλησίας διήρχοντο τήν τε

ΑΠΟΣΤΟΛΩΝ 15. 4—16.

Φοινίκην καὶ Σαμάρειαν ἐκδιηγούμενοι τὴν ἐπιστροφὴν τῶν ἐθνῶν· καὶ ἐποίουν χαρὰν μεγάλην πᾶσιν τοῖς ἀδελφοῖς. παραγενόμενοι δὲ εἰς Ἱερουσαλὴμ παρεδέχθησαν 4 ὑπὸ τῆς ἐκκλησίας καὶ τῶν ἀποστόλων καὶ τῶν πρεσβυτέρων, ἀνήγγειλάν τε ὅσα ὁ Θεὸς ἐποίησεν μετ' αὐτῶν. ἐξανέστησαν δέ τινες τῶν ἀπὸ τῆς αἱρέσεως τῶν Φαρι- 5 σαίων πεπιστευκότες, λέγοντες ὅτι Δεῖ περιτέμνειν αὐτούς, παραγγέλλειν τε τηρεῖν τὸν νόμον Μωυσέως.

Συνήχθησαν δὲ οἱ ἀπόστολοι καὶ οἱ πρεσβύτεροι ἰδεῖν 6 περὶ τοῦ λόγου τούτου. Πολλῆς δὲ ζητήσεως γενομέ- 7 νης ἀναστὰς Πέτρος εἶπεν πρὸς αὐτούς, Ἄνδρες ἀδελφοί, ὑμεῖς ἐπίστασθε ὅτι ἀφ' ἡμερῶν ἀρχαίων ἐν ὑμῖν ἐξελέξατο ὁ Θεὸς διὰ τοῦ στόματός μου ἀκοῦσαι τὰ ἔθνη τὸν λόγον τοῦ εὐαγγελίου καὶ πιστεῦσαι. καὶ ὁ καρδιογνώστης 8 Θεὸς ἐμαρτύρησεν αὐτοῖς, δοὺς τὸ Πνεῦμα τὸ Ἅγιον καθὼς καὶ ἡμῖν· καὶ οὐθὲν διέκρινεν μεταξὺ ἡμῶν τε καὶ 9 αὐτῶν, τῇ πίστει καθαρίσας τὰς καρδίας αὐτῶν. νῦν 10 οὖν τί πειράζετε τὸν Θεόν, ἐπιθεῖναι ζυγὸν ἐπὶ τὸν τράχηλον τῶν μαθητῶν ὃν οὔτε οἱ πατέρες ἡμῶν οὔτε ἡμεῖς ἰσχύσαμεν βαστάσαι; ἀλλὰ διὰ τῆς χάριτος τοῦ Κυ- 11 ρίου Ἰησοῦ πιστεύομεν σωθῆναι καθ' ὃν τρόπον κἀκεῖνοι. Ἐσίγησεν δὲ πᾶν τὸ πλῆθος, καὶ ἤκουον Βαρνάβα καὶ 12 Παύλου ἐξηγουμένων ὅσα ἐποίησεν ὁ Θεὸς σημεῖα καὶ τέρατα ἐν τοῖς ἔθνεσιν δι' αὐτῶν.

Μετὰ δὲ τὸ σιγῆσαι αὐτοὺς ἀπεκρίθη Ἰάκωβος λέγων, 13
Ἄνδρες ἀδελφοί, ἀκούσατέ μου· Συμεὼν ἐξηγήσατο 14 καθὼς πρῶτον ὁ Θεὸς ἐπεσκέψατο λαβεῖν ἐξ ἐθνῶν λαὸν τῷ ὀνόματι αὐτοῦ. καὶ τούτῳ συμφωνοῦσιν οἱ λόγοι 15 τῶν προφητῶν, καθὼς γέγραπται, Μετὰ ταῦτα ἀνα- 16

πᾶσιν] -σι WH   4 Ἰερουσαλὴμ] Ἱεροσόλυμα Tr(n.m.)WH   παρεδέχθησαν] ἀπεδ. ς   ὑπὸ] ἀπὸ Tr(n.m.)WH   6 δὲ] τε Tr(n.m.)AWH
7 ζητήσεως] συζητ. ς : συνζητ. LnTrmA   ἐν ὑμῖν ἐξελ. ὁ Θεὸς] ὁ Θεὸς ἐν ἡμῖν ἐξελ. ς   8 δοὺς]+αὐτοῖς ςLn   9 οὐθὲν] οὐδὲν ςLnBWHm
11 τοῦ] ς° : CEr   Ἰησοῦ]+Χριστοῦ ςLn   14 τῷ ὀν.] pr ἐπὶ ς

στρέψω καὶ ἀνοικοδομήσω τὴν σκηνὴν Δαυεὶδ τὴν πεπτω-
κυῖαν· καὶ τὰ κατεστραμμένα αὐτῆς ἀνοικοδομήσω, καὶ
17 ἀνορθώσω αὐτήν·   ὅπως ἂν ἐκζητήσωσιν οἱ κατάλοιποι
τῶν ἀνθρώπων τὸν Κύριον, καὶ πάντα τὰ ἔθνη, ἐφ' οὓς
ἐπικέκληται τὸ ὄνομά μου ἐπ' αὐτούς, λέγει Κύριος ποιῶν
18, 19 ταῦτα   γνωστὰ ἀπ' αἰῶνος.   διὸ ἐγὼ κρίνω μὴ
παρενοχλεῖν τοῖς ἀπὸ τῶν ἐθνῶν ἐπιστρέφουσιν ἐπὶ τὸν
20 Θεόν·   ἀλλὰ ἐπιστεῖλαι αὐτοῖς τοῦ ἀπέχεσθαι τῶν ἀλισ-
γημάτων τῶν εἰδώλων καὶ τῆς πορνείας καὶ πνικτοῦ καὶ
21 τοῦ αἵματος.   Μωυσῆς γὰρ ἐκ γενεῶν ἀρχαίων κατὰ
πόλιν τοὺς κηρύσσοντας αὐτὸν ἔχει ἐν ταῖς συναγωγαῖς
κατὰ πᾶν σάββατον ἀναγινωσκόμενος.

22   Τότε ἔδοξε τοῖς ἀποστόλοις καὶ τοῖς πρεσβυτέροις σὺν
ὅλῃ τῇ ἐκκλησίᾳ ἐκλεξαμένους ἄνδρας ἐξ αὐτῶν πέμψαι
εἰς Ἀντιόχειαν σὺν τῷ Παύλῳ καὶ Βαρνάβᾳ, Ἰούδαν τὸν
καλούμενον Βαρσαββᾶν καὶ Σίλαν, ἄνδρας ἡγουμένους ἐν
23 τοῖς ἀδελφοῖς,   γράψαντες διὰ χειρὸς αὐτῶν, Οἱ ἀπό-
στολοι καὶ οἱ πρεσβύτεροι ἀδελφοὶ τοῖς κατὰ τὴν Ἀντιό-
χειαν καὶ Συρίαν καὶ Κιλικίαν ἀδελφοῖς τοῖς ἐξ ἐθνῶν
24 χαίρειν·   ἐπειδὴ ἠκούσαμεν ὅτι τινὲς ἐξ ἡμῶν ἐξελθόν-
τες ἐτάραξαν ὑμᾶς λόγοις, ἀνασκευάζοντες τὰς ψυχὰς
25 ὑμῶν, οἷς οὐ διεστειλάμεθα·   ἔδοξεν ἡμῖν γενομένοις
ὁμοθυμαδόν, ἐκλεξαμένοις ἄνδρας πέμψαι πρὸς ὑμᾶς σὺν
26 τοῖς ἀγαπητοῖς ἡμῶν Βαρνάβᾳ καὶ Παύλῳ,   ἀνθρώποις
παραδεδωκόσι τὰς ψυχὰς αὐτῶν ὑπὲρ τοῦ ὀνόματος τοῦ

---

16 κατεστραμμένα] κατεσκαμμένα ϛ*Ln*AB(n.m.): κατεστρεμμένα TrWHa
17 ποιῶν] pr ὁ ϛ A[B]   17, 18 ταῦτα *usque ad* αἰῶνος.] ταῦτα πάντα.
γνωστὰ ἀπ' αἰῶνός ἐστι τῷ Θεῷ πάντα τὰ ἔργα αὐτοῦ. ϛ Bm : Scr : ταῦτα.
γνωστὸν ἀπ' αἰῶνος (+ἐστιν [WH]) τῷ κυρίῳ (θεῷ WH) τὸ ἔργον αὐτοῦ.
*Ln*WHm   20 ἀλλὰ] ἀλλ' WHa   ἀπέχεσθαι] + ἀπὸ ϛ[A]
πνικτοῦ] pr τοῦ ϛTiAB   22 ἔδοξε] -ξεν TrA   καλούμενον] ἐπι-
καλούμ. ϛ   Βαρσαββᾶν] -σαβᾶν ϛ : C   23 αὐτῶν] + τάδε ϛ
ἀδελφοὶ] pr καὶ οἱ ϛBm   24 ἐξελθόντες] [Tr]mWH°R°m   ὑμῶν] +
, λέγοντες περιτέμνεσθαι καὶ τηρεῖν τὸν νόμον ϛ Bm   25 ἐκλεξαμένοις]
-νους ϛTiABWHm : C   26 παραδεδωκόσι] -σιν *Ln*TrA

ΑΠΟΣΤΟΛΩΝ

Κυρίου ἡμῶν Ἰησοῦ Χριστοῦ. ἀπεστάλκαμεν οὖν 27 Ἰούδαν καὶ Σίλαν, καὶ αὐτοὺς διὰ λόγου ἀπαγγέλλοντας τὰ αὐτά. ἔδοξεν γὰρ τῷ Πνεύματι τῷ Ἁγίῳ καὶ ἡμῖν 28 μηδὲν πλέον ἐπιτίθεσθαι ὑμῖν βάρος πλὴν τούτων τῶν ἐπάναγκες, ἀπέχεσθαι εἰδωλοθύτων καὶ αἵματος καὶ 29 πνικτῶν καὶ πορνείας· ἐξ ὧν διατηροῦντες ἑαυτοὺς εὖ πράξετε. ἔρρωσθε.

Οἱ μὲν οὖν ἀπολυθέντες κατῆλθον εἰς Ἀντιόχειαν· καὶ 30 συναγαγόντες τὸ πλῆθος ἐπέδωκαν τὴν ἐπιστολήν. ἀναγνόντες δὲ ἐχάρησαν ἐπὶ τῇ παρακλήσει. Ἰού- 31, 32 δας τε καὶ Σίλας, καὶ αὐτοὶ προφῆται ὄντες, διὰ λόγου πολλοῦ παρεκάλεσαν τοὺς ἀδελφοὺς καὶ ἐπεστήριξαν. ποιήσαντες δὲ χρόνον ἀπελύθησαν μετ' εἰρήνης ἀπὸ τῶν 33 ἀδελφῶν πρὸς τοὺς ἀποστείλαντας αὐτούς. Παῦλος 35 δὲ καὶ Βαρνάβας διέτριβον ἐν Ἀντιοχείᾳ, διδάσκοντες καὶ εὐαγγελιζόμενοι μετὰ καὶ ἑτέρων πολλῶν τὸν λόγον τοῦ Κυρίου.

Μετὰ δέ τινας ἡμέρας εἶπεν πρὸς Βαρνάβαν Παῦλος, 36 Ἐπιστρέψαντες δὴ ἐπισκεψώμεθα τοὺς ἀδελφοὺς κατὰ πόλιν πᾶσαν ἐν αἷς κατηγγείλαμεν τὸν λόγον τοῦ Κυρίου, πῶς ἔχουσιν. Βαρνάβας δὲ ἐβούλετο συνπαραλαβεῖν 37 καὶ τὸν Ἰωάννην τὸν καλούμενον Μάρκον. Παῦλος δὲ 38 ἠξίου, τὸν ἀποστάντα ἀπ' αὐτῶν ἀπὸ Παμφυλίας καὶ μὴ συνελθόντα αὐτοῖς εἰς τὸ ἔργον, μὴ συνπαραλαμβάνειν τοῦτον. ἐγένετο δὲ παροξυσμός, ὥστε ἀποχωρισθῆναι 39

28 τῷ Πν. τῷ Ἁγ.] τῷ ἁγ. πν. ςLnA   τούτων] post τῶν ἐπ. ς: A°
ἐπάναγκες] ἐπ' ἀνάγκαις WHa   29 πνικτῶν] -τοῦ ς   πράξετε] +
φερόμενοι ἐν τῷ ἁγίῳ πνεύματι WHm   30 κατῆλθον] ἦλθον ς (n.m.)
32 τε] δὲ Elz   ἐπεστήριξαν] -σαν WHa   33 ἀποστείλαντας αὐ-
τούς] ἀποστόλους ς   34 ἔδοξεν δὲ τῷ Σίλᾳ ἐπιμεῖναι αὐτοῦ. ς [B]WHm
Rm : Scr : αὐτούς (vel αὐτοῦ) WHm : + , μόνος δὲ Ἰούδας ἐπορεύθη [WH]m
36 Παῦλος] ante πρὸς Β. ς   ἀδελφοὺς] + ἡμῶν ς(n.m.)   πόλ.] post
πᾶσαν ς   37 ἐβούλετο] ἐβουλεύσατο ς(n.m.)   συνπαραλαβεῖν]
συμπ. ςLnTr   καὶ] ς°   τὸν pri.] Ln°A°   38 συνπαραλαμβάνειν]
συμπ. ςLnTr : -λαβεῖν ς   39 δὲ] οὖν ς

ΠΡΑΞΕΙΣ

αὐτοὺς ἀπ' ἀλλήλων, τόν τε Βαρνάβαν παραλαβόντα τὸν Μάρκον ἐκπλεῦσαι εἰς Κύπρον. 40 Παῦλος δὲ ἐπιλεξάμενος Σίλαν ἐξῆλθεν, παραδοθεὶς τῇ 41 χάριτι τοῦ Κυρίου ὑπὸ τῶν ἀδελφῶν· διήρχετο δὲ τὴν 16 Συρίαν καὶ Κιλικίαν ἐπιστηρίζων τὰς ἐκκλησίας. Κατήντησεν δὲ [καὶ] εἰς Δέρβην καὶ εἰς Λύστραν· καὶ ἰδοὺ μαθητής τις ἦν ἐκεῖ ὀνόματι Τιμόθεος, υἱὸς γυναικὸς Ἰου- 2 δαίας πιστῆς πατρὸς δὲ Ἕλληνος, ὃς ἐμαρτυρεῖτο ὑπὸ 3 τῶν ἐν Λύστροις καὶ Ἰκονίῳ ἀδελφῶν. τοῦτον ἠθέλησεν ὁ Παῦλος σὺν αὐτῷ ἐξελθεῖν, καὶ λαβὼν περιέτεμεν αὐτὸν διὰ τοὺς Ἰουδαίους τοὺς ὄντας ἐν τοῖς τόποις ἐκείνοις· ᾔδεισαν γὰρ ἅπαντες ὅτι Ἕλλην ὁ πατὴρ αὐτοῦ 4 ὑπῆρχεν. Ὡς δὲ διεπορεύοντο τὰς πόλεις, παρεδίδοσαν αὐτοῖς φυλάσσειν τὰ δόγματα τὰ κεκριμένα ὑπὸ τῶν ἀπο- 5 στόλων καὶ πρεσβυτέρων τῶν ἐν Ἱεροσολύμοις. αἱ μὲν οὖν ἐκκλησίαι ἐστερεοῦντο τῇ πίστει, καὶ ἐπερίσσευον τῷ ἀριθμῷ καθ' ἡμέραν.

6 Διῆλθον δὲ τὴν Φρυγίαν καὶ Γαλατικὴν χώραν, κωλυθέντες ὑπὸ τοῦ Ἁγίου Πνεύματος λαλῆσαι τὸν λόγον ἐν 7 τῇ Ἀσίᾳ· ἐλθόντες δὲ κατὰ τὴν Μυσίαν ἐπείραζον εἰς τὴν Βιθυνίαν πορευθῆναι, καὶ οὐκ εἴασεν αὐτοὺς τὸ Πνεῦ- 8 μα Ἰησοῦ· παρελθόντες δὲ τὴν Μυσίαν κατέβησαν εἰς 9 Τρῳάδα. καὶ ὅραμα διὰ νυκτὸς τῷ Παύλῳ ὤφθη· ἀνὴρ Μακεδών τις ἦν ἑστὼς καὶ παρακαλῶν αὐτὸν καὶ λέγων, 10 Διαβὰς εἰς Μακεδονίαν βοήθησον ἡμῖν. ὡς δὲ τὸ ὅραμα εἶδεν, εὐθέως ἐζητήσαμεν ἐξελθεῖν εἰς Μακεδονίαν,

40 Κυρίου] θεοῦ ϛ 41 Κιλικίαν] pr τὴν Ln[WH] 1 καὶ pri.] ins ϛmLn[Tr]WHR : ϛ°Ti°A°B° εἰς sec.] ϛ°A° γυναικός] + τινος ϛ(n.m.) 2 Ἰκον.] Εἰκον. WHa 3 ἅπαντες] πάντες Ln ὅτι Ἑ. ὁ πατὴρ αὐ.] τὸν πατέρα αὐ. ὅτι Ἑ. ϛ TiAScr 4 παρεδίδοσαν] -εδίδουν ϛ πρεσβυτέρων] pr τῶν ϛ Ἱεροσολύμοις] Ἱερουσαλήμ ϛ 6 διῆλθον] διελθόντες ϛ Γαλατ.] pr τὴν ϛ 7 δὲ] ϛ°(n.m.) εἰς] κατὰ ϛ(n.m.) : J πορευθῆναι] -εύεσθαι ϛ Ἰησοῦ] ϛ°(n.m.) : Scr 9 νυκτὸς] pr τῆς ϛ [A][B] ὤφθη] ante τῷ Π. ϛ LnTrm Μακ.] post τις ἦν ϛ ἦν] A° καὶ sec.] ϛ°A° 10 Μακ.] pr τὴν ϛ A

συμβιβάζοντες ὅτι προσκέκληται ἡμᾶς ὁ Θεὸς εὐαγγελίσασθαι αὐτούς.

Ἀναχθέντες οὖν ἀπὸ Τρῳάδος εὐθυδρομήσαμεν εἰς Σα- 11 μοθρᾴκην, τῇ δὲ ἐπιούσῃ εἰς Νέαν Πόλιν, κἀκεῖθεν εἰς 12 Φιλίππους, ἥτις ἐστὶν πρώτη τῆς μερίδος Μακεδονίας πόλις, κολωνία· ἦμεν δὲ ἐν ταύτῃ τῇ πόλει διατρίβοντες ἡμέρας τινάς. Τῇ τε ἡμέρᾳ τῶν σαββάτων ἐξήλθομεν 13 ἔξω τῆς πύλης παρὰ ποταμόν, οὗ ἐνομίζομεν προσευχὴν εἶναι, καὶ καθίσαντες ἐλαλοῦμεν ταῖς συνελθούσαις γυναιξίν. καί τις γυνὴ ὀνόματι Λυδία, πορφυρόπωλις πό- 14 λεως Θυατείρων σεβομένη τὸν Θεόν, ἤκουεν· ἧς ὁ Κύριος διήνοιξεν τὴν καρδίαν προσέχειν τοῖς λαλουμένοις ὑπὸ Παύλου. ὡς δὲ ἐβαπτίσθη καὶ ὁ οἶκος αὐτῆς, παρεκά- 15 λεσεν λέγουσα, Εἰ κεκρίκατέ με πιστὴν τῷ Κυρίῳ εἶναι, εἰσελθόντες εἰς τὸν οἶκόν μου μένετε. καὶ παρεβιάσατο ἡμᾶς.

Ἐγένετο δέ, πορευομένων ἡμῶν εἰς τὴν προσευχήν, 16 παιδίσκην τινὰ ἔχουσαν πνεῦμα πύθωνα ὑπαντῆσαι ἡμῖν, ἥτις ἐργασίαν πολλὴν παρεῖχεν τοῖς κυρίοις αὐτῆς μαντευομένη. αὕτη κατακολουθοῦσα τῷ Παύλῳ καὶ ἡμῖν 17 ἔκραζεν λέγουσα, Οὗτοι οἱ ἄνθρωποι δοῦλοι τοῦ Θεοῦ τοῦ Ὑψίστου εἰσίν, οἵτινες καταγγέλλουσιν ὑμῖν ὁδὸν σωτηρίας. τοῦτο δὲ ἐποίει ἐπὶ πολλὰς ἡμέρας. διαπονη- 18 θεὶς δὲ Παῦλος καὶ ἐπιστρέψας τῷ πνεύματι εἶπεν, Παραγγέλλω σοι ἐν ὀνόματι Ἰησοῦ Χριστοῦ ἐξελθεῖν ἀπ' αὐτῆς· καὶ ἐξῆλθεν αὐτῇ τῇ ὥρᾳ.

19 Ἰδόντες δὲ οἱ κύριοι αὐτῆς ὅτι ἐξῆλθεν ἡ ἐλπὶς τῆς ἐργασίας αὐτῶν, ἐπιλαβόμενοι τὸν Παῦλον καὶ τὸν Σίλαν
20 εἵλκυσαν εἰς τὴν ἀγορὰν ἐπὶ τοὺς ἄρχοντας, καὶ προσαγαγόντες αὐτοὺς τοῖς στρατηγοῖς εἶπαν, Οὗτοι οἱ ἄνθρωποι ἐκταράσσουσιν ἡμῶν τὴν πόλιν Ἰουδαῖοι ὑπάρ-
21 χοντες, καὶ καταγγέλλουσιν ἔθη ἃ οὐκ ἔξεστιν ἡμῖν
22 παραδέχεσθαι οὐδὲ ποιεῖν Ῥωμαίοις οὖσιν. καὶ συνεπέστη ὁ ὄχλος κατ' αὐτῶν· καὶ οἱ στρατηγοὶ περιρήξαντες
23 αὐτῶν τὰ ἱμάτια ἐκέλευον ῥαβδίζειν. πολλάς τε ἐπιθέντες αὐτοῖς πληγὰς ἔβαλον εἰς φυλακήν, παραγγείλαντες
24 τῷ δεσμοφύλακι ἀσφαλῶς τηρεῖν αὐτούς· ὃς παραγγελίαν τοιαύτην λαβὼν ἔβαλεν αὐτοὺς εἰς τὴν ἐσωτέραν φυλακήν, καὶ τοὺς πόδας ἠσφαλίσατο αὐτῶν εἰς τὸ ξύλον.
25 Κατὰ δὲ τὸ μεσονύκτιον Παῦλος καὶ Σίλας προσευχόμενοι ὕμνουν τὸν Θεόν, ἐπηκροῶντο δὲ αὐτῶν οἱ δέσμιοι·
26 ἄφνω δὲ σεισμὸς ἐγένετο μέγας, ὥστε σαλευθῆναι τὰ θεμέλια τοῦ δεσμωτηρίου· ἠνεῴχθησαν δὲ παραχρῆμα αἱ
27 θύραι πᾶσαι, καὶ πάντων τὰ δεσμὰ ἀνέθη. Ἔξυπνος δὲ γενόμενος ὁ δεσμοφύλαξ καὶ ἰδὼν ἀνεῳγμένας τὰς θύρας τῆς φυλακῆς, σπασάμενος τὴν μάχαιραν ἤμελλεν ἑαυτὸν ἀναιρεῖν, νομίζων ἐκπεφευγέναι τοὺς δεσμίους.
28 ἐφώνησεν δὲ φωνῇ μεγάλῃ Παῦλος λέγων, Μηδὲν πράξῃς
29 σεαυτῷ κακόν, ἅπαντες γάρ ἐσμεν ἐνθάδε. αἰτήσας δὲ φῶτα εἰσεπήδησεν, καὶ ἔντρομος γενόμενος προσέπεσεν τῷ
30 Παύλῳ καὶ Σίλᾳ, καὶ προαγαγὼν αὐτοὺς ἔξω ἔφη,
31 Κύριοι, τί με δεῖ ποιεῖν ἵνα σωθῶ; οἱ δὲ εἶπαν, Πίστευσον ἐπὶ τὸν Κύριον Ἰησοῦν, καὶ σωθήσῃ σὺ καὶ ὁ

οἶκός σου. καὶ ἐλάλησαν αὐτῷ τὸν λόγον τοῦ Κυρίου 32
σὺν πᾶσιν τοῖς ἐν τῇ οἰκίᾳ αὐτοῦ.   καὶ παραλαβὼν 33
αὐτοὺς ἐν ἐκείνῃ τῇ ὥρᾳ τῆς νυκτὸς ἔλουσεν ἀπὸ τῶν
πληγῶν, καὶ ἐβαπτίσθη αὐτὸς καὶ οἱ αὐτοῦ ἅπαντες παρα-
χρῆμα.   ἀναγαγών τε αὐτοὺς εἰς τὸν οἶκον παρέθηκεν 34
τράπεζαν, καὶ ἠγαλλιάσατο πανοικεὶ πεπιστευκὼς τῷ Θεῷ.
Ἡμέρας δὲ γενομένης ἀπέστειλαν οἱ στρατηγοὶ τοὺς 35
ῥαβδούχους λέγοντες, Ἀπόλυσον τοὺς ἀνθρώπους ἐκείνους.
ἀπήγγειλεν δὲ ὁ δεσμοφύλαξ τοὺς λόγους πρὸς τὸν Παῦ- 36
λον ὅτι Ἀπέσταλκαν οἱ στρατηγοὶ ἵνα ἀπολυθῆτε· νῦν
οὖν ἐξελθόντες πορεύεσθε ἐν εἰρήνῃ.   ὁ δὲ Παῦλος ἔφη 37
πρὸς αὐτούς, Δείραντες ἡμᾶς δημοσίᾳ ἀκατακρίτους, ἀν-
θρώπους Ῥωμαίους ὑπάρχοντας, ἔβαλαν εἰς φυλακήν· καὶ
νῦν λάθρα ἡμᾶς ἐκβάλλουσιν; οὐ γάρ, ἀλλὰ ἐλθόντες
αὐτοὶ ἡμᾶς ἐξαγαγέτωσαν.   ἀπήγγειλαν δὲ τοῖς στρα- 38
τηγοῖς οἱ ῥαβδοῦχοι τὰ ῥήματα ταῦτα· ἐφοβήθησαν δὲ
ἀκούσαντες ὅτι Ῥωμαῖοί εἰσιν·   καὶ ἐλθόντες παρεκά- 39
λεσαν αὐτούς, καὶ ἐξαγαγόντες ἠρώτων ἀπελθεῖν ἀπὸ τῆς
πόλεως.   ἐξελθόντες δὲ ἀπὸ τῆς φυλακῆς εἰσῆλθον 40
πρὸς τὴν Λυδίαν· καὶ ἰδόντες παρεκάλεσαν τοὺς ἀδελφοὺς
καὶ ἐξῆλθαν.

Διοδεύσαντες δὲ τὴν Ἀμφίπολιν καὶ τὴν Ἀπολλωνίαν 17
ἦλθον εἰς Θεσσαλονίκην, ὅπου ἦν συναγωγὴ τῶν Ἰου-
δαίων·   κατὰ δὲ τὸ εἰωθὸς τῷ Παύλῳ εἰσῆλθεν πρὸς 2
αὐτούς, καὶ ἐπὶ σάββατα τρία διελέξατο αὐτοῖς ἀπὸ τῶν
γραφῶν,   διανοίγων καὶ παρατιθέμενος ὅτι τὸν Χριστὸν 3

32 ἐλάλησαν] -σεν B σφ   Κυρίου] θεοῦ WH(n.m.)Rm   σὺν] καὶ ϛ
πᾶσιν]-σι WH   33 ἅπαντες] πάντες ϛ LnTr(n.m.)A   34 οἶκον]+
αὐτοῦ ϛ [Tr] [B] .   ἠγαλλιάσατο] -ἰᾶτο A   πανοικεὶ] -κὶ ϛLnTr
36 λόγους]+τούτους ϛ TiAB   ἀπέσταλκαν] ἀπεστάλκασιν ϛ
37 ἔβαλαν]-ον ϛ WHa   38 ἀπήγγειλαν] ἀνήγγ. ϛ   δὲ pri.] τε TiB
ἐφοβ. δὲ] καὶ ἐφοβ. ϛ   39 ἀπελθεῖν ἀπὸ] ἐξελθεῖν (— ἀπὸ) ϛ
40 ἀπὸ] ἐκ ϛ LnTrA   εἰσῆλθον] -αν WHa   πρὸς] εἰς ϛ: Cϛm
παρεκάλ. τοὺς ἀδ.] τοὺς ἀδ. παρεκάλ. αὐτοὺς ϛ   ἐξῆλθαν] -ον ϛ LnAWHa
1 τὴν sec.] ϛ°A°   συναγ.] pr ἡ ϛ[A]Bm   2 διελέξατο]-λέγετο ϛ A

ΠΡΑΞΕΙΣ

17. 4—13.

ἔδει παθεῖν καὶ ἀναστῆναι ἐκ νεκρῶν, καὶ ὅτι Οὗτός ἐστιν [ὁ] Χριστός, [ὁ] Ἰησοῦς ὃν ἐγὼ καταγγέλλω ὑμῖν.

4 καί τινες ἐξ αὐτῶν ἐπείσθησαν, καὶ προσεκληρώθησαν τῷ Παύλῳ καὶ τῷ Σίλᾳ, τῶν τε σεβομένων Ἑλλήνων πλῆθος
5 πολύ, γυναικῶν τε τῶν πρώτων οὐκ ὀλίγαι. Ζηλώσαντες δὲ οἱ Ἰουδαῖοι καὶ προσλαβόμενοι τῶν ἀγοραίων ἄνδρας τινὰς πονηροὺς καὶ ὀχλοποιήσαντες ἐθορύβουν τὴν πόλιν· καὶ ἐπιστάντες τῇ οἰκίᾳ Ἰάσονος ἐζήτουν αὐτοὺς προαγα-
6 γεῖν εἰς τὸν δῆμον. μὴ εὑρόντες δὲ αὐτοὺς ἔσυρον Ἰάσονα καί τινας ἀδελφοὺς ἐπὶ τοὺς πολιτάρχας, βοῶντες ὅτι Οἱ τὴν οἰκουμένην ἀναστατώσαντες οὗτοι καὶ ἐνθάδε
7 πάρεισιν· οὓς ὑποδέδεκται Ἰάσων· καὶ οὗτοι πάντες ἀπέναντι τῶν δογμάτων Καίσαρος πράσσουσιν, βασιλέα
8 ἕτερον λέγοντες εἶναι Ἰησοῦν. ἐτάραξαν δὲ τὸν ὄχλον
9 καὶ τοὺς πολιτάρχας ἀκούοντας ταῦτα· καὶ λαβόντες τὸ ἱκανὸν παρὰ τοῦ Ἰάσονος καὶ τῶν λοιπῶν ἀπέλυσαν αὐτούς.

10 Οἱ δὲ ἀδελφοὶ εὐθέως διὰ νυκτὸς ἐξέπεμψαν τόν τε Παῦλον καὶ τὸν Σίλαν εἰς Βέροιαν· οἵτινες παραγενόμενοι
11 εἰς τὴν συναγωγὴν τῶν Ἰουδαίων ἀπῄεσαν. οὗτοι δὲ ἦσαν εὐγενέστεροι τῶν ἐν Θεσσαλονίκῃ, οἵτινες ἐδέξαντο τὸν λόγον μετὰ πάσης προθυμίας, [τὸ] καθ' ἡμέραν ἀνα-
12 κρίνοντες τὰς γραφὰς εἰ ἔχοι ταῦτα οὕτως. πολλοὶ μὲν οὖν ἐξ αὐτῶν ἐπίστευσαν, καὶ τῶν Ἑλληνίδων γυναικῶν
13 τῶν εὐσχημόνων καὶ ἀνδρῶν οὐκ ὀλίγοι. Ὡς δὲ ἔγνωσαν οἱ ἀπὸ τῆς Θεσσαλονίκης Ἰουδαῖοι ὅτι καὶ ἐν τῇ Βεροίᾳ κατηγγέλη ὑπὸ τοῦ Παύλου ὁ λόγος τοῦ Θεοῦ,

3 ὁ *pri.*] ins ϛA[B]WH(n.m.)R : Lnº Trº Tiº   ὁ *sec.*] ins A[B]WH(n.m.) R : ϛºLnºTrºTiº   , Ἰησοῦς] Ἰησοῦς, ϛTi : J   4 τῷ *sec.*] [WH] Ἑλλήνων] pr καὶ L*n*[Tr]mBm   πολὺ] ante πλῆθος ϛ   οὐκ ὀλ.] οὐχ ὀλ. WH₁   5 Ἰουδ.] pr ἀπειθοῦντες ϛ   τινὰς] ante ἄνδρ. ϛTiB καὶ ἐπιστάντες] ἐπιστ. τε ϛ   προαγαγεῖν] ἀγαγεῖν ϛ   6 Ἰάσ.] pr τὸν ϛ[A]   7 πράσσουσιν] πράττ. ϛ : -σι WH   ἕτερον] post λέγ. ϛ A   10 νυκτὸς] pr τῆς ϛ   ἀπῄεσαν] ante τῶν Ἰ. A   11 τὸ] ins ϛ[Tr]mA[B] [WH] : LnºTrºTiº

356

ἦλθον κἀκεῖ σαλεύοντες καὶ ταράσσοντες τοὺς ὄχλους.
εὐθέως δὲ τότε τὸν Παῦλον ἐξαπέστειλαν οἱ ἀδελφοὶ 14
πορεύεσθαι ἕως ἐπὶ τὴν θάλασσαν· ὑπέμεινάν τε ὅ τε
Σίλας καὶ ὁ Τιμόθεος ἐκεῖ. οἱ δὲ καθιστάνοντες τὸν 15
Παῦλον ἤγαγον ἕως Ἀθηνῶν· καὶ λαβόντες ἐντολὴν πρὸς
τὸν Σίλαν καὶ τὸν Τιμόθεον ἵνα ὡς τάχιστα ἔλθωσιν πρὸς
αὐτὸν ἐξῄεσαν.

Ἐν δὲ ταῖς Ἀθήναις ἐκδεχομένου αὐτοὺς τοῦ Παύλου, 16
παρωξύνετο τὸ πνεῦμα αὐτοῦ ἐν αὐτῷ θεωροῦντος κατείδω-
λον οὖσαν τὴν πόλιν. διελέγετο μὲν οὖν ἐν τῇ συνα- 17
γωγῇ τοῖς Ἰουδαίοις καὶ τοῖς σεβομένοις, καὶ ἐν τῇ ἀγορᾷ
κατὰ πᾶσαν ἡμέραν πρὸς τοὺς παρατυγχάνοντας.
τινὲς δὲ καὶ τῶν Ἐπικουρίων καὶ Στοϊκῶν φιλοσόφων 18
συνέβαλλον αὐτῷ. καί τινες ἔλεγον, Τί ἂν θέλοι ὁ σπερ-
μολόγος οὗτος λέγειν; οἱ δέ, Ξένων δαιμονίων δοκεῖ
καταγγελεὺς εἶναι· ὅτι τὸν Ἰησοῦν καὶ τὴν ἀνάστασιν
εὐηγγελίζετο. Ἐπιλαβόμενοί τε αὐτοῦ ἐπὶ τὸν Ἄρειον 19
Πάγον ἤγαγον λέγοντες, Δυνάμεθα γνῶναι τίς ἡ καινὴ
αὕτη ἡ ὑπὸ σοῦ λαλουμένη διδαχή; ξενίζοντα γάρ 20
τινα εἰσφέρεις εἰς τὰς ἀκοὰς ἡμῶν· βουλόμεθα οὖν γνῶναι,
τίνα θέλει ταῦτα εἶναι. (Ἀθηναῖοι δὲ πάντες καὶ οἱ 21
ἐπιδημοῦντες ξένοι εἰς οὐδὲν ἕτερον ηὐκαίρουν ἢ λέγειν τι
ἢ ἀκούειν τι καινότερον.) Σταθεὶς δὲ Παῦλος ἐν μέσῳ 22
τοῦ Ἀρείου Πάγου ἔφη, Ἄνδρες Ἀθηναῖοι, κατὰ πάντα
ὡς δεισιδαιμονεστέρους ὑμᾶς θεωρῶ. διερχόμενος γὰρ 23
καὶ ἀναθεωρῶν τὰ σεβάσματα ὑμῶν εὗρον καὶ βωμὸν ἐν ᾧ

ἐπεγέγραπτο, Ἀγνώστῳ Θεῷ. ὃ οὖν ἀγνοοῦντες εὐσε-
24 βεῖτε, τοῦτο ἐγὼ καταγγέλλω ὑμῖν. ὁ Θεὸς ὁ ποιήσας
τὸν κόσμον καὶ πάντα τὰ ἐν αὐτῷ, οὗτος οὐρανοῦ καὶ γῆς
ὑπάρχων Κύριος οὐκ ἐν χειροποιήτοις ναοῖς κατοικεῖ·
25 οὐδὲ ὑπὸ χειρῶν ἀνθρωπίνων θεραπεύεται προσδεόμενός
τινος, αὐτὸς διδοὺς πᾶσι ζωὴν καὶ πνοὴν καὶ τὰ πάντα·
26 ἐποίησέν τε ἐξ ἑνὸς πᾶν ἔθνος ἀνθρώπων κατοικεῖν ἐπὶ
παντὸς προσώπου τῆς γῆς, ὁρίσας προστεταγμένους και-
27 ροὺς καὶ τὰς ὁροθεσίας τῆς κατοικίας αὐτῶν· ζητεῖν
τὸν Θεόν, εἰ ἄρα γε ψηλαφήσειαν αὐτὸν καὶ εὕροιεν, καί γε
28 οὐ μακρὰν ἀπὸ ἑνὸς ἑκάστου ἡμῶν ὑπάρχοντα· ἐν αὐτῷ
γὰρ ζῶμεν καὶ κινούμεθα καὶ ἐσμέν· ὡς καί τινες τῶν καθ᾽
ὑμᾶς ποιητῶν εἰρήκασιν, Τοῦ γὰρ καὶ γένος ἐσμέν.
29 γένος οὖν ὑπάρχοντες τοῦ Θεοῦ οὐκ ὀφείλομεν νομίζειν
χρυσῷ ἢ ἀργύρῳ ἢ λίθῳ, χαράγματι τέχνης καὶ ἐνθυμή-
30 σεως ἀνθρώπου, τὸ θεῖον εἶναι ὅμοιον. τοὺς μὲν οὖν
χρόνους τῆς ἀγνοίας ὑπεριδὼν ὁ Θεὸς τὰ νῦν παραγγέλλει
31 τοῖς ἀνθρώποις πάντας πανταχοῦ μετανοεῖν· καθότι
ἔστησεν ἡμέραν ἐν ᾗ μέλλει κρίνειν τὴν οἰκουμένην ἐν
δικαιοσύνῃ ἐν ἀνδρὶ ᾧ ὥρισεν, πίστιν παρασχὼν πᾶσιν
32 ἀναστήσας αὐτὸν ἐκ νεκρῶν. Ἀκούσαντες δὲ ἀνάστα-
σιν νεκρῶν οἱ μὲν ἐχλεύαζον, οἱ δὲ εἶπαν, Ἀκουσόμεθά
33 σου περὶ τούτου καὶ πάλιν. οὕτως ὁ Παῦλος ἐξῆλθεν
34 ἐκ μέσου αὐτῶν. τινὲς δὲ ἄνδρες κολληθέντες αὐτῷ
ἐπίστευσαν· ἐν οἷς καὶ Διονύσιος ὁ Ἀρεοπαγίτης καὶ γυνὴ
ὀνόματι Δάμαρις καὶ ἕτεροι σὺν αὐτοῖς.

23 ὃ...τοῦτο] ὃν...τοῦτον ϛ Bm   24 ὑπάρχων] post κύρ. ϛ   25 ἀν-
θρωπίνων] ἀνθρώπων ϛ   πᾶσι]-σιν ϛ TrTiB   καὶ τὰ] κατὰ ϛ : smJ
ElzScr   26 ἑνὸς] + αἵματος ϛ [A] [B]   παντὸς προσώπου] πᾶν τὸ
πρόσωπον ϛ   προστεταγμ.] προτεταγμ. ϛ : πρὸς τεταγμ. Ln : CErsm
27 Θεόν] κύριον ϛ   καὶ pri.] ἢ LnTrm   καί γε] καίτοιγε ϛ : Er
28 ὑμᾶς] ἡμᾶς WHm: Scr   30 παραγγέλλει] ἀπαγγ. TrmTiB(n.m.)WHRm
πάντας] πᾶσι ϛ   31 καθότι] διότι ϛ   32 εἶπαν] -ον ϛ Ln
32, 33 περὶ usque ad οὕτως] πάλιν περὶ τούτου. καὶ οὕτως ϛ : περὶ τούτου
πάλιν. [καὶ] οὕτως Bm   34 ὁ] Lnº[Tr][WH]   Ἀρεοπαγίτης] -γεί-
της Ti

ΑΠΟΣΤΟΛΩΝ

Μετὰ ταῦτα χωρισθεὶς ἐκ τῶν Ἀθηνῶν ἦλθεν εἰς Κό- 18
ρινθον. καὶ εὑρών τινα Ἰουδαῖον ὀνόματι Ἀκύλαν, 2
Ποντικὸν τῷ γένει, προσφάτως ἐληλυθότα ἀπὸ τῆς Ἰταλίας, καὶ Πρίσκιλλαν γυναῖκα αὐτοῦ, διὰ τὸ διατεταχέναι
Κλαύδιον χωρίζεσθαι πάντας τοὺς Ἰουδαίους ἀπὸ τῆς
Ῥώμης, προσῆλθεν αὐτοῖς· καὶ διὰ τὸ ὁμότεχνον εἶναι 3
ἔμενεν παρ' αὐτοῖς καὶ ἠργάζετο· ἦσαν γὰρ σκηνοποιοὶ
τῇ τέχνῃ. διελέγετο δὲ ἐν τῇ συναγωγῇ κατὰ πᾶν 4
σάββατον, ἔπειθέν τε Ἰουδαίους καὶ Ἕλληνας.

Ὡς δὲ κατῆλθον ἀπὸ τῆς Μακεδονίας ὅ τε Σίλας καὶ ὁ 5
Τιμόθεος, συνείχετο τῷ λόγῳ ὁ Παῦλος, διαμαρτυρόμενος
τοῖς Ἰουδαίοις εἶναι τὸν Χριστὸν Ἰησοῦν. ἀντιτασσο- 6
μένων δὲ αὐτῶν καὶ βλασφημούντων ἐκτιναξάμενος τὰ
ἱμάτια εἶπεν πρὸς αὐτούς, Τὸ αἷμα ὑμῶν ἐπὶ τὴν κεφαλὴν
ὑμῶν· καθαρὸς ἐγὼ ἀπὸ τοῦ νῦν εἰς τὰ ἔθνη πορεύσομαι.
καὶ μεταβὰς ἐκεῖθεν ἦλθεν εἰς οἰκίαν τινὸς ὀνόματι Τιτίου 7
Ἰούστου, σεβομένου τὸν Θεόν, οὗ ἡ οἰκία ἦν συνομοροῦσα
τῇ συναγωγῇ. Κρίσπος δὲ ὁ ἀρχισυνάγωγος ἐπίστευ- 8
σεν τῷ Κυρίῳ σὺν ὅλῳ τῷ οἴκῳ αὐτοῦ· καὶ πολλοὶ τῶν
Κορινθίων ἀκούοντες ἐπίστευον καὶ ἐβαπτίζοντο.
Εἶπεν δὲ ὁ Κύριος ἐν νυκτὶ δι' ὁράματος τῷ Παύλῳ, Μὴ 9
φοβοῦ, ἀλλὰ λάλει καὶ μὴ σιωπήσῃς· διότι ἐγώ εἰμι 10
μετὰ σοῦ καὶ οὐδεὶς ἐπιθήσεταί σοι τοῦ κακῶσαί σε· διότι
λαός ἐστί μοι πολὺς ἐν τῇ πόλει ταύτῃ. ἐκάθισεν δὲ 11
ἐνιαυτὸν καὶ μῆνας ἓξ διδάσκων ἐν αὐτοῖς τὸν λόγον τοῦ
Θεοῦ.

Γαλλίωνος δὲ ἀνθυπάτου ὄντος τῆς Ἀχαΐας κατεπέστη- 12

1 μετὰ] +δὲ ϛ[A]   χωρισθεὶς] + ὁ Παῦλος ϛ   2 διατεταχέναι]
[δια]τεταχέναι Trm : τεταχέναι TiB   ἀπὸ] ἐκ ϛ   3 ἠργάζετο]
εἰργάζετο ϛ : εἰργάζοντο TiB(n.m.)WH(n.m.)R   τῇ τέχνῃ] τὴν τέχνην
ϛ   5 λόγῳ] πνεύματι ϛBm   εἶναι] ϛ°(n.m.)A°   6 ἐγὼ] ἐγώ·
JWH(n.m.)R   7 ἦλθεν] εἰσῆλθεν LnTrmTiB   Τιτίου] Τίτου ϛmBm
R : ϛ°Ln°[Tr]A°B°m   9 ἐν νυκτὶ] post δι' ὁράματος ϛ   10 ἐστί]
ἐστίν TrTiB   11 δὲ] τε ϛ   12 ἀνθυπάτου ὄντος] ἀνθυπατεύοντος
ϛ(n.m.)

σαν ὁμοθυμαδὸν οἱ Ἰουδαῖοι τῷ Παύλῳ, καὶ ἤγαγον αὐτὸν
13 ἐπὶ τὸ βῆμα   λέγοντες ὅτι Παρὰ τὸν νόμον ἀναπείθει
14 οὗτος τοὺς ἀνθρώπους σέβεσθαι τὸν Θεόν.   μέλλοντος
δὲ τοῦ Παύλου ἀνοίγειν τὸ στόμα εἶπεν ὁ Γαλλίων πρὸς
τοὺς Ἰουδαίους, Εἰ μὲν ἦν ἀδίκημά τι ἢ ῥᾳδιούργημα
πονηρόν, ὦ Ἰουδαῖοι, κατὰ λόγον ἂν ἀνεσχόμην ὑμῶν·
15 εἰ δὲ ζητήματά ἐστιν περὶ λόγου καὶ ὀνομάτων καὶ νόμου
τοῦ καθ' ὑμᾶς, ὄψεσθε αὐτοί· κριτὴς ἐγὼ τούτων οὐ βού-
16 λομαι εἶναι.   καὶ ἀπήλασεν αὐτοὺς ἀπὸ τοῦ βήματος.
17 ἐπιλαβόμενοι δὲ πάντες Σωσθένην τὸν ἀρχισυνάγωγον
ἔτυπτον ἔμπροσθεν τοῦ βήματος· καὶ οὐδὲν τούτων τῷ
Γαλλίωνι ἔμελεν.
18 Ὁ δὲ Παῦλος ἔτι προσμείνας ἡμέρας ἱκανάς, τοῖς ἀδελ-
φοῖς ἀποταξάμενος ἐξέπλει εἰς τὴν Συρίαν, καὶ σὺν αὐτῷ
Πρίσκιλλα καὶ Ἀκύλας, κειράμενος ἐν Κεγχρεαῖς τὴν κε-
19 φαλήν· εἶχεν γὰρ εὐχήν.   κατήντησαν δὲ εἰς Ἔφεσον,
κἀκείνους κατέλιπεν αὐτοῦ· αὐτὸς δὲ εἰσελθὼν εἰς τὴν
20 συναγωγὴν διελέξατο τοῖς Ἰουδαίοις.   ἐρωτώντων δὲ
21 αὐτῶν ἐπὶ πλείονα χρόνον μεῖναι οὐκ ἐπένευσεν,   ἀλλὰ
ἀποταξάμενος καὶ εἰπών, Πάλιν ἀνακάμψω πρὸς ὑμᾶς τοῦ
22 Θεοῦ θέλοντος, ἀνήχθη ἀπὸ τῆς Ἐφέσου.   καὶ κατελ-
θὼν εἰς Καισάρειαν, ἀναβὰς καὶ ἀσπασάμενος τὴν ἐκκλη-
23 σίαν, κατέβη εἰς Ἀντιόχειαν.   καὶ ποιήσας χρόνον τινὰ
ἐξῆλθεν, διερχόμενος καθεξῆς τὴν Γαλατικὴν χώραν καὶ
Φρυγίαν, στηρίζων πάντας τοὺς μαθητάς.
24   Ἰουδαῖος δέ τις Ἀπολλὼς ὀνόματι, Ἀλεξανδρεὺς τῷ

ὁμοθυμ.] post οἱ Ἰουδ. WH(n.m.)   13 οὗτος] ante ἀναπείθει ϛ
14 μὲν] +οὖν ϛ(n.m.)[A]   ἀνεσχόμην] ἠνεσχ. ϛA   15 ζητήματά]
ζήτημά ϛ(n.m.)   κριτὴς] + γὰρ ϛ   17 πάντες] + οἱ Ἕλληνες ϛBm
18 Κεγχρεαῖς] Κενχρ. TiBWH(n.a.)   ἐν Κ.] post τὴν κεφ. ϛ
19 κατήντησαν] -σε ϛ   κατέλ.] ἀπέλ. Bmσφ?   αὐτοῦ] ἐκεῖ LnTrm
Bm   διελέξατο] -λέχθη ϛA   20 μεῖναι] + παρ' αὐτοῖς ϛ
21 ἀλλὰ ἀποταξάμενος καὶ] ἀλλ' ἀπετάξατο αὐτοῖς ϛ   εἰπών]+Δεῖ με
πάντως τὴν ἑορτὴν τὴν ἐρχομένην ποιῆσαι εἰς Ἱεροσόλυμα· ϛ[B]WHm
πάλιν]+δὲ ϛ[B] : [et iterum] sic WHm   ἀνήχθη] pr καὶ ϛ   23 στη-
ρίζων] ἐπιστηρίζων ϛ

γένει, ἀνὴρ λόγιος, κατήντησεν εἰς Ἔφεσον, δυνατὸς ὢν ἐν ταῖς γραφαῖς. οὗτος ἦν κατηχημένος τὴν ὁδὸν τοῦ 25 Κυρίου· καὶ ζέων τῷ πνεύματι ἐλάλει καὶ ἐδίδασκεν ἀκριβῶς τὰ περὶ τοῦ Ἰησοῦ, ἐπιστάμενος μόνον τὸ βάπτισμα Ἰωάννου· οὗτός τε ἤρξατο παρρησιάζεσθαι ἐν τῇ συν- 26 αγωγῇ. ἀκούσαντες δὲ αὐτοῦ Πρίσκιλλα καὶ Ἀκύλας προσελάβοντο αὐτόν, καὶ ἀκριβέστερον αὐτῷ ἐξέθεντο τὴν ὁδὸν τοῦ Θεοῦ. βουλομένου δὲ αὐτοῦ διελθεῖν εἰς τὴν 27 Ἀχαΐαν, προτρεψάμενοι οἱ ἀδελφοὶ ἔγραψαν τοῖς μαθηταῖς ἀποδέξασθαι αὐτόν· ὃς παραγενόμενος συνεβάλετο πολὺ τοῖς πεπιστευκόσιν διὰ τῆς χάριτος· εὐτόνως γὰρ τοῖς 28 Ἰουδαίοις διακατηλέγχετο δημοσίᾳ ἐπιδεικνὺς διὰ τῶν γραφῶν εἶναι τὸν Χριστὸν Ἰησοῦν.

Ἐγένετο δὲ ἐν τῷ τὸν Ἀπολλὼ εἶναι ἐν Κορίνθῳ Παῦ- 19 λον διελθόντα τὰ ἀνωτερικὰ μέρη ἐλθεῖν εἰς Ἔφεσον καὶ εὑρεῖν τινὰς μαθητάς· εἶπέν τε πρὸς αὐτούς, Εἰ Πνεῦμα 2 Ἅγιον ἐλάβετε πιστεύσαντες; οἱ δὲ πρὸς αὐτόν, Ἀλλ᾽ οὐδ᾽ εἰ Πνεῦμα Ἅγιον ἔστιν ἠκούσαμεν. εἶπέν τε, Εἰς 3 τί οὖν ἐβαπτίσθητε; οἱ δὲ εἶπαν, Εἰς τὸ Ἰωάννου βάπτισμα. εἶπεν δὲ Παῦλος, Ἰωάννης ἐβάπτισεν βάπτι- 4 σμα μετανοίας, τῷ λαῷ λέγων εἰς τὸν ἐρχόμενον μετ᾽ αὐτὸν ἵνα πιστεύσωσιν, τοῦτ᾽ ἔστιν εἰς τὸν Ἰησοῦν. ἀκού- 5 σαντες δὲ ἐβαπτίσθησαν εἰς τὸ ὄνομα τοῦ Κυρίου Ἰησοῦ.

25 τοῦ *pri.*] WH"m Ἰησοῦ] Κυρίου ς 26 Πρ. καὶ Ἀκ.] Ἀκ. καὶ Πρ. ς τοῦ Θεοῦ] ante ὁδόν ς : C : A" 27 βουλομένου *usque ad* αὐτόν·] ἐν δὲ τῇ Ἐφέσῳ ἐπιδημοῦντές τινες Κορίνθιοι καὶ ἀκούσαντες αὐτοῦ παρεκάλουν διελθεῖν σὺν αὐτοῖς εἰς τὴν πατρίδα αὐτῶν· συνκατανεύσαντος δὲ αὐτοῦ οἱ Ἐφέσιοι ἔγραψαν τοῖς ἐν Κορίνθῳ μαθηταῖς ὅπως ἀποδέξωνται τὸν ἄνδρα· WHm 1 Ἀπολλὼ]-λλὼν WHa ἐλθεῖν] κατελθεῖν TrmTiB 1, 2 ἐγένετο δὲ *usque ad* εἶπέν τε] θέλοντος δὲ τοῦ Παύλου κατὰ τὴν ἰδίαν βουλὴν πορεύεσθαι εἰς Ἱεροσόλυμα εἶπεν αὐτῷ τὸ πνεῦμα ὑποστρέφειν εἰς τὴν Ἀσίαν· διελθὼν δὲ τὰ ἀνωτερικὰ μέρη ἔρχεται εἰς Ἔφεσον, καὶ εὑρών τινας μαθητὰς εἶπεν WHm καὶ εὑρεῖν τ. μαθητάς· εἰ. τε] ·καὶ εὑρών τ. μαθητὰς εἶπε ς 2 οἱ δὲ]+εἶπον ς : Scr οὐδ᾽] οὐδὲ ς Tr ἅγιον ἔστιν] ἅγιόν ἐστιν ς TrA 3 εἶπέν τε] ὁ δὲ εἶπεν TrmTiBWHm :+ πρὸς αὐτούς ς εἶπαν]-ον ς 4 Ἰωάν.]+μὲν ςBm Ἰησ.] pr Χριστὸν ς

ΠΡΑΞΕΙΣ

6 καὶ ἐπιθέντος αὐτοῖς τοῦ Παύλου χεῖρας ἦλθε τὸ Πνεῦμα τὸ Ἅγιον ἐπ' αὐτούς, ἐλάλουν τε γλώσσαις καὶ ἐπροφή-
7 τευον. ἦσαν δὲ οἱ πάντες ἄνδρες ὡσεὶ δώδεκα.
8 Εἰσελθὼν δὲ εἰς τὴν συναγωγὴν ἐπαρρησιάζετο ἐπὶ μῆνας τρεῖς διαλεγόμενος καὶ πείθων τὰ περὶ τῆς βασιλείας
9 τοῦ Θεοῦ. ὡς δέ τινες ἐσκληρύνοντο καὶ ἠπείθουν κακολογοῦντες τὴν Ὁδὸν ἐνώπιον τοῦ πλήθους, ἀποστὰς ἀπ' αὐτῶν ἀφώρισεν τοὺς μαθητάς, καθ' ἡμέραν διαλεγόμενος
10 ἐν τῇ σχολῇ Τυράννου. τοῦτο δὲ ἐγένετο ἐπὶ ἔτη δύο, ὥστε πάντας τοὺς κατοικοῦντας τὴν Ἀσίαν ἀκοῦσαι τὸν λόγον τοῦ Κυρίου, Ἰουδαίους τε καὶ Ἕλληνας.
11 Δυνάμεις τε οὐ τὰς τυχούσας ὁ Θεὸς ἐποίει διὰ τῶν χει-
12 ρῶν Παύλου, ὥστε καὶ ἐπὶ τοὺς ἀσθενοῦντας ἀποφέρεσθαι ἀπὸ τοῦ χρωτὸς αὐτοῦ σουδάρια ἢ σιμικίνθια, καὶ ἀπαλλάσσεσθαι ἀπ' αὐτῶν τὰς νόσους, τά τε πνεύματα τὰ
13 πονηρὰ ἐκπορεύεσθαι. Ἐπεχείρησαν δέ τινες καὶ τῶν περιερχομένων Ἰουδαίων ἐξορκιστῶν ὀνομάζειν ἐπὶ τοὺς ἔχοντας τὰ πνεύματα τὰ πονηρὰ τὸ ὄνομα τοῦ Κυρίου Ἰησοῦ λέγοντες, Ὁρκίζω ὑμᾶς τὸν Ἰησοῦν ὃν Παῦλος
14 κηρύσσει. ἦσαν δέ τινος Σκευᾶ Ἰουδαίου ἀρχιερέως
15 ἑπτὰ υἱοὶ τοῦτο ποιοῦντες. ἀποκριθὲν δὲ τὸ πνεῦμα τὸ πονηρὸν εἶπεν αὐτοῖς, Τὸν Ἰησοῦν γινώσκω καὶ τὸν Παῦ-
16 λον ἐπίσταμαι· ὑμεῖς δὲ τίνες ἐστέ; καὶ ἐφαλόμενος ὁ ἄνθρωπος ἐπ' αὐτούς, ἐν ᾧ ἦν τὸ πνεῦμα τὸ πονηρόν, κατακυριεύσας ἀμφοτέρων ἴσχυσεν κατ' αὐτῶν, ὥστε γυ-

6 χεῖρας] pr τὰς ς   ἦλθε] -θεν TrA   ἐπροφήτευον] προεφήτ. ς
7 δώδεκα] δεκαδύο ς Am   8 τὰ] L n° Tr° B°m WH° : Scr   9 Τυράννου] + τινὸς ς : + ἀπὸ ὥρας ε̄ ἕως δεκάτης WHm   10 Κυρίου] + Ἰησοῦ ς
11 ἐποίει] ante ὁ θεὸς ς   12 ἀποφέρεσθαι] ἐπιφέρ. ς   ἐκπορεύεσθαι] ἐξέρχεσθαι ς : + ἀπ' αὐτῶν ς   13 καὶ] ς°(n.m.)   τῶν περι.] pr ἀπὸ ς   ὁρκίζω] -ίζομεν ς   Παῦ.] pr ὁ ς   14 τινος] τινες ςTrm TiAB(n.m.)   Σκευᾶ] Σκεῦα Α (σφ?)   υἱοὶ] ante Σκευ. ς   τοῦτο] pr οἱ ς[A]   15 αὐτοῖς] ς°   τὸν pri.] + μὲν [WH]   16 ἐφαλόμ.] ἐφαλλόμ. ς   ὁ ἄνθρ.] post ἐπ' αὐτοὺς ς   κατακυρ.] pr καὶ ς   ἀμφοτ.] αὐτῶν ς (n.m.)Bm

μνοὺς καὶ τετραυματισμένους ἐκφυγεῖν ἐκ τοῦ οἴκου ἐκείνου. τοῦτο δὲ ἐγένετο γνωστὸν πᾶσιν Ἰουδαίοις τε καὶ Ἕλλησιν 17 τοῖς κατοικοῦσιν τὴν Ἔφεσον· καὶ ἐπέπεσεν φόβος ἐπὶ πάντας αὐτούς, καὶ ἐμεγαλύνετο τὸ ὄνομα τοῦ Κυρίου Ἰησοῦ· Πολλοί τε τῶν πεπιστευκότων ἤρχοντο ἐξομο- 18 λογούμενοι καὶ ἀναγγέλλοντες τὰς πράξεις αὐτῶν. ἱκανοὶ δὲ τῶν τὰ περίεργα πραξάντων συνενέγκαντες τὰς 19 βίβλους κατέκαιον ἐνώπιον πάντων· καὶ συνεψήφισαν τὰς τιμὰς αὐτῶν καὶ εὗρον ἀργυρίου μυριάδας πέντε. Οὕτως κατὰ κράτος τοῦ Κυρίου ὁ λόγος ηὔξανεν καὶ 20 ἴσχυεν.

Ὡς δὲ ἐπληρώθη ταῦτα, ἔθετο ὁ Παῦλος ἐν τῷ πνεύ- 21 ματι διελθὼν τὴν Μακεδονίαν καὶ Ἀχαΐαν πορεύεσθαι εἰς Ἱεροσόλυμα, εἰπὼν ὅτι Μετὰ τὸ γενέσθαι με ἐκεῖ δεῖ με καὶ Ῥώμην ἰδεῖν. ἀποστείλας δὲ εἰς τὴν Μακεδονίαν 22 δύο τῶν διακονούντων αὐτῷ, Τιμόθεον καὶ Ἔραστον, αὐτὸς ἐπέσχεν χρόνον εἰς τὴν Ἀσίαν.

Ἐγένετο δὲ κατὰ τὸν καιρὸν ἐκεῖνον τάραχος οὐκ ὀλίγος 23 περὶ τῆς Ὁδοῦ. Δημήτριος γάρ τις ὀνόματι, ἀργυρο- 24 κόπος, ποιῶν ναοὺς ἀργυροῦς Ἀρτέμιδος παρείχετο τοῖς τεχνίταις οὐκ ὀλίγην ἐργασίαν· οὓς συναθροίσας καὶ 25 τοὺς περὶ τὰ τοιαῦτα ἐργάτας εἶπεν, Ἄνδρες, ἐπίστασθε ὅτι ἐκ ταύτης τῆς ἐργασίας ἡ εὐπορία ἡμῖν ἐστίν· καὶ 26 θεωρεῖτε καὶ ἀκούετε ὅτι οὐ μόνον Ἐφέσου ἀλλὰ σχεδὸν πάσης τῆς Ἀσίας ὁ Παῦλος οὗτος πείσας μετέστησεν ἱκανὸν ὄχλον, λέγων ὅτι οὐκ εἰσὶν θεοὶ οἱ διὰ χειρῶν γινόμενοι. οὐ μόνον δὲ τοῦτο κινδυνεύει ἡμῖν τὸ μέρος εἰς 27 ἀπελεγμὸν ἐλθεῖν, ἀλλὰ καὶ τὸ τῆς μεγάλης θεᾶς Ἀρτέμι-

17 Ἕλλησιν] -σι WH_a   ἐπέπεσεν] ἔπεσεν LnTr   20 ὁ λόγος] ante τοῦ Κυ. ς   ηὔξανεν] -νε Ln   21 διελθὼν] -θεῖν Ln   Ἀχαΐαν] pr τὴν Ln   Ἱεροσόλυμα] Ἱερουσαλήμ ς   22 τὴν Μακ.]— τὴν TiB   23 οὐκ ὀλίγος] οὐχ ὀλ. Ln : οὐχ ὀλ. WH_a   24 ἀργυροῦς] [WH] παρείχετο] -εῖχε Ln   οὐκ ὀλίγην] οὐχ ὀλ. WH_a : post ἐργασίαν ς   25 ἡμῖν] ἡμῶν ς   26 ἀλλὰ]+καὶ Ln

ΠΡΑΞΕΙΣ

δος ἱερὸν εἰς οὐθὲν λογισθῆναι, μέλλειν τε καὶ καθαιρεῖσθαι τῆς μεγαλειότητος αὐτῆς, ἣν ὅλη ἡ Ἀσία καὶ ἡ οἰκου-
28 μένη σέβεται. ἀκούσαντες δὲ καὶ γενόμενοι πλήρεις θυμοῦ ἔκραζον λέγοντες, Μεγάλη ἡ Ἄρτεμις Ἐφεσίων.
29 Καὶ ἐπλήσθη ἡ πόλις τῆς συγχύσεως· ὥρμησάν τε ὁμοθυμαδὸν εἰς τὸ θέατρον, συναρπάσαντες Γάϊον καὶ Ἀρίσταρ-
30 χον Μακεδόνας, συνεκδήμους Παύλου. Παύλου δὲ βουλομένου εἰσελθεῖν εἰς τὸν δῆμον οὐκ εἴων αὐτὸν οἱ
31 μαθηταί. τινὲς δὲ καὶ τῶν Ἀσιαρχῶν, ὄντες αὐτῷ φίλοι, πέμψαντες πρὸς αὐτὸν παρεκάλουν μὴ δοῦναι ἑαυ-
32 τὸν εἰς τὸ θέατρον. ἄλλοι μὲν οὖν ἄλλο τι ἔκραζον· ἦν γὰρ ἡ ἐκκλησία συγκεχυμένη, καὶ οἱ πλείους οὐκ ᾔδει-
33 σαν τίνος ἕνεκα συνεληλύθεισαν. ἐκ δὲ τοῦ ὄχλου συνεβίβασαν Ἀλέξανδρον, προβαλόντων αὐτὸν τῶν Ἰουδαίων· ὁ δὲ Ἀλέξανδρος κατασείσας τὴν χεῖρα ἤθελεν
34 ἀπολογεῖσθαι τῷ δήμῳ. ἐπιγνόντες δὲ ὅτι Ἰουδαῖός ἐστιν, φωνὴ ἐγένετο μία ἐκ πάντων ὡς ἐπὶ ὥρας δύο κρα-
35 ζόντων, Μεγάλη ἡ Ἄρτεμις Ἐφεσίων. Καταστείλας δὲ ὁ γραμματεὺς τὸν ὄχλον φησίν, Ἄνδρες Ἐφέσιοι, τίς γάρ ἐστιν ἀνθρώπων ὃς οὐ γινώσκει τὴν Ἐφεσίων πόλιν νεωκόρον οὖσαν τῆς μεγάλης Ἀρτέμιδος καὶ τοῦ Διοπε-
36 τοῦς; ἀναντιρρήτων οὖν ὄντων τούτων δέον ἐστὶν ὑμᾶς κατεσταλμένους ὑπάρχειν καὶ μηδὲν προπετὲς πράσσειν.
37 ἠγάγετε γὰρ τοὺς ἄνδρας τούτους οὔτε ἱεροσύλους οὔτε

27 ἱερὸν] ante Ἀρτ. TiAB   οὐθὲν] οὐδὲν ϛ : C   λογισθῆναι, μέλλειν] λογισθήσεται, μέλλει Ln   τε] δὲ ϛ : Elz   τῆς μεγαλειότητος] τῆς μεγαλιότ. WHa : τὴν -τητα ϛ (n.m.)   αὐτῆς] [Tr]m   ἡ pri.] [Tr] [WH]   ἡ sec.] [WH]   28 ἔκραζον] pr δραμόντες εἰς τὸ ἄμφοδον WHm   29 πόλις] + ὅλη ϛ   τῆς] ϛ°Ln° : Er   Παύλου] pr τοῦ ϛ : C   30 Παύλου δὲ] τοῦ δὲ Π. ϛ   32 συγκεχυμένη] συνκ. TiB WH(n.a.)   ἕνεκα] -κεν ϛ   33 συνεβίβασαν] προεβίβ. ϛ A(n.m.)Bm : κατεβίβ. Bm   προβαλόντων] προβαλλ. Ln   34 ἐπιγνόντες] -ντων ϛ : CErsm   ὡς] ὡσεὶ WH(n.m.)   κραζόντων] κράζοντες TiBmWHm Ἐφεσ.] + ·μεγάλη ἡ Ἄρτεμις Ἐφεσίων WHm   35 ὁ γραμμ.] post τὸν ὄχλον WH   ἀνθρώπων] ἄνθρωπος ϛ   Ἀρτέμιδος] pr θεᾶς ϛ
36 ἀναντιρρήτων] -τιρήτων WH(n.a.)   πράσσειν] -ττειν ϛ : CEr

βλασφημοῦντας τὴν θεὸν ἡμῶν. εἰ μὲν οὖν Δημήτριος 38
καὶ οἱ σὺν αὐτῷ τεχνῖται ἔχουσι πρός τινα λόγον, ἀγοραῖοι
ἄγονται καὶ ἀνθύπατοί εἰσιν· ἐγκαλείτωσαν ἀλλήλοις.
εἰ δέ τι περαιτέρω ἐπιζητεῖτε, ἐν τῇ ἐννόμῳ ἐκκλησίᾳ ἐπι- 39
λυθήσεται. καὶ γὰρ κινδυνεύομεν ἐγκαλεῖσθαι στάσεως 40
περὶ τῆς σήμερον, μηδενὸς αἰτίου ὑπάρχοντος· περὶ οὗ οὐ
δυνησόμεθα ἀποδοῦναι λόγον περὶ τῆς συστροφῆς ταύτης.
καὶ ταῦτα εἰπὼν ἀπέλυσεν τὴν ἐκκλησίαν. 41
Μετὰ δὲ τὸ παύσασθαι τὸν θόρυβον μεταπεμψάμενος 20
ὁ Παῦλος τοὺς μαθητὰς καὶ παρακαλέσας, ἀσπασάμενος
ἐξῆλθεν πορεύεσθαι εἰς Μακεδονίαν. διελθὼν δὲ τὰ 2
μέρη ἐκεῖνα καὶ παρακαλέσας αὐτοὺς λόγῳ πολλῷ ἦλθεν
εἰς τὴν Ἑλλάδα. ποιήσας τε μῆνας τρεῖς, γενομένης 3
ἐπιβουλῆς αὐτῷ ὑπὸ τῶν Ἰουδαίων μέλλοντι ἀνάγεσθαι εἰς
τὴν Συρίαν, ἐγένετο γνώμης τοῦ ὑποστρέφειν διὰ Μακε-
δονίας. συνείπετο δὲ αὐτῷ [ἄχρι τῆς Ἀσίας] Σώπατρος 4
Πύρρου Βεροιαῖος, Θεσσαλονικέων δὲ Ἀρίσταρχος καὶ
Σεκοῦνδος, καὶ Γάϊος Δερβαῖος καὶ Τιμόθεος, Ἀσιανοὶ δὲ
Τυχικὸς καὶ Τρόφιμος. οὗτοι δὲ προελθόντες ἔμενον 5
ἡμᾶς ἐν Τρῳάδι. ἡμεῖς δὲ ἐξεπλεύσαμεν μετὰ τὰς 6
ἡμέρας τῶν ἀζύμων ἀπὸ Φιλίππων, καὶ ἤλθομεν πρὸς αὐ-
τοὺς εἰς τὴν Τρῳάδα ἄχρι ἡμερῶν πέντε· οὗ διετρίψαμεν
ἡμέρας ἑπτά.

Ἐν δὲ τῇ μιᾷ τῶν σαββάτων, συνηγμένων ἡμῶν κλά- 7
σαι ἄρτον, ὁ Παῦλος διελέγετο αὐτοῖς μέλλων ἐξιέναι τῇ

ἐπαύριον, παρέτεινέν τε τὸν λόγον μέχρι μεσονυκτίου.
8 ἦσαν δὲ λαμπάδες ἱκαναὶ ἐν τῷ ὑπερῴῳ οὗ ἦμεν συνηγ-
9 μένοι. καθεζόμενος δέ τις νεανίας ὀνόματι Εὔτυχος
ἐπὶ τῆς θυρίδος, καταφερόμενος ὕπνῳ βαθεῖ, διαλεγομένου
τοῦ Παύλου ἐπὶ πλεῖον, κατενεχθεὶς ἀπὸ τοῦ ὕπνου ἔπεσεν
10 ἀπὸ τοῦ τριστέγου κάτω, καὶ ἤρθη νεκρός. καταβὰς δὲ
ὁ Παῦλος ἐπέπεσεν αὐτῷ, καὶ συνπεριλαβὼν εἶπεν, Μὴ
11 θορυβεῖσθε· ἡ γὰρ ψυχὴ αὐτοῦ ἐν αὐτῷ ἐστίν. ἀνα-
βὰς δὲ καὶ κλάσας τὸν ἄρτον καὶ γευσάμενος, ἐφ᾽ ἱκανόν
12 τε ὁμιλήσας ἄχρι αὐγῆς, οὕτως ἐξῆλθεν. ἤγαγον δὲ
τὸν παῖδα ζῶντα, καὶ παρεκλήθησαν οὐ μετρίως.
13 Ἡμεῖς δὲ προελθόντες ἐπὶ τὸ πλοῖον ἀνήχθημεν ἐπὶ
τὴν Ἆσσον, ἐκεῖθεν μέλλοντες ἀναλαμβάνειν τὸν Παῦλον·
οὕτως γὰρ διατεταγμένος ἦν, μέλλων αὐτὸς πεζεύειν.
14 ὡς δὲ συνέβαλλεν ἡμῖν εἰς τὴν Ἆσσον, ἀναλαβόντες
15 αὐτὸν ἤλθομεν εἰς Μιτυλήνην· κἀκεῖθεν ἀποπλεύσαν-
τες τῇ ἐπιούσῃ κατηντήσαμεν ἄντικρυς Χίου, τῇ δὲ ἑτέρᾳ
παρεβάλομεν εἰς Σάμον, τῇ δὲ ἐχομένῃ ἤλθομεν εἰς Μίλη-
16 τον. κεκρίκει γὰρ ὁ Παῦλος παραπλεῦσαι τὴν Ἔφεσον,
ὅπως μὴ γένηται αὐτῷ χρονοτριβῆσαι ἐν τῇ Ἀσίᾳ· ἔσπευ-
δεν γάρ, εἰ δυνατὸν εἴη αὐτῷ, τὴν ἡμέραν τῆς Πεντηκοστῆς
γενέσθαι εἰς Ἱεροσόλυμα.
17 Ἀπὸ δὲ τῆς Μιλήτου πέμψας εἰς Ἔφεσον μετεκαλέσατο
18 τοὺς πρεσβυτέρους τῆς ἐκκλησίας. ὡς δὲ παρεγένοντο
πρὸς αὐτόν, εἶπεν αὐτοῖς, Ὑμεῖς ἐπίστασθε, ἀπὸ πρώτης
ἡμέρας ἀφ᾽ ἧς ἐπέβην εἰς τὴν Ἀσίαν, πῶς μεθ᾽ ὑμῶν τὸν

8 ἦμεν] ς : Cςm   9 καθεζόμενος] καθήμενος ς   ἐπὶ πλεῖον,], ἐπὶ
πλεῖον WHm   10 συνπεριλαβὼν] συμπ. ςLnTrA   , Μὴ θορυ-
βεῖσθε] μὴ θορυβεῖσθαι WHm : Scr   11 καὶ pri.] [WH]   τὸν] ς°
ἄχρι] ἄχρις ςLn   13 προελθ.] προσελθ. TrWHm   ἐπὶ sec.] εἰς ς
ἦν] ante διατετ. ς   14 συνέβαλλεν] -έβαλεν ς   15 ἄντικρυς] ἀν-
τικρὺ ς   ἑτέρᾳ] ἑσπέρᾳ WHm   τῇ δὲ καὶ μείναντες ἐν Τρωγυλίῳ
τῇ ς (sed Τρωγυλλίῳ) AWHmRm : pr καὶ μείν. ἐν Τρω. [B]σφ?   16 κε-
κρίκει] ἔκρινε ς   εἴη] ἦν ς   Ἱεροσόλυμα] Ἱερουσαλήμ TiB
18 εἶπεν] pr ὁμοῦ ὄντων αὐτῶν Ln

ΑΠΟΣΤΟΛΩΝ

πάντα χρόνον ἐγενόμην, δουλεύων τῷ Κυρίῳ μετὰ 19
πάσης ταπεινοφροσύνης καὶ δακρύων καὶ πειρασμῶν τῶν
συμβάντων μοι ἐν ταῖς ἐπιβουλαῖς τῶν Ἰουδαίων· ὡς 20
οὐδὲν ὑπεστειλάμην τῶν συμφερόντων τοῦ μὴ ἀναγγεῖλαι
ὑμῖν καὶ διδάξαι ὑμᾶς δημοσίᾳ καὶ κατ' οἴκους, δια- 21
μαρτυρόμενος Ἰουδαίοις τε καὶ Ἕλλησιν τὴν εἰς Θεὸν
μετάνοιαν καὶ πίστιν εἰς τὸν Κύριον ἡμῶν Ἰησοῦν [Χριστόν].
καὶ νῦν ἰδοὺ δεδεμένος ἐγὼ τῷ πνεύματι πορεύο- 22
μαι εἰς Ἱερουσαλήμ, τὰ ἐν αὐτῇ συναντήσοντά μοι μὴ
εἰδώς, πλὴν ὅτι τὸ Πνεῦμα τὸ Ἅγιον κατὰ πόλιν δια- 23
μαρτύρεταί μοι λέγον ὅτι δεσμὰ καὶ θλίψεις με μένουσιν.
ἀλλ' οὐδενὸς λόγου ποιοῦμαι τὴν ψυχὴν τιμίαν ἐμαυτῷ, ὡς 24
τελειῶσαι τὸν δρόμον μου καὶ τὴν διακονίαν ἣν ἔλαβον
παρὰ τοῦ Κυρίου Ἰησοῦ, διαμαρτύρασθαι τὸ εὐαγγέλιον
τῆς χάριτος τοῦ Θεοῦ. καὶ νῦν ἰδοὺ ἐγὼ οἶδα ὅτι οὐκέτι 25
ὄψεσθε τὸ πρόσωπόν μου ὑμεῖς πάντες ἐν οἷς διῆλθον
κηρύσσων τὴν βασιλείαν. διότι μαρτύρομαι ὑμῖν ἐν 26
τῇ σήμερον ἡμέρᾳ ὅτι καθαρός εἰμι ἀπὸ τοῦ αἵματος πάντων.
οὐ γὰρ ὑπεστειλάμην τοῦ μὴ ἀναγγεῖλαι πᾶσαν 27
τὴν βουλὴν τοῦ Θεοῦ ὑμῖν. προσέχετε ἑαυτοῖς καὶ 28
παντὶ τῷ ποιμνίῳ, ἐν ᾧ ὑμᾶς τὸ Πνεῦμα τὸ Ἅγιον ἔθετο
ἐπισκόπους, ποιμαίνειν τὴν ἐκκλησίαν τοῦ Θεοῦ, ἣν περιεποιήσατο
διὰ τοῦ αἵματος τοῦ ἰδίου. ἐγὼ οἶδα ὅτι 29
εἰσελεύσονται μετὰ τὴν ἄφιξίν μου λύκοι βαρεῖς εἰς ὑμᾶς

19 δακρύων] pr πολλῶν ς   21 Ἕλλησιν] -σι WHa   Θεὸν] pr τὸν
ςLn   πίστιν]+τὴν ς : C   Χριστόν] ins ς [Tr]TiBWHmR : Er°Ln°
A°WH°R°m   22 ἐγὼ] ante δεδεμ. ς   μοι] ἐμοι TiBWH   23 μοι]
ς°(n.m.)   λέγον] λέγων A   με] ante καὶ θλ. ς   24 λόγον] λόγον
ςLnBm   ποιοῦμαι] + οὐδὲ ἔχω ςBm : pr ἔχω οὐδὲ LnBm : Scr
ψυχήν] + μου ςBm   τελειῶσαι] -ώσω WH(n.m.)   δρόμ. μου]+μετὰ
χαρᾶς ς   25 βασιλείαν]+τοῦ θεοῦ ς   26 διότι] διὸ ςLnTr(n.m.) :
Er   εἰμι] ἐγὼ ς   27 ὑμῖν] ante πᾶ. τ. βου. τ. θεοῦ ςLnm
28 προσέχετε]+οὖν ς[Ln]A   Θεοῦ] κυρίου LnTr(n.m.)TiAmBmRm :
Scr : κυρίου καὶ θεοῦ ςmBm   αἵματος τοῦ ἰδίου] ἰδ. αἵμ. ς : Scr
29 ἐγὼ]+γὰρ ς   οἶδα]+τοῦτο ς

ΠΡΑΞΕΙΣ

30 μὴ φειδόμενοι τοῦ ποιμνίου· καὶ ἐξ ὑμῶν αὐτῶν ἀναστήσονται ἄνδρες λαλοῦντες διεστραμμένα τοῦ ἀποσπᾶν
31 τοὺς μαθητὰς ὀπίσω ἑαυτῶν. διὸ γρηγορεῖτε, μνημονεύοντες ὅτι τριετίαν νύκτα καὶ ἡμέραν οὐκ ἐπαυσάμην
32 μετὰ δακρύων νουθετῶν ἕνα ἕκαστον. καὶ τὰ νῦν παρατίθεμαι ὑμᾶς τῷ Θεῷ καὶ τῷ λόγῳ τῆς χάριτος αὐτοῦ τῷ δυναμένῳ οἰκοδομῆσαι καὶ δοῦναι τὴν κληρονομίαν ἐν τοῖς
33 ἡγιασμένοις πᾶσιν. ἀργυρίου ἢ χρυσίου ἢ ἱματισμοῦ
34 οὐδενὸς ἐπεθύμησα. αὐτοὶ γινώσκετε ὅτι ταῖς χρείαις μου καὶ τοῖς οὖσιν μετ᾿ ἐμοῦ ὑπηρέτησαν αἱ χεῖρες αὗται.
35 πάντα ὑπέδειξα ὑμῖν ὅτι οὕτως κοπιῶντας δεῖ ἀντιλαμβάνεσθαι τῶν ἀσθενούντων, μνημονεύειν τε τῶν λόγων τοῦ Κυρίου Ἰησοῦ, ὅτι αὐτὸς εἶπεν, Μακάριόν ἐστιν μᾶλλον
36 διδόναι ἢ λαμβάνειν· Καὶ ταῦτα εἰπών, θεὶς τὰ γόνατα
37 αὐτοῦ σὺν πᾶσιν αὐτοῖς προσηύξατο. ἱκανὸς δὲ κλαυθμὸς ἐγένετο πάντων· καὶ ἐπιπεσόντες ἐπὶ τὸν τράχηλον
38 τοῦ Παύλου κατεφίλουν αὐτόν, ὀδυνώμενοι μάλιστα ἐπὶ τῷ λόγῳ ᾧ εἰρήκει, ὅτι οὐκέτι μέλλουσιν τὸ πρόσωπον αὐτοῦ θεωρεῖν. προέπεμπον δὲ αὐτὸν εἰς τὸ πλοῖον.

21 Ὡς δὲ ἐγένετο ἀναχθῆναι ἡμᾶς ἀποσπασθέντας ἀπ᾿ αὐτῶν, εὐθυδρομήσαντες ἤλθομεν εἰς τὴν Κῶ, τῇ δὲ ἑξῆς εἰς
2 τὴν Ῥόδον, κἀκεῖθεν εἰς Πάταρα· καὶ εὑρόντες πλοῖον
3 διαπερῶν εἰς Φοινίκην ἐπιβάντες ἀνήχθημεν. ἀναφάναντες δὲ τὴν Κύπρον καὶ καταλιπόντες αὐτὴν εὐώνυμον ἐπλέομεν εἰς Συρίαν, καὶ κατήλθομεν εἰς Τύρον· ἐκεῖσε

30 αὐτῶν] [WH] : Scr   ἑαυτῶν] αὐτῶν ϛLnTrm   32 ὑμᾶς] + , ἀδελφοί, ϛ   Θεῷ] κυρίῳ WH(n.m.)Rm   οἰκοδομῆσαι] ἐποικ. ϛ δοῦναι]+ὑμῖν ϛ   τὴν] ϛ°Ln°   33 οὐδενὸς] οὐθ. TiB   34 αὐτοὶ]+δὲ ϛ: C   οὖσιν] -σι WH   34, 35 αὗται. πάντα] αὗται πάντα· Ln   35 μᾶλλον] post διδ. ϛ : C   36 εἰπών] εἴπας WH₁ προσηύξ.] προσευξ. WH₁   37 κλαυθμὸς] post ἐγέν. ϛ   38 μέλλουσιν] -σι WH₁   1 ἀποσπασθέντας] , ἀποσπασθέντες WHm   Κῶ] Κῶν ϛ : CEr   τὴν Ῥό.] — τὴν Ln   Πάταρα : Πάτερα WH₁ :+ καὶ Μύρα WHm : Scr   3 ἀναφάναντες] -φανέντες ElzLnTrAB(n.m.) κατήλθομεν] -ήχθημεν ϛ

ΑΠΟΣΤΟΛΩΝ 21. 4—13.

γὰρ τὸ πλοῖον ἦν ἀποφορτιζόμενον τὸν γόμον. ἀνευ- 4
ρόντες δὲ τοὺς μαθητὰς ἐπεμείναμεν αὐτοῦ ἡμέρας ἑπτά·
οἵτινες τῷ Παύλῳ ἔλεγον διὰ τοῦ Πνεύματος μὴ ἐπιβαί-
νειν εἰς Ἱεροσόλυμα. ὅτε δὲ ἐγένετο ἐξαρτίσαι ἡμᾶς 5
τὰς ἡμέρας, ἐξελθόντες ἐπορευόμεθα, προπεμπόντων ἡμᾶς
πάντων σὺν γυναιξὶ καὶ τέκνοις ἕως ἔξω τῆς πόλεως· καὶ
θέντες τὰ γόνατα ἐπὶ τὸν αἰγιαλὸν προσευξάμενοι
ἀπησπασάμεθα ἀλλήλους, καὶ ἐνέβημεν εἰς τὸ πλοῖον, 6
ἐκεῖνοι δὲ ὑπέστρεψαν εἰς τὰ ἴδια.
Ἡμεῖς δὲ τὸν πλοῦν διανύσαντες ἀπὸ Τύρου κατηντή- 7
σαμεν εἰς Πτολεμαΐδα, καὶ ἀσπασάμενοι τοὺς ἀδελφοὺς
ἐμείναμεν ἡμέραν μίαν παρ' αὐτοῖς. τῇ δὲ ἐπαύριον 8
ἐξελθόντες ἤλθομεν εἰς Καισάρειαν· καὶ εἰσελθόντες εἰς
τὸν οἶκον Φιλίππου τοῦ εὐαγγελιστοῦ, ὄντος ἐκ τῶν ἑπτά,
ἐμείναμεν παρ' αὐτῷ. τούτῳ δὲ ἦσαν θυγατέρες τέσ- 9
σαρες παρθένοι προφητεύουσαι. Ἐπιμενόντων δὲ ἡμέ- 10
ρας πλείους κατῆλθέν τις ἀπὸ τῆς Ἰουδαίας προφήτης
ὀνόματι Ἄγαβος· καὶ ἐλθὼν πρὸς ἡμᾶς καὶ ἄρας τὴν 11
ζώνην τοῦ Παύλου, δήσας ἑαυτοῦ τοὺς πόδας καὶ τὰς χεῖ-
ρας εἶπεν, Τάδε λέγει τὸ Πνεῦμα τὸ Ἅγιον, Τὸν ἄνδρα οὗ
ἐστὶν ἡ ζώνη αὕτη οὕτως δήσουσιν ἐν Ἱερουσαλὴμ οἱ Ἰου-
δαῖοι καὶ παραδώσουσιν εἰς χεῖρας ἐθνῶν. ὡς δὲ ἠκού- 12
σαμεν ταῦτα, παρεκαλοῦμεν ἡμεῖς τε καὶ οἱ ἐντόπιοι τοῦ
μὴ ἀναβαίνειν αὐτὸν εἰς Ἱερουσαλήμ. τότε ἀπεκρίθη 13
ὁ Παῦλος, Τί ποιεῖτε κλαίοντες καὶ συνθρύπτοντές μου τὴν
καρδίαν; ἐγὼ γὰρ οὐ μόνον δεθῆναι ἀλλὰ καὶ ἀποθανεῖν

ἦν] ante τὸ πλ. ς   4 ἀνευρ. δὲ] καὶ ἀνευρ.ς   τοὺς] J°   αὐτοῦ]
αὐτοῖς Ln   ἐπιβαίνειν] ἀναβ. ς   Ἱεροσόλυμα] Ἱερουσαλήμ ς
5 ἡμᾶς pri.] ante ἐξαρτ. ςTiBWHm   γυναιξὶ] -ξὶν Tr   5, 6 προσ-
ευξ. ἀπησπ.] προσηυξάμεθα, καὶ ἀσπασάμενοι ς   6 καὶ] ς°   ἐνέ-
βημεν] ἐπέβ. ς : ἀνέβ. TiAB   8 ἐξελθόντες] + οἱ περὶ τὸν Παῦλον ς
ἦλθομεν] -αμεν TrWH(π.α.) : ἦλθον ς : CςmJElz   ὄντος] pr τοῦ ς : CEr
9 τέσσ.] post παρθ. ς   10 ἐπιμεν. δὲ]+ἡμῶν ς   11 δήσας]+τε ς
ἑαυτοῦ] αὑτοῦ ς   τοὺς πόδας καὶ τὰς χεῖρας] τὰς χ. καὶ τοὺς π. ς : C
13 τότε ἀπεκρίθη] ἀπεκρ. δὲ ς   ὁ][WH]   Παῦλος]+καὶ εἶπεν Ti[B]

369   2 B

εἰς Ἱερουσαλὴμ ἑτοίμως ἔχω ὑπὲρ τοῦ ὀνόματος τοῦ Κυ-
14 ρίου Ἰησοῦ. μὴ πειθομένου δὲ αὐτοῦ ἡσυχάσαμεν εἰ-
πόντες, Τοῦ Κυρίου τὸ θέλημα γινέσθω.
15 Μετὰ δὲ τὰς ἡμέρας ταύτας ἐπισκευασάμενοι ἀνεβαίνο-
16 μεν εἰς Ἱεροσόλυμα. συνῆλθον δὲ καὶ τῶν μαθητῶν
ἀπὸ Καισαρείας σὺν ἡμῖν, ἄγοντες παρ' ᾧ ξενισθῶμεν
17 Μνάσωνί τινι Κυπρίῳ, ἀρχαίῳ μαθητῇ. Γενομένων δὲ
ἡμῶν εἰς Ἱεροσόλυμα ἀσμένως ἀπεδέξαντο ἡμᾶς οἱ ἀδελ-
φοί.
18 Τῇ δὲ ἐπιούσῃ εἰσῄει ὁ Παῦλος σὺν ἡμῖν πρὸς Ἰάκω-
19 βον, πάντες τε παρεγένοντο οἱ πρεσβύτεροι. καὶ ἀσπα-
σάμενος αὐτοὺς ἐξηγεῖτο καθ' ἓν ἕκαστον ὧν ἐποίησεν ὁ
20 Θεὸς ἐν τοῖς ἔθνεσιν διὰ τῆς διακονίας αὐτοῦ. οἱ δὲ
ἀκούσαντες ἐδόξαζον τὸν Θεόν· εἶπάν τε αὐτῷ, Θεωρεῖς,
ἀδελφέ, πόσαι μυριάδες εἰσὶν ἐν τοῖς Ἰουδαίοις τῶν πε-
πιστευκότων, καὶ πάντες ζηλωταὶ τοῦ νόμου ὑπάρχουσιν·
21 κατηχήθησαν δὲ περὶ σοῦ ὅτι ἀποστασίαν διδάσκεις ἀπὸ
Μωυσέως τοὺς κατὰ τὰ ἔθνη πάντας Ἰουδαίους, λέγων μὴ
περιτέμνειν αὐτοὺς τὰ τέκνα μηδὲ τοῖς ἔθεσιν περιπατεῖν.
22 τί οὖν ἐστίν; πάντως ἀκούσονται ὅτι ἐλήλυθας.
23 τοῦτο οὖν ποίησον ὅ σοι λέγομεν· εἰσὶν ἡμῖν ἄνδρες τέσ-
24 σαρες εὐχὴν ἔχοντες ἐφ' ἑαυτῶν· τούτους παραλαβὼν
ἁγνίσθητι σὺν αὐτοῖς, καὶ δαπάνησον ἐπ' αὐτοῖς ἵνα
ξυρήσονται τὴν κεφαλήν, καὶ γνώσονται πάντες ὅτι ὧν
κατήχηνται περὶ σοῦ οὐδὲν ἔστιν, ἀλλὰ στοιχεῖς καὶ
25 αὐτὸς φυλάσσων τὸν νόμον. περὶ δὲ τῶν πεπιστευ-

κότων ἐθνῶν ἡμεῖς ἐπεστείλαμεν κρίναντες φυλάσσεσθαι αὐτοὺς τό τε εἰδωλόθυτον καὶ αἷμα καὶ πνικτὸν καὶ πορνείαν. Τότε ὁ Παῦλος παραλαβὼν τοὺς ἄνδρας, τῇ 26 ἐχομένῃ ἡμέρᾳ σὺν αὐτοῖς ἁγνισθεὶς εἰσῄει εἰς τὸ ἱερόν, διαγγέλλων τὴν ἐκπλήρωσιν τῶν ἡμερῶν τοῦ ἁγνισμοῦ, ἕως οὗ προσηνέχθη ὑπὲρ ἑνὸς ἑκάστου αὐτῶν ἡ προσφορά. Ὡς δὲ ἔμελλον αἱ ἑπτὰ ἡμέραι συντελεῖσθαι, οἱ ἀπὸ τῆς 27 Ἀσίας Ἰουδαῖοι θεασάμενοι αὐτὸν ἐν τῷ ἱερῷ συνέχεον πάντα τὸν ὄχλον, καὶ ἐπέβαλαν ἐπ' αὐτὸν τὰς χεῖρας κράζοντες, Ἄνδρες Ἰσραηλεῖται, βοηθεῖτε· οὗτός ἐστιν ὁ 28 ἄνθρωπος ὁ κατὰ τοῦ λαοῦ καὶ τοῦ νόμου καὶ τοῦ τόπου τούτου πάντας πανταχῇ διδάσκων· ἔτι τε καὶ Ἕλληνας εἰσήγαγεν εἰς τὸ ἱερὸν καὶ κεκοίνωκεν τὸν ἅγιον τόπον τοῦτον. ἦσαν γὰρ προεωρακότες Τρόφιμον τὸν Ἐφέσιον 29 ἐν τῇ πόλει σὺν αὐτῷ, ὃν ἐνόμιζον ὅτι εἰς τὸ ἱερὸν εἰσήγαγεν ὁ Παῦλος. ἐκινήθη τε ἡ πόλις ὅλη, καὶ ἐγένετο 30 συνδρομὴ τοῦ λαοῦ· καὶ ἐπιλαβόμενοι τοῦ Παύλου εἷλκον αὐτὸν ἔξω τοῦ ἱεροῦ, καὶ εὐθέως ἐκλείσθησαν αἱ θύραι. ζητούντων τε αὐτὸν ἀποκτεῖναι ἀνέβη φάσις τῷ χιλιάρχῳ 31 τῆς σπείρης ὅτι ὅλη συγχύννεται Ἱερουσαλήμ· ὃς 32 ἐξαυτῆς παραλαβὼν στρατιώτας καὶ ἑκατοντάρχας κατέδραμεν ἐπ' αὐτούς· οἱ δὲ ἰδόντες τὸν χιλίαρχον καὶ τοὺς στρατιώτας ἐπαύσαντο τύπτοντες τὸν Παῦλον. τότε 33 ἐγγίσας ὁ χιλίαρχος ἐπελάβετο αὐτοῦ καὶ ἐκέλευσεν δεθῆναι ἁλύσεσι δυσί· καὶ ἐπυνθάνετο τίς εἴη, καὶ τί ἐστιν πεποιηκώς. ἄλλοι δὲ ἄλλο τι ἐπεφώνουν ἐν τῷ ὄχλῳ· 34

25 ἐπεστ.] ἀπεστ. LnTr(n.m.)WH(n.m.)Rm κρίναντες]+μηδὲν τοιοῦτον τηρεῖν αὐτοὺς εἰ μὴ ϛABm αἷμα] pr τὸ ϛ[A] 26, τῇ ἐχομένῃ ἡμέρᾳ] τῇ ἐχ. ἡμέρα, Rm 27 ἔμελλον] ἤμ. WHa συνέχεον] -σαν Ln ἐπέβαλαν] -ον ϛLnAWHa ἐπ' αὐτὸν] post τὰς χ. ϛ 28 πανταχῇ] -χοῦ ϛ 31 τε] δὲ ϛ συγχύννεται] συνχ. TiBWH (n.a.) : συγκέχυται ϛ 32 παραλαβὼν] λαβὼν LnWHm ἑκατοντάρχας] -χους ϛ 33 ἐκέλευσεν] -σε ϛ ἁλύσεσι δυσί] -σιν -σίν Tr LnWH τίς]+ἂν ϛ[A] 34 ἐπεφώνουν] ἐβόων ϛ

μὴ δυναμένου δὲ αὐτοῦ γνῶναι τὸ ἀσφαλὲς διὰ τὸν θόρυ-
βον, ἐκέλευσεν ἄγεσθαι αὐτὸν εἰς τὴν παρεμβολήν.
35 ὅτε δὲ ἐγένετο ἐπὶ τοὺς ἀναβαθμούς, συνέβη βαστάζεσθαι
αὐτὸν ὑπὸ τῶν στρατιωτῶν διὰ τὴν βίαν τοῦ ὄχλου·
36 ἠκολούθει γὰρ τὸ πλῆθος τοῦ λαοῦ κράζοντες, Αἶρ-
αὐτόν.

37 Μέλλων τε εἰσάγεσθαι εἰς τὴν παρεμβολὴν ὁ Παῦλος
λέγει τῷ χιλιάρχῳ, Εἰ ἔξεστίν μοι εἰπεῖν τι πρός σε; ὁ δὲ
38 ἔφη, Ἑλληνιστὶ γινώσκεις; οὐκ ἄρα σὺ εἶ ὁ Αἰγύπτιος
ὁ πρὸ τούτων τῶν ἡμερῶν ἀναστατώσας καὶ ἐξαγαγὼν εἰς
τὴν ἔρημον τοὺς τετρακισχιλίους ἄνδρας τῶν σικαρίων;
39 εἶπεν δὲ ὁ Παῦλος, Ἐγὼ ἄνθρωπος μέν εἰμι Ἰουδαῖος,
Ταρσεὺς τῆς Κιλικίας, οὐκ ἀσήμου πόλεως πολίτης· δέομαι
40 δέ σου, ἐπίτρεψόν μοι λαλῆσαι πρὸς τὸν λαόν. ἐπιτρέ-
ψαντος δὲ αὐτοῦ ὁ Παῦλος ἑστὼς ἐπὶ τῶν ἀναβαθμῶν
κατέσεισεν τῇ χειρὶ τῷ λαῷ· πολλῆς δὲ σιγῆς γενομένης
22 προσεφώνησεν τῇ Ἑβραΐδι διαλέκτῳ λέγων, Ἄνδρες
ἀδελφοὶ καὶ πατέρες, ἀκούσατέ μου τῆς πρὸς ὑμᾶς νυνὶ
2 ἀπολογίας. (Ἀκούσαντες δὲ ὅτι τῇ Ἑβραΐδι διαλέκτῳ
προσεφώνει αὐτοῖς μᾶλλον παρέσχον ἡσυχίαν· καί φησιν,)
3 Ἐγώ εἰμι ἀνὴρ Ἰουδαῖος, γεγεννημένος ἐν Ταρσῷ τῆς
Κιλικίας, ἀνατεθραμμένος δὲ ἐν τῇ πόλει ταύτῃ, παρὰ τοὺς
πόδας Γαμαλιὴλ πεπαιδευμένος κατὰ ἀκρίβειαν τοῦ πα-
τρῴου νόμου, ζηλωτὴς ὑπάρχων τοῦ Θεοῦ, καθὼς πάντες
4 ὑμεῖς ἐστὲ σήμερον· ὃς ταύτην τὴν Ὁδὸν ἐδίωξα ἄχρι
θανάτου, δεσμεύων καὶ παραδιδοὺς εἰς φυλακὰς ἄνδρας τε
5 καὶ γυναῖκας. ὡς καὶ ὁ ἀρχιερεὺς μαρτυρεῖ μοι καὶ πᾶν
τὸ πρεσβυτέριον· παρ' ὧν καὶ ἐπιστολὰς δεξάμενος πρὸς
τοὺς ἀδελφοὺς εἰς Δαμασκὸν ἐπορευόμην, ἄξων καὶ τοὺς

δυναμένου δὲ αὐτοῦ] δυνάμενος δὲ ς   36 κράζοντες] κράζον ς
40 κατέσεισεν] -σε ς LnWH   σιγῆς] post γεν. WHm   1 νυνὶ] νῦν
ς: C   2 προσεφώνει] προσφωνεῖ Trm   3 ἐγὼ]+μέν ς   κατὰ]
κατ' WHₐ   ἀκρίβειαν] ἀκριβίαν WHₐ

ἐκεῖσε ὄντας δεδεμένους εἰς Ἱερουσαλὴμ ἵνα τιμωρηθῶσιν. Ἐγένετο δέ μοι πορευομένῳ καὶ ἐγγίζοντι τῇ Δαμασκῷ 6 περὶ μεσημβρίαν ἐξαίφνης ἐκ τοῦ οὐρανοῦ περιαστράψαι φῶς ἱκανὸν περὶ ἐμέ. ἔπεσά τε εἰς τὸ ἔδαφος καὶ 7 ἤκουσα φωνῆς λεγούσης μοι, Σαούλ, Σαούλ, τί με διώκεις; ἐγὼ δὲ ἀπεκρίθην, Τίς εἶ, Κύριε; εἶπέν τε πρὸς ἐμέ, Ἐγώ 8 εἰμι Ἰησοῦς ὁ Ναζωραῖος ὃν σὺ διώκεις. οἱ δὲ σὺν 9 ἐμοὶ ὄντες τὸ μὲν φῶς ἐθεάσαντο, τὴν δὲ φωνὴν οὐκ ἤκουσαν τοῦ λαλοῦντός μοι. εἶπον δέ, Τί ποιήσω, Κύριε; 10 ὁ δὲ Κύριος εἶπεν πρός με, Ἀναστὰς πορεύου εἰς Δαμασκόν, κἀκεῖ σοι λαληθήσεται περὶ πάντων ὧν τέτακταί σοι ποιῆσαι. ὡς δὲ οὐκ ἐνέβλεπον ἀπὸ τῆς δόξης τοῦ 11 φωτὸς ἐκείνου, χειραγωγούμενος ὑπὸ τῶν συνόντων μοι ἦλθον εἰς Δαμασκόν. Ἀνανίας δέ τις, ἀνὴρ εὐλαβὴς 12 κατὰ τὸν νόμον, μαρτυρούμενος ὑπὸ πάντων τῶν κατοικούντων Ἰουδαίων, ἐλθὼν πρὸς ἐμὲ καὶ ἐπιστὰς εἶπέν 13 μοι, Σαοὺλ ἀδελφέ, ἀνάβλεψον. κἀγὼ αὐτῇ τῇ ὥρᾳ ἀνέβλεψα εἰς αὐτόν. ὁ δὲ εἶπεν, Ὁ Θεὸς τῶν πατέρων 14 ἡμῶν προεχειρίσατό σε γνῶναι τὸ θέλημα αὐτοῦ, καὶ ἰδεῖν τὸν Δίκαιον καὶ ἀκοῦσαι φωνὴν ἐκ τοῦ στόματος αὐτοῦ. ὅτι ἔσῃ μάρτυς αὐτῷ πρὸς πάντας ἀνθρώπους ὧν ἑώρακας 15 καὶ ἤκουσας. καὶ νῦν τί μέλλεις; ἀναστὰς βάπτισαι 16 καὶ ἀπόλουσαι τὰς ἁμαρτίας σου, ἐπικαλεσάμενος τὸ ὄνομα αὐτοῦ. Ἐγένετο δέ μοι ὑποστρέψαντι εἰς Ἱερου- 17 σαλὴμ καὶ προσευχομένου μου ἐν τῷ ἱερῷ γενέσθαι με ἐν ἐκστάσει, καὶ ἰδεῖν αὐτὸν λέγοντά μοι, Σπεῦσον καὶ 18 ἔξελθε ἐν τάχει ἐξ Ἱερουσαλήμ· διότι οὐ παραδέξονταί σου μαρτυρίαν περὶ ἐμοῦ. κἀγὼ εἶπον, Κύριε, αὐτοὶ 19 ἐπίστανται ὅτι ἐγὼ ἤμην φυλακίζων καὶ δέρων κατὰ τὰς

6 ἐξαίφνης] ἐξέφνης WHa   7 ἔπεσά] -σόν ς: Er   8 ἐμέ] με ςA
9 ἐθεάσαντο]+καὶ ἔμφοβοι ἐγένοντο· ς [A]   10 εἶπον] -πα WHa
11 οὐκ ἐνέβλεπον] οὐκ ἔβλεπον Trm : οὐδὲν ἔβλεπον WHm   12 εὐλαβὴς] εὐσεβὴς ς: Csm   13 ἐμὲ] με ςA   16 αὐτοῦ] τοῦ Κυρίου ς
18 ἰδεῖν] ἴδον Ti   μαρτυρίαν] pr τὴν ς [A]   19 εἶπον] -πα WHa

ΠΡΑΞΕΙΣ

20 συναγωγὰς τοὺς πιστεύοντας ἐπὶ σέ· καὶ ὅτε ἐξεχύννετο τὸ αἷμα Στεφάνου τοῦ μάρτυρός σου, καὶ αὐτὸς ἤμην ἐφεστὼς καὶ συνευδοκῶν, καὶ φυλάσσων τὰ ἱμάτια τῶν
21 ἀναιρούντων αὐτόν. καὶ εἶπεν πρός με, Πορεύου, ὅτι ἐγὼ εἰς ἔθνη μακρὰν ἐξαποστελῶ σε.
22 Ἤκουον δὲ αὐτοῦ ἄχρι τούτου τοῦ λόγου, καὶ ἐπῆραν τὴν φωνὴν αὐτῶν λέγοντες, Αἶρε ἀπὸ τῆς γῆς τὸν τοιοῦτον· οὐ
23 γὰρ καθῆκεν αὐτὸν ζῆν. κραυγαζόντων τε αὐτῶν καὶ ῥιπτούντων τὰ ἱμάτια καὶ κονιορτὸν βαλλόντων εἰς τὸν
24 ἀέρα, ἐκέλευσεν ὁ χιλίαρχος εἰσάγεσθαι αὐτὸν εἰς τὴν παρεμβολήν, εἴπας μάστιξιν ἀνετάζεσθαι αὐτόν, ἵνα ἐπι-
25 γνῷ δι' ἣν αἰτίαν οὕτως ἐπεφώνουν αὐτῷ. ὡς δὲ προέτειναν αὐτὸν τοῖς ἱμᾶσιν, εἶπεν πρὸς τὸν ἑστῶτα ἑκατόνταρχον ὁ Παῦλος, Εἰ ἄνθρωπον Ῥωμαῖον καὶ ἀκατάκριτον ἔξεστιν
26 ὑμῖν μαστίζειν; ἀκούσας δὲ ὁ ἑκατοντάρχης προσελθὼν τῷ χιλιάρχῳ ἀπήγγειλεν λέγων, Τί μέλλεις ποιεῖν; ὁ
27 γὰρ ἄνθρωπος οὗτος Ῥωμαῖός ἐστιν. προσελθὼν δὲ ὁ χιλίαρχος εἶπεν αὐτῷ, Λέγε μοι, σὺ Ῥωμαῖος εἶ; ὁ δὲ ἔφη,
28 Ναί. ἀπεκρίθη δὲ ὁ χιλίαρχος, Ἐγὼ πολλοῦ κεφαλαίου τὴν πολιτείαν ταύτην ἐκτησάμην. ὁ δὲ Παῦλος ἔφη,
29 Ἐγὼ δὲ καὶ γεγέννημαι. εὐθέως οὖν ἀπέστησαν ἀπ' αὐτοῦ οἱ μέλλοντες αὐτὸν ἀνετάζειν· καὶ ὁ χιλίαρχος δὲ ἐφοβήθη ἐπιγνοὺς ὅτι Ῥωμαῖός ἐστιν καὶ ὅτι αὐτὸν ἦν δεδεκώς.
30 Τῇ δὲ ἐπαύριον βουλόμενος γνῶναι τὸ ἀσφαλές, τὸ τί κατηγορεῖται ὑπὸ τῶν Ἰουδαίων, ἔλυσεν αὐτόν, καὶ ἐκέλευ-

20 ἐξεχύννετο] -χεῖτο ϛ   συνευδοκῶν] + τῇ ἀναιρέσει αὐτοῦ ϛ
21 ἐξαποστ.] ἀποστ. WHm   **22** καθῆκεν] -κον ϛ : CErϛm   **23** τε] δὲ ϛTiB   **24** εἰσάγ.] ἄγ. ϛ   αὐτὸν pri.] ante ὁ χιλ. ἄγ. ϛ
εἴπας] εἰπὼν ϛ   **25** προέτειναν] -νεν ϛ : CϛmJ   ὁ Παῦλος] [A]
26 ἑκατοντάρχης] -όνταρχος ϛTrA   ἀπήγγειλε] ante τῷ χιλ. ϛ
τί] ὅρα τί ϛ   ποιεῖν;] ποιεῖν. ϛ   **27** σὺ] pr εἰ ϛ: Cϛm   **28** δὲ pri.] τε ϛ: A°   πολιτείαν] -τίαν WHₐ   **29** ἦν] ante αὐτὸν ϛ
30 ὑπὸ] παρὰ ϛ   ἔλυσεν αὐ.]+ ἀπὸ τῶν δεσμῶν ϛ

ΑΠΟΣΤΟΛΩΝ

σεν συνελθεῖν τοὺς ἀρχιερεῖς καὶ πᾶν τὸ συνέδριον, καὶ καταγαγὼν τὸν Παῦλον ἔστησεν εἰς αὐτούς. ἀτενίσας 23 δὲ τῷ συνεδρίῳ ὁ Παῦλος εἶπεν, Ἄνδρες ἀδελφοί, ἐγὼ πάσῃ συνειδήσει ἀγαθῇ πεπολίτευμαι τῷ Θεῷ ἄχρι ταύτης τῆς ἡμέρας. ὁ δὲ ἀρχιερεὺς Ἀνανίας ἐπέταξεν τοῖς 2 παρεστῶσιν αὐτῷ τύπτειν αὐτοῦ τὸ στόμα. τότε ὁ 3 Παῦλος πρὸς αὐτὸν εἶπεν, Τύπτειν σε μέλλει ὁ Θεός, τοῖχε κεκονιαμένε· καὶ σὺ κάθῃ κρίνων με κατὰ τὸν νόμον, καὶ παρανομῶν κελεύεις με τύπτεσθαι; οἱ δὲ παρε- 4 στῶτες εἶπαν, Τὸν ἀρχιερέα τοῦ Θεοῦ λοιδορεῖς; ἔφη τε 5 ὁ Παῦλος, Οὐκ ᾔδειν, ἀδελφοί, ὅτι ἐστὶν ἀρχιερεύς· γέγραπται γὰρ ὅτι Ἄρχοντα τοῦ λαοῦ σου οὐκ ἐρεῖς κακῶς. Γνοὺς δὲ ὁ Παῦλος ὅτι τὸ ἓν μέρος ἐστὶ Σαδδουκαίων τὸ 6 δὲ ἕτερον Φαρισαίων ἔκραζεν ἐν τῷ συνεδρίῳ, Ἄνδρες ἀδελφοί, ἐγὼ Φαρισαῖός εἰμι, υἱὸς Φαρισαίων· περὶ ἐλπίδος καὶ ἀναστάσεως νεκρῶν ἐγὼ κρίνομαι. τοῦτο δὲ 7 αὐτοῦ εἰπόντος ἐγένετο στάσις τῶν Φαρισαίων καὶ Σαδδουκαίων, καὶ ἐσχίσθη τὸ πλῆθος. Σαδδουκαῖοι μὲν 8 γὰρ λέγουσιν μὴ εἶναι ἀνάστασιν μήτε ἄγγελον μήτε πνεῦμα, Φαρισαῖοι δὲ ὁμολογοῦσιν τὰ ἀμφότερα. ἐγένετο δὲ κραυγὴ μεγάλη· καὶ ἀναστάντες τινὲς τῶν 9 γραμματέων τοῦ μέρους τῶν Φαρισαίων διεμάχοντο λέγοντες, Οὐδὲν κακὸν εὑρίσκομεν ἐν τῷ ἀνθρώπῳ τούτῳ· εἰ δὲ πνεῦμα ἐλάλησεν αὐτῷ ἢ ἄγγελος; Πολλῆς δὲ γινο- 10 μένης στάσεως φοβηθεὶς ὁ χιλίαρχος μὴ διασπασθῇ ὁ

συνελθεῖν] ἐλθεῖν ς   πᾶν] ὅλον ς   συνέδριον] + αὐτῶν ς   1 ὁ Παῦλος] ante τῷ συν. ςA, etiam (— ὁ)WH(n.m.)   2 ἐπέταξεν] ἐπέταξε WHa   4. εἶπαν] -ον ς LnA   5 ὅτι sec.] ς°Ln°[A]   6 ἔκραζεν] -ξεν ς LnTrm   Φαρισαίων] -αίου ς(n.m.)   ἐγὼ sec.] [Tr]mWH°(n.m.)   7 εἰπόντος] λαλήσαντος ς TiAB : λαλοῦντος WH(n.m.)   ἐγένετο] ἐπέπεσεν WHm   Σαδδ.] pr τῶν ς   ἐσχίσθη] + μὲν Ln(σφ)   8 μὲν] Ln°(σφ?)[Tr]WH°(n.m.)   μήτε pri.] μηδὲ ς   9 τινὲς τῶν γραμματέων] — τῶν γραμμ. Ln : οἱ γραμματεῖς ς(n.m.)   τοῦ μέρους] Ln°   ἄγγελος ;] ἄγγελος —. WH : ἄγγελος, μὴ θεομαχῶμεν ςBm   10 γινομένης] γενομ. ς TrA : post στάσεως Ln   φοβηθεὶς] εὐλαβηθεὶς ς Am

375

Παῦλος ὑπ᾿ αὐτῶν, ἐκέλευσεν τὸ στράτευμα καταβὰν ἁρπάσαι αὐτὸν ἐκ μέσου αὐτῶν ἄγειν τε εἰς τὴν παρεμβολήν.
11 Τῇ δὲ ἐπιούσῃ νυκτὶ ἐπιστὰς αὐτῷ ὁ Κύριος εἶπεν, Θάρσει· ὡς γὰρ διεμαρτύρω τὰ περὶ ἐμοῦ εἰς Ἱερουσαλήμ,
12 οὕτω σε δεῖ καὶ εἰς Ῥώμην μαρτυρῆσαι. Γενομένης δὲ ἡμέρας ποιήσαντες συστροφὴν οἱ Ἰουδαῖοι ἀνεθεμάτισαν ἑαυτούς, λέγοντες μήτε φαγεῖν μήτε πιεῖν ἕως οὗ ἀποκτεί
13 νωσιν τὸν Παῦλον· ἦσαν δὲ πλείους τεσσεράκοντα οἱ
14 ταύτην τὴν συνωμοσίαν ποιησάμενοι· οἵτινες προσελθόντες τοῖς ἀρχιερεῦσιν καὶ τοῖς πρεσβυτέροις εἶπαν, Ἀναθέματι ἀνεθεματίσαμεν ἑαυτοὺς μηδενὸς γεύσασθαι
15 ἕως οὗ ἀποκτείνωμεν τὸν Παῦλον. νῦν οὖν ὑμεῖς ἐμφανίσατε τῷ χιλιάρχῳ σὺν τῷ συνεδρίῳ ὅπως καταγάγῃ αὐτὸν εἰς ὑμᾶς, ὡς μέλλοντας διαγινώσκειν ἀκριβέστερον τὰ περὶ αὐτοῦ· ἡμεῖς δὲ πρὸ τοῦ ἐγγίσαι αὐτὸν ἕτοιμοί
16 ἐσμεν τοῦ ἀνελεῖν αὐτόν. Ἀκούσας δὲ ὁ υἱὸς τῆς ἀδελφῆς Παύλου τὴν ἐνέδραν, παραγενόμενος καὶ εἰσελθὼν εἰς
17 τὴν παρεμβολὴν ἀπήγγειλεν τῷ Παύλῳ. προσκαλεσάμενος δὲ ὁ Παῦλος ἕνα τῶν ἑκατονταρχῶν ἔφη, Τὸν νεανίαν τοῦτον ἄπαγε πρὸς τὸν χιλίαρχον· ἔχει γὰρ ἀπαγγεῖλαί τι
18 αὐτῷ. ὁ μὲν οὖν παραλαβὼν αὐτὸν ἤγαγεν πρὸς τὸν χιλίαρχον καί φησιν, Ὁ δέσμιος Παῦλος προσκαλεσάμενός με ἠρώτησεν τοῦτον τὸν νεανίσκον ἀγαγεῖν πρός σε,
19 ἔχοντά τι λαλῆσαί σοι. ἐπιλαβόμενος δὲ τῆς χειρὸς αὐτοῦ ὁ χιλίαρχος καὶ ἀναχωρήσας κατ᾿ ἰδίαν ἐπυνθάνετο,

Τί ἐστιν ὃ ἔχεις ἀπαγγεῖλαί μοι; εἶπεν δὲ ὅτι Οἱ Ἰου- 20
δαῖοι συνέθεντο τοῦ ἐρωτῆσαί σε ὅπως αὔριον τὸν Παῦλον
καταγάγῃς εἰς τὸ συνέδριον, ὡς μέλλων τι ἀκριβέστερον
πυνθάνεσθαι περὶ αὐτοῦ.   σὺ οὖν μὴ πεισθῇς αὐτοῖς· 21
ἐνεδρεύουσιν γὰρ αὐτὸν ἐξ αὐτῶν ἄνδρες πλείους τεσσερά-
κοντα, οἵτινες ἀνεθεμάτισαν ἑαυτοὺς μήτε φαγεῖν μήτε
πιεῖν ἕως οὗ ἀνέλωσιν αὐτόν· καὶ νῦν εἰσὶν ἕτοιμοι, προσ-
δεχόμενοι τὴν ἀπὸ σοῦ ἐπαγγελίαν.

Ὁ μὲν οὖν χιλίαρχος ἀπέλυσε τὸν νεανίσκον, παραγγεί- 22
λας μηδενὶ ἐκλαλῆσαι ὅτι ταῦτα ἐνεφάνισας πρὸς ἐμέ.
Καὶ προσκαλεσάμενός τινας δύο τῶν ἑκατονταρχῶν εἶπεν, 23
Ἑτοιμάσατε στρατιώτας διακοσίους ὅπως πορευθῶσιν ἕως
Καισαρείας, καὶ ἱππεῖς ἑβδομήκοντα καὶ δεξιολάβους δια-
κοσίους, ἀπὸ τρίτης ὥρας τῆς νυκτός·   κτήνη τε παρα- 24
στῆσαι, ἵνα ἐπιβιβάσαντες τὸν Παῦλον διασώσωσι πρὸς
Φήλικα τὸν ἡγεμόνα·   γράψας ἐπιστολὴν ἔχουσαν τὸν 25
τύπον τοῦτον·   Κλαύδιος Λυσίας τῷ κρατίστῳ ἡγεμόνι 26
Φήλικι χαίρειν.   τὸν ἄνδρα τοῦτον συλλημφθέντα ὑπὸ 27
τῶν Ἰουδαίων καὶ μέλλοντα ἀναιρεῖσθαι ὑπ' αὐτῶν, ἐπι-
στὰς σὺν τῷ στρατεύματι ἐξειλάμην, μαθὼν ὅτι Ῥωμαῖός
ἐστιν.   βουλόμενός τε ἐπιγνῶναι τὴν αἰτίαν δι' ἣν ἐνε- 28
κάλουν αὐτῷ κατήγαγον [αὐτὸν] εἰς τὸ συνέδριον αὐτῶν.
ὃν εὗρον ἐγκαλούμενον περὶ ζητημάτων τοῦ νόμου αὐτῶν, 29
μηδὲν δὲ ἄξιον θανάτου ἢ δεσμῶν ἔχοντα ἔγκλημα.
μηνυθείσης δέ μοι ἐπιβουλῆς εἰς τὸν ἄνδρα ἔσεσθαι 30

ΠΡΑΞΕΙΣ

ἐξαυτῆς ἔπεμψα πρὸς σέ, παραγγείλας καὶ τοῖς κατηγόροις λέγειν πρὸς αὐτὸν ἐπὶ σοῦ.

31 Οἱ μὲν οὖν στρατιῶται κατὰ τὸ διατεταγμένον αὐτοῖς ἀναλαβόντες τὸν Παῦλον ἤγαγον διὰ νυκτὸς εἰς τὴν Ἀντι-
32 πατρίδα. τῇ δὲ ἐπαύριον ἐάσαντες τοὺς ἱππεῖς ἀπέρχεσθαι σὺν αὐτῷ, ὑπέστρεψαν εἰς τὴν παρεμβολήν·
33 οἵτινες εἰσελθόντες εἰς τὴν Καισάρειαν καὶ ἀναδόντες τὴν ἐπιστολὴν τῷ ἡγεμόνι, παρέστησαν καὶ τὸν Παῦλον αὐτῷ.
34 ἀναγνοὺς δὲ καὶ ἐπερωτήσας ἐκ ποίας ἐπαρχίας ἐστίν, καὶ
35 πυθόμενος ὅτι ἀπὸ Κιλικίας, Διακούσομαί σου, ἔφη, ὅταν καὶ οἱ κατήγοροί σου παραγένωνται· κελεύσας ἐν τῷ πραιτωρίῳ τοῦ Ἡρῴδου φυλάσσεσθαι αὐτόν.

24 Μετὰ δὲ πέντε ἡμέρας κατέβη ὁ ἀρχιερεὺς Ἀνανίας μετὰ πρεσβυτέρων τινῶν καὶ ῥήτορος Τερτύλλου τινός· οἵτινες ἐνεφάνισαν τῷ ἡγεμόνι κατὰ τοῦ Παύλου.

2 κληθέντος δὲ αὐτοῦ ἤρξατο κατηγορεῖν ὁ Τέρτυλλος λέγων, Πολλῆς εἰρήνης τυγχάνοντες διὰ σοῦ καὶ διορθωμάτων
3 γινομένων τῷ ἔθνει τούτῳ διὰ τῆς σῆς προνοίας, πάντη τε καὶ πανταχοῦ ἀποδεχόμεθα, κράτιστε Φῆλιξ, μετὰ πά-
4 σης· εὐχαριστίας. ἵνα δὲ μὴ ἐπὶ πλεῖόν σε ἐνκόπτω, παρακαλῶ ἀκοῦσαί σε ἡμῶν συντόμως τῇ σῇ ἐπιεικείᾳ.
5 εὑρόντες γὰρ τὸν ἄνδρα τοῦτον λοιμὸν καὶ κινοῦντα στάσεις πᾶσιν τοῖς Ἰουδαίοις τοῖς κατὰ τὴν οἰκουμένην πρω-
6 τοστάτην τε τῆς τῶν Ναζωραίων αἱρέσεως· ὃς καὶ τὸ
8 ἱερὸν ἐπείρασεν βεβηλῶσαι· ὃν καὶ ἐκρατήσαμεν. παρ'

ἐξαυτῆς] ἐξ αὐτῶν, LnTr(n.m.)TiBm   πρὸς αὐτὸν] pr τὰ ϛ A[B]m: αὐτοὺς LnTrmTiB(n.m.)   ἐπὶ σοῦ.] + ἔρρωσο. ϛ[B]Rm   31 νυκτὸς] pr τῆς ϛ   32 ἀπέρχεσθαι] πορεύεσ. ϛ   34 ἀναγν. δὲ] + ὁ ἡγεμὼν ϛ ἐπαρχίας]-χείας TiBWH(n.a.)   35 κελεύσας] ἐκέλευσέ τε ϛ   τοῦ] τῷ WHm   αὐτὸν] ante ἐν τῷ πρ. τ. Ἡρ. ϛ   1 πρεσβυτέρων τινῶν] τῶν πρεσβ. ϛ(n.m.)   2 αὐτοῦ] [WH]   διορθωμάτων] κατορθ. ϛ 4 ἐνκόπτω] ἐγκ. ϛ LnTrA   ἐπιεικείᾳ]-κίᾳ WH   5 στάσεις] στάσιν ϛ(n.m.)A   πᾶσιν]-σι LnWH   6, 7, 8 ἐκρατήσαμεν]+καὶ κατὰ τὸν ἡμέτερον νόμον ἠθελήσαμεν κρῖναι (κρίνειν ϛ). παρελθὼν (κατελθὼν B) δὲ Λυσίας ὁ χιλίαρχος μετὰ πολλῆς βίας ἐκ τῶν χειρῶν ἡμῶν ἀπήγαγε (-γεν A), κελεύσας τοὺς κατηγόρους αὐτοῦ ἔρχεσθαι ἐπὶ (πρὸς A) σέ· ϛ[A][B]Rm

378

οὗ δυνήσῃ αὐτὸς ἀνακρίνας περὶ πάντων τούτων ἐπιγνῶναι ὧν ἡμεῖς κατηγοροῦμεν αὐτοῦ. συνεπέθεντο δὲ καὶ οἱ 9 Ἰουδαῖοι φάσκοντες ταῦτα οὕτως ἔχειν.

Ἀπεκρίθη τε ὁ Παῦλος, νεύσαντος αὐτῷ τοῦ ἡγεμόνος 10 λέγειν, Ἐκ πολλῶν ἐτῶν ὄντα σε κριτὴν τῷ ἔθνει τούτῳ ἐπιστάμενος εὐθύμως τὰ περὶ ἐμαυτοῦ ἀπολογοῦμαι, δυναμένου σου ἐπιγνῶναι ὅτι οὐ πλείους εἰσίν μοι ἡμέραι 11 δώδεκα ἀφ᾽ ἧς ἀνέβην προσκυνήσων εἰς Ἱερουσαλήμ· καὶ οὔτε ἐν τῷ ἱερῷ εὗρόν με πρός τινα διαλεγόμενον ἢ 12 ἐπίστασιν ποιοῦντα ὄχλου, οὔτε ἐν ταῖς συναγωγαῖς οὔτε κατὰ τὴν πόλιν· οὐδὲ παραστῆσαι δύνανταί σοι περὶ 13 ὧν νυνὶ κατηγοροῦσίν μου. ὁμολογῶ δὲ τοῦτό σοι, ὅτι 14 κατὰ τὴν ὁδὸν ἣν λέγουσιν αἵρεσιν οὕτως λατρεύω τῷ πατρῴῳ Θεῷ, πιστεύων πᾶσι τοῖς κατὰ τὸν νόμον καὶ τοῖς ἐν τοῖς προφήταις γεγραμμένοις, ἐλπίδα ἔχων εἰς τὸν 15 Θεόν, ἣν καὶ αὐτοὶ οὗτοι προσδέχονται, ἀνάστασιν μέλλειν ἔσεσθαι δικαίων τε καὶ ἀδίκων. ἐν τούτῳ καὶ αὐτὸς 16 ἀσκῶ, ἀπρόσκοπον συνείδησιν ἔχειν πρὸς τὸν Θεὸν καὶ τοὺς ἀνθρώπους διὰ παντός. Δι᾽ ἐτῶν δὲ πλειόνων ἐλε- 17 ημοσύνας ποιήσων εἰς τὸ ἔθνος μου παρεγενόμην καὶ προσφοράς· ἐν αἷς εὗρόν με ἡγνισμένον ἐν τῷ ἱερῷ, οὐ 18 μετὰ ὄχλου οὐδὲ μετὰ θορύβου· τινὲς δὲ ἀπὸ τῆς Ἀσίας Ἰουδαῖοι, οὓς ἔδει ἐπὶ σοῦ παρεῖναι καὶ κατηγορεῖν εἴ 19 τι ἔχοιεν πρὸς ἐμέ. ἢ αὐτοὶ οὗτοι εἰπάτωσαν τί εὗρον 20 ἀδίκημα στάντος μου ἐπὶ τοῦ συνεδρίου, ἢ περὶ μιᾶς 21 ταύτης φωνῆς, ἧς ἐκέκραξα ἐν αὐτοῖς ἑστώς, ὅτι Περὶ ἀναστάσεως νεκρῶν ἐγὼ κρίνομαι σήμερον ἐφ' ὑμῶν. 22 Ἀνεβάλετο δὲ αὐτοὺς ὁ Φῆλιξ, ἀκριβέστερον εἰδὼς τὰ περὶ τῆς Ὁδοῦ, εἴπας, Ὅταν Λυσίας ὁ χιλίαρχος καταβῇ, δια- 23 γνώσομαι τὰ καθ' ὑμᾶς· διαταξάμενος τῷ ἑκατοντάρχῃ τηρεῖσθαι αὐτὸν ἔχειν τε ἄνεσιν, καὶ μηδένα κωλύειν τῶν ἰδίων αὐτοῦ ὑπηρετεῖν αὐτῷ. 24 Μετὰ δὲ ἡμέρας τινὰς παραγενόμενος ὁ Φῆλιξ σὺν Δρουσίλλῃ τῇ ἰδίᾳ γυναικὶ οὔσῃ Ἰουδαίᾳ μετεπέμψατο τὸν Παῦλον, καὶ ἤκουσεν αὐτοῦ περὶ τῆς εἰς Χριστὸν Ἰησοῦν 25 πίστεως. διαλεγομένου δὲ αὐτοῦ περὶ δικαιοσύνης καὶ ἐγκρατείας καὶ τοῦ κρίματος τοῦ μέλλοντος ἔμφοβος γενόμενος ὁ Φῆλιξ ἀπεκρίθη, Τὸ νῦν ἔχον πορεύου· καιρὸν δὲ 26 μεταλαβὼν μετακαλέσομαί σε· ἅμα καὶ ἐλπίζων ὅτι χρήματα δοθήσεται αὐτῷ ὑπὸ τοῦ Παύλου· διὸ καὶ πυκνό- 27 τερον αὐτὸν μεταπεμπόμενος ὡμίλει αὐτῷ. Διετίας δὲ πληρωθείσης ἔλαβεν διάδοχον ὁ Φῆλιξ Πόρκιον Φῆστον· θέλων τε χάριτα καταθέσθαι τοῖς Ἰουδαίοις ὁ Φῆλιξ κατέλιπε τὸν Παῦλον δεδεμένον.

25 Φῆστος οὖν ἐπιβὰς τῇ ἐπαρχίᾳ μετὰ τρεῖς ἡμέρας ἀνέβη 2 εἰς Ἱεροσόλυμα ἀπὸ Καισαρείας. ἐνεφάνισάν τε αὐτῷ οἱ ἀρχιερεῖς καὶ οἱ πρῶτοι τῶν Ἰουδαίων κατὰ τοῦ Παύλου· 3 καὶ παρεκάλουν αὐτὸν αἰτούμενοι χάριν κατ' αὐτοῦ, ὅπως μεταπέμψηται αὐτὸν εἰς Ἱερουσαλήμ, ἐνέδραν ποι- 4 οῦντες ἀνελεῖν αὐτὸν κατὰ τὴν ὁδόν. ὁ μὲν οὖν Φῆστος ἀπεκρίθη τηρεῖσθαι τὸν Παῦλον εἰς Καισάρειαν, ἑαυ-

21 ἐκέκραξα] ἔκραξα ϛ Ln   ἑστώς] ante ἐν αὐτοῖς ϛ   ἐφ'] ὑφ' ϛ
22 ἀνεβάλ. usque ad Φῆ.] ἀκούσας δὲ ταῦτα ὁ Φῆ. ἀνεβάλ. αὐτούς ϛ
εἴπας] εἰπὼν ϛ   23 διαταξάμενός] + τε ϛ   αὐτὸν] τὸν Παῦλον ϛ
ὑπηρετεῖν] + ἢ προσέρχεσθαι ϛ   24 τινας] ante ἡμέρας Ln   τῇ
ἰδίᾳ γυναικὶ] τῇ γυν. αὐτοῦ ϛ Bm : C : τῇ γυν. ABm   Ἰησοῦν] ϛ°Tr°
sed [Tr]mA° : Cϛm   25 μέλλοντος] + ἔσεσθαι ϛ   26 ἅμα] + δὲ ϛ
αὐτῷ pri.] [WH]   Παύλου] + ὅπως λύσῃ αὐτόν ϛ   27 χάριτα] -τας ϛ :
J : χάριν ϛm   κατέλιπε] -πεν LnTrAWHa   1 ἐπαρχίᾳ] -χείᾳ WH
(n.a.) : -χείῳ TiWHm   2 τε] δὲ ϛ (n.m.)   οἱ ἀρχιερεῖς] ὁ ἀρχιερεὺς
ϛ(n.m.)   4 εἰς Καισ.] ἐν Καισαρείᾳ ϛ

380

τὸν δὲ μέλλειν ἐν τάχει ἐκπορεύεσθαι. Οἱ οὖν ἐν ὑμῖν, 5
φησίν, δυνατοὶ συνκαταβάντες, εἴ τι ἐστὶν ἐν τῷ ἀνδρὶ
ἄτοπον, κατηγορείτωσαν αὐτοῦ. Διατρίψας δὲ ἐν αὐτοῖς ἡμέρας οὐ πλείους ὀκτὼ ἢ δέκα, 6
καταβὰς εἰς Καισάρειαν, τῇ ἐπαύριον καθίσας ἐπὶ τοῦ βήματος ἐκέλευσεν τὸν Παῦλον ἀχθῆναι. παραγενομένου 7
δὲ αὐτοῦ περιέστησαν αὐτὸν οἱ ἀπὸ Ἱεροσολύμων καταβεβηκότες Ἰουδαῖοι, πολλὰ καὶ βαρέα αἰτιώματα καταφέροντες ἃ οὐκ ἴσχυον ἀποδεῖξαι, τοῦ Παύλου ἀπολογουμένου ὅτι Οὔτε εἰς τὸν νόμον τῶν Ἰουδαίων οὔτε εἰς τὸ ἱερὸν 8
οὔτε εἰς Καίσαρά τι ἥμαρτον. ὁ Φῆστος δὲ θέλων τοῖς 9
Ἰουδαίοις χάριν καταθέσθαι, ἀποκριθεὶς τῷ Παύλῳ εἶπεν,
Θέλεις εἰς Ἱεροσόλυμα ἀναβὰς ἐκεῖ περὶ τούτων κριθῆναι
ἐπ' ἐμοῦ; εἶπεν δὲ ὁ Παῦλος, Ἑστὼς ἐπὶ τοῦ βήματος 10
Καίσαρός εἰμι, οὗ με δεῖ κρίνεσθαι· Ἰουδαίους οὐδὲν ἠδίκηκα, ὡς καὶ σὺ κάλλιον ἐπιγινώσκεις. εἰ μὲν οὖν 11
ἀδικῶ καὶ ἄξιον θανάτου πέπραχά τι, οὐ παραιτοῦμαι τὸ
ἀποθανεῖν· εἰ δὲ οὐδέν ἐστιν ὧν οὗτοι κατηγοροῦσίν μου,
οὐδείς με δύναται αὐτοῖς χαρίσασθαι. Καίσαρα ἐπικαλοῦμαι. τότε ὁ Φῆστος συνλαλήσας μετὰ τοῦ συμβουλίου 12
ἀπεκρίθη, Καίσαρα ἐπικέκλησαι, ἐπὶ Καίσαρα πορεύσῃ.

Ἡμερῶν δὲ διαγενομένων τινῶν Ἀγρίππας ὁ βασιλεὺς 13
καὶ Βερνίκη κατήντησαν εἰς Καισάρειαν ἀσπασάμενοι τὸν
Φῆστον. Ὡς δὲ πλείους ἡμέρας διέτριβον ἐκεῖ, ὁ Φῆ- 14
στος τῷ βασιλεῖ ἀνέθετο τὰ κατὰ τὸν Παῦλον λέγων,
Ἀνήρ τις ἐστὶν καταλελειμμένος ὑπὸ Φήλικος δέσμιος·

---

5 δυνατοὶ] ante ἐν ὑμ. φη. ϛ   συνκαταβάντες] συγκ. LπTrA   ἀνδρὶ]+τούτῳ ϛ   ἄτοπον]ϛ°:CJ   6 οὐ πλείους ὀκτὼ ἢ] — οὐ et ὀκτὼ
ϛ: ϛmJm   ἐκέλευσεν] -σε Ln   7 αὐτὸν] ϛ°(n.m.)   αἰτιώματα]
-άματα ϛ: Cϛm   καταφέρ.] φέρ. ϛ: + κατὰ τοῦ Παύλου ϛ   8 τοῦ
Π. ἀπολογ.] ἀπολογ. αὐτοῦ ϛ   9 θέλων] post τοῖς Ἰ. ϛ   χάριν]
χάριτα WH*   κριθῆναι] κρίνεσθαι ϛ   10 ἐστώς] post ἐπὶ τοῦ β.
Καίσ. ϛ LπTrA   ἠδίκηκα] -σα ϛ LπTrmA   11 οὖν] γὰρ ϛ
12 συνλαλήσας] συλλ. ϛ LπTrA   ἐπικέκλησαι,] -σαι; ϛ   13 ἀσπασάμενοι] -σόμενοι ϛ LπScr

ΠΡΑΞΕΙΣ

15 περὶ οὗ γενομένου μου εἰς Ἱεροσόλυμα ἐνεφάνισαν οἱ ἀρχιερεῖς καὶ οἱ πρεσβύτεροι τῶν Ἰουδαίων, αἰτούμενοι κατ᾽
16 αὐτοῦ καταδίκην· πρὸς οὓς ἀπεκρίθην ὅτι οὐκ ἔστιν ἔθος Ῥωμαίοις χαρίζεσθαί τινα ἄνθρωπον πρὶν ἢ ὁ κατηγορούμενος κατὰ πρόσωπον ἔχοι τοὺς κατηγόρους, τόπον
17 τε ἀπολογίας λάβοι περὶ τοῦ ἐγκλήματος. συνελθόντων οὖν αὐτῶν ἐνθάδε, ἀναβολὴν μηδεμίαν ποιησάμενος τῇ ἑξῆς καθίσας ἐπὶ τοῦ βήματος ἐκέλευσα ἀχθῆναι τὸν
18 ἄνδρα· περὶ οὗ σταθέντες οἱ κατήγοροι οὐδεμίαν αἰτίαν
19 ἔφερον ὧν ἐγὼ ὑπενόουν πονηρῶν, ζητήματα δέ τινα περὶ τῆς ἰδίας δεισιδαιμονίας εἶχον πρὸς αὐτόν, καὶ περί τινος Ἰησοῦ τεθνηκότος, ὃν ἔφασκεν ὁ Παῦλος ζῆν.
20 ἀπορούμενος δὲ ἐγὼ τὴν περὶ τούτων ζήτησιν ἔλεγον εἰ βούλοιτο πορεύεσθαι εἰς Ἱεροσόλυμα κἀκεῖ κρίνεσθαι περὶ
21 τούτων. τοῦ δὲ Παύλου ἐπικαλεσαμένου τηρηθῆναι αὐτὸν εἰς τὴν τοῦ Σεβαστοῦ διάγνωσιν, ἐκέλευσα τηρεῖσθαι αὐτὸν ἕως οὗ ἀναπέμψω αὐτὸν πρὸς Καίσαρα.
22 Ἀγρίππας δὲ πρὸς τὸν Φῆστον, Ἐβουλόμην καὶ αὐτὸς τοῦ ἀνθρώπου ἀκοῦσαι. Αὔριον, φησίν, ἀκούσῃ αὐτοῦ.
23 Τῇ οὖν ἐπαύριον ἐλθόντος τοῦ Ἀγρίππα καὶ τῆς Βερνίκης μετὰ πολλῆς φαντασίας καὶ εἰσελθόντων εἰς τὸ ἀκροατήριον σύν τε χιλιάρχοις καὶ ἀνδράσιν τοῖς κατ᾽ ἐξοχὴν τῆς πόλεως, καὶ κελεύσαντος τοῦ Φήστου, ἤχθη ὁ Παῦλος.
24 καί φησιν ὁ Φῆστος, Ἀγρίππα βασιλεῦ καὶ πάντες οἱ συμπαρόντες ἡμῖν ἄνδρες, θεωρεῖτε τοῦτον περὶ οὗ ἅπαν τὸ πλῆθος τῶν Ἰουδαίων ἐνέτυχόν μοι ἔν τε Ἱεροσολύμοις καὶ
25 ἐνθάδε, βοῶντες μὴ δεῖν αὐτὸν ζῆν μηκέτι. ἐγὼ δὲ

15 καταδίκην] δίκην ς (n.m.)   16 ἄνθρωπον] + εἰς ἀπώλειαν ς(n.m.)
τε] δὲ TrmWHm   17 αὐτῶν] [A]WH°   18 ἔφερον] ἐπέφερον ς
ἐγὼ] post ὑπεν. ς   πονηρῶν]-ράν ςmLnTrmTi[A]B(n.m.)WHm : ς°
20 τὴν] pr εἰς ς Ln[A] : CEr   τούτων] τούτου ς (n.m.)   Ἱεροσόλυμα] -ουσαλὴμ ς   21 ἀναπέμψω] πέμψω ς (n.m.)   22 Φῆστον]
+ἔφη ς : Scr   αὔριον] pr ὁ δὲ ς   23 χιλιάρχ.] pr τοῖς ς
ἀνδράσιν] -σι WHa   ἐξοχὴν] + οὖσι ς   24 συμπαρόντες] συμπ. ς
LnTrA   ἄπαν] πᾶν ς(n.m.)   ἐνέτυχόν] -χέν WH(n.m.)   βοῶντες] pr ἐπι- ς[A]   αὐτὸν] post ζῆν ς

κατελαβόμην μηδὲν ἄξιον αὐτὸν θανάτου πεπραχέναι· αὐτοῦ δὲ τούτου ἐπικαλεσαμένου τὸν Σεβαστόν, ἔκρινα πέμπειν. περὶ οὗ ἀσφαλές τι γράψαι τῷ κυρίῳ οὐκ ἔχω. 26 διὸ προήγαγον αὐτὸν ἐφ᾽ ὑμῶν, καὶ μάλιστα ἐπὶ σοῦ, βασιλεῦ Ἀγρίππα, ὅπως τῆς ἀνακρίσεως γενομένης σχῶ τί γράψω. ἄλογον γάρ μοι δοκεῖ πέμποντα δέσμιον μὴ 27 καὶ τὰς κατ᾽ αὐτοῦ αἰτίας σημᾶναι.

Ἀγρίππας δὲ πρὸς τὸν Παῦλον ἔφη, Ἐπιτρέπεταί σοι 26 περὶ σεαυτοῦ λέγειν. τότε ὁ Παῦλος ἐκτείνας τὴν χεῖρα ἀπελογεῖτο, Περὶ πάντων ὧν ἐγκαλοῦμαι ὑπὸ Ἰουδαί- 2 ων, βασιλεῦ Ἀγρίππα, ἥγημαι ἐμαυτὸν μακάριον ἐπὶ σοῦ μέλλων σήμερον ἀπολογεῖσθαι, μάλιστα γνώστην 3 ὄντα σε πάντων τῶν κατὰ Ἰουδαίους ἐθῶν τε καὶ ζητημάτων· διὸ δέομαι μακροθύμως ἀκοῦσαί μου. Τὴν μὲν 4 οὖν βίωσίν μου ἐκ νεότητος, τὴν ἀπ᾽ ἀρχῆς γενομένην ἐν τῷ ἔθνει μου ἔν τε Ἱεροσολύμοις, ἴσασι πάντες Ἰουδαῖοι, προγινώσκοντές με ἄνωθεν, ἐὰν θέλωσι μαρτυρεῖν, ὅτι 5 κατὰ τὴν ἀκριβεστάτην αἵρεσιν τῆς ἡμετέρας θρησκείας ἔζησα Φαρισαῖος. καὶ νῦν ἐπ᾽ ἐλπίδι τῆς εἰς τοὺς πατέ- 6 ρας ἡμῶν ἐπαγγελίας γενομένης ὑπὸ τοῦ Θεοῦ ἕστηκα κρινόμενος, εἰς ἣν τὸ δωδεκάφυλον ἡμῶν ἐν ἐκτενείᾳ 7 νύκτα καὶ ἡμέραν λατρεῦον ἐλπίζει καταντῆσαι· περὶ ἧς ἐλπίδος ἐγκαλοῦμαι ὑπὸ Ἰουδαίων, βασιλεῦ. τί ἄπι- 8 στον κρίνεται παρ᾽ ὑμῖν εἰ ὁ Θεὸς νεκροὺς ἐγείρει; ἐγὼ 9 μὲν οὖν ἔδοξα ἐμαυτῷ πρὸς τὸ ὄνομα Ἰησοῦ τοῦ Ναζωραίου δεῖν πολλὰ ἐναντία πρᾶξαι· ὃ καὶ ἐποίησα ἐν 10

25 κατελαβόμην...αὐτοῦ] καταλαβόμενος...καὶ αὐτοῦ ς (n.m.) αὐτὸν] post θανάτου ς πέμπειν] + αὐτόν ς 26 τί γράψω] τι γράψαι ς 1 περὶ] ὑπὲρ ς (n.m.)WH(n.m.) ἀπελογ.] ante ἐκτ. τὴν χ. ς 2 ἐπὶ usque ad ἀπολογεῖσθαι] μέλλων ἀπολ. ἐπὶ σοῦ σήμ. ς 3 σε] ante ὄντα TiB ζητημάτων] + ἐπιστάμενος Bm δέομαι] + σου ς 4 ἐκ νεότητος] pr τὴν ςLn[A]TiB τε] ς° ἴσασι] -σιν Tr πάντες] + οἱ ςTiB 5 θέλωσι] -σιν TrA θρησκείας] -κιας TiB 6 εἰς] πρὸς ς ἡμῶν] ς°(n.m.) 7 ἐκτενείᾳ] -νίᾳ WHm καταντῆσαι] -τήσειν WHm ὑπὸ Ἰουδαίων, βασιλεῦ] βασ. Ἀγρίππα, ὑπὸ τῶν Ἰουδ. ς :— τῶν C 8 τί] τί; Elz

ΠΡΑΞΕΙΣ

Ἱεροσολύμοις· καὶ πολλούς τε τῶν ἁγίων ἐγὼ ἐν φυλακαῖς κατέκλεισα τὴν παρὰ τῶν ἀρχιερέων ἐξουσίαν λαβών, ἀναι-
11 ρουμένων τε αὐτῶν κατήνεγκα ψῆφον. καὶ κατὰ πάσας τὰς συναγωγὰς πολλάκις τιμωρῶν αὐτοὺς ἠνάγκαζον βλασφημεῖν· περισσῶς τε ἐμμαινόμενος αὐτοῖς ἐδίωκον ἕως καὶ
12 εἰς τὰς ἔξω πόλεις. Ἐν οἷς πορευόμενος εἰς τὴν Δαμασκὸν μετ' ἐξουσίας καὶ ἐπιτροπῆς τῆς τῶν ἀρχιερέων,
13 ἡμέρας μέσης κατὰ τὴν ὁδὸν εἶδον, βασιλεῦ, οὐρανόθεν ὑπὲρ τὴν λαμπρότητα τοῦ ἡλίου περιλάμψαν με φῶς καὶ
14 τοὺς σὺν ἐμοὶ πορευομένους. πάντων τε καταπεσόντων ἡμῶν εἰς τὴν γῆν ἤκουσα φωνὴν λέγουσαν πρός με τῇ Ἑβραΐδι διαλέκτῳ, Σαούλ, Σαούλ, τί με διώκεις; σκληρόν
15 σοι πρὸς κέντρα λακτίζειν. ἐγὼ δὲ εἶπα, Τίς εἶ, Κύριε; ὁ δὲ Κύριος εἶπεν, Ἐγώ εἰμι Ἰησοῦς ὃν σὺ διώκεις.
16 ἀλλὰ ἀνάστηθι καὶ στῆθι ἐπὶ τοὺς πόδας σου· εἰς τοῦτο γὰρ ὤφθην σοι, προχειρίσασθαί σε ὑπηρέτην καὶ μάρτυρα
17 ὧν τε εἶδες ὧν τε ὀφθήσομαί σοι, ἐξαιρούμενός σε ἐκ τοῦ λαοῦ καὶ ἐκ τῶν ἐθνῶν, εἰς οὓς ἐγὼ ἀποστέλλω σε
18 ἀνοῖξαι ὀφθαλμοὺς αὐτῶν, τοῦ ἐπιστρέψαι ἀπὸ σκότους εἰς φῶς καὶ τῆς ἐξουσίας τοῦ Σατανᾶ ἐπὶ τὸν Θεόν, τοῦ λαβεῖν αὐτοὺς ἄφεσιν ἁμαρτιῶν καὶ κλῆρον ἐν τοῖς ἡγιασμέ-
19 νοις πίστει τῇ εἰς ἐμέ. Ὅθεν, βασιλεῦ Ἀγρίππα, οὐκ
20 ἐγενόμην ἀπειθὴς τῇ οὐρανίῳ ὀπτασίᾳ· ἀλλὰ τοῖς ἐν Δαμασκῷ πρῶτόν τε καὶ Ἱεροσολύμοις, πᾶσάν τε τὴν χώραν τῆς Ἰουδαίας, καὶ τοῖς ἔθνεσιν ἀπήγγελλον μετανοεῖν καὶ ἐπιστρέφειν ἐπὶ τὸν Θεόν, ἄξια τῆς μετανοίας ἔργα
21 πράσσοντας. ἕνεκα τούτων με Ἰουδαῖοι συλλαβόμενοι

10 τε *pri.*] ϛ°WH°m ἐν *sec.*] ϛ° 12 οἷς]+καὶ ϛ τῆς] *Ln*°[Tr] : +παρὰ ϛA 14 τε] δὲ ϛ λέγουσαν πρός με] λαλοῦσαν πρός με καὶ λέγουσαν ϛ 15 εἶπα] -ον ϛ Κύριος] ϛ° , 16 εἰδές] + με WHR(a.m.)Scr 17 ἐκ *sec.*] ϛ° ἐγὼ ἀποστ. σε] νῦν σε ἀποστ. ϛ : ἐ. ἀποστ. σε, TiBR 18 τοῦ *ante* ἐπιστρ.] καὶ Beza J 20 τε *pri.*] ϛ° Ἱερο.] pr ἐν *Ln* πᾶσάν] pr εἰς ϛ[Tr]m[A]Bm ἀπήγγελον] ἀπαγγέλλων ϛ : CϛmElz 21 Ἰουδαῖοι] pr οἱ ϛ*LnA* συλλαβ.]+ὄντα Ti[B]

ἐν τῷ ἱερῷ ἐπειρῶντο διαχειρίσασθαι. ἐπικουρίας οὖν 22
τυχὼν τῆς ἀπὸ τοῦ Θεοῦ ἄχρι τῆς ἡμέρας ταύτης ἕστηκα
μαρτυρόμενος μικρῷ τε καὶ μεγάλῳ, οὐδὲν ἐκτὸς λέγων ὧν
τε οἱ προφῆται ἐλάλησαν μελλόντων γίνεσθαι καὶ Μωυ-
σῆς, εἰ παθητὸς ὁ Χριστός, εἰ πρῶτος ἐξ ἀναστάσεως 23
νεκρῶν φῶς μέλλει καταγγέλλειν τῷ τε λαῷ καὶ τοῖς ἔθνε-
σιν.

Ταῦτα δὲ αὐτοῦ ἀπολογουμένου ὁ Φῆστος μεγάλῃ τῇ 24
φωνῇ φησίν, Μαίνῃ, Παῦλε· τὰ πολλά σε γράμματα εἰς
μανίαν περιτρέπει. ὁ δὲ Παῦλος, Οὐ μαίνομαι, φησίν, 25
κράτιστε Φῆστε, ἀλλὰ ἀληθείας καὶ σωφροσύνης ῥήματα
ἀποφθέγγομαι. ἐπίσταται γὰρ περὶ τούτων ὁ βασι- 26
λεύς, πρὸς ὃν καὶ παρρησιαζόμενος λαλῶ· λανθάνειν γὰρ
αὐτόν τι τούτων οὐ πείθομαι οὐθέν· οὐ γάρ ἐστιν ἐν γωνίᾳ
πεπραγμένον τοῦτο. πιστεύεις, βασιλεῦ Ἀγρίππα, τοῖς 27
προφήταις; οἶδα ὅτι πιστεύεις. ὁ δὲ Ἀγρίππας πρὸς 28
τὸν Παῦλον, Ἐν ὀλίγῳ με πείθεις Χριστιανὸν ποιῆσαι.
ὁ δὲ Παῦλος, Εὐξαίμην ἂν τῷ Θεῷ καὶ ἐν ὀλίγῳ καὶ ἐν 29
μεγάλῳ οὐ μόνον σὲ ἀλλὰ καὶ πάντας τοὺς ἀκούοντάς μου
σήμερον γενέσθαι τοιούτους ὁποῖος κἀγώ εἰμι, παρεκτὸς
τῶν δεσμῶν τούτων. Ἀνέστη τε ὁ βασιλεὺς καὶ ὁ 30
ἡγεμὼν ἥ τε Βερνίκη καὶ οἱ συνκαθήμενοι αὐτοῖς· καὶ 31
ἀναχωρήσαντες ἐλάλουν πρὸς ἀλλήλους λέγοντες ὅτι Οὐ-
δὲν θανάτου ἢ δεσμῶν ἄξιον πράσσει ὁ ἄνθρωπος οὗτος.
Ἀγρίππας δὲ τῷ Φήστῳ ἔφη, Ἀπολελύσθαι ἐδύνατο ὁ 32
ἄνθρωπος οὗτος, εἰ μὴ ἐπεκέκλητο Καίσαρα.

ΠΡΑΞΕΙΣ

27 27 Ὡς δὲ ἐκρίθη τοῦ ἀποπλεῖν ἡμᾶς εἰς τὴν Ἰταλίαν, παρεδίδουν τόν τε Παῦλον καί τινας ἑτέρους δεσμώτας ἑκατον- 2 τάρχῃ ὀνόματι Ἰουλίῳ σπείρης Σεβαστῆς. ἐπιβάντες δὲ πλοίῳ Ἀδραμυττηνῷ μέλλοντι πλεῖν εἰς τοὺς κατὰ τὴν Ἀσίαν τόπους ἀνήχθημεν, ὄντος σὺν ἡμῖν Ἀριστάρχου 3 Μακεδόνος Θεσσαλονικέως. τῇ τε ἑτέρᾳ κατήχθημεν εἰς Σιδῶνα· φιλανθρώπως τε ὁ Ἰούλιος τῷ Παύλῳ χρησάμενος ἐπέτρεψεν πρὸς τοὺς φίλους πορευθέντι ἐπιμελείας 4 τυχεῖν. κἀκεῖθεν ἀναχθέντες ὑπεπλεύσαμεν τὴν Κύ- 5 προν διὰ τὸ τοὺς ἀνέμους εἶναι ἐναντίους. τό τε πέλαγος τὸ κατὰ τὴν Κιλικίαν καὶ Παμφυλίαν διαπλεύσαντες 6 κατήλθαμεν εἰς Μύρρα τῆς Λυκίας. Κἀκεῖ εὑρὼν ὁ ἑκατοντάρχης πλοῖον Ἀλεξανδρινὸν πλέον εἰς τὴν Ἰταλίαν 7 ἐνεβίβασεν ἡμᾶς εἰς αὐτό. ἐν ἱκαναῖς δὲ ἡμέραις βραδυπλοοῦντες καὶ μόλις γενόμενοι κατὰ τὴν Κνίδον, μὴ προσεῶντος ἡμᾶς τοῦ ἀνέμου, ὑπεπλεύσαμεν τὴν Κρήτην 8 κατὰ Σαλμώνην· μόλις τε παραλεγόμενοι αὐτὴν ἤλθομεν εἰς τόπον τινὰ καλούμενον Καλοὺς Λιμένας, ᾧ ἐγγὺς ἦν πόλις Λασέα.

9 Ἱκανοῦ δὲ χρόνου διαγενομένου καὶ ὄντος ἤδη ἐπισφαλοῦς τοῦ πλοὸς διὰ τὸ καὶ τὴν νηστείαν ἤδη παρεληλυθέ- 10 ναι, παρῄνει ὁ Παῦλος λέγων αὐτοῖς, Ἄνδρες, θεωρῶ ὅτι μετὰ ὕβρεως καὶ πολλῆς ζημίας οὐ μόνον τοῦ φορτίου καὶ τοῦ πλοίου ἀλλὰ καὶ τῶν ψυχῶν ἡμῶν μέλλειν ἔσεσθαι 11 τὸν πλοῦν. ὁ δὲ ἑκατοντάρχης τῷ κυβερνήτῃ καὶ τῷ ναυκλήρῳ μᾶλλον ἐπείθετο ἢ τοῖς ὑπὸ Παύλου λεγομένοις.

---

2 Ἀδραμυττηνῷ] Ἀδραμυντηνῷ WH   μέλλοντι] -τες ϛ (n.m.)   εἰς] ϛ°[A]   3 ἐπέτρεψεν] -ψε WHm   τοὺς] ϛ° : CErJ   πορευθέντι] -θέντα ϛ (n.m.)   5 κατήλθαμεν] -ομεν ϛ LnA :   pr δι' ἡμερῶν δεκαπέντε WHm : Scr   Μύρρα] Μύρα ϛ   6 ἑκατοντάρχης] -όνταρχος ϛ Ἀλεξανδρινὸν] -δρῖνον ϛ LnTrA : Er   8 ἦν] post πόλις TiB   Λασέα] -αία ϛ TiB(n.m.) : Ἄλασσα LnBm   10 φορτίου] φόρτου ϛ : C 11 ἑκατοντάρχης] -όνταρχος ϛ : C   μᾶλλον] post ἐπείθ. ϛ   Παύλου] pr τοῦ ϛ [A]

ΑΠΟΣΤΟΛΩΝ

ἀνευθέτου δὲ τοῦ λιμένος ὑπάρχοντος πρὸς παραχειμασίαν 12
οἱ πλείονες ἔθεντο βουλὴν ἀναχθῆναι ἐκεῖθεν, εἴ πως δύναιντο καταντήσαντες εἰς Φοίνικα παραχειμάσαι, λιμένα τῆς Κρήτης βλέποντα κατὰ λίβα καὶ κατὰ χῶρον.
Ὑποπνεύσαντος δὲ νότου δόξαντες τῆς προθέσεως κεκρατη- 13
κέναι, ἄραντες ἆσσον παρελέγοντο τὴν Κρήτην. μετ' 14
οὐ πολὺ δὲ ἔβαλεν κατ' αὐτῆς ἄνεμος τυφωνικὸς ὁ καλούμενος Εὐρακύλων· συναρπασθέντος δὲ τοῦ πλοίου καὶ 15
μὴ δυναμένου ἀντοφθαλμεῖν τῷ ἀνέμῳ, ἐπιδόντες ἐφερόμεθα. νησίον δέ τι ὑποδραμόντες καλούμενον Καῦδα, 16
ἰσχύσαμεν μόλις περικρατεῖς γενέσθαι τῆς σκάφης·
ἣν ἄραντες βοηθείαις ἐχρῶντο, ὑποζωννύντες τὸ πλοῖον· 17
φοβούμενοί τε μὴ εἰς τὴν Σύρτιν ἐκπέσωσιν, χαλάσαντες τὸ σκεῦος οὕτως ἐφέροντο. σφοδρῶς δὲ χειμαζομένων 18
ἡμῶν τῇ ἑξῆς ἐκβολὴν ἐποιοῦντο· καὶ τῇ τρίτῃ αὐτό- 19
χειρες τὴν σκευὴν τοῦ πλοίου ἔριψαν· μήτε δὲ ἡλίου 20
μήτε ἄστρων ἐπιφαινόντων ἐπὶ πλείονας ἡμέρας, χειμῶνός τε οὐκ ὀλίγου ἐπικειμένου, λοιπὸν περιῃρεῖτο ἐλπὶς πᾶσα τοῦ σώζεσθαι ἡμᾶς. Πολλῆς τε ἀσιτίας ὑπαρχούσης 21
τότε σταθεὶς ὁ Παῦλος ἐν μέσῳ αὐτῶν εἶπεν, Ἔδει μέν, ὦ ἄνδρες, πειθαρχήσαντάς μοι μὴ ἀνάγεσθαι ἀπὸ τῆς Κρήτης, κερδῆσαί τε τὴν ὕβριν ταύτην καὶ τὴν ζημίαν.
καὶ τὰ νῦν παραινῶ ὑμᾶς εὐθυμεῖν· ἀποβολὴ γὰρ ψυχῆς 22
οὐδεμία ἔσται ἐξ ὑμῶν, πλὴν τοῦ πλοίου. παρέστη 23
γάρ μοι ταύτῃ τῇ νυκτὶ τοῦ Θεοῦ, οὗ εἰμί, ᾧ καὶ λατρεύω, ἄγγελος λέγων, Μὴ φοβοῦ, Παῦλε· Καίσαρί σε δεῖ 24
παραστῆναι· καὶ ἰδοὺ κεχάρισταί σοι ὁ Θεὸς πάντας τοὺς

27. 25—37.   ΠΡΑΞΕΙΣ

25 πλέοντας μετὰ σοῦ.   διὸ εὐθυμεῖτε, ἄνδρες· πιστεύω
γὰρ τῷ Θεῷ ὅτι οὕτως ἔσται καθ' ὃν τρόπον λελάληταί
26 μοι.   εἰς νῆσον δέ τινα δεῖ ἡμᾶς ἐκπεσεῖν.
27 Ὡς δὲ τεσσαρεσκαιδεκάτη νὺξ ἐγένετο, διαφερομένων
ἡμῶν ἐν τῷ Ἀδρίᾳ, κατὰ μέσον τῆς νυκτὸς ὑπενόουν οἱ
28 ναῦται προσάγειν τινὰ αὐτοῖς χώραν·   καὶ βολίσαν-
τες εὗρον ὀργυιὰς εἴκοσι· βραχὺ δὲ διαστήσαντες καὶ
29 πάλιν βολίσαντες εὗρον ὀργυιὰς δεκαπέντε.   φοβού-
μενοί τε μή που κατὰ τραχεῖς τόπους ἐκπέσωμεν, ἐκ πρύ-
μνης ῥίψαντες ἀγκύρας τέσσαρας εὔχοντο ἡμέραν γενέσθαι.
30 τῶν δὲ ναυτῶν ζητούντων φυγεῖν ἐκ τοῦ πλοίου, καὶ χαλα-
σάντων τὴν σκάφην εἰς τὴν θάλασσαν προφάσει ὡς ἐκ
31 πρῴρης ἀγκύρας μελλόντων ἐκτείνειν,   εἶπεν ὁ Παῦλος
τῷ ἑκατοντάρχῃ καὶ τοῖς στρατιώταις, Ἐὰν μὴ οὗτοι μεί-
32 νωσιν ἐν τῷ πλοίῳ, ὑμεῖς σωθῆναι οὐ δύνασθε.   τότε
ἀπέκοψαν οἱ στρατιῶται τὰ σχοινία τῆς σκάφης καὶ εἴα-
33 σαν αὐτὴν ἐκπεσεῖν.   ἄχρι δὲ οὗ ἡμέρα ἤμελλεν γίνε-
σθαι, παρεκάλει ὁ Παῦλος ἅπαντας μεταλαβεῖν τροφῆς
λέγων, Τεσσαρεσκαιδεκάτην σήμερον ἡμέραν προσδοκῶν-
34 τες ἄσιτοι διατελεῖτε, μηθὲν προσλαβόμενοι.   διὸ πα-
ρακαλῶ ὑμᾶς μεταλαβεῖν τροφῆς· τοῦτο γὰρ πρὸς τῆς
ὑμετέρας σωτηρίας ὑπάρχει· οὐδενὸς γὰρ ὑμῶν θρὶξ ἀπὸ
35 τῆς κεφαλῆς ἀπολεῖται.   εἴπας δὲ ταῦτα καὶ λαβὼν
ἄρτον εὐχαρίστησεν τῷ Θεῷ ἐνώπιον πάντων, καὶ κλάσας
36 ἤρξατο ἐσθίειν.   εὔθυμοι δὲ γενόμενοι πάντες καὶ αὐτοὶ
37 προσελάβοντο τροφῆς.   ἤμεθα δὲ αἱ πᾶσαι ψυχαὶ ἐν

27 Ἀδρίᾳ] Ἀδρ. WH   προσάγειν] προσαχεῖν WHm   29 τε] δὲ Trm
που] πως ς : πω Ln   κατὰ] εἰς ς   ἐκπέσωμεν] -σιν ς : CςmJ
τέσσαρας] τέσσαρες WHa   εὔχοντο] ηὔχ. ςLnWH(u.a.)   30 πρῴ-
ρης] πρώ. ςTrA : -ρας ςTrAWHa   ἀγκύρας] post μελλ. ς   32 ἀπέ-
κοψαν] post οἱ στρατ. ς   33 ἤμελλεν] ἔμ. ςTiB : ante ἡμ. ς   μη-
θὲν] μηδὲν ςB   προσλαβόμενοι] προσλαμβανόμενοι Ln   34 μετα-
λαβεῖν] προσλαβεῖν ς   οὐδενὸς] οὐθενὸς Ln   ἀπὸ] ἐκ ς
ἀπολεῖται] πεσεῖται ς   35 εἴπας] εἰπὼν ς   37 ἤμεθα] ἦμεν ς
αἱ πᾶ. ψυχαὶ] post ἐν τῷ πλ. ς

ΑΠΟΣΤΟΛΩΝ

τῷ πλοίῳ διακόσιαι ἑβδομήκοντα ἕξ. κορεσθέντες δὲ 38 τροφῆς ἐκούφιζον τὸ πλοῖον ἐκβαλλόμενοι τὸν σῖτον εἰς τὴν θάλασσαν. ὅτε δὲ ἡμέρα ἐγένετο, τὴν γῆν οὐκ 39 ἐπεγίνωσκον· κόλπον δέ τινα κατενόουν ἔχοντα αἰγιαλόν, εἰς ὃν ἐβουλεύοντο εἰ δύναιντο ἐξῶσαι τὸ πλοῖον. καὶ 40 τὰς ἀγκύρας περιελόντες εἴων εἰς τὴν θάλασσαν, ἅμα ἀνέντες τὰς ζευκτηρίας τῶν πηδαλίων· καὶ ἐπάραντες τὸν ἀρτέμωνα τῇ πνεούσῃ κατεῖχον εἰς τὸν αἰγιαλόν. περιπεσόντες δὲ εἰς τόπον διθάλασσον ἐπέκειλαν τὴν ναῦν· 41 καὶ ἡ μὲν πρῶρα ἐρείσασα ἔμεινεν ἀσάλευτος, ἡ δὲ πρύμνα ἐλύετο ὑπὸ τῆς βίας. τῶν δὲ στρατιωτῶν βουλὴ ἐγέ- 42 νετο ἵνα τοὺς δεσμώτας ἀποκτείνωσιν, μή τις ἐκκολυμβήσας διαφύγῃ. ὁ δὲ ἑκατοντάρχης βουλόμενος διασῶσαι 43 τὸν Παῦλον ἐκώλυσεν αὐτοὺς τοῦ βουλήματος· ἐκέλευσέν τε τοὺς δυναμένους κολυμβᾶν ἀπορίψαντας πρώτους ἐπὶ τὴν γῆν ἐξιέναι, καὶ τοὺς λοιποὺς, οὓς μὲν ἐπὶ σανίσιν, 44 οὓς δὲ ἐπί τινων τῶν ἀπὸ τοῦ πλοίου. καὶ οὕτως ἐγένετο πάντας διασωθῆναι ἐπὶ τὴν γῆν.

Καὶ διασωθέντες τότε ἐπέγνωμεν ὅτι Μελίτη ἡ νῆσος 23 καλεῖται. οἵ τε βάρβαροι παρεῖχαν οὐ τὴν τυχοῦσαν 2 φιλανθρωπίαν ἡμῖν· ἅψαντες γὰρ πυρὰν προσελάβοντο πάντας ἡμᾶς διὰ τὸν ὑετὸν τὸν ἐφεστῶτα καὶ διὰ τὸ ψῦχος. συστρέψαντος δὲ τοῦ Παύλου φρυγάνων τι πλῆ- 3 θος καὶ ἐπιθέντος ἐπὶ τὴν πυράν, ἔχιδνα ἀπὸ τῆς θέρμης ἐξελθοῦσα καθῆψεν τῆς χειρὸς αὐτοῦ. ὡς δὲ εἶδον οἱ 4 βάρβαροι κρεμάμενον τὸ θηρίον ἐκ τῆς χειρὸς αὐτοῦ, πρὸς ἀλλήλους ἔλεγον, Πάντως φονεύς ἐστιν ὁ ἄνθρωπος οὗτος,

διακόσιαι] ὡς WH(n.m.)Rm : Scr   39 ἐβουλεύοντο] -εύσαντο ϛ(n.m.)
ἐξῶσαι] ἐκσῶσαι WH(n.m.)Rm : Scr   40 ἀρτέμωνα] -μονα ϛ : C
41 ἐπέκειλαν] ἐπώκειλαν ϛ Bm   πρῷρα] πρῴ. ϛA : πρῷ. Tr   βίας]
+τῶν κυμάτων ϛ[Tr] sed Tr°m[A]Bm   42 διαφύγῃ] -γοι ϛ : C
43 ἑκατοντάρχης]-όνταρχος ϛ   ἀπορίψαντας] ἀπορρ. ϛ LnTrA
1 ἐπέγνωμεν]-σαν ϛ   Μελίτη] Μελιτήνη WHRm   2 τε] δὲ ϛ
παρεῖχαν]-ον ϛ   ἅψαντες] ἀνάψ. ϛ   ψύχος] ψύχος ϛTrWH
3 τι] ϛ°(n.m.)   ἀπὸ] ἐκ ϛ(n.m.)   ἐξελθ.] διεξελθ. A   καθῆψεν]
ψε LnWH   4 εἶδον]-αν TrWH   ἔλεγον] ante πρὸς ἀλλ. ϛ

ΠΡΑΞΕΙΣ

ὃν διασωθέντα ἐκ τῆς θαλάσσης ἡ δίκη ζῆν οὐκ εἴασεν. 5 ὁ μὲν οὖν ἀποτινάξας τὸ θηρίον εἰς τὸ πῦρ ἔπαθεν οὐδὲν 6 κακόν. οἱ δὲ προσεδόκων αὐτὸν μέλλειν πίμπρασθαι ἢ καταπίπτειν ἄφνω νεκρόν· ἐπὶ πολὺ δὲ αὐτῶν προσδοκώντων, καὶ θεωρούντων μηδὲν ἄτοπον εἰς αὐτὸν γινόμενον, μεταβαλόμενοι ἔλεγον αὐτὸν εἶναι θεόν.

7 Ἐν δὲ τοῖς περὶ τὸν τόπον ἐκεῖνον ὑπῆρχεν χωρία τῷ πρώτῳ τῆς νήσου ὀνόματι Ποπλίῳ· ὃς ἀναδεξάμενος 8 ἡμᾶς τρεῖς ἡμέρας φιλοφρόνως ἐξένισεν. ἐγένετο δὲ τὸν πατέρα τοῦ Ποπλίου πυρετοῖς καὶ δυσεντερίῳ συνεχόμενον κατακεῖσθαι· πρὸς ὃν ὁ Παῦλος εἰσελθὼν καὶ προσευξάμενος, ἐπιθεὶς τὰς χεῖρας αὐτῷ ἰάσατο αὐτόν. 9 τούτου δὲ γενομένου καὶ οἱ λοιποὶ οἱ ἐν τῇ νήσῳ ἔχοντες 10 ἀσθενείας προσήρχοντο καὶ ἐθεραπεύοντο· οἳ καὶ πολλαῖς τιμαῖς ἐτίμησαν ἡμᾶς, καὶ ἀναγομένοις ἐπέθεντο τὰ πρὸς τὰς χρείας.

11 Μετὰ δὲ τρεῖς μῆνας ἀνήχθημεν ἐν πλοίῳ παρακεχειμακότι ἐν τῇ νήσῳ, Ἀλεξανδρινῷ, παρασήμῳ Διοσκούροις. 12 καὶ καταχθέντες εἰς Συρακούσας ἐπεμείναμεν ἡμέρας τρεῖς. 13 ὅθεν περιελθόντες κατηντήσαμεν εἰς Ῥήγιον· καὶ μετὰ μίαν ἡμέραν ἐπιγενομένου νότου δευτεραῖοι ἤλθομεν εἰς 14 Ποτιόλους· οὗ εὑρόντες ἀδελφοὺς παρεκλήθημεν παρ᾽ αὐτοῖς ἐπιμεῖναι ἡμέρας ἑπτά· καὶ οὕτως εἰς τὴν Ῥώμην 15 ἤλθαμεν. κἀκεῖθεν οἱ ἀδελφοὶ ἀκούσαντες τὰ περὶ ἡμῶν ἦλθαν εἰς ἀπάντησιν ἡμῖν ἄχρι Ἀππίου Φόρου καὶ Τριῶν Ταβερνῶν· οὓς ἰδὼν ὁ Παῦλος εὐχαριστήσας τῷ

5 ἀποτινάξας] -αξάμενος Trm 6 πίμπρασθαι] ἐμπιπρᾶσθαι Ti μεταβαλόμενοι] μεταβαλλ. ϛLnTiB θεὸν] ante αὐτ. εἶν. ϛ 7 ὑπῆρχεν] ὑπῆρχε WH. τρεῖς] post ἡμέρας AWH(n.m.) 8 δυσεντερίῳ] -ρίᾳ ϛ 9 δὲ] οὖν ϛ καὶ pri.] [WH] ἐν τῇ νήσῳ] post ἔχ. ἀσθ. ϛ 10 τὰς χρείας] τὴν χρείαν ϛ 11 Ἀλεξανδρινῷ] -δρίνῳ ϛ LnTrA 12 ἡμέρας τρεῖς] ἡμέραις τρισίν Ln 13 περιελθόντες] περιελόντες WHRm : Scr 14 παρ᾽] ἐπ᾽ ϛ εἰς τὴν Ῥώ. ἦλθ.] ἦλθ. εἰς Ῥώ. LnTrm ἤλθαμεν] -ομεν ϛ 15 ἦλθαν] ἐξῆλθον ϛ : ἦλθον Ln ἄχρι] ἄχρις ϛLn

Θεῷ ἔλαβε θάρσος. Ὅτε δὲ εἰσήλθομεν εἰς Ῥώμην, 16
ἐπετράπη τῷ Παύλῳ μένειν καθ᾽ ἑαυτὸν σὺν τῷ φυλάσσοντι αὐτὸν στρατιώτῃ.

Ἐγένετο δὲ μετὰ ἡμέρας τρεῖς συνκαλέσασθαι αὐτὸν 17
τοὺς ὄντας τῶν Ἰουδαίων πρώτους· συνελθόντων δὲ αὐτῶν
ἔλεγεν πρὸς αὐτούς, Ἐγώ, ἄνδρες ἀδελφοί, οὐδὲν ἐναντίον
ποιήσας τῷ λαῷ ἢ τοῖς ἔθεσι τοῖς πατρῴοις, δέσμιος ἐξ
Ἱεροσολύμων παρεδόθην εἰς τὰς χεῖρας τῶν Ῥωμαίων·
οἵτινες ἀνακρίναντές με ἐβούλοντο ἀπολῦσαι διὰ τὸ μηδε- 18
μίαν αἰτίαν θανάτου ὑπάρχειν ἐν ἐμοί.   ἀντιλεγόντων 19
δὲ τῶν Ἰουδαίων ἠναγκάσθην ἐπικαλέσασθαι Καίσαρα,
οὐχ ὡς τοῦ ἔθνους μου ἔχων τι κατηγορεῖν.   διὰ ταύτην 20
οὖν τὴν αἰτίαν παρεκάλεσα ὑμᾶς ἰδεῖν καὶ προσλαλῆσαι·
ἕνεκεν γὰρ τῆς ἐλπίδος τοῦ Ἰσραὴλ τὴν ἅλυσιν ταύτην
περίκειμαι.   οἱ δὲ πρὸς αὐτὸν εἶπαν, Ἡμεῖς οὔτε γράμ- 21
ματα περὶ σοῦ ἐδεξάμεθα ἀπὸ τῆς Ἰουδαίας, οὔτε παραγενόμενός τις τῶν ἀδελφῶν ἀπήγγειλεν ἢ ἐλάλησέν τι περὶ
σοῦ πονηρόν.   ἀξιοῦμεν δὲ παρὰ σοῦ ἀκοῦσαι ἃ φρο- 22
νεῖς· περὶ μὲν γὰρ τῆς αἱρέσεως ταύτης γνωστὸν ἡμῖν
ἐστὶν ὅτι πανταχοῦ ἀντιλέγεται.

Ταξάμενοι δὲ αὐτῷ ἡμέραν ἦλθον πρὸς αὐτὸν εἰς τὴν 23
ξενίαν πλείονες· οἷς ἐξετίθετο διαμαρτυρόμενος τὴν βασιλείαν τοῦ Θεοῦ, πείθων τε αὐτοὺς περὶ τοῦ Ἰησοῦ ἀπό τε
τοῦ νόμου Μωυσέως καὶ τῶν προφητῶν, ἀπὸ πρωὶ ἕως
ἑσπέρας·   καὶ οἱ μὲν ἐπείθοντο τοῖς λεγομένοις, οἱ δὲ 24
ἠπίστουν.   ἀσύμφωνοι δὲ ὄντες πρὸς ἀλλήλους ἀπελύ- 25

ἔλαβε] -βεν TrA   16 εἰσήλθομεν] ἦλθ. ϛ (n.m.): -αμεν TrWH(n.s.)
Ῥώμην] pr τὴν Ti[B]   ἐπετράπη τῷ Παύλῳ] pr ὁ ἑκατόνταρχος παρέδωκε (-κεν WHm) τοὺς δεσμίους τῷ στρατοπεδάρχῳ· (-χῃ ϛ Am) ϛ Am[B]WHm
Rm : τῷ δὲ Παύλῳ ἐπετράπη ϛAmBmWHmRm   ἑαυτὸν] αὐτὸν WHm : +
ἔξω τῆς παρεμβολῆς WHm : Scr   17 συνκαλέσασθαι] συγκ. ϛLnTrA
αὐτὸν] τὸν Παῦλον ϛ   ἐγὼ] post ἄνδρ. ἀδ. ϛ   ἔθεσι] -σιν TrA
19 κατηγορεῖν] -ρήσαι ϛ   20 ἕνεκεν] εἵνεκεν TiBWH(n.s.)   21 εἶπαν] -ον ϛ   περὶ σοῦ] post ἐδεξ. Ln   22 ἡμῖν] post ἐστ. ϛ
23 ἦλθον] -αν WH(n.s.): ἧκον ϛAm   περὶ] pr τὰ ϛ   25 δὲ] τε TiB

ΠΡΑΞΕΙΣ ΑΠΟΣΤΟΛΩΝ

οντο, εἰπόντος τοῦ Παύλου ῥῆμα ἕν, ὅτι Καλῶς τὸ Πνεῦμα
τὸ Ἅγιον ἐλάλησεν διὰ Ἡσαΐου τοῦ προφήτου πρὸς τοὺς
26 πατέρας ὑμῶν λέγων, Πορεύθητι πρὸς τὸν λαὸν τοῦτον
καὶ εἰπόν, Ἀκοῇ ἀκούσετε καὶ οὐ μὴ συνῆτε, καὶ βλέπον-
27 τες βλέψετε καὶ οὐ μὴ ἴδητε· ἐπαχύνθη γὰρ ἡ καρδία
τοῦ λαοῦ τούτου, καὶ τοῖς ὠσὶν βαρέως ἤκουσαν, καὶ τοὺς
ὀφθαλμοὺς αὐτῶν ἐκάμμυσαν· μή ποτε ἴδωσιν τοῖς ὀφθαλ-
μοῖς καὶ τοῖς ὠσὶν ἀκούσωσιν καὶ τῇ καρδίᾳ συνῶσιν καὶ
28 ἐπιστρέψωσιν, καὶ ἰάσομαι αὐτούς. γνωστὸν οὖν ἔστω
ὑμῖν ὅτι τοῖς ἔθνεσιν ἀπεστάλη τοῦτο τὸ σωτήριον τοῦ
Θεοῦ· αὐτοὶ καὶ ἀκούσονται.
30 Ἐνέμεινεν δὲ διετίαν ὅλην ἐν ἰδίῳ μισθώματι, καὶ ἀπε-
31 δέχετο πάντας τοὺς εἰσπορευομένους πρὸς αὐτόν, κη-
ρύσσων τὴν βασιλείαν τοῦ Θεοῦ, καὶ διδάσκων τὰ περὶ
τοῦ Κυρίου Ἰησοῦ Χριστοῦ μετὰ πάσης παρρησίας ἀκω-
λύτως.

ΕΠΙΣΤΟΛΑΙ ΠΑΥΛΟΥ.

ΠΡΟΣ ΡΩΜΑΙΟΥΣ.

1 Παῦλος δοῦλος Ἰησοῦ Χριστοῦ, κλητὸς ἀπόστολος,
2 ἀφωρισμένος εἰς εὐαγγέλιον Θεοῦ, ὃ προεπηγγείλατο
3 διὰ τῶν προφητῶν αὐτοῦ ἐν γραφαῖς ἁγίαις περὶ τοῦ
Υἱοῦ αὐτοῦ, τοῦ γενομένου ἐκ σπέρματος Δαυεὶδ κατὰ
4 σάρκα, τοῦ ὁρισθέντος Υἱοῦ Θεοῦ ἐν δυνάμει κατὰ

ΠΡΟΣ ΡΩΜΑΙΟΥΣ 1. 5—18.

πνεῦμα ἁγιωσύνης ἐξ ἀναστάσεως νεκρῶν, Ἰησοῦ Χριστοῦ τοῦ Κυρίου ἡμῶν, δι' οὗ ἐλάβομεν χάριν καὶ ἀποστο- 5 λὴν εἰς ὑπακοὴν πίστεως ἐν πᾶσιν τοῖς ἔθνεσιν ὑπὲρ τοῦ ὀνόματος αὐτοῦ, ἐν οἷς ἐστὲ καὶ ὑμεῖς κλητοὶ Ἰησοῦ 6 Χριστοῦ· πᾶσιν τοῖς οὖσιν ἐν Ῥώμῃ ἀγαπητοῖς Θεοῦ, 7 κλητοῖς ἁγίοις· χάρις ὑμῖν καὶ εἰρήνη ἀπὸ Θεοῦ Πατρὸς ἡμῶν καὶ Κυρίου Ἰησοῦ Χριστοῦ.

Πρῶτον μὲν εὐχαριστῶ τῷ Θεῷ μου διὰ Ἰησοῦ Χριστοῦ 8 περὶ πάντων ὑμῶν, ὅτι ἡ πίστις ὑμῶν καταγγέλλεται ἐν ὅλῳ τῷ κόσμῳ. μάρτυς γάρ μου ἐστὶν ὁ Θεός, ᾧ λα- 9 τρεύω ἐν τῷ πνεύματί μου ἐν τῷ εὐαγγελίῳ τοῦ Υἱοῦ αὐτοῦ, ὡς ἀδιαλείπτως μνείαν ὑμῶν ποιοῦμαι πάντοτε 10 ἐπὶ τῶν προσευχῶν μου δεόμενος, εἴ πως ἤδη ποτὲ εὐοδωθήσομαι ἐν τῷ θελήματι τοῦ Θεοῦ ἐλθεῖν πρὸς ὑμᾶς. ἐπιποθῶ γὰρ ἰδεῖν ὑμᾶς, ἵνα τι μεταδῶ χάρισμα ὑμῖν 11 πνευματικὸν εἰς τὸ στηριχθῆναι ὑμᾶς, τοῦτο δέ ἐστιν 12 συνπαρακληθῆναι ἐν ὑμῖν διὰ τῆς ἐν ἀλλήλοις πίστεως ὑμῶν τε καὶ ἐμοῦ. οὐ θέλω δὲ ὑμᾶς ἀγνοεῖν, ἀδελφοί, 13 ὅτι πολλάκις προεθέμην ἐλθεῖν πρὸς ὑμᾶς (καὶ ἐκωλύθην ἄχρι τοῦ δεῦρο), ἵνα τινὰ καρπὸν σχῶ καὶ ἐν ὑμῖν καθὼς καὶ ἐν τοῖς λοιποῖς ἔθνεσιν. Ἕλλησίν τε καὶ βαρβά- 14 ροις, σοφοῖς τε καὶ ἀνοήτοις ὀφειλέτης εἰμί. οὕτως τὸ 15 κατ' ἐμὲ πρόθυμον καὶ ὑμῖν τοῖς ἐν Ῥώμῃ εὐαγγελίσασθαι. οὐ γὰρ ἐπαισχύνομαι τὸ εὐαγγέλιον· δύναμις γὰρ Θεοῦ 16 ἐστὶν εἰς σωτηρίαν παντὶ τῷ πιστεύοντι, Ἰουδαίῳ τε πρῶτον καὶ Ἕλληνι. δικαιοσύνη γὰρ Θεοῦ ἐν αὐτῷ ἀποκα- 17 λύπτεται ἐκ πίστεως εἰς πίστιν· καθὼς γέγραπται, Ὁ δὲ δίκαιος ἐκ πίστεως ζήσεται.

Ἀποκαλύπτεται γὰρ ὀργὴ Θεοῦ ἀπ' οὐρανοῦ ἐπὶ πᾶσαν 18

5, 7 πᾶσιν δίs]-σι WHa 8 περὶ] ὑπὲρ ς 10 δεόμενος,] , δεόμενος ςTiWH : , B° 12 τοῦτο δέ ἐστιν] τουτέστιν Lnm συνπαρ.] συμπαρ. ςLnTr 13 τινα] post καρπ. ς : C 15 οὕτως] -τω ς Ln WH : C 16 εὐαγγέλιον] +τοῦ Χριστοῦ ςBm πρῶτον] [Ln] [Tr]m [WH]

ἀσέβειαν καὶ ἀδικίαν ἀνθρώπων τῶν τὴν ἀλήθειαν ἐν ἀδι-
19 κίᾳ κατεχόντων· διότι τὸ γνωστὸν τοῦ Θεοῦ φανερόν
20 ἐστιν ἐν αὐτοῖς· ὁ Θεὸς γὰρ αὐτοῖς ἐφανέρωσεν. τὰ
γὰρ ἀόρατα αὐτοῦ ἀπὸ κτίσεως κόσμου τοῖς ποιήμασιν
νοούμενα καθορᾶται, ἥ τε ἀΐδιος αὐτοῦ δύναμις καὶ θειότης,
21 εἰς τὸ εἶναι αὐτοὺς ἀναπολογήτους· διότι γνόντες τὸν
Θεὸν οὐχ ὡς Θεὸν ἐδόξασαν ἢ ηὐχαρίστησαν, ἀλλ᾽ ἐμα-
ταιώθησαν ἐν τοῖς διαλογισμοῖς αὐτῶν, καὶ ἐσκοτίσθη ἡ
22 ἀσύνετος αὐτῶν καρδία. φάσκοντες εἶναι σοφοὶ ἐμω-
23 ράνθησαν, καὶ ἤλλαξαν τὴν δόξαν τοῦ ἀφθάρτου Θεοῦ
ἐν ὁμοιώματι εἰκόνος φθαρτοῦ ἀνθρώπου καὶ πετεινῶν καὶ
τετραπόδων καὶ ἑρπετῶν.
24 Διὸ παρέδωκεν αὐτοὺς ὁ Θεὸς ἐν ταῖς ἐπιθυμίαις τῶν
καρδιῶν αὐτῶν εἰς ἀκαθαρσίαν τοῦ ἀτιμάζεσθαι τὰ σώματα
25 αὐτῶν ἐν αὐτοῖς· οἵτινες μετήλλαξαν τὴν ἀλήθειαν τοῦ
Θεοῦ ἐν τῷ ψεύδει, καὶ ἐσεβάσθησαν καὶ ἐλάτρευσαν τῇ
κτίσει παρὰ τὸν κτίσαντα, ὅς ἐστιν εὐλογητὸς εἰς τοὺς
26 αἰῶνας· ἀμήν. Διὰ τοῦτο παρέδωκεν αὐτοὺς ὁ Θεὸς
εἰς πάθη ἀτιμίας· αἵ τε γὰρ θήλειαι αὐτῶν μετήλλαξαν
27 τὴν φυσικὴν χρῆσιν εἰς τὴν παρὰ φύσιν· ὁμοίως τε
καὶ οἱ ἄρσενες, ἀφέντες τὴν φυσικὴν χρῆσιν τῆς θηλείας,
ἐξεκαύθησαν ἐν τῇ ὀρέξει αὐτῶν εἰς ἀλλήλους, ἄρσενες ἐν
ἄρσεσιν τὴν ἀσχημοσύνην κατεργαζόμενοι, καὶ τὴν ἀντι-
μισθίαν ἣν ἔδει τῆς πλάνης αὐτῶν ἐν ἑαυτοῖς ἀπολαμβά-
28 νοντες. καὶ καθὼς οὐκ ἐδοκίμασαν τὸν Θεὸν ἔχειν ἐν
ἐπιγνώσει, παρέδωκεν αὐτοὺς ὁ Θεὸς εἰς ἀδόκιμον νοῦν,
29 ποιεῖν τὰ μὴ καθήκοντα, πεπληρωμένους πάσῃ ἀδικίᾳ,
πονηρίᾳ, πλεονεξίᾳ, κακίᾳ· μεστοὺς φθόνου, φόνου, ἔριδος,
30 δόλου, κακοηθείας· ψιθυριστάς, καταλάλους, θεοστυ-

19 γὰρ] ante Θεὸς ϛ   21 ηὐχαρίστησαν] εὐχ. ϛWHa   ἀλλ᾽] ἀλλὰ
TrWH(n.a.)   24 διὸ] +καὶ ϛ[A]Bm   αὐτοῖς] ἑαυ. ϛ   27 τε] δὲ
LnTrm   ἀρσ. ter]ἄρρ. ἄρσ. ἄρσ. ϛ : ἄρρ. ter TiBWHa : ErElz   ἄρσε-
σιν] -σι WHa   ἑαυτοῖς] αὑ. WH(n.a.)   29 ἀδικίᾳ]+ πορνείᾳ ϛBm
κακίᾳ]ante πονηρ. LnWHm : ante πλεον. TiBWHm   κακοηθείας]-θίας WH

γεῖς, ὑβριστάς, ὑπερηφάνους, ἀλαζόνας, ἐφευρετὰς κακῶν,
γονεῦσιν ἀπειθεῖς, ἀσυνέτους, ἀσυνθέτους, ἀστόργους, 31
ἀνελεήμονας· οἵτινες τὸ δικαίωμα τοῦ Θεοῦ ἐπιγνόντες, 32
ὅτι οἱ τὰ τοιαῦτα πράσσοντες ἄξιοι θανάτου εἰσίν, οὐ μόνον
αὐτὰ ποιοῦσιν, ἀλλὰ καὶ συνευδοκοῦσιν τοῖς πράσσουσιν.

Διὸ ἀναπολόγητος εἶ, ὦ ἄνθρωπε πᾶς ὁ κρίνων· ἐν ᾧ 2
γὰρ κρίνεις τὸν ἕτερον, σεαυτὸν κατακρίνεις· τὰ γὰρ αὐτὰ
πράσσεις ὁ κρίνων. οἴδαμεν δὲ ὅτι τὸ κρίμα τοῦ Θεοῦ 2
ἐστὶν κατὰ ἀλήθειαν ἐπὶ τοὺς τὰ τοιαῦτα πράσσοντας.
λογίζῃ δὲ τοῦτο, ὦ ἄνθρωπε ὁ κρίνων τοὺς τὰ τοιαῦτα 3
πράσσοντας καὶ ποιῶν αὐτά, ὅτι σὺ ἐκφεύξῃ τὸ κρίμα τοῦ
Θεοῦ; ἢ τοῦ πλούτου τῆς χρηστότητος αὐτοῦ καὶ τῆς 4
ἀνοχῆς καὶ τῆς μακροθυμίας καταφρονεῖς, ἀγνοῶν ὅτι τὸ
χρηστὸν τοῦ Θεοῦ εἰς μετάνοιάν σε ἄγει; κατὰ δὲ τὴν 5
σκληρότητά σου καὶ ἀμετανόητον καρδίαν θησαυρίζεις
σεαυτῷ ὀργὴν ἐν ἡμέρᾳ ὀργῆς καὶ ἀποκαλύψεως δικαιοκρισίας
τοῦ Θεοῦ, ὃς ἀποδώσει ἑκάστῳ κατὰ τὰ ἔργα αὐ- 6
τοῦ· τοῖς μὲν καθ᾿ ὑπομονὴν ἔργου ἀγαθοῦ δόξαν καὶ 7
τιμὴν καὶ ἀφθαρσίαν ζητοῦσιν, ζωὴν αἰώνιον· τοῖς δὲ 8
ἐξ ἐριθείας, καὶ ἀπειθοῦσι τῇ ἀληθείᾳ πειθομένοις δὲ τῇ
ἀδικίᾳ, ὀργὴ καὶ θυμός, θλῖψις καὶ στενοχωρία, ἐπὶ 9
πᾶσαν ψυχὴν ἀνθρώπου τοῦ κατεργαζομένου τὸ κακόν,
Ἰουδαίου τε πρῶτον καὶ Ἕλληνος· δόξα δὲ καὶ τιμὴ 10
καὶ εἰρήνη παντὶ τῷ ἐργαζομένῳ τὸ ἀγαθόν, Ἰουδαίῳ τε
πρῶτον καὶ Ἕλληνι· οὐ γάρ ἐστιν προσωποληψία 11
παρὰ τῷ Θεῷ.

Ὅσοι γὰρ ἀνόμως ἥμαρτον, ἀνόμως καὶ ἀπολοῦνται· 12
καὶ ὅσοι ἐν νόμῳ ἥμαρτον, διὰ νόμου κριθήσονται· οὐ 13

31 ἀστόργους]+ ἀσπόνδους ϛBm   32 ἐπιγνόντες] ἐπιγινώσκοντες WHm
ποιοῦσιν...συνευδοκοῦσιν] -οῦντες bis LnmTrm   2 δὲ] γὰρ LnmTrmTi
B(n.m.)WHmRm   4 ἄγει;] ἄγει, LnA   5 Θεοῦ,] Θεοῦ· Ln
7 ζητοῦσιν] -σι WHₐ   8 ἐριθείας] -θίας WH   ἀπειθοῦσι] -σιν Tr:
+μὲν ϛA   ὀργ. κ. θυ.] θυ. κ. ὀργ. ϛ   θυμός,] θυμός. LnTiB

γὰρ οἱ ἀκροαταὶ νόμου δίκαιοι παρὰ τῷ Θεῷ, ἀλλ' οἱ ποιη-
14 ταὶ νόμου δικαιωθήσονται· ὅταν γὰρ ἔθνη τὰ μὴ νόμον
ἔχοντα φύσει τὰ τοῦ νόμου ποιῶσιν, οὗτοι νόμον μὴ ἔχον-
15 τες ἑαυτοῖς εἰσὶν νόμος· οἵτινες ἐνδείκνυνται τὸ ἔργον
τοῦ νόμου γραπτὸν ἐν ταῖς καρδίαις αὐτῶν, συνμαρτυρού-
σης αὐτῶν τῆς συνειδήσεως, καὶ μεταξὺ ἀλλήλων τῶν
16 λογισμῶν κατηγορούντων ἢ καὶ ἀπολογουμένων, ἐν
ἡμέρᾳ ὅτε κρινεῖ ὁ Θεὸς τὰ κρυπτὰ τῶν ἀνθρώπων κατὰ τὸ
εὐαγγέλιόν μου διὰ Ἰησοῦ Χριστοῦ.

17 Εἰ δὲ σὺ Ἰουδαῖος ἐπονομάζῃ καὶ ἐπαναπαύῃ νόμῳ καὶ
18 καυχᾶσαι ἐν Θεῷ καὶ γινώσκεις τὸ θέλημα καὶ δοκι-
μάζεις τὰ διαφέροντα, κατηχούμενος ἐκ τοῦ νόμου,
19 πέποιθάς τε σεαυτὸν ὁδηγὸν εἶναι τυφλῶν, φῶς τῶν ἐν
20 σκότει, παιδευτὴν ἀφρόνων, διδάσκαλον νηπίων, ἔχον-
τα τὴν μόρφωσιν τῆς γνώσεως καὶ τῆς ἀληθείας ἐν τῷ
21 νόμῳ· ὁ οὖν διδάσκων ἕτερον σεαυτὸν οὐ διδάσκεις;
22 ὁ κηρύσσων μὴ κλέπτειν κλέπτεις; ὁ λέγων μὴ μοι-
χεύειν μοιχεύεις; ὁ βδελυσσόμενος τὰ εἴδωλα ἱεροσυλεῖς;
23 ὃς ἐν νόμῳ καυχᾶσαι, διὰ τῆς παραβάσεως τοῦ νόμου τὸν
24 Θεὸν ἀτιμάζεις; τὸ γὰρ ὄνομα τοῦ Θεοῦ δι' ὑμᾶς βλα-
25 σφημεῖται ἐν τοῖς ἔθνεσιν, καθὼς γέγραπται. Περιτομὴ
μὲν γὰρ ὠφελεῖ ἐὰν νόμον πράσσῃς· ἐὰν δὲ παραβάτης
26 νόμου ᾖς, ἡ περιτομή σου ἀκροβυστία γέγονεν. ἐὰν
οὖν ἡ ἀκροβυστία τὰ δικαιώματα τοῦ νόμου φυλάσσῃ, οὐχ
27 ἡ ἀκροβυστία αὐτοῦ εἰς περιτομὴν λογισθήσεται, καὶ
κρινεῖ ἡ ἐκ φύσεως ἀκροβυστία τὸν νόμον τελοῦσα σὲ τὸν
28 διὰ γράμματος καὶ περιτομῆς παραβάτην νόμου; οὐ
γὰρ ὁ ἐν τῷ φανερῷ Ἰουδαῖός ἐστιν, οὐδὲ ἡ ἐν τῷ φανερῷ

13 νόμου *bis*] pr τοῦ ϛ τῷ [*Ln*]Tr'sed[Tr]m[WH] 14 ποιῶσιν]
ποιῇ ϛ οὗτοι] οἱ τοιοῦτοι *Ln*m 15 συνμαρτ.] συμμαρτ. *Ln*TrA
16 ἡμέρᾳ ὅτε] ἡμ. ᾗ *Ln*ABmWHm : ᾗ ἡμ. TrmBmWH(n.m.) κρινεῖ]
κρίνει WH(n.m.)Rm Ἰησοῦ Χριστοῦ] Χριστοῦ Ἰησοῦ TrmTiBWH
(n.m.) 17 εἰ δὲ] ἴδε ϛ Bm : Cϛm νόμῳ] pr τῷ ϛ 26 οὐχ]
οὐχὶ ϛ A

ΠΡΟΣ ΡΩΜΑΙΟΥΣ 2. 29—3. 14.

ἐν σαρκὶ περιτομή· ἀλλ' ὁ ἐν τῷ κρυπτῷ Ἰουδαῖος, καὶ 29
περιτομὴ καρδίας ἐν πνεύματι οὐ γράμματι· οὗ ὁ ἔπαινος
οὐκ ἐξ ἀνθρώπων ἀλλ' ἐκ τοῦ Θεοῦ.

Τί οὖν τὸ περισσὸν τοῦ Ἰουδαίου; ἢ τίς ἡ ὠφέλεια 3
τῆς περιτομῆς; πολὺ κατὰ πάντα τρόπον· πρῶτον μὲν 2
[γὰρ] ὅτι ἐπιστεύθησαν τὰ λόγια τοῦ Θεοῦ. τί γὰρ εἰ 3
ἠπίστησάν τινες; μὴ ἡ ἀπιστία αὐτῶν τὴν πίστιν τοῦ Θεοῦ
καταργήσει; μὴ γένοιτο· γινέσθω δὲ ὁ Θεὸς ἀληθής, 4
πᾶς δὲ ἄνθρωπος ψεύστης, καθάπερ γέγραπται, Ὅπως ἂν
δικαιωθῇς ἐν τοῖς λόγοις σου καὶ νικήσῃς ἐν τῷ κρίνεσθαί
σε. εἰ δὲ ἡ ἀδικία ἡμῶν Θεοῦ δικαιοσύνην συνίστησιν, 5
τί ἐροῦμεν; μὴ ἄδικος ὁ Θεὸς ὁ ἐπιφέρων τὴν ὀργήν;
(κατὰ ἄνθρωπον λέγω.) μὴ γένοιτο· ἐπεὶ πῶς κρινεῖ ὁ 6
Θεὸς τὸν κόσμον; εἰ γὰρ ἡ ἀλήθεια τοῦ Θεοῦ ἐν τῷ 7
ἐμῷ ψεύσματι ἐπερίσσευσεν εἰς τὴν δόξαν αὐτοῦ, τί ἔτι
κἀγὼ ὡς ἁμαρτωλὸς κρίνομαι; καὶ μὴ (καθὼς βλα- 8
σφημούμεθα, καὶ καθώς φασίν τινες ἡμᾶς λέγειν ὅτι) Ποιή-
σωμεν τὰ κακὰ ἵνα ἔλθῃ τὰ ἀγαθά; ὧν τὸ κρίμα ἔνδικόν
ἐστιν.

Τί οὖν; προεχόμεθα; οὐ πάντως· προητιασάμεθα γὰρ 9
Ἰουδαίους τε καὶ Ἕλληνας πάντας ὑφ' ἁμαρτίαν εἶναι·
καθὼς γέγραπται ὅτι Οὐκ ἔστιν δίκαιος οὐδὲ εἷς, 10
οὐκ ἔστιν [ὁ] συνίων, οὐκ ἔστιν ὁ ἐκζητῶν τὸν Θεόν· 11
πάντες ἐξέκλιναν, ἅμα ἠχρεώθησαν· οὐκ ἔστιν ποιῶν 12
χρηστότητα, οὐκ ἔστιν ἕως ἑνός· τάφος ἀνεῳγμένος ὁ 13
λάρυγξ αὐτῶν, ταῖς γλώσσαις αὐτῶν ἐδολιοῦσαν, ἰὸς ἀσπί-
δων ὑπὸ τὰ χείλη αὐτῶν· ὧν τὸ στόμα ἀρᾶς καὶ πι- 14

15 κρίας γέμει· ὀξεῖς οἱ πόδες αὐτῶν ἐκχέαι αἷμα·
16 σύντριμμα καὶ ταλαιπωρία ἐν ταῖς ὁδοῖς αὐτῶν,
17, 18 καὶ ὁδὸν εἰρήνης οὐκ ἔγνωσαν· οὐκ ἔστιν φόβος
19 Θεοῦ ἀπέναντι τῶν ὀφθαλμῶν αὐτῶν. Οἴδαμεν δὲ ὅτι ὅσα ὁ νόμος λέγει τοῖς ἐν τῷ νόμῳ λαλεῖ, ἵνα πᾶν στόμα φραγῇ καὶ ὑπόδικος γένηται πᾶς ὁ κόσμος τῷ Θεῷ·
20 διότι ἐξ ἔργων νόμου οὐ δικαιωθήσεται πᾶσα σὰρξ ἐνώπιον αὐτοῦ· διὰ γὰρ νόμου ἐπίγνωσις ἁμαρτίας.
21 Νυνὶ δὲ χωρὶς νόμου δικαιοσύνη Θεοῦ πεφανέρωται,
22 μαρτυρουμένη ὑπὸ τοῦ νόμου καὶ τῶν προφητῶν, δικαιοσύνη δὲ Θεοῦ διὰ πίστεως Ἰησοῦ Χριστοῦ, εἰς πάντας
23 τοὺς πιστεύοντας· οὐ γάρ ἐστιν διαστολή· πάντες γὰρ
24 ἥμαρτον καὶ ὑστεροῦνται τῆς δόξης τοῦ Θεοῦ, δικαιούμενοι δωρεὰν τῇ αὐτοῦ χάριτι διὰ τῆς ἀπολυτρώσεως τῆς
25 ἐν Χριστῷ Ἰησοῦ· ὃν προέθετο ὁ Θεὸς ἱλαστήριον διὰ πίστεως ἐν τῷ αὐτοῦ αἵματι, εἰς ἔνδειξιν τῆς δικαιοσύνης αὐτοῦ διὰ τὴν πάρεσιν τῶν προγεγονότων ἁμαρτημάτων
26 ἐν τῇ ἀνοχῇ τοῦ Θεοῦ· πρὸς τὴν ἔνδειξιν τῆς δικαιοσύνης αὐτοῦ ἐν τῷ νῦν καιρῷ, εἰς τὸ εἶναι αὐτὸν δίκαιον καὶ δικαιοῦντα τὸν ἐκ πίστεως Ἰησοῦ.
27 Ποῦ οὖν ἡ καύχησις; ἐξεκλείσθη. διὰ ποίου νόμου;
28 τῶν ἔργων; οὐχί, ἀλλὰ διὰ νόμου πίστεως. λογιζόμεθα γὰρ δικαιοῦσθαι πίστει ἄνθρωπον χωρὶς ἔργων νόμου.
29 ἢ Ἰουδαίων ὁ Θεὸς μόνον; οὐχὶ καὶ ἐθνῶν; ναὶ καὶ ἐθνῶν·
30 εἴπερ εἷς ὁ Θεὸς ὃς δικαιώσει περιτομὴν ἐκ πίστεως καὶ
31 ἀκροβυστίαν διὰ τῆς πίστεως. νόμον οὖν καταργοῦμεν διὰ τῆς πίστεως; μὴ γένοιτο· ἀλλὰ νόμον ἱστάνομεν.
4 Τί οὖν ἐροῦμεν εὑρηκέναι Ἀβραὰμ τὸν προπάτορα ἡμῶν

22 Ἰησοῦ] [WH] εἰς πάντας] + καὶ ἐπὶ πάντας ϛ[A][B]Rm
25 πίστεως] pr τῆς ϛ[B]WHm 26 τὴν] ϛ° 28 γὰρ] οὖν ϛ(n.m.)
TrmAmBmWHmR(n.m.) πίστει] ante δικαι. ϛ 29 μόνον] μόνων
BmWHm : μόνος Bm οὐχὶ] + δὲ ϛ 30 εἴπερ] ἐπείπερ ϛ(n.m.)Bm
ἱστάνομεν] ἱστῶμεν ϛ 1 εὑρηκέναι] [Tr]m[A]WH°(n.m.)R°m : post Ἀβρ.
τὸν π. ἡμ. ϛ προπάτορα] πατέρα ϛ(n.m.)

ΠΡΟΣ ΡΩΜΑΙΟΥΣ 4. 2—16.

κατὰ σάρκα; εἰ γὰρ Ἀβραὰμ ἐξ ἔργων ἐδικαιώθη, ἔχει 2
καύχημα· ἀλλ' οὐ πρὸς Θεόν, τί γὰρ ἡ γραφὴ λέγει; 3
Ἐπίστευσεν δὲ Ἀβραὰμ τῷ Θεῷ, καὶ ἐλογίσθη αὐτῷ εἰς
δικαιοσύνην. τῷ δὲ ἐργαζομένῳ ὁ μισθὸς οὐ λογίζεται 4
κατὰ χάριν ἀλλὰ κατὰ ὀφείλημα. τῷ δὲ μὴ ἐργαζο- 5
μένῳ, πιστεύοντι δὲ ἐπὶ τὸν δικαιοῦντα τὸν ἀσεβῆ, λογί-
ζεται ἡ πίστις αὐτοῦ εἰς δικαιοσύνην. καθάπερ καὶ 6
Δαυεὶδ λέγει τὸν μακαρισμὸν τοῦ ἀνθρώπου ᾧ ὁ Θεὸς
λογίζεται δικαιοσύνην χωρὶς ἔργων, Μακάριοι ὧν ἀφέ- 7
θησαν αἱ ἀνομίαι, καὶ ὧν ἐπεκαλύφθησαν αἱ ἁμαρτίαι·
μακάριος ἀνὴρ οὗ οὐ μὴ λογίσηται Κύριος ἁμαρτίαν. 8
ὁ μακαρισμὸς οὖν οὗτος ἐπὶ τὴν περιτομήν, ἢ καὶ ἐπὶ τὴν 9
ἀκροβυστίαν; λέγομεν γάρ, Ἐλογίσθη τῷ Ἀβραὰμ ἡ
πίστις εἰς δικαιοσύνην. πῶς οὖν ἐλογίσθη; ἐν περι- 10
τομῇ ὄντι, ἢ ἐν ἀκροβυστίᾳ; οὐκ ἐν περιτομῇ, ἀλλ' ἐν
ἀκροβυστίᾳ· καὶ σημεῖον ἔλαβεν περιτομῆς, σφραγῖδα 11
τῆς δικαιοσύνης τῆς πίστεως τῆς ἐν τῇ ἀκροβυστίᾳ· εἰς τὸ
εἶναι αὐτὸν πατέρα πάντων τῶν πιστευόντων δι' ἀκροβυ-
στίας, εἰς τὸ λογισθῆναι αὐτοῖς τὴν δικαιοσύνην, καὶ 12
πατέρα περιτομῆς, τοῖς οὐκ ἐκ περιτομῆς μόνον, ἀλλὰ καὶ
τοῖς στοιχοῦσιν τοῖς ἴχνεσιν τῆς ἐν ἀκροβυστίᾳ πίστεως
τοῦ πατρὸς ἡμῶν Ἀβραάμ.

Οὐ γὰρ διὰ νόμου ἡ ἐπαγγελία τῷ Ἀβραὰμ ἢ τῷ σπέρ- 13
ματι αὐτοῦ, τὸ κληρονόμον αὐτὸν εἶναι κόσμου, ἀλλὰ διὰ
δικαιοσύνης πίστεως. εἰ γὰρ οἱ ἐκ νόμου κληρονόμοι, 14
κεκένωται ἡ πίστις καὶ κατήργηται ἡ ἐπαγγελία· ὁ 15
γὰρ νόμος ὀργὴν κατεργάζεται· οὗ δὲ οὐκ ἔστιν νόμος,
οὐδὲ παράβασις. διὰ τοῦτο ἐκ πίστεως, ἵνα κατὰ χά- 16
ριν, εἰς τὸ εἶναι βεβαίαν τὴν ἐπαγγελίαν παντὶ τῷ σπέρ-

2 Θεόν] pr τὸν ς   4 ὀφείλημα] pr τὸ ς: CJ   5 ἀσεβῇ] ἀσεβήν
TiB   8 οὗ] ᾧ ςLn(n.m.)AWHmR   9 γὰρ] + ὅτι ς[Ln]A
11 περιτομῆς] -μήν WHm   δι'] διὰ Ln(n.m.)TrmWHₐ   αὐτοῖς] pr
καὶ ςLn[A][B]   τὴν] Ti°[B][WH] : εἰς Lnm   12 ἀκροβ.] pr τῇ ς
13 κόσμου] pr τοῦ ς   15 δὲ] γὰρ ς (n.m.)Bm

ματι, οὐ τῷ ἐκ τοῦ νόμου μόνον, ἀλλὰ καὶ τῷ ἐκ πίστεως
17 Ἀβραάμ, ὅς ἐστιν πατὴρ πάντων ἡμῶν (καθὼς γέ-
γραπται ὅτι Πατέρα πολλῶν ἐθνῶν τέθεικά σε) κατέναντι
οὗ ἐπίστευσεν Θεοῦ τοῦ ζωοποιοῦντος τοὺς νεκροὺς καὶ
18 καλοῦντος τὰ μὴ ὄντα ὡς ὄντα. ὃς παρ᾽ ἐλπίδα ἐπ᾽
ἐλπίδι ἐπίστευσεν, εἰς τὸ γενέσθαι αὐτὸν πατέρα πολλῶν
ἐθνῶν κατὰ τὸ εἰρημένον, Οὕτως ἔσται τὸ σπέρμα σου.
19 καὶ μὴ ἀσθενήσας τῇ πίστει κατενόησεν τὸ ἑαυτοῦ σῶμα
[ἤδη] νενεκρωμένον (ἑκατονταετής που ὑπάρχων), καὶ τὴν
20 νέκρωσιν τῆς μήτρας Σάρρας· εἰς δὲ τὴν ἐπαγγελίαν
τοῦ Θεοῦ οὐ διεκρίθη τῇ ἀπιστίᾳ, ἀλλ᾽ ἐνεδυναμώθη τῇ
21 πίστει, δοὺς δόξαν τῷ Θεῷ καὶ πληροφορηθεὶς ὅτι ὃ
22 ἐπήγγελται δυνατός ἐστιν καὶ ποιῆσαι. διὸ [καὶ] ἐλο-
23 γίσθη αὐτῷ εἰς δικαιοσύνην. οὐκ ἐγράφη δὲ δι᾽ αὐτὸν
24 μόνον ὅτι ἐλογίσθη αὐτῷ, ἀλλὰ καὶ δι᾽ ἡμᾶς οἷς μέλ-
λει λογίζεσθαι, τοῖς πιστεύουσιν ἐπὶ τὸν ἐγείραντα Ἰησοῦν
25 τὸν Κύριον ἡμῶν ἐκ νεκρῶν, ὃς παρεδόθη διὰ τὰ πα-
ραπτώματα ἡμῶν καὶ ἠγέρθη διὰ τὴν δικαίωσιν ἡμῶν.

5 Δικαιωθέντες οὖν ἐκ πίστεως εἰρήνην ἔχωμεν πρὸς τὸν
2 Θεὸν διὰ τοῦ Κυρίου ἡμῶν Ἰησοῦ Χριστοῦ, δι᾽ οὗ καὶ
τὴν προσαγωγὴν ἐσχήκαμεν [τῇ πίστει] εἰς τὴν χάριν
ταύτην ἐν ᾗ ἑστήκαμεν, καὶ καυχώμεθα ἐπ᾽ ἐλπίδι τῆς
3 δόξης τοῦ Θεοῦ. οὐ μόνον δέ, ἀλλὰ καὶ καυχώμεθα ἐν
ταῖς θλίψεσιν, εἰδότες ὅτι ἡ θλῖψις ὑπομονὴν κατεργά-
4 ζεται, ἡ δὲ ὑπομονὴ δοκιμήν, ἡ δὲ δοκιμὴ ἐλπίδα·
5 ἡ δὲ ἐλπὶς οὐ καταισχύνει, ὅτι ἡ ἀγάπη τοῦ Θεοῦ ἐκκέ-
χυται ἐν ταῖς καρδίαις ἡμῶν διὰ Πνεύματος Ἁγίου τοῦ
6 δοθέντος ἡμῖν. ἔτι γὰρ Χριστὸς ὄντων ἡμῶν ἀσθενῶν

18 ἐπ᾽ ἐλπ.] ἐφ᾽ ἐλπ. Ln : ἐφ᾽ ἐλπ. WHa 19 κατενόησεν] pr οὐ ϛ[A]
Bm ἤδη] ins ϛ[Ln]Tr at [Tr]m[A][B][WH]R : Ti°R°m 20 ἀλλ᾽]
ἀλλὰ TrWH(n.s.) 22 καὶ] ins ϛ[Ln][Tr]Ti[A][B][WH]R 1 ἔχω-
μεν] ἔχομεν ϛ Ln(n.m.)BmRmScr 2 τῇ πίστει] ins ϛ[Ln][Tr]Ti[B]
[WH]R : A°R°m 3 καυχώμεθα] -χώμενοι Tr(n.m.)AWHm 6. ἔτι
γὰρ] εἴ γε AWH

ἔτι κατὰ καιρὸν ὑπὲρ ἀσεβῶν ἀπέθανεν. μόλις γὰρ 7
ὑπὲρ δικαίου τις ἀποθανεῖται· ὑπὲρ γὰρ τοῦ ἀγαθοῦ τάχα
τις καὶ τολμᾷ ἀποθανεῖν. συνίστησιν δὲ τὴν ἑαυτοῦ 8
ἀγάπην εἰς ἡμᾶς ὁ Θεός, ὅτι ἔτι ἁμαρτωλῶν ὄντων ἡμῶν
Χριστὸς ὑπὲρ ἡμῶν ἀπέθανεν. πολλῷ οὖν μᾶλλον δι- 9
καιωθέντες νῦν ἐν τῷ αἵματι αὐτοῦ σωθησόμεθα δι' αὐτοῦ
ἀπὸ τῆς ὀργῆς. εἰ γὰρ ἐχθροὶ ὄντες κατηλλάγημεν τῷ 10
Θεῷ διὰ τοῦ θανάτου τοῦ Υἱοῦ αὐτοῦ, πολλῷ μᾶλλον κατ-
αλλαγέντες σωθησόμεθα ἐν τῇ ζωῇ αὐτοῦ· οὐ μόνον 11
δέ, ἀλλὰ καὶ καυχώμενοι ἐν τῷ Θεῷ διὰ τοῦ Κυρίου ἡμῶν
Ἰησοῦ Χριστοῦ, δι' οὗ νῦν τὴν καταλλαγὴν ἐλάβομεν.

Διὰ τοῦτο ὥσπερ δι' ἑνὸς ἀνθρώπου ἡ ἁμαρτία εἰς τὸν 12
κόσμον εἰσῆλθεν, καὶ διὰ τῆς ἁμαρτίας ὁ θάνατος, καὶ
οὕτως εἰς πάντας ἀνθρώπους ὁ θάνατος διῆλθεν, ἐφ' ᾧ
πάντες ἥμαρτον—· ἄχρι γὰρ νόμου ἁμαρτία ἦν ἐν κό- 13
σμῳ· ἁμαρτία δὲ οὐκ ἐλλογεῖται μὴ ὄντος νόμου.
ἀλλὰ ἐβασίλευσεν ὁ θάνατος ἀπὸ Ἀδὰμ μέχρι Μωυσέως 14
καὶ ἐπὶ τοὺς μὴ ἁμαρτήσαντας ἐπὶ τῷ ὁμοιώματι τῆς πα-
ραβάσεως Ἀδάμ, ὅς ἐστιν τύπος τοῦ μέλλοντος. Ἀλλ' 15
οὐχ ὡς τὸ παράπτωμα, οὕτως καὶ τὸ χάρισμα. εἰ γὰρ τῷ
τοῦ ἑνὸς παραπτώματι οἱ πολλοὶ ἀπέθανον, πολλῷ μᾶλλον
ἡ χάρις τοῦ Θεοῦ καὶ ἡ δωρεὰ ἐν χάριτι τῇ τοῦ ἑνὸς ἀν-
θρώπου Ἰησοῦ Χριστοῦ εἰς τοὺς πολλοὺς ἐπερίσσευσεν.
καὶ οὐχ ὡς δι' ἑνὸς ἁμαρτήσαντος τὸ δώρημα· τὸ μὲν γὰρ 16
κρίμα ἐξ ἑνὸς εἰς κατάκριμα, τὸ δὲ χάρισμα ἐκ πολλῶν
παραπτωμάτων εἰς δικαίωμα. εἰ γὰρ τῷ τοῦ ἑνὸς παρα- 17
πτώματι ὁ θάνατος ἐβασίλευσεν διὰ τοῦ ἑνός, πολλῷ
μᾶλλον οἱ τὴν περισσείαν τῆς χάριτος καὶ τῆς δωρεᾶς τῆς

δικαιοσύνης λαμβάνοντες ἐν ζωῇ βασιλεύσουσιν διὰ τοῦ
8 ἑνὸς Ἰησοῦ Χριστοῦ. Ἄρα οὖν ὡς δι' ἑνὸς παραπτώματος εἰς πάντας ἀνθρώπους εἰς κατάκριμα, οὕτως καὶ δι' ἑνὸς δικαιώματος εἰς πάντας ἀνθρώπους εἰς δικαίωσιν ζωῆς.
19 ὥσπερ γὰρ διὰ τῆς παρακοῆς τοῦ ἑνὸς ἀνθρώπου ἁμαρτωλοὶ κατεστάθησαν οἱ πολλοί, οὕτως καὶ διὰ τῆς ὑπακοῆς
20 τοῦ ἑνὸς δίκαιοι κατασταθήσονται οἱ πολλοί. νόμος δὲ παρεισῆλθεν ἵνα πλεονάσῃ τὸ παράπτωμα· οὗ δὲ ἐπλεόνα-
21 σεν ἡ ἁμαρτία, ὑπερεπερίσσευσεν ἡ χάρις· ἵνα ὥσπερ ἐβασίλευσεν ἡ ἁμαρτία ἐν τῷ θανάτῳ, οὕτως καὶ ἡ χάρις βασιλεύσῃ διὰ δικαιοσύνης εἰς ζωὴν αἰώνιον διὰ Ἰησοῦ Χριστοῦ τοῦ Κυρίου ἡμῶν.

6 Τί οὖν ἐροῦμεν; ἐπιμένωμεν τῇ ἁμαρτίᾳ, ἵνα ἡ χάρις
2 πλεονάσῃ; μὴ γένοιτο. οἵτινες ἀπεθάνομεν τῇ ἁμαρ-
3 τίᾳ, πῶς ἔτι ζήσομεν ἐν αὐτῇ; ἢ ἀγνοεῖτε ὅτι ὅσοι ἐβαπτίσθημεν εἰς Χριστὸν Ἰησοῦν, εἰς τὸν θάνατον αὐτοῦ
4 ἐβαπτίσθημεν; συνετάφημεν οὖν αὐτῷ διὰ τοῦ βαπτίσματος εἰς τὸν θάνατον· ἵνα ὥσπερ ἠγέρθη Χριστὸς ἐκ νεκρῶν διὰ τῆς δόξης τοῦ Πατρός, οὕτως καὶ ἡμεῖς ἐν και-
5 νότητι ζωῆς περιπατήσωμεν. εἰ γὰρ σύμφυτοι γεγόναμεν τῷ ὁμοιώματι τοῦ θανάτου αὐτοῦ, ἀλλὰ καὶ τῆς ἀνα-
6 στάσεως ἐσόμεθα· τοῦτο γινώσκοντες, ὅτι ὁ παλαιὸς ἡμῶν ἄνθρωπος συνεσταυρώθη, ἵνα καταργηθῇ τὸ σῶμα τῆς ἁμαρτίας, τοῦ μηκέτι δουλεύειν ἡμᾶς τῇ ἁμαρτίᾳ·
7, 8 ὁ γὰρ ἀποθανὼν δεδικαίωται ἀπὸ τῆς ἁμαρτίας. εἰ δὲ ἀπεθάνομεν σὺν Χριστῷ, πιστεύομεν ὅτι καὶ συνζήσομεν
9 αὐτῷ, εἰδότες ὅτι Χριστὸς ἐγερθεὶς ἐκ νεκρῶν οὐκέτι
10 ἀποθνήσκει, θάνατος αὐτοῦ οὐκέτι κυριεύει. ὃ γὰρ ἀπέθανεν, τῇ ἁμαρτίᾳ ἀπέθανεν ἐφάπαξ· ὃ δὲ ζῇ, ζῇ τῷ
11 Θεῷ. οὕτως καὶ ὑμεῖς λογίζεσθε ἑαυτοὺς εἶναι νε-

Χριστοῦ] ante Ἰησοῦ TrmWHm   1 ἐπιμένωμεν] -μενοῦμεν ς
2 ζήσομεν] -ωμεν Lnm   3 Ἰησοῦν] [WH]   8 συνζήσομεν] συζ. ς
10 ὁ bis] ὁ Elz   11 εἶναι] Ln°[Tr]A°[B] : post νεκροὺς μὲν ς

κροὺς μὲν τῇ ἁμαρτίᾳ ζῶντας δὲ τῷ Θεῷ ἐν Χριστῷ Ἰησοῦ.

Μὴ οὖν βασιλευέτω ἡ ἁμαρτία ἐν τῷ θνητῷ ὑμῶν σώ- 12
ματι, εἰς τὸ ὑπακούειν ταῖς ἐπιθυμίαις αὐτοῦ· μηδὲ 13
παριστάνετε τὰ μέλη ὑμῶν ὅπλα ἀδικίας τῇ ἁμαρτίᾳ·
ἀλλὰ παραστήσατε ἑαυτοὺς τῷ Θεῷ ὡσεὶ ἐκ νεκρῶν ζῶν-
τας, καὶ τὰ μέλη ὑμῶν ὅπλα δικαιοσύνης τῷ Θεῷ.
ἁμαρτία γὰρ ὑμῶν οὐ κυριεύσει· οὐ γάρ ἐστε ὑπὸ νόμον, 14
ἀλλὰ ὑπὸ χάριν.

Τί οὖν; ἁμαρτήσωμεν, ὅτι οὐκ ἐσμὲν ὑπὸ νόμον ἀλλὰ 15
ὑπὸ χάριν; μὴ γένοιτο. οὐκ οἴδατε ὅτι ᾧ παριστάνετε 16
ἑαυτοὺς δούλους εἰς ὑπακοήν, δοῦλοί ἐστε ᾧ ὑπακούετε,
ἤτοι ἁμαρτίας εἰς θάνατον ἢ ὑπακοῆς εἰς δικαιοσύνην;
χάρις δὲ τῷ Θεῷ ὅτι ἦτε δοῦλοι τῆς ἁμαρτίας, ὑπηκούσατε 17
δὲ ἐκ καρδίας εἰς ὃν παρεδόθητε τύπον διδαχῆς, ἐλευ- 18
θερωθέντες δὲ ἀπὸ τῆς ἁμαρτίας ἐδουλώθητε τῇ δικαιο-
σύνῃ. ἀνθρώπινον λέγω διὰ τὴν ἀσθένειαν τῆς σαρκὸς 19
ὑμῶν· ὥσπερ γὰρ παρεστήσατε τὰ μέλη ὑμῶν δοῦλα τῇ
ἀκαθαρσίᾳ καὶ τῇ ἀνομίᾳ εἰς τὴν ἀνομίαν, οὕτως νῦν παρα-
στήσατε τὰ μέλη ὑμῶν δοῦλα τῇ δικαιοσύνῃ εἰς ἁγιασμόν.
ὅτε γὰρ δοῦλοι ἦτε τῆς ἁμαρτίας, ἐλεύθεροι ἦτε τῇ δικαιο- 20
σύνῃ. τίνα οὖν καρπὸν εἴχετε τότε ἐφ' οἷς νῦν ἐπαι- 21
σχύνεσθε; τὸ γὰρ τέλος ἐκείνων θάνατος. νυνὶ δὲ ἐλευ- 22
θερωθέντες ἀπὸ τῆς ἁμαρτίας δουλωθέντες δὲ τῷ Θεῷ,
ἔχετε τὸν καρπὸν ὑμῶν εἰς ἁγιασμόν, τὸ δὲ τέλος ζωὴν
αἰώνιον. τὰ γὰρ ὀψώνια τῆς ἁμαρτίας θάνατος, τὸ δὲ 23
χάρισμα τοῦ Θεοῦ ζωὴ αἰώνιος ἐν Χριστῷ Ἰησοῦ τῷ
Κυρίῳ ἡμῶν.

Ἢ ἀγνοεῖτε, ἀδελφοί, (γινώσκουσιν γὰρ νόμον λαλῶ,) **7**

Ἰησοῦ]+τῷ κυρίῳ ἡμῶν ϛ 12 ὑπακούειν]+αὐτῇ ἐν ϛ 13 ὡσεὶ]
ὡς ϛ 14, 15 ἀλλὰ *bis*] ἀλλ' ϛ 15 ἁμαρτήσωμεν]-σομεν ϛ
17 διδαχῆς,] διδαχῆς· ϛTr 19 εἰς τὴν ἀνομίαν] [WH] οὕτως]
-τω ϛ LnWH 21 τότε...ἐπαισχύνεσθε;] τότε;...ἐπαισχύνεσθε· LnTiA
(sed, pro ·) B τὸ]+μὲν *L*n[Tr]mA[B]

ΠΡΟΣ ΡΩΜΑΙΟΥΣ

ὅτι ὁ νόμος κυριεύει τοῦ ἀνθρώπου ἐφ' ὅσον χρόνον ζῇ; 2 ἡ γὰρ ὕπανδρος γυνὴ τῷ ζῶντι ἀνδρὶ δέδεται νόμῳ· ἐὰν δὲ ἀποθάνῃ ὁ ἀνήρ, κατήργηται ἀπὸ τοῦ νόμου τοῦ ἀνδρός. 3 ἄρα οὖν ζῶντος τοῦ ἀνδρὸς μοιχαλὶς χρηματίσει ἐὰν γένηται ἀνδρὶ ἑτέρῳ· ἐὰν δὲ ἀποθάνῃ ὁ ἀνήρ, ἐλευθέρα ἐστὶν ἀπὸ τοῦ νόμου, τοῦ μὴ εἶναι αὐτὴν μοιχαλίδα γενομένην 4 ἀνδρὶ ἑτέρῳ. ὥστε, ἀδελφοί μου, καὶ ὑμεῖς ἐθανατώθητε τῷ νόμῳ διὰ τοῦ σώματος τοῦ Χριστοῦ, εἰς τὸ γενέσθαι ὑμᾶς ἑτέρῳ, τῷ ἐκ νεκρῶν ἐγερθέντι, ἵνα καρποφορή- 5 σωμεν τῷ Θεῷ. ὅτε γὰρ ἦμεν ἐν τῇ σαρκί, τὰ παθήματα τῶν ἁμαρτιῶν τὰ διὰ τοῦ νόμου ἐνηργεῖτο ἐν τοῖς 6 μέλεσιν ἡμῶν εἰς τὸ καρποφορῆσαι τῷ θανάτῳ. νυνὶ δὲ κατηργήθημεν ἀπὸ τοῦ νόμου, ἀποθανόντες ἐν ᾧ κατειχόμεθα, ὥστε δουλεύειν ἡμᾶς ἐν καινότητι πνεύματος καὶ οὐ παλαιότητι γράμματος.

7 Τί οὖν ἐροῦμεν; ὁ νόμος ἁμαρτία; μὴ γένοιτο· ἀλλὰ τὴν ἁμαρτίαν οὐκ ἔγνων εἰ μὴ διὰ νόμου· τήν τε γὰρ ἐπιθυμίαν οὐκ ᾔδειν εἰ μὴ ὁ νόμος ἔλεγεν, Οὐκ ἐπιθυμήσεις· 8 ἀφορμὴν δὲ λαβοῦσα ἡ ἁμαρτία διὰ τῆς ἐντολῆς κατηργάσατο ἐν ἐμοὶ πᾶσαν ἐπιθυμίαν· χωρὶς γὰρ νόμου ἁμαρτία 9 νεκρά. ἐγὼ δὲ ἔζων χωρὶς νόμου ποτέ· ἐλθούσης δὲ 10 τῆς ἐντολῆς ἡ ἁμαρτία ἀνέζησεν, ἐγὼ δὲ ἀπέθανον· καὶ εὑρέθη μοι ἡ ἐντολὴ ἡ εἰς ζωήν, αὕτη εἰς θάνατον· 11 ἡ γὰρ ἁμαρτία ἀφορμὴν λαβοῦσα διὰ τῆς ἐντολῆς ἐξηπά- 12 τησέν με, καὶ δι' αὐτῆς ἀπέκτεινεν. ὥστε ὁ μὲν νόμος 13 ἅγιος, καὶ ἡ ἐντολὴ ἁγία καὶ δικαία καὶ ἀγαθή. τὸ οὖν ἀγαθὸν ἐμοὶ ἐγένετο θάνατος; μὴ γένοιτο. ἀλλὰ ἡ ἁμαρτία, ἵνα φανῇ ἁμαρτία, διὰ τοῦ ἀγαθοῦ μοι κατεργαζομένη θάνατον, ἵνα γένηται καθ' ὑπερβολὴν ἁμαρτωλὸς ἡ ἁμαρτία διὰ τῆς ἐντολῆς.

Οἴδαμεν γὰρ ὅτι ὁ νόμος πνευματικός ἐστιν· ἐγὼ δὲ 14
σάρκινός εἰμι, πεπραμένος ὑπὸ τὴν ἁμαρτίαν. ὃ γὰρ 15
κατεργάζομαι οὐ γινώσκω· οὐ γὰρ ὃ θέλω, τοῦτο πράσσω·
ἀλλ' ὃ μισῶ, τοῦτο ποιῶ. εἰ δὲ ὃ οὐ θέλω, τοῦτο ποιῶ, 16
σύνφημι τῷ νόμῳ ὅτι καλός. νυνὶ δὲ οὐκέτι ἐγὼ κατερ- 17
γάζομαι αὐτό, ἀλλὰ ἡ οἰκοῦσα ἐν ἐμοὶ ἁμαρτία. οἶδα 18
γὰρ ὅτι οὐκ οἰκεῖ ἐν ἐμοί, τοῦτ' ἔστιν ἐν τῇ σαρκί μου,
ἀγαθόν· τὸ γὰρ θέλειν παράκειταί μοι, τὸ δὲ κατεργάζε-
σθαι τὸ καλὸν οὔ. οὐ γὰρ ὃ θέλω ποιῶ ἀγαθόν· ἀλλὰ ὃ 19
οὐ θέλω κακόν, τοῦτο πράσσω. εἰ δὲ ὃ οὐ θέλω, τοῦτο 20
ποιῶ, οὐκέτι ἐγὼ κατεργάζομαι αὐτό, ἀλλὰ ἡ οἰκοῦσα ἐν
ἐμοὶ ἁμαρτία. Εὑρίσκω ἄρα τὸν νόμον τῷ θέλοντι ἐμοὶ 21
ποιεῖν τὸ καλόν, ὅτι ἐμοὶ τὸ κακὸν παράκειται. συνή- 22
δομαι γὰρ τῷ νόμῳ τοῦ Θεοῦ κατὰ τὸν ἔσω ἄνθρωπον·
βλέπω δὲ ἕτερον νόμον ἐν τοῖς μέλεσίν μου ἀντιστρατευό- 23
μενον τῷ νόμῳ τοῦ νοός μου, καὶ αἰχμαλωτίζοντά με ἐν τῷ
νόμῳ τῆς ἁμαρτίας τῷ ὄντι ἐν τοῖς μέλεσίν μου. τα- 24
λαίπωρος ἐγὼ ἄνθρωπος· τίς με ῥύσεται ἐκ τοῦ σώματος
τοῦ θανάτου τούτου; χάρις τῷ Θεῷ διὰ Ἰησοῦ Χριστοῦ 25
τοῦ Κυρίου ἡμῶν. ἄρα οὖν αὐτὸς ἐγὼ τῷ μὲν νοῒ δουλεύω
νόμῳ Θεοῦ, τῇ δὲ σαρκὶ νόμῳ ἁμαρτίας.

Οὐδὲν ἄρα νῦν κατάκριμα τοῖς ἐν Χριστῷ Ἰησοῦ. **8**
ὁ γὰρ νόμος τοῦ Πνεύματος τῆς ζωῆς ἐν Χριστῷ Ἰησοῦ 2
ἠλευθέρωσέν με ἀπὸ τοῦ νόμου τῆς ἁμαρτίας καὶ τοῦ
θανάτου. τὸ γὰρ ἀδύνατον τοῦ νόμου, ἐν ᾧ ἠσθένει διὰ 3
τῆς σαρκός, ὁ Θεὸς τὸν ἑαυτοῦ Υἱὸν πέμψας ἐν ὁμοιώματι
σαρκὸς ἁμαρτίας καὶ περὶ ἁμαρτίας κατέκρινεν τὴν ἁμαρ-

14 γὰρ] δὲ L*n*mBm   σάρκινός] σαρκικός ϛ Bm   16 σύνφ.] σύμφ.
ϛ L*n*TrA   17 ἀλλὰ] ἀλλ' ϛ   οἰκοῦσα] ἔνοικ. TiBWH   18 οὔ]
οὐχ εὑρίσκω ϛ Bm   19 ἀλλὰ] ἀλλ' ϛ L*n*   20 θέλω] +ἐγώ ϛ [Tr]m
Ti[A] [B] WHm   ἀλλὰ] ἀλλ' ϛ L*n*   23 ἐν sec.] ϛ°L*n*°[A] [WH]R°m :
Cϛm   25 χάρις] εὐχαριστῶ ϛ (n.m.)BmWHmR(n.m.): +δὲ ϛm[WH]Rm :
ἡ χάρις τοῦ θιοῦ Bm   μὲν] Ti°[B]   1 Ἰησοῦ] +μὴ κατὰ σάρκα
περιπατοῦσιν ἀλλὰ κατὰ πνεῦμα ϛBm : Scr   2 με] σε L*n*TrmTiAm
B(n.m.)WH(n.u.)   3 κατέκρινεν] -νε WH

4 τίαν ἐν τῇ σαρκί, **ἵνα τὸ δικαίωμα τοῦ νόμου πληρωθῇ ἐν ἡμῖν τοῖς μὴ κατὰ σάρκα περιπατοῦσιν ἀλλὰ κατὰ**
5 **πνεῦμα.** οἱ γὰρ κατὰ σάρκα ὄντες τὰ τῆς σαρκὸς φρο-
6 νοῦσιν, οἱ δὲ κατὰ πνεῦμα τὰ τοῦ πνεύματος. τὸ γὰρ φρόνημα τῆς σαρκὸς θάνατος, τὸ δὲ φρόνημα τοῦ πνεύ-
7 ματος ζωὴ καὶ εἰρήνη· διότι τὸ φρόνημα τῆς σαρκὸς ἔχθρα εἰς Θεόν· τῷ γὰρ νόμῳ τοῦ Θεοῦ οὐχ ὑποτάσσεται,
8 οὐδὲ γὰρ δύναται· οἱ δὲ ἐν σαρκὶ ὄντες Θεῷ ἀρέσαι οὐ
9 δύνανται. Ὑμεῖς δὲ οὐκ ἐστὲ ἐν σαρκὶ ἀλλὰ ἐν πνεύματι, εἴπερ Πνεῦμα Θεοῦ οἰκεῖ ἐν ὑμῖν. εἰ δέ τις Πνεῦμα
10 Χριστοῦ οὐκ ἔχει, οὗτος οὐκ ἔστιν αὐτοῦ. εἰ δὲ Χριστὸς ἐν ὑμῖν, τὸ μὲν σῶμα νεκρὸν διὰ ἁμαρτίαν, τὸ δὲ πνεῦ-
11 μα ζωὴ διὰ δικαιοσύνην. εἰ δὲ τὸ Πνεῦμα τοῦ ἐγείραντος τὸν Ἰησοῦν ἐκ νεκρῶν οἰκεῖ ἐν ὑμῖν, ὁ ἐγείρας Χριστὸν [Ἰησοῦν] ἐκ νεκρῶν ζωοποιήσει καὶ τὰ θνητὰ σώματα ὑμῶν διὰ τὸ ἐνοικοῦν αὐτοῦ Πνεῦμα ἐν ὑμῖν.
12 Ἄρα οὖν, ἀδελφοί, ὀφειλέται ἐσμέν, οὐ τῇ σαρκὶ τοῦ
13 κατὰ σάρκα ζῆν· εἰ γὰρ κατὰ σάρκα ζῆτε, μέλλετε ἀποθνήσκειν· εἰ δὲ πνεύματι τὰς πράξεις τοῦ σώματος
14 θανατοῦτε, ζήσεσθε. ὅσοι γὰρ Πνεύματι Θεοῦ ἄγονται,
15 οὗτοι υἱοί εἰσιν Θεοῦ. οὐ γὰρ ἐλάβετε πνεῦμα δουλείας πάλιν εἰς φόβον, ἀλλὰ ἐλάβετε πνεῦμα υἱοθεσίας, ἐν ᾧ
16 κράζομεν, Ἀββᾶ, ὁ Πατήρ. αὐτὸ τὸ Πνεῦμα συνμαρ-
17 τυρεῖ τῷ πνεύματι ἡμῶν ὅτι ἐσμὲν τέκνα Θεοῦ· εἰ δὲ τέκνα, καὶ κληρονόμοι· κληρονόμοι μὲν Θεοῦ, συνκληρονόμοι δὲ Χριστοῦ· εἴπερ συνπάσχομεν, ἵνα καὶ συνδοξασθῶμεν.

9 ἀλλὰ] ἀλλ' ϛLn   10 διὰ] δι' ϛ: Er   11 τὸν] ϛ°Ln°[A]
Χριστὸν] pr τὸν ϛ   Ἰησοῦν] ins [Ln]Ti[B]WHR : ϛ°Tr°A°   ἐκ νεκρῶν] post ὁ ἐγείρας TiBWH   καὶ] [Tr]m[WH]   τὸ ἐνοικοῦν αὐ.
Πνεῦμα] τοῦ ἐνοικοῦντος αὐ. πνεύματος ϛm (sic vult)TiB(n.m.)WH(n.m.)R
(n.m.): Jm   14 υἱοί εἰσιν Θεοῦ] εἰ. υἱ. θε. ϛ: υἱ. θε. εἰ. LnmTrmWH
15 δουλείας] -λίας TiBWHa   ἀλλὰ] ἀλλ' ϛ   υἱοθεσίας,...πατήρ.]
υἱοθεσίας·...πατήρ, WHm   Ἀββᾶ] -ά WH   16, 17 συνμαρτ,...συγκληρ....συνπάσχ.] συμμαρτ....συγκληρ....συμπάσχ. ϛLnTrA

Λογίζομαι γὰρ ὅτι οὐκ ἄξια τὰ παθήματα τοῦ νῦν και- 18
ροῦ πρὸς τὴν μέλλουσαν δόξαν ἀποκαλυφθῆναι εἰς ἡμᾶς.
ἡ γὰρ ἀποκαραδοκία τῆς κτίσεως τὴν ἀποκάλυψιν τῶν 19
υἱῶν τοῦ Θεοῦ ἀπεκδέχεται. τῇ γὰρ ματαιότητι ἡ κτί- 20
σις ὑπετάγη, οὐχ ἑκοῦσα ἀλλὰ διὰ τὸν ὑποτάξαντα, ἐπ᾽
ἐλπίδι ὅτι καὶ αὐτὴ ἡ κτίσις ἐλευθερωθήσεται ἀπὸ τῆς 21
δουλείας τῆς φθορᾶς εἰς τὴν ἐλευθερίαν τῆς δόξης τῶν
τέκνων τοῦ Θεοῦ. Οἴδαμεν γὰρ ὅτι πᾶσα ἡ κτίσις 22
συνστενάζει καὶ συνωδίνει ἄχρι τοῦ νῦν. οὐ μόνον δέ, 23
ἀλλὰ καὶ αὐτοὶ τὴν ἀπαρχὴν τοῦ Πνεύματος ἔχοντες ἡμεῖς
καὶ αὐτοὶ ἐν ἑαυτοῖς στενάζομεν υἱοθεσίαν ἀπεκδεχόμενοι,
τὴν ἀπολύτρωσιν τοῦ σώματος ἡμῶν. τῇ γὰρ ἐλπίδι 24
ἐσώθημεν· ἐλπὶς δὲ βλεπομένη οὐκ ἔστιν ἐλπίς· ὃ γὰρ
βλέπει τις, τί ἐλπίζει; εἰ δὲ ὃ οὐ βλέπομεν ἐλπίζομεν, 25
δι᾽ ὑπομονῆς ἀπεκδεχόμεθα.

Ὡσαύτως δὲ καὶ τὸ Πνεῦμα συναντιλαμβάνεται τῇ 26
ἀσθενείᾳ ἡμῶν· τὸ γὰρ τί προσευξώμεθα καθὸ δεῖ οὐκ οἴ-
δαμεν· ἀλλὰ αὐτὸ τὸ Πνεῦμα ὑπερεντυγχάνει στεναγμοῖς
ἀλαλήτοις· ὁ δὲ ἐραυνῶν τὰς καρδίας οἶδεν τί τὸ 27
φρόνημα τοῦ Πνεύματος, ὅτι κατὰ Θεὸν ἐντυγχάνει ὑπὲρ
ἁγίων. Οἴδαμεν δὲ ὅτι τοῖς ἀγαπῶσιν τὸν Θεὸν πάντα 28
συνεργεῖ εἰς ἀγαθόν, τοῖς κατὰ πρόθεσιν κλητοῖς οὖσιν.
ὅτι οὓς προέγνω, καὶ προώρισεν συμμόρφους τῆς εἰκόνος 29
τοῦ Υἱοῦ αὐτοῦ, εἰς τὸ εἶναι αὐτὸν πρωτότοκον ἐν πολλοῖς
ἀδελφοῖς· οὓς δὲ προώρισεν, τούτους καὶ ἐκάλεσεν· 30
καὶ οὓς ἐκάλεσεν, τούτους καὶ ἐδικαίωσεν· οὓς δὲ ἐδικαί-
ωσεν, τούτους καὶ ἐδόξασεν.

20 ἐπ᾽ ἐλπίδι] ἐφ᾽ ἐλπ. Ti : ἐφ᾽ ἐλπ. BWH : Scr: sequente · vel , ςJTrA
Rm   21 ὅτι] διότι TiBm   δουλείας] -λίας TiBWHa   22 συν-
στεν.] συστεν. ςLnTr   23 ἡμεῖς] [Ln][Tr][WH]: post καὶ ς
24 τις, τί] τίς WH(n.m.)R(n.m.)Scr :+ καὶ ςTi[A]BWHmRm   τις, τί
ἐλπίζει] τίς ὑπομένει WHmRm   26 τῇ ἀσθενείᾳ] ταῖς ἀσθενείαις ς(a.m.)
ἀλλὰ] ἀλλ᾽ ςLnA   ὑπερεντυγχάνει] + ὑπὲρ ἡμῶν ςBm   28 ἀγα-
πῶσιν] -σι WH   συνεργεῖ]+ ὁ Θεὸς LnAm[WH]Rm   29. συμμόρ-
φους] συνμ. WHa

31 Τί οὖν ἐροῦμεν πρὸς ταῦτα; εἰ ὁ Θεὸς ὑπὲρ ἡμῶν, τίς
32 καθ' ἡμῶν; ὅς γε τοῦ ἰδίου Υἱοῦ οὐκ ἐφείσατο, ἀλλὰ
ὑπὲρ ἡμῶν πάντων παρέδωκεν αὐτόν, πῶς οὐχὶ καὶ σὺν
33 αὐτῷ τὰ πάντα ἡμῖν χαρίσεται; τίς ἐγκαλέσει κατὰ
34 ἐκλεκτῶν Θεοῦ; Θεὸς ὁ δικαιῶν· τίς ὁ κατακρινῶν;
Χριστὸς [Ἰησοῦς] ὁ ἀποθανών, μᾶλλον δὲ ἐγερθείς, ὃς
[καί] ἐστιν ἐν δεξιᾷ τοῦ Θεοῦ, ὃς καὶ ἐντυγχάνει ὑπὲρ
35 ἡμῶν. τίς ἡμᾶς χωρίσει ἀπὸ τῆς ἀγάπης τοῦ Χριστοῦ;
θλῖψις ἢ στενοχωρία ἢ διωγμὸς ἢ λιμὸς ἢ γυμνότης ἢ κίν-
36 δυνος ἢ μάχαιρα; καθὼς γέγραπται ὅτι Ἕνεκεν σοῦ
θανατούμεθα ὅλην τὴν ἡμέραν, ἐλογίσθημεν ὡς πρόβατα
37 σφαγῆς. ἀλλ' ἐν τούτοις πᾶσιν ὑπερνικῶμεν διὰ τοῦ
38 ἀγαπήσαντος ἡμᾶς. πέπεισμαι γὰρ ὅτι οὔτε θάνατος
οὔτε ζωὴ οὔτε ἄγγελοι οὔτε ἀρχαὶ οὔτε ἐνεστῶτα οὔτε μέλ-
39 λοντα οὔτε δυνάμεις οὔτε ὕψωμα οὔτε βάθος οὔτε τις
κτίσις ἑτέρα δυνήσεται ἡμᾶς χωρίσαι ἀπὸ τῆς ἀγάπης τοῦ
Θεοῦ τῆς ἐν Χριστῷ Ἰησοῦ τῷ Κυρίῳ ἡμῶν.

9 Ἀλήθειαν λέγω ἐν Χριστῷ, οὐ ψεύδομαι, συνμαρτυρού-
2 σης μοι τῆς συνειδήσεώς μου ἐν Πνεύματι Ἁγίῳ, ὅτι
λύπη μοί ἐστιν μεγάλη καὶ ἀδιάλειπτος ὀδύνη τῇ καρδίᾳ
3 μου. ηὐχόμην γὰρ ἀνάθεμα εἶναι αὐτὸς ἐγὼ ἀπὸ τοῦ
Χριστοῦ ὑπὲρ τῶν ἀδελφῶν μου, τῶν συγγενῶν μου κατὰ
4 σάρκα· οἵτινές εἰσιν Ἰσραηλεῖται, ὧν ἡ υἱοθεσία καὶ
ἡ δόξα καὶ αἱ διαθῆκαι καὶ ἡ νομοθεσία καὶ ἡ λατρεία καὶ
5 αἱ ἐπαγγελίαι, ὧν οἱ πατέρες, καὶ ἐξ ὧν ὁ Χριστὸς
τὸ κατὰ σάρκα, ὁ ὢν ἐπὶ πάντων Θεὸς εὐλογητὸς εἰς τοὺς
αἰῶνας· ἀμήν.

32 ἀλλὰ] ἀλλ' ϛ   οὐχὶ] οὐχ Ἀσφ   33 δικαιῶν·] δικαιῶν; LnARn.
34 κατακρινῶν] -ίνων ϛTrATiB   Ἰησοῦς] ins [Ln]Ti[B][WH]R : ϛ°
Tr°A°   μᾶλλ. δὲ]+καὶ ϛ[A]   ἐγερθεὶς]+ἐκ νεκρῶν [WH]R
καὶ pri.] ins ϛ[Ln]TrA[B]: Ti°WH°R°   ἡμῶν.] ἡμῶν; LnARm
35 Χριστοῦ] θεοῦ WHmRm 36 ἕνεκεν] -κα ϛ   38 οὔτε δυνάμεις]
ante οὔτε ἐνεστ. οὔτε μέλλ. ϛ   39 τῷ Κυρίῳ] τοῦ Κυρίου Lnm
1 συνμαρτ.] συμμαρτ. ϛLnTrA   3 αὐτὸς ἐγὼ] ante ἀνάθ. εἶ. ϛ
4 αἱ διαθῆκαι] ἡ διαθήκη Lπ(n.m.)Trm   5 σάρκα,] σάρκα. LnTiWHm
Rm   πάντων] πάντων, WH(n.m.): πάντων. Rm

Οὐχ οἷον δὲ ὅτι ἐκπέπτωκεν ὁ λόγος τοῦ Θεοῦ. οὐ γὰρ 6
πάντες οἱ ἐξ Ἰσραήλ, οὗτοι Ἰσραήλ· οὐδ' ὅτι εἰσὶν 7
σπέρμα Ἀβραάμ, πάντες τέκνα· ἀλλ' Ἐν Ἰσαὰκ κληθήσεταί σοι σπέρμα. τοῦτ' ἔστιν, οὐ τὰ τέκνα τῆς σαρ- 8
κός, ταῦτα τέκνα τοῦ Θεοῦ· ἀλλὰ τὰ τέκνα τῆς ἐπαγγελίας
λογίζεται εἰς σπέρμα. ἐπαγγελίας γὰρ ὁ λόγος οὗτος, 9
Κατὰ τὸν καιρὸν τοῦτον ἐλεύσομαι καὶ ἔσται τῇ Σάρρᾳ
υἱός. οὐ μόνον δέ, ἀλλὰ καὶ Ῥεβέκκα ἐξ ἑνὸς κοίτην 10
ἔχουσα, Ἰσαὰκ τοῦ πατρὸς ἡμῶν,— μήπω γὰρ γεννη- 11
θέντων μηδὲ πραξάντων τι ἀγαθὸν ἢ φαῦλον, ἵνα ἡ κατ'
ἐκλογὴν πρόθεσις τοῦ Θεοῦ μένῃ, οὐκ ἐξ ἔργων ἀλλ' 12
ἐκ τοῦ καλοῦντος, ἐρρέθη αὐτῇ ὅτι Ὁ μείζων δουλεύσει τῷ
ἐλάσσονι· καθὼς γέγραπται, Τὸν Ἰακὼβ ἠγάπησα, 13
τὸν δὲ Ἠσαῦ ἐμίσησα.

Τί οὖν ἐροῦμεν; μὴ ἀδικία παρὰ τῷ Θεῷ; μὴ γένοιτο. 14
τῷ Μωυσεῖ γὰρ λέγει, Ἐλεήσω ὃν ἂν ἐλεῶ, καὶ οἰκτειρήσω 15
ὃν ἂν οἰκτείρω. ἄρα οὖν οὐ τοῦ θέλοντος οὐδὲ τοῦ τρέ- 16
χοντος, ἀλλὰ τοῦ ἐλεῶντος Θεοῦ. λέγει γὰρ ἡ γραφὴ 17
τῷ Φαραὼ ὅτι Εἰς αὐτὸ τοῦτο ἐξήγειρά σε, ὅπως ἐνδείξωμαι ἐν σοὶ τὴν δύναμίν μου, καὶ ὅπως διαγγελῇ τὸ ὄνομά
μου ἐν πάσῃ τῇ γῇ. ἄρα οὖν ὃν θέλει ἐλεεῖ, ὃν δὲ 18
θέλει σκληρύνει. Ἐρεῖς μοι οὖν, Τί ἔτι μέμφεται; τῷ 19
γὰρ βουλήματι αὐτοῦ τίς ἀνθέστηκεν; ὦ ἄνθρωπε, 20
μενοῦνγε σὺ τίς εἶ ὁ ἀνταποκρινόμενος τῷ Θεῷ; μὴ ἐρεῖ
τὸ πλάσμα τῷ πλάσαντι, Τί με ἐποίησας οὕτως; ἢ 21
οὐκ ἔχει ἐξουσίαν ὁ κεραμεὺς τοῦ πηλοῦ, ἐκ τοῦ αὐτοῦ
φυράματος ποιῆσαι ὃ μὲν εἰς τιμὴν σκεῦος, ὃ δὲ εἰς ἀτιμίαν; εἰ δὲ θέλων ὁ Θεὸς ἐνδείξασθαι τὴν ὀργὴν καὶ 22

11 φαῦλον] κακόν ϛBm   πρόθεσις] post τοῦ θεοῦ ϛ : C   12 ἐρρέθη] ἐρρήθη ϛ : C   13 καθὼς] καθάπερ WH(a.m.)   Ἡσαῦ] Ἡσ. ϛ TrA : Elz   15 Μωυσεῖ] Μωσ. ϛLnA : C : -σῇ ϛLn(a.m.)AWH₁ : C : post γὰρ ϛ   16 ἐλεῶντος] -οῦντος ϛ   18 ἐλεεῖ] ἐλεᾷ AmWH₁   19 μοι] post οὖν ϛ   τί]+οὖν Ln[Tr]m[A]   γὰρ] Elz° : J   20 μενοῦνγε] ante ὦ ἄνθρ. ϛ

γνωρίσαι τὸ δυνατὸν αὐτοῦ ἤνεγκεν ἐν πολλῇ μακροθυμίᾳ
23 σκεύη ὀργῆς κατηρτισμένα εἰς ἀπώλειαν, [καὶ] ἵνα
γνωρίσῃ τὸν πλοῦτον τῆς δόξης αὐτοῦ ἐπὶ σκεύη ἐλέους ἃ
24 προητοίμασεν εἰς δόξαν, οὓς καὶ ἐκάλεσεν ἡμᾶς οὐ
25 μόνον ἐξ Ἰουδαίων ἀλλὰ καὶ ἐξ ἐθνῶν ; ὡς καὶ ἐν τῷ
Ὡσηὲ λέγει, Καλέσω τὸν οὐ λαόν μου λαόν μου, καὶ τὴν
26 οὐκ ἠγαπημένην ἠγαπημένην· καὶ ἔσται ἐν τῷ τόπῳ οὗ
ἐρρέθη αὐτοῖς, Οὐ λαός μου ὑμεῖς, ἐκεῖ κληθήσονται υἱοὶ
27 Θεοῦ ζῶντος. Ἡσαίας δὲ κράζει ὑπὲρ τοῦ Ἰσραήλ,
Ἐὰν ᾖ ὁ ἀριθμὸς τῶν υἱῶν Ἰσραὴλ ὡς ἡ ἄμμος τῆς θα-
28 λάσσης, τὸ ὑπόλειμμα σωθήσεται· λόγον γὰρ συν-
29 τελῶν καὶ συντέμνων ποιήσει Κύριος ἐπὶ τῆς γῆς. καὶ
καθὼς προείρηκεν Ἡσαίας, Εἰ μὴ Κύριος Σαβαὼθ ἐγκατέ-
λιπεν ἡμῖν σπέρμα, ὡς Σόδομα ἂν ἐγενήθημεν καὶ ὡς
Γόμορρα ἂν ὡμοιώθημεν.
30 Τί οὖν ἐροῦμεν ; ὅτι ἔθνη τὰ μὴ διώκοντα δικαιοσύνην
κατέλαβεν δικαιοσύνην, δικαιοσύνην δὲ τὴν ἐκ πίστεως·
31 Ἰσραὴλ δὲ διώκων νόμον δικαιοσύνης εἰς νόμον οὐκ ἔφθα-
32 σεν. διὰ τί ; ὅτι οὐκ ἐκ πίστεως, ἀλλ᾽ ὡς ἐξ ἔργων.
33 προσέκοψαν τῷ λίθῳ τοῦ προσκόμματος, καθὼς γέ-
γραπται, Ἰδοὺ τίθημι ἐν Σιὼν λίθον προσκόμματος καὶ
πέτραν σκανδάλου· καὶ ὁ πιστεύων ἐπ᾽ αὐτῷ οὐ καται-
σχυνθήσεται.

10 Ἀδελφοί, ἡ μὲν εὐδοκία τῆς ἐμῆς καρδίας καὶ ἡ δέησις
2 πρὸς τὸν Θεὸν ὑπὲρ αὐτῶν εἰς σωτηρίαν. μαρτυρῶ γὰρ
αὐτοῖς ὅτι ζῆλον Θεοῦ ἔχουσιν, ἀλλ᾽ οὐ κατ᾽ ἐπίγνωσιν.
3 ἀγνοοῦντες γὰρ τὴν τοῦ Θεοῦ δικαιοσύνην, καὶ τὴν ἰδίαν

---

23 καὶ] ins ϛ LnTr at [Tr]mTiABR: ϛ*mWH°R°m 25 Ὡσηὲ] Ὡσ. ϛ
LnWH 26 ἐρρέθη] ἐρρήθη ϛ : C αὐτοῖς] [Ln]Tr°sed[Tr]m[WH]
27 ὑπόλειμμα] -λιμμα WH : κατάλ. ϛ Bm 28 συντέμνων]+ ἐν δικαιο-
σύνῃ· ὅτι λόγον συντετμημένον ϛ [Tr]m[A]Bm 29 ἔγκατ.] ἐνκατ. TiB
ὡμοιώθημεν] ὁμοιώ. Lnm 31 νόμον sec.] + δικαιοσύνης ϛ Bm
32 ἔργων] + νόμου ϛ [A]Bm : (.) Ln°A°WH°mR°m προσέκοψαν] +γὰρ
ϛ Bm 33 ὁ πιστεύων] pr πᾶς ϛ 1 ἡ δέησις]+ἡ ϛ αὐτῶν] τοῦ
Ἰσραήλ ϛ(a.m.) :+ἐστιν ϛ 3 ἰδίαν]+δικαιοσύνην ϛ Ti[A][B]

ΠΡΟΣ ΡΩΜΑΙΟΥΣ 10. 4—17.

ζητοῦντες στῆσαι, τῇ δικαιοσύνῃ τοῦ Θεοῦ οὐχ ὑπετάγησαν. τέλος γὰρ νόμου Χριστὸς εἰς δικαιοσύνην παντὶ 4
τῷ πιστεύοντι. Μωυσῆς γὰρ γράφει ὅτι τὴν δικαιοσύ- 5
νην τὴν ἐκ νόμου ὁ ποιήσας ἄνθρωπος ζήσεται ἐν αὐτῇ.
ἡ δὲ ἐκ πίστεως δικαιοσύνη οὕτως λέγει, Μὴ εἴπῃς ἐν τῇ 6
καρδίᾳ σου, Τίς ἀναβήσεται εἰς τὸν οὐρανόν; (τοῦτ' ἔστιν
Χριστὸν καταγαγεῖν·) ἢ Τίς καταβήσεται εἰς τὴν 7
ἄβυσσον; (τοῦτ' ἔστιν Χριστὸν ἐκ νεκρῶν ἀναγαγεῖν.)
ἀλλὰ τί λέγει; Ἐγγύς σου τὸ ῥῆμά ἐστιν, ἐν τῷ στόματί 8
σου καὶ ἐν τῇ καρδίᾳ σου· τοῦτ' ἔστιν τὸ ῥῆμα τῆς πίστεως
ὃ κηρύσσομεν· ὅτι ἐὰν ὁμολογήσῃς ἐν τῷ στόματί σου 9
Κύριον Ἰησοῦν, καὶ πιστεύσῃς ἐν τῇ καρδίᾳ σου ὅτι ὁ
Θεὸς αὐτὸν ἤγειρεν ἐκ νεκρῶν, σωθήσῃ· καρδίᾳ γὰρ 10
πιστεύεται εἰς δικαιοσύνην, στόματι δὲ ὁμολογεῖται εἰς
σωτηρίαν. λέγει γὰρ ἡ γραφή, Πᾶς ὁ πιστεύων ἐπ' 11
αὐτῷ οὐ καταισχυνθήσεται. οὐ γάρ ἐστιν διαστολὴ 12
Ἰουδαίου τε καὶ Ἕλληνος· ὁ γὰρ αὐτὸς Κύριος πάντων,
πλουτῶν εἰς πάντας τοὺς ἐπικαλουμένους αὐτόν· Πᾶς 13
γὰρ ὃς ἂν ἐπικαλέσηται τὸ ὄνομα Κυρίου σωθήσεται.
πῶς οὖν ἐπικαλέσωνται εἰς ὃν οὐκ ἐπίστευσαν; πῶς δὲ 14
πιστεύσωσιν οὗ οὐκ ἤκουσαν; πῶς δὲ ἀκούσωσιν χωρὶς
κηρύσσοντος; πῶς δὲ κηρύξωσιν ἐὰν μὴ ἀποσταλῶσιν; 15
καθὼς γέγραπται, Ὡς ὡραῖοι οἱ πόδες τῶν εὐαγγελιζομένων
ἀγαθά.

Αλλ' οὐ πάντες ὑπήκουσαν τῷ εὐαγγελίῳ. Ἡσαΐας 16
γὰρ λέγει, Κύριε, τίς ἐπίστευσεν τῇ ἀκοῇ ἡμῶν; ἄρα 17
ἡ πίστις ἐξ ἀκοῆς, ἡ δὲ ἀκοὴ διὰ ῥήματος Χριστοῦ.

5 ὅτι] post νόμου ϛLn(n.m.)Tr(n.m.)ABm   νόμου] pr τοῦ ϛLnTrm
ποιήσας]+αὐτὰ ϛ (n.m.)[Ln](Ln°m)Tr at [Tr]mABm   αὐτῇ] αὐτοῖς ϛ Bm
9 ὁμολογήσῃς] + τὸ ῥῆμα WH(n.m.)Rm   Κύριον Ἰησοῦν] ὅτι κύριος
Ἰησοῦς LnmTrmWH(n.m.)Rm   14 ἐπικαλέσωνται] -σονται ϛ   πιστεύσωσιν] -σουσιν ϛLnm   ἀκούσωσιν] -σουσι ϛ : -σονται TiB
15 κηρύξωσιν] -ουσιν ϛ   καθὼς] καθάπερ WH(n.m.)   πόδες]+τῶν
εὐαγγελιζομένων εἰρήνην, ϛ[Tr]m[A]Bm (at τῶν sec. B°m)   ἀγαθά] pr τo
ϛ Ti[B](n.m.)   17 Χριστοῦ] θεοῦ ϛ(n.m.)

411

18 ἀλλὰ λέγω, μὴ οὐκ ἤκουσαν; μενοῦνγε Εἰς πᾶσαν τὴν γῆν ἐξῆλθεν ὁ φθόγγος αὐτῶν, καὶ εἰς τὰ πέρατα τῆς
19 οἰκουμένης τὰ ῥήματα αὐτῶν. ἀλλὰ λέγω, μὴ Ἰσραὴλ οὐκ ἔγνω; πρῶτος Μωυσῆς λέγει, Ἐγὼ παραζηλώσω ὑμᾶς ἐπ᾿ οὐκ ἔθνει, ἐπ᾿ ἔθνει ἀσυνέτῳ παροργιῶ ὑμᾶς.
20 Ἡσαΐας δὲ ἀποτολμᾷ καὶ λέγει, Εὑρέθην τοῖς ἐμὲ μὴ ζητοῦσιν, ἐμφανὴς ἐγενόμην τοῖς ἐμὲ μὴ ἐπερωτῶσιν.
21 πρὸς δὲ τὸν Ἰσραὴλ λέγει, Ὅλην τὴν ἡμέραν ἐξεπέτασα τὰς χεῖράς μου πρὸς λαὸν ἀπειθοῦντα καὶ ἀντιλέγοντα.

11 Λέγω οὖν, μὴ ἀπώσατο ὁ Θεὸς τὸν λαὸν αὐτοῦ; μὴ γένοιτο. καὶ γὰρ ἐγὼ Ἰσραηλείτης εἰμί, ἐκ σπέρματος
2 Ἀβραάμ, φυλῆς Βενιαμείν. οὐκ ἀπώσατο ὁ Θεὸς τὸν λαὸν αὐτοῦ ὃν προέγνω. ἢ οὐκ οἴδατε ἐν Ἡλίᾳ τί λέγει ἡ γραφή; ὡς ἐντυγχάνει τῷ Θεῷ κατὰ τοῦ Ἰσραήλ,
3 Κύριε, τοὺς προφήτας σου ἀπέκτειναν, τὰ θυσιαστήριά σου κατέσκαψαν, κἀγὼ ὑπελείφθην μόνος καὶ ζητοῦσιν
4 τὴν ψυχήν μου. ἀλλὰ τί λέγει αὐτῷ ὁ χρηματισμός; Κατέλιπον ἐμαυτῷ ἑπτακισχιλίους ἄνδρας, οἵτινες οὐκ
5 ἔκαμψαν γόνυ τῇ Βάαλ. οὕτως οὖν καὶ ἐν τῷ νῦν καιρῷ
6 λεῖμμα κατ᾿ ἐκλογὴν χάριτος γέγονεν. εἰ δὲ χάριτι,
7 οὐκέτι ἐξ ἔργων· ἐπεὶ ἡ χάρις οὐκέτι γίνεται χάρις. τί οὖν; ὃ ἐπιζητεῖ Ἰσραήλ, τοῦτο οὐκ ἐπέτυχεν· ἡ δὲ ἐκλογὴ
8 ἐπέτυχεν, οἱ δὲ λοιποὶ ἐπωρώθησαν· καθάπερ γέγραπται, Ἔδωκεν αὐτοῖς ὁ Θεὸς πνεῦμα κατανύξεως, ὀφθαλμοὺς τοῦ μὴ βλέπειν καὶ ὦτα τοῦ μὴ ἀκούειν, ἕως τῆς σήμερον
9 ἡμέρας. καὶ Δαυεὶδ λέγει, Γενηθήτω ἡ τράπεζα αὐτῶν εἰς παγίδα καὶ εἰς θήραν καὶ εἰς σκάνδαλον καὶ εἰς ἀντα-
10 πόδομα αὐτοῖς· σκοτισθήτωσαν οἱ ὀφθαλμοὶ αὐτῶν

19 Ἰσραήλ] post οὐκ ἔγνω ϛ   ἐπ᾿] ἐπὶ ϛ LnA   20 τοῖς bis] pr ἐν [Ln] [Tr] [A] (at ἐν sec. A°) WHm   1 αὐτοῦ] + ὃν προέγνω [Ln] Βενιαμείν] -μίν ϛ B   2 Ἰσραήλ] + λέγων ϛ   3 τὰ θυσι.] pr καὶ ϛ
5 λεῖμμα] λίμμα WH   6 χάρις sec.] + εἰ δὲ ἐξ ἔργων, οὐκέτι ἐστὶ (—ἐστὶ A) χάρις· ἐπεὶ τὸ ἔργον οὐκέτι ἐστὶν ἔργον ϛ[A][B]   7 τοῦτο] τούτου ϛ : CEr   8 καθάπερ] καθὼς ϛ LnA

412

ΠΡΟΣ ΡΩΜΑΙΟΥΣ 11. 11—24.

τοῦ μὴ βλέπειν, καὶ τὸν νῶτον αὐτῶν διὰ παντὸς σύνκαμψον. Λέγω οὖν, μὴ ἔπταισαν ἵνα πέσωσιν; μὴ γένοιτο· 11 ἀλλὰ τῷ αὐτῶν παραπτώματι ἡ σωτηρία τοῖς ἔθνεσιν, εἰς τὸ παραζηλῶσαι αὐτούς. εἰ δὲ τὸ παράπτωμα αὐτῶν 12 πλοῦτος κόσμου καὶ τὸ ἥττημα αὐτῶν πλοῦτός ἐθνῶν, πόσῳ μᾶλλον τὸ πλήρωμα αὐτῶν;
Ὑμῖν δὲ λέγω τοῖς ἔθνεσιν. ἐφ' ὅσον μὲν οὖν εἰμὶ ἐγὼ 13 ἐθνῶν ἀπόστολος, τὴν διακονίαν μου δοξάζω· εἴ πως 14 παραζηλώσω μου τὴν σάρκα καὶ σώσω τινὰς ἐξ αὐτῶν. εἰ γὰρ ἡ ἀποβολὴ αὐτῶν καταλλαγὴ κόσμου, τίς ἡ πρόσ- 15 λημψις εἰ μὴ ζωὴ ἐκ νεκρῶν; εἰ δὲ ἡ ἀπαρχὴ ἁγία, 16 καὶ τὸ φύραμα· καὶ εἰ ἡ ῥίζα ἁγία, καὶ οἱ κλάδοι. Εἰ 17 δέ τινες τῶν κλάδων ἐξεκλάσθησαν, σὺ δὲ ἀγριέλαιος ὢν ἐνεκεντρίσθης ἐν αὐτοῖς καὶ συνκοινωνὸς τῆς ῥίζης τῆς πιότητος τῆς ἐλαίας ἐγένου, μὴ κατακαυχῶ τῶν κλά- 18 δων· εἰ δὲ κατακαυχᾶσαι, οὐ σὺ τὴν ῥίζαν βαστάζεις ἀλλὰ ἡ ῥίζα σέ. ἐρεῖς οὖν, Ἐξεκλάσθησαν κλάδοι ἵνα ἐγὼ 19 ἐνκεντρισθῶ. καλῶς· τῇ ἀπιστίᾳ ἐξεκλάσθησαν, σὺ δὲ 20 τῇ πίστει ἕστηκας. μὴ ὑψηλὰ φρόνει, ἀλλὰ φοβοῦ· εἰ 21 γὰρ ὁ Θεὸς τῶν κατὰ φύσιν κλάδων οὐκ ἐφείσατο, οὐδέ σου φείσεται. Ἴδε οὖν χρηστότητα καὶ ἀποτομίαν Θεοῦ· ἐπὶ 22 μὲν τοὺς πεσόντας ἀποτομία, ἐπὶ δὲ σὲ χρηστότης Θεοῦ, ἐὰν ἐπιμένῃς τῇ χρηστότητι· ἐπεὶ καὶ σὺ ἐκκοπήσῃ. κἀκεῖνοι δέ, ἐὰν μὴ ἐπιμένωσιν τῇ ἀπιστίᾳ, ἐνκεντρισθή- 23 σονται· δυνατὸς γάρ ἐστιν ὁ Θεὸς πάλιν ἐνκεντρίσαι αὐτούς. εἰ γὰρ σὺ ἐκ τῆς κατὰ φύσιν ἐξεκόπης ἀγριε- 24 λαίου καὶ παρὰ φύσιν ἐνεκεντρίσθης εἰς καλλιέλαιον, πόσῳ

μᾶλλον οὗτοι οἱ κατὰ φύσιν ἐνκεντρισθήσονται τῇ ἰδίᾳ ἐλαίᾳ;

25 Οὐ γὰρ θέλω ὑμᾶς ἀγνοεῖν, ἀδελφοί, τὸ μυστήριον τοῦτο, ἵνα μὴ ἦτε παρ' ἑαυτοῖς φρόνιμοι, ὅτι πώρωσις ἀπὸ μέρους τῷ Ἰσραὴλ γέγονεν ἄχρις οὗ τὸ πλήρωμα τῶν 26 ἐθνῶν εἰσέλθῃ· καὶ οὕτως πᾶς Ἰσραὴλ σωθήσεται, καθὼς γέγραπται, Ἥξει ἐκ Σιὼν ὁ ῥυόμενος, ἀποστρέψει 27 ἀσεβείας ἀπὸ Ἰακώβ· καὶ αὕτη αὐτοῖς ἡ παρ' ἐμοῦ 28 διαθήκη, ὅταν ἀφέλωμαι τὰς ἁμαρτίας αὐτῶν. κατὰ μὲν τὸ εὐαγγέλιον ἐχθροὶ δι' ὑμᾶς· κατὰ δὲ τὴν ἐκλογὴν ἀγα-29 πητοὶ διὰ τοὺς πατέρας. ἀμεταμέλητα γὰρ τὰ χαρί-30 σματα καὶ ἡ κλῆσις τοῦ Θεοῦ. ὥσπερ γὰρ ὑμεῖς ποτὲ ἠπειθήσατε τῷ Θεῷ, νῦν δὲ ἠλεήθητε τῇ τούτων ἀπειθείᾳ, 31 οὕτως καὶ οὗτοι νῦν ἠπείθησαν τῷ ὑμετέρῳ ἐλέει ἵνα καὶ 32 αὐτοὶ [νῦν] ἐλεηθῶσιν. συνέκλεισεν γὰρ ὁ Θεὸς τοὺς 33 πάντας εἰς ἀπείθειαν, ἵνα τοὺς πάντας ἐλεήσῃ. Ὦ βάθος πλούτου καὶ σοφίας καὶ γνώσεως Θεοῦ. ὡς ἀνεξεραύνητα τὰ κρίματα αὐτοῦ καὶ ἀνεξιχνίαστοι αἱ ὁδοὶ αὐτοῦ. 34 τίς γὰρ ἔγνω νοῦν Κυρίου; ἢ τίς σύμβουλος αὐτοῦ ἐγέ-35 νετο; ἢ τίς προέδωκεν αὐτῷ, καὶ ἀνταποδοθήσεται 36 αὐτῷ; ὅτι ἐξ αὐτοῦ καὶ δι' αὐτοῦ καὶ εἰς αὐτὸν τὰ πάντα· αὐτῷ ἡ δόξα εἰς τοὺς αἰῶνας· ἀμήν.

12 Παρακαλῶ οὖν ὑμᾶς, ἀδελφοί, διὰ τῶν οἰκτιρμῶν τοῦ Θεοῦ, παραστῆσαι τὰ σώματα ὑμῶν θυσίαν ζῶσαν ἁγίαν 2 εὐάρεστον τῷ Θεῷ, τὴν λογικὴν λατρείαν ὑμῶν. καὶ μὴ συνσχηματίζεσθε τῷ αἰῶνι τούτῳ, ἀλλὰ μεταμορφοῦσθε τῇ ἀνακαινώσει τοῦ νοός, εἰς τὸ δοκιμάζειν ὑμᾶς

ΠΡΟΣ ΡΩΜΑΙΟΥΣ 12. 3—19.

τί τὸ θέλημα τοῦ Θεοῦ τὸ ἀγαθὸν καὶ εὐάρεστον καὶ τέλειον.

Λέγω γὰρ διὰ τῆς χάριτος τῆς δοθείσης μοι παντὶ τῷ 3 ὄντι ἐν ὑμῖν, μὴ ὑπερφρονεῖν παρ' ὃ δεῖ φρονεῖν, ἀλλὰ φρονεῖν εἰς τὸ σωφρονεῖν, ἑκάστῳ ὡς ὁ Θεὸς ἐμέρισεν μέτρον πίστεως· καθάπερ γὰρ ἐν ἑνὶ σώματι πολλὰ 4 μέλη ἔχομεν, τὰ δὲ μέλη πάντα οὐ τὴν αὐτὴν ἔχει πρᾶξιν· οὕτως οἱ πολλοὶ ἓν σῶμά ἐσμεν ἐν Χριστῷ, τὸ δὲ καθ' εἷς 5 ἀλλήλων μέλη. ἔχοντες δὲ χαρίσματα κατὰ τὴν χάριν 6 τὴν δοθεῖσαν ἡμῖν διάφορα, εἴτε προφητείαν, κατὰ τὴν ἀναλογίαν τῆς πίστεως· εἴτε διακονίαν, ἐν τῇ διακονίᾳ· 7 εἴτε ὁ διδάσκων, ἐν τῇ διδασκαλίᾳ· εἴτε ὁ παρακα- 8 λῶν, ἐν τῇ παρακλήσει· ὁ μεταδιδούς, ἐν ἁπλότητι· ὁ προϊστάμενος, ἐν σπουδῇ· ὁ ἐλεῶν, ἐν ἱλαρότητι. Ἡ 9 ἀγάπη ἀνυπόκριτος. ἀποστυγοῦντες τὸ πονηρόν, κολλώ- μενοι τῷ ἀγαθῷ, τῇ φιλαδελφίᾳ εἰς ἀλλήλους φιλό- 10 στοργοι, τῇ τιμῇ ἀλλήλους προηγούμενοι, τῇ σπουδῇ 11 μὴ ὀκνηροί, τῷ πνεύματι ζέοντες, τῷ Κυρίῳ δουλεύοντες, τῇ ἐλπίδι χαίροντες, τῇ θλίψει ὑπομένοντες, τῇ προσευχῇ 12 προσκαρτεροῦντες, ταῖς χρείαις τῶν ἁγίων κοινωνοῦν- 13 τες, τὴν φιλοξενίαν διώκοντες. εὐλογεῖτε τοὺς διώκον- 14 τας ὑμᾶς· εὐλογεῖτε καὶ μὴ καταρᾶσθε. χαίρειν μετὰ 15 χαιρόντων, κλαίειν μετὰ κλαιόντων. τὸ αὐτὸ εἰς ἀλλή- 16 λους φρονοῦντες· μὴ τὰ ὑψηλὰ φρονοῦντες, ἀλλὰ τοῖς ταπεινοῖς συναπαγόμενοι. μὴ γίνεσθε φρόνιμοι παρ' ἑαυ- τοῖς. Μηδενὶ κακὸν ἀντὶ κακοῦ ἀποδιδόντες· προνοού- 17 μενοι καλὰ ἐνώπιον πάντων ἀνθρώπων· εἰ δυνατόν, 18 τὸ ἐξ ὑμῶν, μετὰ πάντων ἀνθρώπων εἰρηνεύοντες· μὴ 19 ἑαυτοὺς ἐκδικοῦντες, ἀγαπητοί, ἀλλὰ δότε τόπον τῇ ὀργῇ· γέγραπται γάρ, Ἐμοὶ ἐκδίκησις, ἐγὼ ἀνταποδώσω, λέγει

Θεοῦ] θεοῦ, TiBWHRm   4 πολλὰ] post μέλη ϛWHm   5 τὸ] ὁ ϛ
11 τῷ Κυρίῳ] τῷ καιρῷ ϛB(n.m.)Rm: CϛmJElzScr: κυρίου (—τῷ) Er
14 ὑμᾶς] WH°   15 κλαίειν] pr καὶ ϛWHm   17 καλὰ] +ἐνώπιον
τοῦ θεοῦ καὶ[Ln]   πάντων] τῶν Ln

20 Κύριος. ἀλλὰ Ἐὰν πεινᾷ ὁ ἐχθρός σου, ψώμιζε αὐτόν·
ἐὰν διψᾷ, πότιζε αὐτόν· τοῦτο γὰρ ποιῶν ἄνθρακας πυρὸς
21 σωρεύσεις ἐπὶ τὴν κεφαλὴν αὐτοῦ. μὴ νικῶ ὑπὸ τοῦ
κακοῦ, ἀλλὰ νίκα ἐν τῷ ἀγαθῷ τὸ κακόν.

13 Πᾶσα ψυχὴ ἐξουσίαις ὑπερεχούσαις ὑποτασσέσθω· οὐ
γὰρ ἔστιν ἐξουσία εἰ μὴ ὑπὸ Θεοῦ, αἱ δὲ οὖσαι ὑπὸ Θεοῦ
2 τεταγμέναι εἰσίν. ὥστε ὁ ἀντιτασσόμενος τῇ ἐξουσίᾳ
τῇ τοῦ Θεοῦ διαταγῇ ἀνθέστηκεν· οἱ δὲ ἀνθεστηκότες
3 ἑαυτοῖς κρίμα λήμψονται. οἱ γὰρ ἄρχοντες οὐκ εἰσὶν
φόβος τῷ ἀγαθῷ ἔργῳ ἀλλὰ τῷ κακῷ. θέλεις δὲ μὴ φο-
βεῖσθαι τὴν ἐξουσίαν; τὸ ἀγαθὸν ποίει, καὶ ἕξεις ἔπαινον
4 ἐξ αὐτῆς· Θεοῦ γὰρ διάκονός ἐστιν σοὶ εἰς τὸ ἀγαθόν.
ἐὰν δὲ τὸ κακὸν ποιῇς, φοβοῦ· οὐ γὰρ εἰκῇ τὴν μάχαιραν
φορεῖ· Θεοῦ γὰρ διάκονός ἐστιν, ἔκδικος εἰς ὀργὴν τῷ τὸ
5 κακὸν πράσσοντι. διὸ ἀνάγκη ὑποτάσσεσθαι, οὐ μόνον
6 διὰ τὴν ὀργὴν ἀλλὰ καὶ διὰ τὴν συνείδησιν. Διὰ τοῦτο
γὰρ καὶ φόρους τελεῖτε· λειτουργοὶ γὰρ Θεοῦ εἰσίν, εἰς
7 αὐτὸ τοῦτο προσκαρτεροῦντες. ἀπόδοτε πᾶσιν τὰς
ὀφειλάς· τῷ τὸν φόρον τὸν φόρον, τῷ τὸ τέλος τὸ τέλος,
τῷ τὸν φόβον τὸν φόβον, τῷ τὴν τιμὴν τὴν τιμήν.
8 Μηδενὶ μηδὲν ὀφείλετε, εἰ μὴ τὸ ἀλλήλους ἀγαπᾶν· ὁ
9 γὰρ ἀγαπῶν τὸν ἕτερον νόμον πεπλήρωκεν. τὸ γὰρ Οὐ
μοιχεύσεις, Οὐ φονεύσεις, Οὐ κλέψεις, Οὐκ ἐπιθυμήσεις,
καὶ εἴ τις ἑτέρα ἐντολή, ἐν τῷ λόγῳ τούτῳ ἀνακεφαλαιοῦ-
ται, ἐν τῷ Ἀγαπήσεις τὸν πλησίον σου ὡς σεαυτόν.
10 ἡ ἀγάπη τῷ πλησίον κακὸν οὐκ ἐργάζεται· πλήρωμα οὖν
νόμου ἡ ἀγάπη.
11 Καὶ τοῦτο εἰδότες τὸν καιρόν, ὅτι ὥρα ἤδη ὑμᾶς ἐξ

20 ἀλλὰ] ς°(n.m.)[B] ἐὰν *pri.*]+ οὖν ς (n.m.)   1 ὑπὸ *pri.*] ἀπὸ ςA
(n.m.): C   οὖσαι]+ ἐξουσίαι ς   Θεοῦ] pr τοῦ ς : Er   3 τῷ ἀγ.
usque ad κακῷ] τῶν ἀγαθῶν ἔργων ἀλλὰ τῶν κακῶν ς(n.m.)   5 ὑποτάσσ.]
προτάσσ. Elz σφ   7 ἀπόδοτε]+ οὖν ς   πᾶσιν]-σι WH   8 ἀλ-
λήλ.] post ἀγαπ. ς   9 κλέψεις]+ οὐ ψευδομαρτυρήσεις, ςBm : CScr
τούτῳ] ante τῷ λόγῳ ς *L*n m WHm   ἐν τῷ *sec.*][*L*n][Tr][A][WH]
σεαυτόν] ἑαυτόν ς   11 ὑμᾶς] ἡμᾶς ς *L*nTr(n.m.)WHm : ante ἤδη ς

ὕπνου ἐγερθῆναι· νῦν γὰρ ἐγγύτερον ἡμῶν ἡ σωτηρία ἢ
ὅτε ἐπιστεύσαμεν. ἡ νὺξ προέκοψεν, ἡ δὲ ἡμέρα ἤγγι- 12
κεν· ἀποθώμεθα οὖν τὰ ἔργα τοῦ σκότους, ἐνδυσώμεθα δὲ
τὰ ὅπλα τοῦ φωτός. ὡς ἐν ἡμέρᾳ εὐσχημόνως περιπα- 13
τήσωμεν, μὴ κώμοις καὶ μέθαις, μὴ κοίταις καὶ ἀσελγείαις,
μὴ ἔριδι καὶ ζήλῳ· ἀλλὰ ἐνδύσασθε τὸν Κύριον Ἰη- 14
σοῦν Χριστόν, καὶ τῆς σαρκὸς πρόνοιαν μὴ ποιεῖσθε εἰς
ἐπιθυμίας.

Τὸν δὲ ἀσθενοῦντα τῇ πίστει προσλαμβάνεσθε, μὴ εἰς 14
διακρίσεις διαλογισμῶν. ὃς μὲν πιστεύει φαγεῖν πάν- 2
τα, ὁ δὲ ἀσθενῶν λάχανα ἐσθίει. ὁ ἐσθίων τὸν μὴ ἐσθί- 3
οντα μὴ ἐξουθενείτω, ὁ δὲ μὴ ἐσθίων τὸν ἐσθίοντα μὴ
κρινέτω· ὁ Θεὸς γὰρ αὐτὸν προσελάβετο. σὺ τίς εἶ ὁ 4
κρίνων ἀλλότριον οἰκέτην; τῷ ἰδίῳ κυρίῳ στήκει ἢ πίπτει.
σταθήσεται δέ· δυνατεῖ γὰρ ὁ Κύριος στῆσαι αὐτόν.
ὃς μὲν κρίνει ἡμέραν παρ' ἡμέραν, ὃς δὲ κρίνει πᾶσαν ἡμέ- 5
ραν. ἕκαστος ἐν τῷ ἰδίῳ νοῒ πληροφορείσθω. ὁ φρο- 6
νῶν τὴν ἡμέραν Κυρίῳ φρονεῖ· καὶ ὁ ἐσθίων Κυρίῳ ἐσθίει,
εὐχαριστεῖ γὰρ τῷ Θεῷ· καὶ ὁ μὴ ἐσθίων Κυρίῳ οὐκ
ἐσθίει, καὶ εὐχαριστεῖ τῷ Θεῷ. Οὐδεὶς γὰρ ἡμῶν ἑαυτῷ 7
ζῇ, καὶ οὐδεὶς ἑαυτῷ ἀποθνήσκει. ἐάν τε γὰρ ζῶμεν, τῷ 8
Κυρίῳ ζῶμεν· ἐάν τε ἀποθνήσκωμεν, τῷ Κυρίῳ ἀποθνήσκο-
μεν· ἐάν τε οὖν ζῶμεν ἐάν τε ἀποθνήσκωμεν, τοῦ Κυρίου
ἐσμέν. εἰς τοῦτο γὰρ Χριστὸς ἀπέθανεν καὶ ἔζησεν, ἵνα 9
καὶ νεκρῶν καὶ ζώντων κυριεύσῃ. Σὺ δὲ τί κρίνεις τὸν 10
ἀδελφόν σου; ἢ καὶ σὺ τί ἐξουθενεῖς τὸν ἀδελφόν σου;
πάντες γὰρ παραστησόμεθα τῷ βήματι τοῦ Θεοῦ. γέ- 11

γραπται γάρ, Ζῶ ἐγώ, λέγει Κύριος, ὅτι ἐμοὶ κάμψει πᾶν
12 γόνυ, καὶ πᾶσα γλῶσσα ἐξομολογήσεται τῷ Θεῷ. ἄρα
[οὖν] ἕκαστος ἡμῶν περὶ ἑαυτοῦ λόγον δώσει τῷ Θεῷ.
13 Μηκέτι οὖν ἀλλήλους κρίνωμεν· ἀλλὰ τοῦτο κρίνατε
μᾶλλον, τὸ μὴ τιθέναι πρόσκομμα τῷ ἀδελφῷ ἢ σκάνδα-
14 λον. οἶδα καὶ πέπεισμαι ἐν Κυρίῳ Ἰησοῦ ὅτι οὐδὲν
κοινὸν δι᾽ ἑαυτοῦ· εἰ μὴ τῷ λογιζομένῳ τι κοινὸν εἶναι,
15 ἐκείνῳ κοινόν. . εἰ γὰρ διὰ βρῶμα ὁ ἀδελφός σου λυπεῖ-
ται, οὐκέτι κατὰ ἀγάπην περιπατεῖς. μὴ τῷ βρώματί σου
16 ἐκεῖνον ἀπόλλυε ὑπὲρ οὗ Χριστὸς ἀπέθανεν. μὴ βλα-
17 σφημείσθω οὖν ὑμῶν τὸ ἀγαθόν· οὐ γάρ ἐστιν ἡ βασι-
λεία τοῦ Θεοῦ βρῶσις καὶ πόσις, ἀλλὰ δικαιοσύνη καὶ
18 εἰρήνη καὶ χαρὰ ἐν Πνεύματι Ἁγίῳ. ὁ γὰρ ἐν τούτῳ
δουλεύων τῷ Χριστῷ εὐάρεστος τῷ Θεῷ καὶ δόκιμος τοῖς
19 ἀνθρώποις. Ἄρα οὖν τὰ τῆς εἰρήνης διώκωμεν καὶ τὰ
20 τῆς οἰκοδομῆς τῆς εἰς ἀλλήλους. μὴ ἕνεκεν βρώματος
κατάλυε τὸ ἔργον τοῦ Θεοῦ. πάντα μὲν καθαρά· ἀλλὰ
κακὸν τῷ ἀνθρώπῳ τῷ διὰ προσκόμματος ἐσθίοντι.
21 καλὸν τὸ μὴ φαγεῖν κρέα μηδὲ πιεῖν οἶνον μηδὲ ἐν ᾧ ὁ
ἀδελφός σου προσκόπτει [ἢ σκανδαλίζεται ἢ ἀσθενεῖ.]
22 σὺ πίστιν ἣν ἔχεις κατὰ σεαυτὸν ἔχε ἐνώπιον τοῦ Θεοῦ.
23 μακάριος ὁ μὴ κρίνων ἑαυτὸν ἐν ᾧ δοκιμάζει. ὁ δὲ
διακρινόμενος ἐὰν φάγῃ κατακέκριται, ὅτι οὐκ ἐκ πίστεως·
πᾶν δὲ ὃ οὐκ ἐκ πίστεως ἁμαρτία ἐστίν.
15 Ὀφείλομεν δὲ ἡμεῖς οἱ δυνατοὶ τὰ ἀσθενήματα τῶν
2 ἀδυνάτων βαστάζειν, καὶ μὴ ἑαυτοῖς ἀρέσκειν. ἕκαστος

ἡμῶν τῷ πλησίον ἀρεσκέτω εἰς τὸ ἀγαθὸν πρὸς οἰκοδομήν. καὶ γὰρ ὁ Χριστὸς οὐχ ἑαυτῷ ἤρεσεν· ἀλλὰ καθὼς γέγραπται, Οἱ ὀνειδισμοὶ τῶν ὀνειδιζόντων σὲ ἐπέπεσαν ἐπ᾽ ἐμέ. ὅσα γὰρ προεγράφη εἰς τὴν ἡμετέραν διδασκαλίαν ἐγράφη, ἵνα διὰ τῆς ὑπομονῆς καὶ διὰ τῆς παρακλήσεως τῶν γραφῶν τὴν ἐλπίδα ἔχωμεν. ὁ δὲ Θεὸς τῆς ὑπομονῆς καὶ τῆς παρακλήσεως δῴη ὑμῖν τὸ αὐτὸ φρονεῖν ἐν ἀλλήλοις κατὰ Χριστὸν Ἰησοῦν· ἵνα ὁμοθυμαδὸν ἐν ἑνὶ στόματι δοξάζητε τὸν Θεὸν καὶ Πατέρα τοῦ Κυρίου ἡμῶν Ἰησοῦ Χριστοῦ. Διὸ προσλαμβάνεσθε ἀλλήλους, καθὼς καὶ ὁ Χριστὸς προσελάβετο ὑμᾶς, εἰς δόξαν τοῦ Θεοῦ. λέγω γὰρ Χριστὸν διάκονον γεγενῆσθαι περιτομῆς ὑπὲρ ἀληθείας Θεοῦ, εἰς τὸ βεβαιῶσαι τὰς ἐπαγγελίας τῶν πατέρων, τὰ δὲ ἔθνη ὑπὲρ ἐλέους δοξάσαι τὸν Θεόν, καθὼς γέγραπται, Διὰ τοῦτο ἐξομολογήσομαί σοι ἐν ἔθνεσιν καὶ τῷ ὀνόματί σου ψαλῶ. καὶ πάλιν λέγει, Εὐφράνθητε, ἔθνη, μετὰ τοῦ λαοῦ αὐτοῦ. καὶ πάλιν, Αἰνεῖτε, πάντα τὰ ἔθνη, τὸν Κύριον, καὶ ἐπαινεσάτωσαν αὐτὸν πάντες οἱ λαοί. καὶ πάλιν Ἡσαΐας λέγει, Ἔσται ἡ ῥίζα τοῦ Ἰεσσαί, καὶ ὁ ἀνιστάμενος ἄρχειν ἐθνῶν· ἐπ᾽ αὐτῷ ἔθνη ἐλπιοῦσιν. ὁ δὲ Θεὸς τῆς ἐλπίδος πληρώσαι ὑμᾶς πάσης χαρᾶς καὶ εἰρήνης ἐν τῷ πιστεύειν, εἰς τὸ περισσεύειν ὑμᾶς ἐν τῇ ἐλπίδι ἐν δυνάμει Πνεύματος Ἁγίου.

Πέπεισμαι δέ, ἀδελφοί μου, καὶ αὐτὸς ἐγὼ περὶ ὑμῶν, ὅτι καὶ αὐτοὶ μεστοί ἐστε ἀγαθωσύνης, πεπληρωμένοι πάσης [τῆς] γνώσεως, δυνάμενοι καὶ ἀλλήλους νουθετεῖν.

ΠΡΟΣ ΡΩΜΑΙΟΥΣ

15 τολμηρότερον δὲ ἔγραψα ὑμῖν ἀπὸ μέρους, ὡς ἐπαναμιμνή-
σκων ὑμᾶς, διὰ τὴν χάριν τὴν δοθεῖσάν μοι ἀπὸ τοῦ Θεοῦ
16 εἰς τὸ εἶναί με λειτουργὸν Χριστοῦ Ἰησοῦ εἰς τὰ ἔθνη,
ἱερουργοῦντα τὸ εὐαγγέλιον τοῦ Θεοῦ, ἵνα γένηται ἡ προσ-
φορὰ τῶν ἐθνῶν εὐπρόσδεκτος, ἡγιασμένη ἐν Πνεύματι
17 Ἁγίῳ. ἔχω οὖν τὴν καύχησιν ἐν Χριστῷ Ἰησοῦ τὰ
18 πρὸς τὸν Θεόν. Οὐ γὰρ τολμήσω τι λαλεῖν ὧν οὐ
κατειργάσατο Χριστὸς δι' ἐμοῦ εἰς ὑπακοὴν ἐθνῶν, λόγῳ
19 καὶ ἔργῳ, ἐν δυνάμει σημείων καὶ τεράτων, ἐν δυνάμει
Πνεύματος Ἁγίου· ὥστε με ἀπὸ Ἰερουσαλὴμ καὶ κύκλῳ
μέχρι τοῦ Ἰλλυρικοῦ πεπληρωκέναι τὸ εὐαγγέλιον τοῦ
20 Χριστοῦ· οὕτως δὲ φιλοτιμούμενον εὐαγγελίζεσθαι,
οὐχ ὅπου ὠνομάσθη Χριστός, ἵνα μὴ ἐπ' ἀλλότριον θεμέ-
21 λιον οἰκοδομῶ· ἀλλὰ καθὼς γέγραπται, Οἷς οὐκ ἀνηγ-
γέλη περὶ αὐτοῦ ὄψονται, καὶ οἳ οὐκ ἀκηκόασιν συνήσου-
σιν.
22 Διὸ καὶ ἐνεκοπτόμην τὰ πολλὰ τοῦ ἐλθεῖν πρὸς ὑμᾶς·
23 νυνὶ δὲ μηκέτι τόπον ἔχων ἐν τοῖς κλίμασι τούτοις, ἐπιπο-
θίαν δὲ ἔχων τοῦ ἐλθεῖν πρὸς ὑμᾶς ἀπὸ πολλῶν ἐτῶν,
24 ὡς ἂν πορεύωμαι εἰς τὴν Σπανίαν (ἐλπίζω γὰρ διαπορευό-
μενος θεάσασθαι ὑμᾶς καὶ ὑφ' ὑμῶν προπεμφθῆναι ἐκεῖ,
25 ἐὰν ὑμῶν πρῶτον ἀπὸ μέρους ἐμπλησθῶ)— νυνὶ δὲ
26 πορεύομαι εἰς Ἰερουσαλὴμ διακονῶν τοῖς ἁγίοις. Ηὐ-
δόκησαν γὰρ Μακεδονία καὶ Ἀχαΐα κοινωνίαν τινὰ ποιή-
σασθαι εἰς τοὺς πτωχοὺς τῶν ἁγίων τῶν ἐν Ἰερουσαλήμ.

15 τολμηρότερον] -ροτέρως Tr(n.m.)WH   ὑμῖν]+, ἀδελφοί, ς[A]
ἀπὸ sec.]ὑπὸ ςLnA   16 Χριστοῦ] post Ἰησοῦ ς   17 τὴν]ς°[B][WH]
τὸν]ς°: CEr   18 τολμήσω] τολμῶ LnmTrmWHm   τι] post λαλεῖν
ς   κατειργ.] κατηργ. WHa   19 Ἁγίου][A][WH]R°m: θεοῦ ς(n.m.)
TiB(n.m.)Rm   20 οὕτως] -τω ςA   φιλοτιμούμενον] -μούμαιLnTr
(n.m.)Bm   21 ὄψονται] ante οἷς TrmWH(n.m.)R   22 τὰ πολλὰ]
πολλάκις JmLnTrmBm   23 κλίμασι] -σιν ς TrA   ἐπιποθίαν]-πό-
θειαν WH   τοῦ][Ln]   πολλῶν] ἱκανῶν Tr(n.m.)AWH   24 ἄν]
ἐὰν ς   Σπανίαν]+, ἐλεύσομαι πρὸς ὑμᾶς· ς Bm   ὑφ']ἀφ' LnA: ἀπὸ
Trm   26 ηὐδόκησαν] εὐδόκ. ς LnAWHa : εὐδόκησεν Trm

ηὐδόκησαν γάρ, καὶ ὀφειλέται εἰσὶν αὐτῶν. εἰ γὰρ τοῖς 27
πνευματικοῖς αὐτῶν ἐκοινώνησαν τὰ ἔθνη, ὀφείλουσιν καὶ
ἐν τοῖς σαρκικοῖς λειτουργῆσαι αὐτοῖς. τοῦτο οὖν ἐπι- 28
τελέσας, καὶ σφραγισάμενος αὐτοῖς τὸν καρπὸν τοῦτον,
ἀπελεύσομαι δι' ὑμῶν εἰς Σπανίαν. οἶδα δὲ ὅτι ἐρχό- 29
μενος πρὸς ὑμᾶς ἐν πληρώματι εὐλογίας Χριστοῦ ἐλεύσομαι.

Παρακαλῶ δὲ ὑμᾶς, ἀδελφοί, διὰ τοῦ Κυρίου ἡμῶν Ἰη- 30
σοῦ Χριστοῦ καὶ διὰ τῆς ἀγάπης τοῦ Πνεύματος, συναγωνίσασθαί μοι ἐν ταῖς προσευχαῖς ὑπὲρ ἐμοῦ πρὸς τὸν Θεόν·
ἵνα ῥυσθῶ ἀπὸ τῶν ἀπειθούντων ἐν τῇ Ἰουδαίᾳ, καὶ ἡ 31
διακονία μου ἡ εἰς Ἱερουσαλὴμ εὐπρόσδεκτος τοῖς ἁγίοις
γένηται· ἵνα ἐν χαρᾷ ἐλθὼν πρὸς ὑμᾶς διὰ θελήματος 32
Θεοῦ συναναπαύσωμαι ὑμῖν. ὁ δὲ Θεὸς τῆς εἰρήνης 33
μετὰ πάντων ὑμῶν· ἀμήν·

Συνίστημι δὲ ὑμῖν Φοίβην τὴν ἀδελφὴν ἡμῶν, οὖσαν 16
διάκονον τῆς ἐκκλησίας τῆς ἐν Κενχρεαῖς· ἵνα προσ- 2
δέξησθε αὐτὴν ἐν Κυρίῳ ἀξίως τῶν ἁγίων, καὶ παραστῆτε
αὐτῇ ἐν ᾧ ἂν ὑμῶν χρῄζῃ πράγματι· καὶ γὰρ αὐτὴ προστάτις πολλῶν ἐγενήθη, καὶ ἐμοῦ αὐτοῦ.

Ἀσπάσασθε Πρίσκαν καὶ Ἀκύλαν τοὺς συνεργούς μου 3
ἐν Χριστῷ Ἰησοῦ, οἵτινες ὑπὲρ τῆς ψυχῆς μου τὸν 4
ἑαυτῶν τράχηλον ὑπέθηκαν, οἷς οὐκ ἐγὼ μόνος εὐχαριστῶ
ἀλλὰ καὶ πᾶσαι αἱ ἐκκλησίαι τῶν ἐθνῶν· καὶ τὴν κατ' 5
οἶκον αὐτῶν ἐκκλησίαν. ἀσπάσασθε Ἐπαίνετον τὸν ἀγαπητόν μου, ὅς ἐστιν ἀπαρχὴ τῆς Ἀσίας εἰς Χριστόν.

27 ηὐδόκησαν] εὐδόκ. ϛ LnAWHm   εἰσίν] post αὐτῶν ϛ   28 Σπανίαν] pr τὴν ϛ   29 Χριστοῦ] pr τοῦ εὐαγγελίου τοῦ ϛ   30 , ἀδελφοί,][A][WH]   31 καὶ]+ἵνα ϛ   διακονία]δωροφορία LnTrmBm: Scr εἰς]ἐν LnTrm   γένηται] ante τοῖς ἁγ. ϛ   32 ἐλθὼν] ἔλθω ϛ LnTr (n.m.)AWHm : ante ἐν χαρᾷ TiB   Θεοῦ] κυρίου Ἰησοῦ LnTrm : + καὶ ϛ Tr(n.m.)[A]WHm   συναναπ. ὑμῖν] Ln°[A]   33 ἀμήν] [Ln][Tr]
1 ἡμῶν] ὑμῶν Lnm   οὖσαν]+καὶ [WH]   Κενχρ.] Κεγχρ. ϛ LnTrA
2 προσδέξ.] post αὐτὴν ϛ TiBWHm   αὐτὴ] αὕτη ϛ Tr   ἐμοῦ] post αὐτοῦ ϛ   3 Πρίσκαν] Πρίσκιλλαν ϛ : Ersm   5 Ἐπαίνετον]'Επαινετὸν ϛ TiB   Ἀσίας] Ἀχαΐας ϛ(n.m.)Bm

421

ΠΡΟΣ ΡΩΜΑΙΟΥΣ

6 ἀσπάσασθε Μαρίαν, ἥτις πολλὰ ἐκοπίασεν εἰς ὑμᾶς.
7 ἀσπάσασθε Ἀνδρόνικον καὶ Ἰουνίαν τοὺς συγγενεῖς μου καὶ συναιχμαλώτους μου, οἵτινές εἰσιν ἐπίσημοι ἐν τοῖς ἀποστόλοις, οἳ καὶ πρὸ ἐμοῦ γέγοναν ἐν Χριστῷ.
8 ἀσπάσασθε Ἀμπλιᾶτον τὸν ἀγαπητόν μου ἐν Κυρίῳ.
9 ἀσπάσασθε Οὐρβανὸν τὸν συνεργὸν ἡμῶν ἐν Χριστῷ, καὶ
10 Στάχυν τὸν ἀγαπητόν μου. ἀσπάσασθε Ἀπελλῆν τὸν δόκιμον ἐν Χριστῷ. ἀσπάσασθε τοὺς ἐκ τῶν Ἀριστο-
11 βούλου. ἀσπάσασθε Ἡρῳδίωνα τὸν συγγενῆ μου. ἀσπάσασθε τοὺς ἐκ τῶν Ναρκίσσου τοὺς ὄντας ἐν Κυρίῳ·
12 ἀσπάσασθε Τρύφαιναν καὶ Τρυφῶσαν τὰς κοπιώσας ἐν Κυρίῳ. ἀσπάσασθε Περσίδα τὴν ἀγαπητήν, ἥτις πολλὰ
13 ἐκοπίασεν ἐν Κυρίῳ. ἀσπάσασθε Ῥοῦφον τὸν ἐκλε-
14 κτὸν ἐν Κυρίῳ, καὶ τὴν μητέρα αὐτοῦ καὶ ἐμοῦ. ἀσπάσασθε Ἀσύγκριτον, Φλέγοντα, Ἑρμῆν, Πατρόβαν, Ἑρμᾶν,
15 καὶ τοὺς σὺν αὐτοῖς ἀδελφούς. ἀσπάσασθε Φιλόλογον καὶ Ἰουλίαν, Νηρέα καὶ τὴν ἀδελφὴν αὐτοῦ, καὶ Ὀλυμπᾶν,
16 καὶ τοὺς σὺν αὐτοῖς πάντας ἁγίους. ἀσπάσασθε ἀλλήλους ἐν φιλήματι ἁγίῳ. ἀσπάζονται ὑμᾶς αἱ ἐκκλησίαι πᾶσαι τοῦ Χριστοῦ.

17 Παρακαλῶ δὲ ὑμᾶς, ἀδελφοί, σκοπεῖν τοὺς τὰς διχοστασίας καὶ τὰ σκάνδαλα παρὰ τὴν διδαχὴν ἣν ὑμεῖς
18 ἐμάθετε ποιοῦντας· καὶ ἐκκλίνετε ἀπ᾽ αὐτῶν. οἱ γὰρ τοιοῦτοι τῷ Κυρίῳ ἡμῶν Χριστῷ οὐ δουλεύουσιν, ἀλλὰ τῇ ἑαυτῶν κοιλίᾳ· καὶ διὰ τῆς χρηστολογίας καὶ εὐλογίας
19 ἐξαπατῶσιν τὰς καρδίας τῶν ἀκάκων. ἡ γὰρ ὑμῶν ὑπακοὴ εἰς πάντας ἀφίκετο. ἐφ᾽ ὑμῖν οὖν χαίρω· θέλω δὲ

ὑμᾶς σοφοὺς εἶναι εἰς τὸ ἀγαθόν, ἀκεραίους δὲ εἰς τὸ κακόν. ὁ δὲ Θεὸς τῆς εἰρήνης συντρίψει τὸν Σατανᾶν ὑπὸ 20 τοὺς πόδας ὑμῶν ἐν τάχει. Ἡ χάρις τοῦ Κυρίου ἡμῶν Ἰησοῦ [Χριστοῦ] μεθ' ὑμῶν.

Ἀσπάζεται ὑμᾶς Τιμόθεος ὁ συνεργός μου, καὶ Λούκιος 21 καὶ Ἰάσων καὶ Σωσίπατρος οἱ συγγενεῖς μου. ἀσπά- 22 ζομαι ὑμᾶς ἐγὼ Τέρτιος ὁ γράψας τὴν ἐπιστολὴν ἐν Κυρίῳ. ἀσπάζεται ὑμᾶς Γάϊος ὁ ξένος μου καὶ ὅλης τῆς ἐκκλησίας. 23 ἀσπάζεται ὑμᾶς Ἔραστος ὁ οἰκονόμος τῆς πόλεως, καὶ Κούαρτος ὁ ἀδελφός.

Τῷ δὲ δυναμένῳ ὑμᾶς στηρίξαι κατὰ τὸ εὐαγγέλιόν μου 25 καὶ τὸ κήρυγμα Ἰησοῦ Χριστοῦ, κατὰ ἀποκάλυψιν μυστηρίου χρόνοις αἰωνίοις σεσιγημένου, φανερωθέντος δὲ 26 νῦν διά τε γραφῶν προφητικῶν κατ' ἐπιταγὴν τοῦ αἰωνίου Θεοῦ εἰς ὑπακοὴν πίστεως εἰς πάντα τὰ ἔθνη γνωρισθέντος, μόνῳ σοφῷ Θεῷ, διὰ Ἰησοῦ Χριστοῦ, ᾧ ἡ δόξα εἰς τοὺς 27 αἰῶνας· ἀμήν.

ΠΡΟΣ ΚΟΡΙΝΘΙΟΥΣ Α.

Παῦλος κλητὸς ἀπόστολος Χριστοῦ Ἰησοῦ διὰ θελήμα- 1 τος Θεοῦ, καὶ Σωσθένης ὁ ἀδελφός, τῇ ἐκκλησίᾳ τοῦ 2 Θεοῦ τῇ οὔσῃ ἐν Κορίνθῳ, ἡγιασμένοις ἐν Χριστῷ Ἰησοῦ, κλητοῖς ἁγίοις, σὺν πᾶσιν τοῖς ἐπικαλουμένοις τὸ ὄνομα τοῦ Κυρίου ἡμῶν Ἰησοῦ Χριστοῦ ἐν παντὶ τόπῳ, αὐτῶν 3 καὶ ἡμῶν· χάρις ὑμῖν καὶ εἰρήνη ἀπὸ Θεοῦ Πατρὸς ἡμῶν καὶ Κυρίου Ἰησοῦ Χριστοῦ.

4 Εὐχαριστῶ τῷ Θεῷ μου πάντοτε περὶ ὑμῶν ἐπὶ τῇ χάριτι τοῦ Θεοῦ τῇ δοθείσῃ ὑμῖν ἐν Χριστῷ Ἰησοῦ, 5 ὅτι ἐν παντὶ ἐπλουτίσθητε ἐν αὐτῷ, ἐν παντὶ λόγῳ καὶ 6 πάσῃ γνώσει, καθὼς τὸ μαρτύριον τοῦ Χριστοῦ ἐβε- 7 βαιώθη ἐν ὑμῖν· ὥστε ὑμᾶς μὴ ὑστερεῖσθαι ἐν μηδενὶ χαρίσματι, ἀπεκδεχομένους τὴν ἀποκάλυψιν τοῦ Κυρίου 8 ἡμῶν Ἰησοῦ Χριστοῦ, ὃς καὶ βεβαιώσει ὑμᾶς ἕως τέλους ἀνεγκλήτους ἐν τῇ ἡμέρᾳ τοῦ Κυρίου ἡμῶν Ἰησοῦ 9 Χριστοῦ. πιστὸς ὁ Θεός, δι᾽ οὗ ἐκλήθητε εἰς κοινωνίαν τοῦ Υἱοῦ αὐτοῦ Ἰησοῦ Χριστοῦ τοῦ Κυρίου ἡμῶν.

10 Παρακαλῶ δὲ ὑμᾶς, ἀδελφοί, διὰ τοῦ ὀνόματος τοῦ Κυρίου ἡμῶν Ἰησοῦ Χριστοῦ, ἵνα τὸ αὐτὸ λέγητε πάντες, καὶ μὴ ᾖ ἐν ὑμῖν σχίσματα, ἦτε δὲ κατηρτισμένοι ἐν τῷ αὐτῷ 11 νοῒ καὶ ἐν τῇ αὐτῇ γνώμῃ. ἐδηλώθη γάρ μοι περὶ ὑμῶν, ἀδελφοί μου, ὑπὸ τῶν Χλόης, ὅτι ἔριδες ἐν ὑμῖν 12 εἰσίν. λέγω δὲ τοῦτο, ὅτι ἕκαστος ὑμῶν λέγει, Ἐγὼ μέν εἰμι Παύλου, Ἐγὼ δὲ Ἀπολλώ, Ἐγὼ δὲ Κηφᾶ, Ἐγὼ 13 δὲ Χριστοῦ. μεμέρισται ὁ Χριστός; μὴ Παῦλος ἐσταυρώθη ὑπὲρ ὑμῶν, ἢ εἰς τὸ ὄνομα Παύλου ἐβαπτίσθητε; 14 εὐχαριστῶ τῷ Θεῷ ὅτι οὐδένα ὑμῶν ἐβάπτισα εἰ μὴ Κρί- 15 σπον καὶ Γάϊον· ἵνα μή τις εἴπῃ ὅτι εἰς τὸ ἐμὸν ὄνομα 16 ἐβαπτίσθητε. ἐβάπτισα δὲ καὶ τὸν Στεφανᾶ οἶκον· 17 λοιπὸν οὐκ οἶδα εἴ τινα ἄλλον ἐβάπτισα. οὐ γὰρ ἀπέστειλέν με Χριστὸς βαπτίζειν, ἀλλὰ εὐαγγελίζεσθαι· οὐκ ἐν σοφίᾳ λόγου, ἵνα μὴ κενωθῇ ὁ σταυρὸς τοῦ Χριστοῦ.

πᾶσιν]-σι ς WHa αὐτῶν]+τε ς [A] 4 μου] [Tr]mWH°R°m
8 Χριστοῦ] [WH] 13 Χριστός;] Χριστός. LnWH(a.m.)Rm ὑπὲρ]
περὶ Ln(u.m.)TrmWHm 14 τῷ Θεῷ] [Tr]mTi°B°(n.m.)WH°(a.m.)R°m
15 ἐβαπτίσθητε] ἐβάπτισα ς (n.m.)Bm 17 Χριστὸς] pr ὁ [Ln][Tr]m
ἀλλὰ] ἀλλ' ς Ln

ΠΡΟΣ ΚΟΡΙΝΘΙΟΥΣ Α.

Ὁ λόγος γὰρ ὁ τοῦ σταυροῦ τοῖς μὲν ἀπολλυμένοις 18 μωρία ἐστίν, τοῖς δὲ σωζομένοις ἡμῖν δύναμις Θεοῦ ἐστίν. γέγραπται γάρ, Ἀπολῶ τὴν σοφίαν τῶν σοφῶν, καὶ τὴν 19 σύνεσιν τῶν συνετῶν ἀθετήσω. ποῦ σοφός; ποῦ γραμ- 20 ματεύς; ποῦ συνζητητὴς τοῦ αἰῶνος τούτου; οὐχὶ ἐμώ- ρανεν ὁ Θεὸς τὴν σοφίαν τοῦ κόσμου; ἐπειδὴ γὰρ ἐν 21 τῇ σοφίᾳ τοῦ Θεοῦ οὐκ ἔγνω ὁ κόσμος διὰ τῆς σοφίας τὸν Θεόν, εὐδόκησεν ὁ Θεὸς διὰ τῆς μωρίας τοῦ κηρύγ- ματος σῶσαι τοὺς πιστεύοντας. ἐπειδὴ καὶ Ἰουδαῖοι 22 σημεῖα αἰτοῦσιν καὶ Ἕλληνες σοφίαν ζητοῦσιν, ἡμεῖς 23 δὲ κηρύσσομεν Χριστὸν ἐσταυρωμένον, Ἰουδαίοις μὲν σκάν- δαλον, ἔθνεσιν δὲ μωρίαν, αὐτοῖς δὲ τοῖς κλητοῖς, Ἰου- 24 δαίοις τε καὶ Ἕλλησιν, Χριστὸν Θεοῦ δύναμιν καὶ Θεοῦ σοφίαν. ὅτι τὸ μωρὸν τοῦ Θεοῦ σοφώτερον τῶν ἀν- 25 θρώπων ἐστίν, καὶ τὸ ἀσθενὲς τοῦ Θεοῦ ἰσχυρότερον τῶν ἀνθρώπων.

Βλέπετε γὰρ τὴν κλῆσιν ὑμῶν, ἀδελφοί, ὅτι οὐ πολλοὶ 26 σοφοὶ κατὰ σάρκα, οὐ πολλοὶ δυνατοί, οὐ πολλοὶ εὐγενεῖς· ἀλλὰ τὰ μωρὰ τοῦ κόσμου ἐξελέξατο ὁ Θεός, ἵνα καται- 27 σχύνῃ τοὺς σοφούς· καὶ τὰ ἀσθενῆ τοῦ κόσμου ἐξελέξατο ὁ Θεός, ἵνα καταισχύνῃ τὰ ἰσχυρά· καὶ τὰ ἀγενῆ τοῦ 28 κόσμου καὶ τὰ ἐξουθενημένα ἐξελέξατο ὁ Θεός, τὰ μὴ ὄντα, ἵνα τὰ ὄντα καταργήσῃ· ὅπως μὴ καυχήσηται 29 πᾶσα σὰρξ ἐνώπιον τοῦ Θεοῦ. ἐξ αὐτοῦ δὲ ὑμεῖς ἐστὲ 30 ἐν Χριστῷ Ἰησοῦ, ὃς ἐγενήθη σοφία ἡμῖν ἀπὸ Θεοῦ, δικαιο- σύνη τε καὶ ἁγιασμὸς καὶ ἀπολύτρωσις· ἵνα καθὼς 31 γέγραπται, Ὁ καυχώμενος ἐν Κυρίῳ καυχάσθω.

Κἀγὼ ἐλθὼν πρὸς ὑμᾶς, ἀδελφοί, ἦλθον οὐ καθ᾽ ὑπερο- 2

20 συνζητ.] συζητ. ς   κόσμου]+τούτου ς   21 εὐδόκ.] ηὐδόκ.WH▪
22 σημεῖα] σημεῖον ς   23 ἔθνεσιν]°Ελλησι ς (n.m.)   25 ἀνθρώ-
πων sec.] + ἐστίν ς LnAR   27 ἵνα pri. usque ad Θεός sec.] [Ln]
καταισχύνῃ] post τοὺς σοφ. ς   28 τὰ μὴ ὄντα] pr καὶ ς Bm[WH]R(n.m.)
29 καυχήσηται] -σεται Elz   τοῦ Θεοῦ] αὐτοῦ ς: Cςm   30 σοφία]
post ἡμῖν ς

ΠΡΟΣ ΚΟΡΙΝΘΙΟΥΣ Α.

χὴν λόγου ἢ σοφίας καταγγέλλων ὑμῖν τὸ μαρτύριον τοῦ
2 Θεοῦ. οὐ γὰρ ἔκρινά τι εἰδέναι ἐν ὑμῖν εἰ μὴ Ἰησοῦν
3 Χριστόν, καὶ τοῦτον ἐσταυρωμένον. κἀγὼ ἐν ἀσθενείᾳ
καὶ ἐν φόβῳ καὶ ἐν τρόμῳ πολλῷ ἐγενόμην πρὸς ὑμᾶς.
4 καὶ ὁ λόγος μου καὶ τὸ κήρυγμά μου οὐκ ἐν πειθοῖς σο-
φίας λόγοις, ἀλλ' ἐν ἀποδείξει Πνεύματος καὶ δυνάμεως·
5 ἵνα ἡ πίστις ὑμῶν μὴ ᾖ ἐν σοφίᾳ ἀνθρώπων ἀλλ' ἐν δυνά-
μει Θεοῦ.
6   Σοφίαν δὲ λαλοῦμεν ἐν τοῖς τελείοις· σοφίαν δὲ οὐ
τοῦ αἰῶνος τούτου οὐδὲ τῶν ἀρχόντων τοῦ αἰῶνος τούτου
7 τῶν καταργουμένων· ἀλλὰ λαλοῦμεν Θεοῦ σοφίαν ἐν
μυστηρίῳ, τὴν ἀποκεκρυμμένην, ἣν προώρισεν ὁ Θεὸς πρὸ
8 τῶν αἰώνων εἰς δόξαν ἡμῶν, ἣν οὐδεὶς τῶν ἀρχόντων
τοῦ αἰῶνος τούτου ἔγνωκεν· εἰ γὰρ ἔγνωσαν, οὐκ ἂν τὸν Κύ-
9 ριον τῆς δόξης ἐσταύρωσαν· ἀλλὰ καθὼς γέγραπται,
*Ἃ ὀφθαλμὸς οὐκ εἶδεν καὶ οὖς οὐκ ἤκουσεν καὶ ἐπὶ καρ-
δίαν ἀνθρώπου οὐκ ἀνέβη, ὅσα ἡτοίμασεν ὁ Θεὸς τοῖς
10 ἀγαπῶσιν αὐτόν. ἡμῖν δὲ ἀπεκάλυψεν ὁ Θεὸς διὰ τοῦ
Πνεύματος· τὸ γὰρ Πνεῦμα πάντα ἐραυνᾷ, καὶ τὰ βάθη
11 τοῦ Θεοῦ. Τίς γὰρ οἶδεν ἀνθρώπων τὰ τοῦ ἀνθρώπου
εἰ μὴ τὸ πνεῦμα τοῦ ἀνθρώπου τὸ ἐν αὐτῷ; οὕτως καὶ τὰ
τοῦ Θεοῦ οὐδεὶς ἔγνωκεν εἰ μὴ τὸ Πνεῦμα τοῦ Θεοῦ.
12 ἡμεῖς δὲ οὐ τὸ πνεῦμα τοῦ κόσμου ἐλάβομεν, ἀλλὰ τὸ
πνεῦμα τὸ ἐκ τοῦ Θεοῦ, ἵνα εἰδῶμεν τὰ ὑπὸ τοῦ Θεοῦ χαρι-
13 σθέντα ἡμῖν· ἃ καὶ λαλοῦμεν, οὐκ ἐν διδακτοῖς ἀνθρω-
πίνης σοφίας λόγοις, ἀλλ' ἐν διδακτοῖς Πνεύματος, πνευ-
14 ματικοῖς πνευματικὰ συνκρίνοντες. ψυχικὸς δὲ ἄνθρω-
πος οὐ δέχεται τὰ τοῦ Πνεύματος τοῦ Θεοῦ· μωρία γὰρ

1 μαρτύριον] μυστήριον WH(n.m.)R(n.m.)   2 ἔκρινα]+ τοῦ ς(n.m.)
τι] post εἰδ. ς LnmTiB   3 κἀγὼ] καὶ ἐγὼ ς   4 πειθοῖς] πιθ. WH
σοφίας] pr ἀνθρωπίνης ς Bm   ἀλλ'] ἀλλὰ TrWHa   5 ἀλλ'] ἀλλὰ
TrWHa   7 σοφίαν] ante Θεοῦ ς   9 ὅσα] ἃ ς TrmTiB   10 δὲ]
γὰρ TrmWH(n.m.)Rm   ὁ Θεὸς] ante ἀπεκάλ. ς   Πνεύματος]+ αὐ
τοῦ ς[A]   11 ἔγνωκεν] οἶδεν ς   13 Πνεύματος]+ Ἁγίου ς
πνευματικοῖς] -κῶς WHm   συνκρ.] συγκρ. ς LnTrA

αὐτῷ ἐστίν, καὶ οὐ δύναται γνῶναι, ὅτι πνευματικῶς ἀνακρίνεται. ὁ δὲ πνευματικὸς ἀνακρίνει [μὲν] πάντα, αὐτὸς δὲ ὑπ' οὐδενὸς ἀνακρίνεται. τίς γὰρ ἔγνω νοῦν Κυρίου, ὃς συμβιβάσει αὐτόν; ἡμεῖς δὲ νοῦν Χριστοῦ ἔχομεν.

Κἀγώ, ἀδελφοί, οὐκ ἠδυνήθην λαλῆσαι ὑμῖν ὡς πνευματικοῖς, ἀλλ' ὡς σαρκίνοις, ὡς νηπίοις ἐν Χριστῷ. γάλα ὑμᾶς ἐπότισα, οὐ βρῶμα· οὔπω γὰρ ἐδύνασθε. ἀλλ' οὐδὲ ἔτι νῦν δύνασθε, ἔτι γὰρ σαρκικοί ἐστε· ὅπου γὰρ ἐν ὑμῖν ζῆλος καὶ ἔρις, οὐχὶ σαρκικοί ἐστε καὶ κατὰ ἄνθρωπον περιπατεῖτε; ὅταν γὰρ λέγῃ τις, Ἐγὼ μέν εἰμι Παύλου, ἕτερος δέ, Ἐγὼ Ἀπολλώ, οὐκ ἄνθρωποί ἐστε; τί οὖν ἐστιν Ἀπολλώς; τί δέ ἐστι Παῦλος; διάκονοι δι' ὧν ἐπιστεύσατε, καὶ ἑκάστῳ ὡς ὁ Κύριος ἔδωκεν. ἐγὼ ἐφύτευσα, Ἀπολλὼς ἐπότισεν, ἀλλὰ ὁ Θεὸς ηὔξανεν. ὥστε οὔτε ὁ φυτεύων ἐστίν τι οὔτε ὁ ποτίζων, ἀλλ' ὁ αὐξάνων Θεός. ὁ φυτεύων δὲ καὶ ὁ ποτίζων ἕν εἰσιν· ἕκαστος δὲ τὸν ἴδιον μισθὸν λήμψεται κατὰ τὸν ἴδιον κόπον. Θεοῦ γάρ ἐσμεν συνεργοί· Θεοῦ γεώργιον, Θεοῦ οἰκοδομή ἐστε.

Κατὰ τὴν χάριν τοῦ Θεοῦ τὴν δοθεῖσάν μοι ὡς σοφὸς ἀρχιτέκτων θεμέλιον ἔθηκα· ἄλλος δὲ ἐποικοδομεῖ. ἕκαστος δὲ βλεπέτω πῶς ἐποικοδομεῖ. θεμέλιον γὰρ ἄλλον οὐδεὶς δύναται θεῖναι παρὰ τὸν κείμενον, ὅς ἐστιν Ἰησοῦς Χριστός. εἰ δέ τις ἐποικοδομεῖ ἐπὶ τὸν θεμέλιον χρυσίον, ἀργύριον, λίθους τιμίους, ξύλα, χόρτον, κα-

15 μὲν] ins ϛ [Tr] [A] BmWH : Ln°Ti°B°WH°m   πάντα] pr τὰ [Ln] [Tr]m Bm[WH]m   16 συμβ.] συνβ. WH   Χριστοῦ] κυρίου Ɓn(n.m.)
1 κἀγώ] καὶ ἐγώ ϛ   σαρκίνοις] -ικοῖς ϛ Bm   2 οὐ] pr και ϛ(n.m.) ἐδύνασθε] ἠδύν. ϛ : CEr   οὐδὲ] οὔτε ϛ   ἔτι] [Ln] [WH]   3 ἔρις] +καὶ διχοστασίαι ϛ   4 οὐκ ἄνθρωποί] οὐχὶ σαρκικοί ϛ Bm   5 τί δίς] τίς ϛ Lnm : τί[ϛ]A   τί οὖν usque ad ἔδωκεν.] τίς οὖν ἐστι Παῦλος, τίς δὲ Ἀπολλώς, ἀλλ' ἢ διάκονοι δι' ὧν...ἔδωκεν; ϛ, malim · καί, ἑκάστῳ... ἔδωκεν,   6 ἀλλὰ] ἀλλ' ϛ Lnm   10 ἔθηκα] τέθεικα ϛ   11 Χριστός] pr ὁ ϛ : ante Ἰησοῦς Ln   12 θεμέλιον]+τοῦτον ϛ [A]   χρυσίον, ἀργύριον] χρυσόν, ἄργυρον ϛ LnA   ἀργ.] pr καὶ WHm

ΠΡΟΣ ΚΟΡΙΝΘΙΟΥΣ Α.

13 λάμψη, ἑκάστου τὸ ἔργον φανερὸν γενήσεται· ἡ γὰρ
ἡμέρα δηλώσει, ὅτι ἐν πυρὶ ἀποκαλύπτεται· καὶ ἑκάστου
14 τὸ ἔργον ὁποῖόν ἐστιν τὸ πῦρ αὐτὸ δοκιμάσει. εἴ τινος
15 τὸ ἔργον μενεῖ ὃ ἐποικοδόμησεν μισθὸν λήμψεται. εἴ
τινος τὸ ἔργον κατακαήσεται, ζημιωθήσεται· αὐτὸς δὲ σω-
16 θήσεται, οὕτως δὲ ὡς διὰ πυρός. Οὐκ οἴδατε ὅτι ναὸς
17 Θεοῦ ἐστε καὶ τὸ Πνεῦμα τοῦ Θεοῦ οἰκεῖ ἐν ὑμῖν; εἴ
τις τὸν ναὸν τοῦ Θεοῦ φθείρει, φθερεῖ τοῦτον ὁ Θεός· ὁ
γὰρ ναὸς τοῦ Θεοῦ ἅγιός ἐστιν, οἵτινές ἐστε ὑμεῖς.
18 Μηδεὶς ἑαυτὸν ἐξαπατάτω· εἴ τις δοκεῖ σοφὸς εἶναι ἐν
ὑμῖν ἐν τῷ αἰῶνι τούτῳ, μωρὸς γενέσθω, ἵνα γένηται σο-
19 φός. ἡ γὰρ σοφία τοῦ κόσμου τούτου μωρία παρὰ τῷ
Θεῷ ἐστίν. γέγραπται γάρ, Ὁ δρασσόμενος τοὺς σοφοὺς
20 ἐν τῇ πανουργίᾳ αὐτῶν· καὶ πάλιν, Κύριος γινώσκει
21 τοὺς διαλογισμοὺς τῶν σοφῶν, ὅτι εἰσὶν μάταιοι. ὥστε
μηδεὶς καυχάσθω ἐν ἀνθρώποις. πάντα γὰρ ὑμῶν ἐστίν,
22 εἴτε Παῦλος εἴτε Ἀπολλὼς εἴτε Κηφᾶς, εἴτε κόσμος εἴτε
ζωὴ εἴτε θάνατος, εἴτε ἐνεστῶτα εἴτε μέλλοντα, πάντα
23 ὑμῶν, ὑμεῖς δὲ Χριστοῦ, Χριστὸς δὲ Θεοῦ.
4 Οὕτως ἡμᾶς λογιζέσθω ἄνθρωπος ὡς ὑπηρέτας Χριστοῦ
2 καὶ οἰκονόμους μυστηρίων Θεοῦ. ὧδε λοιπὸν ζητεῖται
3 ἐν τοῖς οἰκονόμοις ἵνα πιστός τις εὑρεθῇ. ἐμοὶ δὲ εἰς
ἐλάχιστόν ἐστιν ἵνα ὑφ' ὑμῶν ἀνακριθῶ ἢ ὑπὸ ἀνθρωπίνης
4 ἡμέρας· ἀλλ' οὐδὲ ἐμαυτὸν ἀνακρίνω. οὐδὲν γὰρ ἐμαυ-
τῷ σύνοιδα, ἀλλ' οὐκ ἐν τούτῳ δεδικαίωμαι· ὁ δὲ ἀνακρί-
5 νων με Κύριός ἐστιν. ὥστε μὴ πρὸ καιροῦ τι κρίνετε,
ἕως ἂν ἔλθῃ ὁ Κύριος, ὃς καὶ φωτίσει τὰ κρυπτὰ τοῦ σκό-
τους καὶ φανερώσει τὰς βουλὰς τῶν καρδιῶν· καὶ τότε ὁ
ἔπαινος γενήσεται ἑκάστῳ ἀπὸ τοῦ Θεοῦ.
6 Ταῦτα δέ, ἀδελφοί, μετεσχημάτισα εἰς ἐμαυτὸν καὶ

13 ὁποῖόν ἐστιν], ὁπ. ἐστιν, Rᵃ   ἐστιν]-τι WHᵃ   αὐτὸ] ϛ°[Tr]m
[B]   14 μενεῖ] μένει ϛTr   ἐποικ.] ἐπῳκ. ϛLn   16 ἐν ὑμῖν]
ante οἰκεῖ TrmWH(n.m.)   17 τοῦτον] αὐτὸν Ln   19 τῷ] Lnº[A]
22 ὑμῶν]+ἐστιν ϛ   2 . ὧδε]. ὁ δὲ ϛ : ὧδε. Ln

Ἀπολλὼν δι' ὑμᾶς, ἵνα ἐν ἡμῖν μάθητε τὸ μὴ ὑπὲρ ἃ γέγραπται, ἵνα μὴ εἷς ὑπὲρ τοῦ ἑνὸς φυσιοῦσθε κατὰ τοῦ ἑτέρου. τίς γάρ σε διακρίνει; τί δὲ ἔχεις ὃ οὐκ ἔλαβες; 7 εἰ δὲ καὶ ἔλαβες, τί καυχᾶσαι ὡς μὴ λαβών; ἤδη 8 κεκορεσμένοι ἐστέ, ἤδη ἐπλουτήσατε, χωρὶς ἡμῶν ἐβασιλεύσατε· καὶ ὄφελόν γε ἐβασιλεύσατε, ἵνα καὶ ἡμεῖς ὑμῖν συνβασιλεύσωμεν. Δοκῶ γάρ, ὁ Θεὸς ἡμᾶς τοὺς ἀπο- 9 στόλους ἐσχάτους ἀπέδειξεν ὡς ἐπιθανατίους· ὅτι θέατρον ἐγενήθημεν τῷ κόσμῳ καὶ ἀγγέλοις καὶ ἀνθρώποις. ἡμεῖς μωροὶ διὰ Χριστόν, ὑμεῖς δὲ φρόνιμοι ἐν Χριστῷ· 10 ἡμεῖς ἀσθενεῖς, ὑμεῖς δὲ ἰσχυροί· ὑμεῖς ἔνδοξοι, ἡμεῖς δὲ ἄτιμοι. ἄχρι τῆς ἄρτι ὥρας καὶ πεινῶμεν καὶ διψῶμεν 11 καὶ γυμνιτεύομεν καὶ κολαφιζόμεθα καὶ ἀστατοῦμεν καὶ κοπιῶμεν ἐργαζόμενοι ταῖς ἰδίαις χερσίν· λοιδορούμε- 12 νοι εὐλογοῦμεν· διωκόμενοι ἀνεχόμεθα· δυσφημούμενοι 13 παρακαλοῦμεν. ὡς περικαθάρματα τοῦ κόσμου ἐγενήθημεν, πάντων περίψημα ἕως ἄρτι.

Οὐκ ἐντρέπων ὑμᾶς γράφω ταῦτα, ἀλλ' ὡς τέκνα μου 14 ἀγαπητὰ νουθετῶν. ἐὰν γὰρ μυρίους παιδαγωγοὺς ἔχητε 15 ἐν Χριστῷ, ἀλλ' οὐ πολλοὺς πατέρας· ἐν γὰρ Χριστῷ Ἰησοῦ διὰ τοῦ εὐαγγελίου ἐγὼ ὑμᾶς ἐγέννησα. παρακαλῶ 16 οὖν ὑμᾶς, μιμηταί μου γίνεσθε. διὰ τοῦτο ἔπεμψα ὑμῖν 17 Τιμόθεον, ὅς ἐστίν μου τέκνον ἀγαπητὸν καὶ πιστὸν ἐν Κυρίῳ, ὃς ὑμᾶς ἀναμνήσει τὰς ὁδούς μου τὰς ἐν Χριστῷ [Ἰησοῦ,] καθὼς πανταχοῦ ἐν πάσῃ ἐκκλησίᾳ διδάσκω. Ὡς μὴ ἐρχομένου δέ μου πρὸς ὑμᾶς ἐφυσιώθησάν τινες· 18 ἐλεύσομαι δὲ ταχέως πρὸς ὑμᾶς, ἐὰν ὁ Κύριος θελήσῃ, 19

ΠΡΟΣ ΚΟΡΙΝΘΙΟΥΣ Α.

καὶ γνώσομαι οὐ τὸν λόγον τῶν πεφυσιωμένων ἀλλὰ τὴν
20 δύναμιν.   οὐ γὰρ ἐν λόγῳ ἡ βασιλεία τοῦ Θεοῦ ἀλλ᾽
21 ἐν δυνάμει.   τί θέλετε; ἐν ῥάβδῳ ἔλθω πρὸς ὑμᾶς, ἢ ἐν
ἀγάπῃ πνεύματί τε πραΰτητος;
5 Ὅλως ἀκούεται ἐν ὑμῖν πορνεία, καὶ τοιαύτη πορνεία
ἥτις οὐδὲ ἐν τοῖς ἔθνεσιν, ὥστε γυναῖκά τινα τοῦ πατρὸς
2 ἔχειν.   καὶ ὑμεῖς πεφυσιωμένοι ἐστέ, καὶ οὐχὶ μᾶλλον
ἐπενθήσατε, ἵνα ἀρθῇ ἐκ μέσου ὑμῶν ὁ τὸ ἔργον τοῦτο
3 ποιήσας;   ἐγὼ μὲν γάρ, ἀπὼν τῷ σώματι παρὼν δὲ τῷ
πνεύματι, ἤδη κέκρικα ὡς παρὼν τὸν οὕτως τοῦτο κατερ-
4 γασάμενον,   ἐν τῷ ὀνόματι τοῦ Κυρίου ἡμῶν Ἰησοῦ,
συναχθέντων ὑμῶν καὶ τοῦ ἐμοῦ πνεύματος σὺν τῇ δυνάμει
5 τοῦ Κυρίου ἡμῶν Ἰησοῦ,   παραδοῦναι τὸν τοιοῦτον τῷ
Σατανᾷ εἰς ὄλεθρον τῆς σαρκός, ἵνα τὸ πνεῦμα σωθῇ ἐν
6 τῇ ἡμέρᾳ τοῦ Κυρίου [Ἰησοῦ].   Οὐ καλὸν τὸ καύχημα
ὑμῶν.   οὐκ οἴδατε ὅτι μικρὰ ζύμη ὅλον τὸ φύραμα ζυμοῖ;
7 ἐκκαθάρατε τὴν παλαιὰν ζύμην, ἵνα ἦτε νέον φύραμα,
καθώς ἐστε ἄζυμοι.   καὶ γὰρ τὸ πάσχα ἡμῶν ἐτύθη Χρι-
8 στός·   ὥστε ἑορτάζωμεν μὴ ἐν ζύμῃ παλαιᾷ μηδὲ ἐν
ζύμῃ κακίας καὶ πονηρίας, ἀλλ᾽ ἐν ἀζύμοις εἰλικρινείας καὶ
ἀληθείας.

9 Ἔγραψα ὑμῖν ἐν τῇ ἐπιστολῇ μὴ συναναμίγνυσθαι πόρ-
10 νοις·   οὐ πάντως τοῖς πόρνοις τοῦ κόσμου τούτου, ἢ
τοῖς πλεονέκταις καὶ ἅρπαξιν, ἢ εἰδωλολάτραις, ἐπεὶ ὠφεί-
11 λετε ἄρα ἐκ τοῦ κόσμου ἐξελθεῖν·   νῦν δὲ ἔγραψα ὑμῖν
μὴ συναναμίγνυσθαι, ἐάν τις ἀδελφὸς ὀνομαζόμενος ᾖ

21 πραΰτητος] πραότ. ϛ   1 ἔθνεσιν] + ὀνομάζεται ϛ(n.m.)Bm
2 ἀρθῇ] ἐξαρθῇ ϛ   ποιησας;] πράξας; TrmTiB(n.m.)WH : ποιήσας. ϛ
R(n.m.)   3 ἀπὼν] pr ὡς ϛ Bm   4 ἡμῶν pri.][Ln]Ti⁰[B][WH]
Ἰησοῦ bis]+Χριστοῦ ϛ   ἡμῶν sec.][Ln][B]   5 Ἰησοῦ] ins ϛ [Ln]
TrTiBWHmR: A°WH°R°m: pr ἡμῶν [Ln]:+ Χριστοῦ [Ln][Tr]m
7 ἐκκαθ.]+οὖν ϛ(n.m.)   ἐτύθη] pr ὑπὲρ ἡμῶν ϛ : ἐθύθη Elz   8 ἑορ-
τάζωμεν] -ζομεν Lnm   μηδὲ], μὴ WHm   εἰλικρινείας] εἰλικριν.
WHa: -νίας TiBWH   10 οὐ] pr καὶ ϛ   καὶ] ἢ ϛ   ὠφείλετε]
ὀφείλ. ϛLnm   11 νῦν] νυνὶ ϛ LnmTiB   ᾖ] ἦ ϛ : CϛmElz

430

πόρνος ἢ πλεονέκτης ἢ εἰδωλολάτρης ἢ λοίδορος ἢ μέθυσος ἢ ἅρπαξ· τῷ τοιούτῳ μηδὲ συνεσθίειν. τί γάρ μοι 12 τοὺς ἔξω κρίνειν; οὐχὶ τοὺς ἔσω ὑμεῖς κρίνετε, τοὺς 13 δὲ ἔξω ὁ Θεὸς κρίνει; ἐξάρατε τὸν πονηρὸν ἐξ ὑμῶν αὐτῶν.

Τολμᾷ τις ὑμῶν πρᾶγμα ἔχων πρὸς τὸν ἕτερον κρίνεσθαι 6 ἐπὶ τῶν ἀδίκων, καὶ οὐχὶ ἐπὶ τῶν ἁγίων; ἢ οὐκ οἴδατε 2 ὅτι οἱ ἅγιοι τὸν κόσμον κρινοῦσιν; καὶ εἰ ἐν ὑμῖν κρίνεται ὁ κόσμος, ἀνάξιοί ἐστε κριτηρίων ἐλαχίστων; οὐκ οἴ- 3 δατε ὅτι ἀγγέλους κρινοῦμεν; μήτι γε βιωτικά; βιω- 4 τικὰ μὲν οὖν κριτήρια ἐὰν ἔχητε, τοὺς ἐξουθενημένους ἐν τῇ ἐκκλησίᾳ, τούτους καθίζετε; πρὸς ἐντροπὴν ὑμῖν 5 λέγω. οὕτως οὐκ ἔνι ἐν ὑμῖν οὐδεὶς σοφός, ὃς δυνήσεται διακρῖναι ἀνὰ μέσον τοῦ ἀδελφοῦ αὐτοῦ, ἀλλὰ ἀδελ- 6 φὸς μετὰ ἀδελφοῦ κρίνεται, καὶ τοῦτο ἐπὶ ἀπίστων; Ἤδη μὲν οὖν ὅλως ἥττημα ὑμῖν ἐστιν ὅτι κρίματα ἔχετε 7 μεθ' ἑαυτῶν. διὰ τί οὐχὶ μᾶλλον ἀδικεῖσθε; διὰ τί οὐχὶ μᾶλλον ἀποστερεῖσθε; ἀλλὰ ὑμεῖς ἀδικεῖτε καὶ ἀπο- 8 στερεῖτε, καὶ τοῦτο ἀδελφούς. ἢ οὐκ οἴδατε ὅτι ἄδικοι 9 Θεοῦ βασιλείαν οὐ κληρονομήσουσιν; Μὴ πλανᾶσθε· οὔτε πόρνοι οὔτε εἰδωλολάτραι οὔτε μοιχοὶ οὔτε μαλακοὶ οὔτε ἀρσενοκοῖται οὔτε κλέπται οὔτε πλεονέκται, οὐ μέθυ- 10 σοι, οὐ λοίδοροι, οὐχ ἅρπαγες, βασιλείαν Θεοῦ κληρονομήσουσιν. καὶ ταῦτά τινες ἦτε· ἀλλὰ ἀπελούσασθε, ἀλλὰ 11 ἡγιάσθητε, ἀλλὰ ἐδικαιώθητε ἐν τῷ ὀνόματι τοῦ Κυρίου Ἰησοῦ Χριστοῦ καὶ ἐν τῷ Πνεύματι τοῦ Θεοῦ ἡμῶν.

12 μοι] + καὶ ς κρίνετε,] κρίνετε; ςTiAB 13 κρίνει;] κρίνει. ςA: κρινεῖ; Ln: κρινεῖ. TiB ἐξάρατε] pr καὶ ς: ἐξαρεῖτε ς(n.m.) 1 ἁγίων;] ἁγίων. Ln 2 ἢ] ς°(n.m.) κρινοῦσιν] κρίνουσιν WHm 3 βιωτικά;] βιωτικά. Ln 4 καθίζετε;] καθίζετε. ςLnTrARm 5 λέγω] λαλῶ LnTrm ἔνι] ἔστιν ς: Cςm οὐδεὶς σοφός] σοφὸς οὐδὲ εἷς ς 7 οὖν] [Tr]Ti°[B] ὑμῖν] pr ἐν ς: CErςm 8 τοῦτο] ταῦτα ς 9 βασιλείαν] ante Θεοῦ ς 10 οὐ pri.] οὔτε ςLnTr(n.m.) κληρονομ.] pr οὐ ς: Cςm 11 ἀλλὰ pri.] ἀλλ' Ln ἀλλὰ tert.] ἀλλ' ςLn: Er Κυρίου]+ ἡμῶν [Ln][Tr]m[WH] Χριστοῦ] ς°A°

12 Πάντα μοι ἔξεστιν, ἀλλ᾽ οὐ πάντα συμφέρει. πάντα μοι ἔξεστιν, ἀλλ᾽ οὐκ ἐγὼ ἐξουσιασθήσομαι ὑπό τινος. 13 τὰ βρώματα τῇ κοιλίᾳ, καὶ ἡ κοιλία τοῖς βρώμασιν· ὁ δὲ Θεὸς καὶ ταύτην καὶ ταῦτα καταργήσει. τὸ δὲ σῶμα οὐ τῇ πορνείᾳ ἀλλὰ τῷ Κυρίῳ, καὶ ὁ Κύριος τῷ σώματι· 14 ὁ δὲ Θεὸς καὶ τὸν Κύριον ἤγειρεν καὶ ἡμᾶς ἐξεγερεῖ διὰ 15 τῆς δυνάμεως αὐτοῦ. Οὐκ οἴδατε ὅτι τὰ σώματα ὑμῶν μέλη Χριστοῦ ἐστίν; ἄρας οὖν τὰ μέλη τοῦ Χριστοῦ 16 ποιήσω πόρνης μέλη; μὴ γένοιτο. ἢ οὐκ οἴδατε ὅτι ὁ κολλώμενος τῇ πόρνῃ ἓν σῶμά ἐστιν; Ἔσονται γάρ, 17 φησίν, οἱ δύο εἰς σάρκα μίαν. ὁ δὲ κολλώμενος τῷ 18 Κυρίῳ ἓν πνεῦμά ἐστιν. φεύγετε τὴν πορνείαν. πᾶν ἁμάρτημα ὃ ἐὰν ποιήσῃ ἄνθρωπος ἐκτὸς τοῦ σώματός 19 ἐστιν· ὁ δὲ πορνεύων εἰς τὸ ἴδιον σῶμα ἁμαρτάνει. ἢ οὐκ οἴδατε ὅτι τὸ σῶμα ὑμῶν ναὸς τοῦ ἐν ὑμῖν Ἁγίου Πνεύματός ἐστιν, οὗ ἔχετε ἀπὸ Θεοῦ, καὶ οὐκ ἐστὲ ἑαυ- 20 τῶν; ἠγοράσθητε γὰρ τιμῆς· δοξάσατε δὴ τὸν Θεὸν ἐν τῷ σώματι ὑμῶν.

7 Περὶ δὲ ὧν ἐγράψατε, καλὸν ἀνθρώπῳ γυναικὸς μὴ 2 ἅπτεσθαι· διὰ δὲ τὰς πορνείας ἕκαστος τὴν ἑαυτοῦ 3 γυναῖκα ἐχέτω, καὶ ἑκάστη τὸν ἴδιον ἄνδρα ἐχέτω. τῇ γυναικὶ ὁ ἀνὴρ τὴν ὀφειλὴν ἀποδιδότω, ὁμοίως δὲ καὶ ἡ 4 γυνὴ τῷ ἀνδρί. ἡ γυνὴ τοῦ ἰδίου σώματος οὐκ ἐξουσιάζει, ἀλλὰ ὁ ἀνήρ· ὁμοίως δὲ καὶ ὁ ἀνὴρ τοῦ ἰδίου σώ- 5 ματος οὐκ ἐξουσιάζει, ἀλλὰ ἡ γυνή. μὴ ἀποστερεῖτε ἀλλήλους, εἰ μή τι ἂν ἐκ συμφώνου πρὸς καιρόν, ἵνα σχολάσητε τῇ προσευχῇ καὶ πάλιν ἐπὶ τὸ αὐτὸ ἦτε, ἵνα

14 ἡμᾶς] ὑμᾶς Elz   ἐξεγερεῖ] ἐξεγείρει *Ln*(ʙ.ᴍ.) ἐξήγειρεν WHm
16 , φησίν,] [*Ln*]   19 Πνεύμ.] ante ἁγ. WHm   19, 20 ἐστιν,...
Θεοῦ,...ἑαυτῶν;] ἐστιν;...θεοῦ,...ἑαυτῶν· Ln : ἐστιν,...θεοῦ;...ἑαυτῶν, WH
R   20 ὑμῶν]+καὶ ἐν τῷ πνεύματι ὑμῶν, ἅτινά ἐστι τοῦ Θεοῦ ϛBm
1 ἐγράψατε]+μοι ϛ*Ln*[Tr][B]   3 ὀφειλὴν] ὀφειλομένην εὔνοιαν ϛ(ʙ.ᴍ.)
Bm   ἀποδιδότω] -έτω WHᴀ   δὲ] [*Ln*]   4 οὐκ *pri.*] ἐκ ϛ (σφ)
ἀλλὰ *bis*] ἀλλ᾽ ϛ   5 ἂν] [WH]   σχολάσητε] -ζητε ϛ+τῇ νηστείᾳ
καὶ ϛ(ʙ.ᴍ.)Bm   ἦτε] συνέρχησθε ϛ : συνέρχεσθε Elz

μὴ πειράζῃ ὑμᾶς ὁ Σατανᾶς διὰ τὴν ἀκρασίαν ὑμῶν.
τοῦτο δὲ λέγω κατὰ συγγνώμην, οὐ κατ᾽ ἐπιταγήν. 6
θέλω δὲ πάντας ἀνθρώπους εἶναι ὡς καὶ ἐμαυτόν· ἀλλὰ 7
ἕκαστος ἴδιον ἔχει χάρισμα ἐκ Θεοῦ, ὁ μὲν οὕτως, ὁ δὲ οὕτως.
Λέγω δὲ τοῖς ἀγάμοις καὶ ταῖς χήραις, καλὸν αὐτοῖς 8
ἐὰν μείνωσιν ὡς κἀγώ. εἰ δὲ οὐκ ἐγκρατεύονται, γαμη- 9
σάτωσαν· κρεῖττον γάρ ἐστιν γαμεῖν ἢ πυροῦσθαι.
τοῖς δὲ γεγαμηκόσιν παραγγέλλω, οὐκ ἐγὼ ἀλλὰ ὁ Κύ- 10
ριος, γυναῖκα ἀπὸ ἀνδρὸς μὴ χωρισθῆναι, (ἐὰν δὲ καὶ 11
χωρισθῇ, μενέτω ἄγαμος ἢ τῷ ἀνδρὶ καταλλαγήτω), καὶ
ἄνδρα γυναῖκα μὴ ἀφιέναι. Τοῖς δὲ λοιποῖς λέγω ἐγώ, 12
οὐχ ὁ Κύριος· εἴ τις ἀδελφὸς γυναῖκα ἔχει ἄπιστον, καὶ
αὕτη συνευδοκεῖ οἰκεῖν μετ᾽ αὐτοῦ, μὴ ἀφιέτω αὐτήν·
καὶ γυνὴ ἥτις ἔχει ἄνδρα ἄπιστον, καὶ οὗτος συνευδοκεῖ 13
οἰκεῖν μετ᾽ αὐτῆς, μὴ ἀφιέτω τὸν ἄνδρα. ἡγίασται γὰρ 14
ὁ ἀνὴρ ὁ ἄπιστος ἐν τῇ γυναικί, καὶ ἡγίασται ἡ γυνὴ ἡ
ἄπιστος ἐν τῷ ἀδελφῷ· ἐπεὶ ἄρα τὰ τέκνα ὑμῶν ἀκάθαρτά
ἐστιν, νῦν δὲ ἅγιά ἐστιν. εἰ δὲ ὁ ἄπιστος χωρίζεται, 15
χωριζέσθω· οὐ δεδούλωται ὁ ἀδελφὸς ἢ ἡ ἀδελφὴ ἐν τοῖς
τοιούτοις· ἐν δὲ εἰρήνῃ κέκληκεν ἡμᾶς ὁ Θεός. τί γὰρ 16
οἶδας, γύναι, εἰ τὸν ἄνδρα σώσεις; ἢ τί οἶδας, ἄνερ, εἰ τὴν
γυναῖκα σώσεις; Εἰ μὴ ἑκάστῳ ὡς μεμέρικεν ὁ Κύριος, 17
ἕκαστον ὡς κέκληκεν ὁ Θεός, οὕτως περιπατείτω. καὶ
οὕτως ἐν ταῖς ἐκκλησίαις πάσαις διατάσσομαι. περι- 18
τετμημένος τις ἐκλήθη; μὴ ἐπισπάσθω. ἐν ἀκροβυστίᾳ
κέκληταί τις; μὴ περιτεμνέσθω. ἡ περιτομὴ οὐδέν 19

ΠΡΟΣ ΚΟΡΙΝΘΙΟΥΣ Α.

ἐστιν, καὶ ἡ ἀκροβυστία οὐδέν ἐστιν, ἀλλὰ τήρησις ἐντο-
20 λῶν Θεοῦ.   ἕκαστος ἐν τῇ κλήσει ᾗ ἐκλήθη, ἐν ταύτῃ
21 μενέτω.   δοῦλος ἐκλήθης; μή σοι μελέτω· ἀλλ᾽ εἰ καὶ
22 δύνασαι ἐλεύθερος γενέσθαι, μᾶλλον χρῆσαι.   ὁ γὰρ ἐν
Κυρίῳ κληθεὶς δοῦλος ἀπελεύθερος Κυρίου ἐστίν· ὁμοίως
23 ὁ ἐλεύθερος κληθεὶς δοῦλός ἐστιν Χριστοῦ.   τιμῆς
24 ἠγοράσθητε· μὴ γίνεσθε δοῦλοι ἀνθρώπων.   ἕκαστος
ἐν ᾧ ἐκλήθη, ἀδελφοί, ἐν τούτῳ μενέτω παρὰ Θεῷ.
25 Περὶ δὲ τῶν παρθένων ἐπιταγὴν Κυρίου οὐκ ἔχω· γνώ-
μην δὲ δίδωμι ὡς ἠλεημένος ὑπὸ Κυρίου πιστὸς εἶναι.
26 νομίζω οὖν τοῦτο καλὸν ὑπάρχειν διὰ τὴν ἐνεστῶσαν ἀνάγ-
27 κην, ὅτι καλὸν ἀνθρώπῳ τὸ οὕτως εἶναι.   δέδεσαι
γυναικί; μὴ ζήτει λύσιν.   λέλυσαι ἀπὸ γυναικός; μὴ
28 ζήτει γυναῖκα.   ἐὰν δὲ καὶ γαμήσῃς, οὐχ ἥμαρτες· καὶ
ἐὰν γήμῃ ἡ παρθένος, οὐχ ἥμαρτεν· θλίψιν δὲ τῇ σαρκὶ
29 ἕξουσιν οἱ τοιοῦτοι, ἐγὼ δὲ ὑμῶν φείδομαι.   Τοῦτο δέ
φημι, ἀδελφοί, ὁ καιρὸς συνεσταλμένος ἐστιν, τὸ λοιπὸν
30 ἵνα καὶ οἱ ἔχοντες γυναῖκας ὡς μὴ ἔχοντες ὦσιν,   καὶ
οἱ κλαίοντες ὡς μὴ κλαίοντες, καὶ οἱ χαίροντες ὡς μὴ χαί-
31 ροντες, καὶ οἱ ἀγοράζοντες ὡς μὴ κατέχοντες,   καὶ οἱ
χρώμενοι τὸν κόσμον ὡς μὴ καταχρώμενοι· παράγει γὰρ
32 τὸ σχῆμα τοῦ κόσμου τούτου.   θέλω δὲ ὑμᾶς ἀμερί-
μνους εἶναι.   ὁ ἄγαμος μεριμνᾷ τὰ τοῦ Κυρίου, πῶς ἀρέσῃ
33 τῷ Κυρίῳ·   ὁ δὲ γαμήσας μεριμνᾷ τὰ τοῦ κόσμου, πῶς
ἀρέσῃ τῇ γυναικί.   Καὶ μεμέρισται καὶ ἡ γυνὴ καὶ ἡ παρ-
34 θένος.   ἡ ἄγαμος μεριμνᾷ τὰ τοῦ Κυρίου, ἵνα ᾖ ἁγία

22 ὁμοίως]+καὶ ς   24 Θεῷ] pr τῷ ς : CEr   28 γαμήσῃς] γήμῃς
ς   ἢ] [Ln][Tr][A][WH]   29 ὁ καιρὸς] pr ὅτι Elz   ἐστίν, τὸ
λοιπὸν] · τὸ λοιπόν ἐστιν ς: τὸ λοιπόν ἐστιν· ςmElz: ἐστὶν τὸ λοιπόν,
TrAWHmRm   ἐστιν] ἐστι WHa   οἱ] Elz°   31 τὸν κόσμον] τῷ
κόσμῳ τούτῳ ς   32, 33, 34 ἀρέσῃ ter]-σει ς   33, 34 τῇ γυν.
usque ad μεριμνᾷ] τῇ γυναικί. μεμέρισται ἡ γυνὴ καὶ ἡ παρθένος. ἡ
ἄγαμος μεριμνᾷ ς : τῇ γυναικί, καὶ μεμέρισται. καὶ ἡ γυνὴ ἡ ἄγαμος καὶ
ἡ παρθένος μεριμνᾷ ςmTrWHRm, sic etiam Ln, sed repetitis verbis ἡ ἄγαμος
post ἡ παρθένος: τῇ γυναικί, καὶ μεμέρισται. καὶ ἡ γυνὴ καὶ ἡ παρθένος·
ἡ ἄγαμος μεριμνᾷ Rm

καὶ τῷ σώματι καὶ τῷ πνεύματι· ἡ δὲ γαμήσασα μεριμνᾷ τὰ τοῦ κόσμου, πῶς ἀρέσῃ τῷ ἀνδρί. τοῦτο δὲ πρὸς τὸ 35 ὑμῶν αὐτῶν σύμφορον λέγω· οὐχ ἵνα βρόχον ὑμῖν ἐπιβάλω, ἀλλὰ πρὸς τὸ εὔσχημον καὶ εὐπάρεδρον τῷ Κυρίῳ ἀπερισπάστως. Εἰ δέ τις ἀσχημονεῖν ἐπὶ τὴν παρθένον 36 αὐτοῦ νομίζει, ἐὰν ᾖ ὑπέρακμος, καὶ οὕτως ὀφείλει γίνεσθαι, ὃ θέλει ποιείτω· οὐχ ἁμαρτάνει· γαμείτωσαν. ὃς 37 δὲ ἕστηκεν ἐν τῇ καρδίᾳ αὐτοῦ ἑδραῖος μὴ ἔχων ἀνάγκην, ἐξουσίαν δὲ ἔχει περὶ τοῦ ἰδίου θελήματος, καὶ τοῦτο κέκρικεν ἐν τῇ ἰδίᾳ καρδίᾳ, τηρεῖν τὴν ἑαυτοῦ παρθένον, καλῶς ποιήσει. ὥστε καὶ ὁ γαμίζων τὴν παρθένον ἑαυ- 38 τοῦ καλῶς ποιεῖ· καὶ ὁ μὴ γαμίζων κρεῖσσον ποιήσει. Γυνὴ δέδεται ἐφ' ὅσον χρόνον ζῇ ὁ ἀνὴρ αὐτῆς· ἐὰν δὲ 39 κοιμηθῇ ὁ ἀνήρ, ἐλευθέρα ἐστὶν ᾧ θέλει γαμηθῆναι, μόνον ἐν Κυρίῳ. μακαριωτέρα δέ ἐστιν ἐὰν οὕτως μείνῃ, 40 κατὰ τὴν ἐμὴν γνώμην· δοκῶ δὲ κἀγὼ Πνεῦμα Θεοῦ ἔχειν.

Περὶ δὲ τῶν εἰδωλοθύτων, οἴδαμεν ὅτι πάντες γνῶσιν 8 ἔχομεν. ἡ γνῶσις φυσιοῖ, ἡ δὲ ἀγάπη οἰκοδομεῖ. εἴ 2 τις δοκεῖ ἐγνωκέναι τι, οὔπω ἔγνω καθὼς δεῖ γνῶναι. εἰ δέ τις ἀγαπᾷ τὸν Θεόν, οὗτος ἔγνωσται ὑπ' αὐτοῦ. 3 περὶ τῆς βρώσεως οὖν τῶν εἰδωλοθύτων, οἴδαμεν ὅτι οὐδὲν 4 εἴδωλον ἐν κόσμῳ, καὶ ὅτι οὐδεὶς Θεὸς εἰ μὴ εἷς. καὶ 5 γὰρ εἴπερ εἰσὶν λεγόμενοι θεοὶ εἴτε ἐν οὐρανῷ εἴτε ἐπὶ γῆς, ὥσπερ εἰσὶν θεοὶ πολλοὶ καὶ κύριοι πολλοί, ἀλλ' ἡμῖν 6 εἷς Θεὸς ὁ Πατήρ, ἐξ οὗ τὰ πάντα καὶ ἡμεῖς εἰς αὐτόν, καὶ

εἷς Κύριος Ἰησοῦς Χριστός, δι' οὗ τὰ πάντα καὶ ἡμεῖς δι'
7 αὐτοῦ. Ἀλλ' οὐκ ἐν πᾶσιν ἡ γνῶσις· τινὲς δὲ τῇ συνη-
θείᾳ ἕως ἄρτι τοῦ εἰδώλου ὡς εἰδωλόθυτον ἐσθίουσιν, καὶ ἡ
8 συνείδησις αὐτῶν ἀσθενὴς οὖσα μολύνεται. βρῶμα δὲ
ἡμᾶς οὐ παραστήσει τῷ Θεῷ· οὔτε ἐὰν μὴ φάγωμεν ὑστε-
9 ρούμεθα, οὔτε ἐὰν φάγωμεν περισσεύομεν. βλέπετε
δὲ μή πως ἡ ἐξουσία ὑμῶν αὕτη πρόσκομμα γένηται τοῖς
10 ἀσθενέσιν. ἐὰν γάρ τις ἴδῃ σε τὸν ἔχοντα γνῶσιν ἐν
εἰδωλείῳ κατακείμενον, οὐχὶ ἡ συνείδησις αὐτοῦ ἀσθενοῦς
ὄντος οἰκοδομηθήσεται εἰς τὸ τὰ εἰδωλόθυτα ἐσθίειν;
11 ἀπόλλυται γὰρ ὁ ἀσθενῶν ἐν τῇ σῇ γνώσει, ὁ ἀδελφὸς δι'
12 ὃν Χριστὸς ἀπέθανεν· οὕτως δὲ ἁμαρτάνοντες εἰς τοὺς
ἀδελφοὺς καὶ τύπτοντες αὐτῶν τὴν συνείδησιν ἀσθενοῦσαν,
13 εἰς Χριστὸν ἁμαρτάνετε. διόπερ εἰ βρῶμα σκανδαλίζει
τὸν ἀδελφόν μου, οὐ μὴ φάγω κρέα εἰς τὸν αἰῶνα, ἵνα μὴ
τὸν ἀδελφόν μου σκανδαλίσω.

9 Οὐκ εἰμὶ ἐλεύθερος; οὐκ εἰμὶ ἀπόστολος; οὐχὶ Ἰησοῦν
τὸν Κύριον ἡμῶν ἑώρακα; οὐ τὸ ἔργον μου ὑμεῖς ἐστε ἐν
2 Κυρίῳ; εἰ ἄλλοις οὐκ εἰμὶ ἀπόστολος, ἀλλά γε ὑμῖν
εἰμί· ἡ γὰρ σφραγίς μου τῆς ἀποστολῆς ὑμεῖς ἐστε ἐν
3 Κυρίῳ. Ἡ ἐμὴ ἀπολογία τοῖς ἐμὲ ἀνακρίνουσίν ἐστιν
4 αὕτη· μὴ οὐκ ἔχομεν ἐξουσίαν φαγεῖν καὶ πεῖν;
5 μὴ οὐκ ἔχομεν ἐξουσίαν ἀδελφὴν γυναῖκα περιάγειν, ὡς
καὶ οἱ λοιποὶ ἀπόστολοι καὶ οἱ ἀδελφοὶ τοῦ Κυρίου καὶ

ΠΡΟΣ ΚΟΡΙΝΘΙΟΥΣ Α. 9. 6—17.

Κηφᾶς; ἢ μόνος ἐγὼ καὶ Βαρνάβας οὐκ ἔχομεν ἐξου- 6
σίαν μὴ ἐργάζεσθαι; Τίς στρατεύεται ἰδίοις ὀψωνίοις 7
ποτέ; τίς φυτεύει ἀμπελῶνα καὶ τὸν καρπὸν αὐτοῦ οὐκ
ἐσθίει; [ἢ] τίς ποιμαίνει ποίμνην καὶ ἐκ τοῦ γάλακτος
τῆς ποίμνης οὐκ ἐσθίει; μὴ κατὰ ἄνθρωπον ταῦτα 8
λαλῶ; ἢ καὶ ὁ νόμος ταῦτα οὐ λέγει; ἐν γὰρ τῷ 9
Μωυσέως νόμῳ γέγραπται, Οὐ κημώσεις βοῦν ἀλοῶντα.
μὴ τῶν βοῶν μέλει τῷ Θεῷ; ἢ δι' ἡμᾶς πάντως λέγει; 10
δι' ἡμᾶς γὰρ ἐγράφη, ὅτι ὀφείλει ἐπ' ἐλπίδι ὁ ἀροτριῶν
ἀροτριᾶν, καὶ ὁ ἀλοῶν ἐπ' ἐλπίδι τοῦ μετέχειν.

Εἰ ἡμεῖς ὑμῖν τὰ πνευματικὰ ἐσπείραμεν, μέγα εἰ ἡμεῖς 11
ὑμῶν τὰ σαρκικὰ θερίσομεν; εἰ ἄλλοι τῆς ὑμῶν ἐξου- 12
σίας μετέχουσιν, οὐ μᾶλλον ἡμεῖς; ἀλλ' οὐκ ἐχρησάμεθα
τῇ ἐξουσίᾳ ταύτῃ· ἀλλὰ πάντα στέγομεν, ἵνα μή τινα
ἐγκοπὴν δῶμεν τῷ εὐαγγελίῳ τοῦ Χριστοῦ. οὐκ οἴδατε 13
ὅτι οἱ τὰ ἱερὰ ἐργαζόμενοι τὰ ἐκ τοῦ ἱεροῦ ἐσθίουσιν, οἱ τῷ
θυσιαστηρίῳ παρεδρεύοντες τῷ θυσιαστηρίῳ συμμερίζον-
ται; οὕτως καὶ ὁ Κύριος διέταξεν τοῖς τὸ εὐαγγέλιον 14
καταγγέλλουσιν ἐκ τοῦ εὐαγγελίου ζῆν. Ἐγὼ δὲ οὐ 15
κέχρημαι οὐδενὶ τούτων· οὐκ ἔγραψα δὲ ταῦτα ἵνα οὕτως
γένηται ἐν ἐμοί· καλὸν γάρ μοι μᾶλλον ἀποθανεῖν, ἢ τὸ
καύχημά μου οὐδεὶς κενώσει. ἐὰν γὰρ εὐαγγελίζωμαι, 16
οὐκ ἔστιν μοι καύχημα· ἀνάγκη γάρ μοι ἐπίκειται· οὐαὶ
γάρ μοι ἐστίν, ἐὰν μὴ εὐαγγελίσωμαι. εἰ γὰρ ἑκὼν 17

6 μὴ] pr τοῦ ϛ[A]   7 τὸν καρπὸν] ἐκ τοῦ καρποῦ ϛ   ἢ] ins ϛ[Tr]
TiB[WH]R: *Ln*A*   8 οὐ] οὐχὶ ante καὶ ὁ ν. ταῦ. ϛ   9 κημώσεις]
φιμώσ. ϛLnB(a.m.)WH(n.m.)R?   ἀλοῶντα] ἀλο. WHa   10 ὀφείλει]
post ἐπ' ἐλπ. ϛ   ἐπ' ἐλπ. bis] ἐφ' ἐλπ. WHa   ἀλοῶν] ἀλο. WHa
ἐπ' ἐλπ. τοῦ μετέχειν] τῆς ἐλπίδος αὐτοῦ μετέχειν ἐπ' ἐλπίδι ϛ(a.m.)
11 θερίσομεν] -σωμεν Lnm   12 ὑμῶν] post ἐξουσίας ϛ   τινα]
post ἐγκ. ϛ ·   ἐγκοπὴν] ἐκκ. TiB(n.m.): ἐνκ. WH(n.a.)Bm   13 τὰ sec.]
ϛ°*Ln*°[A]   παρεδρεύοντες] προσεδρ. ϛ   συμμερ.] συνμερ. WH(n.a.)
15 οὐ κέχρημαι οὐδενὶ] οὐδενὶ ἐχρησάμην ϛ   ἢ] ἢ — WH(sic)
οὐδεὶς] · οὐδεὶς Ln : οὐθεὶς μὴ Bm : τις Bm : ἵνα τις ϛ A(a.m.)B(n.m.)
κενώσει] -σῃ ϛ Lnm   16 γάρ tert.] δέ ϛ(a.m.)   εὐαγγελίσωμαι]
-ζωμαι ϛLnmTiBWHm

437

τοῦτο πράσσω, μισθὸν ἔχω· εἰ δὲ ἄκων, οἰκονομίαν πεπί-
18 στευμαι. τίς οὖν μού ἐστιν ὁ μισθός; ἵνα εὐαγγελιζό-
μενος ἀδάπανον θήσω τὸ εὐαγγέλιον, εἰς τὸ μὴ καταχρή-
σασθαι τῇ ἐξουσίᾳ μου ἐν τῷ εὐαγγελίῳ.
19 Ἐλεύθερος γὰρ ὢν ἐκ πάντων πᾶσιν ἐμαυτὸν ἐδούλωσα,
20 ἵνα τοὺς πλείονας κερδήσω. καὶ ἐγενόμην τοῖς Ἰου-
δαίοις ὡς Ἰουδαῖος, ἵνα Ἰουδαίους κερδήσω· τοῖς ὑπὸ
νόμον ὡς ὑπὸ νόμον, μὴ ὢν αὐτὸς ὑπὸ νόμον, ἵνα τοὺς ὑπὸ
21 νόμον κερδήσω· τοῖς ἀνόμοις ὡς ἄνομος, μὴ ὢν ἄνομος
Θεοῦ ἀλλ' ἔννομος Χριστοῦ, ἵνα κερδάνω τοὺς ἀνόμους.
22 ἐγενόμην τοῖς ἀσθενέσιν ἀσθενής, ἵνα τοὺς ἀσθενεῖς κερ-
δήσω. τοῖς πᾶσιν γέγονα πάντα, ἵνα πάντως τινὰς σώσω.
23 πάντα δὲ ποιῶ διὰ τὸ εὐαγγέλιον, ἵνα συνκοινωνὸς αὐτοῦ
24 γένωμαι. Οὐκ οἴδατε ὅτι οἱ ἐν σταδίῳ τρέχοντες πάντες
μὲν τρέχουσιν, εἷς δὲ λαμβάνει τὸ βραβεῖον; οὕτως τρέ-
25 χετε, ἵνα καταλάβητε. πᾶς δὲ ὁ ἀγωνιζόμενος πάντα
ἐγκρατεύεται. ἐκεῖνοι μὲν οὖν ἵνα φθαρτὸν στέφανον λά-
26 βωσιν, ἡμεῖς δὲ ἄφθαρτον. ἐγὼ τοίνυν οὕτως τρέχω ὡς
27 οὐκ ἀδήλως, οὕτως πυκτεύω ὡς οὐκ ἀέρα δέρων· ἀλλ'
ὑπωπιάζω μου τὸ σῶμα καὶ δουλαγωγῶ, μή πως ἄλλοις
κηρύξας αὐτὸς ἀδόκιμος γένωμαι.
10 Οὐ θέλω γὰρ ὑμᾶς ἀγνοεῖν, ἀδελφοί, ὅτι οἱ πατέρες
ἡμῶν πάντες ὑπὸ τὴν νεφέλην ἦσαν, καὶ πάντες διὰ
2 τῆς θαλάσσης διῆλθον, καὶ πάντες εἰς τὸν Μωυσῆν
3 ἐβαπτίσθησαν ἐν τῇ νεφέλῃ καὶ ἐν τῇ θαλάσσῃ, καὶ
4 πάντες τὸ αὐτὸ πνευματικὸν βρῶμα ἔφαγον, καὶ πάν-

18 μού *pri.*] μοί ϛ*Ln*Trm τὸ εὐαγγ.] + τοῦ Χριστοῦ ϛ 20 μγ
ὢν αὐτὸς ὑπὸ νόμον,] ϛ°(n.m.) 21 Θεοῦ] Θεῷ ϛ Χριστοῦ] -τῷ ϛ
Er κερδάνω] -ήσω ϛ : -ανῶ WH τοὺς] ϛ° 22 ἀσθενής] pr ὡς
ϛ [*Ln*][Tr]m πᾶσιν] -σι WHa πάντα] pr τὰ ϛ 23 πάντα
τοῦτο ϛ συνκοι.] συγκοι. ϛ*Ln*TrA 27 ἀλλ'] ἀλλὰ TrWH(n.a.)
ὑπωπ.] ὑποπ. Bm δουλαγωγῶ] δουλαγωγῶ ϛ : Elz 1 γὰρ] δὲ ϛ(n.m.)
2 ἐβαπτίσθησαν] -ίσαντο ϛTr(n.m.)AWH(n.m.)R? 3 τὸ αὐτὸ] [WH]
πνευμ. βρ. ἔφ] βρ. πνευμ. ἔφ. ϛA: πνευμ. ἔφ. βρ. *Ln*

τες τὸ αὐτὸ πνευματικὸν ἔπιον πόμα· ἔπινον γὰρ ἐκ πνευματικῆς ἀκολουθούσης πέτρας, ἡ πέτρα δὲ ἦν ὁ Χριστός· ἀλλ' οὐκ ἐν τοῖς πλείοσιν αὐτῶν ηὐδόκησεν ὁ Θεός· κατεστρώθησαν γὰρ ἐν τῇ ἐρήμῳ. Ταῦτα δὲ τύποι ἡμῶν ἐγενήθησαν, εἰς τὸ μὴ εἶναι ἡμᾶς ἐπιθυμητὰς κακῶν, καθὼς κἀκεῖνοι ἐπεθύμησαν. μηδὲ εἰδωλολάτραι γίνεσθε, καθώς τινες αὐτῶν· ὥσπερ γέγραπται, Ἐκάθισεν ὁ λαὸς φαγεῖν καὶ πεῖν, καὶ ἀνέστησαν παίζειν. μηδὲ πορνεύωμεν, καθώς τινες αὐτῶν ἐπόρνευσαν καὶ ἔπεσαν μιᾷ ἡμέρᾳ εἴκοσι τρεῖς χιλιάδες. μηδὲ ἐκπειράζωμεν τὸν Κύριον, καθώς τινες αὐτῶν ἐπείρασαν καὶ ὑπὸ τῶν ὄφεων ἀπώλλυντο. μηδὲ γογγύζετε, καθάπερ τινὲς αὐτῶν ἐγόγγυσαν, καὶ ἀπώλοντο ὑπὸ τοῦ ὀλοθρευτοῦ. ταῦτα δὲ τυπικῶς συνέβαινεν ἐκείνοις· ἐγράφη δὲ πρὸς νουθεσίαν ἡμῶν, εἰς οὓς τὰ τέλη τῶν αἰώνων κατήντηκεν. Ὥστε ὁ δοκῶν ἑστάναι βλεπέτω μὴ πέσῃ. πειρασμὸς ὑμᾶς οὐκ εἴληφεν εἰ μὴ ἀνθρώπινος· πιστὸς δὲ ὁ Θεός, ὃς οὐκ ἐάσει ὑμᾶς πειρασθῆναι ὑπὲρ ὃ δύνασθε, ἀλλὰ ποιήσει σὺν τῷ πειρασμῷ καὶ τὴν ἔκβασιν, τοῦ δύνασθαι ὑπενεγκεῖν.

Διόπερ, ἀγαπητοί μου, φεύγετε ἀπὸ τῆς εἰδωλολατρείας. ὡς φρονίμοις λέγω· κρίνατε ὑμεῖς ὅ φημι. τὸ ποτήριον τῆς εὐλογίας ὃ εὐλογοῦμεν, οὐχὶ κοινωνία τοῦ αἵματος τοῦ Χριστοῦ ἐστίν; τὸν ἄρτον ὃν κλῶμεν, οὐχὶ κοινωνία τοῦ σώματος τοῦ Χριστοῦ ἐστίν; ὅτι εἷς ἄρτος, ἓν σῶμα οἱ πολλοί ἐσμεν· οἱ γὰρ πάντες ἐκ τοῦ ἑνὸς ἄρτου μετέχομεν. βλέπετε τὸν Ἰσραὴλ κατὰ σάρκα· οὐχ οἱ

4 πόμα] ante πνευμ. ἐπ. ϛ   δὲ] ante πέτρα ϛ Lnm   5 ηὐδόκησεν] εὐδόκ. ϛTiBWHa   7 ὥσπερ] ὡς ϛ : C   πεῖν] πιεῖν ϛ LnTrB   8 ἔπεσαν] -σον ϛ : + ἐν ϛ[A]WHmR?   9 Κύριον] Χριστόν ϛ TrmBmRm Scr   καθὼς]+καί ϛ   ἐπείρασαν] ἐξεπείρασαν LnmTiBWHm ἀπώλλυντο] ἀπώλοντο ϛ LnA   10 γογγύζετε] -ζωμεν Trm   καθάπερ] καθώς ϛ LnTrmA   ὀλοθρευτοῦ] ὀλ. ϛ : ὀλεθρ. WHa   11 ταῦτα δὲ] + πάντα ϛ [Ln] [A]   τυπικῶς] τύποι ϛ (n.m.)Bm   συνέβαινεν] -νον ϛ(n.m.)LnTrmABm   κατήντηκεν] -ησεν ϛ   13 ὑμᾶς sec.] post πειρ. WHm   δύνασθαι] + ὑμᾶς ϛ   14 εἰδωλολατρείας] -τρίας WH   16 ἐστὶν pri.] ante τοῦ αἵ. τοῦ Χρ. TrWH   18 οὐχὶ] -χὶ ϛ Tr(n.m.)WHm

ἐσθίοντες τὰς θυσίας κοινωνοὶ τοῦ θυσιαστηρίου εἰσίν;
19 τί οὖν φημί; ὅτι εἰδωλόθυτόν τι ἐστίν; ἢ ὅτι εἴδωλόν τι
20 ἐστίν; ἀλλ' ὅτι ἃ θύουσιν [τὰ ἔθνη], δαιμονίοις καὶ οὐ
Θεῷ θύουσιν· οὐ θέλω δὲ ὑμᾶς κοινωνοὺς τῶν δαιμονίων
21 γίνεσθαι. οὐ δύνασθε ποτήριον Κυρίου πίνειν καὶ
ποτήριον δαιμονίων· οὐ δύνασθε τραπέζης Κυρίου μετέχειν
22 καὶ τραπέζης δαιμονίων. ἢ παραζηλοῦμεν τὸν Κύριον;·
μὴ ἰσχυρότεροι αὐτοῦ ἐσμέν;
23 Πάντα ἔξεστιν, ἀλλ' οὐ πάντα συμφέρει. πάντα ἔξε-
24 στιν, ἀλλ' οὐ πάντα οἰκοδομεῖ. μηδεὶς τὸ ἑαυτοῦ
25 ζητείτω, ἀλλὰ τὸ τοῦ ἑτέρου. πᾶν τὸ ἐν μακέλλῳ
πωλούμενον ἐσθίετε μηδὲν ἀνακρίνοντες διὰ τὴν συνείδη-
26 σιν· Τοῦ Κυρίου γὰρ ἡ γῆ καὶ τὸ πλήρωμα αὐτῆς.
27 εἴ τις καλεῖ ὑμᾶς τῶν ἀπίστων καὶ θέλετε πορεύεσθαι, πᾶν
τὸ παρατιθέμενον ὑμῖν ἐσθίετε μηδὲν ἀνακρίνοντες διὰ
28 τὴν συνείδησιν. ἐὰν δέ τις ὑμῖν εἴπῃ, Τοῦτο ἱερόθυτόν
ἐστιν, μὴ ἐσθίετε δι' ἐκεῖνον τὸν μηνύσαντα καὶ τὴν συν-
29 είδησιν· συνείδησιν δὲ λέγω οὐχὶ τὴν ἑαυτοῦ ἀλλὰ τὴν
τοῦ ἑτέρου· ἵνα τί γὰρ ἡ ἐλευθερία μου κρίνεται ὑπὸ ἄλλης
30 συνειδήσεως; εἰ ἐγὼ χάριτι μετέχω, τί βλασφημοῦμαι
31 ὑπὲρ οὗ ἐγὼ εὐχαριστῶ; Εἴτε οὖν ἐσθίετε εἴτε πίνετε
32 εἴτε τι ποιεῖτε, πάντα εἰς δόξαν Θεοῦ ποιεῖτε. ἀπρόσ-
κοποι καὶ Ἰουδαίοις γίνεσθε καὶ Ἕλλησιν καὶ τῇ ἐκκλη-
33 σίᾳ τοῦ Θεοῦ· καθὼς κἀγὼ πάντα πᾶσιν ἀρέσκω, μὴ
ζητῶν τὸ ἐμαυτοῦ σύμφορον, ἀλλὰ τὸ τῶν πολλῶν, ἵνα
11 σωθῶσιν. μιμηταί μου γίνεσθε, καθὼς κἀγὼ Χριστοῦ.
2 Ἐπαινῶ δὲ ὑμᾶς ὅτι πάντα μου μέμνησθε καὶ καθὼς

19 εἰδωλόθυτόν...εἴδωλόν] εἴδωλόν...εἰδωλόθυτόν ϛ 20 θύουσιν *pri.*]
θύει ϛ τὰ ἔθνη] ins ϛTr sed [Tr]mBm[WH]R : L*π*Ti°A°B°
θύουσιν *sec.*] θύει ante καὶ οὐ Θ. ϛ 23 ἔξεστιν *bis*] pr μοι ϛ
24 ἑτέρου] + ἕκαστος ϛ 26 γὰρ] ante Κυρ. ϛ 27 εἰ] + δέ ϛ
28 ἱερόθυτόν] εἰδωλόθυτόν ϛL*π*mBm συνείδησιν]+·τοῦ γὰρ Κυρίου ἡ
γῆ καὶ τὸ πλήρωμα αὐτῆς ϛ(n.m.) 30 εἰ]+δὲ ϛ : C 32 γίνεσθε]
ante καὶ Ἰουδ. ϛ 33 σύμφορον] συμφέρ. ϛ 2 ὑμᾶς]+, ἀδελφοί, ϛ

ΠΡΟΣ ΚΟΡΙΝΘΙΟΥΣ Α.

11. 3—18.

παρέδωκα ὑμῖν τὰς παραδόσεις κατέχετε. θέλω δὲ 3
ὑμᾶς εἰδέναι ὅτι παντὸς ἀνδρὸς ἡ κεφαλὴ ὁ Χριστός ἐστιν,
κεφαλὴ δὲ γυναικὸς ὁ ἀνήρ, κεφαλὴ δὲ τοῦ Χριστοῦ ὁ
Θεός. πᾶς ἀνὴρ προσευχόμενος ἢ προφητεύων κατὰ 4
κεφαλῆς ἔχων καταισχύνει τὴν κεφαλὴν αὐτοῦ. πᾶσα 5
δὲ γυνὴ προσευχομένη ἢ προφητεύουσα ἀκατακαλύπτῳ τῇ
κεφαλῇ καταισχύνει τὴν κεφαλὴν αὐτῆς· ἓν γάρ ἐστιν
καὶ τὸ αὐτὸ τῇ ἐξυρημένῃ. εἰ γὰρ οὐ κατακαλύπτεται 6
γυνή, καὶ κειράσθω· εἰ δὲ αἰσχρὸν γυναικὶ τὸ κείρασθαι ἢ
ξυρᾶσθαι, κατακαλυπτέσθω. ἀνὴρ μὲν γὰρ οὐκ ὀφείλει 7
κατακαλύπτεσθαι τὴν κεφαλήν, εἰκὼν καὶ δόξα Θεοῦ ὑπάρ-
χων· ἡ γυνὴ δὲ δόξα ἀνδρός ἐστιν. οὐ γάρ ἐστιν 8
ἀνὴρ ἐκ γυναικός, ἀλλὰ γυνὴ ἐξ ἀνδρός· καὶ γὰρ οὐκ 9
ἐκτίσθη ἀνὴρ διὰ τὴν γυναῖκα, ἀλλὰ γυνὴ διὰ τὸν ἄνδρα·
διὰ τοῦτο ὀφείλει ἡ γυνὴ ἐξουσίαν ἔχειν ἐπὶ τῆς κεφαλῆς 10
διὰ τοὺς ἀγγέλους. πλὴν οὔτε γυνὴ χωρὶς ἀνδρὸς οὔτε 11
ἀνὴρ χωρὶς γυναικὸς ἐν Κυρίῳ. ὥσπερ γὰρ ἡ γυνὴ ἐκ 12
τοῦ ἀνδρός, οὕτως καὶ ὁ ἀνὴρ διὰ τῆς γυναικός, τὰ δὲ
πάντα ἐκ τοῦ Θεοῦ. ἐν ὑμῖν αὐτοῖς κρίνατε· πρέπον 13
ἐστὶν γυναῖκα ἀκατακάλυπτον τῷ Θεῷ προσεύχεσθαι;
οὐδὲ ἡ φύσις αὐτὴ διδάσκει ὑμᾶς ὅτι ἀνὴρ μὲν ἐὰν κομᾷ, 14
ἀτιμία αὐτῷ ἐστίν, γυνὴ δὲ ἐὰν κομᾷ, δόξα αὐτῇ ἐστίν; 15
ὅτι ἡ κόμη ἀντὶ περιβολαίου δέδοται αὐτῇ. εἰ δέ τις 16
δοκεῖ φιλόνεικος εἶναι, ἡμεῖς τοιαύτην συνήθειαν οὐκ ἔχο-
μεν, οὐδὲ αἱ ἐκκλησίαι τοῦ Θεοῦ.

Τοῦτο δὲ παραγγέλλων οὐκ ἐπαινῶ ὅτι οὐκ εἰς τὸ κρεῖσ- 17
σον ἀλλὰ εἰς τὸ ἧσσον συνέρχεσθε. πρῶτον μὲν γὰρ 18
συνερχομένων ὑμῶν ἐν ἐκκλησίᾳ ἀκούω σχίσματα ἐν ὑμῖν

3 ὁ *pri.*] [B]WH°m τοῦ] ς°[*Ln*] 5 αὐτῆς] ἑαυτῆς ς WHm 7 ἡ
γυνὴ] —ἡ ς 11 γυνὴ *usque ad* γυναικὸς] ἀνὴρ χω. γυναικὸς οὔτε γυνὴ
χωρὶς ἀνδρὸς ς 14 οὐδὲ] pr ἢ ς αὐτὴ] ante ἡ φύσις ς
14, 15 ἐστίν,... ἐστίν ;] ἐστίν;... ἐστιν· R 15 αὐτῇ] [A]
17 παραγγέλλων οὐκ ἐπαινῶ] -λλω οὐκ -ῶν *Ln*Tr(n.m.)ABmWHm
κρεῖσσον] -ττον ς ἀλλὰ] ἀλλ' ς*Ln* ἧσσον] -ττον ς 18 ἐκ-
κλησίᾳ] pr τῇ ς : C

ΠΡΟΣ ΚΟΡΙΝΘΙΟΥΣ Α.

19 ὑπάρχειν· καὶ μέρος τι πιστεύω. δεῖ γὰρ καὶ αἱρέσεις ἐν ὑμῖν εἶναι, ἵνα [καὶ] οἱ δόκιμοι φανεροὶ γένωνται ἐν
20 ὑμῖν. Συνερχομένων οὖν ὑμῶν ἐπὶ τὸ αὐτὸ οὐκ ἔστιν
21 Κυριακὸν δεῖπνον φαγεῖν· ἕκαστος γὰρ τὸ ἴδιον δεῖπνον προλαμβάνει ἐν τῷ φαγεῖν, καὶ ὃς μὲν πεινᾷ ὃς δὲ μεθύει.
22 μὴ γὰρ οἰκίας οὐκ ἔχετε εἰς τὸ ἐσθίειν καὶ πίνειν; ἢ τῆς ἐκκλησίας τοῦ Θεοῦ καταφρονεῖτε, καὶ καταισχύνετε τοὺς μὴ ἔχοντας; τί εἴπω ὑμῖν; ἐπαινέσω ὑμᾶς ἐν τούτῳ; οὐκ ἐπαινῶ.
23 Ἐγὼ γὰρ παρέλαβον ἀπὸ τοῦ Κυρίου, ὃ καὶ παρέδωκα ὑμῖν, ὅτι ὁ Κύριος Ἰησοῦς ἐν τῇ νυκτὶ ᾗ παρεδίδετο ἔλα-
24 βεν ἄρτον, καὶ εὐχαριστήσας ἔκλασεν καὶ εἶπεν, Τοῦτό μου ἐστὶν τὸ σῶμα τὸ ὑπὲρ ὑμῶν· τοῦτο ποιεῖτε εἰς τὴν
25 ἐμὴν ἀνάμνησιν. ὡσαύτως καὶ τὸ ποτήριον μετὰ τὸ δειπνῆσαι, λέγων, Τοῦτο τὸ ποτήριον ἡ καινὴ διαθήκη ἐστὶν ἐν τῷ ἐμῷ αἵματι· τοῦτο ποιεῖτε, ὁσάκις ἐὰν πίνητε,
26 εἰς τὴν ἐμὴν ἀνάμνησιν. Ὁσάκις γὰρ ἐὰν ἐσθίητε τὸν ἄρτον τοῦτον καὶ τὸ ποτήριον πίνητε, τὸν θάνατον τοῦ
27 Κυρίου καταγγέλλετε ἄχρι οὗ ἔλθῃ. ὥστε ὃς ἂν ἐσθίῃ τὸν ἄρτον ἢ πίνῃ τὸ ποτήριον τοῦ Κυρίου ἀναξίως, ἔνοχος
28 ἔσται τοῦ σώματος καὶ τοῦ αἵματος τοῦ Κυρίου. δοκιμαζέτω δὲ ἄνθρωπος ἑαυτόν, καὶ οὕτως ἐκ τοῦ ἄρτου
29 ἐσθιέτω καὶ ἐκ τοῦ ποτηρίου πινέτω. ὁ γὰρ ἐσθίων καὶ πίνων κρίμα ἑαυτῷ ἐσθίει καὶ πίνει, μὴ διακρίνων τὸ σῶμα.
30 διὰ τοῦτο ἐν ὑμῖν πολλοὶ ἀσθενεῖς καὶ ἄρρωστοι, καὶ κοι-
31 μῶνται ἱκανοί. εἰ δὲ ἑαυτοὺς διεκρίνομεν, οὐκ ἂν ἐκρινό-
32 μεθα. κρινόμενοι δὲ ὑπὸ τοῦ Κυρίου παιδευόμεθα, ἵνα

19 καὶ sec.] ins [Ln]Tr[A][WH]: ϛ°Ti°B°R° 22 εἴπω] post ὑμῖν ϛ ἐπαινέσω]-νῶ Ln(n.m.)Trm ἐν τούτῳ;]; ἐν τούτῳ ErElzTiBWHRm
23 παρεδίδετο] -οτο ϛ 24 τοῦτό pri.] pr λάβετε, φάγετε· ϛ Bm
ὑμῶν]+κλώμενον ϛ[B]Rm 25, 26 ἐὰν bis] ἂν ϛ 26 ποτήριον]
+τοῦτο ϛ ἄχρι] ἄχρις ϛLnTrA οὗ]+ἂν ϛ 27 ἄρτον]+τοῦ-
τον ϛ ἢ] καὶ Lnm τοῦ αἱμ.]—τοῦ ϛ: C 28 ἑαυτὸν ante
ἄνθρ. Lnm 29 πίνων] +ἀναξίως ϛ Bm σῶμα]+τοῦ Κυρίου ϛ Bm
31 δὲ] γὰρ ϛ Bm 32 κριν. δὲ] κριν. δέ, ϛR(n.m.) τοῦ] ϛ°Ln°[A]: C

μὴ σὺν τῷ κόσμῳ κατακριθῶμεν. ὥστε, ἀδελφοί μου, 33
συνερχόμενοι εἰς τὸ φαγεῖν ἀλλήλους ἐκδέχεσθε· εἴ τις 34
πεινᾷ, ἐν οἴκῳ ἐσθιέτω· ἵνα μὴ εἰς κρίμα συνέρχησθε. τὰ
δὲ λοιπὰ ὡς ἂν ἔλθω διατάξομαι.

Περὶ δὲ τῶν πνευματικῶν, ἀδελφοί, οὐ θέλω ὑμᾶς ἀ- 12
γνοεῖν. οἴδατε ὅτι ὅτε ἔθνη ἦτε πρὸς τὰ εἴδωλα τὰ 2
ἄφωνα ὡς ἂν ἤγεσθε ἀπαγόμενοι. διὸ γνωρίζω ὑμῖν ὅτι 3
οὐδεὶς ἐν Πνεύματι Θεοῦ λαλῶν λέγει, Ἀνάθεμα Ἰησοῦς·
καὶ οὐδεὶς δύναται εἰπεῖν, Κύριος Ἰησοῦς, εἰ μὴ ἐν Πνεύ-
ματι Ἁγίῳ.

Διαιρέσεις δὲ χαρισμάτων εἰσίν, τὸ δὲ αὐτὸ Πνεῦμα· 4
καὶ διαιρέσεις διακονιῶν εἰσίν, καὶ ὁ αὐτὸς Κύριος· 5
καὶ διαιρέσεις ἐνεργημάτων εἰσίν, ὁ δὲ αὐτὸς Θεὸς ὁ ἐνερ- 6
γῶν τὰ πάντα ἐν πᾶσιν. Ἑκάστῳ δὲ δίδοται ἡ φανέρω- 7
σις τοῦ Πνεύματος πρὸς τὸ συμφέρον. ᾧ μὲν γὰρ διὰ 8
τοῦ Πνεύματος δίδοται λόγος σοφίας, ἄλλῳ δὲ λόγος γνώ-
σεως κατὰ τὸ αὐτὸ Πνεῦμα, ἑτέρῳ πίστις ἐν τῷ αὐτῷ 9
Πνεύματι, ἄλλῳ δὲ χαρίσματα ἰαμάτων ἐν τῷ ἑνὶ Πνεύ-
ματι, ἄλλῳ δὲ ἐνεργήματα δυνάμεων, ἄλλῳ [δὲ] προ- 10
φητεία, ἄλλῳ [δὲ] διακρίσεις πνευμάτων, ἑτέρῳ γένη
γλωσσῶν, ἄλλῳ δὲ ἑρμηνεία γλωσσῶν· πάντα δὲ 11
ταῦτα ἐνεργεῖ τὸ ἓν καὶ τὸ αὐτὸ Πνεῦμα διαιροῦν ἰδίᾳ
ἑκάστῳ καθὼς βούλεται.

Καθάπερ γὰρ τὸ σῶμα ἕν ἐστιν καὶ μέλη πολλὰ ἔχει, 12
πάντα δὲ τὰ μέλη τοῦ σώματος πολλὰ ὄντα ἕν ἐστιν
σῶμα, οὕτως καὶ ὁ Χριστός. καὶ γὰρ ἐν ἑνὶ Πνεύματι 13
ἡμεῖς πάντες εἰς ἓν σῶμα ἐβαπτίσθημεν, εἴτε Ἰουδαῖοι

34 εἰ] + δέ ϛ   διατάξομαι] -ξωμαι Lnm   2 ὅτε] ϛ°[Ln] : Cϛm
3 Ἰησοῦς pri.] Ἰησοῦν ϛ(n.m.)   Κύριος Ἰησοῦς] Κύριον Ἰησοῦν ϛ(n.m.)
4 δὲ] δ' WHa   6 ὁ δὲ] καὶ ὁ TrmAWH(n.m.)   αὐτός]+ἐστι ϛ
9 ἑτέρῳ]+ δὲ ϛ[Ln][A]   ἑνὶ αὐτῷ ϛ   10 δὲ sec. et tert.] ins ϛ Ti
A[B][WH]R : Ln°Tr°   διακρίσεις] διάκρισις TrmTiB   ἑτέρῳ]+ δὲ
ϛA   ἑρμηνεία] διερμ. Ln(n.m.) : -νία WH   12 πολλά] post ἔχει ϛ
σώματος]+ τοῦ ἑνὸς ϛ(n.m.)

ΠΡΟΣ ΚΟΡΙΝΘΙΟΥΣ Α.

εἴτε Ἕλληνες, εἴτε δοῦλοι εἴτε ἐλεύθεροι· καὶ πάντες ἓν
14 Πνεῦμα ἐποτίσθημεν. Καὶ γὰρ τὸ σῶμα οὐκ ἔστιν ἓν
15 μέλος ἀλλὰ πολλά. ἐὰν εἴπῃ ὁ πούς, Ὅτι οὐκ εἰμὶ
χείρ, οὐκ εἰμὶ ἐκ τοῦ σώματος, οὐ παρὰ τοῦτο οὐκ ἔστιν
16 ἐκ τοῦ σώματος. καὶ ἐὰν εἴπῃ τὸ οὖς, Ὅτι οὐκ εἰμὶ
ὀφθαλμός, οὐκ εἰμὶ ἐκ τοῦ σώματος, οὐ παρὰ τοῦτο οὐκ
17 ἔστιν ἐκ τοῦ σώματος. εἰ ὅλον τὸ σῶμα ὀφθαλμός,
18 ποῦ ἡ ἀκοή; εἰ ὅλον ἀκοή, ποῦ ἡ ὄσφρησις; νῦν δὲ ὁ
Θεὸς ἔθετο τὰ μέλη ἓν ἕκαστον αὐτῶν ἐν τῷ σώματι καθὼς
19 ἠθέλησεν. εἰ δὲ ἦν τὰ πάντα ἓν μέλος, ποῦ τὸ σῶμα;
20, 21 νῦν δὲ πολλὰ μὲν μέλη, ἓν δὲ σῶμα. οὐ δύναται δὲ
ὁ ὀφθαλμὸς εἰπεῖν τῇ χειρί, Χρείαν σου οὐκ ἔχω· ἢ πάλιν
22 ἡ κεφαλὴ τοῖς ποσίν, Χρείαν ὑμῶν οὐκ ἔχω. ἀλλὰ
πολλῷ μᾶλλον τὰ δοκοῦντα μέλη τοῦ σώματος ἀσθενέ-
23 στερα ὑπάρχειν ἀναγκαῖά ἐστιν· καὶ ἃ δοκοῦμεν ἀτι-
μότερα εἶναι τοῦ σώματος, τούτοις τιμὴν περισσοτέραν
περιτίθεμεν· καὶ τὰ ἀσχήμονα ἡμῶν εὐσχημοσύνην περισ-
24 σοτέραν ἔχει· τὰ δὲ εὐσχήμονα ἡμῶν οὐ χρείαν ἔχει·
ἀλλὰ ὁ Θεὸς συνεκέρασεν τὸ σῶμα, τῷ ὑστερουμένῳ περισ-
25 σοτέραν δοὺς τιμήν, ἵνα μὴ ᾖ σχίσμα ἐν τῷ σώματι,
26 ἀλλὰ τὸ αὐτὸ ὑπὲρ ἀλλήλων μεριμνῶσιν τὰ μέλη. καὶ
εἴτε πάσχει ἓν μέλος, συνπάσχει πάντα τὰ μέλη· εἴτε
27 δοξάζεται μέλος, συνχαίρει πάντα τὰ μέλη. Ὑμεῖς δέ
28 ἐστε σῶμα Χριστοῦ, καὶ μέλη ἐκ μέρους. καὶ οὓς μὲν
ἔθετο ὁ Θεὸς ἐν τῇ ἐκκλησίᾳ πρῶτον ἀποστόλους, δεύτερον
προφήτας, τρίτον διδασκάλους, ἔπειτα δυνάμεις, ἔπειτα
χαρίσματα ἰαμάτων, ἀντιλήμψεις, κυβερνήσεις, γένη γλωσ-

13 ἐν Πν.] pr εἰς ϛBm   15, 16 σώματος. bis] σώματος ; ϛTrA
18 νῦν] νυνὶ ϛTiBWHm   19 τὰ] [Ln][Tr][A][WH]   20 μὲν]
[Ln][Tr]WH° (n.m.)   21 δὲ] [Ln][Tr]m[WH]   ὁ] ϛ°: ĊEr
23 ἀτιμότερα] -μώτερα Elz   24 ἀλλὰ] ἀλλ' ϛ   ὑστερουμένῳ]
-ροῦντι ϛ   25 σχίσμα] σχίσματα TrmTiB(n.m.)   μεριμνῶσιν] -σι
WH   26 εἴτε pri.] εἴ τι Ln(n.m.)Tr(n.m.)   συνπάσχει] συμπ. ϛ
LnTr   μέλος sec.] pr ἓν ϛ Ln[Tr]m[A]   συνχαίρει] συνχ. ϛLnTrA
28 ἔπειτα sec.] εἶτα ϛ

σῶν. μὴ πάντες ἀπόστολοι; μὴ πάντες προφῆται; 29
μὴ πάντες διδάσκαλοι; μὴ πάντες δυνάμεις; μὴ 30
πάντες χαρίσματα ἔχουσιν ἰαμάτων; μὴ πάντες γλώσ-
σαις λαλοῦσιν; μὴ πάντες διερμηνεύουσιν; ζηλοῦτε 31
δὲ τὰ χαρίσματα τὰ μείζονα. καὶ ἔτι καθ᾽ ὑπερβολὴν ὁδὸν
ὑμῖν δείκνυμι.

Ἐὰν ταῖς γλώσσαις τῶν ἀνθρώπων λαλῶ καὶ τῶν ἀγγέ- 13
λων, ἀγάπην δὲ μὴ ἔχω, γέγονα χαλκὸς ἠχῶν ἢ κύμβαλον
ἀλαλάζον. καὶ ἐὰν ἔχω προφητείαν καὶ εἰδῶ τὰ μυστή- 2
ρια πάντα καὶ πᾶσαν τὴν γνῶσιν, καὶ ἐὰν ἔχω πᾶσαν τὴν
πίστιν ὥστε ὄρη μεθιστάναι, ἀγάπην δὲ μὴ ἔχω, οὐθέν
εἰμι. καὶ ἐὰν ψωμίσω πάντα τὰ ὑπάρχοντά μου, καὶ 3
ἐὰν παραδῶ τὸ σῶμά μου ἵνα καυθήσωμαι, ἀγάπην δὲ μὴ
ἔχω, οὐδὲν ὠφελοῦμαι. Ἡ ἀγάπη μακροθυμεῖ, χρη- 4
στεύεται, ἡ ἀγάπη οὐ ζηλοῖ, [ἡ ἀγάπη] οὐ περπερεύεται,
οὐ φυσιοῦται, οὐκ ἀσχημονεῖ, οὐ ζητεῖ τὰ ἑαυτῆς, οὐ 5
παροξύνεται, οὐ λογίζεται τὸ κακόν,˙ οὐ χαίρει ἐπὶ τῇ 6
ἀδικίᾳ, συγχαίρει δὲ τῇ ἀληθείᾳ, πάντα στέγει, πάντα 7
πιστεύει, πάντα ἐλπίζει, πάντα ὑπομένει. Ἡ ἀγάπη 8
οὐδέποτε πίπτει˙ εἴτε δὲ προφητεῖαι, καταργηθήσονται˙
εἴτε γλῶσσαι, παύσονται˙ εἴτε γνῶσις, καταργηθήσεται.
ἐκ μέρους γὰρ γινώσκομεν, καὶ ἐκ μέρους προφητεύομεν˙ 9
ὅταν δὲ ἔλθῃ τὸ τέλειον, τὸ ἐκ μέρους καταργηθήσεται. 10
ὅτε ἤμην νήπιος, ἐλάλουν ὡς νήπιος, ἐφρόνουν ὡς νήπιος, 11
ἐλογιζόμην ὡς νήπιος˙ ὅτε γέγονα ἀνήρ, κατήργηκα τὰ τοῦ

31 μείζονα] κρείττονα ϛ(n.m.): κρείσσονα Bm 1 ἀλαλάζον] -ζων Lnm
2, 3 καὶ ἐὰν quater] κἄν...καὶ ἐὰν...κἄν...κἂν Ln: καὶ ἐὰν...κἂν (n.m.)...
κἂν...καὶ ἐὰν Tr: κἂν quater AWH(n.a.) 2 μεθιστάναι] -νειν ϛA
WH(n.a.) οὐθέν] οὐδέν Elz 3 ψωμίσω] -ίζω Elz καυθήσω-
μαι]-σομαι TiBScr : καυχήσ. BmWHRm : Scr οὐδὲν] οὐθὲν TiB
4 , ἡ ἀγ. οὐ ζηλοῖ, ἡ ἀγ.] ἡ ἀγ., οὐ ζηλοῖ ἡ ἀγ., LnTi ἡ ἀγ. tert.]ins
ϛ[Ln][Tr]Ti[A]BR : WH° 5 τὰ] τὸ μὴ TrmWHm : Scr 6 συγ-
χαίρει] συνχ. TiBWH(n.a.) 8 πίπτει] ἐκπίπτει ϛBm δὲ] [Tr]
προφητεῖαι, καταργηθήσονται] -τεία, -σεται WHm γνῶσις, καταργηθή-
σεται] γνώσεις, -σονται LnmTrm 10 τὸ ἐκ μ.] pr τότε ϛ 11 ὡς
νήπιος ter] ante ἐλάλ., ἐφρόν., ἔλογ. ϛ ὅτε sec.]+δὲ ϛ

12 νηπίου. βλέπομεν γὰρ ἄρτι δι' ἐσόπτρου ἐν αἰνίγματι, τότε δὲ πρόσωπον πρὸς πρόσωπον· ἄρτι γινώσκω ἐκ μέρους, τότε δὲ ἐπιγνώσομαι καθὼς καὶ ἐπεγνώσθην.
13 νυνὶ δὲ μένει πίστις, ἐλπίς, ἀγάπη, τὰ τρία ταῦτα· μείζων δὲ τούτων ἡ ἀγάπη.
14 Διώκετε τὴν ἀγάπην· ζηλοῦτε δὲ τὰ πνευματικά, μᾶλ-
2 λον δὲ ἵνα προφητεύητε. ὁ γὰρ λαλῶν γλώσσῃ οὐκ ἀνθρώποις λαλεῖ ἀλλὰ Θεῷ· οὐδεὶς γὰρ ἀκούει, πνεύματι
3 δὲ λαλεῖ μυστήρια. ὁ δὲ προφητεύων ἀνθρώποις λαλεῖ
4 οἰκοδομὴν καὶ παράκλησιν καὶ παραμυθίαν. ὁ λαλῶν γλώσσῃ ἑαυτὸν οἰκοδομεῖ, ὁ δὲ προφητεύων ἐκκλησίαν
5 οἰκοδομεῖ. θέλω δὲ πάντας ὑμᾶς λαλεῖν γλώσσαις, μᾶλλον δὲ ἵνα προφητεύητε· μείζων δὲ ὁ προφητεύων ἢ ὁ λαλῶν γλώσσαις, ἐκτὸς εἰ μὴ διερμηνεύῃ, ἵνα ἡ ἐκκλησία
6 οἰκοδομὴν λάβῃ. νῦν δέ, ἀδελφοί, ἐὰν ἔλθω πρὸς ὑμᾶς γλώσσαις λαλῶν, τί ὑμᾶς ὠφελήσω, ἐὰν μὴ ὑμῖν λαλήσω ἢ ἐν ἀποκαλύψει ἢ ἐν γνώσει ἢ ἐν προφητείᾳ ἢ ἐν διδαχῇ;
7 Ὅμως τὰ ἄψυχα φωνὴν διδόντα, εἴτε αὐλὸς εἴτε κιθάρα, ἐὰν διαστολὴν τοῖς φθόγγοις μὴ δῷ, πῶς γνωσθήσεται το
8 αὐλούμενον ἢ τὸ κιθαριζόμενον; καὶ γὰρ ἐὰν ἄδηλον φωνὴν σάλπιγξ δῷ, τίς παρασκευάσεται εἰς πόλεμον;
9 οὕτως καὶ ὑμεῖς διὰ τῆς γλώσσης ἐὰν μὴ εὔσημον λόγον δῶτε, πῶς γνωσθήσεται τὸ λαλούμενον; ἔσεσθε γὰρ εἰς
10 ἀέρα λαλοῦντες. Τοσαῦτα, εἰ τύχοι, γένη φωνῶν εἰσὶν
11 ἐν κόσμῳ, καὶ οὐδὲν ἄφωνον. ἐὰν οὖν μὴ εἰδῶ τὴν δύναμιν τῆς φωνῆς, ἔσομαι τῷ λαλοῦντι βάρβαρος, καὶ ὁ
12 λαλῶν ἐν ἐμοὶ βάρβαρος. οὕτως καὶ ὑμεῖς, ἐπεὶ ζηλωταί ἐστε πνευμάτων, πρὸς τὴν οἰκοδομὴν τῆς ἐκκλησίας
13 ζητεῖτε ἵνα περισσεύητε. Διὸ ὁ λαλῶν γλώσσῃ προσ-

13 , τὰ τρ. ταῦτα·] · τὰ τρ. ταῦ., WH   2 Θεῷ] pr τῷ ς [A]
5 μεί. δὲ] μεί. γὰρ ς Bm   6 νῦν] νυνὶ ς   ἐν quart.] [Tr]Ti°[B]
7 τοῖς φθόγγοις] τοῦ φθόγγου Lη(n.m.)   8 φωνὴν] post σάλπ. TiB
WH(n.m.)   10 εἰσὶν] ἐστιν ς   οὐδὲν] + αὐτῶν ς   13 διὸ] διόπερ ς

ΠΡΟΣ ΚΟΡΙΝΘΙΟΥΣ Α.

14. 14—26.

εὐχέσθω ἵνα διερμηνεύῃ. ἐὰν γὰρ προσεύχωμαι γλώσ- 14
σῃ, τὸ πνεῦμά μου προσεύχεται, ὁ δὲ νοῦς μου ἄκαρπός
ἐστιν. τί οὖν ἐστίν; προσεύξομαι τῷ πνεύματι, προσ- 15
εύξομαι δὲ καὶ τῷ νοΐ· ψαλῶ τῷ πνεύματι, ψαλῶ δὲ καὶ
τῷ νοΐ. ἐπεὶ ἐὰν εὐλογῇς πνεύματι, ὁ ἀναπληρῶν τὸν 16
τόπον τοῦ ἰδιώτου πῶς ἐρεῖ τὸ Ἀμὴν ἐπὶ τῇ σῇ εὐχαρι-
στίᾳ ἐπειδὴ τί λέγεις οὐκ οἶδεν; σὺ μὲν γὰρ καλῶς 17
εὐχαριστεῖς, ἀλλ' ὁ ἕτερος οὐκ οἰκοδομεῖται. εὐχαριστῶ 18
τῷ Θεῷ, πάντων ὑμῶν μᾶλλον γλώσσῃ λαλῶ· ἀλλὰ 19
ἐν ἐκκλησίᾳ θέλω πέντε λόγους τῷ νοΐ μου λαλῆσαι, ἵνα
καὶ ἄλλους κατηχήσω, ἢ μυρίους λόγους ἐν γλώσσῃ.

Ἀδελφοί, μὴ παιδία γίνεσθε ταῖς φρεσίν· ἀλλὰ τῇ 20
κακίᾳ νηπιάζετε, ταῖς δὲ φρεσὶν τέλειοι γίνεσθε. ἐν τῷ 21.
νόμῳ γέγραπται ὅτι Ἐν ἑτερογλώσσοις καὶ ἐν χείλεσιν
ἑτέρων λαλήσω τῷ λαῷ τούτῳ, καὶ οὐδ' οὕτως εἰσακούσον-
ταί μου, λέγει Κύριος. Ὥστε αἱ γλῶσσαι εἰς σημεῖόν 22
εἰσιν οὐ τοῖς πιστεύουσιν ἀλλὰ τοῖς ἀπίστοις· ἡ δὲ προ-
φητεία οὐ τοῖς ἀπίστοις ἀλλὰ τοῖς πιστεύουσιν. ἐὰν 23
οὖν συνέλθῃ ἡ ἐκκλησία ὅλη ἐπὶ τὸ αὐτὸ καὶ πάντες λα-
λῶσιν γλώσσαις, εἰσέλθωσιν δὲ ἰδιῶται ἢ ἄπιστοι, οὐκ
ἐροῦσιν ὅτι μαίνεσθε; ἐὰν δὲ πάντες προφητεύωσιν, 24
εἰσέλθῃ δέ τις ἄπιστος ἢ ἰδιώτης, ἐλέγχεται ὑπὸ πάντων,
ἀνακρίνεται ὑπὸ πάντων, τὰ κρυπτὰ τῆς καρδίας αὐτοῦ 25
φανερὰ γίνεται· καὶ οὕτως πεσὼν ἐπὶ πρόσωπον προσκυνή-
σει τῷ Θεῷ, ἀπαγγέλλων ὅτι ὄντως ὁ Θεὸς ἐν ὑμῖν ἐστίν.

Τί οὖν ἐστίν, ἀδελφοί; ὅταν συνέρχησθε, ἕκαστος ψαλ- 26
μὸν ἔχει, διδαχὴν ἔχει, ἀποκάλυψιν ἔχει, γλῶσσαν ἔχει,

14 γὰρ] [*Ln*][Tr][B][WH]   15 προσεύξομαι *bis*] -ξωμαι LnmTrmBm δὲ *sec.*] *Ln*°[Tr][WH]   τῷ νοΐ] — τῷ Elz   16 εὐλογῇς] -γήσῃς ς πνεύματι] pr τῷ ς : pr ἐν [WH]   17 ἀλλ'] ἀλλὰ TrWHa   18 Θεῷ] +μου ς   γλώσσῃ] -σσαις ςTrmBmWH(n.m.)R   λαλῶ] λαλῶν ςBm 19 ἀλλὰ] ἀλλ' ς   τῷ νοΐ] διὰ τοῦ νοός ς(n.m.)   21 ἑτέρων] -ροις ς(n.m.) Bm   23 συνέλθῃ] ἔλθῃ *Ln*(n.m.)   λαλῶσιν] -σι WHa : post γλώσσ. ς 25 τὰ κρυπτὰ] pr καὶ οὕτω ς(n.m.)   ὄντως] post ὁ Θεὸς ς : Ὄντως WH ὁ] Ti°B°   26 ἕκαστος] + ὑμῶν ς[A]   ἀποκ. ἔχει] post γλ. ἔχ. ς

ΠΡΟΣ ΚΟΡΙΝΘΙΟΥΣ Α.

27 ἑρμηνείαν ἐχέτω· πάντα πρὸς οἰκοδομὴν γινέσθω. εἴτε γλώσσῃ τις λαλεῖ, κατὰ δύο ἢ τὸ πλεῖστον τρεῖς, καὶ ἀνὰ
28 μέρος, καὶ εἷς διερμηνευέτω· ἐὰν δὲ μὴ ᾖ διερμηνευτής, σιγάτω ἐν ἐκκλησίᾳ, ἑαυτῷ δὲ λαλείτω καὶ τῷ Θεῷ.
29 Προφῆται δὲ δύο ἢ τρεῖς λαλείτωσαν, καὶ οἱ ἄλλοι διακρι-
30 νέτωσαν. ἐὰν δὲ ἄλλῳ ἀποκαλυφθῇ καθημένῳ, ὁ πρῶ-
31 τος σιγάτω. δύνασθε γὰρ καθ' ἕνα πάντες προφητεύειν,
32 ἵνα πάντες μανθάνωσιν καὶ πάντες παρακαλῶνται, καὶ
33 πνεύματα προφητῶν προφήταις ὑποτάσσεται· οὐ γάρ ἐστιν ἀκαταστασίας ὁ Θεὸς ἀλλὰ εἰρήνης, ὡς ἐν πάσαις ταῖς ἐκκλησίαις τῶν ἁγίων.
34 Αἱ γυναῖκες ἐν ταῖς ἐκκλησίαις σιγάτωσαν· οὐ γὰρ ἐπιτρέπεται αὐταῖς λαλεῖν, ἀλλὰ ὑποτασσέσθωσαν, καθὼς
35 καὶ ὁ νόμος λέγει. εἰ δέ τι μαθεῖν θέλουσιν, ἐν οἴκῳ τοὺς ἰδίους ἄνδρας ἐπερωτάτωσαν· αἰσχρὸν γάρ ἐστιν γυ-
36 ναικὶ λαλεῖν ἐν ἐκκλησίᾳ. ἢ ἀφ' ὑμῶν ὁ λόγος τοῦ Θεοῦ ἐξῆλθεν; ἢ εἰς ὑμᾶς μόνους κατήντησεν;
37 Εἴ τις δοκεῖ προφήτης εἶναι ἢ πνευματικός, ἐπιγινω-
38 σκέτω ἃ γράφω ὑμῖν ὅτι Κυρίου ἐστὶν ἐντολή. εἰ δέ
39 τις ἀγνοεῖ, ἀγνοείτω. Ὥστε, ἀδελφοί μου, ζηλοῦτε τὸ προφητεύειν, καὶ τὸ λαλεῖν μὴ κωλύετε γλώσσαις.
40 πάντα δὲ εὐσχημόνως καὶ κατὰ τάξιν γινέσθω.

15 Γνωρίζω δὲ ὑμῖν, ἀδελφοί, τὸ εὐαγγέλιον ὃ εὐηγγελισά-
2 μην ὑμῖν, ὃ καὶ παρελάβετε, ἐν ᾧ καὶ ἑστήκατε, δι' οὗ καὶ σώζεσθε, τίνι λόγῳ εὐηγγελισάμην ὑμῖν εἰ κατέχετε,

γινέσθω] γεν. ς : CEr   28 διερμηνευτής] ἑρμην. LnTrWHm
33 ἀλλά] ἀλλ' ς : C   , ὡς...ἐκκλ. τῶν ἁγίων.] . 'Ὡς...ἐκκλ., τῶν ἁγίων
Ln : . 'Ὡς...ἐκκλ. τῶν ἁγίων, TiBWHm   34 γυναῖκες] + ὑμῶν ς (n.m.)
Bm   ἐπιτρέπεται] ἐπιτέτραπται ς (n.m.)   ἀλλά] ἀλλ' ς
ὑποτασσέσθωσαν] -τάσσεσθαι ς(n.m.)A(n.m.)Bm   35 μαθεῖν] μανθάνειν
WH(n.m.)   ἐστιν] -τι ςAWHₐ   γυναικί] -ξί(ν) ς Bm   λαλεῖν] post
ἐν ἐκκλ. ς   37 Κυρίου] pr τοῦ ς : CEr   ἐστὶν ἐντολή] εἰσὶν ἐν-
τολαί ς Bm : — ἐντολή Ti[A]Bm   38 ἀγνοείτω] ἀγνοεῖται LnTrmTiBm
WH(n.m.)Rm   39 μου] ςº[Ln][A]: Csm   γλώσσαις] pr ἐν [Ln]
[Tr]mA : ante μὴ κωλ. ς   40 δέ] ςº(n.m.)   2 εὐηγγ.] εὐαγγ. Ln
σφ   εἰ pri.], εἰ ς LnWHR(n.m.) : J

ΠΡΟΣ ΚΟΡΙΝΘΙΟΥΣ Α. 15. 3—19.

ἐκτὸς εἰ μὴ εἰκῇ ἐπιστεύσατε. Παρέδωκα γὰρ ὑμῖν ἐν 3
πρώτοις ὃ καὶ παρέλαβον, ὅτι Χριστὸς ἀπέθανεν ὑπὲρ
τῶν ἁμαρτιῶν ἡμῶν κατὰ τὰς γραφάς· καὶ ὅτι ἐτάφη· 4
καὶ ὅτι ἐγήγερται τῇ ἡμέρᾳ τῇ τρίτῃ κατὰ τὰς γραφάς·
καὶ ὅτι ὤφθη Κηφᾷ· εἶτα τοῖς δώδεκα· ἔπειτα ὤφθη 5, 6
ἐπάνω πεντακοσίοις ἀδελφοῖς ἐφάπαξ, ἐξ ὧν οἱ πλείονες
μένουσιν ἕως ἄρτι, τινὲς δὲ ἐκοιμήθησαν· ἔπειτα ὤφθη 7
Ἰακώβῳ· εἶτα τοῖς ἀποστόλοις πᾶσιν· ἔσχατον δὲ 8
πάντων ὡσπερεὶ τῷ ἐκτρώματι ὤφθη κἀμοί. Ἐγὼ γὰρ 9
εἰμι ὁ ἐλάχιστος τῶν ἀποστόλων, ὃς οὐκ εἰμὶ ἱκανὸς κα-
λεῖσθαι ἀπόστολος, διότι ἐδίωξα τὴν ἐκκλησίαν τοῦ Θεοῦ.
χάριτι δὲ Θεοῦ εἰμὶ ὅ εἰμι, καὶ ἡ χάρις αὐτοῦ ἡ εἰς ἐμὲ οὐ 10
κενὴ ἐγενήθη, ἀλλὰ περισσότερον αὐτῶν πάντων ἐκοπίασα·
οὐκ ἐγὼ δέ, ἀλλὰ ἡ χάρις τοῦ Θεοῦ σὺν ἐμοί. εἴτε οὖν 11
ἐγὼ εἴτε ἐκεῖνοι, οὕτως κηρύσσομεν καὶ οὕτως ἐπιστεύ-
σατε.

Εἰ δὲ Χριστὸς κηρύσσεται ὅτι ἐκ νεκρῶν ἐγήγερται, πῶς 12
λέγουσιν ἐν ὑμῖν τινὲς ὅτι ἀνάστασις νεκρῶν οὐκ ἔστιν;
εἰ δὲ ἀνάστασις νεκρῶν οὐκ ἔστιν, οὐδὲ Χριστὸς ἐγήγερται· 13
εἰ δὲ Χριστὸς οὐκ ἐγήγερται, κενὸν ἄρα [καὶ] τὸ κήρυγμα 14
ἡμῶν, κενὴ καὶ ἡ πίστις ὑμῶν. εὑρισκόμεθα δὲ καὶ 15
ψευδομάρτυρες τοῦ Θεοῦ, ὅτι ἐμαρτυρήσαμεν κατὰ τοῦ
Θεοῦ ὅτι ἤγειρεν τὸν Χριστόν, ὃν οὐκ ἤγειρεν εἴπερ ἄρα
νεκροὶ οὐκ ἐγείρονται. εἰ γὰρ νεκροὶ οὐκ ἐγείρονται, 16
οὐδὲ Χριστὸς ἐγήγερται· εἰ δὲ Χριστὸς οὐκ ἐγήγερται, 17
ματαία ἡ πίστις ὑμῶν, ἔτι ἐστὲ ἐν ταῖς ἁμαρτίαις ὑμῶν.
ἄρα καὶ οἱ κοιμηθέντες ἐν Χριστῷ ἀπώλοντο. εἰ ἐν 18, 19
τῇ ζωῇ ταύτῃ ἐν Χριστῷ ἠλπικότες ἐσμὲν μόνον, ἐλεεινό-

4 τῇ ἡμ. τῇ τρίτῃ] τῇ τρ. ἡμ. ς   5 εἶτα] ἔπειτα TrmTiBWHm
6 πλείονες] πλείους ς   δὲ] +καὶ ς [A] : Er   7 εἶτα] ἔπειτα Lnm
TrmATiBWHm   10 ἀλλὰ sec.] ἀλλ' ς   σὺν ἐμ.] pr ἡ ς BmWHm
12 ἐκ νεκ.] ante ὅτι A(n.m.) : post ἐγήγ. Ti σφ   τινες] ante ἐν ὑμ. ς
14 καὶ pri.] ins ςm[Ln][Tr]mTiABWHm : ςºTrºWHºRº   καὶ sec.] pr δὲ
ς   ὑμῶν] ἡμῶν WH(n.m.)Rm   17 ὑμῶν pri.] + ἐστίν [Ln][WH]
19 ἠλπ. ἐσμὲν] ante ἐν Χρ. ς

20 τεροι πάντων ἀνθρώπων ἐσμέν.   νυνὶ δὲ Χριστὸς ἐγήγερται ἐκ νεκρῶν, ἀπαρχὴ τῶν κεκοιμημένων.
21 Ἐπειδὴ γὰρ δι' ἀνθρώπου θάνατος, καὶ δι' ἀνθρώπου
22 ἀνάστασις νεκρῶν.   ὥσπερ γὰρ ἐν τῷ Ἀδὰμ πάντες ἀποθνήσκουσιν, οὕτως καὶ ἐν τῷ Χριστῷ πάντες ζωοποιη-
23 θήσονται.   Ἕκαστος δὲ ἐν τῷ ἰδίῳ τάγματι· ἀπαρχὴ Χριστός, ἔπειτα οἱ τοῦ Χριστοῦ ἐν τῇ παρουσίᾳ αὐτοῦ.
24 εἶτα τὸ τέλος, ὅταν παραδιδοῖ τὴν βασιλείαν τῷ Θεῷ καὶ Πατρί, ὅταν καταργήσῃ πᾶσαν ἀρχὴν καὶ πᾶσαν ἐξουσίαν
25 καὶ δύναμιν.   δεῖ γὰρ αὐτὸν βασιλεύειν ἄχρι οὗ θῇ
26 πάντας τοὺς ἐχθροὺς ὑπὸ τοὺς πόδας αὐτοῦ.   ἔσχατος
27 ἐχθρὸς καταργεῖται ὁ θάνατος.   Πάντα γὰρ ὑπέταξεν ὑπὸ τοὺς πόδας αὐτοῦ. ὅταν δὲ εἴπῃ ὅτι πάντα ὑποτέτακται, δῆλον ὅτι ἐκτὸς τοῦ ὑποτάξαντος αὐτῷ τὰ πάντα.
28 ὅταν δὲ ὑποταγῇ αὐτῷ τὰ πάντα, τότε [καὶ] αὐτὸς ὁ Υἱὸς ὑποταγήσεται τῷ ὑποτάξαντι αὐτῷ τὰ πάντα, ἵνα ᾖ ὁ Θεὸς πάντα ἐν πᾶσιν.

29 Ἐπεὶ τί ποιήσουσιν οἱ βαπτιζόμενοι ὑπὲρ τῶν νεκρῶν; εἰ ὅλως νεκροὶ οὐκ ἐγείρονται, τί καὶ βαπτίζονται ὑπὲρ
30 αὐτῶν;   τί καὶ ἡμεῖς κινδυνεύομεν πᾶσαν ὥραν;
31 καθ' ἡμέραν ἀποθνήσκω, νὴ τὴν ὑμετέραν καύχησιν, ἀδελ-
32 φοί, ἣν ἔχω ἐν Χριστῷ Ἰησοῦ τῷ Κυρίῳ ἡμῶν.   εἰ κατὰ ἄνθρωπον ἐθηριομάχησα ἐν Ἐφέσῳ, τί μοι τὸ ὄφελος; εἰ νεκροὶ οὐκ ἐγείρονται, φάγωμεν καὶ πίωμεν, αὔριον γὰρ
33 ἀποθνήσκομεν.   μὴ πλανᾶσθε· Φθείρουσιν ἤθη χρηστὰ
34 ὁμιλίαι κακαί.   ἐκνήψατε δικαίως, καὶ μὴ ἁμαρτάνετε·

ΠΡΟΣ ΚΟΡΙΝΘΙΟΥΣ Α. 15. 35—49.

ἀγνωσίαν γὰρ Θεοῦ τινὲς ἔχουσιν· πρὸς ἐντροπὴν ὑμῖν λαλῶ.

Ἀλλὰ ἐρεῖ τις, Πῶς ἐγείρονται οἱ νεκροί; ποίῳ δὲ σώ- 35 ματι ἔρχονται; ἄφρων, σὺ ὃ σπείρεις οὐ ζωοποιεῖται, 36 ἐὰν μὴ ἀποθάνῃ· καὶ ὃ σπείρεις, οὐ τὸ σῶμα τὸ γε- 37 νησόμενον σπείρεις, ἀλλὰ γυμνὸν κόκκον εἰ τύχοι σίτου ἤ τινος τῶν λοιπῶν· ὁ δὲ Θεὸς δίδωσιν αὐτῷ σῶμα κα- 38 θὼς ἠθέλησεν, καὶ ἑκάστῳ τῶν σπερμάτων ἴδιον σῶμα. οὐ πᾶσα σὰρξ ἡ αὐτὴ σάρξ· ἀλλὰ ἄλλη μὲν ἀνθρώπων, 39 ἄλλη δὲ σὰρξ κτηνῶν, ἄλλη δὲ σὰρξ πτηνῶν, ἄλλη δὲ ἰχθύων. καὶ σώματα ἐπουράνια, καὶ σώματα ἐπίγεια· 40 ἀλλὰ ἑτέρα μὲν ἡ τῶν ἐπουρανίων δόξα, ἑτέρα δὲ ἡ τῶν ἐπιγείων. ἄλλη δόξα ἡλίου, καὶ ἄλλη δόξα σελήνης, 41 καὶ ἄλλη δόξα ἀστέρων· ἀστὴρ γὰρ ἀστέρος διαφέρει ἐν δόξῃ. Οὕτως καὶ ἡ ἀνάστασις τῶν νεκρῶν. σπείρε- 42 ται ἐν φθορᾷ, ἐγείρεται ἐν ἀφθαρσίᾳ· σπείρεται ἐν ἀτι- 43 μίᾳ, ἐγείρεται ἐν δόξῃ· σπείρεται ἐν ἀσθενείᾳ, ἐγείρεται ἐν δυνάμει· σπείρεται σῶμα ψυχικόν, ἐγείρεται σῶμα 44 πνευματικόν. εἰ ἔστιν σῶμα ψυχικόν, ἔστιν καὶ πνευματικόν. οὕτως καὶ γέγραπται, Ἐγένετο ὁ πρῶτος ἄν- 45 θρωπος Ἀδὰμ εἰς ψυχὴν ζῶσαν· ὁ ἔσχατος Ἀδὰμ εἰς πνεῦμα ζωοποιοῦν. ἀλλ' οὐ πρῶτον τὸ πνευματικόν, 46 ἀλλὰ τὸ ψυχικόν· ἔπειτα τὸ πνευματικόν. ὁ πρῶτος 47 ἄνθρωπος ἐκ γῆς χοϊκός, ὁ δεύτερος ἄνθρωπος ἐξ οὐρανοῦ. οἷος ὁ χοϊκός, τοιοῦτοι καὶ οἱ χοϊκοί· καὶ οἷος 48 ὁ ἐπουράνιος, τοιοῦτοι καὶ οἱ ἐπουράνιοι· καὶ καθὼς 49 ἐφορέσαμεν τὴν εἰκόνα τοῦ χοϊκοῦ, φορέσωμεν καὶ τὴν εἰκόνα τοῦ ἐπουρανίου.

34 λαλῶ] λέγω ϛ*Ln*ᵐ   35 ἀλλὰ] ἀλλ' ϛLnAWHₐ   36 ἄφρων] ἄφρον ϛ   38 αὐτῷ] ante δίδ. ϛ   ἴδιον] pr τὸ ϛ   39 μὲν] + σὰρξ ϛ : C   ἄλλη δὲ σὰρξ sec.] — σὰρξ ϛ[*Ln*]   πτηνῶν...ἰχθύων] ἰχθύων...πτηνῶν ϛ   40 ἀλλὰ] ἀλλ' ϛ   44 εἰ] ϛ°(a.m.)   καὶ] ante ἔστ. ϛ(a.m.): +σῶμα ϛ   45 ἄνθρωπος] [*Ln*]B°m   47 ἐξ οὐρ.] pr ὁ Κύριος ϛ Bm   49 φορέσωμεν] -σομεν ϛ ABmWHmR(n.m.)Scr : Cϛm

50 Τοῦτο δέ φημι, ἀδελφοί, ὅτι σὰρξ καὶ αἷμα βασιλείαν
Θεοῦ κληρονομῆσαι οὐ δύναται, οὐδὲ ἡ φθορὰ τὴν ἀφθαρ-
51 σίαν κληρονομεῖ. ἰδοὺ μυστήριον ὑμῖν λέγω· πάντες
52 οὐ κοιμηθησόμεθα, πάντες δὲ ἀλλαγησόμεθα, ἐν ἀτό-
μῳ, ἐν ῥιπῇ ὀφθαλμοῦ, ἐν τῇ ἐσχάτῃ σάλπιγγι· σαλ-
πίσει γάρ, καὶ οἱ νεκροὶ ἐγερθήσονται ἄφθαρτοι, καὶ
53 ἡμεῖς ἀλλαγησόμεθα. δεῖ γὰρ τὸ φθαρτὸν τοῦτο ἐν-
δύσασθαι ἀφθαρσίαν καὶ τὸ θνητὸν τοῦτο ἐνδύσασθαι
54 ἀθανασίαν. ὅταν δὲ τὸ φθαρτὸν τοῦτο ἐνδύσηται
ἀφθαρσίαν καὶ τὸ θνητὸν τοῦτο ἐνδύσηται ἀθανασίαν, τότε
γενήσεται ὁ λόγος ὁ γεγραμμένος, Κατεπόθη ὁ θάνατος εἰς
55 νῖκος. Ποῦ σου, θάνατε, τὸ νῖκος; ποῦ σου, θάνατε,
56 τό κέντρον; τὸ δὲ κέντρον τοῦ θανάτου ἡ ἁμαρτία· ἡ
57 δὲ δύναμις τῆς ἁμαρτίας ὁ νόμος· τῷ δὲ Θεῷ χάρις
τῷ διδόντι ἡμῖν τὸ νῖκος διὰ τοῦ Κυρίου ἡμῶν Ἰησοῦ
58 Χριστοῦ. Ὥστε, ἀδελφοί μου ἀγαπητοί, ἑδραῖοι γίνε-
σθε, ἀμετακίνητοι, περισσεύοντες ἐν τῷ ἔργῳ τοῦ Κυρίου
πάντοτε, εἰδότες ὅτι ὁ κόπος ὑμῶν οὐκ ἔστιν κενὸς ἐν
Κυρίῳ.

16 Περὶ δὲ τῆς λογίας τῆς εἰς τοὺς ἁγίους, ὥσπερ διέταξα
ταῖς ἐκκλησίαις τῆς Γαλατίας, οὕτως καὶ ὑμεῖς ποιήσατε.
2 κατὰ μίαν σαββάτου ἕκαστος ὑμῶν παρ' ἑαυτῷ τιθέτω θη-
σαυρίζων ὅ τι ἂν εὐοδῶται, ἵνα μὴ ὅταν ἔλθω τότε λογίαι
3 γίνωνται. ὅταν δὲ παραγένωμαι, οὓς ἐὰν δοκιμάσητε,
δι' ἐπιστολῶν τούτους πέμψω ἀπενεγκεῖν τὴν χάριν ὑμῶν
4 εἰς Ἱερουσαλήμ· ἐὰν δὲ ἄξιον ᾖ τοῦ κἀμὲ πορεύεσθαι,
5 σὺν ἐμοὶ πορεύσονται. Ἐλεύσομαι δὲ πρὸς ὑμᾶς, ὅταν

50 δύναται] -ανται ϛ*Ln*TrmA   κληρονομεῖ] -μήσει *Ln*   51 πάν-
τες *pri*.] pr οἱ Bm : + μὲν ϛ[*Ln*] [B]   οὐ κοιμ.] κοιμ., οὐ LnBm : Scr :
κοιμ. οὐ, Trn   κοιμηθησ.] ἀναστησ. Bm   52 ῥιπῇ] ῥοπῇ *Ln*m
ἐγερθήσ.] ἀναστήσ. *Ln*   54 τὸ φθαρτὸν *usque ad* καὶ] WH°(n.m.)R°m
ἀθανασίαν] pr τὴν[WH]   55 νῖκος...κέντρον] κέντρον...νῖκος ϛ*Ln*m
ABm   θάνατε *sec*.] ᾅδη ϛBm   2 σαββάτου] -των ϛ   ἂν] ἐὰν
TrWH(n.a.)   εὐοδῶται] -ωθῇ WHm   3 ἐὰν] ἂν *Ln*TrWH₂   , δι'
ἐπιστ.] δι' ἐπιστ., ϛ*WH R(n.m.)   4 ᾖ] ante ἄξιον ϛ TiB

Μακεδονίαν διέλθω· Μακεδονίαν γὰρ διέρχομαι· πρὸς 6
ὑμᾶς δὲ τυχὸν παραμενῶ ἢ καὶ παραχειμάσω, ἵνα ὑμεῖς
με προπέμψητε οὗ ἐὰν πορεύωμαι. οὐ θέλω γὰρ ὑμᾶς 7
ἄρτι ἐν παρόδῳ ἰδεῖν, ἐλπίζω γὰρ χρόνον τινὰ ἐπιμεῖναι
πρὸς ὑμᾶς, ἐὰν ὁ Κύριος ἐπιτρέψῃ. ἐπιμενῶ δὲ ἐν 8
Ἐφέσῳ ἕως τῆς Πεντηκοστῆς· θύρα γάρ μοι ἀνέῳγεν 9
μεγάλη καὶ ἐνεργής, καὶ ἀντικείμενοι πολλοί.

Ἐὰν δὲ ἔλθῃ Τιμόθεος, βλέπετε ἵνα ἀφόβως γένηται 10
πρὸς ὑμᾶς· τὸ γὰρ ἔργον Κυρίου ἐργάζεται ὡς κἀγώ·
μή τις οὖν αὐτὸν ἐξουθενήσῃ. προπέμψατε δὲ αὐτὸν ἐν 11
εἰρήνῃ, ἵνα ἔλθῃ πρός με· ἐκδέχομαι γὰρ αὐτὸν μετὰ τῶν
ἀδελφῶν. Περὶ δὲ Ἀπολλὼ τοῦ ἀδελφοῦ, πολλὰ παρε- 12
κάλεσα αὐτὸν ἵνα ἔλθῃ πρὸς ὑμᾶς μετὰ τῶν ἀδελφῶν· καὶ
πάντως οὐκ ἦν θέλημα ἵνα νῦν ἔλθῃ, ἐλεύσεται δὲ ὅταν
εὐκαιρήσῃ.

Γρηγορεῖτε, στήκετε ἐν τῇ πίστει, ἀνδρίζεσθε, κραταιοῦ- 13
σθε. πάντα ὑμῶν ἐν ἀγάπῃ γινέσθω. Παρακαλῶ 14, 15
δὲ ὑμᾶς, ἀδελφοί· οἴδατε τὴν οἰκίαν Στεφανᾶ, ὅτι ἐστὶν
ἀπαρχὴ τῆς Ἀχαΐας καὶ εἰς διακονίαν τοῖς ἁγίοις ἔταξαν
ἑαυτούς· ἵνα καὶ ὑμεῖς ὑποτάσσησθε τοῖς τοιούτοις, 16
καὶ παντὶ τῷ συνεργοῦντι καὶ κοπιῶντι. χαίρω δὲ ἐπὶ 17
τῇ παρουσίᾳ Στεφανᾶ καὶ Φορτουνάτου καὶ Ἀχαϊκοῦ, ὅτι
τὸ ὑμέτερον ὑστέρημα οὗτοι ἀνεπλήρωσαν. ἀνέπαυσαν 18
γὰρ τὸ ἐμὸν πνεῦμα καὶ τὸ ὑμῶν. ἐπιγινώσκετε οὖν τοὺς
τοιούτους.

Ἀσπάζονται ὑμᾶς αἱ ἐκκλησίαι τῆς Ἀσίας. ἀσπάζεται 19·
ὑμᾶς ἐν Κυρίῳ πολλὰ Ἀκύλας καὶ Πρίσκα σὺν τῇ κατ᾽
οἶκον αὐτῶν ἐκκλησίᾳ. ἀσπάζονται ὑμᾶς οἱ ἀδελφοὶ 20
πάντες. ἀσπάσασθε ἀλλήλους ἐν φιλήματι ἁγίῳ.

6 παραμενῶ] καταμ. WH καὶ] WHᵒ(n.m.) 7 γὰρ sec.] δὲ ς
ἐπιτρέψῃ] -τρέπῃ ς 8 ἐπιμενῶ] -μένω WH 10 κἀγώ] καὶ ἐγώ ς :
ἐγώ WH(n.m.) 11 με] ἐμέ LnTr 13 κραται.] pr καὶ [Ln]
17 Φορτ.] Φουρτ. ς ὑμέτερον] ὑμῶν ς BmWHm οὗτοι] αὐτοὶ Ln
TrmA 19 ἀσπάζεται] -ονται ς Ln(n.m.)Tr(n.m.)A Πρίσκα] Πρί-
σκιλλα ς LnABm

21, 22 Ὁ ἀσπασμὸς τῇ ἐμῇ χειρὶ Παύλου. εἴ τις οὐ φιλεῖ
23 τὸν Κύριον, ἤτω ἀνάθεμα. Μαρὰν ἀθά. ἡ χάρις τοῦ
24 Κυρίου Ἰησοῦ μεθ' ὑμῶν. ἡ ἀγάπη μου μετὰ πάντων
ὑμῶν ἐν Χριστῷ Ἰησοῦ.

ΠΡΟΣ ΚΟΡΙΝΘΙΟΥΣ Β.

1 Παῦλος ἀπόστολος Χριστοῦ Ἰησοῦ διὰ θελήματος Θεοῦ,
καὶ Τιμόθεος ὁ ἀδελφός, τῇ ἐκκλησίᾳ τοῦ Θεοῦ τῇ οὔσῃ
ἐν Κορίνθῳ σὺν τοῖς ἁγίοις πᾶσιν τοῖς οὖσιν ἐν ὅλῃ τῇ
2 Ἀχαΐᾳ· χάρις ὑμῖν καὶ εἰρήνη ἀπὸ Θεοῦ Πατρὸς ἡμῶν
καὶ Κυρίου Ἰησοῦ Χριστοῦ.

3 Εὐλογητὸς ὁ Θεὸς καὶ Πατὴρ τοῦ Κυρίου ἡμῶν Ἰησοῦ
Χριστοῦ, ὁ Πατὴρ τῶν οἰκτιρμῶν καὶ Θεὸς πάσης παρα-
4 κλήσεως, ὁ παρακαλῶν ἡμᾶς ἐπὶ πάσῃ τῇ θλίψει ἡμῶν,
εἰς τὸ δύνασθαι ἡμᾶς παρακαλεῖν τοὺς ἐν πάσῃ θλίψει διὰ
τῆς παρακλήσεως ἧς παρακαλούμεθα αὐτοὶ ὑπὸ τοῦ Θεοῦ,
5 ὅτι καθὼς περισσεύει τὰ παθήματα τοῦ Χριστοῦ εἰς ἡμᾶς,
οὕτως διὰ τοῦ Χριστοῦ περισσεύει καὶ ἡ παράκλησις
6 ἡμῶν. εἴτε δὲ θλιβόμεθα, ὑπὲρ τῆς ὑμῶν παρακλή-
σεως καὶ σωτηρίας· εἴτε παρακαλούμεθα, ὑπὲρ τῆς ὑμῶν
παρακλήσεως τῆς ἐνεργουμένης ἐν ὑπομονῇ τῶν αὐτῶν πα-
7 θημάτων ὧν καὶ ἡμεῖς πάσχομεν· καὶ ἡ ἐλπὶς ἡμῶν
βεβαία ὑπὲρ ὑμῶν· εἰδότες ὅτι ὡς κοινωνοί ἐστε τῶν πα-

22 Κύριον]+Ἰησοῦν Χριστόν ϛBm   μαρὰν ἀθά] μαραναθά LnA
23 Ἰησοῦ]+Χριστοῦ ϛLnR   24 Ἰησοῦ.]+ἀμήν. ϛ[Ln][A]R : etiam
+Πρὸς Κορινθίους πρώτη ἐγράφη ἀπὸ Φιλίππων διὰ Στεφανᾶ καὶ Φουρτου-
νάτου καὶ Ἀχαϊκοῦ καὶ Τιμοθέου. ϛ:+προς Κορινθιους Α. A
ΠΡΟΣ ΚΟΡΙΝΘΙΟΥΣ Β.] ἡ πρὸς τοὺς Κορινθίους δευτέρα. ϛ
1 Χριστοῦ] post Ἰησ. ϛLn   πᾶσιν] -σι WHa   5 διὰ τοῦ] —τοῦ
ϛ: C   6 καὶ σωτηρίας] B°WH°m   τῆς ἐνεργ. usque ad πάσχομεν]
ante εἴτε παρακαλ., ὑπ. τῆς ὑμ. παρακλ. ϛ   παρακλήσεως sec.] + καὶ
σωτηρίας ϛLnTr(n.m.)AB(n.m.)WHm   6, 7 τῆς ἐνεργ. usque ad ὑπὲρ
ὑμῶν] ante εἴτε παρακαλ., ὑπ. τῆς ὑμ. παρακλ. CErϛmLnTr(n.m.)AB(n.m.)
WHm   7 ὡς] ὥσπερ ϛ

ΠΡΟΣ ΚΟΡΙΝΘΙΟΥΣ Β. 1. 8—17.

θημάτων, οὕτως καὶ τῆς παρακλήσεως. Οὐ γὰρ θέλο- 8
μεν ὑμᾶς ἀγνοεῖν, ἀδελφοί, περὶ τῆς θλίψεως ἡμῶν τῆς
γενομένης ἐν τῇ Ἀσίᾳ, ὅτι καθ᾽ ὑπερβολὴν ὑπὲρ δύναμιν
ἐβαρήθημεν, ὥστε ἐξαπορηθῆναι ἡμᾶς καὶ τοῦ ζῆν·
ἀλλὰ αὐτοὶ ἐν ἑαυτοῖς τὸ ἀπόκριμα τοῦ θανάτου ἐσχήκα- 9
μεν, ἵνα μὴ πεποιθότες ὦμεν ἐφ᾽ ἑαυτοῖς, ἀλλ᾽ ἐπὶ τῷ
Θεῷ τῷ ἐγείροντι τοὺς νεκρούς· ὃς ἐκ τηλικούτου 10
θανάτου ἐρρύσατο ἡμᾶς καὶ ῥύσεται· εἰς ὃν ἠλπίκαμεν
ὅτι καὶ ἔτι ῥύσεται, συνυπουργούντων καὶ ὑμῶν ὑπὲρ 11
ἡμῶν τῇ δεήσει, ἵνα ἐκ πολλῶν προσώπων τὸ εἰς ἡμᾶς
χάρισμα διὰ πολλῶν εὐχαριστηθῇ ὑπὲρ ἡμῶν.

Ἡ γὰρ καύχησις ἡμῶν αὕτη ἐστίν, τὸ μαρτύριον τῆς 12
συνειδήσεως ἡμῶν, ὅτι ἐν ἁγιότητι καὶ εἰλικρινείᾳ τοῦ
Θεοῦ, οὐκ ἐν σοφίᾳ σαρκικῇ ἀλλ᾽ ἐν χάριτι Θεοῦ, ἀνεστρά-
φημεν ἐν τῷ κόσμῳ, περισσοτέρως δὲ πρὸς ὑμᾶς. οὐ 13
γὰρ ἄλλα γράφομεν ὑμῖν ἀλλ᾽ ἢ ἃ ἀναγινώσκετε ἢ καὶ
ἐπιγινώσκετε, ἐλπίζω δὲ ὅτι ἕως τέλους ἐπιγνώσεσθε·
καθὼς καὶ ἐπέγνωτε ἡμᾶς ἀπὸ μέρους, ὅτι καύχημα ὑμῶν 14
ἐσμέν, καθάπερ καὶ ὑμεῖς ἡμῶν, ἐν τῇ ἡμέρᾳ τοῦ Κυρίου
ἡμῶν Ἰησοῦ.

Καὶ ταύτῃ τῇ πεποιθήσει ἐβουλόμην πρότερον πρὸς 15
ὑμᾶς ἐλθεῖν, ἵνα δευτέραν χάριν σχῆτε, καὶ δι᾽ ὑμῶν 16
διελθεῖν εἰς Μακεδονίαν, καὶ πάλιν ἀπὸ Μακεδονίας ἐλθεῖν
πρὸς ὑμᾶς καὶ ὑφ᾽ ὑμῶν προπεμφθῆναι εἰς τὴν Ἰουδαίαν.
τοῦτο οὖν βουλόμενος μήτι ἄρα τῇ ἐλαφρίᾳ ἐχρησάμην; 17
ἢ ἃ βουλεύομαι κατὰ σάρκα βουλεύομαι, ἵνα ᾖ παρ᾽ ἐμοὶ

8 περὶ] ὑπὲρ ϛAWH(n.m.)   γενομένης] +ἡμῖν ϛ   ἐβαρήθημεν] ante ὑπὲρ δύν. ϛ   9 ἀλλὰ] ἀλλ᾽ LnWHa   10 ἐρρύσατο] ἐρύ. TrWH(n.n.) καὶ ῥύσεται] καὶ ῥύεται ϛBm : [Ln][B]   ὅτι] [Ln](n.m.)[Tr]B°m[WH]R°m ἔτι] Ln°m   12 ἁγιότητι] ἁπλότητι ϛBm   εἰλικρινείᾳ] εἰλικρ. WHa : -νίᾳ TiBWH   τοῦ] ϛ°   οὐκ] pr καὶ [WH]   13 ἀλλ᾽] [Ln] ἕως] pr καὶ ϛ   14 ἡμῶν sec.] ϛ°[Ln]Tr° : Cϛm   15 πρότερον] post πρ. ὑμ. ἐλθ. ϛ   χάριν] χαρὰν TrmBmWH(n.m.)Rm   σχῆτε] ἔχητε ϛLn   16 διελθεῖν] ἀπελθεῖν Ln(n.m.)   17 βουλόμενος] βουλευόμενος ϛBm

455

ΠΡΟΣ ΚΟΡΙΝΘΙΟΥΣ Β.

18 τὸ Ναὶ ναὶ καὶ τὸ Οὒ οὔ; πιστὸς δὲ ὁ Θεός, ὅτι ὁ λό-
19 γος ἡμῶν ὁ πρὸς ὑμᾶς οὐκ ἔστιν Ναὶ καὶ Οὔ. ὁ τοῦ Θεοῦ
γὰρ Υἱὸς Ἰησοῦς Χριστὸς ὁ ἐν ὑμῖν δι᾽ ἡμῶν κηρυχθείς, δι᾽
ἐμοῦ καὶ Σιλουανοῦ καὶ Τιμοθέου, οὐκ ἐγένετο Ναὶ καὶ
20 Οὔ, ἀλλὰ Ναὶ ἐν αὐτῷ γέγονεν. ὅσαι γὰρ ἐπαγγελίαι
Θεοῦ, ἐν αὐτῷ τὸ Ναί· διὸ καὶ δι᾽ αὐτοῦ τὸ Ἀμὴν τῷ Θεῷ
21 πρὸς δόξαν δι᾽ ἡμῶν. ὁ δὲ βεβαιῶν ἡμᾶς σὺν ὑμῖν εἰς
22 Χριστὸν καὶ χρίσας ἡμᾶς Θεός, ὁ καὶ σφραγισάμενος
ἡμᾶς καὶ δοὺς τὸν ἀρραβῶνα τοῦ Πνεύματος ἐν ταῖς καρ-
δίαις ἡμῶν.
23 Ἐγὼ δὲ μάρτυρα τὸν Θεὸν ἐπικαλοῦμαι ἐπὶ τὴν ἐμὴν
ψυχήν, ὅτι φειδόμενος ὑμῶν οὐκέτι ἦλθον εἰς Κόρινθον.
24 οὐχ ὅτι κυριεύομεν ὑμῶν τῆς πίστεως, ἀλλὰ συνεργοί
2 ἐσμεν τῆς χαρᾶς ὑμῶν· τῇ γὰρ πίστει ἑστήκατε. ἔκρι-
να δὲ ἐμαυτῷ τοῦτο, τὸ μὴ πάλιν ἐν λύπῃ πρὸς ὑμᾶς
2 ἐλθεῖν. εἰ γὰρ ἐγὼ λυπῶ ὑμᾶς, καὶ τίς ὁ εὐφραίνων με
3 εἰ μὴ ὁ λυπούμενος ἐξ ἐμοῦ; καὶ ἔγραψα τοῦτο αὐτό,
ἵνα μὴ ἐλθὼν λύπην σχῶ ἀφ᾽ ὧν ἔδει με χαίρειν, πεποιθὼς
ἐπὶ πάντας ὑμᾶς ὅτι ἡ ἐμὴ χαρὰ πάντων ὑμῶν ἐστίν.
4 ἐκ γὰρ πολλῆς θλίψεως καὶ συνοχῆς καρδίας ἔγραψα ὑμῖν
διὰ πολλῶν δακρύων, οὐχ ἵνα λυπηθῆτε, ἀλλὰ τὴν ἀγάπην
ἵνα γνῶτε ἣν ἔχω περισσοτέρως εἰς ὑμᾶς.
5 Εἰ δέ τις λελύπηκεν, οὐκ ἐμὲ λελύπηκεν, ἀλλὰ ἀπὸ μέ-
6 ρους, ἵνα μὴ ἐπιβαρῶ, πάντας ὑμᾶς. ἱκανὸν τῷ τοιούτῳ
7 ἡ ἐπιτιμία αὕτη ἡ ὑπὸ τῶν πλειόνων· ὥστε τοὐναντίον
[μᾶλλον] ὑμᾶς χαρίσασθαι καὶ παρακαλέσαι, μή πως τῇ
8 περισσοτέρᾳ λύπῃ καταποθῇ ὁ τοιοῦτος. διὸ παρακαλῶ
9 ὑμᾶς κυρῶσαι εἰς αὐτὸν ἀγάπην. εἰς τοῦτο γὰρ καὶ ἔ-

18 ἐστιν] ἐγένετο ς 19 γὰρ] ante τοῦ Θεοῦ ς Ἰησοῦς] post Χρι-
στὸς Tm TiBWH 20 διὸ καὶ δι᾽ αὐτοῦ] καὶ ἐν αὐτῷ ς(n.m.)
22 δ] [WH]R° ἀρραβῶνα] ἀραβ. LnTiB 1 δὲ] γὰρ TmWH(n.m.)
Rm ἐλθεῖν] ante ἐν λύ. πρ. ὑμᾶς ς : C 2 τίς] + ἐστιν ς
3 ἔγραψα] + ὑμῖν ς σχῶ] ἔχω ς Ln : C 5 ἀλλὰ] ἀλλ᾽ ς : C
ἐπιβαρῶ, πάν.] -ρῶ πάν. ς : Elz 7 μᾶλλον] ins ς Ln[Tr]Ti[A]BWHm
R : Tr°mWH°R°m

ΠΡΟΣ ΚΟΡΙΝΘΙΟΥΣ Β.

γράψα, ἵνα γνῶ τὴν δοκιμὴν ὑμῶν, εἰ εἰς πάντα ὑπήκοοί ἐστε.   ᾧ δέ τι χαρίζεσθε, κἀγώ· καὶ γὰρ ἐγὼ ὃ κεχάρι- 10 σμαι, εἴ τι κεχάρισμαι, δι᾽ ὑμᾶς ἐν προσώπῳ Χριστοῦ, ἵνα μὴ πλεονεκτηθῶμεν ὑπὸ τοῦ Σατανᾶ· οὐ γὰρ αὐτοῦ 11 τὰ νοήματα ἀγνοοῦμεν.

Ἐλθὼν δὲ εἰς τὴν Τρῳάδα εἰς τὸ εὐαγγέλιον τοῦ Χρι- 12 στοῦ, καὶ θύρας μοι ἀνεῳγμένης ἐν Κυρίῳ,   οὐκ ἔσχηκα 13 ἄνεσιν τῷ πνεύματί μου τῷ μὴ εὑρεῖν με Τίτον τὸν ἀδελφόν μου· ἀλλὰ ἀποταξάμενος αὐτοῖς ἐξῆλθον εἰς Μακεδονίαν. Τῷ δὲ Θεῷ χάρις τῷ πάντοτε θριαμβεύοντι ἡμᾶς ἐν τῷ 14 Χριστῷ, καὶ τὴν ὀσμὴν τῆς γνώσεως αὐτοῦ φανεροῦντι δι᾽ ἡμῶν ἐν παντὶ τόπῳ.   ὅτι Χριστοῦ εὐωδία ἐσμὲν τῷ Θεῷ 15 ἐν τοῖς σῳζομένοις καὶ ἐν τοῖς ἀπολλυμένοις·   οἷς μὲν 16 ὀσμὴ ἐκ θανάτου εἰς θάνατον, οἷς δὲ ὀσμὴ ἐκ ζωῆς εἰς ζωήν. καὶ πρὸς ταῦτα τίς ἱκανός;   οὐ γάρ ἐσμεν ὡς οἱ πολλοὶ 17 καπηλεύοντες τὸν λόγον τοῦ Θεοῦ· ἀλλ᾽ ὡς ἐξ εἰλικρινείας, ἀλλ᾽ ὡς ἐκ Θεοῦ, κατέναντι Θεοῦ ἐν Χριστῷ λαλοῦμεν.

Ἀρχόμεθα πάλιν ἑαυτοὺς συνιστάνειν; ἢ μὴ χρῄζομεν 3 ὥς τινες συστατικῶν ἐπιστολῶν πρὸς ὑμᾶς ἢ ἐξ ὑμῶν; ἡ ἐπιστολὴ ἡμῶν ὑμεῖς ἐστέ, ἐνγεγραμμένη ἐν ταῖς καρ- 2 δίαις ἡμῶν, γινωσκομένη καὶ ἀναγινωσκομένη ὑπὸ πάντων ἀνθρώπων·   φανερούμενοι ὅτι ἐστὲ ἐπιστολὴ Χριστοῦ 3 διακονηθεῖσα ὑφ᾽ ἡμῶν, ἐνγεγραμμένη οὐ μέλανι ἀλλὰ Πνεύματι Θεοῦ ζῶντος, οὐκ ἐν πλαξὶν λιθίναις ἀλλ᾽ ἐν πλαξὶν καρδίαις σαρκίναις.   Πεποίθησιν δὲ τοιαύτην 4 ἔχομεν διὰ τοῦ Χριστοῦ πρὸς τὸν Θεόν·   οὐχ ὅτι ἀφ᾽ 5 ἑαυτῶν ἱκανοί ἐσμεν λογίσασθαί τι ὡς ἐξ ἑαυτῶν, ἀλλ᾽ ἡ

9 εἰ] ἢ WHmRm   10 κἀγώ] καὶ ἐγώ ϛ   ὃ...εἴ τι] εἴ τι...ᾧ ϛ
16 ἐκ bis] ϛ°(a.m.)Bᵐ   17 ἀλλ᾽ pri.] ἀλλὰ TrWHa   εἰλικρινείας]
εἰλικρ. WHa: -νίας TiBWH   κατέναντι] κατενώπιον ϛ:+ τοῦ ϛ[A]
1 συνιστάνειν]-ιστᾶν LnTrWHa   ἢ pri.] εἰ ϛ(a.m.) : J   ὡς]+-περ[Ln]
συστ.]συνστ. Tr   ὑμῶν]+ συστατικῶν ϛ   2, 3 ἐνγεγρ. bis] ἐγγεγρ.
ϛ LnTrA   3 ἐνγεγρ.] pr καὶ WHm   ἀλλ᾽] ἀλλὰ Elz   καρδίαις]
καρδίας ϛ BmScr   4 Θεόν·] θεόν, TiBWHm   5 ἀφ᾽ ἑαυ.] post ἱκ. ἐσ.
ϛ : post ἱκ. ἐσ. λογ. τι LnTrmA   ἐσμεν] ἐσμεν, WHm   λογίσασθαί]
-ίζεσθαί Ln   ἑαυτῶν sec.] αὐτ. LnTr : αὐτ. WH(n.a.)

ΠΡΟΣ ΚΟΡΙΝΘΙΟΥΣ Β.

6 ἱκανότης ἡμῶν ἐκ τοῦ Θεοῦ· ὃς καὶ ἱκάνωσεν ἡμᾶς διακόνους καινῆς διαθήκης, οὐ γράμματος ἀλλὰ πνεύματος·
7 τὸ γὰρ γράμμα ἀποκτέννει, τὸ δὲ πνεῦμα ζωοποιεῖ. Εἰ δὲ ἡ διακονία τοῦ θανάτου ἐν γράμμασιν ἐντετυπωμένη λίθοις ἐγενήθη ἐν δόξῃ, ὥστε μὴ δύνασθαι ἀτενίσαι τοὺς υἱοὺς Ἰσραὴλ εἰς τὸ πρόσωπον Μωυσέως διὰ τὴν δόξαν
8 τοῦ προσώπου αὐτοῦ τὴν καταργουμένην, πῶς οὐχὶ
9 μᾶλλον ἡ διακονία τοῦ πνεύματος ἔσται ἐν δόξῃ; εἰ γὰρ τῇ διακονίᾳ τῆς κατακρίσεως δόξα, πολλῷ μᾶλλον
10 περισσεύει ἡ διακονία τῆς δικαιοσύνης δόξῃ. καὶ γὰρ οὐ δεδόξασται τὸ δεδοξασμένον ἐν τούτῳ τῷ μέρει, εἵνεκεν
11 τῆς ὑπερβαλλούσης δόξης. εἰ γὰρ τὸ καταργούμενον διὰ δόξης, πολλῷ μᾶλλον τὸ μένον ἐν δόξῃ.
12 Ἔχοντες οὖν τοιαύτην ἐλπίδα πολλῇ παρρησίᾳ χρώ-
13 μεθα, καὶ οὐ καθάπερ Μωυσῆς ἐτίθει κάλυμμα ἐπὶ τὸ πρόσωπον αὐτοῦ, πρὸς τὸ μὴ ἀτενίσαι τοὺς υἱοὺς Ἰσραὴλ
14 εἰς τὸ τέλος τοῦ καταργουμένου· ἀλλ' ἐπωρώθη τὰ νοήματα αὐτῶν· ἄχρι γὰρ τῆς σήμερον ἡμέρας τὸ αὐτὸ κάλυμμα ἐπὶ τῇ ἀναγνώσει τῆς παλαιᾶς διαθήκης μένει, μὴ ἀνακαλυπτόμενον ὅτι ἐν Χριστῷ καταργεῖται.
15 ἀλλ' ἕως σήμερον, ἡνίκα ἂν ἀναγινώσκηται Μωυσῆς, κά-
16 λυμμα ἐπὶ τὴν καρδίαν αὐτῶν κεῖται. ἡνίκα δὲ ἂν ἐπι-
17 στρέψῃ πρὸς Κύριον, περιαιρεῖται τὸ κάλυμμα. Ὁ δὲ Κύριος τὸ Πνεῦμά ἐστιν· οὗ δὲ τὸ Πνεῦμα Κυρίου, ἐλευ-
18 θερία. ἡμεῖς δὲ πάντες, ἀνακεκαλυμμένῳ προσώπῳ τὴν δόξαν Κυρίου κατοπτριζόμενοι, τὴν αὐτὴν εἰκόνα μεταμορ-

φούμεθα ἀπὸ δόξης εἰς δόξαν, καθάπερ ἀπὸ Κυρίου Πνεύματος.

Διὰ τοῦτο ἔχοντες τὴν διακονίαν ταύτην, καθὼς ἠλεή- 4
θημεν, οὐκ ἐγκακοῦμεν· ἀλλὰ ἀπειπάμεθα τὰ κρυπτὰ 2
τῆς αἰσχύνης, μὴ περιπατοῦντες ἐν πανουργίᾳ μηδὲ δολοῦντες τὸν λόγον τοῦ Θεοῦ, ἀλλὰ τῇ φανερώσει τῆς ἀληθείας συνιστάντες ἑαυτοὺς πρὸς πᾶσαν συνείδησιν ἀνθρώπων ἐνώπιον τοῦ Θεοῦ. Εἰ δὲ καὶ ἔστιν κεκαλυμμένον τὸ 3
εὐαγγέλιον ἡμῶν, ἐν τοῖς ἀπολλυμένοις ἐστὶν κεκαλυμμένον· ἐν οἷς ὁ Θεὸς τοῦ αἰῶνος τούτου ἐτύφλωσεν τὰ 4
νοήματα τῶν ἀπίστων εἰς τὸ μὴ αὐγάσαι τὸν φωτισμὸν τοῦ εὐαγγελίου τῆς δόξης τοῦ Χριστοῦ, ὅς ἐστιν εἰκὼν τοῦ Θεοῦ. οὐ γὰρ ἑαυτοὺς κηρύσσομεν ἀλλὰ Χριστὸν Ἰη- 5
σοῦν Κύριον, ἑαυτοὺς δὲ δούλους ὑμῶν διὰ Ἰησοῦν. ὅτι 6
ὁ Θεὸς ὁ εἰπών, Ἐκ σκότους φῶς λάμψει, ὃς ἔλαμψεν ἐν ταῖς καρδίαις ἡμῶν πρὸς φωτισμὸν τῆς γνώσεως τῆς δόξης τοῦ Θεοῦ ἐν προσώπῳ Χριστοῦ.

Ἔχομεν δὲ τὸν θησαυρὸν τοῦτον ἐν ὀστρακίνοις σκεύε- 7
σιν, ἵνα ἡ ὑπερβολὴ τῆς δυνάμεως ᾖ τοῦ Θεοῦ καὶ μὴ ἐξ ἡμῶν· ἐν παντὶ θλιβόμενοι ἀλλ' οὐ στενοχωρούμενοι, 8
ἀπορούμενοι ἀλλ' οὐκ ἐξαπορούμενοι, διωκόμενοι ἀλλ' 9
οὐκ ἐγκαταλειπόμενοι, καταβαλλόμενοι ἀλλ' οὐκ ἀπολλύμενοι, πάντοτε τὴν νέκρωσιν τοῦ Ἰησοῦ ἐν τῷ σώματι 10
περιφέροντες, ἵνα καὶ ἡ ζωὴ τοῦ Ἰησοῦ ἐν τῷ σώματι ἡμῶν φανερωθῇ. ἀεὶ γὰρ ἡμεῖς οἱ ζῶντες εἰς θάνατον παρα- 11
διδόμεθα διὰ Ἰησοῦν, ἵνα καὶ ἡ ζωὴ τοῦ Ἰησοῦ φανερωθῇ ἐν τῇ θνητῇ σαρκὶ ἡμῶν. Ὥστε ὁ θάνατος ἐν ἡμῖν 12
ἐνεργεῖται, ἡ δὲ ζωὴ ἐν ὑμῖν. ἔχοντες δὲ τὸ αὐτὸ πνεῦ- 13

1 ἐγκακοῦμεν] ἐκκ. ςBm : ἐνκ. WHa 2 ἀλλὰ pri.] ἀλλ' ς συνιστάντες] -στῶντες ς : -στάνοντες WH 4 αὐγάσαι] καταυγ. LnmTrm : +αὐτοῖς ς 5 Χρ. Ἰησ.] Ἰησ. Χρ. LnTrmWHm Ἰησοῦν sec.] -σοῦ Lnm BmWHmRm 6 Ἐκ...λάμψει] ἐκ...λάμψαι ς LnmBm τοῦ Θεοῦ] αὐτοῦ Ln Χριστοῦ] pr Ἰησοῦ ςR 10 Ἰησοῦ pri.] pr Κυρίου ς τῷ σώματι sec.] τοῖς σώμασιν Ti 12 ὁ]+μὲν ς : Scr

μα τῆς πίστεως, κατὰ τὸ γεγραμμένον, Ἐπίστευσα, διὸ ἐλάλησα, καὶ ἡμεῖς πιστεύομεν, διὸ καὶ λαλοῦμεν·
14 εἰδότες ὅτι ὁ ἐγείρας τὸν Κύριον Ἰησοῦν καὶ ἡμᾶς σὺν
15 Ἰησοῦ ἐγερεῖ καὶ παραστήσει σὺν ὑμῖν. τὰ γὰρ πάντα δι' ὑμᾶς, ἵνα ἡ χάρις πλεονάσασα διὰ τῶν πλειόνων τὴν εὐχαριστίαν περισσεύσῃ εἰς τὴν δόξαν τοῦ Θεοῦ.
16 Διὸ οὐκ ἐγκακοῦμεν· ἀλλ' εἰ καὶ ὁ ἔξω ἡμῶν ἄνθρωπος διαφθείρεται, ἀλλ' ὁ ἔσω ἡμῶν ἀνακαινοῦται ἡμέρᾳ καὶ
17 ἡμέρᾳ. τὸ γὰρ παραυτίκα ἐλαφρὸν τῆς θλίψεως ἡμῶν καθ' ὑπερβολὴν εἰς ὑπερβολὴν αἰώνιον βάρος δόξης κατερ-
18 γάζεται ἡμῖν, μὴ σκοπούντων ἡμῶν τὰ βλεπόμενα ἀλλὰ τὰ μὴ βλεπόμενα· τὰ γὰρ βλεπόμενα πρόσκαιρα,
5 τὰ δὲ μὴ βλεπόμενα αἰώνια. Οἴδαμεν γὰρ ὅτι ἐὰν ἡ ἐπίγειος ἡμῶν οἰκία τοῦ σκήνους καταλυθῇ, οἰκοδομὴν ἐκ Θεοῦ ἔχομεν, οἰκίαν ἀχειροποίητον αἰώνιον ἐν τοῖς οὐρανοῖς.
2 καὶ γὰρ ἐν τούτῳ στενάζομεν, τὸ οἰκητήριον ἡμῶν τὸ ἐξ
3 οὐρανοῦ ἐπενδύσασθαι ἐπιποθοῦντες· εἴπερ καὶ ἐνδυ-
4 σάμενοι οὐ γυμνοὶ εὑρεθησόμεθα. καὶ γὰρ οἱ ὄντες ἐν τῷ σκήνει στενάζομεν βαρούμενοι, ἐφ' ᾧ οὐ θέλομεν ἐκδύσασθαι ἀλλ' ἐπενδύσασθαι, ἵνα καταποθῇ τὸ θνητὸν ὑπὸ
5 τῆς ζωῆς. ὁ δὲ κατεργασάμενος ἡμᾶς εἰς αὐτὸ τοῦτο
6 Θεός, ὁ δοὺς ἡμῖν τὸν ἀρραβῶνα τοῦ Πνεύματος. Θαρροῦντες οὖν πάντοτε, καὶ εἰδότες ὅτι ἐνδημοῦντες ἐν τῷ
7 σώματι ἐκδημοῦμεν ἀπὸ τοῦ Κυρίου (διὰ πίστεως γὰρ
8 περιπατοῦμεν, οὐ διὰ εἴδους), θαρροῦμεν δὲ καὶ εὐδοκοῦμεν μᾶλλον ἐκδημῆσαι ἐκ τοῦ σώματος καὶ ἐνδημῆσαι
9 πρὸς τὸν Κύριον. διὸ καὶ φιλοτιμούμεθα, εἴτε ἐνδη-
10 μοῦντες εἴτε ἐκδημοῦντες, εὐάρεστοι αὐτῷ εἶναι. τοὺς

---

13 διὸ] + καὶ Ti[B]   14 Κύριον] [Tr][A][WH]R°m   σὺν pri.] διὰ ϛ(n.m.)   16 ἐγκακοῦμεν] ἐκκ. ϛBm: ἐνκ. WHa   ἔσω]+-θεν ϛ[A]: C   ἡμῶν] ϛ°   17 ἡμῶν] [Tr]mWH°(n.m.)   8 εἴπερ] εἴγε ϛTiA (n.m.)B(n.m.)WH(n.m.)   ἐνδυσάμενοι] ἐκδυσ. Bm   4 ἐφ' ᾧ] ἐπειδὴ ϛ: CϛmJElz   ἀλλ'] ἀλλὰ TrWHa   5 δοὺς] pr καὶ ϛ   ἀρραβῶνα] ἀραβ. TiB

ΠΡΟΣ ΚΟΡΙΝΘΙΟΥΣ Β. 5. 11—6. 3.

γὰρ πάντας ἡμᾶς φανερωθῆναι δεῖ ἔμπροσθεν τοῦ βήματος τοῦ Χριστοῦ, ἵνα κομίσηται ἕκαστος τὰ διὰ τοῦ σώματος, πρὸς ἃ ἔπραξεν, εἴτε ἀγαθὸν εἴτε φαῦλον.

Εἰδότες οὖν τὸν φόβον τοῦ Κυρίου ἀνθρώπους πείθομεν, 11 Θεῷ δὲ πεφανερώμεθα· ἐλπίζω δὲ καὶ ἐν ταῖς συνειδήσεσιν ὑμῶν πεφανερῶσθαι. οὐ πάλιν ἑαυτοὺς συνιστάνομεν 12 ὑμῖν, ἀλλὰ ἀφορμὴν διδόντες ὑμῖν καυχήματος ὑπὲρ ἡμῶν, ἵνα ἔχητε πρὸς τοὺς ἐν προσώπῳ καυχωμένους καὶ μὴ ἐν καρδίᾳ. εἴτε γὰρ ἐξέστημεν, Θεῷ· εἴτε σωφρονοῦμεν, 13 ὑμῖν. ἡ γὰρ ἀγάπη τοῦ Χριστοῦ συνέχει ἡμᾶς, κρίναν- 14 τας τοῦτο, ὅτι εἷς ὑπὲρ πάντων ἀπέθανεν, ἄρα οἱ πάντες ἀπέθανον· καὶ ὑπὲρ πάντων ἀπέθανεν, ἵνα οἱ ζῶντες 15 μηκέτι ἑαυτοῖς ζῶσιν ἀλλὰ τῷ ὑπὲρ αὐτῶν ἀποθανόντι καὶ ἐγερθέντι. Ὥστε ἡμεῖς ἀπὸ τοῦ νῦν οὐδένα οἴδαμεν 16 κατὰ σάρκα· εἰ καὶ ἐγνώκαμεν κατὰ σάρκα Χριστόν, ἀλλὰ νῦν οὐκέτι γινώσκομεν. ὥστε εἴ τις ἐν Χριστῷ, καινὴ 17 κτίσις· τὰ ἀρχαῖα παρῆλθεν· ἰδοὺ γέγονεν καινά. τὰ 18 δὲ πάντα ἐκ τοῦ Θεοῦ τοῦ καταλλάξαντος ἡμᾶς ἑαυτῷ διὰ Χριστοῦ καὶ δόντος ἡμῖν τὴν διακονίαν τῆς καταλλαγῆς, ὡς ὅτι Θεὸς ἦν ἐν Χριστῷ κόσμον καταλλάσσων ἑαυτῷ, 19 μὴ λογιζόμενος αὐτοῖς τὰ παραπτώματα αὐτῶν, καὶ θέμενος ἐν ἡμῖν τὸν λόγον τῆς καταλλαγῆς.

Ὑπὲρ Χριστοῦ οὖν πρεσβεύομεν, ὡς τοῦ Θεοῦ παρακα- 20 λοῦντος δι' ἡμῶν· δεόμεθα ὑπὲρ Χριστοῦ, καταλλάγητε τῷ Θεῷ. τὸν μὴ γνόντα ἁμαρτίαν ὑπὲρ ἡμῶν ἁμαρτίαν 21 ἐποίησεν, ἵνα ἡμεῖς γενώμεθα δικαιοσύνη Θεοῦ ἐν αὐτῷ. Συνεργοῦντες δὲ καὶ παρακαλοῦμεν μὴ εἰς κενὸν τὴν χάριν 6 τοῦ Θεοῦ δέξασθαι ὑμᾶς (λέγει γάρ, Καιρῷ δεκτῷ ἐπή- 2 κουσά σου, καὶ ἐν ἡμέρᾳ σωτηρίας ἐβοήθησά σοι· ἰδοὺ νῦν καιρὸς εὐπρόσδεκτος, ἰδοὺ νῦν ἡμέρα σωτηρίας), μη- 3

10 διὰ] ἴδια C*Ln*m: ? ἴδια Trm   φαῦλον] κακόν ϛ *Ln*Trm ABm
12 οὐ]+ γὰρ ϛ (n.m.)Tiσφ Bm   ἡμῶν] ὑμῶν Lnm Trm   μὴ ἐν] οὐ ϛ A
14 εἷς] pr εἰ ϛ(n.m.)Bm   16 εἰ] + δὲ ϛ   17 καινά] + τὰ πάντα ϛ
18 Χριστοῦ] pr 'Ιησοῦ ϛ   21 τὸν]+ γὰρ ϛ   γενώμεθα] γιν. ϛ : C

ΠΡΟΣ ΚΟΡΙΝΘΙΟΥΣ Β.

δεμίαν ἐν μηδενὶ διδόντες προσκοπήν, ἵνα μὴ μωμηθῇ ἡ
4 διακονία· ἀλλ' ἐν παντὶ συνιστάντες ἑαυτοὺς ὡς Θεοῦ
διάκονοι, ἐν ὑπομονῇ πολλῇ, ἐν θλίψεσιν, ἐν ἀνάγκαις, ἐν
5 στενοχωρίαις, ἐν πληγαῖς, ἐν φυλακαῖς, ἐν ἀκαταστα-
6 σίαις, ἐν κόποις, ἐν ἀγρυπνίαις, ἐν νηστείαις, ἐν ἁγνό-
τητι, ἐν γνώσει, ἐν μακροθυμίᾳ, ἐν χρηστότητι, ἐν Πνεύ-
7 ματι Ἁγίῳ, ἐν ἀγάπῃ ἀνυποκρίτῳ, ἐν λόγῳ ἀληθείας,
ἐν δυνάμει Θεοῦ· διὰ τῶν ὅπλων τῆς δικαιοσύνης τῶν δε-
8 ξιῶν καὶ ἀριστερῶν, διὰ δόξης καὶ ἀτιμίας, διὰ δυσφη-
9 μίας καὶ εὐφημίας· ὡς πλάνοι καὶ ἀληθεῖς, ὡς ἀγνοού-
μενοι καὶ ἐπιγινωσκόμενοι, ὡς ἀποθνήσκοντες καὶ ἰδοὺ
10 ζῶμεν, ὡς παιδευόμενοι καὶ μὴ θανατούμενοι, ὡς λυ-
πούμενοι ἀεὶ δὲ χαίροντες, ὡς πτωχοὶ πολλοὺς δὲ πλουτί-
ζοντες, ὡς μηδὲν ἔχοντες καὶ πάντα κατέχοντες.
11 Τὸ στόμα ἡμῶν ἀνέῳγεν πρὸς ὑμᾶς, Κορίνθιοι, ἡ καρδία
12 ἡμῶν πεπλάτυνται. οὐ στενοχωρεῖσθε ἐν ἡμῖν, στενο-
13 χωρεῖσθε δὲ ἐν τοῖς σπλάγχνοις ὑμῶν. τὴν δὲ αὐτὴν
ἀντιμισθίαν (ὡς τέκνοις λέγω) πλατύνθητε καὶ ὑμεῖς.
14 Μὴ γίνεσθε ἑτεροζυγοῦντες ἀπίστοις· τίς γὰρ μετοχὴ
δικαιοσύνῃ καὶ ἀνομίᾳ; ἢ τίς κοινωνία φωτὶ πρὸς σκότος;
15 τίς δὲ συμφώνησις Χριστοῦ πρὸς Βελίαρ; ἢ τίς μερὶς
16 πιστῷ μετὰ ἀπίστου; τίς δὲ συγκατάθεσις ναῷ Θεοῦ
μετὰ εἰδώλων; ἡμεῖς γὰρ ναὸς Θεοῦ ἐσμὲν ζῶντος· καθὼς
εἶπεν ὁ Θεὸς ὅτι Ἐνοικήσω ἐν αὐτοῖς καὶ ἐνπεριπατήσω,
καὶ ἔσομαι αὐτῶν Θεός, καὶ αὐτοὶ ἔσονταί μου λαός.
17 διὸ Ἐξέλθατε ἐκ μέσου αὐτῶν καὶ ἀφορίσθητε, λέγει Κύ-
ριος, καὶ ἀκαθάρτου μὴ ἅπτεσθε· κἀγὼ εἰσδέξομαι ὑμᾶς,
18 καὶ ἔσομαι ὑμῖν εἰς Πατέρα, καὶ ὑμεῖς ἔσεσθέ μοι εἰς υἱοὺς
7 καὶ θυγατέρας, λέγει Κύριος παντοκράτωρ. ταύτας οὖν

---

4 συνιστάντες] -ιστῶντες ς: -ιστάνοντες WH(n.a.)   11 ἡμῶν sec.]
ὑμῶν Bm   14 ἢ τίς] τίς δὲ ς   15 Χριστοῦ] -τῷ ς   Βελίαρ]
-ίαλ JElzL*n*R(n.m.)   πιστῷ] -τοῦ WHm   16 συγκατ.] συνκατ. Ti
BWH(n.a.)   ἡμεῖς... ἐσμὲν] ὑμεῖς...ἐστὲ ς(n.m.)L*n*mTr*m*ABm   ἐν-
περιπ.] ἐμπεριπ. ςL*n*TrA: Er   μου] μοι ςA   17 ἐξέλθατε] -ετε ς

ΠΡΟΣ ΚΟΡΙΝΘΙΟΥΣ Β.   7. 2—11.

ἔχοντες τὰς ἐπαγγελίας, ἀγαπητοί, καθαρίσωμεν ἑαυτοὺς ἀπὸ παντὸς μολυσμοῦ σαρκὸς καὶ πνεύματος, ἐπιτελοῦντες ἁγιωσύνην ἐν φόβῳ Θεοῦ. Χωρήσατε ἡμᾶς· οὐδένα ἠδικήσαμεν, οὐδένα ἐφθείραμεν, 2 οὐδένα ἐπλεονεκτήσαμεν.   πρὸς κατάκρισιν οὐ λέγω· 3 προείρηκα γὰρ ὅτι ἐν ταῖς καρδίαις ἡμῶν ἐστὲ εἰς τὸ συναποθανεῖν καὶ συνζῆν.   πολλή μοι παρρησία πρὸς ὑμᾶς, 4 πολλή μοι καύχησις ὑπὲρ ὑμῶν· πεπλήρωμαι τῇ παρακλήσει, ὑπερπερισσεύομαι τῇ χαρᾷ ἐπὶ πάσῃ τῇ θλίψει ἡμῶν.

Καὶ γὰρ ἐλθόντων ἡμῶν εἰς Μακεδονίαν οὐδεμίαν ἔσχη- 5 κεν ἄνεσιν ἡ σὰρξ ἡμῶν, ἀλλ' ἐν παντὶ θλιβόμενοι· ἔξωθεν μάχαι, ἔσωθεν φόβοι.   ἀλλ' ὁ παρακαλῶν τοὺς ταπει- 6 νοὺς παρεκάλεσεν ἡμᾶς ὁ Θεὸς ἐν τῇ παρουσίᾳ Τίτου· οὐ μόνον δὲ ἐν τῇ παρουσίᾳ αὐτοῦ, ἀλλὰ καὶ ἐν τῇ παρα- 7 κλήσει ᾗ παρεκλήθη ἐφ' ὑμῖν, ἀναγγέλλων ἡμῖν τὴν ὑμῶν ἐπιπόθησιν, τὸν ὑμῶν ὀδυρμόν, τὸν ὑμῶν ζῆλον ὑπὲρ ἐμοῦ, ὥστε με μᾶλλον χαρῆναι.   Ὅτι εἰ καὶ ἐλύπησα ὑμᾶς ἐν 8 τῇ ἐπιστολῇ, οὐ μεταμέλομαι, εἰ καὶ μετεμελόμην· βλέπω [γὰρ] ὅτι ἡ ἐπιστολὴ ἐκείνη εἰ καὶ πρὸς ὥραν ἐλύπησεν ὑμᾶς·   νῦν χαίρω, οὐχ ὅτι ἐλυπήθητε, ἀλλ' ὅτι ἐλυπή- 9 θητε εἰς μετάνοιαν· ἐλυπήθητε γὰρ κατὰ Θεόν, ἵνα ἐν μηδενὶ ζημιωθῆτε ἐξ ἡμῶν.   ἡ γὰρ κατὰ Θεὸν λύπη 10 μετάνοιαν εἰς σωτηρίαν ἀμεταμέλητον ἐργάζεται· ἡ δὲ τοῦ κόσμου λύπη θάνατον κατεργάζεται.   ἰδοὺ γὰρ αὐτὸ 11 τοῦτο τὸ κατὰ Θεὸν λυπηθῆναι πόσην κατειργάσατο ὑμῖν σπουδήν, ἀλλὰ ἀπολογίαν, ἀλλὰ ἀγανάκτησιν, ἀλλὰ φόβον, ἀλλὰ ἐπιπόθησιν, ἀλλὰ ζῆλον, ἀλλὰ ἐκδίκησιν. ἐν παντὶ συνεστήσατε ἑαυτοὺς ἁγνοὺς εἶναι τῷ πράγματι.

3 οὐ] ante πρὸς κατ. ς   συνζῆν] συζ. ς   5 ἔσχηκεν] ἔσχεν Ln
(n.m.)Tr(n.m.): post ἄνεσιν Lnm   8 γὰρ] ins ς[Ln][Tr]mTiABR: Tr°
B°mWH°R°m   10 ἐργάζεται] κατεργ. ς   11 λυπηθῆναι] + ὑμᾶς
ς[A]   κατειργ.] κατηργ. TiBWHa   ὑμῖν] pr ἐν [Ln]   ἀλλὰ]
sext. ἀλλ' ς   τῷ πράγμ.] pr ἐν ς [Ln]

12 ἄρα εἰ καὶ ἔγραψα ὑμῖν, οὐχ ἕνεκεν τοῦ ἀδικήσαντος οὐδὲ ἕνεκεν τοῦ ἀδικηθέντος, ἀλλ' ἕνεκεν τοῦ φανερωθῆναι τὴν σπουδὴν ὑμῶν τὴν ὑπὲρ ἡμῶν πρὸς ὑμᾶς ἐνώπιον τοῦ Θεοῦ.
13 Διὰ τοῦτο παρακεκλήμεθα, ἐπὶ δὲ τῇ παρακλήσει ἡμῶν περισσοτέρως μᾶλλον ἐχάρημεν ἐπὶ τῇ χαρᾷ Τίτου, ὅτι
14 ἀναπέπαυται τὸ πνεῦμα αὐτοῦ ἀπὸ πάντων ὑμῶν. ὅτι εἴ τι αὐτῷ ὑπὲρ ὑμῶν κεκαύχημαι, οὐ κατῃσχύνθην· ἀλλ' ὡς πάντα ἐν ἀληθείᾳ ἐλαλήσαμεν ὑμῖν, οὕτως καὶ ἡ καύ-
15 χησις ἡμῶν [ἡ] ἐπὶ Τίτου ἀλήθεια ἐγενήθη. καὶ τὰ σπλάγχνα αὐτοῦ περισσοτέρως εἰς ὑμᾶς ἐστὶν ἀναμιμνησκομένου τὴν πάντων ὑμῶν ὑπακοήν, ὡς μετὰ φόβου καὶ
16 τρόμου ἐδέξασθε αὐτόν. χαίρω ὅτι ἐν παντὶ θαρρῶ ἐν ὑμῖν.

8 Γνωρίζομεν δὲ ὑμῖν, ἀδελφοί, τὴν χάριν τοῦ Θεοῦ τὴν
2 δεδομένην ἐν ταῖς ἐκκλησίαις τῆς Μακεδονίας· ὅτι ἐν πολλῇ δοκιμῇ θλίψεως ἡ περισσεία τῆς χαρᾶς αὐτῶν καὶ ἡ κατὰ βάθους πτωχεία αὐτῶν ἐπερίσσευσεν εἰς τὸ πλοῦτος
3 τῆς ἁπλότητος αὐτῶν. ὅτι κατὰ δύναμιν, μαρτυρῶ, καὶ
4 παρὰ δύναμιν, αὐθαίρετοι, μετὰ πολλῆς παρακλήσεως δεόμενοι ἡμῶν τὴν χάριν καὶ τὴν κοινωνίαν τῆς διακονίας
5 τῆς εἰς τοὺς ἁγίους, καὶ οὐ καθὼς ἠλπίσαμεν, ἀλλ' ἑαυτοὺς ἔδωκαν πρῶτον τῷ Κυρίῳ καὶ ἡμῖν διὰ θελήματος
6 Θεοῦ· εἰς τὸ παρακαλέσαι ἡμᾶς Τίτον, ἵνα καθὼς προενήρξατο, οὕτως καὶ ἐπιτελέσῃ εἰς ὑμᾶς καὶ τὴν χάριν
7 ταύτην. ἀλλ' ὥσπερ ἐν παντὶ περισσεύετε, πίστει καὶ λόγῳ καὶ γνώσει καὶ πάσῃ σπουδῇ καὶ τῇ ἐξ ὑμῶν ἐν ἡμῖν ἀγάπῃ, ἵνα καὶ ἐν ταύτῃ τῇ χάριτι περισσεύητε.

12 οὐχ] οὐκ Ti   ἕνεκεν ter] εἴν. ς : C   οὐδὲ] pr ἀλλ' [WH]   ἀλλ'] ἀλλὰ Tr   ὑμῶν...ἡμῶν] ημ....υμ. ςₘJElz : ἡμ....ἡμ. Lₙₘ
13 παρακεκ. usque ad μᾶλλον] παρακεκ. ἐπὶ τῇ παρ. ὑμῶν· περισσ. δὲ μᾶλλον ς (n.m. — at ὑμῶν pro ἡμῶν ςₘσφ?)   14 πάντα] πάντοτε Lπₘ   ὑμῖν] ante ἐν ἀλ. ἐλαλ. Lπₘ   ἡμῶν] ὑμ. LπA(n.m.)   ἡ] ins ς Lπ [Tr]ABₘRWHₘ : Ti°B°WH°   16 χαίρω] + οὖν ςₘJElz   2 πτωχεία] -χία? WHₐ   τὸ πλοῦτος] τὸν πλοῦτον ς   3 π.ιρὰ] ὑπὲρ ς
4 ἡμῶν] ἡμῶν, TrWH   ἁγίους] + δέξασθαι ἡμᾶς ς(n.m.): Scr
5 ἀλλ'] ἀλλὰ TrTiB   7 ὑμῶν ἐν ἡμῖν] ἡμῶν ἐν ὑμῖν WH(n.m.)Rₘ

Οὐ κατ' ἐπιταγὴν λέγω, ἀλλὰ διὰ τῆς ἑτέρων σπουδῆς 8 καὶ τὸ τῆς ὑμετέρας ἀγάπης γνήσιον δοκιμάζων. γινώ- 9 σκετε γὰρ τὴν χάριν τοῦ Κυρίου ἡμῶν Ἰησοῦ Χριστοῦ, ὅτι δι' ὑμᾶς ἐπτώχευσεν πλούσιος ὤν, ἵνα ὑμεῖς τῇ ἐκείνου πτωχείᾳ πλουτήσητε. καὶ γνώμην ἐν τούτῳ δίδωμι· 10 τοῦτο γὰρ ὑμῖν συμφέρει, οἵτινες οὐ μόνον τὸ ποιῆσαι ἀλλὰ καὶ τὸ θέλειν προενήρξασθε ἀπὸ πέρυσι. νυνὶ δὲ 11 καὶ τὸ ποιῆσαι ἐπιτελέσατε, ὅπως καθάπερ ἡ προθυμία τοῦ θέλειν, οὕτως καὶ τὸ ἐπιτελέσαι ἐκ τοῦ ἔχειν. Εἰ γὰρ ἡ 12 προθυμία πρόκειται, καθὸ ἐὰν ἔχῃ εὐπρόσδεκτος, οὐ καθὸ οὐκ ἔχει. οὐ γὰρ ἵνα ἄλλοις ἄνεσις, ὑμῖν θλίψις, ἀλλ' 13 ἐξ ἰσότητος· ἐν τῷ νῦν καιρῷ τὸ ὑμῶν περίσσευμα εἰς 14 τὸ ἐκείνων ὑστέρημα, ἵνα καὶ τὸ ἐκείνων περίσσευμα γένηται εἰς τὸ ὑμῶν ὑστέρημα, ὅπως γένηται ἰσότης· καθὼς 15 γέγραπται, Ὁ τὸ πολὺ οὐκ ἐπλεόνασεν, καὶ ὁ τὸ ὀλίγον οὐκ ἠλαττόνησεν.

Χάρις δὲ τῷ Θεῷ τῷ διδόντι τὴν αὐτὴν σπουδὴν ὑπὲρ 16 ὑμῶν ἐν τῇ καρδίᾳ Τίτου, ὅτι τὴν μὲν παράκλησιν ἐδέ- 17 ξατο, σπουδαιότερος δὲ ὑπάρχων αὐθαίρετος ἐξῆλθεν πρὸς ὑμᾶς. συνεπέμψαμεν δὲ μετ' αὐτοῦ τὸν ἀδελφὸν οὗ ὁ 18 ἔπαινος ἐν τῷ εὐαγγελίῳ διὰ πασῶν τῶν ἐκκλησιῶν· οὐ 19 μόνον δέ, ἀλλὰ καὶ χειροτονηθεὶς ὑπὸ τῶν ἐκκλησιῶν συνέκδημος ἡμῶν ἐν τῇ χάριτι ταύτῃ τῇ διακονουμένῃ ὑφ' ἡμῶν πρὸς τὴν τοῦ Κυρίου δόξαν καὶ προθυμίαν ἡμῶν· στελλόμενοι τοῦτο, μή τις ἡμᾶς μωμήσηται ἐν τῇ ἁδρότητι 20 ταύτῃ τῇ διακονουμένῃ ὑφ' ἡμῶν· προνοοῦμεν γὰρ καλὰ 21 οὐ μόνον ἐνώπιον Κυρίου ἀλλὰ καὶ ἐνώπιον ἀνθρώπων. Συνεπέμψαμεν δὲ αὐτοῖς τὸν ἀδελφὸν ἡμῶν, ὃν ἐδοκιμά- 22 σαμεν ἐν πολλοῖς πολλάκις σπουδαῖον ὄντα, νυνὶ δὲ πολὺ

8 ὑμετέρας] ἡμ. Elz   9 Χριστοῦ] [WH]   πτωχείᾳ] -χίᾳ WH₄
12 ἐὰν] ἂν TiB   ἔχῃ]+τις ς (n.m.)   13 ὑμῖν]+δὲ ς [A]   , ἀλλ'
ἐξ ἰσότητος·] · ἀλλ' ἐξ ἰσότητος WH(n.m.)   18 μετ' αὐτ.] post τὸν ἀδ.
TiBR   19 ἐν] σὺν ς(n.m.)TiB(v.m.)   τῇ pri.].[B]m   τοῦ Κυ.] pr
αὐτοῦ ς Ti[B]   ἡμῶν tert.] ὑμῶν ς : Ersm   20 ἁδρότητι] ἀδρ. ς
21 προνοοῦμεν γὰρ] προνοούμενοι ς(n.m.)

ΠΡΟΣ ΚΟΡΙΝΘΙΟΥΣ Β.

23 σπουδαιότερον πεποιθήσει πολλῇ τῇ εἰς ὑμᾶς. εἴτε ὑπὲρ Τίτου, κοινωνὸς ἐμὸς καὶ εἰς ὑμᾶς συνεργός· εἴτε ἀδελφοὶ ἡμῶν, ἀπόστολοι ἐκκλησιῶν, δόξα Χριστοῦ.

24 τὴν οὖν ἔνδειξιν τῆς ἀγάπης ὑμῶν καὶ ἡμῶν καυχήσεως ὑπὲρ ὑμῶν εἰς αὐτοὺς ἐνδεικνύμενοι εἰς πρόσωπον τῶν ἐκκλησιῶν.

9 Περὶ μὲν γὰρ τῆς διακονίας τῆς εἰς τοὺς ἁγίους περισ-
2 σόν μοί ἐστιν τὸ γράφειν ὑμῖν· οἶδα γὰρ τὴν προθυμίαν ὑμῶν ἣν ὑπὲρ ὑμῶν καυχῶμαι Μακεδόσιν, ὅτι Ἀχαΐα παρεσκεύασται ἀπὸ πέρυσι· καὶ τὸ ὑμῶν ζῆλος ἠρέθισεν
3 τοὺς πλείονας. ἔπεμψα δὲ τοὺς ἀδελφούς, ἵνα μὴ τὸ καύχημα ἡμῶν τὸ ὑπὲρ ὑμῶν κενωθῇ ἐν τῷ μέρει τούτῳ·
4 ἵνα καθὼς ἔλεγον παρεσκευασμένοι ἦτε· μή πως, ἐὰν ἔλθωσιν σὺν ἐμοὶ Μακεδόνες καὶ εὕρωσιν ὑμᾶς ἀπαρασκευάστους, καταισχυνθῶμεν ἡμεῖς (ἵνα μὴ λέγωμεν ὑμεῖς)
5 ἐν τῇ ὑποστάσει ταύτῃ. ἀναγκαῖον οὖν ἡγησάμην παρακαλέσαι τοὺς ἀδελφοὺς ἵνα προέλθωσιν εἰς ὑμᾶς καὶ προκαταρτίσωσιν τὴν προεπηγγελμένην εὐλογίαν ὑμῶν, ταύτην ἑτοίμην εἶναι οὕτως ὡς εὐλογίαν καὶ μὴ ὡς πλεονεξίαν.

6 Τοῦτο δέ, ὁ σπείρων φειδομένως φειδομένως καὶ θερίσει, καὶ ὁ σπείρων ἐπ' εὐλογίαις ἐπ' εὐλογίαις καὶ θερίσει.
7 ἕκαστος καθὼς προῄρηται τῇ καρδίᾳ, μὴ ἐκ λύπης ἢ ἐξ
8 ἀνάγκης· Ἱλαρὸν γὰρ δότην ἀγαπᾷ ὁ Θεός. δυνατεῖ δὲ ὁ Θεὸς πᾶσαν χάριν περισσεῦσαι εἰς ὑμᾶς, ἵνα ἐν παντὶ πάντοτε πᾶσαν αὐτάρκειαν ἔχοντες περισσεύητε εἰς πᾶν
9 ἔργον ἀγαθόν· καθὼς γέγραπται, Ἐσκόρπισεν, ἔδωκεν τοῖς πένησιν· ἡ δικαιοσύνη αὐτοῦ μένει εἰς τὸν αἰῶνα.

24 ἐνδεικνύμενοι] ἐνδείξασθε ϛ TrmBmWH(n.m.)R : + καὶ ϛ: Cϛm
2 τὸ] ὁ ϛ LnA :+ ἐξ ϛ[A]   ἠρέθισεν] -σε WH   4 ταύτῃ]+ τῆς καυχήσεως ϛ Bm   5 εἰς] πρὸς LnTr   προκαταρτ.] -τι WH   προεπηγγελμένην] προκατηγγ. ϛ   καὶ μὴ] —καὶ Ti[B]   ὡς sec.] ὥσπερ ϛ: C   6 ὁ σπείρων pri. usque ad θερίσει.] (ὁ σπείρων...θερίσει) Ln
7 προῄρηται] προαιρεῖται ϛ   8 δυνατεῖ] δυνατὸς ϛ

ὁ δὲ ἐπιχορηγῶν σπέρμα τῷ σπείροντι καὶ ἄρτον εἰς βρῶ- 10
σιν χορηγήσει καὶ πληθυνεῖ τὸν σπόρον ὑμῶν, καὶ αὐξήσει
τὰ γενήματα τῆς δικαιοσύνης ὑμῶν· ἐν παντὶ πλουτιζό- 11
μενοι εἰς πᾶσαν ἁπλότητα, ἥτις κατεργάζεται δι' ἡμῶν
εὐχαριστίαν τῷ Θεῷ· ὅτι ἡ διακονία τῆς λειτουργίας 12
ταύτης οὐ μόνον ἐστὶν προσαναπληροῦσα τὰ ὑστερήματα
τῶν ἁγίων, ἀλλὰ καὶ περισσεύουσα διὰ πολλῶν εὐχαρι-
στιῶν τῷ Θεῷ· διὰ τῆς δοκιμῆς τῆς διακονίας ταύτης 13
δοξάζοντες τὸν Θεὸν ἐπὶ τῇ ὑποταγῇ τῆς ὁμολογίας ὑμῶν
εἰς τὸ εὐαγγέλιον τοῦ Χριστοῦ καὶ ἁπλότητι τῆς κοινωνίας
εἰς αὐτοὺς καὶ εἰς πάντας, καὶ αὐτῶν δεήσει ὑπὲρ ὑμῶν 14
ἐπιποθούντων ὑμᾶς διὰ τὴν ὑπερβάλλουσαν χάριν τοῦ
Θεοῦ ἐφ' ὑμῖν. χάρις τῷ Θεῷ ἐπὶ τῇ ἀνεκδιηγήτῳ αὐ- 15
τοῦ δωρεᾷ.

Αὐτὸς δὲ ἐγὼ Παῦλος παρακαλῶ ὑμᾶς διὰ τῆς πραΰτη- 10
τος καὶ ἐπιεικείας τοῦ Χριστοῦ, ὃς κατὰ πρόσωπον μὲν
ταπεινὸς ἐν ὑμῖν ἀπὼν δὲ θαρρῶ εἰς ὑμᾶς· δέομαι δὲ τὸ 2
μὴ παρὼν θαρρῆσαι τῇ πεποιθήσει ᾗ λογίζομαι τολμῆσαι
ἐπί τινας τοὺς λογιζομένους ἡμᾶς ὡς κατὰ σάρκα περιπα-
τοῦντας. Ἐν σαρκὶ γὰρ περιπατοῦντες οὐ κατὰ σάρκα 3
στρατευόμεθα (τὰ γὰρ ὅπλα τῆς στρατείας ἡμῶν οὐ 4
σαρκικά, ἀλλὰ δυνατὰ τῷ Θεῷ πρὸς καθαίρεσιν ὀχυρωμά-
των), λογισμοὺς καθαιροῦντες καὶ πᾶν ὕψωμα ἐπαιρό- 5
μενον κατὰ τῆς γνώσεως τοῦ Θεοῦ, καὶ αἰχμαλωτίζοντες
πᾶν νόημα εἰς τὴν ὑπακοὴν τοῦ Χριστοῦ, καὶ ἐν ἑτοί- 6
μῳ ἔχοντες ἐκδικῆσαι πᾶσαν παρακοήν, ὅταν πληρωθῇ
ὑμῶν ἡ ὑπακοή.

Τὰ κατὰ πρόσωπον βλέπετε; εἴ τις πέποιθεν ἑαυτῷ 7
Χριστοῦ εἶναι, τοῦτο λογιζέσθω πάλιν ἐφ' ἑαυτοῦ, ὅτι

10 σπέρμα] σπόρον L*n*Tr χορηγήσει...πληθυνεῖ...αὐξήσει] -ήσαι...
-ύναι...-ήσαι ς(n.m.) πληθυνεῖ] -ύνει Tr σφ γενήματα] γενν. ς : C
11 τῷ] [L*n*]WH°m Θεῷ] -οῦ WHm 13 διὰ] pr καὶ B*m*
15 χάρις]+δὲ ς 1 πραΰτ.] πραότ. ς ἐπιεικείας] -κίας WH
4 στρατείας] -τίας TiBWH*a* 6 , ὅταν...ὑπακοή.] . ὅταν...**ὑπακοή,** L*n*
7 βλέπετε;] βλέπετε. L*n*WHR(n.m.) ἐφ'] ἀφ' ς L*n*ABm

8 καθὼς αὐτὸς Χριστοῦ οὕτως καὶ ἡμεῖς. ἐάν τε γὰρ περισσότερόν τι καυχήσωμαι περὶ τῆς ἐξουσίας ἡμῶν (ἧς ἔδωκεν ὁ Κύριος εἰς οἰκοδομὴν καὶ οὐκ εἰς καθαίρεσιν
9 ὑμῶν), οὐκ αἰσχυνθήσομαι· ἵνα μὴ δόξω ὡς ἂν ἐκφο-
10 βεῖν ὑμᾶς διὰ τῶν ἐπιστολῶν. ὅτι, Αἱ ἐπιστολαὶ μέν, φησίν, βαρεῖαι καὶ ἰσχυραί, ἡ δὲ παρουσία τοῦ σώματος
11 ἀσθενὴς καὶ ὁ λόγος ἐξουθενημένος. τοῦτο λογιζέσθω ὁ τοιοῦτος, ὅτι οἷοί ἐσμεν τῷ λόγῳ δι᾽ ἐπιστολῶν ἀπόντες,
12 τοιοῦτοι καὶ παρόντες τῷ ἔργῳ. Οὐ γὰρ τολμῶμεν ἐγκρῖναι ἢ συγκρῖναι ἑαυτούς τισιν τῶν ἑαυτοὺς συνιστανόντων· ἀλλὰ αὐτοὶ ἐν ἑαυτοῖς ἑαυτοὺς μετροῦντες καὶ
13 συγκρίνοντες ἑαυτοὺς ἑαυτοῖς οὐ συνιᾶσιν. ἡμεῖς δὲ οὐκ εἰς τὰ ἄμετρα καυχησόμεθα, ἀλλὰ κατὰ τὸ μέτρον τοῦ κανόνος οὗ ἐμέρισεν ἡμῖν ὁ Θεὸς μέτρου ἐφικέσθαι ἄχρι
14 καὶ ὑμῶν. οὐ γὰρ ὡς μὴ ἐφικνούμενοι εἰς ὑμᾶς ὑπερεκτείνομεν ἑαυτούς· ἄχρι γὰρ καὶ ὑμῶν ἐφθάσαμεν ἐν τῷ
15 εὐαγγελίῳ τοῦ Χριστοῦ· οὐκ εἰς τὰ ἄμετρα καυχώμενοι ἐν ἀλλοτρίοις κόποις, ἐλπίδα δὲ ἔχοντες, αὐξανομένης τῆς πίστεως ὑμῶν, ἐν ὑμῖν μεγαλυνθῆναι κατὰ τὸν κανόνα ἡμῶν
16 εἰς περισσείαν, εἰς τὰ ὑπερέκεινα ὑμῶν εὐαγγελίσασθαι, οὐκ ἐν ἀλλοτρίῳ κανόνι εἰς τὰ ἕτοιμα καυχήσασθαι.
17, 18 ὁ δὲ καυχώμενος ἐν Κυρίῳ καυχάσθω· οὐ γὰρ ὁ ἑαυτὸν συνιστάνων, ἐκεῖνός ἐστιν δόκιμος, ἀλλ᾽ ὃν ὁ Κύριος συνίστησιν.

11 Ὄφελον ἀνείχεσθέ μου μικρόν τι ἀφροσύνης· ἀλλὰ καὶ
2 ἀνέχεσθέ μου. ζηλῶ γὰρ ὑμᾶς Θεοῦ ζήλῳ· ἡρμοσάμην γὰρ ὑμᾶς ἑνὶ ἀνδρὶ παρθένον ἁγνὴν παραστῆσαι τῷ Χρι-

ΠΡΟΣ ΚΟΡΙΝΘΙΟΥΣ Β. 11. 3—16.

στῷ. φοβοῦμαι δὲ μή πως, ὡς ὁ ὄφις ἐξηπάτησεν 3
Εὔαν ἐν τῇ πανουργίᾳ αὐτοῦ, φθαρῇ τὰ νοήματα ὑμῶν ἀπὸ
τῆς ἁπλότητος καὶ τῆς ἁγνότητος τῆς εἰς τὸν Χριστόν.
εἰ μὲν γὰρ ὁ ἐρχόμενος ἄλλον Ἰησοῦν κηρύσσει ὃν οὐκ 4
ἐκηρύξαμεν, ἢ πνεῦμα ἕτερον λαμβάνετε ὃ οὐκ ἐλάβετε, ἢ
εὐαγγέλιον ἕτερον ὃ οὐκ ἐδέξασθε, καλῶς ἀνέχεσθε.
λογίζομαι γὰρ μηδὲν ὑστερηκέναι τῶν ὑπερλίαν ἀποστό- 5
λων. εἰ δὲ καὶ ἰδιώτης τῷ λόγῳ, ἀλλ' οὐ τῇ γνώσει· 6
ἀλλ' ἐν παντὶ φανερώσαντες ἐν πᾶσιν εἰς ὑμᾶς.

Ἢ ἁμαρτίαν ἐποίησα ἐμαυτὸν ταπεινῶν ἵνα ὑμεῖς ὑψω- 7
θῆτε, ὅτι δωρεὰν τὸ τοῦ Θεοῦ εὐαγγέλιον εὐηγγελισάμην
ὑμῖν; ἄλλας ἐκκλησίας ἐσύλησα λαβὼν ὀψώνιον πρὸς 8
τὴν ὑμῶν διακονίαν· καὶ παρὼν πρὸς ὑμᾶς καὶ ὑστερη- 9
θεὶς οὐ κατενάρκησα οὐθενός, (τὸ γὰρ ὑστέρημά μου
προσανεπλήρωσαν οἱ ἀδελφοὶ ἐλθόντες ἀπὸ Μακεδονίας)·
καὶ ἐν παντὶ ἀβαρῆ ἐμαυτὸν ὑμῖν ἐτήρησα καὶ τηρήσω.
ἔστιν ἀλήθεια Χριστοῦ ἐν ἐμοὶ ὅτι ἡ καύχησις αὕτη οὐ 10
φραγήσεται εἰς ἐμὲ ἐν τοῖς κλίμασιν τῆς Ἀχαΐας. διὰ 11
τί; ὅτι οὐκ ἀγαπῶ ὑμᾶς; ὁ Θεὸς οἶδεν. Ὃ δὲ ποιῶ καὶ 12
ποιήσω, ἵνα ἐκκόψω τὴν ἀφορμὴν τῶν θελόντων ἀφορμήν,
ἵνα ἐν ᾧ καυχῶνται εὑρεθῶσιν καθὼς καὶ ἡμεῖς. οἱ γὰρ 13
τοιοῦτοι ψευδαπόστολοι, ἐργάται δόλιοι, μετασχηματιζό-
μενοι εἰς ἀποστόλους Χριστοῦ. καὶ οὐ θαῦμα· αὐτὸς 14
γὰρ ὁ Σατανᾶς μετασχηματίζεται εἰς ἄγγελον φωτός.
οὐ μέγα οὖν εἰ καὶ οἱ διάκονοι αὐτοῦ μετασχηματίζονται 15
ὡς διάκονοι δικαιοσύνης· ὧν τὸ τέλος ἔσται κατὰ τὰ ἔργα
αὐτῶν.

Πάλιν λέγω, μή τίς με δόξῃ ἄφρονα εἶναι· εἰ δὲ μήγε, 16
κἂν ὡς ἄφρονα δέξασθέ με, ἵνα κἀγὼ μικρόν τι καυχήσω-

3 Εὔαν] ante ἐξηπ. ϛ : Εὔ. Α : Εὔ. WH φθαρῇ] pr οὕτω ϛ κ. τ. ἁγν.] ϛ°[Tr]mTi°B°(n.m.)[WH] ἁπλ....ἁγν.] ἁγν....ἁπλ. Bm τὸν] Ti° [B]WH°m 4 ἀνέχεσθε] ἠνείχ. ϛ : ἀνείχ. TrTiB(n.m.)WHm 5 γὰρ] δὲ L*n*TrmBm 6 φανερώσαντες] -ρωθέντες ϛ Bm 9 οὐθενός] οὐδ. ϛ ὑμῖν] ante ἐμ. ϛ 10 φραγήσεται] σφραγίσ. ϛ : ErJElz · κλίμασιν] -σι WH 14 θαῦμα] θαυμαστόν ϛ 16 κἀγὼ] post μι. τι ϛ : C

17 μαι.   ὃ λαλῶ, οὐ κατὰ Κύριον λαλῶ, ἀλλ' ὡς ἐν ἀφρο-
18 σύνῃ, ἐν ταύτῃ τῇ ὑποστάσει τῆς καυχήσεως.   ἐπεὶ
πολλοὶ καυχῶνται κατὰ [τὴν] σάρκα, κἀγὼ καυχήσομαι.
19 ἡδέως γὰρ ἀνέχεσθε τῶν ἀφρόνων φρόνιμοι ὄντες·
20 ἀνέχεσθε γὰρ εἴ τις ὑμᾶς καταδουλοῖ, εἴ τις κατεσθίει, εἴ
τις λαμβάνει, εἴ τις ἐπαίρεται, εἴ τις εἰς πρόσωπον ὑμᾶς
21 δέρει.   Κατὰ ἀτιμίαν λέγω ὡς ὅτι ἡμεῖς ἠσθενήκαμεν.
ἐν ᾧ δ' ἄν τις τολμᾷ, (ἐν ἀφροσύνῃ λέγω) τολμῶ κἀγώ.
22 Ἑβραῖοί εἰσιν; κἀγώ. Ἰσραηλεῖταί εἰσιν; κἀγώ. σπέρμα
23 Ἀβραάμ εἰσιν; κἀγώ.   διάκονοι Χριστοῦ εἰσίν; (πα-
ραφρονῶν λαλῶ) ὑπὲρ ἐγώ· ἐν κόποις περισσοτέρως, ἐν
φυλακαῖς περισσοτέρως, ἐν πληγαῖς ὑπερβαλλόντως, ἐν
24 θανάτοις πολλάκις.   ὑπὸ Ἰουδαίων πεντάκις τεσσερά-
25 κοντα παρὰ μίαν ἔλαβον,   τρὶς ἐραβδίσθην, ἅπαξ ἐλι-
θάσθην, τρὶς ἐναυάγησα, νυχθήμερον ἐν τῷ βυθῷ πεποίηκα·
26 ὁδοιπορίαις πολλάκις, κινδύνοις ποταμῶν, κινδύνοις λῃ-
στῶν, κινδύνοις ἐκ γένους, κινδύνοις ἐξ ἐθνῶν, κινδύνοις ἐν
πόλει, κινδύνοις ἐν ἐρημίᾳ, κινδύνοις ἐν θαλάσσῃ, κινδύνοις
27 ἐν ψευδαδέλφοις,   κόπῳ καὶ μόχθῳ, ἐν ἀγρυπνίαις πολ-
λάκις, ἐν λιμῷ καὶ δίψει, ἐν νηστείαις πολλάκις, ἐν ψύχει
28 καὶ γυμνότητι·   χωρὶς τῶν παρεκτός, ἡ ἐπίστασίς μοι ἡ
29 καθ' ἡμέραν, ἡ μέριμνα πασῶν τῶν ἐκκλησιῶν.   τίς
ἀσθενεῖ, καὶ οὐκ ἀσθενῶ; τίς σκανδαλίζεται, καὶ οὐκ ἐγὼ
30 πυροῦμαι;   Εἰ καυχᾶσθαι δεῖ, τὰ τῆς ἀσθενείας μου
31 καυχήσομαι·   ὁ Θεὸς καὶ Πατὴρ τοῦ Κυρίου Ἰησοῦ
οἶδεν, ὁ ὢν εὐλογητὸς εἰς τοὺς αἰῶνας, ὅτι οὐ ψεύδομαι.
32 ἐν Δαμασκῷ ὁ ἐθνάρχης Ἀρέτα τοῦ βασιλέως ἐφρούρει

17 λαλῶ *sec.*] ante κατὰ Κυ. ς   18 τὴν] ins ςLnA[B][WH]R : Tr°Ti°
20 ὑμᾶς *sec.*] ante εἰς πρόσ. ς   21 ἠσθενήκαμεν] -σαμεν ςA
22, 23 εἰσιν; *quater.*] εἰσιν, ς(s.m.)   23 φυλακαῖς...πληγαῖς] πληγ.
.. φυλ. ςTiB   περισσ. *sec.*...ὑπερβ.] ὑπερβ....περισσ. ς   24 τεσ-
σεράκ.] τεσσαράκ. ς   25 ἐραβδίσθ.] ἐρραβδίσθ. ς   27 κόπῳ] pr
ἐν ς   δίψει] δίψῃ WH.   28 ἐπίστασίς μοι] ἐπισύστασίς μου ς
30 μου] [WH]   31 Κυρίου]+ἡμῶν ς: CEr   Ἰησοῦ]+Χριστοῦ ς
32 Ἀρέτα] Ἀρέτα WH

ΠΡΟΣ ΚΟΡΙΝΘΙΟΥΣ Β. 11.33—12.10.

τὴν πόλιν Δαμασκηνῶν πιάσαι με· καὶ διὰ θυρίδος ἐν 33
σαργάνῃ ἐχαλάσθην διὰ τοῦ τείχους καὶ ἐξέφυγον τὰς
χεῖρας αὐτοῦ. Καυχᾶσθαι δεῖ, οὐ συμφέρον μέν, ἐλεύσομαι δὲ εἰς 12
ὀπτασίας καὶ ἀποκαλύψεις Κυρίου. οἶδα ἄνθρωπον ἐν 2
Χριστῷ πρὸ ἐτῶν δεκατεσσάρων (εἴτε ἐν σώματι οὐκ οἶδα,
εἴτε ἐκτὸς τοῦ σώματος οὐκ οἶδα, ὁ Θεὸς οἶδεν), ἁρπαγέντα
τὸν τοιοῦτον ἕως τρίτου οὐρανοῦ. καὶ οἶδα τὸν τοιοῦτον 3
ἄνθρωπον (εἴτε ἐν σώματι εἴτε χωρὶς τοῦ σώματος οὐκ
οἶδα, ὁ Θεὸς οἶδεν), ὅτι ἡρπάγη εἰς τὸν παράδεισον 4
καὶ ἤκουσεν ἄρρητα ῥήματα ἃ οὐκ ἐξὸν ἀνθρώπῳ λαλῆσαι.
ὑπὲρ τοῦ τοιούτου καυχήσομαι· ὑπὲρ δὲ ἐμαυτοῦ οὐ καυ- 5
χήσομαι, εἰ μὴ ἐν ταῖς ἀσθενείαις. ἐὰν γὰρ θελήσω 6
καυχήσασθαι, οὐκ ἔσομαι ἄφρων, ἀλήθειαν γὰρ ἐρῶ· φεί-
δομαι δέ, μή τις εἰς ἐμὲ λογίσηται ὑπὲρ ὃ βλέπει με ἢ
ἀκούει ἐξ ἐμοῦ. καὶ τῇ ὑπερβολῇ τῶν ἀποκαλύψεων— 7
διὸ ἵνα μὴ ὑπεραίρωμαι, ἐδόθη μοι σκόλοψ τῇ σαρκί,
ἄγγελος Σατανᾶ ἵνα με κολαφίζῃ, ἵνα μὴ ὑπεραίρωμαι.
ὑπὲρ τούτου τρὶς τὸν Κύριον παρεκάλεσα, ἵνα ἀποστῇ ἀπ' 8
ἐμοῦ. καὶ εἴρηκέν μοι, Ἀρκεῖ σοι ἡ χάρις μου· ἡ γὰρ 9
δύναμις ἐν ἀσθενείᾳ τελεῖται. ἥδιστα οὖν μᾶλλον καυχή-
σομαι ἐν ταῖς ἀσθενείαις μου, ἵνα ἐπισκηνώσῃ ἐπ' ἐμὲ ἡ
δύναμις τοῦ Χριστοῦ. διὸ εὐδοκῶ ἐν ἀσθενείαις, ἐν 10
ὕβρεσιν, ἐν ἀνάγκαις, ἐν διωγμοῖς, ἐν στενοχωρίαις, ὑπὲρ
Χριστοῦ· ὅταν γὰρ ἀσθενῶ, τότε δυνατός εἰμι.

12. 11—21. ΠΡΟΣ ΚΟΡΙΝΘΙΟΥΣ Β.

11 Γέγονα ἄφρων· ὑμεῖς με ἠναγκάσατε. ἐγὼ γὰρ ὤφειλον ὑφ' ὑμῶν συνίστασθαι· οὐδὲν γὰρ ὑστέρησα τῶν ὑπερ-
12 λίαν ἀποστόλων, εἰ καὶ οὐδέν εἰμι. τὰ μὲν σημεῖα τοῦ ἀποστόλου κατειργάσθη ἐν ὑμῖν ἐν πάσῃ ὑπομονῇ, σημεί-
13 οις [τε] καὶ τέρασιν καὶ δυνάμεσιν. τί γάρ ἐστιν ὃ ἡσσώθητε ὑπὲρ τὰς λοιπὰς ἐκκλησίας, εἰ μὴ ὅτι αὐτὸς ἐγὼ οὐ κατενάρκησα ὑμῶν; χαρίσασθέ μοι τὴν ἀδικίαν ταύτην.
14 Ἰδοὺ τρίτον τοῦτο ἑτοίμως ἔχω ἐλθεῖν πρὸς ὑμᾶς, καὶ οὐ καταναρκήσω· οὐ γὰρ ζητῶ τὰ ὑμῶν ἀλλὰ ὑμᾶς· οὐ γὰρ ὀφείλει τὰ τέκνα τοῖς γονεῦσιν θησαυρίζειν, ἀλλὰ οἱ
15 γονεῖς τοῖς τέκνοις· ἐγὼ δὲ ἥδιστα δαπανήσω καὶ ἐκδαπανηθήσομαι ὑπὲρ τῶν ψυχῶν ὑμῶν, εἰ περισσοτέρως
16 ὑμᾶς ἀγαπῶν ἧσσον ἀγαπῶμαι. Ἔστω δέ, ἐγὼ οὐ κατεβάρησα ὑμᾶς, ἀλλὰ ὑπάρχων πανοῦργος δόλῳ ὑμᾶς
17 ἔλαβον. μή τινα ὧν ἀπέσταλκα πρὸς ὑμᾶς, δι' αὐτοῦ
18 ἐπλεονέκτησα ὑμᾶς; παρεκάλεσα Τίτον, καὶ συναπέστειλα τὸν ἀδελφόν· μή τι ἐπλεονέκτησεν ὑμᾶς Τίτος; οὐ τῷ αὐτῷ Πνεύματι περιεπατήσαμεν; οὐ τοῖς αὐτοῖς ἴχνεσιν;
19 Πάλαι δοκεῖτε ὅτι ὑμῖν ἀπολογούμεθα. κατέναντι Θεοῦ ἐν Χριστῷ λαλοῦμεν· τὰ δὲ πάντα, ἀγαπητοί, ὑπὲρ τῆς
20 ὑμῶν οἰκοδομῆς. φοβοῦμαι γὰρ μή πως ἐλθὼν οὐχ οἵους θέλω εὕρω ὑμᾶς, κἀγὼ εὑρεθῶ ὑμῖν οἷον οὐ θέλετε· μή πως ἔρις, ζῆλος, θυμοί, ἐριθεῖαι, καταλαλιαί, ψιθυρι-
21 σμοί, φυσιώσεις, ἀκαταστασίαι· μὴ πάλιν ἐλθόντος μου

ΠΡΟΣ ΚΟΡΙΝΘΙΟΥΣ Β.   13. 1—12.

ταπεινώσει με ὁ Θεός μου πρὸς ὑμᾶς, καὶ πενθήσω πολλοὺς τῶν προημαρτηκότων καὶ μὴ μετανοησάντων ἐπὶ τῇ ἀκαθαρσίᾳ καὶ πορνείᾳ καὶ ἀσελγείᾳ ᾗ ἔπραξαν. Τρίτον τοῦτο ἔρχομαι πρὸς ὑμᾶς. ἐπὶ στόματος δύο 13 μαρτύρων καὶ τριῶν σταθήσεται πᾶν ῥῆμα. προείρηκα 2 καὶ προλέγω, ὡς παρὼν τὸ δεύτερον καὶ ἀπὼν νῦν, τοῖς προημαρτηκόσιν καὶ τοῖς λοιποῖς πᾶσιν, ὅτι ἐὰν ἔλθω εἰς τὸ πάλιν οὐ φείσομαι· ἐπεὶ δοκιμὴν ζητεῖτε τοῦ ἐν ἐμοὶ 3 λαλοῦντος Χριστοῦ, ὃς εἰς ὑμᾶς οὐκ ἀσθενεῖ ἀλλὰ δυνατεῖ ἐν ὑμῖν. καὶ γὰρ ἐσταυρώθη ἐξ ἀσθενείας, ἀλλὰ ζῇ ἐκ 4 δυνάμεως Θεοῦ. καὶ γὰρ ἡμεῖς ἀσθενοῦμεν ἐν αὐτῷ, ἀλλὰ ζήσομεν σὺν αὐτῷ ἐκ δυνάμεως Θεοῦ εἰς ὑμᾶς. Ἑαυτοὺς 5 πειράζετε εἰ ἐστὲ ἐν τῇ πίστει, ἑαυτοὺς δοκιμάζετε. ἢ οὐκ ἐπιγινώσκετε ἑαυτούς, ὅτι Ἰησοῦς Χριστὸς ἐν ὑμῖν; εἰ μή τι ἀδόκιμοί ἐστε. ἐλπίζω δὲ ὅτι γνώσεσθε ὅτι ἡμεῖς 6 οὐκ ἐσμὲν ἀδόκιμοι. εὐχόμεθα δὲ πρὸς τὸν Θεὸν μὴ 7 ποιῆσαι ὑμᾶς κακὸν μηδέν, οὐχ ἵνα ἡμεῖς δόκιμοι φανῶμεν, ἀλλ᾽ ἵνα ὑμεῖς τὸ καλὸν ποιῆτε, ἡμεῖς δὲ ὡς ἀδόκιμοι ὦμεν. οὐ γὰρ δυνάμεθά τι κατὰ τῆς ἀληθείας, ἀλλὰ 8 ὑπὲρ τῆς ἀληθείας. χαίρομεν γὰρ ὅταν ἡμεῖς ἀσθενῶ- 9 μεν ὑμεῖς δὲ δυνατοὶ ἦτε· τοῦτο καὶ εὐχόμεθα, τὴν ὑμῶν κατάρτισιν. διὰ τοῦτο ταῦτα ἀπὼν γράφω, ἵνα παρὼν 10 μὴ ἀποτόμως χρήσωμαι κατὰ τὴν ἐξουσίαν ἣν ὁ Κύριος ἔδωκέν μοι εἰς οἰκοδομὴν καὶ οὐκ εἰς καθαίρεσιν.

Λοιπόν, ἀδελφοί, χαίρετε, καταρτίζεσθε, παρακαλεῖσθε, 11 τὸ αὐτὸ φρονεῖτε, εἰρηνεύετε· καὶ ὁ Θεὸς τῆς ἀγάπης καὶ εἰρήνης ἔσται μεθ᾽ ὑμῶν. ἀσπάσασθε ἀλλήλους ἐν 12 ἁγίῳ φιλήματι. ἀσπάζονται ὑμᾶς οἱ ἅγιοι πάντες.

13 Ἡ χάρις τοῦ Κυρίου Ἰησοῦ Χριστοῦ καὶ ἡ ἀγάπη τοῦ
Θεοῦ καὶ ἡ κοινωνία τοῦ Ἁγίου Πνεύματος μετὰ πάντων
ὑμῶν.

ΠΡΟΣ ΓΑΛΑΤΑΣ.

1 Παῦλος ἀπόστολος, οὐκ ἀπ᾽ ἀνθρώπων οὐδὲ δι᾽ ἀνθρώ
που ἀλλὰ διὰ Ἰησοῦ Χριστοῦ καὶ Θεοῦ Πατρὸς τοῦ ἐγεί
2 ραντος αὐτὸν ἐκ νεκρῶν, καὶ οἱ σὺν ἐμοὶ πάντες ἀδελ
3 φοί, ταῖς ἐκκλησίαις τῆς Γαλατίας· χάρις ὑμῖν καὶ
εἰρήνη ἀπὸ Θεοῦ Πατρὸς καὶ Κυρίου ἡμῶν Ἰησοῦ Χριστοῦ,
4 τοῦ δόντος ἑαυτὸν περὶ τῶν ἁμαρτιῶν ἡμῶν, ὅπως ἐξέληται
ἡμᾶς ἐκ τοῦ αἰῶνος τοῦ ἐνεστῶτος πονηροῦ κατὰ τὸ θέλη
5 μα τοῦ Θεοῦ καὶ Πατρὸς ἡμῶν· ᾧ ἡ δόξα εἰς τοὺς
αἰῶνας τῶν αἰώνων· ἀμήν.
6 Θαυμάζω ὅτι οὕτως ταχέως μετατίθεσθε ἀπὸ τοῦ καλέ
σαντος ὑμᾶς ἐν χάριτι Χριστοῦ εἰς ἕτερον εὐαγγέλιον,
7 ὃ οὐκ ἔστιν ἄλλο, εἰ μή τινές εἰσιν οἱ ταράσσοντες ὑμᾶς
καὶ θέλοντες μεταστρέψαι τὸ εὐαγγέλιον τοῦ Χριστοῦ.
8 ἀλλὰ καὶ ἐὰν ἡμεῖς ἢ ἄγγελος ἐξ οὐρανοῦ εὐαγγελίζηται
9 [ὑμῖν] παρ᾽ ὃ εὐηγγελισάμεθα ὑμῖν, ἀνάθεμα ἔστω. ὡς
προειρήκαμεν, καὶ ἄρτι πάλιν λέγω, εἴ τις ὑμᾶς εὐαγγελί
10 ζεται παρ᾽ ὃ παρελάβετε, ἀνάθεμα ἔστω. ἄρτι γὰρ
ἀνθρώπους πείθω ἢ τὸν Θεόν; ἢ ζητῶ ἀνθρώποις ἀρέσκειν;
εἰ ἔτι ἀνθρώποις ἤρεσκον, Χριστοῦ δοῦλος οὐκ ἂν ἤμην.

13 Χριστοῦ] [WH] ὑμῶν.]+ ἀμήν. ϛ : etiam+ πρὸς Κορινθίους δευτέρα
ἐγράφη ἀπὸ Φιλίππων τῆς Μακεδονίας, διὰ Τίτου καὶ Λουκᾶ. ϛ :+προς
Κορινθιους Β. TrA
ΠΡΟΣ ΓΑΛΑΤΑΣ] ἡ πρὸς Γαλάτας ἐπιστολὴ Παύλου ϛ
3 ἡμῶν] ante καὶ Κυρίου TrmWH(n.m.)Rm : [WH]m   4 περὶ] ὑπὲρ ϛ
LimWH(n.m.): C   αἱ. τοῦ ἔνεστ.] ἔνεστ. αἱ. ϛE   8 καὶ ἐὰν] κἂν
WHa   εὐαγγελίζηται] -σηται LnmTiB(n.m.)WHR   ὑμῖν] ins ϛ Ln
Tr sed [Tr]m[Li]EABm[WH]R : Ti'B°R°m: ante εὐαγγ. TrmBm: ὑμᾶς Bm
10 εἰ]+γὰρ ϛ

ΠΡΟΣ ΓΑΛΑΤΑΣ

1. 11—2. 1.

Γνωρίζω γὰρ ὑμῖν, ἀδελφοί, τὸ εὐαγγέλιον τὸ εὐαγγε- 11
λισθὲν ὑπ' ἐμοῦ, ὅτι οὐκ ἔστιν κατὰ ἄνθρωπον. οὐδὲ 12
γὰρ ἐγὼ παρὰ ἀνθρώπου παρέλαβον αὐτὸ οὔτε ἐδιδάχθην,
ἀλλὰ δι' ἀποκαλύψεως Ἰησοῦ Χριστοῦ. Ἠκούσατε γὰρ 13
τὴν ἐμὴν ἀναστροφήν ποτε ἐν τῷ Ἰουδαϊσμῷ, ὅτι καθ'
ὑπερβολὴν ἐδίωκον τὴν ἐκκλησίαν τοῦ Θεοῦ καὶ ἐπόρθουν
αὐτήν· καὶ προέκοπτον ἐν τῷ Ἰουδαϊσμῷ ὑπὲρ πολλοὺς 14
συνηλικιώτας ἐν τῷ γένει μου, περισσοτέρως ζηλωτὴς
ὑπάρχων τῶν πατρικῶν μου παραδόσεων. ὅτε δὲ εὐδό- 15
κησεν [ὁ Θεὸς] ὁ ἀφορίσας με ἐκ κοιλίας μητρός μου καὶ
καλέσας διὰ τῆς χάριτος αὐτοῦ ἀποκαλύψαι τὸν Υἱὸν 16
αὐτοῦ ἐν ἐμοί, ἵνα εὐαγγελίζωμαι αὐτὸν ἐν τοῖς ἔθνεσιν, εὐ-
θέως οὐ προσανεθέμην σαρκὶ καὶ αἵματι· οὐδὲ ἀνῆλθον 17
εἰς Ἱεροσόλυμα πρὸς τοὺς πρὸ ἐμοῦ ἀποστόλους, ἀλλὰ
ἀπῆλθον εἰς Ἀραβίαν, καὶ πάλιν ὑπέστρεψα εἰς Δαμα-
σκόν.

Ἔπειτα μετὰ ἔτη τρία ἀνῆλθον εἰς Ἱεροσόλυμα ἱστορῆ- 18
σαι Κηφᾶν, καὶ ἐπέμεινα πρὸς αὐτὸν ἡμέρας δεκαπέντε.
ἕτερον δὲ τῶν ἀποστόλων οὐκ εἶδον, εἰ μὴ Ἰάκωβον τὸν 19
ἀδελφὸν τοῦ Κυρίου. ἃ δὲ γράφω ὑμῖν, ἰδοὺ ἐνώπιον 20
τοῦ Θεοῦ ὅτι οὐ ψεύδομαι. Ἔπειτα ἦλθον εἰς τὰ κλίματα 21
τῆς Συρίας καὶ τῆς Κιλικίας. ἤμην δὲ ἀγνοούμενος τῷ 22
προσώπῳ ταῖς ἐκκλησίαις τῆς Ἰουδαίας ταῖς ἐν Χριστῷ·
μόνον δὲ ἀκούοντες ἦσαν ὅτι Ὁ διώκων ἡμᾶς ποτε νῦν 23
εὐαγγελίζεται τὴν πίστιν ἥν ποτε ἐπόρθει, καὶ ἐδόξα- 24
ζον ἐν ἐμοὶ τὸν Θεόν.

Ἔπειτα διὰ δεκατεσσάρων ἐτῶν πάλιν ἀνέβην εἰς Ἱερο- 2
σόλυμα μετὰ Βαρνάβα, συνπαραλαβὼν καὶ Τίτον.

2 ἀνέβην δὲ κατὰ ἀποκάλυψιν· καὶ ἀνεθέμην αὐτοῖς τὸ εὐαγγέλιον ὃ κηρύσσω ἐν τοῖς ἔθνεσιν, κατ᾿ ἰδίαν δὲ τοῖς δοκοῦ-
3 σιν, μή πως εἰς κενὸν τρέχω ἢ ἔδραμον. ἀλλ᾿ οὐδὲ Τίτος ὁ σὺν ἐμοί, Ἕλλην ὤν, ἠναγκάσθη περιτμηθῆναι·
4 διὰ δὲ τοὺς παρεισάκτους ψευδαδέλφους, οἵτινες παρεισῆλθον κατασκοπῆσαι τὴν ἐλευθερίαν ἡμῶν ἣν ἔχομεν ἐν Χρι-
5 στῷ Ἰησοῦ, ἵνα ἡμᾶς καταδουλώσουσιν· . οἷς οὐδὲ πρὸς ὥραν εἴξαμεν τῇ ὑποταγῇ, ἵνα ἡ ἀλήθεια τοῦ εὐαγγελίου
6 διαμείνῃ πρὸς ὑμᾶς. Ἀπὸ δὲ τῶν δοκούντων εἶναί τι (ὁποῖοί ποτε ἦσαν οὐδέν μοι διαφέρει, πρόσωπον Θεὸς ἀνθρώπου οὐ λαμβάνει)—ἐμοὶ γὰρ οἱ δοκοῦντες οὐδὲν
7 προσανέθεντο· ἀλλὰ τοὐναντίον, ἰδόντες ὅτι πεπίστευμαι τὸ εὐαγγέλιον τῆς ἀκροβυστίας καθὼς Πέτρος τῆς
8 περιτομῆς (ὁ γὰρ ἐνεργήσας Πέτρῳ εἰς ἀποστολὴν
9 τῆς περιτομῆς ἐνήργησεν καὶ ἐμοὶ εἰς τὰ ἔθνη), καὶ γνόντες τὴν χάριν τὴν δοθεῖσάν μοι, Ἰάκωβος καὶ Κηφᾶς καὶ Ἰωάννης, οἱ δοκοῦντες στύλοι εἶναι, δεξιὰς ἔδωκαν ἐμοὶ καὶ Βαρνάβᾳ κοινωνίας, ἵνα ἡμεῖς εἰς τὰ ἔθνη αὐτοὶ δὲ εἰς
10 τὴν περιτομήν· μόνον τῶν πτωχῶν ἵνα μνημονεύωμεν, ὃ καὶ ἐσπούδασα αὐτὸ τοῦτο ποιῆσαι.
11 Ὅτε δὲ ἦλθεν Κηφᾶς εἰς Ἀντιόχειαν, κατὰ πρόσωπον
12 αὐτῷ ἀντέστην, ὅτι κατεγνωσμένος ἦν. πρὸ τοῦ γὰρ ἐλθεῖν τινὰς ἀπὸ Ἰακώβου μετὰ τῶν ἐθνῶν συνήσθιεν· ὅτε δὲ ἦλθον, ὑπέστελλεν καὶ ἀφώριζεν ἑαυτὸν φοβούμενος
13 τοὺς ἐκ περιτομῆς. καὶ συνυπεκρίθησαν αὐτῷ καὶ οἱ λοιποὶ Ἰουδαῖοι, ὥστε καὶ Βαρνάβας συναπήχθη αὐτῶν τῇ
14 ὑποκρίσει. Ἀλλ᾿ ὅτε εἶδον ὅτι οὐκ ὀρθοποδοῦσιν πρὸς τὴν ἀλήθειαν τοῦ εὐαγγελίου, εἶπον τῷ Κηφᾷ ἔμπροσθεν

4 καταδουλώσουσιν]-σωνται ς   5 οἷς οὐδὲ] B'm   διαμείνῃ]-μένη L*n*m   6 Θεὸς] pr ὁ Ti[B][WH]   8 καὶ ἐμοὶ] κἀμοὶ L*n*TrEWHa
9 Ἰάκ. καὶ Κη.] Πέτρος καὶ Ἰάκ. Bm   ἡμεῖς]+μὲν[L*n*]   11 Κηφᾶς] Πέτρος ς(n.m.)Bm   12 ἦλθον] ἦλθεν LnTr(n.m.)LimBm
13 καὶ sec.][Li][WH]   14 ὀρθοποδοῦσιν]-σι WHa   Κηφᾷ] Πέτρῳ ς (n.m.)Bm

πάντων, Εἰ σὺ Ἰουδαῖος ὑπάρχων ἐθνικῶς καὶ οὐκ Ἰουδαϊ-
κῶς ζῇς, πῶς τὰ ἔθνη ἀναγκάζεις Ἰουδαΐζειν; ἡμεῖς 15
φύσει Ἰουδαῖοι καὶ οὐκ ἐξ ἐθνῶν ἁμαρτωλοί, εἰδότες 16
δὲ ὅτι οὐ δικαιοῦται ἄνθρωπος ἐξ ἔργων νόμου, ἐὰν μὴ διὰ
πίστεως Ἰησοῦ Χριστοῦ, καὶ ἡμεῖς εἰς Χριστὸν Ἰησοῦν
ἐπιστεύσαμεν, ἵνα δικαιωθῶμεν ἐκ πίστεως Χριστοῦ καὶ
οὐκ ἐξ ἔργων νόμου· ὅτι ἐξ ἔργων νόμου οὐ δικαιωθήσεται
πᾶσα σάρξ. εἰ δὲ ζητοῦντες δικαιωθῆναι ἐν Χριστῷ 17
εὑρέθημεν καὶ αὐτοὶ ἁμαρτωλοί, ἆρα Χριστὸς ἁμαρτίας
διάκονος; μὴ γένοιτο. εἰ γὰρ ἃ κατέλυσα ταῦτα πάλιν 18
οἰκοδομῶ, παραβάτην ἐμαυτὸν συνιστάνω. ἐγὼ γὰρ 19
διὰ νόμου νόμῳ ἀπέθανον, ἵνα Θεῷ ζήσω. Χριστῷ συνε-
σταύρωμαι· ζῶ δὲ οὐκέτι ἐγώ, ζῇ δὲ ἐν ἐμοὶ Χριστός· 20
ὃ δὲ νῦν ζῶ ἐν σαρκί, ἐν πίστει ζῶ τῇ τοῦ Υἱοῦ τοῦ Θεοῦ
τοῦ ἀγαπήσαντός με καὶ παραδόντος ἑαυτὸν ὑπὲρ ἐμοῦ.
οὐκ ἀθετῶ τὴν χάριν τοῦ Θεοῦ· εἰ γὰρ διὰ νόμου δικαιο- 21
σύνη, ἄρα Χριστὸς δωρεὰν ἀπέθανεν.

Ὦ ἀνόητοι Γαλάται, τίς ὑμᾶς ἐβάσκανεν, οἷς κατ᾽ ὀ- 3
φθαλμοὺς Ἰησοῦς Χριστὸς προεγράφη ἐσταυρωμένος;
τοῦτο μόνον θέλω μαθεῖν ἀφ᾽ ὑμῶν, ἐξ ἔργων νόμου τὸ 2
Πνεῦμα ἐλάβετε ἢ ἐξ ἀκοῆς πίστεως; οὕτως ἀνόητοί 3
ἐστε; ἐναρξάμενοι Πνεύματι νῦν σαρκὶ ἐπιτελεῖσθε;
τοσαῦτα ἐπάθετε εἰκῇ; εἴ γε καὶ εἰκῇ. ὁ οὖν ἐπιχορη- 4, 5
γῶν ὑμῖν τὸ Πνεῦμα καὶ ἐνεργῶν δυνάμεις ἐν ὑμῖν, ἐξ
ἔργων νόμου ἢ ἐξ ἀκοῆς πίστεως; καθὼς Ἀβραὰμ ἐπί- 6
στευσεν τῷ Θεῷ, καὶ ἐλογίσθη αὐτῷ εἰς δικαιοσύνην.
Γινώσκετε ἄρα ὅτι οἱ ἐκ πίστεως, οὗτοι υἱοί εἰσιν Ἀβραάμ. 7

ζῇς] ante καὶ οὐκ Ἰουδ. ϛ   οὐκ] οὐχ LnTiLiBWHm   πῶς] τί ϛ
16 δὲ] ϛ°(a.m.)   Ἰησοῦ] post Χριστοῦ Tr(a.m.)TiLimBWH   Χρι-
στὸν] post Ἰησοῦν LnmWHm   ὅτι] διότι ϛE   ἐξ ἔργ. νόμου] post οὐ
δικαι. ϛ   17 ἆρα...διάκονος;] ἄρα...διάκονος. Ln   18 συνιστάνω]
συνίστημι ϛ   20 ζῶ δὲ] ζῶ δέ, R(a.m.) : ζῶ δὲ, ϛ σφ   Υἱοῦ τοῦ
Θεοῦ] Θεοῦ καὶ χριστοῦ LnTr(a.m.)LimBm   1 ἐβάσκανεν] + τῇ ἀληθείᾳ
μὴ πείθεσθαι ϛBm : Scr   προεγράφη]+ ἐν ὑμῖν ϛEBm   7 υἱοί εἰσιν]
εἰσ. υἱ ϛ LnmTrmLimEA

8 προϊδοῦσα δὲ ἡ γραφὴ ὅτι ἐκ πίστεως δικαιοῖ τὰ ἔθνη ὁ
Θεός, προευηγγελίσατο τῷ Ἀβραὰμ ὅτι Ἐνευλογηθήσον-
9 ται ἐν σοὶ πάντα τὰ ἔθνη. ὥστε οἱ ἐκ πίστεως εὐλο-
10 γοῦνται σὺν τῷ πιστῷ Ἀβραάμ. Ὅσοι γὰρ ἐξ ἔργων
νόμου εἰσίν, ὑπὸ κατάραν εἰσίν· γέγραπται γὰρ ὅτι Ἐπι-
κατάρατος πᾶς ὃς οὐκ ἐμμένει πᾶσιν τοῖς γεγραμμένοις ἐν
11 τῷ βιβλίῳ τοῦ νόμου τοῦ ποιῆσαι αὐτά. ὅτι δὲ ἐν
νόμῳ οὐδεὶς δικαιοῦται παρὰ τῷ Θεῷ δῆλον· ὅτι Ὁ δίκαιος
12 ἐκ πίστεως ζήσεται· ὁ δὲ νόμος οὐκ ἔστιν ἐκ πίστεως,
13 ἀλλ' Ὁ ποιήσας αὐτὰ ζήσεται ἐν αὐτοῖς. Χριστὸς
ἡμᾶς ἐξηγόρασεν ἐκ τῆς κατάρας τοῦ νόμου γενόμενος
ὑπὲρ ἡμῶν κατάρα· ὅτι γέγραπται, Ἐπικατάρατος πᾶς ὁ
14 κρεμάμενος ἐπὶ ξύλου· ἵνα εἰς τὰ ἔθνη ἡ εὐλογία τοῦ
Ἀβραὰμ γένηται ἐν Χριστῷ Ἰησοῦ, ἵνα τὴν ἐπαγγελίαν
τοῦ Πνεύματος λάβωμεν διὰ τῆς πίστεως.
15 Ἀδελφοί, κατὰ ἄνθρωπον λέγω· ὅμως ἀνθρώπου κεκυ-
16 ρωμένην διαθήκην οὐδεὶς ἀθετεῖ ἢ ἐπιδιατάσσεται. τῷ
δὲ Ἀβραὰμ ἐρρέθησαν αἱ ἐπαγγελίαι, καὶ τῷ σπέρματι
αὐτοῦ. οὐ λέγει, Καὶ τοῖς σπέρμασιν, ὡς ἐπὶ πολλῶν, ἀλλ'
ὡς ἐφ' ἑνός, Καὶ τῷ σπέρματί σου, ὅς ἐστιν Χριστός.
17 τοῦτο δὲ λέγω· διαθήκην προκεκυρωμένην ὑπὸ τοῦ Θεοῦ
ὁ μετὰ τετρακόσια καὶ τριάκοντα ἔτη γεγονὼς νόμος οὐκ
18 ἀκυροῖ εἰς τὸ καταργῆσαι τὴν ἐπαγγελίαν. εἰ γὰρ ἐκ
νόμου ἡ κληρονομία, οὐκέτι ἐξ ἐπαγγελίας· τῷ δὲ Ἀβραὰμ
19 δι' ἐπαγγελίας κεχάρισται ὁ Θεός. Τί οὖν ὁ νόμος;
τῶν παραβάσεων χάριν προσετέθη, ἄχρις οὗ ἔλθῃ τὸ
σπέρμα ᾧ ἐπήγγελται, διαταγεὶς δι' ἀγγέλων ἐν χειρὶ
20 μεσίτου. ὁ δὲ μεσίτης ἑνὸς οὐκ ἔστιν, ὁ δὲ Θεὸς εἷς

ἐστίν. ὁ οὖν νόμος κατὰ τῶν ἐπαγγελιῶν τοῦ Θεοῦ; 21
μὴ γένοιτο. εἰ γὰρ ἐδόθη νόμος ὁ δυνάμενος ζωοποιῆσαι,
ὄντως ἐκ νόμου ἂν ἦν ἡ δικαιοσύνη. ἀλλὰ συνέκλεισεν 22
ἡ γραφὴ τὰ πάντα ὑπὸ ἁμαρτίαν, ἵνα ἡ ἐπαγγελία ἐκ πίστεως Ἰησοῦ Χριστοῦ δοθῇ τοῖς πιστεύουσιν.

Πρὸ τοῦ δὲ ἐλθεῖν τὴν πίστιν ὑπὸ νόμον ἐφρουρούμεθα 23
συνκλειόμενοι εἰς τὴν μέλλουσαν πίστιν ἀποκαλυφθῆναι.
ὥστε ὁ νόμος παιδαγωγὸς ἡμῶν γέγονεν εἰς Χριστόν, ἵνα 24
ἐκ πίστεως δικαιωθῶμεν. ἐλθούσης δὲ τῆς πίστεως 25
οὐκέτι ὑπὸ παιδαγωγόν ἐσμεν. Πάντες γὰρ υἱοὶ Θεοῦ 26
ἐστὲ διὰ τῆς πίστεως ἐν Χριστῷ Ἰησοῦ. ὅσοι γὰρ εἰς 27
Χριστὸν ἐβαπτίσθητε, Χριστὸν ἐνεδύσασθε. οὐκ ἔνι 28
Ἰουδαῖος οὐδὲ Ἕλλην, οὐκ ἔνι δοῦλος οὐδὲ ἐλεύθερος, οὐκ
ἔνι ἄρσεν καὶ θῆλυ· πάντες γὰρ ὑμεῖς εἷς ἐστὲ ἐν Χριστῷ
Ἰησοῦ. εἰ δὲ ὑμεῖς Χριστοῦ, ἄρα τοῦ Ἀβραὰμ σπέρμα 29
ἐστέ, κατ' ἐπαγγελίαν κληρονόμοι.

Λέγω δέ, ἐφ' ὅσον χρόνον ὁ κληρονόμος νήπιός ἐστιν, 4
οὐδὲν διαφέρει δούλου κύριος πάντων ὤν, ἀλλὰ ὑπὸ 2
ἐπιτρόπους ἐστὶν καὶ οἰκονόμους ἄχρι τῆς προθεσμίας τοῦ
πατρός. οὕτως καὶ ἡμεῖς, ὅτε ἦμεν νήπιοι, ὑπὸ τὰ 3
στοιχεῖα τοῦ κόσμου ἦμεν δεδουλωμένοι· ὅτε δὲ ἦλθεν 4
τὸ πλήρωμα τοῦ χρόνου, ἐξαπέστειλεν ὁ Θεὸς τὸν Υἱὸν
αὐτοῦ, γενόμενον ἐκ γυναικός, γενόμενον ὑπὸ νόμον,
ἵνα τοὺς ὑπὸ νόμον ἐξαγοράσῃ, ἵνα τὴν υἱοθεσίαν ἀπολά- 5
βωμεν. Ὅτι δέ ἐστε υἱοί, ἐξαπέστειλεν ὁ Θεὸς τὸ 6
Πνεῦμα τοῦ Υἱοῦ αὐτοῦ εἰς τὰς καρδίας ἡμῶν κρᾶζον,
Ἀββᾶ ὁ Πατήρ. ὥστε οὐκέτι εἶ δοῦλος, ἀλλὰ υἱός· 7
εἰ δὲ υἱός, καὶ κληρονόμος διὰ Θεοῦ.

21 τοῦ Θεοῦ] [*Ln*] [Li] [WH]   ἐκ νόμου] ἐν νόμῳ WH(n.m.)   ἂν] [Li] : ante ἐκ νόμου ς : post ἦν TiB[WH]m   22 ὑπὸ] ὑφ' *Ln*WHa
23 συνκλειόμενοι] συγκ. ς*Ln*TrA : -κεκλεισμένοι ςE   28 ἄρσεν] ἄρρ. WHa   πάντες] ἄπαντ. TrTiLimAB   29 κατ'] pr καὶ ς : C : κατὰ TiB
2 ἐστὶν] ἐστὶ WH   3 στοιχεῖα] -ία WHa   ἦμεν sec.] ἤμεθα TrmTiB WH   6 ἡμῶν] ὑμ. ςBm   κρᾶζον] κρά. ςEA   Ἀββᾶ] -βά WH
7 ἀλλὰ] ἀλλ' ς : CScr   διὰ Θεοῦ] Θεοῦ διὰ Χριστοῦ ςBm

ΠΡΟΣ ΓΑΛΑΤΑΣ

8 Ἀλλὰ τότε μὲν οὐκ εἰδότες Θεὸν ἐδουλεύσατε τοῖς
9 φύσει μὴ οὖσιν θεοῖς· νῦν δὲ γνόντες Θεόν, μᾶλλον
δὲ γνωσθέντες ὑπὸ Θεοῦ, πῶς ἐπιστρέφετε πάλιν ἐπὶ τὰ
ἀσθενῆ καὶ πτωχὰ στοιχεῖα, οἷς πάλιν ἄνωθεν δουλεῦσαι
10 θέλετε; ἡμέρας παρατηρεῖσθε καὶ μῆνας καὶ καιροὺς
11 καὶ ἐνιαυτούς. φοβοῦμαι ὑμᾶς μή πως εἰκῆ κεκοπίακα
εἰς ὑμᾶς.
12 Γίνεσθε ὡς ἐγώ, ὅτι κἀγὼ ὡς ὑμεῖς, ἀδελφοί, δέομαι
13 ὑμῶν. οὐδέν με ἠδικήσατε· οἴδατε δὲ ὅτι δι' ἀσθένειαν
14 τῆς σαρκὸς εὐηγγελισάμην ὑμῖν τὸ πρότερον, καὶ τὸν
πειρασμὸν ὑμῶν ἐν τῇ σαρκί μου οὐκ ἐξουθενήσατε οὐδὲ
ἐξεπτύσατε, ἀλλὰ ὡς ἄγγελον Θεοῦ ἐδέξασθέ με, ὡς Χρι-
15 στὸν Ἰησοῦν. ποῦ οὖν ὁ μακαρισμὸς ὑμῶν; μαρτυρῶ
γὰρ ὑμῖν ὅτι εἰ δυνατὸν τοὺς ὀφθαλμοὺς ὑμῶν ἐξορύξαντες
16 ἐδώκατέ μοι. ὥστε ἐχθρὸς ὑμῶν γέγονα ἀληθεύων
17 ὑμῖν; Ζηλοῦσιν ὑμᾶς οὐ καλῶς, ἀλλὰ ἐκκλεῖσαι ὑμᾶς
18 θέλουσιν, ἵνα αὐτοὺς ζηλοῦτε. καλὸν δὲ ζηλοῦσθαι ἐν
καλῷ πάντοτε, καὶ μὴ μόνον ἐν τῷ παρεῖναί με πρὸς ὑμᾶς.
19 τέκνα μου, οὓς πάλιν ὠδίνω μέχρις οὗ μορφωθῇ Χριστὸς
20 ἐν ὑμῖν· ἤθελον δὲ παρεῖναι πρὸς ὑμᾶς ἄρτι καὶ ἀλ-
λάξαι τὴν φωνήν μου, ὅτι ἀποροῦμαι ἐν ὑμῖν.
21 Λέγετέ μοι, οἱ ὑπὸ νόμον θέλοντες εἶναι, τὸν νόμον οὐκ
22 ἀκούετε; γέγραπται γὰρ ὅτι Ἀβραὰμ δύο υἱοὺς ἔσχεν,
23 ἕνα ἐκ τῆς παιδίσκης καὶ ἕνα ἐκ τῆς ἐλευθέρας. ἀλλ' ὁ
μὲν ἐκ τῆς παιδίσκης κατὰ σάρκα γεγέννηται, ὁ δὲ ἐκ τῆς
24 ἐλευθέρας διὰ τῆς ἐπαγγελίας. ἅτινά ἐστιν ἀλληγο-

8 φύ. μὴ] μὴ φύ. ϛ   οὖσιν] -σι LnWH   9 στοιχεῖα] -ία WHa
δουλεῦσαι]-εύειν ϛLnTrmLiEAWHmR   10 ἐνιαυτούς.] ἐνιαυτούς; Ln
TiLiB   12 ὑμεῖς,] ὑμεῖς. Tr   14 ὑμῶν] μου τὸν ϛBm   μου]
μου· Ln σφ   ἀλλὰ] ἀλλ' ϛ   15 ποῦ] τίς ϛ(n.m.)LimEBm: J(n.m.)
οὖν] + ἦν ϛ(n.m.)Bm   ἐδώκατέ] pr ἂν ϛ   17 ὑμᾶς sec.] ἡμᾶς ElzJm
18 ζηλοῦσθαι] -σθε Trm : pr τὸ ϛ E   ὑμᾶς.] ὑμᾶς, LnTrLiWH
19 τέκνα]τεκνία ϛLnLi(n.m.)EABmWH(n.m.)R   μέχρις] ἄχρις ϛLnLim
EA   21 ἀκούετε] ἀναγινώσκετε Lnm   23 ἀλλ'] ἀλλὰ Tr
μὲν] [Ln][Tr]m[Li] [WH]   διὰ τῆς ἐπ.] δι' ἐπ. TrWH(n.m.)R

480

ρούμενα· αὗται γάρ εἰσιν δύο διαθῆκαι· μία μὲν ἀπὸ ὄρους
Σινᾶ, εἰς δουλείαν γεννῶσα, ἥτις ἐστὶν Ἁγάρ. τὸ γὰρ 25
[Ἁγάρ] Σινᾶ ὄρος ἐστὶν ἐν τῇ Ἀραβίᾳ, συνστοιχεῖ δὲ τῇ
νῦν Ἱερουσαλήμ· δουλεύει γὰρ μετὰ τῶν τέκνων αὐτῆς.
ἡ δὲ ἄνω Ἱερουσαλὴμ ἐλευθέρα ἐστίν, ἥτις ἐστὶν μήτηρ 26
ἡμῶν. γέγραπται γάρ, Εὐφράνθητι, στεῖρα ἡ οὐ τί- 27
κτουσα, ῥῆξον καὶ βόησον, ἡ οὐκ ὠδίνουσα· ὅτι πολλὰ τὰ
τέκνα τῆς ἐρήμου μᾶλλον ἢ τῆς ἐχούσης τὸν ἄνδρα.
Ὑμεῖς δέ, ἀδελφοί, κατὰ Ἰσαὰκ ἐπαγγελίας τέκνα ἐστέ. 28
ἀλλ' ὥσπερ τότε ὁ κατὰ σάρκα γεννηθεὶς ἐδίωκεν τὸν κατὰ 29
Πνεῦμα, οὕτως καὶ νῦν. ἀλλὰ τί λέγει ἡ γραφή; Ἔκ- 30
βαλε τὴν παιδίσκην καὶ τὸν υἱὸν αὐτῆς, οὐ γὰρ μὴ κληρο-
νομήσει ὁ υἱὸς τῆς παιδίσκης μετὰ τοῦ υἱοῦ τῆς ἐλευθέρας.
διό, ἀδελφοί, οὐκ ἐσμὲν παιδίσκης τέκνα ἀλλὰ τῆς ἐλευ- 31
θέρας. τῇ ἐλευθερίᾳ ἡμᾶς Χριστὸς ἠλευθέρωσεν· στή- 5
κετε οὖν, καὶ μὴ πάλιν ζυγῷ δουλείας ἐνέχεσθε.

Ἴδε ἐγὼ Παῦλος λέγω ὑμῖν ὅτι ἐὰν περιτέμνησθε 2
Χριστὸς ὑμᾶς οὐδὲν ὠφελήσει. μαρτύρομαι δὲ πάλιν 3
παντὶ ἀνθρώπῳ περιτεμνομένῳ ὅτι ὀφειλέτης ἐστὶν ὅλον
τὸν νόμον ποιῆσαι. κατηργήθητε ἀπὸ Χριστοῦ οἵτινες 4
ἐν νόμῳ δικαιοῦσθε· τῆς χάριτος ἐξεπέσατε. ἡμεῖς γὰρ 5
Πνεύματι ἐκ πίστεως ἐλπίδα δικαιοσύνης ἀπεκδεχόμεθα.
ἐν γὰρ Χριστῷ Ἰησοῦ οὔτε περιτομή τι ἰσχύει οὔτε ἀκρο- 6
βυστία, ἀλλὰ πίστις δι' ἀγάπης ἐνεργουμένη. Ἐτρέ- 7
χετε καλῶς· τίς ὑμᾶς ἐνέκοψεν ἀληθείᾳ μὴ πείθεσθαι;

8, 9 ἡ πεισμονὴ οὐκ ἐκ τοῦ καλοῦντος ὑμᾶς.   μικρὰ ζύμη
10 ὅλον τὸ φύραμα ζυμοῖ.   ἐγὼ πέποιθα εἰς ὑμᾶς ἐν Κυρίῳ
ὅτι οὐδὲν ἄλλο φρονήσετε· ὁ δὲ ταράσσων ὑμᾶς βαστάσει
11 τὸ κρίμα, ὅστις ἐὰν ᾖ.   ἐγὼ δέ, ἀδελφοί, εἰ περιτομὴν
ἔτι κηρύσσω, τί ἔτι διώκομαι; ἄρα κατήργηται τὸ σκάν-
12 δαλον τοῦ σταυροῦ.   ὄφελον καὶ ἀποκόψονται οἱ ἀνα-
στατοῦντες ὑμᾶς.
13   Ὑμεῖς γὰρ ἐπ' ἐλευθερίᾳ ἐκλήθητε, ἀδελφοί· μόνον μὴ
τὴν ἐλευθερίαν εἰς ἀφορμὴν τῇ σαρκί, ἀλλὰ διὰ τῆς ἀγά-
14 πης δουλεύετε ἀλλήλοις.   ὁ γὰρ πᾶς νόμος ἐν ἑνὶ λόγῳ
πεπλήρωται, ἐν τῷ Ἀγαπήσεις τὸν πλησίον σου ὡς σεαυ-
15 τόν.   εἰ δὲ ἀλλήλους δάκνετε καὶ κατεσθίετε, βλέπετε
μὴ ὑπ' ἀλλήλων ἀναλωθῆτε.
16   Λέγω δέ, Πνεύματι περιπατεῖτε, καὶ ἐπιθυμίαν σαρκὸς
17 οὐ μὴ τελέσητε.   ἡ γὰρ σὰρξ ἐπιθυμεῖ κατὰ τοῦ Πνεύ-
ματος τὸ δὲ Πνεῦμα κατὰ τῆς σαρκός, ταῦτα γὰρ ἀλλήλοις
18 ἀντίκειται, ἵνα μὴ ἃ ἐὰν θέλητε ταῦτα ποιῆτε.   εἰ δὲ
19 Πνεύματι ἄγεσθε, οὐκ ἐστὲ ὑπὸ νόμον.   Φανερὰ δέ
ἐστιν τὰ ἔργα τῆς σαρκός, ἅτινά ἐστιν πορνεία, ἀκαθαρσία,
20 ἀσέλγεια,   εἰδωλολατρεία, φαρμακεία, ἔχθραι, ἔρις,
21 ζῆλος, θυμοί, ἐριθεῖαι, διχοστασίαι, αἱρέσεις,   φθόνοι,
[φόνοι,] μέθαι, κῶμοι, καὶ τὰ ὅμοια τούτοις· ἃ προλέγω
ὑμῖν, καθὼς προεῖπον, ὅτι οἱ τὰ τοιαῦτα πράσσοντες βα-
22 σιλείαν Θεοῦ οὐ κληρονομήσουσιν.   Ὁ δὲ καρπὸς τοῦ
Πνεύματός ἐστιν ἀγάπη, χαρά, εἰρήνη, μακροθυμία, χρη-
23 στότης, ἀγαθωσύνη, πίστις,   πραΰτης, ἐγκράτεια· κατὰ
24 τῶν τοιούτων οὐκ ἔστιν νόμος.   οἱ δὲ τοῦ Χριστοῦ Ἰη-
σοῦ τὴν σάρκα ἐσταύρωσαν σὺν τοῖς παθήμασιν καὶ ταῖς

10 ἐγὼ] + δὲ [Ln]   ἐὰν] ἂν ςLnE   14 πεπλήρωται] πληροῦται ς
σεαυτόν] ἑαν. ς   15 ὑπ'] ὑπὸ.ςEA   17 γὰρ sec.] δὲ ς   ἀλλή-
λοις] post ἀντίκ. ς   ἐὰν] [Ln]: ἂν ςEWHa   19 πορνεία] pr μοι-
χεία, ςBm   °   20 εἰδωλολατρεία] -τρία WH   φαρμακεία] -κία WH
ἔρις] ἔρεις ςLimWHm : ErJ   ζῆλος] ζῆλοι ςWHmR   ἐριθεῖαι] -θίαι WH
21 φόνοι] ins ς[Ln][Tr][Li]E[A][B] : Ti°WH°R°   καθὼς]+ καὶ ς[Ln]
[Li]EA[B]WHm   24 Ἰησοῦ] ς°[Ln]E°   παθήμασιν] -σι WHa

ΠΡΟΣ ΓΑΛΑΤΑΣ 5. 25—6. 14.

ἐπιθυμίαις. Εἰ ζῶμεν Πνεύματι, Πνεύματι καὶ στοι- 25
χῶμεν. μὴ γινώμεθα κενόδοξοι, ἀλλήλους προκαλού- 26
μενοι, ἀλλήλοις φθονοῦντες.

Ἀδελφοί, ἐὰν καὶ προλημφθῇ ἄνθρωπος ἔν τινι παρα- 6
πτώματι, ὑμεῖς οἱ πνευματικοὶ καταρτίζετε τὸν τοιοῦτον ἐν
πνεύματι πραΰτητος, σκοπῶν σεαυτὸν μὴ καὶ σὺ πειρα-
σθῇς. ἀλλήλων τὰ βάρη βαστάζετε, καὶ οὕτως ἀνα- 2
πληρώσατε τὸν νόμον τοῦ Χριστοῦ. εἰ γὰρ δοκεῖ τις 3
εἶναί τι μηδὲν ὤν, φρεναπατᾷ ἑαυτόν. τὸ δὲ ἔργον 4
ἑαυτοῦ δοκιμαζέτω ἕκαστος, καὶ τότε εἰς ἑαυτὸν μόνον τὸ
καύχημα ἕξει, καὶ οὐκ εἰς τὸν ἕτερον. ἕκαστος γὰρ τὸ 5
ἴδιον φορτίον βαστάσει. κοινωνείτω δὲ ὁ κατηχούμενος 6
τὸν λόγον τῷ κατηχοῦντι ἐν πᾶσιν ἀγαθοῖς. Μὴ πλα- 7
νᾶσθε· Θεὸς οὐ μυκτηρίζεται. ὃ γὰρ ἐὰν σπείρῃ ἄνθρωπος,
τοῦτο καὶ θερίσει. ὅτι ὁ σπείρων εἰς τὴν σάρκα ἑαυτοῦ 8
ἐκ τῆς σαρκὸς θερίσει φθοράν, ὁ δὲ σπείρων εἰς τὸ Πνεῦμα
ἐκ τοῦ Πνεύματος θερίσει ζωὴν αἰώνιον. τὸ δὲ καλὸν 9
ποιοῦντες μὴ ἐγκακῶμεν· καιρῷ γὰρ ἰδίῳ θερίσομεν μὴ
ἐκλυόμενοι. ἄρα οὖν ὡς καιρὸν ἔχομεν, ἐργαζώμεθα τὸ 10
ἀγαθὸν πρὸς πάντας, μάλιστα δὲ πρὸς τοὺς οἰκείους τῆς
πίστεως.

Ἴδετε πηλίκοις ὑμῖν γράμμασιν ἔγραψα τῇ ἐμῇ χειρί. 11
ὅσοι θέλουσιν εὐπροσωπῆσαι ἐν σαρκί, οὗτοι ἀναγκάζουσιν 12
ὑμᾶς περιτέμνεσθαι, μόνον ἵνα τῷ σταυρῷ τοῦ Χριστοῦ
μὴ διώκωνται. οὐδὲ γὰρ οἱ περιτεμνόμενοι αὐτοὶ νόμον 13
φυλάσσουσιν· ἀλλὰ θέλουσιν ὑμᾶς περιτέμνεσθαι ἵνα ἐν
τῇ ὑμετέρᾳ σαρκὶ καυχήσωνται. ἐμοὶ δὲ μὴ γένοιτο 14
καυχᾶσθαι εἰ μὴ ἐν τῷ σταυρῷ τοῦ Κυρίου ἡμῶν Ἰησοῦ

26 ἀλλήλοις] -λους L*n*(n.m.)TrmLi(n.m.)WHm 2 ἀναπληρώσατε] -σετε L*n*(n.m.)TrmTiLi(n.m.)EB(n.m.) 3 ἑαυτόν] ante φρεναπ. ς 4 ἕκα-
στος] [WH] 7 ἐὰν] ἂν L*n*TrWHa 9 ἐγκακῶμεν] ἐκκ. ςBm : ἐνκ.
TiEBWH(n.a.) 10 ἔχομεν] ἔχω. TiBmWH ἐργαζώμεθα]-όμεθα Bm
11 πηλίκοις] ἡλίκ. WHm 12 μὴ] ante τῷ στ. τοῦ Χρ. ς Χριστοῦ]+
[Ἰησοῦ] — (sic) WH διώκωνται]-κοντ. L*n*mTiBmWH. 13 περιτε-
μνόμενοι]-τετμημέ. L*n*(n.m.)TrmBmWHmRm 14 καυχᾶσθαι]-ήσασ.L*n*

483

Χριστοῦ, δι' οὗ ἐμοὶ κόσμος ἐσταύρωται, κἀγὼ κόσμῳ.
15 οὔτε γὰρ περιτομή τι ἔστιν οὔτε ἀκροβυστία, ἀλλὰ καινὴ
16 κτίσις. καὶ ὅσοι τῷ κανόνι τούτῳ στοιχήσουσιν, εἰρήνη
ἐπ' αὐτοὺς καὶ ἔλεος, καὶ ἐπὶ τὸν Ἰσραὴλ τοῦ Θεοῦ.
17 Τοῦ λοιποῦ κόπους μοι μηδεὶς παρεχέτω· ἐγὼ γὰρ τὰ
στίγματα τοῦ Ἰησοῦ ἐν τῷ σώματί μου βαστάζω.
18 Ἡ χάρις τοῦ Κυρίου ἡμῶν Ἰησοῦ Χριστοῦ μετὰ τοῦ
πνεύματος ὑμῶν, ἀδελφοί· ἀμήν.

ΠΡΟΣ ΕΦΕΣΙΟΥΣ.

1 Παῦλος ἀπόστολος Χριστοῦ Ἰησοῦ διὰ θελήματος Θεοῦ
τοῖς ἁγίοις τοῖς οὖσιν [ἐν Ἐφέσῳ] καὶ πιστοῖς ἐν Χριστῷ
2 Ἰησοῦ· χάρις ὑμῖν καὶ εἰρήνη ἀπὸ Θεοῦ Πατρὸς ἡμῶν
καὶ Κυρίου Ἰησοῦ Χριστοῦ.

3 Εὐλογητὸς ὁ Θεὸς καὶ Πατὴρ τοῦ Κυρίου ἡμῶν Ἰησοῦ
Χριστοῦ, ὁ εὐλογήσας ἡμᾶς ἐν πάσῃ εὐλογίᾳ πνευματικῇ
4 ἐν τοῖς ἐπουρανίοις ἐν Χριστῷ, καθὼς ἐξελέξατο ἡμᾶς
ἐν αὐτῷ πρὸ καταβολῆς κόσμου, εἶναι ἡμᾶς ἁγίους καὶ
5 ἀμώμους κατενώπιον αὐτοῦ ἐν ἀγάπῃ, προορίσας ἡμᾶς
εἰς υἱοθεσίαν διὰ Ἰησοῦ Χριστοῦ εἰς αὐτόν, κατὰ τὴν εὐ-
6 δοκίαν τοῦ θελήματος αὐτοῦ, εἰς ἔπαινον δόξης τῆς
χάριτος αὐτοῦ ἧς ἐχαρίτωσεν ἡμᾶς ἐν τῷ Ἠγαπημένῳ·
7 ἐν ᾧ ἔχομεν τὴν ἀπολύτρωσιν διὰ τοῦ αἵματος αὐτοῦ, τὴν
ἄφεσιν τῶν παραπτωμάτων, κατὰ τὸ πλοῦτος τῆς χάριτος

ΠΡΟΣ ΕΦΕΣΙΟΥΣ 1. 8–21.

αὐτοῦ, ἧς ἐπερίσσευσεν εἰς ἡμᾶς ἐν πάσῃ σοφίᾳ καὶ 8
φρονήσει, γνωρίσας ἡμῖν τὸ μυστήριον τοῦ θελήματος 9
αὐτοῦ, κατὰ τὴν εὐδοκίαν αὐτοῦ, ἣν προέθετο ἐν αὐτῷ
εἰς οἰκονομίαν τοῦ πληρώματος τῶν καιρῶν, ἀνακεφαλαιώ- 10
σασθαι τὰ πάντα ἐν τῷ Χριστῷ, τὰ ἐπὶ τοῖς οὐρανοῖς καὶ
τὰ ἐπὶ τῆς γῆς· ἐν αὐτῷ, ἐν ᾧ καὶ ἐκληρώθημεν, προ- 11
ορισθέντες κατὰ πρόθεσιν τοῦ τὰ πάντα ἐνεργοῦντος κατὰ
τὴν βουλὴν τοῦ θελήματος αὐτοῦ, εἰς τὸ εἶναι ἡμᾶς 12
εἰς ἔπαινον δόξης αὐτοῦ τοὺς προηλπικότας ἐν τῷ Χριστῷ·
ἐν ᾧ καὶ ὑμεῖς, ἀκούσαντες τὸν λόγον τῆς ἀληθείας, τὸ 13
εὐαγγέλιον τῆς σωτηρίας ὑμῶν,—ἐν ᾧ καὶ πιστεύσαντες
ἐσφραγίσθητε τῷ Πνεύματι τῆς ἐπαγγελίας τῷ Ἁγίῳ,
ὅ ἐστιν ἀρραβὼν τῆς κληρονομίας ἡμῶν, εἰς ἀπολύτρωσιν 14
τῆς περιποιήσεως, εἰς ἔπαινον τῆς δόξης αὐτοῦ.

Διὰ τοῦτο κἀγώ, ἀκούσας τὴν καθ' ὑμᾶς πίστιν ἐν τῷ 15
Κυρίῳ Ἰησοῦ καὶ [τὴν ἀγάπην] τὴν εἰς πάντας τοὺς
ἁγίους, οὐ παύομαι εὐχαριστῶν ὑπὲρ ὑμῶν, μνείαν 16
ποιούμενος ἐπὶ τῶν προσευχῶν μου, ἵνα ὁ Θεὸς τοῦ 17
Κυρίου ἡμῶν Ἰησοῦ Χριστοῦ, ὁ Πατὴρ τῆς δόξης, δῴη
ὑμῖν πνεῦμα σοφίας καὶ ἀποκαλύψεως ἐν ἐπιγνώσει αὐτοῦ,
πεφωτισμένους τοὺς ὀφθαλμοὺς τῆς καρδίας ὑμῶν, εἰς τὸ 18
εἰδέναι ὑμᾶς τίς ἐστιν ἡ ἐλπὶς τῆς κλήσεως αὐτοῦ, τίς ὁ
πλοῦτος τῆς δόξης τῆς κληρονομίας αὐτοῦ ἐν τοῖς ἁγίοις,
καὶ τί τὸ ὑπερβάλλον μέγεθος τῆς δυνάμεως αὐτοῦ εἰς 19
ἡμᾶς τοὺς πιστεύοντας κατὰ τὴν ἐνέργειαν τοῦ κράτους
τῆς ἰσχύος αὐτοῦ, ἣν ἐνήργησεν ἐν τῷ Χριστῷ ἐγείρας 20
αὐτὸν ἐκ νεκρῶν, καὶ καθίσας ἐν δεξιᾷ αὐτοῦ ἐν τοῖς ἐπου-
ρανίοις ὑπεράνω πάσης ἀρχῆς καὶ ἐξουσίας καὶ δυνά- 21

ΠΡΟΣ ΕΦΕΣΙΟΥΣ

μεως καὶ κυριότητος καὶ παντὸς ὀνόματος ὀνομαζομένου οὐ μόνον ἐν τῷ αἰῶνι τούτῳ ἀλλὰ καὶ ἐν τῷ μέλλοντι·
22 καὶ πάντα ὑπέταξεν ὑπὸ τοὺς πόδας αὐτοῦ, καὶ αὐτὸν ἔδω-
23 κεν κεφαλὴν ὑπὲρ πάντα τῇ ἐκκλησίᾳ, ἥτις ἐστὶν τὸ σῶμα αὐτοῦ, τὸ πλήρωμα τοῦ τὰ πάντα ἐν πᾶσιν πληρουμένου.

2 Καὶ ὑμᾶς ὄντας νεκροὺς τοῖς παραπτώμασιν καὶ ταῖς
2 ἁμαρτίαις ὑμῶν, ἐν αἷς ποτὲ περιεπατήσατε κατὰ τὸν αἰῶνα τοῦ κόσμου τούτου, κατὰ τὸν ἄρχοντα τῆς ἐξουσίας τοῦ ἀέρος, τοῦ πνεύματος τοῦ νῦν ἐνεργοῦντος ἐν τοῖς υἱοῖς
3 τῆς ἀπειθείας· ἐν οἷς καὶ ἡμεῖς πάντες ἀνεστράφημέν ποτε ἐν ταῖς ἐπιθυμίαις τῆς σαρκὸς ἡμῶν, ποιοῦντες τὰ θελήματα τῆς σαρκὸς καὶ τῶν διανοιῶν, καὶ ἤμεθα τέκνα
4 φύσει ὀργῆς, ὡς καὶ οἱ λοιποί·— ὁ δὲ Θεός, πλούσιος ὢν ἐν ἐλέει, διὰ τὴν πολλὴν ἀγάπην αὐτοῦ ἣν ἠγάπησεν
5 ἡμᾶς, καὶ ὄντας ἡμᾶς νεκροὺς τοῖς παραπτώμασιν συνεζωοποίησεν τῷ Χριστῷ (χάριτί ἐστε σεσωσμένοι),
6 καὶ συνήγειρεν καὶ συνεκάθισεν ἐν τοῖς ἐπουρανίοις ἐν
7 Χριστῷ Ἰησοῦ· ἵνα ἐνδείξηται ἐν τοῖς αἰῶσιν τοῖς ἐπερχομένοις τὸ ὑπερβάλλον πλοῦτος τῆς χάριτος αὐτοῦ
8 ἐν χρηστότητι ἐφ᾽ ἡμᾶς ἐν Χριστῷ Ἰησοῦ. τῇ γὰρ χάριτί ἐστε σεσωσμένοι διὰ πίστεως· καὶ τοῦτο οὐκ ἐξ
9 ὑμῶν, Θεοῦ τὸ δῶρον· οὐκ ἐξ ἔργων, ἵνα μή τις καυχή-
10 σηται. αὐτοῦ γάρ ἐσμεν ποίημα, κτισθέντες ἐν Χριστῷ Ἰησοῦ ἐπὶ ἔργοις ἀγαθοῖς, οἷς προητοίμασεν ὁ Θεὸς ἵνα ἐν αὐτοῖς περιπατήσωμεν.

11 Διὸ μνημονεύετε ὅτι ποτὲ ὑμεῖς τὰ ἔθνη ἐν σαρκί, οἱ λεγόμενοι ἀκροβυστία ὑπὸ τῆς λεγομένης περιτομῆς ἐν
12 σαρκὶ χειροποιήτου, ὅτι ἦτε τῷ καιρῷ ἐκείνῳ χωρὶς

ΠΡΟΣ ΕΦΕΣΙΟΥΣ

Χριστοῦ, ἀπηλλοτριωμένοι τῆς πολιτείας τοῦ Ἰσραὴλ καὶ ξένοι τῶν διαθηκῶν τῆς ἐπαγγελίας, ἐλπίδα μὴ ἔχοντες καὶ ἄθεοι ἐν τῷ κόσμῳ. νυνὶ δὲ ἐν Χριστῷ Ἰησοῦ 13 ὑμεῖς οἵ ποτε ὄντες μακρὰν ἐγενήθητε ἐγγὺς ἐν τῷ αἵματι τοῦ Χριστοῦ. Αὐτὸς γάρ ἐστιν ἡ εἰρήνη ἡμῶν, ὁ ποιή- 14 σας τὰ ἀμφότερα ἓν καὶ τὸ μεσότοιχον τοῦ φραγμοῦ λύσας, τὴν ἔχθραν ἐν τῇ σαρκὶ αὐτοῦ τὸν νόμον τῶν 15 ἐντολῶν ἐν δόγμασιν καταργήσας· ἵνα τοὺς δύο κτίσῃ ἐν αὐτῷ εἰς ἕνα καινὸν ἄνθρωπον, ποιῶν εἰρήνην, καὶ ἀπο- 16 καταλλάξῃ τοὺς ἀμφοτέρους ἐν ἑνὶ σώματι τῷ Θεῷ διὰ τοῦ σταυροῦ, ἀποκτείνας τὴν ἔχθραν ἐν αὐτῷ· καὶ ἐλ- 17 θὼν εὐηγγελίσατο εἰρήνην ὑμῖν τοῖς μακρὰν καὶ εἰρήνην τοῖς ἐγγύς· ὅτι δι᾽ αὐτοῦ ἔχομεν τὴν προσαγωγὴν οἱ 18 ἀμφότεροι ἐν ἑνὶ Πνεύματι πρὸς τὸν Πατέρα. Ἄρα οὖν 19 οὐκέτι ἐστὲ ξένοι καὶ πάροικοι, ἀλλά ἐστε συνπολῖται τῶν ἁγίων καὶ οἰκεῖοι τοῦ Θεοῦ, ἐποικοδομηθέντες ἐπὶ τῷ 20 θεμελίῳ τῶν ἀποστόλων καὶ προφητῶν, ὄντος ἀκρογωνιαίου αὐτοῦ Χριστοῦ Ἰησοῦ, ἐν ᾧ πᾶσα οἰκοδομὴ 21 συναρμολογουμένη αὔξει εἰς ναὸν ἅγιον ἐν Κυρίῳ, ἐν 22 ᾧ καὶ ὑμεῖς συνοικοδομεῖσθε εἰς κατοικητήριον τοῦ Θεοῦ ἐν Πνεύματι.

Τούτου χάριν ἐγὼ Παῦλος ὁ δέσμιος τοῦ Χριστοῦ Ἰη- 3
σοῦ ὑπὲρ ὑμῶν τῶν ἐθνῶν— εἴ γε ἠκούσατε τὴν οἰκο- 2
νομίαν τῆς χάριτος τοῦ Θεοῦ τῆς δοθείσης μοι εἰς ὑμᾶς,
ὅτι κατὰ ἀποκάλυψιν ἐγνωρίσθη μοι τὸ μυστήριον, καθὼς 3
προέγραψα ἐν ὀλίγῳ, πρὸς ὃ δύνασθε ἀναγινώσκοντες 4
νοῆσαι τὴν σύνεσίν μου ἐν τῷ μυστηρίῳ τοῦ Χριστοῦ,
ὃ ἑτέραις γενεαῖς οὐκ ἐγνωρίσθη τοῖς υἱοῖς τῶν ἀνθρώπων, 5

πολιτείας] -τίας WH₁ 13 ἐγγὺς] ante ἐγεν. ϛ E 14 ἔχθραν] ἔχθραν, TrTiEAB 15 αὐτῷ] ἑαυτῷ ϛJmEB(sic vult): αὐ. WH 17 εἰρήνην sec.] ϛ° 19 ἀλλά] ἀλλ᾽ LnEWH₁ ἐστε] ϛ° συνπολῖται] συμπ. ϛ LnTr 20 Χριστοῦ] post Ἰησοῦ ϛE 21 οἰκοδομὴ] pr ἡ ϛBm: CEr 1 Ἰησοῦ] Ti°[A]B° 3 ὅτι] [Ln][WH] ἐγνωρίσθη] ἐγνώρισε ϛ(n.m.) 5 ἑτέραις] pr ἐν ϛ: CErsm

ὡς νῦν ἀπεκαλύφθη τοῖς ἁγίοις ἀποστόλοις αὐτοῦ καὶ
6 προφήταις ἐν Πνεύματι· εἶναι τὰ ἔθνη συνκληρονόμα
καὶ σύνσωμα καὶ συνμέτοχα τῆς ἐπαγγελίας ἐν Χριστῷ
7 Ἰησοῦ διὰ τοῦ εὐαγγελίου, οὗ ἐγενήθην διάκονος κατὰ
τὴν δωρεὰν τῆς χάριτος τοῦ Θεοῦ τῆς δοθείσης μοι κατὰ
8 τὴν ἐνέργειαν τῆς δυνάμεως αὐτοῦ. ἐμοὶ τῷ ἐλαχιστο-
τέρῳ πάντων ἁγίων ἐδόθη ἡ χάρις αὕτη, τοῖς ἔθνεσιν εὐαγ-
γελίσασθαι τὸ ἀνεξιχνίαστον πλοῦτος τοῦ Χριστοῦ,
9 καὶ φωτίσαι [πάντας] τίς ἡ οἰκονομία τοῦ μυστηρίου τοῦ
ἀποκεκρυμμένου ἀπὸ τῶν αἰώνων ἐν τῷ Θεῷ τῷ τὰ πάντα
10 κτίσαντι, ἵνα γνωρισθῇ νῦν ταῖς ἀρχαῖς καὶ ταῖς ἐξου-
σίαις ἐν τοῖς ἐπουρανίοις διὰ τῆς ἐκκλησίας ἡ πολυποί-
11 κιλος σοφία τοῦ Θεοῦ, κατὰ πρόθεσιν τῶν αἰώνων ἣν
12 ἐποίησεν ἐν τῷ Χριστῷ Ἰησοῦ τῷ Κυρίῳ ἡμῶν, ἐν ᾧ
ἔχομεν τὴν παρρησίαν καὶ προσαγωγὴν ἐν πεποιθήσει διὰ
13 τῆς πίστεως αὐτοῦ. διὸ αἰτοῦμαι μὴ ἐνκακεῖν ἐν ταῖς
θλίψεσίν μου ὑπὲρ ὑμῶν, ἥτις ἐστὶν δόξα ὑμῶν.

14 Τούτου χάριν κάμπτω τὰ γόνατά μου πρὸς τὸν Πατέρα,
15 ἐξ οὗ πᾶσα πατριὰ ἐν οὐρανοῖς καὶ ἐπὶ γῆς ὀνομάζεται,
16 ἵνα δῷ ὑμῖν κατὰ τὸ πλοῦτος τῆς δόξης αὐτοῦ δυνάμει
κραταιωθῆναι διὰ τοῦ Πνεύματος αὐτοῦ εἰς τὸν ἔσω ἄνθρω-
17 πον, κατοικῆσαι τὸν Χριστὸν διὰ τῆς πίστεως ἐν ταῖς
καρδίαις ὑμῶν· ἐν ἀγάπῃ ἐρριζωμένοι καὶ τεθεμελιωμένοι
18 ἵνα ἐξισχύσητε καταλαβέσθαι σὺν πᾶσιν τοῖς ἁγίοις τί τὸ
19 πλάτος καὶ μῆκος καὶ ὕψος καὶ βάθος, γνῶναί τε τὴν

ὑπερβάλλουσαν τῆς γνώσεως ἀγάπην τοῦ Χριστοῦ, ἵνα πληρωθῆτε εἰς πᾶν τὸ πλήρωμα τοῦ Θεοῦ.

Τῷ δὲ δυναμένῳ ὑπὲρ πάντα ποιῆσαι ὑπερεκπερισσοῦ 20 ὧν αἰτούμεθα ἢ νοοῦμεν κατὰ τὴν δύναμιν τὴν ἐνεργουμένην ἐν ἡμῖν, αὐτῷ ἡ δόξα ἐν τῇ ἐκκλησίᾳ καὶ ἐν Χρι- 21 στῷ Ἰησοῦ εἰς πάσας τὰς γενεὰς τοῦ αἰῶνος τῶν αἰώνων· ἀμήν.

Παρακαλῶ οὖν ὑμᾶς ἐγὼ ὁ δέσμιος ἐν Κυρίῳ ἀξίως 4
περιπατῆσαι τῆς κλήσεως ἧς ἐκλήθητε, μετὰ πάσης 2
ταπεινοφροσύνης καὶ πραΰτητος, μετὰ μακροθυμίας, ἀνεχόμενοι ἀλλήλων ἐν ἀγάπῃ, σπουδάζοντες τηρεῖν τὴν 3
ἑνότητα τοῦ Πνεύματος ἐν τῷ συνδέσμῳ τῆς εἰρήνης.
ἓν σῶμα καὶ ἓν Πνεῦμα, καθὼς καὶ ἐκλήθητε ἐν μιᾷ ἐλπίδι 4
τῆς κλήσεως ὑμῶν, εἷς Κύριος, μία πίστις, ἓν βά- 5
πτισμα, εἷς Θεὸς καὶ Πατὴρ πάντων, ὁ ἐπὶ πάντων καὶ 6
διὰ πάντων καὶ ἐν πᾶσιν. Ἑνὶ δὲ ἑκάστῳ ἡμῶν ἐδόθη 7
[ἡ] χάρις κατὰ τὸ μέτρον τῆς δωρεᾶς τοῦ Χριστοῦ. διὸ 8
λέγει, Ἀναβὰς εἰς ὕψος ᾐχμαλώτευσεν αἰχμαλωσίαν, [καὶ] ἔδωκεν δόματα τοῖς ἀνθρώποις. (τὸ δὲ Ἀνέβη τί ἐστιν 9
εἰ μὴ ὅτι καὶ κατέβη εἰς τὰ κατώτερα μέρη τῆς γῆς ; ὁ 10
καταβὰς αὐτός ἐστιν καὶ ὁ ἀναβὰς ὑπεράνω πάντων τῶν οὐρανῶν, ἵνα πληρώσῃ τὰ πάντα.) καὶ αὐτὸς ἔδωκεν 11
τοὺς μὲν ἀποστόλους, τοὺς δὲ προφήτας, τοὺς δὲ εὐαγγελιστάς, τοὺς δὲ ποιμένας καὶ διδασκάλους, πρὸς τὸν 12
καταρτισμὸν τῶν ἁγίων εἰς ἔργον διακονίας, εἰς οἰκοδομὴν τοῦ σώματος τοῦ Χριστοῦ· μέχρι καταντήσωμεν οἱ 13
πάντες εἰς τὴν ἑνότητα τῆς πίστεως καὶ τῆς ἐπιγνώσεως τοῦ Υἱοῦ τοῦ Θεοῦ, εἰς ἄνδρα τέλειον, εἰς μέτρον ἡλικίας τοῦ πληρώματος τοῦ Χριστοῦ· ἵνα μηκέτι ὦμεν νήπιοι, 14

19 πληρωθῆτε εἰς] πληρωθῇ WHm   21 καὶ] ϛ°[A]   2 ἐν ἀγάπῃ,] , ἐν ἀγ. LnTrm   3 ἐν τῷ...εἰρήνης.] , ἐν τῷ...εἰρήνης Ln   4 καὶ sec.] [Tr]m[WH]   6 πᾶσιν] + ὑμῖν ϛ   7 ἡ] ins ϛTiE[A][B][WH]R; Ln°Tr°   8 καὶ] ins ϛTrA[WH]R; Ln°Ti°E°B°   9 κατέβη] + πρῶτον ϛBmWHmRm   μέρη] E°B°m   12 ἁγίων] ἁγίων, EAR

κλυδωνιζόμενοι καὶ περιφερόμενοι παντὶ ἀνέμῳ τῆς διδασκαλίας ἐν τῇ κυβείᾳ τῶν ἀνθρώπων, ἐν πανουργίᾳ, πρὸς
15 τὴν μεθοδείαν τῆς πλάνης, ἀληθεύοντες δὲ ἐν ἀγάπῃ αὐξήσωμεν εἰς αὐτὸν τὰ πάντα, ὅς ἐστιν ἡ κεφαλή, Χρι-
16 στός, ἐξ οὗ πᾶν τὸ σῶμα συναρμολογούμενον καὶ συνβιβαζόμενον διὰ πάσης ἁφῆς τῆς ἐπιχορηγίας κατ᾿ ἐνέργειαν ἐν μέτρῳ ἑνὸς ἑκάστου μέρους τὴν αὔξησιν τοῦ σώματος ποιεῖται εἰς οἰκοδομὴν ἑαυτοῦ ἐν ἀγάπῃ.
17 Τοῦτο οὖν λέγω καὶ μαρτύρομαι ἐν Κυρίῳ, μηκέτι ὑμᾶς περιπατεῖν καθὼς καὶ τὰ ἔθνη περιπατεῖ ἐν ματαιότητι τοῦ
18 νοὸς αὐτῶν, ἐσκοτωμένοι τῇ διανοίᾳ ὄντες, ἀπηλλοτριωμένοι τῆς ζωῆς τοῦ Θεοῦ διὰ τὴν ἄγνοιαν τὴν οὖσαν
19 ἐν αὐτοῖς, διὰ τὴν πώρωσιν τῆς καρδίας αὐτῶν· οἵτινες ἀπηλγηκότες ἑαυτοὺς παρέδωκαν τῇ ἀσελγείᾳ εἰς ἐργασίαν
20 ἀκαθαρσίας πάσης ἐν πλεονεξίᾳ. Ὑμεῖς δὲ οὐχ οὕτως
21 ἐμάθετε τὸν Χριστόν· εἴ γε αὐτὸν ἠκούσατε καὶ ἐν αὐτῷ ἐδιδάχθητε, καθώς ἐστιν ἀλήθεια ἐν τῷ Ἰησοῦ,
22 ἀποθέσθαι ὑμᾶς κατὰ τὴν προτέραν ἀναστροφὴν τὸν παλαιὸν ἄνθρωπον τὸν φθειρόμενον κατὰ τὰς ἐπιθυμίας τῆς
23 ἀπάτης, ἀνανεοῦσθαι δὲ τῷ πνεύματι τοῦ νοὸς ὑμῶν,
24 καὶ ἐνδύσασθαι τὸν καινὸν ἄνθρωπον τὸν κατὰ Θεὸν κτισθέντα ἐν δικαιοσύνῃ καὶ ὁσιότητι τῆς ἀληθείας.
25 Διὸ ἀποθέμενοι τὸ ψεῦδος λαλεῖτε ἀλήθειαν ἕκαστος μετὰ τοῦ πλησίον αὐτοῦ· ὅτι ἐσμὲν ἀλλήλων μέλη.
26 ὀργίζεσθε καὶ μὴ ἁμαρτάνετε· ὁ ἥλιος μὴ ἐπιδυέτω ἐπὶ
27 παροργισμῷ ὑμῶν, μηδὲ δίδοτε τόπον τῷ διαβόλῳ.
28 ὁ κλέπτων μηκέτι κλεπτέτω, μᾶλλον δὲ κοπιάτω ἐργαζό-

14 κυβείᾳ] κυβίᾳ TiBWH   μεθοδείαν] -δίαν TiBWH   15 Χριστός] pr ὁ ς   16 συνβιβ.] συμβιβ. ςL*n*TrA   μέρους] μέλους Bm WHm   ἑαυτοῦ] αὑ. TiB(n.m.)   17 ἔθνη] pr λοιπὰ ς   18 ἐσκοτωμένοι] -τισμένοι ςE   ὄντες,] , ὄντες ς   21 καθώς ἐστιν] καθὼς ἔστιν WH(n.m.) : at ἀληθείᾳ, WHm   22 ἀπάτης] ἀπάτης. Lnm   23 ἀνανεοῦσθαι] -σθε L*n*mTrm   δὲ] [L*n*]   πνεύματι] Πν. E   24 ἐνδύσασθαι] -σασθε LnmTrm   25 ἀλλήλων] -λήλοιν ς σφ?   26 παροργισμῷ] pr τῷ ς E[A]   27 μηδὲ] μήτε ς : CEr

ΠΡΟΣ ΕΦΕΣΙΟΥΣ 4. 29—5. 11.

μενος ταῖς [ἰδίαις] χερσὶν τὸ ἀγαθόν, ἵνα ἔχῃ μεταδιδόναι τῷ χρείαν ἔχοντι. πᾶς λόγος σαπρὸς ἐκ τοῦ στόματος 29 ὑμῶν μὴ ἐκπορευέσθω, ἀλλὰ εἴ τις ἀγαθὸς πρὸς οἰκοδομὴν τῆς χρείας, ἵνα δῷ χάριν τοῖς ἀκούουσιν. καὶ μὴ λυ- 30 πεῖτε τὸ Πνεῦμα τὸ Ἅγιον τοῦ Θεοῦ, ἐν ᾧ ἐσφραγίσθητε εἰς ἡμέραν ἀπολυτρώσεως. πᾶσα πικρία καὶ θυμὸς καὶ 31 ὀργὴ καὶ κραυγὴ καὶ βλασφημία ἀρθήτω ἀφ᾽ ὑμῶν σὺν πάσῃ κακίᾳ· γίνεσθε δὲ εἰς ἀλλήλους χρηστοί, εὔ- 32 σπλαγχνοι, χαριζόμενοι ἑαυτοῖς, καθὼς καὶ ὁ Θεὸς ἐν Χριστῷ ἐχαρίσατο ὑμῖν.

Γίνεσθε οὖν μιμηταὶ τοῦ Θεοῦ, ὡς τέκνα ἀγαπητά· 5 καὶ περιπατεῖτε ἐν ἀγάπῃ, καθὼς καὶ ὁ Χριστὸς ἠγάπησεν 2 ὑμᾶς, καὶ παρέδωκεν ἑαυτὸν ὑπὲρ ἡμῶν προσφορὰν καὶ θυσίαν τῷ Θεῷ εἰς ὀσμὴν εὐωδίας. Πορνεία δὲ καὶ 3 ἀκαθαρσία πᾶσα ἢ πλεονεξία μηδὲ ὀνομαζέσθω ἐν ὑμῖν, καθὼς πρέπει ἁγίοις, καὶ αἰσχρότης καὶ μωρολογία ἢ 4 εὐτραπελία, ἃ οὐκ ἀνῆκεν, ἀλλὰ μᾶλλον εὐχαριστία. τοῦτο γὰρ ἴστε γινώσκοντες, ὅτι πᾶς πόρνος ἢ ἀκάθαρτος 5 ἢ πλεονέκτης, ὅ ἐστιν εἰδωλολάτρης, οὐκ ἔχει κληρονομίαν ἐν τῇ βασιλείᾳ τοῦ Χριστοῦ καὶ Θεοῦ. Μηδεὶς ὑμᾶς 6 ἀπατάτω κενοῖς λόγοις· διὰ ταῦτα γὰρ ἔρχεται ἡ ὀργὴ τοῦ Θεοῦ ἐπὶ τοὺς υἱοὺς τῆς ἀπειθείας. μὴ οὖν γίνεσθε 7 συνμέτοχοι αὐτῶν· ἦτε γάρ ποτε σκότος, νῦν δὲ φῶς 8 ἐν Κυρίῳ· ὡς τέκνα φωτὸς περιπατεῖτε (ὁ γὰρ καρπὸς 9 τοῦ φωτὸς ἐν πάσῃ ἀγαθωσύνῃ καὶ δικαιοσύνῃ καὶ ἀληθείᾳ), δοκιμάζοντες τί ἐστιν εὐάρεστον τῷ Κυρίῳ· 10 καὶ μὴ συνκοινωνεῖτε τοῖς ἔργοις τοῖς ἀκάρποις τοῦ σκό- 11

28 ἰδίαις] ins CϛmLnTrTiEBWHm : ϛ°A°WH°R°   τὸ ἀγ.] ante ταῖς χ. ϛ   29 ἀλλὰ] ἀλλ᾽ ϛLnmAWHa   χρείας] πίστεως Bm   32 δὲ] Ln°[Tr]m[B][WH]   ὑμῖν] ἡμῖν Ln(n.m.)TrmAmBmWHmRm   2 ὑμᾶς] ἡμᾶς ϛLnE   ἡμῶν] ὑμῶν AWH(n.m.)Rm   3 πᾶσα] ante ἀκαθ. ϛ   4 καὶ pri.] ἢ Ln   καὶ sec.] ἢ LnTiB   εὐτραπελία] -πέλεια WHa   ἃ οὐκ ἀνῆκεν] τὰ οὐκ ἀνήκοντα ϛ E   5 ἴστε] ἐστε ϛ   ὅ] ὅς ϛEBm   6 ἀπειθείας] -θίας WH   7 συνμ.] συμμ. ϛLnTr   9 φωτὸς] πνεύματος ϛ(n.m.)   11 συνκ.] συγκ. ϛLnTrA

491

12 τους, μᾶλλον δὲ καὶ ἐλέγχετε, τὰ γὰρ κρυφῇ γινόμενα
13 ὑπ' αὐτῶν αἰσχρόν ἐστιν καὶ λέγειν. τὰ δὲ πάντα
ἐλεγχόμενα ὑπὸ τοῦ φωτὸς φανεροῦται· πᾶν γὰρ τὸ φανε-
14 ρούμενον φῶς ἐστίν. διὸ λέγει, Ἔγειρε, ὁ καθεύδων,
καὶ ἀνάστα ἐκ τῶν νεκρῶν, καὶ ἐπιφαύσει σοι ὁ Χριστός.
15 Βλέπετε οὖν ἀκριβῶς πῶς περιπατεῖτε, μὴ ὡς ἄσοφοι
16 ἀλλ' ὡς σοφοί, ἐξαγοραζόμενοι τὸν καιρόν, ὅτι αἱ
17 ἡμέραι πονηραί εἰσιν. διὰ τοῦτο μὴ γίνεσθε ἄφρονες,
18 ἀλλὰ συνίετε τί τὸ θέλημα τοῦ Κυρίου. καὶ μὴ μεθύ-
σκεσθε οἴνῳ, ἐν ᾧ ἐστὶν ἀσωτία, ἀλλὰ πληροῦσθε ἐν
19 Πνεύματι, λαλοῦντες ἑαυτοῖς ψαλμοῖς καὶ ὕμνοις καὶ
ᾠδαῖς πνευματικαῖς, ᾄδοντες καὶ ψάλλοντες [ἐν] τῇ καρδίᾳ
20 ὑμῶν τῷ Κυρίῳ, εὐχαριστοῦντες πάντοτε ὑπὲρ πάντων
ἐν ὀνόματι τοῦ Κυρίου ἡμῶν Ἰησοῦ Χριστοῦ τῷ Θεῷ καὶ
21 Πατρί, ὑποτασσόμενοι ἀλλήλοις ἐν φόβῳ Χριστοῦ.
22 Αἱ γυναῖκες τοῖς ἰδίοις ἀνδράσιν ὡς τῷ Κυρίῳ·
23 ὅτι ἀνήρ ἐστιν κεφαλὴ τῆς γυναικὸς ὡς καὶ ὁ Χριστὸς κε-
24 φαλὴ τῆς ἐκκλησίας, αὐτὸς σωτὴρ τοῦ σώματος. ἀλλὰ
ὡς ἡ ἐκκλησία ὑποτάσσεται τῷ Χριστῷ, οὕτως καὶ αἱ
25 γυναῖκες τοῖς ἀνδράσιν ἐν παντί. Οἱ ἄνδρες, ἀγαπᾶτε
τὰς γυναῖκας, καθὼς καὶ ὁ Χριστὸς ἠγάπησεν τὴν ἐκκλη-
26 σίαν καὶ ἑαυτὸν παρέδωκεν ὑπὲρ αὐτῆς· ἵνα αὐτὴν
ἁγιάσῃ καθαρίσας τῷ λουτρῷ τοῦ ὕδατος ἐν ῥήματι,
27 ἵνα παραστήσῃ αὐτὸς ἑαυτῷ ἔνδοξον τὴν ἐκκλησίαν, μὴ
ἔχουσαν σπίλον ἢ ῥυτίδα ἤ τι τῶν τοιούτων, ἀλλ' ἵνα ᾖ
28 ἁγία καὶ ἄμωμος. οὕτως ὀφείλουσιν καὶ οἱ ἄνδρες

ΠΡΟΣ ΕΦΕΣΙΟΥΣ

ἀγαπᾶν τὰς ἑαυτῶν γυναῖκας ὡς τὰ ἑαυτῶν σώματα. ὁ
ἀγαπῶν τὴν ἑαυτοῦ γυναῖκα ἑαυτὸν ἀγαπᾷ. οὐδεὶς γάρ 29
ποτε τὴν ἑαυτοῦ σάρκα ἐμίσησεν, ἀλλὰ ἐκτρέφει καὶ θάλ-
πει αὐτήν· καθὼς καὶ ὁ Χριστὸς τὴν ἐκκλησίαν, ὅτι 30
μέλη ἐσμὲν τοῦ σώματος αὐτοῦ. Ἀντὶ τούτου κατα- 31
λείψει ἄνθρωπος πατέρα καὶ μητέρα, καὶ προσκολληθή-
σεται τῇ γυναικὶ αὐτοῦ, καὶ ἔσονται οἱ δύο εἰς σάρκα μίαν.
τὸ μυστήριον τοῦτο μέγα ἐστίν· ἐγὼ δὲ λέγω εἰς Χριστὸν 32
καὶ εἰς τὴν ἐκκλησίαν. πλὴν καὶ ὑμεῖς οἱ καθ' ἕνα 33
ἕκαστος τὴν ἑαυτοῦ γυναῖκα οὕτως ἀγαπάτω ὡς ἑαυτόν, ἡ
δὲ γυνὴ ἵνα φοβῆται τὸν ἄνδρα.

Τὰ τέκνα, ὑπακούετε τοῖς γονεῦσιν ὑμῶν ἐν Κυρίῳ· 6
τοῦτο γάρ ἐστιν δίκαιον. Τίμα τὸν πατέρα σου καὶ τὴν 2
μητέρα (ἥτις ἐστὶν ἐντολὴ πρώτη ἐν ἐπαγγελίᾳ), ἵνα 3
εὖ σοι γένηται καὶ ἔσῃ μακροχρόνιος ἐπὶ τῆς γῆς. Καὶ 4
οἱ πατέρες, μὴ παροργίζετε τὰ τέκνα ὑμῶν, ἀλλὰ ἐκτρέ-
φετε αὐτὰ ἐν παιδείᾳ καὶ νουθεσίᾳ Κυρίου.

Οἱ δοῦλοι, ὑπακούετε τοῖς κατὰ σάρκα κυρίοις μετὰ 5
φόβου καὶ τρόμου ἐν ἁπλότητι τῆς καρδίας ὑμῶν ὡς τῷ
Χριστῷ, μὴ κατ' ὀφθαλμοδουλείαν ὡς ἀνθρωπάρε- 6
σκοι, ἀλλ' ὡς δοῦλοι Χριστοῦ ποιοῦντες τὸ θέλημα τοῦ
Θεοῦ ἐκ ψυχῆς, μετ' εὐνοίας δουλεύοντες ὡς τῷ Κυρίῳ 7
καὶ οὐκ ἀνθρώποις, εἰδότες ὅτι ἕκαστος ἐάν τι ποιήσῃ 8
ἀγαθόν, τοῦτο κομίσεται παρὰ Κυρίου, εἴτε δοῦλος εἴτε
ἐλεύθερος. Καὶ οἱ κύριοι, τὰ αὐτὰ ποιεῖτε πρὸς αὐτοὺς 9

29 ἀλλὰ] ἀλλ' ϛ : C   Χριστὸς] Κύριος ϛ(n.m.)   30 αὐτοῦ] + , ἐκ
τῆς σαρκὸς αὐτοῦ καὶ ἐκ τῶν ὀστέων αὐτοῦ ϛ[Tr]mE[A][B]   31 πατέ-
ρα...μητέρα] pr τὸν...τὴν ϛTi[B][WH]R   πατέρα] + αὐτοῦ ϛ   τῇ
γυναικὶ] πρὸς τὴν γυναῖκα ϛEAWH(n.m.)R?   αὐτοῦ] Ti°[B]
32 εἰς sec.] [Ln][A][WH]   1 ἐν Κυρίῳ] Ln°[Tr][A][WH]   2 ἐν
ἐπαγγελίᾳ,], ἐν ἐπαγγελίᾳ WHm   4 ἀλλὰ] ἀλλ' ϛ   παιδείᾳ] -δίᾳ
TiWH.   5 κυρίοις] ante κατὰ σάρκα ϛEA   τῆς] Ti°[B]
6 ὀφθαλμοδουλείαν] -λίαν TiBWH   Χριστοῦ] pr τοῦ ϛ   ἐκ ψυχῆς,]
, ἐκ ψυχῆς LnTrAWH   7 ὡς] ϛ° : CϛmJ   8 ἐάν τι] pr ὅ ϛEBm : ὃ ἐὰν
Ln(n.m.)BmR : ὅ τι ἐὰν Bm : ὃ ἂν Tr : ante ἕκ. ϛE   κομίσεται] κομιεῖται
ϛ   Κυρίου] pr τοῦ ϛ

493

ἀνιέντες τὴν ἀπειλήν, εἰδότες ὅτι καὶ αὐτῶν καὶ ὑμῶν ὁ Κύριός ἐστιν ἐν οὐρανοῖς, καὶ προσωπολημψία οὐκ ἔστιν παρ' αὐτῷ.

10 Τοῦ λοιποῦ ἐνδυναμοῦσθε ἐν Κυρίῳ καὶ ἐν τῷ κράτει 11 τῆς ἰσχύος αὐτοῦ. ἐνδύσασθε τὴν πανοπλίαν τοῦ Θεοῦ πρὸς τὸ δύνασθαι ὑμᾶς στῆναι πρὸς τὰς μεθοδείας τοῦ 12 διαβόλου. ὅτι οὐκ ἔστιν ἡμῖν ἡ πάλη πρὸς αἷμα καὶ σάρκα, ἀλλὰ πρὸς τὰς ἀρχάς, πρὸς τὰς ἐξουσίας, πρὸς τοὺς κοσμοκράτορας τοῦ σκότους τούτου, πρὸς τὰ πνευ-13 ματικὰ τῆς πονηρίας ἐν τοῖς ἐπουρανίοις. διὰ τοῦτο ἀναλάβετε τὴν πανοπλίαν τοῦ Θεοῦ, ἵνα δυνηθῆτε ἀντιστῆναι ἐν τῇ ἡμέρᾳ τῇ πονηρᾷ καὶ ἅπαντα κατεργασά-14 μενοι στῆναι. στῆτε οὖν περιζωσάμενοι τὴν ὀσφὺν ὑμῶν ἐν ἀληθείᾳ, καὶ ἐνδυσάμενοι τὸν θώρακα τῆς δικαιο-15 σύνης, καὶ ὑποδησάμενοι τοὺς πόδας ἐν ἑτοιμασίᾳ τοῦ 16 εὐαγγελίου τῆς εἰρήνης, ἐν πᾶσιν ἀναλαβόντες τὸν θυρεὸν τῆς πίστεως, ἐν ᾧ δυνήσεσθε πάντα τὰ βέλη τοῦ 17 πονηροῦ τὰ πεπυρωμένα σβέσαι. καὶ τὴν περικεφαλαίαν τοῦ σωτηρίου δέξασθε, καὶ τὴν μάχαιραν τοῦ Πνεύ-18 ματος, ὅ ἐστιν ῥῆμα Θεοῦ, διὰ πάσης προσευχῆς καὶ δεήσεως προσευχόμενοι ἐν παντὶ καιρῷ ἐν Πνεύματι, καὶ εἰς αὐτὸ ἀγρυπνοῦντες ἐν πάσῃ προσκαρτερήσει καὶ δεήσει 19 περὶ πάντων τῶν ἁγίων, καὶ ὑπὲρ ἐμοῦ, ἵνα μοι δοθῇ λόγος ἐν ἀνοίξει τοῦ στόματός μου ἐν παρρησίᾳ γνωρίσαι 20 τὸ μυστήριον τοῦ εὐαγγελίου ὑπὲρ οὗ πρεσβεύω ἐν ἁλύσει, ἵνα ἐν αὐτῷ παρρησιάσωμαι ὡς δεῖ με λαλῆσαι.

21 Ἵνα δὲ καὶ ὑμεῖς εἰδῆτε τὰ κατ' ἐμέ, τί πράσσω, πάντα

ΠΡΟΣ ΕΦΕΣΙΟΥΣ 6. 22—1. 8.

γνωρίσει ὑμῖν Τυχικὸς ὁ ἀγαπητὸς ἀδελφὸς καὶ πιστὸς
διάκονος ἐν Κυρίῳ· ὃν ἔπεμψα πρὸς ὑμᾶς εἰς αὐτὸ 22
τοῦτο, ἵνα γνῶτε τὰ περὶ ἡμῶν, καὶ παρακαλέσῃ τὰς καρ-
δίας ὑμῶν.
Εἰρήνη τοῖς ἀδελφοῖς καὶ ἀγάπη μετὰ πίστεως ἀπὸ 23
Θεοῦ Πατρὸς καὶ Κυρίου Ἰησοῦ Χριστοῦ. ἡ χάρις 24
μετὰ πάντων τῶν ἀγαπώντων τὸν Κύριον ἡμῶν Ἰησοῦν
Χριστὸν ἐν ἀφθαρσίᾳ.

ΠΡΟΣ ΦΙΛΙΠΠΗΣΙΟΥΣ.

Παῦλος καὶ Τιμόθεος δοῦλοι Χριστοῦ Ἰησοῦ πᾶσιν τοῖς 1
ἁγίοις ἐν Χριστῷ Ἰησοῦ τοῖς οὖσιν ἐν Φιλίπποις σὺν ἐπι-
σκόποις καὶ διακόνοις· χάρις ὑμῖν καὶ εἰρήνη ἀπὸ Θεοῦ 2
Πατρὸς ἡμῶν καὶ Κυρίου Ἰησοῦ Χριστοῦ.

Εὐχαριστῶ τῷ Θεῷ μου ἐπὶ πάσῃ τῇ μνείᾳ ὑμῶν, 3
πάντοτε ἐν πάσῃ δεήσει μου ὑπὲρ πάντων ὑμῶν μετὰ 4
χαρᾶς τὴν δέησιν ποιούμενος, ἐπὶ τῇ κοινωνίᾳ ὑμῶν 5
εἰς τὸ εὐαγγέλιον ἀπὸ τῆς πρώτης ἡμέρας ἄχρι τοῦ νῦν,
πεποιθὼς αὐτὸ τοῦτο, ὅτι ὁ ἐναρξάμενος ἐν ὑμῖν ἔργον 6
ἀγαθὸν ἐπιτελέσει ἄχρι ἡμέρας Χριστοῦ Ἰησοῦ· κα- 7
θώς ἐστιν δίκαιον ἐμοὶ τοῦτο φρονεῖν ὑπὲρ πάντων ὑμῶν,
διὰ τὸ ἔχειν με ἐν τῇ καρδίᾳ ὑμᾶς, ἔν τε τοῖς δεσμοῖς μου
καὶ ἐν τῇ ἀπολογίᾳ καὶ βεβαιώσει τοῦ εὐαγγελίου συν-
κοινωνούς μου τῆς χάριτος πάντας ὑμᾶς ὄντας. μάρτυς 8
γάρ μου ὁ Θεός, ὡς ἐπιποθῶ πάντας ὑμᾶς ἐν σπλάγχνοις

9 Χριστοῦ Ἰησοῦ. Καὶ τοῦτο προσεύχομαι, ἵνα ἡ ἀγάπη
ὑμῶν ἔτι μᾶλλον καὶ μᾶλλον περισσεύῃ ἐν ἐπιγνώσει καὶ
10 πάσῃ αἰσθήσει, εἰς τὸ δοκιμάζειν ὑμᾶς τὰ διαφέροντα,
ἵνα ἦτε εἰλικρινεῖς καὶ ἀπρόσκοποι εἰς ἡμέραν Χριστοῦ,
11 πεπληρωμένοι καρπὸν δικαιοσύνης τὸν διὰ Ἰησοῦ Χριστοῦ,
εἰς δόξαν καὶ ἔπαινον Θεοῦ.
12 Γινώσκειν δὲ ὑμᾶς βούλομαι, ἀδελφοί, ὅτι τὰ κατ᾽ ἐμὲ
13 μᾶλλον εἰς προκοπὴν τοῦ εὐαγγελίου ἐλήλυθεν, ὥστε
τοὺς δεσμούς μου φανεροὺς ἐν Χριστῷ γενέσθαι ἐν ὅλῳ τῷ
14 πραιτωρίῳ καὶ τοῖς λοιποῖς πᾶσιν, καὶ τοὺς πλείονας
τῶν ἀδελφῶν ἐν Κυρίῳ πεποιθότας τοῖς δεσμοῖς μου
περισσοτέρως τολμᾶν ἀφόβως τὸν λόγον τοῦ Θεοῦ λαλεῖν.
15 Τινὲς μὲν καὶ διὰ φθόνον καὶ ἔριν, τινὲς δὲ καὶ δι᾽ εὐδοκίαν
16 τὸν Χριστὸν κηρύσσουσιν· οἱ μὲν ἐξ ἀγάπης, εἰδότες
17 ὅτι εἰς ἀπολογίαν τοῦ εὐαγγελίου κεῖμαι· οἱ δὲ ἐξ
ἐριθείας [τὸν] Χριστὸν καταγγέλλουσιν, οὐχ ἁγνῶς, οἰό-
18 μενοι θλίψιν ἐγείρειν τοῖς δεσμοῖς μου. τί γάρ; πλὴν
ὅτι παντὶ τρόπῳ, εἴτε προφάσει εἴτε ἀληθείᾳ, Χριστὸς
καταγγέλλεται· καὶ ἐν τούτῳ χαίρω, ἀλλὰ καὶ χαρήσομαι.
19 οἶδα γὰρ ὅτι τοῦτό μοι ἀποβήσεται εἰς σωτηρίαν διὰ τῆς
ὑμῶν δεήσεως καὶ ἐπιχορηγίας τοῦ Πνεύματος Ἰησοῦ Χρι-
20 στοῦ, κατὰ τὴν ἀποκαραδοκίαν καὶ ἐλπίδα μου ὅτι ἐν
οὐδενὶ αἰσχυνθήσομαι, ἀλλ᾽ ἐν πάσῃ παρρησίᾳ ὡς πάντοτε
καὶ νῦν μεγαλυνθήσεται Χριστὸς ἐν τῷ σώματί μου, εἴτε
21 διὰ ζωῆς εἴτε διὰ θανάτου. Ἐμοὶ γὰρ τὸ ζῆν Χριστὸς
22 καὶ τὸ ἀποθανεῖν κέρδος. εἰ δὲ τὸ ζῆν ἐν σαρκί, τοῦτό
23 μοι καρπὸς ἔργου, καὶ τί αἱρήσομαι οὐ γνωρίζω. συνέ-

Χριστοῦ] post Ἰησοῦ ϛ   9 περισσεύῃ] -εύσῃ *Ln*(n.m.)TrmLimWHm
10 εἰλικρινεῖς] εἰλ. WHa   11 καρπὸν] -πῶν ϛ   τὸν] τῶν ϛ: [*Ln*]
14 τοῦ Θεοῦ] ϛ°(n.m.)E°   16, 17 οἱ μὲν ἐξ ἐριθείας τὸν Χριστὸν κατ-
αγγέλλουσιν, οὐχ ἁγνῶς, οἰόμενοι θλίψιν ἐπιφέρειν τοῖς δεσμοῖς μου·
οἱ δὲ ἐξ ἀγάπης, εἰδότες ὅτι εἰς ἀπολογίαν τοῦ εὐαγγελίου κεῖμαι. ϛ
17 ἐριθείας] -θίας WH   τὸν] ins ϛ[*Ln*][Tr]Ti[Li]E[A]BWHR?: WH°m
ἐγείρειν] ἐπιφέρειν ϛBm   18 ὅτι] ϛ°E°   19 γὰρ] δὲ LimWHm
22 αἱρήσομαι] αἰρήσομαι; WHmRm

χομαι δὲ ἐκ τῶν δύο, τὴν ἐπιθυμίαν ἔχων εἰς τὸ ἀναλῦσαι καὶ σὺν Χριστῷ εἶναι, πολλῷ γὰρ μᾶλλον κρεῖσσον· τὸ δὲ ἐπιμένειν [ἐν] τῇ σαρκὶ ἀναγκαιότερον δι' ὑμᾶς. 24 καὶ τοῦτο πεποιθὼς οἶδα ὅτι μενῶ καὶ παραμενῶ πᾶσιν 25 ὑμῖν εἰς τὴν ὑμῶν προκοπὴν καὶ χαρὰν τῆς πίστεως, ἵνα τὸ καύχημα ὑμῶν περισσεύῃ ἐν Χριστῷ Ἰησοῦ ἐν ἐμοὶ 26 διὰ τῆς ἐμῆς παρουσίας πάλιν πρὸς ὑμᾶς.

Μόνον ἀξίως τοῦ εὐαγγελίου τοῦ Χριστοῦ πολιτεύεσθε, 27 ἵνα εἴτε ἐλθὼν καὶ ἰδὼν ὑμᾶς εἴτε ἀπὼν ἀκούω τὰ περὶ ὑμῶν, ὅτι στήκετε ἐν ἑνὶ πνεύματι, μιᾷ ψυχῇ συναθλοῦντες τῇ πίστει τοῦ εὐαγγελίου, καὶ μὴ πτυρόμενοι ἐν 28 μηδενὶ ὑπὸ τῶν ἀντικειμένων· ἥτις ἐστὶν αὐτοῖς ἔνδειξις ἀπωλείας, ὑμῶν δὲ σωτηρίας, καὶ τοῦτο ἀπὸ Θεοῦ· ὅτι 29 ὑμῖν ἐχαρίσθη τὸ ὑπὲρ Χριστοῦ, οὐ μόνον τὸ εἰς αὐτὸν πιστεύειν, ἀλλὰ καὶ τὸ ὑπὲρ αὐτοῦ πάσχειν· τὸν αὐ- 30 τὸν ἀγῶνα ἔχοντες οἷον εἴδετε ἐν ἐμοὶ καὶ νῦν ἀκούετε ἐν ἐμοί.

Εἴ τις οὖν παράκλησις ἐν Χριστῷ, εἴ τι παραμύθιον 2 ἀγάπης, εἴ τις κοινωνία Πνεύματος, εἴ τις σπλάγχνα καὶ οἰκτιρμοί, πληρώσατέ μου τὴν χαρὰν ἵνα τὸ αὐτὸ φρο- 2 νῆτε, τὴν αὐτὴν ἀγάπην ἔχοντες, σύνψυχοι, τὸ ἓν φρονοῦντες· μηδὲν κατ' ἐριθείαν μηδὲ κατὰ κενοδοξίαν, ἀλλὰ 3 τῇ ταπεινοφροσύνῃ ἀλλήλους ἡγούμενοι ὑπερέχοντας ἑαυτῶν· μὴ τὰ ἑαυτῶν ἕκαστοι σκοποῦντες, ἀλλὰ καὶ τὰ 4 ἑτέρων ἕκαστοι. Τοῦτο φρονεῖτε ἐν ὑμῖν ὃ καὶ ἐν Χρι- 5 στῷ Ἰησοῦ, ὃς ἐν μορφῇ Θεοῦ ὑπάρχων οὐχ ἁρπαγμὸν 6

ΠΡΟΣ ΦΙΛΙΠΠΗΣΙΟΥΣ

7 ἡγήσατο τὸ εἶναι ἴσα Θεῷ, ἀλλὰ ἑαυτὸν ἐκένωσεν μορφὴν δούλου λαβών, ἐν ὁμοιώματι ἀνθρώπων γενόμενος·
8 καὶ σχήματι εὑρεθεὶς ὡς ἄνθρωπος ἐταπείνωσεν ἑαυτόν, γενόμενος ὑπήκοος μέχρι θανάτου, θανάτου δὲ σταυ-
9 ροῦ. διὸ καὶ ὁ Θεὸς αὐτὸν ὑπερύψωσεν, καὶ ἐχαρίσατο
10 αὐτῷ τὸ ὄνομα τὸ ὑπὲρ πᾶν ὄνομα· ἵνα ἐν τῷ ὀνόματι Ἰησοῦ πᾶν γόνυ κάμψῃ ἐπουρανίων καὶ ἐπιγείων καὶ
11 καταχθονίων, καὶ πᾶσα γλῶσσα ἐξομολογήσεται ὅτι Κύριος Ἰησοῦς Χριστὸς εἰς δόξαν Θεοῦ Πατρός.
12 Ὥστε, ἀγαπητοί μου, καθὼς πάντοτε ὑπηκούσατε, μὴ ὡς ἐν τῇ παρουσίᾳ μου μόνον ἀλλὰ νῦν πολλῷ μᾶλλον ἐν τῇ ἀπουσίᾳ μου, μετὰ φόβου καὶ τρόμου τὴν ἑαυτῶν σω-
13 τηρίαν κατεργάζεσθε· Θεὸς γάρ ἐστιν ὁ ἐνεργῶν ἐν ὑμῖν καὶ τὸ θέλειν καὶ τὸ ἐνεργεῖν ὑπὲρ τῆς εὐδοκίας.
14 πάντα ποιεῖτε χωρὶς γογγυσμῶν καὶ διαλογισμῶν,
15 ἵνα γένησθε ἄμεμπτοι καὶ ἀκέραιοι, τέκνα Θεοῦ ἄμωμα μέσον γενεᾶς σκολιᾶς καὶ διεστραμμένης, ἐν οἷς φαίνεσθε
16 ὡς φωστῆρες ἐν κόσμῳ, λόγον ζωῆς ἐπέχοντες, εἰς καύχημα ἐμοὶ εἰς ἡμέραν Χριστοῦ, ὅτι οὐκ εἰς κενὸν ἔδρα-
17 μον οὐδὲ εἰς κενὸν ἐκοπίασα. ἀλλὰ εἰ καὶ σπένδομαι ἐπὶ τῇ θυσίᾳ καὶ λειτουργίᾳ τῆς πίστεως ὑμῶν, χαίρω καὶ
18 συνχαίρω πᾶσιν ὑμῖν· τὸ δὲ αὐτὸ καὶ ὑμεῖς χαίρετε καὶ συνχαίρετέ μοι.
19 Ἐλπίζω δὲ ἐν Κυρίῳ Ἰησοῦ Τιμόθεον ταχέως πέμψαι
20 ὑμῖν, ἵνα κἀγὼ εὐψυχῶ γνοὺς τὰ περὶ ὑμῶν. οὐδένα γὰρ ἔχω ἰσόψυχον, ὅστις γνησίως τὰ περὶ ὑμῶν μεριμνή-
21 σει· οἱ πάντες γὰρ τὰ ἑαυτῶν ζητοῦσιν, οὐ τὰ Ἰησοῦ
22 Χριστοῦ. τὴν δὲ δοκιμὴν αὐτοῦ γινώσκετε, ὅτι ὡς

7 ἀλλὰ] ἀλλ' ϛLnm   9 τὸ pri.] ϛ°E°[A]B°m   11 ἐξομολογήσεται] -λογήσηται ϛLn(n.m.)Tr(n.m.)WH(n.m.)R : Er   12 ὡς] [WH]R°m   13 Θεὸς] pr ὁ ϛ   15 γένησθε] ἦτε LnTrm   ἄμωμα] ἀμώμητα ϛE   μέσον] ἐν μέσῳ ϛ   17 ἀλλὰ] ἀλλ' ϛWHa   συνχ.] συγχ. ϛLnTrLiA   18 δὲ] δ' ϛLnEA : C   συνχ.] συγχ. ϛLnTrLiA   19 Κυρίῳ] χριστῷ Ln   21 Ἰησοῦ] pr τοῦ ϛ : C : post Χριστοῦ ϛTiLimBWH(n.m.)

πατρὶ τέκνον σὺν ἐμοὶ ἐδούλευσεν εἰς τὸ εὐαγγέλιον. τοῦτον μὲν οὖν ἐλπίζω πέμψαι, ὡς ἂν ἀφίδω τὰ περὶ ἐμέ, 23 ἐξαυτῆς· πέποιθα δὲ ἐν Κυρίῳ ὅτι καὶ αὐτὸς ταχέως 24 ἐλεύσομαι. Ἀναγκαῖον δὲ ἡγησάμην Ἐπαφρόδιτον 25 τὸν ἀδελφὸν καὶ συνεργὸν καὶ συνστρατιώτην μου, ὑμῶν δὲ ἀπόστολον καὶ λειτουργὸν τῆς χρείας μου, πέμψαι πρὸς ὑμᾶς· ἐπειδὴ ἐπιποθῶν ἦν πάντας ὑμᾶς, καὶ ἀδημονῶν 26 διότι ἠκούσατε ὅτι ἠσθένησεν· καὶ γὰρ ἠσθένησεν 27 παραπλήσιον θανάτῳ· ἀλλὰ ὁ Θεὸς ἠλέησεν αὐτόν, οὐκ αὐτὸν δὲ μόνον ἀλλὰ καὶ ἐμέ, ἵνα μὴ λύπην ἐπὶ λύπην σχῶ. σπουδαιοτέρως οὖν ἔπεμψα αὐτόν, ἵνα ἰδόντες 28 αὐτὸν πάλιν χαρῆτε κἀγὼ ἀλυπότερος ὦ. προσδέχεσθε 29 οὖν αὐτὸν ἐν Κυρίῳ μετὰ πάσης χαρᾶς, καὶ τοὺς τοιούτους ἐντίμους ἔχετε· ὅτι διὰ τὸ ἔργον Χριστοῦ μέχρι θανά- 30 του ἤγγισεν, παραβολευσάμενος τῇ ψυχῇ ἵνα ἀναπληρώσῃ τὸ ὑμῶν ὑστέρημα τῆς πρός με λειτουργίας.

Τὸ λοιπόν, ἀδελφοί μου, χαίρετε ἐν Κυρίῳ. τὰ αὐτὰ 3 γράφειν ὑμῖν ἐμοὶ μὲν οὐκ ὀκνηρόν, ὑμῖν δὲ ἀσφαλές. Βλέπετε τοὺς κύνας, βλέπετε τοὺς κακοὺς ἐργάτας, βλέ- 2 πετε τὴν κατατομήν· ἡμεῖς γάρ ἐσμεν ἡ περιτομή, οἱ 3 Πνεύματι Θεοῦ λατρεύοντες καὶ καυχώμενοι ἐν Χριστῷ Ἰησοῦ καὶ οὐκ ἐν σαρκὶ πεποιθότες, καίπερ ἐγὼ ἔχων 4 πεποίθησιν καὶ ἐν σαρκί. εἴ τις δοκεῖ ἄλλος πεποιθέναι ἐν σαρκί, ἐγὼ μᾶλλον· περιτομῇ ὀκταήμερος, ἐκ γέ- 5 νους Ἰσραήλ, φυλῆς Βενιαμείν, Ἑβραῖος ἐξ Ἑβραίων, κατὰ νόμον Φαρισαῖος, κατὰ ζῆλος διώκων τὴν ἐκκλη- 6 σίαν, κατὰ δικαιοσύνην τὴν ἐν νόμῳ γενόμενος ἄμεμπτος.

23 ἀφίδω] ἀπίδω ς 24 ἐλεύσομαι]+πρὸς ὑμᾶς [Li]Bm 25 συν- στρατ.] συστρατ. ς 26 πάντας ὑμ.] ὑμ. πάντας WHm :+ἰδεῖν [Ln] [B] [WH]Rm 27 θανάτῳ] -του WH ἀλλὰ prī.] ἀλλ' ς : C αὐτὸν] ante ἠλέ. ς λύπην sec.] λύπῃ ς 30 Χριστοῦ] Li°A°: pr τοῦ ς E: Κυρίου TrmWH(n.m.)Rm παραβολ.] παραβουλ. ς 3 Θεοῦ] Θεῷ ςBm: Cςm πεποιθότες,] πεποιθότες. Li 5 περιτομῇ] -μὴ ς Βενιαμείν] -μίν ς AB 6 ζῆλος] -λον ς

ΠΡΟΣ ΦΙΛΙΠΠΗΣΙΟΥΣ

7 [Ἀλλὰ] ἅτινα ἦν μοι κέρδη, ταῦτα ἥγημαι διὰ τὸν Χριστὸν
8 ζημίαν. ἀλλὰ μὲν οὖν καὶ ἡγοῦμαι πάντα ζημίαν εἶναι διὰ τὸ ὑπερέχον τῆς γνώσεως Χριστοῦ Ἰησοῦ τοῦ Κυρίου μου· δι' ὃν τὰ πάντα ἐζημιώθην, καὶ ἡγοῦμαι σκύβαλα,
9 ἵνα Χριστὸν κερδήσω   καὶ εὑρεθῶ ἐν αὐτῷ, μὴ ἔχων ἐμὴν δικαιοσύνην τὴν ἐκ νόμου, ἀλλὰ τὴν διὰ πίστεως
10 Χριστοῦ, τὴν ἐκ Θεοῦ δικαιοσύνην ἐπὶ τῇ πίστει· τοῦ γνῶναι αὐτόν, καὶ τὴν δύναμιν τῆς ἀναστάσεως αὐτοῦ, καὶ κοινωνίαν [τῶν] παθημάτων αὐτοῦ, συμμορφιζόμενος τῷ
11 θανάτῳ αὐτοῦ,   εἴ πως καταντήσω εἰς τὴν ἐξανάστασιν
12 τὴν ἐκ νεκρῶν. Οὐχ ὅτι ἤδη ἔλαβον ἢ ἤδη τετελείωμαι· διώκω δὲ εἰ καὶ καταλάβω ἐφ' ᾧ καὶ κατελήμφθην ὑπὸ
13 Χριστοῦ. ἀδελφοί, ἐγὼ ἐμαυτὸν οὐ λογίζομαι κατειληφέναι· ἓν δέ, τὰ μὲν ὀπίσω ἐπιλανθανόμενος τοῖς δὲ
14 ἔμπροσθεν ἐπεκτεινόμενος   κατὰ σκοπὸν διώκω εἰς τὸ βραβεῖον τῆς ἄνω κλήσεως τοῦ Θεοῦ ἐν Χριστῷ Ἰησοῦ.
15 ὅσοι οὖν τέλειοι, τοῦτο φρονῶμεν· καὶ εἴ τι ἑτέρως φρο-
16 νεῖτε, καὶ τοῦτο ὁ Θεὸς ὑμῖν ἀποκαλύψει·   πλὴν εἰς ὃ ἐφθάσαμεν, τῷ αὐτῷ στοιχεῖν.
17 Συνμιμηταί μου γίνεσθε, ἀδελφοί, καὶ σκοπεῖτε τοὺς
18 οὕτω περιπατοῦντας καθὼς ἔχετε τύπον ἡμᾶς.   πολλοὶ γὰρ περιπατοῦσιν οὓς πολλάκις ἔλεγον ὑμῖν, νῦν δὲ καὶ κλαίων λέγω, τοὺς ἐχθροὺς τοῦ σταυροῦ τοῦ Χριστοῦ·
19 ὧν τὸ τέλος ἀπώλεια, ὧν ὁ θεὸς ἡ κοιλία καὶ ἡ δόξα ἐν τῇ
20 αἰσχύνῃ αὐτῶν, οἱ τὰ ἐπίγεια φρονοῦντες.   ἡμῶν γὰρ

7 ἀλλὰ] ἀλλ' ϛWHₐ: ins ϛ[Ln]Tr at [Tr]ₘ[Li]E[A][B]WHR: Ti° ἦν μοι] μοι ἦν Ln(n.m.)TrₘLim   8 μὲν οὖν] μενοῦν γε ϛTiLimBWHR: Er καὶ pri.][Li]   Χριστοῦ] pr τοῦ Ln   μου] ἡμῶν Lnₘ   σκύβαλα]+εἶναι ϛEA   10 κοινωνίαν] pr τὴν ϛE[A]   τῶν]ins ϛLn[Li] EAR: Tr°Ti°B°WH°   συμμορφιζόμενος] συνμορ. TiEBWHₐ: -φούμενος ϛ   11 τὴν ἐκ] τῶν ϛ   12 καὶ pri.] Ti°B°   Χριστοῦ] pr τοῦ ϛ: +Ἰησοῦ ϛTi[B][WH]R   13 οὐ] οὔπω LnmTrₘTiBWH(n.m.)R(n.m.) 14 εἰς]ἐπὶ ϛE   15 φρονῶμεν]-οῦμεν LimBm   16 στοιχεῖν]+κανόνι, τὸ αὐτὸ φρονεῖν ϛBm   17 συνμ.] συμμ. ϛLnTrA   καὶ] B°σφ?   οὕτω]-ως TrTi σφ EA   20 γὰρ] δὲ Lim

500

ΠΡΟΣ ΦΙΛΙΠΠΗΣΙΟΥΣ 3. 21—4. 12.

τὸ πολίτευμα ἐν οὐρανοῖς ὑπάρχει, ἐξ οὗ καὶ Σωτῆρα ἀπεκδεχόμεθα Κύριον Ἰησοῦν Χριστόν, ὃς μετασχη- 21 ματίσει τὸ σῶμα τῆς ταπεινώσεως ἡμῶν σύμμορφον τῷ σώματι τῆς δόξης αὐτοῦ, κατὰ τὴν ἐνέργειαν τοῦ δύνασθαι αὐτὸν καὶ ὑποτάξαι αὐτῷ τὰ πάντα. Ὥστε, ἀδελφοί 4 μου ἀγαπητοὶ καὶ ἐπιπόθητοι, χαρὰ καὶ στέφανός μου, οὕτως στήκετε ἐν Κυρίῳ, ἀγαπητοί.

Εὐοδίαν παρακαλῶ καὶ Συντύχην παρακαλῶ τὸ αὐτὸ 2 φρονεῖν ἐν Κυρίῳ. ναὶ ἐρωτῶ καὶ σέ, γνήσιε σύνζυγε, 3 συνλαμβάνου αὐταῖς, αἵτινες ἐν τῷ εὐαγγελίῳ συνήθλησάν μοι μετὰ καὶ Κλήμεντος καὶ τῶν λοιπῶν συνεργῶν μου, ὧν τὰ ὀνόματα ἐν βίβλῳ ζωῆς.

Χαίρετε ἐν Κυρίῳ πάντοτε· πάλιν ἐρῶ, χαίρετε· τὸ 4, 5 ἐπιεικὲς ὑμῶν γνωσθήτω πᾶσιν ἀνθρώποις. ὁ Κύριος ἐγγύς. μηδὲν μεριμνᾶτε, ἀλλ᾽ ἐν παντὶ τῇ προσευχῇ καὶ 6 τῇ δεήσει μετὰ εὐχαριστίας τὰ αἰτήματα ὑμῶν γνωριζέσθω πρὸς τὸν Θεόν. καὶ ἡ εἰρήνη τοῦ Θεοῦ ἡ ὑπερέχουσα 7 πάντα νοῦν φρουρήσει τὰς καρδίας ὑμῶν καὶ τὰ νοήματα ὑμῶν ἐν Χριστῷ Ἰησοῦ.

Τὸ λοιπόν, ἀδελφοί, ὅσα ἐστὶν ἀληθῆ, ὅσα σεμνά, ὅσα 8 δίκαια, ὅσα ἁγνά, ὅσα προσφιλῆ, ὅσα εὔφημα, εἴ τις ἀρετὴ καὶ εἴ τις ἔπαινος, ταῦτα λογίζεσθε· ἃ καὶ ἐμάθετε καὶ 9 παρελάβετε καὶ ἠκούσατε καὶ εἴδετε ἐν ἐμοί, ταῦτα πράσσετε· καὶ ὁ Θεὸς τῆς εἰρήνης ἔσται μεθ᾽ ὑμῶν.

Ἐχάρην δὲ ἐν Κυρίῳ μεγάλως ὅτι ἤδη ποτὲ ἀνεθάλετε 10 τὸ ὑπὲρ ἐμοῦ φρονεῖν· ἐφ᾽ ᾧ καὶ ἐφρονεῖτε, ἠκαιρεῖσθε δέ. οὐχ ὅτι καθ᾽ ὑστέρησιν λέγω· ἐγὼ γὰρ ἔμαθον ἐν οἷς εἰμὶ 11 αὐτάρκης εἶναι. οἶδα καὶ ταπεινοῦσθαι, οἶδα καὶ πε- 12

21 σύμμορφον] σύνμ. TiBWHa: pr εἰς τὸ γενέσθαι αὐτὸ ς αὐτῷ] ἑαυτῷ
ς : αὐτῷ WH   1 οὕτως] -τω WHa   ἀγαπητοί] + μου WHm
2 Εὐοδίαν] Εὐωδ. ς : CErElz   Συντύχην] -τυχὴν TiB   3 ναὶ] καὶ
ς : CEr   σύνζυγε] σύζ. ς WHa : Σύνζ. WHm : ante γνή. ς   συνλαμβ.] συλλαμβ. ςLn   6 μετὰ] μετ᾽ LiWH(n.a.)   9 , ταῦ. πράσσετε·] . ταῦ. πράσσετε, Ln   12 καὶ pri.] δὲ ς : CErJ

ρισσεύειν. ἐν παντὶ καὶ ἐν πᾶσιν μεμύημαι καὶ χορτάζεσθαι καὶ πεινᾶν, καὶ περισσεύειν καὶ ὑστερεῖσθαι.
13,14 πάντα ἰσχύω ἐν τῷ ἐνδυναμοῦντί με. πλὴν καλῶς
15 ἐποιήσατε συνκοινωνήσαντές μου τῇ θλίψει. Οἴδατε δὲ καὶ ὑμεῖς, Φιλιππήσιοι, ὅτι ἐν ἀρχῇ τοῦ εὐαγγελίου, ὅτε ἐξῆλθον ἀπὸ Μακεδονίας, οὐδεμία μοι ἐκκλησία ἐκοινώνησεν εἰς λόγον δόσεως καὶ λήμψεως, εἰ μὴ ὑμεῖς μόνοι·
16 ὅτι καὶ ἐν Θεσσαλονίκῃ καὶ ἅπαξ καὶ δὶς εἰς τὴν χρείαν
17 μοι ἐπέμψατε. Οὐχ ὅτι ἐπιζητῶ τὸ δόμα, ἀλλὰ ἐπιζητῶ
18 τὸν καρπὸν τὸν πλεονάζοντα εἰς λόγον ὑμῶν. ἀπέχω δὲ πάντα καὶ περισσεύω· πεπλήρωμαι δεξάμενος παρὰ Ἐπαφροδίτου τὰ παρ᾽ ὑμῶν, ὀσμὴν εὐωδίας, θυσίαν δε-
19 κτήν, εὐάρεστον τῷ Θεῷ. ὁ δὲ Θεός μου πληρώσει πᾶσαν χρείαν ὑμῶν κατὰ τὸ πλοῦτος αὐτοῦ ἐν δόξῃ ἐν
20 Χριστῷ Ἰησοῦ. τῷ δὲ Θεῷ καὶ Πατρὶ ἡμῶν ἡ δόξα εἰς τοὺς αἰῶνας τῶν αἰώνων· ἀμήν.
21 Ἀσπάσασθε πάντα ἅγιον ἐν Χριστῷ Ἰησοῦ. ἀσπά-
22 ζονται ὑμᾶς οἱ σὺν ἐμοὶ ἀδελφοί. ἀσπάζονται ὑμᾶς πάντες οἱ ἅγιοι, μάλιστα δὲ οἱ ἐκ τῆς Καίσαρος οἰκίας.
23 Ἡ χάρις τοῦ Κυρίου Ἰησοῦ Χριστοῦ μετὰ τοῦ πνεύματος ὑμῶν.

13 με] + Χριστῷ ϛ Bm   14 συνκοι.] συγκοι. ϛ LnTrA   16 εἰς] [Ln][Li]   17 ἀλλὰ] ἀλλ᾽ ϛ   19 τὸ πλοῦτος] τὸν πλοῦτον ϛ   23 Κυρίου]+ἡμῶν ϛ : C   τοῦ πνεύματος] πάντων ϛ (n.m.)   ὑμῶν.] +ἀμήν. ϛ [Ln][Li][E][A] : etiam+Πρὸς Φιλιππησίους ἐγράφη ἀπὸ Ῥώμης δι᾽ Ἐπαφροδίτου. ϛ:+προς Φιλιππησιους. TrA

ΠΡΟΣ ΚΟΛΑΣΣΑΕΙΣ.

Παῦλος ἀπόστολος Χριστοῦ Ἰησοῦ διὰ θελήματος Θεοῦ, 1
καὶ Τιμόθεος ὁ ἀδελφός, τοῖς ἐν Κολοσσαῖς ἁγίοις 2
καὶ πιστοῖς ἀδελφοῖς ἐν Χριστῷ· χάρις ὑμῖν καὶ εἰρήνη
ἀπὸ Θεοῦ Πατρὸς ἡμῶν.

Εὐχαριστοῦμεν τῷ Θεῷ Πατρὶ τοῦ Κυρίου ἡμῶν Ἰησοῦ 3
Χριστοῦ πάντοτε περὶ ὑμῶν προσευχόμενοι, ἀκούσαν- 4
τες τὴν πίστιν ὑμῶν ἐν Χριστῷ Ἰησοῦ καὶ τὴν ἀγάπην
ἣν ἔχετε εἰς πάντας τοὺς ἁγίους διὰ τὴν ἐλπίδα τὴν 5
ἀποκειμένην ὑμῖν ἐν τοῖς οὐρανοῖς, ἣν προηκούσατε ἐν τῷ
λόγῳ τῆς ἀληθείας τοῦ εὐαγγελίου τοῦ παρόντος εἰς 6
ὑμᾶς, καθὼς καὶ ἐν παντὶ τῷ κόσμῳ ἐστὶν καρποφορούμε-
νον καὶ αὐξανόμενον καθὼς καὶ ἐν ὑμῖν, ἀφ' ἧς ἡμέρας
ἠκούσατε καὶ ἐπέγνωτε τὴν χάριν τοῦ Θεοῦ ἐν ἀληθείᾳ·
καθὼς ἐμάθετε ἀπὸ Ἐπαφρᾶ τοῦ ἀγαπητοῦ συνδούλου 7
ἡμῶν, ὅς ἐστιν πιστὸς ὑπὲρ ἡμῶν διάκονος τοῦ Χριστοῦ,
ὁ καὶ δηλώσας ἡμῖν τὴν ὑμῶν ἀγάπην ἐν Πνεύματι. 8

Διὰ τοῦτο καὶ ἡμεῖς, ἀφ' ἧς ἡμέρας ἠκούσαμεν, οὐ 9
παυόμεθα ὑπὲρ ὑμῶν προσευχόμενοι, καὶ αἰτούμενοι ἵνα
πληρωθῆτε τὴν ἐπίγνωσιν τοῦ θελήματος αὐτοῦ ἐν πάσῃ
σοφίᾳ καὶ συνέσει πνευματικῇ, περιπατῆσαι ἀξίως 10
τοῦ Κυρίου εἰς πᾶσαν ἀρέσκειαν, ἐν παντὶ ἔργῳ ἀγαθῷ
καρποφοροῦντες καὶ αὐξανόμενοι τῇ ἐπιγνώσει τοῦ Θεοῦ·

ΠΡΟΣ ΚΟΛΑΣΣΑΕΙΣ

11 ἐν πάσῃ δυνάμει δυναμούμενοι κατὰ τὸ κράτος τῆς δόξης αὐτοῦ εἰς πᾶσαν ὑπομονὴν καὶ μακροθυμίαν μετὰ χαρᾶς·
12 εὐχαριστοῦντες τῷ Πατρὶ τῷ ἱκανώσαντι ἡμᾶς εἰς τὴν
13 μερίδα τοῦ κλήρου τῶν ἁγίων ἐν τῷ φωτί· ὃς ἐρύσατο ἡμᾶς ἐκ τῆς ἐξουσίας τοῦ σκότους, καὶ μετέστησεν εἰς τὴν
14 βασιλείαν τοῦ Υἱοῦ τῆς ἀγάπης αὐτοῦ, ἐν ᾧ ἔχομεν
15 τὴν ἀπολύτρωσιν, τὴν ἄφεσιν τῶν ἁμαρτιῶν, ὅς ἐστιν εἰκὼν τοῦ Θεοῦ τοῦ ἀοράτου, πρωτότοκος πάσης κτίσεως·
16 ὅτι ἐν αὐτῷ ἐκτίσθη τὰ πάντα ἐν τοῖς οὐρανοῖς καὶ [τὰ] ἐπὶ τῆς γῆς, τὰ ὁρατὰ καὶ τὰ ἀόρατα, εἴτε θρόνοι εἴτε κυριότητες εἴτε ἀρχαὶ εἴτε ἐξουσίαι· τὰ πάντα δι' αὐτοῦ
17 καὶ εἰς αὐτὸν ἔκτισται· καὶ αὐτός ἐστιν πρὸ πάντων,
18 καὶ τὰ πάντα ἐν αὐτῷ συνέστηκεν. Καὶ αὐτός ἐστιν ἡ κεφαλὴ τοῦ σώματος, τῆς ἐκκλησίας· ὅς ἐστιν ἀρχή, πρωτότοκος ἐκ τῶν νεκρῶν, ἵνα γένηται ἐν πᾶσιν αὐτὸς
19 πρωτεύων. ὅτι ἐν αὐτῷ εὐδόκησεν πᾶν τὸ πλήρωμα
20 κατοικῆσαι, καὶ δι' αὐτοῦ ἀποκαταλλάξαι τὰ πάντα εἰς αὐτόν, εἰρηνοποιήσας διὰ τοῦ αἵματος τοῦ σταυροῦ αὐτοῦ, [δι' αὐτοῦ] εἴτε τὰ ἐπὶ τῆς γῆς εἴτε τὰ ἐν τοῖς οὐ-
21 ρανοῖς. Καὶ ὑμᾶς ποτὲ ὄντας ἀπηλλοτριωμένους καὶ
22 ἐχθροὺς τῇ διανοίᾳ ἐν τοῖς ἔργοις τοῖς πονηροῖς, νυνὶ δὲ ἀποκατήλλαξεν ἐν τῷ σώματι τῆς σαρκὸς αὐτοῦ διὰ τοῦ θανάτου, παραστῆσαι ὑμᾶς ἁγίους καὶ ἀμώμους καὶ
23 ἀνεγκλήτους κατενώπιον αὐτοῦ· εἴ γε ἐπιμένετε τῇ πίστει τεθεμελιωμένοι καὶ ἑδραῖοι, καὶ μὴ μετακινούμενοι ἀπὸ τῆς ἐλπίδος τοῦ εὐαγγελίου οὗ ἠκούσατε, τοῦ κηρυ-

χθέντος ἐν πάσῃ κτίσει τῇ ὑπὸ τὸν οὐρανόν, οὗ ἐγενόμην ἐγὼ Παῦλος διάκονος.

Νῦν χαίρω ἐν τοῖς παθήμασιν ὑπὲρ ὑμῶν, καὶ ἀνταναπληρῶ τὰ ὑστερήματα τῶν θλίψεων τοῦ Χριστοῦ ἐν τῇ σαρκί μου ὑπὲρ τοῦ σώματος αὐτοῦ, ὅ ἐστιν ἡ ἐκκλησία· ἧς ἐγενόμην ἐγὼ διάκονος κατὰ τὴν οἰκονομίαν τοῦ Θεοῦ τὴν δοθεῖσάν μοι εἰς ὑμᾶς, πληρῶσαι τὸν λόγον τοῦ Θεοῦ, τὸ μυστήριον τὸ ἀποκεκρυμμένον ἀπὸ τῶν αἰώνων καὶ ἀπὸ τῶν γενεῶν· νῦν δὲ ἐφανερώθη τοῖς ἁγίοις αὐτοῦ, οἷς ἠθέλησεν ὁ Θεὸς γνωρίσαι τί τὸ πλοῦτος τῆς δόξης τοῦ μυστηρίου τούτου ἐν τοῖς ἔθνεσιν, ὅ ἐστιν Χριστὸς ἐν ὑμῖν, ἡ ἐλπὶς τῆς δόξης· ὃν ἡμεῖς καταγγέλλομεν, νουθετοῦντες πάντα ἄνθρωπον καὶ διδάσκοντες πάντα ἄνθρωπον ἐν πάσῃ σοφίᾳ, ἵνα παραστήσωμεν πάντα ἄνθρωπον τέλειον ἐν Χριστῷ· εἰς ὃ καὶ κοπιῶ ἀγωνιζόμενος κατὰ τὴν ἐνέργειαν αὐτοῦ τὴν ἐνεργουμένην ἐν ἐμοὶ ἐν δυνάμει.

Θέλω γὰρ ὑμᾶς εἰδέναι ἡλίκον ἀγῶνα ἔχω ὑπὲρ ὑμῶν καὶ τῶν ἐν Λαοδικείᾳ, καὶ ὅσοι οὐχ ἑωράκαν τὸ πρόσωπόν μου ἐν σαρκί, ἵνα παρακληθῶσιν αἱ καρδίαι αὐτῶν, συμβιβασθέντες ἐν ἀγάπῃ καὶ εἰς πᾶν πλοῦτος τῆς πληροφορίας τῆς συνέσεως, εἰς ἐπίγνωσιν τοῦ μυστηρίου τοῦ Θεοῦ, Χριστοῦ, ἐν ᾧ εἰσιν πάντες οἱ θησαυροὶ τῆς σοφίας καὶ γνώσεως ἀπόκρυφοι. Τοῦτο λέγω, ἵνα μηδεὶς ὑμᾶς παραλογίζηται ἐν πιθανολογίᾳ. εἰ γὰρ καὶ τῇ σαρκὶ ἄπειμι, ἀλλὰ τῷ πνεύματι σὺν ὑμῖν εἰμί, χαίρων

ΠΡΟΣ ΚΟΛΑΣΣΑΕΙΣ

καὶ βλέπων ὑμῶν τὴν τάξιν καὶ τὸ στερέωμα τῆς εἰς Χριστὸν πίστεως ὑμῶν.

6 Ὡς οὖν παρελάβετε τὸν Χριστὸν Ἰησοῦν τὸν Κύριον, ἐν
7 αὐτῷ περιπατεῖτε,   ἐρριζωμένοι καὶ ἐποικοδομούμενοι ἐν αὐτῷ, καὶ βεβαιούμενοι τῇ πίστει καθὼς ἐδιδάχθητε,
8 περισσεύοντες [ἐν αὐτῇ] ἐν εὐχαριστίᾳ.   Βλέπετε μή τις ὑμᾶς ἔσται ὁ συλαγωγῶν διὰ τῆς φιλοσοφίας καὶ κενῆς ἀπάτης κατὰ τὴν παράδοσιν τῶν ἀνθρώπων, κατὰ τὰ
9 στοιχεῖα τοῦ κόσμου καὶ οὐ κατὰ Χριστόν·   ὅτι ἐν αὐτῷ κατοικεῖ πᾶν τὸ πλήρωμα τῆς θεότητος σωματικῶς,
10 καὶ ἐστὲ ἐν αὐτῷ πεπληρωμένοι, ὅς ἐστιν ἡ κεφαλὴ πάσης
11 ἀρχῆς καὶ ἐξουσίας·   ἐν ᾧ καὶ περιετμήθητε περιτομῇ ἀχειροποιήτῳ ἐν τῇ ἀπεκδύσει τοῦ σώματος τῆς σαρκὸς
12 ἐν τῇ περιτομῇ τοῦ Χριστοῦ,   συνταφέντες αὐτῷ ἐν τῷ βαπτίσματι, ἐν ᾧ καὶ συνηγέρθητε διὰ τῆς πίστεως τῆς ἐνεργείας τοῦ Θεοῦ τοῦ ἐγείραντος αὐτὸν ἐκ [τῶν] νεκρῶν.
13 καὶ ὑμᾶς νεκροὺς ὄντας τοῖς παραπτώμασιν καὶ τῇ ἀκροβυστίᾳ τῆς σαρκὸς ὑμῶν, συνεζωοποίησεν ὑμᾶς σὺν αὐτῷ,
14 χαρισάμενος ἡμῖν πάντα τὰ παραπτώματα,   ἐξαλείψας τὸ καθ᾽ ἡμῶν χειρόγραφον τοῖς δόγμασιν ὃ ἦν ὑπεναντίον ἡμῖν· καὶ αὐτὸ ἦρκεν ἐκ τοῦ μέσου, προσηλώσας αὐτὸ τῷ
15 σταυρῷ·   ἀπεκδυσάμενος τὰς ἀρχὰς καὶ τὰς ἐξουσίας ἐδειγμάτισεν ἐν παρρησίᾳ, θριαμβεύσας αὐτοὺς ἐν αὐτῷ.

16 Μὴ οὖν τις ὑμᾶς κρινέτω ἐν βρώσει ἢ ἐν πόσει, ἢ ἐν
17 μέρει ἑορτῆς ἢ νουμηνίας ἢ σαββάτων·   ἅ ἐστιν σκιὰ
18 τῶν μελλόντων, τὸ δὲ σῶμα τοῦ Χριστοῦ.   μηδεὶς ὑμᾶς

ΠΡΟΣ ΚΟΛΑΣΣΑΕΙΣ 2. 19—3. 9.

καταβραβευέτω θέλων ἐν ταπεινοφροσύνῃ καὶ θρησκείᾳ τῶν ἀγγέλων, ἃ ἑόρακεν ἐμβατεύων, εἰκῆ φυσιούμενος ὑπὸ τοῦ νοὸς τῆς σαρκὸς αὐτοῦ, καὶ οὐ κρατῶν τὴν κεφα- 19 λήν, ἐξ οὗ πᾶν τὸ σῶμα διὰ τῶν ἁφῶν καὶ συνδέσμων ἐπιχορηγούμενον καὶ συνβιβαζόμενον αὔξει τὴν αὔξησιν τοῦ Θεοῦ.

Εἰ ἀπεθάνετε σὺν Χριστῷ ἀπὸ τῶν στοιχείων τοῦ κό- 20 σμου, τί ὡς ζῶντες ἐν κόσμῳ δογματίζεσθε, Μὴ ἅψῃ 21 μηδὲ γεύσῃ μηδὲ θίγῃς (ἅ ἐστιν πάντα εἰς φθορὰν τῇ 22 ἀποχρήσει), κατὰ τὰ ἐντάλματα καὶ διδασκαλίας τῶν ἀνθρώπων; ἅτινά ἐστιν λόγον μὲν ἔχοντα σοφίας ἐν 23 ἐθελοθρησκείᾳ καὶ ταπεινοφροσύνῃ καὶ ἀφειδίᾳ σώματος, οὐκ ἐν τιμῇ τινὶ πρὸς πλησμονὴν τῆς σαρκός.

Εἰ οὖν συνηγέρθητε τῷ Χριστῷ, τὰ ἄνω ζητεῖτε, οὗ ὁ 3 Χριστός ἐστιν ἐν δεξιᾷ τοῦ Θεοῦ καθήμενος. τὰ ἄνω 2 φρονεῖτε, μὴ τὰ ἐπὶ τῆς γῆς. ἀπεθάνετε γάρ, καὶ ἡ 3 ζωὴ ὑμῶν κέκρυπται σὺν τῷ Χριστῷ ἐν τῷ Θεῷ. ὅταν 4 ὁ Χριστὸς φανερωθῇ, ἡ ζωὴ ἡμῶν, τότε καὶ ὑμεῖς σὺν αὐτῷ φανερωθήσεσθε ἐν δόξῃ.

Νεκρώσατε οὖν τὰ μέλη τὰ ἐπὶ τῆς γῆς, πορνείαν, ἀκα- 5 θαρσίαν, πάθος, ἐπιθυμίαν κακήν, καὶ τὴν πλεονεξίαν, ἥτις ἐστὶν εἰδωλολατρεία, δι' ἃ ἔρχεται ἡ ὀργὴ τοῦ 6 Θεοῦ· ἐν οἷς καὶ ὑμεῖς περιεπατήσατέ ποτε, ὅτε ἐζῆτε 7 ἐν τούτοις. νυνὶ δὲ ἀπόθεσθε καὶ ὑμεῖς τὰ πάντα, ὀρ- 8 γήν, θυμόν, κακίαν, βλασφημίαν, αἰσχρολογίαν ἐκ τοῦ στόματος ὑμῶν· μὴ ψεύδεσθε εἰς ἀλλήλους, ἀπεκδυ- 9 σάμενοι τὸν παλαιὸν ἄνθρωπον σὺν ταῖς πράξεσιν αὐτοῦ,

18 θρησκείᾳ] -κίᾳ TiB ἑόρακεν] ἑώρ. ϛ LnTr: pr μὴ ϛ [Ln]EBmRm
19 συνβιβ.] συμβιβ. ϛ LnTr 20 εἰ] + οὖν ϛ(n.m.) Χριστῷ] pr
τῷ ϛ: Er στοιχείων] -ίων WHa 23 ἐθελοθρησκείᾳ] -κίᾳ TiBWH
καὶ sec.] [Ln] [Li] [WH] ἀφειδίᾳ] -δείᾳ LnLi 4 ἡμῶν] ὑμῶν Lnm
Tr(n.m.)TiLimBWHmRm 5 μέλη] + ὑμῶν ϛ LnE εἰδωλολατρεία]
-τρία WH 6 δι' ἃ] διὸ Lnm: δι' ὃ A ἡ] [Ln] Θεοῦ] + ἐπὶ
τοὺς υἱοὺς τῆς ἀπειθείας (cf. Eph. v. 6) ϛ[Ln]EBR(n.m.): Scr 7 τούτοις] αὐτοῖς ϛ

10 καὶ ἐνδυσάμενοι τὸν νέον τὸν ἀνακαινούμενον εἰς ἐπίγνω-
11 σιν κατ' εἰκόνα τοῦ κτίσαντος αὐτόν· ὅπου οὐκ ἔνι
Ἕλλην καὶ Ἰουδαῖος, περιτομὴ καὶ ἀκροβυστία, βάρβαρος,
Σκύθης, δοῦλος, ἐλεύθερος, ἀλλὰ τὰ πάντα καὶ ἐν πᾶσιν
Χριστός.
12 Ἐνδύσασθε οὖν, ὡς ἐκλεκτοὶ τοῦ Θεοῦ ἅγιοι καὶ ἠγαπη-
μένοι, σπλάγχνα οἰκτιρμοῦ, χρηστότητα, ταπεινοφροσύ-
13 νην, πραΰτητα, μακροθυμίαν· ἀνεχόμενοι ἀλλήλων,
καὶ χαριζόμενοι ἑαυτοῖς, ἐάν τις πρός τινα ἔχῃ μομφήν·
καθὼς καὶ ὁ Κύριος ἐχαρίσατο ὑμῖν, οὕτως καὶ ὑμεῖς·
14 ἐπὶ πᾶσιν δὲ τούτοις τὴν ἀγάπην, ὅ ἐστιν σύνδεσμος τῆς
15 τελειότητος. καὶ ἡ εἰρήνη τοῦ Χριστοῦ βραβευέτω ἐν
ταῖς καρδίαις ὑμῶν, εἰς ἣν καὶ ἐκλήθητε ἐν ἑνὶ σώματι·
16 καὶ εὐχάριστοι γίνεσθε. Ὁ λόγος τοῦ Χριστοῦ ἐνοι-
κείτω ἐν ὑμῖν πλουσίως ἐν πάσῃ σοφίᾳ· διδάσκοντες καὶ
νουθετοῦντες ἑαυτοὺς ψαλμοῖς, ὕμνοις, ᾠδαῖς πνευματικαῖς,
ἐν τῇ χάριτι ᾄδοντες ἐν ταῖς καρδίαις ὑμῶν τῷ Θεῷ·
17 καὶ πᾶν ὅ τι ἐὰν ποιῆτε ἐν λόγῳ ἢ ἐν ἔργῳ, πάντα ἐν ὀνό-
ματι Κυρίου Ἰησοῦ, εὐχαριστοῦντες τῷ Θεῷ Πατρὶ δι'
αὐτοῦ.
18 Αἱ γυναῖκες, ὑποτάσσεσθε τοῖς ἀνδράσιν, ὡς ἀνῆκεν ἐν
19 Κυρίῳ. Οἱ ἄνδρες, ἀγαπᾶτε τὰς γυναῖκας καὶ μὴ πι-
20 κραίνεσθε πρὸς αὐτάς. Τὰ τέκνα, ὑπακούετε τοῖς γονεῦ-
σιν κατὰ πάντα, τοῦτο γὰρ εὐάρεστόν ἐστιν ἐν Κυρίῳ.
21 Οἱ πατέρες, μὴ ἐρεθίζετε τὰ τέκνα ὑμῶν, ἵνα μὴ ἀθυμῶσιν.

11 δοῦλος] + καὶ *Ln* τὰ] Ti°(sic vult)B°WH° 12 τοῦ] *Ln*°
καὶ] [Li]WH°m οἰκτιρμοῦ] -μῶν ς : Cςm 13 Κύριος] Χριστὸς ς
TiEBmWHmRm : θεὸς Bm 14 πᾶσιν] -σι *Ln*WH ὃ] ἥτις ς
15 Χριστοῦ] Θεοῦ ς (a.m.) ἑνὶ] [WH] 16 Χριστοῦ] κυρίου WHm
Rm : Θεοῦ Rm σοφίᾳ·]-φίᾳ LnTiEAB ψαλ., ὕμν.] ψαλ. καὶ ὕμν.
καὶ ς τῇ] ς°[B]WH°(a.m.)R°? ταῖς καρδίαις] τῇ καρδίᾳ ς
Θεῷ] Κυρίῳ ς 17 ἐὰν] ἂν ςLnmTiABWHa Κυρ. Ἰησ.] Ἰησ.
Χριστοῦ *Ln*E Πατρὶ] pr καὶ ς 18 ἀνδράσιν] pr ἰδίοις ς : C
19 γυναῖκας] + ὑμῶν *Ln* 20 ἐστιν] ante εὐάρ° ἐν] τῷ : C
21 ἐρεθίζετε] παροργίζετε ςmLnBm

ΠΡΟΣ ΚΟΛΑΣΣΑΕΙΣ 3. 22—4. 11.

Οἱ δοῦλοι, ὑπακούετε κατὰ πάντα τοῖς κατὰ σάρκα κυ- 22
ρίοις, μὴ ἐν ὀφθαλμοδουλείαις ὡς ἀνθρωπάρεσκοι, ἀλλ᾽ ἐν
ἁπλότητι καρδίας, φοβούμενοι τὸν Κύριον· ὃ ἐὰν 23
ποιῆτε, ἐκ ψυχῆς ἐργάζεσθε ὡς τῷ Κυρίῳ καὶ οὐκ ἀνθρώ-
ποις,   εἰδότες ὅτι ἀπὸ Κυρίου ἀπολήμψεσθε τὴν ἀντα- 24
πόδοσιν τῆς κληρονομίας· τῷ Κυρίῳ Χριστῷ δουλεύετε.
ὁ γὰρ ἀδικῶν κομιεῖται ὃ ἠδίκησεν, καὶ οὐκ ἔστιν προσω- 25
πολημψία.   Οἱ κύριοι, τὸ δίκαιον καὶ τὴν ἰσότητα τοῖς 4
δούλοις παρέχεσθε, εἰδότες ὅτι καὶ ὑμεῖς ἔχετε Κύριον ἐν
οὐρανῷ.

Τῇ προσευχῇ προσκαρτερεῖτε, γρηγοροῦντες ἐν αὐτῇ ἐν 2
εὐχαριστίᾳ,   προσευχόμενοι ἅμα καὶ περὶ ἡμῶν, ἵνα ὁ 3
Θεὸς ἀνοίξῃ ἡμῖν θύραν τοῦ λόγου, λαλῆσαι τὸ μυστήριον
τοῦ Χριστοῦ, δι᾽ ὃ καὶ δέδεμαι,   ἵνα φανερώσω αὐτὸ 4
ὡς δεῖ με λαλῆσαι.   Ἐν σοφίᾳ περιπατεῖτε πρὸς τοὺς 5
ἔξω, τὸν καιρὸν ἐξαγοραζόμενοι.   ὁ λόγος ὑμῶν πάν- 6
τοτε ἐν χάριτι, ἅλατι ἠρτυμένος, εἰδέναι πῶς δεῖ ὑμᾶς ἑνὶ
ἑκάστῳ ἀποκρίνεσθαι.

Τὰ κατ᾽ ἐμὲ πάντα γνωρίσει ὑμῖν Τυχικὸς ὁ ἀγαπητὸς 7
ἀδελφὸς καὶ πιστὸς διάκονος καὶ σύνδουλος ἐν Κυρίῳ·
ὃν ἔπεμψα πρὸς ὑμᾶς εἰς αὐτὸ τοῦτο, ἵνα γνῶτε τὰ περὶ 8
ἡμῶν καὶ παρακαλέσῃ τὰς καρδίας ὑμῶν,   σὺν Ὀνησί- 9
μῳ τῷ πιστῷ καὶ ἀγαπητῷ ἀδελφῷ ὅς ἐστιν ἐξ ὑμῶν.
πάντα ὑμῖν γνωριοῦσιν τὰ ὧδε.

Ἀσπάζεται ὑμᾶς Ἀρίσταρχος ὁ συναιχμάλωτός μου, 10
καὶ Μάρκος ὁ ἀνεψιὸς Βαρνάβα (περὶ οὗ ἐλάβετε ἐντολάς·
ἐὰν ἔλθῃ πρὸς ὑμᾶς, δέξασθε αὐτόν),   καὶ Ἰησοῦς ὁ 11
λεγόμενος Ἰοῦστος, οἱ ὄντες ἐκ περιτομῆς· οὗτοι μόνοι

22 ὀφθαλμοδουλείαις] -λί- TiBWH : -ᾳ LnLi(n.m.)WHm   ἀλλ᾽] ἀλλὰ TrWHₐ   Κύριον] Θεόν ϛ   23 ὃ] καὶ πᾶν ὅ τι ϛ   24 τῆς κληρονομίας·] . τῆς κληρονομίας Ln   τῷ)]+ γὰρ ϛ   25 γὰρ] δὲ ϛ   κομιεῖται] κομίσεται Ln(a.m.)LiWH(n.a.)   1 οὐρανῷ] -νοῖς ϛ   3 δι᾽ ὃ] δι᾽ ὃν Ln(n.m.)Trm   6 ὑμᾶς] ante πῶς δεῖ Li   8 γνῶτε...ἡμῶν] γνῷ...ὑμῶν ϛ(a.m.)EABm   9 γνωριοῦσιν] -ίσουσιν LnLiWH(n.a.)   10 Βαρνάβα] -βᾳ J   11 περιτομῆς·] περιτομῆς LnTiAB

509

ΠΡΟΣ ΚΟΛΑΣΣΑΕΙΣ

συνεργοὶ εἰς τὴν βασιλείαν τοῦ Θεοῦ, οἵτινες ἐγενήθησάν
12 μοι παρηγορία. ἀσπάζεται ὑμᾶς Ἐπαφρᾶς ὁ ἐξ ὑμῶν,
δοῦλος Χριστοῦ Ἰησοῦ, πάντοτε ἀγωνιζόμενος ὑπὲρ ὑμῶν
ἐν ταῖς προσευχαῖς, ἵνα σταθῆτε τέλειοι καὶ πεπληροφο-
13 ρημένοι ἐν παντὶ θελήματι τοῦ Θεοῦ. μαρτυρῶ γὰρ
αὐτῷ ὅτι ἔχει πολὺν πόνον ὑπὲρ ὑμῶν καὶ τῶν ἐν Λαοδι-
14 κείᾳ καὶ τῶν ἐν Ἱεραπόλει. ἀσπάζεται ὑμᾶς Λουκᾶς
15 ὁ ἰατρὸς ὁ ἀγαπητός, καὶ Δημᾶς. Ἀσπάσασθε τοὺς
ἐν Λαοδικείᾳ ἀδελφούς, καὶ Νυμφᾶν, καὶ τὴν κατ' οἶκον
16 αὐτῶν ἐκκλησίαν. καὶ ὅταν ἀναγνωσθῇ παρ' ὑμῖν ἡ
ἐπιστολή, ποιήσατε ἵνα καὶ ἐν τῇ Λαοδικέων ἐκκλησίᾳ
ἀναγνωσθῇ, καὶ τὴν ἐκ Λαοδικείας ἵνα καὶ ὑμεῖς ἀνα-
17 γνῶτε. καὶ εἴπατε Ἀρχίππῳ, Βλέπε τὴν διακονίαν ἣν
παρέλαβες ἐν Κυρίῳ, ἵνα αὐτὴν πληροῖς.
18 Ὁ ἀσπασμὸς τῇ ἐμῇ χειρὶ Παύλου. μνημονεύετέ μου
τῶν δεσμῶν. ἡ χάρις μεθ' ὑμῶν.

ΠΡΟΣ ΘΕΣΣΑΛΟΝΙΚΕΙΣ Α.

1 Παῦλος καὶ Σιλουανὸς καὶ Τιμόθεος τῇ ἐκκλησίᾳ Θεσ-
σαλονικέων ἐν Θεῷ Πατρὶ καὶ Κυρίῳ Ἰησοῦ Χριστῷ·
χάρις ὑμῖν καὶ εἰρήνη.

2 Εὐχαριστοῦμεν τῷ Θεῷ πάντοτε περὶ πάντων ὑμῶν

---

12 Ἰησοῦ] ϛ°   σταθῆτε] στῆτε ϛ LnEA   - πεπληροφ.] πεπληρωμέ-
νοι ϛ(n.m.)Jn   13 πολὺν πόνον] ζῆλον πολὺν ϛ   Λαοδικείᾳ] -κίᾳ
TiLiBWH   Ἱεραπ.] Ἱερᾷ Πόλει WH   15 Λαοδικείᾳ] -κίᾳ TiLiB
WH   Νυμφᾶν] Νύμφαν LnTrmEWHRm   αὐτῶν] αὐτοῦ ϛ (n.m.)E :
αὐτῆς LnTrmWHRm   16 Λαοδικείας] -κίας TiLiBWH   18 ὑμῶν¹
+ἀμήν. Πρὸς Κολασσαεῖς ἐγράφη ἀπὸ Ῥώμης διὰ Τυχικοῦ καὶ Ὀνησίμου.
ϛ :+προς Κολασσαεις. TrA
ΠΡΟΣ ΘΕΣΣ. Α.] ἡ πρὸς Θεσσαλονικεῖς ἐπιστολὴ. Παύλου
πρώτη ϛ   1 εἰρήνη]+ἀπὸ Θεοῦ πατρὸς ἡμῶν καὶ Κυρίου Ἰησοῦ Χρι-
στοῦ ϛ[Ln]Bm(sed [ἡμῶν] B)

ΠΡΟΣ ΘΕΣΣΑΛΟΝΙΚΕΙΣ Α.   1. 3—2. 3.

μνείαν ποιούμενοι επί των προσευχών ημών, αδιαλείπτως
μνημονεύοντες υμών του έργου της πίστεως και του κόπου 3
της αγάπης και της υπομονής της ελπίδος του Κυρίου
ημών Ίησου Χριστου έμπροσθεν του Θεού και Πατρος
ημών,   ειδότες, αδελφοί ηγαπημένοι υπο Θεού, την 4
εκλογην υμών·   ότι το ευαγγέλιον ημών ουκ εγενήθη 5
εις υμας εν λόγω μόνον, αλλα και εν δυνάμει και εν
Πνεύματι Άγίω και πληροφορία πολλη, καθως οίδατε
οίοι εγενήθημεν εν υμίν δι' υμας.   και υμείς μιμηται 6
ημών εγενήθητε και του Κυρίου, δεξάμενοι τον λόγον εν
θλίψει πολλη μετα χαρας Πνεύματος Άγίου,   ώστε 7
γενέσθαι υμας τύπον πάσιν τοις πιστεύουσιν εν τη Μακε-
δονία και εν τη Άχαΐα.   αφ' υμών γαρ εξήχηται ο 8
λόγος του Κυρίου ου μόνον εν τη Μακεδονία και Άχαΐα,
αλλ' εν παντι τόπω η πίστις υμών η προς τον Θεον εξε-
λήλυθεν, ώστε μη χρείαν έχειν ημας λαλείν τι.   αυτοι 9
γαρ περι ημών απαγγέλλουσιν οποίαν είσοδον έσχομεν
προς υμας, και πως επεστρέψατε προς τον Θεον απο των
ειδώλων δουλεύειν Θεώ ζώντι και αληθινώ,   και αναμέ- 10
νειν τον Υιον αυτου εκ των ουρανών, ον ήγειρεν εκ των
νεκρών, Ίησουν τον ρυόμενον ημας εκ της οργης της ερ-
χομένης.

Αυτοι γαρ οίδατε, αδελφοί, την είσοδον ημών την προς 2
υμας, ότι ου κενη γέγονεν·   αλλα προπαθόντες και 2
υβρισθέντες καθως οίδατε εν Φιλίπποις επαρρησιασάμεθα
εν τω Θεώ ημών λαλησαι προς υμας το ευαγγέλιον του
Θεού εν πολλω αγώνι.   η γαρ παράκλησις ημών ουκ 3

4 ἐκ πλάνης οὐδὲ ἐξ ἀκαθαρσίας οὐδὲ ἐν δόλῳ· ἀλλὰ καθὼς δεδοκιμάσμεθα ὑπὸ τοῦ Θεοῦ πιστευθῆναι τὸ εὐαγγέλιον, οὕτως λαλοῦμεν, οὐχ ὡς ἀνθρώποις ἀρέσκοντες,
5 ἀλλὰ Θεῷ τῷ δοκιμάζοντι τὰς καρδίας ἡμῶν. Οὔτε γάρ ποτε ἐν λόγῳ κολακείας ἐγενήθημεν, καθὼς οἴδατε, οὔτε
6 ἐν προφάσει πλεονεξίας, Θεὸς μάρτυς, οὔτε ζητοῦντες ἐξ ἀνθρώπων δόξαν, οὔτε ἀφ' ὑμῶν οὔτε ἀπ' ἄλλων,
7 δυνάμενοι ἐν βάρει εἶναι ὡς Χριστοῦ ἀπόστολοι· ἀλλ' ἐγενήθημεν ἤπιοι ἐν μέσῳ ὑμῶν, ὡς ἐὰν τροφὸς θάλπῃ τὰ
8 ἑαυτῆς τέκνα· οὕτως ὁμειρόμενοι ὑμῶν εὐδοκοῦμεν μεταδοῦναι ὑμῖν οὐ μόνον τὸ εὐαγγέλιον τοῦ Θεοῦ ἀλλὰ καὶ τὰς ἑαυτῶν ψυχάς, διότι ἀγαπητοὶ ἡμῖν ἐγενήθητε.
9 Μνημονεύετε γάρ, ἀδελφοί, τὸν κόπον ἡμῶν καὶ τὸν μόχθον· νυκτὸς καὶ ἡμέρας ἐργαζόμενοι, πρὸς τὸ μὴ ἐπιβαρῆσαί τινα ὑμῶν, ἐκηρύξαμεν εἰς ὑμᾶς τὸ εὐαγγέλιον τοῦ
10 Θεοῦ. ὑμεῖς μάρτυρες καὶ ὁ Θεός, ὡς ὁσίως καὶ δικαίως καὶ ἀμέμπτως ὑμῖν τοῖς πιστεύουσιν ἐγενήθημεν,
11 καθάπερ οἴδατε, ὡς ἕνα ἕκαστον ὑμῶν ὡς πατὴρ τέκνα
12 ἑαυτοῦ παρακαλοῦντες ὑμᾶς καὶ παραμυθούμενοι, καὶ μαρτυρόμενοι εἰς τὸ περιπατεῖν ὑμᾶς ἀξίως τοῦ Θεοῦ τοῦ καλοῦντος ὑμᾶς εἰς τὴν ἑαυτοῦ βασιλείαν καὶ δόξαν.

13 Καὶ διὰ τοῦτο καὶ ἡμεῖς εὐχαριστοῦμεν τῷ Θεῷ ἀδιαλείπτως, ὅτι παραλαβόντες λόγον ἀκοῆς παρ' ἡμῶν τοῦ Θεοῦ ἐδέξασθε οὐ λόγον ἀνθρώπων, ἀλλὰ (καθώς ἐστιν ἀληθῶς) λόγον Θεοῦ, ὃς καὶ ἐνεργεῖται ἐν ὑμῖν τοῖς πι-
14 στεύουσιν. ὑμεῖς γὰρ μιμηταὶ ἐγενήθητε, ἀδελφοί, τῶν ἐκκλησιῶν τοῦ Θεοῦ τῶν οὐσῶν ἐν τῇ Ἰουδαίᾳ ἐν

3 οὐδὲ sec.] οὔτε ς 4 Θεῷ] pr τῷ ς [Lπ] 5 κολακείας]-κίας TiB WH ἐν προφάσει]—ἐν WH 6 ἀπ']ἀπὸ E 7 ἀλλ'] ἀλλὰ Tr TiBWH(n.a.) ἤπιοι] νήπιοι ςmLnAmBmWHRm : Scr ἐὰν] ἂν ς 8 ὁμειρόμενοι] ἱμειρ. ς: ὁμειρ. WH(n.a.): Er εὐδοκοῦμεν] ηὐδοκ. WH(n.a.) ἐγενήθητε] γεγένησθε ς 9 νυκτὸς]+γὰρ ς 10 ὁ] A°σφ? 11 οἴδατε,] οἴδατε TiBWH 12 μαρτυρόμενοι] -ρούμενοι ς Lπ : CEr περιπατεῖν]-τῆσαι ς καλοῦντος] καλέσαντος TrmWHm Rm 13 καὶ pri.] ς°E° ἐστὶν] post ἀληθῶς TrmWH

512

ΠΡΟΣ ΘΕΣΣΑΛΟΝΙΚΕΙΣ Α. 2. 15—3. 6.

Χριστῷ Ἰησοῦ· ὅτι τὰ αὐτὰ ἐπάθετε καὶ ὑμεῖς ὑπὸ τῶν ἰδίων συμφυλετῶν, καθὼς καὶ αὐτοὶ ὑπὸ τῶν Ἰουδαίων, τῶν καὶ τὸν Κύριον ἀποκτεινάντων Ἰησοῦν καὶ τοὺς προ- 15 φήτας, καὶ ἡμᾶς ἐκδιωξάντων, καὶ Θεῷ μὴ ἀρεσκόντων, καὶ πᾶσιν ἀνθρώποις ἐναντίων,   κωλυόντων ἡμᾶς τοῖς 16 ἔθνεσιν λαλῆσαι ἵνα σωθῶσιν, εἰς τὸ ἀναπληρῶσαι αὐτῶν τὰς ἁμαρτίας πάντοτε· ἔφθασεν δὲ ἐπ᾿ αὐτοὺς ἡ ὀργὴ εἰς τέλος.

Ἡμεῖς δέ, ἀδελφοί, ἀπορφανισθέντες ἀφ᾿ ὑμῶν πρὸς 17 καιρὸν ὥρας προσώπῳ οὐ καρδίᾳ, περισσοτέρως ἐσπουδάσαμεν τὸ πρόσωπον ὑμῶν ἰδεῖν ἐν πολλῇ ἐπιθυμίᾳ· διότι ἠθελήσαμεν ἐλθεῖν πρὸς ὑμᾶς, ἐγὼ μὲν Παῦλος καὶ 18 ἅπαξ καὶ δίς, καὶ ἐνέκοψεν ἡμᾶς ὁ Σατανᾶς.   τίς γὰρ 19 ἡμῶν ἐλπὶς ἢ χαρὰ ἢ στέφανος καυχήσεως; ἢ οὐχὶ καὶ ὑμεῖς ἔμπροσθεν τοῦ Κυρίου ἡμῶν Ἰησοῦ ἐν τῇ αὐτοῦ παρουσίᾳ;   ὑμεῖς γάρ ἐστε ἡ δόξα ἡμῶν καὶ ἡ χαρά. 20

Διὸ μηκέτι στέγοντες ηὐδοκήσαμεν καταλειφθῆναι ἐν 3 Ἀθήναις μόνοι,   καὶ ἐπέμψαμεν Τιμόθεον τὸν ἀδελφὸν 2 ἡμῶν καὶ διάκονον τοῦ Θεοῦ ἐν τῷ εὐαγγελίῳ τοῦ Χριστοῦ εἰς τὸ στηρίξαι ὑμᾶς καὶ παρακαλέσαι ὑπὲρ τῆς πίστεως ὑμῶν,   τὸ μηδένα σαίνεσθαι ἐν ταῖς θλίψεσιν ταύταις· 3 αὐτοὶ γὰρ οἴδατε ὅτι εἰς τοῦτο κείμεθα.   καὶ γὰρ ὅτε 4 πρὸς ὑμᾶς ἦμεν, προελέγομεν ὑμῖν ὅτι μέλλομεν θλίβεσθαι, καθὼς καὶ ἐγένετο καὶ οἴδατε.   διὰ τοῦτο κἀγὼ 5 μηκέτι στέγων ἔπεμψα εἰς τὸ γνῶναι τὴν πίστιν ὑμῶν, μή πως ἐπείρασεν ὑμᾶς ὁ πειράζων καὶ εἰς κενὸν γένηται ὁ κόπος ἡμῶν.   Ἄρτι δὲ ἐλθόντος Τιμοθέου πρὸς ἡμᾶς 6 ἀφ᾿ ὑμῶν καὶ εὐαγγελισαμένου ἡμῖν τὴν πίστιν καὶ τὴν

14 τὰ αὐτὰ] ταῦτα ϛ Lnm   15 προφήτας] pr ἰδίους ϛ Scr   ἡμᾶς] ὑμᾶς ϛ: CErJElz   16 ἔφθασεν] -κεν Ln(n.m.)WHm   18 διότι] διὸ ϛ   19 Ἰησ.] + Χριστοῦ ϛ : Scr   1 ηὐδοκ.] εὐδοκ. ϛLnEAWHa   2 διάκονον] συνεργὸν Ln(n.m.)EABmWHmRm   τοῦ Θεοῦ] B°m[WH]m: +καὶ συνεργὸν ἡμῶν ϛ   παρακαλέσαι]+ὑμᾶς ϛ   ὑπὲρ] περὶ ϛ   3 τὸ] τῷ ϛ: C   μηδένα σαίνεσθαι] μηδὲν ἀσαίνεσθαι Ln   5 πίστιν] post ὑμῶν WHm

513   2 L

ἀγάπην ὑμῶν, καὶ ὅτι ἔχετε μνείαν ἡμῶν ἀγαθὴν πάντοτε,
7 ἐπιποθοῦντες ἡμᾶς ἰδεῖν καθάπερ καὶ ἡμεῖς ὑμᾶς, διὰ
τοῦτο παρεκλήθημεν, ἀδελφοί, ἐφ' ὑμῖν ἐπὶ πάσῃ τῇ
8 ἀνάγκῃ καὶ θλίψει ἡμῶν διὰ τῆς ὑμῶν πίστεως· ὅτι
9 νῦν ζῶμεν, ἐὰν ὑμεῖς στήκετε ἐν Κυρίῳ. τίνα γὰρ εὐ-
χαριστίαν δυνάμεθα τῷ Θεῷ ἀνταποδοῦναι περὶ ὑμῶν ἐπὶ
πάσῃ τῇ χαρᾷ ᾗ χαίρομεν δι' ὑμᾶς ἔμπροσθεν τοῦ Θεοῦ
10 ἡμῶν, νυκτὸς καὶ ἡμέρας ὑπερεκπερισσοῦ δεόμενοι εἰς
τὸ ἰδεῖν ὑμῶν τὸ πρόσωπον καὶ καταρτίσαι τὰ ὑστερή-
ματα τῆς πίστεως ὑμῶν;
11 Αὐτὸς δὲ ὁ Θεὸς καὶ πατὴρ ἡμῶν καὶ ὁ Κύριος ἡμῶν
12 Ἰησοῦς κατευθύναι τὴν ὁδὸν ἡμῶν πρὸς ὑμᾶς· ὑμᾶς δὲ
ὁ Κύριος πλεονάσαι καὶ περισσεύσαι τῇ ἀγάπῃ εἰς ἀλλή-
13 λους καὶ εἰς πάντας, καθάπερ καὶ ἡμεῖς εἰς ὑμᾶς, εἰς
τὸ στηρίξαι ὑμῶν τὰς καρδίας ἀμέμπτους ἐν ἁγιωσύνῃ
ἔμπροσθεν τοῦ Θεοῦ καὶ πατρὸς ἡμῶν ἐν τῇ παρουσίᾳ τοῦ
Κυρίου ἡμῶν Ἰησοῦ μετὰ πάντων τῶν ἁγίων αὐτοῦ.

4 Λοιπὸν οὖν, ἀδελφοί, ἐρωτῶμεν ὑμᾶς καὶ παρακαλοῦ-
μεν ἐν Κυρίῳ Ἰησοῦ, ἵνα καθὼς παρελάβετε παρ' ἡμῶν τὸ
πῶς δεῖ ὑμᾶς περιπατεῖν καὶ ἀρέσκειν Θεῷ, καθὼς καὶ
2 περιπατεῖτε, ἵνα περισσεύητε μᾶλλον. οἴδατε γὰρ
τίνας παραγγελίας ἐδώκαμεν ὑμῖν διὰ τοῦ Κυρίου Ἰησοῦ.
3 Τοῦτο γάρ ἐστιν θέλημα τοῦ Θεοῦ, ὁ ἁγιασμὸς ὑμῶν, ἀπέ-
4 χεσθαι ὑμᾶς ἀπὸ τῆς πορνείας· εἰδέναι ἕκαστον ὑμῶν
5 τὸ ἑαυτοῦ σκεῦος κτᾶσθαι ἐν ἁγιασμῷ καὶ τιμῇ, μὴ
ἐν πάθει ἐπιθυμίας, καθάπερ καὶ τὰ ἔθνη τὰ μὴ εἰδότα τὸν
6 Θεόν· τὸ μὴ ὑπερβαίνειν καὶ πλεονεκτεῖν ἐν τῷ πράγ-
ματι τὸν ἀδελφὸν αὐτοῦ· διότι ἔκδικος Κύριος περὶ πάν-

7 ἀνάγκῃ καὶ θλ.] θλ. καὶ ἀν. ς 8 στήκετε] -ητε ς LnTrmEB(n.m.)
WHa: Er   11 Ἰησ.]+Χριστὸς ς   13 ἀμέμπτους] -τως WHm
Ἰησ.] + Χριστοῦ ς: Scr   αὐτοῦ.] + ἀμήν. [Ln]Ti[B]WHmRm
1 λοιπὸν] pr τὸ ς   οὖν] WH°(n.m.)   ἵνα pri.] ς°[B] [WH]   καθὼς
καὶ περιπατεῖτε] ς°(n.m.)   3 θέλημα] pr τὸ [Ln]   4 ἕκαστον]-στος
Lnm   6 ἐν τῷ] ἕν τῳ J(n.m.)   Κύριος] pr ὁ ς

ΠΡΟΣ ΘΕΣΣΑΛΟΝΙΚΕΙΣ Α. 4. 7—5. 1.

των τούτων, καθὼς καὶ προείπαμεν ὑμῖν καὶ διεμαρτυράμεθα. οὐ γὰρ ἐκάλεσεν ἡμᾶς ὁ Θεὸς ἐπὶ ἀκαθαρσίᾳ, 7 ἀλλ' ἐν ἁγιασμῷ. τοιγαροῦν ὁ ἀθετῶν οὐκ ἄνθρωπον 8 ἀθετεῖ, ἀλλὰ τὸν Θεὸν τὸν διδόντα τὸ Πνεῦμα αὐτοῦ τὸ Ἅγιον εἰς ὑμᾶς.

Περὶ δὲ τῆς φιλαδελφίας οὐ χρείαν ἔχετε γράφειν ὑμῖν· 9 αὐτοὶ γὰρ ὑμεῖς θεοδίδακτοί ἐστε εἰς τὸ ἀγαπᾶν ἀλλήλους· καὶ γὰρ ποιεῖτε αὐτὸ εἰς πάντας τοὺς ἀδελφοὺς ἐν ὅλῃ 10 τῇ Μακεδονίᾳ. παρακαλοῦμεν δὲ ὑμᾶς, ἀδελφοί, περισσεύειν μᾶλλον, καὶ φιλοτιμεῖσθαι ἡσυχάζειν καὶ πράσ- 11 σειν τὰ ἴδια καὶ ἐργάζεσθαι ταῖς χερσὶν ὑμῶν, καθὼς ὑμῖν παρηγγείλαμεν· ἵνα περιπατῆτε εὐσχημόνως πρὸς τοὺς 12 ἔξω καὶ μηδενὸς χρείαν ἔχητε.

Οὐ θέλομεν δὲ ὑμᾶς ἀγνοεῖν, ἀδελφοί, περὶ τῶν κοιμω- 13 μένων, ἵνα μὴ λυπῆσθε καθὼς καὶ οἱ λοιποὶ οἱ μὴ ἔχοντες ἐλπίδα. εἰ γὰρ πιστεύομεν ὅτι Ἰησοῦς ἀπέθανεν 14 καὶ ἀνέστη, οὕτως καὶ ὁ Θεὸς τοὺς κοιμηθέντας διὰ τοῦ Ἰησοῦ ἄξει σὺν αὐτῷ. Τοῦτο γὰρ ὑμῖν λέγομεν ἐν 15 λόγῳ Κυρίου, ὅτι ἡμεῖς οἱ ζῶντες οἱ περιλειπόμενοι εἰς τὴν παρουσίαν τοῦ Κυρίου οὐ μὴ φθάσωμεν τοὺς κοιμηθέντας. ὅτι αὐτὸς ὁ Κύριος ἐν κελεύσματι, ἐν φωνῇ 16 ἀρχαγγέλου καὶ ἐν σάλπιγγι Θεοῦ, καταβήσεται ἀπ' οὐρανοῦ· καὶ οἱ νεκροὶ ἐν Χριστῷ ἀναστήσονται πρῶτον· ἔπειτα ἡμεῖς οἱ ζῶντες οἱ περιλειπόμενοι ἅμα σὺν αὐτοῖς 17 ἁρπαγησόμεθα ἐν νεφέλαις εἰς ἀπάντησιν τοῦ Κυρίου εἰς ἀέρα· καὶ οὕτως πάντοτε σὺν Κυρίῳ ἐσόμεθα. ὥστε 18 παρακαλεῖτε ἀλλήλους ἐν τοῖς λόγοις τούτοις.

Περὶ δὲ τῶν χρόνων καὶ τῶν καιρῶν, ἀδελφοί, οὐ χρείαν 5

---

7 ἀλλ'] ἀλλὰ TrTiEB   8 διδόντα] δόντα ς LnmEA: Er: pr καὶ ς Ti
E[A][B]: Er   αὐτοῦ] ante τὸ πνεῦμα Ln   ὑμᾶς] ἡμᾶς ς: Ersm
9 ἔχετε] ἔχομεν LnTrmBm: εἴχομεν TrmBm   10 ἀδελφοὺς] + τοὺς ς
[Tr]EA[WH]R   11 χερσὶν] pr ἰδίαις ςBm   13 θέλομεν] θέλω ς:
Cςm   κοιμωμένων] κεκοιμημένων ς(n.m.)   λυπῆσθε] -εῖσθε Lnm
14 ὁ Θεὸς] ante καὶ Tm

515

ΠΡΟΣ ΘΕΣΣΑΛΟΝΙΚΕΙΣ Α.

2 ἔχετε ὑμῖν γράφεσθαι. αὐτοὶ γὰρ ἀκριβῶς οἴδατε ὅτι ἡμέρα Κυρίου ὡς κλέπτης ἐν νυκτὶ οὕτως ἔρχεται.
3 ὅταν λέγωσιν, Εἰρήνη καὶ ἀσφάλεια, τότε αἰφνίδιος αὐτοῖς ἐπίσταται ὄλεθρος ὥσπερ ἡ ὠδὶν τῇ ἐν γαστρὶ ἐχού-
4 σῃ, καὶ οὐ μὴ ἐκφύγωσιν. ὑμεῖς δέ, ἀδελφοί, οὐκ ἐστὲ ἐν σκότει, ἵνα ἡ ἡμέρα ὑμᾶς ὡς κλέπτης καταλάβῃ·
5 πάντες γὰρ ὑμεῖς υἱοὶ φωτός ἐστε καὶ υἱοὶ ἡμέρας· οὐκ
6 ἐσμὲν νυκτὸς οὐδὲ σκότους. Ἄρα οὖν μὴ καθεύδωμεν
7 ὡς οἱ λοιποί, ἀλλὰ γρηγορῶμεν καὶ νήφωμεν. οἱ γὰρ καθεύδοντες νυκτὸς καθεύδουσιν, καὶ οἱ μεθυσκόμενοι νυ-
8 κτὸς μεθύουσιν. ἡμεῖς δὲ ἡμέρας ὄντες νήφωμεν, ἐνδυσάμενοι θώρακα πίστεως καὶ ἀγάπης καὶ περικεφαλαίαν
9 ἐλπίδα σωτηρίας. ὅτι οὐκ ἔθετο ἡμᾶς ὁ Θεὸς εἰς ὀργήν, ἀλλὰ εἰς περιποίησιν σωτηρίας διὰ τοῦ Κυρίου ἡμῶν
10 Ἰησοῦ Χριστοῦ, τοῦ ἀποθανόντος περὶ ἡμῶν, ἵνα εἴτε γρηγορῶμεν εἴτε καθεύδωμεν ἅμα σὺν αὐτῷ ζήσωμεν.
11 διὸ παρακαλεῖτε ἀλλήλους καὶ οἰκοδομεῖτε εἷς τὸν ἕνα, καθὼς καὶ ποιεῖτε.
12 Ἐρωτῶμεν δὲ ὑμᾶς, ἀδελφοί, εἰδέναι τοὺς κοπιῶντας ἐν ὑμῖν καὶ προϊσταμένους ὑμῶν ἐν Κυρίῳ καὶ νουθετοῦντας
13 ὑμᾶς, καὶ ἡγεῖσθαι αὐτοὺς ὑπερεκπερισσῶς ἐν ἀγάπῃ
14 διὰ τὸ ἔργον αὐτῶν. εἰρηνεύετε ἐν ἑαυτοῖς. Παρακαλοῦμεν δὲ ὑμᾶς, ἀδελφοί, νουθετεῖτε τοὺς ἀτάκτους, παραμυθεῖσθε τοὺς ὀλιγοψύχους, ἀντέχεσθε τῶν ἀσθενῶν,
15 μακροθυμεῖτε πρὸς πάντας. ὁρᾶτε μή τις κακὸν ἀντὶ κακοῦ τινι ἀποδῷ· ἀλλὰ πάντοτε τὸ ἀγαθὸν διώκετε εἰς
16, 17 ἀλλήλους καὶ εἰς πάντας. πάντοτε χαίρετε· ἀδι-

2 ἡμέρα] pr ἡ ϛ[A]   3 ὅταν] + γὰρ ϛ :+ δὲ [L*n*]TrmWHm   αἰφνίδιος] ἐφν. WHₐ   ἐπίσταται] ἐφίστ. ϛL*n*EA   4 ἡ ἡμέρα] post ὑμᾶς L*n*TrmE   κλέπτης] -τας L*n*WH(ɴ.ᴍ.)Rm : Scr   5 γὰρ] ϛ°
6 ὡς]+ καὶ ϛ E[A]   9 ὁ Θεὸς] ante ἡμᾶς WHm   ἀλλὰ] ἀλλ' ϛ L*n* Χριστοῦ] [WH]   10 περὶ] ὑπὲρ ϛ L*n*EA(ɴ.ᴍ.)WHmR   13 ὑπερεκπερισσῶς] -ρισσοῦ ϛ WH(ɴ.ᴍ.)R?   ἑαυτοῖς] αὐτοῖς TrTiBm
15 ἀποδῷ] -δοῖ TiB   διώκετε]+ καὶ ϛ AWHm

ΠΡΟΣ ΘΕΣΣΑΛΟΝΙΚΕΙΣ Α. 5. 18—1. 4.

ἀλείπτως προσεύχεσθε· ἐν παντὶ εὐχαριστεῖτε, τοῦ- 18
το γὰρ θέλημα Θεοῦ ἐν Χριστῷ Ἰησοῦ εἰς ὑμᾶς· τὸ 19
Πνεῦμα μὴ σβέννυτε· προφητείας μὴ ἐξουθενεῖτε· 20
πάντα δὲ δοκιμάζετε, τὸ καλὸν κατέχετε. ἀπὸ παν- 21,22
τὸς εἴδους πονηροῦ ἀπέχεσθε.
Αὐτὸς δὲ ὁ Θεὸς τῆς εἰρήνης ἁγιάσαι ὑμᾶς ὁλοτελεῖς, 23
καὶ ὁλόκληρον ὑμῶν τὸ πνεῦμα καὶ ἡ ψυχὴ καὶ τὸ σῶμα
ἀμέμπτως ἐν τῇ παρουσίᾳ τοῦ Κυρίου ἡμῶν Ἰησοῦ Χριστοῦ τηρηθείη. πιστὸς ὁ καλῶν ὑμᾶς, ὃς καὶ ποιήσει. 24
Ἀδελφοί, προσεύχεσθε περὶ ἡμῶν. Ἀσπάσασθε 25, 26
τοὺς ἀδελφοὺς πάντας ἐν φιλήματι ἁγίῳ. ἐνορκίζω 27
ὑμᾶς τὸν Κύριον ἀναγνωσθῆναι τὴν ἐπιστολὴν πᾶσιν τοῖς
ἀδελφοῖς.
Ἡ χάρις τοῦ Κυρίου ἡμῶν Ἰησοῦ Χριστοῦ μεθ' ὑμῶν. 28

ΠΡΟΣ ΘΕΣΣΑΛΟΝΙΚΕΙΣ Β.

Παῦλος καὶ Σιλουανὸς καὶ Τιμόθεος τῇ ἐκκλησίᾳ Θεσ- 1
σαλονικέων ἐν Θεῷ Πατρὶ ἡμῶν καὶ Κυρίῳ Ἰησοῦ Χριστῷ· χάρις ὑμῖν καὶ εἰρήνη ἀπὸ Θεοῦ Πατρὸς [ἡμῶν] 2
καὶ Κυρίου Ἰησοῦ Χριστοῦ.
Εὐχαριστεῖν ὀφείλομεν τῷ Θεῷ πάντοτε περὶ ὑμῶν, ἀ- 3
δελφοί, καθὼς ἄξιόν ἐστιν, ὅτι ὑπεραυξάνει ἡ πίστις ὑμῶν,
καὶ πλεονάζει ἡ ἀγάπη ἑνὸς ἑκάστου πάντων ὑμῶν εἰς
ἀλλήλους, ὥστε αὐτοὺς ἡμᾶς ἐν ὑμῖν ἐνκαυχᾶσθαι ἐν 4

18 τοῦτο γάρ] + ἐστιν *Ln* 19 σβέννυτε] ζβένν. TiB 21 δὲ] ϛ°
[B][WH]R°(n.m.) 25 προσεύχεσθε] + καὶ [*Ln*][Tr]m[WH]Rm
27 ἐνορκίζω] ὁρκίζω ϛ πᾶσιν] -σι WHa ἀδελφοῖς] pr ἁγίοις ϛ
[Tr]m[E]WHmRm 28 ὑμῶν.] + ἀμήν. Πρὸς Θεσσαλονικεῖς πρώτη
ἐγράφη ἀπὸ Ἀθηνῶν ϛ:+προς Θεσσαλονικεις Α. TrA
ΠΡΟΣ ΘΕΣΣ. Β.] ἡ πρὸς Θεσσαλονικεῖς ἐπιστολὴ δευτέρα ϛ
2 ἡμῶν] ins ϛ[Ln][Tr]TiEB : A°WH°R° 4 αὐτοὺς] post ἡμᾶς ϛ*Ln*E
ἐνκαυχᾶσθαι] ἐγκ. *Ln*TrA : καυχ. ϛ

ταῖς ἐκκλησίαις τοῦ Θεοῦ ὑπὲρ τῆς ὑπομονῆς ὑμῶν καὶ
πίστεως ἐν πᾶσιν τοῖς διωγμοῖς ὑμῶν καὶ ταῖς θλίψεσιν
5 αἷς ἀνέχεσθε, ἔνδειγμα τῆς δικαίας κρίσεως τοῦ Θεοῦ,
εἰς τὸ καταξιωθῆναι ὑμᾶς τῆς βασιλείας τοῦ Θεοῦ, ὑπὲρ
6 ἧς καὶ πάσχετε· εἴπερ δίκαιον παρὰ Θεῷ ἀνταποδοῦ-
7 ναι τοῖς θλίβουσιν ὑμᾶς θλίψιν, καὶ ὑμῖν τοῖς θλιβο-
μένοις ἄνεσιν μεθ' ἡμῶν, ἐν τῇ ἀποκαλύψει τοῦ Κυρίου
8 Ἰησοῦ ἀπ' οὐρανοῦ μετ' ἀγγέλων δυνάμεως αὐτοῦ ἐν
πυρὶ φλογὸς διδόντος ἐκδίκησιν τοῖς μὴ εἰδόσιν Θεὸν καὶ
τοῖς μὴ ὑπακούουσιν τῷ εὐαγγελίῳ τοῦ Κυρίου ἡμῶν Ἰη-
9 σοῦ· οἵτινες δίκην τίσουσιν ὄλεθρον αἰώνιον ἀπὸ προσ-
ώπου τοῦ Κυρίου καὶ ἀπὸ τῆς δόξης τῆς ἰσχύος αὐτοῦ,
10 ὅταν ἔλθῃ ἐνδοξασθῆναι ἐν τοῖς ἁγίοις αὐτοῦ καὶ θαυμα-
σθῆναι ἐν πᾶσιν τοῖς πιστεύσασιν (ὅτι ἐπιστεύθη τὸ μαρ-
11 τύριον ἡμῶν ἐφ' ὑμᾶς) ἐν τῇ ἡμέρᾳ ἐκείνῃ. Εἰς ὃ καὶ
προσευχόμεθα πάντοτε περὶ ὑμῶν, ἵνα ὑμᾶς ἀξιώσῃ τῆς
κλήσεως ὁ Θεὸς ἡμῶν, καὶ πληρώσῃ πᾶσαν εὐδοκίαν ἀγα-
12 θωσύνης καὶ ἔργον πίστεως ἐν δυνάμει· ὅπως ἐνδοξα-
σθῇ τὸ ὄνομα τοῦ Κυρίου ἡμῶν Ἰησοῦ ἐν ὑμῖν, καὶ ὑμεῖς
ἐν αὐτῷ, κατὰ τὴν χάριν τοῦ Θεοῦ ἡμῶν καὶ Κυρίου Ἰη-
σοῦ Χριστοῦ.

2 Ἐρωτῶμεν δὲ ὑμᾶς, ἀδελφοί, ὑπὲρ τῆς παρουσίας τοῦ
Κυρίου ἡμῶν Ἰησοῦ Χριστοῦ καὶ ἡμῶν ἐπισυναγωγῆς ἐπ'
2 αὐτόν, εἰς τὸ μὴ ταχέως σαλευθῆναι ὑμᾶς ἀπὸ τοῦ
νοὸς μηδὲ θροεῖσθαι, μήτε διὰ πνεύματος μήτε διὰ λόγου
μήτε δι' ἐπιστολῆς ὡς δι' ἡμῶν, ὡς ὅτι ἐνέστηκεν ἡ ἡμέρα
3 τοῦ Κυρίου. Μή τις ὑμᾶς ἐξαπατήσῃ κατὰ μηδένα
τρόπον· ὅτι ἐὰν μὴ ἔλθῃ ἡ ἀποστασία πρῶτον, καὶ ἀπο-

πᾶσιν] -σι WH₈ ἀνέχεσθε] ἐνέχ. WHm 8 πυρὶ φλογὸς] φλογὶ
πυρὸς *L*n(n.m.)Tr(n.m.)EBm εἰδόσιν] -σι *Ln*WH Ἰησ.]+Χριστοῦ
ς[Ln]: Scr 9 ὄλεθρον] ὀλέθριον *L*n(n.m.) 10 πᾶσιν] -σι WH₈
πιστεύσασιν] -τεύουσιν ς : Cςm 12 Ἰησοῦ *pri.*]+Χριστοῦ ς[*Ln*]: Scr
1 ἡμῶν] [WH] 2 μηδὲ] μήτε ς Κυρίου] Χριστοῦ ς

ΠΡΟΣ ΘΕΣΣΑΛΟΝΙΚΕΙΣ Β.

καλυφθῇ ὁ ἄνθρωπος τῆς ἁμαρτίας, ὁ υἱὸς τῆς ἀπωλείας, ὁ ἀντικείμενος καὶ ὑπεραιρόμενος ἐπὶ πάντα λεγόμενον Θεὸν ἢ σέβασμα, ὥστε αὐτὸν εἰς τὸν ναὸν τοῦ Θεοῦ καθίσαι, ἀποδεικνύντα ἑαυτὸν ὅτι ἐστὶν Θεός. Οὐ μνημονεύετε ὅτι ἔτι ὢν πρὸς ὑμᾶς ταῦτα ἔλεγον ὑμῖν; καὶ νῦν τὸ κατέχον οἴδατε, εἰς τὸ ἀποκαλυφθῆναι αὐτὸν ἐν τῷ αὐτοῦ καιρῷ. τὸ γὰρ μυστήριον ἤδη ἐνεργεῖται τῆς ἀνομίας· μόνον ὁ κατέχων ἄρτι ἕως ἐκ μέσου γένηται· καὶ τότε ἀποκαλυφθήσεται ὁ ἄνομος, ὃν ὁ Κύριος Ἰησοῦς ἀνελεῖ τῷ πνεύματι τοῦ στόματος αὐτοῦ καὶ καταργήσει τῇ ἐπιφανείᾳ τῆς παρουσίας αὐτοῦ· οὗ ἐστὶν ἡ παρουσία κατ᾽ ἐνέργειαν τοῦ Σατανᾶ ἐν πάσῃ δυνάμει καὶ σημείοις καὶ τέρασιν ψεύδους, καὶ ἐν πάσῃ ἀπάτῃ ἀδικίας τοῖς ἀπολλυμένοις, ἀνθ᾽ ὧν τὴν ἀγάπην τῆς ἀληθείας οὐκ ἐδέξαντο εἰς τὸ σωθῆναι αὐτούς. καὶ διὰ τοῦτο πέμπει αὐτοῖς ὁ Θεὸς ἐνέργειαν πλάνης εἰς τὸ πιστεῦσαι αὐτοὺς τῷ ψεύδει, ἵνα κριθῶσιν ἅπαντες οἱ μὴ πιστεύσαντες τῇ ἀληθείᾳ ἀλλὰ εὐδοκήσαντες τῇ ἀδικίᾳ.

Ἡμεῖς δὲ ὀφείλομεν εὐχαριστεῖν τῷ Θεῷ πάντοτε περὶ ὑμῶν, ἀδελφοὶ ἠγαπημένοι ὑπὸ Κυρίου, ὅτι εἵλατο ὑμᾶς ὁ Θεὸς ἀπ᾽ ἀρχῆς εἰς σωτηρίαν ἐν ἁγιασμῷ Πνεύματος καὶ πίστει ἀληθείας· εἰς ὃ ἐκάλεσεν ὑμᾶς διὰ τοῦ εὐαγγελίου ἡμῶν, εἰς περιποίησιν δόξης τοῦ Κυρίου ἡμῶν Ἰησοῦ Χριστοῦ. Ἄρα οὖν, ἀδελφοί, στήκετε, καὶ κρατεῖτε τὰς παραδόσεις ἃς ἐδιδάχθητε εἴτε διὰ λόγου εἴτε δι᾽ ἐπιστολῆς ἡμῶν. αὐτὸς δὲ ὁ Κύριος ἡμῶν Ἰησοῦς Χριστός, καὶ ὁ Θεὸς ὁ Πατὴρ ἡμῶν ὁ ἀγαπήσας ἡμᾶς καὶ

3 ἁμαρτίας] ἀνομίας ϛmTr(α.m.)TiBmWH(α.m.)Rm   4 πάντα] πᾶν τὸ C (Lat.)J   καθίσαι] pr ὡς Θεὸν ϛ(α.m.)Bm   ἀποδεικνύντα] -δειγνύοντα Lnm.   6 αὐτοῦ] ἑαυτοῦ ϛLnEAWHa   8 Ἰησοῦς] ϛ°[WH]R°m ἀνελεῖ] ἀναλώσει ϛAmRm : ἀναλοῖ WHm   10 ἀδικίας] pr τῆς ϛ : +ἐν ϛ 11 πέμπει] πεμψει ϛ   12 ἅπαντες] πάντες ϛ Ln(α.m.)WH(α.m.) ἀλλὰ] ἀλλ᾽ ϛLnEAWHa   τῇ ἀδικ.] pr ἐν ϛ[Ln][E][A] : Er 13 εἵλατο]-ετο ϛ   ἀπ᾽ ἀρχῆς] ἀπαρχὴν LnTrmBmWHmRm   14 εἰς ὃ] +καὶ Ti[B]   ὑμᾶς] ἡμᾶς LnTrm   16 Χριστός] pr ὁ Ln ὁ ante Θεὸς] [Ln] Tr°(α.m.)[WH]   ὁ ante Πατὴρ] καὶ ϛLnm

519

δοὺς παράκλησιν αἰωνίαν καὶ ἐλπίδα ἀγαθὴν ἐν χάριτι,
17 παρακαλέσαι ὑμῶν τὰς καρδίας καὶ στηρίξαι ἐν παντὶ
ἔργῳ καὶ λόγῳ ἀγαθῷ.

3 Τὸ λοιπὸν προσεύχεσθε, ἀδελφοί, περὶ ἡμῶν, ἵνα ὁ
λόγος τοῦ Κυρίου τρέχῃ καὶ δοξάζηται καθὼς καὶ πρὸς
2 ὑμᾶς, καὶ ἵνα ῥυσθῶμεν ἀπὸ τῶν ἀτόπων καὶ πονηρῶν
3 ἀνθρώπων· οὐ γὰρ πάντων ἡ πίστις. πιστὸς δέ ἐστιν
ὁ Κύριος, ὃς στηρίξει ὑμᾶς καὶ φυλάξει ἀπὸ τοῦ πονηροῦ.
4 πεποίθαμεν δὲ ἐν Κυρίῳ ἐφ᾿ ὑμᾶς, ὅτι ἃ παραγγέλλομεν
5 [καὶ] ποιεῖτε καὶ ποιήσετε. ὁ δὲ Κύριος κατευθύναι
ὑμῶν τὰς καρδίας εἰς τὴν ἀγάπην τοῦ Θεοῦ καὶ εἰς τὴν
ὑπομονὴν τοῦ Χριστοῦ.

6 Παραγγέλλομεν δὲ ὑμῖν, ἀδελφοί, ἐν ὀνόματι τοῦ Κυρίου [ἡμῶν] Ἰησοῦ Χριστοῦ, στέλλεσθαι ὑμᾶς ἀπὸ παντὸς
ἀδελφοῦ ἀτάκτως περιπατοῦντος καὶ μὴ κατὰ τὴν παρά-
7 δοσιν ἣν παρελάβοσαν παρ᾿ ἡμῶν. αὐτοὶ γὰρ οἴδατε
πῶς δεῖ μιμεῖσθαι ἡμᾶς· ὅτι οὐκ ἠτακτήσαμεν ἐν ὑμῖν,
8 οὐδὲ δωρεὰν ἄρτον ἐφάγομεν παρά τινος, ἀλλ᾿ ἐν κόπῳ
καὶ μόχθῳ νυκτὸς καὶ ἡμέρας ἐργαζόμενοι πρὸς τὸ μὴ
9 ἐπιβαρῆσαί τινα ὑμῶν· οὐχ ὅτι οὐκ ἔχομεν ἐξουσίαν,
ἀλλ᾿ ἵνα ἑαυτοὺς τύπον δῶμεν ὑμῖν εἰς τὸ μιμεῖσθαι ἡμᾶς.
10 καὶ γὰρ ὅτε ἦμεν πρὸς ὑμᾶς, τοῦτο παρηγγέλλομεν ὑμῖν,
11 ὅτι Εἴ τις οὐ θέλει ἐργάζεσθαι, μηδὲ ἐσθιέτω. ἀκούο-
μεν γάρ τινας περιπατοῦντας ἐν ὑμῖν ἀτάκτως, μηδὲν ἐρ-
12 γαζομένους ἀλλὰ περιεργαζομένους. τοῖς δὲ τοιούτοις
παραγγέλλομεν, καὶ παρακαλοῦμεν ἐν Κυρίῳ Ἰησοῦ Χριστῷ, ἵνα μετὰ ἡσυχίας ἐργαζόμενοι τὸν ἑαυτῶν ἄρτον

17 στηρίξαι] + ὑμᾶς ς   ἔργῳ κ. λόγῳ] λόγῳ κ. ἔργῳ ς   3 Κύριος] θεός LnTrm   στηρίξει] -σει WHa   4 παραγγέλλομεν] + ὑμῖν ς [Ln] : + καὶ ἐποιήσατε [Ln]   καὶ pri.] ins ς [Ln] [Tr] EA [WH] R : Ti°B° 5 τὴν sec.] ς* : CEr   6 ἡμῶν pri.] ins ς [Ln] Tr sed [Tr] mTiBWHmR : E° A°WH°   παρελάβοσαν] -ελαβε ς : -έλαβον CErςm : -ελάβετε Ln(n.m.) Tr(n.m.)WH(n.m.)Rm   8 ἀλλ᾿] ἀλλὰ TrWHa   νυκτὸς κ. ἡμέρας] νύκτα κ. ἡμέραν ς LnmEA   12 ἐν Κυρίῳ Ἰησ. Χρ.] διὰ τοῦ Κυρίου ἡμῶν Ἰησ. Χριστοῦ ς

ἐσθίωσιν. Ὑμεῖς δέ, ἀδελφοί, μὴ ἐγκακήσητε καλο- 13
ποιοῦντες. εἰ δέ τις οὐχ ὑπακούει τῷ λόγῳ ἡμῶν διὰ 14
τῆς ἐπιστολῆς, τοῦτον σημειοῦσθε μὴ συναναμίγνυσθαι
αὐτῷ, ἵνα ἐντραπῇ. καὶ μὴ ὡς ἐχθρὸν ἡγεῖσθε, ἀλλὰ 15
νουθετεῖτε ὡς ἀδελφόν. αὐτὸς δὲ ὁ Κύριος τῆς εἰρήνης 16
δῴη ὑμῖν τὴν εἰρήνην διὰ παντὸς ἐν παντὶ τρόπῳ. ὁ
Κύριος μετὰ πάντων ὑμῶν.

Ὁ ἀσπασμὸς τῇ ἐμῇ χειρὶ Παύλου, ὅ ἐστιν σημεῖον ἐν 17
πάσῃ ἐπιστολῇ· οὕτως γράφω. ἡ χάρις τοῦ Κυρίου 18
ἡμῶν Ἰησοῦ Χριστοῦ μετὰ πάντων ὑμῶν.

ΠΡΟΣ ΤΙΜΟΘΕΟΝ Α.

Παῦλος ἀπόστολος Χριστοῦ Ἰησοῦ κατ' ἐπιταγὴν Θεοῦ 1
Σωτῆρος ἡμῶν καὶ Χριστοῦ Ἰησοῦ τῆς ἐλπίδος ἡμῶν,·
Τιμοθέῳ γνησίῳ τέκνῳ ἐν πίστει· χάρις, ἔλεος, εἰρήνη ἀπὸ 2
Θεοῦ Πατρὸς καὶ Χριστοῦ Ἰησοῦ τοῦ Κυρίου ἡμῶν.

Καθὼς παρεκάλεσά σε προσμεῖναι ἐν Ἐφέσῳ πορευό- 3
μενος εἰς Μακεδονίαν, ἵνα παραγγείλῃς τισὶν μὴ ἑτεροδι-
δασκαλεῖν, μηδὲ προσέχειν μύθοις καὶ γενεαλογίαις ἀ- 4
περάντοις, αἵτινες ἐκζητήσεις παρέχουσιν μᾶλλον ἢ οἰκονο-
μίαν Θεοῦ τὴν ἐν πίστει,— τὸ δὲ τέλος τῆς παραγγε- 5
λίας ἐστὶν ἀγάπη ἐκ καθαρᾶς καρδίας καὶ συνειδήσεως
ἀγαθῆς καὶ πίστεως ἀνυποκρίτου· ὧν τινὲς ἀστοχή- 6
σαντες ἐξετράπησαν εἰς ματαιολογίαν, θέλοντες εἶναι 7
νομοδιδάσκαλοι, μὴ νοοῦντες μήτε ἃ λέγουσιν μήτε περὶ

13 ἐγκακ.] ἐκκακ. ϛ Bm : ἐνκακ. EWH(n.a.)   14 μὴ] καὶ μὴ ϛ E : · μὴ
TiB   συναναμίγνυσθαι]-νυσθε ϛTiEB(n.m.)   16 τρόπῳ] τόπῳ Ln
Bm   18 ὑμῶν.] + ἀμήν. ϛLn[E] : etiam + Πρὸς Θεσσαλονικεῖς δευτέρα
ἐγράφη ἀπὸ Ἀθηνῶν ϛ :+προς Θεσσαλονικεις B. TrA
ΠΡΟΣ ΤΙΜΟΘΕΟΝ Α.] ἡ πρὸς Τιμόθεον ἐπιστολὴ πρώτη ϛ
1 Χρ. Ἰησ. pri.] Ἰησ. Χρ. ϛLn   Χρ. Ἰησ. sec.] Κυρίου Ἰησ. Χρ. ϛ
2 Πατρὸς]+ἡμῶν ϛ   4 ἐκζητήσεις] ζητήσεις ϛ LnEA   παρέχουσιν]
στι WH(n.a.)   οἰκονομίαν] οἰκοδομίαν ErJElz : οἰκοδομὴν Bm : Scr

ΠΡΟΣ ΤΙΜΟΘΕΟΝ Α.

8 τίνων διαβεβαιοῦνται. Οἴδαμεν δὲ ὅτι καλὸς ὁ νόμος,
9 ἐάν τις αὐτῷ νομίμως χρῆται, εἰδὼς τοῦτο, ὅτι δικαίῳ νόμος οὐ κεῖται, ἀνόμοις δὲ καὶ ἀνυποτάκτοις, ἀσεβέσι καὶ ἁμαρτωλοῖς, ἀνοσίοις καὶ βεβήλοις, πατρολῴαις καὶ μη-
10 τρολῴαις, ἀνδροφόνοις, πόρνοις, ἀρσενοκοίταις, ἀνδραποδισταῖς, ψεύσταις, ἐπιόρκοις, καὶ εἴ τι ἕτερον τῇ ὑγιαι-
11 νούσῃ διδασκαλίᾳ ἀντίκειται, κατὰ τὸ εὐαγγέλιον τῆς δόξης τοῦ μακαρίου Θεοῦ, ὃ ἐπιστεύθην ἐγώ.
12 Χάριν ἔχω τῷ ἐνδυναμώσαντί με Χριστῷ Ἰησοῦ τῷ Κυρίῳ ἡμῶν, ὅτι πιστόν με ἡγήσατο, θέμενος εἰς διακο-
13 νίαν, τὸ πρότερον ὄντα βλάσφημον καὶ διώκτην καὶ ὑβριστήν· ἀλλὰ ἠλεήθην ὅτι ἀγνοῶν ἐποίησα ἐν ἀπιστίᾳ,
14 ὑπερεπλεόνασεν δὲ ἡ χάρις τοῦ Κυρίου ἡμῶν μετὰ πίστεως
15 καὶ ἀγάπης τῆς ἐν Χριστῷ Ἰησοῦ. Πιστὸς ὁ λόγος καὶ πάσης ἀποδοχῆς ἄξιος, ὅτι Χριστὸς Ἰησοῦς ἦλθεν εἰς τὸν κόσμον ἁμαρτωλοὺς σῶσαι· ὧν πρῶτός εἰμι ἐγώ·
16 ἀλλὰ διὰ τοῦτο ἠλεήθην, ἵνα ἐν ἐμοὶ πρώτῳ ἐνδείξηται Χριστὸς Ἰησοῦς τὴν ἅπασαν μακροθυμίαν πρὸς ὑποτύπωσιν τῶν μελλόντων πιστεύειν ἐπ᾽ αὐτῷ εἰς ζωὴν αἰώνιον.
17 Τῷ δὲ Βασιλεῖ τῶν αἰώνων, ἀφθάρτῳ, ἀοράτῳ, μόνῳ Θεῷ, τιμὴ καὶ δόξα εἰς τοὺς αἰῶνας τῶν αἰώνων· ἀμήν.
18 Ταύτην τὴν παραγγελίαν παρατίθεμαί σοι, τέκνον Τιμόθεε, κατὰ τὰς προαγούσας ἐπὶ σὲ προφητείας, ἵνα στρα-
19 τεύῃ ἐν αὐταῖς τὴν καλὴν στρατείαν ἔχων πίστιν καὶ ἀγαθὴν συνείδησιν, ἥν τινες ἀπωσάμενοι περὶ τὴν πίστιν
20 ἐναυάγησαν· ὧν ἐστιν Ὑμέναιος καὶ Ἀλέξανδρος, οὓς παρέδωκα τῷ Σατανᾷ, ἵνα παιδευθῶσιν μὴ βλασφημεῖν.
2 Παρακαλῶ οὖν πρῶτον πάντων ποιεῖσθαι δεήσεις, προσ-

ΠΡΟΣ ΤΙΜΟΘΕΟΝ Α.

εὐχάς, ἐντεύξεις, εὐχαριστίας, ὑπὲρ πάντων ἀνθρώπων· ὑπὲρ βασιλέων καὶ πάντων τῶν ἐν ὑπεροχῇ ὄντων, ἵνα ἤρεμον καὶ ἡσύχιον βίον διάγωμεν ἐν πάσῃ εὐσεβείᾳ καὶ σεμνότητι. τοῦτο καλὸν καὶ ἀπόδεκτον ἐνώπιον τοῦ Σωτῆρος ἡμῶν Θεοῦ, ὃς πάντας ἀνθρώπους θέλει σωθῆναι καὶ εἰς ἐπίγνωσιν ἀληθείας ἐλθεῖν. Εἷς γὰρ Θεός, εἷς καὶ μεσίτης Θεοῦ καὶ ἀνθρώπων ἄνθρωπος Χριστὸς Ἰησοῦς, ὁ δοὺς ἑαυτὸν ἀντίλυτρον ὑπὲρ πάντων, τὸ μαρτύριον καιροῖς ἰδίοις, εἰς ὃ ἐτέθην ἐγὼ κῆρυξ καὶ ἀπόστολος (ἀλήθειαν λέγω, οὐ ψεύδομαι), διδάσκαλος ἐθνῶν ἐν πίστει καὶ ἀληθείᾳ.

Βούλομαι οὖν προσεύχεσθαι τοὺς ἄνδρας ἐν παντὶ τόπῳ, ἐπαίροντας ὁσίους χεῖρας χωρὶς ὀργῆς καὶ διαλογισμοῦ· ὡσαύτως γυναῖκας ἐν καταστολῇ κοσμίῳ μετὰ αἰδοῦς καὶ σωφροσύνης κοσμεῖν ἑαυτάς, μὴ ἐν πλέγμασιν καὶ χρυσῷ ἢ μαργαρίταις ἢ ἱματισμῷ πολυτελεῖ, ἀλλ᾽ (ὃ πρέπει γυναιξὶν ἐπαγγελλομέναις θεοσέβειαν) δι᾽ ἔργων ἀγαθῶν. Γυνὴ ἐν ἡσυχίᾳ μανθανέτω ἐν πάσῃ ὑποταγῇ. διδάσκειν δὲ γυναικὶ οὐκ ἐπιτρέπω, οὐδὲ αὐθεντεῖν ἀνδρός, ἀλλ᾽ εἶναι ἐν ἡσυχίᾳ. Ἀδὰμ γὰρ πρῶτος ἐπλάσθη, εἶτα Εὔα· καὶ Ἀδὰμ οὐκ ἠπατήθη, ἡ δὲ γυνὴ ἐξαπατηθεῖσα ἐν παραβάσει γέγονεν· σωθήσεται δὲ διὰ τῆς τεκνογονίας, ἐὰν μείνωσιν ἐν πίστει καὶ ἀγάπῃ καὶ ἁγιασμῷ μετὰ σωφροσύνης.

Πιστὸς ὁ λόγος, Εἴ τις ἐπισκοπῆς ὀρέγεται, καλοῦ ἔργου ἐπιθυμεῖ. δεῖ οὖν τὸν ἐπίσκοπον ἀνεπίλημπτον εἶναι, μιᾶς γυναικὸς ἄνδρα, νηφάλιον, σώφρονα, κόσμιον,

3 φιλόξενον, διδακτικόν· μὴ πάροινον, μὴ πλήκτην,
4 ἀλλὰ ἐπιεικῆ, ἄμαχον, ἀφιλάργυρον· τοῦ ἰδίου οἴκου
καλῶς προϊστάμενον, τέκνα ἔχοντα ἐν ὑποταγῇ μετὰ πά-
5 σης σεμνότητος· (εἰ δέ τις τοῦ ἰδίου οἴκου προστῆναι
6 οὐκ οἶδεν, πῶς ἐκκλησίας Θεοῦ ἐπιμελήσεται;) μὴ
νεόφυτον, ἵνα μὴ τυφωθεὶς εἰς κρίμα ἐμπέσῃ τοῦ διαβό-
7 λου. δεῖ δὲ καὶ μαρτυρίαν καλὴν ἔχειν ἀπὸ τῶν ἔξω-
θεν, ἵνα μὴ εἰς ὀνειδισμὸν ἐμπέσῃ καὶ παγίδα τοῦ διαβό-
8 λου. Διακόνους ὡσαύτως σεμνούς, μὴ διλόγους, μὴ
9 οἴνῳ πολλῷ προσέχοντας, μὴ αἰσχροκερδεῖς, ἔχοντας
10 τὸ μυστήριον τῆς πίστεως ἐν καθαρᾷ συνειδήσει. καὶ
οὗτοι δὲ δοκιμαζέσθωσαν πρῶτον, εἶτα διακονείτωσαν
11 ἀνέγκλητοι ὄντες. γυναῖκας ὡσαύτως σεμνάς, μὴ δια-
12 βόλους, νηφαλίους, πιστὰς ἐν πᾶσιν. διάκονοι ἔστω-
σαν μιᾶς γυναικὸς ἄνδρες, τέκνων καλῶς προϊστάμενοι καὶ
13 τῶν ἰδίων οἴκων. οἱ γὰρ καλῶς διακονήσαντες βαθμὸν
ἑαυτοῖς καλὸν περιποιοῦνται, καὶ πολλὴν παρρησίαν ἐν
πίστει τῇ ἐν Χριστῷ Ἰησοῦ.
14 Ταῦτά σοι γράφω ἐλπίζων ἐλθεῖν πρός σε ἐν τάχει·
15 ἐὰν δὲ βραδύνω, ἵνα εἰδῇς πῶς δεῖ ἐν οἴκῳ Θεοῦ ἀναστρέ-
φεσθαι, ἥτις ἐστὶν ἐκκλησία Θεοῦ ζῶντος, στῦλος καὶ ἑ-
16 δραίωμα τῆς ἀληθείας. καὶ ὁμολογουμένως μέγα ἐστὶν
τὸ τῆς εὐσεβείας μυστήριον· ὃς ἐφανερώθη ἐν σαρκί, ἐδι-
καιώθη ἐν πνεύματι, ὤφθη ἀγγέλοις, ἐκηρύχθη ἐν ἔθνεσιν,
ἐπιστεύθη ἐν κόσμῳ, ἀνελήμφθη ἐν δόξῃ.
4 Τὸ δὲ Πνεῦμα ῥητῶς λέγει ὅτι ἐν ὑστέροις καιροῖς ἀπο-
στήσονταί τινες τῆς πίστεως, προσέχοντες πνεύμασιν
2 πλάνοις καὶ διδασκαλίαις δαιμονίων, ἐν ὑποκρίσει
ψευδολόγων, κεκαυστηριασμένων τὴν ἰδίαν συνείδησιν,
3 κωλυόντων γαμεῖν, ἀπέχεσθαι βρωμάτων, ἃ ὁ Θεὸς ἔκτισεν

ΠΡΟΣ ΤΙΜΟΘΕΟΝ Α.

εἰς μετάλημψιν μετὰ εὐχαριστίας τοῖς πιστοῖς καὶ ἐπεγνωκόσιν τὴν ἀλήθειαν. ὅτι πᾶν κτίσμα Θεοῦ καλόν, καὶ 4 οὐδὲν ἀπόβλητον μετὰ εὐχαριστίας λαμβανόμενον· ἁγιάζεται γὰρ διὰ λόγου Θεοῦ καὶ ἐντεύξεως. 5 Ταῦτα ὑποτιθέμενος τοῖς ἀδελφοῖς καλὸς ἔσῃ διάκονος 6 Χριστοῦ Ἰησοῦ, ἐντρεφόμενος τοῖς λόγοις τῆς πίστεως καὶ τῆς καλῆς διδασκαλίας ᾗ παρηκολούθηκας· τοὺς 7 δὲ βεβήλους καὶ γραώδεις μύθους παραιτοῦ. γύμναζε δὲ σεαυτὸν πρὸς εὐσέβειαν· ἡ γὰρ σωματικὴ γυμνασία 8 πρὸς ὀλίγον ἐστὶν ὠφέλιμος· ἡ δὲ εὐσέβεια πρὸς πάντα ὠφέλιμός ἐστιν, ἐπαγγελίαν ἔχουσα ζωῆς τῆς νῦν καὶ τῆς μελλούσης. πιστὸς ὁ λόγος καὶ πάσης ἀποδοχῆς 9 ἄξιος· εἰς τοῦτο γὰρ κοπιῶμεν καὶ ἀγωνιζόμεθα, ὅτι 10 ἠλπίκαμεν ἐπὶ Θεῷ ζῶντι, ὅς ἐστιν Σωτὴρ πάντων ἀνθρώπων, μάλιστα πιστῶν.

Παράγγελλε ταῦτα καὶ δίδασκε.   μηδείς σου τῆς 11, 12 νεότητος καταφρονείτω, ἀλλὰ τύπος γίνου τῶν πιστῶν ἐν λόγῳ, ἐν ἀναστροφῇ, ἐν ἀγάπῃ, ἐν πίστει, ἐν ἁγνείᾳ. ἕως ἔρχομαι, πρόσεχε τῇ ἀναγνώσει, τῇ παρακλήσει, τῇ 13 διδασκαλίᾳ.   μὴ ἀμέλει τοῦ ἐν σοὶ χαρίσματος, ὃ 14 ἐδόθη σοι διὰ προφητείας μετὰ ἐπιθέσεως τῶν χειρῶν τοῦ πρεσβυτερίου.   ταῦτα μελέτα, ἐν τούτοις ἴσθι, ἵνα σου 15 ἡ προκοπὴ φανερὰ ᾖ πᾶσιν.   ἔπεχε σεαυτῷ καὶ τῇ 16 διδασκαλίᾳ. ἐπίμενε αὐτοῖς· τοῦτο γὰρ ποιῶν καὶ σεαυτὸν σώσεις καὶ τοὺς ἀκούοντάς σου.

Πρεσβυτέρῳ μὴ ἐπιπλήξῃς, ἀλλὰ παρακάλει ὡς πατέρα, 5 νεωτέρους ὡς ἀδελφούς,   πρεσβυτέρας ὡς μητέρας, νεω- 2 τέρας ὡς ἀδελφὰς ἐν πάσῃ ἁγνείᾳ.   Χήρας τίμα τὰς 3 ὄντως χήρας.   εἰ δέ τις χήρα τέκνα ἢ ἔκγονα ἔχει, μαν- 4

3 ἐπεγνωκόσιν] -σι TiBWH   6 Χρ. Ἰησ.] Ἰησ. Χρ. ς : C   παρηκολούθηκας] -σας LnmWHm   10 κοπιῶμεν] pr καὶ ς [A]   ἀγωνιζόμεθα] ὀνειδιζόμεθα ς TrmEA(n.m.)BmWHm   ἠλπίκαμεν] -ίσαμεν WHm   12 ἐν ἀγάπῃ,] +ἐν πνεύματι, ςBm   ἁγνείᾳ] -νίᾳ WH(n.a.)   15 πᾶσιν] pr ἐν ς : J(n.m.)   2 ἁγνείᾳ] -νίᾳ WH(n.a.)

ΠΡΟΣ ΤΙΜΟΘΕΟΝ Α.

θανέτωσαν πρῶτον τὸν ἴδιον οἶκον εὐσεβεῖν καὶ ἀμοιβὰς
ἀποδιδόναι τοῖς προγόνοις· τοῦτο γάρ ἐστιν ἀπόδεκτον
5 ἐνώπιον τοῦ Θεοῦ. ἡ δὲ ὄντως χήρα καὶ μεμονωμένη
ἤλπικεν ἐπὶ [τὸν] Θεὸν καὶ προσμένει ταῖς δεήσεσιν καὶ
6 ταῖς προσευχαῖς νυκτὸς καὶ ἡμέρας. ἡ δὲ σπαταλῶσα
7 ζῶσα τέθνηκεν. καὶ ταῦτα παράγγελλε, ἵνα ἀνεπί-
8 λημπτοι ὦσιν. εἰ δέ τις τῶν ἰδίων καὶ μάλιστα οἰκείων
οὐ προνοεῖται, τὴν πίστιν ἤρνηται καὶ ἔστιν ἀπίστου χεί-
9 ρων. Χήρα καταλεγέσθω μὴ ἔλαττον ἐτῶν ἑξήκοντα
10 γεγονυῖα, ἑνὸς ἀνδρὸς γυνή, ἐν ἔργοις καλοῖς μαρτυ-
ρουμένη, εἰ ἐτεκνοτρόφησεν, εἰ ἐξενοδόχησεν, εἰ ἁγίων
πόδας ἔνιψεν, εἰ θλιβομένοις ἐπήρκεσεν, εἰ παντὶ ἔργῳ
11 ἀγαθῷ ἐπηκολούθησεν. νεωτέρας δὲ χήρας παραιτοῦ·
ὅταν γὰρ καταστρηνιάσωσιν τοῦ Χριστοῦ, γαμεῖν θέλου-
12 σιν, ἔχουσαι κρίμα ὅτι τὴν πρώτην πίστιν ἠθέτησαν.
13 ἅμα δὲ καὶ ἀργαὶ μανθάνουσιν, περιερχόμεναι τὰς οἰκίας,
οὐ μόνον δὲ ἀργαὶ ἀλλὰ καὶ φλύαροι καὶ περίεργοι, λα-
14 λοῦσαι τὰ μὴ δέοντα. βούλομαι οὖν νεωτέρας γαμεῖν,
τεκνογονεῖν, οἰκοδεσποτεῖν, μηδεμίαν ἀφορμὴν διδόναι τῷ
15 ἀντικειμένῳ λοιδορίας χάριν· ἤδη γάρ τινες ἐξετράπη-
16 σαν ὀπίσω τοῦ Σατανᾶ. εἴ τις πιστὴ ἔχει χήρας, ἐπαρ-
κείσθω αὐταῖς, καὶ μὴ βαρείσθω ἡ ἐκκλησία· ἵνα ταῖς
ὄντως χήραις ἐπαρκέσῃ.

17 Οἱ καλῶς προεστῶτες πρεσβύτεροι διπλῆς τιμῆς ἀξιού-
σθωσαν, μάλιστα οἱ κοπιῶντες ἐν λόγῳ καὶ διδασκαλίᾳ.
18 λέγει γὰρ ἡ γραφή, Βοῦν ἀλοῶντα οὐ φιμώσεις· καί,
19 Ἄξιος ὁ ἐργάτης τοῦ μισθοῦ αὐτοῦ. κατὰ πρεσβυτέ-
ρου κατηγορίαν μὴ παραδέχου ἐκτὸς εἰ μὴ ἐπὶ δύο ἢ τριῶν

---

4 ἀπόδεκτὸν] pr καλὸν καὶ ς(n.m.)   5 τὸν] ins ς[Ln]TrEA[WH] : Ti°B°R°
τὸν Θεὸν] Κύριον WHm   8 οἰκείων] pr τῶν ς[A]   προνοεῖται]
-νοεῖ ς LnTrmEAWH(n.m.)R?   Θ γεγονυῖα,), γεγον. ς   11 κατα-
στρηνιάσωσιν] -σουσιν LnmA   15 τινες] post ἐξετράπ. Ln(n.m.)
16 πιστὴ] pr πιστὸς ἢ ς[A]Bm   ἐπαρκείσθω] -κείτω ςLnmEAWH(n.m.)
R   18 ἀλοῶντα] ἀλο. WHn   βοῦν ἀλο.] post οὐ φιμ. Ln

ΠΡΟΣ ΤΙΜΟΘΕΟΝ Α.   5. 20—6. 7.

μαρτύρων.   τοὺς ἁμαρτάνοντας ἐνώπιον πάντων ἔλεγχε, 20
ἵνα καὶ οἱ λὄιποὶ φόβον ἔχωσιν.   Διαμαρτύρομαι ἐνώ- 21
πιον τοῦ Θεοῦ καὶ Χριστοῦ Ἰησοῦ καὶ τῶν ἐκλεκτῶν ἀγ-
γέλων, ἵνα ταῦτα φυλάξῃς χωρὶς προκρίματος μηδὲν ποιῶν
κατὰ πρόσκλισιν.   Χεῖρας ταχέως μηδενὶ ἐπιτίθει, μηδὲ 22
κοινώνει ἁμαρτίαις ἀλλοτρίαις· σεαυτὸν ἁγνὸν τήρει.
μηκέτι ὑδροπότει, ἀλλὰ οἴνῳ ὀλίγῳ χρῶ διὰ τὸν στόμαχον 23
καὶ τὰς πυκνάς σου ἀσθενείας.   τινῶν ἀνθρώπων αἱ 24
ἁμαρτίαι πρόδηλοί εἰσιν, προάγουσαι εἰς κρίσιν, τισὶν δὲ
καὶ ἐπακολουθοῦσιν.   ὡσαύτως καὶ τὰ ἔργα τὰ καλὰ 25
πρόδηλα, καὶ τὰ ἄλλως ἔχοντα κρυβῆναι οὐ δύνανται.

Ὅσοι εἰσὶν ὑπὸ ζυγὸν δοῦλοι τοὺς ἰδίους δεσπότας πά- 6
σης τιμῆς ἀξίους ἡγείσθωσαν, ἵνα μὴ τὸ ὄνομα τοῦ Θεοῦ
καὶ ἡ διδασκαλία βλασφημῆται.   οἱ δὲ πιστοὺς ἔχον- 2
τες δεσπότας μὴ καταφρονείτωσαν, ὅτι ἀδελφοί εἰσιν·
ἀλλὰ μᾶλλον δουλευέτωσαν, ὅτι πιστοί εἰσιν καὶ ἀγαπη-
τοὶ οἱ τῆς εὐεργεσίας ἀντιλαμβανόμενοι.

Ταῦτα δίδασκε καὶ παρακάλει.   εἴ τις ἑτεροδιδασκαλεῖ 3
καὶ μὴ προσέρχεται ὑγιαίνουσιν λόγοις, τοῖς τοῦ Κυρίου
ἡμῶν Ἰησοῦ Χριστοῦ, καὶ τῇ κατ᾽ εὐσέβειαν διδασκαλίᾳ,
τετύφωται, μηδὲν ἐπιστάμενος, ἀλλὰ νοσῶν περὶ ζητή- 4
σεις καὶ λογομαχίας, ἐξ ὧν γίνεται φθόνος, ἔρις, βλασφη-
μίαι, ὑπόνοιαι πονηραί,   διαπαρατριβαὶ διεφθαρμένων 5
ἀνθρώπων τὸν νοῦν καὶ ἀπεστερημένων τῆς ἀληθείας,
νομιζόντων πορισμὸν εἶναι τὴν εὐσέβειαν.   Ἔστιν δὲ 6
πορισμὸς μέγας ἡ εὐσέβεια μετὰ αὐταρκείας·   οὐδὲν 7
γὰρ εἰσηνέγκαμεν εἰς τὸν κόσμον, ὅτι οὐδὲ ἐξενεγκεῖν τι

8 δυνάμεθα· ἔχοντες δὲ διατροφὰς καὶ σκεπάσματα, τού-
9 τοις ἀρκεσθησόμεθα. οἱ δὲ βουλόμενοι πλουτεῖν ἐμ-
πίπτουσιν εἰς πειρασμὸν καὶ παγίδα καὶ ἐπιθυμίας πολλὰς
ἀνοήτους καὶ βλαβεράς, αἵτινες βυθίζουσιν τοὺς ἀνθρώ-
10 πους εἰς ὄλεθρον καὶ ἀπώλειαν. ῥίζα γὰρ πάντων τῶν
κακῶν ἐστὶν ἡ φιλαργυρία· ἧς τινὲς ὀρεγόμενοι ἀπεπλανή-
θησαν ἀπὸ τῆς πίστεως καὶ ἑαυτοὺς περιέπειραν ὀδύναις
πολλαῖς.
11 Σὺ δέ, ὦ ἄνθρωπε Θεοῦ, ταῦτα φεῦγε· δίωκε δὲ δικαι-
οσύνην, εὐσέβειαν, πίστιν, ἀγάπην, ὑπομονήν, πραϋπά-
12 θειαν. ἀγωνίζου τὸν καλὸν ἀγῶνα τῆς πίστεως, ἐπιλα-
βοῦ τῆς αἰωνίου ζωῆς, εἰς ἣν ἐκλήθης, καὶ ὡμολόγησας
13 τὴν καλὴν ὁμολογίαν ἐνώπιον πολλῶν μαρτύρων. Παρ-
αγγέλλω σοι ἐνώπιον τοῦ Θεοῦ τοῦ ζωογονοῦντος τὰ
πάντα καὶ Χριστοῦ Ἰησοῦ τοῦ μαρτυρήσαντος ἐπὶ Ποντίου
14 Πειλάτου τὴν καλὴν ὁμολογίαν, τηρῆσαί σε τὴν ἐν-
τολὴν ἄσπιλον ἀνεπίλημπτον μέχρι τῆς ἐπιφανείας τοῦ
15 Κυρίου ἡμῶν Ἰησοῦ Χριστοῦ· ἣν καιροῖς ἰδίοις δείξει
ὁ μακάριος καὶ μόνος Δυνάστης, ὁ Βασιλεὺς τῶν βασι-
16 λευόντων καὶ Κύριος τῶν κυριευόντων, ὁ μόνος ἔχων
ἀθανασίαν, φῶς οἰκῶν ἀπρόσιτον, ὃν εἶδεν οὐδεὶς ἀνθρώ-
πων οὐδὲ ἰδεῖν δύναται· ᾧ τιμὴ καὶ κράτος αἰώνιον·
ἀμήν.
17 Τοῖς πλουσίοις ἐν τῷ νῦν αἰῶνι παράγγελλε μὴ ὑψηλο-
φρονεῖν, μηδὲ ἠλπικέναι ἐπὶ πλούτου ἀδηλότητι, ἀλλ' ἐπὶ
Θεῷ τῷ παρέχοντι ἡμῖν πάντα πλουσίως εἰς ἀπόλαυσιν·
18 ἀγαθοεργεῖν, πλουτεῖν ἐν ἔργοις καλοῖς, εὐμεταδότους

8 διατροφὰς] -φὴν WHm   9 βυθίζουσιν] -σι WH(n.a.)   11 Θεοῦ] pr τοῦ ςE[A]WHm   πραϋπάθειαν] -παθίαν TiBWH : πρᾳότητα ς
12 ἦν]+ καὶ ς : C   13 σοι] Ti°B°   τοῦ pri.] Ti¶B]   ζωογονοῦντος ς   Χρ. Ἰησ.] Ἰησ. Χρ. TrmWHm   17 ὑψηλοφρονεῖν] ὑψηλὰ φρονεῖν TiBmWHm   ἐπὶ sec.] ἐν ςEA(n.m.)   Θεῷ] pr τῷ ςLnEAWHm :+τῷ ζῶντι ς :+ [τῷ] ζῶντι Bm   πάντα] pr τὰ Ln :
post πλουσ. ς : C

ΠΡΟΣ ΤΙΜΟΘΕΟΝ Α. 6. 19—1. 8.

εἶναι, κοινωνικούς, ἀποθησαυρίζοντας ἑαυτοῖς θεμέλιον 19
καλὸν εἰς τὸ μέλλον, ἵνα ἐπιλάβωνται τῆς ὄντως ζωῆς.
Ὦ Τιμόθεε, τὴν παραθήκην φύλαξον, ἐκτρεπόμενος τὰς 20
βεβήλους κενοφωνίας καὶ ἀντιθέσεις τῆς ψευδωνύμου γνώ-
σεως, ἥν τινες ἐπαγγελλόμενοι περὶ τὴν πίστιν ἠστό- 21
χησαν.
Ἡ χάρις μεθ᾽ ὑμῶν.

ΠΡΟΣ ΤΙΜΟΘΕΟΝ Β.

Παῦλος ἀπόστολος Χριστοῦ Ἰησοῦ διὰ θελήματος Θεοῦ 1
κατ᾽ ἐπαγγελίαν ζωῆς τῆς ἐν Χριστῷ Ἰησοῦ Τιμοθέῳ 2
ἀγαπητῷ τέκνῳ· χάρις, ἔλεος, εἰρήνη ἀπὸ Θεοῦ Πατρὸς
καὶ Χριστοῦ Ἰησοῦ τοῦ Κυρίου ἡμῶν.

Χάριν ἔχω τῷ Θεῷ, ᾧ λατρεύω ἀπὸ προγόνων ἐν καθα- 3
ρᾷ συνειδήσει, ὡς ἀδιάλειπτον ἔχω τὴν περὶ σοῦ μνείαν ἐν
ταῖς δεήσεσίν μου, νυκτὸς καὶ ἡμέρας ἐπιποθῶν σε 4
ἰδεῖν, μεμνημένος σου τῶν δακρύων, ἵνα χαρᾶς πληρωθῶ·
ὑπόμνησιν λαβὼν τῆς ἐν σοὶ ἀνυποκρίτου πίστεως, ἥτις 5
ἐνῴκησεν πρῶτον ἐν τῇ μάμμῃ σου Λωΐδι καὶ τῇ μητρί
σου Εὐνίκῃ, πέπεισμαι δὲ ὅτι καὶ ἐν σοί. Δι᾽ ἣν αἰτίαν 6
ἀναμιμνῄσκω σε ἀναζωπυρεῖν τὸ χάρισμα τοῦ Θεοῦ, ὅ
ἐστιν ἐν σοὶ διὰ τῆς ἐπιθέσεως τῶν χειρῶν μου. οὐ 7
γὰρ ἔδωκεν ἡμῖν ὁ Θεὸς πνεῦμα δειλίας, ἀλλὰ δυνάμεως
καὶ ἀγάπης καὶ σωφρονισμοῦ. Μὴ οὖν ἐπαισχυνθῇς τὸ 8

19 ὄντως] αἰωνίου ς (ᴀ.ᴍ.)   20 παραθήκην] παρακαταθήκην ς
21 μεθ᾽ ὑμῶν.] μετὰ σοῦ. ςΤrᴍΕΑΒm :+ ἀμήν. Πρὸς Τιμόθεον πρώτη ἐγράφη
ἀπὸ Λαοδικείας, ἥτις ἐστὶ μητρόπολις Φρυγίας τῆς Πακατιανῆς. ς :+ προς
Τιμοθεον Α. ΤrΑ
ΠΡΟΣ ΤΙΜΟΘΕΟΝ Β.] ἡ πρὸς Τιμόθεον ἐπιστολὴ δευτέρα ς
1 Χρ. Ἰησ.] Ἰησ. Χρ. ςLn   2 Χριστοῦ] Κυρίου ΤrᴍWHm   'Ιησ.]
+Χριστοῦ Τrm   3 , νυκτ. κ. ἡμ.] νυκτ. κ. ἡμ., ςΤἰΕΑΒ   4 πληρω-
θῶ·] πληρωθῶ WHRm   5 λαβὼν] λαμβάνων ς Βm   Εὐνίκῃ] -νείκῃ
ς : CΕrΕlz

ΠΡΟΣ ΤΙΜΟΘΕΟΝ Β.

1. 9—2. 4.

μαρτύριον τοῦ Κυρίου ἡμῶν μηδὲ ἐμὲ τὸν δέσμιον αὐτοῦ· ἀλλὰ συνκακοπάθησον τῷ εὐαγγελίῳ κατὰ δύναμιν Θεοῦ 9 τοῦ σώσαντος ἡμᾶς καὶ καλέσαντος κλήσει ἁγίᾳ, οὐ κατὰ τὰ ἔργα ἡμῶν, ἀλλὰ κατὰ ἰδίαν πρόθεσιν καὶ χάριν τὴν δοθεῖσαν ἡμῖν ἐν Χριστῷ Ἰησοῦ πρὸ χρόνων αἰωνίων 10 φανερωθεῖσαν δὲ νῦν διὰ τῆς ἐπιφανείας τοῦ Σωτῆρος ἡμῶν Χριστοῦ Ἰησοῦ, καταργήσαντος μὲν τὸν θάνατον φωτίσαντος δὲ ζωὴν καὶ ἀφθαρσίαν διὰ τοῦ εὐαγγελίου, 11 εἰς ὃ ἐτέθην ἐγὼ κήρυξ καὶ ἀπόστολος καὶ διδάσκαλος 12 [ἐθνῶν]. δι' ἣν αἰτίαν καὶ ταῦτα πάσχω· ἀλλ' οὐκ ἐπαισχύνομαι, οἶδα γὰρ ᾧ πεπίστευκα, καὶ πέπεισμαι ὅτι δυνατός ἐστιν τὴν παραθήκην μου φυλάξαι εἰς ἐκείνην τὴν 13 ἡμέραν. ὑποτύπωσιν ἔχε ὑγιαινόντων λόγων, ὧν παρ' ἐμοῦ ἤκουσας, ἐν πίστει καὶ ἀγάπῃ τῇ ἐν Χριστῷ Ἰησοῦ. 14 τὴν καλὴν παραθήκην φύλαξον διὰ Πνεύματος Ἁγίου τοῦ ἐνοικοῦντος ἐν ἡμῖν.

15 Οἶδας τοῦτο, ὅτι ἀπεστράφησάν με πάντες οἱ ἐν τῇ 16 Ἀσίᾳ· ὧν ἐστιν Φύγελος καὶ Ἑρμογένης. δῴη ἔλεος ὁ Κύριος τῷ Ὀνησιφόρου οἴκῳ· ὅτι πολλάκις με ἀνέψυξεν 17 καὶ τὴν ἅλυσίν μου οὐκ ἐπαισχύνθη, ἀλλὰ γενόμενος 18 ἐν Ῥώμῃ σπουδαίως ἐζήτησέν με καὶ εὗρεν (δῴη αὐτῷ ὁ Κύριος εὑρεῖν ἔλεος παρὰ Κυρίου ἐν ἐκείνῃ τῇ ἡμέρᾳ)· καὶ ὅσα ἐν Ἐφέσῳ διηκόνησεν, βέλτιον σὺ γινώσκεις.

2 Σὺ οὖν, τέκνον μου, ἐνδυναμοῦ ἐν τῇ χάριτι τῇ ἐν Χρι- 2 στῷ Ἰησοῦ. καὶ ἃ ἤκουσας παρ' ἐμοῦ διὰ πολλῶν μαρτύρων, ταῦτα παράθου πιστοῖς ἀνθρώποις, οἵτινες ἱκα- 3 νοὶ ἔσονται καὶ ἑτέρους διδάξαι. συνκακοπάθησον ὡς 4 καλὸς στρατιώτης Χριστοῦ Ἰησοῦ. οὐδεὶς στρατευό-

8 συνκ.] συγκ. ϛ*Ln*TrA   9 κατὰ sec.] κατ' ϛ   10 Χρ. Ἰησ.] Ἰησ. Χρ. *Ln*mTrmEA   11 ἐθνῶν] ins ϛ*Ln*TrEA[B] : Ti°WH°R°   12 παραθήκην] παρακαταθήκην CErϛmElz   14 παραθήκην] παρακαταθήκην ϛ : C   15 Φύγελος] -λλος ϛ : Er   Ἑρμογ.] Ἑρμογ. TiB   16 ἐπαισχ.] ἐπῃσχ. ϛ : CEr   17 σπουδαίως] -αιότερον ϛEABm : -αιότερως Bm   3 συνκακοπάθησον] συγκ. *Ln*TrA : σὺ οὖν κακοπάθησον ϛ   Χρ. Ἰησ.] Ἰησ. Χρ. ϛ

ΠΡΟΣ ΤΙΜΟΘΕΟΝ Β.

μενος ἐμπλέκεται ταῖς τοῦ βίου πραγματείαις, ἵνα τῷ στρατολογήσαντι ἀρέσῃ. ἐὰν δὲ καὶ ἀθλῇ τις, οὐ 5 στεφανοῦται ἐὰν μὴ νομίμως ἀθλήσῃ. τὸν κοπιῶντα 6 γεωργὸν δεῖ πρῶτον τῶν καρπῶν μεταλαμβάνειν. νόει 7 ὃ λέγω· δώσει γάρ σοι ὁ Κύριος σύνεσιν ἐν πᾶσιν. Μνη- 8 μόνευε Ἰησοῦν Χριστὸν ἐγηγερμένον ἐκ νεκρῶν ἐκ σπέρματος Δαυεὶδ κατὰ τὸ εὐαγγέλιόν μου· ἐν ᾧ κακοπαθῶ 9 μέχρι δεσμῶν ὡς κακοῦργος, ἀλλὰ ὁ λόγος τοῦ Θεοῦ οὐ δέδεται. διὰ τοῦτο πάντα ὑπομένω διὰ τοὺς ἐκλεκτούς, 10 ἵνα καὶ αὐτοὶ σωτηρίας τύχωσιν τῆς ἐν Χριστῷ Ἰησοῦ μετὰ δόξης αἰωνίου. Πιστὸς ὁ λόγος· εἰ γὰρ συναπε- 11 θάνομεν, καὶ συνζήσομεν· εἰ ὑπομένομεν, καὶ συμβα- 12 σιλεύσομεν· εἰ ἀρνησόμεθα, κἀκεῖνος ἀρνήσεται ἡμᾶς· εἰ ἀπιστοῦμεν, ἐκεῖνος πιστὸς μένει· ἀρνήσασθαι γὰρ ἑαυ- 13 τὸν οὐ δύναται.

Ταῦτα ὑπομίμνησκε, διαμαρτυρόμενος ἐνώπιον τοῦ Θεοῦ 14 μὴ λογομαχεῖν ἐπ᾿ οὐδὲν χρήσιμον ἐπὶ καταστροφῇ τῶν ἀκουόντων. σπούδασον σεαυτὸν δόκιμον παραστῆσαι 15 τῷ Θεῷ, ἐργάτην ἀνεπαίσχυντον, ὀρθοτομοῦντα τὸν λόγον τῆς ἀληθείας. τὰς δὲ βεβήλους κενοφωνίας περιΐστα- 16 σο· ἐπὶ πλεῖον γὰρ προκόψουσιν ἀσεβείας, καὶ ὁ λό- 17 γος αὐτῶν ὡς γάγγραινα νομὴν ἕξει· ὧν ἐστὶν Ὑμέναιος καὶ Φιλητός, οἵτινες περὶ τὴν ἀλήθειαν ἠστόχησαν, 18 λέγοντες [τὴν] ἀνάστασιν ἤδη γεγονέναι, καὶ ἀνατρέπουσιν τήν τινων πίστιν. Ὁ μέντοι στερεὸς θεμέλιος τοῦ Θεοῦ 19 ἕστηκεν, ἔχων τὴν σφραγῖδα ταύτην, Ἔγνω Κύριος τοὺς ὄντας αὐτοῦ, καὶ Ἀποστήτω ἀπὸ ἀδικίας πᾶς ὁ ὀνομάζων τὸ ὄνομα Κυρίου. ἐν μεγάλῃ δὲ οἰκίᾳ οὐκ ἔστιν μόνον 20

σκεύη χρυσᾶ καὶ ἀργυρᾶ, ἀλλὰ καὶ ξύλινα καὶ ὀστράκινα,
21 καὶ ἃ μὲν εἰς τιμὴν ἃ δὲ εἰς ἀτιμίαν. ἐὰν οὖν τις
ἐκκαθάρῃ ἑαυτὸν ἀπὸ τούτων, ἔσται σκεῦος εἰς τιμήν,
ἡγιασμένον, εὔχρηστον τῷ δεσπότῃ, εἰς πᾶν ἔργον ἀγαθὸν
22 ἡτοιμασμένον. Τὰς δὲ νεωτερικὰς ἐπιθυμίας φεῦγε,
δίωκε δὲ δικαιοσύνην, πίστιν, ἀγάπην, εἰρήνην, μετὰ τῶν
23 ἐπικαλουμένων τὸν Κύριον ἐκ καθαρᾶς καρδίας. τὰς
δὲ μωρὰς καὶ ἀπαιδεύτους ζητήσεις παραιτοῦ, εἰδὼς ὅτι
24 γεννῶσιν μάχας. δοῦλον δὲ Κυρίου οὐ δεῖ μάχεσθαι,
ἀλλὰ ἤπιον εἶναι πρὸς πάντας, διδακτικόν, ἀνεξίκακον,
25 ἐν πραΰτητι παιδεύοντα τοὺς ἀντιδιατιθεμένους· μή ποτε
δῴη αὐτοῖς ὁ Θεὸς μετάνοιαν εἰς ἐπίγνωσιν ἀληθείας,
26 καὶ ἀνανήψωσιν ἐκ τῆς τοῦ διαβόλου παγίδος, ἐζωγρημέ-
νοι ὑπ' αὐτοῦ εἰς τὸ ἐκείνου θέλημα.

3 Τοῦτο δὲ γίνωσκε, ὅτι ἐν ἐσχάταις ἡμέραις ἐνστήσον-
2 ται καιροὶ χαλεποί· ἔσονται γὰρ οἱ ἄνθρωποι φίλαυ-
τοι, φιλάργυροι, ἀλαζόνες, ὑπερήφανοι, βλάσφημοι, γο-
3 νεῦσιν ἀπειθεῖς, ἀχάριστοι, ἀνόσιοι, ἄστοργοι, ἄσπον-
4 δοι, διάβολοι, ἀκρατεῖς, ἀνήμεροι, ἀφιλάγαθοι, προδό-
ται, προπετεῖς, τετυφωμένοι, φιλήδονοι μᾶλλον ἢ φιλό-
5 θεοι, ἔχοντες μόρφωσιν εὐσεβείας τὴν δὲ δύναμιν
6 αὐτῆς ἠρνημένοι· καὶ τούτους ἀποτρέπου. ἐκ τούτων
γάρ εἰσιν οἱ ἐνδύνοντες εἰς τὰς οἰκίας καὶ αἰχμαλωτίζοντες
γυναικάρια σεσωρευμένα ἁμαρτίαις, ἀγόμενα ἐπιθυμίαις
7 ποικίλαις, πάντοτε μανθάνοντα καὶ μηδέποτε εἰς ἐ-
8 πίγνωσιν ἀληθείας ἐλθεῖν δυνάμενα. ὃν τρόπον δὲ
Ἰαννῆς καὶ Ἰαμβρῆς ἀντέστησαν Μωυσεῖ, οὕτως καὶ οὗτοι
ἀνθίστανται τῇ ἀληθείᾳ, ἄνθρωποι κατεφθαρμένοι τὸν
9 νοῦν, ἀδόκιμοι περὶ τὴν πίστιν. ἀλλ' οὐ προκόψουσιν

ΠΡΟΣ ΤΙΜΟΘΕΟΝ Β.

ἐπὶ πλεῖον· ἡ γὰρ ἄνοια αὐτῶν ἔκδηλος ἔσται πᾶσιν, ὡς καὶ ἡ ἐκείνων ἐγένετο. Σὺ δὲ παρηκολούθησάς μου τῇ 10 διδασκαλίᾳ, τῇ ἀγωγῇ, τῇ προθέσει, τῇ πίστει, τῇ μακροθυμίᾳ, τῇ ἀγάπῃ, τῇ ὑπομονῇ, τοῖς διωγμοῖς, τοῖς 11 παθήμασιν, οἷά μοι ἐγένετο ἐν Ἀντιοχείᾳ, ἐν Ἰκονίῳ, ἐν Λύστροις· οἵους διωγμοὺς ὑπήνεγκα, καὶ ἐκ πάντων με ἐρύσατο ὁ Κύριος. καὶ πάντες δὲ οἱ θέλοντες εὐσεβῶς 12 ζῆν ἐν Χριστῷ Ἰησοῦ διωχθήσονται. πονηροὶ δὲ ἄν- 13 θρωποι καὶ γόητες προκόψουσιν ἐπὶ τὸ χεῖρον, πλανῶντες καὶ πλανώμενοι. Σὺ δὲ μένε ἐν οἷς ἔμαθες καὶ ἐπιστώ- 14 θης, εἰδὼς παρὰ τίνων ἔμαθες, καὶ ὅτι ἀπὸ βρέφους 15 [τὰ] ἱερὰ γράμματα οἶδας τὰ δυνάμενά σε σοφίσαι εἰς σωτηρίαν διὰ πίστεως τῆς ἐν Χριστῷ Ἰησοῦ. πᾶσα 16 γραφὴ θεόπνευστος καὶ ὠφέλιμος πρὸς διδασκαλίαν, πρὸς ἐλεγμόν, πρὸς ἐπανόρθωσιν, πρὸς παιδείαν τὴν ἐν δικαιοσύνῃ· ἵνα ἄρτιος ᾖ ὁ τοῦ Θεοῦ ἄνθρωπος, πρὸς πᾶν 17 ἔργον ἀγαθὸν ἐξηρτισμένος.

Διαμαρτύρομαι ἐνώπιον τοῦ Θεοῦ καὶ Χριστοῦ Ἰησοῦ 4 τοῦ μέλλοντος κρίνειν ζῶντας καὶ νεκρούς, καὶ τὴν ἐπιφάνειαν αὐτοῦ καὶ τὴν βασιλείαν αὐτοῦ, κήρυξον τὸν 2 λόγον, ἐπίστηθι εὐκαίρως ἀκαίρως, ἔλεγξον, ἐπιτίμησον, παρακάλεσον, ἐν πάσῃ μακροθυμίᾳ καὶ διδαχῇ. ἔσται 3 γὰρ καιρὸς ὅτε τῆς ὑγιαινούσης διδασκαλίας οὐκ ἀνέξονται, ἀλλὰ κατὰ τὰς ἰδίας ἐπιθυμίας ἑαυτοῖς ἐπισωρεύσουσιν διδασκάλους κνηθόμενοι τὴν ἀκοήν, καὶ ἀπὸ μὲν 4 τῆς ἀληθείας τὴν ἀκοὴν ἀποστρέψουσιν, ἐπὶ δὲ τοὺς μύθους ἐκτραπήσονται. σὺ δὲ νῆφε ἐν πᾶσιν, κακοπάθη- 5

10 παρηκολούθησάς]-κάς ϛWHm 11 Ἰκονίῳ] Εἰκ. WHa ἐρύσατο] ἐρρ. ϛLnmEAWHa 12 ζῆν] ante εὐσ. TrTiBWH 14 τίνων] τίνος ϛBm 15 τὰ prī.] ins ϛ[Ln][Tr]E[A][B] : Ti°WH°R° 16 ἐλεγμόν] ἔλεγχον ϛ παιδείαν] -δίαν TiBWHa 1 διαμαρτ.] + οὖν ἐγὼ ϛ Χρ. Ἰησ.] τοῦ Κυρίου Ἰησ. Χρ. ϛ κρίνειν] κρῖναι WHm , καὶ τὴν ἐπιφ.] κατὰ τ. ἐ. ϛ Bm αὐτοῦ,] αὐτοῦ· WHRm 2 ἐπιτίμ.,] post παρακάλ., TiBWHm 3 ἰδίας ἐπ.] ἐπ. τὰς ἰδ. ϛ

ΠΡΟΣ ΤΙΜΟΘΕΟΝ Β. 4. 6—18.

σον, ἔργον ποίησον εὐαγγελιστοῦ, τὴν διακονίαν σου πλη-
6 ροφόρησον. Ἐγὼ γὰρ ἤδη σπένδομαι, καὶ ὁ καιρὸς τῆς
7 ἀναλύσεώς μου ἐφέστηκεν. τὸν καλὸν ἀγῶνα ἠγώνι-
σμαι, τὸν δρόμον τετέλεκα, τὴν πίστιν τετήρηκα·
8 λοιπὸν ἀπόκειταί μοι ὁ τῆς δικαιοσύνης στέφανος, ὃν ἀπο-
δώσει μοι ὁ Κύριος ἐν ἐκείνῃ τῇ ἡμέρᾳ, ὁ δίκαιος κριτής·
οὐ μόνον δὲ ἐμοί, ἀλλὰ καὶ πᾶσιν τοῖς ἠγαπηκόσιν τὴν
ἐπιφάνειαν αὐτοῦ.
9, 10 Σπούδασον ἐλθεῖν πρός με ταχέως· Δημᾶς γάρ με
ἐγκατέλιπεν ἀγαπήσας τὸν νῦν αἰῶνα, καὶ ἐπορεύθη εἰς
Θεσσαλονίκην, Κρήσκης εἰς Γαλατίαν, Τίτος εἰς Δαλμα-
11 τίαν· Λουκᾶς ἐστὶν μόνος μετ' ἐμοῦ. Μάρκον ἀναλα-
βὼν ἄγε μετὰ σεαυτοῦ· ἔστιν γάρ μοι εὔχρηστος εἰς
12 διακονίαν. Τυχικὸν δὲ ἀπέστειλα εἰς Ἔφεσον.
13 τὸν φελόνην ὃν ἀπέλιπον ἐν Τρῳάδι παρὰ Κάρπῳ ἐρ-
χόμενος φέρε, καὶ τὰ βιβλία, μάλιστα τὰς μεμβράνας.
14 Ἀλέξανδρος ὁ χαλκεὺς πολλά μοι κακὰ ἐνεδείξατο· ἀπο-
15 δώσει αὐτῷ ὁ Κύριος κατὰ τὰ ἔργα αὐτοῦ· ὃν καὶ σὺ
φυλάσσου, λίαν γὰρ ἀντέστη τοῖς ἡμετέροις λόγοις.
16 Ἐν τῇ πρώτῃ μου ἀπολογίᾳ οὐδείς μοι παρεγένετο, ἀλλὰ
17 πάντες με ἐγκατέλιπον· μὴ αὐτοῖς λογισθείη. ὁ δὲ
Κύριός μοι παρέστη καὶ ἐνεδυνάμωσέν με, ἵνα δι' ἐμοῦ τὸ
κήρυγμα πληροφορηθῇ καὶ ἀκούσωσιν πάντα τὰ ἔθνη· καὶ
18 ἐρύσθην ἐκ στόματος λέοντος. ῥύσεταί με ὁ Κύριος
ἀπὸ παντὸς ἔργου πονηροῦ καὶ σώσει εἰς τὴν βασιλείαν
αὐτοῦ τὴν ἐπουράνιον· ᾧ ἡ δόξα εἰς τοὺς αἰῶνας τῶν αἰώ-
νων· ἀμήν.

---

6 ἀναλύσεώς μου] ἐμῆς ἀναλ. ς AR ?   7 καλὸν ἀγῶνα] ἀγ. τὸν κα. ςA
8 πᾶσιν] -σι TiBWHa   ἠγαπηκόσιν] -σι TiBWH   10 ἐγκατέλιπεν]
-λειπεν WH(n.m.)   Γαλατίαν] Γαλλίαν TrmTiB(n.m.)   Δαλμ.] Δελμ.
LnWHa   13 φελόνην] φαιλ. ς : CElz   ἀπέλιπον] -λειπον WH(n.m.)
14 ἀποδώσει] -δῴη ς(n.m.)   15 ἀντέστη] ἀνθέστηκε ς   16 παρε-
γένετο] συμπαρ. ς : συνπαρ. A   ἐγκατέλιπον] -λειπον WH(n.m.)
17 ἀκούσωσιν] -ση ς   ἐρύσθην] ἐρρ. ςEWHa   18 ῥύσεταί] pr καὶ ς

ΠΡΟΣ ΤΙΜΟΘΕΟΝ Β. 4. 19—1. 8.

Ἄσπασαι Πρίσκαν καὶ Ἀκύλαν καὶ τὸν Ὀνησιφόρου 19
οἶκον. Ἔραστος ἔμεινεν ἐν Κορίνθῳ· Τρόφιμον δὲ 20
ἀπέλιπον ἐν Μιλήτῳ ἀσθενοῦντα. σπούδασον πρὸ χει- 21
μῶνος ἐλθεῖν. ἀσπάζεταί σε Εὔβουλος καὶ Πούδης καὶ
Λίνος καὶ Κλαυδία καὶ οἱ ἀδελφοὶ πάντες.
Ὁ Κύριος μετὰ τοῦ πνεύματός σου. ἡ χάρις μεθ' ὑμῶν. 22

ΠΡΟΣ ΤΙΤΟΝ.

Παῦλος δοῦλος Θεοῦ, ἀπόστολος δὲ Ἰησοῦ Χριστοῦ 1
κατὰ πίστιν ἐκλεκτῶν Θεοῦ καὶ ἐπίγνωσιν ἀληθείας τῆς
κατ' εὐσέβειαν ἐπ' ἐλπίδι ζωῆς αἰωνίου, ἣν ἐπηγγεί- 2
λατο ὁ ἀψευδὴς Θεὸς πρὸ χρόνων αἰωνίων, ἐφανέρωσεν 3
δὲ καιροῖς ἰδίοις τὸν λόγον αὐτοῦ ἐν κηρύγματι ὃ ἐπιστεύ-
θην ἐγὼ κατ' ἐπιταγὴν τοῦ Σωτῆρος ἡμῶν Θεοῦ, Τίτῳ 4
γνησίῳ τέκνῳ κατὰ κοινὴν πίστιν· χάρις καὶ εἰρήνη ἀπὸ
Θεοῦ Πατρὸς καὶ Χριστοῦ Ἰησοῦ τοῦ Σωτῆρος ἡμῶν.

Τούτου χάριν ἀπέλιπόν σε ἐν Κρήτῃ, ἵνα τὰ λείποντα 5
ἐπιδιορθώσῃ, καὶ καταστήσῃς κατὰ πόλιν πρεσβυτέρους,
ὡς ἐγώ σοι διεταξάμην· εἴ τις ἐστὶν ἀνέγκλητος, μιᾶς 6
γυναικὸς ἀνήρ, τέκνα ἔχων πιστά, μὴ ἐν κατηγορίᾳ ἀσω-
τίας ἢ ἀνυπότακτα. δεῖ γὰρ τὸν ἐπίσκοπον ἀνέγκλητον 7
εἶναι ὡς Θεοῦ οἰκονόμον, μὴ αὐθάδη, μὴ ὀργίλον, μὴ πάρ-
οινον, μὴ πλήκτην, μὴ αἰσχροκερδῆ, ἀλλὰ φιλόξενον, 8

ΠΡΟΣ ΤΙΤΟΝ

9 φιλάγαθον, σώφρονα, δίκαιον, ὅσιον, ἐγκρατῆ, ἀντεχόμενον τοῦ κατὰ τὴν διδαχὴν πιστοῦ λόγου, ἵνα δυνατὸς ᾖ καὶ παρακαλεῖν ἐν τῇ διδασκαλίᾳ τῇ ὑγιανούσῃ καὶ τοὺς ἀντιλέγοντας ἐλέγχειν.

10 Εἰσὶν γὰρ πολλοὶ ἀνυπότακτοι, ματαιολόγοι καὶ φρενα-
11 πάται, μάλιστα οἱ ἐκ τῆς περιτομῆς, οὓς δεῖ ἐπιστομίζειν· οἵτινες ὅλους οἴκους ἀνατρέπουσιν διδάσκοντες ἃ μὴ
12 δεῖ αἰσχροῦ κέρδους χάριν. εἶπέν τις ἐξ αὐτῶν ἴδιος αὐτῶν προφήτης, Κρῆτες ἀεὶ ψεῦσται, κακὰ θηρία, γαστέ-
13 ρες ἀργαί. ἡ μαρτυρία αὕτη ἐστὶν ἀληθής. δι᾽ ἣν αἰτίαν ἔλεγχε αὐτοὺς ἀποτόμως, ἵνα ὑγιαίνωσιν ἐν τῇ πίστει,
14 μὴ προσέχοντες Ἰουδαϊκοῖς μύθοις καὶ ἐντολαῖς ἀνθρώπων
15 ἀποστρεφομένων τὴν ἀλήθειαν. πάντα καθαρὰ τοῖς καθαροῖς· τοῖς δὲ μεμιαμμένοις καὶ ἀπίστοις οὐδὲν καθαρόν, ἀλλὰ μεμίανται αὐτῶν καὶ ὁ νοῦς καὶ ἡ συνείδησις.
16 Θεὸν ὁμολογοῦσιν εἰδέναι, τοῖς δὲ ἔργοις ἀρνοῦνται, βδελυκτοὶ ὄντες καὶ ἀπειθεῖς καὶ πρὸς πᾶν ἔργον ἀγαθὸν ἀδόκιμοι.

2 Σὺ δὲ λάλει ἃ πρέπει τῇ ὑγιαινούσῃ διδασκαλίᾳ·
2 πρεσβύτας νηφαλίους εἶναι, σεμνούς, σώφρονας, ὑγιαί-
3 νοντας τῇ πίστει, τῇ ἀγάπῃ, τῇ ὑπομονῇ· πρεσβύτιδας ὡσαύτως ἐν καταστήματι ἱεροπρεπεῖς, μὴ διαβόλους, μηδὲ
4 οἴνῳ πολλῷ δεδουλωμένας, καλοδιδασκάλους, ἵνα σωφρονίζουσιν τὰς νέας φιλάνδρους εἶναι, φιλοτέκνους,
5 σώφρονας, ἁγνάς, οἰκουργούς, ἀγαθάς, ὑποτασσομένας τοῖς ἰδίοις ἀνδράσιν, ἵνα μὴ ὁ λόγος τοῦ Θεοῦ βλασφημῆ-
6 ται· τοὺς νεωτέρους ὡσαύτως παρακάλει σωφρονεῖν·
7 περὶ πάντα σεαυτὸν παρεχόμενος τύπον καλῶν ἔργων, ἐν

ΠΡΟΣ ΤΙΤΟΝ

τῇ διδασκαλίᾳ ἀφθορίαν, σεμνότητα, λόγον ὑγιῆ ἀκατάγνωστον, ἵνα ὁ ἐξ ἐναντίας ἐντραπῇ μηδὲν ἔχων λέγειν περὶ ἡμῶν φαῦλον. δούλους ἰδίοις δεσπόταις ὑποτάσσεσθαι, ἐν πᾶσιν εὐαρέστους εἶναι, μὴ ἀντιλέγοντας, μὴ νοσφιζομένους, ἀλλὰ πᾶσαν πίστιν ἐνδεικνυμένους ἀγαθήν, ἵνα τὴν διδασκαλίαν τὴν τοῦ Σωτῆρος ἡμῶν Θεοῦ κοσμῶσιν ἐν πᾶσιν. 8 9 10

Ἐπεφάνη γὰρ ἡ χάρις τοῦ Θεοῦ σωτήριος πᾶσιν ἀνθρώποις, παιδεύουσα ἡμᾶς, ἵνα ἀρνησάμενοι τὴν ἀσέβειαν καὶ τὰς κοσμικὰς ἐπιθυμίας σωφρόνως καὶ δικαίως καὶ εὐσεβῶς ζήσωμεν ἐν τῷ νῦν αἰῶνι, προσδεχόμενοι τὴν μακαρίαν ἐλπίδα καὶ ἐπιφάνειαν τῆς δόξης τοῦ μεγάλου Θεοῦ καὶ Σωτῆρος ἡμῶν Ἰησοῦ Χριστοῦ, ὃς ἔδωκεν ἑαυτὸν ὑπὲρ ἡμῶν, ἵνα λυτρώσηται ἡμᾶς ἀπὸ πάσης ἀνομίας, καὶ καθαρίσῃ ἑαυτῷ λαὸν περιούσιον, ζηλωτὴν καλῶν ἔργων. Ταῦτα λάλει καὶ παρακάλει καὶ ἔλεγχε μετὰ πάσης ἐπιταγῆς. μηδείς σου περιφρονείτω. 11 12 13 14 15

Ὑπομίμνησκε αὐτοὺς ἀρχαῖς ἐξουσίαις ὑποτάσσεσθαι, πειθαρχεῖν, πρὸς πᾶν ἔργον ἀγαθὸν ἑτοίμους εἶναι, μηδένα βλασφημεῖν, ἀμάχους εἶναι, ἐπιεικεῖς, πᾶσαν ἐνδεικνυμένους πραΰτητα πρὸς πάντας ἀνθρώπους. ἦμεν γάρ ποτε καὶ ἡμεῖς ἀνόητοι, ἀπειθεῖς, πλανώμενοι, δουλεύοντες ἐπιθυμίαις καὶ ἡδοναῖς ποικίλαις, ἐν κακίᾳ καὶ φθόνῳ διάγοντες, στυγητοί, μισοῦντες ἀλλήλους. ὅτε δὲ ἡ χρηστότης καὶ ἡ φιλανθρωπία ἐπεφάνη τοῦ Σωτῆρος ἡμῶν Θεοῦ, οὐκ ἐξ ἔργων τῶν ἐν δικαιοσύνῃ ἃ ἐποιήσαμεν ἡμεῖς ἀλλὰ κατὰ τὸ αὐτοῦ ἔλεος ἔσωσεν ἡμᾶς διὰ λουτροῦ παλινγενεσίας καὶ ἀνακαινώσεως Πνεύματος Ἁγίου, 3 2 3 4 5

ἀφθορίαν] ἀδιαφθο. ς   σεμνότητα,]+ἀφθαρσίαν, ς : ErElz   8 περὶ ἡμῶν] π. ὑμῶν ς : CEr : ante λέγειν ς   9 ἰδίοις] post δεσπ. Lπ(n.m.) , ἐν πᾶσιν] ἐν πᾶσιν, WH   10 μὴ] μηδὲ WHm   πίστιν] ante πᾶσαν ς : WH°m ἀγάπην pro ἀγαθήν legentesm   τὴν τοῦ]—τὴν ς   ἡμῶν] ὑμ. ς : CErJElz   11 σωτήριος] pr ἡ ς   13 Ἰησ. Χρ.] Χρ. Ἰησ. TrTiB WH(n.m.)   1 ἐξουσίαις]-ίας Τrσφ : pr καὶ ςBm   , πειθαρχ.] πειθ. LnWH 5 ἃ] ὧν ς   τὸ αὐ. ἔλεος] τὸν αὐ. ἔλεον ς   παλινγ.] παλιγγ. ςLπTrA

6 οὗ ἐξέχεεν ἐφ' ἡμᾶς πλουσίως διὰ Ἰησοῦ Χριστοῦ τοῦ
7 Σωτῆρος ἡμῶν, ἵνα δικαιωθέντες τῇ ἐκείνου χάριτι
8 κληρονόμοι γενηθῶμεν κατ' ἐλπίδα ζωῆς αἰωνίου. Πιστὸς ὁ λόγος, καὶ περὶ τούτων βούλομαί σε διαβεβαιοῦσθαι, ἵνα φροντίζωσιν καλῶν ἔργων προΐστασθαι οἱ πεπιστευκότες Θεῷ. ταῦτά ἐστιν καλὰ καὶ ὠφέλιμα τοῖς ἀνθρώ-
9 ποις· μωρὰς δὲ ζητήσεις καὶ γενεαλογίας καὶ ἔρεις καὶ μάχας νομικὰς περιΐστασο· εἰσὶν γὰρ ἀνωφελεῖς καὶ μά-
10 ταιοι. αἱρετικὸν ἄνθρωπον μετὰ μίαν καὶ δευτέραν νου-
11 θεσίαν παραιτοῦ, εἰδὼς ὅτι ἐξέστραπται ὁ τοιοῦτος καὶ ἁμαρτάνει ὢν αὐτοκατάκριτος.
12 Ὅταν πέμψω Ἀρτεμᾶν πρός σε ἢ Τυχικόν, σπούδασον ἐλθεῖν πρός με εἰς Νικόπολιν· ἐκεῖ γὰρ κέκρικα παραχει-
13 μάσαι. Ζηνᾶν τὸν νομικὸν καὶ Ἀπολλὼ σπουδαίως
14 πρόπεμψον, ἵνα μηδὲν αὐτοῖς λείπῃ· μανθανέτωσαν δὲ καὶ οἱ ἡμέτεροι καλῶν ἔργων προΐστασθαι εἰς τὰς ἀναγκαίας χρείας, ἵνα μὴ ὦσιν ἄκαρποι.
15 Ἀσπάζονταί σε οἱ μετ' ἐμοῦ πάντες. ἄσπασαι τοὺς φιλοῦντας ἡμᾶς ἐν πίστει.

Ἡ χάρις μετὰ πάντων ὑμῶν.

ΠΡΟΣ ΦΙΛΗΜΟΝΑ.

1 Παῦλος δέσμιος Χριστοῦ Ἰησοῦ καὶ Τιμόθεος ὁ ἀδελ-
2 φὸς Φιλήμονι τῷ ἀγαπητῷ καὶ συνεργῷ ἡμῶν καὶ Ἀπφίᾳ τῇ ἀδελφῇ καὶ Ἀρχίππῳ τῷ συνστρατιώτῃ ἡμῶν

7 γενηθῶμεν] γενώμεθα ς   κατ' ἐλπ.] καθ' ἐλπ. WHa   8 Θεῷ] pr τῷ ς: C   καλὰ] pr τὰ ς   9 ἔρεις] ἔριν TiB(n.m.)WH   12 Τυχικόν] Τύχικον EWH   13 Ἀπολλὼ] -λλὼν TiB(n.m.)WH   λείπῃ] λίπ. TiB(n.m.)WHm   15 ὑμῶν.] + ἀμήν. ς [Ln]: etiam + Πρὸς Τῖτον τῆς Κρητῶν ἐκκλησίας πρῶτον ἐπίσκοπον χειροτονηθέντα ἐγράφη ἀπὸ Νικοπόλεως τῆς Μακεδονίας. ς :+προς Τιτον TrA
ΠΡΟΣ ΦΙΛΗΜΟΝΑ] ἡ πρὸς Φιλήμονα ἐπιστολὴ Παύλου ς
2 ἀδελφῇ] ἀγαπητῇ ς   συνστρατ.] συστρατ. ς

ΠΡΟΣ ΦΙΛΗΜΟΝΑ

καὶ τῇ κατ' οἶκόν σου ἐκκλησίᾳ· χάρις ὑμῖν καὶ εἰρήνη ἀπὸ Θεοῦ Πατρὸς ἡμῶν καὶ Κυρίου Ἰησοῦ Χριστοῦ.

Εὐχαριστῶ τῷ Θεῷ μου πάντοτε μνείαν σου ποιούμενος 4
ἐπὶ τῶν προσευχῶν μου, ἀκούων σου τὴν ἀγάπην καὶ 5
τὴν πίστιν ἣν ἔχεις πρὸς τὸν Κύριον Ἰησοῦν καὶ εἰς πάντας τοὺς ἁγίους, ὅπως ἡ κοινωνία τῆς πίστεώς σου 6
ἐνεργὴς γένηται ἐν ἐπιγνώσει παντὸς ἀγαθοῦ τοῦ ἐν ἡμῖν εἰς Χριστόν. χαρὰν γὰρ πολλὴν ἔσχον καὶ παράκλη- 7
σιν ἐπὶ τῇ ἀγάπῃ σου, ὅτι τὰ σπλάγχνα τῶν ἁγίων ἀναπέπαυται διὰ σοῦ, ἀδελφέ.

Διὸ πολλὴν ἐν Χριστῷ παρρησίαν ἔχων ἐπιτάσσειν σοι 8
τὸ ἀνῆκον, διὰ τὴν ἀγάπην μᾶλλον παρακαλῶ, τοιοῦ- 9
τος ὢν ὡς Παῦλος πρεσβύτης, νυνὶ δὲ καὶ δέσμιος Χριστοῦ Ἰησοῦ· παρακαλῶ σε περὶ τοῦ ἐμοῦ τέκνου, ὃν 10
ἐγέννησα ἐν τοῖς δεσμοῖς, Ὀνήσιμον, τόν ποτέ σοι 11
ἄχρηστον νυνὶ δὲ σοὶ καὶ ἐμοὶ εὔχρηστον, ὃν ἀνέπεμ- 12
ψά σοι· αὐτόν, τοῦτ' ἔστιν τὰ ἐμὰ σπλάγχνα· ὃν ἐγὼ 13
ἐβουλόμην πρὸς ἐμαυτὸν κατέχειν, ἵνα ὑπὲρ σοῦ μοι διακονῇ ἐν τοῖς δεσμοῖς τοῦ εὐαγγελίου· χωρὶς δὲ τῆς σῆς 14
γνώμης οὐδὲν ἠθέλησα ποιῆσαι, ἵνα μὴ ὡς κατὰ ἀνάγκην τὸ ἀγαθόν σου ᾖ ἀλλὰ κατὰ ἑκούσιον. τάχα γὰρ διὰ 15
τοῦτο ἐχωρίσθη πρὸς ὥραν, ἵνα αἰώνιον αὐτὸν ἀπέχῃς·
οὐκέτι ὡς δοῦλον, ἀλλὰ ὑπὲρ δοῦλον, ἀδελφὸν ἀγαπητόν, 16
μάλιστα ἐμοί, πόσῳ δὲ μᾶλλον σοὶ καὶ ἐν σαρκὶ καὶ ἐν Κυρίῳ. εἰ οὖν με ἔχεις κοινωνόν, προσλαβοῦ αὐτὸν 17
ὡς ἐμέ. εἰ δέ τι ἠδίκησέν σε ἢ ὀφείλει, τοῦτο ἐμοὶ 18

ΠΡΟΣ ΦΙΛΗΜΟΝΑ

19 ἐλλόγα· ἐγὼ Παῦλος ἔγραψα τῇ ἐμῇ χειρί, ἐγὼ ἀπο-
τίσω· ἵνα μὴ λέγω σοι ὅτι καὶ σεαυτόν μοι προσοφεί-
20 λεις. ναί, ἀδελφέ, ἐγώ σου ὀναίμην ἐν Κυρίῳ· ἀνά-
21 παυσόν μου τὰ σπλάγχνα ἐν Χριστῷ. Πεποιθὼς τῇ
ὑπακοῇ σου ἔγραψά σοι, εἰδὼς ὅτι καὶ ὑπὲρ ἃ λέγω ποιή-
22 σεις. ἅμα δὲ καὶ ἑτοίμαζέ μοι ξενίαν· ἐλπίζω γὰρ ὅτι
διὰ τῶν προσευχῶν ὑμῶν χαρισθήσομαι ὑμῖν.
23 Ἀσπάζεταί σε Ἐπαφρᾶς ὁ συναιχμάλωτός μου ἐν Χρι-
24 στῷ Ἰησοῦ, Μάρκος, Ἀρίσταρχος, Δημᾶς, Λουκᾶς, οἱ
συνεργοί μου.
25 Ἡ χάρις τοῦ Κυρίου ἡμῶν Ἰησοῦ Χριστοῦ μετὰ τοῦ
πνεύματος ὑμῶν.

ΠΡΟΣ ΕΒΡΑΙΟΥΣ.

1 Πολυμερῶς καὶ πολυτρόπως πάλαι ὁ Θεὸς λαλήσας τοῖς
2 πατράσιν ἐν τοῖς προφήταις ἐπ' ἐσχάτου τῶν ἡμερῶν
τούτων ἐλάλησεν ἡμῖν ἐν Υἱῷ, ὃν ἔθηκεν κληρονόμον πάν-
3 των, δι' οὗ καὶ ἐποίησεν τοὺς αἰῶνας· ὃς ὢν ἀπαύγα-
σμα τῆς δόξης καὶ χαρακτὴρ τῆς ὑποστάσεως αὐτοῦ,
φέρων τε τὰ πάντα τῷ ῥήματι τῆς δυνάμεως αὐτοῦ, καθα-
ρισμὸν τῶν ἁμαρτιῶν ποιησάμενος ἐκάθισεν ἐν δεξιᾷ τῆς
4 Μεγαλωσύνης ἐν ὑψηλοῖς, τοσούτῳ κρείττων γενόμενος
τῶν ἀγγέλων ὅσῳ διαφορώτερον παρ' αὐτοὺς κεκληρονό-
5 μηκεν ὄνομα. Τίνι γὰρ εἶπέν ποτε τῶν ἀγγέλων, Υἱός
μου εἶ σύ, ἐγὼ σήμερον γεγέννηκά σε; καὶ πάλιν, Ἐγὼ

18 ἐλλόγα].-γει ς   20 Χριστῷ] Κυρίῳ ς(n.m.)   21 ἃ] ὃ ς
23 ἀσπάζεται]-ζονταί ς : Er   25 ἡμῶν] Ti°[Li]B°WH°(n.m.)R°m
ὑμῶν.]+ἀμήν. ς[E]R(n.m.) : etiam+Πρὸς Φιλήμονα ἐγράφη ἀπὸ Ῥώμης διὰ
Ὀνησίμου οἰκέτου ς :+προς Φιλημονα TrA
ΠΡΟΣ ΕΒΡΑΙΟΥΣ] ἡ πρὸς Ἑβραίους ἐπιστολὴ Παύλου ς
2 ἐσχάτου]-των ς : Csm   ἐποίησεν] post τοὺς αἰ. ς   3 καθαρ.] pr
δι' ἑαυτοῦ ςBm   τῶν ἁμαρτ.] post ποιησ. ς :+ἡμῶν ς

ΠΡΟΣ ΕΒΡΑΙΟΥΣ 1. 6—2. 4.

ἔσομαι αὐτῷ εἰς πατέρα, καὶ αὐτὸς ἔσται μοι εἰς υἱόν; ὅταν δὲ πάλιν εἰσαγάγῃ τὸν πρωτότοκον εἰς τὴν οἰκουμένην λέγει, Καὶ προσκυνησάτωσαν αὐτῷ πάντες ἄγγελοι Θεοῦ. καὶ πρὸς μὲν τοὺς ἀγγέλους λέγει, Ὁ ποιῶν τοὺς ἀγγέλους αὐτοῦ πνεύματα, καὶ τοὺς λειτουργοὺς αὐτοῦ πυρὸς φλόγα· πρὸς δὲ τὸν Υἱόν, Ὁ θρόνος σου, ὁ Θεός, εἰς τὸν αἰῶνα τοῦ αἰῶνος, καὶ ἡ ῥάβδος τῆς εὐθύτητος ῥάβδος τῆς βασιλείας σου. ἠγάπησας δικαιοσύνην καὶ ἐμίσησας ἀνομίαν· διὰ τοῦτο ἔχρισέν σε ὁ Θεός, ὁ Θεός σου, ἔλαιον ἀγαλλιάσεως παρὰ τοὺς μετόχους σου. καί, Σὺ κατ' ἀρχάς, Κύριε, τὴν γῆν ἐθεμελίωσας, καὶ ἔργα τῶν χειρῶν σου εἰσὶν οἱ οὐρανοί· αὐτοὶ ἀπολοῦνται, σὺ δὲ διαμένεις· καὶ πάντες ὡς ἱμάτιον παλαιωθήσονται, καὶ ὡσεὶ περιβόλαιον ἑλίξεις αὐτούς [, ὡς ἱμάτιον,] καὶ ἀλλαγήσονται· σὺ δὲ ὁ αὐτὸς εἶ, καὶ τὰ ἔτη σου οὐκ ἐκλείψουσιν. πρὸς τίνα δὲ τῶν ἀγγέλων εἴρηκέν ποτε, Κάθου ἐκ δεξιῶν μου ἕως ἂν θῶ τοὺς ἐχθρούς σου ὑποπόδιον τῶν ποδῶν σου; οὐχὶ πάντες εἰσὶν λειτουργικὰ πνεύματα εἰς διακονίαν ἀποστελλόμενα διὰ τοὺς μέλλοντας κληρονομεῖν σωτηρίαν;

Διὰ τοῦτο δεῖ περισσοτέρως προσέχειν ἡμᾶς τοῖς ἀκουσθεῖσιν, μή ποτε παραρυῶμεν. εἰ γὰρ ὁ δι' ἀγγέλων λαληθεὶς λόγος ἐγένετο βέβαιος, καὶ πᾶσα παράβασις καὶ παρακοὴ ἔλαβεν ἔνδικον μισθαποδοσίαν, πῶς ἡμεῖς ἐκφευξόμεθα τηλικαύτης ἀμελήσαντες σωτηρίας; ἥτις, ἀρχὴν λαβοῦσα λαλεῖσθαι διὰ τοῦ Κυρίου, ὑπὸ τῶν ἀκουσάντων εἰς ἡμᾶς ἐβεβαιώθη, συνεπιμαρτυροῦντος τοῦ Θεοῦ σημείοις τε καὶ τέρασιν καὶ ποικίλαις δυνάμεσιν καὶ Πνεύματος Ἁγίου μερισμοῖς κατὰ τὴν αὐτοῦ θέλησιν.

8, ὁ Θεός,] ὁ θεὸς WH(a.m.)   τοῦ αἰῶνος] [WH]   καὶ ἡ] ϛ*B*m :—ἡ Ln : καὶ, Ἡ Tr   τῆς pri.] ϛ°A*B°m   ῥάβδος sec.] pr ἡ ϛABm : Er σου sec.] αὐτοῦ WH(a.m.)Rm   9 ἀνομίαν] ἀδικίαν TiB(n.m.)   12 ἐλίξεις] ἐλ. ϛ : ἀλλάξεις TrmTiB(n.m.)   , ὡς ἱμάτιον,] ins Ln[Tr]BWHR : ϛ°Ti°A°   14 εἰσίν] εἰσι WHa   1 προσέχειν] post ἡμᾶς ϛ ἀκουσθεῖσιν]-σι WHa   παραρυν.] παραρρυ. ϛ   4 τέρασιν]-σι WHa

ΠΡΟΣ ΕΒΡΑΙΟΥΣ

5 Οὐ γὰρ ἀγγέλοις ὑπέταξεν τὴν οἰκουμένην τὴν μέλλου-
6 σαν, περὶ ἧς λαλοῦμεν. διεμαρτύρατο δέ πού τις λέ-
γων, Τί ἐστιν ἄνθρωπος ὅτι μιμνῄσκῃ αὐτοῦ, ἢ υἱὸς ἀν-
7 θρώπου ὅτι ἐπισκέπτῃ αὐτόν; ἠλάττωσας αὐτὸν βρα-
χύ τι παρ' ἀγγέλους· δόξῃ καὶ τιμῇ ἐστεφάνωσας αὐτόν·
8 πάντα ὑπέταξας ὑποκάτω τῶν ποδῶν αὐτοῦ. ἐν τῷ γὰρ
ὑποτάξαι αὐτῷ τὰ πάντα οὐδὲν ἀφῆκεν αὐτῷ ἀνυπότακτον.
9 νῦν δὲ οὔπω ὁρῶμεν αὐτῷ τὰ πάντα ὑποτεταγμένα. τὸν
δὲ βραχύ τι παρ' ἀγγέλους ἠλαττωμένον βλέπομεν Ἰησοῦν
διὰ τὸ πάθημα τοῦ θανάτου δόξῃ καὶ τιμῇ ἐστεφανωμέ-
νον, ὅπως χάριτι Θεοῦ ὑπὲρ παντὸς γεύσηται θανάτου.
10 Ἔπρεπεν γὰρ αὐτῷ, δι' ὃν τὰ πάντα καὶ δι' οὗ τὰ πάντα,
πολλοὺς υἱοὺς εἰς δόξαν ἀγαγόντα, τὸν ἀρχηγὸν τῆς σωτη-
11 ρίας αὐτῶν διὰ παθημάτων τελειῶσαι. ὅ τε γὰρ ἁγιά-
ζων καὶ οἱ ἁγιαζόμενοι ἐξ ἑνὸς πάντες· δι' ἣν αἰτίαν οὐκ
12 ἐπαισχύνεται ἀδελφοὺς αὐτοὺς καλεῖν λέγων, Ἀπαγ-
γελῶ τὸ ὄνομά σου τοῖς ἀδελφοῖς μου, ἐν μέσῳ ἐκκλησίας
13 ὑμνήσω σε. καὶ πάλιν, Ἐγὼ ἔσομαι πεποιθὼς ἐπ' αὐ-
τῷ. καὶ πάλιν, Ἰδοὺ ἐγὼ καὶ τὰ παιδία ἅ μοι ἔδωκεν ὁ
14 Θεός. ἐπεὶ οὖν τὰ παιδία κεκοινώνηκεν αἵματος καὶ
σαρκός, καὶ αὐτὸς παραπλησίως μετέσχεν τῶν αὐτῶν, ἵνα
διὰ τοῦ θανάτου καταργήσῃ τὸν τὸ κράτος ἔχοντα τοῦ
15 θανάτου, τοῦτ' ἔστιν τὸν διάβολον, καὶ ἀπαλλάξῃ τού-
τους, ὅσοι φόβῳ θανάτου διὰ παντὸς τοῦ ζῆν ἔνοχοι ἦσαν
16 δουλείας. οὐ γὰρ δήπου ἀγγέλων ἐπιλαμβάνεται, ἀλλὰ
17 σπέρματος Ἀβραὰμ ἐπιλαμβάνεται. ὅθεν ὤφειλεν
κατὰ πάντα τοῖς ἀδελφοῖς ὁμοιωθῆναι, ἵνα ἐλεήμων γένη-
ται καὶ πιστὸς ἀρχιερεὺς τὰ πρὸς τὸν Θεόν, εἰς τὸ ἱλάσκε-
18 σθαι τὰς ἁμαρτίας τοῦ λαοῦ. ἐν ᾧ γὰρ πέπονθεν αὐτὸς
πειρασθείς, δύναται τοῖς πειραζομένοις βοηθῆσαι.

6 τί] τίς *L*nm   7 ἐστεφ. αὐτόν] +, καὶ κατέστησας αὐτὸν ἐπὶ τὰ ἔργα
τῶν χειρῶν σου ϛ[Ln][Tr][B][WH]R(n.m.) : Scr   8 τῷ γὰρ] γὰρ τῷ ϛ
αὐτῷ] [*Ln*][WH]   9 χάριτι Θεοῦ] χωρὶς θε. Trm   14 αἵμ. κ. σαρκ.]
σαρκ. κ. αἵμ. ϛ   ἔστιν] -τι WH   15 δουλείας] -λίας TiBWHa

ΠΡΟΣ ΕΒΡΑΙΟΥΣ 3. 1—15.

Ὅθεν, ἀδελφοὶ ἅγιοι, κλήσεως ἐπουρανίου μέτοχοι, κατα- 3
νοήσατε τὸν ἀπόστολον καὶ ἀρχιερέα τῆς ὁμολογίας ἡμῶν
Ἰησοῦν, πιστὸν ὄντα τῷ ποιήσαντι αὐτόν, ὡς καὶ 2
Μωυσῆς ἐν ὅλῳ τῷ οἴκῳ αὐτοῦ. πλείονος γὰρ οὗτος 3
δόξης παρὰ Μωυσῆν ἠξίωται, καθ' ὅσον πλείονα τιμὴν
ἔχει τοῦ οἴκου ὁ κατασκευάσας αὐτόν. πᾶς γὰρ οἶκος 4
κατασκευάζεται ὑπό τινός· ὁ δὲ πάντα κατασκευάσας
Θεός. καὶ Μωυσῆς μὲν πιστὸς ἐν ὅλῳ τῷ οἴκῳ αὐτοῦ 5
ὡς θεράπων, εἰς μαρτύριον τῶν λαληθησομένων· Χρι- 6
στὸς δὲ ὡς υἱὸς ἐπὶ τὸν οἶκον αὐτοῦ· οὗ οἶκός ἐσμεν
ἡμεῖς, ἐὰν τὴν παρρησίαν καὶ τὸ καύχημα τῆς ἐλπίδος
μέχρι τέλους βεβαίαν κατάσχωμεν.

Διό, καθὼς λέγει τὸ Πνεῦμα τὸ Ἅγιον, Σήμερον ἐὰν τῆς 7
φωνῆς αὐτοῦ ἀκούσητε, μὴ σκληρύνητε τὰς καρδίας 8
ὑμῶν ὡς ἐν τῷ παραπικρασμῷ κατὰ τὴν ἡμέραν τοῦ πει-
ρασμοῦ ἐν τῇ ἐρήμῳ, οὗ ἐπείρασαν οἱ πατέρες ὑμῶν 9
ἐν δοκιμασίᾳ καὶ εἶδον τὰ ἔργα μου τεσσεράκοντα 10
ἔτη. διὸ προσώχθισα τῇ γενεᾷ ταύτῃ καὶ εἶπον, Ἀεὶ πλα-
νῶνται τῇ καρδίᾳ· αὐτοὶ δὲ οὐκ ἔγνωσαν τὰς ὁδούς μου·
ὡς ὤμοσα ἐν τῇ ὀργῇ μου, Εἰ εἰσελεύσονται εἰς τὴν κατά- 11
παυσίν μου. βλέπετε, ἀδελφοί, μή ποτε ἔσται ἔν τινι 12
ὑμῶν καρδία πονηρὰ ἀπιστίας ἐν τῷ ἀποστῆναι ἀπὸ Θεοῦ
ζῶντος· ἀλλὰ παρακαλεῖτε ἑαυτοὺς καθ' ἑκάστην ἡμέ- 13
ραν, ἄχρις οὗ τὸ Σήμερον καλεῖται, ἵνα μὴ σκληρυνθῇ τις
ἐξ ὑμῶν ἀπάτῃ τῆς ἁμαρτίας· μέτοχοι γὰρ τοῦ Χρι- 14
στοῦ γεγόναμεν, ἐάνπερ τὴν ἀρχὴν τῆς ὑποστάσεως μέχρι
τέλους βεβαίαν κατάσχωμεν· ἐν τῷ λέγεσθαι, Σήμε- 15
ρον ἐὰν τῆς φωνῆς αὐτοῦ ἀκούσητε, μὴ σκληρύνητε τὰς

16 καρδίας ὑμῶν ὡς ἐν τῷ παραπικρασμῷ. τίνες γὰρ ἀκούσαντες παρεπίκραναν; ἀλλ᾽ οὐ πάντες οἱ ἐξελθόντες 17 ἐξ Αἰγύπτου διὰ Μωυσέως; τίσιν δὲ προσώχθισεν τεσσεράκοντα ἔτη; οὐχὶ τοῖς ἁμαρτήσασιν, ὧν τὰ κῶλα 18 ἔπεσεν ἐν τῇ ἐρήμῳ; τίσιν δὲ ὤμοσεν μὴ εἰσελεύσεσθαι εἰς τὴν κατάπαυσιν αὐτοῦ εἰ μὴ τοῖς ἀπειθήσασιν; 19 καὶ βλέπομεν ὅτι οὐκ ἠδυνήθησαν εἰσελθεῖν δι᾽ ἀπιστίαν.

4 Φοβηθῶμεν οὖν μή ποτε καταλειπομένης ἐπαγγελίας εἰσελθεῖν εἰς τὴν κατάπαυσιν αὐτοῦ, δοκῇ τις ἐξ ὑμῶν 2 ὑστερηκέναι. καὶ γάρ ἐσμεν εὐηγγελισμένοι καθάπερ κἀκεῖνοι· ἀλλ᾽ οὐκ ὠφέλησεν ὁ λόγος τῆς ἀκοῆς ἐκείνους μὴ συνκεκερασμένους τῇ πίστει τοῖς ἀκούσασιν.

3 Εἰσερχόμεθα γὰρ εἰς τὴν κατάπαυσιν οἱ πιστεύσαντες, καθὼς εἴρηκεν, Ὡς ὤμοσα ἐν τῇ ὀργῇ μου, Εἰ εἰσελεύσονται εἰς τὴν κατάπαυσίν μου, καίτοι τῶν ἔργων ἀπὸ κατα-
4 βολῆς κόσμου γενηθέντων. εἴρηκεν γάρ που περὶ τῆς ἑβδόμης οὕτως, Καὶ κατέπαυσεν ὁ Θεὸς ἐν τῇ ἡμέρᾳ τῇ 5 ἑβδόμῃ ἀπὸ πάντων τῶν ἔργων αὐτοῦ· καὶ ἐν τούτῳ πάλιν, Εἰ εἰσελεύσονται εἰς τὴν κατάπαυσίν μου.

6 ἐπεὶ οὖν ἀπολείπεται τινὰς εἰσελθεῖν εἰς αὐτήν, καὶ οἱ πρότερον εὐαγγελισθέντες οὐκ εἰσῆλθον δι᾽ ἀπείθειαν, 7 πάλιν τινὰ ὁρίζει ἡμέραν, Σήμερον, ἐν Δαυεὶδ λέγων μετὰ τοσοῦτον χρόνον, καθὼς προείρηται, Σήμερον ἐὰν τῆς φωνῆς αὐτοῦ ἀκούσητε, μὴ σκληρύνητε τὰς καρδίας 8 ὑμῶν. εἰ γὰρ αὐτοὺς Ἰησοῦς κατέπαυσεν, οὐκ ἂν περὶ 9 ἄλλης ἐλάλει μετὰ ταῦτα ἡμέρας. ἄρα ἀπολείπεται

16 τίνες...παρεπίκραναν;] τινὲς...παρεπίκραναν, ς   Μωυσέως;]-έως. ς   17 τίσιν δὲ]+καὶ [Ln]   τεσσεράκ.] τεσσαράκ. ςLn
19 δι'] διὰ WHa   2 συνκεκερασμένους] συγκ. ςLnTrA : -κεκραμέν. ς : -μένος ςTiB(n.m.)WHmRm : CςmJm   3 εἰσερχόμεθα] -ώμεθα Bm γὰρ] οὖν TrmBmWHmRm   τὴν pri.] [Tr] [WH]   6 δι'] διὰ AWHa
ἀπείθειαν] ἀπειθίαν WHa   7 σήμερον, pri.] σήμερον AR(n.m.) προείρηται] εἴρηται ς : προείρηκεν WHm

σαββατισμὸς τῷ λαῷ τοῦ Θεοῦ. ὁ γὰρ εἰσελθὼν εἰς 10 τὴν κατάπαυσιν αὐτοῦ καὶ αὐτὸς κατέπαυσεν ἀπὸ τῶν ἔργων αὐτοῦ, ὥσπερ ἀπὸ τῶν ἰδίων ὁ Θεός.

Σπουδάσωμεν οὖν εἰσελθεῖν εἰς ἐκείνην τὴν κατάπαυσιν, 11 ἵνα μὴ ἐν τῷ αὐτῷ τις ὑποδείγματι πέσῃ τῆς ἀπειθείας. ζῶν γὰρ ὁ λόγος τοῦ Θεοῦ καὶ ἐνεργής, καὶ τομώτερος 12 ὑπὲρ πᾶσαν μάχαιραν δίστομον, καὶ διϊκνούμενος ἄχρι μερισμοῦ ψυχῆς καὶ πνεύματος, ἁρμῶν τε καὶ μυελῶν, καὶ κριτικὸς ἐνθυμήσεων καὶ ἐννοιῶν καρδίας· καὶ οὐκ 13 ἔστιν κτίσις ἀφανὴς ἐνώπιον αὐτοῦ, πάντα δὲ γυμνὰ καὶ τετραχηλισμένα τοῖς ὀφθαλμοῖς αὐτοῦ πρὸς ὃν ἡμῖν ὁ λόγος.

Ἔχοντες οὖν ἀρχιερέα μέγαν διεληλυθότα τοὺς οὐρα- 14 νούς, Ἰησοῦν τὸν Υἱὸν τοῦ Θεοῦ, κρατῶμεν τῆς ὁμολογίας. οὐ γὰρ ἔχομεν ἀρχιερέα μὴ δυνάμενον συνπαθῆσαι ταῖς 15 ἀσθενείαις ἡμῶν, πεπειρασμένον δὲ κατὰ πάντα καθ᾽ ὁμοιότητα χωρὶς ἁμαρτίας. προσερχώμεθα οὖν μετὰ 16 παρρησίας τῷ θρόνῳ τῆς χάριτος, ἵνα λάβωμεν ἔλεος καὶ χάριν εὕρωμεν εἰς εὔκαιρον βοήθειαν.

Πᾶς γὰρ ἀρχιερεὺς ἐξ ἀνθρώπων λαμβανόμενος ὑπὲρ 5 ἀνθρώπων καθίσταται τὰ πρὸς τὸν Θεόν, ἵνα προσφέρῃ δῶρά τε καὶ θυσίας ὑπὲρ ἁμαρτιῶν, μετριοπαθεῖν δυ- 2 νάμενος τοῖς ἀγνοοῦσιν καὶ πλανωμένοις, ἐπεὶ καὶ αὐτὸς περίκειται ἀσθένειαν· καὶ δι᾽ αὐτὴν ὀφείλει καθὼς περὶ 3 τοῦ λαοῦ οὕτως καὶ περὶ ἑαυτοῦ προσφέρειν περὶ ἁμαρτιῶν. Καὶ οὐχ ἑαυτῷ τις λαμβάνει τὴν τιμήν, ἀλλὰ καλούμενος 4 ὑπὸ τοῦ Θεοῦ, καθώσπερ καὶ Ἀαρών. οὕτως καὶ ὁ 5 Χριστὸς οὐχ ἑαυτὸν ἐδόξασεν γενηθῆναι ἀρχιερέα, ἀλλ᾽ ὁ

---

11 ἀπειθείας] -θίας WHₐ 12 ἐνεργής] ἐναργής Bm ψυχῆς]+τε ϛ ἐνθυμήσεων] -σεως Lnm 15 συνπαθῆσαι] συμπ. ϛLnTr πεπειρασμένον] -ραμένον ϛ: Elz 16 ἔλεος] ἔλεον ϛ 1 τε] Lnᵒ[Tr] [WH] 2 ἀγνοοῦσιν] -σι WH 3 δι᾽ αὐτὴν] διὰ ταύτην ϛ ἑαυτοῦ] αὐτοῦ LnTrm περὶ tert.] ὑπὲρ ϛ 4 καλούμενος] pr ὁ ϛ: C καθώσπερ] καθάπερ ϛ: καθὼς Ln Ἀαρών] pr ὁ ϛ: C

λαλήσας πρὸς αὐτόν, Υἱός μου εἶ σύ, ἐγὼ σήμερον γεγέν-
6 νηκά σε· καθὼς καὶ ἐν ἑτέρῳ λέγει, Σὺ ἱερεὺς εἰς τὸν
7 αἰῶνα κατὰ τὴν τάξιν Μελχισεδέκ. Ὃς ἐν ταῖς ἡμέραις
τῆς σαρκὸς αὐτοῦ δεήσεις τε καὶ ἱκετηρίας πρὸς τὸν δυνά-
μενον σώζειν αὐτὸν ἐκ θανάτου μετὰ κραυγῆς ἰσχυρᾶς καὶ
δακρύων προσενέγκας, καὶ εἰσακουσθεὶς ἀπὸ τῆς εὐλα-
8 βείας, καίπερ ὢν Υἱός, ἔμαθεν ἀφ᾿ ὧν ἔπαθεν τὴν
9 ὑπακοήν, καὶ τελειωθεὶς ἐγένετο πᾶσιν τοῖς ὑπακούου-
10 σιν αὐτῷ αἴτιος σωτηρίας αἰωνίου, προσαγορευθεὶς
ὑπὸ τοῦ Θεοῦ ἀρχιερεὺς κατὰ τὴν τάξιν Μελχισεδέκ.
11 Περὶ οὗ πολὺς ἡμῖν ὁ λόγος καὶ δυσερμήνευτος λέγειν,
12 ἐπεὶ νωθροὶ γεγόνατε ταῖς ἀκοαῖς. καὶ γὰρ ὀφείλοντες
εἶναι διδάσκαλοι διὰ τὸν χρόνον πάλιν χρείαν ἔχετε τοῦ
διδάσκειν ὑμᾶς τινὰ τὰ στοιχεῖα τῆς ἀρχῆς τῶν λογίων
τοῦ Θεοῦ, καὶ γεγόνατε χρείαν ἔχοντες γάλακτος, [καὶ] οὐ
13 στερεᾶς τροφῆς. πᾶς γὰρ ὁ μετέχων γάλακτος ἄπει-
14 ρος λόγου δικαιοσύνης· νήπιος γάρ ἐστιν· τελείων δέ
ἐστιν ἡ στερεὰ τροφή, τῶν διὰ τὴν ἕξιν τὰ αἰσθητήρια
γεγυμνασμένα ἐχόντων πρὸς διάκρισιν καλοῦ τε καὶ
κακοῦ.

6 Διὸ ἀφέντες τὸν τῆς ἀρχῆς τοῦ Χριστοῦ λόγον ἐπὶ τὴν
τελειότητα φερώμεθα, μὴ πάλιν θεμέλιον καταβαλλόμενοι
μετανοίας ἀπὸ νεκρῶν ἔργων, καὶ πίστεως ἐπὶ Θεόν,
2 βαπτισμῶν διδαχῆς ἐπιθέσεώς τε χειρῶν ἀναστάσεώς τε
3 νεκρῶν καὶ κρίματος αἰωνίου. καὶ τοῦτο ποιήσομεν
4 ἐάνπερ ἐπιτρέπῃ ὁ Θεός. Ἀδύνατον γὰρ τοὺς ἅπαξ
φωτισθέντας γευσαμένους τε τῆς δωρεᾶς τῆς ἐπουρα-
5 νίου καὶ μετόχους γενηθέντας Πνεύματος Ἁγίου καὶ
καλὸν γευσαμένους Θεοῦ ῥῆμα δυνάμεις τε μέλλοντος
6 αἰῶνος, καὶ παραπεσόντας, πάλιν ἀνακαινίζειν εἰς με-

9 πᾶσιν] post τοῖς ὑπ. αὐ. ς 12 τινὰ] τίνα ς TrTiBRm στοι-
χεῖα] στοιχία WHₐ καὶ *tert*.] ins ς L*n*[Tr]A[B]WHₘR : Ti°WH°
2 διδαχῆς] -χὴν L*n*(n.m.)BmWH(n.m.)Rm τε *sec*.] [Tr]B°mWH°(n.m.)
3 ποιήσομεν] -σωμεν L*n*mAmBm 4 φωτισθέντας] -θέντας, WHmRm

ΠΡΟΣ ΕΒΡΑΙΟΥΣ 6. 7—20.

τάνοιαν, ἀνασταυροῦντας ἑαυτοῖς τὸν Υἱὸν τοῦ Θεοῦ καὶ παραδειγματίζοντας. γῆ γὰρ ἡ πιοῦσα τὸν ἐπ᾽ αὐτῆς 7 ἐρχόμενον πολλάκις ὑετόν, καὶ τίκτουσα βοτάνην εὔθετον ἐκείνοις δι᾽ οὓς καὶ γεωργεῖται, μεταλαμβάνει εὐλογίας ἀπὸ τοῦ Θεοῦ· ἐκφέρουσα δὲ ἀκάνθας καὶ τριβόλους 8 ἀδόκιμος καὶ κατάρας ἐγγύς, ἧς τὸ τέλος εἰς καῦσιν.

Πεπείσμεθα δὲ περὶ ὑμῶν, ἀγαπητοί, τὰ κρείσσονα καὶ 9 ἐχόμενα σωτηρίας, εἰ καὶ οὕτως λαλοῦμεν· οὐ γὰρ 10 ἄδικος ὁ Θεὸς ἐπιλαθέσθαι τοῦ ἔργου ὑμῶν, καὶ τῆς ἀγάπης ἧς ἐνεδείξασθε εἰς τὸ ὄνομα αὐτοῦ, διακονήσαντες τοῖς ἁγίοις καὶ διακονοῦντες. ἐπιθυμοῦμεν δὲ ἕκαστον 11 ὑμῶν τὴν αὐτὴν ἐνδείκνυσθαι σπουδὴν πρὸς τὴν πληροφορίαν τῆς ἐλπίδος ἄχρι τέλους· ἵνα μὴ νωθροὶ γένη- 12 σθε, μιμηταὶ δὲ τῶν διὰ πίστεως καὶ μακροθυμίας κληρονομούντων τὰς ἐπαγγελίας.

Τῷ γὰρ Ἀβραὰμ ἐπαγγειλάμενος ὁ Θεός, ἐπεὶ κατ᾽ 13 οὐδενὸς εἶχεν μείζονος ὀμόσαι, ὤμοσεν καθ᾽ ἑαυτοῦ λέγων, Εἰ μὴν εὐλογῶν εὐλογήσω σε καὶ πληθύνων πλη- 14 θυνῶ σε. καὶ οὕτως μακροθυμήσας ἐπέτυχεν τῆς ἐπαγ- 15 γελίας. ἄνθρωποι γὰρ κατὰ τοῦ μείζονος ὀμνύουσιν· 16 καὶ πάσης αὐτοῖς ἀντιλογίας πέρας εἰς βεβαίωσιν ὁ ὅρκος. ἐν ᾧ περισσότερον βουλόμενος ὁ Θεὸς ἐπιδεῖξαι τοῖς κλη- 17 ρονόμοις τῆς ἐπαγγελίας τὸ ἀμετάθετον τῆς βουλῆς αὐτοῦ ἐμεσίτευσεν ὅρκῳ, ἵνα διὰ δύο πραγμάτων ἀμεταθέ- 18 των, ἐν οἷς ἀδύνατον ψεύσασθαι Θεόν, ἰσχυρὰν παράκλησιν ἔχωμεν οἱ καταφυγόντες κρατῆσαι τῆς προκειμένης ἐλπίδος· ἣν ὡς ἄγκυραν ἔχομεν τῆς ψυχῆς ἀσφαλῆ τε 19 καὶ βεβαίαν καὶ εἰσερχομένην εἰς τὸ ἐσώτερον τοῦ καταπετάσματος, ὅπου πρόδρομος ὑπὲρ ἡμῶν εἰσῆλθεν 20 Ἰησοῦς, κατὰ τὴν τάξιν Μελχισεδὲκ ἀρχιερεὺς γενόμενος εἰς τὸν αἰῶνα.

7 πολλάκις] ante ἐρχόμ. ϛ   9 κρείσσονα] κρείττ. ϛ : C   10 τῆς ἀγάπης] pr τοῦ κόπου ϛ(a.m.)Bm   14 εἰ] ἦ ϛ   16 γὰρ] pr μὲν ϛ[A] : Scr   18 Θεόν] pr τὸν Ti[B]WHm   19 ἀσφαλῆ] -λήν LnTr

ΠΡΟΣ ΕΒΡΑΙΟΥΣ

7 Οὗτος γὰρ ὁ Μελχισεδέκ, βασιλεὺς Σαλήμ, ἱερεὺς τοῦ Θεοῦ τοῦ Ὑψίστου, ὁ συναντήσας Ἀβραὰμ ὑποστρέφοντι ἀπὸ τῆς κοπῆς τῶν βασιλέων καὶ εὐλογήσας αὐτόν, 2 ᾧ καὶ δεκάτην ἀπὸ πάντων ἐμέρισεν Ἀβραάμ (πρῶτον μὲν ἑρμηνευόμενος Βασιλεὺς Δικαιοσύνης, ἔπειτα δὲ καὶ 3 βασιλεὺς Σαλήμ, ὅ ἐστιν Βασιλεὺς Εἰρήνης, ἀπάτωρ, ἀμήτωρ, ἀγενεαλόγητος, μήτε ἀρχὴν ἡμερῶν μήτε ζωῆς τέλος ἔχων, ἀφωμοιωμένος δὲ τῷ Υἱῷ τοῦ Θεοῦ), μένει ἱερεὺς εἰς τὸ διηνεκές. 4 Θεωρεῖτε δὲ πηλίκος οὗτος, ᾧ δεκάτην Ἀβραὰμ ἔδωκεν 5 ἐκ τῶν ἀκροθινίων ὁ πατριάρχης. καὶ οἱ μὲν ἐκ τῶν υἱῶν Λευεὶ τὴν ἱερατείαν λαμβάνοντες ἐντολὴν ἔχουσιν ἀποδεκατοῖν τὸν λαὸν κατὰ τὸν νόμον, τοῦτ' ἔστιν τοὺς ἀδελφοὺς αὐτῶν, καίπερ ἐξεληλυθότας ἐκ τῆς ὀσφύος 6 Ἀβραάμ· ὁ δὲ μὴ γενεαλογούμενος ἐξ αὐτῶν δεδεκάτωκεν Ἀβραάμ, καὶ τὸν ἔχοντα τὰς ἐπαγγελίας εὐλόγη- 7 κεν. χωρὶς δὲ πάσης ἀντιλογίας τὸ ἔλαττον ὑπὸ τοῦ 8 κρείττονος εὐλογεῖται. καὶ ὧδε μὲν δεκάτας ἀποθνήσκοντες ἄνθρωποι λαμβάνουσιν, ἐκεῖ δὲ μαρτυρούμενος 9 ὅτι ζῇ. καὶ ὡς ἔπος εἰπεῖν δι' Ἀβραὰμ καὶ Λευεὶς ὁ 10 δεκάτας λαμβάνων δεδεκάτωται· ἔτι γὰρ ἐν τῇ ὀσφύϊ τοῦ πατρὸς ἦν ὅτε συνήντησεν αὐτῷ Μελχισεδέκ.

11 Εἰ μὲν οὖν τελείωσις διὰ τῆς Λευειτικῆς ἱερωσύνης ἦν (ὁ λαὸς γὰρ ἐπ' αὐτῆς νενομοθέτηται), τίς ἔτι χρεία κατὰ τὴν τάξιν Μελχισεδὲκ ἕτερον ἀνίστασθαι ἱερέα, καὶ οὐ κατὰ 12 τὴν τάξιν Ἀαρὼν λέγεσθαι; μετατιθεμένης γὰρ τῆς ἱερωσύνης ἐξ ἀνάγκης καὶ νόμου μετάθεσις γίνεται. 13 ἐφ' ὃν γὰρ λέγεται ταῦτα φυλῆς ἑτέρας μετέσχηκεν, ἀφ'

ΠΡΟΣ ΕΒΡΑΙΟΥΣ

7. 14—28.

ἧς οὐδεὶς προσέσχηκεν τῷ θυσιαστηρίῳ. πρόδηλον 14 γὰρ ὅτι ἐξ Ἰούδα ἀνατέταλκεν ὁ Κύριος ἡμῶν, εἰς ἣν φυλὴν περὶ ἱερέων οὐδὲν Μωυσῆς ἐλάλησεν. καὶ περισ- 15 σότερον ἔτι κατάδηλόν ἐστιν, εἰ κατὰ τὴν ὁμοιότητα Μελχισεδὲκ ἀνίσταται ἱερεὺς ἕτερος, ὃς οὐ κατὰ νόμον 16 ἐντολῆς σαρκίνης γέγονεν ἀλλὰ κατὰ δύναμιν ζωῆς ἀκαταλύτου· μαρτυρεῖται γὰρ ὅτι Σὺ ἱερεὺς εἰς τὸν αἰῶνα 17 κατὰ τὴν τάξιν Μελχισεδέκ.

Ἀθέτησις μὲν γὰρ γίνεται προαγούσης ἐντολῆς διὰ τὸ 18 αὐτῆς ἀσθενὲς καὶ ἀνωφελές, οὐδὲν γὰρ ἐτελείωσεν ὁ 19 νόμος, ἐπεισαγωγὴ δὲ κρείττονος ἐλπίδος, δι᾽ ἧς ἐγγίζομεν τῷ Θεῷ. Καὶ καθ᾽ ὅσον οὐ χωρὶς ὁρκωμοσίας (οἱ μὲν 20 γὰρ χωρὶς ὁρκωμοσίας εἰσὶν ἱερεῖς γεγονότες, ὁ δὲ μετὰ 21 ὁρκωμοσίας διὰ τοῦ λέγοντος πρὸς αὐτόν, Ὤμοσεν Κύριος καὶ οὐ μεταμεληθήσεται, Σὺ ἱερεὺς εἰς τὸν αἰῶνα), κατὰ τοσοῦτο καὶ κρείττονος διαθήκης γέγονεν ἔγγυος 22 Ἰησοῦς. Καὶ οἱ μὲν πλείονές εἰσιν γεγονότες ἱερεῖς 23 διὰ τὸ θανάτῳ κωλύεσθαι παραμένειν· ὁ δὲ διὰ τὸ 24 μένειν αὐτὸν εἰς τὸν αἰῶνα ἀπαράβατον ἔχει τὴν ἱερωσύνην. ὅθεν καὶ σώζειν εἰς τὸ παντελὲς δύναται τοὺς 25 προσερχομένους δι᾽ αὐτοῦ τῷ Θεῷ, πάντοτε ζῶν εἰς τὸ ἐντυγχάνειν ὑπὲρ αὐτῶν.

Τοιοῦτος γὰρ ἡμῖν [καὶ] ἔπρεπεν ἀρχιερεύς, ὅσιος, ἄκα- 26 κος, ἀμίαντος, κεχωρισμένος ἀπὸ τῶν ἁμαρτωλῶν, καὶ ὑψηλότερος τῶν οὐρανῶν γενόμενος· ὃς οὐκ ἔχει καθ᾽ ἡμέ- 27 ραν ἀνάγκην, ὥσπερ οἱ ἀρχιερεῖς, πρότερον ὑπὲρ τῶν ἰδίων ἁμαρτιῶν θυσίας ἀναφέρειν, ἔπειτα τῶν τοῦ λαοῦ· τοῦτο γὰρ ἐποίησεν ἐφάπαξ ἑαυτὸν ἀνενέγκας. ὁ νόμος γὰρ 28

---

14 οὐδὲν] ante περὶ ἱερωσύνης ϛ   16 σαρκίνης]-ικῆς ϛBm   17 μαρτυρεῖται]-ρεῖ ϛ   18 ἀνωφελές,]-λές· ϛTr   21 μετὰ] μεθ᾽ LnWHm: μετ᾽ WHm   αἰῶνα]+κατὰ τὴν τάξιν Μελχισεδέκ ϛLnBm   22 τοσοῦτο] -τον ϛ   καὶ] ϛ°Ln°Tr° at [Tr]m   23 γεγον.] post ἱερ. Ln TrmA   26 ἡμῖν] ὑμῖν Tiσφ   καὶ pri.] ins [Ln]TrTiA[B][WH] : ϛ°R° 27 ἀνενέγκας] προσενέγκας TrmTiB(n.m.)WHm

ΠΡΟΣ ΕΒΡΑΙΟΥΣ

8. 1—10.

ἀνθρώπους καθίστησιν ἀρχιερεῖς ἔχοντας ἀσθένειαν, ὁ λόγος δὲ τῆς ὁρκωμοσίας τῆς μετὰ τὸν νόμον Υἱὸν εἰς τὸν αἰῶνα τετελειωμένον.

8 Κεφάλαιον δὲ ἐπὶ τοῖς λεγομένοις, τοιοῦτον ἔχομεν ἀρχιερέα, ὃς ἐκάθισεν ἐν δεξιᾷ τοῦ θρόνου τῆς μεγαλωσύνης 2 ἐν τοῖς οὐρανοῖς, τῶν ἁγίων λειτουργὸς καὶ τῆς σκηνῆς τῆς ἀληθινῆς, ἣν ἔπηξεν ὁ Κύριος, οὐκ ἄνθρωπος. 3 πᾶς γὰρ ἀρχιερεὺς εἰς τὸ προσφέρειν δῶρά τε καὶ θυσίας καθίσταται· ὅθεν ἀναγκαῖον ἔχειν τι καὶ τοῦτον ὃ προσε-4 νέγκῃ. εἰ μὲν οὖν ἦν ἐπὶ γῆς, οὐδ᾽ ἂν ἦν ἱερεύς, ὄντων 5 τῶν προσφερόντων κατὰ νόμον τὰ δῶρα, οἵτινες ὑποδείγματι καὶ σκιᾷ λατρεύουσιν τῶν ἐπουρανίων, καθὼς κεχρημάτισται Μωυσῆς μέλλων ἐπιτελεῖν τὴν σκηνήν· Ὅρα, γάρ φησιν, ποιήσεις πάντα κατὰ τὸν τύπον τὸν 6 δειχθέντα σοι ἐν τῷ ὄρει. νυνὶ δὲ διαφορωτέρας τέτυχεν λειτουργίας, ὅσῳ καὶ κρείττονός ἐστιν διαθήκης μεσίτης, ἥτις ἐπὶ κρείττοσιν ἐπαγγελίαις νενομοθέτηται.

7 Εἰ γὰρ ἡ πρώτη ἐκείνη ἦν ἄμεμπτος, οὐκ ἂν δευτέρας 8 ἐζητεῖτο τόπος. μεμφόμενος γὰρ αὐτοὺς λέγει, Ἰδοὺ ἡμέραι ἔρχονται, λέγει Κύριος, καὶ συντελέσω ἐπὶ τὸν οἶκον Ἰσραὴλ καὶ ἐπὶ τὸν οἶκον Ἰούδα διαθήκην καινήν· 9 οὐ κατὰ τὴν διαθήκην ἣν ἐποίησα τοῖς πατράσιν αὐτῶν ἐν ἡμέρᾳ ἐπιλαβομένου μου τῆς χειρὸς αὐτῶν ἐξαγαγεῖν αὐτοὺς ἐκ γῆς Αἰγύπτου· ὅτι αὐτοὶ οὐκ ἐνέμειναν ἐν τῇ δια-10 θήκῃ μου, κἀγὼ ἠμέλησα αὐτῶν, λέγει Κύριος. ὅτι αὕτη ἡ διαθήκη ἣν διαθήσομαι τῷ οἴκῳ Ἰσραὴλ μετὰ τὰς ἡμέρας ἐκείνας, λέγει Κύριος· διδοὺς νόμους μου εἰς τὴν διάνοιαν αὐτῶν καὶ ἐπὶ καρδίας αὐτῶν ἐπιγράψω αὐτούς· καὶ ἔσομαι αὐτοῖς εἰς Θεόν, καὶ αὐτοὶ ἔσονταί μοι εἰς λαόν·

2 οὐκ ἄνθρ.] pr καὶ ς 4 οὖν] γὰρ ς ὄντων] +τῶν ἱερέων ς νόμον] pr τὸν ς 5 ποιήσεις] -σῃς ς : CEr 6 νυνὶ] νῦν L*n*Trm WH(s.m.) τέτυχεν] τέτευχ. ς Tr(a.m.) : -χε WHa 8 αὐτοὺς] αὐτοῖς ςTr(s.m.)ABmWHm 9 μου *pri*.] Elz° 10 διαθήκη]+μου [*Ln*] καρδίας αὐ.] καρδίαν αὐ. TiB(a.m.)WHm : -δίᾳ ἑαυ. Bm

ΠΡΟΣ ΕΒΡΑΙΟΥΣ

καὶ οὐ μὴ διδάξωσιν ἕκαστος τὸν πολίτην αὐτοῦ καὶ ἕκαστος τὸν ἀδελφὸν αὐτοῦ λέγων, Γνῶθι τὸν Κύριον· ὅτι πάντες εἰδήσουσίν με ἀπὸ μικροῦ ἕως μεγάλου αὐτῶν· ὅτι ἵλεως ἔσομαι ταῖς ἀδικίαις αὐτῶν, καὶ τῶν ἁμαρτιῶν αὐτῶν οὐ μὴ μνησθῶ ἔτι. ἐν τῷ λέγειν Καινήν, πεπαλαίωκεν τὴν πρώτην· τὸ δὲ παλαιούμενον καὶ γηράσκον ἐγγὺς ἀφανισμοῦ.

Εἶχεν μὲν οὖν καὶ ἡ πρώτη δικαιώματα λατρείας τό τε ἅγιον κοσμικόν. σκηνὴ γὰρ κατεσκευάσθη ἡ πρώτη, ἐν ᾗ ἥ τε λυχνία καὶ ἡ τράπεζα καὶ ἡ πρόθεσις τῶν ἄρτων, ἥτις λέγεται Ἅγια. μετὰ δὲ τὸ δεύτερον καταπέτασμα σκηνὴ ἡ.λεγομένη Ἅγια Ἁγίων, χρυσοῦν ἔχουσα θυμιατήριον καὶ τὴν κιβωτὸν τῆς διαθήκης περικεκαλυμμένην πάντοθεν χρυσίῳ, ἐν ᾗ στάμνος χρυσῆ ἔχουσα τὸ μάννα καὶ ἡ ῥάβδος Ἀαρὼν ἡ βλαστήσασα καὶ αἱ πλάκες τῆς διαθήκης, ὑπεράνω δὲ αὐτῆς Χερουβεὶν δόξης κατασκιάζοντα τὸ ἱλαστήριον· περὶ ὧν οὐκ ἔστιν νῦν λέγειν κατὰ μέρος. Τούτων δὲ οὕτως κατεσκευασμένων εἰς μὲν τὴν πρώτην σκηνὴν διὰ παντὸς εἰσίασιν οἱ ἱερεῖς τὰς λατρείας ἐπιτελοῦντες, εἰς δὲ τὴν δευτέραν ἅπαξ τοῦ ἐνιαυτοῦ μόνος ὁ ἀρχιερεύς, οὐ χωρὶς αἵματος, ὃ προσφέρει ὑπὲρ ἑαυτοῦ καὶ τῶν τοῦ λαοῦ ἀγνοημάτων· τοῦτο δηλοῦντος τοῦ Πνεύματος τοῦ Ἁγίου, μήπω πεφανερῶσθαι τὴν τῶν ἁγίων ὁδὸν ἔτι τῆς πρώτης σκηνῆς ἐχούσης στάσιν· ἥτις παραβολὴ εἰς τὸν καιρὸν τὸν ἐνεστηκότα, καθ' ἣν δῶρά τε καὶ θυσίαι προσφέρονται μὴ δυνάμεναι κατὰ συνείδησιν τελειῶσαι τὸν λατρεύοντα, μόνον

11 πολίτην] πλησίον ϛ : Cϛm   μικροῦ] +αὐτῶν ϛ   12 ἁμαρτ. αὐ.] +καὶ τῶν ἀνομιῶν αὐτῶν ϛLπBm   13 πεπαλαίωκεν] -κε WHa
1 εἶχεν] -χε TiBWH   καὶ] [Tr][WH]   πρώτη] + σκηνὴ ϛ : ErJ
2 ἄρτων]+καὶ τὸ χρυσοῦν θυμιατήριον [Tr]m   ἅγια] ἁγία ϛ Jm : CErJ
Elz : ἅγια. ἁγίων. (sic) Lπ : pr τὰ WHm   3 ἅγια ἁγίων] τὰ ἅγια τῶν ἁγίων TrWHm   4 χρυσοῦν et θυμιατήριον καὶ] [Tr]m   5 Χερουβεὶν] -βὶμ ϛ : -βὶν AB   ἔστιν] -τι WHa   9 καθ' ἥν] καθ' ὃν ϛ

ἐπὶ βρώμασιν καὶ πόμασιν καὶ διαφόροις βαπτισμοῖς, δικαιώματα σαρκὸς μέχρι καιροῦ διορθώσεως ἐπικείμενα.

11 Χριστὸς δὲ παραγενόμενος ἀρχιερεὺς τῶν μελλόντων ἀγαθῶν διὰ τῆς μείζονος καὶ τελειοτέρας σκηνῆς οὐ χειρο-
12 ποιήτου, τοῦτ᾽ ἔστιν οὐ ταύτης τῆς κτίσεως,   οὐδὲ δι᾽ αἵματος τράγων καὶ μόσχων, διὰ δὲ τοῦ ἰδίου αἵματος, εἰσῆλθεν ἐφάπαξ εἰς τὰ ἅγια, αἰωνίαν λύτρωσιν εὑράμενος.
13 εἰ γὰρ τὸ αἷμα τράγων καὶ ταύρων καὶ σποδὸς δαμάλεως ῥαντίζουσα τοὺς κεκοινωμένους ἁγιάζει πρὸς τὴν τῆς σαρ-
14 κὸς καθαρότητα,   πόσῳ μᾶλλον τὸ αἷμα τοῦ Χριστοῦ, ὃς διὰ Πνεύματος αἰωνίου ἑαυτὸν προσήνεγκεν ἄμωμον τῷ Θεῷ, καθαριεῖ τὴν συνείδησιν ὑμῶν ἀπὸ νεκρῶν ἔργων εἰς τὸ λατρεύειν Θεῷ ζῶντι;
15 Καὶ διὰ τοῦτο διαθήκης καινῆς μεσίτης ἐστίν, ὅπως, θανάτου γενομένου εἰς ἀπολύτρωσιν τῶν ἐπὶ τῇ πρώτῃ διαθήκῃ παραβάσεων, τὴν ἐπαγγελίαν λάβωσιν οἱ κεκλη-
16 μένοι τῆς αἰωνίου κληρονομίας.   ὅπου γὰρ διαθήκη,
17 θάνατον ἀνάγκη φέρεσθαι τοῦ διαθεμένου.   διαθήκη γὰρ ἐπὶ νεκροῖς βεβαία, ἐπεὶ μή ποτε ἰσχύει ὅτε ζῇ ὁ
18 διαθέμενος.   Ὅθεν οὐδὲ ἡ πρώτη χωρὶς αἵματος ἐνκε-
19 καίνισται.   λαληθείσης γὰρ πάσης ἐντολῆς κατὰ τὸν νόμον ὑπὸ Μωυσέως παντὶ τῷ λαῷ, λαβὼν τὸ αἷμα τῶν μόσχων καὶ τῶν τράγων μετὰ ὕδατος καὶ ἐρίου κοκκίνου καὶ ὑσσώπου, αὐτό τε τὸ βιβλίον καὶ πάντα τὸν λαὸν
20 ἐράντισεν   λέγων, Τοῦτο τὸ αἷμα τῆς διαθήκης ἧς
21 ἐνετείλατο πρὸς ὑμᾶς ὁ Θεός.   καὶ τὴν σκηνὴν δὲ καὶ

πάντα τὰ σκεύη τῆς λειτουργίας τῷ αἵματι ὁμοίως ἐράντισεν. καὶ σχεδὸν ἐν αἵματι πάντα καθαρίζεται κατὰ 22 τὸν νόμον, καὶ χωρὶς αἱματεκχυσίας οὐ γίνεται ἄφεσις.

Ἀνάγκη οὖν τὰ μὲν ὑποδείγματα τῶν ἐν τοῖς οὐρανοῖς 23 τούτοις καθαρίζεσθαι, αὐτὰ δὲ τὰ ἐπουράνια κρείττοσιν θυσίαις παρὰ ταύτας. οὐ γὰρ εἰς χειροποίητα εἰσῆλθεν 24 ἅγια Χριστὸς ἀντίτυπα τῶν ἀληθινῶν, ἀλλ' εἰς αὐτὸν τὸν οὐρανόν, νῦν ἐμφανισθῆναι τῷ προσώπῳ τοῦ Θεοῦ ὑπὲρ ἡμῶν· οὐδ' ἵνα πολλάκις προσφέρῃ ἑαυτόν, ὥσπερ ὁ 25 ἀρχιερεὺς εἰσέρχεται εἰς τὰ ἅγια κατ' ἐνιαυτὸν ἐν αἵματι ἀλλοτρίῳ· ἐπεὶ ἔδει αὐτὸν πολλάκις παθεῖν ἀπὸ κατα- 26 βολῆς κόσμου· νυνὶ δὲ ἅπαξ ἐπὶ συντελείᾳ τῶν αἰώνων εἰς ἀθέτησιν τῆς ἁμαρτίας διὰ τῆς θυσίας αὐτοῦ πεφανέρωται. καὶ καθ' ὅσον ἀπόκειται τοῖς ἀνθρώποις ἅπαξ ἀποθανεῖν 27 μετὰ δὲ τοῦτο κρίσις, οὕτως καὶ ὁ Χριστός, ἅπαξ 28 προσενεχθεὶς εἰς τὸ πολλῶν ἀνενεγκεῖν ἁμαρτίας, ἐκ δευτέρου χωρὶς ἁμαρτίας ὀφθήσεται τοῖς αὐτὸν ἀπεκδεχομένοις εἰς σωτηρίαν.

Σκιὰν γὰρ ἔχων ὁ νόμος τῶν μελλόντων ἀγαθῶν, οὐκ 10 αὐτὴν τὴν εἰκόνα τῶν πραγμάτων, κατ' ἐνιαυτὸν ταῖς αὐταῖς θυσίαις ἃς προσφέρουσιν εἰς τὸ διηνεκὲς οὐδέποτε δύνανται τοὺς προσερχομένους τελειῶσαι. ἐπεὶ οὐκ ἂν 2 ἐπαύσαντο προσφερόμεναι, διὰ τὸ μηδεμίαν ἔχειν ἔτι συνείδησιν ἁμαρτιῶν τοὺς λατρεύοντας ἅπαξ κεκαθαρισμένους; ἀλλ' ἐν αὐταῖς ἀνάμνησις ἁμαρτιῶν κατ' ἐνιαυ- 3 τόν· ἀδύνατον γὰρ αἷμα ταύρων καὶ τράγων ἀφαιρεῖν 4 ἁμαρτίας. Διὸ εἰσερχόμενος εἰς τὸν κόσμον λέγει, Θυ- 5 σίαν καὶ προσφορὰν οὐκ ἠθέλησας, σῶμα δὲ κατηρτίσω

21 ἐράντισεν] ἑρρ. ϛ   23 κρείττοσιν] -σι WH   24 ἅγια] ante εἰσῆλθεν ϛ Ln   Χριστὸς] pr ὁ ϛ   26 νυνὶ] νῦν ϛ   τῆς ἁμαρτ.]
—τῆς ϛ Ti σφ A   28 καὶ] ϛ°: CEr   σωτηρίαν]+ διὰ πίστεως Bm
1 πραγμάτων,] πραγμάτων. Ln   θυσίαις]+ αὐτῶν WHm   ἃς] αἷς TiAB   δύνανται] δύναται ϛ (n.m.)TiAB(n.m.)Rm   2 οὐκ] C°Elz° κεκαθαρισμένους] κεκαθερ. LnWHa : -θαρμένους ϛ   4 ταύρ. κ. τράγ.] τράγ. κ. ταύρ. WHm

6 μοι· ὁλοκαυτώματα καὶ περὶ ἁμαρτίας οὐκ ηὐδόκησας·
7 τότε εἶπον, Ἰδοὺ ἥκω (ἐν κεφαλίδι βιβλίου γέγραπται
8 περὶ ἐμοῦ) τοῦ ποιῆσαι, ὁ Θεός, τὸ θέλημά σου. ἀνώ-
τερον λέγων ὅτι Θυσίας καὶ προσφορὰς καὶ ὁλοκαυτώματα
καὶ περὶ ἁμαρτίας οὐκ ἠθέλησας οὐδὲ ηὐδόκησας (αἵτινες
9 κατὰ νόμον προσφέρονται), τότε εἴρηκεν, Ἰδοὺ ἥκω
τοῦ ποιῆσαι τὸ θέλημά σου· ἀναιρεῖ τὸ πρῶτον, ἵνα τὸ
10 δεύτερον στήσῃ. ἐν ᾧ θελήματι ἡγιασμένοι ἐσμὲν διὰ
τῆς προσφορᾶς τοῦ σώματος Ἰησοῦ Χριστοῦ ἐφάπαξ.
11 Καὶ πᾶς μὲν ἱερεὺς ἕστηκεν καθ᾽ ἡμέραν λειτουργῶν
καὶ τὰς αὐτὰς πολλάκις προσφέρων θυσίας, αἵτινες οὐδέ-
12 ποτε δύνανται περιελεῖν ἁμαρτίας· οὗτος δὲ μίαν ὑπὲρ
ἁμαρτιῶν προσενέγκας θυσίαν εἰς τὸ διηνεκὲς ἐκάθισεν ἐν
13 δεξιᾷ τοῦ Θεοῦ, τὸ λοιπὸν ἐκδεχόμενος ἕως τεθῶσιν
14 οἱ ἐχθροὶ αὐτοῦ ὑποπόδιον τῶν ποδῶν αὐτοῦ. μιᾷ γὰρ
προσφορᾷ τετελείωκεν εἰς τὸ διηνεκὲς τοὺς ἁγιαζομένους.
15 Μαρτυρεῖ δὲ ἡμῖν καὶ τὸ Πνεῦμα τὸ Ἅγιον· μετὰ γὰρ τὸ
16 εἰρηκέναι, Αὕτη ἡ διαθήκη ἣν διαθήσομαι πρὸς αὐτοὺς
μετὰ τὰς ἡμέρας ἐκείνας, λέγει Κύριος· διδοὺς νόμους μου
ἐπὶ καρδίας αὐτῶν καὶ ἐπὶ τὴν διάνοιαν αὐτῶν ἐπιγράψω
17 αὐτούς·— καὶ τῶν ἁμαρτιῶν αὐτῶν καὶ τῶν ἀνομιῶν
18 αὐτῶν οὐ μὴ μνησθήσομαι ἔτι. ὅπου δὲ ἄφεσις τού-
των, οὐκέτι προσφορὰ περὶ ἁμαρτίας.
19 Ἔχοντες οὖν, ἀδελφοί, παρρησίαν εἰς τὴν εἴσοδον τῶν
20 ἁγίων ἐν τῷ αἵματι Ἰησοῦ, ἣν ἐνεκαίνισεν ἡμῖν ὁδὸν
πρόσφατον καὶ ζῶσαν, διὰ τοῦ καταπετάσματος, τοῦτ᾽
21 ἔστιν τῆς σαρκὸς αὐτοῦ, καὶ ἱερέα μέγαν ἐπὶ τὸν
22 οἶκον τοῦ Θεοῦ, προσερχώμεθα μετὰ ἀληθινῆς καρδίας

ἐν πληροφορίᾳ πίστεως, ῥεραντισμένοι τὰς καρδίας ἀπὸ συνειδήσεως πονηρᾶς καὶ λελουσμένοι τὸ σῶμα ὕδατι καθαρῷ· κατέχωμεν τὴν ὁμολογίαν τῆς ἐλπίδος ἀκλινῆ, 23 πιστὸς γὰρ ὁ ἐπαγγειλάμενος· καὶ κατανοῶμεν ἀλλή- 24 λους εἰς παροξυσμὸν ἀγάπης καὶ καλῶν ἔργων, μὴ 25 ἐγκαταλείποντες τὴν ἐπισυναγωγὴν ἑαυτῶν, καθὼς ἔθος τισίν, ἀλλὰ παρακαλοῦντες, καὶ τοσούτῳ μᾶλλον ὅσῳ βλέπετε ἐγγίζουσαν τὴν ἡμέραν.

Ἑκουσίως γὰρ ἁμαρτανόντων ἡμῶν μετὰ τὸ λαβεῖν τὴν 26 ἐπίγνωσιν τῆς ἀληθείας, οὐκέτι περὶ ἁμαρτιῶν ἀπολείπεται θυσία, φοβερὰ δέ τις ἐκδοχὴ κρίσεως, καὶ πυρὸς 27 ζῆλος ἐσθίειν μέλλοντος τοὺς ὑπεναντίους. ἀθετήσας 28 τις νόμον Μωυσέως χωρὶς οἰκτιρμῶν ἐπὶ δυσὶν ἢ τρισὶν μάρτυσιν ἀποθνήσκει· πόσῳ δοκεῖτε χείρονος ἀξιωθή- 29 σεται τιμωρίας ὁ τὸν Υἱὸν τοῦ Θεοῦ καταπατήσας, καὶ τὸ αἷμα τῆς διαθήκης κοινὸν ἡγησάμενος ἐν ᾧ ἡγιάσθη, καὶ τὸ Πνεῦμα τῆς χάριτος ἐνυβρίσας; οἴδαμεν γὰρ τὸν 30 εἰπόντα, Ἐμοὶ ἐκδίκησις, ἐγὼ ἀνταποδώσω· καὶ πάλιν, Κρινεῖ Κύριος τὸν λαὸν αὐτοῦ. φοβερὸν τὸ ἐμπεσεῖν 31 εἰς χεῖρας Θεοῦ ζῶντος.

Ἀναμιμνήσκεσθε δὲ τὰς πρότερον ἡμέρας, ἐν αἷς φω- 32 τισθέντες πολλὴν ἄθλησιν ὑπεμείνατε παθημάτων, τοῦτο μὲν ὀνειδισμοῖς τε καὶ θλίψεσιν θεατριζόμενοι, τοῦ- 33 το δὲ κοινωνοὶ τῶν οὕτως ἀναστρεφομένων γενηθέντες. καὶ γὰρ τοῖς δεσμίοις συνεπαθήσατε, καὶ τὴν ἁρπαγὴν τῶν 34 ὑπαρχόντων ὑμῶν μετὰ χαρᾶς προσεδέξασθε, γινώσκοντες ἔχειν ἑαυτοὺς κρείσσονα ὕπαρξιν καὶ μένουσαν. Μὴ 35 ἀποβάλητε οὖν τὴν παρρησίαν ὑμῶν, ἥτις ἔχει μεγάλην μισθαποδοσίαν. ὑπομονῆς γὰρ ἔχετε χρείαν ἵνα τὸ 36

22 ῥεραντισμένοι] ἐρραντ. ϛ: ῥεραντ. TiAB πονηρᾶς...καθαρῷ·] πονηρᾶς...καθαρῷ Rm λελουσμένοι] λελουμένοι ϛLⁿTrA 30 ἀνταποδώσω] +, λέγει Κύριος ϛLⁿA Κύριος] ante κρινεῖ ϛ 34 δεσμίοις] δεσμοῖς μου ϛ TrmBm ἑαυτοῖς] ἐν ἑαυτοῖς ϛ: ἑαυτοῖς CEⁿmA Rm κρείσσονα] κρείττ. ϛWHₐ ὕπαρξιν]+ἐν οὐρανοῖς ϛBₘ 35 μεγάλην] post μισθ. ϛ

θέλημα τοῦ Θεοῦ ποιήσαντες κομίσησθε τὴν ἐπαγγελίαν.
37 ἔτι γὰρ μικρὸν ὅσον ὅσον Ὁ ἐρχόμενος ἥξει καὶ οὐ χρο-
38 νίσει.   ὁ δὲ δίκαιός μου ἐκ πίστεως ζήσεται· καὶ ἐὰν
39 ὑποστείληται, οὐκ εὐδοκεῖ ἡ ψυχή μου ἐν αὐτῷ.   .ἡμεῖς
δὲ οὐκ ἐσμὲν ὑποστολῆς εἰς ἀπώλειαν, ἀλλὰ πίστεως εἰς
περιποίησιν ψυχῆς.
11 Ἔστιν δὲ πίστις ἐλπιζομένων ὑπόστασις, πραγμάτων
2 ἔλεγχος οὐ βλεπομένων.   ἐν ταύτῃ γὰρ ἐμαρτυρήθησαν
3 οἱ πρεσβύτεροι.   Πίστει νοοῦμεν κατηρτίσθαι τοὺς
αἰῶνας ῥήματι Θεοῦ, εἰς τὸ μὴ ἐκ φαινομένων τὸ βλεπό-
4 μενον γεγονέναι.   Πίστει πλείονα θυσίαν Ἄβελ παρὰ
Κάϊν προσήνεγκεν τῷ Θεῷ, δι᾽ ἧς ἐμαρτυρήθη εἶναι δί-
καιος, μαρτυροῦντος ἐπὶ τοῖς δώροις αὐτοῦ τοῦ Θεοῦ· καὶ
5 δι᾽ αὐτῆς ἀποθανὼν ἔτι λαλεῖ.   Πίστει Ἐνὼχ μετετέθη
τοῦ μὴ ἰδεῖν θάνατον, καὶ οὐχ ηὑρίσκετο, διότι μετέθηκεν
αὐτὸν ὁ Θεός· πρὸ γὰρ τῆς .μεταθέσεως μεμαρτύρηται
6 εὐηρεστηκέναι τῷ Θεῷ·   χωρὶς δὲ πίστεως ἀδύνατον
εὐαρεστῆσαι· πιστεῦσαι γὰρ δεῖ τὸν προσερχόμενον [τῷ]
Θεῷ ὅτι ἔστιν καὶ τοῖς ἐκζητοῦσιν αὐτὸν μισθαποδότης
7 γίνεται.   Πίστει χρηματισθεὶς Νῶε περὶ τῶν μηδέπω
βλεπομένων εὐλαβηθεὶς κατεσκεύασεν κιβωτὸν εἰς σωτη-
ρίαν τοῦ οἴκου αὐτοῦ· δι᾽ ἧς κατέκρινεν τὸν κόσμον, καὶ
τῆς κατὰ πίστιν δικαιοσύνης ἐγένετο κληρονόμος.
8 Πίστει καλούμενος Ἀβραὰμ ὑπήκουσεν ἐξελθεῖν εἰς τόπον
ὃν ἤμελλεν λαμβάνειν εἰς κληρονομίαν, καὶ ἐξῆλθεν μὴ
9 ἐπιστάμενος ποῦ ἔρχεται.   Πίστει παρῴκησεν εἰς γῆν

τῆς ἐπαγγελίας ὡς ἀλλοτρίαν, ἐν σκηναῖς κατοικήσας μετὰ Ἰσαὰκ καὶ Ἰακὼβ τῶν συνκληρονόμων τῆς ἐπαγγελίας τῆς αὐτῆς· ἐξεδέχετο γὰρ τὴν τοὺς θεμελίους 10 ἔχουσαν πόλιν, ἧς τεχνίτης καὶ δημιουργὸς ὁ Θεός. Πίστει καὶ αὐτὴ Σάρρα δύναμιν εἰς καταβολὴν σπέρματος 11 ἔλαβεν καὶ παρὰ καιρὸν ἡλικίας, ἐπεὶ πιστὸν ἡγήσατο τὸν ἐπαγγειλάμενον· διὸ καὶ ἀφ' ἑνὸς ἐγεννήθησαν, καὶ 12 ταῦτα νενεκρωμένου, καθὼς τὰ ἄστρα τοῦ οὐρανοῦ τῷ πλήθει, καὶ ὡς ἡ ἄμμος ἡ παρὰ τὸ χεῖλος τῆς θαλάσσης ἡ ἀναρίθμητος.

Κατὰ πίστιν ἀπέθανον οὗτοι πάντες, μὴ κομισάμενοι 13 τὰς ἐπαγγελίας, ἀλλὰ πόρρωθεν αὐτὰς ἰδόντες καὶ ἀσπασάμενοι, καὶ ὁμολογήσαντες ὅτι ξένοι καὶ παρεπίδημοί εἰσιν ἐπὶ τῆς γῆς. οἱ γὰρ τοιαῦτα λέγοντες ἐμφανί- 14 ζουσιν ὅτι πατρίδα ἐπιζητοῦσιν. καὶ εἰ μὲν ἐκείνης ἐμ- 15 νημόνευον ἀφ' ἧς ἐξέβησαν, εἶχον ἂν καιρὸν ἀνακάμψαι. νῦν δὲ κρείττονος ὀρέγονται, τοῦτ' ἔστιν ἐπουρανίου· διὸ 16 οὐκ ἐπαισχύνεται αὐτοὺς ὁ Θεὸς Θεὸς ἐπικαλεῖσθαι αὐτῶν· ἡτοίμασεν γὰρ αὐτοῖς πόλιν.

Πίστει προσενήνοχεν Ἀβραὰμ τὸν Ἰσαὰκ πειραζό- 17 μενος· καὶ τὸν μονογενῆ προσέφερεν ὁ τὰς ἐπαγγελίας ἀναδεξάμενος, πρὸς ὃν ἐλαλήθη ὅτι Ἐν Ἰσαὰκ κλη- 18 θήσεταί σοι σπέρμα· λογισάμενος ὅτι καὶ ἐκ νεκρῶν 19 ἐγείρειν δυνατὸς ὁ Θεός. ὅθεν αὐτὸν καὶ ἐν παραβολῇ ἐκομίσατο. Πίστει [καὶ] περὶ μελλόντων εὐλόγησεν 20 Ἰσαὰκ τὸν Ἰακὼβ καὶ τὸν Ἠσαῦ. Πίστει Ἰακὼβ 21 ἀποθνήσκων ἕκαστον τῶν υἱῶν Ἰωσὴφ εὐλόγησεν, καὶ

22 προσεκύνησεν ἐπὶ τὸ ἄκρον τῆς ῥάβδου αὐτοῦ. Πίστει Ἰωσὴφ τελευτῶν περὶ τῆς ἐξόδου τῶν υἱῶν Ἰσραὴλ ἐμνημόνευσεν καὶ περὶ τῶν ὀστέων αὐτοῦ ἐνετείλατο.

23 Πίστει Μωυσῆς γεννηθεὶς ἐκρύβη τρίμηνον ὑπὸ τῶν πατέρων αὐτοῦ, διότι εἶδον ἀστεῖον τὸ παιδίον· καὶ οὐκ 24 ἐφοβήθησαν τὸ διάταγμα τοῦ βασιλέως. πίστει Μωυσῆς μέγας γενόμενος ἠρνήσατο λέγεσθαι υἱὸς θυγατρὸς 25 Φαραώ, μᾶλλον ἑλόμενος συνκακουχεῖσθαι τῷ λαῷ τοῦ Θεοῦ ἢ πρόσκαιρον ἔχειν ἁμαρτίας ἀπόλαυσιν, 26 μείζονα πλοῦτον ἡγησάμενος τῶν Αἰγύπτου θησαυρῶν τὸν ὀνειδισμὸν τοῦ Χριστοῦ· ἀπέβλεπεν γὰρ εἰς τὴν μισθαπο- 27 δοσίαν. πίστει κατέλιπεν Αἴγυπτον μὴ φοβηθεὶς τὸν θυμὸν τοῦ βασιλέως· τὸν γὰρ ἀόρατον ὡς ὁρῶν ἐκαρτέρη- 28 σεν. πίστει πεποίηκεν τὸ πάσχα καὶ τὴν πρόσχυσιν τοῦ αἵματος, ἵνα μὴ ὁ ὀλοθρεύων τὰ πρωτότοκα θίγῃ 29 αὐτῶν. πίστει διέβησαν τὴν Ἐρυθρὰν Θάλασσαν ὡς διὰ ξηρᾶς γῆς· ἧς πεῖραν λαβόντες οἱ Αἰγύπτιοι κατεπό- 30 θησαν. πίστει τὰ τείχη Ἰεριχὼ ἔπεσαν, κυκλωθέντα 31 ἐπὶ ἑπτὰ ἡμέρας. πίστει Ῥαὰβ ἡ πόρνη οὐ συναπώλετο τοῖς ἀπειθήσασιν, δεξαμένη τοὺς κατασκόπους μετ᾽ εἰρήνης.

32 Καὶ τί ἔτι λέγω; ἐπιλείψει με γὰρ διηγούμενον ὁ χρόνος περὶ Γεδεών, Βαράκ, Σαμψών, Ἰεφθάε, Δαυείδ τε καὶ 33 Σαμουὴλ καὶ τῶν προφητῶν· οἳ διὰ πίστεως κατηγωνίσαντο βασιλείας, ἠργάσαντο δικαιοσύνην, ἐπέτυχον 34 ἐπαγγελιῶν, ἔφραξαν στόματα λεόντων, ἔσβεσαν δύναμιν πυρός, ἔφυγον στόματα μαχαίρης, ἐδυναμώθησαν ἀπὸ ἀσθενείας, ἐγενήθησαν ἰσχυροὶ ἐν πολέμῳ, παρεμ-

23 ἀστεῖον] ἄστιον WH, διάταγμα] δόγμα Ln 25 συνκακ.] συγκακ. ϛ LnTrA 26 Αἰγύπτου] pr ἐν Ln : ἐν Αἰγύπτῳ ϛ: C 28 ὀλοθρ.] ὀλεθρ. LnAWH, 29 γῆς] ϛ° 30 ἔπεσαν] -σε ϛ 32 με γὰρ] γάρ με ϛ Βαράκ, Σαμψών,] B. τε καὶ Σ. καὶ ϛA 33 ἠργάσαντο] εἰργ. ϛ LnA 34 μαχαίρης] -ρας ϛ : Scr ἐδυναμώθησαν] ἐνεδυν. ϛA

ΠΡΟΣ ΕΒΡΑΙΟΥΣ 11. 35—12. 6.

βολὰς ἔκλιναν ἀλλοτρίων. ἔλαβον γυναῖκες ἐξ ἀνα- 35
στάσεως τοὺς νεκροὺς αὐτῶν· ἄλλοι δὲ ἐτυμπανίσθησαν,
οὐ προσδεξάμενοι τὴν ἀπολύτρωσιν, ἵνα κρείττονος ἀνα-
στάσεως τύχωσιν. ἕτεροι δὲ ἐμπαιγμῶν καὶ μαστίγων 36
πεῖραν ἔλαβον, ἔτι δὲ δεσμῶν καὶ φυλακῆς· ἐλιθάσθη- 37
σαν, ἐπρίσθησαν, ἐπειράσθησαν, ἐν φόνῳ μαχαίρης ἀπέ-
θανον· περιῆλθον ἐν μηλωταῖς, ἐν αἰγείοις δέρμασιν, ὑστε-
ρούμενοι, θλιβόμενοι, κακουχούμενοι (ὧν οὐκ ἦν ἄξιος 38
ὁ κόσμος), ἐπὶ ἐρημίαις πλανώμενοι καὶ ὄρεσιν καὶ σπη-
λαίοις καὶ ταῖς ὀπαῖς τῆς γῆς. Καὶ οὗτοι πάντες μαρ- 39
τυρηθέντες διὰ τῆς πίστεως οὐκ ἐκομίσαντο τὴν ἐπαγγε-
λίαν, τοῦ Θεοῦ περὶ ἡμῶν κρεῖττόν τι προβλεψαμέ- 40
νου, ἵνα μὴ χωρὶς ἡμῶν τελειωθῶσιν.

Τοιγαροῦν καὶ ἡμεῖς, τοσοῦτον ἔχοντες περικείμενον 12
ἡμῖν νέφος μαρτύρων, ὄγκον ἀποθέμενοι πάντα καὶ τὴν
εὐπερίστατον ἁμαρτίαν δι᾽ ὑπομονῆς τρέχωμεν τὸν προκεί-
μενον ἡμῖν ἀγῶνα, ἀφορῶντες εἰς τὸν τῆς πίστεως 2
ἀρχηγὸν καὶ τελειωτὴν Ἰησοῦν, ὃς ἀντὶ τῆς προκειμένης
αὐτῷ χαρᾶς ὑπέμεινεν σταυρόν, αἰσχύνης καταφρονήσας,
ἐν δεξιᾷ τε τοῦ θρόνου τοῦ Θεοῦ κεκάθικεν. ἀναλογί- 3
σασθε γὰρ τὸν τοιαύτην ὑπομεμενηκότα ὑπὸ τῶν ἁμαρ-
τωλῶν εἰς ἑαυτὸν ἀντιλογίαν, ἵνα μὴ κάμητε ταῖς ψυχαῖς
ὑμῶν ἐκλυόμενοι.

Οὔπω μέχρις αἵματος ἀντικατέστητε πρὸς τὴν ἁμαρτίαν 4
ἀνταγωνιζόμενοι· καὶ ἐκλέλησθε τῆς παρακλήσεως, 5
ἥτις ὑμῖν ὡς υἱοῖς διαλέγεται, Υἱέ μου, μὴ ὀλιγώρει παι-
δείας Κυρίου, μηδὲ ἐκλύου ὑπ᾽ αὐτοῦ ἐλεγχόμενος· ὃν 6
γὰρ ἀγαπᾷ Κύριος παιδεύει, μαστιγοῖ δὲ πάντα υἱὸν ὃν

35 γυναῖκες] -κας LnWHm   37 ἐπρίσθ.,] post ἐπειράσθ., TrmTiB
WH(n.m.)   μαχαίρης] -ρας ς : Scr   αἰγείοις] αἰγίοις WH
38 ἐπὶ] ἐν ςWHm   ὄρεσιν] -σι WH   39 τὴν ἐπαγγελίαν] τὰς
ἐπαγγελίας Ln   2 κεκάθικεν] ἐκάθισεν ς : CJ   3 ἑαυτὸν] αὐτὸν
ς : -τοὺς BmWH(n.m.)R(n.m.)   4 μέχρις] μέχρι WHa   ἀντικατέ-
στητε] ἀντεκατέστ. WHa   5, 7, 8, 11 παιδείας...-αν...-ας...-α] παιδί-
TiBWHa

7 παραδέχεται. εἰς παιδείαν ὑπομένετε· ὡς υἱοῖς ὑμῖν προσφέρεται ὁ Θεός· τίς γὰρ υἱὸς ὃν οὐ παιδεύει πατήρ ;
8 εἰ δὲ χωρίς ἐστε παιδείας, ἧς μέτοχοι γεγόνασιν πάντες,
9 ἄρα νόθοι καὶ οὐχ υἱοί ἐστε. εἶτα τοὺς μὲν τῆς σαρκὸς ἡμῶν πατέρας εἴχομεν παιδευτὰς καὶ ἐνετρεπόμεθα· οὐ πολὺ μᾶλλον ὑποταγησόμεθα τῷ Πατρὶ τῶν πνευμάτων
10 καὶ ζήσομεν; οἱ μὲν γὰρ πρὸς ὀλίγας ἡμέρας κατὰ τὸ δοκοῦν αὐτοῖς ἐπαίδευον· ὁ δὲ ἐπὶ τὸ συμφέρον εἰς τὸ
11 μεταλαβεῖν τῆς ἁγιότητος αὐτοῦ. πᾶσα μὲν παιδεία πρὸς μὲν τὸ παρὸν οὐ δοκεῖ χαρᾶς εἶναι ἀλλὰ λύπης· ὕστερον δὲ καρπὸν εἰρηνικὸν τοῖς δι' αὐτῆς γεγυμνασμέ-
12 νοις ἀποδίδωσιν δικαιοσύνης. Διὸ τὰς παρειμένας χεῖ-
13 ρας καὶ τὰ παραλελυμένα γόνατα ἀνορθώσατε, καὶ τροχιὰς ὀρθὰς ποιεῖτε τοῖς ποσὶν ὑμῶν, ἵνα μὴ τὸ χωλὸν ἐκτραπῇ, ἰαθῇ δὲ μᾶλλον.
14 Εἰρήνην διώκετε μετὰ πάντων, καὶ τὸν ἁγιασμὸν οὗ
15 χωρὶς οὐδεὶς ὄψεται τὸν Κύριον· ἐπισκοποῦντες μή τις ὑστερῶν ἀπὸ τῆς χάριτος τοῦ Θεοῦ, μή τις ῥίζα πικρίας ἄνω φύουσα ἐνοχλῇ, καὶ διὰ ταύτης μιανθῶσιν οἱ πολλοί,
16 μή τις πόρνος ἢ βέβηλος ὡς Ἠσαῦ, ὃς ἀντὶ βρώσεως
17 μιᾶς ἀπέδοτο τὰ πρωτοτόκια ἑαυτοῦ. ἴστε γὰρ ὅτι καὶ μετέπειτα θέλων κληρονομῆσαι τὴν εὐλογίαν ἀπεδοκιμάσθη, μετανοίας γὰρ τόπον οὐχ εὗρεν, καίπερ μετὰ δακρύων ἐκζητήσας αὐτήν.
18 Οὐ γὰρ προσεληλύθατε ψηλαφωμένῳ καὶ κεκαυμένῳ
19 πυρὶ καὶ γνόφῳ καὶ ζόφῳ καὶ θυέλλῃ καὶ σάλπιγγος ἤχῳ καὶ φωνῇ ῥημάτων, ἧς οἱ ἀκούσαντες παρῃτήσαντο
20 μὴ προστεθῆναι αὐτοῖς λόγον· οὐκ ἔφερον γὰρ τὸ δια-

στελλόμενον, Κἂν θηρίον θίγῃ τοῦ ὄρους, λιθοβοληθήσεται· καὶ οὕτω φοβερὸν ἦν τὸ φανταζόμενον, Μωυσῆς 21
εἶπεν, Ἔκφοβός εἰμι καὶ ἔντρομος· ἀλλὰ προσεληλύ- 22
θατε Σιὼν ὄρει, καὶ πόλει Θεοῦ ζῶντος, Ἰερουσαλὴμ ἐπουρανίῳ, καὶ μυριάσιν ἀγγέλων, πανηγύρει καὶ ἐκκλη- 23
σίᾳ πρωτοτόκων ἀπογεγραμμένων ἐν οὐρανοῖς, καὶ κριτῇ
Θεῷ πάντων, καὶ πνεύμασι δικαίων τετελειωμένων,
καὶ διαθήκης νέας μεσίτῃ Ἰησοῦ, καὶ αἵματι ῥαντισμοῦ 24
κρεῖττον λαλοῦντι παρὰ τὸν Ἄβελ. Βλέπετε μὴ πα- 25
ραιτήσησθε τὸν λαλοῦντα. εἰ γὰρ ἐκεῖνοι οὐκ ἐξέφυγον
ἐπὶ γῆς παραιτησάμενοι τὸν χρηματίζοντα, πολὺ μᾶλλον
ἡμεῖς οἱ τὸν ἀπ' οὐρανῶν ἀποστρεφόμενοι· οὗ ἡ φωνὴ 26
τὴν γῆν ἐσάλευσεν τότε, νῦν δὲ ἐπήγγελται λέγων, Ἔτι
ἅπαξ ἐγὼ σείσω οὐ μόνον τὴν γῆν ἀλλὰ καὶ τὸν οὐρανόν.
τὸ δὲ Ἔτι ἅπαξ δηλοῖ τὴν τῶν σαλευομένων μετάθεσιν 27
ὡς πεποιημένων, ἵνα μείνῃ τὰ μὴ σαλευόμενα. Διὸ 28
βασιλείαν ἀσάλευτον παραλαμβάνοντες ἔχωμεν χάριν,
δι' ἧς λατρεύωμεν εὐαρέστως τῷ Θεῷ μετὰ εὐλαβείας καὶ
δέους· καὶ γὰρ ὁ Θεὸς ἡμῶν πῦρ καταναλίσκον. 29

Ἡ φιλαδελφία μενέτω. τῆς φιλοξενίας μὴ ἐπι- 13 1, 2
λανθάνεσθε· διὰ ταύτης γὰρ ἔλαθόν τινες ξενίσαντες ἀγγέλους. μιμνήσκεσθε τῶν δεσμίων ὡς συνδεδεμένοι, 3
τῶν κακουχουμένων ὡς καὶ αὐτοὶ ὄντες ἐν σώματι.
τίμιος ὁ γάμος ἐν πᾶσιν καὶ ἡ κοίτη ἀμίαντος· πόρνους 4
γὰρ καὶ μοιχοὺς κρινεῖ ὁ Θεός. ἀφιλάργυρος ὁ τρόπος· 5
ἀρκούμενοι τοῖς παροῦσιν· αὐτὸς γὰρ εἴρηκεν, Οὐ μή σε

20 λιθοβολ.] + ἢ βολίδι κατατοξευθήσεται ς : CScr 21 οὕτω] -τως TrA ἔντρομος] ἔκτρ. TrmWHm 22 ἀγγέλων,] , ἀγγ. LnTrA Rm 23 ἀπογεγρ.] post ἐν οὐρ. ς πνεύμασι] -σιν TrA
24 κρεῖττον] κρείττονα ς : Csm Ἄβελ] Ἄβ. WH 25 ἐξέφυγον] ἔφυγον ς γῆς] pr τῆς ς : CEr τὸν sec.] ante ἐπὶ τ. γ. παραιτ. ς πολὺ] πολλῷ ς οὐρανῶν] -νοῦ WHm 26 σείσω] σείω ς (a.m.)
27 τὴν] post τῶν σαλ. ς : [WH] 28 ἔχωμεν] -ομεν Bm : Scr λατρεύωμεν] -ομεν Bm εὐλαβείας καὶ δέους] αἰδοῦς καὶ εὐλ. ς 4 γὰρ] δὲ ς

6 ἀνῶ, οὐδ' οὐ μή σε ἐγκαταλίπω· ὥστε θαρροῦντας ἡμᾶς λέγειν, Κύριος ἐμοὶ βοηθός, οὐ φοβηθήσομαι· τί ποιήσει μοι ἄνθρωπος;
7 Μνημονεύετε τῶν ἡγουμένων ὑμῶν, οἵτινες ἐλάλησαν ὑμῖν τὸν λόγον τοῦ Θεοῦ· ὧν ἀναθεωροῦντες τὴν ἔκβασιν
8 τῆς ἀναστροφῆς μιμεῖσθε τὴν πίστιν. Ἰησοῦς Χριστὸς
9 ἐχθὲς καὶ σήμερον ὁ αὐτός, καὶ εἰς τοὺς αἰῶνας. διδαχαῖς ποικίλαις καὶ ξέναις μὴ παραφέρεσθε· καλὸν γὰρ χάριτι βεβαιοῦσθαι τὴν καρδίαν, οὐ βρώμασιν, ἐν οἷς
10 οὐκ ὠφελήθησαν οἱ περιπατοῦντες. Ἔχομεν θυσιαστήριον ἐξ οὗ φαγεῖν οὐκ ἔχουσιν ἐξουσίαν οἱ τῇ σκηνῇ
11 λατρεύοντες. ὧν γὰρ εἰσφέρεται ζῴων τὸ αἷμα περὶ ἁμαρτίας εἰς τὰ ἅγια διὰ τοῦ ἀρχιερέως, τούτων τὰ σώ-
12 ματα κατακαίεται ἔξω τῆς παρεμβολῆς. διὸ καὶ Ἰησοῦς, ἵνα ἁγιάσῃ διὰ τοῦ ἰδίου αἵματος τὸν λαόν, ἔξω
13 τῆς πύλης ἔπαθεν. τοίνυν ἐξερχώμεθα πρὸς αὐτὸν ἔξω
14 τῆς παρεμβολῆς τὸν ὀνειδισμὸν αὐτοῦ φέροντες. οὐ γὰρ ἔχομεν ὧδε μένουσαν πόλιν, ἀλλὰ τὴν μέλλουσαν
15 ἐπιζητοῦμεν. δι' αὐτοῦ [οὖν] ἀναφέρωμεν θυσίαν αἰνέσεως διὰ παντὸς τῷ Θεῷ, τοῦτ' ἔστιν καρπὸν χειλέων ὁ-
16 μολογούντων τῷ ὀνόματι αὐτοῦ. τῆς δὲ εὐποιΐας καὶ κοινωνίας μὴ ἐπιλανθάνεσθε· τοιαύταις γὰρ θυσίαις εὐαρε-
17 στεῖται ὁ Θεός. Πείθεσθε τοῖς ἡγουμένοις ὑμῶν καὶ ὑπείκετε· αὐτοὶ γὰρ ἀγρυπνοῦσιν ὑπὲρ τῶν ψυχῶν ὑμῶν ὡς λόγον ἀποδώσοντες· ἵνα μετὰ χαρᾶς τοῦτο ποιῶσιν καὶ μὴ στενάζοντες, ἀλυσιτελὲς γὰρ ὑμῖν τοῦτο.
18 Προσεύχεσθε περὶ ἡμῶν· πειθόμεθα γὰρ ὅτι καλὴν συνείδησιν ἔχομεν, ἐν πᾶσιν καλῶς θέλοντες ἀναστρέφεσθαι.
19 περισσοτέρως δὲ παρακαλῶ τοῦτο ποιῆσαι, ἵνα τάχιον

ΠΡΟΣ ΕΒΡΑΙΟΥΣ 13. 20—1. 6.

ἀποκατασταθῶ ὑμῖν. Ὁ δὲ Θεὸς τῆς εἰρήνης, ὁ ἀναγα- 20
γὼν ἐκ νεκρῶν τὸν ποιμένα τῶν προβάτων τὸν μέγαν ἐν
αἵματι διαθήκης αἰωνίου, τὸν Κύριον ἡμῶν Ἰησοῦν,
καταρτίσαι ὑμᾶς ἐν παντὶ [ἔργῳ] ἀγαθῷ εἰς τὸ ποιῆσαι τὸ 21
θέλημα αὐτοῦ, ποιῶν ἐν ἡμῖν τὸ εὐάρεστον ἐνώπιον αὐτοῦ
διὰ Ἰησοῦ Χριστοῦ· ᾧ ἡ δόξα εἰς τοὺς αἰῶνας τῶν αἰώ-
νων· ἀμήν.

Παρακαλῶ δὲ ὑμᾶς, ἀδελφοί, ἀνέχεσθε τοῦ λόγου τῆς 22
παρακλήσεως· καὶ γὰρ διὰ βραχέων ἐπέστειλα ὑμῖν.
Γινώσκετε τὸν ἀδελφὸν ἡμῶν Τιμόθεον ἀπολελυμένον, 23
μεθ' οὗ, ἐὰν τάχιον ἔρχηται, ὄψομαι ὑμᾶς. Ἀσπάσα- 24
σθε πάντας τοὺς ἡγουμένους ὑμῶν καὶ πάντας τοὺς ἁγίους.
ἀσπάζονται ὑμᾶς οἱ ἀπὸ τῆς Ἰταλίας.
Ἡ χάρις μετὰ πάντων ὑμῶν· ἀμήν. 25

ΙΑΚΩΒΟΥ ΕΠΙΣΤΟΛΗ.

Ἰάκωβος Θεοῦ καὶ Κυρίου Ἰησοῦ Χριστοῦ δοῦλος ταῖς 1
δώδεκα φυλαῖς ταῖς ἐν τῇ διασπορᾷ χαίρειν.

Πᾶσαν χαρὰν ἡγήσασθε, ἀδελφοί μου, ὅταν πειρασμοῖς 2
περιπέσητε ποικίλοις, γινώσκοντες ὅτι τὸ δοκίμιον 3
ὑμῶν τῆς πίστεως κατεργάζεται ὑπομονήν. ἡ δὲ ὑπο- 4
μονὴ ἔργον τέλειον ἐχέτω, ἵνα ἦτε τέλειοι καὶ ὁλόκληροι,
ἐν μηδενὶ λειπόμενοι. Εἰ δέ τις ὑμῶν λείπεται σοφίας, 5
αἰτείτω παρὰ τοῦ διδόντος Θεοῦ πᾶσιν ἁπλῶς καὶ μὴ
ὀνειδίζοντος, καὶ δοθήσεται αὐτῷ. αἰτείτω δὲ ἐν πί- 6

21 ἔργῳ] ins ϛLnTrABmRm : Ti°B°WH°R° : ἔργῳ καὶ λόγῳ Bm   ποιῶν]
pr αὐτῷ LnBmWHm   ἡμῖν] ὑμῖν ϛLnTr(n.m.)ABmRm   22 ἀνέ-
χεσθε] -σθαι LnWHm   23 ἡμῶν] ϛ°   τάχιον] -ειον WH
25 ἀμήν.] Ti°[B]WH°(n.m.) :+Πρὸς Ἑβραίους ἐγράφη ἀπὸ τῆς Ἰταλίας διὰ
Τιμοθέου. ϛ :+προς Εβραιους TrA
ΙΑΚΩΒΟΥ ΕΠΙΣΤΟΛΗ] pr καθολικαὶ. Ln : pr επιστολαι καθο-
λικαι.WH : + καθολικής ϛ :— επιστολη WH

στει μηδὲν διακρινόμενος· ὁ γὰρ διακρινόμενος ἔοικεν κλύ-
7 δωνι θαλάσσης ἀνεμιζομένῳ καὶ ῥιπιζομένῳ. μὴ γὰρ
οἰέσθω ὁ ἄνθρωπος ἐκεῖνος ὅτι λήμψεταί τι παρὰ τοῦ
8 Κυρίου, ἀνὴρ δίψυχος, ἀκατάστατος ἐν πάσαις ταῖς
9 ὁδοῖς αὐτοῦ. Καυχάσθω δὲ ὁ ἀδελφὸς ὁ ταπεινὸς ἐν
10 τῷ ὕψει αὐτοῦ· ὁ δὲ πλούσιος ἐν τῇ ταπεινώσει αὐτοῦ·
11 ὅτι ὡς ἄνθος χόρτου παρελεύσεται. ἀνέτειλεν γὰρ ὁ
ἥλιος σὺν τῷ καύσωνι καὶ ἐξήρανεν τὸν χόρτον, καὶ τὸ
ἄνθος αὐτοῦ ἐξέπεσεν καὶ ἡ εὐπρέπεια τοῦ προσώπου αὐ-
τοῦ ἀπώλετο· οὕτως καὶ ὁ πλούσιος ἐν ταῖς πορείαις αὐ-
τοῦ μαρανθήσεται.
12 Μακάριος ἀνὴρ ὃς ὑπομένει πειρασμόν· ὅτι δόκιμος γενό-
μενος λήμψεται τὸν στέφανον τῆς ζωῆς, ὃν ἐπηγγείλατο
13 τοῖς ἀγαπῶσιν αὐτόν. μηδεὶς πειραζόμενος λεγέτω ὅτι
Ἀπὸ Θεοῦ πειράζομαι· ὁ γὰρ Θεὸς ἀπείραστός ἐστιν κα-
14 κῶν, πειράζει δὲ αὐτὸς οὐδένα· ἕκαστος δὲ πειράζεται
ὑπὸ τῆς ἰδίας ἐπιθυμίας ἐξελκόμενος καὶ δελεαζόμενος.
15 εἶτα ἡ ἐπιθυμία συλλαβοῦσα τίκτει ἁμαρτίαν· ἡ δὲ
16 ἁμαρτία ἀποτελεσθεῖσα ἀποκυεῖ θάνατον. Μὴ πλανᾶ-
17 σθε, ἀδελφοί μου ἀγαπητοί. πᾶσα δόσις ἀγαθὴ καὶ
πᾶν δώρημα τέλειόν ἄνωθέν ἐστιν καταβαῖνον ἀπὸ τοῦ
Πατρὸς τῶν φώτων, παρ' ᾧ οὐκ ἔνι παραλλαγὴ ἢ τροπῆς
18 ἀποσκίασμα. βουληθεὶς ἀπεκύησεν ἡμᾶς λόγῳ ἀλη-
θείας, εἰς τὸ εἶναι ἡμᾶς ἀπαρχήν τινα τῶν αὐτοῦ κτισμά-
των.
19 Ἴστε, ἀδελφοί μου ἀγαπητοί. ἔστω δὲ πᾶς ἄνθρωπος
ταχὺς εἰς τὸ ἀκοῦσαι, βραδὺς εἰς τὸ λαλῆσαι, βραδὺς εἰς
20 ὀργήν· ὀργὴ γὰρ ἀνδρὸς δικαιοσύνην Θεοῦ οὐκ ἐργά-
21 ζεται. διὸ ἀποθέμενοι πᾶσαν ῥυπαρίαν καὶ περισσείαν

6 ἔοικεν] -κε WH⸱   7 Κυρίου,] Κυρίου. ϛTrA: Κυρίου WH(n.m.)Rm
8 , ἀκατάστ.] ἀκατάστ. J   9 ὁ pri.] [WH]   11 ἐξήρανεν] -νε WH⸱
πορείαις] -ρίαις WH⸱   12 ἐπηγγείλατο]+ὁ Κύριος ϛ   13 Θεοῦ] pr
τοῦ ϛ : CEr   17 ἐστιν] ἔστιν, ϛWHR   18 αὐτοῦ] ἑαυτοῦ WHm
19 ἴστε,.... ἔστω δὲ] ὥστε,..., ἔστω ϛBm   20 οὐκ ἐργ.] οὐ κατεργ. ϛ

ΙΑΚΩΒΟΥ

κακίας ἐν πραΰτητι δέξασθε τὸν ἔμφυτον λόγον τὸν δυνάμενον σῶσαι τὰς ψυχὰς ὑμῶν. Γίνεσθε δὲ ποιηταὶ 22 λόγου, καὶ μὴ ἀκροαταὶ μόνον παραλογιζόμενοι ἑαυτούς. ὅτι εἴ τις ἀκροατὴς λόγου ἐστὶν καὶ οὐ ποιητής, οὗτος 23 ἔοικεν ἀνδρὶ κατανοοῦντι τὸ πρόσωπον τῆς γενέσεως αὐτοῦ ἐν ἐσόπτρῳ· κατενόησεν γὰρ ἑαυτὸν καὶ ἀπελήλυθεν, 24 καὶ εὐθέως ἐπελάθετο ὁποῖος ἦν. ὁ δὲ παρακύψας εἰς 25 νόμον τέλειον τὸν τῆς ἐλευθερίας καὶ παραμείνας, οὐκ ἀκροατὴς ἐπιλησμονῆς γενόμενος ἀλλὰ ποιητὴς ἔργου, οὗτος μακάριος ἐν τῇ ποιήσει αὐτοῦ ἔσται. Εἴ τις δοκεῖ 26 θρῆσκος εἶναι, μὴ χαλιναγωγῶν γλῶσσαν αὐτοῦ ἀλλὰ ἀπατῶν καρδίαν αὐτοῦ, τούτου μάταιος ἡ θρησκεία. θρησκεία καθαρὰ καὶ ἀμίαντος παρὰ τῷ Θεῷ καὶ Πατρὶ 27 αὕτη ἐστίν, ἐπισκέπτεσθαι ὀρφανοὺς καὶ χήρας ἐν τῇ θλίψει αὐτῶν, ἄσπιλον ἑαυτὸν τηρεῖν ἀπὸ τοῦ κόσμου.

Ἀδελφοί μου, μὴ ἐν προσωπολημψίαις ἔχετε τὴν πίστιν τοῦ Κυρίου ἡμῶν Ἰησοῦ Χριστοῦ τῆς δόξης. ἐὰν 2 γὰρ εἰσέλθῃ εἰς συναγωγὴν ὑμῶν ἀνὴρ χρυσοδακτύλιος ἐν ἐσθῆτι λαμπρᾷ, εἰσέλθῃ δὲ καὶ πτωχὸς ἐν ῥυπαρᾷ ἐσθῆτι, καὶ ἐπιβλέψητε ἐπὶ τὸν φοροῦντα τὴν ἐσθῆτα τὴν λαμπράν, καὶ εἴπητε, Σὺ κάθου ὧδε καλῶς, καὶ τῷ πτωχῷ εἴπητε, Σὺ στῆθι ἐκεῖ, ἢ κάθου ὑπὸ τὸ ὑποπόδιόν μου, οὐ διεκρίθητε ἐν ἑαυτοῖς καὶ ἐγένεσθε κριταὶ διαλογισμῶν 4 πονηρῶν;

Ἀκούσατε, ἀδελφοί μου ἀγαπητοί· οὐχ ὁ Θεὸς ἐξελέ- 5 ξατο τοὺς πτωχοὺς τῷ κόσμῳ πλουσίους ἐν πίστει καὶ κληρονόμους τῆς βασιλείας ἧς ἐπηγγείλατο τοῖς ἀγαπῶ-

ΙΑΚΩΒΟΥ 2. 6—19.

6 σιν αὐτόν; ὑμεῖς δὲ ἠτιμάσατε τὸν πτωχόν. οὐχ οἱ πλούσιοι καταδυναστεύουσιν ὑμῶν, καὶ αὐτοὶ ἕλκουσιν 7 ὑμᾶς εἰς κριτήρια; οὐκ αὐτοὶ βλασφημοῦσιν τὸ καλὸν 8 ὄνομα τὸ ἐπικληθὲν ἐφ᾽ ὑμᾶς; εἰ μέντοι νόμον τελεῖτε βασιλικὸν κατὰ τὴν γραφήν, Ἀγαπήσεις τὸν πλησίον σου 9 ὡς σεαυτόν, καλῶς ποιεῖτε· εἰ δὲ προσωπολημπτεῖτε, ἁμαρτίαν ἐργάζεσθε, ἐλεγχόμενοι ὑπὸ τοῦ νόμου ὡς παρα-10 βάται. Ὅστις γὰρ ὅλον τὸν νόμον τηρήσῃ, πταίσῃ δὲ 11 ἐν ἑνί, γέγονεν πάντων ἔνοχος. ὁ γὰρ εἰπών, Μὴ μοιχεύσῃς, εἶπεν καί, Μὴ φονεύσῃς. εἰ δὲ οὐ μοιχεύεις, φο-12 νεύεις δέ, γέγονας παραβάτης νόμου. οὕτως λαλεῖτε καὶ οὕτως ποιεῖτε ὡς διὰ νόμου ἐλευθερίας μέλλοντες κρί-13 νεσθαι. ἡ γὰρ κρίσις ἀνέλεος τῷ μὴ ποιήσαντι ἔλεος· κατακαυχᾶται ἔλεος κρίσεως.

14 Τί τὸ ὄφελος, ἀδελφοί μου, ἐὰν πίστιν λέγῃ τις ἔχειν ἔργα δὲ μὴ ἔχῃ; μὴ δύναται ἡ πίστις σῶσαι αὐτόν; 15 ἐὰν ἀδελφὸς ἢ ἀδελφὴ γυμνοὶ ὑπάρχωσιν καὶ λειπόμενοι 16 τῆς ἐφημέρου τροφῆς, εἴπῃ δέ τις αὐτοῖς ἐξ ὑμῶν, Ὑπάγετε ἐν εἰρήνῃ, θερμαίνεσθε καὶ χορτάζεσθε, μὴ δῶτε δὲ αὐτοῖς τὰ ἐπιτήδεια τοῦ σώματος, τί τὸ ὄφελος; 17 οὕτως καὶ ἡ πίστις, ἐὰν μὴ ἔχῃ ἔργα, νεκρά ἐστιν καθ᾽ 18 ἑαυτήν. ἀλλ᾽ ἐρεῖ τις, Σὺ πίστιν ἔχεις, κἀγὼ ἔργα ἔχω· δεῖξόν μοι τὴν πίστιν σου χωρὶς τῶν ἔργων, κἀγώ σοι 19 δείξω ἐκ τῶν ἔργων μου τὴν πίστιν. σὺ πιστεύεις ὅτι εἷς ἐστὶν ὁ Θεός· καλῶς ποιεῖς· καὶ τὰ δαιμόνια πιστεύ-

ΙΑΚΩΒΟΥ 2. 20—3. 7.

ουσιν καὶ φρίσσουσιν. θέλεις δὲ γνῶναι, ὦ ἄνθρωπε 20
κενέ, ὅτι ἡ πίστις χωρὶς τῶν ἔργων ἀργή ἐστιν; Ἀ- 21
βραὰμ ὁ πατὴρ ἡμῶν οὐκ ἐξ ἔργων ἐδικαιώθη ἀνενέγκας
Ἰσαὰκ τὸν υἱὸν αὐτοῦ ἐπὶ τὸ θυσιαστήριον; βλέπεις 22
ὅτι ἡ πίστις συνήργει τοῖς ἔργοις αὐτοῦ, καὶ ἐκ τῶν ἔργων
ἡ πίστις ἐτελειώθη, καὶ ἐπληρώθη ἡ γραφὴ ἡ λέγου- 23
σα, Ἐπίστευσεν δὲ Ἀβραὰμ τῷ Θεῷ, καὶ ἐλογίσθη αὐτῷ
εἰς δικαιοσύνην, καὶ φίλος Θεοῦ ἐκλήθη. ὁρᾶτε ὅτι ἐξ 24
ἔργων δικαιοῦται ἄνθρωπος, καὶ οὐκ ἐκ πίστεως μόνον.
ὁμοίως δὲ καὶ Ῥαὰβ ἡ πόρνη οὐκ ἐξ ἔργων ἐδικαιώθη ὑπο- 25
δεξαμένη τοὺς ἀγγέλους καὶ ἑτέρᾳ ὁδῷ ἐκβαλοῦσα;
ὥσπερ γὰρ τὸ σῶμα χωρὶς πνεύματος νεκρόν ἐστιν, οὕτως 26
καὶ ἡ πίστις χωρὶς ἔργων νεκρά ἐστιν.

Μὴ πολλοὶ διδάσκαλοι γίνεσθε, ἀδελφοί μου, εἰδότες 3
ὅτι μεῖζον κρίμα λημψόμεθα· πολλὰ γὰρ πταίομεν 2
ἅπαντες. εἴ τις ἐν λόγῳ οὐ πταίει, οὗτος τέλειος ἀνήρ,
δυνατὸς χαλιναγωγῆσαι καὶ ὅλον τὸ σῶμα. εἰ δὲ τῶν 3
ἵππων τοὺς χαλινοὺς εἰς τὰ στόματα βάλλομεν εἰς τὸ πείθεσθαι αὐτοὺς ἡμῖν, καὶ ὅλον τὸ σῶμα αὐτῶν μετάγομεν.
ἰδοὺ καὶ τὰ πλοῖα, τηλικαῦτα ὄντα καὶ ὑπὸ ἀνέμων σκλη- 4
ρῶν ἐλαυνόμενα, μετάγεται ὑπὸ ἐλαχίστου πηδαλίου, ὅπου
ἡ ὁρμὴ τοῦ εὐθύνοντος βούλεται. οὕτως καὶ ἡ γλῶσσα 5
μικρὸν μέλος ἐστὶν καὶ μεγάλα αὐχεῖ. ἰδοὺ ἡλίκον πῦρ
ἡλίκην ὕλην ἀνάπτει. καὶ ἡ γλῶσσα πῦρ, ὁ κόσμος 6
τῆς ἀδικίας ἡ γλῶσσα καθίσταται ἐν τοῖς μέλεσιν ἡμῶν,
ἡ σπιλοῦσα ὅλον τὸ σῶμα καὶ φλογίζουσα τὸν τροχὸν
τῆς γενέσεως καὶ φλογιζομένη ὑπὸ τῆς γεέννης. πᾶσα 7

20 ἀργή] νεκρά ϛ Bm 22 συνήργει] συνεργεῖ Tr(a.m.)TiBm ἐτελειώθη,] -ώθη; ϛ LnTrRm : Jm 24 ὁρᾶτε] + τοίνυν ϛ μόνον.] μόνον; ϛ LnTr 26 γὰρ] WH°(n.m) ἔργων] pr τῶν ϛ Ln[Tr]A
3 εἰ δὲ] ἰδού, ϛ(n.m.) : ἰδέ, Cϛm εἰς sec.] πρὸς ϛ ἡμῖν] ante αὐτ. Trm
A 4 ἀνέμων] post σκληρῶν ϛ ὅπου] +ἂν ϛ Ln[Tr]mA βούλεται]-ηται ϛ LnA 5 μεγάλα αὐχεῖ] μεγαλαυχεῖ ϛ ἡλίκον] ὀλίγον ϛ Bm 6 . καὶ ἡ γλῶσσα] ἡ γλῶσσα. Ti ἀδικίας] ἀδικίας. ϛ
TrARm : +οὕτως ϛ ἡ σπιλ.] καὶ σπιλ. Ti

γὰρ φύσις θηρίων τε καὶ πετεινῶν, ἑρπετῶν τε καὶ ἐναλίων,
δαμάζεται καὶ δεδάμασται τῇ φύσει τῇ ἀνθρωπίνῃ·
8 τὴν δὲ γλῶσσαν οὐδεὶς δαμάσαι δύναται ἀνθρώπων· ἀκα-
9 τάστατον κακόν, μεστὴ ἰοῦ θανατηφόρου. ἐν αὐτῇ εὐ-
λογοῦμεν τὸν Κύριον καὶ Πατέρα, καὶ ἐν αὐτῇ καταρώ-
μεθα τοὺς ἀνθρώπους τοὺς καθ᾽ ὁμοίωσιν Θεοῦ γεγονότας·
10 ἐκ τοῦ αὐτοῦ στόματος ἐξέρχεται εὐλογία καὶ κατάρα. οὐ
11 χρή, ἀδελφοί μου, ταῦτα οὕτως γίνεσθαι.   μήτι ἡ πηγὴ
12 ἐκ τῆς αὐτῆς ὀπῆς βρύει τὸ γλυκὺ καὶ τὸ πικρόν ;   μὴ
δύναται, ἀδελφοί μου, συκῆ ἐλαίας ποιῆσαι ἢ ἄμπελος
σῦκα ; οὔτε ἁλυκὸν γλυκὺ ποιῆσαι ὕδωρ.
13 Τίς σοφὸς καὶ ἐπιστήμων ἐν ὑμῖν ; δειξάτω ἐκ τῆς καλῆς
14 ἀναστροφῆς τὰ ἔργα αὐτοῦ ἐν πραΰτητι σοφίας. εἰ δὲ
ζῆλον πικρὸν ἔχετε καὶ ἐριθείαν ἐν τῇ καρδίᾳ ὑμῶν, μὴ
15 κατακαυχᾶσθε καὶ ψεύδεσθε κατὰ τῆς ἀληθείας.   οὐκ
ἔστιν αὕτη ἡ σοφία ἄνωθεν κατερχομένη, ἀλλὰ ἐπίγειος,
16 ψυχική, δαιμονιώδης.   ὅπου γὰρ ζῆλος καὶ ἐριθεία,
17 ἐκεῖ ἀκαταστασία καὶ πᾶν φαῦλον πρᾶγμα. ἡ δὲ ἄνω-
θεν σοφία πρῶτον μὲν ἁγνή ἐστιν, ἔπειτα εἰρηνική, ἐπιει-
κής, εὐπειθής, μεστὴ ἐλέους καὶ καρπῶν ἀγαθῶν, ἀδιάκρι-
18 τος, ἀνυπόκριτος.   καρπὸς δὲ δικαιοσύνης ἐν εἰρήνῃ
σπείρεται τοῖς ποιοῦσιν εἰρήνην.
4 Πόθεν πόλεμοι καὶ πόθεν μάχαι ἐν ὑμῖν ; οὐκ ἐντεῦθεν,
ἐκ τῶν ἡδονῶν ὑμῶν τῶν στρατευομένων ἐν τοῖς μέλεσιν
2 ὑμῶν;   ἐπιθυμεῖτε, καὶ οὐκ ἔχετε· φονεύετε καὶ ζη-
λοῦτε, καὶ οὐ δύνασθε ἐπιτυχεῖν· μάχεσθε καὶ πολεμεῖτε·
3 οὐκ ἔχετε διὰ τὸ μὴ αἰτεῖσθαι ὑμᾶς· αἰτεῖτε, καὶ οὐ

---

8 δαμ. δύν. ἀνθρ.] δύν. ἀνθρ. δαμ. ς Ti σφ: δύν. δαμ. ἀνθρ. Tr͞Ti (sic vult) B ἀκατάστατον] ἀκατάσχετον ς(n.m.) **9** Κύριον] Θεὸν ς **12** οὔτε ἁλυκὸν] οὕτως οὐδεμία πηγὴ ἁλυκὸν καὶ ς Bm : Scr **14** ἐριθείαν] -θίαν WH καὶ ψεύδ. κατὰ τῆς ἀλ.] τῆς ἀλ. καὶ ψεύδ. Ti **15** ἀλλὰ] ἀλλ᾽ ς LnA **16** ἐριθεία] -θία WH **17** ἀνυπόκριτος] pr καί ς: Scr **18** δικαιοσύνης] pr τῆς ς **1** πόθεν sec.] ς° **2** φονεύετε] φονεύετε. WHm οὐκ ἔχετε sec.] pr καὶ Ti Bm :+ δὲ ς : C ErScr

ΙΑΚΩΒΟΥ 4. 4—14.

λαμβάνετε, διότι κακώς αιτεΐσθε, ίνα εν ταις ήδοναις υμών δαπανήσητε. μοιχαλίδες, ουκ οιδατε ότι ή φιλία του 4 κόσμου έχθρα του Θεού εστίν; ος εάν ούν βουληθή φίλος είναι του κόσμου, εχθρός του Θεού καθίσταται. ή δο- 5 κείτε ότι κενώς ή γραφή λέγει, Προς φθόνον επιποθεί το πνεύμα ο κατώκισεν εν ήμιν; μείζονα δε δίδωσιν χά- 6 ριν· διό λέγει, Ο Θεός υπερηφάνοις αντιτάσσεται, ταπεινοίς δε δίδωσιν χάριν. Υποτάγητε ούν τώ Θεώ· αν- 7 τίστητε δε τώ διαβόλω, και φεύξεται αφ' υμών. εγ- 8 γίσατε τώ Θεώ και εγγιεί υμίν. καθαρίσατε χείρας, αμαρτωλοί, και αγνίσατε καρδίας, δίψυχοι. ταλαιπωρήσατε 9 και πενθήσατε και κλαύσατε· ο γέλως υμών εις πένθος μεταστραφήτω, και ή χαρά εις κατήφειαν. ταπεινώ- 10 θητε ενώπιον Κυρίου, και υψώσει υμάς.

Μη καταλαλειτε αλλήλων, αδελφοί. ο καταλαλών α- 11 δελφού ή κρίνων τον αδελφόν αυτού καταλαλεί νόμου και κρίνει νόμον· ει δε νόμον κρίνεις, ουκ ει ποιητής νόμου αλλά κριτής. εις εστίν ο νομοθέτης και κριτής, ο δυνά- 12 μενος σώσαι και απολέσαι· συ δε τις ει ο κρίνων τον πλησίον;·

Άγε νυν οι λέγοντες, Σήμερον ή αύριον πορευσόμεθα 13 εις τήνδε την πόλιν, και ποιήσομεν εκεί ενιαυτόν και εμπορευσόμεθα, και κερδήσομεν· οίτινες ουκ επίστα- 14 σθε το της αύριον· ποία [γαρ] ή ζωή υμών; ατμίς γαρ

ἔστε ἡ πρὸς ὀλίγον φαινομένη, ἔπειτα καὶ ἀφανιζομένη·
15 ἀντὶ τοῦ λέγειν ὑμᾶς, Ἐὰν ὁ Κύριος θελήσῃ, καὶ ζήσομεν
16 καὶ ποιήσομεν τοῦτο ἢ ἐκεῖνο. νῦν δὲ καυχᾶσθε ἐν
ταῖς ἀλαζονείαις ὑμῶν· πᾶσα καύχησις τοιαύτη πονηρά
17 ἐστιν. εἰδότι οὖν καλὸν ποιεῖν καὶ μὴ ποιοῦντι, ἁμαρτία αὐτῷ ἐστίν.

5 Ἄγε νῦν οἱ πλούσιοι, κλαύσατε ὀλολύζοντες ἐπὶ ταῖς
2 ταλαιπωρίαις ὑμῶν ταῖς ἐπερχομέναις. ὁ πλοῦτος ὑμῶν
3 σέσηπεν, καὶ τὰ ἱμάτια ὑμῶν σητόβρωτα γέγονεν· ὁ
χρυσὸς ὑμῶν καὶ ὁ ἄργυρος κατίωται, καὶ ὁ ἰὸς αὐτῶν εἰς
μαρτύριον ὑμῖν ἔσται, καὶ φάγεται τὰς σάρκας ὑμῶν ὡς
4 πῦρ. ἐθησαυρίσατε ἐν ἐσχάταις ἡμέραις. ἰδοὺ ὁ μισθὸς τῶν ἐργατῶν τῶν ἀμησάντων τὰς χώρας ὑμῶν ὁ ἀφυστερημένος ἀφ' ὑμῶν κράζει· καὶ αἱ βοαὶ τῶν θερισάντων
5 εἰς τὰ ὦτα Κυρίου Σαβαὼθ εἰσελήλυθαν. ἐτρυφήσατε
ἐπὶ τῆς γῆς καὶ ἐσπαταλήσατε· ἐθρέψατε τὰς καρδίας
6 ὑμῶν ἐν ἡμέρᾳ σφαγῆς. κατεδικάσατε, ἐφονεύσατε τὸν
δίκαιον· οὐκ ἀντιτάσσεται ὑμῖν.

7 Μακροθυμήσατε οὖν, ἀδελφοί, ἕως τῆς παρουσίας τοῦ
Κυρίου. ἰδοὺ ὁ γεωργὸς ἐκδέχεται τὸν τίμιον καρπὸν τῆς
γῆς, μακροθυμῶν ἐπ' αὐτῷ ἕως λάβῃ πρόϊμον καὶ ὄψιμον.
8 μακροθυμήσατε καὶ ὑμεῖς, στηρίξατε τὰς καρδίας ὑμῶν,
9 ὅτι ἡ παρουσία τοῦ Κυρίου ἤγγικεν. μὴ στενάζετε,
ἀδελφοί, κατ' ἀλλήλων, ἵνα μὴ κριθῆτε· ἰδοὺ ὁ κριτὴς πρὸ
10 τῶν θυρῶν ἕστηκεν. ὑπόδειγμα λάβετε, ἀδελφοί, τῆς
κακοπαθείας καὶ τῆς μακροθυμίας τοὺς προφήτας οἳ ἐλά-

λησαν ἐν τῷ ὀνόματι Κυρίου. ἰδοὺ μακαρίζομεν τοὺς 11
ὑπομείναντας· τὴν ὑπομονὴν Ἰὼβ ἠκούσατε, καὶ τὸ τέλος
Κυρίου εἴδετε, ὅτι πολύσπλαγχνός ἐστιν ὁ Κύριος καὶ
οἰκτίρμων. Πρὸ πάντων δέ, ἀδελφοί μου, μὴ ὀμνύετε, 12
μήτε τὸν οὐρανὸν μήτε τὴν γῆν μήτε ἄλλον τινὰ ὅρκον·
ἤτω δὲ ὑμῶν τὸ ναὶ ναί, καὶ τὸ οὒ οὔ· ἵνα μὴ ὑπὸ κρίσιν
πέσητε.
Κακοπαθεῖ τις ἐν ὑμῖν; προσευχέσθω. εὐθυμεῖ τις; 13
ψαλλέτω. ἀσθενεῖ τις ἐν ὑμῖν; προσκαλεσάσθω τοὺς 14
πρεσβυτέρους τῆς ἐκκλησίας, καὶ προσευξάσθωσαν ἐπ'
αὐτὸν ἀλείψαντες αὐτὸν ἐλαίῳ ἐν τῷ ὀνόματι τοῦ Κυρίου·
καὶ ἡ εὐχὴ τῆς πίστεως σώσει τὸν κάμνοντα, καὶ ἐγερεῖ 15
αὐτὸν ὁ Κύριος· κἂν ἁμαρτίας ᾖ πεποιηκώς, ἀφεθήσεται
αὐτῷ. ἐξομολογεῖσθε οὖν ἀλλήλοις τὰς ἁμαρτίας, καὶ 16
εὔχεσθε ὑπὲρ ἀλλήλων, ὅπως ἰαθῆτε. πολὺ ἰσχύει δέησις
δικαίου ἐνεργουμένη. Ἡλίας ἄνθρωπος ἦν ὁμοιοπαθὴς 17
ἡμῖν, καὶ προσευχῇ προσηύξατο τοῦ μὴ βρέξαι· καὶ οὐκ
ἔβρεξεν ἐπὶ τῆς γῆς ἐνιαυτοὺς τρεῖς καὶ μῆνας ἕξ. καὶ 18
πάλιν προσηύξατο· καὶ ὁ οὐρανὸς ἔδωκεν ὑετὸν καὶ ἡ γῆ
ἐβλάστησεν τὸν καρπὸν αὐτῆς.

Ἀδελφοί μου, ἐάν τις ἐν ὑμῖν πλανηθῇ ἀπὸ τῆς ἀλη- 19
θείας καὶ ἐπιστρέψῃ τις αὐτόν, γινωσκέτω ὅτι ὁ ἐπι- 20
στρέψας ἁμαρτωλὸν ἐκ πλάνης ὁδοῦ αὐτοῦ σώσει ψυχὴν
[αὐτοῦ] ἐκ θανάτου, καὶ καλύψει πλῆθος ἁμαρτιῶν.

ἐν] ϛ°Α° 11 ὑπομείναντας]-μένοντας ϛ(n.m.) εἴδετε] ἴδετε Α
ὁ] WH°m 12 ὑπὸ κρίσιν] εἰς ὑπόκρισιν ϛBm : ϛmJElz 14 αὐτὸν
sec.] Ti°[B]WH° τοῦ Κυρίου) [WH]: — τοῦ Ln[Tr]A 16 οὖν]
ϛ°(n.m.) τὰς ἁμαρτίας] τὰ παραπτώματα ϛA(n.m.) εὔχεσθε] προσ-
εύχεσθε LnTrmWH(n.m.) 18 ὑετὸν] ante ἔδωκεν ϛ TrmAWH(n.m.)
19 μου] ϛ°(n.m.) 20 γινωσκέτω] γινώσκετε TrmAWH(n.m.)Rm
αὐτοῦ sec.] ins Ln[Tr]mTiBWH : ϛ°Tr°A° : post ἐκ θαν. WHm. Subscr.
Ιακωβου TrA

ΠΕΤΡΟΥ Α.

1 Πέτρος ἀπόστολος Ἰησοῦ Χριστοῦ ἐκλεκτοῖς παρεπιδήμοις διασπορᾶς Πόντου, Γαλατίας, Καππoδοκίας, Ἀσίας,
2 καὶ Βιθυνίας, κατὰ πρόγνωσιν Θεοῦ Πατρός, ἐν ἁγιασμῷ Πνεύματος, εἰς ὑπακοὴν καὶ ῥαντισμὸν αἵματος Ἰησοῦ Χριστοῦ· χάρις ὑμῖν καὶ εἰρήνη πληθυνθείη.

3 Εὐλογητὸς ὁ Θεὸς καὶ Πατὴρ τοῦ Κυρίου ἡμῶν Ἰησοῦ Χριστοῦ, ὁ κατὰ τὸ πολὺ αὐτοῦ ἔλεος ἀναγεννήσας ἡμᾶς εἰς ἐλπίδα ζῶσαν δι' ἀναστάσεως Ἰησοῦ Χριστοῦ ἐκ νε-
4 κρῶν, εἰς κληρονομίαν ἄφθαρτον καὶ ἀμίαντον καὶ ἀ-
5 μάραντον, τετηρημένην ἐν οὐρανοῖς εἰς ὑμᾶς τοὺς ἐν δυνάμει Θεοῦ φρουρουμένους διὰ πίστεως εἰς σωτηρίαν
6 ἑτοίμην ἀποκαλυφθῆναι ἐν καιρῷ ἐσχάτῳ. ἐν ᾧ ἀγαλλιᾶσθε, ὀλίγον ἄρτι, εἰ δέον, λυπηθέντες ἐν ποικίλοις πει-
7 ρασμοῖς, ἵνα τὸ δοκίμιον ὑμῶν τῆς πίστεως πολυτιμότερον χρυσίου τοῦ ἀπολλυμένου, διὰ πυρὸς δὲ δοκιμαζομένου, εὑρεθῇ εἰς ἔπαινον καὶ δόξαν καὶ τιμὴν ἐν ἀποκαλύ-
8 ψει Ἰησοῦ Χριστοῦ· ὃν οὐκ ἰδόντες ἀγαπᾶτε, εἰς ὃν ἄρτι μὴ ὁρῶντες πιστεύοντες δὲ ἀγαλλιᾶσθε χαρᾷ ἀνεκλα-
9 λήτῳ καὶ δεδοξασμένῃ, κομιζόμενοι τὸ τέλος τῆς πί-
10 στεως ὑμῶν, σωτηρίαν ψυχῶν. Περὶ ἧς σωτηρίας ἐξεζήτησαν καὶ ἐξηραύνησαν προφῆται οἱ περὶ τῆς εἰς ὑμᾶς
11 χάριτος προφητεύσαντες, ἐραυνῶντες εἰς τίνα ἢ ποῖον καιρὸν ἐδήλου τὸ ἐν αὐτοῖς Πνεῦμα Χριστοῦ, προμαρτυρόμενον τὰ εἰς Χριστὸν παθήματα καὶ τὰς μετὰ ταῦτα δόξας.
12 οἷς ἀπεκαλύφθη ὅτι οὐχ ἑαυτοῖς ὑμῖν δὲ διηκόνουν αὐτά,

ΠΕΤΡΟΥ Α.

ἃ νῦν ἀνηγγέλη ὑμῖν διὰ τῶν εὐαγγελισαμένων ὑμᾶς Πνεύματι Ἁγίῳ ἀποσταλέντι ἀπ᾽ οὐρανοῦ· εἰς ἃ ἐπιθυμοῦσιν ἄγγελοι παρακύψαι.

Διὸ ἀναζωσάμενοι τὰς ὀσφύας τῆς διανοίας ὑμῶν, νή- 13 φοντες, τελείως ἐλπίσατε ἐπὶ τὴν φερομένην ὑμῖν χάριν ἐν ἀποκαλύψει Ἰησοῦ Χριστοῦ,   ὡς τέκνα ὑπακοῆς μὴ 14 συσχηματιζόμενοι ταῖς πρότερον ἐν τῇ ἀγνοίᾳ ὑμῶν ἐπιθυμίαις·   ἀλλὰ κατὰ τὸν καλέσαντα ὑμᾶς ἅγιον καὶ 15 αὐτοὶ ἅγιοι ἐν πάσῃ ἀναστροφῇ γενήθητε·   διότι γέ- 16 γραπται, Ἅγιοι ἔσεσθε, ὅτι ἐγὼ ἅγιος.   Καὶ εἰ Πατέρα 17 ἐπικαλεῖσθε τὸν ἀπροσωπολήμπτως κρίνοντα κατὰ τὸ ἑκάστου ἔργον, ἐν φόβῳ τὸν τῆς παροικίας ὑμῶν χρόνον ἀναστράφητε,   εἰδότες ὅτι οὐ φθαρτοῖς, ἀργυρίῳ ἢ χρυσίῳ, 18 ἐλυτρώθητε ἐκ τῆς ματαίας ὑμῶν ἀναστροφῆς πατροπαραδότου,   ἀλλὰ τιμίῳ αἵματι ὡς ἀμνοῦ ἀμώμου καὶ ἀσπί- 19 λου Χριστοῦ,   προεγνωσμένου μὲν πρὸ καταβολῆς κό- 20 σμου φανερωθέντος δὲ ἐπ᾽ ἐσχάτου τῶν χρόνων δι᾽ ὑμᾶς τοὺς δι᾽ αὐτοῦ πιστοὺς εἰς Θεὸν τὸν ἐγείραντα αὐτὸν ἐκ 21 νεκρῶν καὶ δόξαν αὐτῷ δόντα, ὥστε τὴν πίστιν ὑμῶν καὶ ἐλπίδα εἶναι εἰς Θεόν.

Τὰς ψυχὰς ὑμῶν ἡγνικότες ἐν τῇ ὑπακοῇ τῆς ἀληθείας 22 εἰς φιλαδελφίαν ἀνυπόκριτον, ἐκ καρδίας ἀλλήλους ἀγαπήσατε ἐκτενῶς,   ἀναγεγεννημένοι οὐκ ἐκ σπορᾶς φθαρτῆς 23 ἀλλὰ ἀφθάρτου διὰ λόγου ζῶντος Θεοῦ καὶ μένοντος. διότι Πᾶσα σὰρξ ὡς χόρτος, καὶ πᾶσα δόξα αὐτῆς ὡς 24 ἄνθος χόρτου. ἐξηράνθη ὁ χόρτος, καὶ τὸ ἄνθος ἐξέπεσεν· τὸ δὲ ῥῆμα Κυρίου μένει εἰς τὸν αἰῶνα. τοῦτο δέ ἐστιν τὸ 25 ῥῆμα τὸ εὐαγγελισθὲν εἰς ὑμᾶς.

Πν. Ἀγ.] pr ἐν ςTi[B]R   13, τελείως] τελέως, WH   14 συσχημ.] συνσχημ. TrAWH(n.a.).   16 γέγραπται] + ὅτι [WH]   ἔσεσθε] γένεσθε ς(n.m.)   ὅτι] διότι Ti   ἅγιός]+ εἰμι ς   20 ἐσχάτου] -των ς   21 πιστοὺς] πιστεύοντας ς(n.m.)TrmBm   22 ἀληθείας] + διὰ Πνεύματος ς   καρδίας] pr καθαρᾶς ς[B]Rm   23 μένοντος]+ εἰς τὸν αἰῶνα ς   24 ὡς pri.] Lnº   αὐτῆς] ἀνθρώπου ς(n.m.)   ἄνθος sec.]+ αὐτοῦ ς [Tr]m[A] : Er

2 Ἀποθέμενοι οὖν πᾶσαν κακίαν καὶ πάντα δόλον καὶ
2 ὑποκρίσεις καὶ φθόνους καὶ πάσας καταλαλιάς, ὡς
ἀρτιγέννητα βρέφη τὸ λογικὸν ἄδολον γάλα ἐπιποθήσατε,
3 ἵνα ἐν αὐτῷ αὐξηθῆτε εἰς σωτηρίαν, εἰ ἐγεύσασθε ὅτι
4 χρηστὸς ὁ Κύριος. Πρὸς ὃν προσερχόμενοι, λίθον
ζῶντα, ὑπὸ ἀνθρώπων μὲν ἀποδεδοκιμασμένον παρὰ δὲ
5 Θεῷ ἐκλεκτὸν ἔντιμον, καὶ αὐτοὶ ὡς λίθοι ζῶντες οἰκο
δομεῖσθε οἶκος πνευματικὸς εἰς ἱεράτευμα ἅγιον, ἀνενέγ
και πνευματικὰς θυσίας εὐπροσδέκτους Θεῷ διὰ Ἰησοῦ
6 Χριστοῦ. διότι περιέχει ἐν γραφῇ, Ἰδοὺ τίθημι ἐν
Σιὼν λίθον ἀκρογωνιαῖον ἐκλεκτὸν ἔντιμον· καὶ ὁ πι
7 στεύων ἐπ᾽ αὐτῷ οὐ μὴ καταισχυνθῇ. Ὑμῖν οὖν ἡ τιμὴ
τοῖς πιστεύουσιν· ἀπιστοῦσιν δὲ Λίθος ὃν ἀπεδοκίμασαν
οἱ οἰκοδομοῦντες, οὗτος ἐγενήθη εἰς κεφαλὴν γωνίας
8 καὶ λίθος προσκόμματος καὶ πέτρα σκανδάλου, οἳ προσ
κόπτουσιν τῷ λόγῳ ἀπειθοῦντες, εἰς ὃ καὶ ἐτέθησαν.
9 ὑμεῖς δὲ γένος ἐκλεκτόν, βασίλειον ἱεράτευμα, ἔθνος ἅγιον,
λαὸς εἰς περιποίησιν, ὅπως τὰς ἀρετὰς ἐξαγγείλητε τοῦ ἐκ
σκότους ὑμᾶς καλέσαντος εἰς τὸ θαυμαστὸν αὐτοῦ φῶς,
10 οἱ ποτὲ οὐ λαός, νῦν δὲ λαὸς Θεοῦ, οἱ οὐκ ἠλεημένοι, νῦν
δὲ ἐλεηθέντες.
11 Ἀγαπητοί, παρακαλῶ ὡς παροίκους καὶ παρεπιδήμους
ἀπέχεσθαι τῶν σαρκικῶν ἐπιθυμιῶν, αἵτινες στρατεύονται
12 κατὰ τῆς ψυχῆς· τὴν ἀναστροφὴν ὑμῶν ἐν τοῖς ἔθνε
σιν ἔχοντες καλήν, ἵνα ἐν ᾧ καταλαλοῦσιν ὑμῶν ὡς κακο
ποιῶν, ἐκ τῶν καλῶν ἔργων ἐποπτεύοντες δοξάσωσιν τὸν
Θεὸν ἐν ἡμέρᾳ ἐπισκοπῆς.

ΠΕΤΡΟΥ Α. 2. 13—3. 1.

Ὑποτάγητε πάσῃ ἀνθρωπίνῃ κτίσει διὰ τὸν Κύριον, 13 εἴτε βασιλεῖ ὡς ὑπερέχοντι, εἴτε ἡγεμόσιν ὡς δι' 14 αὐτοῦ πεμπομένοις εἰς ἐκδίκησιν κακοποιῶν ἔπαινον δὲ ἀγαθοποιῶν· ὅτι οὕτως ἐστὶν τὸ θέλημα τοῦ Θεοῦ, 15 ἀγαθοποιοῦντας φιμοῦν τὴν τῶν ἀφρόνων ἀνθρώπων ἀγνωσίαν· ὡς ἐλεύθεροι, καὶ μὴ ὡς ἐπικάλυμμα ἔχοντες τῆς 16 κακίας τὴν ἐλευθερίαν, ἀλλ' ὡς Θεοῦ δοῦλοι. πάντας 17 τιμήσατε· τὴν ἀδελφότητα ἀγαπᾶτε, τὸν Θεὸν φοβεῖσθε, τὸν βασιλέα τιμᾶτε.

Οἱ οἰκέται, ὑποτασσόμενοι ἐν παντὶ φόβῳ τοῖς δεσπό- 18 ταις, οὐ μόνον τοῖς ἀγαθοῖς καὶ ἐπιεικέσιν, ἀλλὰ καὶ τοῖς σκολιοῖς. τοῦτο γὰρ χάρις εἰ διὰ συνείδησιν Θεοῦ 19 ὑποφέρει τις λύπας πάσχων ἀδίκως. ποῖον γὰρ κλέος 20 εἰ ἁμαρτάνοντες καὶ κολαφιζόμενοι ὑπομενεῖτε; ἀλλ' εἰ ἀγαθοποιοῦντες καὶ πάσχοντες ὑπομενεῖτε, τοῦτο χάρις παρὰ Θεῷ. Εἰς τοῦτο γὰρ ἐκλήθητε, ὅτι καὶ Χριστὸς 21 ἔπαθεν ὑπὲρ ὑμῶν, ὑμῖν ὑπολιμπάνων ὑπογραμμὸν ἵνα ἐπακολουθήσητε τοῖς ἴχνεσιν αὐτοῦ· ὃς ἁμαρτίαν οὐκ 22 ἐποίησεν, οὐδὲ εὑρέθη δόλος ἐν τῷ στόματι αὐτοῦ· ὃς 23 λοιδορούμενος οὐκ ἀντελοιδόρει, πάσχων οὐκ ἠπείλει, παρεδίδου δὲ τῷ κρίνοντι δικαίως· ὃς τὰς ἁμαρτίας ἡμῶν 24 αὐτὸς ἀνήνεγκεν ἐν τῷ σώματι αὐτοῦ ἐπὶ τὸ ξύλον, ἵνα ταῖς ἁμαρτίαις ἀπογενόμενοι τῇ δικαιοσύνῃ ζήσωμεν· οὗ τῷ μώλωπι ἰάθητε. ἦτε γὰρ ὡς πρόβατα πλανώμενοι, 25 ἀλλ' ἐπεστράφητε νῦν ἐπὶ τὸν ποιμένα καὶ ἐπίσκοπον τῶν ψυχῶν ὑμῶν.

Ὁμοίως γυναῖκες, ὑποτασσόμεναι τοῖς ἰδίοις ἀνδράσιν, 3 ἵνα καὶ εἴ τινες ἀπειθοῦσιν τῷ λόγῳ, διὰ τῆς τῶν γυναικῶν

2 ἀναστροφῆς ἄνευ λόγου κερδηθήσονται, ἐποπτεύσαντες
3 τὴν ἐν φόβῳ ἁγνὴν ἀναστροφὴν ὑμῶν. ὧν ἔστω οὐχ ὁ
ἔξωθεν ἐμπλοκῆς τριχῶν καὶ περιθέσεως χρυσίων ἢ ἐνδύ-
4 σεως ἱματίων κόσμος, ἀλλ' ὁ κρυπτὸς τῆς καρδίας
ἄνθρωπος, ἐν τῷ ἀφθάρτῳ τοῦ πραέως καὶ ἡσυχίου πνεύ-
5 ματος, ὅ ἐστιν ἐνώπιον τοῦ Θεοῦ πολυτελές. οὕτως
γάρ ποτε καὶ αἱ ἅγιαι γυναῖκες αἱ ἐλπίζουσαι εἰς Θεὸν
ἐκόσμουν ἑαυτάς, ὑποτασσόμεναι τοῖς ἰδίοις ἀνδράσιν·
6 ὡς Σάρρα ὑπήκουσεν τῷ Ἀβραὰμ κύριον αὐτὸν καλοῦσα,
ἧς ἐγενήθητε τέκνα, ἀγαθοποιοῦσαι καὶ μὴ φοβούμεναι
μηδεμίαν πτόησιν.

7 Οἱ ἄνδρες ὁμοίως, συνοικοῦντες κατὰ γνῶσιν ὡς ἀσθε-
νεστέρῳ σκεύει τῷ γυναικείῳ, ἀπονέμοντες τιμὴν ὡς καὶ
συνκληρονόμοι χάριτος ζωῆς, εἰς τὸ μὴ ἐγκόπτεσθαι τὰς
προσευχὰς ὑμῶν.

8 Τὸ δὲ τέλος πάντες ὁμόφρονες, συμπαθεῖς, φιλάδελφοι,
9 εὔσπλαγχνοι, ταπεινόφρονες, μὴ ἀποδιδόντες κακὸν
ἀντὶ κακοῦ ἢ λοιδορίαν ἀντὶ λοιδορίας, τοὐναντίον δὲ εὐλο-
γοῦντες, ὅτι εἰς τοῦτο ἐκλήθητε ἵνα εὐλογίαν κληρονομή-
10 σητε. Ὁ γὰρ θέλων ζωὴν ἀγαπᾶν καὶ ἰδεῖν ἡμέρας
ἀγαθὰς παυσάτω τὴν γλῶσσαν ἀπὸ κακοῦ καὶ χείλη τοῦ
11 μὴ λαλῆσαι δόλον· ἐκκλινάτω δὲ ἀπὸ κακοῦ καὶ ποιη-
σάτω ἀγαθόν· ζητησάτω εἰρήνην καὶ διωξάτω αὐτήν·
12 ὅτι ὀφθαλμοὶ Κυρίου ἐπὶ δικαίους καὶ ὦτα αὐτοῦ εἰς δέησιν
αὐτῶν· πρόσωπον δὲ Κυρίου ἐπὶ ποιοῦντας κακά.

13 Καὶ τίς ὁ κακώσων ὑμᾶς, ἐὰν τοῦ ἀγαθοῦ ζηλωταὶ γέ-

κερδηθήσονται] -σωνται ς : CScr   3 τριχῶν] *Ln°*   καὶ] ἢ *Ln*
4 πρα. καὶ ἡσ.] ἡσ. καὶ πρα. *Ln*WH(n.m.)   πραέως] -ος ς *Ln*A
5 εἰς] ἐπὶ τὸν ς   6 ὡς...τέκνα] (ὡς...τέκνα) WHmRm   ὑπήκουσεν]
-ουεν *Ln*Tr*m*WH   7 συνκληρονόμοι] συγκλ. ς *Ln*TrA : -μοις ς*m*Tr(n.m.)
TiAB(n.m.)WHm : " -μοι (*i.e.* -μῳ)" Trm   ἐγκόπτ.] ἐκκόπτ. ς : ἐνκόπτ.
TiBWHa : Cς*m*   τὰς προσευχὰς] ταῖς προσευχαῖς WHm   8 συμπα-
θεῖς] συνπ. WHa   ταπεινόφρονες] φιλόφρονες ς(a.m)   9 ὅτι] pr εἰ-
δότες ς   10 γλῶσσαν] + αὐτοῦ ς   χείλη] + αὐτοῦ ς   11 δὲ]
ς°[Tr]mTi°B°   ἀγαθόν· ζητησάτω] ς°σφ : JElz   12 ὀφθαλμοὶ] pr
οἱ ς : C   13 ζηλωταὶ] μιμηταὶ ς(a.m.)

νησθε; ἀλλ' εἰ καὶ πάσχοιτε διὰ δικαιοσύνην, μακά- 14
ριοι· Τὸν δὲ φόβον αὐτῶν μὴ φοβηθῆτε μηδὲ ταραχθῆτε,
Κύριον δὲ τὸν Χριστὸν ἁγιάσατε ἐν ταῖς καρδίαις ὑμῶν· 15
ἕτοιμοι ἀεὶ πρὸς ἀπολογίαν παντὶ τῷ αἰτοῦντι ὑμᾶς λόγον
περὶ τῆς ἐν ὑμῖν ἐλπίδος,   ἀλλὰ μετὰ πραΰτητος καὶ 16
φόβου· συνείδησιν ἔχοντες ἀγαθήν, ἵνα ἐν ᾧ καταλαλεῖσθε
καταισχυνθῶσιν οἱ ἐπηρεάζοντες ὑμῶν τὴν ἀγαθὴν ἐν
Χριστῷ ἀναστροφήν.   Κρεῖττον γὰρ ἀγαθοποιοῦντας, εἰ 17
θέλοι τὸ θέλημα τοῦ Θεοῦ, πάσχειν ἢ κακοποιοῦντας.
ὅτι καὶ Χριστὸς ἅπαξ περὶ ἁμαρτιῶν ἀπέθανεν, δίκαιος 18
ὑπὲρ ἀδίκων, ἵνα ἡμᾶς προσαγάγῃ τῷ Θεῷ, θανατωθεὶς μὲν
σαρκὶ ζωοποιηθεὶς δὲ πνεύματι,   ἐν ᾧ καὶ τοῖς ἐν 19
φυλακῇ πνεύμασιν πορευθεὶς ἐκήρυξεν,   ἀπειθήσασίν 20
ποτε, ὅτε ἀπεξεδέχετο ἡ τοῦ Θεοῦ μακροθυμία ἐν ἡμέραις
Νῶε κατασκευαζομένης κιβωτοῦ, εἰς ἣν ὀλίγοι, τοῦτ' ἔστιν
ὀκτὼ ψυχαί, διεσώθησαν δι' ὕδατος·   ὃ καὶ ὑμᾶς ἀντί- 21
τυπον νῦν σώζει βάπτισμα, οὐ σαρκὸς ἀπόθεσις ῥύπου
ἀλλὰ συνειδήσεως ἀγαθῆς ἐπερώτημα εἰς Θεόν, δι' ἀνα-
στάσεως Ἰησοῦ Χριστοῦ,   ὅς ἐστιν ἐν δεξιᾷ Θεοῦ, 22
πορευθεὶς εἰς οὐρανόν, ὑποταγέντων αὐτῷ ἀγγέλων καὶ
ἐξουσιῶν καὶ δυνάμεων.

Χριστοῦ οὖν παθόντος σαρκὶ καὶ ὑμεῖς τὴν αὐτὴν ἔν- 4
νοιαν ὁπλίσασθε, ὅτι ὁ παθὼν σαρκὶ πέπαυται ἁμαρτίας,
εἰς τὸ μηκέτι ἀνθρώπων ἐπιθυμίαις ἀλλὰ θελήματι Θεοῦ 2
τὸν ἐπίλοιπον ἐν σαρκὶ βιῶσαι χρόνον.   ἀρκετὸς γὰρ 3

ὁ παρεληλυθὼς χρόνος τὸ βούλημα τῶν ἐθνῶν κατειργάσθαι, πεπορευμένους ἐν ἀσελγείαις, ἐπιθυμίαις, οἰνοφλυγίαις, κώμοις, πότοις, καὶ ἀθεμίτοις εἰδωλολατρείαις·
4 ἐν ᾧ ξενίζονται μὴ συντρεχόντων ὑμῶν εἰς τὴν αὐτὴν τῆς
5 ἀσωτίας ἀνάχυσιν, βλασφημοῦντες· οἳ ἀποδώσουσιν λόγον τῷ ἑτοίμως ἔχοντι κρῖναι ζῶντας καὶ νεκρούς.
6 εἰς τοῦτο γὰρ καὶ νεκροῖς εὐηγγελίσθη, ἵνα κριθῶσι μὲν κατὰ ἀνθρώπους σαρκί, ζῶσι δὲ κατὰ Θεὸν πνεύματι.
7 Πάντων δὲ τὸ τέλος ἤγγικεν· σωφρονήσατε οὖν καὶ
8 νήψατε εἰς προσευχάς· πρὸ πάντων τὴν εἰς ἑαυτοὺς ἀγάπην ἐκτενῆ ἔχοντες, ὅτι ἀγάπη καλύπτει πλῆθος ἁμαρ-
9 τιῶν· φιλόξενοι εἰς ἀλλήλους ἄνευ γογγυσμοῦ·
10 ἕκαστος καθὼς ἔλαβεν χάρισμα, εἰς ἑαυτοὺς αὐτὸ διακο-
11 νοῦντες ὡς καλοὶ οἰκονόμοι ποικίλης χάριτος Θεοῦ· εἴ τις λαλεῖ, ὡς λόγια Θεοῦ· εἴ τις διακονεῖ, ὡς ἐξ ἰσχύος ἧς χορηγεῖ ὁ Θεός· ἵνα ἐν πᾶσιν δοξάζηται ὁ Θεὸς διὰ Ἰησοῦ Χριστοῦ, ᾧ ἐστὶν ἡ δόξα καὶ τὸ κράτος εἰς τοὺς αἰῶνας τῶν αἰώνων· ἀμήν.
12 Ἀγαπητοί, μὴ ξενίζεσθε τῇ ἐν ὑμῖν πυρώσει πρὸς πειρασμὸν ὑμῖν γινομένῃ, ὡς ξένου ὑμῖν συμβαίνοντος·
13 ἀλλὰ καθὸ κοινωνεῖτε τοῖς τοῦ Χριστοῦ παθήμασιν χαίρετε, ἵνα καὶ ἐν τῇ ἀποκαλύψει τῆς δόξης αὐτοῦ χαρῆτε
14 ἀγαλλιώμενοι. Εἰ ὀνειδίζεσθε ἐν ὀνόματι Χριστοῦ, μακάριοι· ὅτι τὸ τῆς δόξης καὶ τὸ τοῦ Θεοῦ Πνεῦμα ἐφ᾽
15 ὑμᾶς ἀναπαύεται. μὴ γάρ τις ὑμῶν πασχέτω ὡς φονεὺς
16 ἢ κλέπτης ἢ κακοποιὸς ἢ ὡς ἀλλοτριεπίσκοπος· εἰ δὲ ὡς Χριστιανός, μὴ αἰσχυνέσθω, δοξαζέτω δὲ τὸν Θεὸν ἐν

χρόνος]+τοῦ βίου ς   βούλημα] θέλημα ς   κατειργάσθαι] -εργάσασθαι ς   εἰδωλολατρείαις] -τρίαις WH   5 ἀποδώσουσιν] -σι WHa   ἔχοντι κρῖναι] κρίνοντι WH : Scr   6 κριθῶσι] -σιν ᏞπΤrA   ζῶσι] -σιν TrA   7 προσευχάς] pr τὰς ς   8 πάντων]+ δὲ ςLn   ἀγάπη] pr ἡ Elz   καλύπτει] -ψει ς (n.m.)   9 γογγυσμοῦ] -μῶν ς(n.m.)   13 καθὸ] καθὼς Elz   14 δόξης]+ καὶ δυνάμεως Ln ἀναπαύεται.]+ κατὰ μὲν αὐτοὺς βλασφημεῖται, κατὰ δὲ ὑμᾶς δοξάζεται. ςBm   15 ἀλλοτριεπίσκοπος] ἀλλοτριοεπ. ςA

τῷ ὀνόματι τούτῳ. Ὅτι ὁ καιρὸς τοῦ ἄρξασθαι τὸ κρί- 17
μα ἀπὸ τοῦ οἴκου τοῦ Θεοῦ· εἰ δὲ πρῶτον ἀφ' ἡμῶν, τί τὸ
τέλος τῶν ἀπειθούντων τῷ τοῦ Θεοῦ εὐαγγελίῳ; καὶ 18
Εἰ ὁ δίκαιος μόλις σώζεται, ὁ ἀσεβὴς καὶ ἁμαρτωλὸς ποῦ
φανεῖται; ὥστε καὶ οἱ πάσχοντες κατὰ τὸ θέλημα τοῦ 19
Θεοῦ πιστῷ κτίστῃ παρατιθέσθωσαν τὰς ψυχὰς αὐτῶν ἐν
ἀγαθοποιίᾳ.

Πρεσβυτέρους οὖν ἐν ὑμῖν παρακαλῶ ὁ συμπρεσβύτε- 5
ρος καὶ μάρτυς τῶν τοῦ Χριστοῦ παθημάτων, ὁ καὶ τῆς
μελλούσης ἀποκαλύπτεσθαι δόξης κοινωνός· ποιμά- 2
νατε τὸ ἐν ὑμῖν ποίμνιον τοῦ Θεοῦ, [ἐπισκοποῦντες] μὴ
ἀναγκαστῶς ἀλλὰ ἑκουσίως [κατὰ Θεόν], μηδὲ αἰσχροκερ-
δῶς ἀλλὰ προθύμως, μηδ' ὡς κατακυριεύοντες τῶν 3
κλήρων ἀλλὰ τύποι γινόμενοι τοῦ ποιμνίου. καὶ φανε- 4
ρωθέντος τοῦ ἀρχιποίμενος κομιεῖσθε τὸν ἀμαράντινον τῆς
δόξης στέφανον. Ὁμοίως, νεώτεροι, ὑποτάγητε πρε- 5
σβυτέροις· πάντες δὲ ἀλλήλοις τὴν ταπεινοφροσύνην ἐγκομ-
βώσασθε· ὅτι Ὁ Θεὸς ὑπερηφάνοις ἀντιτάσσεται, ταπει-
νοῖς δὲ δίδωσιν χάριν. Ταπεινώθητε οὖν ὑπὸ τὴν κρα- 6
ταιὰν χεῖρα τοῦ Θεοῦ, ἵνα ὑμᾶς ὑψώσῃ ἐν καιρῷ, πᾶ- 7
σαν τὴν μέριμναν ὑμῶν ἐπιρίψαντες ἐπ' αὐτόν, ὅτι αὐτῷ
μέλει περὶ ὑμῶν.

Νήψατε, γρηγορήσατε· ὁ ἀντίδικος ὑμῶν διάβολος ὡς 8
λέων ὠρυόμενος περιπατεῖ ζητῶν τίνα καταπιεῖν· ᾧ 9
ἀντίστητε στερεοὶ τῇ πίστει, εἰδότες τὰ αὐτὰ τῶν παθη-

μάτων τῇ ἐν τῷ κόσμῳ ὑμῶν ἀδελφότητι ἐπιτελεῖσθαι.
10 Ὁ δὲ Θεὸς πάσης χάριτος, ὁ καλέσας ὑμᾶς εἰς τὴν αἰώνιον αὐτοῦ δόξαν ἐν Χριστῷ, ὀλίγον παθόντας αὐτὸς κα-
11 ταρτίσει, στηρίξει, σθενώσει· αὐτῷ τὸ κράτος εἰς τοὺς αἰῶνας τῶν αἰώνων· ἀμήν.
12 Διὰ Σιλουανοῦ ὑμῖν τοῦ πιστοῦ ἀδελφοῦ, ὡς λογίζομαι, δι' ὀλίγων ἔγραψα, παρακαλῶν καὶ ἐπιμαρτυρῶν ταύτην
13 εἶναι ἀληθῆ χάριν τοῦ Θεοῦ· εἰς ἣν στῆτε. ἀσπάζεται ὑμᾶς ἡ ἐν Βαβυλῶνι συνεκλεκτή, καὶ Μάρκος ὁ υἱός μου.
14 ἀσπάσασθε ἀλλήλους ἐν φιλήματι ἀγάπης.
Εἰρήνη ὑμῖν πᾶσιν τοῖς ἐν Χριστῷ.

ΠΕΤΡΟΥ Β.

1 Συμεὼν Πέτρος δοῦλος καὶ ἀπόστολος Ἰησοῦ Χριστοῦ τοῖς ἰσότιμον ἡμῖν λαχοῦσιν πίστιν ἐν δικαιοσύνῃ τοῦ
2 Θεοῦ ἡμῶν καὶ Σωτῆρος Ἰησοῦ Χριστοῦ· χάρις ὑμῖν καὶ εἰρήνη πληθυνθείη ἐν ἐπιγνώσει τοῦ Θεοῦ καὶ Ἰησοῦ
3 τοῦ Κυρίου ἡμῶν, ὡς πάντα ἡμῖν τῆς θείας δυνάμεως αὐτοῦ τὰ πρὸς ζωὴν καὶ εὐσέβειαν δεδωρημένης διὰ τῆς ἐπιγνώσεως τοῦ καλέσαντος ἡμᾶς ἰδίᾳ δόξῃ καὶ ἀρετῇ·
4 δι' ὧν τὰ τίμια ἡμῖν καὶ μέγιστα ἐπαγγέλματα δεδώρηται,

ΠΕΤΡΟΥ Β. 1. 5—17.

ἵνα διὰ τούτων γένησθε θείας κοινωνοὶ φύσεως, ἀποφυγόντες τῆς ἐν τῷ κόσμῳ ἐν ἐπιθυμίᾳ φθορᾶς. καὶ αὐτὸ 5 τοῦτο δὲ σπουδὴν πᾶσαν παρεισενέγκαντες ἐπιχορηγήσατε ἐν τῇ πίστει ὑμῶν τὴν ἀρετήν, ἐν δὲ τῇ ἀρετῇ τὴν γνῶσιν, ἐν δὲ τῇ γνώσει τὴν ἐγκράτειαν, ἐν δὲ τῇ ἐγκρατείᾳ τὴν 6 ὑπομονήν, ἐν δὲ τῇ ὑπομονῇ τὴν εὐσέβειαν, ἐν δὲ τῇ 7 εὐσεβείᾳ τὴν φιλαδελφίαν, ἐν δὲ τῇ φιλαδελφίᾳ τὴν ἀγάπην. ταῦτα γὰρ ὑμῖν ὑπάρχοντα καὶ πλεονάζοντα οὐκ 8 ἀργοὺς οὐδὲ ἀκάρπους καθίστησιν εἰς τὴν τοῦ Κυρίου ἡμῶν Ἰησοῦ Χριστοῦ ἐπίγνωσιν. ᾧ γὰρ μὴ πάρεστιν ταῦτα 9 τυφλός ἐστιν μυωπάζων, λήθην λαβὼν τοῦ καθαρισμοῦ τῶν πάλαι αὐτοῦ ἁμαρτιῶν. Διὸ μᾶλλον, ἀδελφοί, 10 σπουδάσατε βεβαίαν ὑμῶν τὴν κλῆσιν καὶ ἐκλογὴν ποιεῖσθαι· ταῦτα γὰρ ποιοῦντες οὐ μὴ πταίσητέ ποτε· οὕτως γὰρ πλουσίως ἐπιχορηγηθήσεται ὑμῖν ἡ εἴσοδος εἰς 11 τὴν αἰώνιον βασιλείαν τοῦ Κυρίου ἡμῶν καὶ Σωτῆρος Ἰησοῦ Χριστοῦ.

Διὸ μελλήσω ἀεὶ ὑμᾶς ὑπομιμνήσκειν περὶ τούτων, 12 καίπερ εἰδότας καὶ ἐστηριγμένους ἐν τῇ παρούσῃ ἀληθείᾳ. δίκαιον δὲ ἡγοῦμαι, ἐφ' ὅσον εἰμὶ ἐν τούτῳ τῷ σκηνώματι, 13 διεγείρειν ὑμᾶς ἐν ὑπομνήσει, εἰδὼς ὅτι ταχινή ἐστιν 14 ἡ ἀπόθεσις τοῦ σκηνώματός μου, καθὼς καὶ ὁ Κύριος ἡμῶν Ἰησοῦς Χριστὸς ἐδήλωσέν μοι· σπουδάσω δὲ καὶ ἑκά- 15 στοτε ἔχειν ὑμᾶς μετὰ τὴν ἐμὴν ἔξοδον τὴν τούτων μνήμην ποιεῖσθαι. Οὐ γὰρ σεσοφισμένοις μύθοις ἐξακο- 16 λουθήσαντες ἐγνωρίσαμεν ὑμῖν τὴν τοῦ Κυρίου ἡμῶν Ἰησοῦ Χριστοῦ δύναμιν καὶ παρουσίαν, ἀλλ' ἐπόπται γενηθέντες τῆς ἐκείνου μεγαλειότητος· λαβὼν γὰρ παρὰ 17 Θεοῦ Πατρὸς τιμὴν καὶ δόξαν, φωνῆς ἐνεχθείσης αὐτῷ

ΠΕΤΡΟΥ Β.

1.18—2.7.

τοιᾶσδε ὑπὸ τῆς μεγαλοπρεποῦς δόξης, Οὗτός ἐστιν ὁ
18 Υἱός μου ὁ ἀγαπητός, εἰς ὃν ἐγὼ εὐδόκησα· καὶ ταύτην
τὴν φωνὴν ἡμεῖς ἠκούσαμεν ἐξ οὐρανοῦ ἐνεχθεῖσαν σὺν
19 αὐτῷ ὄντες ἐν τῷ ὄρει τῷ ἁγίῳ. Καὶ ἔχομεν βεβαιότερον τὸν προφητικὸν λόγον, ᾧ καλῶς ποιεῖτε προσέχοντες ὡς λύχνῳ φαίνοντι ἐν αὐχμηρῷ τόπῳ, ἕως οὗ ἡμέρα διαυγάσῃ καὶ φωσφόρος ἀνατείλῃ ἐν ταῖς καρδίαις ὑμῶν·
20 τοῦτο πρῶτον γινώσκοντες, ὅτι πᾶσα προφητεία γραφῆς
21 ἰδίας ἐπιλύσεως οὐ γίνεται· οὐ γὰρ θελήματι ἀνθρώπου ἠνέχθη προφητεία ποτέ, ἀλλὰ ὑπὸ Πνεύματος Ἁγίου φερόμενοι ἐλάλησαν ἀπὸ Θεοῦ ἄνθρωποι.

2 Ἐγένοντο δὲ καὶ ψευδοπροφῆται ἐν τῷ λαῷ, ὡς καὶ ἐν ὑμῖν ἔσονται ψευδοδιδάσκαλοι, οἵτινες παρεισάξουσιν αἱρέσεις ἀπωλείας, καὶ τὸν ἀγοράσαντα αὐτοὺς δεσπότην ἀρ-
2 νούμενοι, ἐπάγοντες ἑαυτοῖς ταχινὴν ἀπώλειαν. καὶ πολλοὶ ἐξακολουθήσουσιν αὐτῶν ταῖς ἀσελγείαις, δι᾽ οὓς
3 ἡ ὁδὸς τῆς ἀληθείας βλασφημηθήσεται· καὶ ἐν πλεονεξίᾳ πλαστοῖς λόγοις ὑμᾶς ἐμπορεύσονται· οἷς τὸ κρίμα ἔκπαλαι οὐκ ἀργεῖ, καὶ ἡ ἀπώλεια αὐτῶν οὐ νυστάζει.

4 Εἰ γὰρ ὁ Θεὸς ἀγγέλων ἁμαρτησάντων οὐκ ἐφείσατο, ἀλλὰ σειροῖς ζόφου ταρταρώσας παρέδωκεν εἰς κρίσιν τη-
5 ρουμένους· καὶ ἀρχαίου κόσμου οὐκ ἐφείσατο, ἀλλὰ ὄγδοον Νῶε δικαιοσύνης κήρυκα ἐφύλαξεν, κατακλυσμὸν
6 κόσμῳ ἀσεβῶν ἐπάξας· καὶ πόλεις Σοδόμων καὶ Γομόρρας τεφρώσας καταστροφῇ κατέκρινεν, ὑπόδειγμα μελ-
7 λόντων ἀσεβεῖν τεθεικώς, καὶ δίκαιον Λὼτ καταπονούμενον ὑπὸ τῆς τῶν ἀθέσμων ἐν ἀσελγείᾳ ἀναστροφῆς

17 οὗτός ἐστιν] post ὁ υἱ. μου ὁ ἀγαπ. μου TrmAWH   εὐδόκησα] ηὐδ. WH.   18 ὄρει τῷ ἁγίῳ] ἀγ. ὄρ. TrAWH   19 ὡς...ἀνατείλῃ] (ὡς... ἀνατείλῃ) Tr   21 ποτὲ] ante προφητ. ϛLnTrmTiB   ἀλλὰ] ἀλλ᾽ ϛ Ln : C   ἀπὸ Θ.] οἱ ἅγιοι Θ. ϛ : ἅγιοι τοῦ θ. LnBm(sed [τοῦ]) : ἅγιοι θ. Tr(n.m.) : + ἅγιοι Bm   1 ἑαυτοῖς] αὑ. WH.   2 ἀσελγείαις] ἀπωλείαις ϛ : CϛmJm   4 σειροῖς] σειραῖς ϛ BmRm : σιροῖς LnTiB(n.m.)   τηρουμένους] τετηρημένους ϛ : Cϛm : κολαζομένους τηρεῖν Ln   5 ἀλλὰ] ἀλλ᾽ ϛLn : CEr   6 καταστροφῇ]['Tr]mWH°   ἀσεβεῖν] ἀσεβέσιν WH·

ΠΕΤΡΟΥ Β. 2. 8—18.

ἐρρύσατο (βλέμματι γὰρ καὶ ἀκοῇ ὁ δίκαιος ἐνκατοι- 8
κῶν ἐν αὐτοῖς ἡμέραν ἐξ ἡμέρας ψυχὴν δικαίαν ἀνόμοις
ἔργοις ἐβασάνιζεν)· οἶδεν Κύριος εὐσεβεῖς ἐκ πειρα- 9
σμοῦ ῥύεσθαι, ἀδίκους δὲ εἰς ἡμέραν κρίσεως κολαζομένους
τηρεῖν, μάλιστα δὲ τοὺς ὀπίσω σαρκὸς ἐν ἐπιθυμίᾳ 10
μιασμοῦ πορευομένους καὶ κυριότητος καταφρονοῦντας.
Τολμηταί, αὐθάδεις, δόξας οὐ τρέμουσιν βλασφημοῦν-
τες· ὅπου ἄγγελοι ἰσχύϊ καὶ δυνάμει μείζονες ὄντες 11
οὐ φέρουσιν κατ' αὐτῶν παρὰ Κυρίῳ βλάσφημον κρίσιν.
οὗτοι δέ, ὡς ἄλογα ζῶα γεγεννημένα φυσικὰ εἰς ἅλωσιν 12
καὶ φθοράν, ἐν οἷς ἀγνοοῦσιν βλασφημοῦντες ἐν τῇ φθορᾷ
αὐτῶν καὶ φθαρήσονται, κομιούμενοι μισθὸν ἀδικίας· 13
ἡδονὴν ἡγούμενοι τὴν ἐν ἡμέρᾳ τρυφήν, σπίλοι καὶ μῶμοι,
ἐντρυφῶντες ἐν ταῖς ἀγάπαις αὐτῶν συνευωχούμενοι ὑμῖν,
ὀφθαλμοὺς ἔχοντες μεστοὺς μοιχαλίδος καὶ ἀκαταπαύ- 14
στους ἁμαρτίας, δελεάζοντες ψυχὰς ἀστηρίκτους, καρδίαν
γεγυμνασμένην πλεονεξίας ἔχοντες, κατάρας τέκνα·
καταλείποντες εὐθεῖαν ὁδὸν ἐπλανήθησαν, ἐξακολουθήσαν- 15
τες τῇ ὁδῷ τοῦ Βαλαὰμ τοῦ Βοσόρ, ὃς μισθὸν ἀδικίας ἠγά-
πησεν, ἔλεγξιν δὲ ἔσχεν ἰδίας παρανομίας· ὑποζύγιον 16
ἄφωνον ἐν ἀνθρώπου φωνῇ φθεγξάμενον ἐκώλυσεν τὴν τοῦ
προφήτου παραφρονίαν. Οὗτοί εἰσιν πηγαὶ ἄνυδροι, 17
καὶ ὁμίχλαι ὑπὸ λαίλαπος ἐλαυνόμεναι, οἷς ὁ ζόφος τοῦ
σκότους τετήρηται. ὑπέρογκα γὰρ ματαιότητος φθεγ- 18
γόμενοι δελεάζουσιν ἐν ἐπιθυμίαις σαρκός, ἀσελγείαις, τοὺς

7 ἐρρύσατο] ἐρύσ. TrAWH(n.a.) 8 ὁ] Ln°WH°(n.m.) ἐνκατοικῶν]
ἐγκ. ϛLnTrA 9 πειρασμοῦ] -μῶν CϛmJTiBm 10 τολμηταί,]
-ταὶ LnTiB τρέμουσιν] -σιν, WH 11 παρὰ Κυρίῳ] Ln°[Tr] [WH]
12 γεγεννημένα] γεγενη. TiBm : post φυσ. ϛ καὶ φθαρή.] καταφθαρή.
ϛ(n.m.) 13 κομιούμενοι] ἀδικούμενοι TrmBmWHR σπίλοι] σπίλοι
WH ἀγάπαις] ἀπάταις ϛTrmTiAB(n.m.)WH(n.m.)Rm : Scr 14 ἀ-
καταπαύστους] -πάστους LnTrmBmWH πλεονεξίας] -νεξίαις ϛ: Cϛm
15 καταλείποντες] -λιπόντες ϛLnTrAWHm : C : +τὴν ϛ: C Βοσόρ]
Βεώρ WH(n.m.)R(n.m.) ὃς...ἠγάπησεν] ἠγάπησαν TrmWHm 17 εἰ-
σιν] εἰσι Ασφ? καὶ] ϛ°(n.m.) ὁμίχλαι] νεφέλαι ϛ(n.m.): ὁμ. A
τετήρηται] pr εἰς αἰῶνα ϛ 18 ἀσελγείαις] pr ἐν Elz

ὀλίγως ἀποφεύγοντας τοὺς ἐν πλάνῃ ἀναστρεφομένους,
19 ἐλευθερίαν αὐτοῖς ἐπαγγελλόμενοι, αὐτοὶ δοῦλοι ὑπάρχοντες
τῆς φθορᾶς· ᾧ γάρ τις ἥττηται, τούτῳ [καὶ] δεδούλωται.
20 Εἰ γὰρ ἀποφυγόντες τὰ μιάσματα τοῦ κόσμου ἐν ἐπιγνώ-
σει τοῦ Κυρίου καὶ Σωτῆρος Ἰησοῦ Χριστοῦ τούτοις δὲ
πάλιν ἐμπλακέντες ἡττῶνται, γέγονεν αὐτοῖς τὰ ἔσχατα
21 χείρονα τῶν πρώτων. κρεῖττον γὰρ ἦν αὐτοῖς μὴ ἐπε-
γνωκέναι τὴν ὁδὸν τῆς δικαιοσύνης, ἢ ἐπιγνοῦσιν ὑποστρέ-
22 ψαι ἐκ τῆς παραδοθείσης αὐτοῖς ἁγίας ἐντολῆς. συμ-
βέβηκεν αὐτοῖς τὸ τῆς ἀληθοῦς παροιμίας, Κύων ἐπιστρέ-
ψας ἐπὶ τὸ ἴδιον ἐξέραμα, καί, Ὗς λουσαμένη εἰς κυλισμὸν
βορβόρου.

3 Ταύτην ἤδη, ἀγαπητοί, δευτέραν ὑμῖν γράφω ἐπιστολήν,
ἐν αἷς διεγείρω ὑμῶν ἐν ὑπομνήσει τὴν εἰλικρινῆ διάνοιαν,
2 μνησθῆναι τῶν προειρημένων ῥημάτων ὑπὸ τῶν ἁγίων προ-
φητῶν, καὶ τῆς τῶν ἀποστόλων ὑμῶν ἐντολῆς τοῦ Κυρίου
3 καὶ Σωτῆρος· τοῦτο πρῶτον γινώσκοντες, ὅτι ἐλεύσον-
ται ἐπ' ἐσχάτων τῶν ἡμερῶν ἐν ἐμπαιγμονῇ ἐμπαῖκται
4 κατὰ τὰς ἰδίας ἐπιθυμίας αὐτῶν πορευόμενοι, καὶ λέ-
γοντες, Ποῦ ἐστὶν ἡ ἐπαγγελία τῆς παρουσίας αὐτοῦ; ἀφ'
ἧς γὰρ οἱ πατέρες ἐκοιμήθησαν, πάντα οὕτως διαμένει ἀπ'
5 ἀρχῆς κτίσεως. Λανθάνει γὰρ αὐτοὺς τοῦτο θέλοντας,
ὅτι οὐρανοὶ ἦσαν ἔκπαλαι καὶ γῆ ἐξ ὕδατος καὶ δι' ὕδατος
6 συνεστῶσα τῷ τοῦ Θεοῦ λόγῳ, δι' ὧν ὁ τότε κόσμος
7 ὕδατι κατακλυσθεὶς ἀπώλετο· οἱ δὲ νῦν οὐρανοὶ καὶ ἡ
γῆ τῷ αὐτῷ λόγῳ τεθησαυρισμένοι εἰσὶν πυρὶ τηρούμενοι
εἰς ἡμέραν κρίσεως καὶ ἀπωλείας τῶν ἀσεβῶν ἀνθρώπων.

ὀλίγως] ὄντως ϛ (n.m.)Bm : Jm   ἀποφεύγοντας] -φυγόντας ϛ (n.m.)
19 καὶ] ins ϛ Ln[Tr]AR : Ti°B°WH°   20 Κυρίου] +ἡμῶν Ln[Tr]mTi
[B]WHmRm : Scr   21 κρεῖττον] -σσον TiBWHa   ὑποστρέψαι]
ἐπιστρ. ϛ : pr εἰς τὰ ὀπίσω Ln   ἐκ] ἀπὸ Ln   22 συμβέβηκεν] +
δὲ ϛ   καί, Ὗς] καὶ ὗς JR   κυλισμὸν] κύλισμα ϛ LnTrmB(n.m.)
1 εἰλικρινῇ] εἰλ. WHa   2 ὑμῶν] ἡμῶν ϛ : C   3 ἐσχάτων] -τοῦ
ϛ (n.m.)   ἐν ἐμπαιγμονῇ] ϛ°(n.m.)   αὐτῶν] ante ἐπιθ. ϛ TiB
5 συνεστῶσα] -ῶτα WHm   7 τῷ αὐτῷ] αὐτοῦ ϛ : ϛmJElz : τῷ αὐτοῦ
Tr(n.m.)ABm

ΠΕΤΡΟΥ Β.

*Ἐν δὲ τοῦτο μὴ λανθανέτω ὑμᾶς, ἀγαπητοί, ὅτι μία ἡμέ- 8
ρα παρὰ Κυρίῳ ὡς χίλια ἔτη καὶ χίλια ἔτη ὡς ἡμέρα μία.
οὐ βραδύνει Κύριος τῆς ἐπαγγελίας, ὥς τινες βραδυτῆτα 9
ἡγοῦνται, ἀλλὰ μακροθυμεῖ εἰς ὑμᾶς, μὴ βουλόμενός τινας
ἀπολέσθαι ἀλλὰ πάντας εἰς μετάνοιαν χωρῆσαι. ἥξει 10.
δὲ ἡμέρα Κυρίου ὡς κλέπτης, ἐν ᾗ οἱ οὐρανοὶ ῥοιζηδὸν
παρελεύσονται, στοιχεῖα δὲ καυσούμενα λυθήσεται, καὶ γῆ
καὶ τὰ ἐν αὐτῇ ἔργα κατακαήσεται. Τούτων οὕτως πάν- 11
των λυομένων ποταποὺς δεῖ ὑπάρχειν ὑμᾶς ἐν ἁγίαις ἀνα-
στροφαῖς καὶ εὐσεβείαις, προσδοκῶντας καὶ σπεύδον- 12
τας τὴν παρουσίαν τῆς τοῦ Θεοῦ ἡμέρας, δι' ἣν οὐρανοὶ
πυρούμενοι λυθήσονται καὶ στοιχεῖα καυσούμενα τήκεται;
καινοὺς δὲ οὐρανοὺς καὶ γῆν καινὴν κατὰ τὸ ἐπάγγελμα 13
αὐτοῦ προσδοκῶμεν, ἐν οἷς δικαιοσύνη κατοικεῖ.

Διό, ἀγαπητοί, ταῦτα προσδοκῶντες, σπουδάσατε ἄσπι- 14
λοι καὶ ἀμώμητοι αὐτῷ εὑρεθῆναι ἐν εἰρήνῃ. καὶ τὴν 15
τοῦ Κυρίου ἡμῶν μακροθυμίαν σωτηρίαν ἡγεῖσθε, καθὼς
καὶ ὁ ἀγαπητὸς ἡμῶν ἀδελφὸς Παῦλος κατὰ τὴν δοθεῖσαν
αὐτῷ σοφίαν ἔγραψεν ὑμῖν· ὡς καὶ ἐν πάσαις ἐπιστο- 16
λαῖς, λαλῶν ἐν αὐταῖς περὶ τούτων· ἐν αἷς ἔστιν δυσνόητά
τινα, ἃ οἱ ἀμαθεῖς καὶ ἀστήρικτοι στρεβλοῦσιν, ὡς καὶ τὰς
λοιπὰς γραφάς, πρὸς τὴν ἰδίαν αὐτῶν ἀπώλειαν. Ὑμεῖς 17
οὖν, ἀγαπητοί, προγινώσκοντες φυλάσσεσθε ἵνα μὴ τῇ
τῶν ἀθέσμων πλάνῃ συναπαχθέντες ἐκπέσητε τοῦ ἰδίου
στηριγμοῦ· αὐξάνετε δὲ ἐν χάριτι καὶ γνώσει τοῦ 18
Κυρίου ἡμῶν καὶ Σωτῆρος Ἰησοῦ Χριστοῦ. αὐτῷ ἡ δόξα
καὶ νῦν καὶ εἰς ἡμέραν αἰῶνος· [ἀμήν.]

9 Κύριος] pr ὁ ς   εἰς pri.] δι' LnTrₘTiB(ₙ.ₘ.)   ὑμᾶς] ἡμᾶς ς(ₙ.ₘ.)
Bₘ   10 ἡμέρα] pr ἡ ς   κλέπτης] + ἐν νυκτί ς   οἱ] Ti°A°B°
λυθήσεται] -σονται ςA   κατακαήσεται] εὑρεθήσεται TrWHRₘ
11 οὕτως] οὖν ς(ₙ.ₘ.)LnTr(ₙ.ₘ.)TiB   ὑμᾶς] [WH]   12 στοιχεῖα]
-ία WHₐ   τήκεται] τακήσεται Lₙ   13 γῆν] post καιν. TiB
κατὰ] καὶ LₙTrₘ   τὸ ἐπάγγελμα] τὰ ἐπαγγέλματα LnTrₘTiB(ₙ.ₘ.)
15 αὐτῷ] ante δοθ. ς   16 ἐπιστολαῖς] pr ταῖς ςTiB   αἷς] οἷς ς(ₙ.ₘ.)
Bₘ   18 ἀμήν.] ins ςLn[Tr][A][B]R : Ti°WH° :+Πετρου Β. TrA

ΙΩΑΝΝΟΥ Α.

1 Ὃ ἦν ἀπ᾽ ἀρχῆς, ὃ ἀκηκόαμεν, ὃ ἑωράκαμεν τοῖς ὀφθαλμοῖς ἡμῶν, ὃ ἐθεασάμεθα καὶ αἱ χεῖρες ἡμῶν ἐψηλάφησαν, 2 περὶ τοῦ Λόγου τῆς ζωῆς   (καὶ ἡ ζωὴ ἐφανερώθη, καὶ ἑωράκαμεν καὶ μαρτυροῦμεν καὶ ἀπαγγέλλομεν ὑμῖν τὴν ζωὴν τὴν αἰώνιον, ἥτις ἦν πρὸς τὸν Πατέρα καὶ ἐφανερώθη 3 ἡμῖν), ὃ ἑωράκαμεν καὶ ἀκηκόαμεν, ἀπαγγέλλομεν καὶ ὑμῖν, ἵνα καὶ ὑμεῖς κοινωνίαν ἔχητε μεθ᾽ ἡμῶν· καὶ ἡ κοινωνία δὲ ἡ ἡμετέρα μετὰ τοῦ Πατρὸς καὶ μετὰ τοῦ 4 Υἱοῦ αὐτοῦ Ἰησοῦ Χριστοῦ.   καὶ ταῦτα γράφομεν ἡμεῖς ἵνα ἡ χαρὰ ἡμῶν ᾖ πεπληρωμένη.

5 Καὶ ἔστιν αὕτη ἡ ἀγγελία ἣν ἀκηκόαμεν ἀπ᾽ αὐτοῦ καὶ ἀναγγέλλομεν ὑμῖν, ὅτι ὁ Θεὸς φῶς ἐστὶν καὶ σκοτία ἐν 6 αὐτῷ οὐκ ἔστιν οὐδεμία.   Ἐὰν εἴπωμεν ὅτι κοινωνίαν ἔχομεν μετ᾽ αὐτοῦ καὶ ἐν τῷ σκότει περιπατῶμεν, ψευδό- 7 μεθα καὶ οὐ ποιοῦμεν τὴν ἀλήθειαν·   ἐὰν δὲ ἐν τῷ φωτὶ περιπατῶμεν ὡς αὐτός ἐστιν ἐν τῷ φωτί, κοινωνίαν ἔχομεν μετ᾽ ἀλλήλων καὶ τὸ αἷμα Ἰησοῦ τοῦ Υἱοῦ αὐτοῦ 8 καθαρίζει ἡμᾶς ἀπὸ πάσης ἁμαρτίας.   ἐὰν εἴπωμεν ὅτι ἁμαρτίαν οὐκ ἔχομεν, ἑαυτοὺς πλανῶμεν καὶ ἡ ἀλήθεια 9 οὐκ ἔστιν ἐν ἡμῖν.   ἐὰν ὁμολογῶμεν τὰς ἁμαρτίας ἡμῶν, πιστός ἐστιν καὶ δίκαιος, ἵνα ἀφῇ ἡμῖν τὰς ἁμαρ- 10 τίας καὶ καθαρίσῃ ἡμᾶς ἀπὸ πάσης ἀδικίας.   ἐὰν εἴπωμεν ὅτι οὐχ ἡμαρτήκαμεν, ψεύστην ποιοῦμεν αὐτὸν καὶ ὁ λόγος αὐτοῦ οὐκ ἔστιν ἐν ἡμῖν.

2 Τεκνία μου, ταῦτα γράφω ὑμῖν ἵνα μὴ ἁμάρτητε. καὶ

ἐάν τις ἁμάρτῃ, Παράκλητον ἔχομεν πρὸς τὸν Πατέρα,
Ἰησοῦν Χριστὸν δίκαιον· καὶ αὐτὸς ἱλασμός ἐστιν 2
περὶ τῶν ἁμαρτιῶν ἡμῶν, οὐ περὶ τῶν ἡμετέρων δὲ μόνον,
ἀλλὰ καὶ περὶ ὅλου τοῦ κόσμου. Καὶ ἐν τούτῳ γινώ- 3
σκομεν ὅτι ἐγνώκαμεν αὐτόν, ἐὰν τὰς ἐντολὰς αὐτοῦ τηρῶ-
μεν. ὁ λέγων ὅτι Ἔγνωκα αὐτόν, καὶ τὰς ἐντολὰς 4
αὐτοῦ μὴ τηρῶν, ψεύστης ἐστίν, καὶ ἐν τούτῳ ἡ ἀλήθεια
οὐκ ἔστιν· ὃς δ᾽ ἂν τηρῇ αὐτοῦ τὸν λόγον, ἀληθῶς ἐν 5
τούτῳ ἡ ἀγάπη τοῦ Θεοῦ τετελείωται. ἐν τούτῳ γινώ-
σκομεν ὅτι ἐν αὐτῷ ἐσμέν· ὁ λέγων ἐν αὐτῷ μένειν 6
ὀφείλει καθὼς ἐκεῖνος περιεπάτησεν καὶ αὐτὸς περιπατεῖν.

Ἀγαπητοί, οὐκ ἐντολὴν καινὴν γράφω ὑμῖν, ἀλλ᾽ ἐν- 7
τολὴν παλαιὰν ἣν εἴχετε ἀπ᾽ ἀρχῆς· ἡ ἐντολὴ ἡ παλαιά
ἐστιν ὃ λόγος ὃν ἠκούσατε. πάλιν ἐντολὴν καινὴν 8
γράφω ὑμῖν, ὅ ἐστιν ἀληθὲς ἐν αὐτῷ καὶ ἐν ὑμῖν· ὅτι ἡ
σκοτία παράγεται καὶ τὸ φῶς τὸ ἀληθινὸν ἤδη φαίνει.
Ὁ λέγων ἐν τῷ φωτὶ εἶναι καὶ τὸν ἀδελφὸν αὐτοῦ μισῶν 9
ἐν τῇ σκοτίᾳ ἐστὶν ἕως ἄρτι. ὁ ἀγαπῶν τὸν ἀδελφὸν 10
αὐτοῦ ἐν τῷ φωτὶ μένει, καὶ σκάνδαλον οὐκ ἔστιν ἐν αὐτῷ.
ὁ δὲ μισῶν τὸν ἀδελφὸν αὐτοῦ ἐν τῇ σκοτίᾳ ἐστὶν καὶ ἐν 11
τῇ σκοτίᾳ περιπατεῖ, καὶ οὐκ οἶδεν ποῦ ὑπάγει, ὅτι ἡ
σκοτία ἐτύφλωσεν τοὺς ὀφθαλμοὺς αὐτοῦ.

Γράφω ὑμῖν, τεκνία, ὅτι ἀφέωνται ὑμῖν αἱ ἁμαρτίαι διὰ 12
τὸ ὄνομα αὐτοῦ. γράφω ὑμῖν, πατέρες, ὅτι ἐγνώκατε 13
τὸν ἀπ᾽ ἀρχῆς. γράφω ὑμῖν, νεανίσκοι, ὅτι νενικήκατε τὸν
πονηρόν. ἔγραψα ὑμῖν, παιδία, ὅτι ἐγνώκατε τὸν Πα- 14
τέρα. ἔγραψα ὑμῖν, πατέρες, ὅτι ἐγνώκατε τὸν ἀπ᾽ ἀρχῆς.
ἔγραψα ὑμῖν, νεανίσκοι, ὅτι ἰσχυροί ἐστε καὶ ὁ λόγος τοῦ
Θεοῦ ἐν ὑμῖν μένει καὶ νενικήκατε τὸν πονηρόν. μὴ 15

2 ἐστιν] ante ἰλ. *Ln*   μόνον]-ων WHm   4 ὅτι] ς°[*Ln*]   6 αὐ-
τὸς]+οὕτως ς[Tr]=Ti[A][B]   7 ἀγαπητοί] ἀδελφοί ς(n.m.)   ἠκού-
σατε]+ἀπ᾽ ἀρχῆς ς   8 ὑμῖν *pri.*] ἡμ. Tr σφ   10 ἐν αὐτῷ] ante
οὐκ ἔ. ςTr(n.m.)WH(n.m.)Scr   11 οἶδεν]-δε WHa   14 ἔγραψα *pri.*]
γράφω ς(n.m.)   τοῦ Θεοῦ] [WH]

ἀγαπᾶτε τὸν κόσμον μηδὲ τὰ ἐν τῷ κόσμῳ. ἐάν τις ἀγαπᾷ τὸν κόσμον, οὐκ ἔστιν ἡ ἀγάπη τοῦ Πατρὸς ἐν αὐτῷ. 16 ὅτι πᾶν τὸ ἐν τῷ κόσμῳ, ἡ ἐπιθυμία τῆς σαρκὸς καὶ ἡ ἐπιθυμία τῶν ὀφθαλμῶν καὶ ἡ ἀλαζονεία τοῦ βίου, οὐκ 17 ἔστιν ἐκ τοῦ Πατρός, ἀλλὰ ἐκ τοῦ κόσμου ἐστίν. καὶ ὁ κόσμος παράγεται καὶ ἡ ἐπιθυμία αὐτοῦ· ὁ δὲ ποιῶν τὸ θέλημα τοῦ Θεοῦ μένει εἰς τὸν αἰῶνα. 18 Παιδία, ἐσχάτη ὥρα ἐστίν, καὶ καθὼς ἠκούσατε ὅτι ἀντίχριστος ἔρχεται, καὶ νῦν ἀντίχριστοι πολλοὶ γεγόνα-19 σιν· ὅθεν γινώσκομεν ὅτι ἐσχάτη ὥρα ἐστίν. ἐξ ἡμῶν ἐξῆλθαν, ἀλλ᾽ οὐκ ἦσαν ἐξ ἡμῶν· εἰ γὰρ ἦσαν ἐξ ἡμῶν, μεμενήκεισαν ἂν μεθ᾽ ἡμῶν· ἀλλ᾽ ἵνα φανερωθῶσιν ὅτι 20 οὐκ εἰσὶν πάντες ἐξ ἡμῶν. καὶ ὑμεῖς χρῖσμα ἔχετε 21 ἀπὸ τοῦ Ἁγίου, καὶ οἴδατε πάντα. οὐκ ἔγραψα ὑμῖν ὅτι οὐκ οἴδατε τὴν ἀλήθειαν, ἀλλ᾽ ὅτι οἴδατε αὐτήν, 22 καὶ ὅτι πᾶν ψεῦδος ἐκ τῆς ἀληθείας οὐκ ἔστιν. Τίς ἐστιν ὁ ψεύστης εἰ μὴ ὁ ἀρνούμενος ὅτι Ἰησοῦς οὐκ ἔστιν ὁ Χριστός; οὗτός ἐστιν ὁ ἀντίχριστος, ὁ ἀρνούμενος τὸν 23 Πατέρα καὶ τὸν Υἱόν. πᾶς ὁ ἀρνούμενος τὸν Υἱὸν οὐδὲ τὸν Πατέρα ἔχει· ὁ ὁμολογῶν τὸν Υἱὸν καὶ τὸν 24 Πατέρα ἔχει. Ὑμεῖς ὃ ἠκούσατε ἀπ᾽ ἀρχῆς ἐν ὑμῖν μενέτω. ἐὰν ἐν ὑμῖν μείνῃ ὃ ἀπ᾽ ἀρχῆς ἠκούσατε, καὶ 25 ὑμεῖς ἐν τῷ Υἱῷ καὶ ἐν τῷ Πατρὶ μενεῖτε. καὶ αὕτη ἐστὶν ἡ ἐπαγγελία ἣν αὐτὸς ἐπηγγείλατο ἡμῖν, τὴν ζωὴν 26 τὴν αἰώνιον. Ταῦτα ἔγραψα ὑμῖν περὶ τῶν πλανών-27 των ὑμᾶς. καὶ ὑμεῖς τὸ χρῖσμα ὃ ἐλάβετε ἀπ᾽ αὐτοῦ μένει ἐν ὑμῖν, καὶ οὐ χρείαν ἔχετε ἵνα τις διδάσκῃ ὑμᾶς· ἀλλ᾽ ὡς τὸ αὐτοῦ χρῖσμα διδάσκει ὑμᾶς περὶ πάντων,

16 ἀλαζονεία] -ία TiBWH   ἀλλὰ] ἀλλ᾽ ϛ LnA   17 αὐτοῦ] [WH]
18 ἀντίχρ.] pr ὁ ϛBm   19 ἐξῆλθαν] -ον ϛ   ἦσαν sec.] post ἐξ ἡμ.
TrWH   20 καὶ sec.] WH°(n.m.)   πάντα] πάντες ϛmTrmTiAmB(n.m.)
WH(n.m.)Rm   23 ὁ ὁμολ. usque ad ἔχει] ϛ°(n.m.) : [J] : Scr
24 ὑμεῖς pri.] + οὖν ϛ   ἐν τῷ Πατρὶ] —ἐν Ln[WH]   25 ἡμῖν]
ὑμῖν Rm : Scr   27 μένει ἐν ὑμ.] ἐν ὑ. μ. ϛ   ἀλλ᾽ ὡς] ἀλλὰ WHm
τὸ αὐτοῦ] τὸ αὐτὸ ϛ(n.m.)LnBm   ὑμᾶς sec.] ἡμᾶς Ln σφ

καὶ ἀληθές ἐστιν καὶ οὐκ ἔστιν ψεῦδος, καὶ καθὼς ἐδίδαξεν ὑμᾶς, μένετε ἐν αὐτῷ. Καὶ νῦν, τεκνία, μένετε 28 ἐν αὐτῷ· ἵνα ἐὰν φανερωθῇ σχῶμεν παρρησίαν καὶ μὴ αἰσχυνθῶμεν ἀπ᾿ αὐτοῦ ἐν τῇ παρουσίᾳ αὐτοῦ.   ἐὰν 29 εἰδῆτε ὅτι δίκαιός ἐστιν, γινώσκετε ὅτι [καὶ] πᾶς ὁ ποιῶν τὴν δικαιοσύνην ἐξ αὐτοῦ γεγέννηται.

Ἴδετε ποταπὴν ἀγάπην δέδωκεν ἡμῖν ὁ Πατὴρ ἵνα τέ- 3 κνα Θεοῦ κληθῶμεν· καί ἐσμεν. διὰ τοῦτο ὁ κόσμος οὐ γινώσκει ἡμᾶς, ὅτι οὐκ ἔγνω αὐτόν. .ἀγαπητοί, νῦν 2 τέκνα Θεοῦ ἐσμέν, καὶ οὔπω ἐφανερώθη τί ἐσόμεθα. οἴδαμεν ὅτι ἐὰν φανερωθῇ ὅμοιοι αὐτῷ ἐσόμεθα, ὅτι ὀψόμεθα αὐτὸν καθώς ἐστιν.   καὶ πᾶς ὁ ἔχων τὴν ἐλπίδα 3 ταύτην ἐπ᾿ αὐτῷ ἁγνίζει ἑαυτὸν καθὼς ἐκεῖνος ἁγνός ἐστιν. Πᾶς ὁ ποιῶν τὴν ἁμαρτίαν καὶ τὴν ἀνομίαν ποιεῖ, καὶ ἡ 4 ἁμαρτία ἐστὶν ἡ ἀνομία.   καὶ οἴδατε ὅτι ἐκεῖνος ἐφανε- 5 ρώθη ἵνα τὰς ἁμαρτίας ἄρῃ, καὶ ἁμαρτία ἐν αὐτῷ οὐκ ἔστιν.   πᾶς ὁ ἐν αὐτῷ μένων οὐχ ἁμαρτάνει· πᾶς ὁ ἁ- 6 μαρτάνων οὐχ ἑώρακεν αὐτὸν οὐδὲ ἔγνωκεν αὐτόν. Τεκνία, μηδεὶς πλανάτω ὑμᾶς· ὁ ποιῶν τὴν δικαιοσύνην 7 δίκαιός ἐστιν, καθὼς ἐκεῖνος δίκαιός ἐστιν·   ὁ ποιῶν 8 τὴν ἁμαρτίαν ἐκ τοῦ διαβόλου ἐστίν, ὅτι ἀπ᾿ ἀρχῆς ὁ διάβολος ἁμαρτάνει. εἰς τοῦτο ἐφανερώθη ὁ Υἱὸς τοῦ Θεοῦ, ἵνα λύσῃ τὰ ἔργα τοῦ διαβόλου.

Πᾶς ὁ γεγεννημένος ἐκ τοῦ Θεοῦ ἁμαρτίαν οὐ ποιεῖ, 9 ὅτι σπέρμα αὐτοῦ ἐν αὐτῷ μένει· καὶ οὐ δύναται ἁμαρτάνειν, ὅτι ἐκ τοῦ Θεοῦ γεγέννηται.   ἐν τούτῳ φανερά 10 ἐστιν τὰ τέκνα τοῦ Θεοῦ καὶ τὰ τέκνα τοῦ διαβόλου· πᾶς ὁ μὴ ποιῶν δικαιοσύνην οὐκ ἔστιν ἐκ τοῦ Θεοῦ, καὶ ὁ ·μὴ

ψεῦδος,] ψεῦδος· vel ψεῦδος. ϛLnWHmRm   μένετε] μενεῖτε ϛ(n.m.)
28 ἐὰν] ὅταν ϛ   σχῶμεν] ἔχωμεν ϛTrm   29 καὶ] ins ϛmTr at [Tr]m
TiA[B]WHmR : ϛ°Ln°WH°   1 καί ἐσμεν] ϛ°(n.m.)B°m   2 οἴδαμεν]
+δὲ ϛ   4 ἡ pri.] Ln°   5 ἁμαρτίας]+ἡμῶν ϛ Bm   6 ἑώρακεν]
ἑόρ. WHa   7 τεκνία] παιδία WHm   10 ποιῶν δικαιοσύνην] ὢν δίκαιος Ln

11 ἀγαπῶν τὸν ἀδελφὸν αὐτοῦ. ὅτι αὕτη ἐστὶν ἡ ἀγγελία ἣν ἠκούσατε ἀπ' ἀρχῆς, ἵνα ἀγαπῶμεν ἀλλήλους·
12 οὐ καθὼς Κάϊν ἐκ τοῦ πονηροῦ ἦν καὶ ἔσφαξεν τὸν ἀδελφὸν αὐτοῦ. καὶ χάριν τίνος ἔσφαξεν αὐτόν ; ὅτι τὰ ἔργα αὐτοῦ πονηρὰ ἦν, τὰ δὲ τοῦ ἀδελφοῦ αὐτοῦ δίκαια.
13 Μὴ θαυμάζετε, ἀδελφοί, εἰ μισεῖ ὑμᾶς ὁ κόσμος.
14 ἡμεῖς οἴδαμεν ὅτι μεταβεβήκαμεν ἐκ τοῦ θανάτου εἰς τὴν ζωήν, ὅτι ἀγαπῶμεν τοὺς ἀδελφούς. ὁ μὴ ἀγαπῶν μένει
15 ἐν τῷ θανάτῳ. . πᾶς ὁ μισῶν τὸν ἀδελφὸν αὐτοῦ ἀνθρωποκτόνος ἐστίν· καὶ οἴδατε ὅτι πᾶς ἀνθρωποκτόνος οὐκ
16 ἔχει ζωὴν αἰώνιον ἐν αὐτῷ μένουσαν. Ἐν τούτῳ ἐγνώκαμεν τὴν ἀγάπην, ὅτι ἐκεῖνος ὑπὲρ ἡμῶν τὴν ψυχὴν αὐτοῦ ἔθηκεν. καὶ ἡμεῖς ὀφείλομεν ὑπὲρ τῶν ἀδελφῶν τὰς ψυχὰς
17 θεῖναι. ὃς δ' ἂν ἔχῃ τὸν βίον τοῦ κόσμου καὶ θεωρῇ τὸν ἀδελφὸν αὐτοῦ χρείαν ἔχοντα καὶ κλείσῃ τὰ σπλάγχνα αὐτοῦ ἀπ' αὐτοῦ, πῶς ἡ ἀγάπη τοῦ Θεοῦ μένει ἐν αὐτῷ ;
18 τεκνία, μὴ ἀγαπῶμεν λόγῳ μηδὲ τῇ γλώσσῃ, ἀλλὰ ἐν ἔργῳ καὶ ἀληθείᾳ.
19 [Καὶ] ἐν τούτῳ γνωσόμεθα ὅτι ἐκ τῆς ἀληθείας ἐσμέν,
20 καὶ ἔμπροσθεν αὐτοῦ πείσομεν τὰς καρδίας ἡμῶν ὅ τι ἐὰν καταγινώσκῃ ἡμῶν ἡ καρδία, ὅτι μείζων ἐστὶν ὁ Θεὸς
21 τῆς καρδίας ἡμῶν καὶ γινώσκει πάντα. Ἀγαπητοί, ἐὰν ἡ καρδία μὴ καταγινώσκῃ ἡμῶν, παρρησίαν ἔχομεν πρὸς
22 τὸν Θεόν, καὶ ὃ ἐὰν αἰτῶμεν λαμβάνομεν ἀπ' αὐτοῦ, ὅτι τὰς ἐντολὰς αὐτοῦ τηροῦμεν καὶ τὰ ἀρεστὰ ἐνώπιον
23 αὐτοῦ ποιοῦμεν. καὶ αὕτη ἐστὶν ἡ ἐντολὴ αὐτοῦ, ἵνα

πιστεύωμεν τῷ ὀνόματι τοῦ Υἱοῦ αὐτοῦ Ἰησοῦ Χριστοῦ
καὶ ἀγαπῶμεν ἀλλήλους καθὼς ἔδωκεν ἐντολὴν ἡμῖν.
καὶ ὁ τηρῶν τὰς ἐντολὰς αὐτοῦ ἐν αὐτῷ μένει, καὶ αὐτὸς ἐν 24
αὐτῷ. καὶ ἐν τούτῳ γινώσκομεν ὅτι μένει ἐν ἡμῖν, ἐκ τοῦ
Πνεύματος οὗ ἡμῖν ἔδωκεν.

Ἀγαπητοί, μὴ παντὶ πνεύματι πιστεύετε, ἀλλὰ δοκιμά- 4
ζετε τὰ πνεύματα εἰ ἐκ τοῦ Θεοῦ ἐστίν· ὅτι πολλοὶ ψευ-
δοπροφῆται ἐξεληλύθασιν εἰς τὸν κόσμον. ἐν τούτῳ 2
γινώσκετε τὸ Πνεῦμα τοῦ Θεοῦ· πᾶν πνεῦμα ὃ ὁμολογεῖ
Ἰησοῦν Χριστὸν ἐν σαρκὶ ἐληλυθότα ἐκ τοῦ Θεοῦ ἐστίν·
καὶ πᾶν πνεῦμα ὃ μὴ ὁμολογεῖ τὸν Ἰησοῦν ἐκ τοῦ Θεοῦ 3
οὐκ ἔστιν· καὶ τοῦτό ἐστιν τὸ τοῦ ἀντιχρίστου, ὃ ἀκηκόατε
ὅτι ἔρχεται, καὶ νῦν ἐν τῷ κόσμῳ ἐστὶν ἤδη. Ὑμεῖς ἐκ 4
τοῦ Θεοῦ ἐστέ, τεκνία, καὶ νενικήκατε αὐτούς· ὅτι μείζων
ἐστὶν ὁ ἐν ὑμῖν ἢ ὁ ἐν τῷ κόσμῳ. αὐτοὶ ἐκ τοῦ κό- 5
σμου εἰσίν· διὰ τοῦτο ἐκ τοῦ κόσμου λαλοῦσιν καὶ ὁ
κόσμος αὐτῶν ἀκούει. ἡμεῖς ἐκ τοῦ Θεοῦ ἐσμέν. ὁ γι- 6
νώσκων τὸν Θεὸν ἀκούει ἡμῶν· ὃς οὐκ ἔστιν ἐκ τοῦ Θεοῦ
οὐκ ἀκούει ἡμῶν. ἐκ τούτου γινώσκομεν τὸ πνεῦμα τῆς
ἀληθείας καὶ τὸ πνεῦμα τῆς πλάνης.

Ἀγαπητοί, ἀγαπῶμεν ἀλλήλους· ὅτι ἡ ἀγάπη ἐκ τοῦ 7
Θεοῦ ἐστίν, καὶ πᾶς ὁ ἀγαπῶν ἐκ τοῦ Θεοῦ γεγέννηται
καὶ γινώσκει τὸν Θεόν. ὁ μὴ ἀγαπῶν οὐκ ἔγνω τὸν 8
Θεόν· ὅτι ὁ Θεὸς ἀγάπη ἐστίν. ἐν τούτῳ ἐφανερώθη 9
ἡ ἀγάπη τοῦ Θεοῦ ἐν ἡμῖν, ὅτι τὸν Υἱὸν αὐτοῦ τὸν μονο-
γενῆ ἀπέσταλκεν ὁ Θεὸς εἰς τὸν κόσμον ἵνα ζήσωμεν δι'
αὐτοῦ. ἐν τούτῳ ἐστὶν ἡ ἀγάπη, οὐχ ὅτι ἡμεῖς ἠγαπή- 10
σαμεν τὸν Θεόν, ἀλλ' ὅτι αὐτὸς ἠγάπησεν ἡμᾶς καὶ ἀπέ-
στειλεν τὸν Υἱὸν αὐτοῦ ἱλασμὸν περὶ τῶν ἁμαρτιῶν ἡμῶν.
Ἀγαπητοί, εἰ οὕτως ὁ Θεὸς ἠγάπησεν ἡμᾶς, καὶ ἡμεῖς 11

12 ὀφείλομεν ἀλλήλους ἀγαπᾶν. Θεὸν οὐδεὶς πώποτε τεθέαται· ἐὰν ἀγαπῶμεν ἀλλήλους, ὁ Θεὸς ἐν ἡμῖν μένει,
13 καὶ ἡ ἀγάπη αὐτοῦ τετελειωμένη ἐν ἡμῖν ἐστίν· ἐν τούτῳ γινώσκομεν ὅτι ἐν αὐτῷ μένομεν καὶ αὐτὸς ἐν ἡμῖν,
14 ὅτι ἐκ τοῦ Πνεύματος αὐτοῦ δέδωκεν ἡμῖν. Καὶ ἡμεῖς τεθεάμεθα καὶ μαρτυροῦμεν ὅτι ὁ Πατὴρ ἀπέσταλκεν τὸν
15 Υἱὸν Σωτῆρα τοῦ κόσμου. ὃς ἂν ὁμολογήσῃ ὅτι Ἰησοῦς ἐστιν ὁ Υἱὸς τοῦ Θεοῦ, ὁ Θεὸς ἐν αὐτῷ μένει καὶ
16 αὐτὸς ἐν τῷ Θεῷ. καὶ ἡμεῖς ἐγνώκαμεν καὶ πεπιστεύκαμεν τὴν ἀγάπην ἣν ἔχει ὁ Θεὸς ἐν ἡμῖν. ὁ Θεὸς ἀγάπη ἐστίν, καὶ ὁ μένων ἐν τῇ ἀγάπῃ ἐν τῷ Θεῷ μένει, καὶ ὁ Θεὸς ἐν αὐτῷ μένει.
17 Ἐν τούτῳ τετελείωται ἡ ἀγάπη μεθ' ἡμῶν, ἵνα παρρησίαν ἔχωμεν ἐν τῇ ἡμέρᾳ τῆς κρίσεως, ὅτι καθὼς ἐκεῖνός
18 ἐστιν καὶ ἡμεῖς ἐσμὲν ἐν τῷ κόσμῳ τούτῳ. φόβος οὐκ ἔστιν ἐν τῇ ἀγάπῃ· ἀλλ' ἡ τελεία ἀγάπη ἔξω βάλλει τὸν φόβον, ὅτι ὁ φόβος κόλασιν ἔχει, ὁ δὲ φοβούμενος οὐ
19 τετελείωται ἐν τῇ ἀγάπῃ. Ἡμεῖς ἀγαπῶμεν, ὅτι αὐτὸς
20 πρῶτος ἠγάπησεν ἡμᾶς. ἐάν τις εἴπῃ ὅτι Ἀγαπῶ τὸν Θεόν, καὶ τὸν ἀδελφὸν αὐτοῦ μισῇ, ψεύστης ἐστίν· ὁ γὰρ μὴ ἀγαπῶν τὸν ἀδελφὸν αὐτοῦ ὃν ἑώρακεν, τὸν Θεὸν ὃν
21 οὐχ ἑώρακεν οὐ δύναται ἀγαπᾶν. καὶ ταύτην τὴν ἐντολὴν ἔχομεν ἀπ' αὐτοῦ, ἵνα ὁ ἀγαπῶν τὸν Θεὸν ἀγαπᾷ καὶ τὸν ἀδελφὸν αὐτοῦ.

5 Πᾶς ὁ πιστεύων ὅτι Ἰησοῦς ἐστιν ὁ Χριστὸς ἐκ τοῦ Θεοῦ γεγέννηται· καὶ πᾶς ὁ ἀγαπῶν τὸν γεννήσαντα ἀγα-
2 πᾷ καὶ τὸν γεγεννημένον ἐξ αὐτοῦ. ἐν τούτῳ γινώσκομεν ὅτι ἀγαπῶμεν τὰ τέκνα τοῦ Θεοῦ, ὅταν τὸν Θεὸν

12 ἐν ἡμῖν sec.] post ἐστὶν ϛ : ante τετελ. Ln 15 ἄν] ἐὰν WH(n.a.) Ἰησ.]+Χριστός [WH] 16 μένει sec.] ϛ°[Ln]Tr°[WH] 17 ἔχωμεν] -ομεν WHa 18 ἀλλ'] ἀλλὰ TrWHa 19 ἀγαπῶμεν] pr οὖν Ln :+ αὐτόν ϛBm :+ τὸν θεόν Bm : Scr αὐτὸς] ὁ θεὸς Ln 20 ἑώρακεν bis] ἑόρ. WHa οὐ δ. ἀγαπᾶν.] πῶς δ. ἀγαπᾶν; ϛTrmBmRm 1 καὶ sec.] [Ln][Tr]

ἀγαπῶμεν καὶ τὰς ἐντολὰς αὐτοῦ ποιῶμεν.   αὕτη γάρ 3
ἐστιν ἡ ἀγάπη τοῦ Θεοῦ, ἵνα τὰς ἐντολὰς αὐτοῦ τηρῶμεν·
καὶ αἱ ἐντολαὶ αὐτοῦ βαρεῖαι οὐκ εἰσίν.   ὅτι πᾶν τὸ 4
γεγεννημένον ἐκ τοῦ Θεοῦ νικᾷ τὸν κόσμον· καὶ αὕτη ἐστὶν
ἡ νίκη ἡ νικήσασα τὸν κόσμον, ἡ πίστις ἡμῶν.   τίς 5
ἐστιν ὁ νικῶν τὸν κόσμον εἰ μὴ ὁ πιστεύων ὅτι Ἰησοῦς
ἐστιν ὁ Υἱὸς τοῦ Θεοῦ;   Οὗτός ἐστιν ὁ ἐλθὼν δι' ὕδατος 6
καὶ αἵματος, Ἰησοῦς Χριστός· οὐκ ἐν τῷ ὕδατι μόνον, ἀλλ'
ἐν τῷ ὕδατι καὶ ἐν τῷ αἵματι. καὶ τὸ Πνεῦμά ἐστιν τὸ μαρ-
τυροῦν, ὅτι τὸ Πνεῦμά ἐστιν ἡ ἀλήθεια.   ὅτι τρεῖς εἰσὶν 7
οἱ μαρτυροῦντες,   τὸ Πνεῦμα, καὶ τὸ ὕδωρ, καὶ τὸ αἷμα· 8
καὶ οἱ τρεῖς εἰς τὸ ἕν εἰσιν.   Εἰ τὴν μαρτυρίαν τῶν ἀν- 9
θρώπων λαμβάνομεν, ἡ μαρτυρία τοῦ Θεοῦ μείζων ἐστίν·
ὅτι αὕτη ἐστὶν ἡ μαρτυρία τοῦ Θεοῦ, ὅτι μεμαρτύρηκεν
περὶ τοῦ Υἱοῦ αὐτοῦ.   ὁ πιστεύων εἰς τὸν Υἱὸν τοῦ Θεοῦ 10
ἔχει τὴν μαρτυρίαν ἐν αὑτῷ· ὁ μὴ πιστεύων τῷ Θεῷ ψεύ-
στην πεποίηκεν αὐτόν, ὅτι οὐ πεπίστευκεν εἰς τὴν μαρτυ-
ρίαν ἣν μεμαρτύρηκεν ὁ Θεὸς περὶ τοῦ Υἱοῦ αὐτοῦ.
καὶ αὕτη ἐστὶν ἡ μαρτυρία, ὅτι ζωὴν αἰώνιον ἔδωκεν ἡμῖν 11
ὁ Θεός, καὶ αὕτη ἡ ζωὴ ἐν τῷ Υἱῷ αὐτοῦ ἐστίν.   ὁ ἔχων 12
τὸν Υἱὸν ἔχει τὴν ζωήν· ὁ μὴ ἔχων τὸν Υἱὸν τοῦ Θεοῦ τὴν
ζωὴν οὐκ ἔχει.

Ταῦτα ἔγραψα ὑμῖν ἵνα εἰδῆτε ὅτι ζωὴν ἔχετε αἰώνιον, 13
τοῖς πιστεύουσιν εἰς τὸ ὄνομα τοῦ Υἱοῦ τοῦ Θεοῦ.   καὶ 14
αὕτη ἐστὶν ἡ παρρησία ἣν ἔχομεν πρὸς αὐτόν, ὅτι ἐάν τι
αἰτώμεθα κατὰ τὸ θέλημα αὐτοῦ, ἀκούει ἡμῶν·   καὶ ἐὰν 15

οἴδαμεν ὅτι ἀκούει ἡμῶν ὃ ἂν αἰτώμεθα, οἴδαμεν ὅτι ἔχο-
16 μεν τὰ αἰτήματα ἃ ᾐτήκαμεν ἀπ' αὐτοῦ. Ἐάν τις ἴδῃ
τὸν ἀδελφὸν αὐτοῦ ἁμαρτάνοντα ἁμαρτίαν μὴ πρὸς θάνα-
τον, αἰτήσει, καὶ δώσει αὐτῷ ζωήν, τοῖς ἁμαρτάνουσιν μὴ
πρὸς θάνατον. ἔστιν ἁμαρτία πρὸς θάνατον· οὐ περὶ ἐκεί-
17 νης λέγω ἵνα ἐρωτήσῃ. πᾶσα ἀδικία ἁμαρτία ἐστίν·
καὶ ἔστιν ἁμαρτία οὐ πρὸς θάνατον.
18 Οἴδαμεν ὅτι πᾶς ὁ γεγεννημένος ἐκ τοῦ Θεοῦ οὐχ ἁμαρ-
τάνει, ἀλλ' ὁ γεννηθεὶς ἐκ τοῦ Θεοῦ τηρεῖ αὐτόν, καὶ ὁ
19 πονηρὸς οὐχ ἅπτεται αὐτοῦ. οἴδαμεν ὅτι ἐκ τοῦ Θεοῦ
20 ἐσμέν, καὶ ὁ κόσμος ὅλος ἐν τῷ πονηρῷ κεῖται. οἴδα-
μεν δὲ ὅτι ὁ Υἱὸς τοῦ Θεοῦ ἥκει, καὶ δέδωκεν ἡμῖν διά-
νοιαν ἵνα γινώσκομεν τὸν Ἀληθινόν, καί ἐσμεν ἐν τῷ Ἀλη-
θινῷ, ἐν τῷ Υἱῷ αὐτοῦ Ἰησοῦ Χριστῷ. οὗτός ἐστιν ὁ
21 ἀληθινὸς Θεὸς καὶ ζωὴ αἰώνιος. τεκνία, φυλάξατε
ἑαυτὰ ἀπὸ τῶν εἰδώλων.

ΙΩΑΝΝΟΥ Β.

1 Ὁ πρεσβύτερος ἐκλεκτῇ κυρίᾳ καὶ τοῖς τέκνοις αὐτῆς,
οὓς ἐγὼ ἀγαπῶ ἐν ἀληθείᾳ, καὶ οὐκ ἐγὼ μόνος ἀλλὰ καὶ
2 πάντες οἱ ἐγνωκότες τὴν ἀλήθειαν, διὰ τὴν ἀλήθειαν
τὴν μένουσαν ἐν ἡμῖν, καὶ μεθ' ἡμῶν ἔσται εἰς τὸν αἰῶνα·
3 ἔσται μεθ' ἡμῶν χάρις ἔλεος εἰρήνη παρὰ Θεοῦ Πατρός, καὶ
παρὰ Ἰησοῦ Χριστοῦ τοῦ Υἱοῦ τοῦ Πατρός, ἐν ἀληθείᾳ
καὶ ἀγάπῃ.

ὃ ἂν] ὃ ἐὰν TiBWH(n.a.)   ἀπ'] παρ' ϛA   16 ἴδῃ] εἰδῇ *Ln*
ἁμαρτάνουσιν] -σι WHa   18 ἀλλ'] ἀλλὰ TrWHa   αὐτόν] ἑαυ. ϛ
LnBm : Scr   20 οἴδ. δὲ] καὶ οἴδ. *Ln*   γινώσκομεν] -ωμεν ϛ*Ln* : Scr
ζωὴ] pr ἡ ϛ   21 ἑαυτὰ] -τοὺς ϛ(n.m.)ABm   εἰδώλων.] + ἀμήν. ϛ :
+ Ἰωαν(ν)ου A. TrA
ΙΩΑΝΝΟΥ Β.] ἐπιστολὴ Ἰωάννου δευτέρα ϛ: Ιωανου επι-
στολη Β. Tr   1 ἐκλεκτῇ] Ἐκλ. ϛWHm : JElz   κυρίᾳ] Κυρ. **La**
TiBWHm   3 ἡμῶν] ὑμῶν CJElz*Ln*   Ἰησοῦ] pr Κυρίου ϛ : Scr

ΙΩΑΝΝΟΥ Β.

Ἐχάρην λίαν ὅτι εὕρηκα ἐκ τῶν τέκνων σου περιπατοῦν- 4
τας ἐν ἀληθείᾳ, καθὼς ἐντολὴν ἐλάβομεν παρὰ τοῦ Πα-
τρός. καὶ νῦν ἐρωτῶ σε, κυρία, οὐχ ὡς ἐντολὴν καινὴν 5
γράφων σοι, ἀλλὰ ἣν εἴχαμεν ἀπ᾽ ἀρχῆς, ἵνα ἀγαπῶμεν
ἀλλήλους. καὶ αὕτη ἐστὶν ἡ ἀγάπη, ἵνα περιπατῶμεν 6
κατὰ τὰς ἐντολὰς αὐτοῦ. αὕτη ἡ ἐντολή ἐστιν, καθὼς
ἠκούσατε ἀπ᾽ ἀρχῆς, ἵνα ἐν αὐτῇ περιπατῆτε. Ὅτι 7
πολλοὶ πλάνοι ἐξῆλθον εἰς τὸν κόσμον, οἱ μὴ ὁμολογοῦν-
τες Ἰησοῦν Χριστὸν ἐρχόμενον ἐν σαρκί. οὗτός ἐστιν ὁ
πλάνος καὶ ὁ ἀντίχριστος. βλέπετε ἑαυτούς, ἵνα μὴ 8
ἀπολέσητε ἃ εἰργάσασθε, ἀλλὰ μισθὸν πλήρη ἀπολάβητε.
πᾶς ὁ προάγων καὶ μὴ μένων ἐν τῇ διδαχῇ τοῦ Χριστοῦ 9
Θεὸν οὐκ ἔχει· ὁ μένων ἐν τῇ διδαχῇ, οὗτος καὶ τὸν Πατέρα
καὶ τὸν Υἱὸν ἔχει. εἴ τις ἔρχεται πρὸς ὑμᾶς καὶ ταύτην 10
τὴν διδαχὴν οὐ φέρει, μὴ λαμβάνετε αὐτὸν εἰς οἰκίαν,
καὶ χαίρειν αὐτῷ μὴ λέγετε· ὁ λέγων γὰρ αὐτῷ χαί- 11
ρειν κοινωνεῖ τοῖς ἔργοις αὐτοῦ τοῖς πονηροῖς.

Πολλὰ ἔχων ὑμῖν γράφειν οὐκ ἐβουλήθην διὰ χάρτου 12
καὶ μέλανος· ἀλλὰ ἐλπίζω γενέσθαι πρὸς ὑμᾶς καὶ στόμα
πρὸς στόμα λαλῆσαι, ἵνα ἡ χαρὰ ὑμῶν πεπληρωμένη ᾖ.
ἀσπάζεταί σε τὰ τέκνα τῆς ἀδελφῆς σου τῆς ἐκλεκτῆς. 13

5 κυρία] Κυρ. LnTiB γράφων] γράφω ς: ςmElzScr καινὴν] post
γράφων σοι ςAWH εἴχαμεν] -ομεν ςLnAWHₐ 6 ἡ ἐντολή] post
ἐστὶν ς καθὼς] pr ἵνα TiB 7 ἐξῆλθον] -αν LnTrTi σφWH(n.ₐ.):
εἰσῆλθον ς 8 ἀπολέσητε...ἀπολάβητε] -ωμεν bis ς(n.m.) εἰργά-
σασθε] εἰργασάμεθα ς(n.m.)TrmAR(n.m.): ἠργασάμεθα WH 9 προά-
γων] παραβαίνων ςBm διδαχῇ sec.] + τοῦ Χριστοῦ ς 11 γὰρ]
ante λέγ. ς 12 ἐβουλήθην] ἠβ. ς: CEr ἀλλὰ ἐλπ.] ἐλπ. γὰρ Ln
γενέσθαι] ἐλθεῖν ς(n.m.) ὑμῶν] ἡμῶν ς(n.m.)TiBWHm: Scr· ᾖ]
ante πεπλ. ςTrA 13 ἐκλεκτῆς.] Ἐκλ. ς: JElz:+ἀμήν. ς:+Ιω αν-
(ν)ου B. TrA

ΙΩΑΝΝΟΥ Γ.

1 Ὁ πρεσβύτερος Γαΐῳ τῷ ἀγαπητῷ, ὃν ἐγὼ ἀγαπῶ ἐν ἀληθείᾳ.
2 Ἀγαπητέ, περὶ πάντων εὔχομαί σε εὐοδοῦσθαι καὶ
3 ὑγιαίνειν, καθὼς εὐοδοῦταί σου ἡ ψυχή. ἐχάρην γὰρ λίαν ἐρχομένων ἀδελφῶν καὶ μαρτυρούντων σου τῇ ἀλη-
4 θείᾳ, καθὼς σὺ ἐν ἀληθείᾳ περιπατεῖς. μειζοτέραν τούτων οὐκ ἔχω χαράν, ἵνα ἀκούω τὰ ἐμὰ τέκνα ἐν τῇ ἀληθείᾳ περιπατοῦντα.
5 Ἀγαπητέ, πιστὸν ποιεῖς ὃ ἐὰν ἐργάσῃ εἰς τοὺς ἀδελφοὺς
6 καὶ τοῦτο ξένους, οἳ ἐμαρτύρησάν σου τῇ ἀγάπῃ ἐνώπιον ἐκκλησίας· οὓς καλῶς ποιήσεις προπέμψας ἀξίως τοῦ
7 Θεοῦ· ὑπὲρ γὰρ τοῦ Ὀνόματος ἐξῆλθαν μηδὲν λαμβά-
8 νοντες ἀπὸ τῶν ἐθνικῶν. ἡμεῖς οὖν ὀφείλομεν ὑπολαμβάνειν τοὺς τοιούτους, ἵνα συνεργοὶ γινώμεθα τῇ ἀληθείᾳ.
9 Ἔγραψά τι τῇ ἐκκλησίᾳ· ἀλλ' ὁ φιλοπρωτεύων αὐτῶν
10 Διοτρέφης οὐκ ἐπιδέχεται ἡμᾶς. διὰ τοῦτο, ἐὰν ἔλθω, ὑπομνήσω αὐτοῦ τὰ ἔργα ἃ ποιεῖ λόγοις πονηροῖς φλυαρῶν ἡμᾶς· καὶ μὴ ἀρκούμενος ἐπὶ τούτοις οὔτε αὐτὸς ἐπιδέχεται τοὺς ἀδελφοὺς καὶ τοὺς βουλομένους κωλύει καὶ
11 ἐκ τῆς ἐκκλησίας ἐκβάλλει. Ἀγαπητέ, μὴ μιμοῦ τὸ κακὸν ἀλλὰ τὸ ἀγαθόν. ὁ ἀγαθοποιῶν ἐκ τοῦ Θεοῦ ἐστίν·
12 ὁ κακοποιῶν οὐχ ἑώρακεν τὸν Θεόν. Δημητρίῳ μεμαρτύρηται ὑπὸ πάντων καὶ ὑπ' αὐτῆς τῆς ἀληθείας· καὶ ἡμεῖς δὲ μαρτυροῦμεν, καὶ οἶδας ὅτι ἡ μαρτυρία ἡμῶν ἀληθής ἐστιν.

Πολλὰ εἶχον γράψαι σοι, ἀλλ᾽ οὐ θέλω διὰ μέλανος καὶ 13
καλάμου σοι γράφειν· ἐλπίζω δὲ εὐθέως σε ἰδεῖν, καὶ 14
στόμα πρὸς στόμα λαλήσομεν. εἰρήνη σοι. ἀσπάζον- 15
ταί σε οἱ φίλοι. ἀσπάζου τοὺς φίλους κατ᾽ ὄνομα.

ΙΟΥΔΑ.

Ἰούδας Ἰησοῦ Χριστοῦ δοῦλος ἀδελφὸς δὲ Ἰακώβου 1
τοῖς ἐν Θεῷ Πατρὶ ἠγαπημένοις καὶ Ἰησοῦ Χριστῷ τετη-
ρημένοις κλητοῖς· ἔλεος ὑμῖν καὶ εἰρήνη καὶ ἀγάπη 2
πληθυνθείη.

Ἀγαπητοί, πᾶσαν σπουδὴν ποιούμενος γράφειν ὑμῖν 3
περὶ τῆς κοινῆς ἡμῶν σωτηρίας ἀνάγκην ἔσχον γράψαι
ὑμῖν παρακαλῶν ἐπαγωνίζεσθαι τῇ ἅπαξ παραδοθείσῃ
τοῖς ἁγίοις πίστει. παρεισέδυσαν γάρ τινες ἄνθρωποι, 4
οἱ πάλαι προγεγραμμένοι εἰς τοῦτο τὸ κρίμα, ἀσεβεῖς, τὴν
τοῦ Θεοῦ ἡμῶν χάριτα μετατιθέντες εἰς ἀσέλγειαν, καὶ
τὸν μόνον Δεσπότην καὶ Κύριον ἡμῶν Ἰησοῦν Χριστὸν
ἀρνούμενοι.

Ὑπομνῆσαι δὲ ὑμᾶς βούλομαι, εἰδότας ἅπαξ πάντα, ὅτι 5
Κύριος λαὸν ἐκ γῆς Αἰγύπτου σώσας, τὸ δεύτερον τοὺς
μὴ πιστεύσαντας ἀπώλεσεν. ἀγγέλους τε τοὺς μὴ τη- 6
ρήσαντας τὴν ἑαυτῶν ἀρχὴν ἀλλὰ ἀπολιπόντας τὸ ἴδιον
οἰκητήριον εἰς κρίσιν μεγάλης ἡμέρας δεσμοῖς ἀϊδίοις ὑπὸ
ζόφον τετήρηκεν. ὡς Σόδομα καὶ Γόμορρα καὶ αἱ περὶ 7
αὐτὰς πόλεις, τὸν ὅμοιον τρόπον τούτοις ἐκπορνεύσασαι

13 γράψαι σοι] γράφειν ϛ   ἀλλ'] ἀλλὰ WHa   γράφειν] γράψαι ϛ :
ante σοι Ln   14 σε] post ἰδεῖν ϛ   15 ὄνομα.]+Ἰωαν(ν)ου Γ. TrA
ΙΟΥΔΑ] ἐπιστολὴ τοῦ Ἰούδα καθολικὴ ϛ : Ιουδα επιστολη
LnTr   1 ἠγαπημένοις] ἡγιασμένοις ϛ(n.m.)Bm   3 ἡμῶν] ϛ'(n.m.)
4 χάριτα] χάριν ϛ   δεσπότην]+Θεὸν ϛBm : Scr   5 δὲ] οὖν Ln
εἰδότας]+ὑμᾶς ϛ   πάντα] τοῦτο ϛ(n.m.)   Κύριος] Ἰησοῦς ϛmLnTrm
ABmWHmRm : Scr : pr ὁ ϛLn   7 τρόπον] post τούτοις ϛ

καὶ ἀπελθοῦσαι ὀπίσω σαρκὸς ἑτέρας, πρόκεινται δεῖγμα
8 πυρὸς αἰωνίου δίκην ὑπέχουσαι. Ὁμοίως μέντοι καὶ
οὗτοι ἐνυπνιαζόμενοι σάρκα μὲν μιαίνουσιν, κυριότητα δὲ
9 ἀθετοῦσιν, δόξας δὲ βλασφημοῦσιν. ὁ δὲ Μιχαὴλ ὁ
ἀρχάγγελος, ὅτε τῷ διαβόλῳ διακρινόμενος διελέγετο περὶ
τοῦ Μωυσέως σώματος, οὐκ ἐτόλμησεν κρίσιν ἐπενεγκεῖν
βλασφημίας, ἀλλὰ εἶπεν, Ἐπιτιμήσαι σοι Κύριος.
10 Οὗτοι δὲ ὅσα μὲν οὐκ οἴδασιν βλασφημοῦσιν· ὅσα δὲ φυ-
σικῶς ὡς τὰ ἄλογα ζῷα ἐπίστανται, ἐν τούτοις φθείρονται.
11 οὐαὶ αὐτοῖς· ὅτι τῇ ὁδῷ τοῦ Κάϊν ἐπορεύθησαν, καὶ τῇ
πλάνῃ τοῦ Βαλαὰμ μισθοῦ ἐξεχύθησαν, καὶ τῇ ἀντιλογίᾳ
τοῦ Κορὲ ἀπώλοντο.
12 Οὗτοί εἰσιν οἱ ἐν ταῖς ἀγάπαις ὑμῶν σπιλάδες συνευω-
χούμενοι, ἀφόβως ἑαυτοὺς ποιμαίνοντες· νεφέλαι ἄνυδροι
ὑπὸ ἀνέμων παραφερόμεναι· δένδρα φθινοπωρινὰ ἄκαρπα
13 δὶς ἀποθανόντα ἐκριζωθέντα· κύματα ἄγρια θαλάσσης
ἐπαφρίζοντα τὰς ἑαυτῶν αἰσχύνας· ἀστέρες πλανῆται, οἷς ὁ
14 ζόφος τοῦ σκότους εἰς αἰῶνα τετήρηται. Ἐπροφήτευ-
σεν δὲ καὶ τούτοις ἕβδομος ἀπὸ Ἀδὰμ Ἐνὼχ λέγων, Ἰδοὺ
15 ἦλθεν Κύριος ἐν ἁγίαις μυριάσιν αὐτοῦ, ποιῆσαι κρί-
σιν κατὰ πάντων, καὶ ἐλέγξαι πάντας τοὺς ἀσεβεῖς περὶ
πάντων τῶν ἔργων ἀσεβείας αὐτῶν ὧν ἠσέβησαν, καὶ περὶ
πάντων τῶν σκληρῶν ὧν ἐλάλησαν κατ᾽ αὐτοῦ ἁμαρτωλοὶ
16 ἀσεβεῖς. Οὗτοί εἰσιν γογγυσταί, μεμψίμοιροι, κατὰ τὰς
ἐπιθυμίας αὐτῶν πορευόμενοι (καὶ τὸ στόμα αὐτῶν λαλεῖ
ὑπέρογκα), θαυμάζοντες πρόσωπα ὠφελείας χάριν.
17 Ὑμεῖς δέ, ἀγαπητοί, μνήσθητε τῶν ῥημάτων τῶν προει-

ρημένων ὑπὸ τῶν ἀποστόλων τοῦ Κυρίου ἡμῶν Ἰησοῦ
Χριστοῦ,   ὅτι ἔλεγον ὑμῖν, Ἐπ' ἐσχάτου χρόνου ἔσον- 18
ται ἐμπαῖκται κατὰ τὰς ἑαυτῶν ἐπιθυμίας πορευόμενοι
τῶν ἀσεβειῶν.   οὗτοί εἰσιν οἱ ἀποδιορίζοντες, ψυχικοί, 19
πνεῦμα μὴ ἔχοντες.   Ὑμεῖς δέ, ἀγαπητοί, ἐποικοδομοῦν- 20
τες ἑαυτοὺς τῇ ἁγιωτάτῃ ὑμῶν πίστει, ἐν Πνεύματι Ἁγίῳ
προσευχόμενοι,   ἑαυτοὺς ἐν ἀγάπῃ Θεοῦ τηρήσατε, 21
προσδεχόμενοι τὸ ἔλεος τοῦ Κυρίου ἡμῶν Ἰησοῦ Χριστοῦ
εἰς ζωὴν αἰώνιον.   καὶ οὓς μὲν ἐλέγχετε διακρινομένους, 22
οὓς δὲ σώζετε ἐκ πυρὸς ἁρπάζοντες, οὓς δὲ ἐλεᾶτε ἐν 23
φόβῳ, μισοῦντες καὶ τὸν ἀπὸ τῆς σαρκὸς ἐσπιλωμένον
χιτῶνα.

Τῷ δὲ δυναμένῳ φυλάξαι ὑμᾶς ἀπταίστους καὶ στῆσαι 24
κατενώπιον τῆς δόξης αὐτοῦ ἀμώμους ἐν ἀγαλλιάσει,
μόνῳ Θεῷ Σωτῆρι ἡμῶν, διὰ Ἰησοῦ Χριστοῦ τοῦ Κυρίου 25
ἡμῶν, δόξα, μεγαλωσύνη, κράτος καὶ ἐξουσία πρὸ παντὸς
τοῦ αἰῶνος καὶ νῦν καὶ εἰς πάντας τοὺς αἰῶνας· ἀμήν.

ΑΠΟΚΑΛΥΨΙΣ ΙΩΑΝΝΟΥ.

Ἀποκάλυψις Ἰησοῦ Χριστοῦ, ἣν ἔδωκεν αὐτῷ ὁ Θεός, 1
δεῖξαι τοῖς δούλοις αὐτοῦ ἃ δεῖ γενέσθαι ἐν τάχει· καὶ
ἐσήμανεν ἀποστείλας διὰ τοῦ ἀγγέλου αὐτοῦ τῷ δούλῳ
αὐτοῦ Ἰωάννῃ,   ὃς ἐμαρτύρησεν τὸν λόγον τοῦ Θεοῦ καὶ 2

ΑΠΟΚΑΛΥΨΙΣ ΙΩΑΝΝΟΥ

3 τὴν μαρτυρίαν Ἰησοῦ Χριστοῦ, ὅσα εἶδεν. μακάριος ὁ ἀναγινώσκων καὶ οἱ ἀκούοντες τοὺς λόγους τῆς προφητείας καὶ τηροῦντες τὰ ἐν αὐτῇ γεγραμμένα· ὁ γὰρ καιρὸς ἐγγύς.
4 Ἰωάννης ταῖς ἑπτὰ ἐκκλησίαις ταῖς ἐν τῇ Ἀσίᾳ· χάρις ὑμῖν καὶ εἰρήνη ἀπὸ ὁ ὢν καὶ ὁ ἦν καὶ ὁ ἐρχόμενος· καὶ ἀπὸ τῶν ἑπτὰ Πνευμάτων ἃ ἐνώπιον τοῦ θρόνου αὐτοῦ·
5 καὶ ἀπὸ Ἰησοῦ Χριστοῦ, ὁ μάρτυς ὁ πιστός, ὁ πρωτότοκος τῶν νεκρῶν καὶ ὁ ἄρχων τῶν βασιλέων τῆς γῆς. Τῷ ἀγαπῶντι ἡμᾶς, καὶ λύσαντι ἡμᾶς ἐκ τῶν ἁμαρτιῶν ἡμῶν ἐν
6 τῷ αἵματι αὐτοῦ· καὶ ἐποίησεν ἡμᾶς βασιλείαν, ἱερεῖς τῷ Θεῷ καὶ Πατρὶ αὐτοῦ· αὐτῷ ἡ δόξα καὶ τὸ κράτος εἰς
7 τοὺς αἰῶνας [τῶν αἰώνων]· ἀμήν. Ἰδοὺ ἔρχεται μετὰ τῶν νεφελῶν, καὶ ὄψεται αὐτὸν πᾶς ὀφθαλμὸς καὶ οἵτινες αὐτὸν ἐξεκέντησαν, καὶ κόψονται ἐπ᾽ αὐτὸν πᾶσαι αἱ φυλαὶ
8 τῆς γῆς. ναί, ἀμήν. Ἐγώ εἰμι τὸ Ἄλφα καὶ τὸ Ω, λέγει Κύριος ὁ Θεός, ὁ ὢν καὶ ὁ ἦν καὶ ὁ ἐρχόμενος, ὁ Παντοκράτωρ.

9 Ἐγὼ Ἰωάννης, ὁ ἀδελφὸς ὑμῶν καὶ συνκοινωνὸς ἐν τῇ θλίψει καὶ βασιλείᾳ καὶ ὑπομονῇ ἐν Ἰησοῦ, ἐγενόμην ἐν τῇ νήσῳ τῇ καλουμένῃ Πάτμῳ διὰ τὸν λόγον τοῦ Θεοῦ
10 καὶ τὴν μαρτυρίαν Ἰησοῦ. ἐγενόμην ἐν Πνεύματι ἐν τῇ κυριακῇ ἡμέρᾳ, καὶ ἤκουσα ὀπίσω μου φωνὴν μεγάλην
11 ὡς σάλπιγγος λεγούσης, Ὃ βλέπεις γράψον εἰς βιβλίον καὶ πέμψον ταῖς ἑπτὰ ἐκκλησίαις, εἰς Ἔφεσον καὶ

2 ὅσα]+τε ϛ: Cϛm εἶδεν] ἴδεν Ti 3 τοὺς λόγους] τὸν λόγον TiB
4 ἀπὸ *pri*.]+τοῦ ϛ: C ἃ] τῶν Tr(n.m.)WHmWHm :+ἐστιν ϛ 5 πρωτότοκος]+ἐκ ϛ ἀγαπῶντι] ἀγαπήσαντι ϛ(n.m.) λύσαντι] λούσαντι ϛBmRm: Λ[ο]ύσ. A ἐκ] ἀπὸ ϛBm ἡμῶν] [A][WH] 6 ἡμᾶς] ἡμῶν *Ln* : ἡμῖν Tr(n.m.)BmWHm βασιλείαν] βασιλεῖς καὶ ϛBm : C τῶν αἰώνων] ins ϛLnTrTiB : A°WH°R°m 8 Ἄλφα] Αϛ Ω] Ω ϛTrTiB :+ , ἀρχὴ καὶ τέλος, ϛ : C Κύριος] pr ὁ ϛ : C : Κύριος, WHRm ὁ Θεός] ϛ° : C 9 ἀδελφὸς] pr καὶ ϛ : .Cϛm συνκοινωνὸς] συγκ. ϛLnTrA βασιλείᾳ] pr ἐν τῇ ϛ ἐν Ἰησοῦ] — ἐν ϛ : C : + Χριστοῦ ϛ τὴν μαρτ.] pr διὰ ϛTi[A]B Ἰησ.]+Χριστοῦ ϛ 10 ὀπίσω μ.] ὄπισθέν μ. post φω. μεγ. WHm 11 λεγούσης,]+ Ἐγώ εἰμι τὸ Α καὶ τὸ Ω, ὁ πρῶτος καὶ ὁ ἔσχατος· καὶ ϛ ἑπτὰ] ϛ° : Cϛm ἐκκλησίαις]+ταῖς ἐν Ἀσίᾳ ϛ : C

ΑΠΟΚΑΛΥΨΙΣ ΙΩΑΝΝΟΥ

εἰς Σμύρναν καὶ εἰς Πέργαμον καὶ εἰς Θυάτειρα καὶ εἰς
Σάρδεις καὶ εἰς Φιλαδέλφειαν καὶ εἰς Λαοδίκειαν. Καὶ 12
ἐπέστρεψα βλέπειν τὴν φωνὴν ἥτις ἐλάλει μετ' ἐμοῦ.
καὶ ἐπιστρέψας εἶδον ἑπτὰ λυχνίας χρυσᾶς, καὶ ἐν 13
μέσῳ τῶν λυχνιῶν ὅμοιον υἱῷ ἀνθρώπου, ἐνδεδυμένον πο-
δήρη καὶ περιεζωσμένον πρὸς τοῖς μαστοῖς ζώνην χρυσᾶν.
ἡ δὲ κεφαλὴ αὐτοῦ καὶ αἱ τρίχες λευκαὶ ὡς ἔριον λευκόν, 14
ὡς χιών· καὶ οἱ ὀφθαλμοὶ αὐτοῦ ὡς φλὸξ πυρός· καὶ 15
οἱ πόδες αὐτοῦ ὅμοιοι χαλκολιβάνῳ, ὡς ἐν καμίνῳ πεπυρω-
μένης· καὶ ἡ φωνὴ αὐτοῦ ὡς φωνὴ ὑδάτων πολλῶν.
καὶ ἔχων ἐν τῇ δεξιᾷ χειρὶ αὐτοῦ ἀστέρας ἑπτά· καὶ ἐκ 16
τοῦ στόματος αὐτοῦ ῥομφαία δίστομος ὀξεῖα ἐκπορευομένη·
καὶ ἡ ὄψις αὐτοῦ ὡς ὁ ἥλιος φαίνει ἐν τῇ δυνάμει αὐτοῦ.
Καὶ ὅτε εἶδον αὐτόν, ἔπεσα πρὸς τοὺς πόδας αὐτοῦ ὡς νε- 17
κρός· καὶ ἔθηκεν τὴν δεξιὰν αὐτοῦ ἐπ' ἐμὲ .λέγων, Μὴ φο-
βοῦ· ἐγώ εἰμι ὁ πρῶτος καὶ ὁ ἔσχατος, καὶ ὁ ζῶν· καὶ 18
ἐγενόμην νεκρός, καὶ ἰδοὺ ζῶν εἰμὶ εἰς τοὺς αἰῶνας τῶν
αἰώνων· καὶ ἔχω τὰς κλεῖς τοῦ θανάτου καὶ τοῦ ᾅδου.
γράψον οὖν ἃ εἶδες καὶ ἅ εἰσιν καὶ ἃ μέλλει γίνεσθαι μετὰ 19
ταῦτα· τὸ μυστήριον τῶν ἑπτὰ ἀστέρων οὓς εἶδες ἐπὶ 20
τῆς δεξιᾶς μου, καὶ τὰς ἑπτὰ λυχνίας τὰς χρυσᾶς· οἱ ἑπτὰ
ἀστέρες ἄγγελοι τῶν ἑπτὰ ἐκκλησιῶν εἰσίν, καὶ αἱ λυχνίαι
αἱ ἑπτὰ ἑπτὰ ἐκκλησίαι εἰσίν.

Τῷ ἀγγέλῳ τῆς ἐν Ἐφέσῳ ἐκκλησίας γράψον, Τάδε 2

Σμύρναν] Ζμ. TiWH▪   Θυάτειρα] -ραν L*n*AWH▪   Φιλαδέλφειαν]
-δελφίαν TiBWH   Λαοδίκειαν] -δικίαν TiBWH   12 ἐλάλει] -ησε
ς: Cςm   13 λυχνιῶν] pr ἑπτὰ ς[Tr][A]   υἱῷ] υἱὸν TiB(n.m.)
WH(n.m.)   μαστοῖς] μαζοῖς L*n*WH▪: μασθοῖς TiB   χρυσᾶν] -σῆν ς
14 ὡς *pri.*]ὡσεὶς   15 πεπυρωμένης]-νοις ABmWHm : -νῳ TrmTiB(n.m.)
16 χειρὶ] post αὐτοῦ ς : C   17 ἔθηκεν] ἐπέθηκε ς   δεξ. αὐτοῦ]+
χεῖρα ς   λέγων]+μοι ς : C   18 αἰώνων,]+ἀμήν· ς   θανάτου
...ᾅδου] ᾅδ....θαν. ς : C   19 οὖν] ς° : Cςm   γίνεσθαι] γενέσθαι Ti
AB   20 οὓς] ὧν ς   ἐπὶ τῆς δεξιᾶς] ἐν τῇ δεξιᾷ L*n*   λυχνίαι
αἱ ἑ.] ἑ. λυχ. ς :+ ἃς εἶδες ς   1 τῆς] τῷ L*n*Tr(n.m.)WHR   ἐν Ἐφέ-
σῳ] Ἐφεσίνης ς(n.m.)

ΑΠΟΚΑΛΥΨΙΣ ΙΩΑΝΝΟΥ

λέγει ὁ κρατῶν τοὺς ἑπτὰ ἀστέρας ἐν τῇ δεξιᾷ αὐτοῦ, ὁ περιπατῶν ἐν μέσῳ τῶν ἑπτὰ λυχνιῶν τῶν χρυσέων·
2 Οἶδα τὰ ἔργα σου, καὶ τὸν κόπον καὶ τὴν ὑπομονήν σου, καὶ ὅτι οὐ δύνῃ βαστάσαι κακούς, καὶ ἐπείρασας τοὺς λέγοντας ἑαυτοὺς ἀποστόλους, καὶ οὐκ εἰσίν, καὶ εὗρες 3 αὐτοὺς ψευδεῖς, καὶ ὑπομονὴν ἔχεις καὶ ἐβάστασας διὰ 4 τὸ ὄνομά μου, καὶ οὐ κεκοπίακες. Ἀλλὰ ἔχω κατὰ σοῦ 5 ὅτι τὴν ἀγάπην σου τὴν πρώτην ἀφῆκες. μνημόνευε οὖν πόθεν πέπτωκας, καὶ μετανόησον καὶ τὰ πρῶτα ἔργα ποίησον· εἰ δὲ μή, ἔρχομαί σοι, καὶ κινήσω τὴν λυχνίαν 6 σου ἐκ τοῦ τόπου αὐτῆς, ἐὰν μὴ μετανοήσῃς. ἀλλὰ τοῦτο ἔχεις, ὅτι μισεῖς τὰ ἔργα τῶν Νικολαϊτῶν, ἃ κἀγὼ 7 μισῶ. Ὁ ἔχων οὖς ἀκουσάτω τί τὸ Πνεῦμα λέγει ταῖς ἐκκλησίαις. τῷ νικῶντι δώσω αὐτῷ φαγεῖν ἐκ τοῦ ξύλου τῆς ζωῆς, ὅ ἐστιν ἐν τῷ παραδείσῳ τοῦ Θεοῦ.

8 Καὶ τῷ ἀγγέλῳ τῆς ἐν Σμύρνῃ ἐκκλησίας γράψον, Τάδε λέγει ὁ πρῶτος καὶ ὁ ἔσχατος, ὃς ἐγένετο νεκρὸς καὶ ἔζησεν·
9 Οἶδά σου τὴν θλίψιν καὶ τὴν πτωχείαν (ἀλλὰ πλούσιος εἶ), καὶ τὴν βλασφημίαν ἐκ τῶν λεγόντων Ἰουδαίους εἶναι ἑαυτούς, καὶ οὐκ εἰσίν, ἀλλὰ συναγωγὴ τοῦ Σατανᾶ.
10 Μὴ φοβοῦ ἃ μέλλεις πάσχειν· ἰδοὺ μέλλει βάλλειν ὁ διάβολος ἐξ ὑμῶν εἰς φυλακὴν ἵνα πειρασθῆτε, καὶ ἕξετε θλίψιν ἡμερῶν δέκα. γίνου πιστὸς ἄχρι θανάτου, καὶ δώσω

ΑΠΟΚΑΛΥΨΙΣ ΙΩΑΝΝΟΥ 2. 11—19.

σοι τὸν στέφανον τῆς ζωῆς. Ὁ ἔχων οὖς ἀκουσάτω τί 11
τὸ Πνεῦμα λέγει ταῖς ἐκκλησίαις. ὁ νικῶν οὐ μὴ ἀδικηθῇ
τοῦ θανάτου τοῦ δευτέρου.

Καὶ τῷ ἀγγέλῳ τῆς ἐν Περγάμῳ ἐκκλησίας γράψον, 12
Τάδε λέγει ὁ ἔχων τὴν ῥομφαίαν τὴν δίστομον τὴν ὀξεῖαν·
Οἶδα ποῦ κατοικεῖς, ὅπου ὁ θρόνος τοῦ Σατανᾶ· καὶ 13
κρατεῖς τὸ ὄνομά μου, καὶ οὐκ ἠρνήσω τὴν πίστιν μου
καὶ ἐν ταῖς ἡμέραις Ἀντίπας ὁ μάρτυς μου, ὁ πιστός μου,
ὃς ἀπεκτάνθη παρ' ὑμῖν, ὅπου ὁ Σατανᾶς κατοικεῖ.
Ἀλλ' ἔχω κατὰ σοῦ ὀλίγα, ὅτι ἔχεις ἐκεῖ κρατοῦντας τὴν 14
διδαχὴν Βαλαάμ, ὃς ἐδίδασκεν τῷ Βαλὰκ βαλεῖν σκάν-
δαλον ἐνώπιον τῶν υἱῶν Ἰσραήλ, φαγεῖν εἰδωλόθυτα καὶ
πορνεῦσαι. οὕτως ἔχεις καὶ σὺ κρατοῦντας τὴν διδαχὴν 15
Νικολαϊτῶν ὁμοίως. μετανόησον οὖν· εἰ δὲ μή, ἔρχο- 16
μαί σοι ταχύ, καὶ πολεμήσω μετ' αὐτῶν ἐν τῇ ῥομφαίᾳ
τοῦ στόματός μου. Ὁ ἔχων οὖς ἀκουσάτω τί τὸ Πνεῦ- 17
μα λέγει ταῖς ἐκκλησίαις. τῷ νικῶντι δώσω αὐτῷ τοῦ
μάννα τοῦ κεκρυμμένου, καὶ δώσω αὐτῷ ψῆφον λευκήν,
καὶ ἐπὶ τὴν ψῆφον ὄνομα καινὸν γεγραμμένον, ὃ οὐδεὶς
οἶδεν εἰ μὴ ὁ λαμβάνων.

Καὶ τῷ ἀγγέλῳ τῆς ἐν Θυατείροις ἐκκλησίας γράψον, 18
Τάδε λέγει ὁ Υἱὸς τοῦ Θεοῦ, ὁ ἔχων τοὺς ὀφθαλμοὺς αὐ-
τοῦ ὡς φλόγα πυρός, καὶ οἱ πόδες αὐτοῦ ὅμοιοι χαλκολι-
βάνῳ· Οἶδά σου τὰ ἔργα, καὶ τὴν ἀγάπην καὶ τὴν 19
πίστιν καὶ τὴν διακονίαν καὶ τὴν ὑπομονήν σου, καὶ τὰ

2. 20—3. 1.   ΑΠΟΚΑΛΥΨΙΣ ΙΩΑΝΝΟΥ   ς Ln Tr Ti A
                                      B WH R

20 ἔργα σου τὰ ἔσχατα πλείονα τῶν πρώτων. Ἀλλὰ ἔχω
κατὰ σοῦ ὅτι ἀφεῖς τὴν γυναῖκα Ἰεζάβελ, ἡ λέγουσα
ἑαυτὴν προφῆτιν, καὶ διδάσκει καὶ πλανᾷ τοὺς ἐμοὺς δού-
21 λους πορνεῦσαι καὶ φαγεῖν εἰδωλόθυτα. καὶ ἔδωκα
αὐτῇ χρόνον ἵνα μετανοήσῃ, καὶ οὐ θέλει μετανοῆσαι
22 ἐκ τῆς πορνείας αὐτῆς. ἰδοὺ βάλλω αὐτὴν εἰς κλί-
νην, καὶ τοὺς μοιχεύοντας μετ᾽ αὐτῆς εἰς θλίψιν μεγά-
23 λην, ἐὰν μὴ μετανοήσουσιν ἐκ τῶν ἔργων αὐτῆς.   καὶ
τὰ τέκνα αὐτῆς ἀποκτενῶ ἐν θανάτῳ· καὶ γνώσονται πᾶσαι
αἱ ἐκκλησίαι ὅτι ἐγώ εἰμι ὁ ἐραυνῶν νεφροὺς καί καρδίας·
24 καὶ δώσω ὑμῖν ἑκάστῳ κατὰ τὰ ἔργα ὑμῶν.   Ὑμῖν δὲ
λέγω τοῖς λοιποῖς τοῖς ἐν Θυατείροις, ὅσοι οὐκ ἔχουσιν
τὴν διδαχὴν ταύτην, οἵτινες οὐκ ἔγνωσαν τὰ βαθέα τοῦ
Σατανᾶ, ὡς λέγουσιν· οὐ βάλλω ἐφ᾽ ὑμᾶς ἄλλο βάρος.
25, 26 πλὴν ὃ ἔχετε κρατήσατε ἄχρι οὗ ἂν ἥξω.   Καὶ ὁ
νικῶν καὶ ὁ τηρῶν ἄχρι τέλους τὰ ἔργα μου, δώσω αὐτῷ ἐξ-
27 ουσίαν ἐπὶ τῶν ἐθνῶν·   καὶ ποιμανεῖ αὐτοὺς ἐν ῥάβδῳ
σιδηρᾷ, ὡς τὰ σκεύη τὰ κεραμικὰ συντρίβεται, ὡς κἀγὼ
28 εἴληφα παρὰ τοῦ Πατρός μου·   καὶ δώσω αὐτῷ τὸν ἀ-
29 στέρα τὸν πρωϊνόν.   ὁ ἔχων οὖς ἀκουσάτω τί τὸ Πνεῦ-
μα λέγει ταῖς ἐκκλησίαις.

3 Καὶ τῷ ἀγγέλῳ τῆς ἐν Σάρδεσιν ἐκκλησίας γράψον,
Τάδε λέγει ὁ ἔχων τὰ ἑπτὰ Πνεύματα τοῦ Θεοῦ καὶ τοὺς
ἑπτὰ ἀστέρας· Οἶδά σου τὰ ἔργα, ὅτι ὄνομα ἔχεις ὅτι ζῇς,

τὰ ἔσχ.], καὶ τὰ ἔσχ. ς: ; τὰ ἔσχ. CςmTr   20 ἀλλὰ] ἀλλ᾽ ςLnTiB
σοῦ] + ὀλίγα ς : C   ἀφεῖς] ἐᾷς ς : Cςm   γυναῖκά] + σου Ln[A]Bm
WHmRm   Ἰεζάβελ] Ἰεζ. Ln : -αβέλ TrA : -αβήλ ς : pr τὴν Ln
ἡ λέγουσα] τὴν λέγουσαν ς: Scr   ἑαυτὴν] αὐτὴν TiB : αὐτὴν WH.
καὶ διδάσκει καὶ πλανᾷ] διδάσκειν καὶ πλανᾶσθαι ς : Cςm   τοὺς]ς°:
Cςm   φαγεῖν] post εἰδωλ. ς : C   21 , καὶ οὐ θέλει μετ.] , καὶ οὐ
μετενόησεν post ἐκ τῆς π. αὐ. ς : Cςm : , καὶ οὐκ ἠθέλησεν μετ. Lnm
22 βάλλω] pr ἐγὼ ς : C   μετανοήσουσιν]-σωσιν ςLn   αὐτῆς sec.]
αὐτῶν ςLnmWHmRm : Cςm   23 ἐραυνῶν] ἐρευν. ςA   24 τοῖς
pri.] καὶ ς : C   οἵτινες] pr καὶ ς : Cςm   βαθέα] βάθη ς : Cςm
βάλλω] βαλῶ ς   25 ἄχρι] ἄχρις ςA   27 , ὡς τὰ σκ. τὰ κερ. συν-
τρ.] · ὡς τὰ σκ. τὰ κερ., συντρ. JRm   1 τῆς] τῷ WHm   ἑπτὰ] ς°:
CςmJElz   ὄνομα] pr τὸ ς : CJ

ΑΠΟΚΑΛΥΨΙΣ ΙΩΑΝΝΟΥ 3. 2—10.

καὶ νεκρὸς εἶ. γίνου γρηγορῶν, καὶ στήρισον τὰ λοιπὰ 2 ἃ ἔμελλον ἀποθανεῖν· οὐ γὰρ εὕρηκά σου [τὰ] ἔργα πεπληρωμένα ἐνώπιον τοῦ Θεοῦ μου. μνημόνευε οὖν πῶς 3 εἴληφας καὶ ἤκουσας, καὶ τήρει καὶ μετανόησον. ἐὰν οὖν μὴ γρηγορήσῃς, ἤξω ὡς κλέπτης, καὶ οὐ μὴ γνῷς ποίαν ὥραν ἤξω ἐπὶ σέ. Ἀλλὰ ἔχεις ὀλίγα ὀνόματα ἐν Σάρ- 4 δεσιν ἃ οὐκ ἐμόλυναν τὰ ἱμάτια αὐτῶν· καὶ περιπατήσουσιν μετ᾽ ἐμοῦ ἐν λευκοῖς, ὅτι ἄξιοί εἰσιν. Ὁ νικῶν 5 οὕτως περιβαλεῖται ἐν ἱματίοις λευκοῖς· καὶ οὐ μὴ ἐξαλείψω τὸ ὄνομα αὐτοῦ ἐκ τῆς βίβλου τῆς ζωῆς, καὶ ὁμολογήσω τὸ ὄνομα αὐτοῦ ἐνώπιον τοῦ Πατρός μου καὶ ἐνώπιον τῶν ἀγγέλων αὐτοῦ. ὁ ἔχων οὖς ἀκουσάτω τί τὸ Πνεῦ- 6 μα λέγει ταῖς ἐκκλησίαις.

Καὶ τῷ ἀγγέλῳ τῆς ἐν Φιλαδελφείᾳ ἐκκλησίας γράψον, 7 Τάδε λέγει ὁ Ἅγιος, ὁ Ἀληθινός, ὁ ἔχων τὴν κλεῖν Δαυείδ, ὁ ἀνοίγων καὶ οὐδεὶς κλείσει, καὶ κλείων καὶ οὐδεὶς ἀνοίξει· Οἶδά σου τὰ ἔργα (ἰδοὺ δέδωκα ἐνώπιόν σου θύραν ἠνεῳγ- 8 μένην, ἣν οὐδεὶς δύναται κλεῖσαι αὐτήν), ὅτι μικρὰν ἔχεις δύναμιν, καὶ ἐτήρησάς μου τὸν λόγον καὶ οὐκ ἠρνήσω τὸ ὄνομά μου. ἰδοὺ διδῶ ἐκ τῆς συναγωγῆς τοῦ Σατανᾶ 9 τῶν λεγόντων ἑαυτοὺς Ἰουδαίους εἶναι, καὶ οὐκ εἰσὶν ἀλλὰ ψεύδονται· ἰδοὺ ποιήσω αὐτοὺς ἵνα ἥξουσιν καὶ προσκυνήσουσιν ἐνώπιον τῶν ποδῶν σου, καὶ γνῶσιν ὅτι ἐγὼ ἠγάπησά σε. Ὅτι ἐτήρησας τὸν λόγον τῆς ὑπομονῆς μου, 10 κἀγώ σε τηρήσω ἐκ τῆς ὥρας τοῦ πειρασμοῦ τῆς μελλού-

2 στήρισον] -ξον ς ἔμελλον] μέλλει ς τὰ sec.] ins [Tr]Ti[A]B WHmRm: *Ln*°WH°R° μου] ς°: Cςm 3 οὖν] [A] ἤξω *pri.*] +ἐπὶ σέ ς γνῷς] γνώσῃ Tr(n.m.)TiBWHm 4 ἀλλὰ] ς°: ἀλλ᾽ C ὀλίγα] ante ἔχ. TiσφB ἐν Σ.] pr καὶ ς: C 5 οὕτως] οὗτος ς A(n.m.): Cςm ὁμολογήσω] ἐξομολογήσομαι ς: Cςm 7 τῆς] τῷ WHm Φιλαδελφείᾳ] -φίᾳ TiBWH ἅγιος...ἀληθ.] ἀληθ....ἅγ. TrmA WHm κλεῖν] κλεῖδα ς: C Δα.] pr τοῦ ςTi[A]BWHm κλείσει] κλείει: Cςm καὶ κλείων]—καὶ Tr[Ln]: κ. κλείει ςLnmAWHm ἀνοίξει] -γει ς*Ln*WHR: Cςm 8 ἠνεῳγμένην] ἀνεῳγ. ς*Ln*Tr(n.m.)A WHa ἣν] καὶ ς: Cςm 9 διδῶ] δίδωμι ς ἥξουσιν] -ωσι ς: C προσκυνήσουσιν] -σωσιν ς

ΑΠΟΚΑΛΥΨΙΣ ΙΩΑΝΝΟΥ

σης ἔρχεσθαι ἐπὶ τῆς οἰκουμένης ὅλης, πειράσαι τοὺς κα-
11 τοικοῦντας ἐπὶ τῆς γῆς.   ἔρχομαι ταχύ· κράτει ὃ ἔχεις,
12 ἵνα μηδεὶς λάβῃ τὸν στέφανόν σου.   Ὁ νικῶν, ποιήσω
αὐτὸν στύλον ἐν τῷ ναῷ τοῦ Θεοῦ μου, καὶ ἔξω οὐ μὴ
ἐξέλθῃ ἔτι· καὶ γράψω ἐπ' αὐτὸν τὸ ὄνομα τοῦ Θεοῦ μου,
καὶ τὸ ὄνομα τῆς πόλεως τοῦ Θεοῦ μου, τῆς καινῆς Ἱερου-
σαλήμ, ἡ καταβαίνουσα ἐκ τοῦ οὐρανοῦ ἀπὸ τοῦ Θεοῦ
13 μου, καὶ τὸ ὄνομά μου τὸ καινόν.   ὁ ἔχων οὖς ἀκουσά-
τω τί τὸ Πνεῦμα λέγει ταῖς ἐκκλησίαις.
14   Καὶ τῷ ἀγγέλῳ τῆς ἐν Λαοδικείᾳ ἐκκλησίας γράψον,
Τάδε λέγει ὁ Ἀμήν, ὁ μάρτυς ὁ πιστὸς καὶ ἀληθινός, ἡ
15 ἀρχὴ τῆς κτίσεως τοῦ Θεοῦ·   Οἶδά σου τὰ ἔργα, ὅτι
οὔτε ψυχρὸς εἶ οὔτε ζεστός· ὄφελον ψυχρὸς ἦς ἢ ζεστός.
16 οὕτως ὅτι χλιαρὸς εἶ καὶ οὔτε ζεστὸς οὔτε ψυχρός, μέλλω
17 σε ἐμέσαι ἐκ τοῦ στόματός μου.   Ὅτι λέγεις ὅτι Πλού-
σιός εἰμι καὶ πεπλούτηκα καὶ οὐδὲν χρείαν ἔχω, καὶ οὐκ
οἶδας ὅτι σὺ εἶ ὁ ταλαίπωρος καὶ ἐλεεινὸς καὶ πτωχὸς καὶ
18 τυφλὸς καὶ γυμνός,   συμβουλεύω σοι ἀγοράσαι παρ'
ἐμοῦ χρυσίον πεπυρωμένον ἐκ πυρὸς ἵνα πλουτήσῃς, καὶ
ἱμάτια λευκὰ ἵνα περιβάλῃ, καὶ μὴ φανερωθῇ ἡ αἰσχύνη
τῆς γυμνότητός σου, καὶ κολλύριον ἐγχρῖσαι τοὺς ὀφθαλ-
19 μούς σου ἵνα βλέπῃς.   ἐγὼ ὅσους ἐὰν φιλῶ ἐλέγχω καὶ
20 παιδεύω· ζήλευε οὖν καὶ μετανόησον.   ἰδοὺ ἕστηκα ἐπὶ
τὴν θύραν καὶ κρούω· ἐάν τις ἀκούσῃ τῆς φωνῆς μου καὶ
ἀνοίξῃ τὴν θύραν, εἰσελεύσομαι πρὸς αὐτὸν καὶ δειπνήσω
21 μετ' αὐτοῦ, καὶ αὐτὸς μετ' ἐμοῦ.   Ὁ νικῶν, δώσω αὐτῷ
καθίσαι μετ' ἐμοῦ ἐν τῷ θρόνῳ μου, ὡς κἀγὼ ἐνίκησα καὶ

---

11 ἔρχομαι] pr ἰδοὺ ϛ : Cϛm   12 ναῷ] λαῷ Elzσφ   14 Λαοδικείᾳ]
-κίᾳ TiBWH   ἐν Λα.] Λαοδικέων post ἐκκλ. ϛ : CϛmJm   ἀληθινός]
pr ὁ [WH]   15 ἦς] εἴης ϛ : C   16 χλιαρὸς -ερὸς WH.   ζεστ.
...ψυχρ.] ψυχρ....ζεστ. ϛ Ln : C   17 ὅτι sec.] Cºϛºm[A]   οὐδὲν οὐ-
δενὸς ϛ   ἐλεεινὸς] ἐλεινὸς AWH : pr ὁ Ln[A]WHm   18 κολλύριον]
κολλούριον ϛ(n.m.)LnWH(n.a.)   ἐγχρῖσαι] ἔγχρισον ϛ : ἐγχρίσαι TrTi :
ἐνχρ. WH.   19 ἐὰν] ἂν WH.   ζήλευε] ζήλωσον ϛTrm   20 εἰσ-
ελεύσομαι] pr καὶ Ti[A]BWHm

ἐκάθισα μετὰ τοῦ Πατρός μου ἐν τῷ θρόνῳ αὐτοῦ. ὁ 22
ἔχων οὖς ἀκουσάτω τί τὸ Πνεῦμα λέγει ταῖς ἐκκλησίαις.

Μετὰ ταῦτα εἶδον, καὶ ἰδοὺ θύρα ἠνεῳγμένη ἐν τῷ οὐ- 4
ρανῷ, καὶ ἡ φωνὴ ἡ πρώτη ἣν ἤκουσα ὡς σάλπιγγος λα-
λούσης μετ' ἐμοῦ, λέγων, Ἀνάβα ὧδε, καὶ δείξω σοι ἃ δεῖ
γενέσθαι μετὰ ταῦτα. εὐθέως ἐγενόμην ἐν Πνεύματι· 2
καὶ ἰδοὺ θρόνος ἔκειτο ἐν τῷ οὐρανῷ, καὶ ἐπὶ τὸν θρόνον
καθήμενος· καὶ ὁ καθήμενος ὅμοιος ὁράσει λίθῳ ἰά- 3
σπιδι καὶ σαρδίῳ· καὶ ἶρις κυκλόθεν τοῦ θρόνου ὅμοιος
ὁράσει σμαραγδίνῳ. Καὶ κυκλόθεν τοῦ θρόνου θρόνοι 4
εἴκοσι τέσσαρες· καὶ ἐπὶ τοὺς θρόνους εἴκοσι τέσσαρας
πρεσβυτέρους καθημένους, περιβεβλημένους ἐν ἱματίοις
λευκοῖς, καὶ ἐπὶ τὰς κεφαλὰς αὐτῶν στεφάνους χρυσοῦς.
καὶ ἐκ τοῦ θρόνου ἐκπορεύονται ἀστραπαὶ καὶ φωναὶ καὶ 5
βρονταί. καὶ ἑπτὰ λαμπάδες πυρὸς καιόμεναι ἐνώπιον τοῦ
θρόνου, ἅ εἰσιν τὰ ἑπτὰ πνεύματα τοῦ Θεοῦ· καὶ ἐνώ- 6
πιον τοῦ θρόνου ὡς θάλασσα ὑαλίνη ὁμοία κρυστάλλῳ.
Καὶ ἐν μέσῳ τοῦ θρόνου καὶ κύκλῳ τοῦ θρόνου τέσσερα
ζῶα γέμοντα ὀφθαλμῶν ἔμπροσθεν καὶ ὄπισθεν. καὶ 7
τὸ ζῶον τὸ πρῶτον ὅμοιον λέοντι, καὶ τὸ δεύτερον ζῶον
ὅμοιον μόσχῳ, καὶ τὸ τρίτον ζῶον ἔχων τὸ πρόσωπον
ὡς ἀνθρώπου, καὶ τὸ τέταρτον ζῶον ὅμοιον ἀετῷ πετομένῳ.
καὶ τὰ τέσσερα ζῶα, ἓν καθ' ἓν αὐτῶν ἔχων ἀνὰ πτέρυγας 8

1 εἶδον] ἴδον Ti ἠνεῳγμένη] ἀνεῳγ. Ln λέγων] λέγουσα ϛ
ἀνάβα] ἀνάβηθι Ln ἃ] ὅσα Ln μετὰ ταῦτα.].μετὰ ταῦτα LnWH
Rm 2 εὐθέως] pr καὶ ϛ τὸν θρόνον] τοῦ θρόνου ϛ 3 καὶ ὁ
καθήμ.] Cºϛºm[Tr]:+ἦν ϛ: Cϛm σαρδίῳ] σαρδίνῳ ϛ: Cϛm ὅμοιος
sec.] ὁμοία Elz 4 θρόνοι] θρόνους LnTiBWHm τέσσαρες] pr καὶ
ϛ: C: -ερας Ln: -αρας TiB θρόνους]+εἶδον ϛ: post εἰκ. τέσσ. LnA
εἰκ. τέσσαρας] τοὺς εἰκ. καὶ τ. ϛ: εἰκ. τέσσερας Ln ἐν] Lnºnº WHº(n.m.)
ἐπὶ] pr ἔσχον ϛ: Cϛm χρυσοῦς]-έους Tr 5 φω....βρον.] βρον....φω.
ϛ: C θρόνου sec.]+αὐτοῦ [A] ἅ] αἵ ϛ TrABm εἰσιν] ἐστ. LnBm
τὰ] [A] 6 ὡς] ϛº: Cϛm τέσσερα]-αρα ϛ A ἔμπροσθεν] ἐνπ.
TiB 7 ἔχων] ἔχον ϛ LnBmWHm ὡς] [A] ἀνθρώπου] ἀνθρω-
πος ϛ πετομένῳ] πετωμ. ϛ 8 τὰ] ϛº τέσσερα]-αρα ϛ A
καθ' ἓν αὐτῶν] καθ' ἑαυτὸ ϛ: Cϛm: ἕκαστον αὐτῶν Tr ἔχων] εἶχον ϛ
Bm: ἔχον LnBm: ἔχοντα Bm

ἕξ, κυκλόθεν καὶ ἔσωθεν γέμουσιν ὀφθαλμῶν· καὶ ἀνάπαυσιν οὐκ ἔχουσιν ἡμέρας καὶ νυκτὸς λέγοντες, Ἅγιος ἅγιος ἅγιος Κύριος ὁ Θεὸς ὁ Παντοκράτωρ, ὁ ἦν καὶ ὁ 9 ὢν καὶ ὁ ἐρχόμενος. Καὶ ὅταν δώσουσιν τὰ ζῶα δόξαν καὶ τιμὴν καὶ εὐχαριστίαν τῷ καθημένῳ ἐπὶ τῷ θρόνῳ, τῷ 10 ζῶντι εἰς τοὺς αἰῶνας τῶν αἰώνων, πεσοῦνται οἱ εἴκοσι τέσσαρες πρεσβύτεροι ἐνώπιον τοῦ καθημένου ἐπὶ τοῦ θρόνου, καὶ προσκυνήσουσιν τῷ ζῶντι εἰς τοὺς αἰῶνας τῶν αἰώνων, καὶ βαλοῦσιν τοὺς στεφάνους αὐτῶν ἐνώπιον 11 τοῦ θρόνου λέγοντες, Ἄξιος εἶ, ὁ Κύριος καὶ ὁ Θεὸς ἡμῶν, λαβεῖν τὴν δόξαν καὶ τὴν τιμὴν καὶ τὴν δύναμιν· ὅτι σὺ ἔκτισας τὰ πάντα, καὶ διὰ τὸ θέλημά σου ἦσαν καὶ ἐκτίσθησαν.

5 Καὶ εἶδον ἐπὶ τὴν δεξιὰν τοῦ καθημένου ἐπὶ τοῦ θρόνου βιβλίον γεγραμμένον ἔσωθεν καὶ ὄπισθεν, κατεσφραγι-2 σμένον σφραγῖσιν ἑπτά. καὶ εἶδον ἄγγελον ἰσχυρὸν κηρύσσοντα ἐν φωνῇ μεγάλῃ, Τίς ἄξιος ἀνοῖξαι τὸ βι-3 βλίον καὶ λῦσαι τὰς σφραγῖδας αὐτοῦ; καὶ οὐδεὶς ἠδύνατο ἐν τῷ οὐρανῷ οὐδὲ ἐπὶ τῆς γῆς οὐδὲ ὑποκάτω 4 τῆς γῆς ἀνοῖξαι τὸ βιβλίον οὔτε βλέπειν αὐτό. καὶ ἐγὼ ἔκλαιον πολὺ ὅτι οὐδεὶς ἄξιος εὑρέθη ἀνοῖξαι τὸ βι-5 βλίον οὔτε βλέπειν αὐτό· καὶ εἷς ἐκ τῶν πρεσβυτέρων λέγει μοι, Μὴ κλαῖε· ἰδοὺ ἐνίκησεν ὁ λέων ὁ ἐκ τῆς φυλῆς Ἰούδα, ἡ ῥίζα Δαυείδ, ἀνοῖξαι τὸ βιβλίον καὶ τὰς ἑπτὰ σφραγῖδας αὐτοῦ.

6 Καὶ εἶδον ἐν μέσῳ τοῦ θρόνου καὶ τῶν τεσσάρων ζώων

ΑΠΟΚΑΛΥΨΙΣ ΙΩΑΝΝΟΥ 5. 7—13.

καὶ ἐν μέσῳ τῶν πρεσβυτέρων Ἀρνίον ἑστηκὸς ὡς ἐσφαγμένον, ἔχων κέρατα ἑπτὰ καὶ ὀφθαλμοὺς ἑπτά, οἵ εἰσιν τὰ ἑπτὰ πνεύματα τοῦ Θεοῦ, ἀπεσταλμένοι εἰς πᾶσαν τὴν γῆν. καὶ ἦλθεν καὶ εἴληφεν ἐκ τῆς δεξιᾶς τοῦ καθημένου ἐπὶ τοῦ θρόνου. Καὶ ὅτε ἔλαβεν τὸ βιβλίον, τὰ τέσσερα ζῷα καὶ οἱ εἴκοσι τέσσαρες πρεσβύτεροι ἔπεσαν ἐνώπιον τοῦ Ἀρνίου, ἔχοντες ἕκαστος κιθάραν καὶ φιάλας χρυσᾶς γεμούσας θυμιαμάτων, αἵ εἰσιν αἱ προσευχαὶ τῶν ἁγίων. καὶ ᾄδουσιν ᾠδὴν καινὴν λέγοντες, Ἄξιος εἶ λαβεῖν τὸ βιβλίον καὶ ἀνοῖξαι τὰς σφραγῖδας αὐτοῦ· ὅτι ἐσφάγης, καὶ ἠγόρασας τῷ Θεῷ ἐν τῷ αἵματί σου ἐκ πάσης φυλῆς καὶ γλώσσης καὶ λαοῦ καὶ ἔθνους, καὶ ἐποίησας αὐτοὺς τῷ Θεῷ ἡμῶν βασιλείαν καὶ ἱερεῖς, καὶ βασιλεύουσιν ἐπὶ τῆς γῆς. Καὶ εἶδον, καὶ ἤκουσα [ὡς] φωνὴν ἀγγέλων πολλῶν κύκλῳ τοῦ θρόνου καὶ τῶν ζώων καὶ τῶν πρεσβυτέρων, καὶ ἦν ὁ ἀριθμὸς αὐτῶν μυριάδες μυριάδων καὶ χιλιάδες χιλιάδων, λέγοντες φωνῇ μεγάλῃ, Ἄξιόν ἐστιν τὸ Ἀρνίον τὸ ἐσφαγμένον λαβεῖν τὴν δύναμιν καὶ πλοῦτον καὶ σοφίαν καὶ ἰσχὺν καὶ τιμὴν καὶ δόξαν καὶ εὐλογίαν. καὶ πᾶν κτίσμα ὃ ἐν τῷ οὐρανῷ καὶ ἐπὶ τῆς γῆς καὶ ὑποκάτω τῆς γῆς καὶ ἐπὶ τῆς θαλάσσης [ἐστίν,] καὶ τὰ ἐν αὐτοῖς πάντα, ἤκουσα λέγοντας, Τῷ καθημένῳ ἐπὶ τῷ θρόνῳ καὶ τῷ Ἀρνίῳ ἡ εὐλογία καὶ ἡ τιμὴ καὶ ἡ δόξα καὶ τὸ κράτος εἰς τοὺς αἰῶνας τῶν

ΑΠΟΚΑΛΥΨΙΣ ΙΩΑΝΝΟΥ

14 αἰώνων. καὶ τὰ τέσσερα ζῶα ἔλεγον, Ἀμήν· καὶ οἱ πρεσβύτεροι ἔπεσαν καὶ προσεκύνησαν.

6 Καὶ εἶδον ὅτε ἤνοιξεν τὸ Ἀρνίον μίαν ἐκ τῶν ἑπτὰ σφραγίδων, καὶ ἤκουσα ἑνὸς ἐκ τῶν τεσσάρων ζώων λέ-
2 γοντος ὡς φωνὴ βροντῆς, Ἔρχου. καὶ εἶδον, καὶ ἰδοὺ ἵππος λευκός· καὶ ὁ καθήμενος ἐπ᾽ αὐτὸν ἔχων τόξον· καὶ ἐδόθη αὐτῷ στέφανος· καὶ ἐξῆλθεν νικῶν καὶ ἵνα νικήσῃ.
3 Καὶ ὅτε ἤνοιξεν τὴν σφραγῖδα τὴν δευτέραν, ἤκουσα τοῦ
4 δευτέρου ζώου λέγοντος, Ἔρχου. καὶ ἐξῆλθεν ἄλλος ἵππος πυρρός· καὶ τῷ καθημένῳ ἐπ᾽ αὐτὸν ἐδόθη αὐτῷ λαβεῖν τὴν εἰρήνην ἐκ τῆς γῆς καὶ ἵνα ἀλλήλους σφάξου-
5 σιν· καὶ ἐδόθη αὐτῷ μάχαιρα μεγάλη. Καὶ ὅτε ἤνοι- ξεν τὴν σφραγῖδα τὴν τρίτην, ἤκουσα τοῦ τρίτου ζώου λέγοντος, Ἔρχου. καὶ εἶδον, καὶ ἰδοὺ ἵππος μέλας· καὶ ὁ καθήμενος ἐπ᾽ αὐτὸν ἔχων ζυγὸν ἐν τῇ χειρὶ αὐτοῦ.
6 καὶ ἤκουσα ὡς φωνὴν ἐν μέσῳ τῶν τεσσάρων ζώων λέγου- σαν, Χοῖνιξ σίτου δηναρίου, καὶ τρεῖς χοίνικες κριθῶν δη-
7 ναρίου· καὶ τὸ ἔλαιον καὶ τὸν οἶνον μὴ ἀδικήσῃς. Καὶ ὅτε ἤνοιξεν τὴν σφραγῖδα τὴν τετάρτην, ἤκουσα φωνὴν
8 τοῦ τετάρτου ζώου λέγοντος, Ἔρχου. καὶ εἶδον, καὶ ἰδοὺ ἵππος χλωρός· καὶ ὁ καθήμενος ἐπάνω αὐτοῦ, ὄνομα αὐτῷ [ὁ] Θάνατος, καὶ ὁ Ἅιδης ἠκολούθει μετ᾽ αὐτοῦ· καὶ ἐδόθη αὐτοῖς ἐξουσία ἐπὶ τὸ τέταρτον τῆς γῆς ἀποκτεῖναι

14 τέσσερα] -αρα ςA   πρεσβύτεροι] pr εἰκοσιτέσσαρες ς: C   προσεκύν.] + ζῶντι εἰς τοὺς αἰῶνας τῶν αἰώνων ς: Cςm   1 εἶδον] ἴδον Ti   ἑπτὰ] ςº: Cςm   φωνὴ]-νῆς ς: C: -νῇ WH   ἔρχου]+ καὶ βλέπε ς Rm: C: + καὶ ἴδε Bm   2 εἶδον] ἴδον Ti   αὐτῷ] αὐτῷ ς: C   3 σφραγ. τὴν δευτ.] δευτ. σφραγ. ς   ἔρχου]+καὶ βλέπε ς Rm: C:+καὶ ἴδε Bm   4 αὐτὸν] αὐτῷ ς: C   αὐτῷ *pri.*] [Lⁿ][Tr]m[WH] ἐκ] ἀπὸ ς: Cςm: [WH]Rºm   σφάξουσιν]-ωσι ς   5 ἤνοιξεν] -ξε WH(n.a.)   σφραγ. τὴν τριτ.] τρίτ. σφραγ. ς: C   ἔρχου]+ καὶ βλέπε ς Rm: C: + καὶ ἴδε Bm   εἶδον] ἴδον Ti   αὐτὸν] αὐτῷ ς: C   6 ὡς] ςº   κριθῶν] -θῆς ς   7 φωνὴν] [Tr]   λέγοντος] λέγουσαν ς: Cςm   ἔρχου]+καὶ βλέπε ς Rm: C:+καὶ ἴδε Bm   8 εἶδον] ἴδον TiWHₐ   αὐτοῦ *pri.*] [WH]   ὁ *ante* Θάν.] ins ςLⁿTr[A][WH]R: Tiº Bº   Ἅιδης] Ἅδ. ςTr   ἠκολούθει] ἀκολουθεῖ ς(a.m.)   μετ᾽ αὐτοῦ] αὐτῷ ςmTrmBm   ἀποκτεῖναι] ante ἐπὶ τὸ τ. τῆς γ. ς: Cςm

ἐν ῥομφαίᾳ καὶ ἐν λιμῷ καὶ ἐν θανάτῳ καὶ ὑπὸ τῶν θηρίων τῆς γῆς.

Καὶ ὅτε ἤνοιξεν τὴν πέμπτην σφραγῖδα, εἶδον ὑποκάτω 9 τοῦ θυσιαστηρίου τὰς ψυχὰς τῶν ἐσφαγμένων διὰ τὸν λόγον τοῦ Θεοῦ καὶ διὰ τὴν μαρτυρίαν ἣν εἶχον, καὶ 10 ἔκραξαν φωνῇ μεγάλῃ λέγοντες, Ἕως πότε, ὁ Δεσπότης ὁ ἅγιος καὶ ἀληθινός, οὐ κρίνεις καὶ ἐκδικεῖς τὸ αἷμα ἡμῶν ἐκ τῶν κατοικούντων ἐπὶ τῆς γῆς; καὶ ἐδόθη αὐτοῖς 11 ἑκάστῳ στολὴ λευκή, καὶ ἐρρέθη αὐτοῖς ἵνα ἀναπαύσωνται ἔτι χρόνον μικρόν, ἕως πληρώσωσιν καὶ οἱ σύνδουλοι αὐτῶν καὶ οἱ ἀδελφοὶ αὐτῶν οἱ μέλλοντες ἀποκτέννεσθαι ὡς καὶ αὐτοί.

Καὶ εἶδον ὅτε ἤνοιξεν τὴν σφραγῖδα τὴν ἕκτην, καὶ 12 σεισμὸς μέγας ἐγένετο, καὶ ὁ ἥλιος ἐγένετο μέλας ὡς σάκκος τρίχινος, καὶ ἡ σελήνη ὅλη ἐγένετο ὡς αἷμα, καὶ 13 οἱ ἀστέρες τοῦ οὐρανοῦ ἔπεσαν εἰς τὴν γῆν, ὡς συκῆ βάλλει τοὺς ὀλύνθους αὐτῆς ὑπὸ ἀνέμου μεγάλου σειομένη. καὶ ὁ οὐρανὸς ἀπεχωρίσθη ὡς βιβλίον ἑλισσόμενον, καὶ 14 πᾶν ὄρος καὶ νῆσος ἐκ τῶν τόπων αὐτῶν ἐκινήθησαν. καὶ οἱ βασιλεῖς τῆς γῆς καὶ οἱ μεγιστᾶνες καὶ οἱ χιλίαρ- 15 χοι καὶ οἱ πλούσιοι καὶ οἱ ἰσχυροί, καὶ πᾶς δοῦλος καὶ ἐλεύθερος, ἔκρυψαν ἑαυτοὺς εἰς τὰ σπήλαια καὶ εἰς τὰς πέτρας τῶν ὀρέων, καὶ λέγουσιν τοῖς ὄρεσιν καὶ ταῖς 16 πέτραις, Πέσετε ἐφ᾽ ἡμᾶς καὶ κρύψατε ἡμᾶς ἀπὸ προσώπου τοῦ καθημένου ἐπὶ τοῦ θρόνου, καὶ ἀπὸ τῆς ὀργῆς τοῦ

Θ εἶδον] ἴδον TiWHa διὰ sec.] Lnº[A] 10 ἔκραξαν] -ζον ϛ: C ἀληθινός] pr ὁ ϛ: C ἐκ] ἀπὸ ϛ: C 11 ἐδόθη...στολὴ λευκή] ἐδόθησαν...στολαὶ λευκαί ϛ(n.m.) αὐτοῖς ἑκάστῳ] ἑκάστοις ϛ: —ἑκάστῳ ϛm[A] ἀναπαύσωνται] -σονται WH(n.a.) ἔτι] post χρόνον Ln ἕως]+οὗ ϛ πληρώσωσιν] -ρώσονται ϛ(n.m.): -ρωθῶσιν LnAmBmWH (n.m.)R(n.m.) ἀποκτέννεσθαι] -κτείνεσθαι ϛ 12 εἶδον] ἴδον Ti σεισμὸς] pr ἰδοὺ ϛ: C μέλας] ante ἐγένετο TiB ὅλη] ϛº(n.m.) 13 βάλλει]-ουσα TiB(n.m.) μεγάλου] ante ἀνέμου ϛ 14 ὁ] ϛº: C ἑλισσόμενον] εἰλισσ. ϛ: -μενος ϛmTrmWHm· 15 χιλί....πλούσ.] πλούσ....χιλί. ϛ: C ἰσχυροί] δυνατοί ϛ: Cϛm ἐλεύθερος] pr πᾶς ϛ 16 πέσετε] -ατε LnAWH τοῦ θρόνου] τῷ θρόνῳ TrmTiAB

17 Ἀρνίου· ὅτι ἦλθεν ἡ ἡμέρα ἡ μεγάλη τῆς ὀργῆς αὐτῶν, καὶ τίς δύναται σταθῆναι;

7 [Καὶ] μετὰ τοῦτο εἶδον τέσσαρας ἀγγέλους ἑστῶτας ἐπὶ τὰς τέσσαρας γωνίας τῆς γῆς, κρατοῦντας τοὺς τέσσαρας ἀνέμους τῆς γῆς, ἵνα μὴ πνέῃ ἄνεμος ἐπὶ τῆς γῆς μήτε 2 ἐπὶ τῆς θαλάσσης μήτε ἐπί τι δένδρον. καὶ εἶδον ἄλλον ἄγγελον ἀναβαίνοντα ἀπὸ ἀνατολῆς ἡλίου, ἔχοντα σφραγῖδα Θεοῦ ζῶντος· καὶ ἔκραξεν φωνῇ μεγάλῃ τοῖς τέσσαρσιν ἀγγέλοις οἷς ἐδόθη αὐτοῖς ἀδικῆσαι τὴν γῆν 3 καὶ τὴν θάλασσαν, λέγων, Μὴ ἀδικήσητε τὴν γῆν μήτε τὴν θάλασσαν μήτε τὰ δένδρα, ἄχρι σφραγίσωμεν τοὺς δούλους τοῦ Θεοῦ ἡμῶν ἐπὶ τῶν μετώπων αὐτῶν.

4 Καὶ ἤκουσα τὸν ἀριθμὸν τῶν ἐσφραγισμένων, ἑκατὸν τεσσεράκοντα τέσσαρες χιλιάδες ἐσφραγισμένοι ἐκ πάσης 5 φυλῆς υἱῶν Ἰσραήλ. ἐκ φυλῆς Ἰούδα δώδεκα χιλιάδες ἐσφραγισμένοι· ἐκ φυλῆς Ῥουβὴν δώδεκα χιλιάδες· ἐκ 6 φυλῆς Γὰδ δώδεκα χιλιάδες· ἐκ φυλῆς Ἀσὴρ δώδεκα χιλιάδες· ἐκ φυλῆς Νεφθαλεὶμ δώδεκα χιλιάδες· ἐκ φυλῆς 7 Μανασσῆ δώδεκα χιλιάδες· ἐκ φυλῆς Συμεὼν δώδεκα χιλιάδες· ἐκ φυλῆς Λευῒ δώδεκα χιλιάδες· ἐκ φυλῆς Ἰσ- 8 σαχὰρ δώδεκα χιλιάδες· ἐκ φυλῆς Ζαβουλὼν δώδεκα χιλιάδες· ἐκ φυλῆς Ἰωσὴφ δώδεκα χιλιάδες· ἐκ φυλῆς Βενιαμεὶν δώδεκα χιλιάδες ἐσφραγισμένοι.

9 Μετὰ ταῦτα εἶδον, καὶ ἰδοὺ ὄχλος πολύς, ὃν ἀριθμῆσαι

αὐτὸν οὐδεὶς ἐδύνατο, ἐκ παντὸς ἔθνους καὶ φυλῶν καὶ λαῶν καὶ γλωσσῶν, ἑστῶτες ἐνώπιον τοῦ θρόνου καὶ ἐνώπιον τοῦ Ἀρνίου, περιβεβλημένους στολὰς λευκάς, καὶ φοίνικες ἐν ταῖς χερσὶν αὐτῶν· καὶ κράζουσιν φωνῇ 10 μεγάλῃ λέγοντες, Ἡ σωτηρία τῷ Θεῷ ἡμῶν τῷ καθημένῳ ἐπὶ τῷ θρόνῳ καὶ τῷ Ἀρνίῳ. καὶ πάντες οἱ ἄγγελοι 11 εἱστήκεισαν κύκλῳ τοῦ θρόνου καὶ τῶν πρεσβυτέρων καὶ τῶν τεσσάρων ζώων· καὶ ἔπεσαν ἐνώπιον τοῦ θρόνου ἐπὶ τὰ πρόσωπα αὐτῶν, καὶ προσεκύνησαν τῷ Θεῷ λέγον- 12 τες, Ἀμήν· ἡ εὐλογία καὶ ἡ δόξα καὶ ἡ σοφία καὶ ἡ εὐχαριστία καὶ ἡ τιμὴ καὶ ἡ δύναμις καὶ ἡ ἰσχὺς τῷ Θεῷ ἡμῶν εἰς τοὺς αἰῶνας τῶν αἰώνων· ἀμήν. Καὶ ἀπεκρί- 13 θη εἷς ἐκ τῶν πρεσβυτέρων λέγων μοι, Οὗτοι οἱ περιβεβλημένοι τὰς στολὰς τὰς λευκάς, τίνες εἰσὶν καὶ πόθεν ἦλθον; καὶ εἴρηκα αὐτῷ, Κύριέ μου, σὺ οἶδας. καὶ 14 εἶπέν μοι, Οὗτοί εἰσιν οἱ ἐρχόμενοι ἐκ τῆς θλίψεως τῆς μεγάλης, καὶ ἔπλυναν τὰς στολὰς αὐτῶν, καὶ ἐλεύκαναν αὐτὰς ἐν τῷ αἵματι τοῦ Ἀρνίου. διὰ τοῦτό εἰσιν 15 ἐνώπιον τοῦ θρόνου τοῦ Θεοῦ, καὶ λατρεύουσιν αὐτῷ ἡμέρας καὶ νυκτὸς ἐν τῷ ναῷ αὐτοῦ· καὶ ὁ καθήμενος ἐπὶ τοῦ θρόνου σκηνώσει ἐπ᾽ αὐτούς. οὐ πεινάσουσιν ἔτι 16 οὐδὲ διψήσουσιν ἔτι, οὐδὲ μὴ πέσῃ ἐπ᾽ αὐτοὺς ὁ ἥλιος οὐδὲ πᾶν καῦμα· ὅτι τὸ Ἀρνίον τὸ ἀνὰ μέσον τοῦ 17 θρόνου ποιμανεῖ αὐτούς, καὶ ὁδηγήσει αὐτοὺς ἐπὶ ζωῆς πηγὰς ὑδάτων, καὶ ἐξαλείψει ὁ Θεὸς πᾶν δάκρυον ἐκ τῶν ὀφθαλμῶν αὐτῶν.

ΑΠΟΚΑΛΥΨΙΣ ΙΩΑΝΝΟΥ

8 Καὶ ὅταν ἤνοιξεν τὴν σφραγῖδα τὴν ἑβδόμην, ἐγένετο
2 σιγὴ ἐν τῷ οὐρανῷ ὡς ἡμίωρον· καὶ εἶδον τοὺς ἑπτὰ
ἀγγέλους οἳ ἐνώπιον τοῦ Θεοῦ ἑστήκασιν, καὶ ἐδόθησαν
3 αὐτοῖς ἑπτὰ σάλπιγγες. Καὶ ἄλλος ἄγγελος ἦλθεν καὶ
ἐστάθη ἐπὶ τοῦ θυσιαστηρίου ἔχων λιβανωτὸν χρυσοῦν.
καὶ ἐδόθη αὐτῷ θυμιάματα πολλὰ ἵνα δώσει ταῖς προσευ-
χαῖς τῶν ἁγίων πάντων ἐπὶ τὸ θυσιαστήριον τὸ χρυσοῦν
4 τὸ ἐνώπιον τοῦ θρόνου. καὶ ἀνέβη ὁ καπνὸς τῶν θυ-
μιαμάτων ταῖς προσευχαῖς τῶν ἁγίων ἐκ χειρὸς τοῦ ἀγγέ-
5 λου ἐνώπιον τοῦ Θεοῦ. καὶ εἴληφεν ὁ ἄγγελος τὸν
λιβανωτόν, καὶ ἐγέμισεν αὐτὸν ἐκ τοῦ πυρὸς τοῦ θυσια-
στηρίου καὶ ἔβαλεν εἰς τὴν γῆν· καὶ ἐγένοντο βρονταὶ καὶ
φωναὶ καὶ ἀστραπαὶ καὶ σεισμός.
6 Καὶ οἱ ἑπτὰ ἄγγελοι οἱ ἔχοντες τὰς ἑπτὰ σάλπιγγας
7 ἡτοίμασαν αὐτοὺς ἵνα σαλπίσωσιν. Καὶ ὁ πρῶτος
ἐσάλπισεν· καὶ ἐγένετο χάλαζα καὶ πῦρ μεμιγμένα ἐν αἵ-
ματι, καὶ ἐβλήθη εἰς τὴν γῆν· καὶ τὸ τρίτον τῆς γῆς
κατεκάη, καὶ τὸ τρίτον τῶν δένδρων κατεκάη, καὶ πᾶς
8 χόρτος χλωρὸς κατεκάη. Καὶ ὁ δεύτερος ἄγγελος ἐ-
σάλπισεν· καὶ ὡς ὄρος μέγα πυρὶ καιόμενον ἐβλήθη εἰς
τὴν θάλασσαν· καὶ ἐγένετο τὸ τρίτον τῆς θαλάσσης αἷμα,
9 καὶ ἀπέθανεν τὸ τρίτον τῶν κτισμάτων τῶν ἐν τῇ θαλάσ-
σῃ, τὰ ἔχοντα ψυχάς, καὶ τὸ τρίτον τῶν πλοίων διεφθάρη-
10 σαν. Καὶ ὁ τρίτος ἄγγελος ἐσάλπισεν· καὶ ἔπεσεν ἐκ
τοῦ οὐρανοῦ ἀστὴρ μέγας καιόμενος ὡς λαμπάς, καὶ ἔπε-
σεν ἐπὶ τὸ τρίτον τῶν ποταμῶν καὶ ἐπὶ τὰς πηγὰς τῶν

ὑδάτων· καὶ τὸ ὄνομα τοῦ ἀστέρος λέγεται ὁ Ἄψιν- 11
θος· καὶ ἐγένετο τὸ τρίτον τῶν ὑδάτων εἰς ἄψινθον, καὶ
πολλοὶ τῶν ἀνθρώπων ἀπέθανον ἐκ τῶν ὑδάτων, ὅτι ἐπι-
κράνθησαν. Καὶ ὁ τέταρτος ἄγγελος ἐσάλπισεν· καὶ 12
ἐπλήγη τὸ τρίτον τοῦ ἡλίου καὶ τὸ τρίτον τῆς σελήνης καὶ
τὸ τρίτον τῶν ἀστέρων, ἵνα σκοτισθῇ τὸ τρίτον αὐτῶν, καὶ
ἡ ἡμέρα μὴ φάνῃ τὸ τρίτον αὐτῆς, καὶ ἡ νὺξ ὁμοίως.

Καὶ εἶδον, καὶ ἤκουσα ἑνὸς ἀετοῦ πετομένου ἐν μεσου- 13
ρανήματι λέγοντος φωνῇ μεγάλῃ, Οὐαὶ οὐαὶ οὐαὶ τοὺς
κατοικοῦντας ἐπὶ τῆς γῆς ἐκ τῶν λοιπῶν φωνῶν τῆς σάλ-
πιγγος τῶν τριῶν ἀγγέλων τῶν μελλόντων σαλπίζειν.

Καὶ ὁ πέμπτος ἄγγελος ἐσάλπισεν· καὶ εἶδον ἀστέρα ἐκ 9
τοῦ οὐρανοῦ πεπτωκότα εἰς τὴν γῆν· καὶ ἐδόθη αὐτῷ ἡ
κλεὶς τοῦ φρέατος τῆς ἀβύσσου. καὶ ἤνοιξεν τὸ φρέαρ 2
τῆς ἀβύσσου, καὶ ἀνέβη καπνὸς ἐκ τοῦ φρέατος ὡς κα-
πνὸς καμίνου μεγάλης, καὶ ἐσκοτώθη ὁ ἥλιος καὶ ὁ ἀὴρ ἐκ
τοῦ καπνοῦ τοῦ φρέατος. Καὶ ἐκ τοῦ καπνοῦ ἐξῆλθον 3
ἀκρίδες εἰς τὴν γῆν, καὶ ἐδόθη αὐταῖς ἐξουσία, ὡς ἔχουσιν
ἐξουσίαν οἱ σκορπίοι τῆς γῆς. καὶ ἐρρέθη αὐταῖς ἵνα 4
μὴ ἀδικήσουσιν τὸν χόρτον τῆς γῆς οὐδὲ πᾶν χλωρὸν οὐδὲ
πᾶν δένδρον, εἰ μὴ τοὺς ἀνθρώπους οἵτινες οὐκ ἔχουσιν τὴν
σφραγῖδα τοῦ Θεοῦ ἐπὶ τῶν μετώπων. καὶ ἐδόθη αὐ- 5
ταῖς ἵνα μὴ ἀποκτείνωσιν αὐτούς, ἀλλ᾽ ἵνα βασανισθήσον-
ται μῆνας πέντε· καὶ ὁ βασανισμὸς αὐτῶν ὡς βασανισμὸς
σκορπίου, ὅταν παίσῃ ἄνθρωπον. καὶ ἐν ταῖς ἡμέραις 6
ἐκείναις ζητήσουσιν οἱ ἄνθρωποι τὸν θάνατον, καὶ οὐ μὴ

ΑΠΟΚΑΛΥΨΙΣ ΙΩΑΝΝΟΥ

εὑρήσουσιν αὐτόν· καὶ ἐπιθυμήσουσιν ἀποθανεῖν, καὶ φεύ-
7 γει ὁ θάνατος ἀπ' αὐτῶν. Καὶ τὰ ὁμοιώματα τῶν ἀκρί-
δων ὅμοια ἵπποις ἡτοιμασμένοις εἰς πόλεμον, καὶ ἐπὶ τὰς
κεφαλὰς αὐτῶν ὡς στέφανοι ὅμοιοι χρυσῷ, καὶ τὰ πρόσω-
8 πα αὐτῶν ὡς πρόσωπα ἀνθρώπων. καὶ εἶχαν τρίχας
ὡς τρίχας γυναικῶν, καὶ οἱ ὀδόντες αὐτῶν ὡς λεόντων
9 ἦσαν. καὶ εἶχον θώρακας ὡς θώρακας σιδηροῦς, καὶ ἡ
φωνὴ τῶν πτερύγων αὐτῶν ὡς φωνὴ ἁρμάτων ἵππων πολ-
10 λῶν τρεχόντων εἰς πόλεμον. καὶ ἔχουσιν οὐρὰς ὁμοίας
σκορπίοις, καὶ κέντρα· καὶ ἐν ταῖς οὐραῖς αὐτῶν ἡ ἐξουσία
11 αὐτῶν ἀδικῆσαι τοὺς ἀνθρώπους μῆνας πέντε. Ἔχουσιν
ἐπ' αὐτῶν βασιλέα τὸν ἄγγελον τῆς ἀβύσσου· ὄνομα αὐτῷ
Ἑβραϊστὶ Ἀβαδδών, καὶ ἐν τῇ Ἑλληνικῇ ὄνομα ἔχει
12 Ἀπολλύων. Ἡ Οὐαὶ ἡ μία ἀπῆλθεν· ἰδοὺ ἔρχεται ἔτι
δύο Οὐαὶ μετὰ ταῦτα.

13 Καὶ ὁ ἕκτος ἄγγελος ἐσάλπισεν· καὶ ἤκουσα φωνὴν μίαν
ἐκ τῶν κεράτων τοῦ θυσιαστηρίου τοῦ χρυσοῦ τοῦ ἐνώπιον
14 τοῦ Θεοῦ, λέγοντα τῷ ἕκτῳ ἀγγέλῳ ὁ ἔχων τὴν σάλ-
πιγγα, Λῦσον τοὺς τέσσαρας ἀγγέλους τοὺς δεδεμένους
15 ἐπὶ τῷ ποταμῷ τῷ μεγάλῳ Εὐφράτῃ. καὶ ἐλύθησαν οἱ
τέσσαρες ἄγγελοι οἱ ἡτοιμασμένοι εἰς τὴν ὥραν καὶ ἡμέ-
ραν καὶ μῆνα καὶ ἐνιαυτόν, ἵνα ἀποκτείνωσιν τὸ τρίτον
16 τῶν ἀνθρώπων. καὶ ὁ ἀριθμὸς τῶν στρατευμάτων τοῦ
ἱππικοῦ δισμυριάδες μυριάδων· ἤκουσα τὸν ἀριθμὸν αὐτῶν.
17 Καὶ οὕτως εἶδον τοὺς ἵππους ἐν τῇ ὁράσει καὶ τοὺς καθη-
μένους ἐπ' αὐτῶν, ἔχοντας θώρακας πυρίνους καὶ ὑακινθί-

εὑρήσουσιν] εὕρωσιν L𝑛WHmR   φεύγει] φεύξεται ς   7 ὅμοια] ὅμοιοι TiBWHm   8 εἶχαν] -ον ς WHₐ   9 εἶχον] -αν WH(n.m.)
10 ὁμοίας]-οις Tr(n.m.)WHm   · καὶ] ἦν ς : Cςm   αὐτῶν pri.]+ · καὶ
ς : Cςm   11 ἔχουσιν] pr καὶ ς : Cςm   ἐπ' αὐτῶν] ἐφ' αὐτῶν ς : C
τὸν] Aᵃ   ὄνομα] pr ᾧ TiB   12 ἔρχεται] -ονται ς : C   13 κε-
ράτων] pr τεσσάρων ς Ti[A]B   14 λέγοντα] -ουσαν ς : -οντος Am
ὁ ἔχων] ὃς εἶχε ς : Cςm   τέσσαρας] τέσσαρες WHₐ   16 τῶν] ςᵒ : C
δισμυριάδες μυριάδων] δύο μυριάδες μυρ. ςTr : δύο μυριάδων μυριάδας Bm :
— δύο Bₘ   ἤκουσα] pr καὶ ς : Cςm   17 εἶδον] ἴδον Ti

νους καὶ θειώδεις· καὶ αἱ κεφαλαὶ τῶν ἵππων ὡς κεφαλαὶ λεόντων, καὶ ἐκ τῶν στομάτων αὐτῶν ἐκπορεύεται πῦρ καὶ καπνὸς καὶ θεῖον. ἀπὸ τῶν τριῶν πληγῶν τούτων ἀ- 18 πεκτάνθησαν τὸ τρίτον τῶν ἀνθρώπων, ἐκ τοῦ πυρὸς καὶ τοῦ καπνοῦ καὶ τοῦ θείου τοῦ ἐκπορευομένου ἐκ τῶν στομάτων αὐτῶν. ἡ γὰρ ἐξουσία τῶν ἵππων ἐν τῷ στόμα- 19 τι αὐτῶν ἐστὶν καὶ ἐν ταῖς οὐραῖς αὐτῶν· αἱ γὰρ οὐραὶ αὐτῶν ὅμοιαι ὄφεσιν, ἔχουσαι κεφαλάς, καὶ ἐν αὐταῖς ἀδικοῦσιν. Καὶ οἱ λοιποὶ τῶν ἀνθρώπων, οἳ οὐκ ἀπεκτάν- 20 θησαν ἐν ταῖς πληγαῖς ταύταις, οὐδὲ μετενόησαν ἐκ τῶν ἔργων τῶν χειρῶν αὐτῶν, ἵνα μὴ προσκυνήσουσιν τὰ δαιμόνια, καὶ τὰ εἴδωλα τὰ χρυσᾶ καὶ τὰ ἀργυρᾶ καὶ τὰ χαλκᾶ καὶ τὰ λίθινα καὶ τὰ ξύλινα, ἃ οὔτε βλέπειν δύνανται οὔτε ἀκούειν οὔτε περιπατεῖν· καὶ οὐ μετενόησαν ἐκ 21 τῶν φόνων αὐτῶν, οὔτε ἐκ τῶν φαρμακειῶν αὐτῶν οὔτε ἐκ τῆς πορνείας αὐτῶν οὔτε ἐκ τῶν κλεμμάτων αὐτῶν.

Καὶ εἶδον ἄλλον ἄγγελον ἰσχυρὸν καταβαίνοντα ἐκ τοῦ 10 οὐρανοῦ, περιβεβλημένον νεφέλην, καὶ ἡ ἶρις ἐπὶ τὴν κεφαλὴν αὐτοῦ, καὶ τὸ πρόσωπον αὐτοῦ ὡς ὁ ἥλιος, καὶ οἱ πόδες αὐτοῦ ὡς στῦλοι πυρός, καὶ ἔχων ἐν τῇ χειρὶ 2 αὐτοῦ βιβλαρίδιον ἠνεωγμένον· καὶ ἔθηκεν τὸν πόδα αὐτοῦ τὸν δεξιὸν ἐπὶ τῆς θαλάσσης τὸν δὲ εὐώνυμον ἐπὶ τῆς γῆς, καὶ ἔκραξεν φωνῇ μεγάλῃ ὥσπερ λέων μυκᾶται· 3 καὶ ὅτε ἔκραξεν, ἐλάλησαν αἱ ἑπτὰ βρονταὶ τὰς ἑαυτῶν φωνάς. Καὶ ὅτε ἐλάλησαν αἱ ἑπτὰ βρονταί, ἤμελλον 4 γράφειν· καὶ ἤκουσα φωνὴν ἐκ τοῦ οὐρανοῦ λέγουσαν,

18 ἀπὸ] ὑπὸ ϛ: Cϛm   πληγῶν] ϛ°: Cϛm   καὶ bis] + ἐκ bis ϛ: C
19 ἡ γὰρ ἐξ. usque ad οὐραῖς αὐτῶν] αἱ γὰρ ἐξουσίαι αὐτῶν ἐν τῷ στόματι αὐτῶν εἰσιν ϛ: Cϛm J (sed αὐτῶν pro τῶν ἵππων J)   20 οὐδὲ] οὔτε ϛ LnTrWHm: οὐ WH(n.m.)R   προσκυνήσουσιν] -ήσωσι ϛ   τὰ εἴδωλα] — τὰ ϛ: C   δύνανται] -αται ϛ   21 φαρμακειῶν] -ακιῶν TiB WHm: -άκων TrmAWHR   1 ἡ] ϛ°: C   τὴν κεφαλὴν] τῆς κεφαλῆς ϛ   αὐτοῦ] ϛ°: C   2 ἔχων] εἶχεν ϛ   ἠνεωγμένον] ἄν. ϛ   τῆς θαλάσσης...τῆς γῆς] τὴν θάλασσαν...τὴν γῆν ϛ: Cϛm   4 βρονταὶ] +τὰς φωνὰς ἑαυτῶν ϛ: C   ἤμελλον] ἔμ. ϛ TiBWHa   λέγουσάν] +μοι ϛ: Cϛm

Σφράγισον ἃ ἐλάλησαν αἱ ἑπτὰ βρονταί, καὶ μὴ αὐτὰ
5 γράψῃς. Καὶ ὁ ἄγγελος, ὃν εἶδον ἑστῶτα ἐπὶ τῆς θαλάσσης καὶ ἐπὶ τῆς γῆς, ἦρεν τὴν χεῖρα αὐτοῦ τὴν δεξιὰν
6 εἰς τὸν οὐρανόν, καὶ ὤμοσεν ἐν τῷ ζῶντι εἰς τοὺς αἰῶνας τῶν αἰώνων, ὃς ἔκτισεν τὸν οὐρανὸν καὶ τὰ ἐν αὐτῷ καὶ τὴν γῆν καὶ τὰ ἐν αὐτῇ καὶ τὴν θάλασσαν καὶ τὰ ἐν
7 αὐτῇ, ὅτι χρόνος οὐκέτι ἔσται, ἀλλ᾽ ἐν ταῖς ἡμέραις τῆς φωνῆς τοῦ ἑβδόμου ἀγγέλου, ὅταν μέλλῃ σαλπίζειν, καὶ ἐτελέσθη τὸ μυστήριον τοῦ Θεοῦ, ὡς εὐηγγέλισεν τοὺς ἑαυτοῦ δούλους τοὺς προφήτας.

8 Καὶ ἡ φωνὴ ἣν ἤκουσα ἐκ τοῦ οὐρανοῦ, πάλιν λαλοῦσαν μετ᾽ ἐμοῦ καὶ λέγουσαν, Ὕπαγε λάβε τὸ βιβλίον τὸ ἠνεῳγμένον ἐν τῇ χειρὶ τοῦ ἀγγέλου τοῦ ἑστῶτος ἐπὶ τῆς
9 θαλάσσης καὶ ἐπὶ τῆς γῆς· καὶ ἀπῆλθα πρὸς τὸν ἄγγελον λέγων αὐτῷ δοῦναί μοι τὸ βιβλαρίδιον. καὶ λέγει μοι, Λάβε καὶ κατάφαγε αὐτό· καὶ πικρανεῖ σου τὴν κοιλίαν, ἀλλ᾽ ἐν τῷ στόματί σου ἔσται γλυκὺ ὡς μέλι.
10 καὶ ἔλαβον τὸ βιβλαρίδιον ἐκ τῆς χειρὸς τοῦ ἀγγέλου καὶ κατέφαγον αὐτό· καὶ ἦν ἐν τῷ στόματί μου ὡς μέλι γλυκύ· καὶ ὅτε ἔφαγον αὐτό, ἐπικράνθη ἡ κοιλία μου.
11 καὶ λέγουσίν μοι, Δεῖ σε πάλιν προφητεῦσαι ἐπὶ λαοῖς καὶ ἔθνεσιν καὶ γλώσσαις καὶ βασιλεῦσιν πολλοῖς.

11 Καὶ ἐδόθη μοι κάλαμος ὅμοιος ῥάβδῳ, λέγων, Ἔγειρε καὶ μέτρησον τὸν ναὸν τοῦ Θεοῦ καὶ τὸ θυσιαστήριον, καὶ
2 τοὺς προσκυνοῦντας ἐν αὐτῷ. καὶ τὴν αὐλὴν τὴν ἔξωθεν τοῦ ναοῦ ἔκβαλε ἔξωθεν, καὶ μὴ αὐτὴν μετρήσῃς, ὅτι

αὐτὰ] ταῦτα ϛ   5 ἦρεν] -ρε ϛ LnWHa   τὴν δεξιὰν] ϛ°: Csm
6 καὶ τὴν θάλασσαν καὶ τὰ ἐν αὐτῇ] [Ln][WH]R°m   οὐκέτι ἔσται] οὐκ
ἔσται ἔτι ϛ: C   7 ἀλλ᾽] ἀλλὰ ϛ   σαλπίζειν] σαλπίζειν· WHm
ἐτελέσθη] τελεσθῇ ϛ   τοὺς...δούλους τοὺς προφήτας] τοῖς ..δούλοις τοῖς
προφήταις ϛ: Csm   8 λαλοῦσαν...λέγουσαν] λαλοῦσα...λέγουσα ϛ
βιβλίον] βιβλαρίδιον ϛTiB   τοῦ ἀγγ.]—τοῦ ϛ: C   9 ἀπῆλθα]
-θον ϛTrAWHa   δοῦναί] ·, Δός ϛ(n.m.)   ἀλλ᾽] ἀλλὰ WHa
11 λέγουσίν] λέγει ϛ   ἔθνεσιν] pr ἐπὶ TiσφBσφ?   1 ῥάβδῳ,] +
καὶ ὁ ἄγγελος εἱστήκει ϛmJElz   ἔγειρε]-ραι ϛ   2 ἔξωθεν pri.] ἔσω
θεν ϛ: CsmJElz   ἔξωθεν sec.] ἔξω ϛA: C

ἐδόθη τοῖς ἔθνεσιν, καὶ τὴν πόλιν τὴν ἁγίαν πατήσουσιν μῆνας τεσσεράκοντα δύο. καὶ δώσω τοῖς δυσὶν μάρτυ- 3 σίν μου, καὶ προφητεύσουσιν ἡμέρας χιλίας διακοσίας ἑξήκοντα περιβεβλημένοι σάκκους. Οὗτοί εἰσιν αἱ δύο 4 ἐλαῖαι, καὶ αἱ δύο λυχνίαι αἱ ἐνώπιον τοῦ Κυρίου τῆς γῆς ἑστῶτες. καὶ εἴ τις αὐτοὺς θέλει ἀδικῆσαι, πῦρ ἐκ- 5 πορεύεται ἐκ τοῦ στόματος αὐτῶν καὶ κατεσθίει τοὺς ἐχθροὺς αὐτῶν· καὶ εἴ τις θελήσῃ αὐτοὺς ἀδικῆσαι, οὕτως δεῖ αὐτὸν ἀποκτανθῆναι. οὗτοι ἔχουσιν τὴν ἐξουσίαν 6 κλεῖσαι τὸν οὐρανόν, ἵνα μὴ ὑετὸς βρέχῃ τὰς ἡμέρας τῆς προφητείας αὐτῶν· καὶ ἐξουσίαν ἔχουσιν ἐπὶ τῶν ὑδάτων στρέφειν αὐτὰ εἰς αἷμα, καὶ πατάξαι τὴν γῆν ἐν πάσῃ πληγῇ ὁσάκις ἐὰν θελήσωσιν. Καὶ ὅταν τελέσωσιν 7 τὴν μαρτυρίαν αὐτῶν, τὸ θηρίον τὸ ἀναβαῖνον ἐκ τῆς ἀβύσσου ποιήσει μετ' αὐτῶν πόλεμον, καὶ νικήσει αὐτοὺς καὶ ἀποκτενεῖ αὐτούς. καὶ τὸ πτῶμα αὐτῶν ἐπὶ τῆς 8 πλατείας τῆς πόλεως τῆς μεγάλης, ἥτις καλεῖται πνευματικῶς Σόδομα καὶ Αἴγυπτος, ὅπου καὶ ὁ Κύριος αὐτῶν ἐσταυρώθη. καὶ βλέπουσιν ἐκ τῶν λαῶν καὶ φυλῶν 9 καὶ γλωσσῶν καὶ ἐθνῶν τὸ πτῶμα αὐτῶν ἡμέρας τρεῖς καὶ ἥμισυ, καὶ τὰ πτώματα αὐτῶν οὐκ ἀφίουσιν τεθῆναι εἰς μνῆμα. καὶ οἱ κατοικοῦντες ἐπὶ τῆς γῆς χαίρουσιν ἐπ' 10 αὐτοῖς καὶ εὐφραίνονται, καὶ δῶρα πέμψουσιν ἀλλήλοις, ὅτι οὗτοι οἱ δύο προφῆται ἐβασάνισαν τοὺς κατοικοῦντας

11. 11—18. ΑΠΟΚΑΛΥΨΙΣ ΙΩΑΝΝΟΥ

11 ἐπὶ τῆς γῆς. Καὶ μετὰ τὰς τρεῖς ἡμέρας καὶ ἥμισυ πνεῦμα ζωῆς ἐκ τοῦ Θεοῦ εἰσῆλθεν [ἐν] αὐτοῖς, καὶ ἔστησαν ἐπὶ τοὺς πόδας αὐτῶν, καὶ φόβος μέγας ἐπέπεσεν ἐπὶ 12 τοὺς θεωροῦντας αὐτούς. καὶ ἤκουσαν φωνῆς μεγάλης ἐκ τοῦ οὐρανοῦ λεγούσης αὐτοῖς, Ἀνάβατε ὧδε. καὶ ἀνέβησαν εἰς τὸν οὐρανὸν ἐν τῇ νεφέλῃ, καὶ ἐθεώρησαν αὐ13 τοὺς οἱ ἐχθροὶ αὐτῶν. Καὶ ἐν ἐκείνῃ τῇ ὥρᾳ ἐγένετο σεισμὸς μέγας, καὶ τὸ δέκατον τῆς πόλεως ἔπεσεν, καὶ ἀπεκτάνθησαν ἐν τῷ σεισμῷ ὀνόματα ἀνθρώπων χιλιάδες ἑπτά· καὶ οἱ λοιποὶ ἔμφοβοι ἐγένοντο καὶ ἔδωκαν δόξαν 14 τῷ Θεῷ τοῦ οὐρανοῦ. Ἡ Οὐαὶ ἡ δευτέρα ἀπῆλθεν· ἰδοὺ ἡ Οὐαὶ ἡ τρίτη ἔρχεται ταχύ.

15 Καὶ ὁ ἕβδομος ἄγγελος ἐσάλπισεν· καὶ ἐγένοντο φωναὶ μεγάλαι ἐν τῷ οὐρανῷ, λέγοντες, Ἐγένετο ἡ βασιλεία τοῦ κόσμου τοῦ Κυρίου ἡμῶν καὶ τοῦ Χριστοῦ αὐτοῦ, καὶ 16 βασιλεύσει εἰς τοὺς αἰῶνας τῶν αἰώνων. καὶ οἱ εἴκοσι τέσσαρες πρεσβύτεροι, οἱ ἐνώπιον τοῦ Θεοῦ κάθηνται ἐπὶ τοὺς θρόνους αὐτῶν, ἔπεσαν ἐπὶ τὰ πρόσωπα αὐτῶν, καὶ 17 προσεκύνησαν τῷ Θεῷ   λέγοντες, Εὐχαριστοῦμέν σοι, Κύριε ὁ Θεὸς ὁ Παντοκράτωρ, ὁ ὢν καὶ ὁ ἦν, ὅτι εἴληφας 18 τὴν δύναμίν σου τὴν μεγάλην καὶ ἐβασίλευσας. καὶ τὰ ἔθνη ὠργίσθησαν, καὶ ἦλθεν ἡ ὀργή σου, καὶ ὁ καιρὸς τῶν νεκρῶν κριθῆναι, καὶ δοῦναι τὸν μισθὸν τοῖς δούλοις σου τοῖς προφήταις καὶ τοῖς ἁγίοις καὶ τοῖς φοβουμένοις τὸ ὄνομά σου, τοὺς μικροὺς καὶ τοὺς μεγάλους, καὶ δια-

11 τὰς] C°Ti°(sic vult)[B][WH]   ἐν] ins LnTi[A]B[WH]R : Tr°B°m ἐν αὐτοῖς] ἐπ᾽ αὐτούς ϛ : εἰς αὐτούς Bm   ἐπέπεσεν] ἔπεσεν ϛ : C
12 ἤκουσαν] -σα Bm   φωνῆς μεγάλης...λεγούσης] φωνὴν μεγάλην... λέγουσαν ϛLnTi σφ WHm : C   ἀνάβατε] -βητε ϛ   15 λέγοντες] λέγουσαι ϛTr   ἐγένετο ἡ βασιλεία] ἐγένοντο αἱ βασιλεῖαι ϛ : Cϛm
16 οἱ pri.] Ln°[A]   τέσσαρες] pr καὶ ϛ : C   οἳ...κάθηνται] οἱ... καθήμενοι ϛ :...καθήμενοι Ln : [οἱ]...καθήμενοι AWH(n.m.) : οἱ...οἳ κάθηνται ϛmTrTiB   17 ἦν]+ καὶ ὁ ἐρχόμενος ϛ (n.m.)   ὅτι] pr καὶ Ti[B]WHm εἴληφας] -φες WH(n.a.)   18 τοὺς μικροὺς καὶ τοὺς μεγάλους] τοῖς μικροῖς καὶ τοῖς μεγάλοις ϛTiB

φθεῖραι τοὺς διαφθείροντας τὴν γῆν. Καὶ ἠνοίγη ὁ ναὸς 19 τοῦ Θεοῦ ὁ ἐν τῷ οὐρανῷ, καὶ ὤφθη ἡ κιβωτὸς τῆς διαθήκης αὐτοῦ ἐν τῷ ναῷ αὐτοῦ, καὶ ἐγένοντο ἀστραπαὶ καὶ φωναὶ καὶ βρονταὶ καὶ σεισμὸς καὶ χάλαζα μεγάλη.

Καὶ σημεῖον μέγα ὤφθη ἐν τῷ οὐρανῷ, γυνὴ περιβε- 12 βλημένη τὸν ἥλιον, καὶ ἡ σελήνη ὑποκάτω τῶν ποδῶν αὐτῆς, καὶ ἐπὶ τῆς κεφαλῆς αὐτῆς στέφανος ἀστέρων δώδεκα, καὶ ἐν γαστρὶ ἔχουσα· καὶ κράζει ὠδίνουσα καὶ 2 βασανιζομένη τεκεῖν. Καὶ ὤφθη ἄλλο σημεῖον ἐν τῷ 3 οὐρανῷ, καὶ ἰδοὺ δράκων πυρρὸς μέγας, ἔχων κεφαλὰς ἑπτὰ καὶ κέρατα δέκα, καὶ ἐπὶ τὰς κεφαλὰς αὐτοῦ ἑπτὰ διαδήματα. καὶ ἡ οὐρὰ αὐτοῦ σύρει τὸ τρίτον τῶν 4 ἀστέρων τοῦ οὐρανοῦ, καὶ ἔβαλεν αὐτοὺς εἰς τὴν γῆν. Καὶ ὁ δράκων ἕστηκεν ἐνώπιον τῆς γυναικὸς τῆς μελλούσης τεκεῖν, ἵνα ὅταν τέκῃ τὸ τέκνον αὐτῆς καταφάγῃ. καὶ 5 ἔτεκεν υἱόν, ἄρσεν, ὃς μέλλει ποιμαίνειν πάντα τὰ ἔθνη ἐν ῥάβδῳ σιδηρᾷ· καὶ ἡρπάσθη τὸ τέκνον αὐτῆς πρὸς τὸν Θεὸν καὶ πρὸς τὸν θρόνον αὐτοῦ. καὶ ἡ γυνὴ ἔφυγεν 6 εἰς τὴν ἔρημον, ὅπου ἔχει ἐκεῖ τόπον ἡτοιμασμένον ἀπὸ τοῦ Θεοῦ, ἵνα ἐκεῖ τρέφωσιν αὐτὴν ἡμέρας χιλίας διακοσίας ἑξήκοντα.

Καὶ ἐγένετο πόλεμος ἐν τῷ οὐρανῷ· ὁ Μιχαὴλ καὶ οἱ 7 ἄγγελοι αὐτοῦ τοῦ πολεμῆσαι μετὰ τοῦ δράκοντος· καὶ ὁ δράκων ἐπολέμησεν καὶ οἱ ἄγγελοι αὐτοῦ, καὶ οὐκ 8 ἴσχυσαν, οὐδὲ τόπος εὑρέθη αὐτῶν ἔτι ἐν τῷ οὐρανῷ. καὶ ἐβλήθη ὁ δράκων ὁ μέγας, ὁ ὄφις ὁ ἀρχαῖος, ὁ καλού- 9 μενος Διάβολος καὶ ὁ Σατανᾶς, ὁ πλανῶν τὴν οἰκουμένην

ΑΠΟΚΑΛΥΨΙΣ ΙΩΑΝΝΟΥ

12. 10—18.

ὅλην· ἐβλήθη εἰς τὴν γῆν, καὶ οἱ ἄγγελοι αὐτοῦ μετ᾿ αὐ-
10 τοῦ ἐβλήθησαν. Καὶ ἤκουσα φωνὴν μεγάλην ἐν τῷ
οὐρανῷ λέγουσαν, Ἄρτι ἐγένετο ἡ σωτηρία καὶ ἡ δύναμις
καὶ ἡ βασιλεία τοῦ Θεοῦ ἡμῶν, καὶ ἡ ἐξουσία τοῦ Χρι-
στοῦ αὐτοῦ· ὅτι ἐβλήθη ὁ κατήγωρ τῶν ἀδελφῶν ἡμῶν, ὁ
κατηγορῶν αὐτοὺς ἐνώπιον τοῦ Θεοῦ ἡμῶν ἡμέρας καὶ
11 νυκτός. καὶ αὐτοὶ ἐνίκησαν αὐτὸν διὰ τὸ αἷμα τοῦ
Ἀρνίου, καὶ διὰ τὸν λόγον τῆς μαρτυρίας αὐτῶν, καὶ οὐκ
12 ἠγάπησαν τὴν ψυχὴν αὐτῶν ἄχρι θανάτου. διὰ τοῦτο
εὐφραίνεσθε οὐρανοὶ καὶ οἱ ἐν αὐτοῖς σκηνοῦντες· οὐαὶ
τὴν γῆν καὶ τὴν θάλασσαν, ὅτι κατέβη ὁ διάβολος
πρὸς ὑμᾶς ἔχων θυμὸν μέγαν, εἰδὼς ὅτι ὀλίγον καιρὸν
ἔχει.
13 Καὶ ὅτε εἶδεν ὁ δράκων ὅτι ἐβλήθη εἰς τὴν γῆν, ἐδίωξεν
14 τὴν γυναῖκα ἥτις ἔτεκεν τὸν ἄρσενα. καὶ ἐδόθησαν τῇ
γυναικὶ αἱ δύο πτέρυγες τοῦ ἀετοῦ τοῦ μεγάλου, ἵνα πέτη-
ται εἰς τὴν ἔρημον εἰς τὸν τόπον αὐτῆς, ὅπου τρέφεται
ἐκεῖ καιρὸν καὶ καιροὺς καὶ ἥμισυ καιροῦ ἀπὸ προσώπου
15 τοῦ ὄφεως. Καὶ ἔβαλεν ὁ ὄφις ἐκ τοῦ στόματος αὐτοῦ
ὀπίσω τῆς γυναικὸς ὕδωρ ὡς ποταμόν, ἵνα αὐτὴν ποταμο-
16 φόρητον ποιήσῃ. καὶ ἐβοήθησεν ἡ γῆ τῇ γυναικί, καὶ
ἤνοιξεν ἡ γῆ τὸ στόμα αὐτῆς καὶ κατέπιεν τὸν ποταμὸν ὃν
17 ἔβαλεν ὁ δράκων ἐκ τοῦ στόματος αὐτοῦ. καὶ ὠργί-
σθη ὁ δράκων ἐπὶ τῇ γυναικί, καὶ ἀπῆλθεν ποιῆσαι πόλε-
μον μετὰ τῶν λοιπῶν τοῦ σπέρματος αὐτῆς, τῶν τηρούν-
των τὰς ἐντολὰς τοῦ Θεοῦ καὶ ἐχόντων τὴν μαρτυρίαν Ἰη-
18 σοῦ· καὶ ἐστάθη ἐπὶ τὴν ἄμμον τῆς θαλάσσης.

10 λέγουσαν] ante ἐν τῷ οὐρ. ϛ : Csm   ἐβλήθη] κατεβλήθη ϛ
κατήγωρ] κατήγορος ϛ TrAmBmR?   αὐτοὺς] αὐτῶν ϛ TrAmBmR?
11 οὐκ] οὐχ Ln   12 οὐρανοὶ] pr οἱ ϛ LnWHm   οὐαὶ]+τοῖς κατοι-
κοῦσι ϛ : Csm   13 ἄρσενα] ἄρρ. ϛ : -ναν Ln   14 αἱ] ϛ°[A][B]
15 ὀπίσω τῆς γυν.] ante ἐκ τοῦ στ. αὐ. ϛ : C   αὐτὴν] ταύτην ϛ : C
16 κατέπιεν] -πιε WHa   17 ἐπὶ] Ln°   Ἰησοῦ] pr τοῦ ϛ : +Χρι-
στοῦ ϛ : CsmScr   18 ἐστάθη] -θην ϛ TiBm

ΑΠΟΚΑΛΥΨΙΣ ΙΩΑΝΝΟΥ 18. 1—8.

Καὶ εἶδον ἐκ τῆς θαλάσσης θηρίον ἀναβαῖνον, ἔχον κέ- 13
ρατα δέκα καὶ κεφαλὰς ἑπτά, καὶ ἐπὶ τῶν κεράτων αὐτοῦ
δέκα διαδήματα, καὶ ἐπὶ τὰς κεφαλὰς αὐτοῦ ὀνόματα βλα-
σφημίας. καὶ τὸ θηρίον ὃ εἶδον ἦν ὅμοιον παρδάλει, 2
καὶ οἱ πόδες αὐτοῦ ὡς ἄρκου, καὶ τὸ στόμα αὐτοῦ ὡς στό-
μα λέοντος· καὶ ἔδωκεν αὐτῷ ὁ δράκων τὴν δύναμιν αὐτοῦ
καὶ τὸν θρόνον αὐτοῦ καὶ ἐξουσίαν μεγάλην. καὶ μίαν 3
ἐκ τῶν κεφαλῶν αὐτοῦ ὡς ἐσφαγμένην εἰς θάνατον· καὶ ἡ
πληγὴ τοῦ θανάτου αὐτοῦ ἐθεραπεύθη, καὶ ἐθαύμασεν ὅλη
ἡ γῆ ὀπίσω τοῦ θηρίου· καὶ προσεκύνησαν τῷ δρά- 4
κοντι, ὅτι ἔδωκεν τὴν ἐξουσίαν τῷ θηρίῳ, καὶ προσεκύνη-
σαν τῷ θηρίῳ λέγοντες, Τίς ὅμοιος τῷ θηρίῳ; καὶ τίς
δύναται πολεμῆσαι μετ' αὐτοῦ; Καὶ ἐδόθη αὐτῷ στό- 5
μα λαλοῦν μεγάλα καὶ βλασφημίας· καὶ ἐδόθη αὐτῷ
ἐξουσία ποιῆσαι μῆνας τεσσεράκοντα δύο. καὶ ἤνοιξεν 6
τὸ στόμα αὐτοῦ εἰς βλασφημίας πρὸς τὸν Θεόν, βλασφη-
μῆσαι τὸ ὄνομα αὐτοῦ καὶ τὴν σκηνὴν αὐτοῦ, τοὺς ἐν τῷ
οὐρανῷ σκηνοῦντας. καὶ ἐδόθη αὐτῷ ποιῆσαι πόλεμον 7
μετὰ τῶν ἁγίων καὶ νικῆσαι αὐτούς· καὶ ἐδόθη αὐτῷ ἐξου-
σία ἐπὶ πᾶσαν φυλὴν καὶ λαὸν καὶ γλῶσσαν καὶ ἔθνος.
καὶ προσκυνήσουσιν αὐτὸν πάντες οἱ κατοικοῦντες ἐπὶ τῆς 8
γῆς, οὗ οὐ γέγραπται τὸ ὄνομα αὐτοῦ ἐν τῷ βιβλίῳ τῆς
ζωῆς τοῦ Ἀρνίου τοῦ ἐσφαγμένου ἀπὸ καταβολῆς κόσμου.

1 κέρ. δέκα κ. κεφ. ἑπτά] κεφ. ἑπτὰ κ. κέρ. δέκα ϛ : C   ὀνόματα] ὄνομα ϛ
AWHm : CϛmJm   2 ἄρκου] ἄρκτου ϛ   λέοντος] λεόντων TiBWHm
3 μίαν] pr εἶδον ϛ : C   ἐκ] ϛ° : C   ἐθαύμασεν ὅλη ἡ γῆ] ἐθαυμάσθη
ἐν ὅλῃ τῇ γῇ ϛ Tr(a.m.) : ϛmJElz : ἐθαυμάσθη ὅλη ἡ γῆ LnWH   4 τῷ
δράκοντι] τὸν δράκοντα ϛ : Cϛm   ὅτι] ὃς ϛ   τὴν] ϛ° : C   τῷ θη-
ρίῳ] τὸ θηρίον ϛ WHm : Cϛm   καὶ tert.] ϛ° : C   5 βλασφημίας) βλά-
σφημα LnABm : -μίαν Bm   ποιῆσαι] pr πόλεμον JmElzBm :+ὃ θέλει Bm
τεσσερ.] τεσσαρ. ϛ   δύο] pr καὶ [Ln] [WH]   6 ἤνοιξεν]-ξε WH(n.a.)
βλασφημίας] -μίαν ϛ   τοὺς] pr καὶ ϛ   7 καὶ ἐδόθη usque ad νικῆσαι
αὐτούς·] Ln°[Tr]m[WH]R°m   ποιῆσαι] post πόλ. ϛ : C   καὶ λαὸν]
ϛ°(a.m.)   8 αὐτὸν] -τῷ ϛ   οὗ] ὧν ϛ Bm   τὸ ὄνομα] τὰ ὀνόματα
ϛ : Cϛm   αὐτοῦ] ϛ° : -ῶν Bm   τῷ βιβλίῳ] τῇ βίβλῳ ϛ : Cϛm
τοῦ sec.] ϛ° : C

ΑΠΟΚΑΛΥΨΙΣ ΙΩΑΝΝΟΥ

9, 10 Εἴ τις ἔχει οὖς, ἀκουσάτω. εἴ τις εἰς αἰχμαλωσίαν, εἰς αἰχμαλωσίαν ὑπάγει· εἴ τις ἐν μαχαίρῃ ἀποκτενεῖ, δεῖ αὐτὸν ἐν μαχαίρῃ ἀποκτανθῆναι. ὧδέ ἐστιν ἡ ὑπομονὴ καὶ ἡ πίστις τῶν ἁγίων.

11 Καὶ εἶδον ἄλλο θηρίον ἀναβαῖνον ἐκ τῆς γῆς, καὶ εἶχεν
12 κέρατα δύο ὅμοια ἀρνίῳ, καὶ ἐλάλει ὡς δράκων. καὶ τὴν ἐξουσίαν τοῦ πρώτου θηρίου πᾶσαν ποιεῖ ἐνώπιον αὐτοῦ. καὶ ποιεῖ τὴν γῆν καὶ τοὺς ἐν αὐτῇ κατοικοῦντας ἵνα προσκυνήσουσιν τὸ θηρίον τὸ πρῶτον, οὗ ἐθεραπεύθη ἡ
13 πληγὴ τοῦ θανάτου αὐτοῦ. καὶ ποιεῖ σημεῖα μεγάλα, ἵνα καὶ πῦρ ποιῇ ἐκ τοῦ οὐρανοῦ καταβαίνειν εἰς τὴν γῆν
14 ἐνώπιον τῶν ἀνθρώπων. .καὶ πλανᾷ τοὺς κατοικοῦντας ἐπὶ τῆς γῆς διὰ τὰ σημεῖα ἃ ἐδόθη αὐτῷ ποιῆσαι ἐνώπιον τοῦ θηρίου, λέγων τοῖς κατοικοῦσιν ἐπὶ τῆς γῆς ποιῆσαι εἰκόνα τῷ θηρίῳ ὃς ἔχει τὴν πληγὴν τῆς μαχαίρης καὶ
15 ἔζησεν. Καὶ ἐδόθη αὐτῷ δοῦναι πνεῦμα τῇ εἰκόνι τοῦ θηρίου, ἵνα καὶ λαλήσῃ ἡ εἰκὼν τοῦ θηρίου, καὶ ποιήσῃ [ἵνα] ὅσοι ἐὰν μὴ προσκυνήσωσιν τῇ εἰκόνι τοῦ θηρίου
16 ἀποκτανθῶσιν. καὶ ποιεῖ πάντας, τοὺς μικροὺς καὶ τοὺς μεγάλους, καὶ τοὺς πλουσίους καὶ τοὺς πτωχούς, καὶ τοὺς ἐλευθέρους καὶ τοὺς δούλους, ἵνα δῶσιν αὐτοῖς χάραγμα ἐπὶ τῆς χειρὸς αὐτῶν τῆς δεξιᾶς, ἢ ἐπὶ τὸ μέτωπον αὐτῶν,
17 [καὶ] ἵνα μή τις δύνηται ἀγοράσαι ἢ πωλῆσαι εἰ μὴ ὁ ἔχων τὸ χάραγμα, τὸ ὄνομα τοῦ θηρίου ἢ τὸν ἀριθμὸν τοῦ
18 ὀνόματος αὐτοῦ. Ὧδε ἡ σοφία ἐστίν. ὁ ἔχων νοῦν

10 εἰς αἰχμ. *pri.*] — εἰς ς [B]mScr :+ συνάγει ς Scr :+ ἀπάγει BmRm? : Tr° μαχαίρῃ *bis*] -ρᾳ ς ἀποκτενεῖ] -κταίνει Ln : -κτανθῆναι A: -κτείνει WHm : -κτέννει WHa δεῖ] A° 12 ἐν αὐτῇ] post κατοικ. ς *Ln*: C προσκυνήσουσιν] -σωσι ς 13 καταβ.] ante ἐκ τοῦ οὐρ. ς TiB
14 εἰκόνα] εἰκόναν *Ln* ὃς] ὃ ς μαχαίρης] -ρας ς 15 αὐτῷ] αὐτῇ *Ln*WHR ποιήσῃ] -σει TrmWHαιRm ἵνα *sec.*] ins *Ln*Tr[A] [WH]R : ς°Ti°B° ἐὰν] ἂν ς WHa προσκυνήσωσιν]-σουσιν TrmTiB WHa τῇ εἰκόνι] τὴν εἰκόνα ς *Ln*AWHm : C ἀποκτανθῶσιν] pr ἵνα ς 16 δῶσιν] δώσῃ ς : Cςm : δώσει WHm τὸ μέτωπον] τῶν μετώπων ς 17 καὶ] ins ς Tr[A] [WH]R : Ln°Ti°B° δύνηται] δύναται WHm τὸ ὄνομα] pr ἢ ς : τοῦ ὀνόματος *Ln* 18 νοῦν] pr τὸν ς : C

624

ΑΠΟΚΑΛΥΨΙΣ ΙΩΑΝΝΟΥ 14. 1—8.

ψηφισάτω τὸν ἀριθμὸν τοῦ θηρίου· ἀριθμὸς γὰρ ἀνθρώπου ἐστίν. καὶ ὁ ἀριθμὸς αὐτοῦ ἑξακόσιοι ἑξήκοντα ἕξ.

Καὶ εἶδον, καὶ ἰδοὺ τὸ Ἀρνίον ἑστὸς ἐπὶ τὸ ὄρος Σιών, 14 καὶ μετ᾽ αὐτοῦ ἑκατὸν τεσσεράκοντα τέσσαρες χιλιάδες, ἔχουσαι τὸ ὄνομα αὐτοῦ καὶ τὸ ὄνομα τοῦ Πατρὸς αὐτοῦ γεγραμμένον ἐπὶ τῶν μετώπων αὐτῶν. καὶ ἤκουσα φω- 2 νὴν ἐκ τοῦ οὐρανοῦ ὡς φωνὴν ὑδάτων πολλῶν καὶ ὡς φωνὴν βροντῆς μεγάλης· καὶ ἡ φωνὴ ἣν ἤκουσα ὡς κιθαρῳδῶν κιθαριζόντων ἐν ταῖς κιθάραις αὐτῶν. καὶ ᾄδουσιν 3 ὡς ᾠδὴν καινὴν ἐνώπιον τοῦ θρόνου καὶ ἐνώπιον τῶν τεσσάρων ζώων καὶ τῶν πρεσβυτέρων· καὶ οὐδεὶς ἐδύνατο μαθεῖν τὴν ᾠδὴν εἰ μὴ αἱ ἑκατὸν τεσσεράκοντα τέσσαρες χιλιάδες, οἱ ἠγορασμένοι ἀπὸ τῆς γῆς. Οὗτοί εἰσιν οἳ 4 μετὰ γυναικῶν οὐκ ἐμολύνθησαν· παρθένοι γάρ εἰσιν. οὗτοι οἱ ἀκολουθοῦντες τῷ Ἀρνίῳ ὅπου ἂν ὑπάγει. οὗτοι ἠγοράσθησαν ἀπὸ τῶν ἀνθρώπων ἀπαρχὴ τῷ Θεῷ καὶ τῷ Ἀρνίῳ, καὶ ἐν τῷ στόματι αὐτῶν οὐχ εὑρέθη ψεῦδος· 5 ἄμωμοί εἰσιν.

Καὶ εἶδον ἄλλον ἄγγελον πετόμενον ἐν μεσουρανήματι, 6 ἔχοντα εὐαγγέλιον αἰώνιον εὐαγγελίσαι ἐπὶ τοὺς καθημένους ἐπὶ τῆς γῆς καὶ ἐπὶ πᾶν ἔθνος καὶ φυλὴν καὶ γλῶσσαν καὶ λαόν, λέγων ἐν φωνῇ μεγάλῃ, Φοβήθητε τὸν 7 Θεὸν καὶ δότε αὐτῷ δόξαν, ὅτι ἦλθεν ἡ ὥρα τῆς κρίσεως αὐτοῦ, καὶ προσκυνήσατε τῷ ποιήσαντι τὸν οὐρανὸν καὶ τὴν γῆν καὶ θάλασσαν καὶ πηγὰς ὑδάτων. Καὶ ἄλλος 8

δεύτερος ἄγγελος ἠκολούθησεν λέγων, Ἔπεσέν ἔπεσεν Βαβυλὼν ἡ μεγάλη, ἣ ἐκ τοῦ οἴνου τοῦ θυμοῦ τῆς πορνείας
9 αὐτῆς πεπότικεν πάντα τὰ ἔθνη. Καὶ ἄλλος ἄγγελος τρίτος ἠκολούθησεν αὐτοῖς λέγων ἐν φωνῇ μεγάλῃ, Εἴ τις προσκυνεῖ τὸ θηρίον καὶ τὴν εἰκόνα αὐτοῦ, καὶ λαμβάνει χάραγμα ἐπὶ τοῦ μετώπου αὐτοῦ ἢ ἐπὶ τὴν χεῖρα αὐτοῦ,
10 καὶ αὐτὸς πίεται ἐκ τοῦ οἴνου τοῦ θυμοῦ τοῦ Θεοῦ τοῦ κεκερασμένου ἀκράτου ἐν τῷ ποτηρίῳ τῆς ὀργῆς αὐτοῦ, καὶ βασανισθήσεται ἐν πυρὶ καὶ θείῳ ἐνώπιον ἀγγέλων
11 ἁγίων καὶ ἐνώπιον τοῦ Ἀρνίου· καὶ ὁ καπνὸς τοῦ βασανισμοῦ αὐτῶν εἰς αἰῶνας αἰώνων ἀναβαίνει· καὶ οὐκ ἔχουσιν ἀνάπαυσιν ἡμέρας καὶ νυκτὸς οἱ προσκυνοῦντες τὸ θηρίον καὶ τὴν εἰκόνα αὐτοῦ, καὶ εἴ τις λαμβάνει τὸ χά-
12 ραγμα τοῦ ὀνόματος αὐτοῦ. ὧδε ἡ ὑπομονὴ τῶν ἁγίων ἐστίν, οἱ τηροῦντες τὰς ἐντολὰς τοῦ Θεοῦ καὶ τὴν πίστι·
13 Ἰησοῦ. Καὶ ἤκουσα φωνῆς ἐκ τοῦ οὐρανοῦ λεγούσῃ Γράψον, Μακάριοι οἱ νεκροὶ οἱ ἐν Κυρίῳ ἀποθνήσκοντες ἀπ᾽ ἄρτι· ναί, λέγει τὸ Πνεῦμα, ἵνα ἀναπαήσονται ἐκ τῶν κόπων αὐτῶν· τὰ γὰρ ἔργα αὐτῶν ἀκολουθεῖ μετ᾽ αὐτῶν.
14 Καὶ εἶδον, καὶ ἰδοὺ νεφέλη λευκή, καὶ ἐπὶ τὴν νεφέλην καθήμενον ὅμοιον Υἱὸν Ἀνθρώπου, ἔχων ἐπὶ τῆς κεφαλῆς αὐτοῦ στέφανον χρυσοῦν καὶ ἐν τῇ χειρὶ αὐτοῦ δρέπανον
15 ὀξύ. Καὶ ἄλλος ἄγγελος ἐξῆλθεν ἐκ τοῦ ναοῦ, κράζων ἐν φωνῇ μεγάλῃ τῷ καθημένῳ ἐπὶ τῆς νεφέλης, Πέμψον τὸ δρέπανόν σου καὶ θέρισον, ὅτι ἦλθεν ἡ ὥρα θερίσαι, ὅτι ἐξη-

---

8 δεύτερος] ϛ°: post ἄγγ. Cϛ▫TiB   ἄγγελος] [WH]   ἔπεσεν sec.]
[A]   Βαβυλὼν] Βαβουλὼν Elz :+ἡ πόλις ϛ : Cϛm (sic vult)   ἣ] ὅτι ϛ
τὰ] ϛ° : C   Θ ἄλλος ἄγγ. τρί.] τρί. ἄγγ. (— ἄλλος) ϛ : Cϛm   προσκυνεῖ] post τὸ θηρίον ϛ : C   10 ἀγγέλων ἁγίων] τῶν ἁγ. ἀγγ. ϛ: τῶν ἀγγ. AWHm   11 ἀναβαίνει] ante εἰς αἰ. αἰ. ϛ: C   12 ἡ] ϛ°
οἱ τηρ.] pr ὧδε ϛ   13 λεγούσης] + μοι ϛ   ἀπ᾽ ἄρτι·]. ἀπ᾽ ἄρτι Jm
Rm   ἀναπαήσονται] ἀναπαύσωνται ϛ   γὰρ] δὲ ϛ   14 εἶδον] ἰδὸν TiWHm   καθήμενον ὅμοιον] καθήμενος ὅμοιος ϛ   Υἱὸν] -ῷ ϛ
LmTrA   Υἱ. Ἀνθρ.] υἱ. ἀνθρ. R(n.m.)   τῆς κεφαλῆς] τὴν κεφαλὴν
LmTiϛϕ   15 φωνῇ] post μεγ. ϛ : C   ἦλθέν] + σοι ϛ: Cϛm   θερίσαι] pr τοῦ ϛ

ΑΠΟΚΑΛΥΨΙΣ ΙΩΑΝΝΟΥ 14. 16—15. 4.

ράνθη ὁ θερισμὸς τῆς γῆς. καὶ ἔβαλεν ὁ καθήμενος ἐπὶ 16 τῆς νεφέλης τὸ δρέπανον αὐτοῦ ἐπὶ τὴν γῆν, καὶ ἐθερίσθη ἡ γῆ. Καὶ ἄλλος ἄγγελος ἐξῆλθεν ἐκ τοῦ ναοῦ τοῦ ἐν 17 τῷ οὐρανῷ, ἔχων καὶ αὐτὸς δρέπανον ὀξύ. Καὶ ἄλλος 18 ἄγγελος ἐξῆλθεν ἐκ τοῦ θυσιαστηρίου, [ὁ] ἔχων ἐξουσίαν ἐπὶ τοῦ πυρός, καὶ ἐφώνησεν φωνῇ μεγάλῃ τῷ ἔχοντι τὸ δρέπανον τὸ ὀξὺ λέγων, Πέμψον σου τὸ δρέπανον τὸ ὀξὺ καὶ τρύγησον τοὺς βότρυας τῆς ἀμπέλου τῆς γῆς, ὅτι ἤκμασαν αἱ σταφυλαὶ αὐτῆς. καὶ ἔβαλεν ὁ ἄγγελος τὸ δρέπα- 19 νον αὐτοῦ εἰς τὴν γῆν, καὶ ἐτρύγησεν τὴν ἄμπελον τῆς γῆς, καὶ ἔβαλεν εἰς τὴν ληνὸν τοῦ θυμοῦ τοῦ Θεοῦ τὸν μέγαν. καὶ ἐπατήθη ἡ ληνὸς ἔξωθεν τῆς πόλεως, καὶ 20 ἐξῆλθεν αἷμα ἐκ τῆς ληνοῦ ἄχρι τῶν χαλινῶν τῶν ἵππων, ἀπὸ σταδίων χιλίων ἑξακοσίων.

Καὶ εἶδον ἄλλο σημεῖον ἐν τῷ οὐρανῷ μέγα καὶ θαυμα- 15 στόν, ἀγγέλους ἑπτὰ ἔχοντας πληγὰς ἑπτὰ τὰς ἐσχάτας, ὅτι ἐν αὐταῖς ἐτελέσθη ὁ θυμὸς τοῦ Θεοῦ. Καὶ εἶδον 2 ὡς θάλασσαν ὑαλίνην μεμιγμένην πυρί, καὶ τοὺς νικῶντας ἐκ τοῦ θηρίου καὶ ἐκ τῆς εἰκόνος αὐτοῦ καὶ ἐκ τοῦ ἀριθμοῦ τοῦ ὀνόματος αὐτοῦ ἑστῶτας ἐπὶ τὴν θάλασσαν τὴν ὑαλίνην, ἔχοντας κιθάρας τοῦ Θεοῦ. καὶ ᾄδουσιν τὴν ᾠδὴν 3 Μωυσέως τοῦ δούλου τοῦ Θεοῦ καὶ τὴν ᾠδὴν τοῦ Ἀρνίου λέγοντες, Μεγάλα καὶ θαυμαστὰ τὰ ἔργα σου, Κύριε ὁ Θεὸς ὁ Παντοκράτωρ· δίκαιαι καὶ ἀληθιναὶ αἱ ὁδοί σου, ὁ Βασιλεὺς τῶν ἐθνῶν. τίς οὐ μὴ φοβηθῇ, Κύριε, καὶ 4 δοξάσει τὸ ὄνομά σου; ὅτι μόνος ὅσιος· ὅτι πάντα τὰ ἔθνη ἥξουσιν καὶ προσκυνήσουσιν ἐνώπιόν σου, ὅτι τὰ δικαιώματά σου ἐφανερώθησαν.

5 Καὶ μετὰ ταῦτα εἶδον, καὶ ἠνοίγη ὁ ναὸς τῆς σκηνῆς
6 τοῦ μαρτυρίου ἐν τῷ οὐρανῷ· καὶ ἐξῆλθον οἱ ἑπτὰ
ἄγγελοι οἱ ἔχοντες τὰς ἑπτὰ πληγὰς ἐκ τοῦ ναοῦ, ἐνδεδυ-
μένοι λίνον καθαρὸν λαμπρόν, καὶ περιεζωσμένοι περὶ τὰ
7 στήθη ζώνας χρυσᾶς. καὶ ἓν ἐκ τῶν τεσσάρων ζώων
ἔδωκεν τοῖς ἑπτὰ ἀγγέλοις ἑπτὰ φιάλας χρυσᾶς γεμούσας
τοῦ θυμοῦ τοῦ Θεοῦ τοῦ ζῶντος εἰς τοὺς αἰῶνας τῶν αἰώ-
8 νων. καὶ ἐγεμίσθη ὁ ναὸς καπνοῦ ἐκ τῆς δόξης τοῦ
Θεοῦ καὶ ἐκ τῆς δυνάμεως αὐτοῦ· καὶ οὐδεὶς ἐδύνατο εἰσ-
ελθεῖν εἰς τὸν ναὸν ἄχρι τελεσθῶσιν αἱ ἑπτὰ πληγαὶ τῶν
ἑπτὰ ἀγγέλων.
16 Καὶ ἤκουσα μεγάλης φωνῆς ἐκ τοῦ ναοῦ λεγούσης τοῖς
ἑπτὰ ἀγγέλοις, Ὑπάγετε καὶ ἐκχέετε τὰς ἑπτὰ φιάλας τοῦ
2 θυμοῦ τοῦ Θεοῦ εἰς τὴν γῆν. Καὶ ἀπῆλθεν ὁ πρῶτος
καὶ ἐξέχεεν τὴν φιάλην αὐτοῦ εἰς τὴν γῆν· καὶ ἐγένετο
ἕλκος κακὸν καὶ πονηρὸν ἐπὶ τοὺς ἀνθρώπους τοὺς ἔχοντας
τὸ χάραγμα τοῦ θηρίου, καὶ τοὺς προσκυνοῦντας τῇ εἰκόνι
3 αὐτοῦ. Καὶ ὁ δεύτερος ἐξέχεεν τὴν φιάλην αὐτοῦ εἰς
τὴν θάλασσαν· καὶ ἐγένετο αἷμα ὡς νεκροῦ, καὶ πᾶσα
4 ψυχὴ ζωῆς ἀπέθανεν, τὰ ἐν τῇ θαλάσσῃ. Καὶ ὁ τρίτος
ἐξέχεεν τὴν φιάλην αὐτοῦ εἰς τοὺς ποταμοὺς καὶ τὰς πη-
5 γὰς τῶν ὑδάτων· καὶ ἐγένετο αἷμα. καὶ ἤκουσα τοῦ
ἀγγέλου τῶν ὑδάτων λέγοντος, Δίκαιος εἶ, ὁ ὢν καὶ ὁ ἦν
6 [, ὁ] Ὅσιος, ὅτι ταῦτα ἔκρινας· ὅτι αἷμα ἁγίων καὶ

ΑΠΟΚΑΛΥΨΙΣ ΙΩΑΝΝΟΥ 16. 7—15.

προφητῶν ἐξέχεαν, καὶ αἷμα αὐτοῖς δέδωκας πεῖν· ἄξιοί
εἰσιν.   καὶ ἤκουσα τοῦ θυσιαστηρίου λέγοντος, Ναὶ, 7
Κύριε ὁ Θεὸς ὁ Παντοκράτωρ, ἀληθιναὶ καὶ δίκαιαι αἱ
κρίσεις σου.   Καὶ ὁ τέταρτος ἐξέχεεν τὴν φιάλην αὐ- 8
τοῦ ἐπὶ τὸν ἥλιον· καὶ ἐδόθη αὐτῷ καυματίσαι τοὺς ἀν
θρώπους ἐν πυρί.   καὶ ἐκαυματίσθησαν οἱ ἄνθρωποι 9
καῦμα μέγα, καὶ ἐβλασφήμησαν τὸ ὄνομα τοῦ Θεοῦ τοῦ
ἔχοντος τὴν ἐξουσίαν ἐπὶ τὰς πληγὰς ταύτας, καὶ οὐ μετε
νόησαν δοῦναι αὐτῷ δόξαν.

Καὶ ὁ πέμπτος ἐξέχεεν τὴν φιάλην αὐτοῦ ἐπὶ τὸν θρό- 10
νον τοῦ θηρίου· καὶ ἐγένετο ἡ βασιλεία αὐτοῦ ἐσκοτω
μένη· καὶ ἐμασῶντο τὰς γλώσσας αὐτῶν ἐκ τοῦ πόνου,
καὶ ἐβλασφήμησαν τὸν Θεὸν τοῦ οὐρανοῦ ἐκ τῶν πόνων 11
αὐτῶν καὶ ἐκ τῶν ἑλκῶν αὐτῶν, καὶ οὐ μετενόησαν ἐκ τῶν
ἔργων αὐτῶν.

Καὶ ὁ ἕκτος ἐξέχεεν τὴν φιάλην αὐτοῦ ἐπὶ τὸν ποταμὸν 12
τὸν μέγαν, τὸν Εὐφράτην· καὶ ἐξηράνθη τὸ ὕδωρ αὐτοῦ,
ἵνα ἑτοιμασθῇ ἡ ὁδὸς τῶν βασιλέων τῶν ἀπὸ ἀνατολῆς
ἡλίου.   Καὶ εἶδον ἐκ τοῦ στόματος τοῦ δράκοντος καὶ 13
ἐκ τοῦ στόματος τοῦ θηρίου καὶ ἐκ τοῦ στόματος τοῦ ψευ
δοπροφήτου πνεύματα τρία ἀκάθαρτα ὡς βάτραχοι·
εἰσὶν γὰρ πνεύματα δαιμονίων ποιοῦντα σημεῖα, ἃ ἐκπο- 14
ρεύεται ἐπὶ τοὺς βασιλεῖς τῆς οἰκουμένης ὅλης, συναγα
γεῖν αὐτοὺς εἰς τὸν πόλεμον τῆς ἡμέρας τῆς μεγάλης τοῦ
Θεοῦ τοῦ Παντοκράτορος.   (Ἰδοὺ ἔρχομαι ὡς κλέπτης. 15
μακάριος ὁ γρηγορῶν καὶ τηρῶν τὰ ἱμάτια αὐτοῦ, ἵνα μὴ

γυμνὸς περιπατῇ καὶ βλέπωσιν τὴν ἀσχημοσύνην αὐτοῦ.)
16 καὶ συνήγαγεν αὐτοὺς εἰς τὸν τόπον τὸν καλούμενον Ἑβραϊστὶ Ἁρμαγεδών.
17 Καὶ ὁ ἕβδομος ἐξέχεεν τὴν φιάλην αὐτοῦ ἐπὶ τὸν ἀέρα· καὶ ἐξῆλθεν φωνὴ μεγάλη ἐκ τοῦ ναοῦ ἀπὸ τοῦ θρόνου
18 λέγουσα, Γέγονεν· καὶ ἐγένοντο ἀστραπαὶ καὶ φωναὶ καὶ βρονταί, καὶ σεισμὸς ἐγένετο μέγας, οἷος οὐκ ἐγένετο ἀφ' οὗ ἄνθρωπος ἐγένετο ἐπὶ τῆς γῆς, τηλικοῦτος σεισμὸς
19 οὕτω μέγας. Καὶ ἐγένετο ἡ πόλις ἡ μεγάλη εἰς τρία μέρη, καὶ αἱ πόλεις τῶν ἐθνῶν ἔπεσαν· καὶ Βαβυλὼν ἡ μεγάλη ἐμνήσθη ἐνώπιον τοῦ Θεοῦ δοῦναι αὐτῇ τὸ ποτή-
20 ριον τοῦ οἴνου τοῦ θυμοῦ τῆς ὀργῆς αὐτοῦ. καὶ πᾶσα
21 νῆσος ἔφυγεν, καὶ ὄρη οὐχ εὑρέθησαν. καὶ χάλαζα μεγάλη ὡς ταλαντιαία καταβαίνει ἐκ τοῦ οὐρανοῦ ἐπὶ τοὺς ἀνθρώπους· καὶ ἐβλασφήμησαν οἱ ἄνθρωποι τὸν Θεὸν ἐκ τῆς πληγῆς τῆς χαλάζης, ὅτι μεγάλη ἐστὶν ἡ πληγὴ αὐτῆς σφόδρα.

17 Καὶ ἦλθεν εἷς ἐκ τῶν ἑπτὰ ἀγγέλων τῶν ἐχόντων τὰς ἑπτὰ φιάλας, καὶ ἐλάλησεν μετ' ἐμοῦ λέγων, Δεῦρο, δείξω σοι τὸ κρίμα τῆς πόρνης τῆς μεγάλης τῆς καθημένης ἐπὶ
2 ὑδάτων πολλῶν, μεθ' ἧς ἐπόρνευσαν οἱ βασιλεῖς τῆς γῆς, καὶ ἐμεθύσθησαν οἱ κατοικοῦντες τὴν γῆν ἐκ τοῦ οἴ-
3 νου τῆς πορνείας αὐτῆς. Καὶ ἀπήνεγκέν με εἰς ἔρημον ἐν Πνεύματι· καὶ εἶδον γυναῖκα καθημένην ἐπὶ θηρίον κόκκινον, γέμοντα ὀνόματα βλασφημίας, ἔχον κεφαλὰς ἑπτὰ

16 Ἁρμαγεδών] Ἁρ. ς B: -δδών ς: C: °Ἁρ Μαγεδών WHR   17 ἕβδομος] + ἄγγελος ς   ἐπὶ] εἰς ς   μεγάλη] Lnº Aº   ἐκ] ἀπὸ ς ναοῦ] + τοῦ οὐρανοῦ ς   18 ἀστρ....φω....βρ.] φω....βρ....ἀστρ. ς ἄνθρωπος ἐγένετο] ἄνθρωποι ἐγένοντο ςTrmWH(n.m.)R(n.m.) : pr οἱ ς οὕτω] -ως TrA   19 ἔπεσαν] -σον ς   1 λέγων] + μοι ς: C ὑδάτων] pr τῶν et +τῶν ς Ti σφ[A]   2 οἱ κατοικ. τ. γ.] post ἐκ τοῦ οἴ. τ. π. αὐ. ς: C   3 εἶδον] εἶδα LnWHa   γέμοντα ὀνόματα] γέμον ὀνομάτων ς : γέμον τὰ ὀνόματα Tr (et Am ?)   ἔχον] ἔχοντα TiABWHm : ἔχων WH

καὶ κέρατα δέκα. καὶ ἡ γυνὴ ἦν περιβεβλημένη πορ- 4
φυροῦν καὶ κόκκινον, καὶ κεχρυσωμένη χρυσίῳ καὶ λίθῳ
τιμίῳ καὶ μαργαρίταις, ἔχουσα ποτήριον χρυσοῦν ἐν τῇ
χειρὶ αὐτῆς γέμον βδελυγμάτων καὶ τὰ ἀκάθαρτα τῆς πορ-
νείας αὐτῆς,   καὶ ἐπὶ τὸ μέτωπον αὐτῆς ὄνομα γεγραμ- 5
μένον, ΜΥΣΤΗΡΙΟΝ, ΒΑΒΥΛΩΝ Η ΜΕΓΑΛΗ, Η
ΜΗΤΗΡ ΤΩΝ ΠΟΡΝΩΝ ΚΑΙ ΤΩΝ ΒΔΕΛΥΓΜΑ-
ΤΩΝ ΤΗΣ ΓΗΣ.   καὶ εἶδα τὴν γυναῖκα μεθύουσαν ἐκ 6
τοῦ αἵματος τῶν ἁγίων καὶ ἐκ τοῦ αἵματος τῶν μαρτύρων
Ἰησοῦ· καὶ ἐθαύμασα ἰδὼν αὐτὴν θαῦμα μέγα.

Καὶ εἶπέν μοι ὁ ἄγγελος, Διὰ τί ἐθαύμασας ; ἐγὼ ἐρῶ 7
σοι τὸ μυστήριον τῆς γυναικός, καὶ τοῦ θηρίου τοῦ βαστά-
ζοντος αὐτὴν τοῦ ἔχοντος τὰς ἑπτὰ κεφαλὰς καὶ τὰ δέκα
κέρατα.   τὸ θηρίον ὃ εἶδες ἦν καὶ οὐκ ἔστιν, καὶ μέλλει 8
ἀναβαίνειν ἐκ τῆς ἀβύσσου καὶ εἰς ἀπώλειαν ὑπάγει. καὶ
θαυμάσονται οἱ κατοικοῦντες ἐπὶ τῆς γῆς, ὧν οὐ γέγραπται
τὸ ὄνομα ἐπὶ τὸ βιβλίον τῆς ζωῆς ἀπὸ καταβολῆς κόσμου,
βλεπόντων τὸ θηρίον ὅτι ἦν καὶ οὐκ ἔστιν καὶ παρέσται.
Ὧδε ὁ νοῦς ὁ ἔχων σοφίαν. αἱ ἑπτὰ κεφαλαὶ ἑπτὰ ὄρη 9
εἰσίν, ὅπου ἡ γυνὴ κάθηται ἐπ᾽ αὐτῶν· καὶ βασιλεῖς ἑπτά
εἰσιν·   οἱ πέντε ἔπεσαν, ὁ εἷς ἔστιν, ὁ ἄλλος οὔπω 10
ἦλθεν· καὶ ὅταν ἔλθῃ, ὀλίγον αὐτὸν δεῖ μεῖναι.   καὶ τὸ 11
θηρίον ὃ ἦν καὶ οὐκ ἔστιν, καὶ αὐτὸς ὄγδοός ἐστιν, καὶ ἐκ
τῶν ἑπτά ἐστιν, καὶ εἰς ἀπώλειαν ὑπάγει.   καὶ τὰ δέκα 12

ΑΠΟΚΑΛΥΨΙΣ ΙΩΑΝΝΟΥ

κέρατα ἃ εἶδες δέκα βασιλεῖς εἰσίν, οἵτινες βασιλείαν οὔπω ἔλαβον, ἀλλὰ ἐξουσίαν ὡς βασιλεῖς μίαν ὥραν λαμ-
13 βάνουσιν μετὰ τοῦ θηρίου. οὗτοι μίαν γνώμην ἔχουσιν, καὶ τὴν δύναμιν καὶ ἐξουσίαν αὐτῶν τῷ θηρίῳ διδόασιν.
14 οὗτοι μετὰ τοῦ Ἀρνίου πολεμήσουσιν, καὶ τὸ Ἀρνίον νικήσει αὐτούς, ὅτι Κύριος κυρίων ἐστὶν καὶ Βασιλεὺς βασιλέων, καὶ οἱ μετ᾽ αὐτοῦ κλητοὶ καὶ ἐκλεκτοὶ καὶ πιστοί.
15 Καὶ λέγει μοι, Τὰ ὕδατα ἃ εἶδες, οὗ ἡ πόρνη κάθηται,
16 λαοὶ καὶ ὄχλοι εἰσὶν καὶ ἔθνη καὶ γλῶσσαι. καὶ τὰ δέκα κέρατα ἃ εἶδες καὶ τὸ θηρίον, οὗτοι μισήσουσιν τὴν πόρνην, καὶ ἠρημωμένην ποιήσουσιν αὐτὴν καὶ γυμνήν, καὶ τὰς σάρκας αὐτῆς φάγονται, καὶ αὐτὴν κατακαύ-
17 σουσιν ἐν πυρί. ὁ γὰρ Θεὸς ἔδωκεν εἰς τὰς καρδίας αὐτῶν ποιῆσαι τὴν γνώμην αὐτοῦ, καὶ ποιῆσαι μίαν γνώμην καὶ δοῦναι τὴν βασιλείαν αὐτῶν τῷ θηρίῳ, ἄχρι τελε-
18 σθήσονται οἱ λόγοι τοῦ Θεοῦ. καὶ ἡ γυνὴ ἣν εἶδες ἔστιν ἡ πόλις ἡ μεγάλη ἡ ἔχουσα βασιλείαν ἐπὶ τῶν βασιλέων τῆς γῆς.

18 Μετὰ ταῦτα εἶδον ἄλλον ἄγγελον καταβαίνοντα ἐκ τοῦ οὐρανοῦ, ἔχοντα ἐξουσίαν μεγάλην· καὶ ἡ γῆ ἐφωτίσθη ἐκ
2 τῆς δόξης αὐτοῦ. καὶ ἔκραξεν ἐν ἰσχυρᾷ φωνῇ λέγων, Ἔπεσεν ἔπεσεν Βαβυλὼν ἡ μεγάλη, καὶ ἐγένετο κατοικητήριον δαιμονίων, καὶ φυλακὴ παντὸς πνεύματος ἀκαθάρτου, καὶ φυλακὴ παντὸς ὀρνέου ἀκαθάρτου καὶ μεμισημένου.
3 ὅτι ἐκ [τοῦ οἴνου] τοῦ θυμοῦ τῆς πορνείας αὐτῆς πέπωκαν

12 οὔπω] οὐκ L*n*B*m*   ἀλλὰ] ἀλλ᾽ ϛ   13 ἐξουσίαν] pr τὴν ϛ Ti[B]WH*m*   αὐτῶν] ἑαυτῶν ϛ : C   διδόασιν] διαδιδώσουσιν ϛ : C*sm*
15 λέγει] εἶπέν L*n*   16 καὶ sec.] ἐπὶ ϛ: C*sm*   μισήσουσιν] -σι L*n*WH(n.a.)   ἐν πυρί] —ἐν TiB[A][WH]   17 καὶ ποι. μί. γνώ.] L*n*ᵃ : καὶ ποι. γνώ. μί. [A]   τελεσθήσονται οἱ λόγοι] τελεσθῇ τὰ ῥήματα ϛ: C   1 μετὰ ταῦ.] pr καὶ ϛ   ἄλλον] ϛ° : C*sm*J   2 ἐν] [A][B]   ἰσχυρᾷ φωνῇ] ἰσχύϊ, φωνῇ μεγάλῃ ϛ: C*sm*   ἔπεσεν sec.] Tr°sed [Tr]m[A]   δαιμονίων] δαιμόνων ϛ   ἀκαθάρτου pri.]+καὶ μεμισημένου L*n*   3 τοῦ οἴνου] ins ϛ[Tr]TiB[WH]R: L*n*ᵃAᵒRᵒ*m*   πέπωκαν] -ωκε ϛ: πέπτω- TrB*m*WH(n.m.)R(n.m.) : πέπ[τ]ω- A: πεπτώκασιν TrmB*m*

ΑΠΟΚΑΛΥΨΙΣ ΙΩΑΝΝΟΥ 18. 4—12.

πάντα τὰ ἔθνη, καὶ οἱ βασιλεῖς τῆς γῆς μετ' αὐτῆς ἐπόρνευσαν, καὶ οἱ ἔμποροι τῆς γῆς ἐκ τῆς δυνάμεως τοῦ στρήνους αὐτῆς ἐπλούτησαν.

Καὶ ἤκουσα ἄλλην φωνὴν ἐκ τοῦ οὐρανοῦ λέγουσαν, 4
Ἐξέλθατε, ὁ λαός μου, ἐξ αὐτῆς, ἵνα μὴ συνκοινωνήσητε
ταῖς ἁμαρτίαις αὐτῆς, καὶ ἐκ τῶν πληγῶν αὐτῆς ἵνα μὴ
λάβητε· ὅτι ἐκολλήθησαν αὐτῆς αἱ ἁμαρτίαι ἄχρι τοῦ 5
οὐρανοῦ, καὶ ἐμνημόνευσεν ὁ Θεὸς τὰ ἀδικήματα αὐτῆς.
ἀπόδοτε αὐτῇ ὡς καὶ αὐτὴ ἀπέδωκεν, καὶ διπλώσατε τὰ 6
διπλᾶ κατὰ τὰ ἔργα αὐτῆς· ἐν τῷ ποτηρίῳ ᾧ ἐκέρασεν κεράσατε αὐτῇ διπλοῦν. ὅσα ἐδόξασεν αὐτὴν καὶ ἐστρη- 7
νίασεν τοσοῦτον δότε αὐτῇ βασανισμὸν καὶ πένθος· ὅτι ἐν
τῇ καρδίᾳ αὐτῆς λέγει ὅτι Κάθημαι βασίλισσα, καὶ χήρα
οὐκ εἰμί, καὶ πένθος οὐ μὴ ἴδω. Διὰ τοῦτο ἐν μιᾷ ἡμέ- 8
ρᾳ ἥξουσιν αἱ πληγαὶ αὐτῆς, θάνατος καὶ πένθος καὶ λιμός,
καὶ ἐν πυρὶ κατακαυθήσεται, ὅτι ἰσχυρὸς Κύριος ὁ Θεὸς
ὁ κρίνας αὐτήν. καὶ κλαύσουσιν καὶ κόψονται ἐπ' αὐ- 9
τὴν οἱ βασιλεῖς τῆς γῆς οἱ μετ' αὐτῆς πορνεύσαντες καὶ
στρηνιάσαντες, ὅταν βλέπωσιν τὸν καπνὸν τῆς πυρώσεως
αὐτῆς, ἀπὸ μακρόθεν ἑστηκότες διὰ τὸν φόβον τοῦ 10
βασανισμοῦ αὐτῆς, λέγοντες, Οὐαὶ οὐαί, ἡ πόλις ἡ μεγάλη,
Βαβυλὼν ἡ πόλις ἡ ἰσχυρά, ὅτι μιᾷ ὥρᾳ ἦλθεν ἡ κρίσις
σου. Καὶ οἱ ἔμποροι τῆς γῆς κλαίουσιν καὶ πενθοῦσιν 11
ἐπ' αὐτήν, ὅτι τὸν γόμον αὐτῶν οὐδεὶς ἀγοράζει οὐκέτι,
γόμον χρυσοῦ καὶ ἀργύρου καὶ λίθου τιμίου καὶ μαργαρι- 12
τῶν καὶ βυσσίνου καὶ πορφύρας καὶ σιρικοῦ καὶ κοκκίνου,

ΑΠΟΚΑΛΥΨΙΣ ΙΩΑΝΝΟΥ

καὶ πᾶν ξύλον θύϊνον καὶ πᾶν σκεῦος ἐλεφάντινον καὶ πᾶν σκεῦος ἐκ ξύλου τιμιωτάτου καὶ χαλκοῦ καὶ σιδήρου 13 καὶ μαρμάρου, καὶ κιννάμωμον καὶ ἄμωμον καὶ θυμιάματα καὶ μύρον καὶ λίβανον καὶ οἶνον καὶ ἔλαιον καὶ σεμίδαλιν καὶ σῖτον καὶ κτήνη καὶ πρόβατα, καὶ ἵππων 14 καὶ ῥεδῶν καὶ σωμάτων, καὶ ψυχὰς ἀνθρώπων. καὶ ἡ ὀπώρα σου τῆς ἐπιθυμίας τῆς ψυχῆς ἀπῆλθεν ἀπὸ σοῦ, καὶ πάντα τὰ λιπαρὰ καὶ τὰ λαμπρὰ ἀπώλετο ἀπὸ σοῦ, καὶ 15 οὐκέτι οὐ μὴ αὐτὰ εὑρήσουσιν. Οἱ ἔμποροι τούτων οἱ πλουτήσαντες ἀπ' αὐτῆς ἀπὸ μακρόθεν στήσονται διὰ τὸν φόβον τοῦ βασανισμοῦ αὐτῆς κλαίοντες καὶ πενθοῦντες, 16 λέγοντες, Οὐαὶ οὐαί, ἡ πόλις ἡ μεγάλη, ἡ περιβεβλημένη βύσσινον καὶ πορφυροῦν καὶ κόκκινον, καὶ κεχρυσω-17 μένη χρυσίῳ καὶ λίθῳ τιμίῳ καὶ μαργαρίτῃ, ὅτι μιᾷ ὥρᾳ ἠρημώθη ὁ τοσοῦτος πλοῦτος. καὶ πᾶς κυβερνήτης καὶ πᾶς ὁ ἐπὶ τόπον πλέων, καὶ ναῦται καὶ ὅσοι τὴν θά-18 λασσαν ἐργάζονται, ἀπὸ μακρόθεν ἔστησαν, καὶ ἔκραξαν βλέποντες τὸν καπνὸν τῆς πυρώσεως αὐτῆς, λέγον-19 τες, Τίς ὁμοία τῇ πόλει τῇ μεγάλῃ; Καὶ ἔβαλον χοῦν ἐπὶ τὰς κεφαλὰς αὐτῶν, καὶ ἔκραξαν κλαίοντες καὶ πενθοῦντες, λέγοντες, Οὐαὶ οὐαί, ἡ πόλις ἡ μεγάλη, ἐν ᾗ ἐπλούτησαν πάντες οἱ ἔχοντες τὰ πλοῖα ἐν τῇ θαλάσσῃ 20 ἐκ τῆς τιμιότητος αὐτῆς, ὅτι μιᾷ ὥρᾳ ἠρημώθη. εὐφραίνου ἐπ' αὐτῇ, οὐρανέ, καὶ οἱ ἅγιοι καὶ οἱ ἀπόστολοι καὶ οἱ προφῆται, ὅτι ἔκρινεν ὁ Θεὸς τὸ κρίμα ὑμῶν ἐξ αὐτῆς.

ξύλου] λίθου Bm 13 κιννάμ.] κινάμ. ϛ καὶ ἄμωμον] ϛ° 14 σου] post τῆς ἐπ. τῆς ψυ. ϛ τὰ *ante* λαμπρὰ] [A] ἀπώλετο] ἀπῆλθεν ϛ: ἀπώλοντο CϛmTiB οὐκέτι] Tr°σφ αὐτὰ] post εὑρ. ϛ: ante οὐ μὴ LnAR εὑρήσουσιν] εὑρήσῃς ϛ 16 λέγοντες] pr καὶ ϛ βύσσ. ...κόκκ.]κόκκ...βύσσ. Ln κεχρυσωμένη]-νοι Elz χρυσίῳ] χρυσῷ ϛTrmTiWHm: pr ἐν ϛTi[A][B][WH] μαργαρίτῃ] -ταις ϛ 17 ὁ ἐπὶ] — ὁ ϛ: Cϛm τόπον] τῶν πλοίων ϛ πλέων] ὁ ὅμιλος ϛ: Cϛm 18 ἔκραξαν] ἔκραζον ϛTiB βλέποντες] ὁρῶντες ϛ: C πόλει] + ταύτῃ Ln 19 ἔβαλον] -λαν LnWHa: pr ἐπ- [A]WHm ἔκραξαν ἔκραζον ϛTr(a.m.)TiB τὰ] ϛ°: C 20 αὐτῇ] αὐτὴν ϛ: Cϛm καὶ οἱ *sec.*] ϛ°: Cϛm

Καὶ ἦρεν εἷς ἄγγελος ἰσχυρὸς λίθον ὡς μύλινον μέγαν, 21
καὶ ἔβαλεν εἰς τὴν θάλασσαν λέγων, Οὕτως ὁρμήματι
βληθήσεται Βαβυλὼν ἡ μεγάλη πόλις, καὶ οὐ μὴ εὑρεθῇ
ἔτι. καὶ φωνὴ κιθαρῳδῶν καὶ μουσικῶν καὶ αὐλητῶν 22
καὶ σαλπιστῶν οὐ μὴ ἀκουσθῇ ἐν σοὶ ἔτι, καὶ πᾶς τεχνί-
της πάσης τέχνης οὐ μὴ εὑρεθῇ ἐν σοὶ ἔτι, καὶ φωνὴ μύλου
οὐ μὴ ἀκουσθῇ ἐν σοὶ ἔτι,   καὶ φῶς λύχνου οὐ μὴ φάνῃ 23
ἐν σοὶ ἔτι, καὶ φωνὴ νυμφίου καὶ νύμφης οὐ μὴ ἀκουσθῇ
ἐν σοὶ ἔτι· ὅτι οἱ ἔμποροί σου ἦσαν οἱ μεγιστᾶνες τῆς γῆς·
ὅτι ἐν τῇ φαρμακείᾳ σου ἐπλανήθησαν πάντα τὰ ἔθνη.
καὶ ἐν αὐτῇ αἷμα προφητῶν καὶ ἁγίων εὑρέθη καὶ πάντων 24
τῶν ἐσφαγμένων ἐπὶ τῆς γῆς.

Μετὰ ταῦτα ἤκουσα ὡς φωνὴν μεγάλην ὄχλου πολλοῦ 19
ἐν τῷ οὐρανῷ λεγόντων, Ἀλληλούϊα· ἡ σωτηρία καὶ ἡ
δόξα καὶ ἡ δύναμις τοῦ Θεοῦ ἡμῶν·   ὅτι ἀληθιναὶ καὶ 2
δίκαιαι αἱ κρίσεις αὐτοῦ· ὅτι ἔκρινεν τὴν πόρνην τὴν με-
γάλην ἥτις ἔφθειρεν τὴν γῆν ἐν τῇ πορνείᾳ αὐτῆς, καὶ ἐξε-
δίκησεν τὸ αἷμα τῶν δούλων αὐτοῦ ἐκ χειρὸς αὐτῆς.
καὶ δεύτερον εἴρηκαν, Ἀλληλούϊα· καὶ ὁ καπνὸς αὐτῆς 3
ἀναβαίνει εἰς τοὺς αἰῶνας τῶν αἰώνων.   καὶ ἔπεσαν οἱ 4
πρεσβύτεροι οἱ εἴκοσι τέσσαρες καὶ τὰ τέσσερα ζῷα, καὶ
προσεκύνησαν τῷ Θεῷ τῷ καθημένῳ ἐπὶ τῷ θρόνῳ λέγον-
τες, Ἀμήν· Ἀλληλούϊα.   καὶ φωνὴ ἀπὸ τοῦ θρόνου 5
ἐξῆλθεν λέγουσα, Αἰνεῖτε τῷ Θεῷ ἡμῶν, πάντες οἱ δοῦλοι
αὐτοῦ, οἱ φοβούμενοι αὐτόν, οἱ μικροὶ καὶ οἱ μεγάλοι.

6 Καὶ ἤκουσα ὡς φωνὴν ὄχλου πολλοῦ καὶ ὡς φωνὴν ὑδάτων πολλῶν καὶ ὡς φωνὴν βροντῶν ἰσχυρῶν, λεγόντων, Ἀλλη-λούϊα· ὅτι ἐβασίλευσεν Κύριος ὁ Θεὸς ἡμῶν ὁ Παντο-
7 κράτωρ. χαίρωμεν καὶ ἀγαλλιῶμεν, καὶ δῶμεν τὴν δόξαν αὐτῷ· ὅτι ἦλθεν ὁ γάμος τοῦ Ἀρνίου, καὶ ἡ γυνὴ
8 αὐτοῦ ἡτοίμασεν ἑαυτήν. καὶ ἐδόθη αὐτῇ ἵνα περιβά-ληται βύσσινον λαμπρὸν καθαρόν· τὸ γὰρ βύσσινον τὰ
9 δικαιώματα τῶν ἁγίων ἐστίν. Καὶ λέγει μοι, Γράψον, Μακάριοι οἱ εἰς τὸ δεῖπνον τοῦ γάμου τοῦ Ἀρνίου κεκλη-μένοι. καὶ λέγει μοι, Οὗτοι οἱ λόγοι ἀληθινοὶ τοῦ Θεοῦ
10 εἰσίν. καὶ ἔπεσα ἔμπροσθεν τῶν ποδῶν αὐτοῦ προσκυ-νῆσαι αὐτῷ· καὶ λέγει μοι, Ὅρα μή· σύνδουλός σου εἰμὶ καὶ τῶν ἀδελφῶν σου τῶν ἐχόντων τὴν μαρτυρίαν Ἰησοῦ· τῷ Θεῷ προσκύνησον· ἡ γὰρ μαρτυρία Ἰησοῦ ἐστὶν τὸ πνεῦμα τῆς προφητείας.
11 Καὶ εἶδον τὸν οὐρανὸν ἠνεῳγμένον, καὶ ἰδοὺ ἵππος λευ-κός, καὶ ὁ καθήμενος ἐπ᾽ αὐτὸν καλούμενος πιστὸς καὶ ἀλη-
12 θινός, καὶ ἐν δικαιοσύνῃ κρίνει καὶ πολεμεῖ· οἱ δὲ ὀφθαλμοὶ αὐτοῦ φλὸξ πυρός, καὶ ἐπὶ τὴν κεφαλὴν αὐτοῦ διαδήματα πολλά· ἔχων ὄνομα γεγραμμένον ὃ οὐδεὶς οἶδεν
13 εἰ μὴ αὐτός, καὶ περιβεβλημένος ἱμάτιον βεβαμμένον αἵματι· καὶ κέκληται τὸ ὄνομα αὐτοῦ Ο ΛΟΓΟΣ ΤΟΥ
14 ΘΕΟΥ. Καὶ τὰ στρατεύματα [τὰ] ἐν τῷ οὐρανῷ ἠκολού-θει αὐτῷ ἐφ᾽ ἵπποις λευκοῖς ἐνδεδυμένοι βύσσινον λευκὸν

καθαρόν. καὶ ἐκ τοῦ στόματος αὐτοῦ ἐκπορεύεται ῥομ- 15
φαία ὀξεῖα, ἵνα ἐν αὐτῇ πατάξῃ τὰ ἔθνη· καὶ αὐτὸς ποι-
μανεῖ αὐτοὺς ἐν ῥάβδῳ σιδηρᾷ· καὶ αὐτὸς πατεῖ τὴν ληνὸν
τοῦ οἴνου τοῦ θυμοῦ τῆς ὀργῆς τοῦ Θεοῦ τοῦ Παντοκράτο-
ρος.   καὶ ἔχει ἐπὶ τὸ ἱμάτιον καὶ ἐπὶ τὸν μηρὸν αὐ- 16
τοῦ ὄνομα γεγραμμένον, ΒΑΣΙΛΕΥΣ ΒΑΣΙΛΕΩΝ ΚΑΙ
ΚΥΡΙΟΣ ΚΥΡΙΩΝ.

Καὶ εἶδον ἕνα ἄγγελον ἑστῶτα ἐν τῷ ἡλίῳ· καὶ ἔκραξεν 17
φωνῇ μεγάλῃ λέγων πᾶσιν τοῖς ὀρνέοις τοῖς πετομένοις ἐν
μεσουρανήματι, Δεῦτε συνάχθητε εἰς τὸ δεῖπνον τὸ μέγα
τοῦ Θεοῦ,   ἵνα φάγητε σάρκας βασιλέων καὶ σάρκας 18
χιλιάρχων καὶ σάρκας ἰσχυρῶν, καὶ σάρκας ἵππων καὶ τῶν
καθημένων ἐπ' αὐτούς, καὶ σάρκας πάντων ἐλευθέρων τε
καὶ δούλων καὶ μικρῶν καὶ μεγάλων.   Καὶ εἶδον τὸ 19
θηρίον καὶ τοὺς βασιλεῖς τῆς γῆς καὶ τὰ στρατεύματα
αὐτῶν συνηγμένα ποιῆσαι τὸν πόλεμον μετὰ τοῦ καθη-
μένου ἐπὶ τοῦ ἵππου καὶ μετὰ τοῦ στρατεύματος αὐτοῦ·
καὶ ἐπιάσθη τὸ θηρίον, καὶ μετ' αὐτοῦ ὁ ψευδοπροφήτης ὁ 20
ποιήσας τὰ σημεῖα ἐνώπιον αὐτοῦ, ἐν οἷς ἐπλάνησεν τοὺς
λαβόντας τὸ χάραγμα τοῦ θηρίου καὶ τοὺς προσκυνοῦντας
τῇ εἰκόνι αὐτοῦ· ζῶντες ἐβλήθησαν οἱ δύο εἰς τὴν λίμνην
τοῦ πυρὸς τῆς καιομένης ἐν θείῳ·   καὶ οἱ λοιποὶ ἀπε- 21
κτάνθησαν ἐν τῇ ῥομφαίᾳ τοῦ καθημένου ἐπὶ τοῦ ἵππου
τῇ ἐξελθούσῃ ἐκ τοῦ στόματος αὐτοῦ· καὶ πάντα τὰ ὄρνεα
ἐχορτάσθησαν ἐκ τῶν σαρκῶν αὐτῶν.

Καὶ εἶδον ἄγγελον καταβαίνοντα ἐκ τοῦ οὐρανοῦ, ἔχον- 20

15 πατάξῃ] -άσσῃ ς: C   θυμοῦ]+καὶ ς: Cςm   16 ὄνομα] pr τὸ ς:
C   17 φωνῇ] pr ἐν Ti[A]B[WH]   πᾶσιν] -σι LnWH(n.a.)   πε-
τομένοις] πετωμ. ς: C   συνάχθητε] καὶ συνάγεσθε ς: Cςm   τὸ
μέγα τοῦ] τοῦ μεγάλου ς: Cςm   18 ἐπ' αὐτούς] ἐπ' αὐτῶν ς TiBWHm
τε] ς°: C   19 εἶδον] ἴδον TiWHa   αὐτῶν] -τοῦ Ln   τὸν] ς°
20 μετ' αὐτοῦ] μετὰ τούτου ς: C: pr ὁ BmWHm: pr οἱ [A]Bm   ὁ pri.]
B°m   τῆς καιομένης] τὴν καιομένην ς Bm   θείῳ] pr τῷ ς: C
21 ἐξελθούσῃ] ἐκπορευομένῃ ς: Cςm.   1 εἶδον] ἴδον Ti

ΑΠΟΚΑΛΥΨΙΣ ΙΩΑΝΝΟΥ

τα την κλεῖν τῆς ἀβύσσου καὶ ἅλυσιν μεγάλην ἐπὶ τὴν
2 χεῖρα αὐτοῦ. καὶ ἐκράτησεν τὸν δράκοντα, ὁ ὄφις ὁ
ἀρχαῖος, ὅς ἐστιν Διάβολος καὶ ὁ Σατανᾶς, καὶ ἔδησεν
3 αὐτὸν χίλια ἔτη, καὶ ἔβαλεν αὐτὸν εἰς τὴν ἄβυσσον,
καὶ ἔκλεισεν καὶ ἐσφράγισεν ἐπάνω αὐτοῦ, ἵνα μὴ πλανήσῃ ἔτι τὰ ἔθνη, ἄχρι τελεσθῇ τὰ χίλια ἔτη· μετὰ ταῦτα
δεῖ λυθῆναι αὐτὸν μικρὸν χρόνον.

4 Καὶ εἶδον θρόνους, καὶ ἐκάθισαν ἐπ' αὐτούς, καὶ κρίμα
ἐδόθη αὐτοῖς· καὶ τὰς ψυχὰς τῶν πεπελεκισμένων διὰ τὴν
μαρτυρίαν Ἰησοῦ καὶ διὰ τὸν λόγον τοῦ Θεοῦ, καὶ οἵτινες
οὐ προσεκύνησαν τὸ θηρίον οὐδὲ τὴν εἰκόνα αὐτοῦ, καὶ οὐκ
ἔλαβον τὸ χάραγμα ἐπὶ τὸ μέτωπον καὶ ἐπὶ τὴν χεῖρα
αὐτῶν· καὶ ἔζησαν, καὶ ἐβασίλευσαν μετὰ τοῦ Χριστοῦ
5 χίλια ἔτη. οἱ λοιποὶ τῶν νεκρῶν οὐκ ἔζησαν ἄχρι
τελεσθῇ τὰ χίλια ἔτη. αὕτη ἡ ἀνάστασις ἡ πρώτη.

6 μακάριος καὶ ἅγιος ὁ ἔχων μέρος ἐν τῇ ἀναστάσει τῇ
πρώτῃ· ἐπὶ τούτων ὁ δεύτερος θάνατος οὐκ ἔχει ἐξουσίαν,
ἀλλ' ἔσονται ἱερεῖς τοῦ Θεοῦ καὶ τοῦ Χριστοῦ, καὶ βασι-
7 λεύσουσιν μετ' αὐτοῦ τὰ χίλια ἔτη. Καὶ ὅταν τελεσθῇ τὰ χίλια ἔτη, λυθήσεται ὁ Σατανᾶς ἐκ τῆς φυλακῆς
8 αὐτοῦ, καὶ ἐξελεύσεται πλανῆσαι τὰ ἔθνη τὰ ἐν ταῖς
τέσσαρσιν γωνίαις τῆς γῆς, τὸν Γὼγ καὶ Μαγώγ, συναγαγεῖν αὐτοὺς εἰς τὸν πόλεμον, ὧν ὁ ἀριθμὸς αὐτῶν ὡς ἡ
9 ἄμμος τῆς θαλάσσης. καὶ ἀνέβησαν ἐπὶ τὸ πλάτος
τῆς γῆς, καὶ ἐκύκλευσαν τὴν παρεμβολὴν τῶν ἁγίων καὶ

κλεῖν] κλείδα ς : C   ἐπὶ τὴν χεῖρα] ἐν τῇ χειρὶ Trm   2 ὁ ὄφις ὁ
ἀρχαῖος] τὸν ὄφιν τὸν ἀρχαῖον ς TrmBm WHmR ?   ὅς] ὁ Ti   διάβολος] pr ὁ Ti   ὁ Σατ.] — ὁ ς   3 ἔκλεισεν] + αὐτὸν ς : C   ἔτι]
post τὰ ἔθνη ς : C   μετὰ] pr καὶ ς   λυθῆναι] post αὐτὸν ς TrTiB
4 εἶδον] ἴδον Ti   τὸ θηρίον] τῷ θηρίῳ ς   οὐδὲ] οὔτε ς   τὴν
εἰκόνα] τῇ εἰκόνι Elz   μέτωπον]+ αὐτῶν ς   τοῦ Χρ.] — τοῦ ς : Elz
χίλια] pr τὰ ς : CJ   5 οἱ λοιποὶ] οἱ δὲ λ. ς : C : pr καὶ CTrWHm
ἔζησαν] ἀνέζησαν ς : Cςm   ἄχρι] ἕως ς : C   6 ὁ δεύτ. θάν.] ὁ θάν.
ὁ δεύτ. ς : C   ἀλλ'] ἀλλὰ TrTiBWHa   βασιλεύσουσιν] -[σ]ουσιν
A   τὰ ς°Lπ°[A][WH]R°(n.m.)   8 τέσσαρσιν] -σι WH(n.a.)
Μαγώγ] pr τὸν ς [Tr]   τὸν ante πόλ.] ς° : C   αὐτῶν] ς°
9 ἐκύκλευσαν] ἐκύκλωσαν ς Tr : C

τὴν πόλιν τὴν ἠγαπημένην· καὶ κατέβη πῦρ ἐκ τοῦ οὐρανοῦ καὶ κατέφαγεν αὐτούς. καὶ ὁ διάβολος ὁ πλανῶν αὐτοὺς ἐβλήθη εἰς τὴν λίμνην τοῦ πυρὸς καὶ θείου, ὅπου καὶ τὸ θηρίον καὶ ὁ ψευδοπροφήτης· καὶ βασανισθήσονται ἡμέρας καὶ νυκτὸς εἰς τοὺς αἰῶνας τῶν αἰώνων.

Καὶ εἶδον θρόνον μέγαν λευκὸν καὶ τὸν καθήμενον ἐπ᾽ αὐτοῦ, οὗ ἀπὸ τοῦ προσώπου ἔφυγεν ἡ γῆ καὶ ὁ οὐρανός, καὶ τόπος οὐχ εὑρέθη αὐτοῖς. καὶ εἶδον τοὺς νεκροὺς τοὺς μεγάλους καὶ τοὺς μικροὺς ἑστῶτας ἐνώπιον τοῦ θρόνου· καὶ βιβλία ἠνοίχθησαν. καὶ ἄλλο βιβλίον ἠνοίχθη, ὅ ἐστιν τῆς ζωῆς. καὶ ἐκρίθησαν οἱ νεκροὶ ἐκ τῶν γεγραμμένων ἐν τοῖς βιβλίοις κατὰ τὰ ἔργα αὐτῶν. καὶ ἔδωκεν ἡ θάλασσα τοὺς νεκροὺς τοὺς ἐν αὐτῇ, καὶ ὁ θάνατος καὶ ὁ ᾅδης ἔδωκαν τοὺς νεκροὺς τοὺς ἐν αὐτοῖς· καὶ ἐκρίθησαν ἕκαστος κατὰ τὰ ἔργα αὐτῶν. καὶ ὁ θάνατος καὶ ὁ ᾅδης ἐβλήθησαν εἰς τὴν λίμνην τοῦ πυρός· οὗτος ὁ θάνατος ὁ δεύτερός ἐστιν, ἡ λίμνη τοῦ πυρός. καὶ εἴ τις οὐχ εὑρέθη ἐν τῇ βίβλῳ τῆς ζωῆς γεγραμμένος, ἐβλήθη εἰς τὴν λίμνην τοῦ πυρός.

Καὶ εἶδον οὐρανὸν καινὸν καὶ γῆν καινήν· ὁ γὰρ πρῶτος οὐρανὸς καὶ ἡ πρώτη γῆ ἀπῆλθαν, καὶ ἡ θάλασσα οὐκ ἔστιν ἔτι. καὶ τὴν πόλιν τὴν ἁγίαν Ἱερουσαλὴμ καινὴν εἶδον καταβαίνουσαν ἐκ τοῦ οὐρανοῦ ἀπὸ τοῦ Θεοῦ, ἡτοιμασμένην ὡς νύμφην κεκοσμημένην τῷ ἀνδρὶ αὐτῆς. καὶ ἤκουσα φωνῆς μεγάλης ἐκ τοῦ θρόνου λε-

21. 4—10.   ΑΠΟΚΑΛΥΨΙΣ ΙΩΑΝΝΟΥ

γούσης, Ἰδοὺ ἡ σκηνὴ τοῦ Θεοῦ μετὰ τῶν ἀνθρώπων, καὶ σκηνώσει μετ' αὐτῶν, καὶ αὐτοὶ λαοὶ αὐτοῦ ἔσονται, καὶ
4 αὐτὸς ὁ Θεὸς μετ' αὐτῶν ἔσται, καὶ ἐξαλείψει πᾶν δάκρυον ἐκ τῶν ὀφθαλμῶν αὐτῶν· καὶ ὁ θάνατος οὐκ ἔσται ἔτι· οὔτε πένθος οὔτε κραυγὴ οὔτε πόνος οὐκ ἔσται ἔτι·
5 [ὅτι] τὰ πρῶτα ἀπῆλθαν. Καὶ εἶπεν ὁ καθήμενος ἐπὶ τῷ θρόνῳ, Ἰδοὺ καινὰ ποιῶ πάντα. καὶ λέγει, Γράψον,
6 ὅτι οὗτοι οἱ λόγοι πιστοὶ καὶ ἀληθινοί εἰσιν. καὶ εἶπέν μοι, Γέγοναν. ἐγὼ τὸ Ἄλφα καὶ τὸ Ω, ἡ ἀρχὴ καὶ τὸ τέλος. ἐγὼ τῷ διψῶντι δώσω ἐκ τῆς πηγῆς τοῦ ὕδατος
7 τῆς ζωῆς δωρεάν. ὁ νικῶν κληρονομήσει ταῦτα, καὶ
8 ἔσομαι αὐτῷ Θεὸς καὶ αὐτὸς ἔσται μοι υἱός. τοῖς δὲ δειλοῖς καὶ ἀπίστοις καὶ ἐβδελυγμένοις καὶ φονεῦσιν καὶ πόρνοις καὶ φαρμακοῖς καὶ εἰδωλολάτραις, καὶ πᾶσιν τοῖς ψευδέσιν τὸ μέρος αὐτῶν ἐν τῇ λίμνῃ τῇ καιομένῃ πυρὶ καὶ θείῳ, ὅ ἐστιν ὁ θάνατος ὁ δεύτερος.

9 Καὶ ἦλθεν εἷς ἐκ τῶν ἑπτὰ ἀγγέλων τῶν ἐχόντων τὰς ἑπτὰ φιάλας, τῶν γεμόντων τῶν ἑπτὰ πληγῶν τῶν ἐσχάτων, καὶ ἐλάλησεν μετ' ἐμοῦ λέγων, Δεῦρο, δείξω σοι τὴν
10 νύμφην τὴν γυναῖκα τοῦ Ἀρνίου. Καὶ ἀπήνεγκέν με ἐν Πνεύματι ἐπὶ ὄρος μέγα καὶ ὑψηλόν, καὶ ἔδειξέν μοι τὴν πόλιν τὴν ἁγίαν Ἱερουσαλὴμ καταβαίνουσαν ἐκ τοῦ

λαοὶ] λαὸς BmWHm   ἔσται] ante μετ' αὐ. ςTiB(n.m.): + Θεὸς αὐτῶν ς R(n.m.): C:+αὐτῶν θεός LnABmWHm   4 ἐξαλείψει]+ ὁ Θεὸς ςLn [A]: Cςm   ἐκ] ἀπὸ ςWHm   ὁ θάνατος]—ὁ Ti[B]   ὅτι] ins ς [Tr]Ti[A]BWHm: Ln°WH°R°   ἀπῆλθαν] -θον ς: -θεν WHm   5 τῷ θρόνῳ] τοῦ θρόνου ς   ποιῶ] post πάντα ς   λέγει] + μοι ς [Tr]WHm πιστ. κ. ἀληθ.] ἀληθ. κ. πιστ. ς   6 γέγοναν] -νε ς : -να[ν] A : -να Bm : Scr   ἐγώ] + εἰμι ς LnTr[A]   ἄλφα] Aς   Ω] ὦ LnWH δώσω] + αὐτῷ Ti[A][B]   7 ταῦτα] πάντα ς: CJm   υἱός] pr ὁ ς : C   8 τοῖς δὲ δειλοῖς] δειλ. δὲ ς   ἀπίστοις]+καὶ ἁμαρτωλοῖς [B] φονεῦσιν...πᾶσιν] -σι bis LnWH(n.a.)   φαρμακοῖς] -μακεῦσι ς: Cςm ψευδέσιν] ψεύσταις Ln   ὁ θάνατος ὁ δεύτερος] δεύτ. θάν. ς: C 9 ἦλθε]+ πρός με ς: Cςm   ἐκ]ςº: C   τῶν γεμόντων τῶν] τὰς γεμούσας τῶν ς: γεμούσας Bm   τοῦ Ἀρνίου] ante τὴν γυναῖκα ς 10 ἐπὶ] ἐπ' ς   πόλιν]+τὴν μεγάλην ς(a.m.)

οὐρανοῦ ἀπὸ τοῦ Θεοῦ, ἔχουσαν τὴν δόξαν τοῦ Θεοῦ· 11
ὁ φωστὴρ αὐτῆς ὅμοιος λίθῳ τιμιωτάτῳ, ὡς λίθῳ ἰάσπιδι
κρυσταλλίζοντι· ἔχουσα τεῖχος μέγα καὶ ὑψηλόν,
ἔχουσα πυλῶνας δώδεκα, καὶ ἐπὶ τοῖς πυλῶσιν ἀγγέλους 12
δώδεκα, καὶ ὀνόματα ἐπιγεγραμμένα, ἅ ἐστιν τῶν δώδεκα
φυλῶν υἱῶν Ἰσραήλ. ἀπὸ ἀνατολῆς πυλῶνες τρεῖς, 13
καὶ ἀπὸ βορρᾶ πυλῶνες τρεῖς, καὶ ἀπὸ νότου πυλῶνες
τρεῖς, καὶ ἀπὸ δυσμῶν πυλῶνες τρεῖς. καὶ τὸ τεῖχος 14
τῆς πόλεως ἔχων θεμελίους δώδεκα, καὶ ἐπ᾽ αὐτῶν δώδεκα
ὀνόματα τῶν δώδεκα ἀποστόλων τοῦ Ἀρνίου. Καὶ ὁ 15
λαλῶν μετ᾽ ἐμοῦ εἶχεν μέτρον κάλαμον χρυσοῦν, ἵνα με
τρήσῃ τὴν πόλιν καὶ τοὺς πυλῶνας αὐτῆς καὶ τὸ τεῖχος
αὐτῆς. καὶ ἡ πόλις τετράγωνος κεῖται, καὶ τὸ μῆκος 16
αὐτῆς ὅσον τὸ πλάτος. καὶ ἐμέτρησεν τὴν πόλιν τῷ καλά
μῳ ἐπὶ σταδίους δώδεκα χιλιάδων· τὸ μῆκος καὶ τὸ πλά-.
τος καὶ τὸ ὕψος αὐτῆς ἴσα ἐστίν. καὶ ἐμέτρησεν τὸ 17
τεῖχος αὐτῆς ἑκατὸν τεσσεράκοντα τεσσάρων πηχῶν, μέ
τρον ἀνθρώπου, ὅ ἐστιν ἀγγέλου. Καὶ ἡ ἐνδώμησις τοῦ 18
τείχους αὐτῆς ἴασπις· καὶ ἡ πόλις χρυσίον καθαρόν, ὅμοιον
ὑάλῳ καθαρῷ. οἱ θεμέλιοι τοῦ τείχους τῆς πόλεως 19
παντὶ λίθῳ τιμίῳ κεκοσμημένοι· ὁ θεμέλιος ὁ πρῶτος ἴα
σπις, ὁ δεύτερος σάπφειρος, ὁ τρίτος χαλκηδών, ὁ τέταρτος
σμάραγδος, ὁ πέμπτος σαρδόνυξ, ὁ ἕκτος σάρδιον, ὁ 20
ἕβδομος χρυσόλιθος, ὁ ὄγδοος βήρυλλος, ὁ ἔνατος τοπά-

11 ὁ φωστὴρ] pr καὶ ϛ: C   ἔχουσα] ἔχουσαν ϛ:+τε ϛ: C   12 ἔ-
χουσα] ἔχουσαν ϛ   καὶ ἐπὶ usque ad δώδεκα pri.] Ln°   τοῖς πυλῶ-
σιν] τοὺς πυλῶνας Tr(n.m.)   ἐστιν] + τὰ ὀνόματα Ln[Tr][A]Bm
υἱῶν] pr τῶν ϛ   13 ἀπὸ pri.] ἀπ᾽ ϛ: C   καὶ ter.] ϛ°: C   14 ἔ-
χων] ἔχον ϛ Ln   ἐπ᾽ αὐτῶν] ἐν αὐτοῖς ϛ: Cϛm   δώδεκα sec.] ϛ°: C
15 μέτρον] ϛ°: C   μετρήσῃ] -σει WHa   16 ὅσον] pr τοσοῦτόν ἐ-
στιν ϛ: C: + καὶ ϛ Ln[A]: C   σταδίους] -ίων ϛ TiB(n.m.)WH(n.m.):
ϛm Elz   17 τεσσεράκ.] τεσσαράκ. ϛ Tr σφ?   18 καὶ pri.]+ ἦν ϛ Tr
ἐνδώμησις] ἐνδόμησις ϛ LnA   ὅμοιον] ὁμοία ϛ: Cϛm   19 οἱ θεμ.]
pr καὶ ϛ Tr   χαλκηδών] χαλκεδών Ti σφ   20 σαρδόνυξ] σαρδιόνυξ
LnWHa   σάρδιον] σάρδιος ϛ   βήρυλλος] -ριλλος WHa   ἔνατος]
ἔνν. Elz

ζιον, ὁ δέκατος χρυσόπρασος, ὁ ἐνδέκατος ὑάκινθος, ὁ δω-
21 δέκατος ἀμέθυστος. καὶ οἱ δώδεκα πυλῶνες δώδεκα
μαργαρῖται· ἀνὰ εἶς ἕκαστος τῶν πυλώνων ἦν ἐξ ἑνὸς μαρ-
γαρίτου. καὶ ἡ πλατεῖα τῆς πόλεως χρυσίον καθαρὸν ὡς
ὕαλος διαυγής.
22 Καὶ ναὸν οὐκ εἶδον ἐν αὐτῇ· ὁ γὰρ Κύριος ὁ Θεὸς ὁ
23 Παντοκράτωρ ναὸς αὐτῆς ἐστίν, καὶ τὸ Ἀρνίον. καὶ ἡ
πόλις οὐ χρείαν ἔχει τοῦ ἡλίου οὐδὲ τῆς σελήνης, ἵνα φαί-
νωσιν αὐτῇ· ἡ γὰρ δόξα τοῦ Θεοῦ ἐφώτισεν αὐτήν, καὶ ὁ
24 λύχνος αὐτῆς τὸ Ἀρνίον. καὶ περιπατήσουσιν τὰ ἔθνη
διὰ τοῦ φωτὸς αὐτῆς· καὶ οἱ βασιλεῖς τῆς γῆς φέρουσιν
25 τὴν δόξαν αὐτῶν εἰς αὐτήν. καὶ οἱ πυλῶνες αὐτῆς οὐ
26 μὴ κλεισθῶσιν ἡμέρας (νὺξ γὰρ οὐκ ἔσται ἐκεῖ)· καὶ
οἴσουσιν τὴν δόξαν καὶ τὴν τιμὴν τῶν ἐθνῶν εἰς αὐτήν·
27 καὶ οὐ μὴ εἰσέλθῃ εἰς αὐτὴν πᾶν κοινὸν καὶ ὁ ποιῶν
βδέλυγμα καὶ ψεῦδος· εἰ μὴ οἱ γεγραμμένοι ἐν τῷ βιβλίῳ
τῆς ζωῆς τοῦ Ἀρνίου.

22 Καὶ ἔδειξέν μοι ποταμὸν ὕδατος ζωῆς λαμπρὸν ὡς κρύ-
σταλλον, ἐκπορευόμενον ἐκ τοῦ θρόνου τοῦ Θεοῦ καὶ τοῦ
2 Ἀρνίου. ἐν μέσῳ τῆς πλατείας αὐτῆς καὶ τοῦ ποταμοῦ
ἐντεῦθεν καὶ ἐκεῖθεν ξύλον ζωῆς, ποιοῦν καρποὺς δώδεκα,
κατὰ μῆνα ἕκαστον ἀποδιδοὺς τὸν καρπὸν αὐτοῦ· καὶ τὰ
3 φύλλα τοῦ ξύλου εἰς θεραπείαν τῶν ἐθνῶν. καὶ πᾶν
κατάθεμα οὐκ ἔσται ἔτι· καὶ ὁ θρόνος τοῦ Θεοῦ καὶ τοῦ
Ἀρνίου ἐν αὐτῇ ἔσται· καὶ οἱ δοῦλοι αὐτοῦ λατρεύσουσιν
4 αὐτῷ καὶ ὄψονται τὸ πρόσωπον αὐτοῦ· καὶ τὸ ὄνομα

χρυσόπρασος] -σον *Ln*   21 διαυγής] διαφανής ς : C*ς*m   22 ναὸς] pr ὁ *Ln*[A]   23 αὐτῇ] pr ἐν ς   αὐτῇ· ἡ γὰρ] αὐτὴ γὰρ ἡ Bm
24 περιπατήσουσι] post αὐτῆς ς : C   ἔθνη] +τῶν σωζομένων ς : C*ς*m
Scr   διὰ τοῦ φωτὸς] ἐν τῷ φωτὶ ς : C*ς*m   δόξαν] +καὶ τὴν τιμὴν ς
27 κοινὸν] κοινοῦν ς : C*ς*m   ὁ ποιῶν] ποιοῦν ς : —ὁ*Ln*A[WH]
1 ποταμὸν] pr καθαρὸν ς   2 . ἐν μέσ. τ. πλ. αὐτῆς] ἐν μέσ. τ. πλ.
αὐτῆς . BWHR(n.m.)   ἐκεῖθεν] ἐντεῦθεν ς(n.m.)   ποιοῦν] ποιῶν
TiBWHm   μῆνα] μῆναν *Ln* :+ἕνα ς : C   ἀποδιδοὺς] -διδοῦν ς*Ln*
WH(n.m.)R : C   3 κατάθεμα] κατανάθεμα ς : C*ς*m

ΑΠΟΚΑΛΥΨΙΣ ΙΩΑΝΝΟΥ

αὐτοῦ ἐπὶ τῶν μετώπων αὐτῶν. καὶ νὺξ οὐκ ἔσται ἔτι· 5
καὶ οὐκ ἔχουσιν χρείαν φωτὸς λύχνου καὶ φωτὸς ἡλίου, ὅτι
Κύριος ὁ Θεὸς φωτιεῖ ἐπ᾽ αὐτούς· καὶ βασιλεύσουσιν εἰς
τοὺς αἰῶνας τῶν αἰώνων. Καὶ εἶπέν μοι, Οὗτοι οἱ 6
λόγοι πιστοὶ καὶ ἀληθινοί· καὶ ὁ Κύριος, ὁ Θεὸς τῶν πνευ-
μάτων τῶν προφητῶν, ἀπέστειλεν τὸν ἄγγελον αὐτοῦ δεῖ-
ξαι τοῖς δούλοις αὐτοῦ ἃ δεῖ γενέσθαι ἐν τάχει. καὶ 7
ἰδοὺ ἔρχομαι ταχύ. μακάριος ὁ τηρῶν τοὺς λόγους τῆς
προφητείας τοῦ βιβλίου τούτου.
Κἀγὼ Ἰωάννης ὁ ἀκούων καὶ βλέπων ταῦτα. καὶ ὅτε 8
ἤκουσα καὶ ἔβλεψα, ἔπεσα προσκυνῆσαι ἔμπροσθεν τῶν
ποδῶν τοῦ ἀγγέλου τοῦ δεικνύοντός μοι ταῦτα. καὶ 9
λέγει μοι, Ὅρα μή· σύνδουλός σου εἰμί, καὶ τῶν ἀδελφῶν
σου τῶν προφητῶν, καὶ τῶν τηρούντων τοὺς λόγους τοῦ
βιβλίου τούτου· τῷ Θεῷ προσκύνησον. Καὶ λέγει μοι, 10
Μὴ σφραγίσῃς τοὺς λόγους τῆς προφητείας τοῦ βιβλίου
τούτου· ὁ καιρὸς γὰρ ἐγγύς ἐστιν. ὁ ἀδικῶν ἀδικησά- 11
τω ἔτι· καὶ ὁ ῥυπαρὸς ῥυπανθήτω ἔτι· καὶ ὁ δίκαιος δι-
καιοσύνην ποιησάτω ἔτι· καὶ ὁ ἅγιος ἁγιασθήτω ἔτι.
ἰδοὺ ἔρχομαι ταχύ, καὶ ὁ μισθός μου μετ᾽ ἐμοῦ, ἀποδοῦναι 12
ἑκάστῳ ὡς τὸ ἔργον ἐστὶν αὐτοῦ. ἐγὼ τὸ Ἄλφα καὶ 13
τὸ Ω, ὁ πρῶτος καὶ ὁ ἔσχατος, ἡ ἀρχὴ καὶ τὸ τέλος.
μακάριοι οἱ πλύνοντες τὰς στολὰς αὐτῶν, ἵνα ἔσται ἡ 14

5 ἔτι] ἐκεῖ ϛ   οὐκ ἔχουσιν] οὐχ ἔξουσιν LnA: post χρειαν ϛ
φωτὸς pri.] ϛ°   φωτὸς sec.] φῶς WH   φωτιεῖ] φωτίζει ϛ: Cϛm:
φωτίσει LnWH(n.a.)R   ἐπ᾽] ϛ° [B][WH]   6 ὁ Κύρ.] — ὁ ϛ WHm
πνευμάτων τῶν] ἁγιων ϛ: Cϛm   7 καὶ] ϛ°(n.m.)   ἔρχομαι ταχύ.] +
ἔρχομαι ταχύ. sec. Ln σφ   8 κἀγὼ] καὶ ἐγὼ ϛ: C   Ἰωάννης]-ννης
etiam Tr et WH   ἀκούων καὶ βλέπων ταῦτα] βλ. ταῦ. κ. ἀκού. ϛ: βλ.
κ. ἀκού. ταῦ. TrmTiB   ἔβλεψα] ἔβλεπον WHm   ἔπεσα] -σον Elz
δεικνύοντός]-νύντος TiB   9 σου] + γάρ ϛ: C   10 ὁ καιρὸς γὰρ]
ὅτι ὁ κ. ϛ   11 ῥυπαρὸς] ῥυπῶν ϛ: Cϛm   ῥυπανθήτω] ῥυπωσάτω ϛ:
ῥυπαρευθήτω WHm   δικαιοσύνην ποιησάτω] δικαιωθήτω ϛ: Cϛm
12 ἰδοὺ] pr καὶ ϛ: Cϛm   ἐστὶν] ἔσται ϛ   αὐτοῦ] ante ἔστ. ϛ: C
13 ἐγώ] + εἰμι ϛ: C   ἄλφα] Aϛ   Ω] ὦ LnWH   ὁ bis] Ln°[A]
WH°m   ἡ ἀρχὴ καὶ τὸ τέλος] —ἡ et τὸ ϛTr: ante ὁ πρώ. κ. ὁ ἔσχ. ϛ
14 πλύνοντες τὰς στολὰς αὐτῶν] ποιοῦντες τὰς ἐντολὰς αὐτοῦ ϛ

643

ἐξουσία αὐτῶν ἐπὶ τὸ ξύλον τῆς ζωῆς, καὶ τοῖς πυλῶσιν 15 εἰσέλθωσιν εἰς τὴν πόλιν. ἔξω οἱ κύνες καὶ οἱ φαρμακοὶ καὶ οἱ πόρνοι καὶ οἱ φονεῖς καὶ οἱ εἰδωλολάτραι καὶ πᾶς φιλῶν καὶ ποιῶν ψεῦδος.
16 Ἐγὼ Ἰησοῦς ἔπεμψα τὸν ἄγγελόν μου μαρτυρῆσαι ὑμῖν ταῦτα ἐπὶ ταῖς ἐκκλησίαις. ἐγώ εἰμι ἡ ῥίζα καὶ τὸ γένος 17 Δαυείδ, ὁ ἀστὴρ ὁ λαμπρὸς ὁ πρωϊνός. Καὶ τὸ Πνεῦμα καὶ ἡ νύμφη λέγουσιν, Ἔρχου. καὶ ὁ ἀκούων εἰπάτω, Ἔρχου. καὶ ὁ διψῶν ἐρχέσθω· ὁ θέλων λαβέτω ὕδωρ ζωῆς 18 δωρεάν. Μαρτυρῶ ἐγὼ παντὶ τῷ ἀκούοντι τοὺς λόγους τῆς προφητείας τοῦ βιβλίου τούτου· ἐάν τις ἐπιθῇ ἐπ' αὐτά, ἐπιθήσει ὁ Θεὸς ἐπ' αὐτὸν τὰς πληγὰς τὰς γεγραμ- 19 μένας ἐν τῷ βιβλίῳ τούτῳ· καὶ ἐάν τις ἀφέλῃ ἀπὸ τῶν λόγων τοῦ βιβλίου τῆς προφητείας ταύτης, ἀφελεῖ ὁ Θεὸς τὸ μέρος αὐτοῦ ἀπὸ τοῦ ξύλου τῆς ζωῆς, καὶ ἐκ τῆς πόλεως τῆς ἁγίας, τῶν γεγραμμένων ἐν τῷ βιβλίῳ τούτῳ.
20 Λέγει ὁ μαρτυρῶν ταῦτα, Ναί· ἔρχομαι ταχύ. Ἀμήν· ἔρχου, Κύριε Ἰησοῦ.
21 Ἡ χάρις τοῦ Κυρίου Ἰησοῦ μετὰ τῶν ἁγίων.

15 ἔξω]+δὲ ϛ: Cϛm   φιλῶν]pr ὁ ϛ: C   φιλῶν καὶ ποιῶν] π. κ. φιλ. TiB   16 ἐπὶ] ἐν LπTπmWHm   Δαυ.] pr τοῦ ϛ   ὁ πρωϊνός] pr καὶ ϛLπ: Cϛm: ὀρθρινός (—ὁ) ϛ : CϛmScr   17 τὸ...ἡ] WH"m ἔρχου bis] ἐλθέ ϛ : CϛmScr   ἐρχέσθω] ἐλθέτω ϛ : CϛmScr   ὁ θέλων] pr καὶ ϛ: Cϛm   λαβέτω] λαμβανέτω τὸ ϛ: CScr   18 μαρτυρῶ ἐγὼ] συμμαρτυροῦμαι γὰρ ϛ: CϛmScr   τῷ pri.] ϛ°   ἐπιθῇ ἐπ' αὐτά] ἐπιτιθῇ πρὸς ταῦτα ϛ : CϛmScr   ὁ Θεὸς] post ἐπ' αὐτὸν TiB   τῷ sec.] ϛ° : CϛmScr   19 ἀφέλῃ] ἀφαιρῇ ϛ : CScr   τοῦ βιβλίου] βίβλου ϛ : CScr   ἀφελεῖ] ἀφαιρήσει ϛ : Scr   τοῦ ξύλου] βίβλου ϛ : CϛmScr   ἐκ] Lπ°[Tπ][A]   τῶν γεγρ.] pr καὶ ϛ: CScr   τῷ] ϛ°: CScr   20 ἔρχου] pr ναὶ ϛ   21 Κυρίου]+ἡμῶν ϛ : CScr Ἰησοῦ]+Χριστοῦ ϛ[WH]Rm   τῶν ἁγίων] πάντων LπTiBRm: πάντων ὑμῶν ϛ: pr πάντων Cϛm: + ἀμήν. ϛR :+α π ο κ α λ υ ψ ι ς Ι ω α ν ν ο υ A

ΤΕΛΟΣ.

www.ingramcontent.com/pod-product-compliance
Lightning Source LLC
Chambersburg PA
CBHW071214290426
44108CB00013B/1182